中华人民共和国地方志丛书

岳阳县志

(1978—2007)

岳阳县委党史地方志办公室 编

方志出版社
Publishing House of Local Records

图书在版编目（CIP）数据

岳阳县志. 1978—2007/岳阳县委党史地方志办公室编
--北京：方志出版社，2017.8
ISBN 978-7-5144-2517-8

Ⅰ. ①岳… Ⅱ. ①岳… Ⅲ. ①岳阳县—地方志—1978-2007 Ⅳ. ①K296.44

中国版本图书馆 CIP 数据核字（2017）第 220027 号

岳阳县志（1978-2007）

编　　者：岳阳县委党史地方志办公室
责任编辑：齐　笑

出 版 人：冀祥德
出 版 者：方志出版社
地址　北京市朝阳区潘家园东里 9 号（国家方志馆 4 层）
邮编　100021
网址　http://www.fzph.org
发　　行：方志出版社图书经销中心
电话（010）67110500
经　　销：各地新华书店
印　　刷：岳阳楼区远航印刷厂

开　　本：889×1194　　1/16
印　　装：45
字　　数：988 千字
版　　次：2017 年 8 月第 1 版　　2017 年 8 月第 1 次印刷
印　　数：0001~3000 册

ISBN 978-7-5144-2517-8　　定价：480.00 元

《岳阳县志（1978—2007）》
编纂委员会

主　　编：易新岳

执行副主编：黄运斌　曹　瑜

编　　辑：任冬娇　费淑荷

统　　稿：刘桂兰

岳阳县志主要编修人员

（以姓氏笔画为序）

万飞鸿	万震球	王　英	王石保	王四平	毛向阳
毛康济	方爱华	卢朝晖	白立星	冯高平	任志贵
任福阶	刘　辉	刘五香	刘志成	刘树湘	刘琦新
许　宏	许友文	许观佛	许红岩	许志荣	孙　宇
杨战军	苏拥军	李　勇	李才易	李卫华	李卫兵
李元罗	李仲涛	李红孚	李欣初	李岳武	李涌华
李益平	李睿超	李曙红	肖　平	吴拥民	吴耿东
吴雪兵	吴鹏辉	杨战军	何水滔	何军生	何星明
邹代圭	邹行周	汪　洋	张三望	张木生	张世云
张建明	张胜利	张智新	陈　健	陈三星	陈天宝
陈天雄	陈文干	陈忠良	陈耀华	易四现	易吕飞
易彩平	易淑雄	罗　桔	周振林	欧阳辉	欧秀群
胡　谦	胡桃西	荣倦四	赵　星	赵光新	赵清涛
钟三红	钟池慧	姚望华	费淑荷	晏晓明	徐超群
翁太浮	高静荣	唐小虎	唐广香	涂正望	梁大寒
续留良	彭庆治	彭拥军	蒋胜赦	喻帜文	鲁和平
曾　书	曾昭中	熊己亥	谭金诚	戴清芳	魏政楚

终审验收

中共岳阳市委党史市志办公室

主　审　陈念军　易　林　曹春友

验　收　陈念军　易　林　胡萍萍（女）　朱　平

湖南省地方志编辑委员会

验　收　王晓天　易介南　袁勇前　邓建平

杨盛让　隆清华（女）　杨　帆（女）　余勇辉

序　一

编修地方志作为中华民族特有的优秀文化传统，两千年来世代相传，接续不断。巴陵古郡，岳阳新邑，以唐代《岳州图经》为始，修志古风绵延不绝。《岳阳县志（1978—2007）》为新中国成立后第二轮修志，几经寒暑，即将付梓，盛世盛举，可喜可贺。

1978 年，党的十一届三中全会胜利召开，改革开放的浪潮在神州大地风起云涌，从而成就了一场不可复制的伟大革命。本届修志，上限 1978 年，下限 2007 年，旨在记述三十年的历史中，沐浴改革开放春风的岳阳县，从贫穷到富裕，从徘徊到加速，从安逸到追梦的浩荡征程。

三十年，岳阳县体会了改革开放初期的阵痛与躁动，感受了扫除文革阴霾的轻快与清爽，领略了巴陵大地巨变的豪迈与激情。三十年来，铁山水库周边，四万群众背井离乡，诠释了什么是民风淳朴；中洲麻塘大堤，十万干群昼夜鏖战，见证了什么是众志成城；“非典”疫情肆虐中国，全民防治拒之县外，解读了什么是群众力量；湖区洲滩湿地，干群携手再战“瘟神”，昭示了什么是民意民生。三十年，一个个精彩瞬间书写成的岳阳县改革开放史，让我们有太多的理由为之击节而歌。

《岳阳县志（1978—2007）》以科学发展观为指导，以全县经济社会发展为主线，运用辩证唯物主义与历史唯物主义观点分析事物规律，记述了改革开放三十年来，全县各行各业翻天覆地的变化，既有宏观鸟瞰，一县概况尽收眼底；又有微观透视，卅年巨变了然志中。遍览全志，仿佛触摸到这片历经沧桑的土地，在岁月长河的积淀中，曾经波澜壮阔的辉煌；仿佛聆听到这方意气风发的县域，在改革开放的大潮中，每天丝丝拔节的声响。古人云：“治天下者，以史为鉴；治郡邑者，以志为鉴。”《岳阳县志》一卷在手，犹如全县在胸，主政者可以之为镜，观兴废盛衰，知是非得失，把握发展方向；为民者可以之为师，览家乡全貌，知创业艰辛，珍惜幸福生活；治史者可以为之径，补史之缺，参史之误，详史之略，续史之无。洋洋百万言的《岳阳县志》，其“存史、教化、资治”的价值不可估量，是近年来我县社会主义政治和文化建设的重大成果。

一个地方的改革和发展，是一脉相承、薪火相传、生生不息的壮丽事业，是历史累积和接续奋斗的过程。当前，加快岳阳县发展的重任落在我们的肩上，接过历史的接力棒，我们要更加坚定道路自信、理论自信、制度自信、文化自信，在“四个全面”战略布局的引领下，保持清醒和冷静，以创新开放的智慧和实干担当的勇气，在建设富饶美丽幸福岳阳县的征程上昂然前行，为实现中华民族伟大复兴中国梦，肩负今天的使命，书写明天的历史。

是为序。

田义静

2017 年 5 月

（作者系中共岳阳县委书记）

序　二

志者，一域之重典；修志，一方之盛事。岳阳县历史悠久，文化厚重，修志古风源远流长，从唐代《岳州图经》，到清代五修《巴陵县志》，再到1995年出版的《岳阳县志》，留下了极为宝贵的历史遗产。而今，《岳阳县志（1978—2007）》又将付梓问世，这是全县政治和文化建设领域的重大成果。

1978年，党的十一届三中全会的召开，如战鼓，如春雷，揭开了中国改革开放的大幕，在洞庭湖畔掀起拍岸惊涛。从此，古老的巴陵大地拂去了眼前的迷雾，打破了思想的禁锢，甩开了脚上的枷锁，踏上了披荆斩棘的征程，翻开了历史灿烂的一页。《岳阳县志（1978—2007）》以告慰前人、激励当代、启迪后世为宗旨，以改革开放三十年时空演变为背景，以岳阳县的各业生态为全景，真实记述了开拓创业者走过的铿锵步伐，留下的坚实足迹。由于较好地把握了价值、时间和空间三个维度，这部地方志书就有了生存之基、活力所系和力量之源。

“岳阳人民三根绳，中洲铁山搬县城”，这句顺口溜道出了改革开放初期的岳阳县，几多难以承受之重；1996年广兴洲、许市二镇划归君山区，2005年康王、三荷、西塘三乡镇划归经开区，在巴陵大地留下几许忍痛割爱之忆；1998年，特大洪涝灾害来袭，十万军民携手保卫家园，在惊涛骇浪中演绎多少气壮山河之举。三十年间，从1997年火车相撞事件救援，到2006年饮用水源污染自救，有过多少温暖人心的片段；从2003年抗击“非典”，到2004年再战“瘟神”，留下多少感怀难忘的瞬间。三十年来，岳阳县经济实力不断增强，城乡面貌日新月异，项目建设加速加力，农工商贸百业繁荣，民生改善纵深推进，社会大局和谐稳定，这是决策者和建设者们栉风沐雨、励精图治，描绘出的多彩画卷，谱写出的壮丽诗篇。

记忆逆流成河，付之巨典当歌。本轮修志仍续前志体制，以“述、记、志、传、图、表、录”之体裁，取“篇、章、节”之架构。全志以科学发展观为指导，实事求是，秉笔直书，编纂成卷；揽卅年于一瞬，记历史之更替；熔百业为一炉，叙事物之兴衰。宏微之观，是非曲直，差距成败，皆不讳言。溯本探源，尽彰地方特色；略古详今，突显时代新风。全志条分缕析，主次有序，明白晓畅，图文精美，堪谓雍容大雅，包罗万象，融区域性、连续性、广泛性、科学性于一体的县域百科全书。

当前，岳阳县已经站在新的历史起点上，加快发展，其时已至，其势已成，其风正劲。我们坚信，《岳阳县志（1978—2007)》将充分发挥“存史、教化、资治”的价值，激励全县广大干部群众，团结一心、拼搏进取，创新开放、实干担当，切实肩负起加快岳阳县发展的神圣使命，努力谱写富饶美丽幸福岳阳县的崭新篇章。

谨为序。

曾平原

2017年5月

(作者系中共岳阳县委副书记、县人民政府县长)

凡 例

一、《岳阳县志（1978—2007)》的编纂，坚持以马克思列定主义、毛泽东思想、邓小平理论、“三个代表”重要思想和科学发展观为指导，贯彻落实习近平总书记系列重要讲话精神和治国理政新理念新思想新战略，坚持辩证唯物主义和历史唯物主义的立场、观点和方法，坚持实事求是、秉笔直书的原则，记述岳阳县改革开放30年自然、政治、经济、文化、社会的发展变化，以起资政、存史、育人作用。

二、本志上限为1978年（与首轮《岳阳县志》下限1990年有13年重合），下限为2007年。

三、本志由序、凡例、概述、大事记、志、人物、附录、索引、后记组成。以志为主，以事分类、以时为序、横排竖写，并配以照片和表格。志的结构为篇、章、节、目、条目，需重点记述的事件特设专记。

四、本志中各种名称，首次出现时用全称，名称过繁者加括注，再次出现时用简称。湖南省、岳阳市、岳阳县简称“省”“市”“县”；中共湖南省委、中共岳阳市委、中共岳阳县委，简称“省委”“市委”“县委”。

五、本志执行中国地方志指导小组2008年颁布的《地方志书质量规定》，用字用词执行2001年1月1日起施行的《中华人民共和国国家通用语言文字法》，新闻出版署、国家语言文字工作委员会1992年发布的《出版物汉字使用管理规定》。数字以国家技术监督局1995年12月发布的《出版物上数字用法的规定》为准。标点符号执行国家质量监督检验检疫总局、国家标准化管理委员会2011年12月发布的《标点符号用法》。计量单位以国家技术监督局1993年发布的《量和单位》之规定为准，为便于表达和为世人了解，部分使用市制。

六、本志《人物》设传记、简介、表。坚持生不立传、正面为主的原则，立传人物排名以卒年先后为序；表内人物排名以姓氏笔画为序。县委、县人大、县政府、县政协、县人武部正、副职均列表收录于相关篇。

七、本志所采用的数据，多以县统计局公布的数据为准，同时，也采用部门提供的数据，各统计表的数据截至2007年年底。

八、本志资料来自历史文献、馆藏档案，或由相关部门提供，志稿撰写者未逐章署名，统一编排在“主要撰稿人”内，所用资料一般不注明出处。

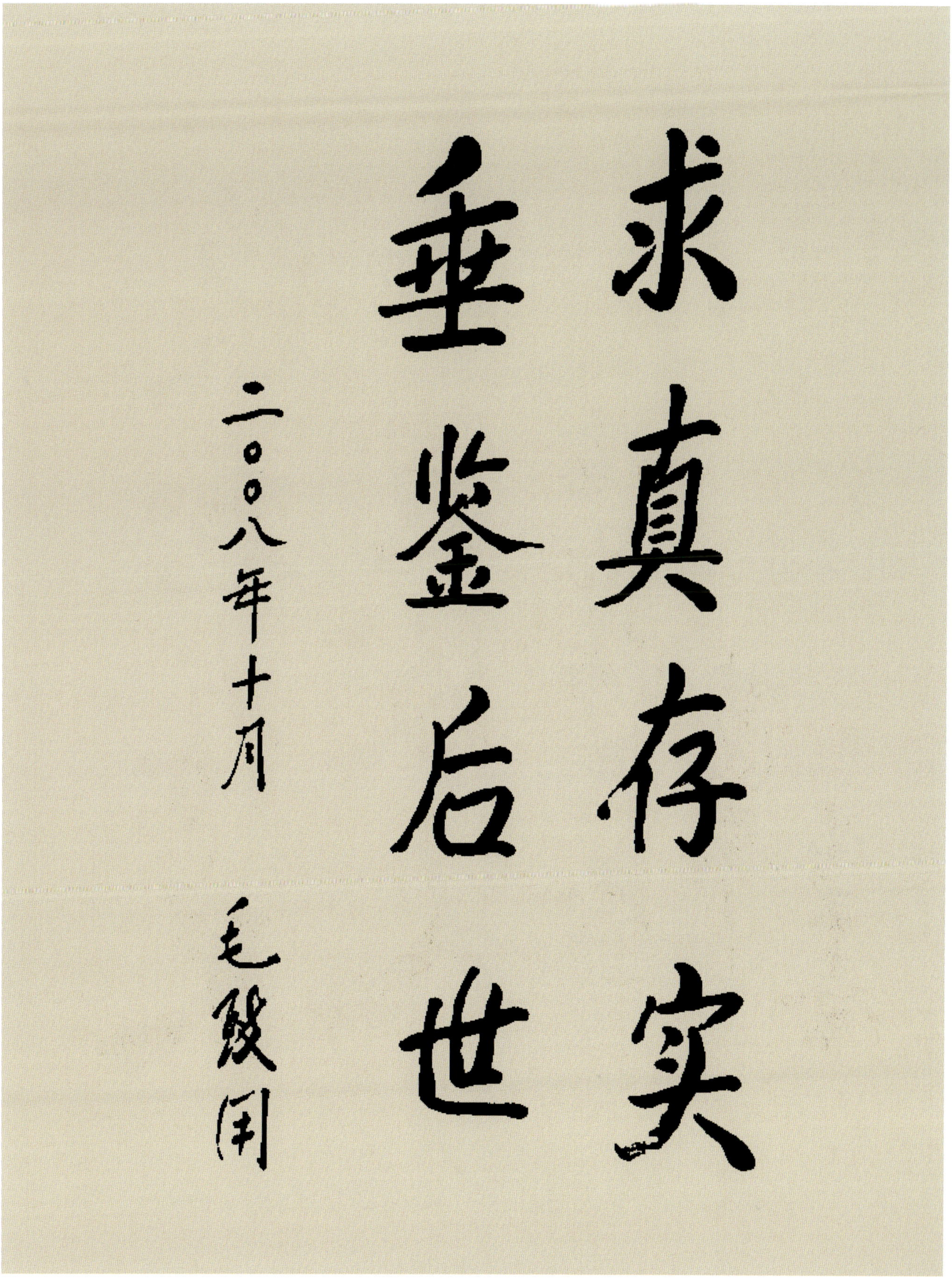

全国政协原副主席毛致用题词

国家工商总局原副局长、全国工商联原副主席、中国个协第三届理事会原会长甘国屏题词

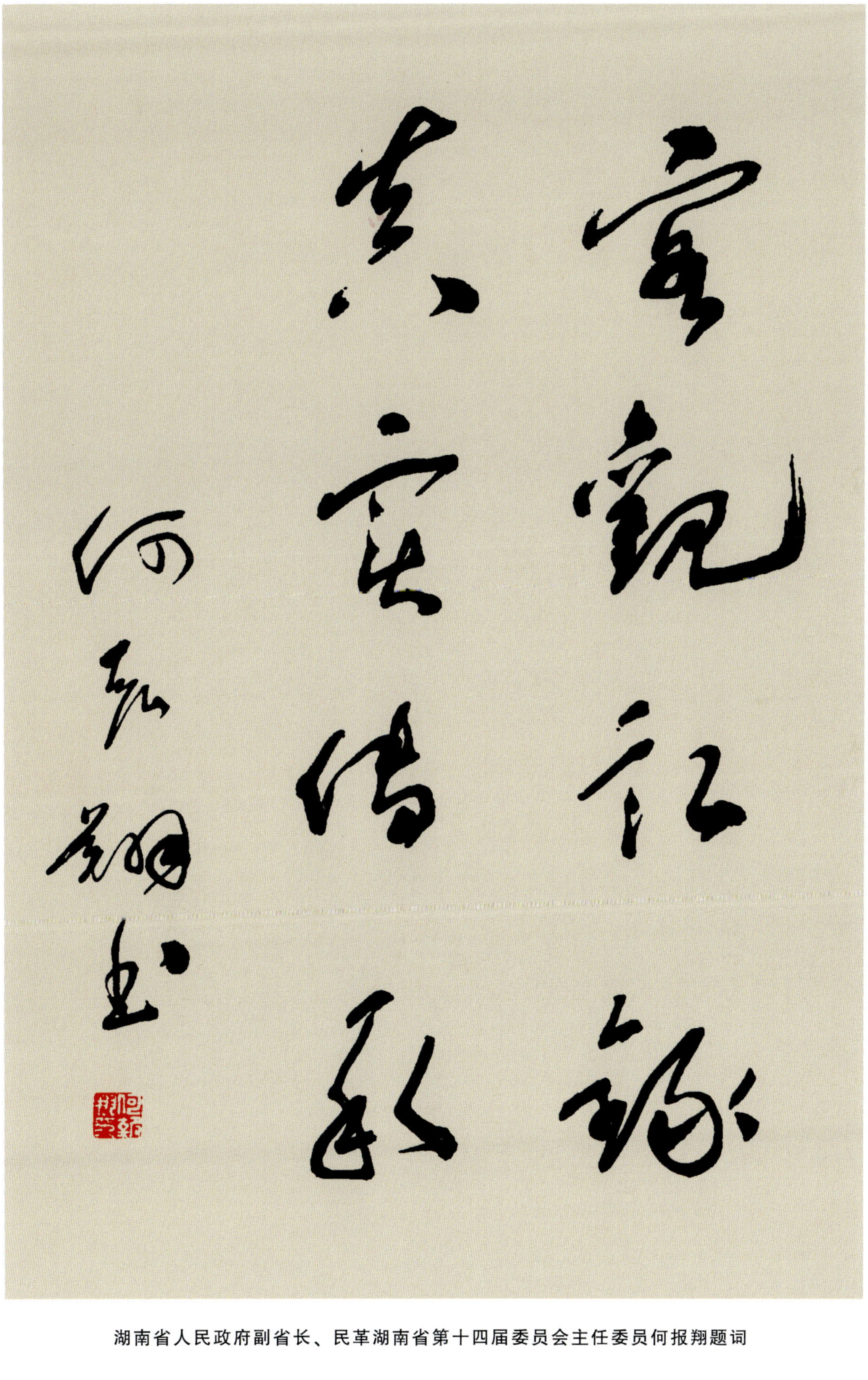

湖南省人民政府副省长、民革湖南省第十四届委员会主任委员何报翔题词

湖北省
君山区
柳林洲街道
杭瑞高速
S306
G56
北洲
中洲
望君洲
小西湖
古月湖
月牙湖
东洞庭湖
君山公园
岳阳楼区
岳阳市
洞庭街道
枫桥湖街道
岳阳楼街道
站前路街道
望岳路街道
洛王街道
东茅岭街道
吕仙亭街道
五里牌街道
王家河街道
金鹗山街道
求索街道
南湖街道
奇家岭街道
湖滨街道
郭镇乡
康王乡
新开镇
岳阳县
荣家湾镇
中洲乡
黄沙街镇
团洲乡
新洲芦苇场
新洲
乌龟洲
煤炭湾
飘尾洲
团湖洲
雁子洲
东洞庭湖国家级自然保护区
陡沙坡
中洲大堤
增挡洲
三联洲
三港子河
鲤鱼湖
柴下洲
沅江市
大港
合兴洲
鲇鱼口洲
凤凰乡
华容县
南县
图例
市(州)政府驻地
县（市、区）政府驻地
乡(镇、街道)政府驻地
村(居)委会驻地
省（自治区）界
市(州)界
县(市、区)界
普速铁路
高速铁路
高速
国道
省道
县道
乡道

岳阳县行政区划图
临湘市
长安街道
五里牌街道
城南乡
京广铁路
京广高速铁路
京港澳高速
杭瑞高速
G4
G56
G107
S301
S306
S320
S11
桃林镇
忠防镇
詹桥镇
石南镇
长塘镇
白羊田镇
临
湘
市
湖
北
省
区
忠防
龙源
大云山
大云山国有林场
毛田镇
筻口镇
杨林乡
公田镇
月田镇
柏祥镇
步仙镇
张谷英镇
板江乡
三江镇
铁山水库
小港
中洲
黄岸
铁山湖
五龙桥
长安
向佳
港口
东新
黄道
西台
英桥
道仁
福洞
相思山
大界
花苗
改港
倒溪
莲花湖
饶村
大峰
黄土岭
朱公桥
狮山
新合
仙桥
松溪
关王
北斗岭
凤凰
安山
渭洞
大明山
松树
大水
金鸡
龙洞
长坪
大龙
杉桥
游港
鲁塘
熊市
西冲
朱仑
释迦寺
尚书
杨林街
城山舟
花果园
溪源
姑桥
王安
塘田
龙头
七一
伏太
刘明
万庆
中村
桑园
市
平
江
县
九峰
审图号：湘S(2017)132号

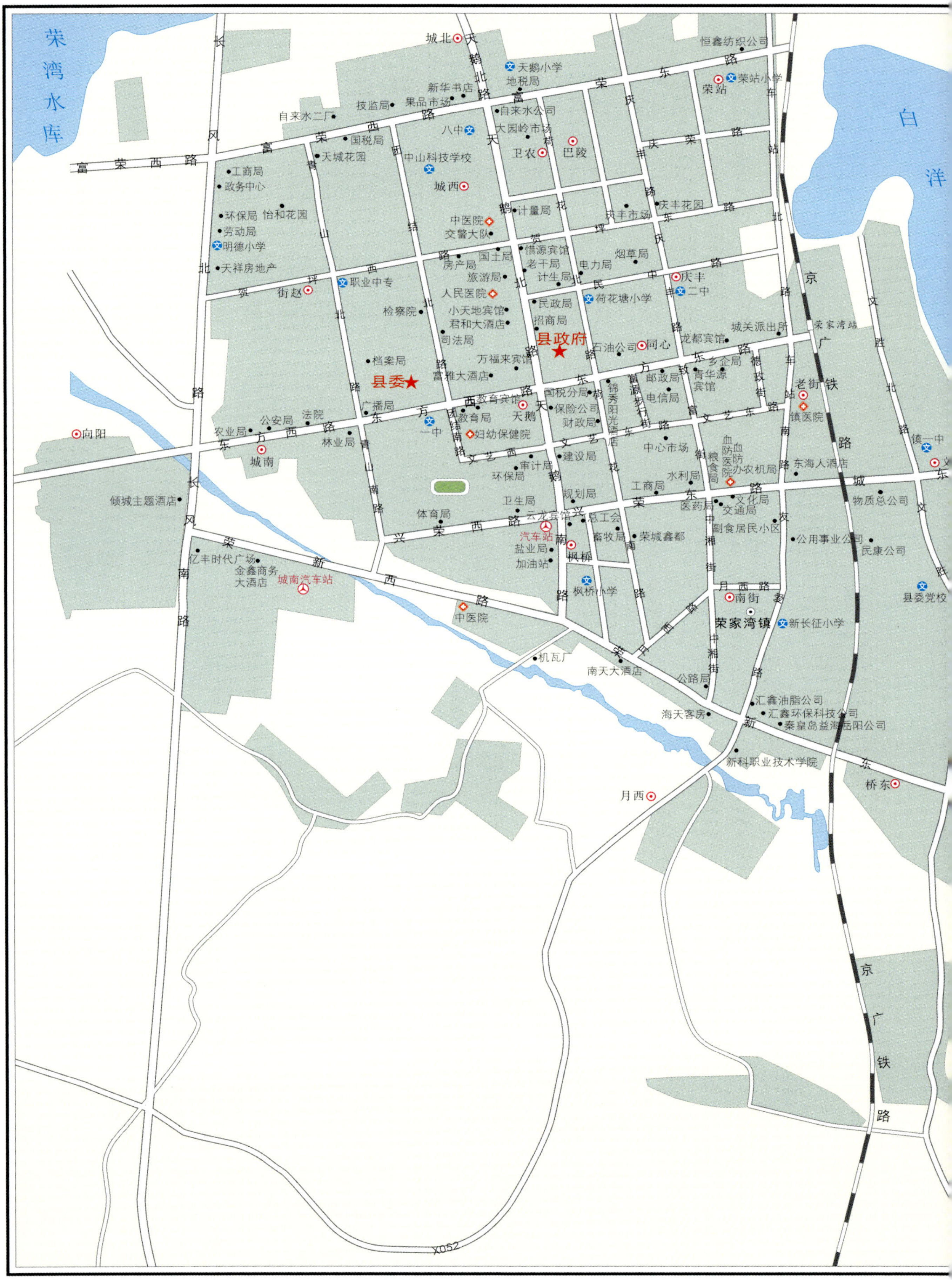
荣湾水库
白洋
城北
天鹅小学
地税局
新华书店
集品市场
技监局
自来水二厂
自来水公司
八中
大园岭市场
国税局
天城花园
中山科技学校
卫农
巴陵
城西
工商局
政务中心
环保局
怡和花园
劳动局
明德小学
天祥房地产
中医院
交警大队
计量局
庆丰市场
庆丰花园
恒鑫纺织公司
荣站小学
荣站
借源宾馆
老干局
国土局
房产局
旅游局
计生局
电力局
烟草局
庆丰
二中
职业中专
街赵
人民医院
荷花塘小学
民政局
招商局
检察院
小天地宾馆
君和大酒店
司法局
县政府
石油公司
同心
城关派出所
荣家湾站
龙都宾馆
乡企局
档案局
县委
万福来宾馆
富雅大酒店
邮政局
青华源宾馆
电信局
国税分局
老街
镇医院
教育宾馆
广播局
保险公司
天鹅
财政局
公安局
法院
农业局
向阳
教育局
一中
妇幼保健院
林业局
城南
中心市场
血防医院
粮食局
农机局
东海人酒店
审计局
建设局
环保局
倾城主题酒店
工商局
水利局
卫生局
规划局
医药局
文化局
交通局
物质总公司
体育局
云龙宾馆
总工会
汽车站
副食居民小区
公用事业公司
民康公司
畜牧局
荣城鑫都
盐业局
加油站
枫桥
亿丰时代广场
金鑫商务大酒店
城南汽车站
枫桥小学
南街
荣家湾镇
新长征小学
县委党校
中医院
机瓦厂
南天大酒店
公路局
汇鑫油脂公司
汇鑫环保科技公司
秦皇岛益海岳阳公司
海天客房
新科职业技术学院
桥东
月西
镇一中
富荣西路
京广铁路
京广路
X052

岳阳县城区图

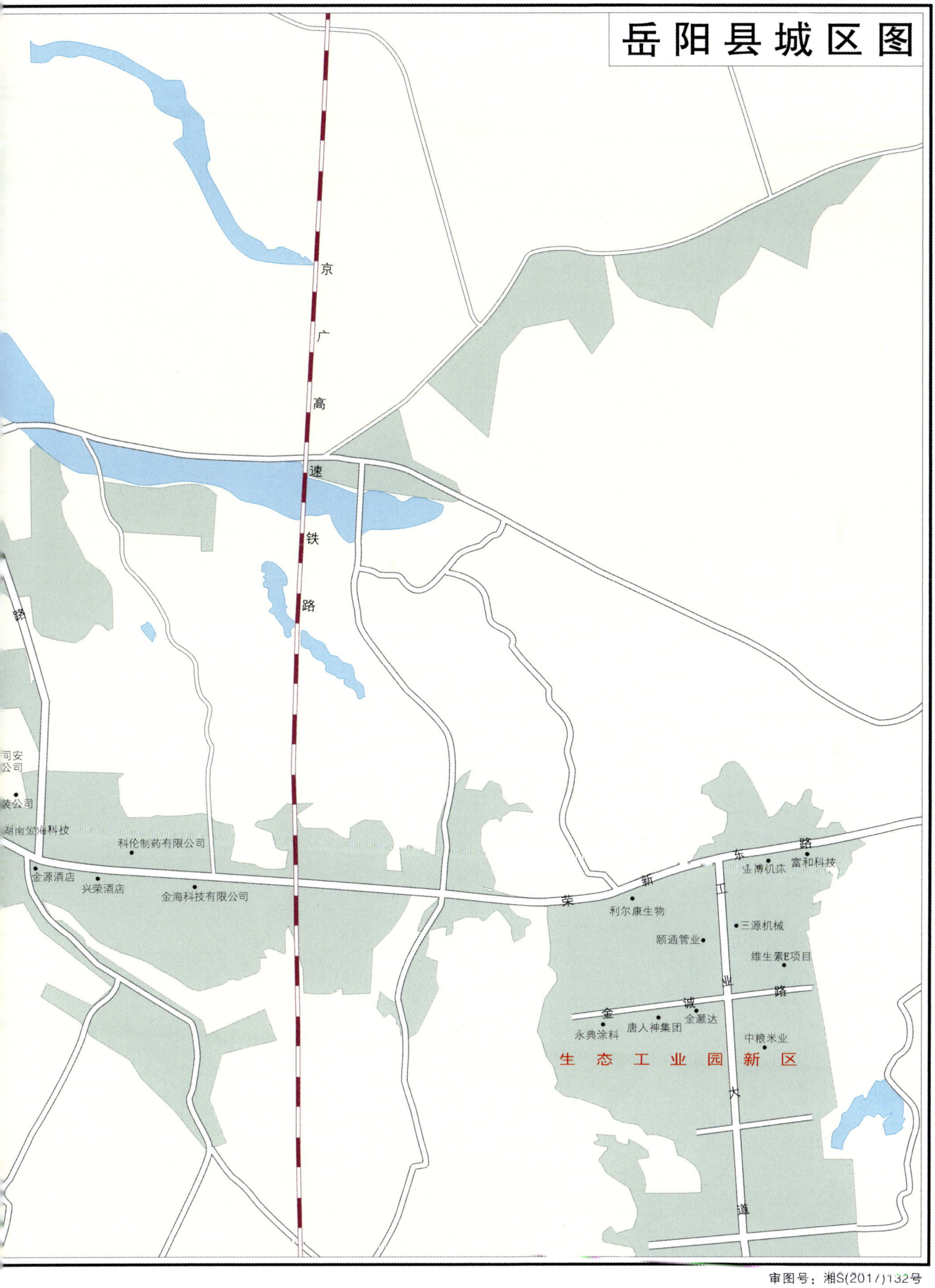

审图号：湘S(2017)132号

中共岳阳县委

岳阳县人民政府

县城俯瞰(之一)

县政务公开中心

城北新区

县城俯瞰（之二）

县城俯瞰（之三）

天鹅路夜景

长风路夜景

京珠高速公路入口处

荣岳公路

皇帽古松

张谷英古村落

张谷英当大门

大云山圣地

“三战三捷”石刻

铁山水库

洞庭夕照

凌云塔

东洞庭湖候鸟

月田镇白石村梯田

机械化耕种

新农村建设

相思山盘山公路

黄沙街茶场

油菜花开

岳阳大力神电磁机械有限公司

县工业园全景

湖南椰星食品饮料有限公司

湖南科伦制药有限公司

中粮米业（岳阳）有限公司

湖南天欣科技股份有限公司

中国电信岳阳县分公司

中国移动通信岳阳县分公司

国家电网文里 220 千伏变电站

萬福來賓館
張萬福珠寶
老汽车站对面
萬福來賓館
oppo
vivo

万福来宾馆

湘·君子兰大酒店
0730 7643888
4F
步步高
hyper-mart
张万福珠宝

步步高超市

县汽车站

亿丰五金家居建材城

步行街一角

富雅大酒店

县城公交车

致富街农贸市场

岳阳县第一中学

岳阳县明德小学

中学生田径运动会

新墙河抗战史实陈列馆

大家书屋

县体育馆

县职高田径场

非物质文化遗产——云山山歌

群众广场舞

群众街头文化表演

“送春联”活动

张谷英村舞龙表演

岳阳县人民医院

岳阳县人民医院

岳阳县人民医院
PEOPLE'S HOSPITAL OF YUE YANG COUNTY
住院大楼
住院部
控烟禁烟 从我做起 无烟医院 人人有责

岳阳县中医院

岳阳县三人民医院

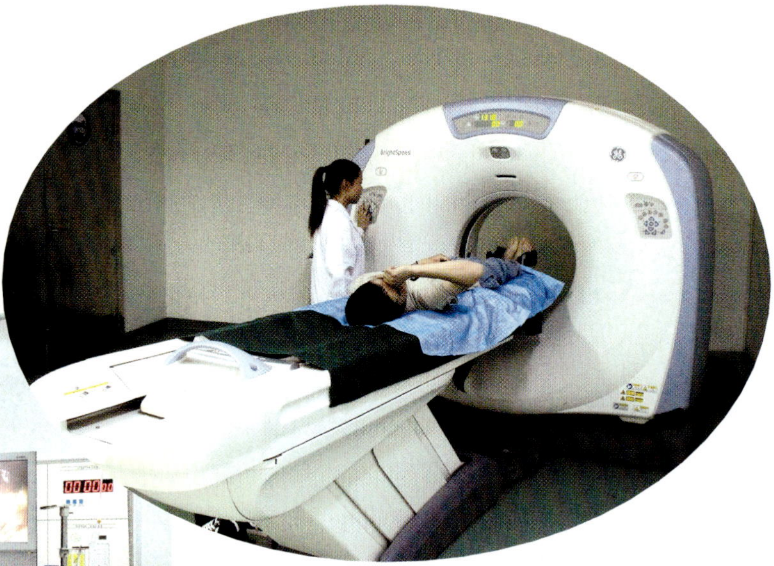

美国 GE16 排 CT

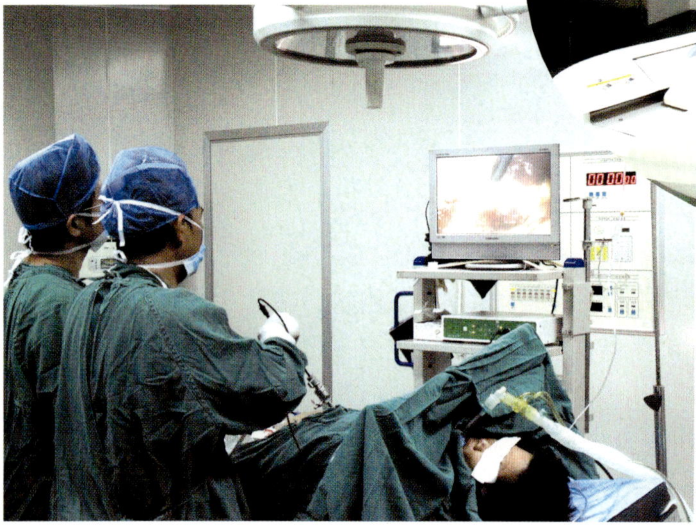

微创腹腔镜手术

“无偿献血”活动

医务人员下乡义诊

民康药业

张谷英油豆腐

工艺扇

新墙葡萄

中洲西瓜

鹿角杨梅基地

麻塘草莓基地

新墙葡萄

中洲湘莲

东洞庭湖芦苇

篔口水稻基地

张谷英竹海

珍珠养殖

铁山刀子鱼

野生藜蒿

麻塘鹅业

黑山羊养殖

目 录

概述 ………………………………………… 1
大事记 ……………………………………… 8

第一篇 地理

第一章 建置·区划 ………………………… 60
第一节 位置·面积 ………………………… 60
第二节 行政区划 ………………………… 60
第二章 自然环境 ………………………… 64
第一节 地质·地貌 ………………………… 64
第二节 土壤 ……………………………… 65
第三节 气候 ……………………………… 66
第四节 水文 ……………………………… 68
第三章 自然资源 ………………………… 69
第一节 矿产资源 ………………………… 69
第二节 野生动植物 ……………………… 70
第三节 土地资源 ………………………… 73
第四节 水资源 …………………………… 73
第四章 自然灾害 ………………………… 74
第一节 水灾 ……………………………… 74
第二节 旱灾 ……………………………… 75
第三节 其他灾害 ………………………… 75

第二篇 中国共产党地方组织

第一章 党员代表大会 …………………… 77
第一节 第五次代表大会 ………………… 77
第二节 第六次代表大会 ………………… 77
第三节 第七次代表大会 ………………… 78
第四节 第八次代表大会 ………………… 79
第五节 第九次代表大会 ………………… 80
第六节 第十次代表大会 ………………… 80
第二章 中共岳阳县委员会 ……………… 81
第一节 领导班子 ………………………… 81
第二节 工作机构 ………………………… 82
第三节 常委会议 ………………………… 83
第三章 重大决策与活动 ………………… 89
第一节 新县城建设 ……………………… 89
第二节 创建全国示范性高中——岳阳县一中 ……………………………………… 90
第三节 加快小城镇建设 ………………… 90
第四节 国有工业企业改革 ……………… 91
第五节 粮食企业改革 …………………… 91
第六节 加快发展个体私营经济 ………… 92
第七节 完善农业生产责任制 …………… 93
第八节 撤区并乡建镇 …………………… 93
第九节 企业“两个转换”改制 ………… 93
第十节 实施“开放兴县”战略 ………… 94
第十一节 加强东洞庭湖管理 …………… 95
第十二节 建设岳阳县生态工业园 ……… 95
第十三节 创建省级文明县城 …………… 96
第十四节 根治水患 ……………………… 96
第十五节 岳荣新一级公路建设 ………… 97
第四章 纪检监察 ………………………… 97
第一节 党风廉政建设 …………………… 97
第二节 查处违纪案件 …………………… 99

第三节　执法监察 …………………… 100
第四节　专项治理与纠风 …………… 102
第五节　纪检监察信访 ……………… 102
第五章　组织建设 ………………………… 103
第一节　党组织机构 ………………… 103
第二节　队伍建设 …………………… 104
第三节　干部管理 …………………… 105
第四节　基层组织建设 ……………… 107
第六章　思想宣传工作 …………………… 108
第一节　舆论宣传 …………………… 108
第二节　理论教育 …………………… 109
第三节　文明创建 …………………… 110
第七章　统一战线 ………………………… 111
第一节　统战宣传 …………………… 111
第二节　培养选拔党外人士 ………… 111
第三节　对台工作 …………………… 112
第八章　机构编制管理 …………………… 113
第一节　行政编制调整 ……………… 113
第二节　机构改革 …………………… 114
第三节　编制管理 …………………… 115
第九章　综合党务 ………………………… 116
第一节　文秘工作 …………………… 116
第二节　政策研究 …………………… 117
第三节　综合信息 …………………… 117
第四节　机要保密 …………………… 118
第五节　督查考评 …………………… 119
第六节　机关事务管理 ……………… 119
第七节　史志工作 …………………… 120
第八节　档案工作 …………………… 121
第九节　党校工作 …………………… 122
第十节　老干部工作 ………………… 123

第三篇　地方人民代表大会

第一章　人大代表 ………………………… 126
第一节　代表产生 …………………… 126
第二节　代表构成 …………………… 127
第二章　代表大会 ………………………… 128
第一节　第七届人民代表大会 …… 129
第二节　第八届人民代表大会 …… 129
第三节　第九届人民代表大会 …… 129
第四节　第十届人民代表大会 …… 131
第五节　第十一届人民代表大会 … 132
第六节　第十二届人民代表大会 … 133
第七节　第十三届人民代表大会 … 135
第八节　第十四届人民代表大会 … 136
第九节　第十五届人民代表大会 … 138
第三章　常务委员会 ……………………… 139
第一节　常委班子 …………………… 139
第二节　工作部门 …………………… 140
第三节　常委会议 …………………… 142
第四节　常委会主任会议 …………… 145
第四章　职权行使 ………………………… 146
第一节　议案办理 …………………… 146
第二节　人事任免 …………………… 146
第三节　监督工作 …………………… 147

第四篇　地方人民政府

第一章　政府机构 ………………………… 149
第一节　工作机构 …………………… 149
第二节　组成人员 …………………… 150
第二章　重要会议 ………………………… 151
第一节　政府全会 …………………… 151
第二节　政府常务会议 ……………… 152
第三节　县长办公会议 ……………… 153
第四节　专题会议 …………………… 153
第三章　施政方式 ………………………… 154
第一节　领导与协调 ………………… 154
第二节　依法行政 …………………… 155
第三节　政务公开 …………………… 156
第四章　施政纪要 ………………………… 158
第一节　基础设施建设 ……………… 158
第二节　减轻农民负担 ……………… 158

第三节　招商引资 …………………… 159
第四节　调整农业产业结构 ………… 160
第五节　创建计划生育先进县 ……… 160
第六节　加快工业化发展 …………… 161
第七节　新型农村合作医疗 ………… 161
第八节　兴办职业教育 ……………… 162
第九节　保护资源、保护生态 ……… 163
第十节　农村公路建设 ……………… 163
第十一节　廉租住房建设 …………… 164
第五章　综合政务 ……………………… 164
第一节　信访接待 …………………… 164
第二节　政务督查 …………………… 165
第三节　法制工作 …………………… 166
第四节　安全工作 …………………… 167
第五节　外事侨务 …………………… 168
第六节　移民安置 …………………… 169
第七节　调研文秘 …………………… 170
第八节　驻外办事 …………………… 172

第五篇　政协地方组织

第一章　政协委员 ……………………… 173
第一节　委员产生 …………………… 173
第二节　委员构成 …………………… 174
第三节　委员活动 …………………… 175
第二章　全体会议 ……………………… 176
第一节　第五届委员会全体会议 …… 176
第二节　第六届委员会全体会议 …… 176
第三节　第七届委员会全体会议 …… 177
第四节　第八届委员会全体会议 …… 178
第五节　第九届委员会全体会议 …… 179
第六节　第十届委员会全体会议 …… 180
第七节　第十一届委员会全体会议 … 181
第三章　政协常委会 …………………… 181
第一节　常委组成 …………………… 181
第二节　专门委员会 ………………… 182
第四章　职能行使 ……………………… 183
第一节　政治协商 …………………… 183
第二节　民主监督 …………………… 185
第三节　参政议政 …………………… 187
第四节　服务经济 …………………… 188
第五节　提案办理 …………………… 188
第六节　联络联谊 …………………… 189
第七节　文史征编 …………………… 190

第六篇　社会团体

第一章　总工会 ………………………… 191
第一节　机构 ………………………… 191
第二节　代表大会 …………………… 192
第三节　主要活动 …………………… 192
第二章　共青团 ………………………… 194
第一节　机构 ………………………… 194
第二节　代表大会 …………………… 194
第三节　主要活动 …………………… 195
第三章　妇联 …………………………… 199
第一节　机构 ………………………… 199
第二节　代表大会 …………………… 199
第三节　主要活动 …………………… 200
第四章　工商联 ………………………… 201
第一节　机构 ………………………… 201
第二节　代表大会 …………………… 201
第三节　主要活动 …………………… 202
第五章　科协 …………………………… 203
第一节　机构 ………………………… 203
第二节　代表大会 …………………… 204
第三节　主要活动 …………………… 204
第六章　文联 …………………………… 205
第一节　机构 ………………………… 205
第二节　代表大会 …………………… 206
第三节　主要活动 …………………… 206
第七章　残联 …………………………… 208
第一节　机构 ………………………… 208
第二节　主要活动 …………………… 208

第七篇　法治·武装

第一章　政法委工作和综合治理 ………… 211
第一节　机构·队伍 ………… 211
第二节　建立维稳责任制 ………… 211
第三节“严打”整治专项行动 ………… 212
第四节　处理邪教组织 ………… 213
第五节　执法监督 ………… 215
第六节　队伍建设 ………… 215
第二章　公安 ………… 216
第一节　机构·队伍 ………… 216
第二节　户籍管理 ………… 216
第三节　治安管理 ………… 219
第四节　案件侦破 ………… 227
第五节　国内安全保卫 ………… 228
第六节　交通安全管理 ………… 230
第七节　监所管理 ………… 232
第三章　检察 ………… 234
第一节　机构·队伍 ………… 234
第二节　刑事检察 ………… 234
第三节　经济检察 ………… 235
第四节　民事行政检察 ………… 236
第五节　法纪检察 ………… 236
第六节　监所检察 ………… 237
第七节　控告申诉检察 ………… 237
第四章　法院 ………… 238
第一节　机构·队伍 ………… 238
第二节　审判制度 ………… 238
第三节　刑事审判 ………… 239
第四节　经济审判 ………… 240
第五节　民事审判 ………… 241
第六节　行政审判 ………… 242
第七节　申诉复查 ………… 244
第八节　案件执行 ………… 244
第五章　司法行政 ………… 245
第一节　机构·队伍 ………… 245
第二节　法治教育 ………… 245
第三节　民事调解 ………… 246
第四节　律师事务 ………… 247
第五节　公证事务 ………… 247
第六节　安置帮教 ………… 248
第七节　法律援助 ………… 248
第六章　人民武装 ………… 249
第一节　机构·驻军 ………… 249
第二节　兵役 ………… 251
第三节　民兵 ………… 251
第四节　拥政爱民 ………… 252
第五节　国防教育 ………… 253
第六节　人民防空 ………… 253
第七节　武警·消防 ………… 254

第八篇　民政·人事·劳动

第一章　民政 ………… 257
第一节　优抚·安置 ………… 257
第二节　救灾·救济 ………… 260
第三节　社会福利 ………… 262
第四节　最低生活保障 ………… 264
第五节　婚姻登记 ………… 264
第六节　殡葬管理 ………… 265
第七节　地名管理 ………… 265
第八节　社团管理 ………… 265
附：2007年社会团体名录 ………… 266
第九节　基层自治组织 ………… 268
第二章　人事 ………… 269
第一节　人事制度改革 ………… 269
第二节　干部来源 ………… 270
第三节　干部管理 ………… 271
第四节　职称评定 ………… 272
第五节　工资·福利 ………… 273
第六节　考核奖惩 ………… 274
第七节　人才市场 ………… 275
第三章　劳动 ………… 276

第一节 就业与培训 …… 276
第二节 用工制度 …… 278
第三节 劳动保护 …… 278
第四节 劳务输出 …… 279
第五节 劳动工资 …… 280
第六节 监察仲裁 …… 281

第九篇 农业·水利

第一章 农业结构调整与基础设施建设 …… 283
第一节 农业结构调整 …… 283
第二节 农业综合开发 …… 285
第三节 农村扶贫开发 …… 285
第四节 农村能源建设 …… 286
第二章 农村经营管理 …… 287
第一节 农村经济体制改革 …… 287
第二节 农村财务管理 …… 288
第三节 农民负担监督管理 …… 289
第四节 社会主义新农村建设 …… 290
第三章 种植业 …… 291
第一节 种植结构 …… 291
第二节 粮食作物 …… 291
第三节 经济作物 …… 294
第四节 种植技术 …… 296
第五节 种植管理 …… 297
第四章 养殖业 …… 299
第一节 畜禽养殖 …… 299
第二节 水产养殖 …… 300
第三节 特种养殖 …… 302
第四节 疫病防治 …… 302
第五节 养殖管理 …… 303
附：名优产品简介 …… 304
第五章 林业 …… 307
第一节 森林资源与保护 …… 307
第二节 林木育苗 …… 310
第三节 植树造林 …… 310
第四节 产品经营 …… 311
第五节 林政管理 …… 312
第六章 水利 …… 312
第一节 水利建设 …… 312
附：铁山水库 …… 315
第二节 水土保持 …… 316
第三节 防汛抗旱 …… 318
专记 '96抗洪纪实 …… 320
'98抗洪纪实 …… 321
第四节 渠道管理 …… 322
第五节 平垸行洪 …… 323
第六节 水利管理 …… 324
第七章 农业机械 …… 325
第一节 农机种类 …… 325
第二节 农机管理 …… 328
第三节 农机服务 …… 329
第四节 技术推广 …… 329

第十篇 东洞庭湖管理

第一章 湖洲 …… 331
第一节 湖洲资源 …… 331
第二节 芦苇生产 …… 331
第三节 综合经营 …… 332
第二章 渔政 …… 333
第一节 机构 …… 333
第二节 保护渔业资源 …… 333
第三节 改善民生 …… 335
第三章 综合管理 …… 335
第一节 管理机构 …… 335
第二节 沙石资源管理 …… 336

第十一篇 工业·乡镇企业

第一章 工业门类 …… 339
第一节 机械冶金 …… 339
第二节 生物医药 …… 340
第三节 建材建筑 …… 341

第四节　纺织印刷 …………………… 342
第五节　服装制鞋 …………………… 344
第六节　陶瓷制扇 …………………… 345
第七节　食品工业 …………………… 346
第八节　二轻工业 …………………… 347
第九节　其他工业 …………………… 348
附：重点企业简介 …………………… 351
第二章　工业企业改革 …………………… 353
第一节　经营体制改革 ………………… 353
第二节　产权制度改革 ………………… 354
第三章　乡镇企业 …………………… 355
第一节　管理机构 …………………… 355
第二节　产业结构 …………………… 355
第三节　企业经营与管理 ……………… 356
第四章　工业园建设 …………………… 359
第一节　县生态工业园区 ……………… 359
第二节　新墙农业工业化园区 ………… 360

第十二篇　建设·环保

第一章　城镇建设规划 ………………… 368
第一节　规划编制 …………………… 368
第二节　规划管理 …………………… 368
第二章　县城建设 …………………… 370
第一节　街道建设 …………………… 370
第二节　城市供水排水供气 …………… 372
第三节　市政设施建设 ………………… 373
第四节　城市建设投融资 ……………… 374
第三章　县城管理 …………………… 375
第一节　交通管理 …………………… 375
第二节　环卫管理 …………………… 375
第三节　城管监察 …………………… 375
第四节　公用事业 …………………… 376
第四章　村镇建设 …………………… 376
第一节　集镇建设 …………………… 376
第二节　乡村建设 …………………… 377
第五章　房地产管理 …………………… 377
第一节　住房制度改革 ………………… 377
第二节　房地产开发 ………………… 379
第三节　产权产籍管理 ………………… 380
第六章　建筑业 …………………… 380
第一节　建筑队伍 …………………… 380
第二节　建筑设计 …………………… 381
第三节　建筑市场 …………………… 381
第四节　建筑材料 …………………… 382
第五节　建筑管理 …………………… 383
第七章　环境保护 …………………… 384
第一节　环境状况 …………………… 384
第二节　环境监测 …………………… 385
第三节　环境治理 …………………… 386
第四节　环保执法 …………………… 387

第十三篇　交通·电力·通信

第一章　交通 …………………… 389
第一节　公路 …………………… 389
第二节　铁路 …………………… 393
第三节　水路 …………………… 394
第四节　交通管理 …………………… 395
第二章　电力 …………………… 398
第一节　电网建设 …………………… 398
第二节　电力供应 …………………… 399
第三节　供电管理 …………………… 401
第三章　邮政 …………………… 402
第一节　邮政业务 …………………… 402
第二节　邮政设施 …………………… 404
第三节　邮政管理 …………………… 405
第四章　电信 …………………… 405
第一节　电信业务 …………………… 405
第二节　网络设备 …………………… 406
第三节　电信管理 …………………… 407
第五章　移动·联通通信 ………………… 408
第一节　移动通信 …………………… 408
第二节　联通通信 …………………… 410

第十四篇 商贸·旅游·服务

第一章 商业 …………………………………… 411
第一节 商业体制改革 ……………………… 411
第二节 纺织品、日用百货购销 …… 412
第三节 五金、交电、化工材料购销 … 413
第四节 副食品经营 ……………………… 413
第五节 肉食水产经营 …………………… 413
第二章 供销合作商业 …………………… 414
第一节 供销体制改革 …………………… 415
第二节 农业生产资料经营 ……………… 415
第三节 生活资料经营 …………………… 416
第四节 农副产品收购 …………………… 416
第五节 废旧回收 ………………………… 417
第三章 粮油经营 ………………………… 417
第一节 粮油经营体制改革 ……………… 417
第二节 粮油购销 ………………………… 418
第三节 粮油管理 ………………………… 419
第四节 粮油加工 ………………………… 420
第五节 粮食企业改革 …………………… 420
第六节 粮食行政执法 …………………… 421
第四章 物资经营 ………………………… 422
第一节 物资经营体制改革 ……………… 422
第二节 金属材料经营 …………………… 423
第三节 机电设备经营 …………………… 423
第四节 建筑材料经营 …………………… 423
第五节 燃料经营 ………………………… 424
第六节 金属回收 ………………………… 425
第五章 烟草经营 ………………………… 425
第一节 烟草经营体制改革 ……………… 425
第二节 购进 ……………………………… 426
第三节 销售 ……………………………… 426
第四节 市场管理 ………………………… 426
第六章 石油经营 ………………………… 427
第一节 石油经营体制改革 ……………… 427
第二节 购进 ……………………………… 427
第三节 销售 ……………………………… 428
第四节 市场管理 ………………………… 428
第七章 盐业经营 ………………………… 429
第一节 盐业经营体制改革 ……………… 429
第二节 购进 ……………………………… 429
第三节 销售 ……………………………… 429
第四节 市场管理 ………………………… 430
第八章 外贸经营 ………………………… 430
第一节 外贸体制改革 …………………… 430
第二节 进出口 …………………………… 431
第九章 旅游 ……………………………… 432
第一节 旅游资源 ………………………… 432
第二节 旅游规划 ………………………… 433
第三节 景区景点建设 …………………… 434
第四节 旅游业务 ………………………… 434
第十章 饮食服务 ………………………… 435
第一节 饮食业 …………………………… 435
第二节 服务业 …………………………… 436

第十五篇 综合经济管理

第一章 计划管理 ………………………… 438
第一节 管理体制 ………………………… 438
第二节 计划编制与执行 ………………… 438
第三节 固定资产投资管理 ……………… 443
第四节 重点项目建设 …………………… 443
第二章 物价管理 ………………………… 444
第一节 机构 ……………………………… 444
第二节 价格调整 ………………………… 445
第三节 价格管理 ………………………… 447
第四节 收费管理 ………………………… 448
第五节 价格监督 ………………………… 448
第三章 工商行政管理 …………………… 449
第一节 企业登记管理 …………………… 449
第二节 个体私营经济管理 ……………… 450
附：个体劳动者私营企业协会 ………… 452
第三节 集贸市场 ………………………… 452

第四节 经济监督检查 …… 454
第五节 商标、广告管理 …… 454
第六节 经济合同管理 …… 455
第七节 维护消费者权益 …… 456
第四章 国土资源管理 …… 457
第一节 机构 …… 457
第二节 土地规划利用 …… 457
第三节 耕地与建设用地管理 …… 458
第四节 地产地籍管理 …… 459
第五节 矿产资源管理 …… 461
第六节 测绘管理 …… 462
第七节 土地执法监察 …… 462
第五章 药品食品监督管理 …… 463
第一节 机构 …… 463
第二节 药品质量监督 …… 464
第三节 药品市场管理 …… 464
第四节 食品安全监督 …… 464
第六章 质量技术监督 …… 465
第一节 机构 …… 465
第二节 计量管理 …… 465
第三节 标准化管理 …… 466
第四节 质量监督 …… 466
第五节 查处假冒伪劣商品 …… 467
第七章 审计 …… 468
第一节 财政预算执行及其他财务收支审计 …… 469
第二节 领导干部任期经济责任审计 …… 469
第三节 行政事业审计 …… 469
第四节 基建投资审计 …… 469
第八章 统计 …… 470
第一节 统计制度 …… 470
第二节 统计调查 …… 470
第三节 统计服务 …… 471

第十六篇 财税·金融

第一章 财政 …… 473
第一节 财政体制改革 …… 473
第二节 财政收入 …… 474
第三节 财政支出 …… 476
第四节 财政监督 …… 478
第五节 预算外资金管理 …… 479
第六节 专项资金使用与管理 …… 479
第七节 国有资产管理 …… 480
第八节 会计管理 …… 480
第九节 财源建设 …… 481
第二章 税务 …… 482
第一节 税务体制改革 …… 482
第二节 国家税务 …… 483
第三节 地方税务 …… 484
第三章 金融 …… 486
第一节 金融体制改革 …… 486
第二节 人行县支行 …… 487
第三节 工行县支行 …… 488
第四节 农行县支行 …… 488
第五节 建行县支行 …… 489
第六节 农发行县支行 …… 490
第七节 信用合作联社 …… 490
第八节 保险 …… 491

第十七篇 教育·科技

第一章 教育 …… 493
第一节 基础教育 …… 493
第二节 职业教育 …… 499
第三节 特殊教育 …… 501
第四节 成人教育 …… 502
第五节 教师队伍 …… 505
第六节 教学研究 …… 508
第七节 招生工作 …… 509
第八节 教育管理 …… 511
第九节 勤工俭学 …… 513
附：学校简介 …… 515
第二章 科技 …… 516

第一节　科技队伍 …………………… 516
第二节　科技活动 …………………… 517
第三节　科技成果 …………………… 518
第四节　科技管理 …………………… 518
第五节　科技扶贫 …………………… 520

第十八篇　文化·体育

第一章　文化 …………………… 521
第一节　文化设施 …………………… 521
第二节　群众文化 …………………… 523
第三节　广播电视 …………………… 524
第四节　电影 …………………… 526
第五节　文物 …………………… 527
第六节　文化市场管理 …………………… 528
第七节　图书发行 …………………… 529
附：荣城文化地标—大家书屋 ……… 529
第二章　文学艺术 …………………… 530
第一节　戏曲 …………………… 530
第二节　文学创作 …………………… 530
第三节　书画摄影 …………………… 531
第四节　音乐舞蹈 …………………… 532
第三章　体育 …………………… 533
第一节　机构·队伍 …………………… 533
第二节　体育设施 …………………… 533
第二节　群众体育 …………………… 534
第四节　竞技体育 …………………… 535
第五节　学校体育 …………………… 537
第六节　体育人才培训与输送 ……… 538

第十九篇　卫生

第一章　卫生医疗制度改革 …………… 540
第一节　卫生体制改革 …………………… 540
第二节　医药体制改革 …………………… 541
第三节　医疗机构改革 …………………… 541
第二章　机构·设施 …………………… 541
第一节　机构 …………………… 541
第二节　队伍 …………………… 543
第三节　设施 …………………… 544
第三章　公共卫生 …………………… 545
第一节　公共卫生体系建设 ……… 545
第二节　防疫 …………………… 546
第三节　卫生监督 …………………… 548
第四节　爱国卫生运动 …………………… 550
第四章　妇幼保健 …………………… 552
第一节　接生 …………………… 552
第二节　妇女保健 …………………… 552
第三节　儿童保健 …………………… 553
第五章　临床医疗 …………………… 553
第一节　中医 …………………… 553
第二节　西医 …………………… 554
第三节　中西医结合 …………………… 555
第四节　护理 …………………… 555
第五节　科研活动 …………………… 555
第六章　医疗卫生管理 …………………… 556
第一节　医政管理 …………………… 556
第二节　新型农村合作医疗 ……… 557
第七章　血防 …………………… 558
第一节　机构队伍 …………………… 558
第二节　疫情 …………………… 558
第三节　预防 …………………… 559
第四节　治疗 …………………… 560

第二十篇　社会生活

第一章　人口与计划生育 …………… 562
第一节　人口状况 …………………… 562
第二节　人口变动 …………………… 565
第三节　人口普查 …………………… 566
第四节　人口管理 …………………… 567
第五节　计划生育 …………………… 568
第六节　优生优育 …………………… 570
第二章　社会保障制度 …………………… 571

第一节 养老保险 …… 571
第二节 失业保障 …… 571
第三节 医疗保险 …… 572
第四节 城市居民最低生活保障 …… 573
第三章 人民生活 …… 574
第一节 收入 …… 574
第二节 消费 …… 575
第四章 婚姻·家庭 …… 580
第一节 婚姻 …… 580
第二节 家庭 …… 580
第五章 民俗 …… 581
第一节 生活习俗 …… 581
第二节 礼仪习俗 …… 582
第三节 岁时习俗 …… 584
第四节 生产习俗 …… 585
第六章 宗教 …… 586
第一节 佛教 …… 586
第二节 道教 …… 587
第三节 天主教 …… 588
第四节 基督教 …… 588
第七章 方言 …… 588
第一节 词汇 …… 589
第二节 语法 …… 591
第三节 俗语、谚语、歇后语 …… 593

第二十一篇 乡 镇

城关镇 …… 597
新墙镇 …… 598
鹿角镇 …… 600
黄沙街镇 …… 602
公田镇 …… 603
筻口镇 …… 604
麻塘镇 …… 606
毛田镇 …… 608
月田镇 …… 609
张谷英镇 …… 611
新开镇 …… 613
柏祥镇 …… 615
中洲乡 …… 616
长湖乡 …… 617
步仙乡 …… 618
杨林乡 …… 620
甘田乡 …… 622
饶村乡 …… 623
云山乡 …… 625
相思乡 …… 626

人 物

一、传记 …… 628
二、历任县委、人大、政府、政协主人负责人简介 …… 636
三、名表 …… 647

附 录

重要文件选载 …… 679

索 引

目与子目索引 …… 686
人物索引 …… 698

后记 …… 700

概　述

一

岳阳县位于湖南省东北部，地处北纬 28°57′11″~29°38′41″、东经 112°44′14″~113°43′35″ 之间。东与湖北省通城县、平江县接壤，南与汨罗市、沅江市毗邻，西为县境东洞庭湖，北与岳阳市区、临湘市交界。辖区东西最大距离 94.5 千米，南北最大距离 61.6 千米，县城城关镇（荣家湾镇）北离岳阳市 23.6 千米、南距长沙市 125 千米。2007 年，辖 12 个镇、8 个乡、591 个村（居）委会，总人口 689952 人，其中非农业人口 114204 人。土地总面积 2713.55 平方千米，其中耕地 41967 公顷、林地 87239 公顷，各占总面积的 15.47%、32.15%，主要水面为东洞庭湖湖泊水面，13.28 万公顷。

县境地貌自东北幕阜山余脉向西南的东洞庭湖倾斜，山地主要分布在东部山区，丘陵主要分布在盆地周围及山麓旁侧，东洞庭湖东岸、新墙河流域的湖积、河流阶地形成的高低岗地、平原，成为县境主导地貌类型。县境地处长江中游中低纬度区，属亚热带大陆季风湿润气候，四季分明、季节性强、热量适中、雨水集中。境内资源丰富，有动物614 种，木本类植物 829 种。已探明的钒、锰、铀、铍、煤、独居石等矿产 20 多种。水资源中，主流新墙河纳支流 47 条，主、支流全长 115.4 千米，平均流量 52.60 立方米/秒。地下水保证率 50%的平水年为 5.87 亿立方米。境内人民利用优越的自然条件，乘改革开放的东风，将岳阳县建设成为全国商品粮基地县、全国优质棉生产基地县、全国瘦肉猪基地县、全国商品鱼基地县，湖南省水产品和蔬菜生产重点县，东洞庭湖保护区成为国际六大重要湿地之一。

二

中共十一届三中全会后，岳阳县全面拨乱反正，逐步走向法治；坚持以经济建设为中心，发展市场经济；坚持以人为本，关注和改善民生；全面加强社会管理综合治理和社会主义精神文明建设，政治更加清明，经济快速发展，社会日益稳定，人民幸福安康。

1979年，全面纠正反右派、反右倾、社会主义教育运动（简称“四清”）、“文化大革命”4个时期的冤假错案，“地、富、反、坏、右分子”全部摘帽，以“阶级斗争为纲”被彻底终止，社会人心大定。1983年，全面推行家庭联产承包责任制，“三级所有，队为基础”退出历史舞台，,是年，取消农产品统购派购制度，成立欢迎农民进城办公室，召开首届个体劳动者代表大会，鼓励人民发家致富，1985年，在县城建成全省第一条农民致富街，长期以来压在人们心头的“阶级斗争”“割资本主义尾巴”两块大石终于被搬走，群众的心灵和手脚获得真正的解放。县委、县政府通过调整产业结构，陆续制订完善与商品经济相关的政策，引导全县经济沿着中国特色社会主义道路向前发展：在农业领域中，从专业户，种养加大户到一乡一品、一地一品基地到农民专业合作社；在工商业领域中，从私人雇工的小作坊到股份合作企业到招商引资，民营企业占据历史舞台。自1979年始，县公安局、县检察院、县法院、县司法局逐步恢复，相关法律法规不断完善；1980年，人大工作步入正轨，人大对经济和社会发展计划的执行、财政预算执行、对重大事项作出的决定决议，为民主政治建设发挥了不可估量的作用；1983年恢复县政协，县政协对人民群众关注、党政部门重视的课题，通过多种方式积极主动地提出建设性意见，为改革开放和社会主义现代化建设献计献策，充分发挥其参政议政的作用；1991年始，执行《村民自治法》，城乡基层各类自治组织逐步建立健全；政府及相关部门持续开展普法宣传与教育，社会大局保持稳定和谐。

岳阳县委始终突出党的建设，坚持从严治党。1983年，在各级党组织中开展“争先创优”活动，在知识分子、青年农民中发展新党员，1985年，进行为期一年的整党工作，1987年，制订《党员考评活动意见》《处置不合格党员暂行规定》。1983—2007年，以党校为龙头的廉政教育网络，年均授课78堂，领导干部带头廉洁自律，针对干部任用、房改、经商办企业、奢侈浪费、公款旅游、收受红包礼金等社会反映敏感的问题，均制订具体规定，规范领导干部的从政行为。县纪委、县监察局以查处党政机关、行政执法单位、司法机关、行政管理部门和副科以上干部的违纪违法案件为重点，1984—2007年，全县共查处违纪案件2720件，处分3005人，为国家、集体挽回经济损失7045万元。

县委、县政府大力加强基础设施建设，通过30年的努力，人民群众生产生活得到显著改善：为根治水旱之忧筑有稳固的防洪大堤，全长近80千米，有353处抗旱机埠；1988—2007年，争取电网改造计划项目100多个，总投资2.85亿元，结束岳阳县110千伏单一电源的历史；1978年后，全县投入交通基础设施建设资金18.6亿元，岳荣新公路、荣鹿公路、岳汨公路等重点工程相继启动、竣工，新建乡村水泥公路1545千米，全县路网结构全面提升，乡镇公路通畅率达96%。通信事业突飞猛进，1984年、1985年在县境京汉广同轴电缆中增设岳阳市至岳阳县邮路，结束岳阳县无长途报话通讯历史，固定电话完成以县城为中心向全县各区所在地的网络辐射；1995年后，相继建立大峰山等模拟蜂窝移动电话基站7个，全县移动电话信号覆盖率达90%以上，缓解了移动电话信号紧张、电话难通问题；1997年，开通图像传输设备，2003年，开发建设小灵通、宽带业务、联通网络，2006年，建立富农惠农基站136个。至2007年，全县移动、联通用户11.8万户，宽带用户和宽带上网1.24万户，交换机总容量11.86万门，全县移动通讯已过渡到世界主流路线。1990年始，不断取消涉农收费项目、废除收费筹劳文件、发放各种补贴，减轻农民负担的力度逐年加大。1998年，开始实施平垸行洪、移民建镇工程，总移民11122户、32947人，新建移民点12处，使24垸居住在低水位的群众永远告别水患。1978年始，为消灭血吸虫病，围堤矮埂蓄水、垦埋药杀工程从未间断，2007年，全县疫区通过省疫情达标验收。

三

改革开放30年来，县委、县政府把发展经济作为重中之重，在各个不同时期，依据具体情况作出切实可行的决策，并认真执行。编制7个五年计划、4个发展规划；召开6次党代表大会，制订阶段性的奋斗目标，使岳阳县克服了恢复建制时的困难，在农业、工业、商贸、民营经济、财税金融等领域中，取得有目共睹的成就。

20世纪70年代末，岳阳县农业结构为简单的粮猪型结构。1983年，全县普遍推行家庭联产承包责任制，1996年，在全县普遍推行为期30年的第二轮土地承包，至2007年，全县农村土地承包管理达到规范化、制度化、法制化，联产承包责任制充分调动了农民的生产积极性。县委、县政府全力推进农业产业化进程，加大科技投入，狠抓农业基地建设、市场流通、农业品牌建设。1983—1994年，建立起以吨粮田为主体的商品粮基地，形成以茶叶、楠竹、优质葡萄、棉花、蔬菜、水果为特色的六大种植板块，形成生猪、水产、特种养殖、黑山羊四大类8个规模养殖基地。1992年后，劳务经济兴起，务工收入成为农民增收的重要渠道。1995年，岳阳县被列入国家农业综合开发县，10多年中，先后实施17个项目区，扶持黄沙街茶场、中洲渔场、芭蕉扇业等8个优势和重点企业，改造低产田2.32万公顷，开挖、疏浚、护砌渠道3007千米，新增灌溉面积4007公顷、改善灌溉面积（含改善、新增除涝面积）1.42万公顷。1983年，恢复县建制时，全县粮食总产量38.53万吨、生猪出栏26.16万头、鲜鱼产量4710吨，至2007年，分别增至48.96万吨、156.5万头、39388吨，分别增长27.27%、498.24%、7.7倍。农产品加工业成为县域经济的支柱产业，244家农产品加工企业中，有规模企业37家，规模企业年增加值达到8.49亿元。洞庭春茶叶、“湘”牌工艺扇为省级著名商标，有绿色食品认证3个，无公害农产品认证26个。农业总产值从1983年的2.22亿元增至42.02亿元，增长17.99倍。

20世纪70年代末，岳阳县工业初具规模，1980年，企业职工9.3万人，工业产值3900余万元。1983年恢复县建制时，企业全部划归岳阳市，县直工业仅4家小厂，工业总产值仅183万元。县委、县政府坚持工业强县，1984—1993年，充分利用本县资源优势，新建洞庭造纸厂、万锭纱厂、制药四厂等规模工业企业，发展、稳定各种体制的企业1.43万个，1993年，职工5.57万人，工业总产值达到9.69亿元。在此期间，政府虽然采取一些措施扩大企业自主权、鼓励发展私营工业、推行股份制企业，但由于产权不清、政企不分，企业发展陷入困境。1994年，洞庭造纸厂破产，1995年，该厂整体拍卖，重组为外商独资企业。1996年，县委、县政府通过以产权为重点的改制、改组，对县直工业继续实行“一厂一策”“一厂多策”的改革，1996—2002年，全县工业企业破产24家，完成产权置换986家，改制率96.5%，盘活存量资产5亿多元，化解债务4.17亿元，置换职工身份1.2万人。1994年始，在开放兴县战略的指导下，全县大力开展招商引资项目建设，先后有丰利纸业公司、核工业中南地质局311大队（简称中南地质局311大队）、向红机械化工有限公司、湖南科伦制药有限责任公司（简称科伦制药公司）、大力神电磁机械有限公司（简称大力神电磁机械公司）等一批投入过千万元、过亿元的规模企业落户岳阳县。2001—2005年，成立县生态工业园、新墙农业工业化园，落户县工业园的科伦制药公司是中南地区最大的输液生产基地。新墙农业工业化园以陶瓷产业为主导。至2007年，在造纸、机械制造、纺织、医用药械、建筑材料、化工、电子电器七大工业门类中，年税收达千万元的企业22家，全县共有工业企业4315个，从业人员45072人，其中规模企业90家，从业人员1.48万人，工业总产值69.64亿元。1978—2007年，在工业领域新技术、新产品开发项目60余项，其中在比利时布鲁塞尔国际博览会获金奖1项，填补国内、省内空白各1项，工业产品中优质名牌20个，其中获国家金杯奖3个，国内名牌3个、省内名牌10个。

改革开放30年来，商贸领域历经艰辛走出困境。1984年前，经营成效与报酬脱钩，企业积极性低、负债严重。1984年，在商业领域开始推行承包责任制，至1993年，商业领域的体制改革仅局限于经营成效同劳动报酬挂钩的层面上，整体上没有走向市场化。1996年始，大力推行产权制度改革，商业、供销、粮食系统各公司相继破产，组建股份制企业，1998年始，商贸系统对职工实行卖断分离，通过破产、拍卖、职工分流，实行民营化改革。2000—2007年，商贸系统完全走向市场化，民营经济成为商贸主体，人们生产、生活所需各种物资货源充足、应有尽有，各种合资、独资、民营商场、超市、专业市场、商店遍布城乡。至2007年，全县商业、餐饮、服务业工商户6800余户，社会消费品零售总额24.48亿元，为1978年0.72亿元的34倍，是1983年恢复县建制时0.93亿元的26.32倍。

1978—1993年，由于县建制的几分几合，主要财源企业留在岳阳市。1984年，县财政收入仅861.55万元。县委、县政府采取多种措施，加强财源建设：清理财务，使财务混乱的企业走上正轨；扶持企业、专业户，促进税收增长；发展农林特产，增加基础财源；推动企业改制，提高企业效益；抓小城镇建设和市场建设，实现“以地生财”；狠抓招商引资，夯实支柱财源。1985年，财政收入首次过千万元，1993年，城关镇成为全县首个财政收入上千万元台阶的乡镇，2003年，县财政收入突破亿元大关，达到1.14亿元。1991—2007年，先后建立高效农业基地74个、引进财源建设项目442个。2007年，全县财政总收入1.47亿元，比1984年增长17倍。

改革开放以来，金融体制完成由封闭型向开放型、专业银行由行政机关型向企业经营型的转变，为提高经营效率，为县内国有、集体、个体工商户的发展，为山水资源的开发与利用，为工业企业的新建、改造和扩建，为农、林、水利建设，为服务“三农”做出了重要贡献。2007年，全县金融机构98家，各项存款余额27.58亿元，各项贷款余额1.9亿元。

四

改革开放后，一些不法分子在经济利益的驱使下铤而走险，曾经消失已久的贩毒吸毒、卖淫嫖娼、赌博等恶习沉渣泛起，文化市场中色情淫秽，经济领域中使假行骗、偷盗抢劫及严重危害社会治安的黑恶势力、“法轮功”邪教犯罪等一度猖獗，岳阳县运用政治、法律、经济、文化等多种方式，采取专项行动与经常查禁的手段，对各类犯罪活动严厉查处、严厉打击。至2003年，摘除“毒情严重重点整治县”的帽子，至2005年，县城宾馆、旅社、饭店、休闲娱乐场所卖淫嫖娼得到有效控制，聚众赌博、地下“六合彩”得以遏制。自1984年后的严惩严重危害社会治安的犯罪分子、严惩经济犯罪，1989年的打假打骗、整顿经济秩序，1999年查禁取缔“法轮功”邪教，2000—2007年的持续打击黑恶势力等专项行动，成效显著，达到打击、防范、教育、管理、改造的目的，为经济建设保驾护航、为社会持续稳定做出了贡献。

县委、县政府高度重视科技教育事业。1978年，召开全县科技大会，恢复、晋升一批科技人员的技术职称，各行各业掀起科技创新、科研攻关的热潮，形成一批科研成果。1988年，县委、县政府出台《岳阳县科学技术进步奖励办法》，1991年，确定科技兴县的基本战略，1996年，出台《岳阳县关于加速科技进步的实施意见》，提出“一把手抓第一生产力”的号召，2007年，县委通过《岳阳县科技发展第十一个五年规划纲要》。30年来，科技战线硕果累累，“水稻单倍育种”“体细胞杂交”等科研课题被第一届国际植物细胞遗传学会议采用，“洞庭春茶”获农林牧渔业部金奖，被评为全国十一大名茶之一。1978—2007年，新技术、新产品开发获重大奖项66项、其中在国际上获奖3项、获国家级奖19项、优质名牌产品65个，属国际名牌1个、国家级名牌16个，获国际质量体系认证、国家质量标准认证单位19个，科技进步强力推动县域经济的发展，使全县教育工作登上新台阶。1980年，岳阳县一中成为湖南省首批重点中学之一，1985年，岳阳县获初等教育合格县称号，1994年，开始普及三年制幼教，岳阳县一中定为湖南省首批21所挂牌重点中学之一，1996年，实现义务教育“两基”（即基本实现九年义务教育、基本扫除青壮年文盲）达标，岳阳县首批跨入全省普及9年义务教育县行列，并被评为全国“注音识字·提高读写”（简称“注·提”）实验先进单位、全国第三批“两基”达标县，1999年，县第一职业中学成为全省20所示范推广学校之一，2001年，被中华全国总工会授予全国“五一”劳动奖状；教育部认定岳阳县职业中专为首批国家级重点职业中专，被省教育厅评为湖南省涉外人才培训基地，2006年创办职业教育中心。

为提高人民健康水平，卫生血防战线改善医疗条件，提高医疗水平。至2007年，基本形成县、乡（镇）、村完善的医疗机构网络，有县级医院4个，乡（镇）卫生院19个，村卫生室518个，医疗机构总面积5.5万平方米，有执业医生533人，执业注册乡村医生643人。在中医、西医、中西医结合医疗上，大量引进培养医疗人才，配备先进设备，不断增设新的科目，大大提高了医疗、护理水平，肺结核、艾滋病、疟疾、土源性线虫病得到根治或遏制。岳阳县1981年消灭丝虫病达省标，1990年达卫生部基本消灭疟疾病标准，1994年消灭丝虫病达卫生部颁发标准，2006年，被列为全国10个寄生虫病防治示范区之一。对妇科病采取普查普治、优先治疗，1990年后，重度子宫脱垂、尿瘘病已无病例，1998年，岳阳县被省、市评为爱婴县，县人民医院、月田中心医院等12家医院被评为爱婴院。1998年后，加快农村改水、改厕进度，至2007年，全县68.84万人中，有68.39万人饮上清洁水，17.8万农户中，有11.92万户使用卫生、无公害厕所。1978年，县内尚有血吸虫疫区16893公顷，通过药物、翻耕、蓄水养殖、垦殖、建立人畜隔离带、平垸行洪，人群易感率下降40.5%，儿童感染率下降88.4%，自1992年始，黄沙街镇、麻塘镇、城关镇、新开镇境内主要疫区达到省消灭血吸虫病标准，大明、黄沙、黄秀、五垸等地的疫区达到卫生部颁发标准。

精神文明建设与经济建设同步进行，文化体育事业蓬勃发展。1983年，县广播站信息无力覆盖乡村，一年的开办经费1000元，城乡除县城一家电影院外，无其他公共娱乐场所。1986年，县城出现第一家录像厅后，相继出现电子游戏厅、歌舞厅、网吧；广播电视由有线广播到建高频广播电台、建无线发射塔，改有线为无线。至1998年，电视新闻完全替代广播，各种影视传媒设施满足了群众的视听要求。城乡图书馆站、社区（部门、乡村）文化活动中心、民营书店提高了公益性文化服务能力，2007年，共有文化娱乐场所500余家，其中娱乐场所、音像厅、网吧达50%以上。县内在节日、盛大庆典及群众喜庆场所，花鼓戏、玩龙舞狮、皮影戏等传统民俗文化与洋溢着现代气息的文艺演出、大型歌舞专场、广场舞表演，让人民群众尽享精神文明盛宴。在文学创作、书法、绘画、摄影、传统文化挖掘整理、党史地方志编修领域人才辈出。岳阳花鼓戏入选湖南省第一批非物质文化遗产名录，被列入全国第二批国家级非物质文化遗产保护名录；县图书馆被文化部评为国家三级图书馆，属国家、部省级的档案室90个。逐步建立体育协会组织，全县有171个标准篮球场，60个村有农民健身工程，先后举办6届全县篮球赛、

13 届县直机关篮球赛，不定期举办长跑、钓鱼、老年门球赛、广播体操赛、中小学生运动会及民间竞技等体育活动。王林辉在第十四届亚运会 4 人赛艇项目中夺得金牌，实现岳阳县在亚运会上金牌零的突破，孙鹏等一批优秀运动员参加全国、全省运动会，在游泳、摔跤、中长跑、举重等项目中获金、银牌。

坚持计划生育、优生优育，人口素质不断提高。平均寿命延长，2007 年，60 岁以上人口占 12.1%。文化素质大幅度提升，人口第四次普查（1990 年）与第五次普查（2000 年）资料显示，大学专科以上人数占总人口比例由 0.3%升至 0.95%，每万人中接受大学教育由 29 人升至 101 人，接受中学教育由 625 人升至 803 人，文盲率由 10.96%降至 3.72%。新婚姻生育观、计划生育法律法规深入民心，每年开展计划生育突击月活动 2~4 次。2004 年始，开展“关爱女孩”行动，2005 年始，禁止非医学需要鉴定胎儿性别和选择性别终止妊娠，以及建立严格的责任制、奖罚制度，加大社会抚养费征收力度、强化“村为主”，计划生育实现规范化管理，人口得到有效控制。

坚持以人为本，不断完善社会保障体系。在遭受严重自然灾害时，县委、县政府大力赈灾救灾，1995 年、1996 年、1998 年，岳阳县连年遭受特大洪涝灾害，年均受灾群众在 60 万人以上，党和政府对灾情高度重视，有序发放粮食、衣服、被褥、生活用品、建材、种子等救灾物资，切实保证受灾群众有饭吃、有衣穿、有地方住、有干净水喝，有病得到及时治疗。不断提高对伤残军人、军烈属的抚恤标准，1987 年始，企业养老保险变企业保险为社会保险；企业职工参保率 100%，机关事业单位养老保险进入系统管理。1997 年，实行农村最低生活保障制度，2007 年，发放低保金 200 万元。1999 年，正式实行城市居民最低生活保障制度，2007 年，城镇五保户纳入城镇低保，县及大多数乡镇均建有福利院、养老院，孤寡供养得到保障。1993 年城镇住房制度改革后，通过标准价购房、城区房屋重置价格、集资建房、经济适用房建设、廉租住房建设等措施，至 2007 年，城镇人均住房面积 26.27 平方米，农村人均居住面积 36.50 平方米。2007 年，农民人均纯收入达到 5103 元、企业单位职工年均工资 1.35 万元、事业单位职工年均工资 1.71 万元、机关单位职工年均工资 1.60 万元。

改革开放 30 年来，岳阳县在政治、经济、社会领域中发生了根本变化，但随着改革开放的不断深入，在优化产业结构、增强财政实力、解决分配不公、加强党风廉政建设、改善民生等方面，需要更大的作为，需要县委、县政府以更高的胆识和更大的魄力，励精图治、艰苦创业，率领全县人民迈向更加美好的明天。

大 事 记

1978 年

1月8—15日 湖南省委、省革命委员会（简称革委会）召开卫生、血防“双学会”，岳阳县黄沙街区被评为血防工作先进区，黄维恒被授予“全心全意为人民服务的好医生”称号。

1月16—19日 县七届人大一次会议召开，与会代表927人。大会选举许志龙为县革委会主任。

2月 为安置铁山库区移民，岳阳县在中洲垸建立红旗、兴旺人民公社，库区移民开始到两公社建房。

3月15—21日 全国供销总社生资局在广西壮族自治区桂林市召开全国农资计划工作会，岳阳县供销社生资公司主任唐志洪以湖南省先进代表身份出席。

是月 岳阳县养路工区被省交通厅评为工业学大庆红旗单位。

4月28日 县委下发《关于进一步加强信访工作的意见》，为新中国成立后县委单独下发的第一个强调信访工作的文件。

5月15日 县委恢复接待日制度，为“文化大革命”后第一个接待日，县委书记许志龙值班接待群众来访。

6月25日 县革委会批准建立岳阳县酒厂。

6月 岳阳地区编委批准设立岳阳县基本建设局。

是月 岳阳县畜牧水产局组织各区畜牧专干、各公社畜牧站站长，到江西省进贤县李渡公社畜牧医站学习综合办站经验。

7月19日 省革委会批复，同意在荣家湾建岳阳县城关镇。

7—8月 大旱。自6月25日起，县境连续刮南风22天，继而久晴不雨，塘坝水库大部分干涸，3.6万公顷早稻有2万公顷受旱。

8月23日 中共中央、中央军委为广州军区原副司令员文年生彻底平反，恢复名誉，并追认为烈士。文年生，岳阳县人，1968年被林彪反革命集团迫害致死。

9月 全县使用湖南省发行的购粮券。

10月11—25日 中央一机部组织凸轮轴对比试验，县农机厂生产的15号升降凸轮轴在国内同行业产品中耗油最低，创国内先进水平。

10月19日 岳阳县城决定搬迁至荣家湾镇。

10月 岳阳县卫生防疫站首次在新开公社对12130人进行结核病普查，查出结核病人228人，患病率为187.9/万。

是月 岳阳县花鼓戏剧团成立，共有演职员45人。

12月1日 岳阳、华容两县就华容县月牙湖灭螺围垦工程达成边界调整协议。

12月 岳阳县研制的防治稻叶蝉的白僵菌种“75-2”“76-2”等10项科研成果获省科技成果奖。

是月 恢复岳阳县人民检察院（简称县检察院）。

是年 杨林乡安置铁山水库库区移民，至1980年，在兰田、城山等18个村共安置1233人。

是年 在荣家湾镇重建岳阳县第一中学。

是年 岳阳县电厂被评为湖南省1977年度工业学大庆先进单位，并被命名为岳阳地区质量先进企业。

是年 岳阳县小水电联网工程—公田变电站投产，安装主机容量5000千伏安，国家投资29.83万元。

是年 上海科技电影制片厂摄制的纪录片《送瘟神》，在岳阳县麻塘血防组拍摄黄维恒等冒雨抢救病人、技术革新、中草药加工等镜头。

1979年

1月 岳阳县步仙公社落实政策办公室将1978年年底前的“地富反坏右分子”全部摘帽，按人民公社社员待遇称为社员。

2月9日 岳阳县人民法院（简称县法院）根据中央“平反假案，纠正错案，昭雪冤案”的指示，成立复查办公室，首先对反右、反右倾、“四清”（即清组织、清思想、清政治、清经济）和“文化大革命”四个时期所判处的案件进行全面复查。

3月7日 岳阳县铁山灌区南干渠大饶港渡槽第九跨槽身在浇灌混凝土接近完成时下塌坠毁，死14人，伤24人。

3月18日 岳阳、汨罗两县就青镜湖边界达成两县划界协定书。

3月29日 大风灾。吹倒房屋140间，仓库26间，教室、厂房114间，猪牛栏197间，压死61人，压死猪牛330头。

4月中旬 湖南电视台将岳阳县黄沙街区社创办小农具加工厂并坚持送货上门的事

迹，拍成电视新闻向全省介绍。

4月 调整农产品价格，县城的生猪收购市场平均价每50千克由48.79元调整为62.06元，增幅27.20%。

6月24日 2艘万吨级海轮首次从上海途经境内长江段，满载燃油驶向宜昌。

7月29日至8月16日 春风农场暴发由东方田鼠迁徙引起的钩端螺旋体病，808人感染，除1人死亡外，807人经治疗全部康复。

8月14日 全县遭受狂风袭击，最大风力10级以上。北京至广州的16次快车因看不清前进方向停车16分钟。

8月24日 县法院设人民陪审员，恢复陪审制度。

8月29日 红旗公社宝塔大队一只载重0.57吨的渔划子，载17人过河收芝麻，因超载沉没，淹死7人。

8月 岳阳县首次发生生猪5号病（口蹄疫），病原为饶村中学、大坳水库食堂从湖北购进的病猪。

9月 调整农产品价格，每50千克稻谷的收购价由9.5元调至11.55元。

12月 全面落实反右派、反右倾、“四清”和“文化大革命”4个时期的案件。全县应复查案件3079起，其中：落实反右派案件279起、反右倾案件41起、“四清”案件36起、“文化大革命”案件1619起，共1975起，需落实政策1104起。

是月 国务院总理华国锋签署国务院嘉奖令，对荆州公社信用社进行嘉奖，岳阳地区财贸系统掀起学习荆州信用社高潮。

冬 全县第一处喷灌试点在黄沙街区荆州乡铺开。是年完成喷灌面积103公顷。

是年 全县建成商品鱼基地42处，养鱼水面共538公顷。1981年，国家水产总局、省农业厅水产局批准岳阳县为湖南省商品鱼基地县。

是年 铁山水库开始移民。至1987年，在中洲乡、兴旺乡、春风乡、杨林乡、兰田乡、君山农场等地共安置37699人。

1980年

4月 城陵矶水产捕捞队在东洞庭湖三江口误捕白鳍豚2条，随即护送至中国科学院武汉水生生物研究所驯养，不幸死1条，存活的取名“淇淇”，长1.5米，重60千克。1981年4月，又在七洲子血防沟被华容人活捉1条，也送武汉水生生物研究所驯养，取名“容容”，长1.51米，重59千克。

7月27日 8级以上大风袭击岳阳县，10个公社、48个大队受灾，倒房564间，损坏房屋2300间，死2人、伤69人。

7月 107国道新墙河大桥正式通车。

是月 岳阳县芭龙线（芭蕉至陈坪、龙洞）动工修建，次年10月竣工通车。

7—9月 县卫生防疫站首次在全县进行鼠形动态调查，调查结果表明，境内鼠类总密度为9.6%，农耕区以黑线姬鼠，住房以黄胸鼠、小家鼠，湖区以东方田鼠，山林以刺毛灰鼠为主要鼠种。

8月11日 全县普降暴雨，33个公社受灾。

9月2日 全县出现1949年后的最大秋汛。

9月19日 兴旺公社青镜大队农科队一只载重0.77吨的渔划子，从中洲载运社员返家，因超载沉没，淹死8人。

9月 东洞庭湖出现大秋汛，水位33.72米，淹灭堤垸3个，古港垸溃堤。

10月 长江流域规划办、省水电厅受水利部委托，选定毛田区李塅河流域作为水土保持综合治理试点地，投资87万元，分五年实施。

11月14日 为全民选举日，全县选举人民代表340人。

12月14—20日 县八届人大一次会议召开，与会代表338人。大会选举李怀芝为县人大常委会主任；选举李先佩为县长。

是年 从长江水科所引进非洲尼罗河罗非鱼试养成功。东风湖2.1亩鱼池，亩产997.25千克；筻口公社大柳大队试养500尾越冬，成活率100%。

1981年

1月 岳阳县被国家水产总局批准为全国商品鱼基地县。

3月7日 第一胞冷配牛犊在新开公社新开大队陈福平家出生，初生体重26千克。

5月10日 成立省民盟岳阳直属支部，张佑琦任支部主任。

5月26日 在全国茶叶评审会议上，昆山公社生产的乌龙茶被评为全国二级乌龙茶。

5月 从湖北省沙市长江水科所引进荷花鲤夏花2万尾。

6月26日 上午，以国家农委副主任李瑞山为首的中央调查组一行8人，就岳阳县反映铁山水库效益低要求缓建的问题进行调查。

7月11日 《湖南日报》第一版发表《社员富了买机器》一文，报道潼溪公社个体和联户数日内购买手扶拖拉机45台。

7月22日 成立民革省属岳阳小组。

8月 县卫生防疫站在渭洞公社桂丰大队首次查出“威氏并殖吸虫”（肺吸虫）。经检查，当地人群感染率为34.05%，查出肺吸虫病患者3人。

是月 县一中应届毕业生饶翔参加全国大中专院校招生统考，为湖南省理科总分第一名，被北京大学数学系录取。

10月20日 经国务院批准，撤销岳阳县，行政区域全部划归岳阳市管辖。

是年 大量引进火鸡、莱航、洛岛红、白洛克等良种鸡，北京鸭、绍兴良种鸭，苏州、武岗良种鹅等家禽，分布在全县繁衍。

是年 农村民办教师报酬由工分制改为工资制，并进行全面考核定级。

1982年

2月 岳阳地委工作组到黄沙街公社杨源大队办联产承包责任制试点。

4月30日 铁山水库大坝主体工程竣工。黏土斜墙与沙壳填筑达到96米设计高程。

7月 荣家湾车务段黄沙街车站被省政府授予全省先进单位，11月，被铁道部命名为全国铁路先进单位。

是年 商业部供销合作司评定筻口区供销社为全国农村市场先进联系点二等奖。

1983年

7月13日 恢复岳阳县建制，属岳阳市管辖。县级机关11月迁荣家湾镇，12月3日，岳阳县恢复建制大会在荣家湾镇天鹅电影院召开。

7月 中洲、兴旺、五垸等37个公社遭受严重水灾，直接经济损失1124万余元。

8月14日 南总干渠开闸放水，最大过水量8立方米/秒，经10小时到达渠尾张公用。16日16时，荣湾分干渠进水闸开启，最大流量4.5立方米/秒。荣湾分干渠除黄沙、新墙2条支渠外，其余14条全部或大部分通水。全渠灌溉公田、兰田、杨林、新墙、黄秀、黄沙街、荆州、白洋、友爱、鹿角10个公社及荣家湾镇严重干旱的10万多亩晚稻。

9月 全县基层供销社体制改革基本完成，各社清理落实老股东，并扩股增资，兑现红利。

10月5日 岳阳市委召开市直机关干部大会，参加会议1500多人，市委书记李朗秋作《关于去岳阳县工作》的动员报告。

10月 鹿角古窑址被定为省级文物保护单位。

12月1日 棉布、棉织品敞开供应，结束1954年9月14日以来使用布票的历史。

12月 实行政社分开，改人民公社为乡政府、生产大队为村（村委会）、生产队为组（村民小组），至1984年3月底，各地恢复乡政府。

是月 铁山移民基地——中洲垸改建低排闸、撇洪渠，工程由国家建工五局七公司、省机械化公司施工，投资230万元。

是年 新开公社新开钒一厂五氧化二钒获农牧渔业部优质产品证书。11月29日，朝鲜民主主义人民共和国专家组到该厂考察，给予高度评价并赠送纪念品。1986年7月，新开钒产品打入国际市场，远销比利时。

是年 全县实行林业“三定”（即定山权、定自留山、定责任制）发证。

1984年

1月 全县取消农产品统购、派购制度。

是月 湖南省寄生虫病防治研究所会同广兴洲区血防站在广兴洲镇黄安村垸外易感地带设纵向观察点。

是月 郭镇乡、大湾芦苇场划归岳阳市。中洲公社划分为中洲、兴旺2个乡。

3月6—11日 政协岳阳县五届一次会议召开，与会委员124人。大会选举县政协主席王树先。

3月7—11日 岳阳县九届人大一次会议在县城召开，与会代表367人。大会选举李九洲为县人大常委会主任；选举黄甲喜为县长。

3月17日 省领导毛致用、熊清泉、焦林义、刘正，由市委书记李朗秋、市长陈邦柱等陪同，视察铁山水库，研究开发铁山水库问题。

3月 县成立欢迎农民进城办公室。荣家湾镇发出《关于农民自理口粮到集镇落户、务工、经商的暂行规定》《农民进城实施细则》，至年底，全镇有进城务工、经商农民555户。

5月9日 县委发出通知，在全县开展文明村、镇竞赛活动。

6月9日 《湖南日报》头版简明新闻：岳阳县新墙区三合乡水库村村民朱建新，一次向新墙区社入股16300元（含南京嘎斯汽车1台），成为全省供销社最大的股东。

6月17日 兴旺乡青镜渡口一艘农用船因严重超载翻沉，淹死34人。

6月 相思乡划出14个村建立珠港乡。

7月 渭洞乡天龙村杨培进在长沙开店经商，成为全省率先到省城经商致富的10户农民之一。

8月 全县第一个微型水力发电站在芭蕉乡投产发电，装机5.5千瓦。

是月 岳阳县首届个体劳动者代表大会召开，到会代表112人。

9月21日 4位渔民到鹿角镇卫生院就诊，疑似副霍乱病。经县防疫站采样检验发现霍乱弧菌特异性抗原为稻叶型，至11月6日共发病36例。经46昼夜防治，疫情得到全面控制，患者均痊愈出院。

11月 公田、筻口、南冲、鹿角、麻塘成立建制镇。以黄沙街为基础，建立黄沙街镇。

12月6—11日 全省供销社第二届社员代表大会在长沙召开，县供销社兰建中当选为出席全国供销社合作总社第二届代表。

12月 黄甲喜任岳阳县委书记。

是年 县城第一次总体规划正式编制，规划年限为1984—2000年。

是年 县政府推行信访工作“分级负责归口办理”责任制，其经验在全市推广。

1985 年

1月1日 根据中共中央、国务院有关文件精神，取消对粮食、生猪的统购统销制度，实行32年的农产品统派购制度结束。

1月19日 美籍华人许静芝受丈夫杨观澜委托，回乡捐资3.5万元，其中3万元捐给母校桂林完小建校舍，5000元捐给县一中，成立杨观澜奖学基金。

2月1日 岳阳县花生—稻栽培、水稻良种301获湖南省示范栽培科技成果奖。

2月8日 召开全县致富代表大会，交流致富经验，表彰致富典型。

2月28日 召开县、区、乡三级国家干部会议，会议的主要任务是逐级、逐人、逐项建立岗位承包责任制。

3月 春、夏、秋三季连旱180天，受旱面积2.93万公顷（早、中、晚三季水稻），受灾严重的有42个乡（镇）、430个村、4663个组。

4月14—18日 首次用飞机播种造林，有效面积4986公顷。

4月23—25日 中共岳阳县第五次代表大会开幕，与会代表290名。大会选举县委常委8人，选举黄甲喜为县委书记。

4月 岳阳县获省政府颁发的“普及初等教育合格证书”。

5月29日 县委成立整党领导小组，安排部署整党工作。

5月 商业部供销合作指导司确定岳阳县供销合作社为全国农村市场联系点。

是月 黄沙街茶场的“洞庭春”茶获全省优质名茶奖。6月，被评为全国十一大名茶之一，获农牧渔业部金杯奖。

是月 县畜牧水产局从醴陵引进细鳞斜颌幼苗83万尾，分别在中洲、春风、新墙镇、新墙水库等渔场养殖。

6月19日 《湖南日报》报道，岳阳县引种美国豌豆成功。

7月 在新县城建成全省第一条农民街—致富街，全长550米、建筑面积5100平方米，沿街铺面出售给农民开店经商。8月22日，致富街隆重开业。

8月 县湖泊管理委员会更名为岳阳县渔政站，为县政府直辖单位。

10月26日 岳阳县开通无线电传、电报电路。

11月16日 中纪委委员周里到岳阳县考察。

11月 渭洞乡湖南星竹一厂生产的竹箪拼花产品在北京专利产品展销会展出，受到国务院总理李鹏赞扬。1987年8月24日，该产品投入批量生产，是年12月，日本株式会社派员到该厂考察，与该厂签订3000平方米的购销合同。

12月30日 县检察院因用刑处理一个案子，致使友爱乡一农民服毒身亡。

12月 农牧渔业部授予县畜牧工作者李望雄、吴冰朗、王凯钦、谢守雄、黄昌菊等5人为农业技术推广工作者称号，并颁发荣誉证书和奖章。

是月 麻塘区血防站被评为全国先进集体，县血防站曹清树、夏竹坚被评为全国血防先进个人。

是年 黄沙街区人均养猪1.29头；康王乡长岭村三联组户均出栏肥猪4.2头；荣家湾镇卫农村户均养母猪1头。全县生猪饲养量73.82万头，首次实现一亩一猪、一人一猪，岳阳县被列入全国瘦肉型猪基地县。

是年 春风渔场职工占建国，承包0.63公顷鱼池，亩产成鱼205公顷，成为全县第一个亩产过千斤的承包户；毛田乡福胜村利用4公顷稻田养鱼，每亩收入比一般稻田增加110元；中洲乡明淑村孵鸭专业户汤焰华，全年孵化绍兴雏鸭36万羽，价值10.7万元。

是年 乌江乡机筛厂生产的Ⅱ型筛片获农牧渔业部优质产品证书。

是年 成立乡（镇）财政所，实行一级政府，一级财政，县对乡镇实行“定收定支，收入上交，支出下拨，超收分成，超支不补，一年一定”的财政管理办法，1994年改为“定收定支，收支挂钩，收入上交，支出下拨，超收分成，短收分担，超支不补，结余留用”的管理办法。

1986年

2月1日 岳阳县老港针织厂生产的窗纱布获厦门国际博览会优质产品奖。1987年，该厂生产的“岳州”牌聚乙烯涂塑印花窗纱、飘尾织布厂生产的“洞庭”牌玻璃纤维涂塑印花窗纱在宋庆龄基金会全国首届妇幼婴用品博览会上均获金奖。

2月18日 县人武部归地方建制。3月17日举行交接签字仪式。

3月 黄沙街区、珠港、昆山、黄秀、黄岸等乡，鹿角区济美村被评为1985年度全国计划生育工作先进单位。

4月 岳阳县在荣家湾镇虎塘咀兴建第二农民致富街，是年12月竣工。街道长800米，面积2.2万平方米，营业户199户，其中自建124户，统建75户。

5月18日 黄岸乡与月田区供销社联办的姜制品厂试产成功，所生产的姜脯糖、姜液露等产品填补全省食品工业的空白。

5月 岳阳县“三自剧团”（即自愿组合、自主经营、自负盈亏）成立。

6月8日 河南省范县羽绒厂运一车羽绒（1440千克）到荣家湾羽绒服装厂销售，荣家湾工商所查出内掺矿石粉276千克。县工商局没收其暴利26410元，并罚款13760元。

6月14—30日 县林业局租用省民航局飞机对县境森林进行第一次飞机喷药杀虫。

7月5日 日中农业指导者访华团一行11人到岳阳县林业局访问。

7月15日 岳阳县文学艺术界联合会成立。

7月26日 全国机筛行业冲孔标准化研讨会在岳阳县乌江机筛厂召开。

8月 实行劳动制度改革，打破大锅饭，新招工人实行合同制，废除干部终身制。

10月10日 筻口镇鞭炮厂发生一起恶性爆炸事故，当场炸死4人，重伤6人，轻伤3人，烧毁房屋30多间，直接经济损失5.8万余元。

10月 岳阳县共落实统战政策2547人，对象为起义投诚和地方武装人员、“三胞”亲属、非党知识分子等。共解决问题3805个，为被错杀的18人、被错管制的194人平反；为196人摘帽；恢复职务410人，恢复党籍8人，恢复城镇商品粮746户3174人；修改原材料结论1110个；发生活费29人、补发“文化大革命”中扣减的工资292042.5元。

是月 岳阳县机械厂生产的绷革干燥机，主要技术指标达国际同类产品水平，填补了国内制革行业的空白。

11月1日 境内农村第一座电视差转台—渭洞电视台开播。

11月10日 岳阳县利用国际银行贷款94.5万元开发水产资源，其中安排鹿角镇渔场67.5万元，开发现代化标准商品鱼基地64.93公顷，建成水、电、路、涵配套新型鱼池59套。

11月29日 朝鲜民主主义人民共和国金属钢板冲孔技术考察团到乌江机筛厂考察。

11月 省委书记毛致用到致富街考察调研。

冬 全县灌溉渠道第一处塑膜护渠试点工程在筻口区南沅水库开工。国家投资1万元、乡村自筹1.1万元，完成塑膜护渠3000米。

12月 国家投资92.24万元，在荣家湾镇兴建县办畜禽良种繁殖场，总面积10.07公顷、建筑面积2376平方米，购进良种种猪151头。

是年 省政府批准岳阳县为湖南省商品瘦肉型猪基地县之一。

是年 市档案馆将原岳阳县14578卷档案移交县档案馆。

是年 110千伏荣家湾变电站投运。

是年 全国第二次文物普查，张谷英村被编入《全国文物地图集·湖南分册》。

1987年

1月6日 凌晨3时，两列火车在京广线岳阳县黄秀桥处相撞，直接经济损失50万元。

1月10日 省交通厅评定岳阳县地方公路管理站十步工班为文明建设先进工班，兴旺、月田、渭洞、大塅、南冲工班为全良工班。

1月 撤销广兴洲、新墙、荣家湾、黄沙街4个乡，其行政区划归广兴洲、新墙、荣家湾、黄沙街4镇。

2月15日 岳阳县建成调频广播电台，开播频率为96.60~88.60兆赫兹。

2月24日至3月1日 召开县政协六届一次会议，与会委员205人。大会选举司马毅为县政协主席。

2月25日至3月1日 召开县十届人大一次会议，与会代表313人。会议选举李亚初为县人大常委会主任；选举葛送培为县长。

4月5日 年产500吨的岳阳县啤酒厂第一罐啤酒试产成功。

5月11日 月田乡村民哄抢山林，造成53.33公顷山林被破坏。

5月 成立岳阳县中长期发展规划编制委员会，编制1987—2000年全县国民经济中、长期发展规划。

6月 县物价局检查整顿全县行政事业性收费单位34个，项目209个，清理取消非法收费项目24个。

是月 渭洞区芭蕉扇发展到45个规格57个花样品种，远销东南亚五国300多家公司。是年，该厂生产的仿象牙扇被评为湖南省优质产品。

7月 粮食部门停止供应城镇居民食用油。

是月 岳阳县恢复邮政储蓄业务，同时开办该业务的有城关、新墙、广兴3个储蓄所。

8月24日 烟草专卖股与公安、工商等部门配合，在步仙桥区十步乡文付村杨勇、杨伍胥兄弟家破获县内第一起手工作坊生产冒牌卷烟案。

8月 中洲渔场与省水科所联合开发水面1733公顷，鱼种池15.73公顷，合作时间为5年。

9月5日 省委书记毛致用到岳阳县考察。

9月25日 县首次农村青年集体婚礼在黄秀乡举行，29日《湖南日报》头版予以报道。

9月 国道107线境内段拓宽取直改造工程动工，按二级公路标准全面改造，投资2亿元。1991年10月完工。该工程岳阳至新开、新开至临湘巴咀坳两段全长54千米，为岳阳市境内第一条全封闭式汽车二级专用公路，创省境内公路最高水平。

10月 良种油茶巴陵籽经中国林业科学院鉴定，其优良性状居全国16个油茶优良品种之首，定为南方13省油茶推广品种。

11月20日 县水运公司807号机驳在武汉下游叶家洲河道上因超载而翻沉，8人落水、4人死亡。

是年 开展技术职称改革，实行技术职称聘任制度，全县对1183名技术人员晋升相应的技术职称，并按聘任制度全部实行聘任。

是年 昆山砖茶厂制作的“茯砖茶”获湖南省优质产品称号，并定为国家砖茶定点生产厂家。

是年 毛田缫丝厂生产的“202长白丝”被评为湖南省优质产品。

是年 全县大面积开展宜林荒山造林，造林面积8529.8公顷。《人民日报》《中国林业报》《湖南日报》对此进行报道。

1988 年

1 月 20 日 县政府颁发《岳阳县科学技术进步奖励办法》。

1 月 24 日 簟口漫水桥竣工。该桥全长 326 米、宽 7 米、净跨 56.74 米，是全县最长的漫水桥。

2 月 4—9 日 湘、鄂、赣 19 县（市）“金龙杯”农民歌手大赛在县城荣家湾镇举行，参赛歌手 115 人。

2 月中旬 十步乡大湖村 12 岁运动员孙鹏（男）在湖南省游泳比赛中夺 50 米自由泳金牌。8 月，在浙江省舟山举行的全国儿童游泳比赛中，夺 100 米接力泳（4 人）金牌、400 米自由泳金牌和 200 米混合泳银牌。

2 月 22 日 成立岳阳县监察局，同时设立行政违纪案件举报站。

22 日 黄沙街茶叶示范场生产的“洞庭春”茶在西德举行的第三十九届国际博览会上展出。是年，该茶获湖南省名茶“金杯奖”、国际“优秀设计产品”奖、农业部优秀名茶“金杯奖”、首届中国食品博览会“银牌奖”。

4 月 3 日 省委书记毛致用考察铁山北干渠常青隧洞、沙河渡槽等工程。

4 月 5 日 省政府确定岳阳县为初级卫生保健试点县。是年，全县 705 个村，有 598 个村建立村卫生室。1992 年 5 月，通过省初级卫生保健评审验收，成为湖南省首批初级卫生保健达标县。

4 月 岳阳县开始改有线广播为无线广播。至年底，48 个乡镇有 27 个乡镇改成无线广播。

5 月 20 日 晚至 21 日清晨，境内猛降暴雨，渭洞区 3 小时降水 131 毫米，全县倒塌房屋 903 间，死 12 人、伤 93 人、牲畜死亡 1638 头，淹没早稻近 1 万公顷、晚稻秧苗 340 公顷，其他作物 1333.34 公顷，冲毁民桥 302 座、涵洞 108 处、县乡公路 44 处、141 公里，其中 5 条公路中断交通。

6 月 粮食实行合同定购、“一定三年”不变的政策。

是月 县检察院开展打击偷税漏税专项斗争，立案侦查偷税抗税案 5 件，涉案金额 12 万元。

7 月 8—9 日 全省卫生工作经验交流会在岳阳县举行，省委副书记刘正参加会议。

7 月 9 日 凌晨，昆山砖茶厂烘制车间发生火灾，烧毁砖茶 107 吨，直接经济损失 29 万元。

7 月 17—19 日 中共岳阳县第六次代表大会召开，参加会议的代表 369 名。大会选举常委 10 人，黄甲喜当选为县委书记。

8 月 5 日 岳阳县委常委会作出加强自身建设的十条规定。

8月20日 县境出现近百年罕见秋汛，洞庭湖水位超过34米的危险水位，自是日起持续25天，16个堤垸均超过危险水位，其中建设垸超过0.94米。杨柳垸溃堤，浸没农作物166.67公顷。

8月30日 县造纸厂竣工投产。该厂1986年在原湖洲造纸厂上扩建，占地30万平方米，建筑面积35.96万平方米，设备390台套，年生产能力1.5万吨。

8月 国家技术监督局、全国工业生产许可证办公室为岳阳县水泥厂颁发水泥生产许可证。

是月 荣家湾镇巴陵扇厂生产的双面绢收折扇，在北京获优秀设计展品奖。

是月 县湖洲开发总公司实行"一级法人、自主经营、独立核算、自负盈亏"的管理体制。

是月 孙鹏参加全国少年游泳赛，获100米接力、400米自由泳冠军。

10月14日 联合国卫生组织官员D·莫托等一行10人到广兴洲镇黄安村外洲考察钉螺分布情况；16日，卫生部副部长何界及其一行到广兴洲镇视察钉螺分布情况。11月14日，日本国立预防卫生研究所医学博士保版幸男一行到春风乡外洲考察钉螺分布情况。

10月22日 11时，中洲乡费家湖发生一起重大沉船事故，13人落水，4人幸存，9人死亡。

10月 渭洞乡星竹一厂张尧政的"竹质龟纹板"技术获国家专利证书，张尧政成为岳阳县第一个国家专利获得者。

是月 正式成立东洲芦苇场。该场位于东洞庭湖注滋河道口两岸，总面积3300多公顷。

11月1日 岳荣公路八仙大桥动工兴建，1989年8月28日竣工。大桥20跨，全长396米，高9米。

11月26日 县卫星地面接收站试播成功。

11月 荣鹿路（荣家湾镇至鹿角）开始改建，全长11.60公里，总投资331.83万元。

是月 荣家湾镇枫桥村村民易志荣被国家体委评为全国农村体育先进工作者。

是月 县教委被评为全国中小学勤工俭学先进集体。

12月 县机械厂试制生产的GZD系列振动给料斗获湖南省优质产品称号。

是月 农牧渔业部评定"洞庭春"茶为优质产品。

是月 县委书记黄甲喜被中宣部、团中央评为全国优秀青年思想教育工作者。

是月 乌江机筛厂厂长任泽栋被评为湖南省农民企业家，并被聘为湖南省农民企业家协会理事。

是月 湘运荣家湾汽车站主体工程竣工，投资80万元，建筑面积2980平方米。

是年 全县开发吨粮田6600多公顷，其中实现过吨粮面积4500多公顷，年终获湖南省吨粮田开发"流动金杯奖"。

是年 省委、省政府授予岳阳县文明单位建设工作先进县称号。

是年 乡村医生实行职称制度，全县522名乡村医生参加职称考试评定，有521名授予相应的技术职称，其中授予乡村医师50人，乡村医生287人，乡村医员184人。

是年 著名剧作家、岳阳县人陈亚先创作的京剧《曹操与杨修》获“曹禺文学奖”“程长庚金奖”“中国戏曲学协会金奖”和文化部优秀剧目奖。

是年 县一中学生陈志雄获全国第二届“华英杯”作文竞赛唯一一名特等奖。

1989年

3月1—7日 湖南省曲艺家协会在县境召开理论年会和理事扩大会，省内34位曲艺家参加会议。

3月2日 县委抽调53名县直机关干部下乡镇锻炼2年。

3月18日 恢复县红十字会理事会。

3月23日 县邮电局开通5条长途半自动拨号电路，解决县、市长途电话等候时间长的矛盾。

4月27日 汨罗县400多名农民哄抢岳阳县兴旺乡青镜村杉树1万多根。

4—5月 县林业局租用轻型飞机对松毛虫重点危害地区筻口镇、潼溪乡等地喷药防治2000多公顷。6月上旬，县政府号召群众人工摘卵治虫。6月19日至7月19日，从省民航局租用飞机2架，对30个乡镇、196个村的3.1万公顷山林喷药治虫，遏止了虫害。

5月 县纺织厂5000锭棉纺设备投入生产。

是月 乌江机筛厂生产的N系列喷风筛片、西塘铸造厂生产的低铬合金钢球均获湖南省乡镇企业科技进步“飞轮奖”，乌江机筛厂被评为全省先进企业。

是月 县电视台成立，7月，自办电视节目正式开播。

6月6日 16次特快去北京受阻，停靠荣家湾，县委主要领导到车站慰问旅客，团县委组织城关地区1000多名中、小学生为旅客送茶水、送稀饭、维护铁路正常秩序。

6月 张安蒙教授和上海八达影视公司第一次考察张谷英村，随后摄制电视纪录片《岳阳楼外楼》，此片在海内外播出。

7月3—5日 岳阳县举行恢复县建制后首届民兵军事比赛。

8月 荣家湾粮库自行设计、自行试验的“竹笼存气网络，配备电动鼓风储粮技术”在全县推广。美国储粮专家尼尔夫妇到岳阳走访时高度评价应用此项技术的储粮仓库为“世界第一流的储粮仓库”。

8—10月 县民政局与县国土局、县林业局、县司法局、县农委组成联合调查组，对与湖北省通城，本市的汨罗、华容、郊区等边界数十起大的山林权属、水域捕捞、矿产开采纠纷进行调查。

10月 岳阳县在全国棉花生产创高产活动中获湖南省先进县称号。

是月 《岳阳县花鼓戏集成》编入《中国戏曲音乐集成湖南省卷》。

11月3日 岳阳鼎丽塑料制品有限公司落户岳阳县。为县内首家台资企业，有机械设备42台套，设备价值230万元，次年5月投产，在县内招职员100人。

11月15日 湘北最大的水利灌溉工程—岳阳铁山灌区大坝工程正式投入使用。

11月28日 省计委批文同意在鹿角港区建一座300~500吨级综合实体斜坡码头，码头长215米、宽15米、年吞吐能力14万吨。1990年11月20日动工兴建，1992年10月竣工，总投资215万元。

11月 省兽药管理部门批准本县兽药制剂，并颁发“湘兽药30号”生产许可证。

12月 县中心市场竣工，建筑面积12883平方米，总投资310万元，其中农民集资230万元，场内建有门面、固定摊位450个。

是月 全县开展扫除“六害”（即卖淫嫖娼、制作贩卖传播淫秽物品、拐卖妇女儿童、私种吸食贩运毒品、聚众赌博、利用封建迷信骗财害命）斗争，查封宿娼“黑店”19个，涉及犯罪人员93人；收缴淫秽书刊、录像带等淫秽物品308件；抓获拐卖妇女儿童犯4人及重大嫌疑人员45人；查获打牌赌博违法人员1945人；没收迷信道具172件，铲除土地庙598个。

是年 全县专业技术人员响应县委、县政府深化科技体制改革的号召，有650名科技人员走出机关，带技术下厂下乡，其中农委系统235人到全县13个区乡镇对种植、养殖业实行技术承包。

是年 全县农村第一个调频广播电台—凤凰调频广播电台开播。

是年 县城开通穿过铁路的2个4.5米×6米涵洞，城东城西连成一片。

是年 建老港、飘尾、北洲、新洲、南洲、东洲6个芦苇场。

是年 全县农村为扶贫救灾建立互助储金会578个，入会农户12.80万户，储金总额358万元。

是年 全县农村深入开展创“三家”（即文明之家、五好之家、清洁卫生之家）活动，年底评定“三家”17.20万户。

是年 罗三查获全国第二届青少年运动会皮划艇金牌。

1990年

1月6日 农业银行渭洞营业所职工孙四毛盗用银行承兑汇票在建设银行武汉市支行武昌办事处骗取资金50万元。7月25日孙被逮捕归案，追回赃款赃物40余万元。孙被判处无期徒刑。

1月 全县抽调1073名干部（其中机关干部198人）到47个乡镇、271个村开展社会主义思想教育运动。

2月12—17日 召开县政协七届一次会议，与会委员215人。大会选举卢长根为县政协主席。

2月14—20日 召开县十一届人大一次会议，与会代表319人。会议选举李亚初为县人大常委会主任；选举罗典苏为县长。

3月7日 麻塘区电话设备改制工程开始，工程主体为安置200门数字程控电话交换机，总投资65万元。工程于11月底割接开通，是县内农村程控电话之始。

3月22日 在全县疫区开展“灭钉螺、送瘟神”活动。

3月 汪德辉任岳阳县委书记。

4月1日 是日起，开征地方性电话建设基金和通话建设附加费。

4月16日 广州军区副司令员、空军司令员鲁玉昆考察岳阳县中心市场，并题词“祝岳阳建设繁荣昌盛”。

5月17日 江西省委书记毛致用到岳阳县考察。

5月19—22日 省初级卫生保健中期考评组一行5人，对岳阳县县、乡、村三级卫生保健工作进行随机抽样考核评价，岳阳县列全省第二名。

5月28日 县体委、荣家湾镇政府在县城白羊水库举办岳阳县城关地区首届农民龙舟赛，有12支农民代表队参赛，观众6万余人。

5月 台商周伟成购“岳州”牌编织窗纱布50万米，这是岳阳县工业产品首次销往台湾。

是月 全县第一家农民股份合作企业——乌江乡斗篷村斗篷油厂建成投产。该厂由村委会与106户农民入股，股金35万元，生产食用植物油，是年完成产值197万元。

是月 荣家湾镇更名为岳阳县城关镇。

6月8日 县检察院成立反贪污贿赂工作局。

6月19日 汉寿县航运公司81号机驳船在鹿角港区与湖北省监利县一渔船相撞，死亡2人，经济损失达1.5万元。

7月1日 该日零时起至10日零时止，岳阳县完成第四次人口普查登记工作。全县总人口777247人，其中男性403679人。有少数民族17个，共399人。

是日 中国人民银行岳阳县支行（简称人行县支行）挂牌营业。

7月20日 岳阳县被定为世界银行贷款“中国农村供水与环境卫生项目县”，世界银行放低息贷款150万美元。

7月25日 省长陈邦柱考察岳阳县铁山库区开发、中洲乡棉花生产和县纸厂建设情况。

7月 荣家湾110千伏变电站、许市110千伏变电站由岳阳市电业局移交县电力局管理。

是月 台胞许定详向珠港乡中学、中心小学分别捐款人民币2.5万元和6000元。

8月7日 城关镇、中洲乡遭受龙卷风袭击。

9月7日 鹿角粮站中洲粮点遭龙卷风袭击，刮倒房屋8间，仓库严重损坏，直接经济损失10万余元。

9月15日 省委常委、宣传部部长夏赞忠到岳阳县考察工作。

9月21日 全县普降大雨，旱情解除。此大旱以7月3日开始，历时81天，全县55条河流断流，晚稻受旱面积达9800公顷，有2380个村民小组用水困难。

10月 县水利局衬胶泵厂研制的BFJ离心衬胶泵通过省级新产品鉴定，获省机械工业厅科技成果鉴定证书，该泵被评定达到国内同类产品先进水平。

12月7日 《湖南日报》公布全省100家经营规模最大和50家效益最佳乡镇工业企业名单。新开钒二厂、新开钒三厂、新开钒一厂在100家经营规模最大乡镇工业企业中分别排名第二十四位、第二十九位、第三十一位；新开钒二厂、新开钒一厂、新开钒三厂在50家效益最佳乡镇工业企业中分别排名第十二位、第三十四位、第四十六位。

12月20日 广兴洲电排建设工程正式动工兴建，工程设计装机4×800千瓦，1992年9月4日电排站正式通过省、市验收。

是日 县纺织厂万锭工程竣工。总投资2048万元，其中世界银行投资1436万元，全厂主要设备97台套，总装机容量600千瓦，建筑面积24903平方米。

12月 洞庭春二级茉莉花茶获湖南省经委优质产品奖。

是年 全县48个乡镇均建立广播站，安装调频接收机。

是年 全县种杂交稻3.93万公顷，其中早杂0.67万公顷、中杂0.13万公顷、晚杂3.13万公顷，是推广杂交稻后种植面积最多的一年，每亩杂交稻比常规稻增产52.50千克。

是年 全县建绿色医院（庄稼医院）15所，配农技人员50人，为防治庄稼病虫咨询服务8000多人次。

是年 岳阳县乡镇企业委员会被评为全国乡镇企业管理年活动先进单位。

是年 全县生猪发展进入全省十强、全国百强县行列。

是年 岳阳县被省委、省政府定为机构改革试点县，改革的重点是人员分流。三分之一的工作人员留机关坚持日常工作，三分之一的工作人员下基层办点作调查研究，三分之一的工作人员创办经济实体。

是年 李大光在全国中学生田径赛上获10项全能第一名。

是年 县一中学生姚伟军获全国数学奥赛一等奖。

1991年

1月3日 风雪灾害袭击友爱、中洲、月田、花苗、公田、芭蕉、渭洞等乡镇，积雪厚达40多厘米。

1月22日 城关地区干部职工首次千人环城长跑赛在县城举行。

1月 建立人民教育基金制度，用于发展教育事业。

2月1日 日取水3000吨的县自来水厂扩建工程竣工，县城实现全天24小时供水。该工程1990年12月2日开工。4月15日，第三期扩建工程竣工。总投资50万元，日供水能力5000吨。

2月12日 国道107线荆州乡地段发生一起重大抢劫案，金额13.8万元，5名罪犯全部落网。

2月14日 国家工商总局副局长甘国屏到岳阳县调研。

2月19日 17时，麻塘火车站因装卸工违章作业，造成油车起火，损失13万元。

2月21日 新洲芦苇场因过路行人失火，烧毁芦苇248吨，损失9万元。次日，南洲芦苇场火灾，烧毁芦苇250吨。

3月8日 核工业总公司同意将311大队搬迁岳阳县。12月26日，在县城东举行311大队建址奠基典礼。

3月13日 14时，鹿角镇居民陶成舟驾一小渔船从河西返回，至湖中，因严重超载造成沉船，12人被救，8人丧生。

3月19日 15时，广兴洲电排工程严重滑坡，滑坡土方约1万平方米，70多根地下水泥桩被推倒，直接经济损失约20万元。

3月26日 县委、县政府作出《关于鼓励农业科技人员从事技术承包的决定》。

4月3日 县境发现首例甲型肝炎。

4月8日 郊区郭镇乡建中村与岳阳县麻塘镇大坳村因鹰咀山权属争议发生械斗，双方炸、砸伤10余人。

4月25日 韩国六商交易有限公司崔斗荣、卢珍基到县洞庭造纸厂洽谈纸浆出口韩国业务，并考察投资环境。

5月15日 14时35分至55分，荆州乡和中村乡的7个村遭受龙卷风袭击，242户农户遭受不同程度损失。其中，倒塌房屋341间，卷倒高低压线路13公里，直接经济损失81.9万元。

5月17日 省长陈邦柱、副省长王克英到岳阳县检查防汛工作。

5月27—31日 全省老区建设工作会议在岳阳县召开。

6月6日 县法院在黄沙街区荆州乡高家村107国道线附近召开“集中打击”宣判大会，依法对12名犯罪分子进行公开宣判，配合市法院对4名犯罪分子依法执行死刑。

6月15日 省政协主席刘正到岳阳县考察。

6月16日 “′91中国湖南汨罗江国际龙舟节”开幕式在岳阳市麦子港举行，12时30分，龙头经过新墙区十二公里时，近2万名干部群众参加接龙仪式。

6月18日 毛泽东的儿媳邵华、刘松林及孙子毛新宇应邀到县参观访问。

是日 县政府组织300余名机关干部下乡推广“双两大”技术。

6月30日 全县公务员行为规范统考，3024名国家干部参加考试。

6月 岳阳县被省政府授予村镇建设先进县称号。

7月4日 广兴洲区陡降暴雨，24小时降水204毫米，1300多公顷早稻、近500公顷棉花被淹。

7月8日 在三合乡、荆州乡实行宅基地有偿使用试点，随后，在全县各乡镇全面推行宅基地有偿使用。

7月12日 省政协主席刘正到岳阳县检查防汛工作，慰问受灾群众。

7月13日 岳阳市南津港进入危险水位，荣岳公路西线交通中断，至8月3日恢复通车。

7月14日 广兴洲发现首例钩端螺旋体病人。8月20日，全县共收治钩端螺旋体病人1757例，死亡14人。县成立专门防治领导小组，抽调医务人员深入疫区救治，县政府拨款3万元抢救危急病人。

8月7日 副省长曹伯纯到岳阳县视察麻塘水利血防、灭螺工程。

8月19日 上海八达影视公司、省电视台到岳阳县联合拍摄反映县境明代古建筑群—张谷英屋场风貌的电视片《楼外楼》和《江南古迹》。

8月23日 县国土局会同县法院、饶村乡政府强制拆除朱公村村民朱某的非法建筑，在全县影响很大。

8月26日 下午，县检察院干警李中标酗酒鸣枪10响，流氓滋事长达3小时20分，后被干警制服，送行政拘留所。1992年2月14日，县法院依法判处李中标犯流氓罪、故意杀人罪（未遂），合并执行有期徒刑15年，剥夺政治权利2年。县检察院给予李中标行政开除处分，县纪委开除李中标的党籍。

8月 《中共岳阳县委常务委员会工作规划》出台。

是月 岳阳县普遍发生稻纵卷叶螟危害，2.67公顷晚稻见卷叶，2000公顷见白叶。

9月4日 新开乡茅栗村石煤矿井顶部发生塌方，死亡3人、重伤1人。

9月20日 经县委统战部牵线，县土产公司与台商签订湘莲出口合同，成交150吨，金额208万元。

9月25—28日 湖南省商办工业现场会在岳阳县召开。

10月4日 16时，凤凰乡胥洞村一村民因烧荒整地引发凤凰乡广福、胜利、胥洞3个村及平江县复兴村山林大火，过火面积25公顷，直接经济损失3万余元。

10月19日 全国政协视察团一行60余人到县考察铁山水库，全国政协委员沈醉为铁山水库管理局题词。

10月 县政府公布张谷村古建筑群为县级文物保护单位并成立张谷英文物保护领导小组。

是月 县委老干局在湖南省第三届“丰收杯”门球赛中获冠军。

11月13日 市委书记谢培清、省血防办负责人到岳阳县春风乡检查血防工作。

11月14日 县委召开城市社教动员大会。

是日 江西省委书记毛致用考察铁山北干渠、熊市乡。

11月17日 县花鼓戏剧团代表岳阳市在省第二届“映山红”艺术节上演出《男大女大》，获一等奖。

11月21日 岳坊水库与张谷英镇兰林村、张谷英村交界处发生山林火灾，烧毁山林60多公顷。

11月28日 省军区司令员庞为强、省委政法委书记朱东阳组织专家到新墙区五垸乡，顺利引爆在五垸乡废矿中发现的一枚AN-M64AI美制500磅的重型炸弹。经有关部门鉴定，这枚炸弹是20世纪40年代美军轰炸新墙河铁路桥遗留下来的。炸弹重254千克，内装烈性梯恩梯炸药120千克。

12月6日 岳阳县纺织厂举行竣工投产典礼。

12月8日 省政府在岳阳县新开塘举行107国道湖南段暨岳阳汽车专用路通车庆典。

12月11日 岳阳县粮食局被商业部评为“安全储粮”先进单位，并授予“金杯”奖。

12月19日 中共中央政治局委员、国务委员李铁映一行到麻塘区春风乡考察晏家湖安全牧场、春风外垸矮围灭螺工程、春风村改水改厕和春风中学血防教育情况。19日，矮围灭螺工程通过中央验收。

12月20日 水利部部长杨振怀考察岳阳县铁山水库工程。

12月21—24日 全国血防工作会议在岳阳市召开，岳阳县春风乡为第一现场，与会代表现场参观春风外围矮围灭螺工程、晏家湖安全牧场、春风村改水改厕、春风中学血防健康教育。麻塘区公所被评为全国血防工作先进集体。

是年 中洲乡福利硅砂矿生产的“兴塔”牌硅砂系列产品在机电部铸造材料产品评选活动中获银奖。

是年 城乡开始安装有线电视。

是年 中央电视台等80多家电视台、《人民日报》等近100家报刊对张谷英村予以详细报道，市、县旅游局在岳阳市召开新闻发布会。

是年 县中心市场被评为全省先进单位。

1992年

1月15日 岳阳县治理乱收费工作经验在全省物价工作会议上推介。

2月18日 副省长王克英到岳阳县考察农村工作。

2月21日 县文联被评为全省文联系统先进单位。

3月15日 副省长王克英考察岳阳县水利工作。

3月28日 省委副书记杨正午到岳阳县调研。

4月1日 粮油购销价格全部放开。

4月20日 23时至次日2时，岳阳县部分乡镇遭受8级以上风暴和冰雹袭击，造成直接经济损失2400多万元。

4月22—28日 省“机电杯”象棋赛在岳阳县举行，20支代表队参赛。

4月29日 省委常委、省纪委书记杨敏之到岳阳县调研。

5月2日 省委书记熊清泉到岳阳县考察工作。

5月7日 省委副书记、省人大常委会主任刘夫生考察岳阳县广兴洲电排工程。

5月8日 副省长汪啸风到岳阳县考察城建工作。

5月14日 江西省副省长舒惠国到岳阳县考察农业结构调整工作。

是日 县委、县政府作出《关于创办新墙综合改革试验区的决定》。

5月25日 广兴洲镇桑场场长带领6名职工到县信访办反映，新洲、北洲芦苇场用飞机杀虫，污染周围蚕桑，导致该场春蚕大量死亡，经济损失惨重。经调查，情况完全属实，县政府拨款4万元给予补偿。

5月27日 全国政协常委、科教文委员会主任张慧兰，全国政协委员、九三学社副主席严庆汉到岳阳县麻塘区春风乡考察血防工程。

5月 经省级评审验收，岳阳县成为全省首批初级卫生保健达标县。

6月5—6日 副省长董志文率省水利厅负责人考察岳阳县铁山北干渠，研究铁山开发问题。

6月10—15日 水电部农林水利局在南昌市新建县召开全国水土保持工作会议，会议进行学术交流，岳阳县《李塅河小流域水土保持封山效益浅析》获奖。

6月30日 岳阳县第一个村办自来水厂在中洲乡二郎村竣工投产，该厂总投资13.8万元，日产自来水120吨。

是月 罗典苏任岳阳县委书记。

7月13日 撤销岳阳县新墙区，所属五垸乡划归麻塘区管辖，三合乡并入新墙镇.

7月31日 全国最高的微波铁塔在岳阳县竣工，该塔高120米，能提供1920条长途电路。

7月 成立康王经济开发区管委会、荣家湾经济开发区管委会、春风开发区管委会、十二公里经济开发区管委会、大云山旅游开发区管委会。

仲夏后 全县大旱，大部分稻田脱水，部分地方饮水困难。全县13个区镇、48个乡镇、300多个村受灾，受灾面积4.64公顷，粮油减产3575万公斤，直接经济损失1亿元。

8月3日 撤销广兴洲区，所属许市乡、黄金乡并入广兴洲镇。

8月 省政府批准建立大云山省级森林公园。

9月26日 进行县、乡两级人大代表换届选举等工作，至11月23日，共选出县人大代表330名，乡镇人大代表2512名。

9月 岳阳县打假专项斗争办公室查办国家信访局督办的“皮包公司”诈骗案件，全面清查291家公司，挽回经济损失1300万元，解救相互扣押人质5人。

是月 筻口镇、熊市乡被省政府授予教育先进乡镇称号。

是月 经省验收，岳阳县成为全省首批实验教学普及县；关王乡、凤凰乡成为实验教学普及乡。

10月11—12日 县委、县政府首次在深圳举行招商引进联谊洽谈会，参加会议的各界人士200多人。

10月21日 中央电视台《晚间新闻》播放“湖南血防成效显著”，县麻塘垸外矮围灭螺工程为其主要场景镜头。

11月1—5日 水利部水利血防科技培训班在岳阳县举行，湖南、湖北、江苏、江西、安徽等6省代表60人参加培训。

11月5—7日 中共岳阳县第七次代表大会在县城召开。出席会议的正式代表367人，特邀代表17人，列席代表27人。大会选举常委11人，选举罗典苏为县委书记。

11月10日 岳阳县至岳阳市汽车自办邮路开通。

11月12日 市委书记谢培清到岳阳县检查工作。

11月16日 中共中央候补委员、中央书记处书记、中共中央办公厅主任温家宝一行考察岳阳县铁山水库、西塘果园、县衬胶泵厂、毛家湖等地。

11月25日 关王乡关王村天然林场发生火灾，烧毁天然林及人造幼林近90公顷，经济损失近50万元。关王村村民胡迪明、胡曙光在扑火中牺牲。

12月7日 副省长储波到岳阳县考察。

12月17—21日 县政协八届一次会议在县城召开，与会委员213人。会议选举潘长根为县政协主席。

12月18—23日 县十二届人大一次会议在县城召开，与会代表327人。会议选举唐岳军为县人大常委会主任；选举卢良才为县长。

12月24日 岳阳县4000门程控电话正式开通。

12月30日 县公证处被司法部评为全国办证质量优秀单位。

是年 县委、县政府出台《关于加快发展工业经济的决定》。

是年 岳阳县被评为全国群众体育先进县。2002年，被评为全国体育先进县。

是年 在城关镇兴建县属国有企业岳阳市制药四厂。

是年 县中心市场被评为全国文明集贸市场。

是年始 国内一些媒体以张谷英古建筑群为场景，先后拍摄《毛泽东和他的乡亲们》《荷香》《通天人物——贺凤生》《何长工》等电视剧和MTV。

1993年

1月1日 县委书记罗典苏、县长卢良才率部分县委常委、副县长等7人到凤凰乡胥洞村征求民意，为彻底解决“四不通”（即水、电、路、广播不通）问题，作出胥洞村整体迁移的决定。

1月18日 岳阳县数汉兼无线寻呼系统开通。

1月 岳阳县开通模拟移动电话。10月，建1个900M模拟蜂窝移动基站。

2月1日 县委、县政府授予刘先和科技兴农重大贡献奖，奖品为价值13万元的“伏尔加”牌轿车，开创岳阳市重奖优秀科技工作者之先河。省农业厅高级农艺师刘先和1985年应聘到岳阳县黄沙街茶场，研制“洞庭春”系列名茶连续获省优、部优、国优产品奖。茶场茶叶产量由1985年的6.25万千克增至12.5万千克。25日，刘先和在他工作多年的黄沙街茶场逝世。5月7日，市委发出《关于向刘先和同志学习活动的通知》。

2月24日 由临湘开往长沙的客车行至新开塘地段时，一犯罪分子掏出一支64手枪，从旅客身上抢得现金600元后，随即下车逃往附近山林。市、县公安局组织搜山，罪犯被当场击毙。

3月2日 县委、县政府作出加速全县农业开发、实现“三个一亩”的决定，要求三年内实现“山区人均一亩果，湖区人均一亩渔，近郊近地人均一亩菜”的奋斗目标，并制订一系列激励措施。

3月5日 县委、县政府召开致富表彰大会，勤劳守法致富的102名个体工商户、105名农村专业户受到表彰，会后，所有县级领导及县直部、办、委、局负责人、致富典型及干部群众4000余人举行环城游行。

3月17—20日 全体县级领导深入山区，开展振兴山区的调查研究活动。

3月22日 县委、县政府作出加快农村小集镇建设的决定，并出台81条优惠政策。

3月23日 县委、县政府作出《关于加速发展个体私营经济的决定》，并制定101条优惠政策。

3月26日 县委、县政府作出进一步加快发展乡镇企业的决定。

4月13日 中共中央政治局常委、国务院副总理朱镕基，国务委员陈俊生一行到岳阳县大毛家湖考察。

4月18日 设立县政府驻广州劳务管理办事处。

4月23日 国家工商总局副局长甘国屏到岳阳县考察。

4月24日 县纪委、县监察局正式合署办公。

4月26日 世界银行（简称世行）贷款县内农村供水与环境卫生项目正式启动，世行贷款总额154.77万美元（合人民币821.85万元）。

是日 县法院在城关镇举行集中打击车匪路霸和严重刑事犯罪分子专场宣判大会，依法对20名车匪路霸、抢劫和重大盗窃分子进行公开宣判。

5月8日 县委、县政府召开专题会议，一次性解决铁山工程死伤民工上访问题，771名死伤民工获得抚恤费15万元，并签订公证协议书。

5月19日 南冲镇杨家村发生一起重大爆炸事故，死2人、重伤2人、轻伤2人，毁坏房屋22间，直接经济损失8万余元。

5月30日 中纪委及中央党校有关负责人到岳阳县春风乡、新墙镇、黄沙街区考察农村工作。

是日 省人大常委会副主任喻海湖参观张谷英建筑群。

6月5日 广兴洲镇划分为广兴洲镇和许市镇。

6月7日 召开全县打骗打假动员大会，对骗买骗卖、制造销售假、冒、伪、劣商品的违法行为进行严厉打击。

6月30日 水利部副部长何景到岳阳县检查长江护岸防汛准备工作。

7月2日 全县普降暴雨，至8日，全县14个区镇、45个乡镇、577个村、45.3万人受灾，农作物受灾面积3.4万公顷，直接经济损失1亿多元。

7月18日 县委、县政府决定在县城建立巴陵专业批发市场，该市场占地11.07公顷，总投资5000万元。

8月1日 省委副书记孙文盛到岳阳县调研。

9月1日 县水泥厂4.4万吨基力窑点火运行。

9月7日 省长陈邦柱、副省长郑培民到岳阳县检查防汛工作。

9月8日 民政部部长多吉才让到岳阳县考察。

9月22日 副省长周伯华到岳阳县检查环保执法情况。

9月25日 全省改水工作现场会在岳阳县召开。

9月 县委老干局被评为全国老年体育工作先进单位。

是月 广兴洲镇利用世界银行贷款，新建一个日供水1200吨的水厂，并改造扩建镇中心水厂，使全镇近4万群众能够饮用自来水。

10月10日 县一中学生万震东、蒋彬彬在全国高中数学奥林匹克竞赛中分获湖南赛区第一名、第三名。

10月15日 省委书记王茂林、省长陈邦柱、省委副书记杨正午、副省长潘贵玉到岳阳县考察指导工作。

10月26日 省委常委、组织部部长罗海藩到岳阳县调研。

10月27日 全省个体私营经济流动现场会在邵东县召开，岳阳县在会上作《大力促进个体私营经济发展》的经验介绍。

11月9—11日 市委书记罗桂求到岳阳县实地考察县城建设，康王、麻塘、新墙等地乡镇企业发展，农业结构调整情况。

11月 湖南省“注·提”专题实验工作现场会在岳阳县召开，新墙镇第二中心小学成为会议的主现场，教师李克勤、胡六荣为现场提供观摩课。2002年3月，新墙镇中心小学被评为全国“注·提”实验先进学校。

12月3日 县委、县政府举行恢复县建制10周年纪念活动。

12月30日 新墙、步仙、公田、鹿角4个区镇开通数字程控电话。

是月 省教委评定筻口镇、熊市乡为全省教育工作先进乡镇。

是年 县电视台在麻塘镇鹰嘴山建起一座电视发射塔。

是年 县电视台正式开播电视新闻节目，每年发布新闻1500多条，专题节目30多个。

是年 县城住房制度改革全面铺开。

是年 湘北羽绒厂获得外经贸部授予的自营进出口权。20世纪90年代，该厂生产的羽绒制品畅销国内52个城市，并出口12个国家和地区，成为湖南省外贸定点生产出口服装企业。县服装工业公司生产的羽绒服被指定为第十一届亚运会运动员专用产品。

1994年

1月15日 全县调整照明用电、煤、原油、粮食、棉花、自来水6项商品的价格。

1月16日 岳阳县成立儿童事业发展基金会。

1月17日 西塘乡峡山村宋二组发生爆炸杀人案，当场炸死3人，炸伤7人，炸毁房屋6间。

1月 宋再钦任岳阳县委书记。

是月 省教委授予岳阳县一中湖南省重点中学牌匾。

2月1日 19时许，岳阳洞庭造纸厂被犯罪分子纵火烧毁芦苇3500吨，直接经济损失120多万元。案发后，县公安局立即组织侦破，案犯徐平（男，26岁，汉族，四川省开县人）被抓获归案。

2月5日 岳阳县900MHz蜂窝式移动电话8信道基站设备开通。

3月8—11日 省委书记王茂林、副省长郑培民到岳阳县检查指导防汛准备工作。

3月15日 荣家湾法庭庭长汤兴世获全省“十杰法官”称号。

3月 设立县公安局工商公安值班室、县检察院工商监察室、县法院工商案件审理室。

4月5日 县法院依法受理县洞庭造纸厂申请破产还债一案。8日，县政府成立洞庭造纸厂破产还债清算工作领导小组。7月2日，县政府依法收回该厂42.95公顷土地使用权。该厂库存流动资产总值460余万元，12月28日，签订整体买卖协议书。

4月 县环保局完成县植物油厂锅炉水膜除尘、宏达制革厂废水治理工程。

是月 岳阳县农村合作基金会联合会成立。

5月6日 相思乡九龙村村民许定辉违章载运南冲镇24名师生赴县城参加成人高考，途中发生车祸，造成1人死亡，9人受伤。

5月11日 凌晨5时，龙卷风袭击杨林乡四龙村，一时电闪雷鸣，狂风夹杂冰雹，大树被连根拔起，部分房屋倒塌，行人被狂风卷起，在离原地500多米的地方掉下来。此次灾害死伤39人。

5月18日 举行全县国有土地使用权首次拍卖活动，共拍卖土地918.72平方米，成交额86.9万元。

5月 城关镇一中学生李会在全省第十三届青少年创造发明比赛中获三等奖。

是月 岳阳县被评为全国民政工作先进县。1998年，再获此殊荣；2005年5月，第三次被评为全国民政工作先进县。

6月5日 市话扩容，4000门数字程控电话开通。

6月15日 省委常委、省纪委书记杨敏之就反腐败工作和小城镇建设问题到岳阳县调研。

6月26日 全市联网的127无线寻呼台开通。

7月8日 制药四厂“氯酸环丙沙星”产品正式投产。

8月1—7日 凤凰乡胥洞村整体搬迁至城关镇株树、跃进、许胜、群星4个村。

8月5日 江西省委书记毛致用到岳阳县考察，参加岳阳县湖洲管理局成立30周年纪念活动，并题词“开发湖洲资源，振兴岳阳经济”。

8月 县一中学生杨峰、陈怀东分获湖南省理科、文科考生第一名。

9月1日 “居民优惠粮”销售限价开始实行。

9月13日 县税务局分设为县国税局、县地税局。

9月 全县划定基本农田保护区工作全面完成。该工作始于1993年9月，全县共建立基本农田保护区47733公顷。

10月7日 省长陈邦柱、副省长周伯华到岳阳县考察制药四厂。

10月25—31日 县中山科技学校校长郭乔奇出席全国民办教育研讨会，并在会上介绍该校民办教育的经验。

11月3日 省委副书记杨正午到岳阳县调研。

11月14日 岳阳县通过省消灭丝虫病评审组考核评审，达到卫生部颁布的消灭丝虫病标准。

12月1日 举行9634工厂奠基仪式，厂址在县城西孙午村。

12月3日 中国人民解放军6906工厂由岳阳县新开乡上文村搬迁至岳阳市花板桥。

12月14日 县渔政管理站更名为县渔政管理局，为正科级事业单位，负责东洞庭湖渔政执法与监督。

是年 完成商苑大世界、大园岭市场、庆丰市场、特力商城的建设。至此，巴陵大市场的开发建设全面完成。

是年 长铁总公司投资1200万元，启动岳阳县铁路货运场建设。

是年 投资800万元的中湘街二期工程基本完成，开发长度450米，占地1.57公顷。

是年 县文物管理所在张谷英村成立古村文物保护小组。

是年 全县落实房改售房单位147个，出售公房5210套，共计349825平方米。

是年 城关镇获全省“百强镇”称号。

1995年

1月2日 晚，全县普降入冬后第一场大雪，4小时降雪厚度平均达到0.3米，大雪致使564间房屋倒塌、2450根高低压电杆和广播电话电杆断倒，5万余棵果木被毁。

1月12日 全县119位农民领到由农业部统一印制的“绿色证书”。

1月13日 麻塘垸大堤加固工程竣工。该工程始于1994年12月20日，共动用4万多名劳力，总投资3000多万元，其中县财政投入800万元，加修10.2千米，完成土方168万立方米，加固后的大堤海拔高度37米，面宽6米。

1月20日 县直党政群机关机构设置方案出台，确定县委工作机构6个、县政府组成单位21个、工作机构10个、协调议事机构1个；原党政群机构中改为事业单位的机构7个、转为经济实体的机构5个、改为群众团体的机构3个；此次县直撤并机构19个，调整干部109人、交流50人、退线31人、免职6人、降职2人。

1月28日 13时40分，由芭蕉乡陈坪开往荣家湾的县汽运总公司客车在驶出陈坪2公里处，因烟蒂引燃违禁带上车的铳药起火，大火经久难灭，烧毁客车1台，烧伤旅客19人，其中重伤16人，直接经济损失达60万元。

2月17日 国家科委副主任韩德乾到岳阳县乌江机筛厂考察“铝型材表面氧化着色技术”推广项目。

2月24日 昆山乡农技站被省农业厅授予湖南省农业技术推广示范站称号。

3月5日 新洲芦苇场因烧山整障发生火灾，场部职工马炎光为保护国家财产牺牲，年仅48岁。

3月15日 县计划物价局、县水利水电局、县财政局联合发文，公布《岳阳县水资源费征收管理实施细则》。

3月20日 县委、县政府出台《关于撤区并乡建镇、简政放权、建立乡镇新体制的实施方案》，全县14个区（镇）、42个乡（镇）、2个管区撤并为25个乡镇（镇14个、乡11个）。5月底，“撤区并乡建镇、简政放权”工作顺利完成，全县共调整交流乡镇党政班子成员416人，其中提拔使用184人。

3月25日 县委制定《岳阳县农村党支部书记管理办法》。

4月1日 城关地区开始实行生猪定点屠宰，生猪的屠宰及肉类产品销售按“定点屠宰、集中检验、统一纳税、分散经营”的原则进行管理。

4月4日 副省长庞道沐到岳阳县检查防汛工作。

4月22日 县委、县政府召开全县农村工作会议，安排部署丘岗开发和农业结构调整工作。

4月28日 全国审计系统劳动模范、县审计局党组书记何忠民赴京参加全国劳模表彰大会。

4月 城关镇一中学生荣登科、李松、冯宁、王勇参加全国初中数学联赛，夺得湖南省一等奖，城关镇一中被评为省级优秀集体。

是月 城关镇一中学生李亮、李松、夏杰，在全国物理知识奥赛中，获铜牌1枚、优胜奖2个。

5月8日 9时，新墙镇马形村村民童岳华等7人驾船横渡新墙水库，至水库中心时，因风大浪急，船被打翻，童岳华等全部落水，造成5人死亡。

5月12日 县政府发布《岳阳县基本农田保护办法》。

5月30日 召开全县个体私营经济工作表彰大会，表彰优秀私营企业主10人、致富能手90人。会后与会代表1500余人在县城举行游行活动。

6月1—3日 全县普降大暴雨，大部分地方连续降水在24小时以上，降水量在100毫米以上，最高达277毫米。特大暴雨造成县境历史上罕见的自然灾害，受灾人口12.7万人，特重灾民7万人，直接经济损失4.9亿元。

6月4日 因洞庭湖水猛涨，老鼠入侵滨湖村，村民王建兴父子用木棒打死老鼠3946只，陶志雄投毒饵1.25千克，一丘田（0.84亩）毒死老鼠568只。

是日 市长黄甲喜到岳阳县察看灾情。

6月10日 岳阳市第一家县级专业化物业管理公司岳阳县物业管理公司成立。

是日 县一中学生曾铁勇在全国数学奥林匹克竞赛中获湖南赛区第一名。

6月14日 审计署副审计长任景德到岳阳县检查工作。

6月25日 零时起，全县电话号码由6位数升至7位数。

6月30日 县委、县政府推行办事公开制度。

7月1日 8时许，县境普降大暴雨，雨量达150毫米以上。新开乡大马、大塘、许廖3个村620多人被洪水围困，武警舟桥部队岳阳市支队70名官兵当场赶到现场救援。

是日 省委副书记储波、副省长郑培民到岳阳县指导抗灾救灾工作。

7月2日 6时，筻口垸三港嘴段防洪大堤溃决。

7月7日 县委统战部主持召开纪念抗日战争胜利50周年座谈会，境内及县籍海外黄埔同学40余人参加座谈会。

是日 地矿部副部长张文岳到岳阳县察看灾情，走访灾民。

7月8日 省长杨正午、省委副书记储波、副省长周伯华到岳阳县指导防汛工作。

7月24日 18时50分至20时10分，筻口镇遭受龙卷风、暴雨、冰雹袭击，突降暴雨70毫米。

7月 岳阳县大云山公园晋升为国家级森林公园。

是月 团省委机关募捐1.2万元发给麻塘垸、小毛家湖困难群众。

8月5日 副省长庞道沐到岳阳县检查灾情，指导生产自救。

8月8日 江西省委书记、省人大常委会主任毛致用到岳阳县考察。

8月13日 省委书记王茂林到岳阳县了解灾情，指导就业工作。

8月15日 卫农粮库引进世界银行贷款200多万元，收纳库工程破土动工。

8月 县农业局主持研究的“马铃薯双季优质稻生产栽培技术”获农牧渔业部丰收三等奖。

是月 经省经济百强镇检查领导小组考核验收，荣家湾镇达到百强镇标准。

9月8日 县洞庭造纸厂整体转让给泰国青山纸业有限公司项目在湖南省第五届“湘交会”签约厅正式签约，总成交额1亿元。10月，岳阳丰利纸业有限公司（简称丰利纸业公司）成立，为县内第一家外商独资企业。

9月22日 8时左右，县湘运公司大客车在岳阳北门渡口三码头与一货车交汇时，大货车左前轮突然飞出，撞翻客车，乘客死伤44人。

9月25日 岳阳县召开县直机关丘岗开发动员会，全县掀起丘岗开发高潮。

9月 新墙镇中心校教师李克勤被评为全国优秀教师。

10月2日 中央电视台“东方时空”栏目组到岳阳县采访摄制血防工作相关资料。

10月10日 县关心下一代工作委员会（简称县关工委）被评为全国关心下一代工作先进单位。

11月4日 省初级卫生保健达标县评估验收工作检查组到岳阳县抽查验收，认定岳阳县为初级卫生保健达标合格县。

11月8日 荣公公路改造扩建工程新墙镇十二公里至公田段正式动工，改建段全程28公里，按平原微丘二级公路标准设计。

11月21日 省委常委、省委秘书长胡彪到岳阳县检查“三冬”生产情况。

11月23日 召开第三次整顿农村社会治安第一战役紧急动员会，是晚，全县出动干警、党政干部、治安积极分子1635人，抓获犯罪嫌疑人104人。

11月 境内开始进行农村土地第二轮承包，签订承包合同，明确承包期为30年，并向农户颁发“集体土地承包经营证”。

是月 岳阳市经管局在三荷乡进行建立土地流转机制试点工作。

12月1日 县烟草局专卖办查获一起特大伪装贩运假烟及制假用辅助材料案，查扣假烟230件，塑料包装纸40万张。

12月2日 江西省委书记、省人大常委会主任毛致用到岳阳县考察。

12月9日 市长黄甲喜到岳阳县新开乡检查消灭脊髓灰质炎免疫糖丸投服情况。

12月 开展全国第三次工业普查，全县乡以上工业企业342家，其中国有企业41家，集体企业297家，“三资”企业4家。

是月 县城中心市场被评为全国文明集市。

是月 县光荣院被评为全国文明光荣院。

是年 县林业局被评为全省野生动物资源保护管理先进单位。

是年 举重运动员李燕在第六届世界举重锦标赛上夺得女子69公斤级金牌；1999年，在第七届世界举重锦标赛上又夺得该项目冠军。

是年 县儿童事业发展基金会筹募基金29万元，扶救365名特困儿童。团县委被团中央、国家科委评为全国“培养青年星火带头人”活动组织奖。

是年 团县委被评为全省先进团委。

是年 岳阳县被列入国家农业综合开发县。

1996年

1月4日 省委书记王茂林到岳阳县考察荣公公路改扩建工程、丘岗开发基地、丰利纸业公司，并到麻塘镇春风村看望灾民，了解灾民安置情况。

1月12日 16时许，月田镇国庆村村民陈石柱无证驾驶无照木船横渡铁山水库国庆村段，因严重超载渡客，造成船只沉没，全船49人落水，淹死16人，其中学生14人。

1月 广兴洲镇被列入全省社会发展综合试验及科普示范基地。

2月21日 县法院副院长陈晓光被县委、县政府记二等功并奖励现金3万元。为岳阳县首次重奖招商引进有功人员。

3月9日 广兴洲工商所年仅20岁的市管员龚德良在整顿农贸市场、维护农资经营秩序中牺牲。

3月18日 反映筻口镇筻口村的电视片《状元村》在美国洛杉矶熊猫电视台播出。

3月20日 举行县人武部收归军队建制交接仪式。

3月23日 县公安局刑侦大队侦破城关镇帝皇都歌舞厅老板唐武才为骗取保险金赔偿的特大纵火案。

4月16日 岳阳县农村户口城市化管理工作启动。

4月26日 数字大哥大GSM8个载频基站设备开通。

4月 新墙镇进行早稻软盘抛秧技术试点，共抛秧14.47公顷。

5月18—21日 县委举办党性教育培训班，170多名领导干部参加培训。

5月 岳阳县召开科技大会，10名有突出贡献的科技工作者受到表彰。

6月2日 1~12时，县境普降暴雨，最大降水量为337毫米，造成山洪暴发，死6人、伤128人，农作物被浸1.84万公顷，直接经济损失1.5亿元。

6月7日 1~17时，全县普降特大暴雨，大坳水库降水达337毫水，水位由凌晨1时的102.5米猛涨到10时的112.2米。

6月14日 县酒厂依法宣告破产。

是日 省长杨正午到岳阳县考察荣公公路、荣新水果基地，深入灾区了解居民生产生活情况。

6月 新墙镇遭受特大洪灾，所属五星垸溃堤，三合垸、燎原垸全部内渍。

7月9日 全县各堤垸全部进入防汛水位。17日7时15分，麻塘中闸电排关机、四新垸漫溃；10时，古港堤漫溃（撇洪渠溃口）；15时，杨柳垸漫溃；17时五星垸、18时七星垸因撇洪渠溃口全垸被淹；黄沙街三垸子和二垸子漫溃。是日为境内6月份以来三次特大洪灾之一，共涉及25个乡镇、693个村，农作物受灾面积2.85万公顷，倒塌房屋10.3万间，交通、电力、通信等设施均严重损坏，直接经济损失35.43亿元。

7月15日 20时，县电视台正式开通体育频道、综合频道、文艺频道等4套中央台卫星加密电视节目。

7月18日 省委副书记储波、郑培民到岳阳县检查防汛救灾工作。7月30日 两人再次到岳阳县检查指导防汛抢险工作。

7月19日 县外贸总公司被省外经贸委授予进出口权，成为全省12家具有进出口权的县级外贸公司之一。

7月21日 广州军区副参谋长宋文汉到麻塘大堤组织指挥军民抗洪抢险。

7月 大云山公园晋升为国家级森林公园。

8月3日 全县普降暴雨，大部分地方降雨均在60毫米以上，洞庭湖水位开始复涨。

8月10日 省委书记王茂林到麻塘垸指导防汛抢险工作。

8月18日 省政协副主席邓有志到岳阳县考察了解灾情。

8月31日 中央政策研究室副主任肖万钧、国家防总顾问周振先到岳阳县检查救灾工作。

9月11日 省委书记王茂林到岳阳县了解灾情。

9月 黄沙街镇等6个乡镇推广旱地杂交春玉米获得成功。全县733.33公顷玉米，总产玉米干籽4587吨，亩均产417千克，示范片高产丘块亩产635千克。

是月 参加省八运会的岳阳县18名运动员获金牌10枚、银牌2枚、铜牌1枚。

10月18日 全国政协副主席钱正英到岳阳县考察水利工程建设。

10月25日 县机瓦厂依法宣告破产。

10月 建设BSM数字移动电话基站1个，首次开通数字移动电话。

是月 世界卫生组织一行15人，农业部、新华社、《人民日报》、《经济日报》等新闻单位20余人，到岳阳县考察水利、农业综合开发灭螺工程。

是月 岳阳县成为全省“两基”达标县。

11月2日 全省重点水利工程中洲电排开工建设。1998年5月6日竣工。

11月 筻口镇新建湘北农村地区第一所甲级医院。

12月19日 县委统战部、县民宗办清理整顿宗教活动场所，全县共拆除乱建的寺观、教堂21座，关闭10座，改作他用的11座，解散非法基督教活动点5处，对12名信教党员予以除名处理。

12月26日 广兴洲镇、许市镇划归君山区。

12月28日 县卫生局、县公安局、县计划物价局联合发出《关于实行〈出生医学证明〉规范管理的通知》，规范全县“出生医学证明”的发放、使用管理和定期检查制度。

12月31日 新开乡将污染严重的钒厂全部关停。

12月 在全县党政机关、企事业单位中公开选拔10名30岁以下的年轻干部进入县直10个部门领导班子。

是年 现代花鼓戏《洞庭春》参加全国“映山红”戏剧节会演，获编剧、导演、演出等14项大奖，并作为湖南省争夺全国“五个一工程奖”的重点剧目进京演出。

1997年

1月7日 水利部部长钮茂生到岳阳县指导水利冬修工作。

1月10日 麻塘、中洲、城关3个农业综合开发项目区，被评为全省农业综合开发洞庭湖区一等奖。

1月22日 下午，中共中央政治局委员、国务院副总理姜春云在省长杨正午陪同下，到岳阳县麻塘大堤二墩子视察大堤水毁恢复加固处险工程。

1月28日 列为岳阳市交通重点工程的月田余家大桥被评为省级优良工程，该桥长80米，投资130万元。

2月1日 江西省委书记、省人大常委会主任毛致用到岳阳县考察筻口镇西冲村养殖基地和麻塘镇鸭业工程。

3月5日 省政协副主席邓有志到岳阳县察看灾情及水毁工程恢复情况。

3月22日 省委副书记郑培民到岳阳县考察水利重点工程。

3月 卢良才任岳阳县委书记。

是月 岳阳县被省委、省政府授予全省农村卫生“三项建设”先进县称号。

4月3日 副省长贺同新考察岳阳县外资企业。

4月11日 县人民医院被世界卫生组织、联合国儿童基金会、卫生部联合授予“爱婴医院”牌匾。

4月29日　10时48分，京广线由昆明开往郑州的324次列车与停靠在荣家湾车站、从长沙开往茶岭的818次列车追尾相撞，造成126人死亡、566人受伤的特大伤亡事故。事故发生后，省、市和铁道部领导率3000多人迅速赶到现场救援。77小时后，铁路恢复正常运行。9月22日，广州铁路运输中级人民法院在长沙开庭，对该案作出一审判决。

4月30日　省长杨正午、省委副书记储波到岳阳县看望慰问"4·29"受伤的旅客和司乘人员。

4月起　全县乡镇卫生院全部转为全民所有制单位，大集体医务人员全部转为全民合同工，465名在职职工、337名退休人员全部办理养老保险。

5月4日　省长杨正午到岳阳县考察中洲电排工程。

5月14日　国家环保检查团到岳阳县考察新开钒三厂治理污染工程。

5月20日　英国"穿越亚洲历险采访团"到麻塘镇春风中学、应龙村进行中国农村在读青少年学习、生活情况的采访。春风中学初一学生冯松（12岁，应龙村）为采访的主要对象之一。

5月22日　铁道部党组副书记、副部长孙永福到岳阳县检查指导工作。

5月　县农机局组织中洲乡机械作业服务队到河南省驻马店地区参加麦收大会战，共完成机收面积733.33公顷，实现湖南省收获机械跨省作业零的突破。

6月3日　新墙镇电管站被省电力局评定为全省农电系统"文明示范窗口"。

6月7日　省委书记王茂林到岳阳县考察西塘镇万亩水果基地。

6月13日　饶村乡大峰山大哥大基站安装开通。该工程总投资300万元，1996年11月底立项开工，共开通模拟大哥大信道8个（即8个信道的模拟移动电话大哥大的基站和无线寻呼转台）和2、3、8、9四个频点的BP机差转台，可覆盖张谷英、饶村等11个乡镇，使全县模拟大哥大信号覆盖率达95%以上。

6月16日　岳阳县通过省农业厅组织的检查验收，被认定为全境绿化达标县。

7月22日　香港恒基兆业地产有限公司执行董事何永勋向岳阳县捐赠16万港元，用于扶助贫困学生入学。

7月31日　市政府召开专题会议，明确东洞庭湖水域渔业行政监督管理工作由岳阳县渔政监督管理局负责。

8月4日　国家督学李星万等就社会办学在县一中、二中、三中调查座谈。

9月1日　副省长贺同新到岳阳县丰利纸业公司考察。

9月2—8日　在第六届湘交会上，岳阳县代表团成功签约大型项目2个：香港苏汉宗投资30万美元的九源食品有限公司和香港中福集团叶锦荣投资的荣岳公路扩建改造工程。

10月27—29日　中共岳阳县第八次代表大会在县城召开。出席会议的代表359人。大会选举县委常委12人，选举卢良才为县委书记。

10月28日 岳阳市区花板桥至县境内新开塘路段的岳兴一级公路（岳阳—新开塘）竣工通车。此路全长14.2千米，路基宽24.5米，总投资9860万元。

11月4日 全省农村关心下一代工作现场会在岳阳县召开，与会代表参观黄沙街镇天然村、玉华村关心下一代基金会和黄秀中学。

11月11日 县委、县政府召开民营经济表彰会，表彰奖励6名“明星企业家”、10名优秀个体工商户、100名先进个体工商户。

12月11—14日 县政协九届一次会议在县城召开，与会委员225人。会议选举胡耀宗为县政协主席。

12月12—17日 县十三届人大一次会议在县城召开，与会代表279人。会议选举向公抚为县人大常委会主任；选举袁建华为县长。

12月20日 铁山灌区北总干新开五垸分干渠正式开工，分干渠全长17.6千米，总投资1109万元。

12月 《岳阳县志》正式出版发行，此书113.5万字，首次记述了1891—1990年岳阳县100年的政治、经济、自然、社会、人文状况。此书被评为湖南省新编地方志优秀成果一等奖。

是年 省文联授予月田镇湖南省群众文化艺术之乡称号。

是年 城关镇被评为全省“百强镇”。

是年 县建管站被省建委评为全省建筑安全管理先进单位。

是年 县委、县政府开始对行政事业单位增员实行计划管理。2001年，全县机关、事业单位人员编制由零增长过渡为负增长。

是年 岳阳县射击队员林军在天津举办的世界射击锦标赛上获手枪速射团体第一名。

1998年

1月 国家粮、统销粮、定购粮停止供应，城镇居民购粮证均办理粮油供应保留证。

3月8日 全县“五好文明家庭”表彰大会召开。

3月18日 县城天鹅路改造工程正式开工，改造路面全长1236米，总投资264万元，5月底，工程全面竣工。

3月 张谷英民俗文化村被市政府列为岳阳市十大旅游景点之一。

4月9日 全国人大内司委委员黄玉章到岳阳县开展救灾救济工作调查。

4月23日 全县房改工作会议召开，会议决定从1998年5月1日起全面开展已售公房部分产权向全部产权过渡工作。

4月29日 县十三届人大常委会二次会议通过《关于治理经济环境的决议》。

4月 城关镇城南村村民荣志洲收到被营救过的美国飞行员瑞克斯·巴伯来的感谢信。

县委统战部派人和荣一同前往长沙落实联谊事宜，返岳途中，荣因车祸身亡。

是月 经省卫生厅组织专家考核验收，岳阳县达到消灭丝虫病标准。

5月8日 召开全县企业解困工作大会。

5月中旬 三荷乡迎丰村遭百年不遇的龙卷风袭击，短短半小时，刮倒房屋8间，几十户居民房顶被卷走，10多根电杆被折断，受灾的共有4个村民小组700多人。

6月9日 省委副书记储波到岳阳县检查指导防汛工作。

6月12日 岳阳县交通建设指挥部成立，全县拉开大干交通的序幕。

6月16日 凌晨2时30分至6时，长湖乡、黄沙街镇山洪暴发，部分良田、桥梁、房屋被冲毁，主汛期提前到来。

6月26日至9月4日 全县遭特大洪灾，持续时间之长，危险水位之高，均属历史罕见。

6月28日 全国政协副主席毛致用到岳阳县检查指导工作。

7月1日 省委书记王茂林到麻塘垸指导防汛工作。

7月2日 武警八七三二部队一二六师323名官兵到岳阳县参加抗洪抢险。

7月4日 县体校被评为全国先进体校。

7月6日至8月20日 长江先后出现8次洪峰。8月20日，鹿角国家水文站水位达36.7米，创新的历史最高水位。

7月8日 中共中央政治局常委、国务院总理朱镕基，中共中央政治局委员、书记处书记、国务院副总理温家宝视察麻塘垸防汛大堤，看望正在一线抗洪救灾的干部群众，要求确保洞庭湖区安全度汛。

7月17日 副省长唐之享到岳阳县检查防汛工作。

7月18日 市委副书记、市长周昌贡到岳阳县检查防汛工作。

7月24日 省委副书记储波，省委常委、政法委书记李贻衡到岳阳县检查防汛工作。

7月26日 省军区340名官兵奉命到岳阳县参加抗洪抢险。

7月 全国农业血防工作会议在岳阳县召开。

8月1日 省军区参谋长罗学平到岳阳县看望抗洪抢险的部队官兵。

8月3日 国家防汛总指挥部副总指挥、水利部部长钮茂生到麻塘垸指导防汛工作。

是日 省委常委、政法委书记李贻衡到岳阳县检查防汛工作。

8月8日 无国界医学组织考察小组到岳阳县考察灾期防病治病情况。

8月11日 凌晨1时许，杨林乡沈塘村发生非法经营鞭炮厂炸药意外爆炸事故。一栋二层楼房被炸塌，农民付焱生一家4口全埋在断壁残垣下。为抢救他人生命，杨林乡中学教师方全先英勇献身。

8月12日 省委常委、组织部部长戚和平到岳阳县麻塘垸检查防汛工作。

8月18日 广州军区驻柳州塔山英雄部队第一二三师地炮团220名官兵赶赴中洲垸

抗洪抢险。

8月21日 广州军区政治部主任张国初到岳阳县看望参加抗洪抢险的部队官兵。

8月22日 教育部副部长吕福源到岳阳县了解学校受灾情况。

8月23日 中共中央政治局常委、全国政协主席李瑞环到麻塘垸视察抗洪工作。

8月27日 省委副书记、省长杨正午到岳阳县中洲垸检查指导抗洪抢险工作。

8月28日 广西黑五类食品集团公司向岳阳县灾区赠送价值40万元的食品。

8月29日 广州军区副司令员文国庆、省军区司令员张德仁，到岳阳县慰问战斗在抗洪一线的部队官兵。

是日 海南省椰风集团向岳阳县灾区捐赠价值20万元的饮料。

是日 省委常委、宣传部部长文选德到岳阳县检查防汛工作。

8月31日 市委书记张昌平到岳阳县中洲垸检查指导防汛工作。

8月 新墙镇遭受特大洪灾，新墙河水位达36.2米，五星垸破堤泄洪，三合、燎原两垸内渍。

9月2日 省委副书记储波到岳阳县麻塘垸检查指导防汛抗洪工作。

9月5日 新闻出版署署长于友先到岳阳县察看灾区中、小学生课本到位情况。

9月6日 省委书记王茂林到岳阳县检查中洲垸防汛抢险工作。

是日 香港红十字会向岳阳县灾区群众捐赠物资。

9月10日 广州市红十字会到岳阳县慰问灾民。

9月12—13日 县城群众欢送抗洪抢险部队官兵离开县境。

9月17日 国家统计局局长刘洪到岳阳县察看灾情。

9月22日 市委工作队到岳阳县帮助灾区开展生产自救、重建家园工作。

9月24日 县委、县政府在天鹅电影院召开“'98抗洪抢险总结表彰暨生产自救动员大会”。

11月1日 城关镇沿河村发生一起特大投毒杀人案，造成一死两重伤，受害人均为12岁以下儿童。5日下午，将犯罪嫌疑人胡阶生抓获，在大量证据面前，胡交代了报复杀人的犯罪动机。

11月3日 省委书记杨正午到岳阳县检查抗灾救灾和水利冬修工作。

11月25日 联合国工发组织官员到岳阳县考察企业受灾情况。

11月 德国爱德基金会驻南京分会到岳阳县灾区察看灾情。

是月 岳阳县最后一批民办教师转为公办教师，在全市率先完成民转公任务。

12月2日 全国政协副主席毛致用视察铁山水库。

12月3日 “'98岳阳抗洪抢险楷模事迹报告会”在县城召开。

12月 全县开通乡镇传真通信。

是月 县工商局副局长李维被评为全国粮食市场监管先进工作者。

是年 县首家广播电视保护区在鹰嘴山建成。

是年 国家计委主任曾培炎到岳阳县考察平垸行洪、移民建镇工作。

是年 饶村乡金溪村被全国绿化委员会评为全国造林绿化千佳村。

是年 争取联合国儿童基金会援助资金 110.68 万元。

是年 县委、县政府出台《关于优化经济环境的决定》。

是年 县委、县政府成立新墙、三荷 2 个工业小区。2000 年，新墙工业小区升格为市级乡镇工业小区。2005 年，新墙工业小区更名为新墙农业工业化园。

是年 启动中德合作造林项目，为岳阳县实施的第一个中外合作造林项目，项目到 2008 年结束，参与农户 16104 户，受益人口 64416 人。

是年 团县委组织青年突击队 87 支 1.2 万人参加麻塘垸为期 3 个月的抗洪救灾，被团中央评为全国抗洪英雄青年突击队。

是年至 2007 年 县电力局争取电网改造计划项目 100 多个，总资金 2.85 亿元。

1999 年

2 月 4 日 中国红十字会总会副会长王立忠到岳阳县慰问灾民。

2 月 5 日 省委副书记胡彪到岳阳县检查指导工作。

2 月 6 日 市委副书记、市长周昌贡到岳阳县检查防洪大堤加固工程。

3 月 7 日 县十三届人大二次会议通过《关于实行依法治县的决议》。

3 月 22 日 中共中央政治局常委、国务院副总理李岚清在卫生部部长张文康、省委书记杨正午、省长储波的陪同下，到岳阳县新墙镇检查指导救灾防病工作。

5 月 13 日 省委常委、宣传部部长文选德到岳阳县张谷英村考察精神文明建设工作。

5 月 18 日 城关镇六合垸首次发现牲畜一类传染病。

6 月 3 日 市委书记张昌平到岳阳县调研。

7 月 1 日 岳阳县移动通信公司挂牌成立。

7 月 7 日 南方六省农业专家到县考察两系杂交水稻。

7 月 8 日 市委副书记、市长周昌贡到岳阳县中洲垸检查防汛工作。

7 月 9 日至 12 月 全县有清房任务的 78 家单位，共补交各项基建税费、超面积税费和罚没款 113 万元，清退多占房 69 套，立案查处 3 人。

7 月 15 日 中共中央政治局常委、国务院总理朱镕基在省委书记杨正午陪同下，视察新墙镇熊家山灾民新村。

9 月 27—30 日 “’99 湖南省小学语文课堂教学竞赛”在县城荷花塘小学举行。来自全省 14 个市、州的省小学语文理事、优质课参赛教师及全县各乡镇小学教师代表共 200 余人参加活动。

9月28日 中国红十字总会转赠赈灾大米给岳阳县灾民。

9月 全国政协副主席毛致用考察指导西塘镇水果产业化发展工作。

是月 筻口镇机关老干部党支部被中组部评为全国先进离退休干部党支部。

10月1日 “独臂英雄”雷甲生（杨林乡人）作为湖南省唯一双拥优抚代表被邀请到北京参加国庆典礼。

10月12—20日 举办县首届农民篮球运动会。

10月17日 大云山国家森林公园举行开园庆典活动，中央、省、市、县的领导及全国各地的贵宾、游客万余人出席开园庆典及公园生态旅游首游式活动。

11月11日 县烟草专卖局与平江县、汨罗市烟草专卖局在公墓山附近联合销毁假冒云南产卷烟7.05万条，云南省玉溪、红河、曲靖、昭通、昆明、楚雄卷烟厂均派人参加。

11月26日 县政府组织渔政执法人员、公安干警50人在东洞庭湖鹿角一带水域开展打击电、毒、炸鱼专项活动，共收缴电捕船27条，抓获违法电捕人员43人，其中刑事拘留8人。

11月 经省卫生厅组织专家考核验收，岳阳县达到基本消灭疟疾病标准。

是月 岳阳县成立处理“法轮功”邪教问题领导小组。

是月 投资3500万元的荣公公路升级改造工程竣工。

12月4日 民政部副部长徐瑞新到县检查灾民建房工作。

12月15日 水利部副部长张基尧到县考察麻塘大堤加固工程。

是日 新墙粮食收储公司所属大米厂加工的“洞庭湖”牌猫牙王系列产品获广州第二届湖南省名优特新农产品银质奖。

12月21日 6时30分，国道107线十二公里处发生一起重大交通事故，致新墙镇一中学生2人死亡，1人重伤。

12月 李开龙任岳阳县委书记。

是月 农业部派人到县境东洞庭湖及长江螺山、道仁矶水段考察国家一级保护动物白鳍豚的生长状况。

是月 公田镇进入岳阳市10个中心集镇建设行列。

是年 建立黄沙街镇万亩优质稻基地。

是年 正式启动城镇居民最低生活保障工作。

是年 《中共岳阳县党史大事记》《'98岳阳县抗洪志》出版发行。

是年 对农村基金会进行清理整顿，全县共清理24个独立核算的农村基金会、326个村级代办点。

2000 年

1 月 6 日　在县一中举行排雷英雄黄岳飞事迹首场报告会。

2 月　日本小渊惠三家族成员到杨林乡考察中日青年友好联合协会造林项目。

3 月 2 日　岳阳县领导干部“三讲（即讲学习、讲政治、讲正气）”教育动员大会召开。

是日　省委副书记胡彪到岳阳县检查春季造林和生猪养殖情况。

3 月 6 日　县政府政务公开中心成立。

3 月 28 日　全国政协副主席毛致用到岳阳县筻口镇考察。

3 月 30 日　水利部常务副部长敬正书到岳阳县检查指导移民建镇工作。

是日　县委、县政府召开创建省级文明县城动员大会。

4 月 11 日　中央“三讲”教育检查组到岳阳县检查“三讲”教育开展情况。

4 月 21 日　省委副书记、省长储波到岳阳县检查中洲大堤处险工程。

4 月 27 日　县委首次组织副科级以上干部理论考试。

4 月　县政府出台《关于禁止县城燃放烟花鞭炮的通告》，城区禁止燃放鞭炮工作全面启动。

5 月 3 日　甘田乡凤家洞发生客车翻车事故，死 6 人、伤 26 人。

5 月 4 日　县政府与四川科伦实业集团签订整体收购岳阳市制药四厂的协议。12 月 18 日，制药四厂宣告破产还债。2001 年 3 月 6 日，制药四厂转让给科伦集团，改制后成立科伦制药公司。

5 月 7 日　市委副书记、市长罗碧升到岳阳县检查中洲大堤加固工程。

5 月 8 日　临长高速岳阳县段开始建设，2002 年 11 月 30 日正式通车。

5 月 11 日　召开县级领导班子和领导干部“三讲”教育总结大会。

5 月 12 日　市委副书记、市长罗碧升到岳阳县检查水利建设和防汛准备工作。

5 月 26 日　市长罗碧升主持召开市长办公会议，授权岳阳县政府对东洞庭湖实施统一有效管理。7 月 6 日，市编委批准成立岳阳县东洞庭湖管理局。7 月 28 日，岳阳县东洞庭湖管理委员会成立，全国政协副主席毛致用发来贺电。

5 月 29 日　市领导于来山、罗碧升到岳阳县检查财源建设重点项目情况。

6 月 7 日　省委副书记胡彪到岳阳县检查中洲大堤防汛准备工作。

6 月 10 日　全县连降暴雨，鹿角镇、中洲乡等 13 个村鼠害严重，400 多公顷农作物绝收。

6 月 20 日　岳阳市国有商贸企业改革现场会在岳阳县召开。

6 月 24 日　省委副书记、省长储波到县视察丰利纸业公司、市制药四厂等企业。

7 月 1 日　18 时，长湖、黄沙街、新墙、新开、筻口、柏祥、步仙、三荷 8 个乡镇遭受 2 个多小时的龙卷风袭击，局部地区风力达 10 级。

7 月 27 日 岳阳县第五次人口普查户口整顿工作会议召开。

7 月 岳阳县大电网供电区在全市率先执行到户限价政策。

8 月 7 日 岳阳县首次实行采购招投标制，采购农网改造器材等总计金额 1000 余万元。

8 月 14 日 县委、县政府下发《关于对信访工作实行一票否决的通知》。

8 月 16 日 副省长贺同新到岳阳县考察。

8 月 17 日 县委部署开展"四个教育突击月"活动。

8 月 26 日 县城致富步行街改造工程竣工。

8 月 31 日 县政府部署财政工资统发工作。

9 月 15 日 教育部国家督学杨贵书一行到岳阳县柏祥、新墙等乡镇，开展教师继续教育调查。

9 月 23—26 日 国内"保护母亲河行动"经验交流会在县境召开。

9 月 28 日 晨，由云山乡谢山村开往岳阳市的客运班车经甘田乡甘田村地段时，因刹车失灵，翻入 21 米深的山沟，车上 34 人，死 6 人，伤 24 人。

9 月 县日杂公司、县生资公司、康王供销社、筻口供销社、麻塘供销社等单位破产改制。

10 月 4 日 全国政协副主席毛致用到岳阳县考察。

10 月 8 日 公田镇铁山大道部分土地首次进行公开拍卖。

10 月 9 日 常务副省长周伯华到岳阳县考察临长高速公路建设情况。

10 月 12 日 省政协副主席卢光琇到岳阳县公田镇考察小城镇建设。

11 月 15 日 省军区政委乔新柱到岳阳县检查征兵工作。

11 月 23 日 省委副书记吴向东到岳阳县考察张谷英村古建筑群。

11 月 27 日 由"中日绿化交流基金"援助，全国青联和中日青年研修协会联合兴建的"保护母亲河行动——中日青年生态绿化工程"启动仪式在岳阳县杨林乡举行。

11 月 岳阳县城被省委、省政府授予省级文明县城称号。

12 月 9 日 岳阳县城芭公路竣工通车。

是年 经 AFP 病例监测，岳阳县达到消灭脊髓灰质炎标准。

是年 成立大云山国家森林公园管理处。

是年 开始免征屠宰税。

是年 岳阳县被省政府评为生猪品种改良先进县。

是年 实行会计委派制，对县直 23 个单位委派会计。

2001 年

1 月 岳阳县被农业部正式列为全国首批“科教兴农与可持续发展”项目示范县。

2 月 8 日 东洞庭湖矿石采矿权首次拍卖会在岳阳市商业大厦举行。

3 月 5 日 中央军委副主席张震到岳阳县西塘镇果场视察。

3 月 9 日 省委常委、组织部部长戚和平到岳阳县检查“三个代表”重要思想学习教育活动开展情况。

3 月 17 日 副省长唐之享到岳阳县考察教育工作。

3 月 29 日 县十三届人大四次会议通过《关于加快落实国家电改政策，切实减轻山(库)区群众用电负担的决议》。

3 月 县职业中专被教育部认定为首批国家级重点职业学校。

4 月 24 日 省委书记杨正午到岳阳县考察工作。

4 月 29 日 县一中获全国“五一”劳动奖状。

4 月 全县遭受暴风雨袭击，最大风力 8 级以上，鹿角镇码头 8 艘货船被大风吹散，7 名渔民失踪。

5 月 8 日 成立岳阳县会计管理中心，对县直 93 个单位财务进行核算监督。2002 年扩至 123 个单位。

5 月 29 日 县中医院开业。

5 月 30 日 县委、县政府作出《关于向任福阶同志学习的决定》。任福阶是黄沙街镇党委委员，在乡镇工作 10 年，联村 10 个，每到一村，为群众办实事，作出了业绩。

5 月 31 日 省委副书记胡彪到岳阳县考察农业结构调整工作。

6 月 13 日 岳阳县“长湖”牌优质西瓜上市新闻发布会在长沙市长城宾馆召开。

6 月 25 日 张谷英古建筑群被国务院公布为全国第五批重点文物保护单位。

6 月 全部取缔城区近 600 台人力载客三轮车。

是月 县城市建设投资经营有限公司挂牌成立，2006 年 1 月，设立县城建投资管理中心，与县城市建设投资有限责任有限公司实行“两块牌子，一套班子”。

7 月 1 日 全国政协副主席毛致用到大云山国家森林公园考察。

7 月 12 日 县政府在杨林乡召开涉农收费公示制度动员大会，在全省率先实行涉农收费公示制度。

7 月 18 日 县法院成立计划生育行政审判合议庭。

7 月 29 日 东洞庭湖管理局在岳阳市渔都码头召开首次开湖大会。省、市、县领导及渔民代表参加“保护母亲湖东洞庭湖”百米长卷万人签名活动。

8 月 3 日 西塘镇果场研制的黄花梨芽变新品种通过成品鉴定，该品种被省林业厅、农大专家暂命名为“西塘梨”。

月初 月山地区暴发急性血吸虫病，一周内确诊11例患者，东洞庭湖管理局加大排查力度，及时投药化疗和组织治疗，有效控制病情的蔓延。

8月8日 县委办、县政府办下发《关于对信访工作中失职行为实施责任追究的通知》。9月1日，开通信访工作民情热线电话，实施《信访工作承诺制》。

8月11日 湖南洞庭苇业有限责任公司成立。

8月22—26日 县体育局成功承办湖南省青少年摔跤比赛。

8月 从长风路环县城东北角付家山的岳阳县城市防洪工程正式动工。

是月 完成岳阳县2001—2020年农村公路发展编制规划。

9月4日 柏祥镇计划生育协会秘书长张晓宝因公殉职。17日，国家人口计生委主任张维庆对此作出重要批示，省计生委主任盛茂林亲临慰问，中央电视台、《中国人口报》等多家媒体予以报道。10月21日，中央电视台一套“三个代表在基层”摄制组到柏祥专题采访。12月10日，张晓宝获湖南省第四届人口奖。

9月25日 全国保护母亲河国际项目培训暨现场经验交流会在岳阳县召开。

是日 湖南江大实业有限公司成为岳阳县首家“重合同，守信用”民营企业。

9月 岳阳县被农业部、财政部、团中央列入全国“跨世纪青年农民科技培训工程”实施县，由县农业局组织实施。

是月 从长风路环县城东北至富家山的岳阳县城市防洪工程正式启动。

10月17日 民政部部长多吉才让在副省长庞道沐陪同下，到岳阳县考察民政工作。

10月19日 岳阳市乡村医疗机构一体化管理经验交流会在岳阳县召开。

11月13日 县食品药品监督管理局成立。

11月20日 市四届人大常委会二十三次会议通过《关于加强东洞庭湖自然资源保护与管理的决定》。

是日 岳阳县社会保障暨医保启动工作大会召开，医疗保险改革全面铺开。

11月21日 县医疗保险基金管理服务中心成立。

是日 岳阳县被国务院第五次人口普查领导小组评为全国人口普查先进单位。

11月 县政府发布《岳阳县城市最低生活保障制度实施方法（试行）》。

是月 《岳阳县机动车尾气污染防治办法》发布施行。

是月 筻口镇列入全省重点中心集镇行列。

是月 城关镇获湖南省铁路护路工作领导小组授予的创建安全文明铁道线工作先进镇称号。

12月6日 岳阳县小水电移交大电网。

12月7日 省委常委、省委秘书长谢康生到岳阳县调研。

12月 县体育广场竣工。

是年 岳阳县城长风路工程建设启动。

是年 成立县生态工业园管理委员会，县生态工业园正式启动建设。2007年，县政府投入3000万元设立工业发展基金，支持园区建设和发展。

是年 岳阳县开始实施退耕还林工程项目。

是年 县国税局被评为全国税务系统先进集体。

是年 县农机局被农业部授予全国跨区机收工作先进单位。

是年 经教育部验收，县职业中专批准为国家级重点职业中专。

是年下半年至2002年 岳阳县进行以转变职能、理顺关系、调整机构、精简人员编制为目标的机构改革。

2002年

1月10日 9634工厂正式搬迁到岳阳县。

2月26日 县物价局被评为全省2001—2002年度农产品成本调查优秀集体，杨平辉被评为全国2001—2002年度农业产品成本调查优秀个人。

2月 县粮食局洞庭湖米业公司的“洞庭湖”牌商标在国家工商总局登记注册。

3月 筻口镇列入国家综合经济示范镇。

4月17日 全县农村税费改革工作会议在县城召开，农村税费改革工作全面铺开。

4月 长沙“光大”出租车公司在县城投入出租汽车30台。

5月12日 省委副书记胡彪到岳阳县检查防汛准备工作，实地察看中洲大堤加固情况。

5月17日 全县狠刹打牌赌博、大操大办、请客送礼歪风大会在县一中报告厅召开。

5月19日 省委书记、省人大常委会主任杨正午到岳阳县检查防汛准备、移民建镇、农业结构调整工作。

5月30日 县委、县政府欢送首批51名青年干部到沿海和经济发达地区学习锻炼。

5月 县生资公司破产改制终结，解除职工劳动关系182人，偿还养老金178万元，退休人员全部由劳动部门管理，工资进入社会化发放。

6月4日 省军区司令员张德仁到岳阳县检查指导防汛工作。

6月20日 15户、42名三峡移民落户杨林乡四龙村桥李组、花果组。8月18日，长江三峡库区移民（8户、32人）落户新墙镇，2003年7月9日，又有16户共75人落户该镇。2003年9月6日，99名三峡移民落户杨林乡沈塘村沈塘组、和平村杨家组、四龙村曾涂组。

7月1日 全国政协副主席毛致用到新墙镇考察农业生产、小城镇建设、工业企业和重点工程情况。

是日 省委书记、省人大常委会主任杨正午，省委副书记、常务副省长周伯华到岳阳县检查防汛工作。

7月2日 省委副书记胡彪到岳阳县检查防汛工作。

7月7日 县建设局所属自来水公司整体移交给县水利局管理。

7月18—19日 市委书记于来山到岳阳县检查农业产业化、工业化和城镇化工作。

7月21日 省委副书记胡彪到燎原垸、六合垸督查防汛工作。

7月23日 省委副书记胡彪到岳阳县检查指导抗洪抢险工作。

7月24日 省委书记、省人大常委会主任杨正午，省军区司令员郑治栋，省武警总队队长赵龙先后到岳阳县小毛家湖、中洲垸、六合垸检查指导抗洪抢险工作。

8月25日 国际红十字联合会派员慰问岳阳县抗洪官兵。

8月26日 水利部部长汪恕诚考察岳阳县平垸行洪工作。

9月6日 县城总体规划修编方案经专家评审通过。

9月7日 县一中被命名为全国教育实验基地。

9月16日 中国湖南旅游节岳阳·张谷英民俗文化活动节开幕式在张谷英村举行。

9月28日 市委副书记、市长罗碧升到岳阳县检查指导工作。

10月14日 县委、县政府召开全县换届选举工作会议，县委、县人大、县政府、县政协换届选举工作全面铺开。

10月24日 杨林籍运动员王林辉获第十四届亚运会皮划艇男子轻量级四人单桨金牌。

10月 云山乡发生一起9死5伤特大车祸。

11月9—11日 中共岳阳县第九次代表大会在县城召开。出席会议的代表389人。大会选举县委常委13人，选举李开龙为县委书记。

11月28日 日援造林项目第三期启动仪式在城关镇许胜村举行，日本前首相羽田孜，团中央书记处书记黄丹华等40余名国内外嘉宾出席典礼，各界人士1000余人共建生态林。

12月8—12日 县政协十届一次会议在县城召开，与会委员225人。会议选举余振东为县政协主席。

12月9—14日 县十四届人大一次会议在县城召开，与会代表268人。会议选举彭友池为县人大常委会主任；选举童康宁为县长。

12月 双港110千伏送变电工程建成投运。

是年 西冲养殖场30千瓦沼气发电取得成功，成为湖南省第一个沼气发电示范点。2004年，岳阳县代表省政府参加清华大学举办的中荷沼气发电研讨会，并作典型发言。

是年 组建岳阳洞庭供水有限公司。县自来水二厂开工建设， 2004年6月建成投入使用。

2003年

1月29日 县电信分公司被评为省级模范职工之家。

2月21日 步仙乡北斗村发生山林火灾，烧毁山林40公顷，失火者在扑火中遇难。

2月27日 县委部署整治教育乱收费、打击地下“六合彩”等工作。

3月8日 县一中邵逸夫教学楼竣工，建筑面积5964平方米，工程造价450万元。

3月 从18日始近两个月的时间，全县广泛动员，全民参与防治“非典型肺炎”（又称“严重急性呼吸道综合征”，简称“非典”），完成外来人员健康排查14492人、一般监控7728人、重点监控171人、医疗机构门诊诊治发热病人1218人、排查可疑病人53人，全部实行医学留观，全县无一例“非典”病例。

4月20日 县首届人才交流会在县职业中专举行。

是日 天降大雨，杨林乡鲁丑村上庄组出现山体滑坡，乡政府将100余人紧急转移。

4月21日 岳阳县召开专场会议，部署防治“非典”工作。

4月 国家农业综合开发项目在杨林乡实施，整个项目13个标段，涉及17个村，投资300万元。

是月 县影剧院大楼竣工，建筑面积5000平方米，工程造价273万元。

5月28日 《岳阳县报》复刊，为岳阳县委机关报。

5月30日 创建学习型县活动动员大会在县一中报告厅举行，创建学习型县活动正式启动。

5月 开展打击地下“六合彩”专项整治活动，至年底，共抓获违法人员1205人，捣毁地下窝点390个。

6月4日 广州市中龙华经贸开发中心有限公司与岳荣新公路建设开发有限公司在市南岛宾馆举行签约仪式，该项目采取股份合作经营方式，中龙华公司提供项目建设的全部资金4.94亿元，享有90%控股权，岳荣新公路建设开发有限公司享有10%股权。

6月15日 省委常委、组织部部长戚和平到岳阳县检查农村党员远程教育工作。

6月18日 省委副书记文选德考察张谷英村建筑群。

是日 省委副书记、代省长周伯华到岳阳县生态工业园调研。

6月19日 县职业中专18岁的学生杨清救起3名落水青年后，因体力不支而英勇献身。7月5日湖南卫视“真情”栏目报道其事迹。

7月3日 德国专家弗尔茨到岳阳县考察新开钒污染治理项目。

7月15日 省委副书记、代省长周伯华，省委副书记戚和平到中洲垸检查防汛工作。

7月24日 重庆市委副书记聂卫国到杨林乡、新墙镇考察三峡移民安置情况。

7月 湖洲急性血吸虫病暴发，飘尾芦苇场30多名学生在该场船厂处下水游泳，其中6人感染急性血吸虫病。

8月8日 省委“三个代表”重要思想宣讲团到岳阳县作宣讲报告。

8月10日 县检察院召开首次反腐败新闻发布会。

8月13日 市石油公司捐赠20吨柴油帮助岳阳县抗旱。

8月19日 省委副书记、常务副省长于幼军考察科伦制药公司二期工程。

8月20日 省委副书记文选德到岳阳县检查指导血防工作。

9月3日 中央电视台“焦点访谈”栏目以《瘟神为何又重来》为主题，报道岳阳县鹿角镇、麻塘镇血防工作中存在的问题。

9月23日 长湖乡中心校发生特大投毒案。因提高待遇未果，长湖乡中心小学食堂临时工许国华为报复学校，将毒鼠强投放在食堂添加剂中致82名学生中毒。2004年6月，许犯被处以死刑。

9月25日 新墙大蒜基地、杨林土豆基地分别被认定为全省“放心菜基地”之一。

10月9日 张谷英村被建设部、国家文物局公布为第一批中国历史文化名村。

10月15—16日 市委书记于来山到岳阳县部分乡镇和重点工程建设工地检查指导工作。

10月17日 县委、县政府召开全县抗击“非典”总结表彰大会。

10月30日 市委副书记、市长罗碧升到岳阳县检查指导水利工作。

11月8日 相思山风景区旅游开发启动仪式在相思乡政府礼堂举行。

11月17日 德国专家斯基朱德到岳阳县考察东洞庭湖湿地保护。

11月21日 副省长许云昭到岳阳县一中检查指导工作。

11月23日 省军区政委李今伟到岳阳县检查征兵工作。

12月4日 省委副书记、代省长周伯华到岳阳县中洲垸检查水利冬修工作。

12月5日 筻口镇移山炮厂发生爆炸事故，当场炸毁房屋2栋，造成4人死亡，6人受伤。

12月22日 市委副书记、市长罗碧升到岳阳县调研。

12月24日 副省长贺同新到张谷英镇考察旅游开发工作。

是年 柏祥镇第一个生态化生猪养殖场海东农庄开始兴建，李海东先后被评为岳阳县十大杰出青年、湖南省青年星火带头人标兵、湖南省科技示范户、岳阳市劳模、湖南省十大杰出青年农民提名奖、全国青年农民创业致富带头人。

是年 岳阳县被评为全省“非典”防治先进单位，卫生系统有14人被评为省、市、县“非典”防治先进个人。

是年 国家林业局将岳阳县列为全国防沙治沙综合示范县，项目2005年启动建设。

2004 年

1 月 19 日 荣家湾法庭审判员罗绍铭获中国法官十杰称号。

3 月 16—20 日 中央电视台“聚焦三农”栏目组记者一行 3 人到岳阳县采访血防整改工作，4 月 26 日，以《再战瘟神》为题报道岳阳县境血防整改工作情况。

3 月 30 日 县法院设置 14 个巡回法庭，定期接待人民群众的来访、起诉。

4 月 14 日 县政府下发岳阳县重特大安全事故应急救援预案。

5 月 10—12 日 中央电视台、新华社、《健康报》、《农民日报》等新闻单位一行 9 名记者对岳阳县血防改革工作进行采访报道。

5 月 12—18 日 全国血防工作会议在岳阳市召开，会议期间与会人员到岳阳县湖洲血防站参观考察。

6—12 月 开展全县农村集体土地所有权登记发证工作。

7 月 13 日 县政府出台《岳阳县粮食企业改革方案》。26 日，粮食企业改革正式开始，次年 1 月 23 日结束，全县粮食企业解除职工身份 2720 人，返聘职工上岗 434 人。

10 月 25—30 日 全省农村沼气国债项目现场启动会在岳阳县召开。

12 月 童康宁任岳阳县委书记。

是月 岳阳县被农业部评为 2004 年度全国粮食生产先进县。

是年 岳阳县开始实施粮食直补、良种补贴、粮食高产创建、水稻集中育秧等强农惠农改革。

是年 岳阳县设立优化经济环境办公室、政务公开中心、项目全程代理中心、收费管理中心、经济环境 110 处警中心。

2005 年

1 月 6 日 省委副书记、纪委书记孙载夫到岳阳县慰问抗美援朝老战士。

1 月 15 日 岳阳县启动“健康快车”援助行动，共筛查白内障患者 500 人，施行免费手术 200 例。

1 月 19 日 麻塘镇金山村、新墙镇清水村等 17 个村被农业部授予全国首批“农民科技书屋”匾牌。

1 月 24 日 岳阳县启动“送温暖、解民忧、促发展、千名干部下基层”活动。

1 月 26 日 投资 1.3 亿元的 500 千伏岳阳变电站在三荷乡动工修建。

1 月 1 月 县渔政监督管理局被农业部评为 2002—2004 年长江禁渔管理先进集体。

2 月 3 日 岳阳县保持共产党员先进性教育活动正式启动。

2月23日 全国政协原副主席毛致用到岳阳县月田镇考察。

3月5日 副省长杨泰波到柏祥镇考察生猪养殖情况。

3月23日 省政协主席胡彪到岳阳县考察。

4月9日 县委保持共产党员先进性教育领导小组组织全体县级领导和第一批先进性教育单位党政一把手共180余人到毛田镇开展“寻找三种精神”主题活动。

4月21日 副省长甘霖视察杨林乡马铃薯种植项目。

4月26日 副省长许云昭到岳阳县调研教育管理新模式。

4月 县环保局与湖北省通城县环保局联合执法，炸毁两县交界处的马港钒厂。

6月7日 市委书记易炼红到大坳水库、岳坊水库检查防汛工作。

6月17日 县政府与湖南金荣集团签约合作开发张谷英村。

6月 岳阳县被商务部定为“万村千乡市场工程”试点县之一。

7月15日 县政府组织力量依法取缔新开镇非法炼钒企业。

7月24日 县城南汽车站举行奠基仪式。

8月16日 全球艾滋病基金岳阳县项目启动。该项目首期两年，每年可为岳阳县解决艾滋病防治与健康教育资金100万元。

8月24日 市委书记易炼红到新墙镇就建立农业工业化园进行调研。

8月 县职业中专被省商务厅确定为全省首批外派劳务培训基地之一。

9月5日 佛山南益纺织品有限公司整体收购县恒鑫纺织有限公司。

9月7日 县运管所城关镇交管站违规在京珠高速公路荣家湾出口与省道连接线上随意拦截、查扣河南籍车辆。在县纪委调查期间，县运管所部分干部和交管站站长到县纪委闹事，此事引起市纪委高度重视，市、县纪委组成联合调查组对此进行深入调查，对涉案的17名责任人分别给予党纪、政纪处分。

9月 岳汨公路建设启动。一期工程于2006年12月29日开工。

10月20日 岳阳县被国务院正式批准为新型农村合作医疗试点县，该项工作于2006年1月1日正式启动。

10月23日 省委常委、副省长肖捷到岳阳县调研农村税费改革工作。

10月24日 岳阳县卫农粮库正式上收为中央储备粮库。

10月 湖南省消防安全现场工作会在张谷英镇召开。

是月 大力神电磁机械公司被省科技厅认定为高新技术产业，成为岳阳县第一家省级高新技术企业。

11月1—2日 全国政协原副主席毛致用到岳阳县考察。

11月2日 岳荣新公路一期工程竣工通车。该工程于2001年9月17日动工，共投资2.8亿元，路宽25.5米，全长26.5千米。

11月14日 市委副书记、市长罗碧升到岳阳县调研工业生产情况。

11 月 22 日 省委常委、政法委书记、省公安厅厅长李安到岳阳县考察调研。

11 月 30 日 全县新型农村合作医疗试点工作全面启动。

12 月 9 日 占地 1.5 万平方米，总投入 4000 万元的县城富源商业步行街举行盛大开街庆典。

12 月 26 日 县苇业公司 534 公顷湖洲经营权公开拍卖。

12 月 27 日 康王乡、西塘镇、三荷乡划归岳阳楼区管辖。

是年 岳阳县开始实施农村劳动力培训阳光工程项目。

是年 岳阳县开始实施农机购置补贴，全年争取农机购置补贴项目资金 66.5 万元，补贴机具 107 台套。

2006 年

1 月 1 日 新型合作医疗正式启动。

1 月 11 日 副省长徐宪平到岳阳县开展“送温暖”活动。

1 月 13—15 日 全省血防工作现场会暨村级血防室建设在岳阳县召开，与会人员 130 多人，参观县境村级血防网络建设。岳阳县血防改革试点经验被国务院血防领导小组肯定和采纳，血防网络建设写入国务院颁布的《血防管理条例》，在全国予以推介。

1 月 县物价局被评为 2005 年度全国农产品成本调查优秀集体。

是月 和田公司被商务部评为全国“万村千乡市场工程”试点先进企业。

是月 武（汉）广（州）铁路客运专线动工建设，专线在县境长 34.99 千米，宽 21 米。

2 月 11 日 全国个协会长甘国屏到岳阳县考察调研。

2 月 17 日 停止征收屠宰税。

2 月 29 日 全国政协原副主席毛致用到岳阳县考察新农村建设。

2 月 岳阳县被省政府评为 2005 年度流通工作先进县。

是月 岳荣新公路二期工程动工，全长 14.5 千米。

3 月 8 日 湖南省三川广告传媒有限公司利用广告传媒，组织策划传销，被县工商局查获，没收违法所得并处罚款计人民币 20 万元。

3 月 26 日 县委、县政府召开社会主义新农村建设动员大会，全县新农村建设全面启动。

3 月 县城区路网工程等 3 个基础建设项目与国家开发银行签订贷款合同 18300 万元。

4 月 18 日 城关举行新农村建设万人环城跑活动。

4 月 22 日 农业部农村清洁工程在岳阳县启动。

4 月 筻口镇西冲村列入全省新农村建设示范村。

是月 东方圣世商业广场开工建设。该项目由岳阳市鸿基房地产开发有限公司投资兴建，占地2.33公顷，建筑面积33133平方米。

5月31日 省政府公布凌云塔为省级文物保护单位。

6月6日 岳阳县启动“户户通电”工程，8月底完成工程建设任务，岳阳县结束“无电户”历史。

6月11日 市委书记易炼红到岳阳县调研招商引资工作。

6月16日 湖南华雄陶瓷有限公司与县政府签约，为本县引进的第一家陶瓷企业。

6月16—18日 中共岳阳县第十次党员代表大会召开。出席会议的代表381人。大会选举县委常委13人，选举童康宁为县委书记。

6月21日 全国生态环境监察试点工作验收会在岳阳县召开。

6月30日 岳阳县召开庆祝建党85周年暨保持共产党员先进性教育活动总结大会。

7月1日 启动大、中型水库移民后期扶持工作。8月，铁山水库、岳坊水库、大坳水库纳入移民后期扶持范围。经核实的移民60607人可享受20年每人每年600元的移民扶持补助。

7月22日 新墙高档葡萄园举行开园典礼。

7月 岳阳花鼓戏被列入省级非物质文化遗产保护名录。

是月 成立岳阳县职业教育中心。岳阳县在全省率先探索“政府主导、部门合作、依托学校、乡镇联动”的职教中心发展模式。

8月8日 湖南五田医药有限公司出资465万元整体收购岳阳同济药业，组建湖南同安医药有限公司（简称同安医药公司），落户岳阳县生态工业园。

8月17日 岳阳县代表湖南省接受国务院血防领导小组全面检查，并受到肯定和好评。

8月18日 市长罗碧升到岳阳县调研新农村建设工作。

月底 城陵矶水位降至23.29米，接近历史最低水平，东洞庭湖14万公顷水域干涸，受灾渔民7600人。

8月 新墙葡萄园选送的“美人指”葡萄在第五届中国优质葡萄擂台赛、奥运会安全优质葡萄评选推荐会上被评为“安全优质葡萄”。

9月8日 岳阳县新墙河流域发生砷污染事件，严重影响县城居民饮用水安全，省、市环保、疾控、建设等部门专家到岳阳县进行科技治砷攻关。12日，县自来水厂恢复正常供水。

9月17日 全国政协副主席陈奎元到岳阳县考察张谷英古建筑群。

9月 县农技推广中心被评为全国农技推广先进单位，彭旭辉被评为全国农技推广先进工作者。

是月 在全国十运会男子乙组46公斤级古典式摔跤比赛中，岳阳县柏祥镇14岁少年黄小海获亚军。

10月12日 市委副书记、代市长黄兰香到岳阳县就工业发展及新农村建设等工作进行调研。

11月8日 县城铁山饮水工程开工建设。

11月10日 县物价局落实城区低保户生活电价优惠政策，规定县城区低保户居民生活用电每户每月免8度电费。

11月30日 县首座220千伏变电站工程筹建工作启动。

11月 县政府被省教育厅、省发改委等7家单位评为全省职业教育先进单位。

12月6日 岳阳县召开“讲党性、创和谐、促发展”主题活动总结大会。

12月28日 全国政协原副主席毛致用到岳阳县视察招商引资工作。

年底 县土产公司、县茶叶公司、县工业生产公司、县综合贸易公司、康泰纺织品公司、东升农副公司破产改制终结，解除职工劳动关系713人，偿还养老金318万元，退休人员全部交劳动部门管理，工资进入社会化发放。

是年 鹿角敬老院被评为湖南省先进单位。

是年 筻口镇民政所所长刘炮生被评为全国民政系统先进个人。

2007年

3月12日 湖南省全球基金第五轮TB/HIV双重感染防治项目协调小组会议在岳阳县召开。

3月15日 岳阳县造纸企业污染整治工作启动，至6月，全县9家小造纸企业正式依法关停。

3月17日 卫生部、农业部、水利部等单位领导到岳阳县麻塘血防站考察，重点调研家畜圈养、以机代牛等情况。

3月20日 市委书记易炼红到岳阳县调研指导工作。

3月22日 市委副书记、市长黄兰香到岳阳县检查防汛准备工作。

3月24日 岳阳县在麻塘大坳采石场进行的中深孔爆破技术试验取得成功。

3月25日 副省长郭开朗到岳阳县考察。

3月29日 全国政协副主席周铁农到岳阳县考察张谷英古建筑群。

是日 省长周强、副省长郭开朗考察张谷英民俗文化村。

3月 县三中学生陶星带着生病的母亲求学的感人事迹，在社会各界引起强烈反响，在全县青少年中掀起一股“学陶星，报亲恩，做贡献”的热潮。

是月 湖南省2007年度职业教育年度工作会议以岳阳县职教中心为主会场召开。

4月5日 省政协副主席王汀平到岳阳县调研。

4月6日 县公安局组织民警40多人，成功打掉涉黑团伙“城南帮”，当场抓获79名违法犯罪嫌疑人，收缴刀具32把。

4月16日 中国初级卫生保健基金会健康扶贫工程项目办与县妇幼保健院合作，在筻口镇中心卫生院举行“岳阳县免费妇科病普查工程启动仪式”。全年完成9个乡镇普查普治7428人，免各项检查治疗费30余万元。

4月17日 省政协副主席章锐到岳阳县就教育均衡发展进行调研。

4月18日 省委书记张春贤到丰利纸业公司了解污染整治情况，强调要对洞庭湖环境污染整治和生态保护加大力度。

4月22日 岳阳县佛山陶瓷产业投资说明暨项目签约仪式在佛山市举行。

5月7日 全国个协会长、全国工商联副主席甘国屏到岳阳县调研，先后到新墙农业工业化园、县工业园了解情况。

5月19日 全国政协经济委员会副主任段应碧到筻口镇水稻生产基地考察。

5月25日 市委书记易炼红到岳阳县检查指导山洪地质灾害防御工作。

6月7日 全国“十佳绿色卫士”张建设载誉归来。鹿角镇渔民张建设多年来义务收集洞庭湖水里的废油300多吨，打捞废铁1400多吨，2006年，配合县环保局打捞洞庭湖硫酸罐1个。2007年6月，张建设获国家环保总局授予的“全国十大绿色卫士”称号，并获奖励一条环保船，被邀请到人民大会堂领奖。

6月29日 中央编办副主任吴知论到岳阳县调研。

6月30日 岳阳县“践行两个忠诚，争创一流业绩”暨庆七一座谈会召开。

6—7月 县纪委、县监察局配合县公安局、县交警大队开展专项行动，对12名违规公车私驾的领导进行警示教育，查处赌博案件60起，关闭麻将馆20家，捣毁“扳砣子”赌博31家。

7月20日 省政协副主席、民革中央常委、湖南省委主委刘晓到岳阳县中山职业学校调研。

7月25日 省委副书记梅克保到岳阳县职业中专调研。

8月5日 省委常委、宣传部部长蒋建国到岳阳县柏祥镇、步仙乡实地查看灾情，听取县防汛抗旱工作汇报。

8月28日 商务部部长助理崇泉到岳阳县和田连锁超市筻口店、筻口镇西冲村检查万村千乡示范工程和西冲村生猪养殖工作。

8月 县粮食局争取省级储备粮代储项目1.4万吨，其中动态、静态项目各7000吨。

9月3日 县二中教师郭玉良获全国模范教师称号。

9月9日 劳动和社会保障部副部长袁彦鹏率中央督导调研组到岳阳县调研部分军队退役人员有关政策落实情况。

9月30日 岳阳县铁山引水工程竣工。

9月 新墙镇清水村完成电气化改造，在全市率先实现新农村电气化。

10月7日 市委书记易炼红到岳阳县调研新农村建设工作。

10月19日 市委副书记、市长黄兰香到岳阳县调研新农村建设和乡镇企业。

11月13日 岳阳县土地调查与污染源普查工作正式启动。

11月16日 县、乡两级人大代表选举全面启动。

12月3—7日 县政协十届一次会议在县城召开，与会委员217人。会议选举彭西罗为县政协主席。

12月4—8日 县十五届人大一次会议在县城召开，与会代表245人。会议选举彭友池为县人大常委会主任；选举黎四清为县长。

是年 全县通村公路中的通达工程新增沙石路面127.3千米，总投资1019万元，其中国家补助506万元；通畅工程新建水泥路面343公里，总投资666.2万元，其中国家补助399.1万元。

是年 县农业局被评为全国农技推广先进单位。

是年 张谷英村被评为全国特色景观村落。

是年 民政部推介岳阳县帮助复退军人致富的经验。

是年 岳阳县推行“三性”（即辅助性、临时性、替代性岗位）用工规范管理。

是年 吴娜参加全国跆拳道锦标赛，获第一名。

第一篇 地 理

第一章 建置·区划

第一节 位置·面积

岳阳县位于湖南省东北部，地处北纬 28°57′11″~29°38′41″、东经 112°44′14″~113°43′35″ 之间。东与湖北省通城县、东南与湖南省平江县接壤，南与汨罗市、沅江市毗邻，西为县境东洞庭湖，北与岳阳市区、临湘市交界。县境东至月田镇钟山村钟家山南麓，西达东洞庭湖的新洲、南洲芦苇场。最北为北洲芦苇场及大云山林场，最南为张谷英镇竹坪村及长湖乡民主村。县城关镇（原荣家湾镇）北离岳阳市 23.60 千米，南距长沙市 125 千米。2007 年，土地总面积 2713.55 平方千米，耕地 41967 公顷，其中水田 25687 公顷，旱地 16280 公顷，土地总面积中林地 87239 公顷、其他农用地 20579 公顷、建设用地 17995 公顷、未利用土地 103575 公顷。

第二节 行政区划

1975 年 10 月前，岳阳县先后隶属长沙专区、湘潭专署、岳阳行署管辖，县治治所先后设岳阳县城（今岳阳市城）与荣家湾镇。

1978 年 7 月 19 日，改荣家湾镇为岳阳县城关镇。1981 年 10 月，经国务院批准，11 月，省政府通知撤销岳阳县，并入岳阳市，隶属岳阳地区。

1983 年 2 月，岳阳市升为省辖市，是年 7 月经国务院批准，8 月 19 日省政府通知恢复岳阳县建制，归岳阳市管辖，县治暂驻岳阳市区，是年 11 月，县治迁驻荣家湾镇。

1986 年 2 月，撤销岳阳地区，并入岳阳市，岳阳县隶属岳阳市管辖。

1978 年 7 月，县城城关镇，辖荣家湾公社和 7 个居委会。是年，中村公社划为中村、白羊 2 个公社，在铁山水库移民区的中洲垸建立红旗、兴旺 2 个公社。1981 年 4 月，撤销步仙公社，建立关王、凤凰 2 个公社，春风农场更名为春风公社。10 月 20 日，撤销岳阳县建制，并入岳阳市，全市划分农村区镇 15 个（其中镇 3 个）、公社 52 个、大队 728 个，市内划区 6 个、居委会 43 个。

1982年7月，梅溪区、荣家湾区分别更名为康王区、鹿角区；11月，红旗公社、兴旺公社合并为中洲公社。1983年7月，恢复岳阳县建制，县、市分治，全县划为12个区、1个县辖镇、47个公社、2个区辖镇、687个大队，7495个生产队。1984年1月，实行区、乡、村建制，中洲乡划为中洲、兴旺乡，郭镇乡、大湾芦苇场划归岳阳市管辖，6月，从相思乡划出14个村建立珠港乡；是年，撤销公田、筻口、南冲、麻塘、鹿角5个乡，建立5个相应名称的建制镇，并以黄沙街集镇为基础建立黄沙街镇。1987年1月，撤销广兴洲、新墙、荣家湾、黄沙街4个乡，其行政区划分别划归广兴洲、新墙、荣家湾、黄沙街4镇。1988年10月，成立东洲芦苇场。至1990年底，县境辖12个区，39个乡，9个建制镇，12个国营农、林、渔、茶、芦苇场，694个村委会，25个居委会，7151个村（居）民小组。

1992年7月，经省、市政府批准，新墙区五垅乡划归麻塘区，三合乡并入新墙镇；8月，广兴洲区许市乡、黄金乡并入广兴洲镇。年底，全县辖13个区（镇），42个乡（镇）。

1993年6月，经省、市政府批准，撤销原广兴洲镇建制，设立许市镇、广兴洲镇。

1995年，经省、市政府批准，撤销康王、麻塘、鹿角、黄沙街、步仙、渭洞、月田、毛田、公田、筻口区10个行政区公所，城关、新墙、广兴洲、许市4个镇和西塘、饶村、云山、甘田4个乡的行政区划不变，将其余乡（镇）合并为17个乡（镇）。即：撤销春风乡，并入麻塘镇；撤销友爱乡，并入鹿角镇；撤销大明乡、黄秀乡，并入黄沙街镇；撤销大塅乡，并入公田镇；撤销潼溪乡、熊市乡，并入筻口镇；撤销乌江乡，并入康王乡；撤销五垅乡、龙湾乡，并入新开乡；撤销黄岸乡、花苗乡，并入月田乡；撤销兴旺乡，并入中洲乡；撤销珠港乡，并入相思乡；撤销兰田乡，并入杨林乡；撤销南冲镇、毛田乡，合并设立毛田镇；撤销中村乡、十步乡，合并设立柏祥乡；撤销渭洞乡、

岳阳县2007年行政区划一览表

表1-1-1

乡镇名称	辖村+居委会	所辖村（居）委会名称
城关镇	13+18	沿河洞 六合村 新建村 农科村 东方村 株树村 兰塘村 大冲村 许胜村 群兴村 月东村 跃进村 孙午村 城北居委会 卫农居委会 荣站居委会 文胜居委会 枫桥居委会 城南居委会 月西居委会 桥东居委会 南街居委会 集镇居委会 同心居委会 庆丰居委会 城西居委会 天鹅居委会 老街居委会 街赵居委会 向阳居委会 巴陵市场居委会
新墙镇	27+3	先锋村 双枫村 红光村 上游村 清水村 袁岭村 联河村 寺塘村 进塘村 周邓村 金桥村 双港村 高桥村 水库村 沙河村 板桥村 燎源村 植山村 方杨村 桃源村 前进村 大桂村 马形村 四义村 草岭村 毛杨村 松源村 十二公里居委会 老街居委会 新街居委会

续表 1-1-1

乡镇名称	辖村+居委会	所辖村（居）委会名称
鹿角镇	32+4	友爱村 群合村 群力村 周谢村 三义村 金星村 富强村 文发村 先锋村 忠信村 东庄村 青莲村 幸福村 五爱村 三塘村 兴无村 大成村 高丰村 葵花村 华群村 大同村 岳午村 星火村 共同村 牛皋村 建新村 济美村 寿桥村 农科村 鹿角村 杨茂村 滨湖村 老街居委会 青龙嘴居委会 鹿角居委会 洞天观居委会
黄沙街镇	35+3	九源村 群乐村 大众村 金光村 建设村 双义村 黄秀村 福堂村 大联村 滨湖村 中桥村 再茂村 坪中村 苍田村 坪桥村 树德村 周冲村 黄金村 先锋村 存仁村 青山村 新堤村 天然村 杨源村 高塘村 玉华村 廖山村 余兰村 和平村 光华村 作新村 新民村 红卫村 友义村 新华村 新绣居委会 桃源居委会 复兴居委会
公田镇	23+2	公田村 河东村 黄田村 栗山村 媳岭村 小湄村 龙山村 马元村 东淇村 板桥村 芳山村 熊山村 大山村 青隐村 饶港村 塘田村 彭昌村 祯祥村 全福村 向佳村 晏冲村 杨塅村 长安村 老街居委会 新街居委会
筻口镇	58+3	清潭村 四兴村 牌头村 大堤村 朱仑村 刘本村 中安村 克敬村 沙南村 大元村 新安村 四庠村 山上村 均安村 中洲村 潼溪村 中心村 井塘村 锹塘村 大塘村 和平村 刘桂村 三港村 梅花村 李何村 新庄村 大柳村 老街村 筻口村 仙安村 明星村 桥埠村 东游村 沙坡村 南源村 漆市村 九峰村 游港村 中湖村 花坪村 莲塘村 移山村 小塘村 小溪村 三联村 邓桥村 笔架村 保安村 鲁受村 燎原村 西冲村 双港村 熊市村 洲上村 郭家村 界岭村 新塘村 西游村 新街居委会 老街居委会 筻口居委会
麻塘镇	18+2	麻塘村 大塘村 新建村 永和村 大坳村 牌头村 八景村 东风村 横塘村 塘内村 谢垅村 金山村 应垅村 万垅村 春风村 畔湖村 北湖村 洞庭村 新街居委会 车站居委会
毛田镇	31+2	界头村 桃洞村 邹塅村 高昌村 杨家村 染坊村 八斗村 水圳村 黄金村 白水村 育英村 殷桥村 彭庄村 孟城村 芭蕉村 南冲村 港堤村 同心村 廖塅村 水沅村 小港村 湾丘村 莲荷村 蝴蝶村 毛田村 八宝村 南庙村 立平村 赵塅村 福胜村 道仁村 八斗居委会 丝绸居委会
月田镇	55+1	红光村 韩塅村 钟山村 柏树村 大坪村 白石村 花苗村 金塘村 改港村 谢家村 上坪村 口前村 何塅村 江埂村 甘溪村 月形村 陈福村 马家村 文昌村 茂田村 邓谷村 上庄村 大陂村 大界村 杨林村 半洞村 牛黄村 福洞村 王塅村 毛家村 徐中村 三让村 许家村 孙家村 余家村 茨洞村 新庄村 西田村 王龙村 大桥村 上洞村 苏塅村 大洲村 湾头村 刘庙村 双江村 稻田村 东元村 赵洞村 国庆村 道院村 伏马村 高雅村 塘坳村 洞口村 新田居委会
张谷英镇	31+1	龙洞村 豪坑村 新改村 文艺村 下庄村 陈坪村 大水村 小水村 金鸡村 松树村 向阳村 大王村 芭蕉村 红卫村 一心村 杨和村 泉水村 师堂村 桂峰村 竹坪村 天龙村 杉桥村 长坪村 兰陵村 刘家村 寺湾村 十美村 大桥村 延寿村 四维村 张谷英村 张谷英居委会

续表 1-1-1

乡镇名称	辖村+居委会	所辖村（居）委会名称
新开镇	36+2	上文村 兴隆村 朱砂村 新开村 团山村 方园村 马山村 永安村 胜天村 毛力村 高垅村 画眉村 龙湾村 杨华村 大马村 枫树村 车塘村 双雁村 共和村 船山村 大源村 大塘村 湛港村 常山村 万福村 小源村 杨柳村 古港村 兴安村 九龙村 香严村 李伏村 卫星村 七星村 云天村 马店村 新开塘居委会 马店居委会
柏祥镇	24+1	大湖村 桂林村 明淑村 蒋渭村 黄珍村 金咀村 赵李村 万寿村 光明村 大姚村 中村村 周庆村 十步村 窑岭村 谢全村 敖家村 伏太村 鹅咀村 松岭村 付义村 四知村 文付村 柏祥村 分水村 刘明居委会
中洲乡	25+0	黑泥村 北套村 二郎村 南套村 湘江村 机场村 十字村 寒湖村 平湖村 青峰村 红旗村 塘坡村 白沙村 义合村 铜盆村 天灯村 凤亭村 平垸村 宝塔村 兴旺村 仁义村 金山村 杨山村 大明村 青镜村
长湖乡	31+0	白羊村 旱坪村 湖头村 新许村 断塘村 自强村 宏图村 天龙村 胡山村 高家村 范家村 松山村 长湖村 光荣村 大仙村 龙头村 塅潘村 邓宗村 京广村 长征村 三间村 双联村 魏庆村 新桥村 燎原村 民主村 义门村 三红村 三友村 凌云村 农科村
步仙乡	21+0	关王村 松溪村 应祥村 付胜村 召保村 狮山村 石美村 栖山村 胡兴村 安山村 五关村 辛淑村 东岳村 石牛村 胜利村 广福村 岳坊村 泉冲村 北斗村 石龙村 狮形村
杨林乡	25+0	龙潭村 杨林村 白泥村 付朝村 张坪村 沙陂村 红阳村 四龙村 沈塘村 崩山村 立塘村 城山村 兰田村 王安村 聚云村 和平村 兰泽村 白水村 福冲村 溪源村 谷太村 琴田村 姑桥村 马塝村 鲁丑村
甘田乡	15+0	戴家村 港口村 东升村 枧田村 高桥村 石姑村 一心村 飞云村 李塅村 羊楼村 伞把村 五星村 浏泗村 甘田村 横铺村
饶村乡	16+0	敏港村 大坳村 莲花村 饶村村 中流村 东山村 振兴村 李汉村 金溪村 伍相村 江南村 大峰村 双石村 清水村 居公村 花园村
云山乡	15+0	云山村 文洞村 永兴村 联合村 长仑村 文昌村 爱国村 陈洞村 杨塅村 西台村 联盟村 黄稻村 田坳村 谢山村 云塅村
相思乡	27+0	牛形村 志元村 刘家村 中毛村 方塘村 桥头村 九龙村 中道村 芙蓉村 卢塅村 长洞村 双坡村 竹峰村 李塅村 大冲村 杨塅村 朝西村 石门村 西港村 积谷村 黄中村 东港村 凤凰村 河山村 杨山村 同乐村 相思村

芭蕉乡，合并设立张谷英乡；撤销昆山乡、平地乡，合并设立三荷乡；撤销荆洲乡、白羊乡，合并设立长湖乡；撤销关王乡、凤凰乡，合并设立步仙乡。撤区并乡后，经省、市政府批准，月田、张谷英、西塘、柏祥4个乡，更名为月田、张谷英、西塘、柏祥4个镇。1995年年底，全县共辖14个镇、11个乡。

1996年，经县政府批准，三荷乡罗坳村上王、下王、赵公3个组划归芭山村；叶家组划归三旗村；大尾、余家组划归花果村。是年12月26日，市政府根据省民政厅《批复》，广兴洲镇、许市镇建制划归岳阳市区管辖。是年年底，全县辖12个镇、11个乡、3个场（中洲渔场、原种场、大云山林场）、2个水库（铁山、大坳）及湖管系统。

1997年7月，撤销新开乡，建新开镇，其余乡镇建制不变。

2005年12月27日，市政府办公室根据省民政厅《关于将岳阳县康王乡等三个乡镇划归岳阳楼区管辖的批复》，同意将康王乡、三荷乡、西塘镇成建制划归岳阳楼区管辖。2007年年底，全县辖12个镇、8个乡，558个村委会、42个居委会。

第二章 自然环境

第一节 地质·地貌

岳阳县处新华夏系巨型第二沉降的次一级隆起带。古生代为海水所没，中生代初期湖南造山运动，海水全部退出；中生代末期燕山运动，江南中段断裂，县境东、北部隆起，中、南、西部下陷成为洼地，形成洞庭湖；新生代喜马拉雅运动，县境中、南断陷盆地相继上升，西部继续下陷，发育为第四系松散堆积物。

县境内发育了形迹醒目、且长期活动的不明构造体系。北东东向构造分布在黄岸—大介压性断裂、小水—双江断裂、桂峰—王龙断裂；北西向构造主要分布在新开塘向斜、长安—黄田—月田复活断裂，其次为一心—五星复活性断裂、长安北面压性断裂。但对县域现代地形格局起控制作用的构造线为临湘县白羊田—平江县板江复活性断裂，公田压扭性断裂，青岗驿压扭转性断裂（荣家湾断裂），岳阳市—鹿角镇断裂，广兴洲地堑和新开塘向斜。

县境岩体以酸性和中酸性为主，出露总面积500余平方千米。毛田—月田岩体、饶村岩体、渭洞岩体、罗里岩体、庙山岩体、张帮源岩体等6个岩体占出露总面积95%以上，其中毛田—月田岩体呈基状，其余岩体均呈株状产出，饶村岩体、渭洞岩体、罗里岩体产于加里东期，其他岩体为燕山期岩浆活动的产物。

县境地势自东北幕阜山余脉向西南东洞庭湖呈降阶梯状倾斜。山地主要分布在毛田、月田、张谷英、云山、相思、饶村及公田等乡镇的部分地方，主要山脉有相思山、大云山。其中相思山位于岳阳县与湖北省通城县交界处，主峰眉毛尖海拔 957.20 米，为全县最高山峰。大云山位于县境东北部，与临湘市交界，主峰相公尖海拔 909.70 米。全县海拔 300 米以上的主要山脉还有饶村乡与张谷英镇交界处的大峰山，海拔 554.10 米；位于毛田镇的铜鼓山，海拔为 535.90 米；位于月田镇的白石山，海拔 595.70 米；位于张谷英镇的小水尖，海拔 641.20 米；位于步仙乡的红花尖、青竹山，海拔分别为 364.20 米、433.90 米；位于柏祥镇的石头山，海拔 358.20 米；位于新开镇（与岳阳市康王、郭镇交界）的黄峁山，海拔 336.10 米；位于麻塘镇的鹰咀山，海拔 352.70 米。县境山地形成中低山剥蚀构造地貌，其主要特征：地壳上升幅度大，浆岩发育、流水下切及风化作用明显，风化厚度不一，土壤呈酸性。丘陵主要分布在盆地周边或山间山麓的旁侧，为剥蚀侵蚀地貌。海拔 100~300 米，坡度 5~25 度，切割密度为每平方千米 3~7 千米，分低丘陵、高丘陵 2 个亚类，分别占丘陵面积的 76%、24%。其中低丘陵有红沙砾岩、花岗岩、变质岩、沙质沙砾等岩性；高丘陵有变质岩、花岗岩、沙质沙砾等岩性。表面堆积残积物厚度大，多为红土，呈酸性，流失轻。岗地主要分布于东洞庭湖东岸的麻塘镇、城关镇、黄沙街镇及新墙河两岸。成因类型为不同时期的湖积、河流阶地或山前洪积群，面积大，分布成片，构成岳阳县主导地貌类型。海拔 40~100 米，坡度 5~15 度，切割密度为每平方千米 3~6 千米，分低岗地、高岗地 2 个亚类，分别占岗地面积的 27%、73%。其岩性类型与丘陵大致相同。岗地为陷落盆地松散堆积物，以剥蚀为主，辅以堆积作用，有面蚀岗现象，表层分布网状红土，肥力好，土壤呈酸性，地势以缓倾角向西倾斜。平原主要分布在筻口、新墙、公田、鹿角、麻塘、中洲、城关等乡镇，分为溪谷冲积平原、江河冲积平原 2 个亚类，分别占平原面积的 21.2%、78.8%。平原潮沙土堆积深厚，土层有机质含量高，肥力高，土壤偏酸性。

第二节 土 壤

据 1980—1982 年的土壤普查，全县土壤分为红壤、黄壤、潮土、紫色土、水稻土 5 个土类，8 个亚类，34 个土属，76 个土种。境内主要成土母质有花岗岩风化物、板页岩风化物、紫色沙砾岩风化物、河湖沉积物、第四系红色黏土、石灰岩风化物、石英砂岩风化物 7 种。

花岗岩风化物，黏力小，结构疏松，自然植物大部分破坏，水土流失严重，发育的土壤质地多为砾质沙土或砾质沙壤土，可分为麻沙泥田、冷浸田、麻沙土及花岗岩红壤土属，土质全钾含量丰富，速效钾含量低，缺磷严重。

板页岩风化物，磷、钾含量稍低。发育的土壤有黄泥田、黄泥土、页岩红壤等土属。

紫色沙砾岩风化物，成分复杂，易风干。基岩呈碱性，结构疏松，大部分上部覆盖第四系红色黏土。发育的土壤多呈酸性，土壤为二元母质相混，以黄紫泥田为主，酸性紫泥田为次。

河湖沉积物，分布在洞庭湖湖洲及沿湖边缘，发育的土壤为湖潮土。新墙河两岸土壤由河港沉积物发育为河潮土，质地沙性，酸碱度呈中性。

第四系红色黏土分4个自然层：一层为均质红土、较松的红棕色黏土，核状至粒状结构；二层为胶斑红土，棕红至鲜红黏土，块状至核状结构，较紧密；三层为网纹层，红白二色相互交织，核状结构；四层为砾石红土层，常有网纹，夹有磨圆度好的砾石，偶见沙层。此四层从上至下依次排列，由于侵蚀程度不同，它们可在不同的地方分别暴露于地表。黄沙街区有沙层露于地表，发育的土壤为红黄泥田、浅红黄沙田，红土红壤，重黏加沙，偏酸加沙性，缺磷、钾。与紫色砂岩交界处，二元母质发育为黄紫泥田土属，质地沙壤偏酸，石灰岩风化物，面积较小，呈中性或酸性，发育的土壤有灰泥田、石灰岩红壤，黏性重，严重缺磷。

石英砂岩风化物，成分以石英沙粒为主，比页岩难风化，大部分山、丘顶部为基岩出露，中、下部为石英砂红壤、黄砂土，丘间分布着黄砂泥田，青隔黄砂泥田，风化成土后，土壤多呈沙壤，偏酸性。

由于水土流失严重，加剧沟渠淤塞，河床抬高，地下水渍滞升高，致使原潴育性水稻土发育成一层障碍层次—青泥层，日长月久退化为潜育化田。旱地由于顺坡种植，肥、水、土流失严重，加之自然植被破坏大，恢复速度慢，原土层红壤退化为中土层红壤，甚至演变为薄土层红壤，直至基岩裸露。

东部海拔300米以上山区，自然土壤以花岗岩红壤为主，耕作土壤以麻砂泥田、麻砂土为主。中部丘岗地区土壤多为酸性紫色土，耕作土壤以酸紫泥田、酸紫砂泥田、紫砂泥土为主。西部洞庭湖沿岸岗地的土壤为红土红壤，耕作土壤以黄泥田、红泥土为主。洞庭湖平原向湖心依次分布着荒洲紫湖潮土、烂湖泥田、青隔湖潮泥田、潮砂泥田等。新墙河流域沿河溪谷而下，大体上依次出现红壤、黄泥田、红黄泥田、青隔红黄泥田、青泥田等。处于山、丘、岗地间的山岔、冲垅中的耕地，从山顶到山脚，从塝上到垅中，因地形，水、热条件不同，使其土壤在微域内分布不同，靠近山边多为旱土，水源不足，透水作用弱的水稻土土种多发育为淹育性水稻土；梯田之间落差较大，排水条件好，土壤爽水，其土种多发育为潴育性水稻土；垅中两边水分下渗或地表水流向冲垅中部，排水设施差，地下水停滞，其土种发育多为潜育性水稻土。

第三节　气　候

县境地处长江中游中低纬度区，属亚热带大陆季风湿润气候，受季风的影响较大。其气候特点是：四季分明，季节性强，热量适度，春温多变，初秋有寒，严寒期短，暑热期长，雨水集中，夏、秋多旱。由于山地的地形影响及洞庭湖水体的湖泊效应，因而气候多样，灾害性天气频繁，同时，山丘地区与湖区的气候也存在一定的差异。

日照 县域年均日照1814个小时，是湖南省年均日照最长的地区之一。1978—2007年，最高年日照为2054.9小时，最低年日照为1453.8小时，日照率为41%。夏、秋两季晴天较多，日照时数较多，分别为552.8小时、594.8小时，平均每天达到6.1小时、6.6小时，占全年日照时数的63.3%。由于在此两季日照时数多，所以经常出现少雨干旱的现象。

降水 境内降水变化趋势受地理位置影响，西部滨湖区水量偏少，逐步向东部中低山区递增，东部靠近平江县幕阜山暴雨中心，年均降水量在1500毫米以上。西部处于湘北滨湖少雨区，年均降水量在1200毫米以下。

境内降水量的年内分配特点是前多后少，春多于冬，夏多于秋，分配悬殊。每年5月、6月，降水较多，出现在5月的占60%，6月的占40%。每年1月、12月，降水最少，分别为42.5毫米、47.4毫米，分别占全年降水量的1.5%、4.8%。5月和6月，降水最多，容易渍涝成灾；8月和9月，雨量较少，常出现“秋老虎”天气。境内暴雨，起于3月，终于7月，此阶段降水集中，日降水量大于150毫米以上的出现在6月、7月、8月，以6月为多，一日最大暴雨为246.1毫米。

蒸发 县域西部滨湖的水面蒸发量大，年均961毫米，东部山区的水面蒸发量小，年均310毫米。常年6—8月蒸发量最大，月均42.6毫米，占年蒸发量的44.3%。农作物与草木的植被蒸发，年均903.5毫米，以6—8月为最大，年均441.2毫米，12月最小，年均22.3毫米。境内陆面蒸发由西部滨湖区750毫米逐步向东部山区递减。多年年均蒸发753.5毫米，以8月最大，多年年均月蒸发量为136.6毫米；1月最小，为13.7毫米。

气温 县域气温随季节变化，出现较大差异。冬季最冷，夏季最热，极端最低气温为零下11.8℃，极端最高气温为39.3℃。多年年均气温17℃。春季（2—4月）均温11.2℃；夏季（5—7月）均温25.4℃；秋季（8—10月）均温为23.5℃；冬季（11月至次年1月）均温7.7℃。最冷月均温为4.4℃（出现在1月）；最热月均温为29.2℃（出现在8月）。

霜、雪、冰雹 1978—2007年，县域年均无霜期276.8天。霜期一般出现在12月至次年1月，最早出现在10月，最迟出现在次年2月。年均霜日21天，最多霜日为33天，最少霜日为11天。降雪一般出现在12月至次年3月，最早出现在11月，最迟出现在次年3月，多年平均降雪日为10.9天，最多年为20天，最少年为5天，最大积雪厚23厘米。2007年冬的大冰雪灾害，致使交通阻隔，部分自来水管冻裂，电杆倒塌、电缆断裂，电力中断。冰雹一般出现在1—3月，次数较少，年均0.2天，最多年为2天，最大冰雹直径1.2厘米。

第四节 水 文

河流 县境主要河流有流向东洞庭湖的新墙河、费家河、坪桥河、铜鼓河，有直入南洞庭湖的罗水河。新墙河有沙港、游港两大支流，沙港河发源于平江县板桥乡大坳岭，自月田江坝入县境，流经月田、湾头、杨林、熊市，至筻口镇三港嘴与游港汇合后入新墙河主流。游港河发源于临湘市药姑山，由西塘入县境，经筻口镇至三港嘴汇入新墙河主流。主流经新墙、城关两镇，从破岚口入东洞庭湖，全长26.80千米，流域面积418平方千米。新墙河在县境主、支流全长115.40千米，流域面积1597.64平方千米，平均流量52.60立方米/秒，天然落差400米，坡降7.18‰，纳入支流47条。费家河发源于新墙镇桃园村袁家屋，流经黄秀桥、宝塔，河流长20千米，流域面积85.60平方千米。坪桥河发源于长湖乡胡仙山，流经三友、凌云、黄沙街、坪桥，河流长22千米，流域面积85.40平方千米。罗水河发源于张谷英镇桂峰村坳背里，经岳坊、步仙桥进入汨罗市，在县境长42千米，流域面积133.20平方千米。铜鼓河发源于新开镇茅栗铺，流经郭镇赵建中及县境麻塘镇，长16千米，流域面积32.10平方千米。

湖泊 主要湖泊为东洞庭湖，总面积13.28万公顷，另有与境内河流相连的内湖17个。

地下水 县境地下水主要有松散岩类孔隙水，碎屑岩类裂隙孔隙水，基岩裂隙水三大类型。地下水深度自东至西由深变浅，均为弱酸性极软淡水，多为重碳酸钠钙型水，其次是重碳酸氯化钙型水，重碳酸钙、重碳酸钙镁型水，除新开塘地下水砷含量超标，洞庭湖地下水铁离子超标外，其他均符合饮用水标准。

松散岩类孔隙水的多少因地而异，分布于县境西部的东洞庭湖区和中部自北向南的麻塘—荣家湾—黄沙街一线两侧、新墙水系沿流两岸，可分为双层结构孔隙和单层结构孔隙。单层结构孔隙分布于新墙河水系沿岸、河谷地区，储水量丰富，水埋深0~5米，顶板埋深小于3米；双层结构孔隙主要分布在东洞庭湖，荣家湾、黄沙街储水量浅水贫乏，深水中等，鹿角—大明储水量浅部中等，深部丰富，东洞庭湖—新墙河三角洲储水量丰富，水埋深0~5米，顶板深10~36米。碎屑岩类裂隙孔隙水分布在县境中部，储水量贫乏，水埋深0~7米，顶板埋深小于3米。基岩裂隙水分为层状岩类水和块状岩类隙水。层状岩类隙水，分布于县境东部及中部的北边，储水量贫乏；块状岩类隙水量贫乏或中等，主要分布于县境东北部，东南、中部、西北端也有零星分布。基岩裂隙水水埋深随地形变化，高处深，低处浅，一般0~30米。

公田镇公田村有一处地下热水点，出露于新墙河河谷平原后缘，直径约10米，内见黑色泥质沉淀物，多处连续涌沙和间歇性冒气泡，泉水直接从亚沙土中涌出，泉眼东距砾岩露头700米、距花岗岩约300米，泉水水温32℃，总流量742立方厘米/秒，具硫黄味。此外在新开塘矿区的一些钻孔，有温度在19~23.5℃的泉水涌出。

县境地下水主要靠大气降水补给，但西部湖区及滨湖平原还接受外围地下水径流的侧向补给和河湖、稻田的渗漏补给。地下水的分水岭与地表水系分水岭趋于一致，径流区和补给区混合没有明显界限，只是在东部山地、丘陵地下水径流区的运动以水平为主，东洞庭湖及平原地区地下水流速慢，局部趋于停滞。东部山区、丘陵以泉的形式分散排泄为主要方式，新墙河为东部地区各类地下水排泄的总渠道，东洞庭湖汇集全县全部地下水，一部分经长江排泄境外，一部分就地蒸发。据湖南省地质部门实测和计算，县境地下水保证率50%的平均平水年58693.11万立方米、保证率75%的偏枯年53191.31万立方米，保证率90%的枯水年48391.46万立方米。荣家湾六合垸陈排头一带，钻孔平均单井每日涌水量1069立方米，水质较好，日可开采量2.27万立方米；新开塘向斜地下水每日1278立方米；东洞庭湖沿湖区及新墙河沿河区，日单井涌水量200~2800立方米。

第三章 自然资源

第一节 矿产资源

境内已探明有钒、锰、铀、铍、金、煤、磷、石煤、萤石、绿柱石、大理石、石灰石、钾长石、重晶石、独居石、白云石、黄铁石、石英砂矿、泥炭矿、铁矿、耐火黏土等20多种矿藏。

石煤矿，存于新开塘附近黑色炭质页岩、硅质页岩层中，发热量0.8~1千卡/千克，初步勘探储量6.16亿吨。泥炭矿，已探明黄沙街、费万冲、费家庄等3处储藏。铁矿，在新开镇报马庄、陈一出2处褐铁矿点，初查储量98166.70吨。锰矿，新开镇青岗驿矿点中有硬锰矿和锰矿之分，初查锰矿远景储量25150吨。绿柱石，已知花苗、芭蕉洞2处有矿点，其中花苗矿点长石储量284750吨、云母1323吨，芭蕉洞矿点储量不明。钒矿，存于新开塘附近，储量193万吨。萤石矿，已知筻口镇牛山、孙家屋2处有存，储量不明。耐火黏土矿，已探明黄沙街镇高峰岭1处矿点，耐火度小于1580℃，储量不明。石英砂矿，已探明大微湖、河塘湖2处，储量10万吨。钾长石，已知有常山、栗山、江坝、桐坳等处矿点，储量150万吨。重晶石，已知马鞍山、港口和大兰家3处矿点，探明储量5万吨。磷块岩，有新开镇陈兴隆1处矿点，储量不明。黄铁矿，有荷塘坳一小洞矿点，估算储量331吨。白云母，有常山、桐坳2处，常与钾长石共生，储量不明。独居石沙矿，普遍为河流冲积而成，矿层中含有独居石（100~4500克/立方米）、钛铁矿（400~2500克/立方米）、金红石（2~40克/立方米）、石榴石（30~1500克/立方米）、锆石（约20克/立方米），储量130733.74吨。

境内还有青岗驿、曹家冲2处小型石灰石矿，其中青岗驿石灰石储量在2亿吨以上。

第二节 野生动植物

一、动物

境内有动物622种，即兽类22种、鱼类122种、鸟类266种、虫类195种、其他动物17种。其中属国家一级保护动物12种、二级保护动物47种、三级保护动物70种。

兽 属国家一级保护、国际濒危一级物种的有：云豹，康王至毛田一带有，至1990年记录到10只。华南虎，1985年在月田记录到1只。白鳍豚，东洞庭湖偶有。黑麂，至1990年在县境东部山区记录到2只。属国家二级保护的有：穿山甲，境内各地有。江豚，国际一级物种，在东洞庭湖常见。水獭，国际濒危一级物种，县境各地区水域周围有，数量不多。河麂，是中国特产小型鹿种，境内滨湖沼泽、苇地、草滩可见，约有200多只。属国家三级保护的有：貉、狐、刺猬、黄鼬、青鼬、狗獾、豪猪、竹鼠。

除以上属国家级保护的外，境内还有猪獾、鼬、獾、小麂、野猪、华南兔、中华竹鼠等。

鱼 境内鱼类有12目、26科、75属、122种。其中鲤科为优势种群，有65种。属国家一级保护的有中华鲟、白鲟、白鳍豚；二级保护的有胭脂鱼、文昌鱼、江豚3种。其中：中华鲟，东洞庭湖偶有所见。胭脂鱼，在东洞庭湖少量有。除国家级保护的鱼类外，经济价值较大的还有青、草、鲢、鳙、鲤、鲫、鳇、鳊、鲶、乌鳢等。名贵鱼类有团头鲂、鲥、鳗鲡等。其他鱼类有短颌鲚、刀鲚、长江银鱼、大银鱼、洞庭棒花鱼、赤眼鳟、越南刺鳑鲏、鲦、银飘鱼、花鳅、长薄鳅、泥鳅、鲇、黄鳝、大眼鳜、斑鳜、翘嘴鳜、沙塘鲤等。

鸟 境内记录到18目、51科、147属、266种，其中有属国家一级保护的6种，属二级保护的42种，三级保护的54种。属国家一级保护的鸟类有：白鹳、黑鹳、白头鹳、白鹤、中华秋沙鸭、大鸨，其中，黑鹳属世界濒危一级物种，在中洲及东洞庭湖可偶见。中华秋沙鸭为冬候鸟，在中洲可常见到。白鹤，全世界约2700羽，见于飘尾芦苇场、麻塘镇、中洲乡。白枕鹤，全世界约4658羽，县境在灰鹅混群中常见。属国家二级保护的鸟类有：大鸨，为冬候鸟，见于后湖草洲。灰鹤，冬候鸟、花田鸡，分布在东洞庭湖一带芦苇草滩和附近农田。长脚秧鸡，见于滨湖滩涂、农田。小杓鹬、小青脚鹬，国际濒危一级物种，为冬候鸟，常见于滨湖浅水滩涂。黑冠鹃隼、鸢、栗鸢、苍鹰、赤腹鹰、雀鹰、白尾鹞、白腹鹞、鹊鹞等，县境多地可见，但数量少。小隼、游隼属国家濒危一级物种，燕隼、灰背隼、红脚隼等境内各地可见，数量稀少。草鸮、红角鸮、长耳鸮、短耳鸮等，各地可见。绯胸鹦鹉、灰头鹦鹉、小天鹅偶有所见。小鸦鹃少见。斑嘴鹈鹕，见于东洞庭湖。黄嘴白鹭，见于滨湖各地。白琵鹭，国际二级物种，为冬候鸟，见于东洞庭湖，全县约有800多只。白额雁，见于东洞庭湖。鸳鸯，见于君山后湖、铁山水库。另有白鹇、红腹锦鸡、白冠长尾雉，境内可见，但数量不多。属国家三级保护的鸟类有：鸬鹚、苍鹭、绿鹭、池鹭、牛背鹭、大白鹭、白鹭、中白鹭、夜鹭、栗苇鹭、鸿雁、豆雁、小白额雁、灰雁、栗树鸭、赤麻鸭、翘鼻麻鸭、针尾鸭、绿翅鸡、花脸鸭、罗纹鸭、绿头鸭、斑嘴鸭、赤膀鸭、赤颈鸭、白眉鸭、琵嘴鸭、赤嘴潜鸭、红头潜鸭、白眼潜鸭、青头潜鸭、凤头潜鸭、斑背潜鸭、棉凫、长尾鸭、鹊鸭、斑头秋沙鸭、秋沙鸭、鹌鹑、灰胸竹鸡、小田鸡、红胸田鸡、斑肋田鸡、红脚苦恶鸟、白胸苦恶鸟、董鸡、黑水鸡、骨顶鸡、山斑鸠、珠领斑鸡、火斑鸠、红嘴相思鸟等。

除国家保护鸟类外，境内尚有草鹭、鹧鸪、雉鸡、普通秧鸡、水雉、彩鹬、蛎鹬、凤头麦鸡、中杓鹬、红脚鹬、青脚鹬、白腰草鹬、翘嘴鹬、半蹼鹬、孤沙雉、针尾沙雉、丘鹬、鸟脚滨鹬、三趾鹬、反嘴鹬、黑尾鸡、渔鸥、红嘴鸥、白翅浮鸡、普通燕鸥、红翅凤头鹃、四声杜鹃、大杜鹃、小杜鹃、噪鹃、夜鹰、楼燕、冠鱼狗、斑鱼狗、普通翠鸟、白胸翡翠、三宝鸡、戴胜、大拟啄木鸟、斑姬啄木鸟、黑枕绿啄木鸟、云雀、岩沙燕、家燕、金腰燕、田鹨、灰喉山椒鸟、白头鹎、红臀鹎、太平鸟、虎纹伯劳、牛头伯劳、黑枕黄鹂、黑卷尾、灰背椋鸟、北椋鸟、八哥、松鸦、灰喜鹊、喜鹊、寒鸦、大嘴乌鸦、白颈鸦、蓝歌鸲、黑喉红尾鸲、灰背鸫、白腹鸫、黑脸噪鹛、画眉、红嘴相思鸟、褐雀鹛、树莺、小黄莺、大苇莺、稻田苇莺、芦莺、褐柳莺、黄眉柳莺、黄腰柳莺、金头扇尾莺、大山雀、黄腹山雀、蓝喉太阳鸟、暗绿乡眼鸟、树麻雀、山麻雀、斑文鸟、燕雀、黄雀、黑尾蜡嘴雀等。

虫 境内主要虫类有78科、195种，分别为：红脚绿丽金龟（大绿丽金龟、赤脚铜金色）、柳杉叶金龟（黄褐金龟）、绿鳞象、麻皮蝽（麻蚊蝽、黄斑蝽、麻蝽象）、日本蜡蚧、龟蜡蚧、杉梢小卷蛾、松皮象虫、双条杉天牛、黑翅土白蚁、家白蚁、马尾松毛虫、松白星象鼻虫、竹黄枯叶蛾、黄弄蝶、稻睛蝶、竹眼蝶、二点黑尾叶蝉、竹小蜂、蜜蜂、黄刺蛾、棕边青刺蛾、桦霜尺蛾、犁剑纹夜蛾、暗黑鳃金龟子、焦边尺蛾、榆紫金花虫（榆紫叶甲）、白星花金龟、樟叶蜂、樟巢螟、樟蚕（枫蚕）、桑蚕、樟小蠹、中国虎尺蛾、双齿绿刺蛾、粉白金龟、枇杷卷叶野螟、四纹丽金龟、皱绿枯天牛、女贞褐团盾蚧、槐尺蠖、豆荚螟、碧蛾蜡蝉、白盾蚧、山茶象甲、油茶红天牛、油桐尺蠖、绿岱蝽、紫光盾天蛾、漆黄叶甲、黑条灰灯蛾、构月天蛾、玉米螟、菜螟、桃蛀螟、稻眼蝶、菜白蝶、小菜蛾、大螟、黏虫、稻螟蛉、地老虎、斜纹夜蛾、棉金钢钻、天蛾、棉红铃虫、茶卷叶蛾、稻飞虱（褐飞虱、白背飞虱、灰飞虱）、黑尾叶蝉、蚜虫、麦蚜、棉蚜、萝卜蚜、桃蚜、吹棉蚧、天牛、负泥虫、铁甲虫、稻象鼻虫、犁象甲、金龟子、犁星毛虫、二十八星瓢虫、麦蜘蛛、棉红蜘蛛、棉育椿象、潜叶蝇、稻苍虫、潜叶蛾、蜈蚣、蝎子、九条虫、土鳖虫、蛞蝓等。

其他 境内有国家三级保护的乌梢蛇、银环蛇、尖吻蛇、蝮蛇、中华蟾蜍、黑斑蛙、泽蛙、金钱蛙。除受保护动物外，还有环毛蚯蚓、宽身蚂蟥、医蛭、河蚌、蜗牛、中华大蟾蜍、乌龟、鳖、蝙蝠。

二、植物

境内木本类植物92科、829种，其中乡土树种82科、655种。属国家及省定保护的有银杏、杜仲、桢楠、青檀、香桦、花榈木等14科、24种。主要树种有马尾松、杉木、樟、檫、楠、桐、泡桐、水杉、楮、湿地松、火炬松、柳地松、栲栎、油茶、油桐、茶叶、桑、乌桕、棕榈、板栗、梨、桃、李、枣、柑橘、枫、香椿、苦楝、喜树、榆树、柳、杨等。属国家二级保护的树种有银杏、篦子三尖杉、香果、杜仲等，属国家三级保护的有桢楠、闽楠、天竺桂、青檀、毛江春、花榈木等。

境内幸存百年以上古树274株。其中珍稀古树有：古茶花树，月田镇文昌村1株，树龄500多年，树高2米，冠幅1.30米，树上有50多个大小枝节，每年3月、10月开花，每次花期持续2个月，花朵拳头大，叠瓣朱红，散发淡淡清香。古松，仅存1株于月田镇白石村皇帽山，高15米，树龄890多年，当地人称之为“白鹤松”“迎客松”。

竹类主要有凤凰竹、花考竹、凤尾竹、撑篙竹、方竹、箬竹、刚竹、实竹、水竹、花竹、紫竹、楠竹、浩竹、龟甲竹、胖竹、槽里黄刚竹、若竹17种。

湖区水生植物有131种，其中优种群有芦苇、莲藕、茭白、芡实、席草等18种。山区野生植物中菌类有蘑菇、香菇、青山菌等12种食用菌及亚稀褶黑菇、毒红菇、毒伞菌、白伞毒菌、系毒红菇等非食用菌。属国家和省定重点药材品种有郁金香、射干、延胡木、南沙参、鱼腥草、海金沙等103种。草木花卉有大丽花、石竹、金盏菊、五色梅、万寿菊等75种。

自然植被有常绿阔叶林，为天然次生林，主要树种有石栎、青岗栎、苦槠、棉柯、樟树、豹皮樟、少花桂、泡花楠、黑壳楠、湘楠、厚皮香、椤木、石楠、冬青等。分布在月田、张谷英、步仙等乡镇。常绿落叶阔叶混交林，为天然次生阔叶林，主要有栓皮栎、小叶栎、锥栗、麻栎、拟赤杨、大叶石灰树、南酸枣枫香、无患子等，分布在月田、张谷英镇等地。落叶阔叶林为天然次生林，主要树种有栓皮树、小叶栎、白栎、拟赤杨、光皮栎、兰果树等，主要分布在月田、张谷英，月田上洞村栓皮栎为纯林。针阔叶混交林，为天然次生林，主要有马尾松、杉树、苦槠、樟树、檫树等，主要分布在月田、张谷英镇、步仙乡等地。马尾松为主的天然次生林，分布于境内山丘、岗地、并有映山红、铁芒箕、野古草等群落。以杉林与山巷子、翅栓、芒草组成杉林、芒草群落，主要分布在东部中低山地。楠竹林，分布在张谷英、月田镇及大云山林场等地，部分竹林混生着杉、枫香、楠、檫等针阔叶树。油茶树，主要分布在月田、张谷英、公田等地，除湖区外，其他区内有零星分布。芦苇、席草等水生植物群落主要分布在东洞庭湖，此外还有以化香、茅栗为主的落叶灌丛，主要分布在大云山、相思山等中低山的脊线上；野古草、黄脊草、铁芒等种群主要分布在黄岇山、琵琶山、麻布山等地。

第三节 土地资源

据1984年11月全县土地资源调查统计，总面积为3164.8平方千米。按地貌地形分，山地433.6平方千米，占13.7%；丘陵371.2平方千米，占11.73%；岗地851.1平方千米，占26.89%；平原752.7平方千米，占23.78%；水面756.2平方千米，占23.90%。按占用情况分，纯耕地572.6平方千米，占18.09%；田地埂163.2平方千米，占5.16%；园地49.6平方千米，占1.57%；林地1081.4平方千米，占34.17%；草地15.1平方千米，占0.48%；居民用地93.8平方千米，占2.96%；工矿用地1.9平方千米，占0.06%；交通用地19.0平方千米，占0.60%；水面1152.3平方千米，占36.41%；特殊用地1.2平方千米，占0.04%；难利用地14.7平方千米，占0.64%。

1996年，全县划出171.26平方千米归岳阳市君山区，其中广兴镇83.07平方千米，许市镇88.19平方千米，2005年，划出216.4平方千米归岳阳经济技术开发区，其中康王乡38.7平方千米，乌江乡38.1平方千米，西塘乡47.8平方千米，昆山乡39.2平方千米，平地乡52.6平方千米。

2007年，全县土地总面积2713.55平方千米，其中农用地1497.43平方千米，占55.18%；建设用地179.95平方千米，占6.63%；未利用土地1036.19平方千米，占38.19%。农用地中耕地419.25平方千米，占28%，园地23.38平方千米，占1.56%，林地872.39平方千米，占58.26%，牧草地0.80平方千米，占0.05%，其他农用地181.61平方千米，占12.13%。建设用地中交通运输用地5.79平方千米，占3.22%，水利设施用地67.47平方千米，占37.49%，居民点及工矿用地106.69平方千米，占59.29%。

第四节 水资源

岳阳县地处洞庭湖畔，湿润多雨，山丘区植被好，平原区河流密布，水系发达，水资源丰富。其主要组成为三部分，即本地区降雨产生的径流、过境河流和本地区地下水资源。

地表水 县域内地表水总量为18.29亿立方米，多年平均降水量1314毫米，降水总量为41.82亿立方米，其中形成地表径流为18.29亿立方米，占总降水量的43.7%。经频率分析，偏枯年为13.22亿立方米，枯水年为8.15亿立方米。

外县汇入的客水主要来自新墙河，客水流域面积为768.45平方千米，其中沙港河汇流面积为70平方千米，游港河汇流面积为698.45平方千米，总径流量54422立方米。

县域过境水特别丰富，有湘、资、沅、澧四水及长江。过境水是县域农业用水和人民生活用水的主要补充来源。四水过境量为1830亿立方米，其中湘水759亿立方米、资水239亿立方米，沅水667亿立方米、澧水165亿立方米。

地下水 县域地下水资源总量为24.27亿立方米。全县各地层地下水的主要补给为大气降水。在西部湖区及滨湖平原还接受外围地下水径流的侧向补给和河、湖稻田的渗入补给，东部丘陵、山区还接受水库、渠道、稻田的渗漏补给。

水能资源 县内大小河流纵横全境，水能资源十分丰富。多年平均理论蕴藏量为35584千瓦，可开发水力资源18987.5千瓦，年发电量为4750千瓦时。至2007年，有小水电站28座，装机39台2764千瓦，年发电量413.7千瓦时。

第四章 自然灾害

第一节 水 灾

县境水灾以渍水危害最大，山洪、霖雨其次。渍水范围主要是洞庭湖区和新墙河自三港嘴以下地区。发生渍水多为西水（由长江而来）上涨或南水（由湘、资、沅、澧四水而来）上涨，以西水造成的渍水最为严重。山洪发生较多的地方是县境东南部的张谷英、月田、毛田、公田一带。

1980年8月11日22时至12日8时，广兴洲、梅溪、筻口降雨达1600毫米，全县33个公社、387个大队转移群众2500户，被洪水淹漫农户1723户，倒房1100间，冲垮水利工程288处、桥梁31座，渍涝作物面积1.06万公顷，冲走稻谷13万公斤，死3人。

1983年6月17—20日，境内降水193.3毫米。7月18日，岳阳水位达34.28米，建设垸、三合垸分别超1954年0.32米、0.48米。全县52个公社，受灾面积达2.47万公顷。

1988年，全县在夏、秋两季分别发生洪涝灾害，受害面积共4.09万公顷。

1996年，县境遭受1954年以来特大洪水袭击。7月9日，各堤垸进入防汛水位，22日均超过历史最高水位1.5米，4处内河，最高的超过2.91米。17—21日，新墙河流域12个堤垸，除三合垸、七星垸、新河垸外，其余9个堤垸先后漫溃。全县受灾人口56.7万人。倒塌和损坏房屋10.3万间，早、中稻受灾面积2.85万公顷，淹死大牲畜8.2万头，鱼池损失0.73万公顷。工农业生产共损失35.43亿元。

1998年的水灾属历史罕见，6月16日至7月31日，46天内降水739.63毫米，是1996年同期的3.83倍。8月20日，鹿角水位上涨至36.7米，为历史最高。小毛家湖、古港、五星、新河、四新5个堤垸先后漫溃，麻塘、中洲、毛家湖、万石湖等堤垸全部受渍，内湖超控水位在1.5~4.5米。9个堤垸共转移25870户，22938间房屋被淹，1.48万公顷农作物被淹，5个城镇进水，县城道路被中断。

第二节 旱 灾

农作物受旱面积严重的有1978年、1981年、1985—1986年、1988—1990年、1993年、2001年、2005年等年份。

1985年1—4月，为1949年后同期降水最少的一年，旱情延至10月，3933公顷早稻无水栽插，严重受旱，3.37万人饮水困难。全县小（1）型、小（2）型水库干涸140座，干涸塘坝18370处，88条溪流断流。

1988年4—5月，连续36天未下雨，全县38个乡镇、181个村严重受旱。1.25万公顷晚稻抢插，季节推迟，插后受旱，成灾3867公顷。

1990年7月2日至9月20日，连续80多天高温，旱情发生区正是双抢时节，部分农田无水翻耕。

2001年，县境遇罕见大旱灾，受旱面积3.18万公顷，23个乡镇受旱严重，76个村8.5万人发生饮水困难。

第三节 其他灾害

1985年6月4日后，湖水上涨，大量湖老鼠上岸啃食农作物，中洲、鹿角、兴旺、春风等沿湖27个村，大面积农作物受害。

1986年4月，湖区与边远山区同时发生鼠灾，322.67公顷早稻秧苗严重受害，54.67公顷绝收，早稻扬花抽穗期又遭鼠害。

1986年7月31日16时，西塘乡岳彭村遭龙卷风袭击，大雨倾盆，夹带直径约3厘米冰雹，历时1小时，全县因灾倒房607间，死亡6人，受伤18人，压死耕牛15头、生猪34头。

1987年，风灾、水灾接连发生，重灾达8次之多，30多个镇、500多个村受灾，466.67公顷早稻受灾，减产2300万千克。

1990年8月7日，城关镇、中洲等地遭龙卷风袭击。

1991年5月18日14~15时，严重龙卷风、冰雹灾害袭击荆州、中村、白羊等地。

1994年5月11日凌晨5点多钟，龙卷风袭击杨林乡四龙村，电闪雷鸣，天昏地暗，狂风夹杂又大又密的冰雹，大树拔起，房屋摧毁，行人被狂风吹起翻过一座大山，在离原地0.5千米的地方掉下来。此次灾害死伤39人，当场死3人，重伤7人。

1998年1月，大雪，损失7800万元。4—5月龙卷风肆虐，损失1.1亿元。

2000年7月1日18时，长湖、黄沙街、新墙、新开、筻口、柏祥、步仙、三荷8个乡镇遭龙卷风袭击，局部地区风力达10级。持续2个多小时，天昏地暗，飞沙走石，大树截断，电杆拔起，汽车掀翻，庄稼摧毁，房屋倒塌。黄沙街树德村120米长水泥渡槽被吹倒。全县倒房2762间，全倒469户。

2002年4月上旬，风灾肆虐，4—5月，连绵阴雨，低温冷冻与洪涝灾害比肩而至。

2004年，遭遇风雹灾及病虫害，受灾群众40.3万人，20万人成灾。

2005年2月18日，普降暴雪，受灾5240人。

2006年7月8日，县境西部湖垸地区普降暴雨，造成城关、鹿角、中洲、黄沙街等沿湖乡镇老鼠上岸，啃食庄稼、树木。8月下旬，受高温干旱及多次台风影响，水稻病虫害十分严重，全县中稻成灾面积2546.67公顷，占中稻总面积的34%，亩均减产147千克，中稻损失561万千克，全县病虫害防治面积达80%。

2007年4月22日，10个乡镇遭受风雹灾，5月16日中洲乡遭受风雹灾。

第二篇　中国共产党地方组织

第一章　党员代表大会

第一节　第五次代表大会

1985年4月23—25日，中共岳阳县第五次代表大会召开。出席会议的代表290人。大会审议通过《关于第四届委员会的工作报告》《关于中共岳阳县纪律检查委员会的工作报告》。市委副书记莫凤雏到会讲话。

大会指导思想是：以中共十二大为指针，贯彻《中共中央关于整党的决定》和中共十二届三中全会《关于经济体制改革的决定》精神，动员全县党员干部振奋精神，团结战斗，为实现“七五”计划而奋斗。

大会全面总结了第四次党代会8年来，岳阳县在实现党的工作重点转移，实行经济体制改革，农村建立家庭联产承包责任制，经济建设等方面的成绩和经验，提出今后的工作任务和措施：把农村改革引向深入，适应市场需求，调整农业产业结构；转变传统观念，树立商品观念，增强信息观念和竞争观念，建立既有统一性又有灵活性的新型计划体制。改革经济体制，增强工商企业活力。搞好计划、财政、税务、信贷、物价等经济杠杆部门和经济管理部门的配套改革。搞好内引外联，促进城乡交流。尊重知识，起用人才，发展科学技术。加强精神文明建设和民主法制建设，提高干部、群众素质，适应经济发展，促进社会稳定。加强和改善党的领导，在加强县委自身建设的同时，花大气力整顿和建设好党的基层组织，确保各项工作的顺利进行。

会议选举产生中共岳阳县第五届委员会委员和县纪委委员。

在县委五届一次全会上，选举黄甲喜、葛送培、汪金安、曾敬山、唐岳军、罗为民、潘长庚（女）、陈菊球8人为县委常委，黄甲喜为县委书记，葛送培、汪金安、曾敬山为县委副书记。县纪委第一次全会选举唐岳军为县纪委书记。

第二节　第六次代表大会

1988年7月17—19日，中共岳阳县第六次代表大会召开。出席会议的代表有369

人。大会审议并通过《中共岳阳县第五届委员会的工作报告》《中共岳阳县纪律检查委员会的工作报告》。

会议确定全县经济建设的战略目标是：以中共十三大精神为指针，紧紧抓住一个中心、两个基本点，不断深化城乡改革，对外全方位开放，对内多层次搞活，做到服务城市，流通致富，科技领先，五业兼顾。具体目标：在全市六县中争创五个第一，即第一个人均纯收入过千元的县，第一个乡镇企业过10亿元的县，第一个部门工业超县办工业的县，第一个城关镇工业过亿元的县，第一个真正全面消灭荒山实现绿化的县；至1990年，工农业总产值争取再翻一番，接近10亿元，在这个总目标下实现乡镇企业产值、利税、外汇和财政收入4个翻番；继续加强农业基础，重点抓好交通能源建设，改善投资环境，大力加强社会主义精神文明建设，进一步巩固和发展安定团结的政治局面。战略措施是：抓住近城、近路、近水的优势，利用南北三条线，开发东西三大块（即山区的原材料、竹木家具、旅游、围猎基地；近城平丘区的蔬菜瓜果、水产养殖基地；湖洲水面的畜牧、捕捞、造纸原料基地），实现近郊外向型经济三个一体化（即贸工农一体化、城乡一体化、生产旅游一体化）的新格局。

会议提出今后的主要任务是以经济建设为中心，深化改革，扩大开放，努力发展生产力；围绕发展农村商品经济这个主题，继续抓好农村第二步改革；以深化企业改革为重点，进行综合配套改革；深化政治体制改革，加强党的自身建设。

会议选举产生中共岳阳县第六届委员会委员和县纪委委员。

在县委六届一次全会上，选举产生第六届委员会常委、书记和副书记。常委10人：黄甲喜、罗典苏、程谦逊、曾敬山、唐岳军、卢长根、向公抚、潘长庚（女）、毛叙保、万明。县委书记黄甲喜，县委副书记罗典苏、程谦逊、曾敬山。县纪委一次会议选举唐岳军为县纪委书记，潘长庚、徐岳为副书记。

第三节　第七次代表大会

1992年11月5—7日，中共岳阳县第七次代表大会在县城举行。出席大会的有正式代表367人、特邀代表17人、列席代表27人。会议听取并通过县委书记罗典苏代表中共岳阳县第六届委员会所作的题为《坚定理想信念，加快改革开放，为建设繁荣富强的岳阳县而努力奋斗》的工作报告和县纪委工作报告。会议确定今后五年经济发展总的思路是：以中共十四大精神为指针，坚持党的基本路线，大力发展社会主义市场经济，对外更加开放，对内更加搞活，组织和动员全县人民“苦干实干加油干，大富快富奔小康”。具体奋斗目标是：到1997年，工农业总产值力争超过25亿元，乡镇企业总收入超过20亿元，财政收入超过5000万元，人口出生率控制在10.27‰以内，农民人均纯收入1100元。战略措施是：推出“2452”工程，即注重两路进军（即重点搞好山水资源的开发利用，实现山区人均一亩果、湖区人均一亩鱼、近郊人均一亩菜），形成四个拳头（即水产、水果、水禽、优质水稻四大支柱产业），腾出五条蛟龙（康王、十二公里、荣湾、大云山、春风5个开发区），建设十大基地（即建设十大农副产品生产、加工基地，每个基地产值达到5000万元到1亿元），升起10颗明星（即扶持10个明星乡镇企业，每个乡镇的企业产值在5000万元以上）。

会议要求围绕建立社会主义市场经济体制，进一步解放思想，进一步深化改革，进一步开放搞活，进一步发展科技教育。

会议选举产生中共岳阳县第七届委员会委员和县纪委委员。

在县委七届一次全会上，选举万民一、卢良才、向公抚、杨桂兰（女）、李亚东、余振东、张文雄、罗典苏、胡益强、胡耀宗、温梅魁为县委常委，选举罗典苏为县委书记，卢良才、向公抚、温梅魁为县委副书记；县纪委一次全会选举万民一为县纪委书记，胥定元、龚双桂（女）为副书记。

第四节　第八次代表大会

1997年10月27—29日，中共岳阳县第八次代表大会召开。出席会议的代表359人。

会议听取县委书记卢良才代表中共岳阳县第七届委员会所作的题为《认真贯彻落实党的十五大精神，把我县改革开放建设事业全面推向21世纪》的工作报告，全面总结了过去五年的工作成绩和经验，提出了今后五年工作的指导思想和目标任务，听取县纪委工作报告。会议要求，围绕建立比较完善的市场经济体制和保持国民经济持续健康发展总目标，坚持实施"开放兴县""科教兴县"战略，进一步调整优化经济结构，不断提高经济增长的质量和效益，把岳阳县改革开放建设事业全面推向21世纪。

会议强调，要始终坚持以经济建设为中心，继续巩固农业基础地位，大力推进农业产业化；加强企业改革发展步伐；积极培植新的经济增长点；认真实施科教兴县和可持续发展战略；坚定不移地扩大开放；切实加强财税工作；不断提高人民的生活水平和生活质量。

会议选举产生中共岳阳县第八届委员会委员和县纪委委员。

在县委八届一次全会上，选举卢良才、袁建华、徐仲廉、万民一、彭友池、李亚东、余振东、杨桂兰（女）、周永忠、黄柏良、刘光明、尹家辉为县委常委，卢良才为县委书记，袁建华、徐仲廉、万民一、彭友池为县委副书记。县纪委一次全会选举周永忠为县纪委书记，胥定元、龚双桂（女）为副书记。

第五节　第九次代表大会

2002 年 11 月 9—11 日，中共岳阳县第九次代表大会召开，出席会议的代表 389 人。会议听取县委书记李开龙代表中共岳阳县第八届委员会所作的题为《实践“三个代表”重要思想，坚持与时俱进，加快推进岳阳县新一轮经济大发展》的工作报告和县纪委工作报告，总结过去五年的工作成绩和经验，提出今后五年工作的指导思想、奋斗目标和主要措施。

会议强调，高举邓小平理论伟大旗帜，努力实践“三个代表”重要思想，认真贯彻落实中共十六大精神，坚持与时俱进，坚持把发展作为第一要务，坚持“两手抓，两手硬”，切实加强党的建设和领导班子自身建设，团结和带领全县人民加快推进新一轮经济大发展。

会议提出，到 2007 年，全县国内生产总值年均增长 10%；财政总收入实现翻番目标，达到 2.2 亿元；农民人均纯收入达到 3750 元；各项社会事业全面进步，社会大局保持稳定。

会议要求，今后五年，要大力推进“三化”进程，以工业化带动产业化和城镇化；继续实施“开放带动”，努力营造文明、诚信、和谐的投资环境；抢抓机遇，加大投入，构筑区域经济发展的坚实平台；创新体制机制，努力为新一轮经济大发展注入新的活力；坚持“两手抓，两手硬”，营造安定祥和的社会局面，塑造岳阳人民全新的精神面貌。

会议选举产生中共岳阳县第九届委员会委员和县纪委委员。

县九届一次全会上，选举李开龙、童康宁、刘传汉、汤森林、刘光明、龙建新、杨桂兰（女）、尹家辉、刘海波、周湘益、彭受宗、汤小娥、彭西罗为县委常委，李开龙为县委书记，童康宁、刘传汉、汤森林、刘光明、龙建新为县委副书记；县纪委一次全会选举汤森林为县纪委书记，易治国、周石爱、谢雨星为副书记。

第六节　第十次代表大会

2006 年 6 月 17—18 日，中共岳阳县第十次代表大会在县城召开，出席会议的代表 381 人。大会听取县委书记童康宁代表中共岳阳县第九届委员会所作的题为《万众一心，真抓实干，为建设全省经济强县而努力奋斗》的工作报告和县纪委工作报告，对过去五年的工作进行回顾总结，明确今后五年的工作重点为：切实加强工业园区建设，强力推进社会主义新农村建设，进一步加强基础设施建设，加大城镇建设力度，努力构建和谐社会。

会议选举产生中共岳阳县第十届委员会委员和县纪委委员。

在县委十届一次全会上，选举童康宁、黎四清、汤森林、彭西罗、汤小娥、张中于、李勇、喻飞跃、赵仁贵、甘勇、罗黑皮、余泽世、曹克强为县委常委，童康宁为县委书记，黎四清、汤森林为副书记；县纪委一次全会选举汤森林为县纪委书记，张艳生、谢雨星为副书记。

第二章　中共岳阳县委员会

第一节　领导班子

按照《中国共产党章程》规定，党的县级委员会由党的县代表大会选举产生，每届任期五年。

1973 年 12 月 4—6 日，中共岳阳县第四次代表大会在县城召开。出席会议的代表 970 人，选举产生县委委员 27 人，候补委员 8 人，其中县委书记 1 人，副书记 4 人。

1985 年 4 月 23—25 日，中共岳阳县第五次代表大会在县城召开，出席会议的代表 290 人。大会采用无记名投票方式，选举产生县委委员 22 人、候补委员 3 人；五届一次全会选举产生常委 8 人，其中县委书记 1 人，副书记 3 人。

1988 年 7 月 17—19 日，中共岳阳县第六次代表大会在县城召开，出席会议的代表 369 人。大会采用无记名投票方式，选举产生县委委员 33 人、候补委员 5 人；六届一次全会选举产生常委 10 人，其中县委书记 1 人，副书记 3 人。

1992 年 11 月 5—7 日，中共岳阳县第七次代表大会在县城召开，到会代表 367 人，特邀代表 17 人，列席代表 27 人。大会采用无记名投票方式，选举产生县委委员 28 人、候补委员 3 人；七届一次全会选举产生县委常委 11 人，其中县委书记 1 人，副书记 3 人。

1997 年 10 月 27—29 日，中共岳阳县第八次代表大会在县城召开，到会代表 369 人。大会采用无记名投票方式，选出县委委员 31 人、候补委员 5 人；八届一次全会选举产生常委 12 人，其中县委书记 1 人，副书记 4 人。

2002 年 11 月 5—7 日，中共岳阳县第九次代表大会在县城召开，到会代表 385 人。大会选举产生县委委员 35 人、候补委员 5 人，九届一次全会选举产生县委常委 13 人，其中县委书记 1 人，副书记 5 人。

2006 年 6 月 16—18 日，中共岳阳县第十次代表大会在县城召开，到会代表 381 人。大会选举产生县委委员 45 人、候补委员 9 人，十届一次全会选举产生常委 13 人，其中县委书记 1 人，副书记 2 人。

表 2-2-1

1977—2007 年岳阳县委主要负责人名录

届 次	书 记	籍 贯	任职时间	副书记
第四届（1977 年 4 月—1985 年 4 月）	许志龙 莫凤雏 黄甲喜	湖南岳阳 湖南岳阳 湖南岳阳	1977 年 12 月—1981 年 1 月 1983 年 11 月—1984 年 12 月 1984 年 12 月—1985 年 4 月	李怀芝 李先佩 李德隆 李九洲 吴世伦 黄甲喜 汪金安 王树先 葛送培 曾敬山
第五届（1985 年 4 月—1988 年 7 月）	黄甲喜	湖南岳阳	1985 年 4 月—1988 年 7 月	葛送培 汪金安 曾敬山 程谦逊
第六届（1988 年 7 月—1992 年 11 月）	黄甲喜 汪德辉 罗典苏	湖南岳阳 湖南岳阳 湖南平江	1988 年 7 月—1990 年 3 月 1990 年 3 月—1992 年 6 月 1992 年 6 月—1992 年 11 月	罗典苏 曾敬山 程谦逊 戴绪军 向公抚
第七届（1992 年 11 月—1997 年 10 月）	罗典苏 宋再钦 卢良才	湖南平江 湖南华容 湖南岳阳	1992 年 11 月—1994 年 1 月 1994 年 1 月—1997 年 2 月 1997 年 3 月—1997 年 10 月	卢良才 向公抚 温梅魁 杨克辉 胡益强 蒋志方 万民一
第八届（1997 年 10 月—2002 年 11 月）	卢良才 李开龙	湖南岳阳 湖南临湘	1997 年 10 月—1999 年 12 月 1999 年 12 月—2002 年 11 月	袁建华 万民一 杨克辉 徐仲廉 彭友池 童康宁 李 金 余振东 刘传汉 汤森林
第九届（2002 年 11 月—2006 年 6 月）	李开龙 童康宁	湖南临湘 湖南平江	2002 年 11 月—2004 年 12 月 2004 年 12 月—2006 年 4 月	童康宁 刘传汉 汤森林 刘光明 龙建新 黎四清
第十届（2006 年 6 月— ）	童康宁	湖南平江	2006 年 4 月—	黎四清 汤森林

第二节 工作机构

1984 年，县委工作部门设置县委办公室（简称县委办）、县委组织部、县委宣传部、县委统战部、县委政法委。1990 年，县委常设机构增至 11 个，即县委办、县委组织部、县委宣传部、县委统战部、县委政法委、县委党史办、县委离退休干部局、县委机要科、县委信访办、县委直属机关委员会、县委党校。

1994 年，县委工作部门调至 6 个，分别为：县委办、县委组织部、县委宣传部、县委统战部、县委政法委（综治办）、县委机构编制委员会办公室（简称县委编办）。县纪委与县监察局合署办公，一个机构，两块牌子。信访办公室作为县委、县政府协调议事机构的常设办事机构，由县政府主管，不占限额。政策研究室、机要科并入县委办，保留保密局的牌子。县直机关党委并入县委组织部，对外挂直属机关工委的牌子；对台办并入县委统战部，保留台湾事务办公室牌子。1995 年 1 月，县委党史办、县志办合并为史志办，为正科级事业单位，归口县委办。

2002 年，保留县纪委机关（县监察局与其合署办公），保留县委办、县委组织部、县委宣传部、县委统战部、县委政法委（社会治安综合治理委员会办公室与政法委一个机构两块牌子，并加挂县委防范和处理邪教问题领导小组办公室牌子）、县委编办。县委编办（加挂事业单位登记管理局牌子）为机构编制委员会的常设办事机构，既是县委的工作部门，又是县政府的工作部门。县信访办更名为县信访局，正科级，机构列入县委系列，由县委办、县政府办共同管理，以县政府办管理为主。县委老干部工作局更名为县委老干部局，由县委组织部管理。保密委员会办公室并入县委办公室，对外加挂牌子。县委宣传部对外加挂县精神文明建设指导委员会办公室牌子。县台湾工作办公室、县民族宗教事务办公室并入县委统战部，对外均保留牌子。县农村工作办公室更名为县农村工作领导小组办公室（保留县委农村工作部牌子），机构列入县委系列。

第三节　常委会议

一、第五届县委常委会会议

中共岳阳县第五届委员会常委会，自1985年4月至1988年7月，共召开常委会议、常委扩大会议218次。

1985年7月1日，县委书记黄甲喜在常委会议室主持召开第六次县委常委扩大会议，研究交海洲宣判大会问题；听取赴上海市嘉陵县洽谈经济合作人员的汇报。

1985年9月7日，县委书记黄甲喜在常委会议室主持召开第二十三次常委会议，研究普及九年义务教育、农民职业技术教育问题。

1985年9月22日，县委书记黄甲喜在县委招待所会议室主持召开第二十七次常委扩大会议，学习胡耀邦在第十二次全国党代会上所作的《团结奋斗，再展宏图》的报告，研究财政、征兵、荣新路、教育、干部调动等问题。

1985年11月16日，县委书记黄甲喜在常委会议室主持召开第四十二次常委会议，传达全市整党工作会议及中央、省部分领导关于整党的讲话精神，讨论党政干部案件。

1986年4月28日，县委书记黄甲喜在县委招待所二楼小会议室主持召开第七十八次常委会议，传达全市政法工作会议精神，研究本县政法工作。

1986年6月3日，县委副书记、县长葛送培在县委招待所二楼小会议室主持召开第八十五次常委会议，研究国道107线，建瘦肉型生猪基地，“七五”计划，县人大、县政协工作等问题。

1986年8月16日，县委书记黄甲喜在县委招待所三楼小会议室主持召开第九十六次常委会议，传达全市发展乡镇企业会议精神，研究如何发展乡镇企业及讨论人事变动。

1986年12月15日，县委书记黄甲喜在县委招待所二楼小会议室主持召开第一百二十次常委会议，传达全省经济工作会议精神，讨论1987年经济工作设想。

1987年2月11日，县委书记黄甲喜在县委招待所二楼小会议室主持召开第一百三十五次常委会议，各宣讲小组碰头汇报各区、乡生产、思想状况等方面的情况。

1987年6月8日，县委书记黄甲喜在县委招待所三楼小会议室主持召开第一百五十四次常委会议，传达全市县（区）委书记会议精神，安排防汛、农业生产。

1987年9月5日，县委书记黄甲喜在县委招待所二楼中会议室主持召开第一百六十六次常委会议，传达省委书记毛致用视察时的指示，讨论1988年精神文明建设的措施。

1987年12月30日，县委副书记、县长葛送培在县委招待所会议室主持召开第一百八十八次常委扩大会议，总结1987年的工作，研究1988年的工作规划。

1988年1月26日，县委书记黄甲喜在县委招待所会议室主持召开第一百九十四次常委会议，审查1988年工作计划和财政预算。

1988年3月30日，县委书记黄甲喜在县委招待所一楼会议室主持召开第二百零二次常委会议，讨论岳阳县中长期发展规划、住房改革和物价改革的问题。

1988年6月14日，县委书记黄甲喜在县委招待所二楼会议室主持召开第二百一十三次常委会议，研究1988年交通能源建设目标和5个试验局的改革。

二、第六届县委常委会会议

中共岳阳县第六届委员会常委会，自1988年7月至1992年11月，共召开常委会议、常委扩大会议179次。

1988年8月5日，县委书记黄甲喜在县委招待所二楼会议室主持召开第二次常委会议，讨论县湖管局、县畜牧局等4个单位的改革方案。

1988年12月7日，县委书记黄甲喜在县委二楼会议室主持召开第十四次常委会议，传达全市冬修水利会议精神，部署本县冬修工作和农转非问题。

1989年3月12日，县委书记黄甲喜在县委二楼会议室主持召开第三十一次常委会议，讨论各部、办、委、局优化组合方案和召开政协会的开支等问题。

1989年4月27日，县委书记黄甲喜在县委二楼会议室主持召开第三十八次常委会议，讨论关于打击刑事犯罪、抢劫、流窜、团伙犯罪和破坏森林犯罪的问题。

1989年6月15日，县委书记黄甲喜在县委二楼会议室主持召开第五十四次常委会议，学习中共十三届四中全会公报，研究沙石公司、城市建设、农业生产、社会治安等问题。

1989年8月17日，县委书记黄甲喜在县委五楼会议室主持召开第六十一次常委会议，学习《关于中纪委对参与动乱、暴乱的处理意见》《关于坚决惩治腐败、加强廉政建设的八条规定》，部署清理清查工作及后段工作安排。

1990年3月2日，县委书记汪德辉在县委小会议室主持召开第八十一次常委会议，研究国家干部会议的准备和全县经济工作。

1990年5月17日，县委书记汪德辉在常委会议室主持召开第一百次常委会议，研究乡镇企业问题，调查抗灾措施和干部工作作风。

1990年10月17日，县委书记汪德辉在县委二楼小会议室主持召开第一百一十五次常委会议，研究计划生育工作及减轻农民负担问题。

1991年2月22日，县委书记汪德辉在县委五楼会议室主持召开第一百一十八次常委扩大会议，学习有关中央文件精神，讨论全年的工作要点，主要集中在经济工作方面。

1992年6月17日，县委书记汪德辉在县委二楼会议室主持召开第一百二十三次常委会议，学习市委书记谢培清在中共岳阳市二届四中全会上的讲话。

1992年8月17日，县委书记罗典苏在县委二楼会议室主持召开第一百六十一次常委会议，研究纸厂、乡镇企业、个体经济及调动干部积极性等政策问题。

1992年9月12日，县委书记罗典苏在县委二楼会议室主持召开第一百六十一次常委扩大会议，研究农村党支部书记会议有关问题。

1992年10月30日，县委书记罗典苏在县委五楼会议室主持召开第一百六十七次常委会议，研究县委换届选举工作。

三、第七届县委常委会会议

中共岳阳县第七届委员会常委会，自1992年11月至1997年10月，共召开常委会议、常委扩大会议213次。

1992年11月29日，县委书记罗典苏在县委二楼会议室主持召开第二次常委会议，讨论加强防火措施、组织防火应急队的问题。

1992年12月15日，县委书记罗典苏在县委二楼会议室主持召开第五次常委会议，研究经济指标的调查。

1993年1月30日，县委书记罗典苏在县委五楼会议室主持召开第八次常委会议，研究1993年的工作要点，主要集中在经济工作上。

1993年3月21日，县委书记罗典苏在县委二楼会议室主持召开第十六次常委会议，传达全市经济工作会议精神。

1993年12月21日，县委书记罗典苏在县委二楼会议室主持召开第七十一次常委会议，讨论全县房改工作的相关问题。

1993年12月30日，县委书记罗典苏在县委二楼会议室主持召开第七十三次常委会议，传达中央农村工作会议精神、中央经济工作会议精神、省六届六次全会精神，研究1994年的工作要点。

1994年1月4日，县委书记罗典苏在县委二楼会议室主持召开第七十四次常委会议，讨论财政情况与人事安排问题。

1994年3月21日，县委书记宋再钦在县委二楼会议室主持召开第九十三次常委会议，讨论县人大、县政协会议的准备情况，研究9634工厂相关事宜。

1994年10月6日，县委书记宋再钦在县委二楼会议室主持召开第一百二十九次常委会议，研究改进后进农村党支部问题和机构改革问题。

1994年12月9日，县委书记宋再钦在县委二楼会议室主持召开第一百三十三次常委会议，研究麻塘垸加固工程情况。

1995年1月11日，县委书记宋再钦在县委二楼会议室主持召开第一百三十八次常委会议，研究铁山北灌渠问题。

1995年12月18日，县委书记宋再钦在县委二楼会议室主持召开第一百四十七次常委会议，学习总书记江泽民关于反腐倡廉的一系列讲话，剖析常委班子中廉洁自律的问题。

1996年12月13日，县委副书记、县长卢良才在县委二楼会议室主持召开第一百六十九次常委会议，通报全县财政状况，研究人事问题、妇联换届问题。

1996年12月24日，县委副书记、县长卢良才在县委二楼会议室主持召开第一百七十次常委会议，传达全省经济工作会议、省人大工作会议精神，研究1997年财政工作方案、减轻农民负担问题和房改工作。

1997年1月18日，县委副书记、县长卢良才在县委二楼会议室主持召开第一百七十二次常委会议，总结1996年经济工作，研究1997年国民经济发展计划；县人大、县政协会议筹备，人事和编制问题。

1997年9月19日，县委书记卢良才在县委二楼会议室主持召开第二百一十次常委会议，研究大中专毕业生分配、残联级别、录干和冬修水利等问题。

1997年10月23日，县委书记卢良才在县委二楼会议室主持召开第二百一十三次常委会议，研究县第八次党代会和全会的议程。

四、第八届县委常委会会议

中共岳阳县第八届委员会常委会，自1997年10月至2002年11月，共召开常委会议、常委扩大会议151次。

1997年11月18日，县委书记卢良才在县委二楼会议室主持召开第三次常委会议，研究国道107线境内走向、康王开发区的移交、人事和市人大代表问题。

1998年2月5日，县委书记卢良才在县委二楼会议室主持召开第十二次常委会议，研究国家干部会议报告内容和政府办公楼维修方案。

1998年5月22日，县委书记卢良才在县委二楼会议室主持召开第二十二次常委会议，听取治理经济环境工作、县广播局有关工作、中洲电排建设情况和图书馆欠款情况汇报，讨论招商引资联点工作安排和减负工作的问题。

1998年12月16日，县委书记卢良才在荔园三楼会议室主持召开第三十八次常委会议，研究县人大、县政协会议的问题和乡镇班子调整的情况。

1999年2月22日，县委书记卢良才在县委二楼会议室主持召开第四十七次常委会议，研究县委全会，国家干部会议和县人大、县政协会议的议程，通报柏祥镇冬修水利非法占地情况。

1999年9月29日，县委书记卢良才在县委五楼会议室主持召开第七十四次常委会议，学习《中共中央关于国有企业改革和发展若干重大问题的决定》，研究基金会兑现的问题。

1999年12月2日，县委书记卢良才在县委五楼会议室主持召开第八十次常委扩大会议，听取杨柳、古港两垸工作组的工作情况汇报，研究《岳阳县2000年工作的基本思路发展目标和主要措施》（初稿），县人大、县政协会议和荣岳公路等问题。

2000年2月12日，县委书记李开龙在县委五楼会议室主持召开第八十七次常委会议，讨论岳阳县2000年经济发展思路。

2000年6月14日，县委书记李开龙在县委五楼会议室主持召开第一百一十次常委会议，汇报荣岳公路建设进度情况，研究《中共岳阳县委、岳阳县人民政府关于加强村干部作风建设的若干规定》《中共岳阳县委、岳阳县人民政府关于乡镇部门贯彻落实市委市政府4号文件和县委县政府3号文件精神的若干规定》、“七一”活动安排、人事任免、老干部工作、东洞庭湖管理委员会筹备情况。

2000年8月27日，县委书记李开龙在县委五楼会议室主持召开第一百一十五次常委会议，传达市委工作会议精神，研究岳荣新公路在县城区的走向问题和水利冬修问题。

2000年12月28日，县委书记李开龙在县委五楼会议室主持召开第一百二十二次常委会议，传达全省经济工作会议精神，总结2000年的工作，研究2001年的工作目标和任务。

2001年3月13日，县委书记李开龙在县委五楼会议室主持召开第一百二十五次常委会议，传达中央工作会议、农村税费改革会议及市委扩大会议精神。

2001年5月29日，县委书记李开龙在县委五楼会议室主持召开第一百三十一次常委会议，研究全市经济工作流动现场会问题，回顾总结上半年工作，研究下半年工作。

2001年8月7日，县委书记李开龙在县委五楼会议室主持召开第一百四十次常委会议，通报全县旱情，研究生产自救措施。

2001年12月13日，县委书记李开龙在县委五楼会议室主持召开第一百五十次常委会议，传达张云川、胡彪在考察岳阳工作时的讲话精神，研究机构改革方案。

五、第九届县委常委会会议

中共岳阳县第九届委员会常委会，自2002年11月至2006年6月共召开常委会议、常委扩大会议76次。

2002年11月26日，县委书记李开龙在县委五楼会议室主持召开第一次常委会议，学习贯彻中共十六大精神。

2003年10月24日，县委书记李开龙在县委五楼会议室主持召开第三次常委会议，研究计生工作、第二轮土地承包和部分干部人事调整。

2003年12月24日，县委书记李开龙在县委五楼会议室主持召开第六次常委会议，研究县委九届二中全会的筹备工作、维稳工作、信访工作和人才队伍建设。

2004年7月23日，县委书记李开龙在县委五楼会议室主持召开第十六次常委会议，研究民本岳阳九项工程落实工作，布置近期工作。

2004年10月27日，县委书记李开龙在县委五楼会议室主持召开第二十三次常委会议，研究政法工作和民本岳阳九项工程实施方案。

2005年3月16日，县委书记童康宁在县委五楼会议室主持召开第三十四次常委会议，研究县级领导联乡镇、联项目、联招商引资工作。

2005年9月4日，县委书记童康宁在县委五楼会议室主持召开第四十九次常委会议，部署公务员考试工作。

2005年12月21日，县委书记童康宁在县委五楼会议室主持召开第五十四次常委会议，讨论“十一五”规划纲要，研究“送温暖、解难题、促发展”活动，研究保先教育方案。

2006年3月6日，县委书记童康宁在县委五楼会议室主持召开第六十五次常委会议，研究计生工作、社会主义新农村建设。

2006年6月14日，县委书记童康宁在县委五楼会议室主持召开第七十六次常委会议，研究县委换届工作。

六、第十届县委常委会会议

中共岳阳县第十届委员会常委会，自2006年6月至2007年共召开常委会议、常委扩大会议50次。

2006年6月20日，县委书记童康宁在县委五楼会议室主持召开第一次常委会议，明确常委分工，研究“七一”表彰，议武装工作。

2006年11月5日，县委书记童康宁在县委五楼会议室主持召开第十一次常委会议，听取班子建设情况汇报，研究退线人员话费补助和《公务员法》实施方案。

2006年12月29日，县委书记童康宁在县委五楼会议室主持召开第十七次常委会议，传达省委经济工作会议精神和市招商引资办项目汇报会内容，研究2007年工作思路。

2007年2月26日，县委书记童康宁在县委五楼会议室主持召开第二十三次常委会议，研究班子、队伍建设问题及年度工作的动员和部署。

2007年4月3日，县委书记童康宁在县委五楼会议室主持召开第二十九次常委会议，研究财政预算、县直干部职级待遇和考评方案。

2007年9月22日，县委书记童康宁在县委五楼会议室主持召开第三十八次常委会议，传达市委关于严肃换届纪律会议精神，研究乡镇换届班子方案和推荐全市“忠诚履职”人员。

2007 年 12 月 25 日，县委书记童康宁在县委五楼会议室主持召开第五十次常委会议，传达省委经济工作会议精神，研究班子考察和年终考评。

第三章　重大决策与活动

第一节　新县城建设

1983 年年底，恢复岳阳县建制，县址搬迁荣家湾镇，新组成的县委、县政府即着手在原区镇的基础上整体规划、分步实施新县城的建设工作。规划报告将新县城定位为岳阳市的卫星城。首先解决通水、通电、通信、主街道下水道及公共设施、机关住房、商业网点、蔬菜基地等方面的建设，申请增拨资金共 1942 万元，增加菜地 15 公顷，减少征粮 9500 千克，增加菜农粮 10.55 万千克。同时敞开城门，采取多种优惠政策，鼓励有专项技术的农民集资，建成一条 550 米长的致富街和有 5 条街道交叉贯通的致富小区，各单位按部就班投资建设。至 1990 年，建成区面积达 4.30 平方千米，10 条东西向街道与 10 条南北向街道构成井字布局。荣岳公路建为三级公路，荣新公路建为四级公路。

1997 年，县委、县政府确定投资 264 万元创建县城最美一条街—天鹅路，力求以点带面，推进文明城市的建设步伐，通过几个月的工作，拆除私自搭建的凉棚、雨棚 180 多个，维修路面 700 多平方米，新铺、更换人行道板 1.2 万平方米，其中彩色人行道板 700 平方米，增添垃圾箱 28 个，规范全线下水道盖板和街沿石，沿街有 16 个单位制作高规格的霓虹灯。是年，全城共投资城市维护费 1134 万元，修补沥青路面 4300 平方米，更换城区下水道盖板 468 块，整修人行道板 2 万块，清理下水道 1200 米，维修、更换路灯 281 盏，保证亮灯率 95%以上。城区街道、庭院新植各种树木 1320 株，新增绿化面积 1.1 公顷，县城绿化覆盖率达 31.2%，有省级园林式单位 1 个、市级园林式单位 4 个、县级花园式单位 20 个。城区环卫设施建设共投资 64 万元，新建占地 2.47 公顷的第二垃圾场等。至 2007 年，城关镇借助国家通畅工程的实施，共争取通村公路建设项目 7 个，硬化通村公路 35 千米。全线贯通荣西路、劳动路、圣世路，完成东方圣世商业广场一、二期工程，取消天鹅路街心花坛，增设红绿灯，加强县城新汽车站、长风路、厚德广场和工业园建设，城区面积达 10 平方千米，房屋建筑面积 398.7 万平方米，街道 30 条、总长 30 千米，城区美化、亮化、绿化及市政配套设施齐全，成为集旅游、轻纺、商贸为一体的新型城市。

第二节　创建全国示范性高中——岳阳县一中

1978年，创建岳阳县一中，1980年，经省政府批准为湖南省首批重点中学。1994年5月，县一中根据省教委通知，实行提前择优招生，是年被定为湖南省首批21所挂牌重点中学之一。

1997年5月，县委、县政府作出《关于学习汨罗经验，全面推行素质教育，加快科教兴县步伐的决定》，定县一中为素质教育示范学校，提出远学汨罗，近学一中，支持县一中制定“创一流学校，育一流人才”“冲出湖南，走向全国”的奋斗目标。1994—1998年，县一中创造高考本科上线率五年四进省三强和一年10人考取清华、北大的业绩。1996年，校长李卡良被评为全国教育系统劳动模范，并授予人民教师奖章，享受国务院特殊津贴；2004年，校长魏季秋被评为全国教育先进工作者，获徐特立教育奖，享受国务院特殊津贴。

1998年6月，在县一中二十周年校庆前夕，县委、县政府召开关于县一中创建全国示范性高中的会议，会议决定为改善办学条件，优先投入资金在年内建好县一中图书馆、体育馆、游泳池，保证优秀初中毕业生录取县一中，县一中可适当提高收费标准，县直各单位要继续大力支持县一中的工作，力争2000年前县一中跻身全国示范性高中行列。2000年，县一中被定为湖南省现代教育技术实验示范学校。2001年，县委、县政府作出《关于岳阳县一中创建全国示范性高中的决定》，县一中实行招生双轨制（即计划内与计划外招生）；推行结构工资制，从待遇上稳定骨干教师；执法部门对县一中实行重点保护。是年4月，县一中被中华全国总工会授予全国五一劳动奖章牌匾，成为湖南省教育系统获此殊荣的唯一一所农村高级中学。2003年，县一中被评为湖南省首批示范性普通高级中学，全国100所体育传统项目学校和湖南省园林式学校。先后被西北工大、南京航空航天大学、武汉大学、湖南大学、中南大学等全国重点大学和空军招飞办公室授予“优秀生源基地”。

第三节　加快小城镇建设

1993年，岳阳县有建制镇12个，规划面积34.5平方千米，建成面积14.5平方千米，城镇人口12.3万人，其中非农业人口7.3万人。是年3月22日，县委、县政府作出加快农村小集镇建设的决定，出台优惠措施，要求重点抓好道路建设，结合搞好邮电通讯、农贸市场、自来水、绿化、公厕，提高环保水平。是年，全县共投入农村集镇基础设施建设资金716万元，新修水泥路1064米、柏油路3400米，全部配建下水设施，新修自来水厂2个、公厕8座、路灯41盏、农贸市场6个。

1994年，县委提出“科学规划，加大投入，开放经营，积极招商，强化管理”的指导方针，要求县城和各农村集镇走“农民进城（镇）、老板进城（镇）、产业进城（镇）”的路子，加快开放引进。1996年，各乡镇均配建设助理员1人，各建制镇设立城建办，全县配规划建设管理人员115人。

1998年，中共十五届三中全会通过《中共中央关于农村和农村工作若干重大问题的决定》。1999年1月24日，县委明确提出进一步加大以治理“脏、乱、差”为主要内容的农村小集镇建设力度。是年3月7日，县十三届人大二次会议通过《关于依法治县的决议》，《决议》提出，不论是县城还是小集镇，从规划、征地、建设到管理均必须依法办事。

县委、县政府将筻口、公田、张谷英、新墙、麻塘定为重点建设镇，使其成为全县明星镇、示范镇。1997年，农村小集镇建设投入资金743万元。2001年，全县投入2100万元，新建街道21条，长19.6千米；新建自来水厂1个，新建公厕9座，架设路灯45盏，房屋竣工面积15.2万平方米。至2005年，全县农村小集镇建设总投资1.2亿元，新建街道22条，长2.7万米，其中硬化街道8条，长14.3千米，面积10.01万平方米，架设路灯170盏，房屋竣工面积35.1万平方米。

第四节　国有工业企业改革

国有企业洞庭造纸厂、棉麻纺织厂、制药四厂、县酒厂等是20世纪80—90年代岳阳县工业经济的支柱。1993年，全县国有、集体工业企业发展到792个。90年代末期，因盲目上项目，缺乏竞争能力，大部分企业陷入亏损状态。1994年，县委、县政府决定从洞庭造纸厂下手，对县属国有工业企业实行破产改制、拍卖重组。1995年10月，湖南省内同行业第一家外商独资企业岳阳丰利纸业有限公司成立，是年，该公司完成税收200万元。

1996年3月，县委、县政府对县直工业继续实行“一厂一策”“一厂多策”的改革办法。至2002年，全县工业企业改革形成高潮。县酒厂、县纺织厂、县机械厂、市制药四厂先后宣告破产，并通过招商引资实现重组，彻底实现“两个置换”，即：通过产权转让，“置换”企业的国有性质，解除企业对政府的依赖关系，让企业走向市场；通过一次性补偿，“置换”职工的全民身份，解除职工对企业的依赖关系，让职工走向市场。至2007年，全县规模企业发展到90家，实现规模工业总产值52.9亿元，初步形成药业、机械制造业、纺织业、农副产品加工业为主导的产业格局。

第五节　粮食企业改革

1996年，县委、县政府出台“两线运行”举措，将经营粮油购销的16个乡镇中心粮站、2个储备库、县粮食局机关及粮校等20个单位划归政策性一块，将经营性业务的粮贸公司等10家企业和政策性单位中从事商业性经营的三级机构划归商业性一块，二者严格区分，互不挤占。将政策性一块的20个单位实行财务归口管理，资金实行全封闭运营；对商业性经营一块实行“自主经营、自负盈亏”的办法，分线经营，分开核算。

1998年，县委、县政府进一步加大粮食企业改革力度，改革的重点是“四分开”，即业务分开、机构分设、资产分离、人员分流。

2002年，县委根据省、市精神，对粮食企业机构臃肿问题进行改革，共合并机构28个。将县级粮食购销总公司、粮油总公司、洞庭湖米业公司合并成立洞庭湖米业公司；合并城关地区12家经营企业，重新组建成3个公司；将17个粮食经营公司全部并入粮食收储公司。

2004年6月，县委全面启动粮食企业改制工作，全县粮食系统24个企业，重新组建国有控股及合股企业18个，全系统3166名干部职工，应参与改制买断“身份”的干部职工2720人，全部自愿签订解除劳动合同关系协议书，一次性支付安置金4614万元。

第六节　加快发展个体私营经济

1993年3月，县委、县政府作出《关于加速发展个体私营经济的决定》，明确10条优惠政策，规定在“八五”计划期内，全县个体私营经济的从业人员达到全县总人口的10%，并将其列入各级政府的目标管理考评内容。

1994年4月21日，岳阳县个体私营经济领导小组成立，县委、县政府决定将每年4月定为“个体私营经济环境优化月”。是年，由县个体私营经济领导小组办公室牵头，组织财政、物价、审计等有关职能部门对28个执法执收单位进行全面检查，共查处案例34个，向个体户退回“三乱”款31万余元，处分工作人员15人。

1995年5月30日，县委、县政府召开个体私营经济表彰大会，表彰10名优秀私营企业主、90名致富能手，会后，100名受表彰的个体户、私营企业主披着红绶带上街环城游行，沿街单位、民众鸣放鞭炮表示祝贺。

1996年6月，县委、县政府决定开发荷花服装城、商苑大世界、特力商城、大圆岭市场、庆丰市场等五大市场，统称巴陵大市场，并出台一系列优惠措施，鼓励市民到巴陵大市场经商。

1997年11月11日，县委、县政府召开民营经济表彰会，奖励6名“明星企业家”每人一台摩托车，奖励10名优秀个体工商户每人1000元，100名先进个体工商户被授匾嘉奖。

至2007年，县境个体工商户发展到9335户、从业人员140874人，注册资金44045万元。

第七节　完善农业生产责任制

1996年，在昆山乡进行试点，按照“大稳定、小调整”的原则，在全县普遍推行第二轮土地承包，按中央精神签订承包期为30年的新合同，因群众有疑虑，部分村组未真正落实。2003年，贯彻落实《中华人民共和国农村土地承包法》，对全县村党支部书记进行法律培训，在全县进行广泛宣传，换发合同书，重新填写管理卡，至2007年，全县共落实承包面积3.3万公顷，占全县耕地面积的78.63%，补签和完善耕地承包合同14.3万份，发放“农村土地承包经营权证”13.8万个，合同书、管理卡、登记簿等资料归档率均为100%。

2001年，成立县农业产业结构调整指导小组，制定岳阳县《土地流转实施意见》。在明确土地所有权，稳定承包经营权的基础上，放活使用权，采取协议转让、返租倒包、集体转包、土地折价入股等形式，流转土地2000多公顷。出现筻口镇莲塘村、新墙镇清水村等“公司+农户”“基地联农户”等产业化经营模式的生产载体36个。

2005年，全县发展各类农民专业合作经济组织56个，其中种植业13个、养殖业22个、加工销售业16个、农业其他行业5个。合作组织共有固定资产7586万元，经营服务收入2.3亿元，年经营纯收入4300万元，返还会员利润2100万元。2007年，全市农民专业合作组织现场会在县境召开，对新墙优质葡萄合作社、柏祥生猪合作社给予高度评价。至年底，全县有农民专业合作组织72个，带动农户6.15万户，入社农户人均增收300多元。柏祥生猪养殖合作社、芭蕉扇业合作社被定为省级试点单位。

第八节　撤区并乡建镇

1995年3月20日，县委、县政府制订《关于撤区并乡建镇、简政放权、建立乡镇新体制的实施方案》，成立县撤区并乡建镇领导小组，由县委常委带队，组成有县级领导、县直单位负责人参加的10个工作组，分赴10个区具体指导帮助撤区并乡建镇工作；下发《中共岳阳县纪委关于强化纪律，确保撤区并乡工作顺利进行的通知》，强调用党纪国法统一行动。

是年5月底，全县撤区并乡建镇工作基本完成。共撤销10个区公所，所辖42个乡镇并为21个乡镇，加上原有的4个区级建制镇，全县共设14个镇、11个乡。

第九节　企业“两个转换”改制

1996年3月，县委、县政府出台企业深化改革的新举措，即通过狠抓以产权为重点的改制改组、放开转轨、重组新的产权形式，启动企业内在动力，增强企业市场竞争能力，对县直工业继续实行“一厂一策”“一厂多策”的改革办法。县经委将思源酒业公司的改制作为工作的重点，提出实行资产和债务捆在一起，由少部分股东控股，按破产时资产量化的股金发放安置费，一次性实现“两个置换”的拍卖改制方案，在全体股东大会通过。1998年7月，公司职工48个股东以218.1万元价格整体收购思源酒业公司。是继洞庭造纸厂破产出售后，第二家彻底转制的县直企业。

2000年3月，县委、县政府决定对县兴荣纺织公司实行整体出售、全部退出国有产权、一次性安置全体员工，彻底实行民营化。兴荣纺织公司内部股东整体收购兴荣纺织公司，并按《中华人民共和国公司法》重组股份合作制企业恒鑫纺织实业有限公司，彻底实现“两个置换”，1135名职工一次性分流安置。

2001年3月，县政府有关领导和四川高科技民营企业科伦实业集团签订整体收购驻县市制药四厂的协议，254名职工身份全部实现置换，一次性分流安置。改制后的科伦实业集团共完成收购与更新改造投资2200万元，入库税费170万元，为原市制药四厂税收的5倍。2002年9月，县政府争取四川科伦集团再投资8000万元在县城工业园进行科伦异地改建工程，至2005年，公司注册资金3000万元，资产总额11630万元，就业员工930人，产值突破2亿元，实现年税1550万元。

2002年4月，岳阳县机械厂通过招商引资，分块出售，486名职工全部一次性安置，重组的8个民营企业组成中湘工业小区，小区建成投产后年产值1000万元、利税在300万元以上。

至2005年，全县国有、集体工业企业改制率达98%，累计盘活固定资产5亿多元，置换职工1.2万余人，引进企业64家，引进资金16.5亿元，安排下岗职工再就业8000余人，再就业率66.7%，全年实现工业总产值834760.5万元，实现税收4000多万元。工业经济走势强劲，逐渐成为县域济发展的主旋律。

第十节 实施“开放兴县”战略

1994年7月，县委、县政府作出《关于鼓励全民招商引进的暂行规定》10条优惠政策，1996年6月，成立县招商局，统一管理协调全县招商引进工作。

1997年，全县接待境外客商200多人次，先后洽谈外商投资项目10个，岳阳恒利达化纤有限公司、岳阳新昌针织有限公司、湖南九源食品有限公司签订正式合同，总投资1340万元，注册资金1000万元。岳阳丰利纸业有限公司新增投资500余万元，新上第二号纸机，是年6月投产，生产高档包装用白卡纸和苇浆板纸，苇浆板纸全部返销泰国。岳阳民康医用材料有限公司投资80多万元，新上一条年产500吨聚乙烯生产线，产品除满足本厂需要外，还销往外地。

至1997年，全县共引进内联协作项目90个，项目总投资2.02亿元，年产值4.8亿元，年利税3500万元，安排就业人员4500余人；有“三资”企业19家，完成工业总产值6928万元，实现利润653.2万元，完成税收182.2万元，出口创汇148万美元。1998年，成立新墙、三荷2个乡镇工业小区（2006年三荷小区划出岳阳县）。2001年，县城工业园成立，全县形成“一园两区”的工业发展格局。2003年后，湖南科伦制药有限公司、岳阳鹏程纸业包装有限公司、鑫鹿包装箱有限公司、湖南飞碟新材料有限公司等企业陆续入园。2004年，全县引进工业项目50个，到位资金13030万元。2005年，引进项目51个，到位资金67070万元。2006年，引进项目66个，到位资金8.75亿元。2007年，引进项目50个，合同签约资金30.8亿元，到位资金13.23亿元，其中投资1000万元以上的项目26个；投资5000万元以上的项目8个；投资1亿元以上的项目12个。

第十一节　加强东洞庭湖管理

2000年5月26日，市政府授权岳阳县政府对东洞庭湖实行统一有效管理。是年8月28日，岳阳县东洞庭湖管理委员会（简称东管会）正式成立，承担起东洞庭湖渔政、治安、计划生育、卫生血防管理和以芦苇、渔业、沙石、环保为重点的资源开发重任。东洞庭湖1328平方千米的水面和洲滩临近市区，与6个县区场、30个乡镇接壤，辖区共有人口近4万人，其中常住人口1.58万人，暂住人口近1.3万人，日流动人口1.1万人次。

东管会围绕县委“环城发展战略”，以“维权”为前提，以“治湖”为重点，坚持有为运作，注重和谐发展。2006年12月4日，省政府发布《洞庭湖区造纸企业污染整治实施方案》，东管会配合市政府大力整治水污染，环洞庭湖有237家造纸污染企业被关停。

第十二节　建设岳阳县生态工业园

2001年3月，县委、县政府创建岳阳县生态工业园。该园位于城关镇东部，距岳阳市区23千米。园区由天津大学城市规划设计研究院设计规划，控制性规划面积19.25平方千米，其中新规划面积6.4平方千米。

2005年12月，正式启动园区首期建设，至2007年，累计投资1.9亿元，平整土地180公顷，水、电、路、通信、广播电视等配套建设同步并进，率先在全市推行“全程式”行政代办、“一站式”收费服务、“封闭式”规范管理模式，园区功能日趋完善。重点引进高税收回报、高科技含量、高资金投入和无环境污染的项目。至2007年，成功引进四川科伦制药、鹏程纸业、民康医用材料、鑫鹿包装、飞碟新材料、同安医药、湖南金海科技、芭蕉扇业、以纯服饰、北京金美玻璃制品、庄信丰玻璃颜料等优秀工业项目，总投入9亿多元，发展成为岳阳县项目集聚、资金集流、产业集群的工业发展平台。

基本形成以药业、纸业、机械制造、农副产品加工、化工、纺织、建材为主的七大支柱产业。2006—2007年，共实现税收7000万元。

第十三节　创建省级文明县城

2000年3月，县委、县政府作出《关于创建省级文明县城的决定》。创建工作坚持以经济为中心，以环境为重点，以整治为手段，以群众为依托，以育人为根本，硬件建设整体推进。城区17条街道亮化美化，致富步行街改造工程、车站路硬化工程、城区“四路三角”拉通硬化工程和一批高标准广告灯箱及中心花坛礼花灯相继竣工。专项整治成效显著，6月1日始，县城禁炮，对1200多台三轮车进行核证、发证、整容和整洁，规范客货车辆停车场、依法拆除县城乱搭乱建棚亭1260多个、取缔“游击”摊点867个、马路市场5个，规范经营市场、夜宵摊点6个，取缔主街道上的洗车店、车辆修理店，开展“打击地痞地霸、严惩骗买骗卖”等整治活动，在县城开展创建文明小区、文明单位、文明街道、文明市场、文明窗口、文明家庭、文明机关等活动，县委宣传部、县文明办编印《岳阳县文明市民读本》《市民守则》，成立文明市民学校，对市民进行文明素质教育。省文明委以《岳阳县扎实推进文明县城创建》，《湖南日报》头版头条以《岳阳县5万进城农民向文明市民过渡》为题推介岳阳县作法。

2000年11月29日，岳阳县城被评为省级文明县城。

第十四节　根治水患

一线防洪大堤整治　岳阳县紧靠东洞庭湖，麻塘垸、中洲垸共有一线防洪大堤22.4千米，在连续战胜1996年、1998年、1999年三次特大洪涝灾害的同时，一线防洪大堤遭受重创，大堤的承受能力达到极限。1999年、2000年，县委、县政府相继作出《全面加固麻塘垸、中洲垸大堤》的决定。至2001年，共完成全线22.4千米大堤的加高、培厚、平台、内外坡护砌及附属建筑的全部建设任务，大堤高程由36米增至37米，面宽14米。整个工程全部采用机械化施工，共投入资金6880万元，完成土方395万立方米、干浆砌石27万立方米、护坡42万平方米。

县城防洪工程　从长风路环县城东北至付家山，全长13.8千米，按三等城市标准设计，大堤面宽10米，堤顶高程为38.5米。工程范围为1996年、1998年、1999年洪水淹没区，工程保护区内有荣岳公路、国家储备卫农粮库、县纺织厂等重要设施，外围一线防洪大堤原高程仅35.5米。在日元贷款未到位的情况下，2001年9月举债破土动工，投资9744.06万元，修土堤4.92千米、防洪墙2.2千米、完成土方40万立方米、干浆砌石2000立方米、拆迁4000多平方米。

2001年，岳阳县被省政府被评为“芙蓉杯”水利建设竞赛先进县，水利建设跻身全省“十强”。

第十五节　岳荣新一级公路建设

岳荣新一级公路是县唯一的一条国家级公路，路面宽25.50米。起自岳阳市南津港，经荣家湾到新墙镇，连接京珠高速公路，全长42.80千米。整个工程分二期完成。2001年9月，第一期工程市区至城关镇段开工。共投资4.8亿元，2005年8月，正式建成通车。2005年11月，第二期工程城关镇至新墙镇段开工，至2007年，全工程14.5千米土方工程、涵洞工程已全部完工，路面工程完成8.7千米，桥梁工程完成75%，完成工程投资9000万元。

第四章　纪检监察

第一节　党风廉政建设

一、党纪法纪教育

1993年，县纪委、县监察局创办教育专刊《巴陵钟声》，开设《先锋赞》《警钟》《纪监论谈》等10多个栏目，面向党员干部发行。县纪委、县监察局不定期举行纪检法规测试，1997年，全县共设考场49个，参考党员、党员干部16991人，总参考率63.94%，平均成绩89分。不定期在县、乡镇举行党纪政纪法规知识抢答赛；在县电视台开设《党风与廉政》专栏，定期开展纪检法规讲座，播放廉政信息。2007年，县委制定《党风廉政建设宣传教育联席会议制度》，召开2次联席会议，开展“忠诚履职、勤政廉政、富民强县”主题教育活动，并评选5名优秀干部。

二、警示教育

1978年，全县剖析违纪案例4例，1983年，剖析违纪案例10例。1986年，协助县委举办党风党纪教育展览馆，运用正反典型62个，展出图表传真74件，至1987年5月，共接待党员干部及群众1.52万人参展。1989年后，开展经常性的电化教育活动，派员带机在农村、县城巡回放映《堕落的灵魂》《黑色的漩涡》《黄昏歧路》《赌之害》等20多部警示录像片、1567场次，党员干部受教育面达90%以上。1996年，播放反腐倡廉教育片《风正扬帆》《泰安大案启示录》，在县直各单位、各乡镇巡回放映60余场次，8000多人观看。2003年，组织党员干部集中收看《慕马大案》《李真案件》等警示片，通报一批典型案例，以案施教。1978—2007年，在党员干部中树立勤政廉政典型261个，剖析违纪案例257例。

三、正面教育

1978年，全县党员干部上党纪廉政课25场次，树立正面典型85个。1984年，上党纪廉政课121场次，树立正面典型5个。1996年，县纪委着重抓农村乡镇办事公开制度的推行工作。专题召开县委常委会，成立专门工作小组，印发《乡镇全面推行办事公开制度实施方案》。是年10月15日，召开县直单位“一把手”、纪检组长、乡镇党委书记和纪委书记参加的动员大会，播放《阳光行动启示录》。各单位制定办事公开制度，并打印装订成册，确定34个公开内容，分别上墙。是年，上党纪廉政课85场次，树立正面典型6个。1997年，开展党纪教育电化教育月活动，举办党纪政纪条规知识抢答赛，在全县组织纪检监察法规考试，提高党员干部遵守党纪政纪的自觉性。2001年，举办新任副科以上干部廉政学习班，53人参训。重点讲授党纪、廉政准则、职业道德等方面的知识。是年，共举办党政负责干部廉政培训班72期次，推介10名优秀干部，组织4700余名党员干部观看电教警示片230余场次。2005年，组织党员干部开展《建立健全教育、制度、监督并重的惩治和预防腐败体系实施纲要》知识测试。2007年，上党纪廉政课87场次，树立正面典型9个。

四、廉洁自律专题民主生活会

每年“七一”前夕，县纪委与县委组织部联合行文，对副科以上单位（党组）廉洁自律民主生活会提出具体要求，各单位民主生活会对照党的宗旨，自查自纠。自1984年始，县委、县纪委要求全县乡镇、县直单位党政领导班子每年必须召开1次以上以廉洁自律为主要内容的民主生活会，并请县纪委、县监察局派员参加。是年，共清退红包礼金12.62万元。1996年4月，县委、县政府印发清退红包礼金登记表，到县直部门、乡镇99个单位进行统计，全县95人接受红包礼金7.9万元，上交礼金56人，金额1.5万元，其余全部退还送礼者本人或单位。2001年节日期间，全县共设立“廉政岗”86个，现场查堵礼品7.52万元，堵截送礼者1910人次，节后对红包礼品清理进行“回头看”，共登记上交礼金5.86万元，拒收红包26.2万元，拒收礼品折价3.8万元。2007年，清退红包礼金28万元，对4名违规请客的干部进行立案查处。

1984—2007年，全县党政领导干部共退出在公务活动中收受的红包礼金、有价证券293.49万元。

五、党风廉政建设责任制

自1984年始，各乡镇、县直机关均恢复机关食堂，大吃大喝之风得到遏制。1998年，党中央、国务院作出《关于实行党风廉政建设责任制的决定》，县委、县政府制定由各级党政一把手负总责的党风廉政建设责任制，全县反腐败工作形成党委统一领导、党政齐抓共管、纪委组织协调、部门各负其责，依靠群众支持和参与的领导体制和工作格局。每年年初在全县国家干部大会上，县委、县政府领导班子成员，县人大、县政协主要领导向县委签订党风廉政建设责任状；各乡镇、县直各单位党政“一把手”向县委、县政府签订党风廉政建设责任状；县直单位纪委书记（纪检组长）、乡镇纪委书记向县纪委递交反腐败工作责任状；二级机构负责人、村支两委负责人向主管单位和所在乡镇党委、政府签订党风廉政建设责任状。年终对责任落实情况进行考核，实行责任追究，对廉政建设责任制落实不力的单位，追究主要领导的责任。2000年，县纪委配合政府相关部门在县直部门推行会计委派制，对乡镇行政事业单位实行集中核算、财务统管，村级开展“村账代管”试点。2001年，建立政府采购制度，对公用物品和服务的财政支出严格实行政府采购和集中采购，堵塞公款消费漏洞。是年，对落实廉政建设责任制不力的28名党政领导干部实行责任追究，12名副科以上干部分别受到党内警告、党内严重警告、留党察看、开除党籍处分，16名为政不廉、作风漂浮的党员干部受到诫勉一年的处分。2003年，对6名党政领导干部实行责任追究。2005年，执行主职干部述职述廉制度。是年，20个乡镇、78个县直单位主职干部在干部职工大会上进行述职述廉，并接受干部职工民主评议。2007年，县委制定下发《党风廉政建设宣传教育联席会议制度》，把宣教工作纳入党风廉政建设目标考核。先后召开2次联席会议，开展“忠诚履职、勤政廉政、富民强县”主题教育活动，评选出5名优秀领导干部。

第二节　查处违纪案件

查处党员干部违纪违法案件　1978年，县纪委以查处党政机关、行政执法单位、司法机关、行政管理部门和副科以上干部的违纪违法案件为重点，查处各类违纪案件27起。1983年，查处各类违纪案件95起，受党纪处分116人，政纪处分10人，开除党籍25人，留党察看33人，党内撤职7人，追究刑事责任5人；涉及副科以上干部25人，为国家和集体挽回经济损失18万元。1996年，全县各级纪检监察组织共查处各类违纪案件142起，自办案件21起，受党纪处分50人，政纪处分100人，开除党籍10人，留党察看17人，开除公职53人，追究刑事责任14人，涉及副科以上干部16人，万元以上大案27起，为国家和集体挽回经济损失130万元。2001年，全县共查结违纪案件150件，处分党员152人，其中大案13件，要案16件，受撤职以上处分71人，副科以上干部 13 人，挽回经济损失 273 万元。2007 年，全县立案 100 件，处分党员干部 116 人，涉及副科以上干部 16 人，为国家和集体挽回经济损失 500 万元。

1984—2007 年，全县共查处违纪案件 2720 件，处分 3005 人，被处分的 1818 名违纪党员中，开除党籍 322 人、留党察看 435 人、党内撤职 92 人；违纪干部职工中开除公职 309 人、开除留用 272 人、行政撤职 148 人。共移交司法机关追究刑事责任 78 人，为国家和集体挽回经济损失 7045 万元。复查中华人民共和国成立后 775 个历史老案，对 39 个需要复查的重点案件，予以甄别复查，其中撤销处分 6 人、减轻原处分 5 人、维持原处分 28 人。

查处影响经济发展环境的案件　1998 年，岳阳县出台《关于优化经济环境的决定》。县纪委、县监察局对 44 家外来投资企业和重点挂牌服务企业实行非税收委托代收，避免强制性收费现象发生，查处 16 起损害经济发展环境的案件。2003 年 3 月、10 月，两次召开全县优化经济环境动员讲评会，对 13 个执法执收单位的民主测评情况进行通报，公开处理城关工商二所乱收费、乱罚款、乱摊派案，县技术监督局滥用职权案，县渔政局非法实施行政处罚案，柏祥交管站、康王农机站公路“三乱”案，城关林业站滥用职权索拿卡要案等损害经济发展环境案件，责令 4 个擅自进入挂牌保护企业收费的执法单位当场退还乱收款项。是年，全程代理服务中心共接受 10 个单位的委托，受理项目 33 个，受理优化经济环境方面的投诉 32 起，调查 22 起，对 13 名责任人追究党纪政纪责任。2005 年，受理优化经济环境方面的投诉 36 起，立案调查 9 起，处分 26 人，并开展行风评议，将结果在全县党政负责干部会上进行通报。2007 年，查处案件 12 起，处分 29 人。2000—2007 年，共查处“三乱”（即乱收费、乱摊派、乱罚款）案件、欺行霸市、索、拿、卡、要案件 38 起，处分责任人 80 人，对 5 例典型案例在全县通报。

第三节　执法监察

治理教育乱收费　1996 年始，全面推行“中小学生收费管理卡”制度，对全县中小学乱收费行为进行专项治理。是年，对群众反映强烈的中小学校内部食堂虚高定价、套取学生就餐的问题加强审计，制定限价。2001 年，对全县中小学收费进行 2 次全面检查，共检查 199 个单位，查出违纪金额 250 万元，下发清退通知书 59 份，清退 53.7 万元，收缴违纪金额 19.5 万元，处分中小学校校长 2 人，堵住部门搭车收费 18 万元。是年始，县纪委、县监察局组织物价、教育、财政等部门每年对春秋两季教育收费进行监督检查，对检查中发现的问题现场纠正，对查出问题比较严重的学校，县纪委、监察局对直接责任人进行立案查处。1999—2007 年，被查 1410 所中小学校，利用开学之机违规收费，涉及金额 2504 万元，清退资金 952 万元，处分责任人 24 人。

涉农执法监察　1997 年 3 月，中央下发《关于切实做好减轻农民负担工作的决议》，省、市、县政府将当年3月作为减轻农民负担活动月。2001年，组织有关部门全面清理要求农民出钱、出物、出工开展达标升级活动的文件289件，取消涉农收费项目425个，直接减轻农民负担700多万元。2003年，推行涉农收费公示制、减负工作责任制、责任追究制和村级财务乡镇站代管，全县未发生一起涉农事件和恶性案件。2007年，全县减轻农民负担1200万元。1997—2007年，全县农民减负1.58亿元。

治理公路（水上）“三乱”　计划经济转向市场经济后，一些执法单位和执法人员在利益的驱动下，上路设卡，随意拦截，查扣车辆，乱收费，乱罚款，一些执法人员滥用职权到国道岳阳县地段沿线饭店旅社以抓嫖娼为名，索拿卡要，群众对此反映强烈。1984年始，县纪委对107国道沿线和东洞庭区域进行集中整治，撤销一些单位设在鹿角码头的收费机构和人员，遏制了交通运管部门到县乡公路上设卡拦车现象。2003年，县纪委组织明察暗访8次，现场处理各类违规问题13起，拆除非法流动站卡4个，查处案件2起，对主要负责人进行立案查处。2007年，组织上路下湖、明察暗访8次，下达整改通知6份，查办公路“三乱”案件3起，处分9人。1984—2007年，明察暗访448次，下达整改通知196份，查处案件75起，处分党员干部61人。

治理医药购销和医疗服务中的不正之风　2001年，县纪委、县监察局按照中纪委十五届六次全会精神，把纠正医药购销中的不正之风和整治医药市场作为纠风工作重点，与医疗单位、药品经营企业及相关责任部门签订责任状，不定期地开展督促检查，对无证经营或转入“地下”经营的个体诊所、药店加大打击力度，县级医院全面实行招标采购。是年，出动监督检查人员135人次，查获并销毁假冒伪劣药品380件次，标值7.41万元；取缔无证经营个体诊所144户、个体药店6户、游医药贩16人，减轻群众不合理医药费用负担83元，全县医药商业和营利性医疗单位税收比上年增长60%。2003年，突出整顿农村地区药品市场和实行药品集中招标采购，取缔非法药品经营户12户，清理销毁伪劣、过期药品案值16.5万元，医疗单位药品集中招标采购金额168万元。2005年，全县药品集中招标采购总额940万元，占医院购药总量的85.1%，查处虚假广告32条。2007年，全县药品集中招标采购总额1028万元，占医院购药总量的89%。2001—2007年，集中采购药品总额4156万元，占81%；取缔证照不全的药品批发企业、无证药品销售店148家，取缔无证行医诊所144家，查获并销毁假冒伪劣产品2650种次，取缔虚假违法广告84条。

移民建镇社保资金执法监察　1998年，岳阳县遭受百年一遇的特大洪涝灾害，全县128处水利、电力、通信设施、道路桥梁、田园村庄被毁。县纪委、县监察局将灾后重建工程项目的专项资金管理及工程质量，作为执法监察项目的重中之重。1999年后，组织计委、建设、财政、审计、水利等部门，对麻塘、中洲、毛家湖、岳坊、大坳等10多项水利工程加固、维修项目及平垸行洪、移民建镇工程项目的专项资金及工程质量，实行全程规范管理和监控，保证专款专用，杜绝“条子工程”“人情工程”“豆腐渣工程”。

查处弄虚作假、骗取移民资金的案件3起，对5名责任人进行党纪政纪处分。

20世纪90年代后期，县境国有企业相继破产，职工下岗，县纪委、县监察局会同县审计局，对全县失（待）业保险金、养老保险金、农村养老保险基金、城镇居民最低生活保障基金、解困基金等的征集、管理和使用情况进行专项检查。对县商业总公司、县民政局、县兴荣纺织有限公司、县劳动局等单位在社会保障基金管理上的违纪行为，作出严肃处理。

第四节 专项治理与纠风

清理党政机关庆典收礼 1996年，县纪委印发《关于制止利用开业庆典收受红包礼金的通知》和8条具体规定，组成专门班子对全县庆典活动进行清理。查处开业庆典收受红包礼金的单位11个，查清违纪收礼金额52万元，清退礼金6.5万元，收缴违纪金额3.25万元，对单位主要负责人进行通报批评。

清理和规范使用通讯工具 1997年上半年，县纪委对全县国家工作人员购置和使用手机、BP机、住宅座机进行清理。全县用公费购置手机264部、BP机359部、私宅座机314部，均由个人折价购买，县财政共收回购置款52万元。1999年，全县用公费购置手机262部、BP机397部、私宅座机301部，县财政共收回购置款56万元，并规定今后一律不准公费配置“三机”，并规范话费报销的范围和标准。

清理住房违纪违规问题 1994年房改政策出台后，钻政策空子，侵犯国家、集体和他人利益的事件时有发生。1996年，对超面积兴建的住房房改实行加价政策的执行情况进行检查，共检查176个单位，补收加价款42.3万元，在对48个单位的房改返回资金的检查中，共查出违纪金额35万元，追回被挪用资金30万元，没收非法所得1.39万元。1997年，县纪委、县监察局对房改方案实施情况进行执法监察，印发《关于严肃房改纪律的通知》，对建房超面积、装修超标准、有公房又购私房、夫妻双方购房等问题组织督查，查出95个单位违规建房面积5390平方米，收回超面积加价款45万元，督促146个售房单位及时回收资金1310万元，对17起购房违纪案作出纠正处理。2003年，清房工作全面完成，共清理违规建房460套，总建筑面积62390平方米，补交各项规费42万元。

第五节 纪检监察信访

信访办理 1997年，共受理信访举报290件，信访办结率、优质结案率分别达到100%、97%。2001年，县纪委共受理各类信访221件，其中处理来信159件，接听举报电话15次，处理群众集体上访5批、38人次，调查处理县水利局、县体委、县粮食局等单位主要领导的重要信访14件次，对25名负责干部进行诫勉谈话，2名负责干部被降职安排，4 人被黄牌警告。2003 年，县纪委受理各类信访 129 件，来访 19 件次，来电 1 次，处理集访 6 批、47 人，自办信访 57 件，回复上级机关信访件 15 件次，调查处理康王乡、县供销社、县畜牧局、县物价局、县建设局等单位主要领导的重要信访 14 件次，对 7 名党政负责干部进行诫勉谈话。同时实行领导接访、组织下访、定期排查等措施化解社会矛盾。2007 年，县纪委办理各类信访 131 件。

1983—2007 年，县纪委、县监察局共受理群众来信来访 9751 件次，其中来信 7532 件、来访 2219 人次。转办 4818 件，自办 4933 件；立案 1816 件，结办 1786 件，结案率 98.40%。

信访网络　县纪委健全信访网络，畅通信访渠道，提高办结质量，规范工作程序，将矛盾解决在萌芽状态。每个乡（镇）、涉农站所、村（居委会）、县直单位（包括县属企业）及其二级机构，共聘用信访信息员 1200 人，加上各级信访机构及其专职人员，全县形成庞大的纪检信访网络。

巡回接访　1990 年 5 月，建立“下乡巡回接访周”制度。每月用一周时间，由县纪委负责人带领 4~6 人，下到乡镇，与乡镇纪委组成工作组，设接待室，把接待专访群众、查办案件、收集意见、处理问题紧密结合起来。是年，接待来访群众 268 人，查办案件 18 个，收集意见 126 条，处理问题 89 个。1991 年，《湖南党风党纪》第十二期、《湖南信访情况》第十四期、中纪委《信访简报》第十三期，向全省、全国推介岳阳县纪委“下乡巡回接访周”活动的经验。

第五章　组织建设

第一节　党组织机构

一、农村基层组织

党委会　1983 年，全县有乡镇党委 38 个。1990 年，有区、乡镇党委 60 个。1995 年，合并为 23 个乡镇党委。2003 年，因行政区划调整，康王乡、西塘乡、三荷乡划入岳阳经济开发区，乡镇党委减至 20 个，乡镇党委会由 9~11 人组成，设书记 1 人、副书记 3~5 人、纪委书记 1 人。2006 年，乡镇党委会由 5~7 人组成，设书记 1 人，副书记由乡镇长担任，全县 20 个乡镇除甘田乡、云山乡、饶村乡党委成员按 5 名配备外，其余 17 个乡镇按 7 名配备。1983—2001 年，乡镇党委每届任期 3 年，2001 年后每届任期 5 年。届中，党委会成员由县委常委会任免，换届时，由乡镇党员代表大会选举产生。2007 年，有乡镇党委20个。

党总支 1983年，全县有乡镇党总支6个。至2007年，全县共有农村党总支7个。

党支部 1983年，全县有农村党支部781个。至2007年，共有农村党支部838个。

二、县直单位党组织

党委会（党组） 1983年，县直单位设置党委会26个，其中县直机关14个，区委会12个。撤区并乡后，部分县直单位改为党组，至2007年，县直单位共有党委20个，党组35个。

党总支 1984年，县直单位共成立党总支5个，至2007年，县直单位共成立党总支17个。

党支部 1983年，县直单位设置党支部439个，其中工业系统104个、建设系统3个、交通系统21个、商业系统48个、文教卫系统119个、科研支部1个、金融机构支部12个、机关单位支部130个、其他支部1个，有党员3683人。企业破产改制和商业系统国企改革后，对党员实行清理，合并部分党支部，至2007年，县直单位共有党支部233个，党员6724人。

第二节 队伍建设

党员发展 1980年，全县有党员23297人，其中女党员2290人，占9.83%；大中专以上学历516人，占2.21%。1990年，共有党员25500人，其中女党员2025人，占7.94%；大中专以上学历1946人，占7.63%。2001年，认真落实发展党员“坚持标准、保证质量、改善结构、慎重发展”的工作方针和“四制”要求，在程序上严格把关。按照“高中以上文化、基层一线和35岁以下3个85%以上，女性比例38%以上”的要求，党员队伍结构不断优化。2007年，全县有党员27533人，占总人口的3.9%，其中大学以上学历1432人（其中研究生11人），大专学历3043人，合计占党员总数的16.25%；高中、中专生9226人，占33.5%。发展新党员615人，其中农牧渔民占61%、工人占8%、事业单位占10.5%、企业和个体劳动者占4.5%、机关职工占9%、其他占7%。

党员教育活动 1990—1992年，对党员进行形势、政策教育，分期分批轮训党员骨干，开展“校、室、日”活动，在整理整顿农村“两清”“严打”和抗洪抗旱工作中，涌现一批优秀党员和模范干部。1993年后，组织党员学习邓小平理论、学习新党章，对党员进行党性教育。2003年，在全县开展“亮身份、创红旗、奔小康”活动，全县万名党员亮身份，千名党员创红旗，带领群众奔小康。2005年，县委开展以“踏昔日热土，寻找艰苦奋斗的精神；访时代人物，寻找无私奉献的精神；看民本工程，寻找敢为人先的精神”为主要内容的主题活动，邀请全国政协原副主席毛致用现场讲解，党员干部受到优良传统教育；举办以“扬正气、弘精神”为主题的党员领导干部培训班，遏制初露苗头的歪风邪气，提振党员干部的精神状态。2006年，在全县开展“讲党性、创和谐、促发展”活动，集中开一次动员会，听一个县域经济社会发展形势报告，上一次党性教育辅导课，组织一次现场参观，开展一次“讲党性、创和谐、促发展”专题讨论，让党员干部在思想上拧成一股绳。

2003年下半年，岳阳县成立农村党员干部现代远程教育工作领导小组及办公室，制定远程教育站点建设目标管理考核办法和各项工作制度，投入资金408万元，先后举办4期现代远程教育技术培训班，培训技术骨干421人。至2007年，开展各种培训8600多场次，受教育群众达20万人次，90%的党员掌握1~2门实用技术，95%的贫困党员靠发展养殖、种植业脱贫致富。是年7月，岳阳县在全市远程教育服务农村实用技能大比武中获第一名。至2007年，全县建成远程教育点590个，其中县管理中心1个、乡镇管理站20个、行政村站点557个、居委会站点9个、农林站点3个。共培养技术操作员590人，乡镇远程专干20人，从远程教育成员单位选聘涉农专业技术员15人，从农村土专家、致富能手中选聘8人，组建远程教育教学辅导队伍。

党员民主评议　2003年，县委制定《岳阳县党员民主评议工作条例》，各乡镇党委对16520名党员进行集中培训，对15418名农村党员进行2次公开评议。共评议出优秀党员1685人，合格党员11215人，基本合格党员1573人，不合格党员945人。以乡镇为单位，对优秀党员进行公开表彰，对不合格党员作出组织处置或纪律处分，共限改党员759人，劝退98人，除名33人，延长预备期4人，取消预备期2人；开除党籍8人，撤职2人，留党察看12人，给予其他纪律处分27人。

党校培训　1987年，重建县委党校，各乡镇，县直部分委、办、局共建基层党校43所，1987年后，全县每年培训党员2万人以上；至2007年，共举办入党积极分子培训班121期，其中2005—2007年县委党校培训干部2395人，其中中青班486人、公务员上岗培训110人、中共十六届五中全会精神学习班432人、副科干部班641人、新提拔副科干部培训212人、科干班186人、其他培训328人。中共十七大召开后，县委党校举办中共十七大精神培训班3期，每期10天，培训科级干部459人。县委党校先后举办5期专业培训班，共培训干部248人。

第三节　干部管理

一、推进人事制度改革

1995年3月，全县撤销10个区公所，共设25个乡镇，一次削减领导职数173人，异动干部400多人次。2006年，核定乡（镇）党委职数5~7名，全县共配134人，减少副书记职数63名，20名党委副书记全部兼任乡（镇）长，不再设专职副书记、常务副乡（镇）长。2002年，对县直机构改革领导班子职数配备作出统一安排，一般单位一正二副，部门管理机构一正一副，编制较多、任务较重的部门一正三副。2006年6月，县召开第十次党代会，选举产生第十届县委委员45人，候补委员7人；纪委委员25人，除政府正职外，县委常委与政府副职交叉任职2人，副书记职数比上届减少3名。

二、盘活人才资源

1999年，全县共配备科技乡镇长26人。2002年，全县有专业技术人员4100多人，其中高级专业技术人员171人。2004年3月，县委、县政府出台《关于进一步加强人才工作的意见》，出台《岳阳县"人才直通车"实施意见》等配套文件，至2006年6月，全县有专业技术人员8821人，其中高级专技人员310人。2004年4月，按照《关于做好推荐科级后备干部工作的通知》，重点建立妇女干部、年轻干部、党外干部人才库，建立完备的后备干部队伍。是年，调整充实科级主职后备干部人才库127人、科级副职后备干部人才库169人、妇女干部人才库84人、党外干部人才库58人。

1996年，从全县319名报考者中，选拔10名30岁以下德才兼备的优秀年轻干部担任副局长；公开选调20名公安干警。1997年、1998年，扩大招聘范围，公开招聘县外贸总公司、县汽运公司经理，公开招考县委办、县政府办秘书。同时，坚持"公开、平等、竞争、择优"原则，不定期进行公开选拔干部工作，得到市委组织部的充分肯定和社会的普遍认可。2003年8月，9个县直单位面向全县公开选拔13名工作人员，2004年7月，县委组织部公开选调2名机关干部。2005年，公开选拔5名县直单位副科级领导干部。

三、领导班子建设

推进领导干部管理制度改革 1995年2月，中共中央颁布《党政领导干部选拔任用工作暂行条例》后，岳阳县相继出台《党政领导干部个人重大事项请示报告制度》《干部谈话诫勉暂行规定》《领导干部任期和离任审计制度》《岳阳县跨世纪领导干部培养选拔工作意见》《干部选拔任用联席会议制度》等10余项工作制度。1998年6月，县委制订《关于做好领导班子和领导干部年度考察考核工作的暂行规定》，细化领导班子和领导干部考核的内容。2003年3月，出台《中共岳阳县委常务委员会工作规则》《关于切实加强乡镇、县直单位一把手管理的若干规定》《进一步加强请示汇报工作有关规定》，对领导干部实行任期目标责任制、改进工作作风、加强学风建设、加强党风廉政建设作出严格规定。

实现领导班子年轻化 1995年，县委实行领导干部"能上能下"制度，规定男满55周岁、女满50周岁的领导干部办理退线手续，全县有31名到龄的副科以上领导干部退出领导岗位，改任协理员或保留职级待遇；21名年轻干部进入领导班子。1999年，从县直机关部门选拔8名优秀青年干部担任乡镇党委书记。2000年，面向全县公开招聘县粮食局局长。2002年，选派45名优秀青年干部赴沿海和经济发达地区学习锻炼。2004年，公开选拔5名县直单位副科领导干部。

领导班子和干部队伍考核　1995年，对全县25个乡镇班子进行全面考察考核，对13名信任票低于60%的领导干部予以降职免职。1998年6月，县委制定《关于做好领导班子和领导干部年度考察考核工作的暂行规定》，是年，对15名信任度较低的领导干部予以降职免职处理。1999年，对5个三类班子进行通报批评，并责令限期整改，对3人实行停职审查，对7人降职调离，对2人免职。2003年后，每年由县委常委牵头，县委组织部为主，抽调专门力量，对科级班子和科级干部进行全面考察，既注重实绩考核，又注重"德、能、勤、绩、廉"全面评估。2005年3月，调整不称职、不胜任现职的干部4人，其中主职3人。2006年2月，根据考察情况，县直单位2名领导干部被免职，1名主职干部被查处，2名领导干部被诫勉谈话。

四、干部作风建设

2005年，实行干部问责工作。组织23个乡镇、86个县直单位学习《问责办法》，县问责办接到各种投诉案件76起，受理67起，问责处理19人，其中免职5人，诫勉谈话6人，通报批评5人，责令书面检查3人。2006年，对有错无为、不作为、乱作为的干部进行严格问责，对全县3个单位的领导班子予以调整，共有71名干部被评为基本称职，54人被评为不称职。

第四节　基层组织建设

基层党组织建整　1994年10月至1997年11月，农村基层党组织建整工作队分三批对全县乡镇党委班子、农村党支部进行整顿。调整乡镇党委领导班子21个，变动乡镇党委书记6人、乡镇长9人、调整交流副职干部68人、撤职降职14人、改组乡镇班子3个、重点提拔年轻干部29人。639个农村党支部中，调整支部书记86人，村支委380人，班子不团结、宗族势力把持、干群关系紧张、软弱无战斗力的72个支部班子得到不同程度的整顿，处分党员37人、发展新党员780人。通过整顿，18个乡镇恢复机关食堂，完善了七站八所的管理，全县231个站所中查出违纪案例43起，违纪金额291万元，调整负责干部51人，查处违纪干部18人，其中开除1人，开除留察2人，撤职5人，收缴违纪金额285万元。

加强后进村综合治理　1998年，县委实行领导办联系村、创建示范村工作机制，1999年，从县直、乡镇选拔101名35岁以下大专以上文化的党员国家干部下村任职，2000年，抽派干部驻村指导工作、规范村级管理。加强以村支部书记为核心的村级组织建设，2001年，全县共调整村级班子331个，调整村党支部书记140人、村主任114人，支委村委成员287人。

“百村带动” 2002年，全县发动县直部门负责干部25人，乡镇负责干部200人，县直部门机关负责干部150人，科技人员300多人进村入户开展“百村带动”，推进农村小康建设。新墙镇清水村新建标准蔬菜大棚110个，杨林乡的马铃薯、长湖乡的西瓜、中洲乡的南瓜、麻塘镇的养鱼、柏祥镇生猪养殖、西塘镇水果开发、新开镇苗木产业逐步形成规模。柏祥镇养殖户李建权年出栏生猪5000头，麻塘镇回乡青年李子超办家庭孵化场，年产值70万元，被团中央、国家科委授予全国青年星火带头标兵。

开展“两心两为”活动 2002年8月，在全县开展以“心系农民，为群众解难；心想国家，为政府分忧”为主要内容的“两心两为”活动。县级领导每人领办一个乡镇联系点，联系一个村、一个贫困户、一个财源建设项目，负责一件实事，县委每季度召开一次讲评会，进行一次情况通报。县直部门2343人、乡镇1658人、教师440人，共走访农户18695户，住农户34621晚，解决具体问题3758个，教育协助直系亲属15432户共完成上交655万元，扶持特困户2818户，发放救济物资和现金45万元。

启动村级活动场建设 2006年，在全县启动村级活动场所建设，共筹措中央、省、市补助和县级配套资金403.6万元，建成村级活动场所26个。2007年年底，84个活动场所建设任务全部完成。

第六章　思想宣传工作

自1978年始，县委宣传部积极宣传党的路线、方针、政策及县域内的重要新闻，认真开展理论普及工作，组织开展精神文明创建活动。

第一节　舆论宣传

1987年2月，县委宣传部被省委宣传部授予报刊发行工作先进单位称号。1990年3月，举行县广播电台及《岳阳晚报》记者站成立大会。1996年，发挥舆论宣传队全县改革开放和现代化建设的导向作用，进一步加大对外宣传力度。6月5日在《经济日报》头版头条发表《怎样处理“经营”与“做人”的关系——来自湖南省岳阳县的报道》，不仅为县城荣家湾正了名，而且扩大了岳阳县的影响。是年，在中央级媒体发稿14条，新闻宣传工作被市委宣传部评为全市先进。1997年，围绕“树典型、出经验、上大报、上大稿”的要求，在中央级报刊上稿63篇，其中在中央电视台和《人民日报》播发的反映县委一班人艰苦奋斗的《五任县委书记的陋室》在全县产生重大影响，《经济日报》刊发的长篇通讯《引资波撼岳阳县》对提高全县知名度、优化招商环境起到重要作用。是年，举办通讯员培训班2期，参加人数63人。2003年，在中央级媒体上稿68条，省级296条，其中在省级以上报刊上头版头条9个；县委机关报《岳阳县报》创刊，县里有业余新闻报道通讯员1000多人，他们每两年都受到县委宣传部的培训和发证。2007年，邀请中央、省、市各级媒体记者200多人，开展优化环境、招商引资、勤政务实、清廉为民等多角度、多层面的报道，推出有分量、有影响的稿件215条，如中央电视台在岳阳县拍摄的《孝心感动天地》《人鼠大战》《外国人游古村》等专题片。1978—2007年，全县在省级以上报刊、电台、电视台发表稿件26237篇（条），其中中央级报刊、电台、电视台采用2673条。

县委宣传部通过新闻媒体开展"十大"新闻人物评选活动，推出一批先进和典型人物。2001年，推出战胜癌魔，大公无私，坚持搞好本职工作，被授予全省五一劳动奖章的省师德标兵黄秀中学校长刘雄辉；2002年，推出深入城乡，无私无畏办包公案，被最高人民法院授予全国十大杰出法官称号的县法院"草帽"法官罗绍铭；2007年3月，推出被团省委授予优秀共青团员的县三中学生陶星，其事迹被中央电视台等全国80多家媒体推介；6月，推出自费从洞庭湖上打捞废油被授予全国十佳绿色卫士称号的鹿角渔业队渔民张建设；8月，推出勇斗歹徒、英勇献身的岳阳市首届十大道德模范月田镇农民万祖红，其事迹被中央电视台等媒体推介。

第二节　理论教育

群众素质教育　1990年，配合农村社教，开展"歌唱祖国，歌唱共产党，歌唱社会主义"的竞赛活动；在全县掀起学习雷锋活动的高潮，树立学雷锋标兵36个，表彰先进集体11个，召开全县学雷锋经验交流会。1998年9月，创作长篇报告文学《力挽狂澜·岳阳县98抗洪纪实》编写《98抗洪之歌》，制作《98抗洪救灾纪实》电视专题片，开展爱国主义、社会主义、集体主义教育。2005年，县委宣传部、县文化局、县广播电视局等单位牵头组织在县体育广场举行广场文艺晚会10场。

"三讲"教育　2000年3—5月，全县开展"三讲"教育。县委、县人大、县政府、县政协、县纪委、县委组织部、县委宣传部、县公安局、县法院、县检察院等10个单位、94名成员参加学习。听辅导课5堂、观看《成功的探索》等专题片12部，共向251人发征求意见970条，针对党性、党风问题进行深刻反省和剖析，召开民主评议和测评会，各班子制订整改方案，1999年防汛期间，清退县级领导收受的红包3.52万元；发文取消1个"综合先进"单位、8名领导干部的记功奖励。

先进性教育　自2005年1月始，分2批在党员中开展保持共产党员先进性教育活动。763个单位、1051个党组织、26119名党员参加教育活动。县委书记挂帅，选派36名县级党员领导干部下到36个难度较大的单位联点，召开各种动员会456场次，在省、市党报，省、市简报发表稿件328篇，县领导集中封闭式学习5天，邀请中组部、国防科大、省委党校的专家为县级领导班子和各单位一把手讲课5场，其他各种学习7680场，党委书记、支部书记上党课1934堂，参加民主评议党员的群众127110人次，收到各种意见建议2.8万多条，2.5万名党员接受组织和群众的评议。党员为群众办实事1.7万余件，1677名下岗失业党员重新找到就业岗位，5700余名党员被评为优秀党员，1167名积极分子向党组织递交入党申请书；共新建党组织46个，撤并党组14个，调整和新任基层组织负责人86人。解决遗留问题2814个，为19310名贫困家庭学生减免学费143万元，农民自筹合作医疗基金363万元，解决职工医疗保险6120人次，整修县、乡、村公路1470千米，新修水利设施863处，全县基本实现"五通"（即路、水、电、电话、电视）、"四化"（即硬化、绿化、美化、亮化）和"三改"（即改水、改厕、改厨），建立劳务服务站31个、敬老院22个，为农村送科技资料5万多份，慰问贫困户800多户，解决种子、化肥、农药资金和企业技改资金1100多万元。

未成年人思想道德教育 2005年，开展3次净化未成年人成长环境集中整治行动，重点对违反规定接纳未成年人的网吧和贩卖淫秽色情等非法出版物市场进行打击，查处"黑网吧"6家、违法经营网吧52家，查获非法出版物2万多册、非法光盘3000多盘，非法赌博游戏机70台，并予以集中销毁。2007年，"90后孝子"陶星被评为全市道德模范。

开展创建学习型县活动 2003年5月，县委下发《关于开展创建学习型县活动的决定》，明确凡进必考、凡提拔必考、竞聘上岗必考原则，定出学习和考试计划，规定领导干部必读《国家工作人员应知会知简明读本》《领导干部作风建设知识问卷》《国家公务员学习能力》《国家公务员政治鉴别能力》《国家公务员沟通协调能力》等书籍，中心组成员全年均按规定参加15天集中学习，并要求全体干部坚持日学一小时，月读一本书，年记一万字（笔记）。县委成立学习指导委员会和业余讲师团，县直单位、乡镇成立业余辅导员队伍，共上辅导课2000多场次，解决种养技术难题200多个，为农民提供政策、法律、科技和卫生等方面服务。2003年8—10月，县委宣传部、县委组织部、团县委联合举办"三个代表"重要思想知识竞赛26场，全县90个单位开展演讲比赛、知识竞赛、讲党课竞赛活动。其做法在《湖南日报》《湖南宣传动态》《内参》等报刊登载，受到省、市委领导的肯定。

第三节 文明创建

1979年，县委宣传部将社会主义精神文明建设作为一项重要的工作职责，1981年始，开展“全民文明礼貌月”“五讲四美三热爱”（即讲文明、讲礼貌、讲卫生、讲秩序、讲道德，心灵美、语言美、行为美、环境美，热爱祖国、热爱党、热爱社会主义）活动。1995年，全县有2个单位获省级文明单位称号，3个单位获市级文明单位称号。2000年被评为省级文明县城；是年，共评选500多户文明家庭、40多户文明经营户，县烟草局被评为省级文明标兵单位，清水村被评为省级文明村。2005年，张谷英村、清水村被评为全国创建文明村镇工作先进村镇；全县638个行政村均开展“星级农户”创建活动，有77905户被评为七星以上农户，占农户总数的33.2%。

第七章　统一战线

第一节　统战宣传

1978年后，县委统战部继续执行“长期共存、互相监督、肝胆相照、荣辱与共”的统战方针，在各级领导干部中宣传党的统战政策。1987年4月，举办统战电影放映周，集中放映《血战台儿庄》《西安事变》《情天恨海》等5部具有统战教育意义的故事片，共放映17场，观众2.7万多人。1989年4—8月，拍摄向台湾同胞介绍岳阳风土人情和建设成就的电视纪录片《巴陵风情》。1990年始，创办双月刊《统一战线宣传栏》，连续举办32期（1998年停办）。1991年2月，县委统战部聘请82名区（乡）、县直单位党委（党组）书记为统战理论报告员，共上辅导课165堂，听众达2.8万人次。1996年，县委中心组学习统战理论2次，全县共征订《湖南统一战线》1100份，获省委统战部杂志发行一等奖。1997年，开展“学统战知识，迎香港回归”知识竞赛活动，县直机关、乡镇部门干部职工1万人参赛。县委统战部在县广播电台设立《统战知识》专栏、讲座24期，主办《岳阳统战》专刊4期、墙报4期，被市以上报刊、电台等新闻媒体采用统战宣传稿26篇。2005年，学习贯彻《中共中央关于进一步加强中国共产党领导的多党合作和政治协商制度建设的意见》《宗教事务条例》《反分裂国家法》，召开座谈会6次。2006—2007年，在《统战工作情况》上稿24条，在《湖南统战信息网》上稿40条，在中央统战部《每日汇报》上稿2条。

第二节　培养选拔党外人士

自1984年始，县委常委坚持每年召开一次议统战工作会议，部署加强民主监督、搞好党外干部培养选拔等工作。1988年11月1—2日，县委统战部、县政协联合主持召开党外人士座谈会，传达贯彻中共十三届三中全会精神，参加会议的有党外干部 74 人。1990 年，全县安排区乡（镇）党外正、副乡（镇）长 37 人，安排县直单位党外副局长、副主任 8 人；县人大有党外人士代表 97 人，党外常委 5 人，党外副主任 1 人；县政协党外委员 128 人，党外常委 22 人，党外副主任 3 人。1996 年，县政协八届四次全会启用县文化局局长赵煜恒为县政协非党副主席。从县委统战部、县政协启用 2 名党外干部担任县工商局、县监察局副局长。3 名党外干部参加岳阳市公开选拔干部考试并全部入围，县司法局党外副局长李维录用为市监察局副局长。县委确定县直 10 个部门公开招聘副职，有 26 名党外干部入围，占预录入数的 52%，录取党外干部 5 人，分别任县审计局、县农机局、县教育局、县外贸局、县卫生局副局长。是年 11 月，县委统战部、县委组织部联合举办全县乡镇、县直党外副乡镇长，科、股级党外干部培训班，有 70 多人参加。2000 年，全县评选 10 名任实职的后备党外干部为全县“十佳”党外干部。至 2007 年年底，全县 20 个乡镇配党外副乡镇长 16 人，乡镇、县直部门党外正职达 6 人，县人大、县政府、县政协均按要求配备党外副职。县人大常委会有党外常委 6 人，占 33%；县政协有党外常委 21 人，占 66%。

第三节 对台工作

中共十一届三中全会后，恢复和创立了岳阳县政协、县工商业联合会（简称工商联）、县对台办公室（简称台办）、侨务办公室、归侨侨眷联合会、“三胞”亲属理事会、县民革第一支部、县黄埔同学会等机构。至 1990 年，共接待台湾同胞 1130 人次，组织出境会亲 8 人，帮助向海外投信 1173 件。1991 年 6 月，县委统战部利用“ ′91 国际龙舟节”在岳阳市举办的契机，组织全县台属向台湾亲人写家信活动，有 1128 名台属向台湾亲人写信 1500 封。1992 年 3 月，县委统战部、县台办、县工商联共抽调 4 名干部，创办岳阳县华海经济联合公司、岳阳县湘台经贸公司、岳阳县广告装潢公司，是年，3 家公司共组织“三胞”“三属”资金 60 多万元，安排“三属”子女 20 多人就业，营业额达 120 万元，上缴税费 4.20 万元，获利 4 万元。1994 年，县台办首次办理县域在台亡故的单身台胞遗产继承案 4 件，为其调回资金折人民币 10 多万元。1996 年 7 月 30 日，由台湾同胞、港澳同胞、海外侨胞和“三胞”亲属中的爱国志士自愿组成的群众性联谊团体回乡“三胞”联谊会在县城成立，有会员 47 人，第一届理事会由 10 人组成，设正、副理事长各 1 人。1996 年 11 月 28—29 日，县海外联谊会在县委招待所召开第二届代表大会，选举产生会长 1 人、副会长 3 人、秘书长 1 人。会议修改理事会章程，明确海外联谊会服务的对象、内容和要求。是年，全县共接待回乡探亲“三胞”80 多人次，引进资金（含物资）400 多万元。办理台胞到大陆定居手续 1 人，为台胞代办证件延期手续 8 人次，处理亡故台胞回乡安葬事宜 3 起，协办涉台婚姻 3 起，解决定居台胞及“三胞”亲属子女就业、就读等问题20余人，办理在台亡故老兵遗产继承案件4起、从台湾调回资金10万元。县籍“三胞”为家乡公益事业捐资200多万元。1997年5月15日，县委统战部在县委招待所召开迎香港回归座谈会，各乡镇统战委员、县黄埔同学会代表、县海联会理事等参加座谈。香港、澳门回归祖国后，“三胞”亲属和“三胞”海内外联谊会活动停止。2003年，县台办共接待到大陆探亲、观光旅游、经贸考察的岳阳籍台胞5批30人次，调处台商周代炽与县民康医药器材厂经济纠纷，帮助收回货款21万元，处理台胞遗产纠纷问题3起，为台胞台属排忧解难6次。2005年，贯彻《台湾同胞投资保护法》，建立与台资企业联谊制度，加强与在投台资企业的联系，搞好跟踪服务，帮助解决实际问题5起，挽回经济损失30多万元。对全县82对涉台婚姻建立台账。2007年，抓好对台网络建设，新整理一套去台人员名册、涉台婚姻对象名册、出国留学人员名册及重点“三胞”及其眷属名册，初步选定11名较具影响的人物作为涉外联络工作人物库对象，协调解决3名台属的低保问题，成功调处台胞经济纠纷案1起，台胞杨许静芝捐资13万元建设柏祥中心小学、明淑小学。

第八章　机构编制管理

1978—1991年，县编委为县政府的直属非常设机构，具体业务工作由县委组织部承担，配工作人员2~3人。1995年1月，县编办从县委组织部分离，为县委常设办事机构。2002年5月，县委文件规定：县编办既是县委的办事机构又是县政府的工作部门，同时加挂岳阳县事业单位登记管理局的牌子。至2007年年底，县编办有工作人员9人。

第一节　行政编制调整

1984年，省、市编委核定岳阳县行政编制650名，实有460人，核定全县13个区（镇）、47个乡（镇）行政编制965名，实有868人。1996年下半年，广兴洲、许市划归君山区，县直党政群机关行政编710名，实有695人；公安、检察、法院、司法专项行政编制555名，实有652人；乡镇机关行政编1006名，实有939人。2002年，县直党政群、乡镇机关机构改革，县委机关行政编制精简20%，县政府机关行政编制精简25%，县直机关行政编制由655名精简为505名，精简23%；公安、检察、法院、司法机关专项编制精简10%，由369名精简为302名，精简18%；乡（镇）机关行政编制精简20%后重新核定为805名；乡（镇）财政所改用行政编制，全县23个乡（镇）财政所和1个东洞庭湖财政所共核定行政编111名。是年，县直行政编制在岗人数505人（机构改革过程中分流的150人，3年内逐年与机关脱钩）；乡（镇）行政编制在岗人数931人（126名超编人员3年内分流到位）。公安、检察、法院、司法机关专项行政编制超编人员待省编办追加编制和自然减员逐步冲销。

2005年下半年，康王、三荷、西塘3个乡（镇）划归岳阳经济开发区管辖，其在编在岗及超编人员195人一并划转，全县县直党政群机关行政编制为501名，实有524人；公安、检察、法院、司法专项行政编制532名，实有547人；20个乡（镇）机关（含财政所）行政编制818名，实有811人。至2007年，全县有机关行政编制4444人。

第二节　机构改革

党政机构改革　1983年，岳阳县党政机构按中央、省、市有关机构改革文件要求设置。1990年，岳阳县被省委、省政府确定为机构改革试点县。改革的重点是人员分流。机关干部实行三股分流，即三分之一的工作人员留机关坚持日常工作，三分之一的工作人员下基层办点搞调查研究，三分之一的工作人员创办经济实体。是年，全县行政事业单位创办经济实体92个，从事经济服务实体的机关干部职工2476人。1992年起，这些经济实体因与党政机关不能办企业的政策相冲突，要求已办的企业要与机关脱钩，经济实体停办，人员回流机关和原事业单位。1994—1995年，岳阳县党政机构通过精简机构，县直党政机构为37个，其中县委工作部门6个，县政府工作部门31个，较改革前减少32个。县纪委与县监察局合署办公，一个机构，两块牌子；新设县地税局；县经委更名为县工业局、县农委更名为县农村工作办、县财委更名为县财贸工作办、县标准计量局更名为县技术监督局；县信访办作为县委、县政府协调议事机构的常设办事机构，由县政府办主管，不占限额；撤销与合并的机构19个；改为事业单位的机构8个；转为经济实体的机构5个。2001年下半年至2002年，岳阳县进行以转变职能、理顺关系、调整机构、精简人员编制为目标的机构改革。改革后，政府机关不再办经济实体，已经办的限期脱钩；撤并专业经济管理部门一步到位，不留尾巴，不搞过渡；在政事、政社分开方面取得实质性进展。推进事业单位和机关后勤工作的社会化；积极培育和规范社会中介服务机构，各类会计、审计、律师、公证、资产评估咨询等社会中介服务机构与主办部门脱钩；改革行政审批制度，规范行政审批权力。通过精简人员编制和领导职数，县直党政群机关行政编制减少154名，精简23.5%，其中县政府机关精简25%，县委、县人大、县政协和群众团体机关各精简20%。

乡镇机构改革　1995年3—5月，全县撤销10个区公所，42个乡镇合并为21个乡镇，加上原有的4个建制镇，全县共设25个乡镇。乡镇机关统一内设党政办公室、农经办、乡企办、财经办、社会事业发展办、计划生育办、综合治理办。2001年3月，岳阳市乡镇机构改革试点工作在岳阳县公田镇进行。至是年8月，公田镇机关内设机构精简8

个，站所机构撤并6个，镇机关行政编制、工勤人员编制分别精简42.3%、54.74%，党委、政府、人大领导职数由15名精简为9名，精简40%。2002年，岳阳县乡镇机构改革全面铺开。重新划分乡镇类别，按照乡镇人口、财政收入、国土面积3项指标测算，岳阳县有一类乡镇2个，二类乡镇11个，三类乡镇10个；各乡镇均只设1个综合性办公室，乡镇人武部接受同级党委和上级军事部门双重领导；规范领导职数配备标准，一类乡镇配备领导职数11名，二、三类乡镇配备领导职数9名；乡镇机关行政编制总数按照精简20%的总体要求，重新核定乡镇机关行政编制805名，减少202名。

事业单位机构改革　2004年下半年至2006年年底，岳阳县全面进行事业单位机构改革：将全县609家事业单位分为行政支持类、纯公益类、准公益类、生产经营服务类4个类别，县统计局农村抽样调查队、企业调查队、社会经济调查队合并为一个调查队，撤销县财政局下属中华会计函授学校岳阳县函授站，县粮食局下属粮食流通世界银行项目办、粮油结算中心等机构；将县财贸办公室、县物资行业办公室、县产销管理办公室承担的职能，以及产业损害、重要工业品和原材料进口计划、农产品进出口计划实施、对外贸易、外资企业管理等职能划归县商务局；县蔬菜办的职能由县财贸办划归县农业局；卫生监督检查职能、烟花爆竹生产经营单位安全生产的监督职能分别由县卫生监督所、县公安局划归县安全生产监督管理局。撤销县财政局二级事业机构国有资产管理办公室，其职能并入县财政局机关；将县建设局下属的建筑设计院，县广播电视局下属的声屏广告公司、广播电视器材公司，县水务局下属的云坳水库等生产经营类事业单位转为企业；撤销教育组，实行联校管理体制，精简行政管理人员，教师实行聘用制；合理调整学校布局，小学三年级以下的学校，按方圆5千米设校，三年级以上的统一集中到所在乡镇的中心小学。

第三节　编制管理

1983年恢复县建制时，全国各地要求到县域工作的干部多，县委考虑到满编超员的后果，确定提前留编的办法，给调整配备领导班子，引进人才、大中专毕业生分配、军转干部安置留编。1983—1985年，各单位按编制数的80%配备人员，1986年年底，省、市核定岳阳县县直党政群行政编制648名，分配到各单位的编制623名，实有572人，占总编的88%。坚持增员审批制度、一支笔审批、经费包干制度。实行“按人定支、切块包干、增人不加、减人不扣、节编有奖、超编受罚”的管理办法。1997年6月，县委、县政府规定：行政、事业单位进人，一律无条件服从编制部门的计划，保证从宏观上把住进人的数量关，从微观上把住编制结构关。在制订编制计划时，坚持“计划服务编制，增人服从计划，配员服从结构”的原则。2002—2007年，全县行政事业单位人员编制连续6年实现负增长，财政供养人员净减1200余人。

事业编制由各单位根据事业需要提出申请，机构编制部门按程序审批。1998年前，上级机构编制部门规定事业编制年增长不能突破3%；1998年后，事业单位的编制确定改因人设岗为定岗定编。至2007年，县境609个事业机构共核定事业编制10966名，实有10791人。

第九章 综合党务

第一节 文秘工作

县委办秘书组负责党务工作上传下达，县委、县委办文件的审核、编号、印刷，会议会务和活动事务，文书档案的收集管理，印章的使用与管理，县委机关值班工作，公务服务以及整个县委办工作的综合协调和业务指导。

1983年，制定《秘书工作规则》，对请示、报告处置，按照归口管理、逐级呈批、及时反馈的要求处理，防止“多头请示”。1985年始，秘书组开始在全县党委办系统举办各类业务指导、业务培训、请上级业务部门领导授课等活动，是年，共举办各类活动9次。1989年，做好催查办工作，向有关单位和领导汇报处理结果。立案催办信件256件，催办落实252件。坚持24小时值班，总机应答时没有超过5秒，紧张时不超过20秒，没有发现电话传呼差错和接传差错，达到规定的传错率1%的要求。全年打印文稿158万字，做好县委《工作日志》的记载，记录整理全县60件大事，首次对全县工作进行详细记载，做好县委、县人大、县政府、县政协领导会议记录。1990年，打印180多万字，接转电话联系通知6100多次。1993年，递发、传送文件材料1980多份。1994年，决策督查落实6次，起草整理、印发县委文件、通报，常委会议纪要等135份，承办县委批示460多件。1998年，实行严审细核，减少发文，县委文件比上年减少24个，县委办文件比上年减少13个。2001年，实行优质办文，增强决策规范性，全年打回不合格文件9个，拒发违规文件5个，精简同类文件11个。2006年，共校核公文176个，仅制发129个，精简文件12个，其中合并行文5个，便函行文23个，退回无必要行文7个。2007年比上年减少行文13个，退回无必要行文7个，合并行文6个，文电办理基本实现“零差错”。重要会议，做到会前有《会务方案》，责任到人，分工和协作相统一，会中有《会务指南》，台上台下都安排座位到单位到人，做到有条不紊。1985—2007年，秘书组共发文779份，承办会议342场次。

第二节　政策研究

1983年岳阳县恢复县建制后，县委办仅有为县委草拟文稿和领导人撰写报告、讲话稿的秘书班子。1989年3月，成立岳阳县委政策研究室（简称县委政研室）。1995年，县委政研室与县委办调研组合并，成立综合调研室。1997年，综合调研室分为县委政研室、县委办综调室。2007年1月，县委政研室更名为县委办政研室，为县委办的内设机构。

重大决策研究　自1984年4月始，陆续创办内部刊物《调查资料》《内部参考》《情况汇报》《县委通报》《领导参阅》《工作情况交流》。对全县国民经济、社会事业、党的建设、意识形态等重大问题开展调查研究并提出意见建议，为县委科学决策提供参考。1997年，县委政研室提出始终坚持以经济建设为中心，把精神文明建设摆到更加突出的地位，聚精会神抓好党的建设的发展思路；2006年，提出强力推进“工业强县”“产业立县”“开放兴县”“两环一线”四大战略，均被县委采纳。1989—2007年，撰写县委向中央、省委、市委的重要汇报材料及县委领导讲话稿、工作报告等各类材料1200多篇。

经济发展研究　1993年，《突出五项重点产业，奋力跻身全省十强》被《湖南通讯》采用；《四力并举促发展，乡镇企业双登高》被省委《内参》及《学习导报》转载。1995年，《岳阳县撤区并乡建镇基本做法》得到省委、省政府领导的高度重视，《省委通报》加以“编者按”在全省推介。2002年，《当好县委书记要定好位办好事做好人》《加快土地流转，促进农民增收》在中央级刊物《理论前沿》上发表；2007年，《建立联手帮扶机制、促进工业企业发展》《探索土地流转机制、服务现代农业发展》《以精细化管理促办公室工作落实》《大爱涌洞庭》5篇文章在省委办公厅《内参》《送阅件》《新型工业化简报》等刊物发表。

社会热点研究　1996年，《创建文明村的启示》等4篇调查报告被《经济日报》《湖南通讯》《湖南经济》等采用。1997年，对国有企业改革、乡镇企业改制、民营经济发展、农业产业结构调整等专题进行调查研究，在《内参》《湖南通讯》《岳阳工作》等省、市刊物发表调查报告13篇。2001年，就非公有制经济发展、乡镇企业现状、优化经济发展环境、减轻农民负担等专题开展调查，撰写调查报告12篇。2006年，反映岳阳县农村小学教学模式改革的调查报告在省、市刊物相继发表，省、市领导给予充分肯定。2007年，就招商引进、干部考核等8个课题开展调研，共撰写调查报告15篇。

第三节　综合信息

1984年12月25日，县委办综合信息室创办《岳阳县信息》，次年3月20日更名为《信息》。1987年11月，《信息》更名为《综合与信息》，1990年停办。是年，创办《岳阳快讯》。1992年3月，创办《信息摘报》，次年6月，更名为《岳阳通讯》。2001年2月，创办《岳阳情况》，该年办24期。2001年后，信息由电子公文系统报送，没有《岳阳快讯》纸质材料。

1989年，县委办综合信息室上报《胡耀邦同志病逝在岳阳县引起各种反响》，希望中央有关部门给予关注。1996年，及时向中央、省委、市委反映全县雨情、水情、汛情和全县抗灾救灾情况，得到上级领导对岳阳县防汛抗灾斗争的高度关注。2000年，上报《当前有6个因素制约农民增收》，引起上级有关领导的重视。2004年，建设信息网络，要求各乡镇、县直各部门配备专职信息员，并通过电子邮件报送信息，建立信息报送制度和紧急信息迟报、漏报、瞒报责任追究制度。至2007年，岳阳县信息、综合材料报送和采用量连续12年位居全市、全省前列。

第四节　机要保密

机构　1985年，成立县委办机要室，1986年12月，撤销县委办机要室，设立县委机要科，为县直属科级单位，归口县委办管理。负责全县党政系统密码通信和密码管理，密码电报的译、传、办，传真电报的传输、办理，中央、省、市委机要文件的签收、登记、办理、分发、归档、销毁，中央、省、市委机要专线电话会议的组织，全县党政系统办公自动化、信息化、乡（镇）传真及电子公文传输系统的规划、建设、指导及人员业务培训。1990年4月，设立县保密局，为副科级机构，是县保密委员会的办事机构，又是政府管理全县保密工作的职能部门。1996年4月，与县委机要科合署办公，归口县委办管理，定行政编4名。1998年4月，县委办加挂岳阳县保密局的牌子，2002年2月，县委保密委员会办公室（县国家保密局）并入县委办，对外加挂牌子。

设施　1998年7月，为县委书记、县长装备2台无线车载式移动传真设备，该设备一投入使用，便在抗洪抢险救灾中发挥重要作用；是年12月，开通23个乡（镇）传真通信，确保县委、县政府政令畅通和重要信息的及时传递。2001年，购置设备，布置机关办公楼网络线路，2003年5月，正式开通机要电子邮件加密系统，是年9月，开通党政计算机信息网络系统。2007年，开通85个单位（20个乡镇、65个县直单位）的电子公文和信息交换系统。

保密执法　1997年6月，县保密局、县普法办下发《关于在全县“三五”普法期间开展保密法制宣传教育的规划》。1998年3月，县保密局对全县县直单位计算机信息系统使用管理情况进行调查摸底，是年6月，举办全县保密法规知识竞赛，有95%以上的领导干部参加。9月10日《保密法》颁布10周年纪念日，县保密局在县电视台举行保密知识电视讲座。1999年4月，对26个较重要的涉密单位进行定密942项，其中绝密级14项、机密级31项、秘密级49项，下文明确各涉密单位的保密范围。每年认真做好高考、录干、招工等考试的保密工作，落实领导干部保密责任制，做好保密程度的鉴定、审查、审批工作，加强保密要害部门、部位的管理；开展测绘图纸的保密检查。1997—2007年，县委保密委员会对城关地区的印刷、复印、废品收购行业、旧货市场进行4次检查，并将检查情况予以通报。

第五节　督查考评

1990年前，督查工作由县委办秘书组兼管，1990年5月，成立县委办督查室，1995年9月更名为县委督查室。是年，完成县委交办督查课题5个、市委督查室交办的督查事项5件。1994年，组织参与全县经济和社会发展的重大决策，落实督查活动6次。1997年8月，岳阳县督查工作经验在全市党委督查工作会议上推介。2001年，完成农业结构调整、计划生育集中行动、县直机关干部下基层办实事活动等项目重点督查，印发督查通报12期。2006年，就新农村建设、招商引资、计划生育等工作开展督查，向省、市上报《督查专报》15期，上报理论文章11篇。2007年，对重点工程建设、“三补”资金到位、农村合作医疗等工作进行督查，发督查通报12期，办理省、市主要领导批示件38件，开展督查调研，上报理论文章13篇。

第六节　机关事务管理

1984年，成立行政科，属县委办内设职能科室。是年，安全行车10万千米。1985年，兴办猪场3个，渔场1个，兔场1个，投资4万多元建库房一间，面积620平方米，全年收入22099元，生产猪肉8000公斤。1986年，落实完善7个门面承包合同，新建办公大楼，面积2580平方米；建1栋锅炉房，180平方米。机关总收入2.64万元，生产猪肉4300公斤。1989年，机关生产等收入完成5.53万元，组织液化气19吨，新建橘园2片，植绿篱800米，栽树100株。1990年，实现“五个一、三个五”（即修1栋三层住宅、购1台天津产“三封”牌面包车，新植一片果园，每人50千克鲜肉，50千克水果；干部职工人均25千克鲜鱼，机关收入5万元，年终生产结余5000元）年度工作计划。1992年，建1栋宿舍楼、21个临街铺面、500羽规模的养鸭场、44亩鱼池、16亩标准果园。食堂向社会推出早点供应，车辆对外出租，打字文印向社会提供服务。1993年，投资50万元，改造锅炉房，添置交通工具，被评为省级花园式单位；投资260万元修建荔园宾馆，建筑面积1896平方米，有高、中档床位96个；发动机关干部集资25万元，建门面22个。全年承包收入5.28万元。1994年，新建家属楼4栋，增加1台变压器200伏，购新车1台。1995年7月，容纳60户的4栋家属楼竣工，改变机关干部住房“无、差、挤”的局面。1996年，改造旧房、建造门头、加强机关道路建设，接待来客268批次，节约经费10多万元，县委招待所营业收入200万元。1997年，在县委机关种植草皮3500平方米，硬化操坪710平方米，根治危害多年的蚂蚁，县委大院被授予“省级治安模范大院”称号。1998年，筹建新家属楼1栋。1999年，完建、拆迁还建房屋2栋、4100平方米，维修房屋4栋、3800平方米，筹资24万元，装修常委会议室。2001年，启动“七个一”建设（即拆除1栋危房，维修1栋单身干部宿舍，改善1个食堂，建好1个停车场，新建1个高标准篮球场，布置1个老干部活动室，搞好1个绿化带）。2002年，完成16栋空闲地的绿化，改造值班室、机关北面围墙。2004年，将大院门头翻新，改造机关高压线。2007年，加强卫生、水电、保安等内务管理，实行食堂承包管理改革和机关物业管理，制订水电工作管理责任制，实现后勤服务规范化、市场化。

第七节　史志工作

机构　1984年1月，成立岳阳县党史办，配干部1人，与市委党史办一起办公，1986年2月，配干部2人，单独办公。负责全县党史资料的联络、征集和编写工作。是年12月，成立岳阳县地方志编纂委员会（简称县志编委），下设岳阳县志工作办公室（简称县志办），定编5名。1995年1月，县志办、县委党史办合并成立县史志办，定编6名，负责全县党史、地方志的编写。至2007年，定编5名，在岗4人。

党史编写　1984—1990年，共征集党史资料1527件、440多万字。由县委党史办牵头，多家协作编写《中国共产党岳阳县党派志》，约25万字。编纂岳阳县组织史资料4章、4万多字。举办党史专题讲座30期，用稿87篇、16.82万字。编写岳阳县团级以上英烈传记26个，其中省、市采用18个，出版《巴陵英烈》一书，计17万字，印6000册。建立整理党史资料档案94卷、150多万字。1996—1997年，编辑出版《巴陵烽火》一书，共15万字，集中展示新民主主义革命斗争史。1999年，出版发行《中共岳阳县党史大事记》，记述1921—1997年中共岳阳县党组织的创建和发展历史，全书6万余字，发行600册。2003—2007年，组织老同志撰写回忆录，出版《风雨春秋》3辑，共136篇70余万字。2005年3月，岳阳县党史联络工作被评为全省先进。

2005年，全面启动《中国共产党岳阳县历史》征编工作，此书共设9篇，主要记述1919年5月至2005年12月岳阳县地方党组织带领岳阳县人民进行革命和建设的伟大历程，至2007年，已完成7篇65万字的初稿编写。

地方志编纂　1986年，县志办着手编纂《岳阳县志》《岳阳县地方志丛书》。《岳阳县地方志丛书》由52部专门志组成，至1995年年底出版40部。1997年，《岳阳县志》由湖南人民出版社出版，被评为湖南省新编地方志优秀成果一等奖。此书共20篇、81章、301节，计113.5万字，记述1891—1990年100年间特别是新民主主义革命时期、社会主义革命与建设时期岳阳县政治、经济、文化、社会各方面的发展历程，全书史料丰富，语言通俗，是一部县情百科大书。

2001年，启动《岳阳县志》二轮续修工作，召开动员大会，选送1名工作人员参加全省续志理论培训班学习，至2007年年底，完成续志方案和篇目初稿共3万余字。

年鉴编辑　1997年，第一轮新编《岳阳县志》工作结束后，县委、县政府成立岳阳县年鉴编辑委员会，由县史志办具体承担每年编辑一卷《岳阳县年鉴》的任务（后改为两年一卷），是年年底，《岳阳县年鉴·1997》首次面世，计71万字，印1000册，记述1996年全县国民经济和社会发展的基本情况，至2007年，共编辑5卷。

1998年，岳阳县遭受百年一遇的洪涝灾害。次年，由县委、县政府主编的《'98岳阳县抗洪志》出版发行，全书40余万字，印刷800册，记录党、政、军、民齐心协力、众志成城抗洪救灾的英勇事例。

第八节　档案工作

1976年8月，岳阳县档案馆定为测绘资料归口管理单位。1980年10月，成立档案科，与县档案馆合署办公。1981年10月，并入市档案馆。1983年8月，恢复县建制，在荣家湾镇重建县档案馆，与县档案局合署办公。内设法制股、业务股、管理股，在编12人。1978—1983年，县直单位及大部分区镇未设档案员。1985年年底，全县12个区、50个乡镇、89个县直单位均配备档案员。2007年，全县20个乡镇、82个县直单位有兼职档案员97人、专职5人。1985—2007年，共举办各类档案业务培训班46期、5467人次参加培训。

基础建设　1983年8月，新建县档案馆，建筑面积633平方米，购置档案柜72座，配置去湿机、吸尘器、打字机、照相机、收录机、灭火器等设备。1987年前，每年业务经费9000元，至2007年，每年达37.2万元（含人头费），2005年，县财政拨款12万元，用于库房维修、抢救破损霉变档案和添置设备。

馆藏档案　1986年，市档案馆移交县档案馆45个全宗、14578卷（册），1989年，接收县经打办等3个撤销单位档案2092卷（册），2002—2003年，完成破产企业单位档案8642卷入馆，至2007年，有档案,35307卷（册），其中，收集整理区乡档案11162卷（册）。对1949—1965年的7529卷档案逐卷鉴定，对448页破损档案进行裱糊，复制褪变档案8356页；对13个乡镇、48个公社破产企业档案进行全面翻查，按目录号重新理顺，抢救复写纸数21800页、褪变14825页、破损5960页、无内目卷13940页、编页号9100卷、重新订卷1100卷。

法规实施　1978年9月《档案法》颁布后，县委、县政府召开乡镇、县直单位分管档案工作的副书记、办公室秘书大会；县电视台举办专题广播讲座；县档案局印发资料、挂横幅、办宣传窗，采取多种形式进行宣传。2000年，全县档案工作实现责任到位、人员到位、经费到位。至2007年，全县省一级档案室15个、省二级档案室17个、省三级档案室49个，县电信局、县自来水公司、县卫农粮库为省级先进，县电力局为省特级档案室，县房产局为部级先进级，311大队为省部级一级，9634工厂为国家二级，县烟草局为国家行业优秀级。

村级档案 1997年前，全县大部分行政村、社区的档案资料用麻袋装，随意堆放，档案管理意识低。自1997年始，县档案局先后在鹿角镇、张谷英镇、新开乡、城关天鹅路、文胜等社区试点，制订建档方案、档案整理及各项制度，采取典型引导，全面推进的办法加强档案管理。2002年，县委办、县政府办联合下发《关于加强行政村、社区档案管理工作》的通知，对档案收集、保管、基础设施、制度建设作出明确规定。县创建文明办将行政村、社区档案管理纳入年终工作考核范围，县档案局派人到乡村、社区进行技术指导。至2007年，全县各行政村、社区建档工作全部启动，大型企业、重点工程项目建设工作建档同步推进。

档案利用 自1984年始，县档案局将年满30年档案史料全部向社会开放。安排专人负责接待查阅档案资料的人员，先后编写《岳阳县农村区、乡（镇）行政机构演变情况》《岳阳县毗邻县界历年处理协议》《中共岳阳县委历届党代会简介》等，共65万多字。1984—2007年，县档案馆共接待查档人员5.6万人次，查阅档案2.3万卷（册），查阅报刊、资料8700余册，复制原件5470份，为用户出具各种证明920余件，为全县编史修志、落实政策、调整工资、处理田土山水边界纠纷等提供依据。1991年，为县水改办争取世界银行无息贷款170万元（美元）提供国土档案中的原始资料。1995年9月，为县洞庭造纸厂转让给泰国提供省政府关于该纸厂规模环境评价的数据与批文。2004年10月，提供1982年的会议纪要资料，平息黄沙街镇滨湖村双堰港与中洲渔场长达8年的土地权属纠纷。2004年5月，提供新开乡杨家村山林权属档案资料，平息茅栗村宝山、新屋等6个组长达5年的白鹤公墓征地土地权属纠纷。至2007年，利用红线图、管网图、合同协议、会议纪要、土地、环保、行政区划、干部职工奖惩档案资料，为本县和外地解决纠纷540余起。

第九节　党校工作

1978年，撤销岳阳县“五七”干校，恢复中共岳阳县委党校（简称县委党校），校址设湖滨黄沙湾。1987年，县委党校在新县城荣家湾镇重建。1994年，加挂岳阳县行政干部学校的牌子（2005年更名为岳阳县行政学校），与县委党校实行两块牌子、一套人马的办公模式。内设办公室、教研科、社会培训科、行政事务室。2008年9月，经省委、省政府和市委、市政府批准为中专体制，升格为行政支持类副处级事业单位。

基础设施建设 1990年前，县委党校无校舍，与岳阳县职业中专合并办学。1990年始，先后兴建教学办公楼1栋、学员宿舍楼1栋、食堂1个，硬化主要路面。1995年，建教工宿舍楼1栋。1998年后，投入资金110万元，对学员宿舍楼、教学办公楼进行改造、装修。2005年后，投入近100万元进行配套设施建设，至2007年，校园总面积2.67公顷，总建筑面积6050平方米，库存图书2万余册，固定资产总值500万元。有学员宿舍2栋、食堂1栋、教学办公楼1栋，其中，多媒体教室1个，标准教室4个，会议接待室1个，办公室12个，图书室、阅览室、档案室、活动室各1个。

理论培训　县委制定长期（五年）培训规划，县委组织部、县委党校根据规划每年制定培训计划。培训时间根据班别而定，科级干部进修班、中青年干部培训班学制一般1~2个月，建党积极分子培训班学制1个星期，其他班7~10天不等。干部理论培训班、建党积极分子培训班每年培训6~10期。干部在党校学习培训情况，记入干部人事档案，作为考核、任用的重要内容。专题培训班每年举办8~10期。县委党校每年派教师到各单位、乡镇、厂矿、学校进行专题理论讲座和讲党课40~50堂，参与听课学员4000~5000人次。1978—2007年，共举办各类培训班390多期，培训党员干部、入党积极分子5万多人次。

1993年始，举办函授学历教育，共有1000多人取得省委党校（省行政学院）函授本、专科学历。

1978—2007年，共编印干部教育培训教材7种，撰写理论专著2部，理论文章近100篇、调研报告在省、市委党校系统理论研讨会获奖或公开发表，215项调研成果被县委、县政府采纳推广。学校3次被中央党校函授学院湖南分院、省委党校（省行政学院）授予先进函授站称号；4次在全市县级党校综合考评中被评为先进党校；4次被评为全市党校系统科研先进单位；9次被县委、县政府评为“一类班子”。

第十节　老干部工作

1981年3月，成立县委组织部老干部工作办公室，1982年7月，国家落实离休老干部政策，按照国办发62号文件精神，对1949年10月1日前参加革命工作享受供给制的老干部实行“退改离”（即离职休养）。1984年12月，更名为县委老干部工作局。1990年，全县有离休干部104人，1991年，全县离休干部118人，其中享受地、师级政治、生活待遇1人，享受县、团级政治、生活待遇13人。1994年，根据国家政策，老干局的服务、协调对象正式确定为离休老干部和县级退休干部。1996年，全县离休干部120人，县处级退休干部21人。2001年，离休干部92人。2007年，离休干部82人。

落实老干部待遇　自1982年始，岳阳县坚持离休干部“基本政治待遇不变，生活待遇略为从优”的原则，认真落实离休干部“两项待遇”，围绕“老有所养、老有所医、老有所为、老有所乐”的工作目标，不断加强离退休干部服务管理工作。1991—2007年，政治待遇上由将阅文学习、支部建设、走访慰问作为落实老干部政治待遇的重点逐步完善为阅文学习、走访慰问、参观考察、列席重要会议（活动）、情况通报、重大决策征询等常规制度；生活待遇上由突出以微利、亏损企业为重点单位，确保离退休金按时发放，以医药费报销为重点，确保老有所医，以各种政策性补贴和年节福利为重点，确保老同志共享改革开放和社会发展成果转变为离休干部“三个机制”（即离休费保障机制、医药费保障机制、财政支持机制）健全完善，“两费”（即离休费、医药费）保障到位，各项政策性补贴（即交通费、护理费、配偶遗孀生活补贴等）全面跟进落实。1990年，县委、县政府下发《关于认真做好老干部工作有关问题的通知》，规定离退休干部医疗保健问题按公费医疗规定实报实销，做到就诊、挂号、取药、住院四优先，每两年组织离休干部和处级退休干部一次体检。交通费厅局级离休干部每人每月由15元增至30元，县处级每人每月由8元增至12元。生活福利问题要求给予必要的优先和照顾，生活物资按同级在职标准优先照顾离退休老干部。健康休养和参观项目经费问题，厅局级400元/人年，处级350元/人年，未外出参观的补助40%。有关经费问题，规定在编不占编与同级干部一样享受困难补助，洗理、降温、取暖、书报等费，国家事业单位未参加工资套改的每人每月由17元增至20元，企业可发15~20元。有离休干部的单位每人每年150元特需经费。子女就业问题，按政策规定应安排就业的优先照顾。1992年，调整离休干部交通费，处级干部每月16元，科级干部每月12元。1994年5月，转发市委老干部局下发的《关于给红军、抗日时期参加工作的离休干部无固定收入的配偶发放生活补贴费和南下干部配偶增发生活补贴费的通知》规定，凡1945年9月2日以前参加革命的离休干部无固定收入配偶，从1994年6月起，由单位每月发生活补贴费60元。南下干部配偶由45元增至60元。2003年5月，县政府出台《关于进一步完善岳阳县离休干部离休费和医药费保障机制、财政支持机制的意见》，将离退休干部的护理费及配偶无固定收入的补助费12万元纳入预算，由县委老干部局直接发放到本人。离休干部医药费按每人每年5000元的标准统筹，其中县行政事业单位财政负担60%，单位负担40%；县直企业单位，财政负担80%，单位负担20%。至2007年，全县离退休干部“三个机制”得到全面兑现。

1996年，全县建立老干党支部31个，建立129个老干党小组，有2名年近古稀的离退休干部加入中国共产党。至2007年，全县共建立老干党支部81个。

开展老干部活动 1987年，老干部工作局建立老干部活动中心，设有阅览室、图书室、棋类室、球类室、会议室，为老干部提供固定活动场所，组织他们开展各种有益于身心健康的文体活动。是年，举办首届离休干部象棋比赛；5月，举办首届离休干部钓鱼比赛。1988年，举办首届老年门球赛。1989年4月，举办首届老年书画比赛。以后每年有计划地举行老年象棋赛、钓鱼比赛、书画比赛、门球赛、老年科协活动和外出参观等活动。1990年，成立县老年书画协会，举行全县第三届老年书画比赛，举办80岁老人刘树滋个人画展。全县共建立老干部活动室53个，开展活动112次，参加活动1014人次。1994年8月，县老干局组队参加在乌鲁木齐市举行的全国“松柏”杯老年门球赛，获第七名。2000年，县老干书协的书画作品分别到临湘、平江、长炼等地区和单位举行书画展览。是年11月，县老干部队代表全市参加在安徽举行的长江沿岸城市门球赛获第一名。2007年，县老干局举办，县交通局承办县直部门“交通杯”老年门球赛，参赛队伍18支，人员达200多人，赛后，组织老干部参观红色旅游区和革命圣地；县老年书协出版《砚田秋实》一书，大大提升县境文化底蕴。

关心下一代工作　1993年，县关工委获全省关心下一代工作先进集体称号。1996年，县关工委主任周晴山出席在南京召开的全国农村关协工作经验交流会，并介绍经验，会上播放县电视台摄制的专题片《托起明天的太阳》，国家关工委常务副主任王照华、省关工委主任石新山为之题词。2007年，县关工委向全省推介县三中学生陶星为全省孝敬母亲的道德模范标兵。

第三篇 地方人民代表大会

第一章 人大代表

第一节 代表产生

1978—2007 年，共进行 9 次人大代表换届选举，除 1978 年第七届外，均按照《中华人民共和国全国人民代表大会和地方各级人民代表大会选举法》的要求，由选民直接选举产生代表，采用无记名投票方式实行差额选举。

换届选举分 4 个阶段进行。

准备阶段。成立选举机构，按工作单位及选民居住状况划分选区，按人口比例分配代表名额，宣传发动。1983 年 12 月选举第九届县人大代表时，全县划分 95 个选区，1987 年第十届县、乡人大同步换届选举，选县代表划分 143 个选区，选乡代表有 1091 个选区。代表名额分到各选区，城镇选区的代表数高于农村选区代表数，在分配时，注意代表构成的合法性和合理性，做到中共党员不超过 65%；妇女应占 30%左右；工人、农民、知识分子占 65%；还要照顾到少数民族、归侨、台属、民主党派爱国人士或军警代表，黄埔同学会会长刘知文作为爱国民主人士选为县、市人大代表，在考虑代表名额时，要有 30%的连选连任代表，2000 年后，要求 35 岁以下的青年应有一定比例；确定代表名额，按《选举法》规定，县代表名额由县人大常委会提出，上报市、省，最后由省人大常委会确定，乡镇人大代表名额由县人大常委会确定，2007 年第十五届县人大选举，县根据 2006 年本县有 691843 人，向省人大请示应选县代表 258 人，常委会组成人员 23 人。

选民登记阶段。明确选民登记的法律规定和政策界限，以选区或选民小组为单位进行登记。1983 年第九届县人大选举，全县培训选民登记员 9101 人，共登记选民 398612 人（其中妇女 180573 人），占总人口的 54.80%，至 12 月 8 日张榜时，对被剥夺政治权利的人和因犯罪正在受侦查而停止选举权利的 99 人，依法不作选民处理，由政法机关决定；1992 年第十二届县人大选举时，全县共登记选民 489844 人，占总人口的 62%，另外 18 岁以上公民中有呆傻的 1642 人，下落不明的 410 人，暂停选举权利的 125 人，剥夺选举权的 78 人均不作选民登记，发现有漏登、错登、重登的情况，必须纠正，于选举前 2 天补榜公布。

提名确定候选人阶段。代表候选人按选区提名产生，正式候选人只允许多于应选代表的三分之一至1倍，选举委员会根据较多数选民的意见确定正式代表候选人名单，按选区公布（三上三下的办法）。1997年第十三届县人大选举县代表第一轮推荐候选人2694人，经筛选确定正式代表候选人430人，选举产生正式代表281人。

投票选举阶段。以选区为单位召开选民大会进行投票；候选人必须获得参加投票的选民过半数的选票时，才能当选；获得过半数票的候选人数超过应选代表名额时，以得票多的当选；不足的名额按差额比例（1.5~2倍）选出；选举结束后，以选区为单位将选举结果上报选举委员会审核后张榜公布，有问题的除通报批评外重选。1980年第八届县人大选举，县搬运公司分配代表1名，确定候选人2名，两次投票选举未获得成功，就将1名票数多、但未过半数的候选人当选，县选举委员会发现后，给予通报批评，宣布选举无效，责成重新酝酿代表候选人，重新选举。

第二节 代表构成

岳阳县第七届人大代表986人。其中工人代表80人，占代表总数的8.11%；农民代表560人，占56.80%；干部代表181人，占18.36%；知识分子代表86人，占8.72%；其他成分代表79人，占8.01%。

岳阳县第八届人大代表347人。其中工人代表46人，占代表总数的13.26%；农民代表207人，占59.65%；干部代表69人，占19.88%；知识分子代表18人，占5.19%；其他成分代表7人，占2.01%。

岳阳县第九届人大代表389人。其中妇女代表87人，占代表总数的22.37%。中共党员代表275人，占70.70%；党外代表114人，占29.31%。工人代表33人，占8.48%；农民代表167人，占42.93%；干部代表79人，占20.31%；知识分子代表102人，占26.22%；其他成分代表8人，占2.06%。

岳阳县第十届人大代表329人。其中妇女代表62人，占代表总数的18.84%。中共党员代表266人，占80.85%；党外代表63人，占19.15%。工人代表36人，占10.94%；农民代表125人，占37.99%；干部代表87人，占26.44%；知识分子代表64人，占19.45%；其他成分代表17人，占5.17%。

岳阳县第十一届人大代表325人。其中妇女代表89人，占代表总数的27.38%。中共党员代表232人，占71.38%；党外代表93人，占28.62%。工人代表31人，占9.54%；农民代表124人，占38.15%；干部代表89人，占27.38%；知识分子代表66人，占20.31%；其他成分代表15人，占4.62%。

岳阳县第十二届人大代表330人。其中妇女代表88人，占代表总数的26.67%。中共党员代表218人，占66.06%；党外代表112人，占33.94%。工人代表24人，占7.27%；

农民代表 145 人，占 43.94%；干部代表 132 人，占 40%；知识分子代表 29 人，占 8.79%。

岳阳县第十三届人大代表 281 人。其中妇女代表 84 人，占代表总数的 29.89%。中共党员代表 190 人，占 67.61%；党外代表 91 人，占 32.39%。工人代表 13 人，占 4.63%；农民代表 130 人，占 46.26%；干部代表 100 人，占 35.59%；知识分子代表 24 人，占 8.5%；其他成分代表 14 人，占 4.98%。

岳阳县第十四届人大代表 277 人。其中妇女代表 52 人，占代表总数的 18.77%。中共党员代表 229 人，占 82.67%；党外代表 48 人，占 17.33%。工人代表 21 人，占 7.58%；农民代表 121 人，占 43.68%；干部代表 111 人，占 40.07%；知识分子代表 20 人，占 7.22%；其他成分代表 4 人，占 1.44%。

岳阳县第十五届人大代表 249 人。其中妇女代表 30 人，占代表总数的 12.05%。中共党员代表 227 人，占 91.16%；党外代表 22 人，占 8.84%。工人代表 22 人，占 8.84%；农民代表 118 人，占 47.39%；干部代表 91 人，占 36.55%；知识分子代表 18 人，占 7.23%。

岳阳县第七至十五届人大代表构成表

表 3–1–1　　单位：人、%

届次	代表数	工人		农民		干部		知识分子		其他		代表总数中					
		人数	占比	人数	占比	人数	占比	人数	占比	人数	占比	妇女	占比	中共党员	占比	连任	占比
七	986	80	8.11	560	56.80	181	18.36	86	8.72	79	8.01	199	20.20	683	69.3	–	–
八	347	46	13.26	207	59.65	69	19.88	18	5.19	7	2.01	85	24.60	751	72.5	–	–
九	389	33	8.48	167	42.93	79	20.31	102	26.22	8	2.06	87	22.37	275	70.70	–	–
十	329	36	10.94	125	37.99	87	26.44	64	19.45	17	5.17	62	18.84	266	80.85	–	–
十一	325	31	9.54	124	38.15	89	27.38	66	20.31	15	4.62	89	27.38	232	71.38	–	–
十二	330	24	7.27	145	43.94	132	40.00	29	8.79	–	–	88	26.67	218	66.06	66	20.00
十三	281	13	4.63	130	46.26	100	35.59	24	8.54	14	4.98	84	29.89	190	67.61	–	–
十四	277	21	7.58	121	43.68	111	40.07	20	7.22	4	1.44	52	18.77	229	82.67	38	13.72
十五	249	22	8.84	118	47.39	91	36.55	18	7.23	–	–	30	12.45	227	91.16	52	20.88

第二章　代表大会

按照国家《宪法》规定，各级人民代表大会每年至少召开一次。每次会议 4~5 天，也有长至7天的。1978—1992年每届3年，1993年后为每届5年。

第一节　第七届人民代表大会

1978年1月16—19日，县七届人大在县城（今岳阳市区）召开。大会应到代表986人，请假59人，实到代表927人。会议听取县革委会主任许志龙作的工作报告。报告总结县革委会近十年的工作历程和财政建设经验，分析当前形势，提出今后任务。与会代表通过讨论一致同意此报告，并作出相应决议。会议选举许志龙为县革委会主任，李怀芝、李德隆、邓秉延、莫才明、刘焱南为副主任，选出革委会委员40人。

会上有县人武部、县工交办、县农村办、县法院、县财贸办、县计委、县文教局、县农机局、县卫生局、县社企局、县民政局11个单位负责人发言。

县革委会副主任李德隆致开幕词，县革委会副主任李怀芝致闭幕词。

第二节　第八届人民代表大会

1980年12月14—20日，县八届人大一次会议在县城（今岳阳市区）召开，应到代表347人，实到代表338人，列席代表34人。大会由县革委会副主任李怀芝致开幕词，县革委会主任许志龙作《政府工作报告》，报告总结了县七届人大以来的工作成绩和存在的问题，提出今后三年工作的建议。会议对这个报告进行补充和修改后，通过批准这个报告的决议。

会议听取和审议县财政局局长蒋以德作的《关于1979年财政决算、1980年财政预算执行情况和1981年财政概算的报告》，并通过相应决议；听取、审议并通过县法院院长许观胜作的法院工作报告，形成相应决议。

会议选举产生岳阳县第一个人大常委会及其组成人员，李怀芝为县人大常委会主任，朱秀莲、杨克湘、苗富林、游新金为副主任，选举12名常委会委员；选举李先佩为县长，吴世伦、张仁杰、夏国康、黄甲喜为副县长；选举许观胜为法院院长，徐炳桥为县检察院检察长。

大会收到提案209份，分别交有关部门办理落实。

从这次会议起，县人大工作开始步入正轨。

第三节　第九届人民代表大会

第九届人大一次会议　1984年3月7—11日在县城荣家湾召开，应到代表389人，实到代表367人，列席代表50人。本次会议是恢复岳阳县建制后的首次人民代表大会。

县委副书记李九洲致开幕词，陈秉芝代表岳阳市委致贺词。

会议听取和审议县长黄甲喜作的《政府工作报告》，听取县财政局局长唐祥云作的《1984年财政预算草案的报告》，并作出相应决议。

会议听取县换届选举委员会副主任许国祥代表县人大常委会作的《关于岳阳县人大常委会工作意见的发言》、县法院院长陈心恒作的《关于岳阳县人民法院工作意见的发言》、县检察院检察长刘水清作的《关于岳阳县人民检察院工作意见的发言》。

大会选举县人大常委会委员15人。选举李九洲为县人大常委会主任，许国祥、刘质文、姜义仁、谭彬生为副主任、选举黄甲喜为县长，司马毅、卢长根、方洪、张取义为副县长，选举陈心恒为法院院长、刘水清为检察院检察长。选出岳阳市一届人大代表72人。

大会收到提案467件。党群政法文卫代表团提出的《关于加强文明村镇、文明单位建议的议案》被大会主席团立案，并通过《岳阳县第九届人民代表大会第一次会议关于加强文明村乡、文明单位建设的决议》。

第九届人大二次会议 1985年5月19—22日在县城召开。会议应到代表375人，实到代表281人。

代县长葛送培作政府工作报告，会议听取和批准县财政局局长唐祥云作的《岳阳县1984年财政决算和1985年财政预算草案的报告》，并形成相应的决议；县人大常委会主任李九洲向大会作人大常委会工作报告；大会听取县法院院长陈心恒的法院工作报告和县检察院检察长刘水清的检察院工作报告，并通过批准的决议。

本次会前收到代表的建议、批评、意见473件，会期收到30件，共503件；党群政法代表团提出的《关于在全县公民中深入开展法制宣传教育、普及法律常识的议案》，被立案并通过决议。

会议补选李亚初、张一核、张取义为县人大常委会副主任，汤晓和为县人大常委会委员；补选葛送培为县长，刘运生、陈大悲、杨核安为副县长。

第九届人大三次会议 1986年6月16—19日在县城召开，会议应到代表375人，实到代表332人。

县长葛送培向大会作政府工作报告；会议听取县计委主任杨雨泉作的《关于岳阳县国民经济和社会发展第七个五年计划（草案）的报告》；听取和批准县财政局局长唐祥云作的《关于岳阳县1985年财政决算和1986年财政预算草案的报告》。

大会听取县人大常委会主任李九洲作的人大常委会工作报告；听取和审议县法院院长陈心恒作的法院工作报告，县检察院副检察长易越湘作的检察院工作报告。

会议接受县人大常委会主任李九洲因到退休年龄，副县长司马毅、检察长刘水清因工作变动提出的辞呈，补选李亚初为县人大常委会主任，易越湘为县检察院检察长。

大会收到议案11件，其中《加强农村卫生防疫工作》被主席团立案，大会通过《关于农村卫生防疫工作的决议》，其他10件作建议、批评、意见处理，加上大会收到的建议、批评、意见201件，合计建议、批评、意见212件。

第四节 第十届人民代表大会

第十届人大一次会议 1987年2月25日—3月1日在县城召开，会议应到代表329人，实到代表313人。

县长葛送培作《政府工作报告》；会议听取和原则批准县计委主任杨雨泉作的《关于三年来计划执行情况和1987年计划安排的报告》；听取和原则批准县财政局局长唐祥云作的《1986年财政决算和1987年财政预算安排建议的报告》，并对两个报告形成相应决议。

县人大常委会主任李亚初作人大常委会工作报告；会议听取和批准县法院院长陈心恒作的法院工作报告、县检察院检察长易越湘作的检察院工作报告。

大会选出13名县人大常委会委员。差额选举李亚初为县人大常委会主任，许国祥、刘质文、张醒、汪佑善、谢文祥、卢良才为副主任；选举葛送培为县长，罗典苏、卢长根、方洪、胡益强、黄国芳为副县长；选举陈心恒为县法院院长，易越湘为县检察院检察长。

本次会议共收到议案19件，建议457件，谢文祥、龚开荒、陈正平等10名代表提出的方案被主席团立案，并通过《关于在全县深入贯彻执行全国人大常委会〈关于加强法制教育，维护安定团结的决定〉的议案》。

第十届人大二次会议 1988年1月3—7日在县城召开。大会应到代表321人，实到代表312人。

县长葛送培向大会作《政府工作报告》；会议听取县计委主任屈纯久作《关于1987年计划执行情况和1988年计划安排（草案）的报告》、县财政局局长欧小云作的《关于1987年财政预算执行情况的报告》。

县人大常委会主任李亚初向大会作人大常委会工作报告；会议听取县法院院长陈心恒作的法院工作报告、县检察院检察长易越湘作的检察院工作报告。

本次会议收到议案2件，万钧等11名代表提出的《关于进一步抓好林业生产，实现全县荒山绿化的议案》被大会立案，《解决荷花塘小学入学难的议案》作建议处理，大会还收到建议191件。

会议选出岳阳市二届人大代表52人。

第十届人大三次会议 1989年3月22—26日在县城召开。会议应到代表311人，实到代表299人。

会议听取代县长罗典苏作的《政府工作报告》；听取县计委主任屈纯久作的《关于1988年国民经济及社会发展计划执行情况和1989年计划安排（草案）的报告》、县财政局局长欧小文作的《关于1988年财政预算执行情况和1989年财政预算（草案）的报告》。

县人大常委会主任李亚初向大会作人大常委会工作报告；会议听取县法院院长陈心恒作的法院工作报告、县检察院检察长易越湘作的检察院工作报告。

本次会议收到县人大常委会及代表议案10件，建议246件。经过主席团审议，立案形成决议的2件，即县人大常委会提出的《关于深化改革、繁荣经济、全面实行依法治县的议案》，黄甲喜、张醒等10名代表提出的《关于组织铁山南干渠灌溉区和新墙河沿岸乡镇造田扩粮的议案》，其余8件议案，改作建议处理。

第五节 第十一届人民代表大会

第十一届人大一次会议 1990年2月14—20日在县城召开，大会应到代表325人，实到代表319人，列席代表107人。

县长罗典苏作《政府工作报告》；会议听取县计委主任屈纯久作的《关于全县三年计划执行情况及1990年国民经济和社会发展计划（草案）的报告》、县财政局局长欧小文作的《关于1989年财政预算执行情况和1990年财政预算草案的报告》、县人大常委会主任李亚初作的人大常委会工作报告、县法院院长陈心恒作的法院工作报告、县检察院检察长易越湘作的检察院工作报告。

会议选举人大常委会委员14人。选举李亚初为县人大常委会主任，邓淑珍（女）、卢良才、周晴山、胡耀宗、晏军辉、唐岳军为副主任；选举罗典苏为县长，方洪、吴帆、胡益强、黄国芳为副县长，姚培德为科技副县长。选举陈心恒为县法院院长、易越湘为县检察院检察长；会议补选岳阳市二届人大代表1人。

大会收到议案25件，立案2件，形成决议，内容是加强廉政建设和大办农业的，其余作建议处理。加上收到的建议、批评、意见465件，共有490件，分别交“一府两院”等有关方面处理。

第十一届人大二次会议 1991年3月4—10日在县城召开，会议应到代表324人，实到代表287人，列席代表160人。

县长罗典苏作《政府工作报告》；会议听取县计委主任屈纯久作的《关于全县1990年计划执行情况及1991年国民经济和社会发展计划（草案）的报告》、县财政局局长欧小文作的《关于1990年财政预算执行情况和1991年财政预算草案的报告》、县人大常委会主任李亚初作的人大常委会工作报告、县法院院长陈心恒作的法院工作报告、县检察院检察长易越湘作的检察院工作报告。

会议收到议案15件，建议、批评、意见254件；大会作出通过《关于〈岳阳县国民经济和社会发展十年规划和第八个五年计划〉的决议》《关于利用水域资源，大力发展水产生活的议案的决议》《关于治理“三乱”，减轻农民负担议案的决议》《关于〈普及法律知识第二个五年规划〉的决议》。

会议补选伏腾蛟、彭友池为县人大常委会委员。

第十一届人大三次会议 1992年2月25—28日在县城召开。会议应到代表317人，请假12人，出席预备会议的代表299人。

会议听取县长罗典苏所作的《政府工作报告》，听取县计委主任屈纯久作的《1991年计划执行情况及1992年国民经济和社会发展计划的报告》、县财政局局长欧小文作的《1991年财政预算执行情况和1992年财政预算草案报告》、县人大常委会主任李亚初作的人大常委会工作报告、县法院院长陈心恒作的法院工作报告、县检察院检察长易越湘作的检察院工作报告。

会以补选汪德辉为市人大代表；表彰1991年人大工作的先进单位和个人。

会议收到议案2件，未立案，收到建议、批评意见171件。

第六节　第十二届人民代表大会

第十二届人大一次会议 1992年12月18—23日在县城召开，会议应到代表330人，实到代表327人。

代县长卢良才作《政府工作报告》；会议听取县计委主任屈纯久《关于全县三年计划执行情况及1993年国民经济和社会发展计划（草案）的报告》、县财政局局长欧小文作的《关于1992年财政预算执行情况和1993年财政预算草案的报告》、县人大常委会副主任唐岳军作的人大常委会工作报告、县法院院长陈心恒作的法院工作报告、县检察院检察长易越湘作的检察院工作报告。

会议选举唐岳军为县人大常委会主任，方谷生、胥建平、姚匡华（兼职）、晏军辉、廖旭荣为副主任，选举卢良才为县长，何报翔、屈纯久、欧小文、胡益强、袁建华为副县长，朱方明、姚培德为科技副县长，张丽生为上级下派副县长，选举殷正祥为县法院院长、骆四保为县检察院检察长，会议还选举岳阳市三届人大代表52人。

会议收到议案12件，建议、批评、意见236件，对许石舟、张可权等14位代表提出的《关于组成综合组专项清理乱收费的议案》和部分代表提出的社会治安问题，是热点难点问题，因为来不及调查研究，大会主席团授权人大常委会立案处理，作出相应决议，其他转作建议批评意见处理。

第十二届人大二次会议 1994年3月16—19日在县城召开，大会应到代表326人，出席预备会议的代表289人。

大会听取县长卢良才作的《政府工作报告》；听取县计委主任谌可文作的《岳阳县1993年国民经济和社会发展计划执行情况及1994年国民经济和社会发展计划（草案）的报告》、县财政局局长吴中波作的《岳阳县1993年财政预算执行情况和1994年财政预算草案报告》、县人大常委会主任唐岳军作的人大常委会工作报告、县法院院长殷正祥作的法院工作报告、县检察院检察长骆四保作的检察院工作报告。

大会共收到议案19件，质询案1件，建议、批评、意见148件，除郭观松等18名代表联合提出的《关于切实解决纸厂问题的议案》外，其他议案均作建议处理。质询案在大会期间由县长卢良才与代表见面进行办理，纸厂问题待进一步调查后授权县人大常委会作相应决议。

大会还听取县政府办公室对十二届人大一次会议建议办理情况汇报，242件建议在1993年6月底全部办理完毕。

第十二届人大三次会议 1995年3月13—17日在县城召开。会议应到代表326人，实到代表320人。

县长卢良才作《政府工作报告》；会议听取县计划物价局局长谌可文作的《岳阳县1994年国民经济和社会发展计划情况及1995年计划安排（草案）的报告》、县人大常委会主任唐岳军作的人大常委会工作报告、县法院院长殷正祥作的法院工作报告、县检察院检察长骆四保作的检察院工作报告。

会议还听取副县长朱方明《关于县十二届人大二次会议〈关于切实解决纸厂问题的方案〉办理情况》的汇报。

本次会议收到议案27件、建议105件。

第十二届人大四次会议 1996年3月25—29日在县城召开。会议应到代表325人，实到代表313人。

会议听取县长卢良才作的《政府工作报告》、县计划物价局局长谌可文作的《1995年国民经济和社会发展计划执行情况及1996年计划安排（草案）的报告》、县财政局局长吴中波作的《1995年财政预算执行情况和1996年财政预算（草案）的报告》、县人大常委会主任唐岳军作的人大常委会工作报告、县法院院长殷正祥作的法院工作报告、县检察院检察长骆四保作的检察院工作报告。

大会接受县人大常委会主任唐岳军因年龄关系的辞呈，补选向公抚为县人大常委会主任。

大会收到议案41起，建议、批评、意见99件。王宇兵等11名代表提出的《关于尽快解决贫困边远地区教师编制不足》的议案，被大会主席团立案，其余40件作建议处理。

第十二届人大五次会议 1997年2月24—28日在县城召开。会议应到代表297人，实到代表291人。

会议听取县长卢良才作的《政府工作报告》、县计划物价局局长谌可文作的《1996年国民经济和社会发展计划执行情况及1997年计划安排（草案）的报告》、县财政局局长吴中波作的《1996年财政预算执行情况和1997年财政预算（草案）的报告》、县人大常委会主任向公抚作的人大常委会工作报告、县法院代院长王根应作的法院工作报告、县检察院代检察长余和平作的检察工作报告。

大会补选王根应为县法院院长、余和平为县检察院检察长。

本次会议收到议案 26 件，建议、批评、意见 42 件，26 件议案中 1 件为质询案，由县教育局作出书面答复，其余 25 件作建议处理。

第七节　第十三届人民代表大会

第十三届人大一次会议　1997 年 12 月 12—17 日在县城召开，会议应到代表 281 人，实到代表 279 人。

代县长袁建华作《政府工作报告》，县计委主任罗黑皮作《1992—1997 年国民经济和社会发展计划执行情况及 1998—2002 年计划安排（草案）的报告》，县财政局局长吴中波作《1997 年财政预算执行情况和 1998 年财政预算（草案）的报告》，财政预决算审查委员会主任委员胥建平作对计划与财政报告的审查报告，县人大常委会主任向公抚作人大常委会工作报告，县法院院长王根应作法院工作报告，县检察院检察长谌可文作检察院工作报告。

大会选举向公抚为县人大常委会主任，晏军辉、方谷生、廖旭荣、张一核、龚双桂(女)、李鸿禧为副主任；选举袁建华为县长，黄柏良、汤森林、李金、周湘益、鲁湘波为副县长；选举王根应为县法院院长，谌可文为县检察院检察长。

大会还选举县人大常委会委员 16 人和岳阳市四届人大代表 54 人。

本次大会收到议案 47 件，全部转作建议、批评、意见处理，加上收到的建议、批评、意见 100 件、共 147 件。

第十三届人大二次会议　1999 年 3 月 4—7 日在县城召开。会议应到代表 279 人，实到代表 266 人。

县长袁建华作《政府工作报告》，县计委主任罗黑皮作《1998 年国民经济和社会发展计划执行情况及 1999 年计划安排（草案）报告》，县财政局局长吴中波作《1998 年财政预算执行情况和 1999 年财政预算（草案）的报告》，县人大常委会主任向公抚作人大常委会工作报告，县法院院长王根应作法院工作报告，县检察院检察长谌可文作检察院工作报告。

大会通过《关于依法治理的决议（草案)》。

本次会议收到议案、建议无档案资料，但政府系统承办建议 100 件。

第十三届人大三次会议　2000 年 1 月 15—20 日在县城召开。会议应到代表 274 人，实到代表 267 人。

大会听取县长袁建华的政府工作报告、县计委主任罗黑皮作的《1999 年国民经济和社会发展计划执行情况及2000年计划安排（草案）的报告》、县财政局局长吴中波作的《1999年财政预算执行情况和2000年财政预算（草案）的报告》；县人大常委会主任向公抚作的人大常委会工作报告、县法院院长王根应作的法院工作报告、县检察院检察长谌可文作的检察院工作报告。

本次大会收到议案22件，向县法院提质询案1件。22件议案全部转建议处理，加上收到的42件建议、批评、意见，共有64件。

第十三届人大四次会议 2001年3月26—30日在县城召开。会议应到代表275人，实到代表271人。

代县长童康宁向大会作《岳阳县国民经济和社会发展计划“十五”计划纲要的报告》，县计委主任罗黑皮作计划工作报告，县财政局局长姜建中作《2000年财政预算执行情况和2001年财政预算（草案）的报告》，县人大常委会主任向公抚作人大常委会工作报告，县法院院长王根应、县检察院检察长谌可文分别作法院工作报告和检察院工作报告。

大会补选童康宁为县长，罗黑皮、曹道伍、许学忠为副县长，周永忠为县人大常委会副主任。

本次大会收到议案33件，合并4件立案1件，内容是加快落实国家电改政策，切实降低山（库）区用电负担，其他作建议处理，加上收到的建议、批评、意见40件，合计69件。

第十三届人大次五次会议 2002年1月25—28日在县城召开。会议应到代表271人，实到代表245人。

县长童康宁向大会作《政府工作报告》，县计委主任李载荣作《2001年国民经济和社会发展计划执行情况及2002年计划安排（草案）的报告》，县财政局局长姜建中作《2001年财政预算执行和2002年财政预算（草案）的报告》，县人大常委会主任向公抚作人大常委会工作报告，县法院院长王根应作法院工作报告，县检察院检察长谌可文作检察院工作报告。

大会还听取县政府关于《加快落实国家“电改”政策，切实减轻山区群众用电负担的议案的决议》的落实情况的汇报。

大会收到质询案1件，议案24条。由李里保等10名代表提出的十六公里至步仙公路砂改油的质询案，由县政府、县计委、县交通局、县公路局负责人予以答复。议案均改作建议处理，加上大会收到的建议、批评、意见35件，一共59件。

第八节　第十四届人民代表大会

第十四届人大一次会议 2002年12月9—14日在县城召开。会议应到代表277人，实到代表268人，特邀代表137人。

县长童康宁作《政府工作报告》，县计委主任李载荣作《关于岳阳县1998—2002年国民经济和社会发展计划执行情况及2002—2007年计划安排（草案）的报告》，县财政局局长姜建中作《关于2002年财政预算执行情况和2003年财政预算（草案）的报告》，县人大常委会主任向公抚作人大常委会工作报告，县法院院长陈晓光作法院工作报告，县检察院检察长付仲秋作检察院工作报告。

大会选举彭友池为县人大常委会主任，晏军辉、周永忠、李鸿禧、龚双桂（女）、李中明、杨和平为副主任；选举童康宁为县长，罗黑皮、袁陆保、李石东、姜建中、许学忠、许欧蛟为副县长；选举陈晓光为县法院院长，付仲秋为县检察院检察长。

大会还选举人大常委会委员16人、岳阳市五届人大代表54人。

本次大会收到议案65件，其中孙正旺等10名代表提出的优化招商环境，加快工业化进程的议案被主席团立案，其余转作建议处理，加上收到的建议71件，共135件。

第十四届人大二次会议　2004年3月8—11日在县城召开。会议应到代表277人，实到代表271人。

县长童康宁作《政府工作报告》，县计委主任刘小良作《2003年国民经济和社会发展计划执行情况及2004年计划（草案）的报告》，县财政局局长余泽世作《2003年全县县级预算执行情况和2004年全县及县级预算（草案）的报告》，县人大常委会主任彭友池作人大常委会工作报告，县法院院长陈晓光作法院工作报告，县检察院检察长付仲秋作检察院工作报告。

本次会议收到议案46件，全部作建议处理，加上收到的建议32件，共78件。

第十四届人大三次会议　2005年2月25—28日在县城召开。会议应到代表277人，实到代表275人，列席、特邀代表142人。

代县长黎四清作《政府工作报告》，县计划局局长刘小良作《2004年国民经济和社会发展计划执行情况及2005年计划（草案）的报告》，县财政局局长余泽世作《2004年全县及县级预算执行情况和2005年全县及县级预算（草案）的报告》，县人大常委会主任彭友池作人大常委会工作报告，县法院院长陈晓光作法院工作报告，县检察院检察长付仲秋作检察院工作报告。

大会选举黎四清为县长。

本次会议收到议案34件，全部作建议处理，加上收到的建议34件，共68件。

第十四届人大四次会议　2006年1月4—7日在县城召开。会议应到代表256人，实到代表228人。

大会听取县长黎四清作的《政府工作报告》、县政府《岳阳县国民经济和社会发展第十一个五年规划纲要》的报告，县发展和改革局局长刘小良作的《2005年国民经济和社会发展计划执行情况及2006年计划（草案）的报告》，县财政局局长余泽世作的《2005年全县及县级预算执行情况和2006年全县及县级预算（草案）的报告》、县人大常委会主任彭友池作的人大常委会工作报告、县法院院长陈晓光作的法院工作报告、县检察院检察长付仲秋作的检察院工作报告。

大会作出批准《岳阳县国民经济和社会发展第十一个五年规划纲要》的决议。

大会宣读县人大常委会《关于表彰优秀人大代表、先进人大主席团和先进人大工作者的决定》，并进行表彰。

本次会议收到议案31件，全部作建议处理，加上收到的建议36件，合计67件。

第十四届人大五次会议 2007年1月13—16日在县城举行。会议应到代表253人，实到代表244人，列席特邀代表150人。

大会听取县长黎四清作的《政府工作报告》、县发展和改革局局长许武钢书面报告《2006年国民经济和社会发展计划执行情况及2007年计划（草案）》、县财政局局长刘小良书面报告《2006年财政预算执行情况和2007年预算（草案）》、县人大常委会主任彭友池作的人大常委会工作报告、县法院院长陈晓光作的法院工作报告、县检察院检察长付仲秋作的检察院工作报告。

县政府向大会汇报关于《加快落实国家“电改”政策，切实减轻山（库）区群众用电负担的议案的决议》的落实情况，书面审查县政府关于县十四届人大四次会议办理情况的报告。

本次会议收到议案32件，全部作建议处理，另外收到建议25件，合计57件。

第九节　第十五届人民代表大会

第十五届人大一次会议 2007年12月4—8日在县城召开。会议应到代表249人，实到代表245人，特邀列席代表282人。

县长黎四清作《政府工作报告》，县发展和改革局局长许武钢书面报告《县2007年国民经济和社会发展计划执行情况与2008年计划（草案）的情况》，县财政局局长刘小良书面报告《县2007年预算执行情况和2008年财政预算（草案）的情况》，县人大常委会主任彭友池作人大常委会工作报告，县法院代院长王京广作法院工作报告，县检察院代检察长段德平作县检察院工作报告。

大会选举彭友池为县人大常委会主任，李中明、杨和平、许欧蛟、龙生光、袁文为副主任；选举黎四清为县长，黄伟雄、吴桐、易新岳、王卫兵、高子健、陈健为副县长；选举王京广为县法院院长、段德平为县检察院检察长。

大会通过高雄辉等10名代表提出的关于《保护林业生态资源，共建秀美文明家园》的议案。

第三章　常务委员会

第一节　常委班子

1978年1月，县七届人大选举县革委会委员40人。

1980年12月，选举产生县八届人大常委会组成人员16人。

1984年3月，选举产生县九届人大常委会组成人员16人。其中，专职9人，兼职7人；中共党员11人，占常委会组成人员的68.75%，民主党派、无党派人士5人，占31.25%；大专以上文化6人，占37.5%；女性4人，占25%。

1987年3月，选举产生县十届人大常委会组成人员20人。其中，专职13人，兼职7人；中共党员16人，占常委会组成人员的80%，民主党派、无党派人士4人，占20%；大专以上文化3人，占15%；女性2人，占10%。

1990年2月，选举产生县十一届人大常委会组成人员21人。其中，专职11人，兼职10人；中共党员15人，占常委会组成人员的71.43%，民主党派、无党派人士6人，占28.57%；大专以上文化9人，占42.86%；女性6人，占28.57%。

1992年12月，选举产生县十二届人大常委会组成人员21人。其中，专职14人，兼职7人；中共党员17人，占常委会组成人员的80.95%，民主党派、无党派人士4人，占19.05%；大专以上文化15人，占71.43%；女性5人，占23.81%。

1997年12月，选举产生县十三届人大常委会组成人员23人。其中，专职15人，兼职8人；中共党员17人，占常委会组成人员的73.91%，民主党派、无党派人士6人，占26.09%；大专以上文化17人，占73.91%；女性5人，占21.74%。

2002年12月，选举产生第十四届人大常委会组成人员23人。其中，专职13人，兼职10人；中共党员17人，占常委会组成人员的73.9%，民主党派、无党派人士6人，占26.1%；大专以上文化19人，占82.6%；女性5人，占21.7%。

2007年12月，选举产生第十五届人大常委会组成人员23人。其中，专职14人，兼职9人；中共党员19人，占常委会组成人员的82.6%，民主党派、无党派人士4人，占17.4%；大专以上文化20人，占87%；女性5人，占21.7%。

1978—2007年岳阳县人大常委会主要负责人名录

表 3-3-1

届 次	主 任	籍 贯	任职时间	副主任
第七届 (1978年1月—1980年12月)	许志龙	湖南岳阳县	1978年1月—1980年12月	李怀芝 李德隆 邓秉延 莫才明 刘焱南
第八届 (1980年12月—1984年3月)	李怀芝	湖南岳阳县	1980年12月—1984年3月	朱秀莲（女） 杨克湘 苗福林 游新金（兼）
第九届 (1984年3月-1987年2月)	李九洲 李亚初	湖南岳阳县 湖南岳阳县	1984年3月—1986年6月 1986年6月—1987年2月	许国祥 刘质文 姜义仁 谭彬生（兼） 李亚初 张取义 张一核（兼）
第十届 (1987年3月—1990年2月)	李亚初	湖南岳阳县	1987年3月—1990年2月	许国祥 刘质文 张 醒（常务） 谢文祥 汪佑善 卢良才
第十一届 (1990年2月—1992年12月)	李亚初	湖南岳阳县	1990年2月—1992年12月	邓淑珍（女） 卢良才 胡耀宗 晏军辉 唐岳军 周晴山
第十二届 (1992年12月—1997年12月)	唐岳军 向公抚	湖南岳阳县 湖南平江	1992年12月—1996年3月 1996年3月—1997年12月	方谷生 胥建平 姚匡华（兼） 晏军辉 廖旭荣
第十三届 (1997年12月—2002年12月)	向公抚	湖南平江	1997年12月—2002年12月	晏军辉 方谷生 廖旭荣 张一核 龚双桂（女） 李鸿禧 周永忠
第十四届 (2002年12月—2007年12月)	彭友池	湖南岳阳县	2002年12月—2007年12月	晏军辉 周永忠 李鸿禧 龚双桂（女） 李中明 杨和平
第十五届 (2007年12月—)	彭友池	湖南岳阳县	2007年12月—	李中明 杨和平 许欧蛟 龙生光 袁 文（女）

说明：1.第七届人大常委会称革委会；2.第九届人大常委会主任、副主任为组织任命

第二节 工作部门

办公室 负责县人民代表大会会议、常委会会议、主任会议和以常委会（名义）召开的其他会议的会务工作；负责常委会机关日常接待、值班、文电处理、档案管理工作；负责上级指示和领导指示的传达、催办和落实及情况反馈；负责对下级人大的联络，来信来访的接待和处理；负责人大制度和人大工作的研究与宣传，做好通讯报道和信息工作；负责起草和修改人大及其常委会的文件，领导的报告，讲话材料和其他文稿；围绕常委会的中心工作开展调查研究，提参考意见，做各工委的协调、联络工作；负责机关的行政后勤服务。

选举任免联络工作委员会 负责由本县选举产生的市人大代表和县人大代表的资格审查具体工作；承办常委会指导下级人大选举的具体工作；承办常委会依法任免国家机关工作人员的具体工作；负责联系县人大代表、组织代表开展视察、调查、评议活动；

办理和督促办理县人大代表提出的议案及建议、批评和意见，接待代表的来信来访；负责代表的学习和培训工作；负责指导乡镇人大主席团开展工作，对乡镇人大实行目标管理，做好年终检查验收、评比工作；深入基层调查研究、广泛征求代表意见，总结指导代表小组工作，做好召开代表工作会议或代表工作座谈的具体工作，总经交流代表工作经验；负责检查《地方组织法》《选举法》《代表法》《湖南省选举实施细则》的贯彻执行情况，纠正选举中出现的违纪现象。

财政经济工作委员会　围绕常委会确定的有关财经城环工作方面的审议议题进行调查研究，提出意见建议；对人民群众普遍关心的财经或城环方面的热点、难点问题进行调查研究，提出意见和建议；办理常委会交付的有关财经城环方面的质询案，提出建议、意见、汇报办理结果；根据常委会的安排，参与视察、检查活动，督促有关部门抓好对经济法律、法规和人大及其常委会有关财经方面的决议、决定的贯彻落实；配合有关部门办理人大代表对财经城环方面的建议、批评、意见；联系财经城环系统的县人大代表，联系县直财经城环系统各单位；为人大及其常委会审查预算及监督执行做好初审工作；大会期间协助财政审查委员会收集整理代表对财政方面的意见和要求为大会做好财政预算审查工作服务；协助人大常委会依法监督检查财政预算执行情况。

内务司法工作委员会　围绕常委会确定的有关内务司法方面的审议议题进行调查研究，提出意见、建议；办理人民群众的控告、申诉，对人民群众关心的热点、难点问题进行调查研究，提出意见、建议；办理常委会交付的有关内务司法方面质询案，提出建议、意见，汇报办理结果；根据常委会的安排，参与视察、检查活动，督促有关部门对法律、法规及常委会决议、决定的贯彻落实；联系政法系统的县人大代表和政法系统各单位；协助常委会组织执法检查、视察活动，组织内务司法部门向县人大常委会报告工作；依法协助县人大常委会对司法机关办理的具体案件进行监督，办理领导和上级人大交办的有关内务司法工作的重大信访案件；办理上级人大交付的有关内务司法方面的法律法规草案征求意见工作；负责规范性文件备案审查工作。

农村工作委员会　围绕常委会确定的有关农业方面的审议议题和人民代表大会对农业方面的议案进行调查研究，提出意见和建议；对人民群众普遍关心的农业方面的热点、难点问题进行调查研究，提出意见和建议；办理常委会交付的有关农业方面的质询案，提出建议意见，汇报办理结果；根据常委会的安排，参与视察，检查活动，督促有关部门抓好对法律、法规和县人大及其常委会的决议、决定的贯彻落实，配合有关部门办理县人大代表对农业的建议、批评、意见；联系农业系统的县人大代表和县直农业系统各单位；负责对农村农业经济长远发展规划及其具有全局性的重大问题进行调查研究和监督检查，提出意见和建议；受理有关农村农业法律法规的咨询，受理公民、法人和其他组织有关农村农业方面的申诉、检举和控告；审查县政府发布的农村农业方面的决定、命令；承办上级人大有关立法草案征求意见工作；承办常委会或主任会议和领导交办的其他事项。

教育、科学、文化、卫生工作委员会 围绕常委会确定的有关教、科、文、卫方面的审议议题进行调查研究，提出意见和建议；对人民普遍关心的热点、难点问题进行调查研究，提出意见和建议；办理常委交付的教科文卫工作方面的质询案，提出意见和建议，汇报办理结果；根据常委会的安排，参与视察，检查活动，督促有关部门抓好教科文卫方面的法律、法规的贯彻落实；联络教科文卫单位的县人大代表和教科文卫系统县直各单位。

第三节 常委会议

第九届人大常委会 1984 年 3 月至 1987 年 1 月，共召开 18 次会议。听取和审议县政府、县法院、县检察院工作报告 30 项，作出决议、决定 10 个，任命职务 106 人，免去职务 26 人，撤销职务 3 人。

会议听取和审议县政府、县法院、县检察院工作报告，主要有《关于减轻农民额外负担若干问题的规定》《关于依法从重从快严厉打击各种刑事犯罪和经济犯罪，保障社会秩序，保卫经济体制改革和对外开放》《关于岳阳县城市建设总体规划》。会议听取和审议关于贯彻执行《食品卫生法》的情况汇报和“普九”规划的说明，关于贯彻《森林法》的汇报，作出相关决定。

第十五次会议作出《关于依法加强土地管理的决议》；第十六次会议作出《关于全县普及九年制义务教育规划的决议》。

会议先后同意黄甲喜辞去县长职务，谭彬生辞去县人大常委会副主任职务，任命葛送培代理县长，同意姜义仁辞去县人大常委会副主任职务，刘运生辞去县人大常委会委员职务，张取义辞去副县长职务，同意陈大悲辞去副县长职务，任命黄国芳为副县长。会议还任免和批准任免政府部门、审判机关、检察机关部分工作人员。

第十届人大常委会 1987 年 3 月至 1990 年 1 月，共召开 18 次会议，听取和审议县政府、县法院、县检察院、县人大常委会工作报告 41 项，作出决议、决定 30 项，撤销职务 1 人，免去职务 30 人，任命职务 181 人。

会议听取和审议县政府、县法院、县检察院工作报告，关于全县血防工作情况的汇报，关于进一步开展尊师重教活动的决议，关于全县计划生育工作情况汇报，关于非农业建设用地清理中有关问题的决定，关于切实加强农村五保户供养管理工作决议，关于治安管理处罚条例，关于贯彻执行《文物保护法》的情况汇报，关于加强行政事业性收费管理有关问题的决议，关于执行《湖南省禁止向农民乱收费乱派款规定》的情况汇报，关于查处偷税、漏税、收缴单位“小钱柜”，消除不正之风的活动的情况汇报。会议对有关议题作出审议意见。

会议对一些重大事项作出决议决定。第一次常委会作出《关于撤销珠港乡二届人大一次会议违法宣布乡长当选的决定》；第五次会议通过《关于撤销刘柏松县人民法院副院长的议案》；第十次会议作出《关于切实加强农村五保户供养管理工作的决定》；第十六次会议作出《禁止向农民乱收费乱派款的规定》；第十七次会议作出《关于同意撤销李元明同志的县林业局局长职务的决定》。

会议先后同意葛送培辞去县长职务，任命罗典苏代理县长，任命吴帆、姚培德为副县长。会议还任免和批准任免政府部门、审判机关、检察机关部分工作人员。

第十一届人大常委会 1990年3月至1992年11月，共召开18次会议，听取和审议县政府、县法院、县检察院工作报告45项，作出决议、决定31项，任命94人，免去26人，撤销职务1人。

会议除听取和审议每个年度国民经济和社会发展计划执行情况、财政预算执行情况的报告、每次代表大会会议期间代表提出议案和建议办理情况的报告外，还听取和审议行政、审判、检察机关有关工作情况的报告，主要有关于贯彻《湖南省血吸虫病防治管理条例》的汇报、关于《减轻农民负担问题的审议意见》、关于《中华人民共和国行政诉讼法》实施准备工作的情况汇报、关于通过《关于治理“三乱”，加强廉政建设》的审议意见、关于组织学习《中华人民共和国全国人民代表大会和地方各级人民代表大会代表法》《中华人民共和国工会法》的决议、关于贯彻《关于对全县城乡遗弃婴儿问题进行综合治理的决定》情况的汇报、关于全县社会治安综合治理情况的汇报。

会议经审议，对一些重大事项作出决议、决定。主要有《关于发展村级企业，壮大集体经济的决定》《关于罢免荀建国岳阳市二届人大代表职务的决定》《关于中小学收费情况的审议意见》《关于治理“三乱”，减轻农民负担方案的决议》《关于修订〈岳阳县实施九年制义务教育规划〉的决议》《关于贯彻〈中华人民共和国种子管理条例〉的决议》。

会议先后同意罗典苏辞去县长职务，吴帆辞去常务副县长，黄国芳辞去副县长，任命卢良才为副县长并代县长，任命袁建华为副县长，任命朱方明为科技副县长。会议还任免和批准任免政府部门、审判机关、检察机关部分工作人员。

第十二届人大常委会 1993年2月至1997年12月，共召开31次会议，听取和审议县政府、县法院、县检察院工作报告65项，作出决议、决定55项，任命93人，免去75人，撤销职务4人。

会议的主要内容是听取和审议每个年度国家经济和社会发展计划执行情况、财政预算执行情况的报告、每次代表大会期间代表提出的议案和建议办理情况的报告。听取和审议县政府、县法院、县检察院有关工作报告，主要有关于减轻农民负担审议意见的决议，关于贯彻《全民所有制企业转换经营机制条例》的情况汇报，关于贯彻《湖南省计划生育条例》的情况汇报，关于加强预算外资金管理的审议意见，关于对县检察院、县监察局在反腐败斗争中查处大案要案和廉政监察工作情况汇报，关于《教师法》贯彻实施情况的汇报，关于县城规划局部调整的报告，关于对平抑市场物价工作的审议意见，关于对制止中小学乱收费情况汇报的审议意见，关于加强行政事业性收费和罚没收入管理的审议意见，关于抗洪救灾工作情况汇报，关于《森林法》贯彻实施情况的汇报，关于县人民法院有关负责人对人大交办案件拒不办理情况的调查汇报，关于进一步加强预算外资金管理的决定，关于《食品卫生法》贯彻实施情况的汇报，关于第二水厂的建设和取水选址问题的审议报告。

会议经过审议，对一些重大事项作出决议、决定。主要有《关于岳阳县普及义务教育调整方案的决议》《关于制订岳阳县撤区并乡建镇、简政放权，建立乡镇新体制的实施方案》《关于贯彻实施〈母婴保健法〉的决议》《关于〈土地管理法〉贯彻实施的决议》《关于开展"三五"普法教育的决议》《关于进一步加强城市建设和管理的审议意见》，会议罢免县水利局原副局长兼县衬胶泵厂厂长易太平岳阳市三届人大代表职务。

会议先后同意张丽生、姚德培、胡益强、欧小文、朱方明、屈纯久、何报翔辞去副县长职务，任命黄柏良、康代四、仇岳刚、魏庆华、汤森林、李金为副县长，同意卢良才辞去县长职务。任命袁建华为代县长。会议还任免和批准任免政府部门、审判机关、检察机关部分工作人员。

第十三届人大常委会 1998年2月至2002年11月，共召开29次会议，听取和审议县政府、县法院、县检察工作报告58项，作出决议、决定51项，任命159人，免去102人，撤销职务1人。

会议除听取和审议每个年度国民经济和社会发展计划执行情况、财政预算执行情况的报告、每次代表大会会议期间代表提出议案和建议办理情况的报告外，还听取和审议行政、审判、检察机关有关工作情况的报告，主要有关于《土地管理法》和《监察法》贯彻实施情况的汇报，关于《村民委员会组织法》贯彻实施情况的汇报，关于《乡镇企业法》贯彻实施情况的汇报，关于《动物防疫法》贯彻实施情况的汇报，关于贯彻《人口与计划生育法》的工作情况汇报。

会议经审议，对一些重大事项作出决议、决定。主要有《关于提请撤销城关镇七届人民代表大会第一次会议作出的〈关于加强教育经费投入，在中小学生中收取教育附加费和集资的决议〉的议案》《关于提请审议〈调整县城总体规划〉的方案》《岳阳县城市居民最低生活保障工作情况报告》。

会议同意袁建华辞去县长职务，任命童康宁为副县长、代县长，任命李中明、刘金保为副县长。会议还任免和批准任免政府部门、审判机关、检察机关部分工作人员。

第十四届人大常委会 2003年3月至2007年11月，共召开30次会议，听取和审议县政府、县法院、县检察院和县人大报告65项，作出决议、决定55项，任命132人，免去90人，撤销职务4人。

会议除听取和审议每个年度国民经济和社会发展计划执行情况、财政预算执行情况的报告、每次代表大会会议期间代表提出议案和建议办理情况的报告外，还听取和审议行政、审判、检察机关有关工作情况的报告，主要有实施《行政诉讼法》情况的汇报，关于进一步加强全县禁毒工作的决定，关于加强水环境保护意见的审议意见，关于《中华人民共和国种子法》贯彻落实情况的汇报，关于水价调整、水源污染等问题的审议意见，关于农村合作医疗的审议意见，关于《湖南省非税收入管理条例》贯彻审议意见。

会议经审议，对一些重大事项作出决议、决定。主要有《关于〈文物保护法〉贯彻实施意见》《关于撤销姜建中副县长职务的决定》《关于提请审议〈岳阳县加快建设富源商业步行街的决议〉的议案》《关于许可对县十四届人大代表吴春久采取强制措施的决定》《关于撤销陈福华县水务局局长职务、李军霞县检察院检察员职务的决定》。

第四节　常委会主任会议

主任会议由常委会主任、副主任组成，每月召开一次，还可以根据工作需要，不定期召开，有关会议可安排办公室、各工委负责人列席。

主任会议处理常委会的重要日常工作：研究确定县人大常委会会议的议程草案和提交会议审议的报告，决议或决定草案及召开会议的时间、日程安排事项；审定县人大常委会年、季度工作计划、工作总结和办公室、各工委年度工作安排、总结；讨论决定安排代表视察和专题调查活动的有关具体事项；讨论决定重要来信来访的处理工作；决定提请常委会审议通过的人事任免名单和机关人事调配；对上级人大常委会征求意见的法律法规草案提出修改意见；讨论决定县人大常委会委托交办的重要事项；听取和审议“一府两院”及人大常委会办公室、各工委个别问题的专题调查汇报；对“一府两院”提请常委会审议的议题，决定是否提请常委会会议讨论；讨论、提出常委会向代表大会作的工作报告草案；决定人大常委会机关的重大活动安排；研究决定办理代表建议、批评、意见的具体方案；处理常委会其他重要日常事务。

主任会议讨论决定问题以举手形式表决，以主任和全体副主任的过半数通过。

主任会议讨论和决定事项，分别由办公室和各工委负责落实。每次主任会议由人大常委会办公室主任或 1 名副主任列席会议做好记录，对有关带全局性重大问题的讨论应写出《主任会议纪要》。

第四章　职权行使

第一节　议案办理

每年人民代表大会期间代表提出的建议、批评、意见，在交办会开过后，要求3个月内办理答复完毕。在办理期内，县人大常委会历来作法是和政府、政协有关人员组织一次调查，了解调查情况。所提问题已经解决的，属A类，正在解决或准备解决的属B类，无法解决待以后解决的属C类，只能作为参考的，属D类。

1996年，在县十二届人大四次会议上，王宇兵等11名代表提出的《关于解决边远山区教师编制不足的议案》由十二届人大四次会议大会主席团立案后，县政府重点办理，先后组织力量深入边远山区实地调查，采取压缩教育行政人员充实基层教学力量、从城关地区抽派100名教师到边远山区支教、大中专毕业生全部到边远山区锻炼支教一年后再分配的措施。是年，县委常委会第二十三次会议听取县教育局对这一议案落实情况的汇报，对落实工作基本满意。2001年，县十三届人大四次会议上，许四魁等40名代表提出的《关于加快落实国家“电改”政策，切实减轻山（库）区群众用电负担的议案》，由大会主席团立案后，县委将其作为全年的7件实事之一，县人大常委会主任会议先后3次听取县政府情况汇报。是年年底，争取国家投入8000万元，改造小水电并整体移交大电网，同时新上11万伏变电站。2005年，县十四届人大三次会议期间，群众和人大代表对县城荣宗礼地段下水道的改造呼声较高，县人大督促县政府及建设部门从铁道部引进资金250多万元进行污水处理和下水道改造。经代表提建议，相思山通客车、潼溪到三合公路的改造升级、月田余家桥的一建再建、筻口漫水桥的扩建加固、城西居委会用电线路改造等问题得到解决。2007年，对提案办理不力的县教育局、县林业局责令整改落实。

1984—2007年，代表共提议案567件，建议、批评、意见4385件。

第二节　人事任免

人大常委会行使任免权必须坚持党管干部的原则、依法任免的原则和民主集中制原则。按照宪法规定，县人民代表大会选举历届人大常委会主任、副主任、常委；选举、任免历届正、副县长，法院院长，检察院检察长。县人大常委会负责决定副县长个别领导人任免的同时，如“一府两院”正职领导因故不能担任职务时，从相应副职领导人员中另定代理人选；任免政府组阁部门负责人和法院、检察院副职领导及法庭副庭长、检察员以上职务的干部。

第九届常委会任命 106 人，免职 26 人，撤职 3 人；第十届常委会任命 181 人，免职 30 人，撤职 1 人；十一届常委会任命 94 人，免职 26 人，撤职 1 人；十二届常委会任命 93 人，免职 75 人，撤职 4 人；十三届常委会任命 159 人，免职 102 人，撤职 1 人；十四届常委会任命 132 人，免职 90 人，撤职 4 人。

对国家机关工作人员的任免，县人大常委会推行对拟任人员进行法律知识考试，进行严格的考察考核，拟任人向县人大常委会进行供职报告，人大常委会对“一府两院”的副职、政府组阁单位正职、县人大常委、室正副主任，任命“一府两院”代理正职和人大常委会代理正职，均采用无记名投票方式进行表决，任免其他人员采用举手通过。对任命的干部，县人大常委会对他们在任职期间执行宪法、法律的情况，执行县人民代表大会和人大常委会作出的决议、决定的情况、廉政情况和工作情况实行监督。除经常听取人大代表和人民群众的反映外，推行国家机关工作人员向常委会会议述职，会议给予综合评议的工作方式。1995 年，县十二届人大常委会第三次会议到 2007 年县十五届人大常委会第一次会议，对每届任期内的“一府两院”和政府部门主要负责人进行述职评议，对在任期内工作不称职或犯有错误的国家工作人员，县人大常委会依法撤销其职务；对工作成绩突出，人民群众公认的国家机关工作人员，授予荣誉称号予以表彰。

第三节　监督工作

县人大常委会对“一府两院”依法行使监督权，保证宪法、法律和上级人大及其常委会的决议、决定在岳阳县得到贯彻执行。监督方式主要是听取工作汇报、执法检查、组织专题调查和视察，督办代表建议和意见，交办人民群众的控告、申诉及反映出来的热点、难点和重点问题等。每年县人大常委会 6 次例会，绝大多数都要听取“一府两院”的专题汇报，并进行审议，肯定成绩，指出问题，提出改进意见；对县人大选举产生及其常委任命的“一府两院”正副职及县政府组阁单位正职进行述职评议，1995—2007 年，年述职评议 50 人以上。

法律法规监督　1997 年后，县人大常委会除配合上级人大及其常委会开展执法检查外，还先后就法律法规在县内的贯彻实施情况开展执法检查，着重检查《刑法》《刑事诉讼法》《民事诉讼法》《行政诉讼法》《治安管理处罚条例》《土地管理法》《森林法》《矿产资源法》《环境保护法》《义务教育法》《人口与计划生育法》《行政处罚法》《食品卫生法》《合同法》《选举法》等 100 余部国家法律法规及地方性法规的贯彻实施情况。1989 年春，群众对行政事业收费反映强烈，县人大常委会组成 3 个调查小组，深入 40 多个部门和单位进行 2 个多月调查，共清查收缴小钱柜 23 个，清退违纪金额80多万元，督促建议有关部门处分15人。是年7月，对看守所二季度执法检查，发现监内犯人十分拥挤，超期羁押过长，收审人员生活标准下降等问题。县人大常委会通报有关单位后，三季度检查发现情况大好转。1996年，在河道管理执法检查中发现杨林乡王安村擅自拦河修桥，埋下沙河防汛隐患，县人大常委会及时通告有关单位予以撤除。1999年，县人大常委会对公安决定取保候审、检察决定不诉、法院判缓刑案件进行全面检查，查出6个典型个案提交第五次常委会专题审议纠正，其中罪大恶极的抢劫犯由取保候审改为死刑判决，交警队超期扣押当事人的车辆近3年的事得到赔偿。2001年，组织开展《动物防疫法》《道路交通事故处理办法》执法检查，是年共受理群众上访案件433起，并把特殊案件作为重要个案予以督促处理。2003年，对《行政诉讼法》《文物保护法》《环境保护法》《母婴保健法》《种子法》开展执法检查8次。2007年，开展《义务教育法》执法检查活动，针对群众反映的教育乱收费问题进行检查，对违规收费的学校进行查处。

工作监督 围绕促进全县经济发展和两个文明建设进行。对政府工作报告落实情况、县财政预算及其执行、国民经济与社会发展计划及其执行实行监督。每年就此听取政府及财政、计划等部门的汇报2~3次，及时提出建议和意见，督促和促进全年各项工作任务的完成和财政预算的正常运转。

1989年后，县人大常委会督促县政府废止与法律法规相抵触的文件16个，有错误停止执行的4个，重新修改发出的7个。文件中关于“新婚夫妇在领取结婚证时，一次向当地卫生院交纳防保基金30~50元”的规定，违背《婚姻法》和《婚姻登记法》，经主任会议研究，以会议纪要形式，督促政府停止该文件的执行。1993年4月，县十二届人大常委会二次会议审议县农办《关于贯彻落实减轻农民负担情况的汇报》，汇报提及的县妇联以筹集中华女子学院建校资金为名，在部分乡镇收取一定数量的赞助费，截留大部分抵企业亏款；某县级单位以实体开业请客为名，变相摊派的问题；白羊乡超前集资建校，使农民负担比例高达9.97%；县烟草局拖欠农民烟叶款的问题；凤凰乡政府瞒报村级提留款人均11.44元等问题。会议决定，将上述问题转交县政府，责成有关单位迅速组织专门班子，处理纠正。1995年，筻口区20多名代表提出的潼溪至三合公路改修质询案，引起常委会重视，马上组成调查组，实地查看，由县交通局负责将此段公路改造完工，群众满意。2006年9月，新墙河水被污染，县人大常委会成立以主任为首的“水污染”特定问题调查委员会。深入现场了解察看，专程赴市反映调查结果，要求严肃查处临湘市2个非法化工厂及相关人员，促成县城荣家湾改用铁山水库水作饮用水，并责成县政府委托省劳动卫生职业病防治所对102名群众代表的头发砷含量取样检查，未发现一人超标。

第四篇　地方人民政府

第一章　政府机构

第一节　工作机构

1978—1980年，县政府称县革委会。

1980年12月，撤销县革委会，恢复县政府。县政府机构设置为：县政府办、统计科、档案科、县畜牧水产局、县工商局、县计生办、人事科、劳动科、县科委、县物价委员会、县基本建设局、县文教局、县公安局、县民政局、县农业局、县林业局、县水利水电局、县农机局、县湖管局、县粮食局、县财税局、县商业局、县供销社、县交通局、县卫生局、县体委、县广播局、县物资局、县二轻局、县乡镇企业局、县工业局、县计委、县财办、县农办、县工商办、县编委。

1981年，增设县司法局，人事、劳动两科改为局，县文教局分解成县文化局、县教育局，县工交办更名为县经委。

1983年12月，县政府机构设置为：县政府办、县计委、县经委、县科委、县公安局、县司法局、县民政局、县统计局、县物价局、县劳动人事局、县城乡建设环保局、县交通局、县农委、县农业局、县林业局、县畜牧水产局、县水利水电局、县社队企业局、县财政局、县税务局、县商业局、县粮食局、县工商局、县湖洲管理局、县审计局、县文化局、县教育局、县卫生局、县体委、县计生委、县档案局、县编委、县信访办。

1986年，成立县盐业批发部、县石油公司、县烟草公司、县电力局、县标准计量所、县药材公司、县外贸公司。

1990年，政府系统有组阁局32个，即县政府办、县计委、县经委、县科委、县财政局、县劳动局、县人事局、县建委、县公安局、县司法局、县民政局、县监察局、县审计局、县物价局、县工商局、县税务局、县交通局、县财贸办、县商业局、县粮食局、县乡镇企业委员会、县农委、县林业局、县水电局、县农业局、县文化局、县教委、县卫生局、县计生委、县体委、县广播电视局、县统计局；有归口政府管理的企事业行政管理单位8个，即县畜牧水产局、县农机局、县物资局、县外贸局、县二轻工业局、县房产局、县供销合作联社、县国土局；有具备政府部分职能并归口政府管理的县湖洲管理局、县对外经济协作委员会、县环保局、县标准计量局、县渔政管理站和属上级垂直部门与地方双重领导管理的县邮电局、县电力局、县公路段、县烟草局、工商银行、农业银行、建设银行，以及是公司但拥有政府管理职能的县保险公司、县盐业公司、县医药公司。

1995年2月，县政府组成单位21个：县政府办、县计委、县工业局、县建委、县科委、县教委、县公安局、县司法局、县民政局、县财政局、县人事局、县劳动局、县交通局、县农业局、县林业局、县水利水电局、县文化局、县卫生局、县计生局、县监察局、县审计局。县政府工作机构10个：县农委、县财办、县统计局、县工商局、县乡镇企业局、县国土局、县地税局、县粮食局、县技术监督局、县计划物价局。

2002年，县政府工作部门有23个：县政府办、县计划物价局、县教育局、县科技局、县公安局、县监察局、县民政局、县司法局、县财政局、县人事局、县劳动和社会保障局、县国土资源局、县建设局、县交通局、县水利局、县农业局、县林业局、县文化局、县卫生局、县计生局、县审计局、县环保局、县企业发展局。

2005年4月，县政府工作部门24个：县政府办、县发展和改革局、县企业发展局、县教育局、县科技局、县公安局、县监察局、县民政局、县司法局、县财政局、县人事局、县劳动和社会保障局、县国土资源局、县建设局、县交通局、县水务局、县农业局、县林业局、县商务局、县文化局、县卫生局、县人口和计生局、县审计局、县环保局。县政府设置部门管理机构2个：县统计局、县粮食局。

第二节　组成人员

第八届至十五届县政府领导机构由县长1人，副县长4~8人组成。县政府设副调研员3~6人。县政府组成单位主要负责人为政府组成人员。

1978年1月，县七届人大选举县革委会主任1人、副主任6人。

1980年12月，县八届人大一次会议选举县长1人、副县长4人。

1984年3月，县九届人大一次会议选举县长1人、副县长4人。

1987年2月，县十届人大一次会议选举县长1人、副县长5人。

1990年2月，县十一届人大一次会议选举县长1人、副县长5人。

1992年12月，县十二届人大一次会议选举县长1人、副县长8人。

1997年12月，县十三届人大一次会议选举县长1人、副县长5人。

2002年12月，县十四届人大一次会议选举县长1人、副县长6人。

2007年12月，县十五届人大一次会议选举县长1人、副县长6人。

1978—2007年岳阳县政府主要负责人名录

表4-1-1

届　次	县　长	籍　贯	任职时间	副县长
第七届 (1978年1月—1980年12月)	许志龙	湖南岳阳县	1978年1月—1980年12月	李怀芝　邓秉延　刘焱南　李德隆 莫才明　苗富林
第八届 (1980年12月—1984年3月)	李先佩 黄甲喜	湖南湘潭 湖南岳阳县	1980年12月—1981年11月 1983年12月—1984年3月	吴世伦　张仁杰　夏国康　黄甲喜 司马毅　方　洪　卢长根　张取义 刘质文
第九届 (1984年3月—1987年2月)	黄甲喜 葛送培	湖南岳阳县 湖南湘阴	1984年3月—1984年12月 1984年12月—1985年5月(代) 1985年5月—1987年2月	司马毅　方　洪　卢长根　刘质文 刘运生　陈大悲　杨柱安　黄国芳
第十届 (1987年2月—1990年2月)	葛送培 罗典苏	湖南湘阴 湖南平江	1987年2月—1988年3月 1988年3月—1989年3月(代) 1989年3月—1990年2月	罗典苏　方　洪　卢长根　胡益强 黄国芳　吴　帆
第十一届 (1990年2月—1992年12月)	罗典苏 卢良才	湖南平江 湖南岳阳县	1990年2月—1992年7月 1992年7月—1992年12月	方　洪　黄国芳　吴　帆　胡益强 姚培德　朱方明　张丽生
第十二届 (1992年12月—1997年12月)	卢良才 袁建华	湖南岳阳县 湖南临湘	1992年12月—1996年12月 1996年12月—1997年12月	何报翔　康代四（女）　屈纯久 欧小文　袁建华　黄柏良　魏庆康 仇岳刚　汤森林　李　金　周湘益 鲁湘波
第十三届 (1997年12月—2002年12月)	袁建华 童康宁	湖南临湘 湖南平江	1997年12月—2001年2月 2001年2月—2002年12月	黄柏良　魏庆康　汤森林　李　金 周湘益　鲁湘波　李中明　徐　奎 许学忠　曹道伍　罗黑皮
第十四届 (2002年12月—2007年12月)	童康宁 黎四清	湖南平江 湖南临湘	2002年12月—2004年12月 2004年12月—2007年12月	张中于　罗黑皮　袁陆保　许欧蛟 吴　桐（女）　甘　勇　姜建中 李石东　林　涛（挂职）　王保林 陈　健（挂职）
第十五届 (2007年12月—　)	黎四清	湖南临湘	2007年12月—	张中于　李石东　吴　桐　黄伟雄 易新岳　王卫兵　禺子健（挂职） 陈　健（挂职）

说明：第七届为县革委会，故职务为主任、副主任

第二章　重要会议

第一节　政府全会

县政府全体会议由县长、副县长、县政府办主任、县政府工作部门负责人组成，由县长召集和主持。县政府全体会议一般每年召开1~2次。根据需要，可邀请县委、县人

大、县政协、县人武部有关领导列席，安排其他有关部门、单位及乡镇负责人列席。主要任务是：传达、贯彻党中央、国务院、省委、省政府及市委、市政府、县委的重要指示、决定和会议精神；贯彻落实县人民代表大会决议；讨论决定县政府工作中的重大事项；部署县政府的重要工作；通报有关重要情况。

第二节　政府常务会议

县政府常务会议由县长、副县长、县政府办主任组成，由县长或县长委托常务副县长召集和主持。县政府常务会议原则上每月召开一次，如有需要可临时召开。县监察局、县信访局、县经研中心、县政府法制办、县政府督查室、相关县政府工作部门主要负责人为常设列席会议人员。根据需要可邀请县委、县人大、县政协、县人武部有关领导列席，安排其他有关部门、单位及乡镇负责人列席。主要任务是：传达、贯彻党中央、国务院、省委、省政府及市委、市政府、县委的重要指示、决定和会议精神；贯彻落实县人大及其常委会的决定、决议；讨论决定县政府工作中的重要事项；审议或组织实施县政府规范性文件及政策性文件；讨论提请县委常委会、县人大常委会审议的重要事项；通报和讨论其他重要事项。

第九届县政府共召开常务会议 12 次。主要研究集镇建设、农业生产、养殖业发展、防汛抗旱、五保户福利待遇、建筑市场整顿、商业体制改革、植树造林、县纸厂筹建等工作。

第十届县政府共召开常务会议 16 次。主要研究深化改革、推进重点工程建设、深入开展“三整顿一提高”活动、开展生产自救、经协办升格、加强计划生育、湖管局改革、麻塘养鸡场等工作。

第十一届县政府共召开常务会议 12 次。主要研究教育基金制度、棉烟生产、项目建设、农业生产、县城运输车辆整顿、城市建设、计划生育等工作。

第十二届县政府共召开常务会议 29 次。主要研究经济发展、推行国家公务员制度、企业改革、乡镇财政体制管理、加强医药市场管理、行政事业收费管理、县城管理规划等工作。

第十三届县政府共召开常务会议 37 次。主要研究规范粮食市场管理、企业改制、农村税费改革、安全生产、城市建设、县城整体规划修编、劳动和社会保障工作及财政预算方案、讨论国民经济“十五”计划的报告和纲要草案等。

第十四届县政府共召开常务会议 31 次。主要研究东洞庭湖的荒滩荒洲开发、县物资总公司破产改制、农村低保、工业园的建设发展、岳荣新公路麻塘收费站的管理、新墙水库管理体制、无线数字微波电视建设、城市报警与监控系统建设、原县矿产公司等 3 家企业破产改制遗留问题、农机监理职能移交、永兴房地产公司破产改制等工作。

第三节　县长办公会议

县长办公会议根据需要不定期召开，由县长或县长委托副县长召集和主持。主要任务是：传达、贯彻上级政府或有关部门召开的全局性工作会议精神；研究确定县政府日常工作中事关全局、需要统筹安排的事项；研究处理上级党委、政府领导或县委、县政府主要领导对涉及面较广的具体问题所作批示的贯彻落实意见；研究处理县政府日常工作中的其他重要事项。

第九届县政府共召开县长办公会议 35 次。主要研究教育、畜牧防疫、水利建设、芦苇生产、农民进城、户口管理、水利建设、城市管理、职业中学建设、经济体制改革等工作。

第十届县政府共召开县长办公会议 32 次。主要研究城关地区“菜转非”、政府增收节支、住房制度改革、水利冬修、交通建设、烟草生产、畜牧水产、项目建设、城镇建设、农业产业结构调整等工作。

第十一届县政府共召开县长办公会议 21 次。主要研究科技兴农、乡镇企业发展、民工建勤、土地普查、防汛救灾、鹅业发展、纸厂扩规、三冬生产、清理整顿公司、棉花生产、实现农村“四通”、麻塘变电站建设、征地拆迁等工作。

第十二届县政府共召开县长办公会议 57 次。主要研究机关房改、乡镇企业改革、城市整体规划修编、沙石收费、自来水价格、凤凰乡西湖村搬迁、县城公园建设、铁山北干建设、城关地区国道 107 线开发、矿产资源管理等工作。

第十三届县政府共召开县长办公会议 51 次。主要研究农业生产、乡镇农机员待遇、重大实施项目、招商引资、营运车辆整顿、加强东洞庭湖管理、岳荣新公路建设等工作。

第十四届县政府共召开县长办公会议 46 次。主要研究农村抗旱排渍电费收缴、县五中原校区及原县二职资产处置和人员安排、工伤生育保险、环境监测中心大楼建设、广播电视事业、城乡居民最低生活保障、20 世纪 60 年代精简退职老职工生活救济补助、基建工程招投标、新型工业化考核方案、公共应急管理等工作。

第四节　专题会议

县政府专题会议根据需要不定期召开，由县长或副县长召集和主持。主要任务是：研究处理属于县政府领导分管职责范围、需要统筹协调的业务事项；研究突发性事件的处理意见；研究处理全县性重要活动的协调实施事项；研究处理县政府日常工作中的其他事项。

第三章　施政方式

第一节　领导与协调

县政府实行县长负责制。县长领导县政府全面工作，具有最终决策权、行政指挥权、人事提名任免权。副县长协助县长工作，按分工负责处理分管工作，受县长委托，负责其他方面的工作或者专项工作任务，并对分管部门及分管工作负有重要领导责任。常务副县长协助县长主持县政府日常工作。县长外出期间，受县长委托主持县政府全面工作。

县政府办对全县工作负有参谋、综合、协调、督查的职能，受县政府领导委托，可以代表县政府协调处理部门之间、上下之间的关系，以及代表政府处理某些具体工作。县政府办受县长、副县长委托，代表县政府印发有关决定、规定、通知、意见、报告、纪要等规范性文件，以履行政府的部门职能，协调各方关系，实现预期工作目标。县政府办主任在县长领导下，处理县政府的日常工作，领导县政府办的工作。副主任按分工，协助副县长联系、协调有关工作。

县政府各委、办、局是县政府职能部门或派出机构，代表县政府在全县开展职责范围内的工作，实行行政首长负责制，在本部门的职权范围内履行行政职责。县审计局、县监察局在县长和上级主管部门的领导下，依照法律规定独立行使审计权、监察权，不受其他行政机关、社会团体和个人的干涉。需要几个部门合办的事，由牵头部门主动联系，协调解决。分管副县长协调有困难的，由常务副县长、县长解决或提请县长办公会议讨论解决。

县政府实行重大事项向县委请示、向县人民代表大会及其常委会报告、向县政协通报制度。县政府各工作部门严格执行请示报告制度，原则上不得越级请示报告，一般情况向分管县长请示报告，特别紧急的重大情况，可直接向常务副县长或县长报告。对重大事项报告不及时或隐瞒不报的追究责任，造成严重后果的严肃查处。

县政府及各工作部门自觉接受县人民代表大会及其常委会的监督，向其报告工作、接受质询；接受县政协的民主监督，虚心听取意见和建议。县政府各工作部门依照有关法律规定接受司法机关的监督，同时自觉接受监察、审计等部门的监督。

县政府工作中重大行政决策，须经县政府全体会议、县政府常务会议或县长办公会议讨论决定，实行依法决策、科学决策和民主决策。

县政府在全县推行目标管理责任制，完善绩效评估考核办法，加强行政效能监察，健全重大决策部署执行情况专项督查制度，坚决纠正和严肃查处有法不依、有令不行、有禁不止的问题，确保政令畅通。每年年初，按照县委、县政府确定的全年目标任务，按照实事求是、客观公正的原则，对乡镇政府和县直单位实行目标管理考核。考核的主要内容包括经济和社会发展指标、社会治安综合治理、信访安全指标、人口计划指标等，以千分制计算，统一组织考核，排列名次，确定奖罚，以推动县域经济和社会事业快速健康发展。

第二节　依法行政

一、推进依法行政工作

1991 年，县政府法制办正式成立，开办经费 7360 元，为正股级单位。是年 9 月，成立县行政复议领导小组，下设办公室，与县政府法制办合署办公。

县政府法制办主要负责政府规范性文件审查，全县行政执法人员培训及行政执法换发，全县行政执法监督检查，政府行政复议应诉，政府法律服务、咨询，土地山林水事权属纠纷调处把关等。2003 年，增加推进行政审批制度改革。

二、制定规范性文件

1991 年后，县政府制定、发布一系列适合本区域经济发展的决定、规定、规划、公告、通告、通知、意见等规范性文件。至 2007 年，县政府、县政府办共制定规范性文件 800 多件。

关于推进工业发展的规范性文件　为大力推进工业发展，扶持引导新兴产业和民营企业，制定《关于查处取缔无照经营的通告》《岳阳县煤炭经营秩序专项治理工作方案》《关于整顿和规范砂石资源开采秩序的通告》《关于整顿和规范燃气市场的通告》《关于整顿与规范烟草市场经营秩序的通告》《岳阳县工业发展专项资金管理办法》等。

关于城镇建设的规范性文件　为加快城镇建设步伐，建设秀美城镇，制定《岳阳县城区单位门前“三包”责任制实施办法（暂行）》《关于将建设工程项目抗震设防要求管理纳入基本建设管理程序的通知》《岳阳县渣土管理办法》《岳阳县工程招投标交易管理办法》《岳阳县建设工程招投标管理暂行办法》《关于进一步加强城市规划控制区规划管理的通告》等。

关于乡村建设的规范性文件　为加快新农村建设，制定《关于进一步加强乡村公路建设和管理的决定》《岳阳县乡镇（村）公路建设管理实施办法》《岳阳县农村饮水安全工程建设项目实施管理办法》《岳阳县集体土地上村（居）民建设自住房屋行政许可与登记发证暂行办法》等。

关于保障民生的规范性文件　为加强社会保障工作，构建和谐岳阳县，制定《岳阳县城镇职工基本医疗保险实施办法（试行）》《岳阳县农村初级卫生保健实施规划(2003—2010年)》《关于进一步加强城镇职工基本医疗保险管理的通知》《岳阳县新型农村合作医疗实施办法（试行)》《岳阳县农村五保供养实施细则》《岳阳县建立社会救助体系实施意见》《关于实施特困群体就业救助的意见》等。

关于财务财税工作的规范性文件 为规范政府部门行为，加强财政税收管理，制定《岳阳县行政事业单位财务实行统一核算的实施办法》《岳阳县国有土地收益金征收管理暂行办法》《岳阳县乡镇机关公务消费实行货币补贴暂行规定》《岳阳县财政有关专项资金（基金）管理暂行办法》《岳阳县政府采购工作程序》《岳阳县防洪保安资金征收管理实施办法》《关于加强契税征收管理的通告》《岳阳县促进经济发展的财政奖励暂行办法》等。

关于维持社会稳定的规范性文件 为确保社会稳定，人民安居乐业，各项事业协调发展，制定《关于进一步加强安全生产工作的意见》《岳阳县土地山林权属纠纷调解处理办法》《岳阳县人民政府突发公共事件总体应急预案》《关于加强餐饮业餐饮用具卫生消毒管理的通告》《岳阳县食品安全管理办法（试行)》等。

2002年，县政府对以前发布的3000余份文件进行清理，凡与现行法律法规不相适应的规范性文件进行修改或废止，共废止自1983年12月3日建县后至2001年年底的规范性文件202件。

三、行政执法监督

1991年后，县政府每年对全县行政执法人员进行培训，至2007年，共举办培训班30多期，培训行政执法人员1万多人次。

2005年12月，县政府完成全县行政许可项目清理，发布《关于公布继续实施的行政许可项目目录的决定》，公布全县继续实施的行政许可事项299项，对全县行政许可项目实行目录管理。2007年4月，县政府公布全县行政许可项目实施程序，并编印《岳阳县行政许可项目实施程序汇编》（上、下册)，在全县发放。

1991年始，每年开展行政执法评议考核。2006年9月，启动全县各行政执法部门行政执法依据梳理工作。1991—2007年，共办理行政复议案件78件，办理行政应诉、赔偿案件30多件。

第三节　政务公开

2001年3月，成立县政府政务公开中心，由办事机构和管理机构两部分组成。办事机构由县计委、县交通局、县建设局、县招商局、县公安局、县财政局、县国税局、县地税局、县文化局、县工商局、县劳动局、县技监局、县环保局、县国土局、县卫生局、县林业局、县房产局、县交警大队18个部门组成；管理机构内设办公室、业务科、督查科。其主要工作职能是：办理国内外投资者申请投资生产性、经营性项目需报经各级行政主管机关审批、核发的各项批准文件、证照；办理各类经济组织和城乡居民按规定必须申请的有关证照；负责建设、交通等基础设施使用权方面的审批；组织实施对行政、事业单位、集体经济组织一次性购买、安置在5000元以上（含5000元）的办公设备的政府采购活动，组织实施基建项目在20万元以上（含20万元）的招投标活动，组织实施对国有资产、集体经济组织资产、罚没物的公开拍卖活动。政务公开中心严格按照“进一个大厅办证，收标准规费办完，按承诺日期办结”的服务宗旨，同时按照“三个五”的模式运作（即“五制”办理：一般事项的直接办理制、特殊事项的承诺办理制、重大事项的联合办理制、上报事项的负责办理制、控制事项的明确答复制；“五件”管理：对即办件、承诺件、联办件、退回件、补办件分别采用不同的管理办法；“五公开”服务：实行服务内容、办事程序、申报材料、承诺时限、收费标准公开）。

2001年，办理、承办证照、批件56247个，收取各项规费483.53万元，取消不合理、搭车收费项目10个，从严查处乱收费事件15起，处理群众投诉50起，组织拍卖、招投标活动7次。

2002年，县委、县政府推行非税规费一家代收，对重点服务企业及城关城区美容美发、餐饮业实行非税统收，继续推行行政审批全程代理制和挂牌服务企业执法检查准入制。

2003年2月，县政务服务设优化经济发展环境办公室、行政效能监察中心、全程代理中心、非税收入征收管理中心。全县所有具备行政审批项目的单位政务公开工作均纳入政务公开中心统一管理。政务公开中心建立全程代理制度，对年产值100万元以上的工业企业和所有招商引资项目实行全程代理服务。

2004年，政务公开中心共办理证件3537件，收费金额374.9万元，办结率100%。代理中心接受6个单位的委托，受理项目28个。完成政府采购79次，总金额5044万元。

2005年，政务公开中心办证大厅对27个行政执法单位分三类实行政务公开和行政审批，一类是到县政务公开中心设立窗口单位，包括房产、文化、交通、工商、民政等单位；二类是自办政务公开分厅的单位，包括公安、国土、国税、地税、建设、林业、卫生等单位；三类是行政审批项目少、审批次数少的单位实行自办公示栏予以公开。办证大厅共受理事件16392件，办结率100%，收费1117万元。乡镇均成立由乡（镇）长任组长的政务公开工作领导小组，行政村全部实现村务公开。

2006年，政务公开中心重点加强办证大厅及各办证分厅的票证管理。至9月底，全县非税统收1365万元，全年共受理事件18038件，办结率100%。

2007年，政务公开中心办理业务12300笔，非税统收2000万元，受理5个招商单位委托，代理审批项目55个，继续推行税费收缴的公示和统收，推行行政审批全程代理制和挂牌服务企业执法检查准入制，加大政务公开力度，及时公开群众关心的热点、难点问题。

第四章 施政纪要

第一节 基础设施建设

水利建设 1983—1985年，共投资441.55万元、投劳7000个，完成中洲垸撇洪渠工程建设。1985年，动工建设南干渠崩山分干及所属支渠，次年竣工通水，受益面积6333公顷。1988年，投资170万元，完成中洲南套电排扩建。自1992年始，历时5年完成铁山北干渠建设。1997—1998年，投资1000万元，完成中洲垸电排建设。1998—2003年，在山区衬砌渠道1400千米，新修山塘1500口，治理水土流失面积70平方千米。1998—2004年，投资2.83亿元，完成平垸行洪移民建镇工程，列入平垸行洪、移民建镇工程的堤垸与洲滩民垸共8个，总面积1533公顷，涉及城关、鹿角、新墙、新开等乡镇和湖洲苇业公司。

电力建设 1998—2007年，县政府支持电力部门争取省电力公司下达岳阳县电网改造计划项目100多个，总资金计划2.85亿元。其中，新建改造110千伏变电站2座、新增变电容量6.3万千伏安（增至8.3万千伏安）、新建110千伏线路21.5千米。新建改造35千伏变电站8座、新增变电容量25250千伏安，新建35千伏线路15.1千米。2002年12月，110千伏双港变电站建成投运。自2003年9月，110千伏奇荣线建成通电，构建荣家湾、双港110千伏双电源、双回路供电网络，结束岳阳县110千伏单一电源的历史。

1999年，开展农电管理体制改革，至2001年年底全部完成，撤销乡镇电管站23个，组建农村供电所11个，减少村电工370人。自2003年始，逐步实行同网同价政策，居民生活电价每千瓦时由1~2元降至0.548元，2006年7月1日后，居民生活电价按政策调整为每千瓦时0.588元。1998年后，农村用电量每年以20%以上的速度增长，实施农电“两改一同价”。

交通建设 1978年后，全县完成交通基础设施资金投放18.6亿元，岳荣新公路一、二期工程，荣鹿公路，岳汨公路，新汽车站等重点交通项目相继竣工或启动在建，新建563个村、1545.4千米水泥公路，村级公路通畅率达96%，新建改建通乡内干公路92.7千米，新建农村客运站8个，实施19座危桥改造和5座渡改桥项目，更新改造库区渡船25艘。

第二节 减轻农民负担

1982年，全县基本完成家庭承包经营和分户上交的农村改革，农民负担表现形式由间接变为直接，由隐性转为显性。1990 年，县委、县政府根据国务院《切实减轻农民负担的通知》精神，下发《关于减轻农民负担的十项规定》。1990 年，清退临雇人员 1482 人，1993 年后，取消涉农收费项目 13 个，国务院宣布取消的 37 项涉农集资收费负担项目一并得到取消，1997 年，清理向农民收钱收物文件 72 份、废除收费和筹劳项目文件 4 个。1999 年乡村统筹提留 6019.29 万元、两工以资代劳 619 万元、屠宰税 938.17 万元、农业特产税 443.76 万元、农业税及附加 1722.31 万元，合计负担 9742.53 万元，人均 144 元，较 1990 年人均增加 56.8 元，达历史最高水平。县委、县政府高度重视，相关部门单位进行审计，对违规违纪干部给予党纪政纪处分。2000 年后，全县通过发放各种补贴，使农民负担再次减轻。至 2001 年，共开展农民负担执法检查 11 次。2007 年，全县农民负担总额 1444 万元，比 2001 年减少 6273 万元，下降 77%，人均减负 106 元。

第三节　招商引资

招商政策　1997 年，县政府出台《关于对重点乡镇外资内联企业实行挂牌管理的通知》《关于加强招商引进工作的决定》《岳阳县 1997 年招商引进目标管理考评办法》，提供土地、税收等优惠政策。1998 年，县政府将该年定为招商引资年，制定《关于鼓励国内外客商投资的若干规定》《关于优化经济环境的决定》，成立外来投资协会。1999 年，出台《关于进一步改善外来投资企业经济环境的通知》《关于对重点外来投资企业实行统一征收税外费的通知》，对 32 家外来投资企业实行挂牌保护和统一征收税外费工作，杜绝“三乱”现象。2001 年，岳阳县根据省、市有关招商优惠政策，减少 3 个县域内外资企业收费项目，降低 12 个项目收费标准，进一步让利外商。2002 年，首次将招商工作纳入单项考评，编制《岳阳县招商项目指南》，向大中城市的招商中介机构、县籍在外的乡友推介。2003 年，建立重要客商信息库，组织参加省政府举办的深圳投资贸易洽谈会。2004 年，设立“一办四中心”，开通岳阳县人民政府政务公众信息网，制定《关于鼓励国内外客商投资的优惠政策》《关于对引资中介人实行奖励的办法》。2005 年，正式成立招商引进工作领导小组、招商项目建设领导小组，修订、出台《岳阳县招商引资优惠政策的若干规定》《岳阳县招商引资中介人及承办单位奖励实施办法》，开展驻点招商，是年 5 月 28 日，在上海举办岳阳县籍寓沪乡友联谊会暨投资说明会，10 月 31 日，在上海举办岳阳—上海招商恳谈会。2007 年，改版岳阳县招商网，制作旅游宣传画册，全面介绍岳阳县的旅游景区、景点、宾馆、饭店、特产和旅游路线，做到网站、投资指南、项目建设书三位一体，制订《岳阳县 2007 年度招商引进工作目标管理及考核办法》。

招商项目　自 1996 年始，先后引进投资 3 亿元以上的湖南科伦制药有限公司、投资 1.5 亿元的岳阳永盛纺织有限公司、投资 5000 万元以上的岳阳大力神电磁机械有限公司、投资 1000 万美元以上的岳阳丰利纸业有限公司、投资 8000 万元以上的岳阳市昱华玻璃制品有限公司、投资5000万元以上的岳阳县华鑫电机绝缘材料有限公司、投资2亿元以上的湖南百森陶瓷有限公司、投资5000万元以上的湖南德欧工程机械有限公司、投资1亿元以上的湖南新瑞化工有限公司、投资1亿元以上岳阳华虹服装有限公司、投资2.5亿元的湖南华雄陶瓷有限公司、投资4亿元以上的湖南天欣陶瓷有限公司、投资1.2亿元以上的湖南金城陶瓷有限公司、投资2亿元的湖南金海科技有限公司、投资5000万元以上的湖南同安医药有限公司、投资3000万元以上的岳阳民康医用材料有限公司、投资2亿元以上的湖南向红机械化工公司。2006年，岳阳县加大园区建设力度，县工业园投入5000万元在规划控制区新征工业用地66.67公顷，新墙工业园投入6700万元，两园共引进各类项目123个，协议引资15.71亿元，到位资金5.4亿元。岳阳县被评为全市招商引进先进单位。

第四节　调整农业产业结构

1983年后，县政府全面落实农村承包责任制，大力调整农业产业结构，全力帮助农民发家致富。1986年，被评为全国农业商品生产基地建设工作先进县。1993年，以新墙河流域为中心建设百里蚕桑带，全县植桑面积达667公顷，被评为全省十大蚕桑基地县。1994年，全县棉花种植面积达3333公顷，被评为全国优质棉生产基地县。依托黄沙街茶叶示范场，聘请著名茶叶专家、全国农业劳模刘先和、肖玲夫妇，研制出中国“十一”大名茶之一洞庭春名优茶，9次荣获“省优”“部优”产品称号，并获“绿色食品”“有机食品”2个证书，2007年，被省工商局评为湖南省著名商标。2000年后，大力发展西瓜种植，常年种植面积2000多公顷，中洲乡种植冬瓜、南瓜、大白菜，全县蔬菜复种面积达3000多公顷，成为全省重点蔬菜生产基地。2001年，在新墙镇清水村兴办高效农业示范园，种植面积达267公顷，年产值近7000万元。大力发展粮食生产，2000年，被评为全省优质稻米产业化开发先进单位，2001年获全国农牧渔业丰收奖，2004年被评为全国粮食生产先进县。至2007年，粮食总产47万吨，全县棉花、苎麻、西瓜、药材、水果、茶叶等经济作物总产值3.1亿元，占农业总产值的7.4%。

第五节　创建计划生育先进县

1991年，全县共出生15465人，出生率19.64‰，计划生育率66%。县委、县政府严格实行各级党政一把手负责的人口目标责任管理模式，强化“县指导、乡配合、村为主、户落实”的工作机制，提升计划生育工作水平。1991年、1992年，相继发出《关于切实加强计划生育工作的意见》《关于进一步强化计划生育管理的决定》。2004年，印发《岳阳县人民政府关于建立和完善计划生育利益导向机制的意见》，决定对实行计划生育的独生子女家庭，自领取“独生子女证”之日起至子女满14周岁，发给每月不低于5元的保健费；对自愿放弃二孩生育指标并领取“独生子女父母光荣证”的夫妻，另给予一次性奖励1000元；对计划生育两女户落实节育手术后给予一次性奖励500~1000元。全面推行农村部分计划生育家庭奖励扶助制度和独生子女特困家庭救助制度，坚持人口计生和扶贫开发相结合。2005年，在全县集中开展“关爱女孩”活动，综合治理出生人口性别比偏专项整治行动，成立部门负责人为成员的领导小组21个，利用电视、广播、演出等形式开展宣传活动，打击非医学需要胎儿性别鉴定和非法人工终止妊娠的行为。2007年，出生人口6919人，出生率10.05‰。

第六节　加快工业化发展

自2001年始，县委、县政府实施“工业强县”的发展战略，围绕“两园三区”（即生物医药工业园、建材工业园，麻塘电磁铁工业功能区、新开食品功能区、鹿角临港产业区），改造提升传统产业，发展新型工业，创立工业品牌。2007年，全县规模企业达到90家。以资源为依托，发展成生物医药、机械制造加工、建材、农产品加工、轻纺化工五大主导产业。生物医药产业有湖南科伦制药有限公司、岳阳民康医用材料有限公司、湖南同安药业等10家企业，其中湖南科伦制药完成销售收入78271万元、实现利税7401万元、为原制药四厂生产8年总和的20倍；机械制造有湖南向红机械化工有限公司、岳阳大力神电磁机械有限公司、岳阳金博机床制造有限公司、岳阳县拓邦电子厂等26家企业，其中9家电磁铁企业年生产能力在1.2亿元以上，年创税600万元以上；建材产业有湖南金城陶瓷有限公司、湖南百森陶瓷、岳阳弘泰瓷业有限公司、湖南华雄陶瓷有限公司、湖南天欣科技股份有限公司、岳阳众森瓷业有限公司等5家企业，累计签约生产线达35条，总投资13.3亿元。湖南科伦获湖南省名牌产品、湖南省医药工业十佳企业、湖南省高新技术企业等称号。岳阳弘泰瓷业有限公司获湖南省高新技术企业、湖南省重合同守信用企业称号。岳阳鸿佑饲料有限公司生产的“福佑”“鸿佑”牌饲料，获省、市饲料名牌产品称号。2007年，省工商局认定“洞庭湖”商标（洞庭湖米业公司拥有）为湖南省著名商标。

第七节　新型农村合作医疗

2006年1月，岳阳县被列为全省第三批新型农村合作医疗试点县。县委、县政府将新型农村合作医疗试点工作列为全县大事实事项目，把农民参合率纳入乡镇年度考评、绩效考评和实事考核内容，实行“一把手”总负责；制定《岳阳县委、岳阳县人民政府关于实施新型农村合作医疗制度的意见》《岳阳县新型农村合作医疗实施办法》等文件。

农民参加合作医疗坚持自愿原则，个人缴纳的资金均由群众主动缴纳。严格执行基金专户储存，使用专项审批的封闭运行模式，做到“收支分离、管用分开”。住院补助实行县、乡、村三级公示制度，自觉接受社会和参合人的监督。制定《岳阳县新型农村合作医疗定点医疗机构监督管理暂行办法》，实行110个单病种费用限额和6个临床路径清晰的单病种限额付费制度，建立乡镇卫生院报账预警机制，严防县内定点医疗机构医疗费用的不合理增长，获得省、市好评及《湖南日报》的推介。率先在全省推行市级医疗机构“即付即补”试点工作，简化结算流程。科学调整补偿方案，住院补助比例逐年递增，封顶线由8000元提高至6万元，将慢性特殊重症门诊疾病纳入与住院同比例补助范围，对住院分娩、狂犬病疫苗接种、尿毒症透析、老年性白内障、儿童先天性心脏病等纳入定额补助范围。提取农民个缴基金作为参合农民的门诊统筹基金，在县、乡、村三级推广医院管理系统、门诊管理系统与“新农合”系统的对接。2007年，217个村卫生室安装并使用门诊刷卡系统，率先在全省全面开展门诊统筹工作，参合农民受益面达100%。全县参合人数44.43万人，占总人口的64.1%。

第八节　兴办职业教育

1988年1月，县委、县政府颁发《关于大力发展职业技术教育的意见》，在稳定发展县一职、县二职的基础上，初级中学开始推行“3+1”（3年学文化知识加修1年职业技术教育）办学模式，西塘中学开设果林园艺专业、杨林中学开设水产专业。

1991年上半年，县政府召开2次县长办公会议，专题研究发展职业技术教育。是年，全县招收职高学生600人。除县一职招收200名新生外，县直各高中增办1个职高班，学制3年，文化课与普高相同，另设1门专业课。

1994年7月，县教委下达职高招生计划1868人，由县一职、县二职、中山科技学校、县卫校、市商业职高招生。

1996年，确定县一职创建示范性职高目标，以政府统筹、部门联办、教育局主管、全社会配合的方式办职教。2001年，教育部认定岳阳县职业中专为首批国家级重点职业中专。2003年，岳阳县职业中专建立“公司+农户+学校”的办学模式，被省教育厅定为湖南省涉外人才培训基地，2006年，成立岳阳县职业教育中心，在全省率先探索出“政府主导、部门合作、依托学校、乡镇联动”的县职业教育中心运作模式，全县普职招生比率达1∶1，县职教发展模式受到教育部充分肯定，被列为湖南省“十一五”职教发展战略研究五大课题之一，是年，岳阳县被省政府评为全省职业教育先进县，奖励22万元。

第九节　保护资源、保护生态

每年4月1日—6月30日为休渔期，全湖实行春季禁渔，同时实施人工放流；重点打击电、毒、炸鱼行为和修筑矮围，取缔“迷魂阵”；开展爱鸟护鸟活动；保护湿地资源原生态；关停沿湖纸厂246家，使洞庭湖水质达到Ⅲ类。2005年，县渔政监督管理局被农业部评为长江流域春禁休渔工作先进集体，鹿角镇渔民张建设多年在湖中从事船只废弃机油回收工作，其保护环境废旧利用的做法，得到国家环保总局的赞赏，2007年，被评为全国十佳绿色卫士。县渔政局环保站被定为全国环境监察试点单位。

2005年4月，县政府组织召开东洞庭湖沙石资源采矿权公开拍卖会，东洞庭湖沙石有限公司竞得东洞庭湖沙石资源采矿权，合同期5年，第一年成交价为840万元，后每年递增10%。2007年10月，对新一轮芦苇经营权实行拍卖，拍卖洲土6块，期限5年，实际产量6万吨，5年拍卖总收入1.15亿元。利用原湖管局闲置厂房引进私营厂家，配合市沿湖风光带建设、引进星级游轮—天龙渔舫。2007年完成招商1500万元以上，新增产值5000多万元，安排就业300多人。

第十节　农村公路建设

1998年5月，县十三届人大九次会议作出《关于加快发展交通事业的实施意见》的决议，明确提出五年实现“乡乡通油路，村村通公路”的奋斗目标。1998年始，分别重点拓宽改造和硬化荣岳、荣公、荣黄、荣宝和岳平、城芭、公白等主要交通道路，构筑以县城为中心，辐射各乡村的公路网络，出台筹措交通建设资金具体措施，每年筹集4000万元资金用于全县公路建设。2001年年底，县交通局提前实现上述目标。

2003年，交通部发出《关于印发县际及农村公路改造工程实施意见的通知》，要求至2005年完成县到乡镇公路改造。通过多方争取，全县有12条128千米公路列入省、市计划，2003年9月，市政府以岳阳县通乡公路改建工程为现场在毛云路地段召开岳阳市县通乡镇公路建设典礼大会，至年底，完成路基土石方38.7万立方米，全部移交市公路局完成路面招投标工作，进入路面施工阶段，是年，共争取上级建设投资计划1171.40万元，启动县际云钓线（大云山林场至铁山水库钓鱼台），省道306线月田段、大渡线、船大线等工程建设。2004年，新建、续建通乡油路项目9条128千米，完成路基改造128千米、油化路面82千米、水泥路面33千米，争取国家投资5120万元。

2007年，全县完成133个村、380千米村级公路水泥路面硬化，新改建通乡公路3条、22千米，实施通达工程50千米，至年底，全县共完成通畅工程里程835千米，完成总投资8863万元。启动新墙、公田、步仙、杨林、长湖、月田等6个乡镇客运站建设；

完成550个招呼站的申报计划。

第十一节 廉租住房建设

2007年，岳阳县启动廉租住房保障制度。县政府常务会议制定廉租住房工作方案，将符合条件的城镇最低收入家庭尽可能纳入保障范围，并将廉租住房制度落实工作纳入县政府年度实事项目，不定期督查工作进度，确保工作落实。通过县房产局、县民政局、城关镇等单位的联合调查审核，对21户特别困难的最低保障无房户，实施住房租赁补贴，共发放补贴资金1.26万元。

第五章 综合政务

第一节 信访接待

机构 1996年机构改革后，县委办信访办搬至县政府办，隶属县委办、县政府办共同管理。2002年2月，县信访办更名为县信访局，局长由县政府办副主任兼任。

来信来访 2001年，县信访办推行公开承诺制：通过双方承诺的方式，规范双向责任、义务和行为，全县签订承诺书200份，为稳定老户减少重复信访和越级集体上访打下基础。定期排查和督查制度：排查的对象主要是一些热点难点问题，全年共进行4次排查，查出问题36个，为主动处理重大事项提供依据。新开镇枫树村，因京珠高速公路拆迁安置、青苗补偿产生纠纷，一些村民准备车辆、横幅去市上访，镇党委一班人闻讯赶到，现场和村民对话疏导，使问题得到及时化解。设立民情热线电话：全县开通热线电话570个，县信访办设立民情热线中心，满足群众的信访要求。中洲乡率先建立热线电话，做到全年无一人到县机关上访。执行信访工作一票否决制：年终考核评比时，月田镇、新墙镇、县供销社3个单位被一票否决；县信访办被评为岳阳市信访工作红旗单位。

2002年，全县信访采取“三联”，每一位县级领导负责各自乡镇联系点、分管战线和分管的重点项目工程等方面的信访处理，建立“三账”，（即县直部门和乡镇都建立信访账、个案明细账、社会稳定账），加强回访，对大户、老户、苗头户、无人照管的困难户、五保户，做回头访问，成立以县信访局为主，公安、民政、国土、计划生育等部门参加的调处中心，凡涉及各部门的有关信访问题集中协调处理，全县信访问题明显减少。

2003年，继续推行双向责任承诺书制度，全县共签订双向承诺书617份，兑现610份。

2004年9月，建立处理信访突出问题及群体性事件联席会议制度，设立联席会议办公室。根据信访热点组成5个热点问题小组。是年10—12月，召开各种协调会议41次，处理重大信访纠纷33起。2005年，信访总量、集体上访下降，上级交办的23起重大案件，办结22起。2006年，制订《岳阳县处理信访突出问题及群体性事件联席会议办公室具体工作方案》《岳阳县政策协调小组具体方案》，办公室设立5个专项工作小组，热点、难点问题均通过各部门协调办理。2007年，中央下发《关于进一步加强新时期信访工作的意见》，全县加强排查督查力度，主动化解矛盾，年初，制定《岳阳县排查化解矛盾纠纷工作方案》，全年月排查12次，不定期排查48次，查出征地拆迁、山林权、涉法涉诉、企业改制、复退军人安置等所引起的问题50多个，督办信访件40个，1978—2007年，县信访（办）局直接办理来信来访138267人次，其中来信17150封，来访121117人次（集体上访17248人次）。

信访处理　1988年，立案查办的信访案件占信访总量的29.3%，立案率高于历年。共为有实际问题的边防战士、统战对象、退休干部、生活困难户、各类要求落实政策的上访人员解决资金6.12万元、木材3.6立方米，安排就业8人，解决房屋12间，移民安置3人，为应评未评职称者4人评职称。1992年，组织专案调查组，对多年未解决的铁山工程伤残民工上访问题进行认真清理，筹集资金15万元作一次性彻底处理。全年县信访办立案90件，其中上级交办的32件，全部妥善处理。

1998年，收到关于村级财务问题的信访后，从部门、乡镇抽调40多名干部到群众反映强烈的24个村进行清理，为农民减轻负担98万元，退还不合格摊派578万元。指定工商司法部门对30件诈骗信访件进行调查清理与打击，为外商挽回资金70余万元。对城关地区乱收费进行清理退款。1999年，县委、县政府明确重大信访事件，要有2名以上县级领导负责，有关单位配合，限期解决，全年有28名县级领导包案处理24个重大疑难问题。2004年，共召开包括县委常委扩大会议在内的信访工作专题会议12次。2005年，共排查48次，月排查12次，全面督查和督办2次。通报表扬步仙乡、县民政局等12个单位，批评柏祥镇、县粮食局等8个工作不落实的单位。

2006年，县级领导干部共参与处理141个信访事项。2007年，19名县级领导干部包案44个，96%以上问题得到妥善解决。

1978—2007年，由县信访（办）局立案查办案件达3524件，其中上级交办508件，每年都全部结案。

第二节　政务督查

2001年4月，成立县政府督查办。其主要职责是负责中央、省、市重大决策和重要工作部署的贯彻落实，对县政府全体会议、常务会议、专题会议决定的事项和县委、县政府主要领导的批示、交办事项及重要文件的贯彻执行情况进行督查，对《政府工作报告》确定的目标任务和实事办理进行常年督查，对社会反映强烈和群众最关心、最直接、最现实的利益问题及时报告，经领导批准开展专项督查。

2001年，开展“百日会战”督查，对企业职工伤病残退休问题，信访工作，城关地区保洁、保亮、保安工作，九大财源建设项目等14项工作进行督查。2002年，围绕县委、县政府重要文件和优化经济环境、转变干部作风、社会稳定、计划生育、招商引资等重大工作，开展督查110次，下发《督查通报》20期。完成省、市批办督查件5件，完成县政府交办督查件15件，重点做好防汛抗旱、建整扶贫、教育收费、党报党刊发行、干部教师工资发放等专项查办工作，开展民情调查200次，撰写调查报告10篇。2003年，开展督查活动100多次，编印简报、通报、专报49期。2004年，开展督查40次，下乡镇村180天，共走访农户360户，收集情况、建议40多条，撰写调研报告12篇，印发《督查通报》28期、《情况汇报》10期、《领导呈阅卡》5期、《督办令》5期。2005年，县政府督查办组织、参与党群系统、财税系统、招商引进、农口战线等方面督查，主要跟踪管理省八件实事、市九件实事、县十大重点工程和财源建设项目督查，共督查50次，下乡镇村组180余天，印发《督查通报》26期、《情况汇报》9期、《领导呈阅卡》6期、《督办令》6期。2006年，围绕财税系统、招商引进、农口战线等方面工作，按照一个个跟踪、一周周落实、一月月汇报、一季季讲评的要求，跟踪管理省政府八件实事、市九件实事、县十五大重点工程的督查，累计督查50次，下乡镇村组和工地180天，开展民情调查200多次，下发《督查通报》15期、《情况汇报》6期、《领导呈阅卡》4期、《督办令》8期，撰写调查报告10篇，上报3篇，被省、市采用2篇。2007年，围绕加强基础设施建设，扩大就业和再就业、扩大社会保障面、完善农村卫生服务体系、加强社会救助工作、建立农村义务教育保障新机制、改善城市人居环境、健全农村通信和流通网络、加强安全生产和安全管理、改善饮水条件等工作开展督查，提前35天完成所承办的实事任务。

2004—2007年，连续4年被评为省、市“为民办实事”先进单位，2年被评为市级督查工作先进单位。

第三节　法制工作

行政复议应诉　1991—2007年，共受理行政复议案件98起，审结98起。行政应诉自觉接受司法审查，善待原告，保持政府14年涉讼案件败诉率为零，行政赔偿率为零。

法制宣传培训　1978—2007年，政府法制办采取办学习班、法律知识讲座、法律咨询、印发学习资料等形式，进行法制宣传教育，重点宣传《行政处罚法》《行政诉讼法》《行政复议法》《国家赔偿法》《行政许可法》《湖南省行政执法条例》等法律。1997年，下发《关于在全县实行“持证上岗、亮证执法”的通知》，全年举办行政执法培训班

10期，参加人数1100多人；对50个单位、1140人颁发行政执法证。

法制监督　1996年，县政府印发《岳阳县行政执法责任制考评办法》，根据要求，法制办加强执法监督力度，建立健全以行政责任制为核心的执法责任制及执法评价考核体系。是年8月，对县直16个行政执法单位的执法情况进行检查，对国土、水利等重点单位实行定期监督。此后每年年底组织对全县各执法部门进行执法质量的考评，对先进的予以表扬，对不合格的予以警示，并对其相关执法人员进行处分。

办理涉法事务　自1991年始，县政府法制办参与政府有关的合同审查、法律咨询等涉法事务，至2007年，共参与审查合同及有关法律文件30余份。

第四节　安全工作

机构　2004年前，县安全办担负安全生产监督职能，归口县政府办管理。2004年3月，成立县安全生产监督管理局，4月，成立县安全生产委员会（简称安委会），下设办公室，安委会主任由副县长担任，综合管理全县安全生产工作。

宣传培训　按照各时期的安全重点，结合季节宣传。每年安全生产宣传月，县城悬挂横幅，张贴标语，出动宣传车进行广泛宣传。咨询日，县安监局牵头与公安、消防、交警、质监、企发、交通、广播、建设等10多家单位配合，在心连心超市广场设立咨询台，宣传生产法律及其他安全法规，讲授安全常识和安全技能，接受群众咨询，发放宣传资料3万余份，教育部门在学校开设安全常识课，交警部门利用警示光盘和挂图，宣传安全交通，每次大型安全工作会议、安全生产监督检查专项行动都利用广播电视、新闻媒体、电子网络宣传，营造“关爱生命、关注安全”的舆论氛围。

2004年，岳阳县在全市率先举办危险化学品经营单位负责人培训班，共培训53人；举办非煤矿山企业负责人培训班，培训19人；举办电工培训班4期，596人参加培训；在建筑系统举办2期培训班，培训78人；结合烟花鞭炮厂整改，对硬件整改并验收的烟花鞭炮厂从业人员537人开展安全生产和技能常识培训，考核合格持证上岗，21个烟花鞭炮厂业主和烟花鞭炮专营公司负责人在省安监局学习9天，全部拿到资格证。

2005年，培训危险化学品经营单位负责人53人，培训非煤矿山负责人19人，培训电力系统从业人员509人，培训建筑系统从业人员83人，培训烟花鞭炮厂从业人员637人，培训科伦、丰利等企业电焊工53人。

2006年，成立以县安监局局长为组长，纪检组长分管的安全培训领导机构，加强对全县各行业、各领域安全生产培训工作的领导和指导，与经委、建设、技监、消防、劳动等部门建立培训联席会议制度，9634工厂、科伦、丰利、昱华玻璃等重点规模工业企业均建立职工劳动教育制度，定期开展安全生产知识讲座。

2007年，对1063名烟花鞭炮厂从业人员，43名非煤矿山安全员，600多名电工、电焊工、起重工、架子工等特种作业人员进行业务培训。配合县交通局对600多名舵工进行业务培训；配合县交警大队开展交通安全知识进校园、进村组、进家庭的全民教育活动；配合县电力局开展电力安全进家庭、入农户活动。

监督管理 2004年，先后开展危险化学品、非煤矿山、烟花爆竹、道路水上交通、消防、特种设备、建筑施工场所7次安全专项整治，共关闭不合格企业12家，停产整顿37家，限期整改136家。

2005年，督促9634工厂投资30万元消除重大安全隐患；完成16家烟花鞭炮厂、600多家烟花鞭炮经营企业、35个危化经营企业、6家非煤矿山企业、9家建筑企业的安全行政许可证发放工作；出台《烟花爆竹生产企业制度汇编》共38个制度；在整改烟花鞭炮企业设施上，全县共拆除房屋72间2200余平方米，新建房屋136间3100平方米，砌围墙3千米，新购设备128台套，共投资330万元。对城关地区所有重点消防单位进行为期一周的消防安全大检查。

2006年，完成5处市级重大安全隐患治理。交警部门对达不到安全标准的3台校园车辆予以强制报废，对符合条件的13台校园车辆发放准运手续，清理报废三无摩托车867台，车况好、驾驶员考试合格的8794台摩托车依法办理上户手续，纠正违章27896次，查车14637台/次，处罚3596人/次。县政府组织40名工作人员长驻鹿角抓藜蒿采摘期水上安全管理。加强县丰利纸厂、县自来水公司2家液氯使用单位的重大危险源监控和管理，完善档案，定期检查。

2006年，鞭炮事故死1人，伤3人，交通事故死39人，伤40人，其他事故死1人，伤24人，共计经济损失127万元；2007年，鞭炮事故死1人，伤1人，采矿死2人，交通事故死31人，伤36人，其他事故死2人，伤26人，共计经济损失134.1万元。

2007年，全县15家烟花鞭炮厂，关停5家，对2家企业进行易地安全改造，5家企业进行扩改升级。

第五节 外事侨务

外事 实行改革开放后，外宾来访增多，1978—2007年，来访584人次，来自5个国际组织和22个国家、地区。1981年11月1日，英国剑桥大学兽医解剖系主任哈里森到东洞庭湖考察珍贵保护动物白鳍豚的生活情况。1986年7月5日，日中农业指导者访华团一行11人访问县林业局。是年11月29—30日，朝鲜民主主义人民共和国稻米加工技术考察组一行3人到乌江机筛厂考察。1987年4月22日，东京府日中友好协会理事和田健男率11人代表团访问鹿角镇，为筹建鹿角镇小学捐款255万日元。1990年7月13—16日，美国圣大菲能源公司及新西兰石油公司一行6人，就湖南洞庭湖盆地合作项目到洞庭湖实地考察。1995年10月1—8日，以瑞丁格为团长的世界银行一行9人考察铁山灌区工程。1995 年 3 月 22—23 日，日本新泻电视台一行 5 人在慈氏塔拍摄专题片。1997 年 5 月 19—21 日，以穆拉特·阿姆布鲁斯特为领队的美国穿越亚洲历险采访团一行 5 人采访县麻塘春风小学。2000 年，共有外籍人士 18 人到县访问。2007 年，接待因公到张谷英访问的外宾 70 人次。

侨务和港澳台事务　1983 年 10 月，恢复岳阳县建制，侨务工作归口县委统战部管理。1986 年 5 月，成立岳阳县归侨、侨眷联合会，与县侨务办公室两块牌子，一套人马。1986 年 8 月，召开全县归侨、侨眷代表会，选举委员 9 人。是年，全县有侨居美国、日本、马来西亚、新加坡、越南、印度、缅甸等国华侨 57 户。2003 年，全县有港、澳、台同胞和侨胞 1146 户 4083 人。

1991 年，《中华人民共和国归侨、侨眷权益保护法》实施，县境即全面宣传贯彻。1996 年，接待受理侨胞、侨属投诉的各类案件 12 起，其中侵犯人权案 1 起、挖祖坟 3 起、婚姻纠纷案 2 起、经济纠纷案 6 起，案件均得到合理解决。1997 年 4 月 4 日，县委、县政府召开全县侨务工作大会，进一步明确香港、澳门回归后仍然属侨务工作对象的范畴。是年，县侨办、县侨联筹措资金 5 万元，帮助扶持侨属张泽传扩大再生产。2001 年 4 月 26 日，召开第二次归侨侨眷代表大会，选出侨联主席 1 人、副主席 2 人、秘书长 1 人、委员 6 人，均为兼职，归属县政府外事侨务办领导。8 月开展侨情普查，全县共有港、澳、台同胞和侨胞 1146 户 4083 人；在大陆亲属 1741 户 7693 人；归侨 1 户 5 人。是年，先后接待回乡探亲旅游的港、澳、台同胞和侨胞 85 人次，走访“三胞”人士、“三胞”亲属、百岁老人 36 人次，为“三胞”人士、“三胞”亲属办理出境探亲手续 45 人次，办理延期签证 3 人次，办理回乡定居手续 1 人次，协办涉外婚姻 3 对，调解民事纠纷 1 起，协助办理出境打工 43 人次，赚回劳务收入 110 多万元，解决部分“三胞”亲属家庭的经济困难。2005 年，召开 2 次全县侨联委员会议，在有影响的侨眷、侨属中宣传贯彻招商引资、旅游开发等政策，鼓励国外华人、华侨回家乡投资参与经济建设。2007 年，香港应善良福利基金捐资 30 万元助建月田中心卫生院，匈牙利华侨捐资 30 万元修建新开中学教学楼。

1978—2007 年，接待回乡探亲旅游的港、澳、台同胞和侨胞侨眷 2 万余人次，走访“三胞”人士、“三胞”亲属千余人次，为“三胞”人士、“三胞”亲属办理出境探亲手续 1300 人次，办理延期签证 90 人次，办理回乡定居手续 1 人次，协办涉外婚姻 15 对，调解民事纠纷 5 起，接受各类捐助千万余元，协助办理出境打工 1200 人次，取得劳务收入 1100 多万元，解决部分“三胞”亲属家庭的经济困难。

第六节　移民安置

2004 年前，县移民局前身系县政府办下属的移民办。2004 年 3 月，成立县移民局。

至2007年，全县共有移民60607人（其中直发到人52087人，项目扶持8520人。1987年前，37699人），安置在20个乡镇、255个村及中洲渔场、黄沙街茶场、苇业公司。

库区移民 1958年，铁山水库动工兴建，当时移民6561户24946人，全部迁往君山。1960年溃坝后，大部分移民返迁，至1962年年底，返迁移民5766户20558人。1978年冬因重建铁山水库开始第二次移民，至1989年移民任务完成。铁山水库2次共移民12453户49813人，主要聚居在中洲乡、麻塘镇、老港芦苇场、飘尾芦苇场一带。

20世纪60年代末，因修建大坳水库，共迁移185户943人，加上饶村、渭洞库区595人，均安置在附近村组，后部分移民迁往君山、岳阳五里牌。

1966年，岳坊水库第一次动工兴建，一年后停建，1970年改选坝址后重新建设，共迁移262户1331人，与步仙库区286户1200人，全部分散安置在原步仙区3个公社的24个大队。

三峡移民 岳阳县分2批共安置三峡移民81户329人，其中随迁5人。2002年，安置重庆市忠县44户163人，2003年，安置重庆市万洲区37户166人。分别安置在交通便利，经济条件较好的黄沙街、新墙、杨林3个乡镇的6个村10个组。另安置重庆奉节县、开县、万洲及湖北秭归县自主迁入的移民54人。

移民扶持 2006年，全县启动移民后扶工作，共有52087人享受大中型水库移民直补资金，直补标准为每年每人600元，补助期限为20年。采取统一开户（每人一个账户），以“一卡通”形式按季度将移民后扶资金发放到移民手中。至2007年年底，累计发放后扶资金6250.44万元。

2006—2010年（“十一五”规划期间），全县规划后扶项目496个，后扶资金投资10015万元，其中后扶基金2556万元，发展资金7459万元。至2007年年底，共申报移民后扶项目154个，启动154个，总投资4006万元。全县移民村新修通村水泥路56条128千米，整修机埠21处，改造渠道124千米，扩种经济作物2000多公顷。建成6个示范性项目：张谷英镇楠竹基地，新增种植面积50公顷；中洲乡蔬菜基地，新增连片高标准四季菜园70公顷；中洲乡水产养殖基地，改造精养鱼池40公顷；黄沙街镇茶场，扩建55公顷，项目共投资389万元，受益移民1.1万人。

第七节 调研文秘

调研 1991年，县政府办综合组更名为经研室，负责撰写县政府有关文件、领导讲话、调研报告、典型材料，编辑《政府通报》《经济工作》《调查与研究》等内部刊物，收集、上报政务信息，是年，共为领导撰写各类报告、材料80万字。1992—1994年，共编印《经济工作》《政府通报》《调查与研究》96期，采编政务信息200多条，被省政府办公厅采用45条。

1995年，县政府经研室并入县政府办。全年组织开展农业、工业、财政三个系列重大调研活动，撰写调研报告被省部级采用2篇。

1996—2000年，共撰写讲话材料875篇，综合材料235篇，汇报材料78篇，调研材料26篇，在省、市级刊物上发表文章22篇。

2001—2003年，围绕县委、县政府的工作思路和工作重点，确定新农村建设、财源建设、招商引资、民生改善等9个调研课题。针对课题要求，共开展大面调查27次，专题调查8次。

2004—2007年，围绕全县工作大局，开展县域经济社会发展调查研究，成立县域经济发展调研课题组，围绕转变经济发展方式，在推进新型工业化、新农村建设、改善民生等方面，开展16次综合调研，撰写有分量的综合调研报告10篇以上；围绕县域经济社会发展中的热点、亮点问题，收集、整理，上报政务信息200多条；编印《政府通报》《经济工作》《调查研究》等内部刊物80多期；在市级以上党报党刊发表署名文章16篇；编印《经济动态》30期，为县级领导提供党和国家、省、市最新政策信息动态及县情资料等方面的参考信息。

文秘 1984年，县政府办内设秘书组，负责县政府、县政府办文件初审起草、校核印刷；负责办理各乡镇、县直各单位的请示报告；负责县政府领导阅文的分送管理；负责县政府、县政府办印章、介绍信管理及县政府颁发印章的刻制与发送；负责县长办公会议的记录和纪要起草工作；负责县政府和县政府办的文书档案和保密工作，并指导县政府办系统的文书档案和保密工作；负责县政府、县政府办的上传下达和值班工作；负责县政府、县政府办的接待工作；承办县政府有关会议的会务组织和协调。

1984年2月至1987年2月，共组织大小会议1200多次，接转领导批示件及群众来信1300余件，收发各类文件、电报传真6800多件，起草、审核、印发县政府、县政府办各类文件1500多件，接待群众来访2700多人次。

1987年2月至1990年2月，共组织大小会议1500多次，接转领导批示件及群众来信1700余件，收发各类文件、电报传真7600多件，起草、审核、印发县政府、县政府办各类文件1700多件，接待群众来访3100多人次。

1990年2月至1992年12月，共组织大小会议900多次，接转领导批示件及群众来信1100余件，收发各类文件、电报传真5600多件，起草、审核、印发县政府、县政府办各类文件1200多件，接待群众来访2500多人次。

1992—1997年，共组织大小会议2100多次，接转领导批示件及群众来信1900余件，收发各类文件、电报传真8900多件，起草、审核、印发县政府、县政府办各类文件3400多件，接待群众来访4500多人次。

1997—2002年，共组织大小会议1900多次，接转领导批示件及群众来信1600余件，收发各类文件、电报传真9500多件，起草、审核、印发县政府、县政府办各类文件3200

多件，接待群众来访5600多人次。

2002—2007年，共组织大小会议2300多次，接转领导批示件及群众来信1800余件，收发各类文件、电报传真9300多件，起草、审核、印发县政府、县政府办各类文件3600多件，接待群众来访5100多人次。

第八节　驻外办事

2001年年初，成立县政府驻北京联络处，属全额拨款正科级事业单位，核定编制3名。在岳阳市驻京联络处办公（北京市丰台区木樨园岳阳大厦），2004年6月迁至北京市海淀区莲花小区的自购办公房办公。

驻京联络处自成立后，以“联络、信息、项目、资金、服务、维稳”为职责，围绕“构筑联络资源平台，沟通京岳两地信息，争取国家产业政策投资资金，大力招商引资，切实做好服务接待和维稳劝访”工作中心，争取国家产业政策投资项目19个，投资金额2.72亿元，涉及农业、林业、水利、环保等方面的项目及贴息贷款和涉农政策补贴资金，协助相关单位联络推动争取项目32个，投资金额3.46亿元，协助县委、县政府和招商部门及招商项目单位，落实重大招商引资项目4个，投资额达8亿元以上。召开项目推介会5次，与会商家2300余人；乡友会4次，到会1200多人。捕捉、编制、传递有价值产业政策和项目信息90多条，与23个部委、18个企业、500余名在京乡友建立合作关系。同时，拦截集访19次，共86人；遣返132人，协调处理信访落实16件；共劝访遣返300多人次。3次被县委、县政府评为招商引资先进单位，2007年被评为“招商引资”重大贡献单位，多次被岳阳市驻京联络处评为争取项目投资和招商引资先进单位。

第五篇 政协地方组织

第一章 政协委员

第一节 委员产生

1984年1月，成立以县委副书记王树先为主任的县政协筹备委员会。县政协筹备委员会会同县委组织部、县委统战部，依据《中国人民政治协商会议章程》（简称《章程》），经过充分酝酿和民主协商，确定县政协五届委员会委员为124人。第六届始，各届县政协委员的产生，均按《章程》规定，在换届前采取各界别自下而上提名推荐和组织提名推荐，汇总后由县委统战部会同县政协常委会逐个考察座谈，并与社会各界民主协商确定。届中视委员自身情况变化和工作需要，报经县政协全体会议，增补或辞免委员资格。

县政协第五届委员会委员的酝酿、协商工作，自1983年11月始，至1984年2月结束，共产生出席第一次全会的委员124人，届中辞免委员3人，因联谊促统工作需要，增补委员63人。

县政协第六届委员会委员的酝酿、协商工作，自1986年11月始，至1987年1月结束，共产生出席第一次全会的委员205人。届中辞免委员2人，增补委员15人。

县政协第七届委员会委员的酝酿、协商工作，自1989年11月始，至1990年1月结束，共产生出席第一次全会的委员215人。届中辞免委员3人，增补委员2人。

县政协第八届委员会委员的酝酿、协商工作，自1992年9月始，是年11月结束，共产生出席第一次全会的委员213人。届中辞免委员7人，增补委员6人。

县政协第九届委员会委员的酝酿、协商工作，自1997年9月始，是年11月结束，共产生出席第一次全会的委员225人。届中辞免委员12人，增补委员13人。

县政协第十届委员会委员的酝酿、协商工作，自2002年9月始，是年11月结束，共产生出席第一次全会的委员225人，届中辞免委员23人，增补委员22人。

县政协第十一届委员会委员的酝酿、协商工作，自2007年9月始，是年11月结束，共产生出席第一次全会的委员217人。

第二节　委员构成

1984年3月6—11日，出席县政协五届一次全会的委员124人，分别代表17个界别。其中：中共16人，工会2人，共青团3人，科技界20人，教育界23人，医卫界7人，文艺界3人，体育界2人，工商界7人，新闻出版界1人，哲学界1人，农林界6人，社会福利1人，少数民族1人，妇联5人，青联1人，特邀25人。

1987年2月24日—3月1日，出席县政协六届一次全会的委员205人，分别代表19个界别。其中：中共18人，工会4人，共青团5人，妇联7人，侨联9人，工商界17人，三胞联谊32人，科技界33人，文艺界3人，农林界14人，教育界28人，体育界4人，新闻界2人，医卫界8人，社会福利5人，民革2人，九三学社1人，少数民族2人，特邀11人。

1990年2月12—17日，出席县政协七届一次全会的委员215人，分别代表20个界别。其中：中共23人，农林界45人，教育界35人，工商界43人，医卫界17人，民革2人，九三学社1人，台联13人，侨联5人，少数民族1人，私营经济2人，社科界11人，文艺界3人，妇联3人，　体育界2人，社会福利3人，科技界1人，新闻界3人，共青团1人，工会1人。在215名委员中，中共党员77人，占35.81%；党外人士138人，占64.19%；女委员24人，占11.16%；高中以上文化139人，占64.65%；平均年龄43.5岁。

1992年2月17—21日，出席县政协八届一次全会的委员213人，分别代表21个界别。其中：中共28人，民主党派3人，无党派人士6人，工会1人，共青团5人，妇联6人，工商界21人，科学技术界27人，社会科学界19人，农林界15人，教育界23人，医药卫生界10人，少数民族2人，台胞台属17人，归侨侨眷2人，宗教界2人，私营经济15人，工业界2人，福利2人，新闻界5人，体育界2人。在213名委员中，中共党员77人，占36.15%；党外人士136人，占63.85%；女委员32人，占15.02%；高中以上文化160人，占75.12%；平均年龄42.2岁。

1997年12月11—14日，出席县政协九届一次全会的委员226人，分别代表24个界别。其中：中共22人，民主党派1人，教育界23人，青联4人，农林界25人，经济26人，工商界9人，科技界20人，宗教界3人，少数民族3人，对外友好团体3人，无党派人士18人，共青团4人，文艺界7人，妇联6人，工会4人，科协2人，体育界2人，新闻界2人，医卫界10人，社会福利3人，社科界4人，侨联2人，特邀23人。在225名委员中，中共党员84人，占37.17%；党外人士141人，占62.39%；女委员49人，占21.68%；高中以上文化188人，占83.19%；平均年龄39.3岁。

2002年12月8—12日，出席县政协十届一次全会的委员225人，分别代表24个界别。其中：中共党员 18 人，民主党派 3 人，无党派人士 17 人，工会 3 人，共青团 10 人，妇联 7 人，社科界 7 人，农林界 18 人，工商界 17 人，经济 34 人，侨联 5 人，教育界 17 人，宗教界 4 人，青联 3 人，社会福利 5 人，体育界 3 人，医卫界 9 人，文艺界 7 人，少数民族 3 人，科协 5 人，新闻界 1 人，科技界 5 人，对外友好 3 人，特邀 21 人。在 225 名委员中，中共党员 89 人，占 39.56%；党外人士 136 人，占 60.44%；女委员 55 人，占 24.44%；高中以上文化 208 人，占 92.44%；平均年龄 36.9 岁。

2007 年 12 月 3—7 日，出席县政协十一届一次全会的委员 218 人，分别代表 20 个界别。其中：中共 21 人，民主党派 2 人，无党派人士 18 人，工会 8 人，共青团 8 人，妇联 8 人，侨联 4 人，工商界 16 人，经济界 34 人，科技界 7 人，农林界 21 人，教育界 15 人，体育界 3 人，文艺新闻出版界 9 人，医卫界 12 人，对外友好 2 人，宗教界 4 人，社会福利 4 人，少数民族 2 人，特邀 20 人。在 217 名委员中，中共党员 89 人，占 40.83%，党外人士 128 人，占 58.72%；女委员 52 人，占 23.85%；高中以上文化 211 人，占 96.79%；50 岁以上仅 21 人，占 9.63%，平均年龄 39.8 岁。

第三节　委员活动

1984 年 3 月，县政协五届一次常委会按委员工作性质、隶属关系，成立农林、财贸、工交城建、文教卫生、祖国统一、工青妇等 6 个政协工作组。随着政协委员的产生层面不断扩大，政协工作已由城市延伸到农村。但农村委员居住分散，不便组织政协委员开展活动，月田区 7 名政协委员首创以区成立学习小组，较好地解决农村委员的活动载体问题。县政协及时将月田区委员活动小组的情况向县委作专题汇报。1984 年 6 月，县委批转推广月田区的做法，在全县 13 个区（镇）相继建立政协委员活动小组，坚持一月一次集体活动，组长每季度列席一次政协常委会。

1987 年 2 月，县政协六届一次会议决定，县直 8 个政协工作组，农村按区域设 13 个政协工作组。

1992 年 12 月，县政协八届一次会议决定将湖管政协工作组并入农林水工作组，增设政协机关工作组，仍为 8 个县直工作组。

1996 年 3 月 28 日，县政协八届四次会议决定，农村以新成立的 25 个乡镇设立政协工作组。

1997 年 12 月，县政协九届一次会议决定设 9 个县直工作组，因广兴镇、许市镇划归君山区，乡镇政协工作组减至 23 个。

2002 年 12 月，县政协十届一次会议决定将县直和乡镇政协工作组更名为政协联络组，将社科一组、社科二组合并为社科政协联络组，县直为 8 个联络组。

2005 年 12 月 20 日，县政协十届十二次常委会决定，因康王乡、三荷乡、西塘镇划归岳阳经济开发区，农村乡镇联络组减至20个。

2006年3月16日，成立工商联政协联络组，县直联络组增至9个。

2007年12月，县政协十一届一次会议决定，将教育、文体卫联络组合并，县直设8个联络组；农村仍以20个乡镇设立联络组。

历届县直政协联络（工作）组组长均由部、办、委分管副职担任；农村政协联络（工作）组组长则由乡镇党委、政府成员担任。2007年10月26日，经县委同意，乡镇设立专职政协联络组组长，享受正科级待遇，列席同级党委、政府会议。

第二章　全体会议

第一节　第五届委员会全体会议

1984年3月6—11日，召开县政协五届一次全会。会议听取和审议筹备委员会成员吴家志所作的《开创县人民政协工作新局面》的工作报告、县委统战部部长李雄威作的《关于岳阳县政协第五届委员会筹备工作情况》的报告和副部长梁英保作的《关于提案审查情况的报告》。选举产生县政协五届委员会常委19人，主席王树先，副主席吴家志、刘志耕、唐友诰、王发祥。通过政治决议和其他决议。与会委员列席县九届人大一次会议。

1985年5月18—20日，召开县政协五届二次会议。会议听取和审议县政协副主席刘志耕所作的工作报告，副主席王发祥《关于五届一次会议以来提案工作情况的报告》，县委统战部副部长梁英保《关于一年来落实统战政策情况的报告》。通过王树先辞去县政协主席职务的决议，补选副主席李雄威和常委15人。列席县人大九届二次会议，听取和审议《县政府工作报告》。会议通过政治决议和其他决议。

1986年6月15—19日，召开县政协五届三次全会，会议听取和审议县政协副主席刘志耕所作的工作报告，副主席唐友诰《关于五届二次会议以来提案工作情况的报告》。列席县九届人大三次会议，听取和审议县《政府工作报告》、计划和财政工作报告，会议通过吴家志、李雄威辞去县政协副主席职务的决议，选举司马毅为县政协主席。通过政治决议和其他决议。

第二节　第六届委员会全体会议

1987年2月24日至3月1日，召开县政协六届一次全会。会议听取和审议县政协主席司马毅所作的《坚持四项基本原则，努力实现“三个突破”，进一步开创政协工作新局面》的工作报告，副主席唐友诰《关于五届三次全会以来提案工作情况的报告》，梁英保所作的《换届筹备工作报告》；表彰政协活动先进单位和先进个人；选举产生县政协六届委员会常委25人，主席司马毅，副主席王发祥、梁英保（女）、张承玮、姚匡华（兼）、邓淑珍（女、兼）。列席县十届人大一次会议，听取和审议《政府工作报告》和其他报告。通过大会政治决议。

1988年1月3—7日，召开县政协六届二次全会，会议听取和审议县政协主席司马毅所作的《以党的十三大精神为动力，把人民政协工作提到一个新水平》的工作报告，副主席邓淑珍《关于政协六届一次全会以来提案工作情况的报告》。列席县十届人大二次会议，听取和审议《政府工作报告》和其他报告。转发《关于认真贯彻落实中国人民政治协商会议岳阳县委员会1988年工作要点的通知》。会议增补副主席张一核和常委2人，表彰1987年度政协工作先进单位和政协活动积极分子，通过大会政治决议。

1989年3月21—24日，召开县政协六届三次全会。听取和审议县政协主席司马毅所作的《完善根本制度，搞好协商监督，为深化改革、振兴经济作出新贡献》的工作报告，副主席张承玮《关于六届二次全会以来提案工作情况的报告》。列席县十届人大三次会议，听取和审议《政府工作报告》和其他报告。学习《全国政协关于政治协商民主监督的暂行规定》，补选罗为民为六届政协副主席，表彰政协工作先进单位和政协活动积极分子，通过大会政治决议。

第三节 第七届委员会全体会议

1990年2月12—17日，召开县政协七届一次全会。会议听取和审议县政协副主席王发祥所作的《继往开来、再展宏图》的工作报告，副主席姚匡华《关于政协岳阳县六届一次会议以来提案工作情况的报告》；选举产生县政协七届委员会常委29人，主席卢长根，副主席王发祥、张承玮、姚匡华（兼）、张一核（兼）。列席县十届人大一次会议，听取和审议县《政府工作报告》、计划和财政工作报告，通过大会政治决议。

1991年3月4—7日，召开县政协七届二次全会。会议听取和审议县政协主席卢长根所作的《提高认识、振奋精神，努力做好新时期政协工作》的工作报告，副主席姚匡华《关于七届一次会议以来提案工作情况的报告》；增补徐岳为七届政协副主席，因工作变动，同意辞免王发祥七届政协副主席、周过佩政协常委职务。进行大会经验交流，公田政协活动小组等8个单位和个人作典型发言。列席县十一届人大二次会议，听取和审议《政府工作报告》、计划和财政工作报告，通过大会政治决议。

1992年2月23—24日，召开县政协七届三次全会。会议听取和审议县政协副主席徐岳所作的政协岳阳县第七届常委会工作报告，副主席姚匡华《关于七届二次会议以来提案工作情况报告》，表彰1991年度政协工作先进单位和先进个人。会议同意卢长根辞去七届政协主席职务，补选曾敬山为七届政协主席。会议协商讨论县政府工作报告、计划和财政工作报告，通过大会政治决议。

第四节 第八届委员会全体会议

1992年12月17—21日，召开县政协八届一次全会。会议听取和审议县政协副主席徐岳所作的《同心同德，合智合力，为建设繁荣富强的岳阳县作出贡献》的工作报告，副主席姚匡华《关于七届一次会议以来提案工作情况的报告》；选举产生县政协八届委员会常委30人，主席潘长根、副主席万平喜、张承玮、张一核（兼）、李佑文（兼）、李中明（兼）。列席县十二届人大一次会议，听取和审议县《政府工作报告》、计划和财政工作报告，通过大会政治决议。

1994年3月15—18日，召开县政协八届二次全会。会议听取和审议县政协主席潘长根所作的《合心合力、共创伟业，为我县跨入全省十强县做出新贡献》的工作报告，副主席张一核《关于八届一次会议以来提案工作情况的报告》，表彰“我为跨入十强县争贡献”竞赛活动中的先进集体和先进个人。列席县十二届人大二次会议，听取和审议县《政府工作报告》、计划和财政工作报告。增补八届政协常委4人，辞免2人八届政协常委职务，通过大会政治决议。

1995年3月12—16日，召开县政协八届三次全会。会议听取和审议县政协主席潘长根所作的《励精图治，再创辉煌，为岳阳发展做出新的贡献》的工作报告，副主席张一核《关于八届二次会议以来提案工作情况的报告》；增补八届政协常委1人，政协委员3人，辞免八届政协常委1人。表彰政协八届一次会议以来的优秀提案和“我为岳阳发展争贡献”活动中先进集体和先进个人。列席县十二届人大三次会议，听取和审议县《政府工作报告》、计划和财政工作报告，通过大会政治决议。

1996年3月24—28日，召开县政协八届四次全会。会议听取和审议县政协主席潘长根所作的《同舟共济，再展宏图，为建设繁荣富强的岳阳县而奋斗》的工作报告，副主席张一核《关于八届三次会议以来提案工作情况的报告》。9名政协委员进行大会建言，会议增补何忠民、赵煜恒为八届政协副主席，增补政协委员6人；辞免万平喜、张承玮八届政协副主席，辞免政协常委4人，政协委员4人。列席县十二届人大四次会议，听取和审议县《政府工作报告》、计划和财政工作报告，协商审议县《国民经济和社会发展“九五”计划和2010年规划纲要》，通过大会政治决议。

1997年2月22—26日，召开县政协八届五次全会。会议听取和审议县政协主席潘长根所作的《合心合力，再创新业，为建设开放文明的岳阳县献智出力》的工作报告，副主席张一核《关于八届四次会议以来提案工作情况的报告》，8位政协委员进行大会建言。

大会表彰1996年度政协工作先进单位、提案办理先进单位和优秀政协委员。组织视察麻塘垸、中洲垸防洪大堤、农业综合开发区、311工厂、9634工厂等重点工业企业。列席县十二届人大五次会议，听取和审议县《政府工作报告》、计划和财政工作报告，通过大会政治决议。

第五节　第九届委员会全体会议

1997年12月11—14日，召开县政协九届一次全会。会议听取和审议县政协党组书记胡耀宗所作的《高举旗帜，履行职能，为推进我县改革建设事业共同奋斗》的工作报告，副主席赵煜恒《关于政协岳阳县八届一次会议以来提案工作情况的报告》；选举产生九届政协常委33人，主席胡耀宗、副主席李佑文、何忠民（女）、赵煜恒、甘柏旺（兼）、彭荣欣（女、兼）、彭浪英（兼）。列席县十三届人大一次会议，听取和审议县《政府工作报告》、计划和财政工作报告，通过大会政治决议。

1999年3月3—6日，召开县政协九届二次全会。听取和审议县政协主席胡耀宗所作的《面向新世纪、开创新局面，为我县改革建设事业进一步发展献计出力》的工作报告，副主席赵煜恒《关于九届一次会议以来提案工作情况的报告》。11名委员进行大会建言。列席县十三届人大二次会议，听取和审议县《政府工作报告》、计划和财政工作报告，通过大会政治决议。

2000年1月12—15日，召开县政协九届三次全会。会议听取和审议县政协主席胡耀宗所作的《举大团结旗帜，创新世纪辉煌》的工作报告，副主席赵煜恒《关于九届二次会议以来提案工作情况的报告》。表彰政协工作先进联络组、优秀政协委员和优秀提案，5名政协委员进行大会经验交流。列席县十三届人大三次会议，听取和审议县《政府工作报告》、计划和财政工作报告，通过大会政治决议。

2001年3月25—28日，召开县政协九届四次全会。会议听取和审议县政协主席胡耀宗所作的《立足新世纪、开创新局面，为实现我县经济跨越式发展献计出力》的工作报告，副主席赵煜恒《关于九届三次会议以来提案工作情况的报告》；视察县属重点工程建设和农业结构调整现场；增补李亚东为政协副主席，增补常委1人、委员13人；辞免12名政协委员职务。列席县十三届人大四次会议，听取和审议县《政府工作报告》、计划和财政工作报告，通过大会政治决议。

2002年1月24—27日，召开县政协九届五次全会。会议听取和审议县政协主席胡耀宗所作的《与时俱进，共创辉煌》的工作报告，副主席赵煜恒《关于九届四次会议以来提案工作情况的报告》；视察县重点工程建设和民营企业；表彰先进联络组和优秀政协委员；听取5名政协委员的典型经验介绍。列席县十三届人大五次会议，听取和审议县《政府工作报告》、计划和财政工作报告，通过大会政治决议。

第六节　第十届委员会全体会议

2002年12月8—12日，召开县政协十届一次全会。会议听取和审议县政协副主席李亚东所作的《与时俱进、聚智合力，为推进我县新一轮经济大发展而共同奋斗》的工作报告，副主席赵煜恒《关于九届政协五年来提案工作情况的报告》；选举产生十届政协常委33人，主席余振东，副主席李亚东、赵煜恒、李载荣、彭浪英（兼）、甘柏旺（兼）、彭荣欣（女、兼）。列席县十四届人大一次会议，听取和审议县《政府工作报告》、计划和财政工作报告，通过大会政治决议。

2004年3月7—10日，召开县政协十届二次全会。会议听取和审议县政协副主席李亚东所作的《紧扣发展第一要务，切实履行政协职能，为实现全县新一轮经济发展，全面建设小康社会做出新贡献》的工作报告，副主席李载荣《关于十届一次会议以来提案工作情况的报告》；表彰先进联络组、优秀政协委员和优秀提案；增补常委1人、委员10人；辞免常委1人、委员8人。8名政协委员进行大会建言。列席县十四届人大二次会议，听取和审议县《政府工作报告》、计划和财政工作报告，通过《关于切实加强县城规划和建设用地管理》的建议案和大会政治决议。

2005年2月24—27日，召开县政协十届三次全会。会议听取和审议县政协副主席赵煜恒所作的《紧扣发展主题，认真履行职能，努力开创政协工作新局面》的工作报告，副主席甘柏旺《关于十届二次会议以来提案工作情况的报告》；6名委员进行大会建言。列席县十四届人大三次会议，听取和审议县《政府工作报告》、计划和财政工作报告，通过《关于推进实施“民本岳阳”九项工程，加快我县旅游经济发展进程》的建议案和大会政治决议。

2006年1月3—6日，召开县政协十届四次全会。会议听取和审议县政协副主席李载荣所作的《推进民主团结，履行政协职能，为构建社会主义和谐社会再作新贡献》的工作报告，副主席彭浪英《关于十届三次会议以来提案工作情况的报告》；听取5位优秀政协委员的典型发言；表彰《出重拳、下猛药，狠刹赌博歪风》等10件优秀提案；组织参观县属重点工程；补选委员、常委2人，辞免委员13人，撤销熊锡金、李会文十届政协委员资格。列席县十四届人大四次会议，听取和审议县《政府工作报告》、计划和财政工作报告，通过《关于加快山川绿化，保护森林资源，建设我县社会主义秀美新农村》的建议案和大会政治决议。

2007年1月12—16日，召开县政协十届五次全会。会议听取和审议县政协主席余振东所作的《凝智聚力，履职践行，为促进我县和谐发展再立新功》的工作报告，副主席李载荣《关于十届四次会议以来提案工作情况的报告》；表彰先进联络组和优秀政协委员。列席县十四届人大五次会议，听取和审议县《政府工作报告》、计划和财政工作报告。通过《关于加强城关社区管理，推进和谐县城建设》的建议案和大会政治决议。

第七节　第十一届委员会全体会议

2007年12月3—7日，召开县政协十一届一次全会。会议听取和审议县政协副主席李载荣所作的《肩负使命，同心协力，为推进全面建设小康社会而努力奋斗》的工作报告，副主席赵煜恒《关于十届政协五年来提案工作情况的报告》；选举十一届政协常委33人，主席彭西罗，副主席李载荣、赵煜恒、彭浪英（兼）、甘柏旺（兼）、彭荣欣（女、兼）。列席县十五届人大一次会议，听取和审议县《政府工作报告》、计划和财政工作报告，通过大会政治决议。

第三章　政协常委会

第一节　常委组成

政协岳阳县委员会常务委员会由政协主席1名、副主席若干名、秘书长1名、常务委员若干名组成。常务委员会成员由全体委员会议通过无记名投票或举手表决的方式选举产生。

县政协第五至十一届常务委员会组成人员情况

表5-3-1　　　　单位：人

届　次	组　成 人员数	其　中					
		主　席	副主席	秘书长	常　委	女　性	非中共人士
第五届	19	1	4	1	19	3	15
第六届	25	1	5	1	25	8	23
第七届	29	1	4	1	29	2	22
第八届	30	1	5	—	30	6	19
第九届	33	1	6	—	33	11	22
第十届	33	1	6	—	33	7	21
第十一届	33	1	5	—	33	8	21

说明：表中数据为各届开始时数据

1984—2007年岳阳县政协主要负责人名录

表 5-3-2

届次	主席	籍贯	任职时间	副主席
第五届（1984年3月—1987年2月）	王树先 司马毅	湖南岳阳县 湖南岳阳县	1984年3月—1986年1月 1986年6月—1987年2月	李雄威　刘志耕　王发祥　唐友诰
第六届（1987年2月—1990年2月）	司马毅	湖南岳阳县	1987年2月—1990年2月	王发祥　梁英保（女）　张承玮 姚匡华（兼）　邓淑珍（女、兼） 张一核（兼）　罗为民（兼）
第七届（1990年2月—1992年12月）	卢长根 曾敬山	湖南岳阳县 湖南岳阳县	1990年2月—1991年2月 1991年2月—1992年12月	王发祥　徐　岳　张承玮 姚匡华（兼）　张一核（兼）
第八届（1992年12月—1997年12月）	潘长根（女）	湖南岳阳县	1992年12月—1997年12月	万平喜　张承玮　何忠民（女） 赵煜恒　张一核（兼）　李佑文（兼） 李中明（兼）
第九届（1997年12月—2002年12月）	胡耀宗	湖南岳阳县	1997年12月—2002年12月	李亚东　李佑文　何忠民（女） 赵煜恒　彭浪英（兼） 彭荣欣（女、兼）　甘柏望（兼）
第十届（2002年12月—2007年12月）	余振东	湖南岳阳县	2002年12月—2007年12月	李亚东　赵煜恒　李载荣 彭浪英（兼）　甘柏望（兼） 彭荣欣（女、兼）
第十一届（2007年12月—　）	彭西罗	湖南岳阳市	2007年12月—	李载荣　赵煜恒　彭浪英（兼） 甘柏望（兼）　彭荣欣（女、兼）

第二节　专门委员会

政协岳阳县委员会机关设立若干专门委员会和组、室作为工作机构，处理日常事务。机关各委、室设专职主任1名，副主任1~2名，工作人员1~2名。1984年3月，县政协内设学习委员会、联络委员会、文史资料委员会、办公室。1987年2月，县政协内设学习委员会、联谊委员会、工作组委员会、提案委员会、文史资料委员会、办公室。1995年6月，县政协内设学习文史委员会、提案委员会、联络委员会、办公室。第五届至第八届期间，各专门委员会主任由副主席兼任，副主任由专职政协常委担任。1997年12月，县政协内设法制群团联络委员会、文教卫体委员会、经济科技委员会、学习文史提案委员会、办公室，均为正科级机构。主任由专职政协常委担任，副主任为副科级专职工作人员，各专门委员会分别由10名左右政协委员组成。

第四章　职能行使

第一节　政治协商

全会协商　县政协七届一次会议《关于继续巩固社会办学成果》的建议案，县委、县政府由分管副县长牵头，组织相关部门出台继续巩固社会办学成果，积极创造条件，扩大社会办学规模的实施意见。县政协九届三次会议组织政协委员分别就财源建设、农业结构、转变干部作风、社会稳定等重大问题进行调研，形成集体意见。县政协十届二次会议《关于切实加强县城规划和建设用地管理》的建议案，县政府召开专题办公会议，认真研究加强城镇规划建设用地管理的有关政策，并出台8条措施。县政协十届三次会议《关于维护森林资源，加快山川绿化，创建秀美新巴陵》的建议案，县长当即批示由县政府牵头，组织有关职能部门就建议案提出的方案，研究落实措施，并在全县开展打击乱砍滥伐活动，清理一批竹木加工企业，加大造林管护力度。县政协十届四次会议《关于推进实施"民本岳阳"九项工程，加快我县旅游经济发展》的建议案，县委、县政府成立岳阳张谷英管理处，将县招商局更名为县旅游招商局，结束境内旅游经济无人管、各自为政的局面。县政协十届五次会议《关于加强城区社会管理，推进和谐县城建设》的建议案，县政府召开办公会议形成4项决议：将社区管理和建设纳入政府日常工作重要内容；建立社区管理和建设的长效机制；改善社区设施，明确社区管理和建设的发展方向；改善社区干部待遇和活动经费。

常委会协商　政协每年召开4次常委会，均邀请县委、县政府和相关部门的主要领导参加。县政协六届五次常委会就如何加强政协工作、推进教育改革及振兴本县工业等问题进行协商；六届七次常委会专题协商政协组织和政协委员如何为治理经济环境，整顿经济秩序献计出力的具体措施；七届一次常委会协商通过《关于巩固发展社会办学》的建议案；七届三次常委会协商通过《关于提请县委高度重视南县和我县舵杆洲边界纠纷，维护我县合法权益》的建议案；八届三次常委会在听取县纪委、县检察院情况通报后，协商政协在反腐倡廉工作中如何发挥民主监督作用；八届十二次常委会协商通过《关于政协委员若干问题的规定》；八届十四次常委会协商审议县政府关于上半年经济工作情况、减负工作运行情况和全县"严打"情况的通报；八届十六次常委会就行政事业收费和救灾经费使用调研情况进行协商评议；九届三次常委会就县政府和有关部门办理政协委员提案情况进行协商评议；九届八次常委会听取和协商县政府关于全县国有企业下岗职工再就业的情况通报；九届十一次常委会听取和协商县政协关于农业结构调整、财贸体制改革调研情况的汇报；九届十五次常委会听取和协商县政府关于近几年农民增收情况的通报和县政协关于湖区农民增收情况的调研汇报；九届十七次常委会听取县民政局低保工作情况和县劳动局社会养老保险情况的汇报，并就如何确保特困群体最低生活保障和全面推进社会养老保险进行协商；九届十九次常委会听取县政协关于全县工业、农产品加工业发展情况的调研汇报，协商研究如何大力发展全县工业、乡镇企业的措施。十届十一次常委会听取和协商县政协关于县城自来水和全县教育布局调整情况的调研汇报；十届十四次常委会听取和协商县政协关于本县新型农村合作医疗试点工作情况的调研汇报；十届十九次常委会听取和协商县政协关于推进环城区乡镇新型工业化情况的调研汇报。

主席会议协商 1990年4月17日，县政协召开主席扩大会议，邀请县政府、县教育局主要负责人，就县政协1984年创办的岳阳县振兴学校的有关问题进行协商，会议听取县振兴学校关于办学情况和面临的困难及如何发展社会办学、巩固办学成果的设想。会议一致认为，县政协充分利用自身优势，发展社会办学，缓解本县师资紧缺、入学难的矛盾。会议决定振兴学校仍由县政协领导，业务上由县教育局管理，县财政适当资助，继续坚持办学方向、扩大办学规模、改善办学条件、加快基础设施建设。2003年4月20日，县政协召开主席扩大会议，听取和协商全县计划、财政、教育、交通情况的汇报。2006年3月24日，县政协召开主席扩大会议，听取县财政局关于2006年度财政预算计划情况的汇报和县政府关于制订2006年度财政预算计划的情况说明，主席会议对财政预算进行认真审议协商，在充分肯定的前提下，建议县政府、县财政局应在增收上寻求突破，管理上加大力度。

领导层协商 2003年3月25日，县委召开议政协工作专题常委会，邀请县政协正副主席、专门委员会主任参加，4月10日，县委下发《关于进一步加强政协工作的意见》。2004年5月9日，县委再次召开议政协工作专题常委会，协商县政协十届二次会议《关于切实加强县城规划和用地管理的建议案》，并协商审议《岳阳县人民政府关于进一步认真做好政协工作的通知》。2007年10月，在县委常委会上，根据县政协党组和主席会议的建议，县委同意设立乡镇政协联络组长，解决正科级待遇，列席乡镇党委、政府会议，是年10月26日，县委组织部正式行文明确。

约请协商 1985年10月11日，县政协约请16名长期从事农林牧渔和科技、供销工作的农艺师、工程师就调整农业结构进行协商探讨。1986年9月20日，县委、县政府召开各界人士民主协商会，专题协商全县"七五"计划和发展商品生产。23位政协委员，进行为期1个月的专题调查，从中筛选13份调查报告和发言材料，为县委、县政府的重大决策提供依据。1987年2月18日，县委、县政府邀请30位政协委员，就进一步加强精神文明建设、促进领导决策民主化、科学化进行协商，会后，县政府召开县长办公会，组织有关部门尽快付诸实施。1988年1月8日，县委、县政府、县政协及有关部门负责人邀请50多位政协常委、联络组长，围绕"两个文明"建设和经济政治体制改革进行协商，与会委员就教育改革、创建初级中学和深化企业改革、提高经济效益等方面积极协商建言。1991 年 1 月 27 日，县政协约请所有县级领导，县直、区乡场党政主职、政协常委、政协活动组长共 200 人，共同协商如何加强政协工作，充分发挥政协组织的作用。2004 年 7 月 12 日，县政协约请水利、环保、交通等部门负责人就铁山库区问题的调研情况进行通报，专题协商如何进一步搞好库区政策落实和扶贫开发工作。2005 年 7 月 13 日，县政府召开承办县政协十届三次会议提交的《关于推进实施“民本岳阳”九项工程，加强我县旅游经济发展进程》的建议案办理情况通报协商会，全体政协常委，县委、县政府及相关部门、乡镇主要负责人约 70 人出席会议。

上门协商　1991 年 4 月 4—8 日，县政协组织部分省、市、县政协委员视察铁山南干渠的灌溉效益和管理情况后，邀请县委、县政府、铁山渠道管理局、县水利局及沿途有关乡镇的主要负责人就铁山南干渠有关问题进行协商，推动南干渠改造升级工程。1995 年 4 月 18—19 日，县政协在了解渭洞区遗弃女婴和女孩失学严重的情况后，邀请县妇联、县民政局、县公安局、县教育局、县计生委主要负责人进行情况通报。通过广泛协商，一致认为，边远山区农村由于传宗接代、男尊女卑的封建思想，存在着较严重的遗弃女婴、女孩入学率低的现象，县直和有关乡镇要整体联动，充分运用法律手段，加大打击力度；进村入户逐个动员女孩入学，对特困家庭减免部分学杂费。1999 年 2 月上旬，县政协组织政协委员对城关镇 24 家个体工商业主、中心市场 33 名个体老板、5 家民营经济管理部门进行走访调研后，邀请县政府、县财办及有关部门的主要负责人就经营方式落后、网点布局混乱、征收管理无序、市场开而不发等问题进行协商。2005 年 6 月 3 日，县政协在县林业局召开十届十次常委会，专题协商退耕还林政策兑现、加强森林管护力度问题。

第二节　民主监督

专题监督　1984 年，县政协组织政协常委对县城规划、建设情况进行视察监督。向县委、县政府倡议全民植树造林，建设花园式县城，并带头参加东方大道的植树活动。1986 年，组织政协常委、部分农业科技人员对中洲、筻口等区乡调整产业结构情况进行督查。1994 年，组织政协常委对荣家湾开发区、康王开发区、大云山旅游开发区的运行情况进行专题督查。2000 年，组织政协委员对乡镇偿还债务、减轻农民负担情况进行专项督查。2003 年，组织政协常委、联络组长对招商引资重点项目和民营重点企业进行视察评议。2004 年，组织政协常委、联络组长对全县交通建设情况，特别是通乡公路情况进行专题视察。2005 年，组织部分政协委员对文物执法情况进行专项督查。2006 年，组织部分政协委员在县民政局对《关于保持殡葬改革成果，坚决刹住城区随处办丧事的行为》的提案的落实情况进行现场督办。2007 年，对麻塘、新开、新墙、长湖等乡镇进行环城区乡镇新型工业化进程专题督查评议。

全程监督 1997年，县委、县政府启动国有流通企业和县属工业企业破产改制工作，县政协组织委员对改制全过程进行监督。1998年，对县直10多个执收执法单位进行稽查、督查，共查出违纪金额136.7万元，已收缴入库66万元，限期入库70.7万元。每年每期新生入学时，县政协均组织政协委员到每个学校，督查学校收费项目标准，听取家长和学生意见，对个别学校的违规行为一经发现立即责令整改。新型农村合作医疗从试点开始，县政协就着力加大监督力度，每年组织1~2次全面调查，为完善、规范农村合作医疗工作提出许多具有建设性的建议，均得到县委、县政府的采纳。

特约监督 九届政协经与县公安局、县法院、县检察院、县税务局、县财政局、各乡镇联系，选派政协委员担任执纪执法监督员，对权力部门的执纪执法行为进行跟踪监督，反馈民意、确保公正；并在群众中做一些宣传解释工作，消除误解、维护稳定。县政协十届委员会对县公安局、县法院、县检察院、县财政局、县税务局、县交通局、县交警大队、县教育局、县工商局、县技监局、县移动公司等有行政执法执收权力的单位和部门，委派39名政协特约监督员，由被监督单位发聘书，县政协发委派证。特约监督员参与被监督单位的听证会、工作汇报会，随时约请被监督单位的负责人交换意见，反馈群众对被监督单位的批评建议，参与执收执法过程中出现矛盾的协调处理。2005年4月5日，在县移动公司召开县政协特约监督工作第二次讲评会，副主席李亚东就2004年度特约监督工作进行总结，主席余振东进行讲评。

评议监督 2003年，组织政协委员对县交通局、县交警大队、县运管所等部门的执法情况进行调查评议。采取集中开会、个别座谈、问卷测评等多种形式对100名个体私营车主进行调查，形成调查评议报告，在全县治理经济环境讲评大会上，县委对相关单位和责任人作出严肃处理。各乡镇政协联络组对有关站所工作进行经常性、不定期的评议监督。对一些带倾向性和全局性的问题进行归纳、组织调研，召开会议进行公开评议。1998年6月在全县治理经济环境大会前，县政协组织政协委员进行为期一个月的调查研究，形成专题材料，会上，6名政协委员就教育收费、部门执法等方面存在的问题进行公开评议。每年10月、11月，县政协以联络组为单位对所在单位和乡镇分发问卷测评表，对执收执纪执法部门和乡镇七站八所进行测评，整理汇总后呈报县委、县政府。

提案监督 县政协六届委员会期间，委员陈魁奇等提出的县级领导应带头加强廉政建设的提案，引起县委重视，对本县几年来廉政建设的情况进行回顾总结，制定《县委常委十不准》《县长十条守则》《全县党员干部纠正不正之风的九条规定》。县政协七届委员会期间，委员万佑国、晏雄威关于清理干部营建私房的提案，县委、县政府专题研究，成立清房领导小组，对全县220多名干部营建私房的情况进行清理，对其中20多户违纪违法、以权谋私的干部分别作出处理。县政协十届委员会期间，治理经济环境，是许多政协委员实施提案监督的重点，引起县委、县政府的高度重视，出台《重大行政处罚公开听证监督管理制度》，所有行政执法部门、法律法规授权组织和行政机关委托组织对全县规模以上企业、招商引资项目及重点工程，实施重大行政处罚前，均必须召开公开听证会。

第三节 参政议政

组织调研 1978—2007年，县政协先后组织“加强学校管理”“治理学校周边环境”“加大职业技术教育力度”“搞好教育布局调整”等专题调研。县政协九届委员会期间，就经济环境治理、推进财政体制改革、粮食流通体制改革、整顿金融秩序等方面组织专题调研。县政协组织政协委员对治理经济环境进行2个月的调研，重点考察20多家私营企业、个体大户，召开私营业主和有关部门负责人座谈会10多次。针对私营经济发展缓慢、外部环境不优、政策落实不力、市场发育不良等问题提出“解放思想，形成发展共识；放宽政策，增强发展动力；惩治‘三乱’、优化发展环境；培育市场，提高发展质量；加强领导，营造发展合力”等建议，得到县委、县政府采纳。

县政协对建设社会主义新农村这一重大决策组织调研。发现新农村建设中存在“五难”（即农民观念难突破，基础设施难改善，农民收入难增长，村级债务难消化，农业科学技术难推广）。及时向县委、县政府提出建设社会主义新农村要处理好“硬件建设与软件建设、典型示范与整体推进，政府主导、社会参与，充分发挥农民主体作用”三种关系，要坚持“示范先行，机制创新，稳中求进”三个原则的建议，为县委、县政府指导全县建设社会主义新农村提供决策依据。

历届政协主席、副主席组织调查，撰写调研材料。司马毅撰写《关于铁山南灌渠管理状况的调查》，卢长根撰写《关于城关镇居民管理混乱亟待解决的调查》，潘长根撰写《关于我县开发区建设的启示》，胡耀宗撰写《关于我县水利重点工程建设情况的调研》《关于丘阳县农民增收状况的调查》，佘振东撰写《应加大对血吸虫疫区的综合治理》《大云山旅游开发的现状及发展对策建议》，李亚东撰写《对当前行政执法活动中的不良现象的几点思考》《关于发展我县个体私营经济的调查与思考》，赵煜恒撰写《关于我县县城公园建设的调查意见》《关于小毛家湖开发利用的可行性调查及建议》，李载荣撰写《关于加快城市建设投资公司发展的调查报告》《强化领导、创新机制，切实加强重大建设项目前期工作》等。

建言献策 1987年，县政协对渭洞、步仙2所职业高中进行调查，提出端正办学思想、明确部门办学职责、帮助解决办学中的实际问题和“先培训，后就业”的建议，得到县委、县政府采纳并马上着手解决6个具体问题，被市教委称为“政协参谋得力，政府措施果断”。1988年，县政协对全县城乡金融市场进行调查，针对资金紧张的严峻形势，向县委、县政府提出“共渡难关靠统一认识，盘活全县靠社会游资，引进外资靠优惠政策，确保重点靠调整结构，搞活流通靠资金周转，财政平衡靠双增双节”的建议。县政协八届五次全会组织 29 位政协委员进行大会建言，均得到县委、县政府的重视和采纳。

第四节　服务经济

七届政协主席卢长根，主抓县纸厂技改项目，该厂年生产能力由 8000 吨升至 2.5 万吨；年产值由 2000 多万元增至 7000 万元以上；副主席王发祥、秘书长江淑凡长年战斗在铁山北干渠配套工程第一线。

九届政协主席胡耀宗，连续 5 年担任麻塘大堤防汛、加固维护工程指挥部指挥长；副主席李佑文担任中洲垸大堤防汛、加固维修工程指挥部常务副指挥长；除确保两垸平安渡汛外，还完成 5000 多万元的加固维护任务。

十届政协主席余振东，担任岳荣新公路建设指挥部政委，配合县委、县政府引进和争取国家投资近 2 亿元，完成岳荣新第一期工程；副主席李载荣先后任城建投资公司董事长、城镇街道扩改工程指挥部和大型水库移民后续补助指挥部指挥长，为县城建设、社会稳定做出贡献；副主席彭浪英任县生态工业园管委会主任，共引进资金 6.4 亿元，平整土地 66.67 多公顷，引进项目 8 个，年创工业产值 16 亿多元，年创税 5573 万元。

第五节　提案办理

征集立案　县政协八届四次会议期间，委员提出要规范环保收费行为、个体私营经济负担过重、企业“三乱”难禁等问题，提案委将这些类同的意见整理后向主席会议汇报，通过主席会议讨论，决定由一位副主席牵头，邀请纪检、监察、审计、财政等部门的负责人和政协委员组成联合调查组，经调研，形成调研报告呈送县政府，引起高度重视。县政协十届会议期间，针对委员反映问题或所提建议相对集中的几个方面，县政协组织部分政协常委和委员通过反复调研论证，先后形成《关于加强城关社区管理、推进和谐县城建设》等 4 个大会建议案。

县政协 5~10 届委员会共收到委员提案 3208 件，人均撰写提案 2.66 件。经审查立案 3077 件，立案率 95.92%。

交办督办　1984 年 6 月，县委、县政府召开部、办、委、局主要负责人会议，专门研究政协委员提案办理工作，层层成立专门班子。1985 年 8 月 25 日，县政府召开第二十六次县长办公会，专题研究办理政协委员提案工作。县政协六届一次全会后，县政府成立以常务副县长为组长的提案办理领导小组，在县政府办单独设置提案办，县直各单位组建一支 75 人的提案办理专门队伍。县政协七届一次全会后，县委、县政府将政协委员提案的承办工作列入县直各单位全年工作目标管理，出台《关于办理人大代表建议和政协委员提案的几点意见》，提案办理工作走向程序化、规范化、制度化。

县政协五届委员会期间，委员李一举《关于开发湖洲资源》的提案，县委、县政府进行专项研究，县委书记莫凤雏、县长黄甲喜带领有关单位负责人深入全县5个芦苇场调研，确定湖洲建设方针、措施，促进湖洲生产。县政协六届委员会期间，荣家湾镇政协活动小组《关于加强城镇集贸市场管理》的联名提案，县委、县政府组织开展集贸市场整顿月活动。在致富街召开动员会，销毁病死母猪肉550千克，罚款1670元县政协七届委员会期间，委员夏喜保《关于大力开发十二公里》的提案，县委召开常委会专题研究，县委书记汪德辉3次深入十二公里调研，召集36个部门负责人现场办公，共商开发大计，提出10项建设规划，使十二公里的整体开发拉开序幕。县委、县政府对《关于清理机关临时工》的联名提案，高度重视，召开专门会议，出台专门文件，组织专门班子，邀请政协委员参与，是年，全县党政机关清退各类临时工1345人。县政协十届委员会期间，委员方良等《关于实施全县乡镇教师医疗保险》的提案，经县教育局、县财政局、县劳动局协商，得到圆满解决。委员李军等《关注“三农”问题，推进农业产业化进程》的提案引起县委、县政府的高度重视，制定政策惠农、发展富农、减税稳农、投入强农的工作思路，突出项目建设、结构调整、劳动力转移、农村稳定的工作重点。

县政协5~10届政协委员会收到的委员提案已采纳解决或列入计划逐步解决的A、B类提案2407件，占75.03%；因受条件限制或因其他原因暂不能解决的C类提案491件，占15.31%；只能留作参考或暂时不可行的D类提案183件，占5.7%；无法立案、作来信来访处理的E类提案127件，占3.96%。

第六节 联络联谊

“三胞”联谊 1985年上半年，岳阳县共有港澳台同胞及海外侨胞近2000人，其中台胞680人，港澳同胞529人，海外侨胞700多人，“三胞”亲属9173人。历届政协委员中有“三胞”亲属1116人。侨属杨淑元任县政协委员和侨联副主席后，利用其父母侨居美国与台湾联系广泛的有利条件，共为“三胞”亲属找到28名海外亲人，自费为“三胞”亲属传递信件100余封，转递汇款10余万元，为家乡桂林小学、县一中捐款3.7万元作为奖学基金。1988年，县政协会同县委统战部多次与城建、国土等职能部门联系后，经县委、县政府批准，在县城较为集中的贺平路划出2550平方米临街地基，为“三胞”建起一条“爱乡街”，鼓励“三胞”亲属进城开店办厂，发展企业。县政协积极为“三胞”亲属提供经济信息，牵线搭桥引进技术项目。黄岸乡高雅村，去台人员多，被称为台属村，人多田少，群众望山兴叹。政协领导多次深入该村，逐户访问台属，了解他们的要求，为他们解决1万元贴息贷款，并为村里无偿送去2万株柑橘苗、600株巨红葡萄苗、500株金橘苗。

招商引资 县政协五届委员会期间，委员们为振兴全县经济建设事业献计594条，提供信息262条，引进资金98万多元，推销产品总值320万元，引进技术人才18人。27位政协委员兴办或承包工商企业39个，固定资产100多万元，41名委员成为发展商品生产的专业户。县政协六届委员会期间，引进资金681.5万元，其中台资外汇500多万元。1989年，政协委员李森引进台资500万元，兴办岳台鼎丽塑料制品厂，年产值1000万元以上，年利税200万元左右。县政协七届委员会期间，接待回乡探亲的“三胞”人员370多人次，引进外资1065万元，其中投资办厂600万元，支持亲属兴办家庭企业或建房441万元，捐赠公益事业24万元。县政协八届委员会期间，接待“三胞”人员200多人次，引进台北三彪公司等15个项目，引进资金3400万元。1998年抗洪救灾期间，县政协收到海外“三胞”捐款捐物60多万元。香港明华兴毅社捐款9万元，布匹560段，药品650份，美籍华人杨许静芝捐大米30吨。2006年，政协委员引进项目39个，引进资金3.05亿元。

第七节　文史征编

征集整理　县政协五届委员会，设立文史资料委员会。历届县政协共征集整理文史资料270多篇，约62万字。其中1985年前，征集42篇，约10万字；1986年征集96篇，约21万字；1987年征集102篇，约23万字；1988年征集25篇，约6万字；1989年征集5篇，约2万字。

1986年7月10—13日，省政协在岳阳市召开地、市、县第三次文史工作协作会议，7月16日，县政协召开主席办公会，研究、部署文史工作的宣传、征集、队伍建设等问题。8月19—20日，召开文史委员会，研究落实文史工作有关问题。1988年，编辑出版《岳阳县文史资料》专辑，文史资料委员会向王震、王首道、王恩茂三位革命老前辈函寄“南下支队在湘北建立抗日根据地战绩片断”文稿，请求审阅和题词。10月，收到王首道题词：“回顾光荣的过去，呼唤灿烂的未来”。1989年2月，收到王恩茂题词：“搞好文史资料工作，为社会主义建设和祖国统一服务”。1989年，县政协六届三次全会期间，调整充实文史资料员和通讯员，印发文史学习资料2期、解放战争史料征集意见稿5篇。至第九届委员会，文史资料工作并入学习文史提案委员会。

编审刊发　县政协六届委员会编辑出版《岳阳县文史资料》专辑，共选用文史稿件31篇，约6万余字，其中抗日战争时期史料23篇，人物传记8篇。县政协七届委员会编辑出版岳阳县地方志丛书之五《岳阳县政协志(1954—1989)》，收集整理资料约5万余字，编辑出版反映优秀政协委员先进事迹的《群星拱北》，整理撰写刘知文、王木森等32位政协委员的先进事迹，约10万余字。县政协九届委员会编辑出版《五年风雨见风流》，整理编辑1997—2002年九届政协期间资料24万余字。县政协十届委员会编辑出版《岳阳县政协志第十届分卷》，整理编辑2002—2007年十届政协期间资料42万余字。

第六篇　社会团体

第一章　总工会

第一节　机　构

1978年，全县有基层工会107个，会员10928人。1981年，县总工会工作由市总工会领导。1983年，恢复岳阳县总工会。1984年，县总工会内设办公室、组织宣传部、生产劳保部，下设工人俱乐部、职工物价监督站（1999年停止活动）。1989年，成立县总工会群众生产、生活服务总公司。1991年，工人俱乐部更名为工人文化宫。1995年，内设办公室、财务部、综合部（1997年更名为组宣部）。1999年，内设办公室、财务部、宣传教育部、法律保障部、组织民管部。

联合工会　1990年，全县有建设、交通、教育、商业、粮食、乡企、供销、水利、畜牧、房产、农业、二轻12个联合工会，直属工会14个，会员12431人，职工14739人。1997年，成立金融工会、文化系统工会。1998年，组建财贸系统工会、卫生系统工会。1999年，建立县个体私营企业工会联合会。2002年，财贸系统工会与经委工业工会合并组成经贸系统工会，金融工会因全国金融工会撤销而停止活动。至2007年，全县共有县委办、县政府办、财贸、教育、农业、工业6个工会联络组。

1998年，乡镇开始建立工会组织。至2000年，全县20个乡镇分别建立机关工会委员会。2003年，全县乡镇工会组织全部升级为工会联合会，工会主席由乡镇党政领导班子成员兼任，20个乡镇工会联合会组成城关、筻口、公田、步仙等4个工会联络组。

基层工会　1978年，全县有基层工会组织44个。1993—1995年，在乡镇企业、外商投资企业新建基层工会10个。自1996年始，总工会在非公有制企业中建立工会。1999年，组建非公有制企业工会15个，至2005年，共新建基层工会75个，其中非公有制企事业工会54个。

至2007年，全县建立联合工会26个，基层工会358个，涵盖行政企事业单位524个，会员3.9万人，其中女会员1.4万人。有工会工作者1063人，其中专职工会工作者91人，兼职工会工作者972人。

第二节　代表大会

1978年12月28—30日，县总工会第八次代表大会在岳阳县城召开，出席会议的正式代表465人，列席代表31人。大会的指导思想和主要任务是：高举毛泽东思想伟大旗帜，认真贯彻执行党中央关于安定团结、稳定局势、走社会主义的路线；深入揭批“江青反革命集团”反革命修正主义路线和他们干扰破坏工人运动和工会工作的罪行，贯彻全国工会九大、全省工会八大精神，总结第七次代表大会以来工会工作的经验和教训；讨论今后工会工作的任务；选举县总工会第八届委员会；动员全县职工群众为尽快建成大寨县，为在1980年基本实现农业机械化，为完成中国工人阶级新的伟大历史使命，在20世纪内把中国建设成为现代化的伟大的社会主义强国而奋斗。大会选举产生第八届工会委员会委员33人，工会主席朱秀莲。

1987年5月28—29日，县总工会第九次代表大会在岳阳县城电影院召开，出席会议的正式代表216人，特邀代表12人，代表全县会员1.2万人。大会的指导思想是：以中共十五大精神、全国总工会十三大、省总工会九大提出的方针、任务为指针，认真总结几年来岳阳县工人运动和工会工作取得的成绩和经验，研究部署全县工会在深入改革中的主要任务，杨峰代表第八届工会委员会作题为《锐意改革务实创新，进一步开创工会工作新局面》的工作报告。会议通过《关于县总工会工作报告的决议》《关于工会财务工作报告的决议》。大会选举产生县九届工会委员会委员25人，常务委员11人，工会主席杨峰，工会副主席彭安华，选举出席岳阳市工会第一次代表大会的代表，选举经费审查委员会委员。

1993年12月13—15日，县工会第十次代表大会在县城召开，出席会议的正式代表151人，特邀代表15人，代表全县会员1.8万人。兰常春代表第九届工会委员会作题为《锐意改革务实创新，进一步开创工会工作新局面》的工作报告，会议选举产生新一届县总工会委员会领导机构。大会充分肯定县总工会九大以来的工作，通过《十大工作报告》《财务工作报告》《经费审查工作报告》等决议；选举产生岳阳县总工会第十届工会委员会、经费审查委委员会，工会主席兰常春。

第三节　主要活动

维护职工合法权益　1996年，县总工会下发《关于在企业单位推行平等协商和签订集体合同的实行意见》，在企业中推行平等协商制度和签订集体合同，是年，全县80家企业均签订合同。至2003年年底，全县共有46家国有、集体企业建立职代会制度，有120多家行政、企事业单位不同程度地实行厂（政）务公开。全县146家签订集体合同的企业，建立劳动法律监督组织 56 个，劳动争议调解组织 38 个，是年，调处劳动争议案 42 件，其中 4 件通过县法院立案处理，维护职工的合法权益。2005 年，开通维权热线电话，开展《工会法》的宣传，印发《依法维护您的合法权益》宣传资料 2000 份，接待来信来访人员 27 人，20 起上访事件通过法律途径和调解协商得到妥善解决，7 起历史遗留问题依法帮助启动诉讼程序。对全县女职工买“双病”普查，60%的女职工买“双癌”保险，端午、中秋、春节期间，走访慰问 30 多户单亲特困女职工，并为她们进行免费体检。

开展劳动竞赛　1980 年上半年，在全县开展“为‘四化’立功、增产节约”运动，32 个基层单位制订立功条例。1993 年，县总工会发出“团结带领全县职工，充分发挥主力军作用，为我县经济超常发展而努力奋斗”的号召，在全县各条战线开展劳动竞赛活动。1996 年，各基层工会动员广大职工立足本职学先进、比贡献、创一流、增效益，根据本单位实际，开展“爱企业·增效益”生产竞赛，在女职工中开展“芙蓉杯”“我为‘九五’建功立业”“贡献杯”等竞赛活动，普遍开展合理化建议、技术练兵、技术协作、技术攻关等活动。2001 年，继续深入开展各种劳动技能竞赛活动，全县有 62 个单位参加，成立竞赛领导小组 48 个，召开动员大会 15 场，设置固定宣传标语 46 条、流动红旗 22 面、标兵岗牌 18 块，办墙报、黑板报 62 期。开展“芙蓉杯”“安康杯”“创新杯”“效益杯”等竞赛活动，是年，创经济效益 1683 万元。2003 年，开展“创新杯”增效益竞赛活动、再就业帮扶活动，30 多名下岗女职工实现再就业。县总工会被授予全市女职工帮扶活动优秀组织奖。2005 年，开展“安康杯”竞赛活动，全县有 86 家企业、4600 多名职工参赛；开展妇女职工第五轮“芙蓉杯”竞赛活动，科伦药业有限公司质监部邹瑰丽被评为省级“百岗明星”，县电信局刘五香被评为市级“百岗明星”，县电力局调度室被评为市级“芙蓉标兵岗”。2006 年、2007 年，县科伦药业有限公司连续两年被评为全省“员工信得过企业”，县二中、县二中获省级“模范职工之家”称号。

开展“双联”活动　2001 年，县总工会为特困企业排忧解难，认真落实党的“依靠”方针，为全县的“双联”活动开展工作，走访调查，宣传发动。至 2003 年，全县 89 个参联单位，联系 19 个特困企业，共解决 1000 多名职工的就业问题。通过对口扶持，机关干部与困难职工“1+1”结对子，解决 800 多名特困职工的生活问题。参联单位共筹集资金 80 多万元扶持困难企业，8 家企业走出困境，是年，县总工会被评为全市“双联”工作先进单位。2005—2007 年，各参联单位为下岗职工送技术、送信息，组织下岗职工培训，掌握一技之长。

基层工会建设　1984 年 7 月，部署全县工会基层组织“整顿建家”工作，逐步把基层工会办成名副其实的“职工之家”，开展以职代大会为主要形式的民主管理活动。至 2000 年年底，乡镇建工会 23 个，私营企业建工会 176 个，新增会员 3678 人。85%的基层工会主席落实同级党政副职待遇。县总工会每年召开 1~2 次关于组建工会工作会议。

2007年，带领20多家新建企业工会干部参观考察9634工厂工会，至此工会组织达218家，科伦等48家非公有制企业均建立工会，农民工入会的积极性进一步得到提高。县总工会每年均组织基层工会工作者到省、市委党校学习培训，2006年、2007年，分别组织部分工会干部到内蒙古、张家界、凤凰考察学习。

第二章　共青团

第一节　机　构

1983年，团县委内设组织部、宣传部、学少部、办公室，定编6名，均为行政编制，设书记1人、副书记1人。至1990，全县有团委88个、团总支117个、团支部1049个，团员25304人，其中女团员10827人。2002年，团县委内设办公室、组宣部、对外联络部，精简人员编制，定行政编5名，其中书记1人，副书记2人。至2007年，全县有团委84个、团总支41个、团支部615个，团员4.12万人，占全县28岁以下青年总数13.5万人的30.52%。

第二节　代表大会

第八次代表大会　1978年10月3—5日，共青团岳阳县第八次代表大会在东方红电影院召开，与会代表941人。大会主要任务是，高举毛泽东思想伟大旗帜，遵循中共十一大路线和全国五届人大会议精神，深入揭批“江青反革命集团”破坏共青团工作、毒害青年的罪行；总结全国第七次团代会以来的工作，讨论今后团的工作任务；选举产生新的团县委，动员全县团员青年，为实现党的新时期的总任务而奋斗。大会一致通过冯良超代表团县委所作的《青年们，团结起来，为实现新时期的总任务而奋斗》的工作报告；选举产生共青团第八届委员会，共有委员35人，冯良超任书记，谭联荣、尹春芳任副书记。

第九次代表大会　1986年1月22—24日，共青团岳阳县第九次代表大会召开，与会代表280人。大会主要任务是，高举改革旗帜，坚定不移地走现代化道路；总结第八次团代会以来的工作，会议听取汤森林代表团县委所作的《发扬愚公精神，高举改革旗帜，争做“四有”新人，描绘四化宏图》工作报告，选举产生新一届团县委。共有委员7人，汤森林任书记，万次龙任副书记。

第十次代表大会　1988年11月8—10日，共青团岳阳县委第十次代表大会在县塑料厂召开，与会代表280人。大会的主要任务是，总结第九届团代会以来的工作，研究新时期团的自身改革，讨论和决定今后一个时期团的工作和任务；会议听取王建文代表团县委所作的《积极做好团的工作，为振兴岳阳县而开拓奋进》工作报告，选举产生团县委第十届委员会。共有委员19人，王建文、余泽世任副书记。

第十一次代表大会　1992年5月3—6日，共青团岳阳县第十一次代表大会在县委招待所召开，与会代表299人。大会的主要任务是，高举改革开放、解放思想、实事求是伟大旗帜，总结第十次团代会以来的各项工作，研究部署今后一段时间的共青团工作，要求共青团工作要加快步伐，紧紧围绕全县发展大局，做党的助手。会议听取余泽世代表团县委所作的《当好党的助手，迎接新的挑战，争做改革奔小康的先锋队》工作报告，选举产生第十一届团县委，共有委员25人，余泽世任书记，蒋贤旻、卢先伶、何新文任副书记。

第十二次代表大会　1998年4月27—29日，共青团岳阳县第十二次代表大会在县委招待所召开，与会代表180人。大会的主要任务是，高举邓小平理论伟大旗帜，全面贯彻中共十五大、县第八次党代会和共青团岳阳市第三次代表大会的精神，实事求是地总结第十一次团代会以来的工作，研究部署新形势下团的自身改革和建设发展，会议听取刘齐代表团县委所作的《肩负历史重任，开创跨世纪伟业，团结带领巴陵青年满怀信心迈向二十一世纪》工作报告，选举产生共青团岳阳县委第十二届委员会，共有委员29人，刘齐任书记，方卫兵、李丽荣任副书记。

第十三次代表大会　2001年5月9—11日，共青团岳阳县第十三次代表大会在岳阳县一中报告厅召开，与会代表191人。大会的主要任务是，总结第十二次团代会以来的工作，研究新时期共青团工作的改革、发展大计，讨论和决定全县“十五”期间共青团工作的任务，会议听取方卫兵代表团县委所作的《开拓进取，携手共进，发挥年轻力量创辉煌》工作报告，选举产生团县委第十三届委员会，共有委员29人，方卫兵任书记，李丽荣、高向阳任副书记。

第三节　主要活动

服务青少年成长　1996年，团县委进一步拓宽希望工程的筹资渠道，动员全县副处级以上干部每人结对救助一名失学儿童，全县新增结对救助300人。1998年特大洪涝灾害，全县有2500名中、小学生面临失学，16所学校校舍损失严重，团县委从各种渠道争资在中洲乡、新墙镇、黄沙街镇各建设1所希望小学，争取资金50万元、帐篷12顶、“1+1”结对救助资金8000元，及时拨送灾区。2002年，整理全县2000多名贫困生的基本情况，建希望网页，向社会公开求助，共募集救助捐款3万余元。2003年，开展“爱心飞翔，扶贫助学”慈善活动。搭建希望工程信息平台，收录在线贫困生近3000人。2006年，共救助面临辍学的大学新生9人、中学生12人、小学生6人，争取扶贫助学资金13.3万元，为云山中心校、新墙片完初联校申建体育室，引进体育器材折币1万元。2007年，解决7名大学新生学杂费用共2.5万元，为在读高中生解决学杂费8000元。

加强青少年维权 1987年，在青少年中开展法制教育，把青年普法作为一件大事，用多种形式促普法。2003年，努力做好“远离毒品、关爱未来”禁毒宣传工作。在“五四”青年节、“6·26”国际禁毒日期间开展禁毒宣传教育活动，开展“禁毒青年志愿者”行动，组织近百名青年志愿者到城镇乡村的居（村）民家中开展“不让毒品进我家”义务宣传教育活动。2007年，在湖南科伦制药有限公司开展“送法进企业”宣传，维护外来务工人员合法权益。在县一中进行禁毒、防艾面对面宣教，通过大量的图片资料、警言警句，教育学生“珍爱生命、拒绝毒品”，倾情服务青少年学生。

做好青少年培训工作 1986年，团县委坚持以“两个文明”建设为目标，组织开展团的各类活动，帮助鼓励引导农村青年发展商品生产、组织农村实用技术培训。1987年，开辟三大课堂帮助青年学技致富，通过各种形式培训，全县有10多万农村青年掌握1~2门实用技术。1998年，按照“高进、严管、优出”的原则，狠抓团支部的严格管理和培训。2000年，以服务农村青年增效增收、成长成才目标，启动跨世纪青年农民科技培训工程，培养农村星火带头人，发挥青年星火带头人的示范和带动作用。2001年，团县委以服务农村青年增效增收、成长成才为主线，抓好跨世纪青年农民科技培训工程，完成2000名青年农民的培训任务。

深化青少年德育工作 1984年，团县委围绕“两个文明”建设，造就“三有一守”的社会主义新人，开展文明礼貌月活动，帮助问题青年转变思想，投身社会建设。1985年，开展加强青年团员的思想教育，推荐优秀青年入团活动。2000年，结合“三讲”教育契机，把邓小平理论学习引向深入。2001年，以“党在我心中”为主题，开展青少年理想信念读书教育活动；以“星星火炬，代代相传”为主题，引导青少年儿童继承和发扬革命传统；建立三湘青少年新世纪读书屋，引导青少年读好书，方便青少年多读书；推进中华古诗文经典诵读工程，动员社会各界捐建希望书库，积极参与社会公益服务。2002年5月，在县二中举行全县“十八岁成人仪式”，2000名18岁青年受到良好的教育；分批在城关镇、步仙乡开展“珍爱生命，远离毒品”图片展；在青少年、县城网吧业主中推介“文明上网”活动。

服务基层建设 1986年，团县委督促黄岸乡、兰田乡等8个乡镇召开团代会；结合农林场整党，促使县水电局、县畜牧水产局、县湖管局、县原种场等所属单位建立团支部（总支）13个。村级整党后，对村团支部进行全面整顿，健全团支部713个。1990年，建立社教团建办公室，把基层团组织建设纳入全年社教考评中；各级党委、政府均建立议团制度。1993年，人民银行、振兴中学、巴陵中学先后建团。1998年，以“一个团，五类总支”的团建思路加强和完善团的自身建设。2003年，全县新建团委4个、团总支2个，调整2名组织观念淡薄、工作力度不强的基层团委负责人。2006年，新建社区、非公有制经济企业、民办职业学校团组织18个，调整5个组织观念淡薄、工作力度不强的基层班子。2007年，完成建团工作的企业有10家，新建团组织6个。

植树造林　1984年，全县共造青少年林基地（苗圃）150公顷。1985年，全县青年参加各种造林420公顷，造林植树206.5万株。1989年，各基层团委在植树节前后共造林2万公顷。1998年，团县委引进德援项目，组织县直机关团员青年2000人在城关镇进行植树造林，植国外松14公顷。2003年，城关镇167公顷中日青年生态示范林，通过团中央、林业部的验收。

参与招商引资　1984年，团县委开展“一团两户”竞赛活动，使青年专业户、重点户在发展商品生产、活跃农村经济中起生力军作用。1993年，团县委带领全县青年，闹市场、跻十强，在五垸乡万福村物色10名青年农民作为致富示范户的陪创对象；在全县发动“储蓄献爱心”活动；抓团办实体，创办岳阳县自控电补轮胎厂。1996年，推进“服务百村行动”，引导和带动农村青年投身经济建设主战场。以青年星火带头人为骨干，以实用技术培训为主要手段，建立各级示范基地，要求40%的乡镇团委建立服务实体，并按照村20亩、乡50亩、县70亩的基数建立有共青团员参与的丘岗和高效农业开发示范基地。1997年后，团县委与岳阳市顺源实业有限公司在康王乡林场租赁20公顷梨园、13.33公顷菜园，投资70万元建设一个猪场，进行配套种养综合经营。1998年，团县委以“强镇带村，强村帮村”为突破口，进一步深化服务万村行动；推荐省级青年星火带头人10人，市级星火带头人20人，评选县级星火带头人150人。2000年，团县委深化岳阳县“二十一世纪青年论坛”，围绕全县改革、发展和稳定大局，吸收“青年发展论坛”会员，举办4次青年论坛研讨会，为县域经济和社会发展献计献策。2001年，团县委开展三下乡活动，加强活动项目、机制和队伍规范化工作，突出活动的持续性、时效性。2006年，引进中博石油储运有限责任公司，计划投入480万元，已到位资金400万元。2007年，引进岳阳县恒泰饲料有限公司，投资400万元。

组织志愿服务行动　1990年3月4日，在天鹅电影院组织1600多名青年召开纪念毛泽东题词“向雷锋同志学习”发表27周年及“学雷锋树新风”活动大会。1996年，团县委重点扶持建立5个青年志愿者模范服务站，继续推进“1+1”长期服务计划、青年志愿者扫盲与科技文化活动、帮困活动等，年底，全县“1+1”服务对象达到800多人。1998年，组织青年突击队参加抗洪抢险，被团中央评为全国抗洪英雄青年突击队。2001年，以“国际志愿者年”为契机，继续开展学雷锋青年志愿者行动，推动志愿者注册和志愿服务时间登记工作，加强青年志愿者队伍规范建设。2006年，向全县各级团组织、团员、青少年发动“学雷锋从身边做起，从小事做起，从自己做起”的倡议，向贫困学生、弱势群体传递党和政府的关心、社会的温暖、青少年的爱心；组织城关百余名志愿者参加“保卫家园、从我做起”行动。2007年，“三五”学雷锋期间，在全县开展青年志愿者行动，200余名青年志愿者、青少年参加活动，深入各主要街道，进行义务家教、家电维修、法律咨询、文艺会演、清扫街道等。

开展各类竞赛活动 1980年，在团员青年中开展“争当新长征突击手”竞赛活动，有3名先进个人、1个先进集体出席全省新长征突击手表彰大会。1984年“五四”青年节，举行“大唱爱国主义歌曲·爱我中华”歌咏比赛，在全县青年中掀起“知我中华、爱我中华、颂我中华”热潮。1985年，开展百个青年专业户、百个青少年之家的“双百”竞赛活动。1990年，在青年中开展“五两”竞赛（即两献：献计献策；两治：治山治水；两小：小改小革；两能：实用技术能手、经营能手；两队：文艺宣传队、体育代表队）。2001年，动员全县青少年积极参与科技兴县和可持续发展战略。组织开展“挑战杯”“金钥匙”大赛，推进中学生学术科技创新活动。2003年，开展以“一个好班子，一个好思想，一个好典型，一件大好事，一个好评价”为标准的“五好”团支部创建活动；举办全县党（团）员干部学习“三个代表”重要思想知识抢答赛。

保护母亲河 2000年，团县委落实团省委《关于全面推进“保护母亲河”的意见》，动员全社会参与洞庭湖区域的植树造林、修堤除污、水土治理和湿地恢复工作，保护和改善生态环境。2001年，重点抓好中日青年交流岳阳青年生态绿化示范林第一期工程建设，2002年，保护母亲河项目继续做强做优，保护措施及所提建议一度成为团省委相关讨论议题。

干部队伍建设 1987年，团县委组织青年致富典型报告团，表彰200多名青年致富标兵。1988年，15个团委被评为团县委先进，117人受到团县委表彰。1989年，组织专人编写《岳阳青运史》，收集资料，总结70年来青年运动的经验和教训，为团县委的工作提供教材。2001年，继续深化“岳阳县二十一世纪青年发展论坛”；开展岳阳县第二届十大杰出青年、青年标兵、优秀团员、“五四”红旗团委等评选表彰工作。2002年，开展“五四”表彰大会，成功推介32岁的康王乡农民女作家邓玉香为湖南省“十大杰出农民”候选人，并任湖南省青年联合会理事；推介任福阶为岳阳市“十大杰出青年标兵”，罗来波为岳阳市首届“十大杰出青年卫士”。云山乡党委书记周久来、柏祥镇养殖大户李海东被推荐为省级优秀个人。2006年，以“争创学习型机关，争当学习型干部”为契机，加大对学习的投入。县地税局、县移动公司被评为全市“青年文明号”单位、3人被评为全市青年岗位能手。2007年，县委常委、副县长林涛被团省委授予湖南青年五四奖章标兵，公田镇党委书记方卫兵被团省委授予湖南青年五四奖章，县三中学生陶星获全省优秀共青团员称号，推荐县国税局办公室主任张峰为湖南省十大杰出青年卫士；县二中、县劳动局办证大厅、县移动公司VIP中心被评为全市“青年文明号”单位；县环保局、县二中、县三中被评为岳阳市先进基层团组织。

第三章　妇　联

第一节　机　构

1983年8月，恢复成立县妇联。1990年，有基层妇联62个，村妇代会694个，有专职妇联干部63人。至2007年，县妇联内设办公室、财务室、维权室，有在编干部6人，有县直妇委会46个、乡镇妇联20个、村（居）妇代会566个，有行政女干部406人，女党员3010人。

第二节　代表大会

1986年12月，县妇联召开第九次妇女代表大会，会议审议通过县妇联第八届执行委员会所作的题为《奋发自强，改革创新，在实现“七五”计划中充分发挥“半边天”的作用》的工作报告，总结过去五年妇女运动和妇女工作经验，部署今后五年的工作任务。选举潘长根为主任，龚双桂为副主任。

1991年12月25日，召开第十次妇女代表大会，会议审议通过县妇联第九届执行委员会所作的题为《奋发自强，开拓进取，为实现“八五”计划建功立业》的工作报告，通过《岳阳县妇联关于表彰百名先进妇女工作者的决议》，选举潘长根为主任，任志桂为副主任。

1996年12月26日，召开第十一次妇女代表大会，会议审议通过县妇联第十届执行委员会所作的题为《团结拼搏，奋发自强，为岳阳县的稳定和发展再立新功》的工作报告，表彰10名“农家女状元”、10个妇女工作先进单位；发出岳阳县《发挥妇女作用，争创精神文明》的倡议书；选举杨桂兰为主任，龚月桂、杨柳为副主任。

2004年12月，召开第十二次妇女代表大会，会议审议通过县妇联第十一届执行委员会所作的题为《以“三个代表”重要思想为指导，团结动员全县妇女为全面建设小康社会而努力奋斗》的工作报告，表彰30名“双学双比”先进个人、47名“巾帼建功”先进个人、100户“五好文明家庭”、30名优秀妇女干部、24个妇联系统先进集体，授予卢映、王秀云、张可菊、王菊梅、彭玉莲、邓玉香、李东、吴四平、蒋小星、邹瑰丽“十大女杰”称号。选举喻飞跃为主席，李美秀为副主席。2007年3月，冯艳调任县妇联主席，李美秀、陈敏任副主席。

第三节 主要活动

“双学双比”活动 1979年，县妇联组织全县妇女开展 “学文化、学技术”的“两学”活动，通过举办学习班、技术培训班，引导13万妇女投入到农业生产中。

1989年初，响应全国妇联倡导的“双学双比”活动，至2007年，全县共举办各类技术培训班5250期，培训8万余人次，共评选女种养能手500余名，柏祥镇养殖大户蒋晓星被授予湖南省“创业成功女性”、全国“双学双比”能手。

“巾帼建功”活动 1991年，全国妇联号召广大城镇妇女发扬自尊、自信、自立、自强的“四自”精神，在各自的岗位上建功立业。全县10万余名城镇妇女参加“巾帼建功”活动，涌现1000多名女能人，150多人受到省、市、县表彰，全县共创建“巾帼文明示范岗”30余个，县公安局指挥中心、县公路局毛田公路站等单位被评为市“巾帼文明岗”、县信用联社邓飞凤被授予湖南省巾帼建功标兵称号、县二中郭玉良分别被教育部、全国妇联授予全国模范教师、全国巾帼建功标兵称号。

“五好文明家庭”评选活动 1978年后，县妇联先后开展“五好家庭”“好婆媳”“贤内助”“平安和谐家庭”等创建评选活动。2004年，第十二次妇代会期间，召开专题报告会，表彰100户“五好文明家庭”。2006年，县妇联发出《岳阳县“平安家庭”创建活动实施方案》和“平安家庭”创建倡议书，号召全县广大家庭积极参与“平安家庭”创建活动，全县90%以上家庭参评，杨林乡邮政支局方玉荣家庭被评为全国“平安家庭”示范户。

保护妇女儿童合法权益 1990年，全县各级妇联组织举办法律培训班450次，参训妇女2万多人次；受理信访纠纷59件次，调处率、结案率均为100%；配合政法部门处理拐卖案2起，解救妇女6人。2001年，举办女干部风采大赛，为女干部提供展示自我的机会。协助县政府制定《岳阳县妇女事业发展规划（2001—2010）》《岳阳县儿童事业发展规划（2001—2010）》。与政法部门配合，严厉打击侵犯妇女儿童合法权益的犯罪分子。2002年，在全县23个派出所挂出“家庭暴力”举报站的牌子，在县司法局设立妇女儿童法律援助中心，免费为妇女儿童提供法律援助。在开展“不让毒品进我家”活动中，县妇联多次被评为先进集体。至2007年，共打击犯罪分子80余人，解救285名受害妇女。

自2006年始，配合县疾控中心项目办开展全球基金艾滋病防治“面对面”宣传教育活动，县、乡、村培训妇女宣传骨干，对妇女进行“面对面”宣传，共发放宣传资料20余万份；在城镇开展“关爱女性、关注健康”体检活动，与县卫生局在农村联合开展妇女病免费普查活动，在县妇幼保健院成立妇女病普查普治中心，开展妇女病普查、普治活动，至2007年，参加检查的妇女7480人，维护妇女的健康权。贯彻执行《未成年人保护法》《妇女权益保障法》《中国妇女发展纲要》《中国儿童发展纲要》《新婚姻法》，利用“三八”维权周发放相关宣传资料，张贴宣传标语，出动宣传车宣传法律法规，2007年，编印《妇女维权法律知识手册》5000册，开展系统宣传，营造良好的学法用法氛围。通过对全县妇女干部、村级妇代会队伍调查摸底，收集《女干部信息表》《村级妇代会主任名册》等，建立女干部人才库、基层妇女组织信息库，召开调研座谈会，向县组织部门、人事局、乡镇党委、村支部推荐优秀女干部后备力量。

实施“春蕾计划” 自1992年始，县妇联实施“春蕾计划”，共扶持特困女童100余人。1995年，成立岳阳县妇女儿童工作委员会，由主管副县长任主任，相关的19个成员单位组成。成立贯彻实施《岳阳县九十年代儿童发展规划纲要》领导小组，动员全社会为少年儿童办实事。2004年，由县妇联牵头，举办爱心助学募捐晚会，募集爱心助学金12万余元，拍摄特困儿童生活纪实片，呼吁大家参与爱心助学行动。县妇联推出“扶贫助学个个上”行动，共扶持特困儿童228人。每年“六一”期间，通过开展幼儿智力竞赛、读书比赛、健美儿童评选、少儿才艺大赛等各类活动，为少年儿童提供成长的舞台。

第四章 工商联

第一节 机 构

1980年，工商联工作由县政协定人专管。1983年，工商联筹建工作由县委统战部管理。1986年8月，县工商联正式恢复，机构设县委统战部，驻会干部1人，1992年，驻会干部增至3人。1993年3月，工商联从县委统战部分设，定编3名，为正科级单位。1995年10月，成立县民间总商会，会员由50多人发展到100多人。1997年2月，县工商联成立党组，首任书记由县委统战部副部长兼任，1998年11月改由县工商联会长兼任。2002年4月，县委、县政府印发关于《岳阳县工商业联合会（总商会）职能设置内设机构人员编制规定的通知》，县工商联与县总商会合署办公，两块牌子，一套人马，为正科级行政单位，纳入县委系列，归口县委管理。定编3名，设会长1人、副会长1人，内设综合办公室。其主要职责是协助县委、县政府管理全县非公有制企业，联系非公有制经济人士，对其进行爱国敬业、诚信守法教育。至2007年，共有会员240人，有团体会员、个人会员、企业会员，其中企业会员占80%以上。

第二节 代表大会

1986年8月15日，县工商联第六次会员代表大会在县城召开，选举县工商联第六届执行委员会委员11人，黄湘四为主任。大会号召做好原工商业者会员的服务工作。

1989年1月20日，县工商联第七次会员代表大会在县城召开，到会代表63人，会议选举县工商联第七届执行委员会委员17人，潘迪雄为主任，崔建球为秘书长。大会号召继续做好原工商业者会员的服务工作。

1995年10月，县工商联第八次会员代表大会在县城召开。会议选举县工商联第八届执行委员会委员35人，杨建荣为会长，崔建球、刘遂、续留良、陈金兰、黄跃进等为副会长，刘立兵为秘书长。

1999年10月至2001年2月，县委任命许保元为县工商联会长。其间，县工商联第九次会员代表大会没有如期召开。2001年2月至2002年3月，县委统战部副部长刘运生兼任工商联会长。2002年3月，袁贵新为县工商联会长。

2006年12月28日，县工商联第十次会员代表大会在县城召开，选举县工商联第十届执行委员会委员55人，袁贵新为会长，续留良、张从农、邓芳、李志耕、刘旺龙、邱五英、李生龙、黄建文、余尧保、王党国为副会长。

第三节　主要活动

发展非公有制经济　1986年8月，从原工商业者中区别小商贩、小手工业者，恢复其劳动者身份269人，解决原工商业者遗留问题68个。1992年3月，县工商联创办岳阳县荣城建筑公司、岳阳县广告装潢公司，采取经营承包、上缴利润方式，1995年承包到期，全县清理整顿公司，2家企业被注销。1996年，成立县工商联广兴洲镇分会；成立工商联基金会，会员入股资金34万元。2002年8月10日，县工商联首次组织全县民营企业老板赴江浙考察学习，推进招商引资，与江苏省常州市武进区工商联缔结友好商会。2003年4月，县工商联从邵阳引进鑫源塑料制品厂落户县城，一期投资200万元，6月正式投产。并向县委、县政府提交《关于尽快解决困扰民营企业发展的土地权属问题的调查报告》，引起县委、县人大、县政府、县政协领导的高度重视，问题得到解决。2004年3月，从江苏省吴江市成功引进易佳木老板进驻岳阳县，投资200万元改扩建云龙大酒店。在会员中广泛开展“致富思源、富而思进”教育活动。2005年4月，组织会员企业与县建设银行开展银企合作，签约资金2000万元，切实解决企业融资难问题。落实中央四部委《关于解决原工商业者生活保障问题的意见》文件精神，在全县开展调查走访。2007年，召开银企洽谈会，解决中小企业融资难问题。岳阳县先后被评为湖南省推进新型工业化先进县、发展非公有制经济先进县、全民自主创业先进县、全省工商联系统先进单位、全市工商联目标管理先进单位。

参政议政　在县工商联指导下，工商联界人大代表、政协委员在省、市、县人大、政协会议期间，提交议案、提案，内容涉及岳阳县非公有制经济发展和广大非公有制经

济人士关注的热点、难点问题，反映非公有制经济人士的诉求，为县委、县政府研究制定非公有制经济发展战略和县域经济“五年规划”提供参考依据。县工商联与县交警大队围绕“维护交通安全、支持企业发展”这一主题，以“提高服务质量、提升企业形象”为出发点，召集人大代表、政协委员开展“警企共建和谐交通”座谈会。针对中小企业融资难、发展慢等问题，县工商联组织代表、委员到人民银行、工行、担保公司等金融机构开展调查，召开座谈会，广纳群言，广集良策，探讨新的财政调控政策下银企合作的发展之路。

服务社会　1985年后，县工商联鼓励、引导广大会员致富思源，回报社会，积极参与社会公益事业和光彩事业。1998年始，芭蕉扇业共投入资金2200万元，购置设备350多台套，扩大制扇规模，以张谷英镇芭蕉村为中心，周边一新、红卫等16个村参与种植、加工业，帮扶农户达4000多户，安置退伍军人20多人、下岗工人160多人、残疾人200多人，“两劳”人员近30人；2000年始，城关分会、万福来宾馆、锦绣阳光大酒店等坚持与贫困学生结队帮扶，组织员工为敬老院、五保户、残疾人捐款捐物，奉献爱心。2003年始，和田超市投身全国“万村千乡连锁工程”，共投入资金750万元，在全县20个村开设连锁超市，2005年被商务部评为“万村千乡市场工程”试点先进企业；2005年始，昱华玻璃厂先后捐资200多万元，投入农村道路改造和硬化、扶贫助学；2007年，县工商联组织83家会员企业采取“一联一”等形式，结对援助83个行政村扶贫工作，并争取省光彩基金会25万元，帮助黄沙街镇平湖村改造学校危房，支持困难学生40多人。

第五章　科　协

第一节　机　构

1978年4月成立县科协，与县科委合署办公。1981年，县市合并，县科协被市科协取代，1984年，恢复县科协。1990年，全县有各级科协组织96个，其中县级学会24个，专业研究会24个，乡镇科协48个，会员4962人。2002年单列建制，隶属组群系统。2007年，县科协定编3名，机关内设办公室、学会部、普及部。下属县级学会13个，会员3800多人，乡镇科协12个，农村专业技术协会32个，发展省、市、县科技示范户1370多户，培育科普基地27个。建立健全县、乡、村三级科普网络，岳阳县成为中国公众科学素养观测点，连续多年被评为省、市科协系统先进单位。

第二节 代表大会

1988年1月28日，县科协第一次代表大会在县委招待所召开。县委副书记程谦逊致开幕词，副县长方洪作题为《认真学习党的十三大文件精神，努力开创我县科技工作新局面》的主题报告。与会代表104人，会议选举科协委员24人，选举何报翔为县科协主席，李祖庆、徐觉明、贺望雄、胡冬阳、叶加善为副主席，徐觉民为秘书长。大会通过《岳阳县科学技术协会章程》，出台《岳阳县科协科技咨询服务工作条例》。

2003年7月17日，县科协第二次代表大会在县城万福来宾馆召开，参加大会的正式代表95人，特邀代表20人。杨鹏飞致开幕词，李金富受科协第一届委员会委托向大会作题为《弘扬科学精神，普及科学技术，为县域经济新一轮大发展而奋斗》的报告。市科协主席朱佳舜、县委书记李开龙、县委副书记刘传汉先后作重要指示，勉励广大科技工作者奋发有为、团结拼搏，为县域经济发展献计献策。大会审议并通过县科协第一届委员会的工作报告；修改并通过《岳阳县科学技术协会章程》；选举产生县科协委员46人，科协常委15人，选举李金富为县科协主席，杨鹏飞、邓辉（兼）、王志明（兼）、任继艳（兼）、吴增益（兼）、童友生（兼）为副主席。

第三节 主要活动

举办学术交流 1984—1990年，县科协组织举办学术交流210次，组织会员撰写论文、专著724篇（部），发表学术论文215篇，其中3篇参加国际性学术交流，53篇被国家专业刊物发表，369篇在省级专业刊物发表。1991年11月，县科委、县科协联合举办岳阳县首次科技兴农、科技兴县论文研讨会，征集论文41篇，县科协、县科委筛选其中28篇编辑成《科技兴县论文集》。

培养科技示范户 1988年始，县科协采取科技上培养、政策上帮助、经济上扶持、政治上鼓励等办法培养科技示范户。1991年9月，县科协组织刘泉农、郭文斌、李子超、陈定元、杨元林、夏程前、胡铁汉7名省级科技示范户，组成科技兴农巡回报告团，在各乡镇巡回演讲，将其科技致富的成功经验向广大农户推介，把新科技、新知识、新技术、新观念送到广大农村。1996年年底，全县有省、市级科技示范户25户，县级科技示范户200户，乡镇级科技示范户5000户，涉及种植业、养殖业、加工业，代表人物有麻塘镇的张凤鸣、张谷英镇的张度元、云山乡的龚礼宾、相思乡的佘细秋、毛田镇的周石金、中洲乡的赵晓洋等。1997年，在鹿角、筻口、张谷英等乡镇发展农村专业技术研究会5个，新发展省级科技示范户6户，省十佳科技示范户1户。2001年，共培训3200人次，派专家下乡30人次，并2次请外地果树专家到鹿角、麻塘、柏祥等乡镇讲授果树的田间管理；发展省级科技示范户3户，市级科技示范户10户，发展新品种示范基地1个。2003—2007年，申报省级科技示范户10户，发展农村专业技术协会和科普示范基地27个。

创建活动　1991年，省、市科协，省、市委组织部联合发起“创建文明乡镇”活动。县科协把创建工作落实到乡镇、村、组，帮助健全科普组织网络，做到乡镇有科普领导班子，村场有科普小组，组有科技示范户。并做到乡镇有科协办公室、图书室、科技示范户、研究会及科普宣传的档案资料，有固定科普宣传栏。2001年，发展市级科技示范乡镇1个。2003年，共落实公田、柏祥、杨林3个市级科普示范乡镇，新开、筻口、长湖等7个县级科普示范乡镇通过验收。2006年12月，县农业局被评为市级科普示范单位。至2007年，共有麻塘、公田、城关、新墙、柏祥、筻口、新开、长湖等乡镇和县水务局、县农业局被评为市级创建活动先进单位。

2007年7月，岳阳县被评为全国科技进步考核先进县。

科普宣传　2001年，组织开展“科技在我身边”为主题的首届科技周活动，主管科技的副县长在电视台作《普及科学知识，促进社会发展》专题讲话。2005年科技活动周期间，县科协与麻塘镇政府一道在麻塘中心学校组织承办市科协、市电视台举办的大型新闻访谈节目《春风绿洞庭》和科技下乡活动。节目针对“三农”问题以及农村科技、农村科普，邀请市、县政府领导，组织农科专家，采取与农民互动对话的形式，解读涉农热点问题，引导帮助农民科技兴农，科技致富。

开展科普调查　岳阳县是“中国公众科学素养调查”全国随机抽样重点观测网点。2001年、2003年、2005年，县科协分别接受中国科协300份科学素养问卷调查任务，聘请5位大学毕业生到全县15个乡镇、30个村、300户居民家中，与农户一对一交流，高质量完成问卷任务。

2006年10月，中国科协委托中国农学会组织实施在“县域科技工作者状况调查”和“新农村建设创业能力相关调查”，县科协聘请4名大学生，用10天时间分别到20个企事业单位、2个乡镇，接触18户农户、100位基层科技工作者，完成“县域科技工作者状况调查表”100份和“新农村建设创业能力相关调查表”22份。

第六章　文　联

第一节　机　构

1986年7月，成立县文联，确定行政事业编制3名。1987年6月，下设文学、戏剧曲艺、美术书法、摄影、音乐舞蹈、巴陵诗社及中学生文联等7个文艺协会。1990年，有会员569人，其中中国文联协会会员1人，省级各协会会员19人，市级各协会会员48人。至2007年，县文联下辖8个文艺协会（作协、诗协、摄协、音协、戏协、美协、书协、楹联），有省级以上会员108人，其中：中国作家协会会员1人、中国报告文学学会会员6人、中国美术家协会会员2人、中华诗词学会会员14人、中国楹联学会会员8人、中国摄影家协会会员2人；省作家协会会员11人、省美术家协会会员8人、省摄影家协会会员9人、省音乐家协会会员1人、省诗词协会会员26人、省楹联家协会会员15人、省书法家协会会员2人、省戏剧家协会会员3人。1992年、2006年、2007年，县文联均被评为湖南省文联系统先进单位。

第二节 代表大会

1987年6月16—17日，县文联第一次代表大会召开，出席会议的代表115人。会议听取县文联筹委会关于成立县文联的筹备工作报告，听取并审议通过《岳阳县文学艺术界联合会章程》，宣布成立县文联，选举产生文联委员会委员27人，万明当选为县文联主席。

1989年9月18—19日，县文联第二次代表大会召开，出席会议的代表123人。经县委提名，大会选举赵煜恒为县文联副主席，主持全面工作。

1992年3月31日，召开县文联第二届委员会全体委员会议，经县委提名，会议选举吴首啸为县文联主席。

1998年2月26—27日，县文联第三次代表大会召开，出席会议的代表165人。大会通过《岳阳县文学艺术界联合会章程（修改草案）》，选举产生文联委员会委员35人，刘亮甫当选为县文联主席（兼），李庆新、刘三军、许神佑（兼）、王解三（兼）、陈忠良（兼）为副主席。

2001年4月19日，召开县文联第三届委员会全体委员会议，经县委提名，会议选举李庆新为县文联主席。

2004年5月23—24日，县文联第四次代表大会召开，出席会议的代表149人。大会通过县文联章程修改草案，选举产生文联委员会委员43人，李庆新当选为县文联主席，刘铮、曹瑜、陈科辉（兼）、吴小平（兼）为副主席。

2006年3月8日，召开县文联第四届委员会委员会议，经县委提名，会议选举任福阶为县文联副主席。

第三节 主要活动

文艺采风 1987年7月17日至8月2日，县文联组织业余文艺作者11人，在鹿角镇湖洲血防站举办全县第一次夏季文艺采风创作笔会。《岳阳晚报》副总编钟德华、文艺部主任邓子良，《洞庭湖》杂志编辑部主任周蕴琴等应邀到会讲课并组稿，参加笔会的人员共创作小说、报告文学、剧本、散文等文艺作品45件，被省、市级报刊选用发表10件。县委书记黄甲喜，县委常委、宣传部部长罗为民等到笔会现场，鼓励作者努力创作。1991年8月，县文联组织22名基层文学作者在县委党校举办为期2个星期的文学创作笔会，组织全体人员去汨罗市采风，县委书记汪德辉、县长罗典苏看望笔会作者。至2007年，巴陵诗社开展诗词联现场采风、创作、联谊活动100余次，推动中华诗词进校园工作，使11100多名在校学生受到传统文化的熏陶；县书法协会举办采风、联谊笔会、送书法下乡等活动20多次；县美术协会在县人大、县法院、县职业中专等单位举办15次采风创作笔会。县作家协会、县摄影协会等协会经常开展采风创作活动。

创作展出 1989年10月，县境举办岳阳县改革成果展览，共展出摄影作品800余幅，展期50天，观众达5万人次。1998年夏天，县委宣传部与县文联共同举办岳阳县'98抗洪抢险图片展览，展出抗洪抢险图片100多幅，曹瑜、任辉创作出版20余万字长篇报告文学《力挽狂澜——'98岳阳县抗洪抢险纪实》。2006年12月，举办岳阳县建设社会主义新农村“农业杯”摄影展览，共收到参赛作品400多幅，6幅摄影作品分别被评为一、二、三等奖。1987—2007年，全县文艺工作者在中央、省、市级发表、出版、演出、播出、展出文艺作品4000余件。其中，在省级以上正式出版长篇小说、中短篇小说、散文、歌曲、词诗、楹联集以及美术、书法等文艺专著共49部，有300多件文艺作品获市级以上奖励。

创作比赛 1988—1991年，县文联分年度举办龙、蛇、马、羊年春联大赛。1993—1999年，县音乐舞蹈协会共举办6届岳阳县庆七一群众性歌咏比赛活动。2007年，县委宣传部、县文联、县移动公司联合举办岳阳县移动“家园杯”文学征文摄影大赛，收到文学作品240篇、摄影作品160幅，共评出一等奖4件，二等奖8件，三等奖40件。

文艺交流 自1988年始，共出版《巴陵文艺》22期，赠予外单位；1998年始，先后创办《巴陵时报》《校园风》等内部刊物，为全县文艺工作者提供平台。2001年、2005年、2007年，县文联分别编辑出版报告文学集《本色》《党旗猎猎耀巴陵》、纪念性文集《流金岁月——岳阳县文联二十周年巡礼》。县作家协会、巴陵诗社、摄影协会、美术协会、书法协会、音乐舞蹈协会加强与其他县（市）的文艺交流，邀请知名文艺家到县讲课，进行创作辅导。县戏剧协会依托县文化馆剧团，赴平江、汨罗等地进行文艺演出，坚持每年在县境开展送戏下乡活动。

民间文学研究利用 1985年，组织县文化局、县民政局等部门，在全县第一次口承文字进行普查和搜集，经过242位搜集者、采录者、讲述者、演唱者的提供和编纂人员的整理、筛选、审改，编辑为《中国民间文学三集成·岳阳县分卷》，共3本，收集整理民间故事2800多个、民间歌谣1.9万多首、民间谚语1.8万多条、音乐曲种11个、曲牌调425首，共400多万字，1987年12月付梓发行。

文艺培训活动 2006年始，岳阳县文化馆艺术学校开设器乐、声乐、舞蹈、书法、美术等培训班，是年招生200名。文雯、杨鼎等学生参加全国第十届推新人大赛获优秀奖，余长舟、许安全等获中国管弦协会颁发的优秀指导老师奖。2007年，组织5名选手参加全市“洞庭杯”民乐大赛，获二银三铜，参加全市“三湘蒲公英”大赛获三金一银二铜。至年底，共招生1000多人。

第七章 残 联

至2007年，全县1.6万余名残疾人享有不同程度地康复服务，残疾人就业率达到80%，城乡残疾人低保、“五保”供养、大病救助等社会保障政策全面落实，“平等、参与、共享”的现代文明社会残疾人观深入人心，理解、尊重、关心、帮助残疾人的良好风尚进一步形成。

第一节 机 构

1990年，县民政局设立残联，履行“代表、服务、管理”职能，即代表残疾人共同利益，维护残疾人合法权益，开展各项业务活动，直接为残疾人服务，发展和管理残疾人事业。1998年3月1日，县残联正式单列办公，列编7名，其中行政编制2名，事业编制5名，经费由县财政全额拨款，内设办公室、康复股、基金股、宣教股，下设残疾人服务总社，定事业编5名（其中总社2名，残疾人劳动就业服务站、残疾人用品用具供应服务站、残疾人康复指导站各1名）。是年，县按摩医疗诊所划归县残联管理。

2002年5月，残联增加机关事业编制2名，撤销县按摩医疗诊所，人员编制划入县残疾人服务总社。2006年，县残疾人服务总社更名为县残疾人劳动就业服务站。至2007年，县残联共有干部职工18人。

第二节 主要活动

聋儿语训 1995年3月，成立岳阳县全日制聋哑学校。校园地处城关镇月西村，占地面积7600平方米，建筑面积3350平方米，环境优美舒适。至2007年，已发展成为一所集聋儿康复、文化教育、职业技能培训于一体的9年制寄宿学校。有教职工21人，在校学生98人。所有教师全部从特教专业学校毕业。教学主要根据聋儿听力损失程度对全县适龄聋儿进行语言训练，并对聋儿家长进行培训。至2007年，累计培养聋哑少年儿童910人次，培训家长870人次，聋儿教育普及普幼率达80%。

白内障复明　1999年，岳阳县“视觉第一中国行动”正式启动，面向贫困白内障患者提供免费手术，帮助病人重见光明，实现康复扶贫工作目标，是年，县、乡、村三级共筛查病员1620人次，经县人民医院确定白内障疑似病员907人次。是年10月，选送120名病员到岳阳市康复中心免费进行手术治疗，手术总有效率100%。

2001—2003年，分别在岳阳市康复医院、岳阳市第三人民医院成功实施复明手术92例、106例。

2004年，香港“健康快车”驶抵岳阳市。国内知名眼科专家组成医疗组随“健康快车”抵达岳阳市，对全市贫困白内障患者免费实施复明手术。“健康快车”行动纳入当年岳阳市“民本岳阳”工程九件实事之一，县政府办牵头组织，县残联负责具体落实，县卫生局、县民政局等部门配合，至2005年5月，筛查病员1861人次，向“健康快车”在岳阳市停靠点输送病员8批、210人次。除部分病员因身体原因不能手术外，有164例病员被成功摘除白内障，重见光明。减轻病员经济负担100万元。县残联分别被评为市助残工作先进单位、县为民办实事先进单位。

2006—2007年，县残联争取省、市、县三级政府投入康复资金60余万元，资助全县150余例贫困白内障病人赴岳阳市康复医院实施复明手术，人工晶体植入率达70%以上，脱盲率100%。

用品用具发放　1998—2000年，争取投入15万元，向低视、听力残疾人配发助视器、助听器分别为120件次、70件次。2001年，向419名低视力患者配发助视器。2003年，向59名低视力患者配发助视器。

2002年，与县人民医院联合建立假肢装配站，培训肢矫形器装配技师1人。至2004年，为肢体残疾人装配普及型假肢130例，推广使用功能补偿矫形器，完成490件矫形器装配任务。至2007年，县残联累计投入帮扶资金近40万元，先后资助120名残疾人赴市假肢厂装配假肢。其中，大腿假肢40例，小腿假肢80例。

1998—2007年，累计向各类残疾人配发助视器、助听器、轮椅、假肢、助行器、拐杖、盲人指路杖等辅助器具5600余件次。对低视力儿童、脑瘫儿童开展功能恢复训练，先后康复训练两类残疾儿童1200人次、培训残疾儿童家长960人次。

扶残助残　1991年始，每年5月的第三个星期日为“全国助残日”。1998年，县政府办出台《关于开展第八次全国助残日活动的通知》，对全县助残日活动统一安排部署。各乡镇、各单位制作电视专栏、悬挂宣传横幅、张贴标语，县政府主要负责人带领工作人员走访慰问城关及周边乡镇的特困残疾人，鼓励残疾人自强自立，帮助联系扶贫项目，向特困残疾人送去慰问金。此次助残日期间，全县累计投入助残资金5万余元，为残疾人解决实际困难310件次。2001年5月20日第十一个全国助残日。电视、广播等新闻媒体报道残疾人自强模范的先进事迹以及社会各界为残疾人办好事办实事的感人场面，临街的机关及企事业单位在门前树立宣传标语牌200余块，宣传横幅100余条，宣传资料2000余份。重点走访特困残疾人300余人，发放“爱心助残大米”1.5万余公斤。县直机关、企事业单位对本系统、本单位特困残疾职工进行慰问，工会、共青团、妇联、少先队组织、驻县武警和消防部队通过开展青年志愿者助残、红领巾助残以及军民共建、警民共建等活动帮扶残疾人，党政机关、社会团体，企事业单位，发动干部职工开展“献一份爱心，捐献一天工资”的助残捐献活动，共筹集爱心捐款11万余元。2004年5月，县政府办下发《关于组织开展第十四次全国助残活动的通知》，围绕活动主题“情系我的兄弟姐妹，帮扶贫困残疾人”，宣传残疾人优惠政策，以“助残一日捐”“青年志愿者助残”“红领巾助残”“军民警民共建”等群众性助残活动为载体，走访看望困难残疾人，送去慰问金和救济物资，帮助残疾人解决具体问题和实际困难。至2007年，募集爱心助残款近180万元，走访慰问特困残疾人家庭5300余户次，发放慰问金、大米等物资折合人民币近300万元，为残疾人解决就学、就医、就业等方面的实际困难3700余件次。

2003年10月，县残联组织人力对全县残疾人住房状况进行调查，实地走访残疾人家庭2930户，座谈群众4000余人次。发现有残疾人无房户1926户、残疾人危房户2614户，得到县委、县政府的高度重视，由县政府办牵头，成立县残疾人住房帮建工作领导小组，县残联、县民政局、县财政局、县国土局、县林业局、县房产局、县广播电视局等部门为成员单位。2004年，县残联向省残联争取“湖南省十五个实施农村贫困残疾人危房改造项目”，对全县50户特困残疾人家庭实施危房改造或住房重建。是年4月，项目正式启动。全县有帮建任务乡镇11个，相关乡镇党委、政府召开专题会议15场次，召开当地村组会议、党员群众会议60多场次。共筹集帮建资金40余万元，投入劳力1400多个，为残疾人修建或重建住房51栋、180间3430平方米。

第七篇　法治·武装

第一章　政法委工作和综合治理

第一节　机构·队伍

20世纪90年代中期，县委政法委内设办公室、执法监督室、“严打”办公室、整顿铁路秩序办公室，加挂县社会治安综合治理办公室和维护社会稳定领导小组办公室牌子。2000年，为防范和处理邪教问题，成立领导小组办公室。2003年，成立打击地下“六合彩”领导小组办公室。县综治办与县委政法委一个机构，两块牌子。政法委书记由县委常委担任。至2007年，共有干部14人。

第二节　建立维稳责任制

1991年，县成立综治委，作为常设机构，由县委副书记任主任，设副主任4人，委员由18个单位组成。综治委下设办公室，与县委政法委合署办公，乡、镇、场、县直机关单位建立综治办171个，有成员855人，村级建综合治理室691个，有成员2764人。1996年，将社会治安综合治理不合格单位实行公开挂牌、实行“一票否决”制。1997年，经过调查研究，归纳出农民负担问题，退伍军人安置问题，特困企业、离退休人员生活安置问题，部分地区因宗教问题引发的矛盾，农村因田土、水塘、山林承包、坟山及村级财务清理引发的纠纷和解决老上访等6个热点问题，制订下发《乡（镇）、场社会治安综合治理目标管理方案》《内保单位社会治安综合治理目标管理方案》，逐一落实。2001年，按照《领导和部门负责制》进行分解，实行专人负责、责任到人，定期开展影响社会稳定热点问题的月排查活动。2003年，实行“一状四制”（即工作责任状，一把手综治工作责任制、热点难点问题部门负责制、责任事故追究制、影响社会稳定问题月排查制），领导直接接待上访群众430多人次，解决热点难点问题42个。2007年，推行“一个问题、一名领导、一个班子、一套方案、一抓到底”的“五个一”包干化解办法，长湖、步仙、新墙、柏祥、相思等乡镇自筹经费组建由民兵或复退军人组成的治安巡逻队，其他乡镇、县直单位95%以上机关院落聘请治安义务巡逻队。步仙乡信访工作“挂销号”制度在全县推广。

第三节 “严打”整治专项行动

严惩严重危害社会治安的犯罪分子 1984年1月至1987年1月，遵照全国人大常委会《关于严惩危害社会治安的犯罪分子的决定》《关于迅速审判严重危害社会治安的犯罪分子的程序》，中央提出依法“从重从快，一网打尽”的方针和部署，县委成立专门领导班子，抽调组织各方力量，划拨专款，集中时间，开展“严打”斗争。经过3个战役，每次战役4~5次行动，共破获刑事案件1408件，其中大案要案35件，挖出团伙38个。1985年，全县开展“严打”活动4次，打击处理对象675人，判刑255人，行政处罚348人。震惊全省的“荣湘楼”特大流氓案，其首犯叶顺秋、李芙蓉被判处死刑，其余团伙成员分别判处10年以上有期和无期徒刑。

1989年，发案率回升，治安形势严峻。全县政法干警投入“平暴制乱”。涉案14件、22人，均分别予以处理。黄沙街镇村民谢某煽动亲友20余人上京广铁路卧轨，拦截431次列车，围观者达千人。公安干警闻风出动，驱散不法卧轨者，逮捕首犯谢某。

1993—1997年，开展打抢劫、反扒窃、扫流氓、禁赌扫黄专项斗争，捣毁团伙28个，抓获涉案人员509人，召开公判大会21场，执行死刑11人。

2003年，破获杀人案6起，枪决罪犯12人，长湖中心小学“9·23”投毒案是公安部挂牌督办的特大案，造成师生群体中毒，经公安机关全力侦破，罪犯许某落入法网。

严惩经济犯罪 1984年后，根据中共中央《紧急通知》和全国人大常委会《关于严惩严重破坏经济犯罪的决定》，以打击经济领域的犯罪活动为重点，对国家工作人员利用职权进行贪污、索贿受贿等犯罪分子从严惩处。1986—2005年，共受理经济案件832起，涉案1325人，立案428件516人。查处县民政局原副局长黄某某为首的5人集体贪污私分有奖福利募捐款15万余元的特大贪污案；查处粮食系统的贪污私分案（长湖粮站主任付某某贪污6.6万元、筻口粮站会计陈某伙同他人贪污5万余元）13起、逮捕8人、刑事拘留20人。

打假打骗 20世纪80—90年代，全县诈骗活动异常猖獗，县委、县政府下大决心，严厉惩治利用合同进行骗买骗卖活动，采取打骗子、清公司、整班子三管齐下的措施，狠刹这股歪风。全县组织3次大的行动，组织1次公开打击处理大会，处理一批诈骗犯罪分子，对于影响大、金额大的案件给予严厉打击，分别判处10年以上、8年、5年有期徒刑；举办经营性公司企业法人代表法律学习班；解剖和整顿友谊华侨公司等18家公司，严把验资、注册、发证三道关口，核实不实注册资金1.3亿元，撤销、吊销公司76家，核减国有性质企业（公司）39家，全县经营公司由246家减至170家；公安机关受理诈骗案件37件，涉及金额618万元，县法院共受理骗买骗卖纠纷案件76件，涉及金额 731 万元。全县共抓获骗买骗卖犯罪分子 73 人，拘留 31 人、收审 24 人、逮捕 16 人、判刑 2 人。为外地客户挽回经济损失 936 万元。

至 2000 年，全县经济环境大有好转，骗买骗卖、经济诈骗活动从根本上得到治理。

打击黑恶势力犯罪　自 1988 年始，开展以打黑除恶、打击流氓恶势力犯罪、多发性侵财性犯罪为重点的专项斗争。2002 年 5 月 10 日，相思乡儿童许国玲被绑架，刑侦大队、相思派出所运用科技手段，在临湘警方的密切配合下，6 小时将案侦破，绑匪张新港被抓获。刑侦大队与城北派出所采取暗哨蹲点、便衣巡逻的办法，将在城关地区飞车抢劫的团伙首犯陈攻荣抓获，顺藤摸瓜，相继破获城关地区谈虎色变的飞车大盗团伙“七连案”。被城关居民称为“江湖大盗”的盗窃团伙，在 2 个月内连续作案达百次之多，涉案金额 14 万余元，公安机关全面布控，撒下天罗地网，7 月 12 日，将“飞天大盗”张某某等三人抓获。2003 年初，公安部门接到省公安厅督办邓秋雄涉黑犯罪案件后，组织力量，进行半年的秘密调查，掌握大量证据后，将邓某某团伙 5 名主犯抓获，该团伙作案 22 起，其中抢劫案 3 起、敲诈勒索案 12 起、寻衅滋事案 5 起、强占工程案 2 起，涉案金额 20 余万元。破获以钱冻伢为首的盗窃耕牛犯罪团伙，为群众挽回损失 3 万余元。2004 年，侦破黑恶团伙案 48 个，成功侦破“3·16”“5·1”故意杀人案，“5·13”抢劫杀人案；徐大红持刀系列抢劫案；何某某、任某生、任某秋蒙面持刀抢劫案；晏某、张某为首的双人恶势力团伙案。在侦破涉黑涉恶行动中，破获部分重大案件，西塘镇守营村 12 岁学生葛如庆被杀害，公安局刑侦大队、西塘派出所仅用 18 小时就成功侦破，凶手葛强落网。

至 2007 年，共挖出打击黑恶团伙 780 个，涉案团伙成员 2939 人。澄清各类涉恶涉黑对象 198 人，其中涉嫌寻衅滋事、故意伤害对象 87 人，涉嫌敲诈勒索对象 45 人，村匪路霸、欺行霸市对象 31 人，其他对象 35 人。涉黑恶案件在侦 33 起，起诉 5 起，审判 2 起。

第四节　处理邪教组织

1999 年，县防范和处理邪教问题领导小组正式启动查禁、取缔“法轮功”邪教工作。2000 年，采取周密帮教、监控、打击等措施，用法理去教育，用行动去帮扶，用热情去感化。岳阳市第一个进京上访的“法轮功”邪教人员、新墙镇双港村村民周小秋通过帮教，与“法轮功”邪教彻底决裂，配合当地政府作为与“法轮功”邪教做斗争的助手，这一做法，省、市予以高度评价，并转发具体做法和经验。是年 10 月，县防范和处理邪教问题领导小组组织反“法轮功”邪教学习班 21 场次，参学人数 204 人。面对“法轮功”邪教反动传单和信件来势凶猛，利用“法轮功”邪教人员夜间撒传单，张贴传单的特点，公安部门实行民警联防，加大巡逻、清查、防控力度，端掉打印“法轮功”邪教反动传单的窝点——“创维”打字店，将店主童海岸、“法轮功”邪教顽固分子王平抓获，他们交代8次打印、散发“法轮功”邪教传单800多份，清缴“法轮功”邪教非法出版书籍180本、录音磁带45盒、录像带6盒、反动宣传品200余份。

2001年，全县289名“法轮功”邪教练习者，通过教育转化后，仍有24名顽固分子坚持串联、上访和练功活动。为实现省委提出的实现“法轮功”邪教分子进省上京“零指标”管理目标，在县公安局行政拘留所举办2期共90天、40名“法轮功”邪教人员学习班，除劳教自理4名有违法行为的顽固分子外，对其余20名顽固分子实行“全天候”帮控管理，县防范和处理邪教问题领导小组拿出经费2万元，雇请32人，对重点顽固分子实行24小时跟踪帮教和监控，使“法轮功”邪教人员转化率达到95%。2002年，乡镇、县直部门均成立反邪教领导小组，将“法轮功”邪教纳入综治范围。是年，全县一度出现张贴、投递、邮寄“法轮功”邪教反动宣传资料、标语、光碟的严重问题，遵照中央提出的“严密监控、露头就打、保持高压、常抓不懈”的工作思路，加强防范监控。3月18日，从长湖乡魏庆村宋某某家中搜出大量“法轮功”邪教资料和宣传品，通过突审，宋某某交代犯罪事实和作案过程。3月22日，毛田镇铜鼓山金华寺庙中张贴2副“法轮功”邪教反动对联，公安部门周密走访，蹲点守候，将作案人员张某某（男，37岁，广兴洲人，时任金华寺庙住持，法号释本亮）抓获。5月21日，公安部门在湖北洪湖凤舞长江堤岸，将省公安厅上网追逃和市国安支队督办追逃的外逃9个月的“法轮功”邪教顽固分子李某某捉捕归案。7月3日，破获卢某某、荣某某、毛某某“法轮功”邪教地下团伙案，抓捕8人、捣毁地下印刷窝点2个。全年破获“法轮功”邪教案27起，抓获违法犯罪人员18人。

2005年，“法轮功”“门徒会”邪教组织违法犯罪活动有所反弹，呈愈演愈烈之势，县反邪教领导小组会同县公安局加大侦察破案和打击力度。3月15日，现场抓获散发“法轮功”传单的犯罪嫌疑人何某某，当场收缴各类“法轮功”反动宣传资料869份、反动光盘393张。3月23日，召开打击“法轮功”“门徒会”邪教专项行动动员大会，在全县掀起打击邪教组织违法犯罪活动高潮。5月27日，成功捣毁一个“门徒会”邪教组织，抓捕骨干成员3人。全年共破获“法轮功”“门徒会”27起，抓捕违法犯罪人员10人，其中判刑3人、劳教2人、治安拘留5人。2006—2007年，共办理各类邪教案5件，其中“法轮功”2件、“门徒会”3件，抓获违法犯罪嫌疑人7人，其中批捕1人、劳教1人、刑事拘留2人、行政拘留3人。犯罪嫌疑人汤某某、王某某于2006年12月14日9时，在月田镇散发10多份“法轮功”宣传品，被群众扭送到月田派出所，月田派出所对其随带的各类宣传品294份依法扣押，汤某某2007年1月7日被批捕、王某某被行政拘留。苇业公司职工周某某于2006年12月27日中午从岳阳市回家途中携带“法轮功”邪教资料200余份，被公司当场查获，2007年1月被劳教。饶村乡内退干部陈某某，6月28日因涉嫌利用互联网传播“法轮功”反动宣传文章被立案，6月29日被刑事拘留，其家人和亲友多次规劝，仍然冥顽不化，执迷不悟，县反邪教领导小组多方组织力量进行教育转化，先后找到参加工作介绍人，入党介绍人，历任该乡的四任党委书记，县里在职的6位科局级、处级领导进行劝勉、告诫，终于促使其认识错误，悬崖勒马。

第五节 执法监督

1984年，成立县委政法办公室。1988年，县政府制订《关于加强政法队伍建设，确保严格执法的暂行规定》，县委、县委政法委成立执法监督室，制订《关于进一步加强督办力度，确保政令、警令畅通的意见》，强调政法部门要认真学习贯彻《人民警察法》《检察官法》《法官法》《律师法》《公证暂行条例》和中央政法委提出的“四条禁令”、省政法委提出的“八个不准”“十一项严格禁止”等法律法规和要求。在全县开展“两挂牌、两监督、十公开”活动（即执法监督室、依法治县领导小组；审判监督、执法监督；公开证据、公开执法、公开流程、公开办案人员、公开法律依据、公开审判结果、公开财产处置、公开执行进度、公开强制措施、公开听证情况），对于利用职权，谋取私利的行为，县委、县政府及时出台《关于治安管理严格执法坚决制止滥施处罚》的文件，制订《关于案件线索归口管理的有关规定》，查处政法干警违法违纪行为。

1984年后，对“文化大革命”中出现的冤、假、错案，进行甄别处理，并平反。1996年，建立审判监督庭，制订《岳阳县人民法院违法处罚办法》，规范执法行为，提高执法水平。县公安局、县检察院、县法院、县司法局主动接受县委、县政府纪检监察部门、县人大、人大代表、政协委员监督，聘请人大代表、政协委员担任人民陪审员、执法监督员。接受案件当事人和人民群众的监督。2002年，县委批转市委政法委《关于加强党委对政法委员会监督工作的意见》，印发《关于全面推行行政执法公示制度的通知》，对公、检、法开展“一教育三整顿”（即加强理念信仰教育，整顿思想、整顿作风、整顿纪律）和“立警为民、公正执法”的主题教育。

第六节 队伍建设

1984年，县委政法委办公室编制3名，政法系统干警300多人，是年，县委、县政府从全县各部门选调42名干部充实政法部门，85名干警参加建党训练班，11人加入中国共产党。1985年，在政法系统考核干部123人，提升任命科级干部17人，转正定职34人。1988年，省编委增加岳阳县政法编制87个。县委、县政府在全县党政干部中选调53人，专业大学分配干部20人，公开招考录取14人。1995年，县委、县政府一次解决政法干警科级待遇42人，其中正科17人，副科25人。至2007年，全县政法干警615人，其中，县政法委14人，副科以上干部248人，副处干部8人，中共党员545人。

1997年，在政法系统开展反特权思想、反徇私枉法、反贪污享乐的“三反”活动，组织3个调查小组，深入农村、县直机关征求社会各界人士对政法队伍的意见，收集各类意见351条，归纳整理8类、81条，县电视台、广播电台及各乡镇广播站均对干警整顿的指导思想、内容、方法步骤、目标任务作为期4天的集中宣传报道，全县共写横幅351条，标语2147条，出动宣传车60台次，办黑板报473块，组织编写并印发政法系统“十佳干警”的典型材料。2001年，开展“三个代表”重要思想学教活动，600多名政法干警每人作1万字以上的笔记、写2000字以上的工作报告；开展“七一”歌咏比赛、《党在我心中》演讲比赛等活动。2004年，落实一把手维稳工作责任制、热点难点问题部门负责制、责任事故追究制及影响社会稳定问题的月排查制，县委执行由书记、副书记、常委在县委办公楼定点轮流值周的接待制度。2005年，对影响全县稳定的热点、难点问题实行“包调查，包处理，包平息，包善后”的“四包”责任制，是年，县、乡、村共调处各类民间纠纷7000多起，成功率95%。其中预防群体性上访36起，处置重大群体性事件66起。至2007年，先后组织干警学习《警官法》《法官法》《检察官法》《律师法》等法律法规60余次，提高政法队伍的思想素质。

第二章　公　安

第一节　机构·队伍

1983年，恢复县公安局。自1984年1月始，县公安局先后设有纪检组、办公室、刑侦股、治安股、政保股、预审股、政工股、消防股、行政拘留所、看守所，下辖20个派出所。1990年，内设机构有纪检组、政工股、办公室、政保股、内保股、水上股、出入境管理股、户籍股、行政股、通讯股、直属机构设刑侦队、看守所、拘留所、交警队、武装警察队，下辖30个派出所，共有公安干警241人，其中局机关105人。至2007年年底，县公安局共有公安专项编436名，民警436人（不包括退休民警）。共设基层派出所23个，内设二级机构17个。县公安局多次被评为全省县级综合考评优秀单位、县级“三基一化”工程建设先进单位、全省命案侦破工作先进单位、全省党风廉政建设先进单位，被授予全省优秀基层公安局称号。

第二节　户籍管理

1987年10月，县公安局户政工作从治安股分离，设立县公安局户籍股，有民警3人，负责全县户政管理工作，1990年4月，户籍股更名为户籍科。

人口信息管理　1991年前，县户政管理无技术装备，所有户政管理资料全部手工操作，建有人口底卡，并以单位或居委会装订成册，以备查。1992年，户籍科购进首台电脑，用于打印第一代居民身份证底卡，1995年年初，录入贮存城镇非农业人口的基本信息，此后，又将全县第四次人口普查信息资料录入微机。1997年3月至1998年10月，户籍科报请县政府拨款近80万元，购进微机设备32台套，装备居民身份证办证中心和全县27个派出所的户籍室，开通局域网，将全县非农业户口和农业户口录入微机管理。1998年，全县常住人口的信息资料全部录入微机，并推向前台办公服务群众。1999年5月，完成2134名重点人口、9166名工作对象的信息录入，是年9月，完成5832名暂住人口信息录入；10月，完成居民身份证号码升位。2000年10月，运用微机录入第五次人口普查信息资料，为颁发第二代居身份证作准备。2005—2006年，先后开通17个派出所居民身份证办证网点，装备办证微机设备19台套。县公安局户籍科、派出所户籍实现户政办公现代化。

常住人口管理　1988年3月，户籍科布置全县常住人口户口的清理整顿工作，扭转城乡常住人口中有户无人、有人无户、人户分离等混乱状况。1996年3月，县公安局实施农村户口城市化管理工作，通过逐村、逐组、逐户、逐人调查核实，澄清人口底数，重新填写常住人口登记表，换发新户口簿222268本，绘制居民居住方位图725份，钉挂门牌217390块，树立乡镇碑25块、村碑751块。2000年7月，通过为期3个月的专项行动，全县共补登无户人员2.1万人、更正户口项目差错2.5万余处、采集人口图像信息20万余张。2002年4月，户籍科制定户政基础工程实施方案，全面清查核实常住人口，完善居民身份证号码编制；加大成年人信息采集力度；规范常住人口档案资料，录入微机管理。县公安局发文严格办理出生、死亡、迁进、迁出4项异动手续，切实做好常住人口的管理工作。2004年12月，建立城乡统一的户口登记制度，农业户口、非农业户口全部登记为“居民户口”。

2005年，再次对全县常住户口进行全面清理整顿，共补登无户人员1.95万人，清理注销死亡未销和重户人员3000余人。2007年，全县常住人口微机信息与人口年报人数基本一致，16周岁以上人口图像信息达80%以上，做到报表、微机、户口簿、身份证登记信息一致。

小城镇户口制度改革　1987年前，全县城镇人口共4.3万人，其中城关镇仅2.1万人。1991年，户籍科根据国务院〔1984〕41号文件规定，为进城务工经商、办企业的农民和家属办理自理口粮的蓝印户口，后改称小城镇户口。1995年，县政府确定加快发展小城镇建设，促使农村剩余劳动力就近、有序向小城镇转移。按照县政府部署，县公安局加大户籍改革力度，放宽户口迁移限制，降低落户门槛，至1999年，全县共办理小城镇户口18350人。2001年，进一步放宽进城落户条件，至2007年，全县有城镇人口114204人，其中城关镇人口86491人。

流动、暂住人口管理 20世纪80年代，县境流动人口极少。随着县城规模扩大，经济发展，流入人口逐年增多，对留宿单位内部的暂住人口由所在单位的人事、保卫科(股)负责登记管理，派出所督促检查；对到县城开店、办企业、从事建筑安装和联营运输等行业的暂住人口，由所在地派出所会同村、居委会登记管理，并为居住3个月以上、年满16周岁的暂住人口办理暂住证。1992年，全县共发放暂住证4245人。1995年，实行房屋出租治安许可证制度，各派出所对出租房屋户实行挂牌管理，并签订治安责任状。每年对流动人口活动场所及暂住人口居住集中的地方进行2次重点整治，是年，全县从暂住人口管理中列管重点人口42人，建立治安耳目167人，破获刑事案件25起，查处治安案件46起。1997年，根据公安部《暂住证申领办法》，启用新的暂住人口登记表和统一规范的暂住证。至2007年，全县流动人口18521人，暂住人口7510人。

重点人口和工作对象管理 1991年，户籍科组织民警2次下到管区，协助治保会依法监督考察，公开帮教和秘密控制。各派出所对重点人口建立帮教、监控小组，由各村自保主任和党员、治安积极分子2~3人组成。派出所对重点人口进行2次考察，年终考察写出书面考察意见，根据列管对象表现情况决定撤管或继续列管，对“两劳”释放人员和须列管的人员列为重点人口进行管理。至1996年，全县列管重点人口2198人。1991—1996年，从重点人口管理中发现侦察线索198件，破案132起，提供打击对象135人。1997年3月，将重点人口划分为重点人口和工作对象予以管理。派出所对不够列为重点人口条件的违法犯罪人员，逐人填写工作对象信息登记表，建立档案。是年，全县共列管工作对象8433人，从工作对象管理中发现侦察线索83件，破案21起，打击处理违法犯罪对象28人。1999年5月，完成重点人口、工作对象信息资料录入工作，将全县178名有危害国家安全活动嫌疑的“法轮功”邪教顽固分子列入重点人口管理，2001年，将831名吸贩毒人员列入重点人口管理。至2007年，全县有重点人口2061人、工作对象9476人。

人口统计年报 1987年12月，户籍科首次进行人口统计年报工作。以后一年一度的人口统计工作，由县政府牵头，从公安、粮食、计生、统计等部门抽调人员，成立县人口统计办公室。统计年报时间从当年12月开始至次年1月15日结束。人口统计期间停办户口迁入、迁出和其他变动手续。人口统计以前一年报表为基数，加、减当年的4项指数（出生、死亡、迁进、迁出）和漏报及重报数即为当年的人口年报总数。由村（居）委会和单位上报人口变动情况，派出所如实统计填写报表，经县人口统计办质量抽查合格后，送县人口统计办公室统一汇总，然后由户籍科核实上报。1987—2007年，岳阳县人口统计年报经市公安局验收均符合质量要求，全部合格。

身份证颁发和管理 1987年7月，县公安局根据《中华人民共和国居民身份证条例》和《实施细则》精神，抽调工作人员，先在城关镇进行颁证试点。1988年年初，县公安局建立办证中心，县境正式启动颁发第一代居民身份证工作。自1990年5月始，户籍科实施查验居民身份证的工作。1998年，启动居民身份证编码升位工作。居民身份证号码从15位升至18位，至1999年10月，全面完成身份证编码升位工作。2003年6月，全国人大常委会通过《居民身份证法》。从此，居民身份证颁发和管理有法可依。至2004年，全县共颁发一代居民身份证近80万人证（包括补办、重办）。

2005年，全面启动换发第二代居民身份证。二代居民身份证采用无底卡制作、彩色数码相片、内置加密芯片、精细缩微印刷等新技术，制证周期短，质量明显提高，居民领快证不超过7天，领慢证不超过60天。至2007年，全县共颁发第二代居民身份证251553人证。

1989年9月，启动临时居民身份证颁证工作。有效期为1年，后逐步改为半年和3个月。是年，办理居民临时身份证564人证。1996年后，省公安厅户政处限制临时身份证办证数量，但每年仍有2000—3000人办理临时身份证。1998年，办理居民临时身份证2750人证。1998年后，居民办理临时身份证逐年减少，2004年仅办150人证，2005年10月，停止办理临时居民身份证。

边境通行证颁发和管理　1991年，岳阳县启动颁发公民赴边境地区通行证工作，是年，共签发公民赴边境通行证1520人证，其中到深圳、珠海等经济发达地区务工经商的农民占80%以上。1996年，签发公民赴边境通行证2921人证。2000年后，户籍科签发公民赴边证逐年减少，2003年，广东省、沿海地区实行边境通行改革，放宽进入条件，是年签发300人证。2004年，户籍科停止签发赴边通行证。

第三节　治安管理

一、禁毒禁娼禁赌

禁毒　1995年，县公安局查获改革开放后第一起贩毒案件，缴获毒品（海洛因）18.6克，抓获涉毒人员3人。1998年，共抓获涉毒人员63人，其中有复吸对象11人。2000年，成立县政府禁毒委员会，下设禁毒办公室，负责禁毒委的日常工作。是年7月，成立县公安局禁毒大队，禁毒工作业务从刑侦大队防范中队分离出来，由禁毒大队接管。

2002年，涉毒现象蔓延到全县23个乡镇50%的村组，其中城关、黄沙街、筻口、公田、月田、康王等乡镇毒情相对严重，每个乡镇吸毒人员均在50人以上，黄沙街镇再茂村、公田镇祯祥村、筻口镇筻口村情况尤为严重，群众反映强烈。2002年，岳阳县被省禁毒委列为全省毒情严重重点整治县（简称“戴帽”）之一。全县加大禁毒宣传力度。县禁毒委和禁毒大队利用宣传车到各乡镇流动宣传，设立宣传展板，播放禁毒教育警示片，增强人民群众的禁毒意识。

2003年5月，县公安局禁毒大队牵头，对全县涉毒情况进行摸排调查，10月，进行全面复查，共登记吸毒人员 1047 人。对毒情相对严重的城关、黄沙街、筻口、公田、月田、康王等乡镇，进行重点整治，共抓获涉毒人员 38 人，其中判刑 4 人、劳教 5 人、强戒 17 人、治安拘留 12 人。年底，经省禁毒委考核，摘掉岳阳县毒情严重重点整治县的帽子。

2000—2007 年，县公安局强制戒毒 352 人，查禁毒品 790 克，劳教戒毒 167 人。

禁娼 改革开放后，卖淫嫖娼在境内沉渣泛起。首先从 107 国道沿线开始，一些不法店主以招聘服务员为名，引诱、容留妇女卖淫。县公安局集中警力和时间开展专项行动，建立 107 国道公安值班室，充实国道沿线的新开、新墙、黄沙街、长湖 4 个派出所的警力，定期或不定期开展查禁卖淫嫖娼行动，加强对卖淫嫖娼的查禁工作。1988 年 11 月 21 日晚，县公安局集中 58 名干警，在国道 107 线沿线开展取缔查禁卖淫嫖娼活动的专项斗争，共抓获违法人员 108 人，其中收审 14 人，送市妇教所 4 人，治安拘留 19 人，罚款或规劝回家 69 人，取缔不法旅馆 36 家。1990—1995 年，共查获嫖娼者 620 人，卖淫妇女 359 人，打击违法犯罪人员 1742 人，其中劳教 61 人，治安拘留 750 人，罚款 920 人，送市妇教所 11 人；查封取缔容留妇女卖淫嫖娼的饭店旅社 72 家，治安拘留不法店老板 89 人。1996 年，全县查处卖淫嫖娼案件 138 起。2001—2005 年，县公安机关贯彻执行县政府《关于整顿宾馆酒店和娱乐休闲场所的通告》精神，动员全社会齐抓共管。县公安局治安大队组织指导城关地区派出所与业主签订治安合同，明确职责，落实奖罚措施。以公安机关为主，从妇联、文化、卫生、商务等部门抽组力量，开展查禁卖淫嫖娼专项行动。共清查宾馆、茶楼、洗浴、按摩、娱乐休闲等场所 65 家，抓获卖淫嫖娼人员 363 人，县城卖淫嫖娼案件明显减少。

禁赌 1987 年 5 月 10 日，县公安局查获广兴洲供销社一赌博团伙，将首犯进行收容审查，对其余 32 人分别处以 3000 元以下的罚款。1989 年 7 月至 1990 年 2 月，在全县开展“除六害”（即坚决彻底打击和查禁取缔卖淫嫖娼、制作贩卖传播淫秽物品、拐卖妇女儿童、私种吸食贩运毒品、聚众赌博和利用封建迷信骗财害人等社会丑恶现象）统一行动。共捣毁赌博窝点 32 处、摧毁赌博团伙 17 个，抓获聚众赌博分子 209 人，其中逮捕判刑 1 人、劳教 3 人、治安拘留 205 人，赌博活动有所收敛。自 1991 年始，以打麻将、押双单为主要形式的赌博活动在全县城乡兴起，至 1994 年，赌博方式发展为使用老虎机、苹果机进行赌博，其后几年虽经县公安机关多次查禁，但在部分地方赌博风仍在蔓延。在查获的赌博人员中，赌头、赌棍大肆聚赌，赌资一次高达万元以上。

2001 年，地下“六合彩”买码赌博活动从广东传入县境，至 2002 年发展到城镇集贸市场、宾馆酒楼、休闲娱乐场所。少数经营者、机关企事业单位干部职工和居民秘密参与。2003 年，地下“六合彩”赌博活动发展到全县城乡，由秘密转为公开，一时间街头巷尾、田间地头，到处议码、买码成风，给县域经济发展和社会治安造成极大危害。县委、县政府印发《关于禁止地下“六合彩”赌博活动的通告》，动员全县国家干部、职工、共产党员和群众参与查禁地下“六合彩”赌博活动。2003—2005 年，县公安局以治安大队为主，各警种配合，共开展专项打击整治行动16次，摧毁写单窝点75个，收缴码书、码报等资料2万份，抓获本地庄家、写单人员2496人，派出工作组南下广东抓获地下“六合彩”庄家36人。查处破获地下“六合彩”赌博案件247起，打击处理违法犯罪人员2180人，其中，刑事拘留125人，劳教及治安处罚2055人。

随着城镇建设日益扩大，城镇人口不断增多，一些城镇无业人员和赌头、赌棍利用城镇空置门面开场聚赌，一时间“扳砣子”“斗牛”“捞鸡”等赌博活动遍及城乡，有的赌资高达几十万元。少数不法分子乘机放高利贷，盘剥他人，引发斗殴纠纷，危害社会和谐治安稳定。

2006—2007年，共查处涉赌案件105起，其中刑事案件42起、治安案件63起；共抓获涉赌违法犯罪人员161人，其中刑拘31人、治安拘留89人、警告41人；摧毁涉赌团伙12个，关闭麻将馆52家。

二、枪支弹药和危险爆炸物品管理

枪支弹药管理 1984—1989年，县公安机关先后3次开展清理、登记、收缴工作。共收缴失散在社会上的枪支23支、子弹5000余发。1990年，县公安局治安科对全县非军用枪支、射击运动枪支进行全面清理，对全县公务用枪，全部建立档案，完善管理制度，组织民警深入用枪单位督促检查，落实枪支弹药使用、保管安全制度。1998年，县公安局建成一个高标准的枪库，配发给民警的公务用枪全部收回，由县公安局治安大队统一保管，因案情需要用枪，单位写出报告由主管领导审批后方能领取枪支，用枪完毕，民警必须将枪交专管人收回保管。1999年，县公安局开展换发持枪证工作，实行一枪一证。2001年5月，县公安局集中警力进行为期7天的治爆缉枪专项行动，共收缴各种枪支518支、子弹329发、土炸弹13个、排铳318把、三眼铳173把。1988年后，全县未发生枪支弹药丢失事故和被盗案件。

危险爆炸物品管理 1988年后，县公安局根据公安部《易燃易爆物品治安管理》和省政府发布的《湖南省烟花炮竹管理办法》，加强对易燃易爆物品从购买、运输、保管、使用各个环节的管理。1991年，根据岳阳县易燃易爆物品管理混乱的实际情况，县公安局治安大队集中培训烟花炮竹安全技术员、安全检验员40人，会同主管部门对全县易燃易爆物品进行全面清理整顿，对符合安全标准的行业核发“安全生产许可证”；对不符合安全标准的行业实行关、停、并、转。发证登记全县有鞭炮厂19家、炸药贮存使用单位2个、烟花炮竹销售点155个、加油站16个、液化气站2个。南冲镇杨家村外屋组村民杨福从自1977年开始非法办鞭炮厂，在多次受到有关部门的处罚和严重警告的情况下仍置若罔闻，1993年4月，杨福从从浏阳、本地各请来5人，重新开办鞭炮厂，自任厂长，由于缺乏安全常识，在库房混杂堆放炸药和石灰，是年5月19日22时许，因石灰受潮发热引起爆炸，造成2死4伤、22间房屋倒塌的悲剧。年内，治安大队（科）组织各派出所在全县开展整治烟花炮竹行业的专项行动，查封取缔非法生产、经营厂店 5 家，收缴烟花炮竹 167 箱（件），半成品 59 件。每年春运期间，派警力深入车站码头进行安全检查，在汽车、船只、车站码头收缴鞭炮 4 万响、拉炮 0.8 万个、摔炮 1.2 万个。2001 年 6 月，县公安局治安大队在全县开展治爆专项行动，共收缴黑火药 3000 千克、其他炸药 1000 千克、雷管 267 枚、导火索 1190 米。

2006 年后，县公安局治安大队严格管控民用爆炸物品的销售、购买、运输流量与流向情况等环节，对销售、购买手续的查验，运输手续的查验，雷管、炸药烟花炮竹原材料的储存情况严格检查。具备购买运输爆炸物品条件的单位和个人，凭有效证件到治安大队申领“爆炸物品购买证”“爆炸物品运输证”，严格爆炸物品的管理。

三、特种行业管理

旅栈业管理　1988 年，根据《湖南省旅栈业治安管理办法》，县公安局治安股组织各派出所对全县旅栈进行清理整改，共核发旅栈业许可证 98 家（宾馆 6 家、招待所 8 家、旅社 84 家），建立旅栈业登记、值班等管理制度。与辖区旅栈业业主签订治安管理责任状，落实经常性的管理工作，并将小天地、万福来等宾馆列为公安机关治安管理重点单位挂牌管理，实现网络信息化管理，规范旅店从业行为。2002 年，根据《国务院取消第一批行政审批项目的决定》，治安大队取消对旅栈业的行政审批。

印刷刻字业管理　1988 年，全县有印刷业 2 家、刻字业 1 家，1997 年发展到印刷业 5 家、刻字业 2 家，治安大队组织各派出所开展经常性的专项整治行动，取缔地下印刷厂，关闭非法刻字社店，收缴淫秽书刊，指导各派出所与经营户签订治安合同，规定双方责任，落实管理工作。2002 年 11 月，根据《国务院取消第一批行政审批项目的决定》，县公安局治安大队取消对 9 家印刷业、3 家刻字业的行政审批，但仍保持对其治安管理。至 2007 年，全县有印刷厂 7 家、刻字业 6 家。

旧货业管理　20 世纪 80 年代初，县境废旧物资收购归口县供销系统经营，境内没有报废车辆回收，旧货寄卖极少。20 世纪 80 年代末，旧货业逐步发展，废旧金属回收业、旧货寄卖业逐步增加。至 2000 年，全县废旧金属回收企业发展到 8 家（不包括推车、肩挑上门收购），旧货寄卖业发展到 35 家，报废机动车辆回收企业发展到 5 家，由于旧货业管理工作没有及时跟上，无证经营，违章违法收购，少数从业人员窝藏、销赃等现象较为严重。治安大队（科）组织派出所会同工商、供销社等主管部门，对全县旧货业进行清理整顿，48 家旧货业分别办理废旧金属回收、报废机动车辆回收、旧货寄卖特种行业许可证，并制定《废旧金属回收管理制度》《报废机动车辆回收管理制度》《旧货寄卖业管理制度》。治安大队每年对从业人员组织一次学习，对其行业进行 2 次检查，取缔非法（无证）经营，打击违法经营，使旧货业管理逐步实现规范化。2002 年 11 月，根据《国务院取消第一批行政审批项目的决定》，治安大队不再对旧货业进行行政审批，旧货业主只需在治安大队登记备案即可营业。

四、公共场所治安管理

文化娱乐场所管理　20 世纪 80 年代中后期，县境文化娱乐场所主要是影剧院、歌舞厅、录像放映厅、卡拉 OK 厅等场所。县公安局治安部门对这些场所的管理，主要是场所安全、内容健康等方面的管理，严禁在场所内播放淫秽录像片、带和跳低级下流的舞蹈，查处违反《娱乐场所管理条例》传播淫秽片、带队老板和从业人员。20 世纪 90 年代，卡拉 OK 歌厅、舞厅、KTV 包厢、桑拿按摩等场所迅速增加。部分业主受经济利益驱动，违反《娱乐场所管理条例》，利用按摩女、“三陪”小姐进行色情服务，场所不符合安全规定，消防隐患、治安问题较为严重。针对存在的问题，县公安局治安大队重申公安机关管理规定，开展清理整顿、取缔非法、打击违法，责令整改隐患，强化经常性的管理工作。1989 年，县公安局按照“谁主管，谁负责，谁经营，谁受益”的原则，在全县文化娱乐场所落实治安管理责任制，组织指导各派出所与从业单位、业主签订《文化娱乐场所治安管理责任书》，实行年终检查验收，兑现奖罚。

1995 年 3—6 月，县公安局治安大队配合文化主管部门，在全县开展清理整顿文化娱乐市场专项行动，查获取缔传播淫秽录像厅 6 家、卡拉 OK 厅 3 家，治安拘留业主和“三陪”小姐 18 人。是年，按照《湖南省文化市场管理条例》规定协助县文化部门核发许可证。

2002 年，根据《国务院取消第一批行政审批项目的决定》，治安大队对全县文化娱乐场所采用新的管理模式进行管理。2003 年 4 月，县公安局治安大队与文化等主管部门对全县文化娱乐场所重新造册登记，完成信息录入，实行微机管理。2006 年，按照《娱乐场所管理条例》，对全县文化娱乐场所进行全面清理整顿。

公共复杂场所管理　1990 年，全县有 432 人违反《公共秩序管理条例》，受到拘留处理的 380 人，具结悔过的 22 人，警告 30 人。90 年代始，县境公共复杂场所成倍增加，县公安局治安大队加大管理和控制力度，组织指导各派出所民警深入社区控制进入公共复杂场所的违法人员和可疑人员；以派出所为单位，组建治安巡逻队，对公共复杂场所进行巡逻控制；在公共复杂场所物设治安耳目，了解深层次信息，加强阵地控制。2005 年，全县公共复杂场所治安案件发生起数比上年下降 18.3%。每年元旦、春节期间，以治安大队为主，组织指导各派出所，对公共复杂场所进行全面清理整顿，组织民警深入车站码头、集贸市场、大型超市、金融单位值班执勤、反扒，维护公共复杂场所正常秩序。至 2007 年，县境有车站码头 31 处、影剧院 1 座、休闲场所 101 处、歌舞厅 3 个、录像厅 1 个，都登记在册。

五、水上治安管理

机构　1984 年，县公安局以原县湖管局 5 个芦苇场为所址，建立老港、飘尾、南洲、北洲、新洲 5 个公安派出所，共有民警 13 人。1987 年，县公安局内设水上股，主要负责组织指导水上湖洲治安工作。1992 年 7 月，老港、飘尾 2 个派出所合并为老港派出所，南洲、北洲、新洲 3 个派出所合并为新洲派出所，是年 10 月，建立水上派出所，老港派出所并入水上派出所。1994 年 11 月，水上股并入治安大队。1995 年 3 月，新洲派出所更名为湖洲派出所。至此，东洞庭湖治安工作由水上派出所、湖洲派出所分管。

2000 年 8 月，市政府决定将东洞庭湖水域划归岳阳县统一管理，市公安局明确规定东洞庭湖的治安工作由县公安局负责，是年，撤销水上、湖洲 2 个派出所，成立岳阳县公安局水上分局，2 个派出所人员编制、工作职能划归水上分局。水上分局在县湖管局办公，2003 年 7 月，水上分局更名为水上警察大队，仍为副科级单位。

人口管理 湖洲人口主要由常住人口、暂住人口、流动人口组成。2000 年，水警大队在飘尾建立月山警务区，下设飘尾、老港小区，将常住人口录入微机管理。暂住人口主要来自苏、鲁、皖、川、黔、湘、赣等 7 省、21 个市县，水警大队对进入和在湖洲停留 1 个月以上的人员一律办理暂住证，并定期查验；停留 3 日以上的一律造册登记。对临时流入湖洲水上的砍柴、放牧、采蒿、打鱼等流动人员，及时进行遵守国家法律法令、政策法规教育。

船舶管理 东洞庭湖拥有本港籍大小船舶 5800 余条，绝大部分没有办理户牌。1996 年，省政府将办理船舶户牌证的办证权交由水上交通部门，2002 年，水上交通机构改制，更名为地方海事局，不再承担办理船舶户牌的职能，改由水上派出所办理，2007 年，共为 2000 余条船办理户牌证。

资源管理 东洞庭湖丰富的渔业资源，吸引部分渔民利用有害业次，下湖非法捕捞。20 世纪 50~60 年代，年均捕捞量 9500 吨左右，1988 年后，县公安局水上公安机关竭力保护湖区资源，维护湖区治安稳定，至 21 世纪初平均捕捞量不足 5000 吨。2001 年，抓获以黎某某、张某某为首的电捕鱼组织，收缴电捕鱼工具，对黎、张依法追究其刑事责任，对其他参与者进行教育。2002 年 6 月，湘阴县杨林寨水匪渔霸团伙在东洞庭湖鹿角水域炸鱼、盗鱼，敲诈勒索疯狂作案 36 起。水警大队组织民警通过侦察布控，抓获团伙成员 7 人。2005 年 4 月，水警大队破获以陈某某、项某某为首的盗窃团伙，抓获团伙成员 8 人，破案 46 起，挽回经济损失 30 余万元。2000—2007 年，水上派出所共破水匪渔霸、抢劫、敲诈、勒索案件 143 起，年均收缴销毁"迷魂阵"2.85 万米，没收销毁电捕工具 42 台套，拆除矮围子 2 处，查处非法捕捞和违禁人员 128 人。

2000 年 9 月，水上派出所将埋放排铳打死小白额雁 460 多只的麻塘镇畔湖村村民胡某某、谢某某等 8 名涉案人员抓获，追究其刑事责任。1995—2007 年，县水上公安机关年均破获毒杀珍禽鸟类案件 4 起，摧毁犯罪团伙 1 个，抓获作案成员 6 人。

每年 2—4 月，县水上公安机关组织民警会同湖管部门开展护青保苗行动，10—12 月芦苇收割季节，水上派出所派民警驻守湖洲，为防止发生人员伤亡和火灾事故，还组织

2~3 次大型安全检查。1988—2007 年，水上派出所年均侦破查处各类刑事、治安案件 12 起，协助有关单位调处地界纠纷 13 起。

配合全县沙石开发管理办公室、水政、矿产等职能部门专项整治，年均出动警力 60 多人次，其中大型行动 1 次，至 2007 年，共查处非法开采沙石和扰乱沙石秩序案件和问题 12 起，关停非法采沙、淘金船 5 条。

六、出入境管理

1985 年，设县公安局出入境管理股，与政保股合署办公，负责境内的出入境管理工作。1990 年 4 月，出入境管理股更名为出入境管理科，仍与政保科合署办公。1996 年 10 月，撤销出入境管理科，并入政保科。1999 年 5 月，政保科更名为国内安全保卫大队，内设出入境管理办公室，负责出入境管理工作。

1985 年，县公安局出入境管理部门执行《中华人民共和国出入境管理办法》规定，建立出境公民申请、审批和发证工作制度。至 1990 年，县境中国公民因私出境 83 人，其中探亲 68 人，探亲定居 10 人，自费留学 5 人。2007 年，开发网上绿色通道，境内公民办理因私出国护照、公民往来港澳地区通行证和内地公民往来台湾地区通行证，由旅行社统一到县公安局出入境管理部门办理证件。至 2007 年，县公安局出入境管理部门共办理出入境证件 1768 人次，其中出国护照 985 人、赴香港探亲 323 人次、赴澳门探亲 49 人次、赴台湾探亲 56 人次、港澳游 319 人、办理定居 19 人、办理外国人签证及居留许可证 7 人、办理台湾居民签注 10 人次。

对入境人员，县公安局出入境管理部门依法查验证件，办理签证（签注）手续，办理居留证，要求入境人员遵守中国的法律、法规，依法查处涉外及港澳台入境人员的案（事）件。1996 年，查处台湾居民非法延期居留事件 2 起，1998 年，发现境外可疑人员 2 名，2007 年，查处入境人员违规案件 5 起，其中假护照案件 1 起、外国人非法延期居留 2 起、台湾居民非法延期居留 2 起，警告 1 人，罚款 3 人。

七、治安处罚

1983—1990 年，全县治安处罚 10590 例，其中警告 4082 例，罚款 2373 例，拘留 4135 例。至 2007 年，共查处重大治安案件、群体性事件 290 起，其中阻碍执行公务 110 起、陈尸闹事打死人命 45 起、哄抢公私财物 20 起、流氓聚众斗殴 40 起、因争山水田土而引发的重大群体性事件 40 起，其他 35 起。

八、“110”报警

1996 年 11 月，组建“110”报警服务台，成立“110”处警中队。2004 年 6 月，县公安局组建“三台合一”指挥中心，“110”报警服务台从巡警大队分离，由指挥中心管理，“110”处警中队仍由巡特警大队管理。

1996年12月7日晚上，城关镇荣站村男青年胡某因失恋，手提5千克汽油到恋爱对象钟某家，扬言要烧掉钟家，“110”接到报警后，处警中队民警火速赶赴钟某家，对胡某进行疏导、劝解，制止胡某的过激行为，避免一起恶性案件的发生。1997年3月的一天傍晚，“110”接到报警电话称天鹅路发生抢劫，正在吃晚饭的处警中队民警立即赶到天鹅路，此时，犯罪嫌疑人已闻讯登上去岳阳市的班车逃离现场，民警们带上被害人驱车追赶，在岳阳西线湖滨路段将5名犯罪嫌疑人从客车上抓获。1998年11月9日，城关镇一户失主报警称，家里一台摩托车被盗，有人发现犯罪嫌疑人骑摩托车往新墙方向跑，“110”接警后迅速出警，在“311”地段将犯罪嫌疑人李某抓获，缴获被盗摩托，经审查，李某还交代10月在县烟草局盗窃1台两轮摩托车，民警赶往筻口镇李某家，取回赃车，一并归还失主。2000年3月20日零时，“110”报警台接到城关镇居民孙某报警电话，称其丈夫葛某遭一伙不明身份的人绑架，关在娱乐城，生死不明，请求解救，“110”处警中队4名民警随即驱车赶至娱乐城，经搜查，在一包厢内发现被绑徒殴打致伤的葛某，成功将其解救，并抓获绑徒晏某、付某。1998年8月上旬，一位80多岁的老人从君山到岳阳探亲，由于搭错车而来到荣家湾，迷失方向，“110”接警后，派民警将老人安置到县旅社住下，安排好食宿后，打电话通过市公安局联系到君山派出所，通过君山派出所找到老人的家人，将老人接回去；2000年6月27日上午，接处警中队在荣西路处警时，接“110”值班电话呼叫，称文胜居委会附近白洋水库有人落水，处警民警两分钟就赶到现场，见一年轻女子在白洋水库距堤岸约10米处的水中挣扎。3名民警跳入水中将其成功救起。2006年2月3日晚上，一名男孩在城关镇庆丰路雨台山与家人离散，接到群众报警后，巡警大队立即出警将小男孩接到值班室，经询问，小男孩是中洲乡铜盆村人，当晚，巡警大队与中洲派出所取得联系，将小孩送回家。

至2007年，巡特警大队“110”接处警中队共接警19118起，处警19118起，年均接处警1600余起。

九、群众治安组织

1986年6月，在荣家湾镇始建治安联防队。1988年，全县有治保会908个，其中农村治保会788个、城镇治保会41个、企事业单位治保会79个，有专职治保主任908人。1995年岳阳县行政体制改革，农村仍以行政村为单位建立治保会，治保主任由村支部书记或村主任兼任；城镇仍以居委会为单位建立治保会，治保主任由居委会主任兼任，事业单位二级机构建立治保会，治保主任由事业单位二级机构负责人兼任，企业以行业、生产组织为单位建立治保会，由企业行业、生产组织负责人兼任治保主任。

自1988年始，县公安机关在县城关镇和治安状况复杂的107国道建立2支治安联防队，通过政审考核，择优录用联防队员18人，其中，城关镇治安联防队10人，107国道治安联防队8人，治安联防队的经费从罚没款上交返回款中解决，治安联防队员上岗前，由政工、治安部门组织培训后，上岗执行治安巡逻任务。各乡镇相继组建治安联防队，1995年，全县有35支治安联防队，队员230人，开展治安巡逻、站岗值班、协助民警办案等工作，解决警力不足的问题。但由于少数联防队员素质不高，在巡逻执勤、协助办案中违法违纪，影响公安机关的声誉和公安民警的形象，群众意见较大。1997年，县公安机关对治安联防队进行清理整顿，撤销乡镇治安联防队，仅保留新墙、新开、长湖派出所治安联防队，并按照《岳阳县城区治安巡逻队管理办法》管理治安联防队。

2002年，建立县保安服务公司，公司由3名民警专门负责保安公司的工作。保安人员面向社会公开招聘，共招聘保安人员51人，经过业务培训和统一着装，向县直机关、学校派遣保安20人、向企事业单位派遣25人、向社区派遣保安6人。治安大队协调聘请单位与保安公司签订保安合同，检查督促保安人员认真履行职责，服务受聘单位的安全防范工作，同时，扩大经营范围，统一购买保安装备器材和安全防范器材，并按《劳动合同法》落实保安人员的劳保福利待遇，及时发放保安人员工资和保安制服，调动保安人员的积极性。县保安服务公司成立以来，为15个单位提供保安优质服务，通过24小时昼夜守护，保证受聘单位人员和财产安全，并协助受聘单位保卫部门调处纠纷92起，预防和制止违法犯罪68起，抓获违法犯罪人员35人。

第四节　案件侦破

刑事案件侦查　1983—1986年，开展“严打”斗争，共破获各类刑事案件859起，依法逮捕各类严重刑事犯罪分子1467人。1988年后，县公安局继续坚持“严打”方针，保持“严打”态势，至2007年，县公安局命案立案131起，破案118起，破案率91%，命案侦破工作在全省命案侦破考评单位中排名第　；铲除涉恶涉黑团伙502个，瓦解团伙成员1555人，破案1452起，挽回经济损失1260余万元；共追逃2061人，其中网上追逃1171人。

1987年，县公安局有刑侦技术人员3人，至2003年，增至5人，刑侦技术设备以每年15万元的标准投入资金，添置指纹自动比对、痕迹检验、法医检验、理化毒化、刑事照相等技术器材。2004年，县公安局技术室由三级向全国二级刑事科学技术室创建申报，技术人员增至9人，其中痕检4人、法医2人、刑事照相1人、指纹管理1人、技术管理1人。用于侦查破案的刑事科学技术装备，按公安部二级技术室标准全部装备到位，共有35台套。2004年12月，公安部刑事科学技术室等级评定考核抽查，县公安局刑事科学技术室代表湖南省二级技术室作为被检唯一单位顺利通过验收考核，并获得公安部专家的一致好评。2007年，县公安局刑事科学技术室加大投入，进一步更新和改进技术设备，力争达到全国一级刑事科学技术室的标准。刑侦技术人员在创建全国一级科学技术室的同时，坚持岗位练兵，刻苦钻研业务，进一步提高现场勘查、检验的能力，全年共勘查各类刑事现场147起，出勘率100%，提取痕迹物证123案、145件，利用痕迹物证的检验直接破案66起；法医检验尸体52起、活体检验560人次、DNA送检16例。自筹资金正式启动警犬技术建设项目。

经济案件侦查 20世纪90年代后期，随着经济体制改革的进一步深入，县境经商的人员增多，各种“皮包公司”在境内兴起，一些经济犯罪分子采取“以货易货”、骗吃骗喝、欺蒙拐骗等手段，诈骗外地单位和个人的钱财，一时间荣家湾的骗子在全国有名，并有多家媒体曝光，给岳阳县的声誉和经济环境造成极坏影响。县公安局经侦大队开展治理经济环境的统一行动：清理公司，采取收章子、砸牌子、端窝子的办法，查封皮包公司；立案侦查，重点打击，经侦大队、税侦大队联合办案，集中警力将《通报》中6起典型案件的涉案犯罪嫌疑人全部抓获，收集整理材料，依法劳教6人；对情节轻微的骗子，集中举办法制学习班，组织学习国家法律法规，责成他们退出所骗财物，并向客户赔礼道歉，赔偿损失，消除影响。在县信用联社的配合下，开展治理金融环境，规范金融秩序的工作，2005—2007年，先后查明新开信用社杨华村信用联络员非法吸收公众存款107万元、筻口信用社大元村信用联络员伪造存折骗取公众存款100余万元、甘田信用社甘田村信用联络员挪用公众存款60万元等案件。

2000年4月4日，长湖乡财政所发生一起会计凭证、会计账簿被盗案件，涉及账面收支金额分别为3313万元、3249万元。接到报警，县公安局、经侦大队、长湖派出所民警历时3个多月，调查询问112人次，作调查笔录150余份，审查违法犯罪嫌疑人13人、64次，发现该乡财政所所长张某某有重大作案嫌疑，经传讯审查，在事实面前张某某交代故意销毁会计凭证、会计账簿，伪造被盗现场，掩盖其贪污公款的犯罪事实，一举侦破这起销毁凭证、伪造被盗现场的贪污大案，共抓获和依法处置违法犯罪人员13人，为国家和集体挽回经济损失80余万元。1999—2007年，县公安局共立经济犯罪案件982起，侦破965起，刑拘317人，劳教13人，逮捕137人。

第五节　国内安全保卫

一、收集情报信息

1988年7月，筻口镇熊市乡青年李某某，因从事养殖业失败，对社会产生不满情绪，有铤而走险的苗头。国保部门将其作为重点对象安排特情人员加以控制，发现其策划组织成立“维平敢死队”，准备抢劫银行后，采取紧急措施，及时加以制止，避免一起恶性案件。2003年9月30日，据信息反馈，岳阳县黄某、吴某、兰某等部分对越自卫还击作战复退军人在岳阳市九华宾馆准备40桌酒席，计划于10月1日召集全县400多名复退军人开会。收到信息后，县委、县政府、县公安局领导连夜分头找到黄某等人，对他们进行思想教育，宣传法律法规及相关政策，答复并解决合理要求和部分实际困难，避免一次大的非法集会和上访。1988—2007年，国保大队运用特情等手段，共收集各类情报信息12040条，防范、化解矛盾4483起，消除和制止不安全因素1062起。

二、打击邪教组织

打击会道门　在岳阳县非法聚会进行活动的会道门主要有“门徒会”、“金丹门”、“大圣门”、“全能神教”（又名“东方闪电”）、“宗教哲学研究社”、“实际神”、“呼喊派”、“圆顿法门”等组织，其中活动最为猖獗的是“门徒会”。1995年6月26日晚，县委统一组织公安、检察、法院、司法、统战、民政、宣传、团委、妇联、文化等12个部门，县直各部、办局领导35人，乡、镇党政干部165人，公安民警306人，出动车辆75台，对“门徒会”活动猖獗的12个乡镇进行搜捕，共抓获“门徒会”成员51人，其中劳教14人，治安处罚37人。1999年，县公安局国保大队成功取缔“门徒会”教会1个、聚会点4个，刑事拘留“门徒会”骨干成员4人，治安处罚8人。2007年，破获统管平江小分会7个、教会46个、教点130个、信徒2.3万余人，诈骗钱财2万余元的王厚保为首的“门徒会”邪教组织。同时将打击处理与教育转化相结合，教育挽救信教群众，组织信教人员举办法制学习班，收到较好效果。

取缔“法轮功”邪教　1994年前后，“法轮功”邪教传入县境，开始人数较少，后逐步发展，人数大增，活动则由强身健体演变为祛病消灾、死后可以升天等迷信活动和歪理邪说、反对共产党等反动活动。至1999年7月，“法轮功”邪教组织在县城关镇设辅导站1个，在饶村、步仙、柏祥、张谷英、公田、中洲、新墙、筻口、杨林等乡镇设练功点11个，湖洲设有水上练功点。全县有入册练功人员262人，其中中共党员28人，公务员12人，教师8人，职工24人，学生4人。“法轮功”邪教在县境活动期间，给岳阳县造成较为严重的危害。2人因练习“法轮功”延误治疗而死亡，2人因练习“法轮功”邪教导致精神失常，7人因练习“法轮功”邪教造成家庭不和或破裂。

1999年5月，全县依法查禁、取缔辅导站1个、练功点11个，彻底摧毁“法轮功”邪教组织在岳阳县的组织体系。收缴“法轮功”邪教书籍59本、非法宣传资料148件、音像制品35件、其他物品66件。2001年，县公安局围绕“法轮功”邪教秘密串联，传布资料和张贴、散发非法宣传品等非法活动，立专案15起，成功破案18起（含积案6起）。收缴“法轮功”邪教书籍31本、非法宣传品459份、笔记本3个，打击处理“法轮功”邪教人员8人。2002年3—9月，国保大队根据收集的信息，成立专案组成功破获“法轮功”邪教活动案11起，收缴“法轮功”邪教光碟及反动传单等宣传品3100多件，捣毁制售窝点4处，劳教3人，治安拘留13人；举办“法轮功”邪教顽固分子学习班3期，转化率90%以上。2003年，岳阳县“法轮功”邪教活动反弹严重，县公安局立一般刑事案件8起，立治安案件12起，侦破查处4起，捣毁藏匿窝点1处，收缴宣传品3000余份，其中传单2409份、光碟87个、挂图213张、书签85张、书刊122本、横幅112条。抓获违法活动人员8人，其中刑拘3人，治安拘留1人，警告教训4人。

三、网络安全监管

打击网络犯罪 2003年4月，月田镇陈某某利用计算机盗窃用户上网账号进行函数分析，然后破解其用户密码，利用互联网程控盗窃人民币13.7万元。县公安局连续工作两天两夜，一举破获县境第一起利用计算机进行犯罪的重大盗窃案件。2003—2007年，县公安局共查破利用网络信息进行犯罪的案件145起，打击违法犯罪人员283人。

网吧管理 2003年始，县公安局对全县网吧业进行清理整顿，重新造册登记，协同消防、电信、文化部门，按照《互联网上网服务营业场所管理条例》进行全面整改，取缔非法营业场所75家，整顿违法营业场所793家。每年组织网吧业主举办网络安全管理培训班，学习《互联网上网服务营业场所管理条例》、国家法律法规和县政府县公安局有关规定，提高网吧业主的法律意识，杜绝和减少违法营业。2003—2007年，县公安局网络监管部门共举办网吧业主培训班18次，参训人员2600多人次。

2003—2007年岳阳县网吧情况

表7-2-1

年度	网吧（个）	电脑（台）	从业人员（人）
2003	12	30	8
2004	12	302	48
2005	48	980	200
2006	93	2790	390
2007	103	3200	417

第六节 交通安全管理

机构 1987年4月前，县境道路交通管理工作由市交通监理总所负责。1986年3月，县公安局建立交通警察队（简称交警队），有交警12人。1987年5月，公安机关全面接管道路交通管理，实行县公安局、市交警支队双重领导。1989年10月，交警人数增至28人。是年，组建交警队城关值勤中队。1992年7月，交警队更名为县公安局交通警察大队（简称交警大队），1993年1月，设立县公安局交警大队机动车检测站。1995年，撤销交警大队城关值勤中心，设立交警大队第一中队；撤销安宣股，设勘查股和调处股。1997年4月，交警大队升格，加挂县公安局交通巡逻警察大队的牌子，1997—2002年，增设第二、三、四、五中队，2005年，撤销交警大队勘查股、调处股，设立122中队。

道路管理　1987年，交警队对全县公路沿线和县城街道交通秩序进行全面整顿。1989年，出动宣传扫障车，开展扫障行动3次，拆除违章搭棚建房15处，整顿马路市场6处，清除路面障碍物25处。与公路沿线各乡镇签订维护公路交通秩序承诺协议，发动群众落实“不在公路两旁违章搭棚建房、不损坏公路标志标牌、不乱挖公路路基路边、不在公路上堆物晒粮食、不损坏公路两旁和中间花坛的树木花草”的五不措施，力保道路路面畅通。1992年11月，交警大队在国道107线、省道干线公路上重新划定分道线，更新交通安全标志125处、警示牌201处。1993年，全县交通事故发生率比上年下降21.8%。1998年，在县城主要街道建立安全护栏近万米，实行人车分流，各行其道；在县城主要街道交叉路口旁建立交通岗亭3个，交警站岗值勤，纠正行人、车辆违章，保证路面安全畅通。2002年春节期间，交警纠正违章1260起，查扣车辆93台、查扣证件130本、处罚教育1083人次。年内，撤掉交通岗亭和安全护栏，在城区主要街道划定分道线和设置交通安全标志。2007年，在城关天鹅路与兴荣路交叉路口、天鹅路与东方路交叉路口建立红绿灯和电子卡口交通监控系统。是年，严惩交通肇事人员（逮捕直诉4人，刑事拘留9人，行政拘留35人），开展摩托车专项整治，交通事故发案数、经济损失和伤亡人数明显下降。

车辆管理　1984年，县境机动车数量少。1987年，交警队车管股对车主申请机动车号牌和行驶证，进行审核登记，报经市交警支队车管所审批，核发机动车号牌和行驶证。至年底，全县仅有机动车159台。1990年，车辆年检，限期修复的124台，报废43台，限期报废52台。1993年1月，交警大队设立机动车检测站，由市支队派专人定期进行流动检测。2002年5月，交警大队车管股从市交警支队车管所接管国产摩托车的上户和驾驶员培训、发证等工作。全县摩托车上户办证1850余台。对县城从事客运的三轮摩托车，交警大队采取控制总量、停止上户、查处无证、逐步淘汰的措施进行管理。至2007年，全县有机动车4325台、摩托车3501台。

2007年，全县农用车辆由县农机监理所负责管理。其单位多次与交警、运管等职能部门联动处理违法运营车辆42台，在中湘能源公司、筻口镇中心村进行安全村创建活动，建立驾驶员档案库，与机手签订安全生产责任状。

驾驶员管理　1987年后，交警大队（交警队）对机动车驾驶员每年进行1次年审和体格检查。2000年6月，执行《机动车驾驶员交通违章计分办法》，发行“湖南省机动车驾驶员管理卡”（IC卡），记录驾驶员违章肇事扣分等交通管理信息。

2004年5月1日《中华人民共和国道路交通安全法》颁布实施后，取消驾驶员的年审，对B证以上驾驶员进行年度体检。加强对驾驶员的技术培训和技术考核，对驾驶员实行户籍化管理，至 2007 年，微机录入 63121 名驾驶员信息资料。

交通秩序管理 1987 年年底，交警队安宣股专门负责查处交通事故；设立交通事故 122 报警电话，固定专人昼夜值班。1990 年，共纠正各种违章机动车 3800 台次，处理违章驾驶员 2780 人次。县法院在交警队设立交通事故巡回审判法庭，派出一名法官常驻交警队协助处理交通事故。

1995 年，交警大队开展交通事故处理“阳光作业”活动，把公开、公平、公正处理交通事故的原则全面推向社会。成立交通事故责任评定委员会、伤残评定委员会、错案追究委员会，聘请交通事故执法监督员 7 人，制定、完善交通事故处理“阳光作业”的工作原则，将安宣股一分为二，设立勘查股、调处股，将交通事故勘查与调解工作分开，建立交通事故处理联系卡、明白卡、回访卡，坚持公开办案程序，依法听证调解，接受社会监督。

2002 年，交警大队建立处理交通事故责任制，以勘查股和调处股为主，负责全县重大交通事故勘查调处，第一中队、第二中队、第三中队、第四中队、第五中队负责辖区一般交通事故的勘查调处，协助重大交通事故的现场保护、伤者抢救、财物保护和现场勘查。各派出所协管道路交通管理工作，确定一名专职民警负责辖区内一般交通事故的查处。

2005 年，撤销勘查股和调处股设立 122 中队，民警由 5 人增至 10 人，做到昼夜值班、及时出警、迅速查处。90 年代，交通安全宣传工作经常化和日常化，把提高全民交通意识作为交通安全宣传的目标和宗旨；到学校进行交通安全知识讲座，到社区开展有群众参与的交通安全活动，建立学校、社区交通安全宣传教育阵地。

2003 年，在境内开展交通安全宣传“进农村、进社区、进单位、进学校、进家庭”的“五进”活动。2005 年，在电视台开辟“交警在线”专栏，2006 年，在县移动公司开通客运车辆司乘人员手机信息平台，利用信息群发由客管股定期向全县客运车辆司、乘人员群发安全宣传的信息。2007 年，交警大队在全县主要公路干线设置固定宣传标牌 60 块。

第七节　监所管理

看守所 1990—1993 年，岳阳县看守所投资约 20 万元，对锅炉房、厨房、车库进行 3 次改建，新增房屋 5 间，新建收押室、图书室及民警衣柜室等。1991 年，安装程控电话 1 部，1994 年，投资 21 万元，新建 1 栋家属楼。1997 年，购置“金杯”囚车 1 台(2005 年予以更新)、电视机 13 台，1999 年，投资 9.8 万元，在监区东南、西北角各修建武警执勤岗楼 1 个，2000 年，投资 12.9 万元，改建提审楼，由一层平房改建成两层 12 间钢筋水泥构筑的楼房。2001 年，增设县局内部网电话 3 部，2003 年，安装受虐报警装置、模拟监控装置系统，2005 年，购置电脑 3 台，2007 年，安装智能电网且加入县公安局域网（办起“岳阳县看守所信息网站”），增购捷达公务用车 1 台。2003—2007 年，共安装空调 8 台、先后购置更换柴油机 4 台。

1990 年 3 月，国务院发布《中华人民共和国看守所条例》，管教工作坚持严密警戒看管与教育相结合的方针，坚持“依法、严格、科学和文明管理”，保障在押人员的合法权益，严禁打骂、体罚、虐待在押人员。是年，收押人犯 592 人，认罪服法率 97%，杜绝了行凶、自杀、冲监逃跑等现象。1994 年，看守所被市公安局评为达标看守所，1998 年，被公安部评定为三级看守所，2001 年，进入人性化管理阶段，2002 年，被公安部评定为二级看守所。2006—2007 年，开展打击牢头狱霸活动，在押人员殴打在押人员的现象得到有效遏制，制定《在押人员学习制度》《在押人员生活卫生制度》《在押人员会见制度》《在押人员通信制度》《在押人员劳动制度》《在押人员文明礼貌行为规范》等制度。

2004 年 8 月，看守所所长许翔主编《岳阳县看守所工作职责与制度汇编》，分为人民警察职业道德、看守所民警执勤行为规范、岗位工作职责、工作规章与制度、看守所紧急情况处置方案 5 个部分，包括制度、规定、职责、计划、方案等规章制度共 55 项，使看守所管教民警从事看守工作有章可循。

拘留所 1984 年，在县公安局院内新建行政拘留所，1987 年，行政拘留所更名为县公安局治安拘留所（简称拘留所），1998 年，拘留所加挂县戒毒所、县收容教育所两块牌子，接受部分吸毒人员戒毒，收容部分卖淫妇女进行教育与性病治疗。

2005 年，县公安局投资 100 万元，在城关镇大冲村邹家组动工新建拘留所。2006 年 5 月，县治安拘留所更名为县拘留所，隶属县公安局，取消县戒毒所、县收容教育所两块牌子。1991 年，县拘留所被省公安厅评为先进单位，2003—2007 年，连续 5 年被市公安局评为安全无事故单位，2004 年、2005 年，被公安部评为达标拘留所，2006 年、2007 年，被省公安厅评为三级拘留所。

建所后，因拘留室安全设施不牢、管理制度不到位，先后 3 次出现被拘留人员翻窗、翻围墙逃跑和 2 次劳动中逃跑事件。1998 年，拘留所筹集资金 2 万元将围墙加高 1 米、拘留室窗户增设一道钢筋防护栏，同时制订安全防护制度：坚持 24 小时双人值班巡查制度；分早中晚点名清查被拘留人人数，检查拘室安全设施制度；加强上下班、开饭时间，夜间和节假日等重点时段的巡视制度，制止“牢头狱霸”打骂被拘留人；发现安全隐患及时排除。2003 年，制订《处置突发事件应急预案》，安装投影摄像监控系统，值班民警昼夜可对拘室情况进行监控。至 2007 年，连续 5 年被市公安局评为安全无事故先进单位。

第三章 检 察

第一节 机构·队伍

1978年12月，重建县检察院，定编44名，实际在编27人。1981年，并入市检察院。1983年12月，恢复县检察院。1990年，县检察院内设刑事检察一股，刑事检察二股，监所检察股，控告申诉股，法纪检察股，政工股，办公室，经济、法纪举报站，反贪污贿赂工作局。定编57名，实有干部职工54人。1997年12月，法纪检察股升格为渎职侦查局，2006年1月，更名为反渎职侵权局。2007年，检察机关内设办公室、纪检监察室、政治部、侦察监督、公诉、监所检察、民事行政检察、控告申诉检察、反贪污贿赂、反渎职侵权、预防、警务等12个机构。

第二节 刑事检察

侦查监督 1978年12月，县检察院仅担负部分案件的审查批捕工作。1979年，受理县公安局提请批捕人犯65人，通过审查决定批准逮捕50人，不批准逮捕14人，退回补充侦查1人。自1983年8月始，投入“严打”斗争，着力做好审查批捕工作。1987年7月，省检察院决定将自行侦查案件的审查批捕、审查起诉、出庭公诉工作统一归口由刑事检察部门负责。审查批准逮捕人犯工作逐步走向正规化，规范化，至1988年，共批准逮捕人犯1267人，决定不批准逮捕人犯259人。

1996年，共受理提请批捕的案件166件351人，其中公安提请批捕155件339人，自侦部门报捕11件12人，经审查已批准逮捕151件309人。对杀人、抢劫、强奸、爆炸等暴力犯罪、重大盗窃犯罪，毒品犯罪，带黑社会性质的集团犯罪，坚持“基本事实，基本证据确凿”的原则，坚持提前介入制度，依法快捕快诉，从严惩处，共批捕上述7类案件59件137人。

1996年3月，全国人大通过《关于修改〈中华人民共和国刑事诉讼法〉的决定》，次年10月，施行新的《中华人民共和国刑法》。1998年始，县检察院坚持以事实为依据，以法律为准绳的原则，按照修改后的《刑法》《刑事诉讼法》的规定，严格执行侦查监督工作的业务范围，审查批捕和不捕的条件，立案监督和侦查监督的任务。

1989—1997年，共批准逮捕人犯2853人，不批准逮捕人犯192人；1998—2007年，共批准逮捕犯罪嫌疑人1996人，不批准逮捕犯罪嫌疑人200人。

审查起诉 自1978年始，审查起诉工作贯彻中共中央关于整顿城乡社会治安的一系列政策精神，通过起诉，坚决惩处严重危害社会治安的罪犯。严格按照法律规定和《刑事检察工作试行细则》的要求，全面细致地审查案件，保证起诉工作的准确性。结合审查起诉，从多方面参与、推进社会治安的综合治理，耐心做违法犯罪青少年的教育转化工作。至1982年，共审查起诉318件560人，免诉29件40人，不诉5件9人。1996年，受理移送起诉的案件208件350人，其中公安移送起诉191件326人，自侦部门移送起诉17件24人；经审查已提起公诉130件196人，移送市检察院24件58人，免诉46件83人。自1998年始，修改后的《刑法》《刑事诉讼法》颁布实施，县检察院严格执行业务范围、案件管辖、告知义务、审查起诉和不起诉的条件，在打击各类刑事犯罪活动的同时，促进审查起诉工作的制度化、规范化。至2002年，共受理公安机关和本院侦查部门移送审查起诉691件901人，其中提起公诉527件648人，不诉6人、追诉32人、提请抗诉4案。2003—2007年，受理公安机关移送起诉案件713件1022人，审查已向法院提起公诉640件899人，无一错案和无罪判决案件。

试行宽严相济刑事司法政策 2007年，最高检察院、省检察院相继出台《关于检察机关实行宽严相济刑事司法政策适用刑事和解办理刑事案件的意见及规定》。是年，运用宽严相济刑事和解方法办理各类刑事案件作相对不起诉的共15件22人，其中，交通肇事案件7件7人，非法拘禁、扰乱社会秩序的群体性案件2件9人，故意伤害4件4人，抢劫、寻衅滋事各1件1人。未出现一起因处理不妥而造成涉检上访事件。

第三节 经济检察

1979年，县检察院经济检察股受理经济检察案件。1980年，试办5起经济案件(主要是贪污案)，立案5起7人，结案3起4人，判处刑罚2起3人。至1988年，共侦办各种经济犯罪案件135件，被告190人，其中贪污案84件116人，贿赂案3件3人，偷税抗税案9件11人，盗伐滥伐森林案3件3人，诈骗案20件35人，其他案16件22人。

1989—1992年，县检察院共受理各类经济案件线索300件，决定立案侦查176件，共为发案单位挽回经济损失640多万元。反贪污、反贿赂斗争中由小案带出大案12起，由一案带出多案、串案9起。从农业银行县支行渭洞营业所孙永东案挖出贪污、挪用、贿赂等金融系统犯罪案4起，在粮食系统查处贪污贿赂犯罪案18起，供销系统贪污偷税、抗税、推销伪劣、假冒商品等犯罪案件148起，国有、集体和乡镇企业因经济犯罪导致企业严重亏损的案件18起，公安、司法干警贪污贿赂犯罪案6起。犯罪案件中涉及处级干部1人、科级干部3人，均受到惩处。

1993—1997年，县检察院共受理经济犯罪案举报线索612件，查处涉嫌有经济问题的588人，通过初查，立案133件，立案查处159人，其中以贪污贿赂罪立案85件101人，以挪用公款罪立案21件21人，以偷税罪立案18件23人，以侵占罪立案5件5人，以制造、销售假冒伪劣商品罪立案3件8人，以投机倒把罪立案1件1人。在查处的案件中涉及到县处级领导干部的要案1件1人，涉及市、县人大代表、政协委员的案件3件3人。立案查处的159人中，副科以上干部7人；中共党员61人，为国家和企事业单位挽回经济损失1032.7万元。

2003—2007年，反贪部门共立案查处贪污、贿赂及挪用公款犯罪案件37件44人，起诉28件33人，判决25件26人。

第四节　民事行政检察

1991年，县检察院启动民事行政检察工作，1998年，此项工作全面展开并步入正轨。在办案过程中，对申诉人的申诉，都能热忱接待，认真审查，对符合抗诉条件的案件，提请抗诉；对不符合抗诉条件或抗诉意义不大的，耐心细致地做好申诉人的工作，说明理由，平息诉讼；对有调解可能的，同法院配合，搞好庭外调解，平息纠纷；对案情重大复杂，阻力大的案件，及时向县人大、县委政法委汇报，争取广泛支持和协调，达成和解，维护社会稳定。1993—2007年，共受理民事行政申诉案件191件，提请市检察院抗诉74起，建议省检察院抗诉11件，法院改判48件；办理公益诉讼案件1件，查“四四三”案件2件。

第五节　法纪检察

1980年，县检察院受理法纪案件11件18人，通过调查立案4件4人，不立案直接转办7件14人。立案侦查后，起诉2件2人，免诉1件1人，不起诉1件1人。1983年11月，最高人民检察院二厅将经济检察部门办理的重大责任事故案、玩忽职守案，划归法纪检察部门办理。1987年，受理法纪案件16件16人，立案侦查14件14人，其中起诉4件4人，免诉7件7人，不起诉3件3人。

1989—1992年，共受理法纪案件线索76件，经审查，立案查处侵权渎职案件48件。重点查处国家工作人员对工作严重不负责任，给国家集体和人民群众财产造成重大损失的玩忽职守案7件，挽回经济损失110余万元。

1993—1997年，共查处法纪案件55件76人，1997年，县检察院把查处司法人员、行政执法人员的徇私舞弊案件作为深入开展反腐败斗争的重点，立案查处12件18人，其中徇私舞弊案7件9人，非法拘禁案3件6人，玩忽职守案2件3人。

2003—2007年，反渎职部门共立案查处玩忽职守、滥用职权等渎职犯罪案件21件18

人，起诉13件15人，判决12件13人，通过办案为国家挽回经济损失900余万元。

2003年，县检察院成立职务犯罪预防办公室，确定一名预防专干，职务犯罪预防工作逐步走向制度化、规范化、专业化，2004年度岳荣新公路建议工程专项预防重点项目被市检察院评为优秀预防项目；2006年《农村基层干部职务犯罪情况及预防》一文被省检察院评为调研论文二等奖。

第六节 监所检察

1979年，设置监所检察股，配备专职干部，把严厉打击在押犯的杀人、放火、爆炸、哄监暴动、结伙斗殴等严重破坏监管秩序和犯人重新犯罪活动以及教唆和“牢头”“狱霸”抗拒的犯罪，作为监所检察的重点，全面开展监所检察工作。

1984—1988年，县检察院在县看守所派有驻所检察员，设有驻所检察办公室。驻所检察员每月驻所时间不少于22天，每天不少于6小时，并建立各种表、卡、簿，使这一工作保持经常化、制度化。

1990—1992年，加强对监外执行罪犯的检察工作，采取重点检察和普遍检察相结合的方法，把监外罪犯列为重点人口依法进行管理，没有漏管和失控现象。1993—1997年，对违法现象进行重点纠正，对监管场所提纠正违法建议37条。2005年，县检察院加大对刑罚执行活动和监管活动的监督力度，加强与县法院、县公安局的联系与合作，做到沟通与监督相结合，杜绝超期羁押，杜绝个别干警向在押人员亲属索要钱物的行为。

第七节 控告申诉检察

1990—1992年，控告申诉检察股受理公民信访350件次，其中来信280件、来访70次，处理首次信访350件，其中举报172件、控告160件、申诉18件。2001年，县检察院公开举报电话（7622000），落实检察长接待日，院领导每周轮换值班制度实行“谁首次接待，谁负责到底”的接待原则，坚持每年6月下旬开展“举报宣传周”活动。是年8月，最高人民检察院控告申诉厅以《八年上访路·息诉终有时》为题推介县检察院做好老上访户李某工作的经验。在检察机关内部加强举报线索的审查协调与监督制度，杜绝瞒案不报、压案不查的现象，对刑事申诉案件的复查做到公正、公开、公平，对一件不服不诉决定的申诉案件以复查维持原决定，对刑事赔偿请求积极受理，有案必办，有错必纠，是年，受理刑事赔偿案件4件，其中，决定赔偿1件，不予赔偿2件，中止审理1件。2007年，共受理控告举报线索14件，其中转其他机关或部门处理4件，办理10件；办理刑事赔偿案件1件。

第四章 法 院

第一节 机构·队伍

1984年4月，县法院正式挂牌办公，内设刑事审判一庭，二庭，民事庭，经济庭，执行庭，政工股，办公室。1986年8月，增设纪检组，辖14个法庭。1987年，增设行政审判庭。1990年，增设告审庭，定编83名，实有干部职工78人。2004年1月，最高人民法院授予罗绍铭“中国法官十杰（2003）”称号，2006年，县法院司法绩效、案件质量夺得全市法院系统第一名、全省基层法院第二名。2007年，县法院机关内设办公室，政治部，纪检组，监察室，行政装备室，司法技术室，法警大队，刑事审判庭，民事审判一庭、二庭、三庭、四庭、五庭，行政审判庭，立案庭，执行工作局，审判监督庭（审判管理办公室），下设荣家湾、新墙、公田、东洞庭湖法庭。

第二节 审判制度

县人民法院依法独立审判，除法律规定的特殊情况外，一律公开进行，对依法应予公开审理的案件，法院在开庭前要公布案由、当事人的姓名、开庭时间和地点；《宪法》《法院组织法》规定，被告人有权获得辩护，犯罪嫌疑人、被告人除自己行使辩护权外，还可委托1~2人作为辩护人；法院实行四级两审终审制；除第一审的简单的民事案件和法律另有规定的案件外，均要组成合议庭进行，合议制度是指由3人以上审判员或3人以上审判员和人民陪审员组成合议庭审判案件；审判过程中采用回避制度，即指司法人员与其经办的案件或案件当事人有某种特殊的关系，可能影响案件的公正处理，因而不得参加处理这个案件；最后采用审判监督制度，又称再审制度，指法院对已经发生法律效力的判决和裁定依法重新审判的特别审判工作制度，是实行两审终审制度的一个补救。

2005年3月，县人大常委会任命28名人民陪审员，颁发任命书。随后，市法院对全市人民陪审员组织1次岗前培训，是年5月县法院人民陪审员正式上岗。县法院每年为人民陪审员订阅《司法文件选》1套，凡县法院组织的业务培训，重大审判执行活动均邀请人民陪审员参加。人民陪审员认真参与、监督审判工作，成为维护司法公正，实行司法民主的重要保障。

第三节　刑事审判

1979—1981 年，县法院共审结刑事案件 173 件，无一判处死刑。1984—1985 年，开展“严打”斗争和其他各项审判活动。1985—1990 年，共审结各类刑事犯罪案 630 件 937 人，对杀人、强奸、抢劫等严重犯罪案 196 件 261 人从重判处，对投案自首、未成年人犯罪及交代问题彻底、退赃积极、悔过态度好的 84 名犯罪分子依法减轻或免除处罚。

1996 年，县法院受理一审刑事案件 172 件 256 人，已结 160 件 224 人，结案率 93.72%，其中判决结案 147 件 202 人，其他方式结案的 13 件 22 人；属于严重刑事犯罪的 53 件 85 人，捣毁犯罪团伙 34 个，召开审判大会 4 场次，集中宣判 48 人，协助市法院处决死刑犯 3 人。在被判处的罪犯中，处 10 年以上有期徒刑的 16 人，处 5 年以上 10 年以下有期徒刑的 69 人，处 5 年以下有期徒刑的 139 人。

1997 年，新的《中华人民共和国刑法》颁布实施，新《刑法》对 1979 年《刑法》作较大修改和完善。县法院准确适用新《刑法》。2001 年，共受理一审刑事案件 199 件 253 人，其中公诉案件 181 件 231 人，自诉案件 18 件 22 人。审结 192 件 237 人，其中公诉案件 176 件 217 人，自诉案件 16 件 20 人。判处各类犯罪分子 193 人，其中处 10 年以上有期徒刑的 13 人，处 5 年以上 10 年以下有期徒刑的 55 人，5 年以下的 125 人。

2005 年，县法院共受理一审刑事案件 163 件，审结 161 件，结案率 98.77%。在办案过程中，严把案件的事实关、证据关、程序对立面和运用法律关，严惩杀人、抢劫、绑架、贩毒等严重危害人民生命财产安全的犯罪，严厉打击诈骗、盗窃、抢夺等侵公民财产的案件，坚决惩处侵犯未成年人和妇女权利的案件，保护妇女儿童身心健康。

2007 年，县法院共受理一审刑事案件 144 件，审结 139 件，审结率 96.53%，判处各类犯罪分子 114 人，其中处 10 年以上有期徒刑的 10 人，处 5 年以上 10 年以下有期徒刑的 17 人，处 5 年以下有期徒刑的 87 人。

1991—2007 年岳阳县人民法院刑事案件结案情况一览表

表 7-4-1　　单位：件、人

年度	收案	结案	判处人数	10 年以上	5 年以上 10 年以下	5 年以下
1991	204	203	270	29	79	162
1992	197	191	188	18	55	115
1993	187	184	187	14	56	117
1994	219	211	182	10	38	134
1995	175	174	200	19	56	125
1996	172	160	224	16	69	139

续表 7-4-1

年度	收案	结案	判处人数	10 年以上	5 年以上 10 年以下	5 年以下
1997	140	137	160	11	23	126
1998	118	105	95	7	15	73
1999	168	143	121	3	36	82
2000	129	115	99	6	47	46
2001	199	192	193	13	55	125
2002	197	183	155	10	35	110
2003	163	154	129	9	16	104
2004	154	151	168	15	22	131
2005	163	161	168	11	14	143
2006	146	138	132	10	25	97
2007	144	139	114	10	17	87
合计	2875	2741	2785	211	658	1916

第四节 经济审判

1985—1990 年，县法院经济审判庭共受理经济纠纷案 718 件，审结 621 件，占 86.49%，1995 年，县法院民事审判第一庭、第二庭为企业排忧解难，受理饶村乡双石村诉被告浏阳李某租赁双石村织布厂合同结算纠纷，被告欠原告借款 10 余万元回浏阳不见面，双方互相连环扣车 4 台，县法院受案后配合县政法委做工作把双方所扣留的车放行，5 次到浏阳找 8 名知情人，收集证据 12 份，及时开庭审结此案，为原告挽回损失 7.3 万元。是年，《中华人民共和国担保法》实施，银信部门收贷力度加大，县法院在受理还贷案件时，对一时无全部偿还能力的特困企业，允许其分期分批履行；对暂无偿还能力但有发展前途的企业暂缓执行，对有偿还能力的个体工商户，则用好用足法律手段，对利用合同欺诈、故意违约、赖债不还等违法行为坚决予以制裁。1997 年 7 月，因浙江省温州纸品有限公司违反购销合同拒付岳阳丰利纸业有限公司 22 万元贷款而提起诉讼，县法院受理此案，立即组织精干力量到浙江讨款，依法冻结被告方存款 17 万余元，经过反复协商，由被告返回原货并赔偿损失 1 万元。县法院对企业之间发生的承包合同纠纷、租赁合同纠纷等矛盾易于激化的纠纷都优先受理，组织力量及时审理。是年，审理此类案件 23 件，为企业挽回经济损失 126 万元。1999 年，县法院从审理破产案件查出有转移财产的违法人员 11 人，拘留 2 人，追回赃款 9.4 万元，对债务人拒不履行义务的，及时组织力量强制执行，在审理 39 件破产案件中，共收回债权 970 万元。做好破产企业的重组工作，通过公开招标、拍卖或协议转让、整体接收等形式，落实受让方重组企业，使破产后的有效资产及时得到调整利用。2001 年，在农行、信用社等单位开展专项法律服务活动，依法审结 116 件，标的 453 万元，拘留 17 人，执行并收回贷款本息 372 万元。是年，共受理各类经济案件 320 件，已审结 310 件，结案率 96.8%，涉案标的近 1.2 亿元。2003 年，加强对涉及企业改革案件的审理，全年收案 6 件，审结 4 件，为企业丢掉债务包袱 5000 万元，收回债权 200 多万元。1994—2007 年，县法院审理的 57 件破产案件中，整体拍卖 24 家、被其他企业兼并的 8 家、组成股份制的 13 家、其他形式的 12 家。

第五节　民事审判

1982 年 10 月，《中华人民共和国民事诉讼法（试行)》实施，民事案件增多。1985 年，办理民事案件 447 件，其中婚姻案 188 件，债务案 111 件，土地、山林案 3 件，房屋宅基地案 9 件，其他案 136 件。1990 年，办结民事案 2045 件，其中婚姻纠纷案 308 件，债务纠纷案 1553 件，赔偿案 78 件，土地、山林、水利、房屋宅基地案 4 件，贷款纠纷案 51 件，其他案 51 件。

1996 年，编印《关于民事判决方式改革若干问题的意见》《直接开庭审理提纲》《当事人举证通知书》《各类案件举证范围》。是年，共受理民事一审案件 2530 件，审结 2410 件，结案率 98%。1997 年，围绕债务、房地产、劳动纠纷、名誉权纠纷等民事案件开展审理，共审结债务案件 830 件、房地产案件 33 件。2000 年后，交通事故损害赔偿案件呈上升趋势，县法院在审理此类案件的基础上，采取诉前调解、召开协调会等非诉讼手段，依法审结此类纠纷。是年，共受理交通事故损害赔偿案件 97 件，结案 89 件，结案率 91.7%。2002 年，办理岳阳胡某诉河南张某交通事故损害赔偿案，张某违章驾车将胡某正常行驶的中巴车撞毁，中巴车上 12 名乘客受伤，各项损失费用需赔偿 20.27 万元。事故发生后，张某逃跑，县法院办案民警 3 次到河南调查取证，在当地法院和保险公司帮助下，办理索赔手续，执行回 15 万余元现金。

2004 年，县法院在总结法庭驻乡联片联点的基础上，建立巡回法庭制度，公田法庭在毛田镇、月田镇、张谷英镇设立法庭联络点，是年，县法院共受理民商案件 2036 件，结案 1818 件，结案率 89.29%。

2005 年，县法院在“能调则调、当判则判、调判结合、案结事了”的基础上突出以调解在民事审判中的作用，新墙法院首创“四点调解法”受到省、市法院的肯定和推广，是年，民事案件调解率为 75%，比上年增加 5 个百分点。至 2007 年，共收案 38218 件，结案 34763 件，结案率 90.96%。

1991—2007 年岳阳县民商事案件结案情况一览表

表 7-4-2　　单位：件、万元

年度	收案数	结案数	诉讼标的	企业改制案件收案数	企业改制案件结案数
1991	2312	1918	—	—	—
1992	1899	1713	—	—	—
1993	2478	2236	3200	—	—
1994	2448	2312	21000	4	1
1995	2364	2286	4100	2	3
1996	2530	2410	3100	21	5
1997	1937	1665	2700	10	23
1998	2399	2275	5800	7	8
1999	2449	2310	4100	12	7
2000	2507	2274	3400	12	14
2001	2265	2143	12000	12	6
2002	2471	2322	3700	5	4
2003	2163	1955	2133	6	4
2004	2036	1818	2400	3	2
2005	2086	1866	2300	11	9
2006	1977	1681	4492	8	7
2007	1897	1579	5598	5	4
合计	38218	34763	80023	118	97

第六节　行政审判

1988 年 4 月，县法院组建行政审判庭，开展行政审判工作；依照《行政诉讼法》《最高人民法院〈行政诉讼法〉若干问题的解释》规定，制作《行政审判规程》；2001 年始，按新的审判方式进行庭审方式改革，制作新文书格式，增强庭审的透明性和文书的说理性，坚决杜绝“部门相亲，官官相护”的弊端。2002 年，共受理非诉行政执行案件 416 件，经审查，准予强制执行的 370 件，占受理数的 88.94%，不予强制执行的 21 件，占受理数的5.05%；审结的64件行政诉讼案件中，撤销被告具体行政行为的案件15件，开庭审理后，被告主动改变其具体行为的案件15件，共计30件，占结案数的46.88%；受理的70件行政诉讼案件涉及县政府、公安、技监、国土、房产、药监、人事、建设、规划、工商、供销社及3个乡、镇政府等14个行政执法单位，这些涉诉的行政执法单位在败诉后，都能举一反三，深刻反思。

1991—2007年岳阳县行政、非诉行政执行案件统计表

表7-4-3　　单位：件

年度	行政案件		非诉行政执行案	
	受理数	结案数	受理数	结案数
1991	30	28	—	—
1992	27	22	—	—
1993	54	50	—	—
1994	53	52	—	—
1995	111	110	—	—
1996	42	41	75	65
1997	109	106	—	—
1998	61	51	210	181
1999	24	20	155	134
2000	46	43	160	140
2001	30	27	124	120
2002	64	61	416	394
2003	31	29	505	443
2004	21	18	481	453
2005	42	39	426	404
2006	25	24	443	336
2007	35	34	320	307
合计	805	755	3315	2977

第七节　申诉复查

1989年4月，县法院正式成立告诉申诉审判庭，受理和审查当事人的申诉，受理有关告诉的来信来访，办理非诉来信来访，办理有关领导交办的案件。1996年，县法院实行立审分离的改革，由告诉申诉庭负责全院的立案工作。是年，告诉申诉庭共接待来访898人次，处理告诉申诉来信720件次，解决重点上访老户6户，说服息诉24人，经审查后决定立案674件，全年审理各类案件51件，其中减刑19件，再审11件。1997年3月，根据法院改革的要求，县法院正式成立立案庭，告诉申诉庭更名为审判监督庭。1998年，共收案33件，结案33件，结案率100%，其中减刑11件。接待处理来信来访908件，完成上级交办事项80件，杜绝“黑案、人情案、关系案”，较好地解决群众告状难的问题。2003年9月，开展清理执行积案专项活动，全院共清理执行积案764件，依法终结230件，3年以上的执行积案全部结案。2005年，成立涉法涉信访领导小组，实行“院领导信访接待日”制度，共处理来信197件，接待来访1300余人；受理各类再审案件50件，结案47件，结案率94%。2006年3月，县法院成立审判管理办公室，专门负责案件质量评查和司法绩效考评工作。审判管理办公室和审判监督庭两块牌子，一套人马。2007年，自觉接受监督，改进法院工作，全年办理人大代表建议案5件，人大批转的群众来信21件，及时办理督办案件14件。认真贯彻《法官法》，严格执行违法、违纪审判和执行追究制度，是年，共查处信访案件7件，没有发生一起违法违纪案件。

第八节　案件执行

1987年2月，县法院组建执行庭专门负责案件的执行，2002年前，县法院各业务庭以自审自执为主，移送到执行庭的案件较少。2002年，成立执行工作局，在机关实行审、执分离的制度。院机关业务庭审结的有执行内容的案件归口执行工作局执行，法院审理的案件原则上由各法庭执行，非诉行政执行案件自1995年4月划归行政庭执行后，一直由行政庭执行。自2005年1月始，在法庭实行远程立案和建立执行专干制度，规范法庭的执行工作。

1999年，县法院在执行涉农村合作基金会的案件中，依法查封房屋67栋，变卖1200余万元的财产，司法拘留329名拒不履行的当事人。在处理刘某等人暴力抗拒执行，持刀砍伤执行干警手臂、砸毁执行警车、围攻执行干警案时，将刘某予以拘留15天、罚款1000元，收到执行的良好效果。

1991—2007年，受理行政案件805件，结案755件；受理非诉行政执行3300件，结案2977件。

第五章　司法行政

第一节　机构·队伍

1981年3月，成立县司法局，内设宣教股、人民调解股、办公室，下设县公证处、县法律顾问处。是年11月，县司法局、县公证处、县法律顾问处分别并入市司法局、市公证处、市法律顾问处。1983年12月，恢复县司法局；1984年3月，恢复县公证处，县法律顾问处。1989年，县法律顾问处更名为县法律事务所。1990年，全县有乡镇司法所48个，专职司法员50人，兼职司法员23人。2007年，司法局内设办公室、基层工作股、法制宣传股、计财股、政工人事股、法援募捐办、政策法规股7个股室，下辖县公证处、县法律援助中心、湖南忠民律师事务所3个独立的二级机构，对全县20个乡镇司法所、1个司法办行使业务指导权。

第二节　法治教育

1978—1984年，县法院、县司法局印发案例和法制宣传资料，举办法制学习班，宣传墙报，重点学习《刑法》《刑事诉讼法》《治安管理处罚条例》《选举法》《婚姻法》等。1985年始，县司法局、县普法办按照中央要求，具体组织在全县公民中实施普法教育五年规划。

1986—1990年，实施“一五”普法规划。主要任务是宣传普及“十法一条例（即《宪法》《刑法》《刑事诉讼法》《民法通则》《民事诉讼法》《经济合同法》《婚姻法》《继承法》《兵役法》《森林法》与《治安管理处罚条例》)。共发放各种普法资料36.8万份、举办培训班391期、各类法制宣传窗（栏）出刊48725期、举办广播讲座9050次。

1991—1995年，实施“二五”普法规划。主要是宣传、学习《行政诉讼法》《义务教育法》《集会游行示威法》《国旗法》。县普法办指导并参与税务、铁路、邮电、银行、烟草、教育等部门举办的大型专业法宣传活动。利用电影、电视等宣传媒介和乡镇文艺演出等形式开展法制宣传，推进各行业的普法工作。

1996—2000年，实施“三五”普法规划。县普法领导小组印发《关于依法治县的决议》，开展市场经济法律法规宣传，强调各行业专业法的学习宣传。针对特殊对象开展法制宣传教育：各乡镇司法所配合“严打”斗争举办轻微违法人员和负案在逃及批捕在逃人员家属法制学习班，1996年，各乡镇司法所举办此类学习班50多期。1998年，对城关地区约5000名外来传销人员进行4期法制培训。2000年，对全县40多名“法轮功”邪教人员举办为期3天的法治学习班。

2001—2005年，实施“四五”普法规划。县依法治县领导小组下发通知继续实施干部“普法合格证”制度，宣传普及部门专业法，强化农村普法工作，加强学校法制宣传教育。讲授《水法》《农村土地承包法》《信访条例》《禁毒条例》等专业法制课350多堂次。县委党校举办《行政许可法》培训班20期，培训公务员3000多人，至2004年，全县所有中学均开设法律常识课。围绕国家加入WTO、防“非典”、“严打”、打击地下“六合彩”、整顿规范经济秩序等党政中心工作有针对性地开展法制宣传教育。

2006—2010年，实施“五五”普法规划。2006年4月，县依法治县领导小组印发《2006年全县普法依法治理工作要点》，是年12月，继中央、省委转发“五五”普法规划后，县委、县政府转发《县委宣传部、县司法局关于在全县公民中开展法制宣传教育的第五个五年规划》。县法治办把国企管理者的学法作为重点纳入干部学法范畴，从发放年度普法读本、组织骨干培训、参加年度学法考试均与公务员同等对待。开展《合同法》《农村土地承包法》《村民委员会组织法》《物权法》《环境保护法》《治安管理处罚法》等法律法规的宣传学习活动，加强新颁布的《物权法》《劳动合同法》《湖南省行政程序规定》等法律法规的学习宣传，各级政府、部门利用互联网开展法制宣传。

第三节　民事调解

1981年，人民调解工作由县法院移交县司法局，县司法局内设人民调解股具体负责管理全县人民调解工作。是年，全县设置人民调解委员会（简称调委会）1303个，其中农村805个、城镇街道364个、厂矿企业单位134个，共有调解员3745人。2003年，全县乡镇按照司法部《人民调解工作若干规定》的要求，建立调委会，做到调解名称、调解场所、调委会印鉴和调解工作程序“四统一”，各乡镇调解委员会主任均由乡镇司法所所长担任，共配备乡镇人民调解员137人，大专以上文化的调解员占90%以上；全县630个村委会、35个居委会设立调委会，配备调解员1117人。

1981—2007年，各级人民调解组织共调解各类民事纠纷168379件，防止民间纠纷激化7433件。其中2006年调解民间纠纷3683件，调解成功率98%，防止民转刑案件41件、防止因纠纷自杀58人次、防止群体性械斗事件101件、防止群体性上访事件66件。1988年，鹿角镇老街居委会调解主任陈忠泽被司法部评为“优秀调解主任”。

第四节　律师事务

1984年，县法律顾问处担任常年法律顾问8家，办理刑事辩护案件51件，代理民事诉讼36件，办理非诉讼法律事务10件，解答法律咨询137件，代写法律文书14件，接待来访234人次，处理来信123件；1989年，担任常年法律顾问58家，代理民事诉讼123件，办理刑事案件82件，办理非诉讼法律事务63件，解答法律咨询2250件，代写法律文书72件，接待来访2200人次，处理来信85件。20世纪90年代后，律师事务所拓展法律服务领域，将法律服务向民营企业和农村经济渗透，为国有企业改制、民营企业经营、农村土地承包租赁、城镇建设拆迁等经济活动提供法律服务。自1995年始，律师担任常年法律顾问的范围由厂矿企业扩大到行政机关、群众团体、农村村场及专业户、个体工商户。2000年，县司法局组建法律顾问团有成员8名。是年，政府法律顾问配合县政府接待群众来访，引导当事人通过法律途径解决矛盾纠纷，解决9634工厂与周边纠纷、民办教师上访、光大出租车司机上访等重大事件。2006年，县律师事务所协助县东方圣世商业广场建设协调指挥部，仅用6个月的时间，解决了土地权属、拆迁、补偿等纠纷，保障工程顺利开工。1984—2007年，共担任常年法律顾问1577家、办理刑事辩护案1484件、代理民事诉讼3265件、办理非诉讼法律事务4642件、解答法律咨询23741件、代写法律文书1153件。

第五节　公证事务

1984年，县公证处办结公证83件，履约率87%，其中经济合同公证78件，标的862.7万元。1990年，办结公证10406件，其中民事公证9189件，经济公证1207件，涉外及涉港、澳、台公证10件，履约率99.8%，为8家单位担任常年公证。

1995年，公证工作介入移民建镇、企业改制、乡镇公用车拍卖、农业结构调整等重大经济活动。是年，开始办理荒山、荒坡、荒地的承包合同公证。2001年，共办理各类公证432件，办理涉外及涉港、澳、台公证174件，为当事人避免和挽回经济损失387万元，为岳荣公路等大型县域基本建设办理招投标公证10起，涉及金额8000万元。2007年，承办新墙农业工业园第四期土地平整招投标、县一中体育馆招标、县渔政局人工放流及金融机构、银行部门等多项公证业务。至2007年，县公证处共办理各类国内民事公证41287件，国内经济公证15525件，涉港、澳公证217件，涉台公证1092件，涉外公证658件。公证文书使用地涉及中国、美国、日本、加拿大、澳大利亚、法国、英国、德国、俄罗斯、墨西哥、尼日利亚、赞比亚、新西兰、阿根廷、巴西、奥地利、印度、印度尼西亚、马来西亚、泰国、韩国、越南、新加坡、菲律宾、伊朗、阿拉伯联合酋长国等国家。

第六节　安置帮教

1986年6月，县委主要领导带队到原省第二劳改队看望服刑改造的岳阳县籍犯人，召开看望服刑犯人报告会，有93名岳阳县籍犯人参加。会后，召集13名犯人进行座谈，解答犯人提出的有关刑满释放后的升学、就业等敏感问题。1987年7月，《湖南司法简报》第五十一期以《“病树”逢春枝茁壮》为题推介岳阳县教育安置刑释解教人员的经验。

1998年9月，成立岳阳县刑满释放解除劳动教养人员帮教和过渡性安置工作领导小组及其办公室，各乡、镇相继建立相应的领导机构和工作机构，乡镇安置帮教工作站(简称安帮站)均以司法所为依托建立。县司法局把刑释解教人员安置帮教工作纳入全县基层司法行政工作目标考核内容，县综治委将其工作纳入全县社会治安综合治理目标考核内容。

刑释解教人员回归后，原户籍所在村（社区）的村（居）委会及时建立帮教小组，推行“一帮一”“多帮一”等帮教措施，及时掌握帮教对象的思想动态、经济状况、生活规律、交友活动等方面的变化。1998年，筻口镇在全镇开展“三帮一”工程，（即1名镇联点干部、2名村组骨干、帮助1名刑释解教人员)，实行包安置、包管理、包教育、包转化的“四包”责任制，教育刑释解教人员遵纪守法，帮助刑释解教人员解决生活、生产等方面的实际困难，降低刑释解教人员重新犯罪率。次年11月，筻口镇安帮站工作人员冯学理被省综治办评为全省安帮工作先进个人。

自1999年始，县综治委、县帮教办组织开展创建无刑释解教人员重新犯罪乡（镇）活动，至2007年，全县刑释解教人员重新犯罪率一直保持在全省平均水平以下。

第七节　法律援助

2002年3月，成立县法律援助中心，接受县司法局的领导、监督和管理，和市法律援助中心的业务指导。

2003年，县法律援助中心购买并发放宣传《法律援助条例》5000份。2004年，成功办理康王乡茆山村王珍贵老人赡养一案，借助中央电视台、湖南电视台、岳阳电视台、《岳阳晚报》等新闻媒体进行报道。2005年，县法援中心被评为全省法律援助工作先进单位，律师漆贵祥被评为全省优秀法律援助律师。2007年，在全县开展“实现公平和正义、法律援助在岳阳”大型公益活动，在县电视台开辟“法律援助在行动”专栏，向150名经济困难群众发放法律援助受援卡，各乡镇司法所悬挂宣传横幅和标语，发放宣传资料

10多万份。在各乡镇、东洞庭湖管理委员会建立法律援助工作站，在县总工会建立困难职工、农民工法律援助工作站，在县妇联建立妇女儿童法律援助工作站，在县劳动和社会保障局设立外来务工、工伤人员法律援助工作站，在县民政局设立被救助人员法律援助工作站，在县残联设立残疾人法律援助工作站，在县团委设立未成年人法律援助工作站，在县人武部设立涉军人员法律援助工作站和各行政村设立法律援助联络点。

至2007年，共办理法律援助案件480件，为200多名困难群众提供法律援助，挽回经济损失503万元。

第六章　人民武装

第一节　机构·驻军

机构　1983年7月，恢复中国人民解放军岳阳县人武部。1984年1月，县人武部迁至县城荣家湾。1986年6月，县人武部划归地方建制，干部、战士就地转业，纳入地方编制，隶属地方管理、供给。县人武部改归地方建制后，任务不变，级别由正团级改为副团级单位，设军事科、政工科、后勤科。1988年3月，增设办公室。1996年4月，县人武部收归军队建制，全称为中国人民解放军湖南省岳阳县人民武装部。下设军事科、政工科、后勤科。干部编制14名，省编职工26名，县编职工23名。2003—2005年，县人武部编制体制进行改革，改革后的人武部干部编制8名，分别为部长、政委、副部长兼军事科科长、政工科科长、后勤科科长、2名参谋、1名干事。自2005年始，按编制执行。

1978—2007年岳阳县人武部领导名录

表7-6-1

职　务	姓　名	籍　贯	任职时间	职　务	姓　名
部长	莫才明	广东茂名	1978年1月—1981年11月	副部长	郭学文　阎长发　刘国斌 陈菊球　李水泉　付全翘 邹长庚　李亚东　李池生 胥棉桃　滕建国　左　强 付荣华
	蔡东海	湖南华容	1983年10月—1984年2月		
	陈菊球	湖南华容	1984年2月—1986年2月		
	米庆碧	湖南怀化	1986年3月—1990年7月		
	李亚东	湖南岳阳	1990年7月—1998年4月		
	刘辉洪	湖南临湘	1998年4月—2000年3月		
	彭受宗	湖南汨罗	2000年3月—2003年3月		
	赵仁贵		2003年3月—2005年2月		
	龙　文		2005年2月—2006年2月		
	张绍鹏	湖南浏阳	2006年2月—		

续表 7—6—1

职务	姓名	籍贯	任职时间	职务	姓名
政委	张提增	河南南乐		副政委	张统 谭宗植 陈菊球 王顶甲 卢林 杨东明 张枚芳 谭文志 李海洋 陈定良
	孙云桥	辽宁			
	王凤胜				
	谭文志	湖南湘潭	1981年5月—1981年10月		
	陈菊球	湖南华容	1981年10月—1984年2月		
	向公抚	湖南平江	1984年2月—1992年2月		
	陈正平	湖南岳阳	1992年2月—1996年4月		
	李福顺	湖南常宁	1996年4月—1999年4月		
	程志忠	湖南湘阴	1999年4月—2001年4月		
	许心豪	湖南岳阳	2001年4月—2004年4月		
	龙文		2004年4月—2005年2月		
	方延子	湖南岳阳	2005年2月–		

说明：1982年后未设副政委

驻防设施 1991—1992年，县委、县政府、县人武部重点抓基础设施建设，共争取省、市、县资金近百万元，其中县政府投资83.6万元用于整修靶场和专业训练场，建设作战室、国防教育展览室，维修仓库，美化营区环境。1993年，县委、县政府、县人武部筹集资金100多万元，建起1栋民兵训练中心（训练基地），共5层1500平方米，拥有床位100个。基干民兵、应急分队、专职武装干部、村民兵营长的军训一律在县培训基地进行。每年培训6~8期，完成岳阳军分区下达的民兵预备役培训任务。同时，为积累资金，改善训练设施，县人武部将营房四周门面租赁出去，用于弥补民兵训练经费不足。

驻军 1975年，县武警中队更名为武装警察部队岳阳县中队；1981年12月岳阳县建制撤销，中队随之撤销；1983年，岳阳县重新建县中队，更名为中国人民武装警察部队岳阳县中队（简称县武警中队），隶属于武警岳阳市支队。1984年1月奉命进驻县看守所，主要担负看守所外围武装看守勤务和其他临时性的勤务。

1983年后，中队先后有50多人加入中国共产党，1人立二等功，20多人立三等功，11人考学提干。中队先后被武警总队、武警支队评为生产生活管理先进中队、训练先进中队、五好执勤中队、先进中队等，被县委、县政府评为拥政爱民先进单位、维护安定团结先进单位。

1990年，中国人民武装警察部队湖南省岳阳县消防中队驻县消防。1996年3月，县公安局消防科与县消防中队合并成立县消防大队，隶属武警岳阳市消防支队。

第二节　兵　役

1978年，实行义务兵与志愿兵相结合的兵役制度，1984年，国家颁布新的《兵役法》，实行以义务兵役制为主体，义务兵与志愿兵相结合、民兵与预备役相结合的兵役制度。

征兵　县内征兵工作由县委、县政府和县人武部组成征兵领导小组，设征兵办公室及秘书组、政审组、体检组、后勤组等办事机构，各乡（镇）相应成立征兵机构。1999年，义务征兵服役期改为2年后，县内适龄青年参军热情更为高涨。2000年，对应征青年的体格检查增加艾滋病、性病等检测项目，2005年又增加心理测验。1991—2007年，县内义务兵征集任务年年如数完成。

预备役登记　1984年，对年龄在18~35岁的优秀民兵及转业、退伍军人进行预备役登记。预备役分为一类预备役和二类预备役，凡编册的预备役军人，平时由市（县）定期组织军事训练，根据国家需要随时准备入伍。

第三节　民　兵

组织建设　1981年，民兵工作进行全面改革，限制年龄，缩小范围，提高质量；撤销县民兵师，公社民兵团建制，组建基干民兵连，普通民兵连。1992年，县委、县政府、县人武部制订《岳阳县民兵基层建设方案》，全县民兵基层组织建设实现“四统一”（即统一标准、统一内容、统一筹教、统一制作）。全县71个基层人武部、691个民兵营（连）有50%达标。1993年，结合民兵整组对未达标单位按《方案》要求一项一项抓紧落实，保证所有基层人武部、民兵营（连）全部达标。

民兵编组按照“便于领导，便于活动，便于执行任务”的原则进行。行政村（居委会）建立民兵营。基干民兵和普通民兵分别编组，基干民兵一般以乡（镇）为单位编成连（营），行政村（居委会）编排、班；场、局编基干民兵排，9634工厂、县粮食局编基干民兵连。“九五”“十五”期间，在县粮食局、9634工厂组建民兵应急分队独立连；在城关镇、新墙镇、长湖乡编组一个民兵应急分队独立排；在县城编有工兵分队、迫击分队、通讯分队等民兵专业技术分队。2005年年底，县境共建2个民兵应急连、4个民兵应急独立排、23个民兵步兵连、20个民兵专业技术分队；80%的乡镇人武部的规范化建设达标，每个乡镇有2~3个村民兵营规范化建设达标。

军事训练　县境民兵训练坚持“训为战”的指导思想。1979年，对越自卫反击作战时，抽调大批军事小教员，进行10~12天的应急训练，复训老科目，学习步哨、潜伏哨、班哨、城市三战、行军宿营、战场救护等新内容。1980年后，县人武部每年都要组织民兵干部和骨干进行集训，共培训 1749 人。1989 年，组织民兵营长集训、厂矿民兵和专业骨干集训，提高民兵干部和骨干的军事素质。“九五”“十五”期间，采取集中训练、分散训练相结合的形式，民兵训练对象主要是基干民兵和民兵应急分队。“十五”期间，根据民兵工作调整改革的实际，训练对象分别是民兵通信分队、民兵迫击炮分队、舟桥分队、民兵应急分队和基干民兵。“九五”期间训练 1000 人，“十五”期间训练900 人。

参加地方建设 县境民兵积极参加维护社会治安，投身国家各项工程建设。中共十一届三中全会后，县人武部号召民兵组织投入抢险救灾、勤劳致富、建设精神文明活动。1988 年 7 月，公田镇基干民兵彭石交跳入 25 米深的铁山水库，救出 3 名落水群众；是年 10 月，与 4 名盗窃犯搏斗，在闻讯赶来的群众协助下，盗窃团伙落入法网，1990 年被省委、省政府、省军区授予“学雷锋标兵”称号。

1994 年，城关、长湖、中洲等 9 个乡镇以专职人武干部、民兵干部和基干民兵为骨干，组织层层帮困，采取“定帮富对象、帮立项、帮筹措资金、帮劳力、帮传授技术、帮推销产品”的“一条龙”帮法，至 1997 年，共帮助贫困户解决资金 136 万元、技术指导 400 多人次、推广科技项目 15 个，使 3700 多户走上脱贫致富之路。

1997 年 4 月，2 台货车在长湖乡路段相撞，车上货物撒满一地，该乡护路民兵闻讯 15 分钟内赶到，协助交警维护秩序，组织群众收拢货物，归还物主。1997—1998 年，民兵护路队 2 次被市政府评为文明路建设先进单位。

1998 年 7 月，洞庭湖水位达到历史最高峰，新墙河南桥枕木已浸水，京广铁路火车运行受到严重威胁，广州军区、省军区、县人武部派部队在中洲垸、麻塘垸参加抗洪抢险，广大民兵和解放军一起战斗在抗洪大堤上。麻塘镇基干民兵连被广州军区评为抗洪抢险先进单位。

至 2007 年，县境民兵提倡婚事新办、丧事简办，在晚婚晚育、计划生育及推广城乡体育活动、爱国卫生运动、带头除害灭病、活跃城乡文化生活等精神文明建设方面成绩显著。

第四节 拥政爱民

军民共建 1994 年，县武警中队成立拥政爱民活动领导小组，由党支部书记、政治指导员任组长，每班的团小组长任组员，成立 3 个“学雷锋，送温暖”小组，以县一中、驻地街赵村及孙午村、火车站、县委招待所、荣家湾镇作为爱民活动联系点，帮助困难户、五保户、烈军属解决生活上的实际困难。对青少年进行法制教育，每季度讲课一次。在重大节日或县里组织重大活动时，协助火车站、汽车站、电影院维护公共场所秩序。1984 年始，坚持对县一中学生分期分批进行军训，并派 4 名优秀战士担任毕业班辅导员，先后为学生上理想道德、遵纪守法课20多次，军训和野营拉练11次。

参与地方经济建设　1978—2007年，县民兵在地方各级党委、政府和人民武装部的领导下，大力开展助民劳动。每逢春耕、“双抢”农忙季节，广大民兵为特困户、军烈属浸种育秧、抢收抢插。全县民兵累计为人民群众做好事7800人次。

抢险救灾　1996年7月22日，县域16个堤垸均超历史最高水位，险情不断发生。驻县部队积极投身抢险救灾斗争中。官兵们不顾危险，堵口筑坝，在洪水中连续战斗30余天，共接送抢险救灾人员860人次，运送各种抢险物资9500余件。1998年6月，岳阳县遭遇特大洪涝灾害，重大险情265处。在大量房屋淹没、灾情十分严重的情况下，驻县民兵与洪水搏斗75个昼夜，装卸沙石1万余吨，搬运石块1200吨，筑子堤3000多米，被人民群众誉为“生命之舟”。

第五节　国防教育

1988年，成立国防教育委员会，下设办公室，乡（镇）、厂矿、企业分别成立国防教育领导小组。根据不同的时期，利用民兵整组、征兵、国防教育月（8月）、重大节日和纪念日，向公民进行国防理论、国防知识、国防历史、国防法规、国防形势与义务、国防技能等内容的国防教育，利用广播、电视、黑板报、专题标语多种形式，使国防教育深入民众之中。2005年，全县召开各种类型的国防教育会议13次，各乡（镇）分别召开国防教育会议300多次。

第六节　人民防空

1983年恢复县建制，人防工作由县人武部代管。战时人防组织指挥的任务是：根据上级命令，全面进行人防动员教育，及时转入战时状态，修订防空袭预案；调整健全人防组织机构，并迅速开展工作；组（扩）建人防专业队伍，并进行临战训练，提高人防队伍的实际作战能力，并且及时调整补充防空物资器材；适时发放空袭警报，按预定方案组织城区人口疏散和工厂、物资搬迁，组织人民群众进行防空隐蔽，以最大限度减少空袭给人民群众带来的损失；组织进行城区灯火、交通、治安管制，保障人民生产、生活正常运转；做好城市居民生活必需品的供应和其他反空袭斗争的保障工作。从1984年下半年开始，在中、小学开展“三防”知识教育，学生初步了解原子、化学、生物武器的性能、杀伤因素、杀伤途径及其初步防护知识，达到懂“三防”基本知识，会防护动作，会自己救护、会制作简易防护器材的要求。

20世纪90年代初，人防工程的重点建设是加固安全楼的地下室、架空层和底层楼的建设。1996年，《人民防空法》《湖南省〈人民防空法〉实施办法》颁布后，掀起学法、执法热潮，岳阳县及县直有关单位参加由市委宣传部、岳阳军分区政治部、市人防办联合召开的《人民防空法》宣传工作会议。会后，各单位按要求进行各种形式的宣传活动，取得较好效果。此后，《人民防空法》的宣传不断深入。1996 年、1998 年汛期，结合防汛、防空，境内民兵组织 3 万多群众进行疏散演习。2007 年，境内人防工程建设走上正轨。组织专门领导班子和专业技术力量重点抓人防工程的构筑，以确保工程按质按量完成。

第七节　武警·消防

一、武警

1984 年年初，县武警中队奉命进驻县看守所。1988 年，根据看守目标的特点，县武警中队制定应急预案，进行现场战术演练，官兵了解守护目标的地形，提高训练效果，结合实际狠抓看守执勤、押解人犯、刑场警戒、刑具使用等科目的训练，全面提升官兵的军事技能。

自 1988 年始，县武警中队严格执行内务条令条例，组织官兵学习法律，提高官兵依法执勤的自觉性，按照武警部队内务执勤条例规定，对执勤业务和执勤设施进行改革和改造，建立中队勤务值班室，学习沅江县武警中队作法，加强勤务管理，落实“三定一包”责任制（即定人、定位、定任务，包安全），开展“执勤能手”“文明执勤标兵”“执勤安全无事故”竞赛活动，保证执勤任务圆满完成。在“严打”斗争中，县看守所关押的人犯较多，县武警中队官兵超常加倍警戒，确保监所安全，在执行死刑犯枪决时，以实战要求，刑场保卫做到万无一失。在处置突发事件中，县中队行动迅速，措施得力。1990 年 6 月 30 日凌晨 1 时，看守所 6 号监房羁押的犯罪嫌疑人彭五军等 10 人，趁深夜雷雨交加之机，搭人梯越狱，值班武警发现后，立即鸣枪示警。县武警中队全体官兵迅速赶赴现场，协助管教民警当场抓获 3 名逃犯。

1989 年，县武警中队在驻地街赵村开展“警民共建”“警民联防”活动，推进驻地两个文明建设，街赵村被城关镇评为两个文明建设先进单位。

二、消防

1984 年，县公安局设立消防股（因缺编未设消防队），1987 年，县境消防工作由县消防委员会、县公安局消防股负责。1990 年 3 月，县公安局正式成立县消防中队，结束恢复岳阳县建制后，消防灭火无专业队伍的历史。1996 年 3 月，县公安局消防科更名为岳阳县消防大队，正营级，原消防中队归属于县消防大队。设大队长、教导员各 1 人。是年，购置消防行政车 1 台。

消防器材　1990 年，全县有消防车 3 台，消防机动泵 64 台，消防水带 6700 米，直流水枪 125 支，室外消防栓 74 个，灭火机 3344 具，灭火器 20 具，重点防火单位配有沙箱、沙包、消防桶、太平缸、消防泵、火钩、消防枪、消防池。1994 年 10 月，购置 4 吨水罐消防车 1 台。1997 年 10 月，购置 3.5 吨的“东风 140”水罐消防车 1 台。2002 年 12 月，购置 5.5 吨“东风 153”水罐消防车 1 台。2005 年 9 月，县消防中队装备一套多功能液压破拆工具。2007 年 9 月，4 吨水罐消防车按规定予以报废；购置容量 8 吨的泡沫消防车 1 台。

防火检查　1977 年，县内实行防火审核制度。1981 年，实行重点防火单位分级管理制度。1990 年，全县二级重点防火单位 22 个，三级防火单位 105 个。是年消防股对重点防火单位进行抽查，帮助建立防火档案 28 个、制定防火制度 36 份、成立义务消防队 12 个、144 人，发现火灾隐患 230 处，整改 228 处，其中重点隐患 19 处，整改 17 处。

1998 年 9 月 1 日《中华人民共和国消防法》（简称《消防法》）颁布实施后，消防工作贯彻预防为主、防消结合的方针，实行防火安全责任制。对重点厂矿、企事业单位实行重点防火单位分级管理制度，二级重点防火单位由县公安局消防科管理，三级防火单位由派出所管理，这些单位必须按“十项标准”进行合格验收，对液化气站、石油站等重点防火单位另行制订消防安全管理制度，严格规定业主必须做到不准使用不符合标准的气瓶、不准违章倒气、不准乱倒残液、不准气瓶靠近火源、不准人气分离和不准站内抽烟、不准不熄火加油、不准使用不安全的容器装油。二、三级重点防火单位必须签订防火承包合同，实行谁主管谁负责的安全防火责任制。

2006 年，县消防大队抽调 36 人，组成 8 个检查组，对全县 48 家企事业单位，8 类共 35 种消防产品进行检查，下发“责令限期改正通知书”45 份。2007 年，检查单位消防设施 10 家、检查施工现场 3 处、检查消防产品销售门店 1 家、涉及消防产品 9 种，下发“责令限期改正通知书”47 份、“复查意见书”48 份、“当场处罚通知书”7 份、“公安行政处罚通知书”32 份，处罚金额 7.45 万元，对 5 家场所进行依法查封，对 1 名阻碍消防执法的人员报请县公安局依法实施行政拘留。

消防宣传　1999 年 6 月 4 日，省九届人大会常委会第九次会议通过《湖南省实施〈中华人民共和国消防法〉办法》，将每年 11 月 9 日定为湖南省消防宣传日，每年 11 月 9 日，县消防大队全体官兵在城关地区、重点单位、重点乡镇，采取发传单、发放《消防安全知识手册》、悬挂横幅、出动消防宣传车等方式进行宣传，让人民群众更多地了解自防自救、预防火灾等消防知识。2006 年，县消防大队利用消防宣传日的契机，在心连心超市门口设立消防宣传咨询台，发放宣传资料 1300 余份，接受咨询 50 余人次，悬挂消防宣传横幅 93 条、消防宣传标语 48 条。2007 年，县公安局召开全县消防安全重点单位防火工作动员会议，县电视台对会议精神予以报道，在 9 月 30 日至 10 月 4 日黄金时段滚动播出消防警示语 12 条、播消防专题新闻 6 条、在县广播电台播消防专题新闻 6 条、在湖南消防网发表新闻稿件 10 余篇，通过县移动公司向县内全球通用户发送消防短信 1

万条。消防大队在县城开展消防灭火演练7次，重点单位、重点乡镇消防灭火演练3次，对外开放4次，接待社会群众及县二中学生1500余人。

火灾扑救 县消防中队建队前，群众是灭火的主力军，火灾扑救处于群众自发组织，灭火工具为水桶、脸盆等。1987年，发生重大火灾事故10起；1988年，发生重大火灾事故2起；1989年，发生重大火灾事故1起，均是群众自发组织将火扑灭。县消防中队建队后，边远乡镇发生火灾，在消防中队未赶到现场前群众均自发组织起来用水桶、脸盆取水灭火，有时还采用上房揭瓦的办法控制火势，边自救灭火，边等待消防中队现场救火。

1990年后，灭火主要是消防官兵、武警官兵、公安民警、县级及当地党政领导干部和群众，一般以县公安局现场领导为指挥员进行组织指挥，消防官兵是灭火的主力军，但群众灭火仍然是不可缺少的力量。2002年4月4日凌晨5时30分，岳阳丰利纸业有限公司芦苇堆场由于雷击引发火灾，接到报警后，县消防大队官兵在岳阳市消防二中队、消防三中队的增援下，出动消防车5台，官兵40余人，奋战40个小时将火灾扑灭，保住价值数百万元的数千吨芦苇。

2001年，省消防总队制定下发“梯形训练法”，实行干部战士分业训练，训练内容除以挂钩梯、拉梯、两盘水带连接、百米消防障碍、二人五盘水带连接外，着重开展泵浦车单干线出两支水枪操、泵浦车双干线出三支水枪操、沿拉梯铺设水带操、分水器前水带更换操、机动泵与泵浦车串联供水操训练。

1988—2007年，共扑灭火灾837次，出动车辆996台次，出动警力7656人次，救出群众169人，挽回经济损失4460万元。

第八篇　民政·人事·劳动

第一章　民　政

第一节　优抚·安置

一、优　待

义务兵优待　1981年，农村生产责任制建立后，其优待以现金为主，对农村义务兵家属按困难程度给予优待，全县3034户农村军属，以三分之二个劳动力的纯收入为标准，户户优待现金，全县共优待730282元，户均240元；优待粮食184800千克，户均60.7千克。对179户烈属进行优待现金，对354户部队干部家属优待粮食指标和其他生活物资。1985年，全县享受优待的军属1940户，共计现金56.6万元，户均296元。1988年12月，为1940户义务兵家属发放59.75万元优待金，户均308元，广兴洲镇由1985年的320元增至550元，新开乡增至400元。全县共组织750名党员、团员、青年民兵为主体的义务帮工队，投入劳动日4500个，为1500户军烈属上门服务。1989年，全县农村义务兵1319人，发放优待金59.43万元，人均451元。2004年，农村义务兵人均1000元的优待金。1987年，对城镇义务兵发放优待金，对参军前无固定工作的人每年发优待金200元，参军前在职的，按工资70%由原单位发放。1988年，给98名城镇义务兵每户发放200元的优待金。2001—2006年，城镇义务兵年人均发放400元的优待金。

伤残、复退军人优待　1984年，残疾军人得到群众优待的户占总数的三分之一，人均110元，烈属五分之一享受优待，户均147元。对部分年老体弱、带病回乡生活困难的复员退伍军人进行优待；给特等、一等残疾军人每月发放38.5元的护理费。1985年5月，省民政厅拨给岳阳县特、一等残疾军人陈志仁等8人房屋维修费1万元；新墙乡大桂村战斗英雄易仲冬烈士父母年迈，弟弟有病，该村党支部书记发动18名青年自带耕牛农具帮他家把早稻插完。1987年，广兴洲镇政府组织45名劳力资助在对越自卫反击战中荣立三等功、壮烈牺牲的革命烈士李善清家搞完“双抢”。1990年，为农村退伍军人中的“三无”对象（即无依靠、无生活来源、无劳动能力）建房，县财政出资1万元、拨煤30吨、钢材5吨和部分水泥、木材；县民政局出1.2万元、乡镇出1.5万元、村、组和退伍军人自筹5.3万元，由村组织劳力义务帮工，为28户建新房，户均解决救助资金3200元。1993年，为全县10名一等伤残军人解决建房经费5.75万元。1996年，县政府规定：对荣立三等功以上战功（含三等功）的退伍军人，乡镇企业招收工人，各单位在农村招收合同制工人和临时工时，在同等条件下，优先安排；对带伤（病）回乡确实丧失劳动能力的参战退伍军人，各乡镇要免除其本人义务工，对二等以上伤残军人从事个体经营的，有关部门应提供方便，适当减免所得税和其他规费。同时，根据湘民优发〔1996〕1号文件，对参战后带伤回乡但未评残的；参战后带病回乡生活特别困难的（此二项凭本人原始病档解决）；精神病患者（凭县以上精神病医院证明）。从1997年1月起每人每月给予14元双定补助。2000年，为一等伤残军人配备收音机、不锈钢拐杖、军大衣、棉被等生活必需品，为30多名回乡老复员退伍军人困难户解决住房维修费16万元、医药费3万元，为180名老复员军人特困优抚对象解决棉被120床、棉衣和大衣60件。2007年，对带病回乡老复员军人的医药费1000元以内的报销50%、1000元以外的报销40%，共发放医疗救助资金158人次11.7万元；对全县63名破产企业退休下岗的7~10级残疾军人纳入医保，帮助在乡20名重点优抚对象建房，对280名农村特困优抚对象临时救济93350元。

重点扶持 1984年，全县农村重点扶持优抚对象108户，1985年，扶持户扩大到1142户，这些对象，大部分由乡镇扶持。1987年扶优212户，占扶贫户的36%，脱贫90户。1996年，县政府号召全县烈军属、复退军人、伤残军人开展脱贫致富竞赛活动，1999年3月，全县开展“一扶一，一帮一”“创十佳个体企业”竞赛活动，确定100名退伍军人各扶持1名退伍军人。县民政局为帮扶贫对象每人解决无息贷款1000元、尿素100千克、大米150千克、软盘400片（育秧用）。2001年，扶持103户，年总收入280万元，户均收入27184元，4个企业工户生产总值达350万元，创纯利60万元，利税14.8万元。2005年，采取县政府主导、民政主扶、乡镇参扶等办法，动员100名干部、50名已致富的优抚对象作帮扶人，投入20余万元对108名退伍军人予以扶持。县民政局为每户提供贴息贷款1000元、大米100千克、尿素3包、碳铵200千克。2007年，投入扶助资金25万元，帮助扶持复员退伍军人157人。

二、抚恤

1979年，全县有牺牲军人655人，家属425户1464人；病故军人40人，家属27户72人；失踪军人5人。1983年4月，全国民政工作会议后，对牺牲、病故军人批准为革命烈士和其他工作人员，其一次性抚恤金重新作出规定，抚恤金额标准有所提高。1985年，民政部将“三属”（即烈士家属、因公牺牲的军人家属、病故军人家属）定期定量补助改为定期抚恤。烈士家属、因公牺牲的军人家属，农村每人每月20元；城镇每人每月25元。病故军人家属的补助标准作相应提高。1989年，调整部分抚恤补助标准。革命烈士家属、因公牺牲军人家属在1985年的基础上，每人每月增加15元，农村达到35元，城镇达到40元；病故军人家属农村30元，城镇40元。2006年，民政部将在乡残疾军人的抚恤补助再一次大幅度提高，按伤残等级、伤残性质进行补助。“三红”（即在乡退伍的红军老战士、在乡西路军红军老战士、红军失散人员）；“三属”人员的抚恤相应提高；全县因公牺牲的家属67人，农村每人每月补助增至285元，病故军人家属55人，抚恤补助每人每月275元；红军失散人员2人，抚恤每人每月340元。

1984—2007年岳阳县抚恤事业费发放情况一览表

表8-1-1　　　　单位：万元

年度	金额	年度	金额
1984	27.38	1996	178.01
1985	28	1997	162.56
1986	47.81	1998	170
1987	48.48	1999	220.67
1988	49.03	2000	260.04
1989	80.02	2001	11.49
1990	68	2002	166.13
1991	65.95	2003	431.28
1992	73.23	2004	378.83
1993	77.29	2005	546.9
1994	88.9	2006	637.37
1995	111.77	2007	600.8
合　计	4529.94		

三、退伍军人安置

1979年，县革委会成立退伍安置工作领导小组，由县委、政府副职领导担任领导小组组长，具体工作由县民政局退伍办主持。退伍军人安置坚持执行“按系统分配任务，包干安置”的规定，由县政府发文，并召开安置会议，城镇退役士兵和按政策应安置的其他对象，各安排单位必须在会上当场签字将档案领去，安排情况如何，还要跟踪督查并听取投诉，及时解决问题。1985年，县退伍办成立军用两地人才介绍所，并在乡镇设立类似的组织，要求按照《培养和使用军地两用人才发展规划》，推动两用人才开发使用沿着制度化、规范化方向发展。是年，退伍办直接向县级有关单位推荐7人，区乡就地安置759人，其中担任村干部412人，招聘合同干部57人，合同职工15人，区乡企业职工216人，其他事业单位59人。建立以退伍军人为主体的经济联合体13个，个体营业134人。1986年，接收退伍军人417人，农村有216人作军地两用人才安置。1987年，安置退伍军人370人，其中两用人才280人。1988年，374名退伍战士中有152名进乡镇企业或任村干部、民办教师。1994年回农村安排的142人中，两用人才开发率达90.1%。

1995年的退伍军人安置工作，严格按照三个区别对待、三个优先、四个不允许、三停。三个区别对待：计划内与计划外的，计划内优先；政策性农转非与农村政策性农转非，可作城镇商品粮安排；城镇商品粮与自理户口（出钱买的城镇户口），自理户口只能经劳动部门作待业安置对待。三优先：立功受奖优先，专业志愿兵优先，残废军人优先。四个不允许：不允许制订与退伍安置政策相抵触的招工计划和规章制度，不允许限制下属单位接受安置任务，不允许以任何理由拒绝接收安置任务，不允许增加城市增容费及其他附加费。三停：对拒不接受安置任务的单位，劳动人事部门停止招工、转干、调动。1997年4月1日，市政府下发《关于认真做好退伍军人安置工作的几点意见》，从1997年度开始，全市从城镇入伍的义务兵由市政府统一印发“城镇退伍义务兵安置卡”。无卡入伍者，退伍安置部门不负责安排就业。

1999年，向广州、珠海、武汉、长沙、岳阳等地推荐两用人才就业65人。2002年，推荐198名农村退伍军人进厂就业。2002年，按省政府通知，以经济补偿代替安置退役士兵。由单位提出申请，经安置领导小组同意批准，由单位按义务兵每人4万元，专业士官每人5万元缴纳转移安置费。2005年政策性安置118人，自谋职业4人，补6.6万元。2006年安置126人，有12人自谋职业。2007年，接收退役士兵361人，按政策安置118人。

第二节　救灾·救济

1984年4月2—3日，全县普降暴雨，降水量150毫米以上，全县山洪暴发，造成大灾；6月中旬又开始干旱，时间持续105天，致使51个乡镇普遍受害，灾情严重的有云山、南冲、毛田、甘田、许市、黄金、康王等23个乡镇、271个村。灾情发生后，市、县两级政府组织群众救灾，市政府、市民政局4次下拨救灾款48.17万元，市民政局下拨救灾木材20立方米、棉衣等实物折款4.05万元。1985年，早春干旱连夏旱，全县春夏作物严重减产，6月4日后，湖水上涨，大量湖老鼠上岸啃农作物，中洲、鹿角、兴旺、春风等沿湖27个村，大面积农作物受害，7月，局部地区普降暴雨，9个乡镇、98个村受灾。市民政局3次下拨自然灾害救灾款33.7万元；10月，县民政局下拨救灾救济款4.57万元、棉衣1630套、被絮783床，解决灾民过冬困难。1988年5月21日，天降暴雨，山洪暴发，给月田、渭洞等地带来巨大损失，8月下旬后罕见的大秋汛带来惨重损失，平均降水量在500毫米以上，全县有46.82万人受灾，直接经济损失1.97亿元。10月22日，市政府、市民政局下拨自然灾害救灾款86万元，县民政局下拨救灾款53.5万元，下拨救灾物资水泥100吨、木材200立方米、钢材27吨、钾肥93吨、救济粮68.5万千克、蚕豆3.47万千克、小麦2.65万千克、籼优种子4781.5千克，县政府成立救灾募捐办公室，共募捐20多万元。1991年气候异常，3—4月低温、5—6月冰雹、龙卷风，7月后连降暴雨，造成外内渍严重，全县48个乡镇、575个村、55万人不同程度受害，共损失8316万元。灾情发生后，市政府、市民政局多次视察灾情，至年底，共下拨救灾募捐款24.4万元，分配救灾“马头”牌肥皂270箱、洗衣粉270箱、“珍珠”香皂170箱。县政府、县民政局5次下拨救灾款45.54万元，下拨救灾物资棉絮298床、被套1210床、钢材20吨、“马头”肥皂245箱、洗衣粉270箱、“珍珠”香皂164箱、“稻香”牙膏23箱。中建五公司、岳阳军分区捐赠旧衣2516件。1994年5月11日5时，龙卷风袭击杨林乡四龙村，县民政局下拨救灾款23.76万元，年底，市民政局下拨22.5万元救灾款和9.5万元募捐款，县政府下拨冬令救济大米1.7万千克、棉衣259件、救济款4万元。1996年，岳阳县遭受特大洪灾。县委、县政府成立灾民安置工作领导小组。组织1200多名干部深入灾区，开展“户户到，家家谈”活动，着重解决受灾群众吃、住、医的问题，先后组织调运大米3500吨，发放稻谷指标400万千克，筹集募捐款500余万元，衣被6.7万件，县政府拿出保学经费100万元，解决灾民的生活和子女就读问题。组织医疗队免费为灾区群众查病治病，预防疾病流行，没有一人因受灾饿死，没有发生疫病流行，没有出现逃荒现象。投入资金1000多万元，及时启动灾民安居工程，在重灾区乡镇新建16个灾民新村，全县房屋全倒户全部搬进新居。县、乡两级成立生产自救领导班子。县委、县政府下发《关于严格控制财政支出的紧急通知》，号召各级各部门各单位紧缩开支，把有限的资金用到抗洪救灾的刀刃上，共渡难关。采取乡镇秧苗余缺调剂、抢播倒春晚秧和抢调玉米种子、推广旱地杂交玉米等办法，抢插抢播；帮助灾区大搞秋冬农业开发，积极发展生猪、家禽养殖、家庭副业，大力组织劳务输出。全县共组织22万千克生育期短的早熟早稻品种作“倒种春”种子抢播，调进玉米种子12.5万千克，在16个乡镇调剂晚秧800公顷，保证不空一丘一块退水田地。1998年6月，全县遭受特大洪涝灾害，杨柳垸、小毛家湖、古港、五星、新河、四星6个堤垸先后漫溃，因灾直接经济损失18.6亿元，其中农业损失16.63亿元。是年7月上旬至1999年1月底，共接收救灾物资48类，折价680万元，争取各级救灾募捐款1092万元，全部发到灾民手中；对全倒户分别类型，每户解决1立方米免收“两金一费”的木材指标；1个住宅地基，免收所有建房规费；核减冬季农业基本建设工20个，救济1500元，五保户每户救济2000元，由村组投工，负责建好；参与灾民新村建设的全倒户，每户救济3000元；在新村建房五保户，每户救济6000元。县民政局筹集48万元，按“五保户”户均35平方米的标准，建起4个村级敬老院；筹集18万元，为特困复员军人全倒户修建住房。1999年1月，45户特困复员军人全部迁居新房；2968户全倒户全部恢复住房。非灾区、轻灾区及灾区的非灾村、轻灾区农民向灾区捐献爱心粮272.49万千克，分别于1998年10月底和次年春季分批供应灾民。6月，拨救济款20万元，对全县特困户、五保户、残疾人进行救济。全县在绝收的1万公顷早稻中，对被山洪冲毁的迅速补种晚稻1600公顷；对受渍的4000公顷稻田抓紧排干内渍，栽上晚稻；对被水冲毁的866.67公顷晚稻全部实行补种。加大对棉花生产的投入和管理，力保棉花高产；扩大蔬菜生产，增加蔬菜播种面积333.33公顷。落实发展黑山羊1.5万只、牛2.5万头，户均发展家禽10羽，新增养禽大户2300户，动员群众增养仔猪户均2头，号召未受灾的养殖户增加养鱼投入，对退水或修复的山塘、鱼池每亩投放夏花1000尾。共组织劳务输出或自发外出打工、经商、跑运输人员5621人。增加轻灾区或无灾区的生产负荷，增加投入，提高农业生产复种指数，加大产出率，实行经济调剂补损。扩大秋冬作物种植面积，全县增播玉米333.33公顷，萝卜、白菜16666.67公顷，油菜油料作物2000公顷，小麦、马铃薯、豌豆等2133.33公顷。县委、县政府号召全县积极开展救灾募捐活动，同时先后致岳阳籍人士灾情汇报信、在岳阳市召开灾情汇报会，接受各界人士捐赠款物400多万元，县直各单位共募集资金3000多万元。是年年底，为全县4000多五保户每户送去棉絮、胶鞋、食品等。1999年6月，县内再次遭到特大洪涝袭击，累计经济损失15.29亿元。市民政局4次下拨特大自然灾害救灾款310万元。

第三节 社会福利

孤寡供养 农村实行联产承包责任制后，对五保户的供养采取以公社（乡镇）为单位经费统一上交，分散赡养，或由大队（村）兴办敬老院集中赡养的办法，保证五保户每人每年口粮300千克、食油5千克、生活费30元以上，疾病治疗、房屋维修、死亡安葬等由所在大队（村）、生产队（组）负责。1984年的零散“五保户”，零用钱人均60元，粮食年人均300千克，柴草保障，过年过节乡政府派干部慰问。1987年，孤寡供养方式由以组统筹逐步过渡到村、乡统筹，供养标准提高到每人每年口粮350千克、生活费200元。1990年，全县共有“五保”对象6030人，其中集中供养462人。1992年，县民政局在城关镇粤西村修建一个建筑面积不到100平方米，4间小房为社会福利院，1995年，社会福利院迁至县城富荣西路，1998年3月竣工，投资320万元，建职工住房15套，门面9个和集办公、带养功能为一体的办公大楼1栋，总建筑面积3278平方米，设床位50个。1995—2007年，共收养遗弃婴儿634人，其中部分弃婴由美国、加拿大、西班牙等国人士收养，县社会福利院收养39人。2007年，小孩生活费、营养费、抚养工资人均开支7000多元，带养婴儿开支30.55万元。

福利企业　1984年8月，荣家湾镇新街居委会主任刘淑华看到残疾人就业困难，生活无着落，将自家2间房子腾出办起无声美术社，安排7名残疾人就业。变卖自己的房屋，拿出多年的积蓄7300多元，找单位和个人筹资，征收土地，建起新厂房，并添置设备，1987年，企业有固定资产36万多元，职工78人，其中残疾人41人，生产项目扩大到冷饮、饮食、电线加工、竹木加工、缝纫等，年产值24万多元、利润6万多元，职工人均月工资60多元。1988年6月由县民政局接管，更名为岳阳县福利厂。是年3月，成立岳阳县福利公司，后更名为福利企业管理站，实行企业管理，自负盈亏，为新办或转办的福利企业提供技术、信息、资金等服务，指导安置残疾人就业，维护其合法权益，贯彻落实福利企业的政策措施，是年，企业共筹集资金190万元新建福利企业53家，安排就业人员1556人，其中残疾人745人，占47.88%，产值突破千万元，利润过百万元，1989年，年产值1685万元，实现利润140万元。福利企业快速发展，伴之而来的问题也不少。有的滥竽充数，不合企业标准，有的没达到残疾人比例。在1989年清理，整顿、验收中，验收47家。后因原材料缺乏、资金短少、管理落后，半数以上福利企业关门破产。县民政局除接管荣兴福利厂外，先后办起福利建材厂、福利化工厂、旭辉福利制线厂等等，大多境遇相同。1992年，全县福利企业28家，至1994年，在册的福利企业仅7家，2004年7月21日，县福利厂申请破产。

福利彩票　1988年，岳阳县开始福利彩票宣传发动，成立福利募捐委员会，下设办公室。1989年9月1日起正式运作，10月底，销售福利彩票8万元，超上定任务1万元。1990年，召开区、乡镇管民政的领导和民政助理员会，各乡镇相继召开乡、村干部会议，与会2500人次。该年的票面为1元1张，全县任务分解到乡镇，有371人参加各级募捐委员会，专职、兼职和雇请募捐人员254人，并设立销售网点187个。1991年，福彩销售100万元，1993年完成40万元额定销售任务，1994年突破100万元，1995年216万元，1996年达380万元。1998年12月24日，印发《岳阳县开展福利彩票赈灾专项募集工作方案》，成立福利彩票赈灾专项募集工作领导小组，分县城、湖区和丘陵、山区两大块两大奖组发行，每大奖组发行200万元，各乡镇发行数按50%的返奖率、5%的发行费用，其余全部上交。1999年10月9—24日，完成300万张600万元发行任务，其中中特等奖6人，交个人所得税21.6万元。2000年1月6—21日，在县城荣鹿路汽车站前发行总量800万元大奖组彩票，彩票面额2元，即开型刮开式“彩蝶系列”，奖金返还率50%。2001年，推销电脑福利彩票，全县有30台投注机投入运营。2005年4月底，在县民政局大门南侧建彩民俱乐部，全年销售220万元，比上年增长4倍。2007年，全县福利彩票发行点16个，从业人员16人，其中大学以上学历2人。共销售电脑彩票、刮刮乐彩票420万元。

第四节 最低生活保障

农村特困救助 1999年，启动农村特困救助试点，其中相思乡为试点乡镇，由村委会申报、评议、张榜公示、乡镇审核、县民政局审批、每人每月发放5元。自2005年始，岳阳县在城关、筻口、杨林、新开、张谷英、甘田等乡镇开展农村低保试点，按照“三审三榜公开”（即村级评议、乡镇审查、县局审批，救助程序、救助对象与救助内容、救助标准张榜公开），确定低保救助对象，是年，拨付资金50万元、为2684户、4789名农村特困对象解决农村最低生活保障。2006年，该项工作在全县铺开，1~3季度发放救助生活保障金104.5万元，惠及4689户11034人，人均月补差10.5元。2007年，农村低保按季审批、按季发放，人均月补差14.6元。全年有低保对象4513户11390人，发放低保资金200万元。

城镇居民最低生活保障 1984年前，城镇居民中无生活来源、无劳动能力的鳏寡孤独者，由国家定期定量发给救济。1984年，岳阳县对城镇居民中63名困难户（五保户），每人年赈金866元。1988年春节，县计委共为城镇五保户、住院老人烤火配煤250吨，县供销社给每位“五保户”老人供面条0.5千克。是年，县民政局对城镇孤、老、残、幼、贫困户救济3.5万元。至21世纪，城市低保铺开后，这部分人均纳入城市低保范围。

第五节 婚姻登记

1980年，《中华人民共和国婚姻法》规定男22周岁、女20周岁为结婚年龄。1985年12月，国务院批准新的《婚姻登记办法》。1986—1987年，全县申请登记结婚的15460对，批准登记结婚的10592对，占68.51%，因未到结婚年龄不予批准结婚的4868对，占31.49%；申请离婚的811对，通过调解和好的548对，占67.57%，转交法院处理63对，占7.77%，实际办理离婚登记200对，占24.66%。1988年，全县共清理违法婚姻4710对，其中未证先婚3549对、早婚1150对、近亲结婚11对。2003年10月1日，国家正式颁布《婚姻登记条例》，办理结婚登记的男女只要双方自愿，一方常住户口所在地是本县的便可携带本人户口簿、身份证（户口簿、身份证的姓名、出生年月一致、身份证必须在有效期内）、3张2寸半身近期免冠合影，便可办理结婚登记；办理离婚登记的只要双方自愿，一方常住户口所在地是本县的只需携带本人户口簿、身份证、结婚证及双方共同签署的有关子女、财产债务处理达成一致意见的离婚协议、2张2寸单人近期半身免冠照片，就可以办理离婚登记。根据条例规定，县政府批准县民政局成立婚姻登记中心，取消乡镇婚姻登记资格。新办理婚姻登记取消婚前状况证明及婚前强制体检证明。结、离婚证每对收取工本费10元，是年10月1日至12月31日，全县共办理结婚登记

1000对、离婚登记50对。2007年，全县共办理结婚登记5383对；办理离婚登记947对，为历年离婚登记率最高年。

第六节 殡葬管理

1996年6月，县民政局批复筻口镇民政所在该镇明星村修建双龙公墓山，面积2平方千米，可解决该镇80%的葬坟困难。1998年7月，县民政局在县城北小毛家湖西南侧征地1公顷，投资680万元，建殡葬服务所（殡仪馆），2000年6月建成投入营运。殡仪馆共建有3个悼念厅，总面积1200平方米。设餐饮部、丧葬用品销售部、住宿部，开设7个房间、22个床位，房间配有电话、办公桌椅、厕所等设施。2000年1月，成立岳阳县殡葬管理所，3月，县政府发出规范城关地区殡葬活动通告，规定县城关地区的丧事一律在殡仪馆进行，严禁在其他地方搭设灵堂、灵棚治丧；允许土葬的，应当安葬在依法批准的公墓和公益性墓地内，严禁占用耕地乱埋乱葬，严禁在名胜古迹、文物风景区、水库河流塘坝附近、铁路干线两侧新建墓地，是年，殡仪馆办理丧事30多起，年底，县民政局投资265万元，在麻塘镇金山村征地5.87公顷，把墓葬和风景旅游融为一体。至2007年，共办理丧事343起。

第七节 地名管理

1982年，市政府颁发《关于部分区、社、镇、大队更名的通告》，部分公社、大队按原地名恢复名称，是年7月，市政府将岳阳县城关镇更名为岳阳市荣家湾镇、岳阳县梅溪区更名为岳阳市康王区、岳阳县荣家湾区更名为鹿角区。1988年7月，成立岳阳县地名委员会，由副县长任主任委员，下设办公室，归口县建委管理。1989年，县城设立地名标志街牌、路牌50块。1993年10月，县地名办移交县民政局管理。1994年，统一城关地区街道地名标志，投资3.1万元，新设置路牌16块，维修路牌42块，加挂居民门牌4670块，完成《中华人民共和国地名大词典》岳阳县73个条目撰写和《岳阳县行政区划简册》的编纂。1995年，开展对建制镇地名标志设置工作。2001年，编订《岳阳县地名标志设置工作实施方案》，2001—2002年，完成城关地区荷花北路、兴荣路、庆丰路、天鹅北路、团结路的居民住宅区门牌装订和更换工作。2003年，完成机关企事业单位、厂矿单位楼、栋门牌及贺坪路、富荣路门牌装订。

第八节 社团管理

1989年10月，国务院颁发《社会团体登记管理条例》，明确规定社会团体管理、登记统一归口民政部门。1991年，全县有县级团体300个、乡镇级社团分支机构200多个。是年年底，成立清理整顿社会团体领导小组，未经批准擅自成立、与章程和名称不符、有名无实、利用各种名目从事营利为目的的经营活动的团体均属于清理对象。2002年，取缔包括邪教组织“法轮大法研究会”在内的非法组织。2005年，全县发展果树、竹业、扇业、养殖4个协会，张谷英芭蕉扇业协会有会员1198人，带动周边49个村的扇业发展。柏祥镇养猪协会通过政府与银信部门沟通，放贷1500万元，发展生猪35万头，出栏22万头，创产值2亿元。2006年，重新登记农村专业经济协会22个，会员3218户，涉及水果、竹木、养殖、灌溉、农村经纪等专业协会，分布全县12个乡镇。

附：2007年社会团体名录

岳阳县铁山南灌渠桂林用水者协会

岳阳县个体私营经济协会

岳阳县农学会

岳阳县水利水电学会

岳阳县林学会

岳阳县医药卫生学会

岳阳县畜牧水产学会

岳阳县红十字会

岳阳县老干科技工作者协会

岳阳县体育总会

岳阳县计划生育协会

岳阳县海外联谊会

岳阳县筻口井塘用水者协会

岳阳县内部审计师协会

岳阳县美术家协会

岳阳县建筑业协会

岳阳县柏祥养猪协会

岳阳县烟花炮竹生产企业协会

岳阳县卷烟零售经营协会

岳阳县砖瓦生产企业协会

岳阳县个体医生协会

岳阳县长湖养猪协会

岳阳县酒类行业协会

岳阳县互联网上网服务行业协会

岳阳县果树学协会
岳阳县环保学协会
岳阳县小洞庭诗社
岳阳县巴陵诗社
岳阳县财政会计学会
岳阳县珠算学会
岳阳县楹联学会
岳阳县档案学会
岳阳县信鸽协会
岳阳县青少年辅导员协会
岳阳县集邮协会
岳阳县消费者协会
岳阳县养牛协会
岳阳县荣家湾养猪协会
岳阳县新墙劳务输出协会
岳阳县芭蕉扇业协会
岳阳县麻塘水产养殖协会
岳阳县步仙养猪协会
岳阳县杨林付朝用水者协会
岳阳县杨林姑桥用水者协会
岳阳县杨林张坪用水者协会
岳阳县扶贫助学协会
岳阳县康王青云用水者协会
岳阳县农村经纪人协会
岳阳县大明用水者协会
岳阳县黄沙用水者协会
岳阳县和平用水者协会
岳阳县饶村金溪用水者协会
岳阳县秘书协会
岳阳县摄影家协会
岳阳县作家协会
岳阳县价格协会
岳阳县再生资源回收协会
岳阳县成品油协会

岳阳县黄秀用水者协会

岳阳县黄沙街群乐用水者协会

岳阳县鹿角友爱用水者协会

岳阳县鹿角东庄用水者协会

岳阳县鹿角忠信用水者协会

岳阳县黄沙街许胜用水者协会

岳阳县黄沙街炮台用水者协会

岳阳县黄沙街双联用水者协会

岳阳县黄沙街金光用水者协会

岳阳县黄沙街高塘用水者协会

第九节　基层自治组织

村委会　1987年，《中华人民共和国村民委员会组织法（试行）》（简称《村委会组织法》）颁布实施，基层民主选举逐步走向规范化。1988年8月，岳阳县在春风乡实施《村委会组织法》试点，获得成功。

1989年11月至1990年1月，结合县、乡人大代表选举进行第一次村委会选举。全县693个村，有577个村选举结束，其中与换届选举人大代表同步进行的250个村。一次性选举成功的557个村，2次选举成功的20个村。新产生村干部2308人，715名原村干部落选。

1999年5月，举行第四次村委会换届选举。除柏祥镇外，全县有614个村、54万选民，参选33万人，新选举村主任611人，选举村委会委员1536人，其中妇女586人，占38.5%；高中文化程度562人，占36.59%；30岁以下394人，占25.65%。精简村级领导1310人。

2002年1月25日，举行第五次村委会换届选举，此次选举取消由村民代表领选村委会成员候选人的规定，增加户口不在本地的村民，可以参加常住地村委会选举的规定。

2005年6月，全县625个村全部完成第六次村委会换届选举。此次选举，村级领导班子成员平均年龄降低8.3岁，人员减少972人，精减40%。减轻农民负担近200万元。

居委会　1978年，全县3个集镇（其中1个为区级镇）批准成立11个居委会、42个居民小组。

1985年，全县9个镇有25个居委会。1986年1—3月，对居委会进行全面整顿、改造，调整6个居委会的领导班子，制订工作规划。1987年，全县9个建制镇，建立19个居委会，配干部38人。1991年6月，县政府成立实施《居民委员会组织法》领导小组，召开全县居委会主任会议，全县有25个居委会、127个居民小组。1999年6月，全县8

个镇、27个居委会，省、市下拨居委会办公费3.74万元。2000年8月，全县举行第四次居委会换届选举。此次选举，规定居委会主任、副主任候选人比应选名额多1个，选票必须由选民在秘密划票间填写，居委会成员可连选连任，其中至少有1名妇女。

2003年9月，进行第五次居委会换届选举工作。全县有城镇居委会43个，其中社区居委会18个、居民小组212个。2006年，县委、政府印发《岳阳县第六次社区居民委员会换届选举工作实施方案》，成立换届选举领导小组，县长任组长，各镇相应成立领导班子，县政府安排选举经费3.5万元，印发选举《组织法》2000多份。此次选举共有选民8.4万人，参选率80%。共选举居委会主任42人，委员115人，其中妇女44人；高中以上文化的49人；30岁以下的14人；连选连任的30人。

社区成立后，社会治安、计划生育、城市低保、街道建设、计生管理等工作均有明显好转。城关镇庆丰社区投资40多万元，对办公楼进行改造建设，建成社区服务中心、居民健身中心、图书阅览中心、计生服务中心、居民服务中心、党员远程教育中心、400多平方米的爱心超市，配置3台电脑和电子显示屏等设施，配置值班公安干警，成立再就业服务站，2007年年底，被省政府、省民政厅评为和谐社区。

第二章　人　事

第一节　人事制度改革

中共十一届三中全会后，岳阳县人事制度改革在不断探索中前行。1984年，在黄秀乡改革试点，试行聘用制合同干部制度。是年，面向社会考试聘用30岁以下的高中文化以上、有两年以上工作经验的优秀村干部240人，其中118人担任聘用制乡镇机关行政合同干部，122人担任聘用制乡镇财政合同干部。1985年，招聘文化合同专干31人。1986年，240名乡镇合同干部中有135人续聘。1987年，30名优秀行政合同制干部录用为国家干部，17人担任乡镇领导干部，其中1人任党委书记，3人任乡镇长，13人任副乡镇长。1988年，招聘乡镇行政合同制干部120人，行政合同制干部达227人。1990年，对乡镇合同制干部进行全面考察，对合同到期的120人办了续聘手续，对不合格的8人解除聘用关系。1991年，有21名行政合同制干部转干。

1997年，县委、县政府鼓励干部分流自主创业，全县分流机关、事业单位干部1000人，分别创办实体、支教和到村挂职锻炼。1999年5月11日，全省机关干部分流工作现场会在县域召开，　5人在会上介绍经验。

2000年，对全县所有事业单位工作人员按照“老人老办法、新人新办法”的原则，全部办理聘用制手续，老同志签订一次性合同，对64名新进入的工作人员，签订3年短期合同，实行聘用制，进入人事代理。2000年始，全县新进人员一律实行聘用制，进入人事代理，实现事业单位人事管理由身份管理向管理岗位转变，由单位用人向社会用人转变。2001年，人事代理8人，2002年162人，2003年465人，2004年388人，2005年186人，2006年156人，2007年93人。

2004年2月，成立岳阳县事业单位人事制度改革领导小组，制定《岳阳县事业单位人事制度改革方案》，印发《岳阳市事业单位工作人员全面实行聘（任）用制的暂行办法》，制订《岳阳县事业单位岗位设置的暂行办法》《岳阳县事业单位工作人员竞争上岗暂行办法》《岳阳县分流人员安置办法》《岳阳县事业单位分配制度改革的暂行办法》选择县血防办、县环卫所、县运管所3个不同类型的单位进行改革试点，以点带面，在改革试点的基础上，总结经验教训，展开面上的改革。是年，完成事业单位人事制度的单位221个，签订聘用合同3750人。

2004年3月，县人事局对卫生事业单位非干部身份、从事业务技术或管理岗位的工作人员进行身份置换，485人中置换身份的有263人，并执行相应工资待遇。2001—2007年，实行聘任制干部身份管理，共招聘录用155人。

第二节　干部来源

录用　1978—1983年，干部主要来源为政策安置，全县将符合条件的“以工代干”人员转为正式国家干部，吸收“社来社去”的中专毕业生为正式干部。1984年，全县从待业青年中招收国家干部67人，从社会上选聘合同干部240人。1985年4月，全县择优录取专干31人，是年年底，政法、财贸系统择优录取干部50人。1988年，县委、县政府按照“公开、平等、竞争、录取”的原则，将录干工作置于职能部门和广大群众监督之中。1989年，全县录用7名闲散科技人员为国家干部。1990年，共录用干部42人，其中从227名乡镇聘用干部中录用21人，从城镇待业“优”生中录用20人，从优秀者中录用1人。1998年，机关录用公务员，坚持面向社会“凡进必考”。事业单位进人实行聘用制，坚持面向社会“凡聘必考”。1999—2001年，从大中专毕业生中考试录用选拔22人，其中1999年6人，2000年8人，2001年8人。2003年，第一次从大中专毕业生、计生专干、村干部中考试录用公务员，其中考试录用大中专毕业生5人、计划生育专干16人、村干部3人。1998—2007年，全县共考试录用公务员81人，聘用事业单位工作人员922人，其中教育系统486人，卫生系统272人，县直和乡镇164人。

大中专毕业生分配　1977年恢复高考后，大中专毕业生陆续增多，毕业生按“专业对口，充实基层”的原则，分到各基层单位。1986年，全县共接收大中专毕业生267人，其中大专毕业生65人、中专毕业生202人。1988年接收370人，其中本科45人、专科

189人、中专136人。1989年接收470人，其中师范专业263人、其他专业207人。1990年接收458人，其中师范专业278人、其他专业180人。1998年后，大中专毕业生国家不包分配，实行面向社会就业。

军队干部就业　1980年，对1969—1975年复员安置的94名军队干部办理转业手续，恢复其干部身份和工资级别。1984年，安置军队转业干部13人。1981—1990年，共安置军队转业干部102人。1991—2007年，吸收安置军队转业干部66人，安置随军家属8人。1997年，实行城镇退休战士安置卡制度，至2007年年底，共安置退伍战士600余人。

招聘引进　1995年，共录用干部152人，其中从优秀村干部中录用干部14人，从优秀职工中录用干部14人，从优秀职工中录用录用干部17人，从优秀农民企业家中录用干部3人。2000年始，岳阳县事业单位新进人员实行聘用制，是年聘用64人，2001年聘用22人。2003年，全县共引进人才300人，其中本科以上高素质人才91人。2004年，引进学士以上学历人才61人。是年，县委、县政府向国家外专局申报引智项目，获得国家外专局的正式批准并向世界发布，7月3日，德国专家、博士弗尔茨到岳阳县考察新开钒污染治理项目；11月17日，德国专家、博士斯基朱德到岳阳县东洞庭湖湿地保护进行考察。2006年，引进高职称、本科以上学历人员68人。

转干　1984—1997年，全县从待业青年、行政合同干部、财政合同干部、民办老师、闲散科技人员、优秀工人、公检法临聘人员中吸收转业国家干部1541人。

第三节　干部管理

任免　1979年10月，国家干部的任免工作恢复正常，“文化大革命”中靠边站的领导干部重新进入领导班子。1981年后，县政府组成人员，包括局、委、办正职由县委推荐，县人民代表大会常委会任免；县政府组成部门的副职和后报的正副职，由县委推荐，县政府党组讨论决定，以县政府名义发文任免。1984年7月，县委在黄秀乡进行人事制度改革试点，按“德才兼备”的原则面向社会公开聘用脱产合同制干部，并在全县推广，是年，在全县招聘第一批合同干部240人。1985年，全县选配县级第三梯队干部20人，部、办、委系统乡镇以下第三梯队干部200人。1997年，以县人大、县政府名义任免干部232人。2000年，共调整乡镇干部218人，其中提拔重用112人，内部换岗81人，跨乡镇交流94人，年满50周岁退线改非领导职务52人。2005年，有实绩突出、群众公认的14名中青年干部被提拔到主职领导岗位，54名35岁以下的优秀年轻干部被提拔进班子，同时任命5名公开选拔的县直单位副职干部，平均年龄27.6岁。2007年，为乡镇班子配备女干部3人、党外干部6人，平均年龄45.2岁，全部具有大专文化，班子结构和素质得到改善。

调配　1980年，为解决干部两地分居，进行调配录用86人，其中调进63人，调出

23人。1984年，根据全县科技干部稀缺情况调配干部196人，其中从外县调入86人。从县内调出57人，县内调整53人。1985年，调配干部132人。其中调入39人，调出68人，县内调整25人。1989年成立县人事局后，干部调配录用工作严格按管理权限进行，1990—1997年，共吸收录用国家干部1541人，其中从待业青年中吸收录用82人、从闲散科技人员中吸收录用89人、从行政合同干部吸收录用162人、从财政合同干部中吸收录用263人、大中专毕业分配509人、从民办教师中转公办216人、其他220人。

培训 自1984年始，按干部人数1/5的要求组织干部参加各类学校学习。1986年，有993名干部参加各类成人学校学习。1990年，举办新干部转正定级，公务员行为规范辅导学习班，共有186人参加培训。1999—2001年，县人事局投资20万元，兴建高标准的多媒体教室，完成全县行政机关45岁以下的1960名工作人员的计算机知识中级培训、210名机构改革中竞争上岗的股室负责人的任职培训。2002年，组织800名机关干部进行计算机知识中级培训。2003年，组织2000名工勤人员进行素质教育培训；2714名推公过渡人员（推荐公务员）进行过渡培训和考试。

2004年，对2800名机关干部、具有执法收费职能的事业单位工作人员进行依法行政和WTO知识培训和考试。2005年，工委20个新农村建设示范村组织30期培训讲座，参训人员5000余人次。2007年，对256名专业技术人员进行创新能力培养培训。1999—2007年，共有2508名新入门干部进行定级培训。

离休、退休 1978年，恢复干部退休退职工作。1979年，全县有退休干部374人；1990年，有离休干部104人、退休干部1790人。1996年，岳阳市制定《岳阳市机关事业单位养老保险制度改革实施办法》，行政事业单位人员退休由人事、劳动和社保部门共同管理。是年，全县有离退休干部1980人，其中离休干部120人，退休干部1860人。2007年，共有离休干部60人，副处级退休干部49人。

第四节 职称评定

自1980年始，在工程技术人员、农业技术人员、卫生技术人员、会计人员、统计人员中开展职称评定工作。至1984年6月，全县共有671名专业技术干部获技术职称，其中工程师8人、农艺师7人、主治医师1人、助理工程师50人、助理农艺师38人、医师82人、护师3人、助理会计师4人、助理畜牧师12人、技术员159人、医士186人、护士71人、会计员43人、统计员7人。

1985年，将符合条件的175名晋级科级干部授予相应的技术职称。1987年，完成30名高级技术职称、614名中级技术职称、1362名初级技术职称的推荐、评议审查、呈报工作。1988年，全县共有70人获高级技术职称、987人获中级技术职称、1868人获助理级技术职称、2094人获技术员级技术职称。1989年，晋升高级职称1人、中级职称65

人、助理级职称 429 人、技术员职称 406 人。1990 年，开展企事业单位职改复查工作，共查处不符合职改政策的 41 人，其中中级 12 人、助理级 18 人、技术员级 11 人。年底，全县各类专业技术人员达 5864 人。2001 年，共办理大中专毕业生专业技术资格 424 人，其中助理级 167 人、员级 257 人；评定初级职称 138 人，其中助理级 132 人、技术员级 6 人；评定中级职称 190 人、高级职称 74 人。2002 年，办理专业技术资格认定 169 人、评审初级技术职称 234 人、中高级专业技术职称 270 人。至 2007 年，全县有各类专业技术人员 7210 人，其中高级职称 350 人、占 4.85%，中级职称 3854 人、占 53.45%，初级职称 3006 人、占 41.7%；教育系统 5026 人、占 69.71%，卫生系统 1337 人、占 18.54%，其他行业 847 人、占 11.72%。

第五节　工资·福利

工资制度改革　1985 年工资制度改革，主要是建立以职务工资为基础的结构工资制，按工资的不同职能，分为基础工资、职务工资、工龄工资、奖励工资 4 个部分。

1993 年工资改革，行政机关实行由职务工资、级别工资、基础工资、工龄工资组成的职级工资制；事业单位按行业工作性质和特点，对专业技术人员实行不同的工资制度，工资构成中固定部分和活的部分比例按资金来源分为：全额拨款单位为 7∶3；差额拨款单位为 6∶4；自收自支单位按 5.5∶4.5 或 5∶5 执行。机关、事业单位工人实行技术工人工资。

1993 年，建立正常的增资机制。机关工作人员考核定为称职（含基本称职）以上的，每两年在本职务工资标准内晋升一个工资档次。事业单位考核合格的，每两年晋升一个工资档次。1995 年、1997 年、1999 年、2001 年、2003 年、2005 年，机关、事业单位工作人员 6 次普遍晋升职务工资档次。工作人员晋升职务即就近就高套入新职务的工资档次；凡连续 5 年考核称职（含基本称职）以上或连续 3 年考核优秀的，在本职务对应的级别内晋升一个级别。工龄每增长 1 年工龄工资增加 1 元。

1977 年前，干部人均月收入工资一直在 30 元档中，变化不大，1977—1979 年进入 40 元档级。1980—1982 年进入 50 元档级，1983—1987 年，进入 100 元档级，为 114.1 元，1992 年为 169.4 元，1993 年后，多次调整工资，其中有 2 次人均增资 100 元以上。至 2002 年，全县机关、事业单位工作人员月均工资 690.6 元。2005 年，县内机关事业单位人均月工资 862 元，其中机关公务员月均工资 924 元，事业单位人均月工资 849 元，2007 年，县内机关事业单位人均月工资 862 元，其中机关公务员月均工资 878 元，事业单位人均月工资 851 元。

2006 年，根据省人事厅、省财政厅湘发 134 号、135 号、136 号文件精神，改革县内卫生事业单位工资，改革后分为公务员工资（卫生局机关公务员）、事业单位管理人员工资、事业单位技术人员工资（简称技术职务工资）、事业单位工人工资分为初级工、中级工、高级工，机关工勤人员工资分初级工、中级工、高级工，工资标准自2006年7月1日起执行。至2007年年底，因全县医疗卫生单位推行综合目标管理，实行人员优化组合，有200人被分流，分流人员养老保险金由所在单位负责。优化组合后建立绩效工资制，在职人员基本工资部分浮动（本人岗位工资和薪级工资），只发30%~50%，其余部分包括津贴、补贴等与个人工作绩效挂钩，按劳取酬。

福利 中共十一届三中全会后，福利制度逐步恢复。1981年，福利费按每人每月1.5元标准提取，用于个人生活困难补助和集体福利事业。1985年，开始在行政机关、事业单位实行津补贴：工龄津贴年0.5元、洗理费每月2元、书报费每月3元。随着干部工资水平的逐步提高，福利费用于个人生活困难补助的比例逐年缩小，而用于集体福利的比例逐年增加，并增加计生费、独生子女补贴、防暑防寒补助等。1993年，机关、事业单位工资改革后，保留普通津（补）贴每月38.8元（女职工40.8元）、增加误餐补贴每人每月60元。1997年，增加机关、事业单位工作人员及离退休人员生活补贴，按职级差别，补贴标准为每月185~145元不等，由于财政困难，此项补贴执行得不十分到位。

国家工作人员除享有国家法定假期外，还可享有规定的年休假、探亲假、事假、病假、婚丧假，妇女享有产假和计划生育手术假。

1978年前，执行1950年国家政务院颁发的《革命工作人员伤亡抚恤暂行条例》。1978年后，对因公在血吸虫疫区工作而患血吸虫病的比照因公处理，享受公费治疗和生活费补助，在办理退休时增发5%的退休生活费。1984年，逐步提高因公负伤人员住院治疗期间的伙食补助费标准。

1994年，提高伤残优抚对象补助标准。三等到特等，每人每年分别按224~442元发给。1996年，机关事业单位工作人员工（公）伤和职业病、血吸虫病致残程度规定为四等六级按伤残等级和伤残性质每人每年分别发给160~600元伤残保健金。1999年，在职特等、一等伤残人员保健金额标准按伤残性质提高为每人每年1000~750元。

职工死亡待遇包括丧葬费待遇和家属抚恤费待遇两部分。1990年，丧葬费标准定为：病故或非因公死亡发给600元，因公死亡最高不超过700元。1994年，工作人员死亡抚恤金，因公者按20个月工资发给，正常死亡的按10个月工资发给。1997年，病故及非正常死亡的每人900元，遗属生活补助标准，根据不同情况，提高到每人每月50~130元不等。2005年，调整丧葬费标准，正常死亡4000元，因公死亡5000元，遗属生活补助标准，根据不同情况，调至每人每月150~275元不等。

第六节　考核奖惩

1980年，全县评选模范干部24人，出席县委、县政府召开的国家干部群英会，11

月，对全县干部实行岗位责任制，实行德、能、勤、绩的全面考核，是年，全县109个行政、事业单位，建立岗位责任制的97个，占88.99%。1984年，全县国家干部评出先进工作者477人，记功109人（记大功14人），晋级13人；查处违反计划生育、作风腐化等错误的6人，其中开除2人、撤职1人、保留干籍回乡生产5年的2人、交司法部门处理1人。1985年，开展干部岗位责任制执行情况大检查，受奖592人，其中记功81人、记大功9人、授予奖品或奖金27人、升职1人、通令嘉奖2人、评为先进工作者472人；对违犯政纪的99名干部、职工进行严肃处理，其中开除9人、撤职7人、停薪停职67人、开除留用13人、记大过2人、记过1人。1987年，设立县长奖励基金，用于奖励工作中有突出贡献的干部，是年，有50人获得此项奖励。1987—1988年，先后按政绩提拔副科级以上干部72人；降职处分干部9人，罢免工作的副科级以上干部6人。

1990年，全县国家干部共评出先进工作者886人、记功258人、记大功28人、浮动一级工资10人；因超计划生育被开除公职5人。1993年10月，《国家公务员暂行条例》颁布实施后，全县层层成立考核工作领导小组，考核奖惩工作实行科学统一。2002年，全县有89个机关事业单位、15823人参加年度考核。被确定为优秀的1899人、称职（合格）的13762人、不称职（不合格）的12人、基本称职（基本合格）的35人、未确定等次的115人。2004年，全县参加年度考核的国家公务员和机关事业单位工作人员15165人，确定优秀的31人，其中记二等功18人、记三等功13人；未确定等次的158人。2005年，参加全县年度考核的国家公务员、机关事业单位工作人员共14365人，被确定为优秀的1508人，其中记二等功20人、记三等功133人、嘉奖273人。称职12622人，基本称职39人、不称职41人，未确定等次人员147人；降职5人、免职3人。2007年，全县参加年度考核的公务员、机关事业单位工作人员共14082人，被确定为优秀的1708人，其中记三等功131人、嘉奖290人，称职的12322人；基本称职的15人，不称职的7人，未定等次人员30人。

第七节 人才市场

1987年3月，成立岳阳县人才开发工作领导小组办公室，归县委组织部管理，6月，人才开发工作领导小组划归为县人事局，职能并入调配录用股。1999年，县内投资60万元新建人才工作办公楼，并加挂岳阳县人才交流中心的牌子。人才开发工作正式单独行使职能，负责全县的人才培训、交流、使用和人事代理及托管档案和引才引智工作。

2002年，县财政拿出50万元活动经费，从全县各机关、事业单位中挑选50名有文化、有能力、有一定社会关系的优秀青年干部到上海、浙江、福建、广州等16个省、市的职能部门、企业单位挂职锻炼，共引进大小项目30多个，资金1000余万元，输出人才和劳动力1600多人。

2003年，引进人才300人，4月12日，成功举办岳阳县首届人才交流会，参加交流会的省内外用人单位32家，其中外资企业5家、外地企业2家，参加应聘的大中专毕业生、技术人员、下岗职工共1120人，求职成功329人。交流会上，珠海伟创力电脑有限公司聘用大中专毕业生268人。全年输出大中专毕业生86人。

2004年3月，县委、县政府在全市率先出台《关于进一步加强人才工作的意见》，利用新产业项目培养实用技能型农民人才5000多人。以人才培训就业中心为基地向沿海发达地区培养输送职业技术人才2800多人，包括农艺师、园艺师、果林师、畜牧师等乡土人才100人，首次启动人才直通车，为到岳阳县工作的61名学士以上学历人才直接办理相关手续；向国家外专局申报引智项目，获国家外专局正式批准并向世界公布。

2005年，引进高层次人才5人，学士本科生50人，县委、县政府为在人才开发工作中取得突出成绩的8名人员记二等功，拿出60万元重奖有功人员，其中，荣益明在“引才引智”中作出重大贡献获奖金30万元，3名作出特别贡献的人员各获奖金10万元。全年通过人才交流中心市场配置人才200人、通过人才培训基地与发达地区厂家递接，输出人员1200人。

2006年，引进副高职称、本科以上学历人员68人，向外地输出实用人才3000多人，投资10万元建立3个人才市场，400多人次到人才交流中心人才信息处登记，100多人通过人才市场找到工作。

2007年，申报评定高级职称93人、中级职称432人、初级职称156人，民营及乡土职称评定有110人。为教育、卫生系统引进本科以上学历或高级职称以上的人才50人。

第三章 劳 动

第一节 就业与培训

1979年，全县有城镇待业人员4465人。全县城镇待业人员安置工作会议确定：发挥全民所有制企业的领导作用，大办全民带集体，大厂带小厂，增加企业，安置待业人员；扩大商业网点，增加服务项目。按上级规定，商业人数在农村可以按照总人数的37‰~38‰增加，人口稀散的偏僻山区可以大于这个比例，全县商业人员可由3278人增至5040人；发展镇办街企业和服务业，荣家湾、新墙、广兴洲3个集镇，有待业人员500多人，镇党委动员部分老弱病残职工退休，按贡献大小，分别发给本人标准工资的40%~65%的退养费。

自1980年始，实行劳动部门介绍就业、自愿组织起来就业和自谋职业相结合的方针，逐步推行公开招工，择优录用的办法，部分待业人员由劳动服务公司对其实行调节，并逐步发展社会保险和社会救济事业。岳阳县改变统包统配的劳动制度，实行“三结合”的就业方针，广开就业门路：恢复和发展手工业传统产品、发展工艺美术生产、发展镇街道企业、搞废品加工、旧件修复、扩大商业服务网点和商业流通、建筑安装队伍、发展交通运输、文化卫生体育事业，增加新的生产项目，就业率逐步提高。

1984 年，劳动就业以发展集体、个体经济、第三产业为主，针对全县无大工矿企业、待业人员分散的特点，发挥单位、部门优势，本着有钱出钱，有物出物，按照自愿、互利双赢的原则，单位与单位、单位与个人联合办企业。

1985 年，全县就业工作采取扩大经营门路，开辟就业渠道向第三产业进军，第三产业网点占 5%，主要是养殖业，如养鱼、鸡、猪、奶牛等，支持以单独经营为主的自谋职业、个体商业、饮食、手工业、小摊小贩等。

1991 年，全县有城镇待业人员 2900 人，其中上年结转各类待业人员 2100 人、新增待业 750 人、就业转待业 50 人。县劳动局采取多种途径，共安置各类待业人员 1619 人，其中全民企业事业单位 410 人（新招 177 人、补员 132 人、复员军人安置 101 人），集体单位 669 人（新招 580 人、补员 89 人），其他各类型安置 540 人。1994 年，全年安置待业人员 4646 人，占年计划的 132%，其中：全民合同工 1358 人、集体职工 2889 人、复员军人 134 人、临时工 265 人。

1998 年，实行培训就业，举办各类培训班 48 期，培训 6184 人，结业率 79%。发放职工资格证 1966 个，共办理用工登记 1356 人次，求职登记 3000 人次，1560 人次获得成功就业（其中下岗职工 1020 人次、失业人员 540 人次），城镇失业率控制在 3%；办理外出就业登记卡 8981 个，外来人员就业证 68 个。

2000 年，县劳动局筹集资金 15 万元，建立一个高标准的电脑培训中心，装有微机 21 台，并配备工作人员 34 人，共为下岗职工开办免费培训班 5 期，培训下岗职工 280 人，办理各类资格证书 350 个，特种作业培训中复审 3460 人，有 2080 人获得职业指导，介绍成功 2960 人，为 3560 名输外人员就业登记，在县内行政事业单位就业 250 人。

2003 年，县就业培训中心举办各类培训班 68 期，共培训 5350 人，结业 815 人。社会各培训网站培训 7750 人。办理初、中级职业资格证书 1145 个，高级资格证书 83 个。开发各类就业岗位 4357 个；求职登记 5076 人，用工登记 4875 人，有 4392 人获得成功就业，其中安排下岗失业人员 3246 人。向外省输出劳动力 12314 人，有 8700 人领取外出人员就业登记卡，向外来人员发放登记证 520 个。

2004 年，县内有下岗失业人员 8785 人，县劳动和社会保障局广开就业门路。举办各类下岗职工培训班 76 期，共培训 8882 人，结业 8525 人。办理初、中级职业资格证书 844 个，高级资格证书 85 个。在洞庭造纸厂、兴荣编织厂、制药四厂、巴陵酒厂、机械厂、纱厂等单位安排就业岗位 1550 个。城镇新增就业 3671 人，下岗人员再就业 3165

人。共发放“再就业优惠证”2549个，并实施各项优惠政策。

2007年，县政府下发《关于进一步做好劳动和社会保障工作的通知》，要求县发改局、县企发局、县招商局、县商务局及各招商单位，把增加劳动岗位安置本地劳动力就业作为招商引资的主要目的来对待，在项目选择上，要向劳动密集型生产倾斜，在项目验收考评过程中，将使用本县劳动力比例的高低作为评判项目优劣的重要指标，形成全民齐动，共抓就业的良好局面。是年，引进的小雁子饰品厂安置当地劳动力就业260余人，扩建后，提供就业岗位1500个。弘泰陶瓷、华雄陶瓷等6个重点项目共吸纳劳力4000人。全年投产的52个招商项目共创就业岗位5632个。县委、县政府把解决“零就业”家庭生活困难问题当作维护社会公平、保持社会稳定的重中之重的大事来抓，年底，全县完成城镇新增就业5721人，完成下岗失业人员再就业3482人，安排就业1124人，新增农村劳动力转移就业10752人，完成培训18420人次，有1900人获得相应的职业资格证书。

第二节　用工制度

1978—1984年，境内实行以固定工为主，以临时工、季节工、合同工、承包工、民工、亦工亦农农民轮换工为辅的用工制度。各类工人的招用，严格按计划进行，并由劳动部门办理招工手续。

1983年，开始试行劳动合同制。1986年，贯彻国务院《关于国营企业实行劳动合同制度暂行规定》，县内各企事业单位新招用工人，全部实行劳动合同制。1987年，招收劳动合同制工人，凭国家下达的招工指标，由劳动部门办理录用手续，用工单位与劳动合同制工人签订劳动合同。1996年后，劳动用工进一步放开，企业用工不再由劳动部门办理招工手续，劳动者与用人单位以劳动合同形式确定劳动关系，劳动行政部门只负责劳动合同鉴证，实行宏观调控。

第三节　劳动保护

1978年前，安全生产措施和规章制度被“文化大革命”废除，中共十一届三中全会后，安全生产制度得到恢复，并定于每年5月开展“安全月”宣传活动，加强生产安全。国家规定发放职工劳动的保护用品分到企业单位由单位核发到人，只对全县企事业单位的安全措施、安全制度进行检查，有缺陷的提出改进措施，县水泥厂一台0.25吨立式锅炉结垢严重，经检查清理，及时除垢，保证安全运行，避免事故发生。1985年10月始，全县建立企业职工伤亡事故月登记表，1987年，对企业普及安全生产教育，全县投资240多万元，添置、配备灭火器3466个、消防泵45台、消防栓24个、消防桶4220个、救生设备 248 套、避雷设施 18 处、报警装置 122 台、安全护置 1180 个，改造机房油库 12 处、机电线路 80 多条处。

职业病治疗中，将血吸虫病列入重要劳保项目，设有血防医院专治专疗，治疗费全免，职工照发同等劳力工资，对其他职业病免费普查普治。

1984 年，由县政府牵头，县劳动局组织，其他各相关部门配合对全县各相关单位的安全设施、安全制度进行检查，提出整改意见。

1987 年，岳阳县以《湖南省工业企业劳动保护条例》（简称《条例》）和《湖南省工业企业劳动保护监察办法》（简称《办法》）为依据，按照“安全第一、预防为主”的指导思想进行劳动保护、安全监察。将《条例》印发到企业主管部门和企业领导人及车间、班组。3 月，举办 8 天《条例》《办法》学习班，参加学习的县直及在境内的中央、省、市企业厂长、经理、专（兼）职安全人员共 31 人，翻印《条例》《办法》张贴 200 张。4 月，县劳动局与县乡镇企业局联合举办学习班，58 人参加学习，劳动、经委、工会、卫生等部门研究制定县工业企业劳动保护建档工作方案，有 22 个单位为劳动保护、安全监察提供依据。

1989 年，定期举办培训班，提高特种人员的劳动保护意识，全年共培训 325 人次，其中培训锅炉工 280 人次、电工 45 人次。发放特种作业人员操作证 120 个。

1990 年后，劳动保护工作由县政府安全办负责管理。

第四节　劳务输出

1989 年 3 月 2 日，《岳阳晚报》载，岳阳县有 9500 多名青年到海南、广东、珠海、深圳、长沙、武汉等 20 多个大中城市务工，全年 4 个月赚回收入 400 多万元，月田乡茂田村 25 人长期在外务工，全乡劳务输出 600 多人。1993 年，全县在外务工人数达 6185 人，实现收入 700 多万元。2001 年，全县在外务工人数增至 1.56 万人，实现收入超过 1 亿元。

2004—2007 年，县委、县政府将外派劳务输出作为应对经济全球化、劳务市场国际化的重要措施，实施“走出去”战略，大力开展外派劳务输出工作。成立以县长为组长的外派劳务工作小组、组建外派劳务服务中心，并被湖南省定为湖南外派劳务基地县，成为全省首批 3 个外派劳务基地县之一。2007 年，出台《关于开展外派劳务基地建设的决定》《关于防范和处理出国劳务人员脱岗和滞留的八项措施》，建立外派劳务人员选择推荐、政治审查、体检防疫、培训教育、财务管理、处理突发事件预案、家庭定期回访等 10 项制度。财政投入资金 100 多万元，加强外派劳务培训中心建设，并设立技术、礼仪、外国风俗、法律法规、日常用语等培训中心，年培训外派劳务人员 1500 人。

从 2004 年起，岳阳县通过参加全国外派劳务资源对接会等形式，与长沙汇洋公司、省机械进出口公司、河南濮阳国际经济技术合作公司等建立长期关系，在全国100多个大中城市如北京、上海、广州、深圳、杭州等地都有劳务输出，在国外劳务输出的有日本、新加坡、马来西亚、阿联酋、沙特阿拉伯、约旦、阿尔及利亚、尼日利亚、乌干达等10多个国家。输出的劳务人员年均纯收入6万元以上（国外务工人员），每年创汇1亿美元。2004—2007年，岳阳县以4年无外派劳务纠纷和有切实的外派规划名列全省前三名。

第五节　劳动工资

1978年，对集体所有制单位部分职工工资进行调整。1979年，调整并提高财贸、卫生部门的集体职工工资标准：商业、供销、粮食部门的营业员工资标准为一级28.5元、二级33元、三级38元、四级43.5元；已定级的工资水平没达到二级的可按二级执行。

1985年，统一套改新工资标准，调整企业的工资类别。全县调整工资类别5880人，人均月增1.16元；新参加工作人员5212人，人均增资7.88元，其中提高转正定级人员2739人，人均增资8.5元。改革后的工资标准为企业干部工资标准、企业职工工资标准。

1987年上半年，共办理升级4159人，解决207人工龄较长、工资偏低问题，提高560名离、退休人员的生活待遇，将驻市单位的208名职工由五类工资区调升为六类工资区。

1988年，拟订《岳阳县全民单位职工退休费用社会统筹暂行规定》，凡本县县属全民所有制企业，自收自支、差额预算、企业化管理的单位均属统筹范围：离休费，按规定每年增发给离休干部1~2个月本人原标准工资的生活补贴；退休费，按规定每年增发给退休工人1~2个月本人原标准的生活补贴；副食品价格补贴每人每月5元；物价补贴每人每月5元。

1987年，职工年人均工资1160元，1988升至1426元，人均增加266元，增长22.93%。1989年工资制度改革，采取工资总额同经济效益挂钩，不同性质的企业推行计件工资、定额工资、岗位工资、浮动工资、结构工资等。1991年，全县74家企业（全民企业40家、集体企业34家）全部推行工资总额与经济效益挂钩，实行计划工资、承包工资、定额工资等多种分配形式，按职工技术素质的高低、劳动贡献大小、劳动多少、劳动环境的好坏等计算劳动报酬。

1994年，全县48个企业、5466名职工进行浮动升级，月增加效益工资5.5元，对全县27个企业、4555名在职职工的工资进行套改，调整1477名离退职工离退休金。

2001年，办理全县企业职工工资转正、定级、调整、升级16756人，为2666名离退休人员办理调资手续，人均增资80元。是年，全县年均职工21603人，年均工资8786元。至2007年，全县年均职工24262人，年均工资15416元。

第六节　监察仲裁

劳动监察　1994年2月，成立岳阳县劳动监察大队，督促用人单位贯彻执行劳动保障方针、政策和劳动保障法律、法规，对用人单位遵守劳动保障法律、法规、规章情况进行监督检查，依法查处和纠正违法行为，受理对用人单位违反劳动保障法律、法规、规章的举报，承办同级政府或上一级劳动部门交办的劳动保障监察案件，配合有关部门处理因劳动保障纠纷引起的职工集体上访罢工等突发事件，指导下级劳动保障行政部门的劳动监察业务工作和法律、法规、规章规定的其他劳动保障监察。

1994年，对全县的锅炉、压力容器进行验收、检查，全年共查处事故隐患23起、发出监察书18份、指定书5份，严肃查处3起生产事故。1996年，对全县39个企业进行监察，受理侵犯职工权益的案件48起（其中2起使用童工案件），处理45起，罚款2.5万多元。1998—2001年，县劳动监察大队督促用人单位与劳动者签订、续签、解除劳动合同2650人次；查处非法劳务中介案件20起，取缔非法职工培训劳务机构20家，清理非法用工85起，督促缴纳社会保险费500余万元，帮助劳动者追回工资18万元；受理劳动违规案件105起，会同安全办对全县130个单位的锅炉及3台压力使用单位下达指令书375份，提出整改意见570条，整改达98%；对36家“三资”企业、乡镇企业的安全生产进行综合治理，整顿项目54个。2004年，对矿山安全生产进行整顿，全县108家大小采石场关闭85家，只有23家符合安全生产条件。

2003年，对境内所有单位分别进行用工年检年审、劳动保障等执法检查，共发放各种有关保障资料2100多份，检查单位300多个，下达指定性整改书60份，下达行政处理决定书14份，督促签订合同2350余人，促缴社会保险费65万元，清理非法用工11起。对县属7家基建队临时用工进行检查，督促及时支付民工工资36万多元。

2004年，县法院在劳动保障部门设立劳动和社会保障行政审判合议庭，管理和审理有关劳动和社会保障行政诉讼案件；审查和执行劳动保障监察大队申请的非诉讼行政执行案件，提供法律咨询、提出司法建议；协调处理劳动纠纷。2004年年底，查处非法劳动纠纷案4起，协助法院强制执行案件3起。

2006年，县劳动监察大队围绕群众关心的热点问题，建立举报投诉通道，共下达限期整改指令书35份、行政处罚决定书6份，申请法院强制执行2起、通过合议庭协调处理30起，共督促签订劳动合同3646份，督促缴纳“五金”（即养老保险金、失业保险金、医疗保险金、工伤保险金、计划生育保险金）665万元，督促支付农民工工资12.6万元。2007年，共检查单位232个，涉及员工26326人，下达限期改正指令书93份、行政处罚决定书5份、督促用人单位支付工资136万元、退还抵押金6.5万元。

劳动仲裁　1989年1月，正式启动县劳动仲裁工作，由县劳动人事局内设股室抽1

人负责，帮助企业建立、健全、完善厂规、厂法，成立工厂、企业调解组织。是年，共办理合同鉴证手续486起，全县30个企业均建立调解组织。

1991年，共办理法规合同签订手续863份，其中新招745人次，转制职工补办77人次，临时合同鉴证41人次，鉴证率100%，颁发劳动手册822本。

1994年2月，组建岳阳县劳动争议仲裁委员会、劳动监察大队、劳动法规执行室。印发《国家劳动争议处理条例》《劳动监察规定》2000多份，办理劳动合同鉴证3149次、9447份，改制合同工488人次、续订合同55人次、临时合同239人次，发放劳动手册3084册。

1998年，对全县10个乡镇企业调解机构进行检查验收，为破产企业职工405人办理合同解除手续，对全县95个全民集体企业、13997人进行登记，清理到期合同5688份，受理劳动争议仲裁案件51起，结案48起。

2001年，审查鉴定劳动合同6532份，办理续签和解除终止合同手续3395人次，处理劳动争议仲裁案285起，提供法律咨询服务201人次，协同县法院调查取证37人次。

2007年，县劳动仲裁委员会举办3期劳动合同法培训班，制定《组庭规则》《案件报批程序规定》《代理人资格审查规定》，出台《仲裁援助办法》《档案装订制度》。至年底，共检查232个单位，涉及员工26326人，下达限期改正指令书93份、行政处罚决定书5份，督促用人单位支付工资136万元，退还抵押金6.5万元。受理劳动争议仲裁案件32起，涉及105人，裁决6起，调解18起。

第九篇 农业·水利

第一章 农业结构调整与基础设施建设

第一节 农业结构调整

20世纪70年代末，境内农业结构调整的重点在粮食作物和养殖业两大产业内部进行，是计划经济模式下的一种简单调整。粮食作物以水稻生产为主，主要解决全县人民吃饭问题，养殖业以生猪为主，主要解决全县人民吃肉，属典型的低水平的粮猪型经济结构。

1979—1981年，国家向岳阳县投资240.99万元，修建商品鱼基地渔场42个，开展鱼池精养。1983年，县境普遍推行家庭联产承包责任制，在完善联产承包责任制的同时，着重高规格的农业产业结构调整，通过抓科技投入、农业基地建设、市场流通、农业品牌建设，打破粮猪型结构，推动农业产业化大发展。

1983—1985年，由国家、省、县三级投资1000万元建立商品粮基地，1984年开始吨粮田开发试点。1984—1987年，“苎麻热”席卷县境，受市场影响，苎麻积压严重，后种植面积逐渐减少。1992年后，出现民工潮，农村剩余劳力大量涌向沿海打工，劳务经济兴起，务工收入逐渐成为农民增收的重要渠道。1995年，实行丘岗开发，1996年始，组织实施中德合作造林、退耕还林、兴林抑螺、防沙治沙等林业工程项目造林。2004年，岳阳县首次被评为全国粮食生产先进县。2007年，岳阳县跻身全国257个生猪调出大县之一，着力打造楠竹、优质葡萄、花卉苗木、优质水果、茶叶、芦苇等6个规模种植板块，培养和壮大生猪、水产、特种养殖、黑山羊等四大类8个规模养殖基地。全县主要农作物良种覆盖率达90%以上，主要养殖产品优质率达85%以上，频振杀虫、生物防治、测土配方施肥等良法普及率达85%以上，森林覆盖率上升到31.12%，农业机械总动力达60万千瓦，农村发生翻天覆地的变化。与1983年市县分家时相比较，粮食总产从38.53万吨增至48.96万吨，增长27.27%；生猪出栏从26.16万头增至159.5万头，增长498.24%；鲜鱼产量从4710吨增至39388吨，增长7.7倍；农业总产值从2.22亿元增至42.02亿元，增长17.99倍；其中农业产值155137万元，林业产值6773万元，牧业产值213790万元，渔业产值42038万元，农林牧渔服务业产值2499万元。农民人均纯收入从 228.2 元增至 5103 元，增长 21.36 倍。农产品加工企业发展到 244 家，其中规模企业 37 家、省级龙头企业 3 家、市级龙头企业 12 家，规模企业增加值 8.49 亿元，从业人数 2.39 万人。农产品加工业成为县域经济的支柱产业。农业品牌较快成长，有“湘”牌工艺扇、“洞庭春”牌茶叶 2 个省级著名商标，“劲节”牌竹编胶合板、“鸿佑”牌饲料 2 个岳阳市名牌产品，绿色食品认证 3 个，无公害农产品产品认证 26 个，产地认证 18667 公顷，无公害水产品产地认证 6667 公顷，无公害生猪养殖产地认证 80 万头。广大农民实现从解决温饱问题到全面建设小康的历史跨越。

1984—2007 年岳阳县农业总产值一览表

表 9-1-1　　（按现行价计算）　　单位：万元

年度	总产值	农业	林业	牧业	渔业	副业	农林牧渔服务业
1984	27672	19235	561	5913	1046	917	
1985	32825	19894	1000	9513	1440	978	
1986	35874	20619	1250	10626	1550	1829	
1987	41245	23059	1114	13488	1613	1971	
1988	57316	25350	1490	22390	5506	2580	
1989	58195	28819	2119	21618	3729	1910	
1990	72633	37220	2349	27100	4508	1456	
1991	70538	38957	2327	23391	4175	1688	
1992	84436	46610	1865	29534	6427		
1993	96400	60818	1777	25332	8473		
1994	159908	75397	3583	66972	13956		
1995	185394	84206	3699	81230	16259		
1996	198641	96995	2722	82106	16818		
1997	200558	92647	3428	85036	19447		
1998	182723	82809	3061	77877	18976		
1999	190771	88536	3328	78909	19998		
2000	215794	107649	3774	84965	19406		
2001	236716	122804	4278	90526	19108		
2002	244379	120501	6215	94432	23230		

续表 9-1-1

年度	总产值	农业	林业	牧业	渔业	副业	农林牧渔服务业
2003	255526	126619	6570	96395	23838		2104
2004	301050	137685	6358	128418	26589		2000
2005	328992	143179	5839	145281	32194		2500
2006	321524	139272	5562	140914	33676		2100
2007	420238	155137	6773	213790	42038		2499

说明：因运用公式的原因，有个别年份的总数与各分项之和有细微差额

第二节　农业综合开发

1995 年，岳阳县列入国家农业综合开发县。县政府成立县农业综合开发办公室，专职负责农业综合开发。至 2007 年，全县先后实施 17 个项目区，改造低产田 23247 公顷，扶持黄沙街茶场、中洲渔场、芭蕉扇业、洞庭油脂等 8 个优势和重点企业，共投入资金 17125.41 万元，其中中央财政资金 6265.12 万元，地方财政配套资金 3879.67 万元，群众自筹资金 5155.62 万元，银行专项贷款 1825 万元。共开挖疏浚渠道 2093 千米，护砌渠道 913.59 千米，完成桥、涵、闸等大型附属建筑物 4105 处，改扩建加固水库及其他排蓄设施 30 处，新修机耕路 213.2 千米，新建大型电排 3 座（麻塘、苏堤老、三合），新建提灌机埠 17 座，共完成土石方 304 万立方米，投入劳动工日 192 万个，示范推广项目 9 个，改良土壤 1.29 万公顷，推广新技术 12 项、新品种 26 个，购置农机设备 60 台套，培训农村科技实用人才 3.46 万人次，建沼气池 477 口，项目区新增灌溉面积 4007 公顷，改善灌溉面积 9560 公顷，改善除涝面积 3627 公顷，新增除涝面积 1013 公顷，新增节水灌溉面积 1233 公顷，年节约灌溉用水 606 万立方米，扩大良种种植面积 5700 公顷，新增优质粮种植面积 3533 公顷，年新增粮食产量 1.87 万吨。

第三节　农村扶贫开发

1997 年，县农村扶贫开发工作起步。扶贫以村为主，2~3 年一调整。是年，全县共有贫困人口 1.01 万人，其中特困人口 5923 人，主要分布在月田、公田、相思、云山、张谷英、毛田、三荷等 8 个乡镇。5 月 4 日，成立县扶贫开发领导小组办公室，5 月 26 日，县委、县政府出台《认真开展对口扶贫切实打好扶贫攻坚战的意见》，6 月，按照县委、县政府的统一部署，采取“县级领导联点、县直部门帮扶”的办法，动员 72 个县直单位

组成18个扶贫工作队进驻18个特困村对口扶贫。由于扶贫人口“造血”功能不强，东部山区道路、交通、水利设施条件差，西部湖区多次受洪水袭击，经济发展缓慢，扶贫攻坚任重道远。

2007年，全县共确定省级扶贫村20个、市级扶贫村5个、县级扶贫村21个。市委、市政府派出5个工作队、7家驻村帮扶市直单位；县委、县政府确定42家县直扶贫单位开展扶贫帮困。全县46个扶贫村共硬化公路38千米，改造路基25千米，启动21个村居民改水建设，新建人畜饮水池70个，新建、改造农村水利设施50处，启动贫困村沼气池建设，新建沼气池80口。在建和完成农村贫困户住房改造75户400人，共发展产业48个，其中发展优质稻720公顷，发展楠竹60公顷，发展优质果80公顷，兴办农产品加工企业8个，引进和改良发展生猪260万头，发展山羊5万只，发展特种水产养殖水面8公顷，共建村级卫生室7所、村小学4所、村级文化活动室10所，启动10个村低压电网改造，村级通电视和程控电话率达100%，组织贫困村农村劳动力转移培训2批次230人，转移输出400人；开展农村实用技术培训5期次600人，农民年人均纯收入达到1250元，比上年增加500元。

第四节　农村能源建设

1973年，县成立沼气办公室。2002年，更名为县生态能源管理局。2000年后，岳阳县先后争取湖南省2000—2004年生态农业县、农业部2001年度小型公益设施建设农村能源项目县、2002年农业基本建设农村能源项目县、2003—2008年农村户用沼气建设国债项目县等项目，共争取项目资金1874万元。至2007年年底，全县生态能源建设总投入4400万元，累计投入设备2.3万多套，投劳46万多个；2000—2007年，新建农村户用沼气池23145口、大中型沼气工程53处，累计达到50700口，入户率29.8%；293个村启动沼气池建设，入村率52.5%。西冲、清水、杨林、媳岭、民淑、谢全、蒋渭、风亭等16个村建池超过百个，入户率达80%以上。推广太阳能热水器1.9万立方米。全县沼气综合利用面积达1.93万公顷，通过建池与改厨、改水、改栏、改浴的配套建设，做到一气多用、一池多改。将农村能源建设与发展种养业、改善生态、治理血吸虫相结合，大力推广猪—沼—粮、猪—沼—菜、猪—沼—渔、猪—沼—果等模式，全县优质稻板块、水产养殖板块、绿色蔬菜板块和优质水果板块规模不断扩大。

2007年年初，在全县建立10个生态能源服务站，初步构建以县服务中心为龙头，以乡镇服务站为主体，以村级技术员为基础的三级服务网络，以优质服务促沼气建设的后续服务经验在全省推介。岳阳县被评为湖南省“九五”能源建设先进县、岳阳市能源先进单位。

第二章　农村经营管理

第一节　农村经济体制改革

1982年，黄秀公社大众、滨湖大队开始实施家庭联产承包责任制，1983年，全县大部分大队实行此项制度，全部确权到户，但因农村土地承包后人口发生异动及基本建设占地和自然灾害等原因，存在村组随意调整土地的行为。县委、县政府在农村开展完善土地承包和延长土地承包期15年的工作。山林、水面承包期可以享受更长的政策。1984年秋，全县普遍延长土地承包期，签订家庭承包合同，明确承包期为15年，向农户颁发“土地使用证”，对山林、水面进行定权发证。1989年年底，按照《湖南省农村合作经济承包合同管理办法》，各乡镇成立农村土地承包合同仲裁委员会，对随意增加承包费、不按合同规定上缴承包费、承包土地经常变动等问题作出规范处理，对乡镇业务骨干进行业务培训，并在春风乡进行试点，完善土地承包合同和农村合作经济合同。

1995年，中共中央，国务院制订《关于当前农业和农村经济发展的若干政策措施》，提出“在原定的耕地承包期到期之后，再延长30年不变。开垦荒地，营造林地，治沙改土等从事开发生产的，承包期可以更长”，并提倡实施“增人不增地，减人不减地”的政策，建立土地流转制度，在耕地用途不变的前提下，允许土地转包、转让、出租、入股。年底，岳阳市农村经营管理局在县三荷乡开展延长耕地承包期、建立土地流转机制试点后，召开动员大会并在全市推广。1996年，在昆山乡进行试点，按照“大稳定，小调整”的原则，在全县普遍实行第二轮土地承包，签订农村土地承包合同（一式三份），明确承包期为30年，并向农户颁发由市政府印制的“集体土地承包经营证”。为进一步完善土地承包经营制度，2001年10月在杨林乡世隆村试点，但由于农民、基层干部对“增人不增地、减人不减地”政策有顾虑，部分村组还是三、五年一调，第二轮承包未真正落实。2002年，岳阳市再次对第二轮承包工作进行动员，全县完善农村土地承包合同，向农户颁发“农村集体土地承包经营权证”。2003年，贯彻落实《中华人民共和国农村土地承包法》，对全县643个名村支部书记进行法律培训，在全县进行广泛宣传，换发合同书，重新填写管理卡，换发“中华人民共和国农村土地承包经营权证”。2004年6月，全县落实承包面积2.92公顷，占耕地总面积的92%；补签、完善农村土地承包合同12.73万份，入户率92%；发放“农村土地承包经营权证”11.63万个，发放率84%；合同书、管理卡等资料归档率达100%，通过市政府对岳阳县农村土地承包工作的检查验收。2006年，根据省政府办公厅《关于进一步稳定和完善农村土地承包经营制度的意见》，按照“五到户”“四相符”的要求，督促尚未完成第二轮土地承包工作任务的乡镇抓紧做好扫尾工作。2007年年底，建立新墙镇、中洲乡、麻塘镇、长湖乡、新开镇农村土地承包经营权流转服务中心5个，代理农村土地招租、农户与农户之间转包、委托村组，村或组再与老板签订土地租赁合同。合同期限一般为1~30年，土地流转面积共4760公顷，涉及3.93万人1万户农户的耕地，其中转包面积为3200公顷，涉及2.49万人、0.64万农户；出租面积为1560公顷，涉及1.44万人0.36万户农户。通过土地流转，农户获得流转收益约1800万元。

第二节　农村财务管理

农村会计业务培训　1996年前，农村会计业务培训，主要是统一会计科目，要求全县统一使用借贷记账法做账，统一记账程序。1998年，全面推行村会计持证上岗制度，通过考试，全县共有456人取得村会计合格证。2004年，规范村账站代管工作，结合农村税费改革，举办乡（镇）记账员培训班，对部分已实行电算化管理的乡镇组织到市经管局学习财务软件的使用，组织部分乡镇会计到江浙一带学习和观摩农经信息化建设。2005年，按农业部颁布的《村集体经济组织会计制度》进行全面培训学习和考核。

村级财务管理　1991年，全县开展农村财务规范化建设达标活动，制订《村级财务管理规范化达标验收评分细则》。2001年，借鉴沅江市村账乡代管的经验，在筻口镇进行试点。得到农业部和省、市经管局的肯定，正式定名村账站代管，即在不改变现行体制、不改变集体资产性质、不改变资产权属、不改变以村设账的原则下，依托乡镇经管站成立农村合作经济财务会计中心，代村统一建账、统一记账、统一保管账簿凭证、监督管理村级集体资金的管理模式。县经管局设立农村经营管理信息中心，负责采集和汇总各乡镇上传的农村集体财务数据等资料。2005年，被市纪委定为三级财务监管试点县。2006年，实行农村财务收款收据统一领用、核查、销号、归档，对旧有票据进行封存，坚决禁止白条抵库。至2007年，全县20个乡镇全部启动财务评优活动，有457个村实行村账站代管制度。

村级财务清理　1986—1989年，全县对村级财务进行全面清理，出台《农村财务清理中若干经济问题划分与处理意见》，组织清理小组453个，参加人员2718人，对全县389个乡镇企业、619个村、193个事业单位进行清理，处理违纪人员8742人，违纪金额166.51万元。1996年，开展财务清理，全县643个村清理510个村，其中有经济问题的村106个，涉及人员132人，查出违纪金额94.3万元。1998年为全县财务清理年，全县643个村，共清理出违纪金额185.91万元，有违纪金额的村270个，违纪人员537人，其中有贪污行为的69人，立案58人，处理169人，通过清理已建章建制的村有566个。1999年，下发《岳阳县清理乡村两级不良债务工作方案》。2000年后，村级财务作为一项常规性、日常性的工作，每年3—6月，由村民代表大会或党员组长会议选举出3~5人，组成村级财务清理小组，对上年度的财务进行全面清理，并将清理结果予以公布。是年，清理236个村。2005年，清理524个村，查出有问题的村33个，退赔金额25万元，处分村干部6人，是年年底，全县村级债权总额9492万元，债务总额34685.7万元，净负债25193.3万元。2007年，清理345个村，查出违纪金额10万元，退赔金额5.5万元。

第三节　农民负担监督管理

1978—1989年，农民负担的管理方式除上交国家税金较稳定外，上交集体部分没有统一的标准和尺度。1982年，全县基本完成家庭承包经营和分户上交的农村改革，农民负担的表现形式由间接变为直接，由隐性变为显性。一些乡镇、村及部门因自身的工作需要，使农民负担越来越重。1989年，省人大通过《湖南省禁止向农民乱收费乱摊派的规定》，提出“定项限额”的概念，即在农村实施义务教育、计划生育、烈军属优抚、民兵训练、五保户供养、乡村道路养护、村干部误工补贴等公共和公益事业费用，以乡镇为单位不超过上年人均收入的5%，此外任何单位、个人都不得以任何名义向农民和农村集体收取任何费用。1991年，成立县农民负担监督管理小组，办公室设经管科，简称减负办。县里颁发严禁乱收费乱摊派的整改条例，农民负担进入依法监督管理阶段。

1990年，进行千户百村农民负担调查，共清退临雇人员1482人；1993年，取消涉农收费项目13个；1997年，县减负办牵头组织县财政局、县物价局再次清理和取消涉农乱收费文件；2001年，县委督查室会同县经管局对全县23个乡镇农民负担情况进行专项督查。至年底，全县共组织11次农民负担执法检查。

税费改革　2002年，县农村税费改革领导小组、县监察局作出《关于严格执行农村税费改革政策、确保农民负担明显减轻不反弹》的决定，取消乡统筹、村提留等上交集体的各种收费，取消屠宰税，规划用3年时间逐步取消劳动积累和义务工；规定农业税税率不得突破7%，落实后的计税面积常年产量必须张榜公布，群众签字认可；农业特产税必须坚持按照农业特产品品目和规定的税率定产计征到农户，不准按照耕地面积和人口平均摊派；共同生产费坚持“谁受益，谁负担”“服务与收费对等”的原则，实行村务公开、民主管理、建立专账、专款专用，接受群众和农民负担监督部门的审计监督。“一事一议”议事权属于村，议事程序必须坚持由村民大会或村民代表大会讨论，按照多数人的意见作出决定，书面报告县负监办批准，由县负监办通告到村人均筹资不得超过15元。至2005年，全县取消劳动积累工和义务工，农业税从降低3个百分点的征税比例到全部取消。

落实惠农减负政策　2004年始，退耕还林补助每亩补210元。农机具购置补贴，购机农民按单机价格的15%~30%（插秧机50%）享受补贴；能繁母猪每头补贴50元。2007年，粮食直补每亩增至13.5元；水稻良种补贴为每亩早稻10元、中稻15元、晚稻7元；农资综合直补每亩增至31.8元、棉花直补每亩15元、油菜直补每亩10元；对纳入扶持范围的移民每人每年补600元，从2007年起扶持20年。

第四节　社会主义新农村建设

2006年1月21日，中共中央、国务院发布《关于推进社会主义新农村建设的若干意见》，提出“生产发展、生活宽裕、乡风文明、村容整洁、管理民主”20字方针。岳阳县成立由县长任组长的新农村建设领导小组，各乡镇成立由党委书记任组长的新农村建设领导小组，按照“示范先行、以点带面、整体推进”思路，共选择新农村建设示范村21个（城关镇月东村、鹿角镇大成村、麻塘镇畔湖村、新开镇兴隆村、筻口镇西冲村、筻口镇新庄村、甘田乡横铺村、公田镇芳山村、云山乡云山村、毛田镇八斗村、相思乡相思村、月田镇孙家村、张谷英镇张谷英村、饶村乡金西村、杨林乡四隆村、步仙乡关王村、柏祥镇明淑村、新墙镇清水村、长湖乡范家村、黄沙街镇黄秀村、中洲乡机场村），安排县级领导20人、县直部门66家、驻村干部128人，对其实行重点帮扶。在21个新农村建设示范村中，确定省、市级示范村12个，其中筻口镇西冲村纳入省级示范村管理，麻塘镇畔湖村、新墙镇清水村纳入市级重点示范村管理。

2007年，按照新农村建设分步实施方案，全县确立以示范村为中心的六大产业示范片建设，即：以清水村为中心的高效种植示范片（辐射另外3个村）、以西冲村为中心的生态种养示范片（辐射另外2个村）、以畔湖村为中心的花卉苗木示范片（辐射另外2个村）、以明淑村为中心的生猪产业示范片（辐射另外2个村）、以张谷英村为中心的旅游产品开发示范片（辐射另外2个村）、以农业工业园为中心的农业工业化示范片（辐射另外3个村）。从全县12个主要职能部门抽调项目负责人组成项目协调中心，实行定期集中办公和调度，对所有支农项目实行集中投放。县财政安排资金50万元，并结合省、市用于新农村建设的专项资金，实行以奖代投、以奖代补，激发农民自主投入的积极性。重点把民营企业组织起来，开展对接帮扶，全县二本以上贫困家庭大学生430人由志愿者单位和个人结对帮扶，参与单位达120家，落实捐资120万元。对示范村实行动态管理，对主动性不高、建设成绩不佳、带动作用不强的示范村一律实行自我淘汰，由基础好、群众积极性高、争取社会支持力度大、建设速度快、成效明显的村实行替补，促进示范村工作平衡开展。

至2007年，全县21个示范村共对接国家项目86个，自筹自建完成建设项目144个，新建沼气池700余口，完成沟渠硬化1.1万米，改水160余户，20个村实现村道硬化，县直部门向示范村投入帮扶资金266万元。争取社会捐资800余万元，吸引社会力量创办农业实体和投资企业。

第三章　种植业

第一节　种植结构

全县农用地面积149743公顷，占土地总面积271355公顷的55.18%。其中耕地41967公顷，占农用地面积28.00%；园地2338公顷，林地87239公顷，牧草地80公顷，其他农用地18161公顷。耕地中水田25687公顷，占耕地总面积的61.21%；旱地16280公顷，占38.79%。未利用土地103575公顷，占土地总面积的38.17%，其中6027公顷仍有条件开发利用，部分可作为农业用地。

境内作物布局为：东部山区，主要种植双季稻、蚕豆等主杂粮和油菜、生姜、花生、百合、玄胡等经济作物，为粮、药、杂产区；中南岗地区，历为粮、油、茶、果用瓜产区；西部平原区，素为粮、棉、油、蔬菜集中产区；北部丘岗区，为粮、蔬菜、果、茶等产区。其中，粮食主产区有筻口、黄沙街、新开、长湖、杨林、柏祥、鹿角、步仙、月田、中洲、麻塘等乡镇；油菜主产区有中洲、鹿角、新开、筻口、麻塘、黄沙街、新墙等乡镇；水果主产区有长湖、筻口、新墙、新开、鹿角、毛田、公田等乡镇；茶叶主产区有黄沙街、新墙、鹿角、相思等乡镇；棉花主产区有中洲、新开、筻口、柏祥、步仙等乡镇；蔬菜主产区有中洲、城关、新墙、麻塘、鹿角、杨林、黄沙街、筻口等乡镇；药材主产区有云山、步仙、柏祥等乡镇。

自1996年始，国家投入资金和自筹资金近2亿元，改造水田排灌条件，受益面积1万公顷，旱地实施坡改梯，以种植水田为主的大户投入，已改面积533公顷；2006年下半年始，国家投入资金1500万元平整土地，受益面积467公顷；旱地改水浇地，水旱轮作，采用喷灌、滴灌、浸灌等灌溉技术近6667公顷。

至2007年，全县粮食作物播种面积82200公顷，总产量489576吨；棉花播种面积1470公顷，产量1433吨；花生播种面积3330公顷，产量10360吨；油菜播种面积10000公顷，产量12000吨；水果7440公顷，产量103332吨；茶叶1380公顷，产量1400吨；蔬菜和果用瓜共播种14220公顷。

第二节　粮食作物

水稻　水稻是全县的主要粮食作物。水稻种植面积占粮食总播种面积的86%左右，产量占93%左右。

县内种植的水稻，按稻种分有籼稻、粳稻、糯稻；按生育期长短分有早、中、晚稻和各类型的早、中、迟熟品种；因栽培技术不同，又分移栽稻、直播稻；按栽培制度分，有连作稻、单季稻、间作稻（禾里栽禾，曾试种两年，效果不佳而停止）。水稻分布区域广阔，中南丘岗区、西部湖泊平原区、东部丘岗区是主要商品粮基地，为双季稻作区，东部山区为双季、单季稻混作区。

单季稻，即中稻，1958 年始，大力发展双季稻，单季稻逐年压缩，新墙河沿岸、丘岗、平原地区全部由双季稻取代。1963 年，全县单季稻降至 33%，1964—1969 年占 10%，1970—2000 年保持在 3%左右，仅在山区及湖区部分种植。2001—2007 年，因杂交中稻单产提高，且工业快速发展，农村劳力相对紧张，单季稻上升至 10%左右，2007 年，面积 7670 公顷，占水稻播种面积的 11.10%，总产 5.15 万吨，每公顷产 6720 千克。单季稻品种，70 年代为“珍珠矮”“691”“老虎青”“10509”，20 世纪 80—90 年代，杂交水稻当家品种为“威优 6 号”“汕优 63”，进入 21 世纪，杂交两系育种成为县内主栽组合，“两优培九”“丰优 1 号”“两优慈四”“培两优 93”等皆有。

双季稻，1979—1994 年，主要为早籼配晚籼（“岳矮早 1 号”“二九青”“原丰早”“浙辐 802”“竹系 26”“温选青”“78-1000 配余赤”“洞庭晚籼”“余晚”），其次为早籼配晚杂（“威优 64”“威优 6 号”）与早籼配晚粳（“岳农 2 号”“鄂晚 5 号”），年均双季稻面积 66387 公顷。此后，进一步调整品种布局，大力推广杂交稻，克服品种上的多、乱、杂，推广优质稻，建立吨粮田开发基地。1995—2007 年，双季稻面积继续稳定，年均播种面积 57133 公顷，早籼配晚杂仍然占优势，但双杂配套增产潜力大，比例上升。继续推广规范化栽培，重点推广化学除草，种田从此不中耕，推广动力喷雾器、水稻盘育抛秧，加上机械耕整和收割，为实现水稻生产的机械化，基本上完成技术准备，推广两系杂交的系列良种，推广生物农药，测土配方施肥、高效复合肥和种子包衣技术，晚稻年年单产超早稻，2000 年，晚稻平均每公顷产 6653.4 千克，为历史最高年。

红薯 俗称红苗，全县历有种植，山区种植面积较大。在粮食作物中，红薯面积一般居第二、三位。1986 年，毛田、月田、渭洞、黄沙街区红薯占旱地面积的 70%，鹿角区占 27%。1994 年，毛田、月田、渭洞区红薯占旱地面积的 63%。2000 年后，红薯不再成为主粮，红薯销量减少，加之退耕还林，旱地面积减少，红薯种植面积逐渐减少，2007 年，红薯种植 2200 公顷，总产量 1.61 万吨。

红薯品种有传统种植的“广东苗”“白皮苗”“茶蔸苗”“湘农黄皮”“华北 48”“胜利百号”等品种，2000 年后，引进“南薯 88”“豫薯 868”。

豆类 豆类作物主要有大豆、蚕豆、豌豆、绿豆、饭豆等。大豆俗称黄豆，主产鹿角镇。地方品种有“六月爆”“黑黄豆”“褐皮豆”“五月黄”“八月炸”“牛毛黄”“重阳老”“青皮兰”等。引进品种有“矮架早”“陵零黄豆”“泰兴黑豆”等。2000 年后，引进品种有“湘春豆 17 号”“湘春豆 19 号”等。2007 年，全县种植大豆 2530 公

1991—2007年岳阳县粮食作物播种面积、产量一览表

表 9-3-1　　单位：公顷，吨

年度	播种面积	产量	年度	播种面积	产量
1991	83210	457626	2000	71534	421162
1992	77128	445391	2001	65960	400445
1993	75481	398127	2002	66531	393863
1994	79387	463711	2003	66010	392013
1995	78290	450785	2004	81221	511523
1996	69760	415389	2005	78949	467155
1997	74070	419020	2006	81480	475942
1998	71419	387163	2007	82200	489576
1999	73605	415187			

顷，产量7248吨。蚕豆主产黄沙镇、鹿角镇。品种有“湖湾”“淮湾”“启豆1号”等。豌豆品种有“青皮豆”“黄皮豆”等；饭豆有“红皮”“白皮”“黑皮”等，多种在地边、田塍，山丘区用绿豆作林粮、茶粮间种。2007年，全县种绿豆400公顷，总产1176吨。

玉米　俗称包谷，分春秋两季播种。1996年前，地方品种有“米包谷”“白包谷”，引进品种有“金皇后”“马齿黄”“成单1号”“苏玉1号”等。春玉米在3月下旬至清明时播种，秋玉米在大暑前播种。1996年，全县大搞以扩种玉米为主要内谷的丘岗开发，以鹿角镇、黄沙街镇为重点，是年发展667公顷，其中黄沙街镇313公顷。后推广地膜覆盖、推广“掖单1号”“掖单2号”“掖单13号”等系列杂交玉米，每公顷单产突破6000千克，效益赶上水稻，1997年，全县发展到2667公顷。由于再次推广玉米—稻，实行水旱轮作，县内玉米生产一直较稳定。

杂粮　全县杂粮有夏杂和秋杂，种类主要有小麦、荞麦等。小麦本地品种有“和尚麦”“三月黄”“洋麦”，引进品种有“南大2419”“中大2509”“农大1号”“阿波”“矮秆红友谊麦”“墨尹”“墨地”“墨卡”等。1970—1980年，小麦播种面积1333公顷左右，每公顷产900千克；1987年种947公顷，每公顷产450千克；1994年种520公顷，每公顷产1566千克；2007年种333公顷，每公顷产1505千克。大麦，1970年后，每年播种面积133公顷，1980年后，每年播种67公顷，农家品种有“立夏黄”“三月黄”，1984年引进“早熟3号”“矮早3”“沪麦4号”；1987年，引进“种模特44”

“蒙克尔”等，2000年后，大麦基本没有种植。高粱，湖区种植面积大，1970年前，全县种植面积267公顷左右，1980年后在67公顷以下，1987年种植53公顷，每公顷产1200千克。地方品种有“大红袍”“鱼腰白”“老鸦黑”，引进品种有“多穗高粱”“晋杂15号”。荞麦有“青苦荞”“秋甜荞”之分，全县均有种植，每公顷产525~1500千克。粟、黍，湖区历有种植，粟品种有“早粟”“七月粟”“鸡爪粟”“白子糯粟”“秋粟倒四滚”“朵朵红”，黍子品种有“黏黍”“糯黍”，一般每公顷产1500千克。

第三节　经济作物

棉花　棉花是县内主要经济作物之一，1990年后，政府实行一系列优惠政策鼓励种棉，1994年，全县植棉面积4163公顷，产皮棉5188吨，每公顷平均产1246.5千克。1999年后由于棉价下降，县域缩小，植棉面积相应减少，2001年，面积1279公顷，2007年，全县植棉1470公顷，总产皮棉1433吨，每公顷产975千克。

1993—1994年引进“苏杂1号”，1995年，引进“湘江杂棉1号”“湘杂棉2号F2代”，2002年，引进“湘杂棉3号”，后广泛试种新品种，2005年，中洲乡寒湖村许红林试种“楚杂D180”2亩，产籽棉700千克，亩产350千克。2007年，全县主种品种为“楚杂D180”“湘杂棉2号”“代杂66”等抗虫棉。

油料　境内油料作物有油菜、花生、芝麻、油桐、油茶等。油菜是县内主要油料作物之一。1988—1994年，共播种72456公顷，年均产籽7727.3吨，最高1990年，为1.25万吨，最低1993年，为3780吨。2007年，面积1万公顷，产籽1.2万吨，每公顷产1200千克。油菜品种分甘兰型、白菜型和芥菜型，县内推广品种有“胜利油菜”“矮架早”“湘油2号”“湘油3号”“湘油4号”“湘油5号”“湘油10号”，还有“双低”油菜“湘油11号”，杂交油菜“秦油2号”“中油821”等。2005年，县农业局在中洲开展油菜品种试验，品种为“乡98”“丰油701”“华油杂9号”“沪油杂1号”“汀油15号”等。2007年，种植品种有“湘油13号”“湘油15号”“湘杂1号”“湘杂3号”“湘杂5号”“湘杂6号”“湘杂188号”“丰油701”“油研9号”“油研10号”“川油18号”。花生又名落花生，是县内另一主要油料作物。1994年种3000公顷，每公顷产2250千克。2007年，种3330公顷，总产10360吨，每公顷产3105千克。

1991—1996年，县境芝麻种植面积2675公顷，总产量为2982吨。芝麻种植主要分布在广兴洲、许市一带。1996年年底，广兴洲、许市划归岳阳市君山区，芝麻在县内的种植均为零星种植。

茶叶　县内茶叶自古即为贡品。黄沙街茶场生产的“洞庭春”茶自1985年起，连续4次被评为部级名茶、2次获农业部金杯和国家金奖。1991年种茶面积为1150公顷，产茶1136吨，1994年，全县茶园已发展到2414公顷，干茶总产达1316吨。由于县域范围缩小，至2007年，全县种茶1380公顷，产茶1400吨。

蔬菜　县内蔬菜栽培品种，归纳起来有8个类型、65个品种。叶菜类有小白菜、黄芽白、苞菜、蕹菜、芹菜、菠菜、芥菜、青菜、冬苋菜、苋菜、茼蒿等24个品种。瓜菜类有黄瓜、南瓜、冬瓜、丝瓜、苦瓜、瓠瓜、笋瓜、菜瓜等10种之多。荚果类主要有豆角、四季豆、刀豆、扁豆等。根茎类有萝卜、胡萝卜、马铃薯、芋头、莴苣、球甘兰、榨菜、红菜台、凉薯等。花菜类分早、中、晚3个品种。香辛类蔬菜有大蒜、韭菜、葱、生姜等。水生类蔬菜有茭瓜（茭笋、茭白）、藕、水芹菜等。1991年，全县蔬菜面积3318公顷，随着蔬菜市场的扩展，种植面积越来越大，2007年，全县种植蔬菜11930公顷。

瓜果　岳阳县瓜果栽培历史比较悠久，有李、梨、橘、桃、枇杷、板栗、枣、柚、柿、花红、杨梅、石榴、核桃、杏、樱桃、柑、葡萄、橙、荸荠、甘蔗、西瓜、香瓜等20多种。1987年，毛田广植良种梨子、李子等。1994年，全县以柑橘为主的水果生产发展迅速，是年末，果园面积7400公顷，其中柑橘4200公顷，水果总产1.20万吨，其中柑橘4200吨，占35%。2001年，县农业局投资30万元，以10年为期，租地2公顷，率先在新墙镇清水村兴办高效农业示范园，引进以“红地球”“美人指”为主的红提，以维多利亚无核“白鸡心”为主的青提等高档鲜食葡萄和少量藤稔葡萄品种21个，2003年试果，每公顷产7500千克，每公顷平均产值7500元，是年吸引种植大户6户，种植面积13.3公顷，2005年开始向周边乡镇扩展，种植面积发展到77.2公顷，2006年，全县种植面积达120公顷，是年成立县葡萄协会，2007年，获绿色食品发展中心许可使用绿色标志，是年年底，全县葡萄种植150户，面积133.3公顷，其中新墙镇高档葡萄示范园70户、80公顷。果用瓜主要指西瓜、香瓜、甜瓜、菜瓜等鲜食类瓜果。1980年前，县内西瓜有少量种植，1990年后，大面积发展，高峰期面积达4000公顷。西瓜品种分有籽和无籽，按瓜瓤颜色分红壤和黄瓤，此后杂交品种基本普及，主要为岳阳市农科所生产的“洞庭1号”“洞庭2号”“洞庭3号”。香瓜、菜瓜县内均有种植，在西瓜普及后显得零星。2007年，全县水果种植面积7440公顷，总产量10.33万吨，果用瓜面积2290公顷。

其他　植桑。1980年，桑园曾一度恢复，主要在毛田区。此后，蚕桑业走下坡路，21世纪后有好转，2005年，铁山库区有24个村栽桑树37公顷，是年，养晚秋蚕50张籽，产茧1800千克，收入3.5万多元。2006年，桑树面积扩至133公顷，产春茧5500千克，收入11万元；早秋茧3000千克，收入5.1万元；晚秋茧3500千克，收入8.4万元。2007年，新栽67公顷，库区桑树面积有20公顷，产茧8万千克，收入120万元。桑树品种有湖桑、火桑、鲁桑3种。湖桑与火桑最多。

县内药材资源丰富，栽培类药材品种有20多个，常年栽培面积107公顷左右，常年收购量170多吨，县内常年收购的野生类药材品类67个，年收购80多吨。栽培面积最大的药材是湘莲，1992年全县水田植莲2400公顷，后为保稻谷面积，湘莲面积调减。

1991—2007年岳阳县经济作物播种面积、产量一览表

表 9-3-2　　　　　　　　　　　　　　　　　　　　单位：公顷、吨

年度	棉花		花生		油菜		芝麻		水果		茶叶		蔬菜	果用瓜
	面积	产量	面积	产量	面积	产量	面积	产量	面积	产量	面积	产量	面积	面积
1991	3617	3935	1361	2311	12666	8200	373	368	2567	6753	1150	1136	3318	1928
1992	4088	5104	1851	3510	9666	6120	416	388	3567	7376	1407	1062	3318	1928
1993	3567	4536	2275	1913	7000	3780	531	610	617	113681	1462	1404	3318	1928
1994	4163	5188	3000	6750	8470	5970	554	630	7400	1931	2414	1316	3318	1928
1995	4210	5376	2951	6811	16000	12240	462	552	7915	14847	2261	1018	3318	1928
1996	3750	2989	2973	7306	14258	111000	339	434	8486	15012	1831	908	3318	1928
1997	3340	4950	3125	5776	10753	10297			8862	15700	1831	1689	4876	1651
1998	2667	3077	3280	8492	9210	7184			8509	8488	1831	1254	4610	2060
1999	1520	1511	3590	10720	8400	7557			8600	12451	1829	1595	5354	3367
2000	1482	1391	3642	11934	7052	7695			9100	8128	1838	1572	10130	3710
2001	1279	1240	2640	8923	1000	11145			9820	212163	1838	1603	13119	5110
2002	1330	1290	2960	9250	10000	9770			9780	110382	1838	1725	13910	2570
2003	1390	1310	3280	10260	10670	11250			9780	119192	1840	1742	14050	2520
2004	1660	1602	3620	11250	10000	11550			10200	110554	1840	1750	13700	2430
2005	1535	1486	2905	9036	8841	9283			7443	103233	1382	1353	13700	2430
2006	1470	1433	3330	10360	9800	12541			7440	103240	1380	1360	11930	2280
2007	1470	1433	3330	10360	10000	12000			7440	103332	1380	1400	11930	2290

第四节　种植技术

1990年后，大面积水田、旱地推广作物化学除草，水稻规范化栽培，吨粮田开发，测土配方施肥、病虫综合防治技术等。2000年后，重点推广水稻抛秧、水果套袋、大棚栽培、油菜免耕栽培、施用微肥、超级稻栽培、机械化专业化综合防治水稻病虫害、施用沼气肥、使用频振式杀虫灯、稻鸭共生生物防治水稻病虫害、无公害农产品栽培技术等。

1990年，县农技推广中心早稻旱播水育地膜覆盖育秧技术在熊市吨粮田开发示范基地和全县各区乡进行多点示范，该技术解决早稻烂秧、培育壮秧的难题，是市科委登记的科技成果之一。1998年，水稻抛秧技术试验示范，获省科技进步奖、农业部丰收计划奖。2001年，新墙葡萄示范园开展品种试验，淘汰劣种，筛选出“红地球”“美人指”等适合本地栽培的高档优质品种；西塘镇果场主持研制的黄花梨新品种被省农业厅、农大专家命名为“西塘梨”。2003年，开展以优质为主要内容的水稻品种比较试验。2004年，在新墙、城关等地开展水田油菜免耕直播试验、开展茶叶施用“998植物高级营养液”，含氨基酸生态肥、硫酸钾镁肥、绿鑫钾镁肥、微量元素水溶肥、“硒霸”牌含氨基叶面肥肥效比较试验、开展大豆喷施“顶盛”牌含氨基水溶性肥料肥效试验、开展玉米品比试验。2005年，城关镇水田油菜免耕直播试验成功。2006年，继续开展油菜品比试验、土壤测定和田间肥效试验，在水稻、棉花、蔬菜、葡萄等作物上设立田间肥效试验项目10个，为科学配方提供可靠依据。2007年，开展西瓜、莴苣等作物喷施大量元素水溶肥料试验，多种农作物喷施叶面肥田间小区试验。

第五节 种植管理

土壤改良 全县土壤质地：粗沙土占旱地面积的9.6%，沙壤土占17.7%，壤土占27.8%，黏壤土占31.9%，黏土占11.8%，其他占1.2%。花岗岩地区多为粗沙土或沙壤土或黏土、第四纪红色黏土区多黏土或黏壤土。

1985年改造低产田，共平整土地904公顷，在铁山水库上游、新墙河沿岸造林种草2667公顷，封山育林9887公顷，治理水土流失面积70627公顷。结合开展标准化商品粮基地建设、农业综合开发、土地平整，各地将稻田沟渠深化和硬化，2003—2005年，县农业局实施岳阳县“十五”第二批国家优质商品粮标准化优质水稻生产基地项目，在筻口、麻塘、新墙硬化沟渠13.17千米，建造涵闸48座，建田间U形渠0.18千米，硬化道路1.24千米，彻底解决项目区引水渠渗漏和排水沟淤塞问题，改良次生潜育化稻田36公顷。

2007年，作为农业部第三批测土配方施肥财政补贴项目县之一，全县推广测土配方施肥面积39133公顷，其中水稻32200公顷。在筻口、新墙、柏祥、杨林、饶村、鹿角等乡镇共完成测土配方施肥田间肥效试验示范项目24个，主要涉及水稻、油菜、棉花等作物，其中完成“3415”肥效试验7个、肥料样正试验7个、不同氮肥用量试验2个、不同土壤质地基追肥比例试验2个、国家肥料支撑计划油菜肥效试验6个。完成4193个大田农化样和140个试验田土样的测试分析，检测项目为土壤pH值、有机质、全氮、碱解氮、有效磷、速效钾、缓效钾，检测项次分别为25158个和980个。土壤有效硫、锌、铁、锰、铜、硼、钼等中微量的检测，委托岳阳市土肥测试中心进行测试。完成各种表格的审核、整理和录入、电子版土壤图与土地利用现状的收集。

栽培管理 1990年，县农业局研究出“旱播水育秧技术”解决早稻烂秧难题，成秧率高，培育的秧苗素质好，早熟增产。为推广这一技术，县农业局组织农技干部和农户培训。1990年，推广旱播水育秧田467公顷、大田3267公顷，1991年，推广秧田1867公顷，大田15133公顷。至1996年，软盘旱育抛秧技术不断完善，从全旱育发展到秧田半旱育，晚稻提倡与早熟早稻搭配并适当早抛，克服早期秧田老化的矛盾。至2007年，共推广稻田病虫综合防治技术69333公顷，示范推广稻—鸭共育200公顷，示范推广频振式杀虫灯700盏，覆盖面积2333公顷。是年7月，甲胺磷、甲基对硫磷、对硫磷、久效磷、磷胺5种高毒有机磷农药正式禁止使用。

棉花育苗除药剂拌种外，齐苗后连喷2~3次抗枯宁，大田苗期少用药，用天敌控制。后期注意防治红蜘蛛、红铃虫、棉铃虫。油菜分直播和育苗移栽。2004年，推广下水田免耕直播，但由于一播全苗，化学除草和防渍技术难掌握，此法未普及。2000年，油菜施硼面积达80%，2005年，油菜测土配方施肥面积达6000公顷。油菜主要病害有菌核病、病毒病、霜霉病等。主要虫害有蚜虫、潜叶蝇、黄条跳甲、菜青虫、猿叶虫等。用高效、低毒农药喷雾防治。

肥料使用 稻田和旱地普遍施用人畜粪，1987—2000年，每年施用量早稻亩均约0.57吨、晚稻亩均0.19吨、旱地亩均1.46吨。自2004年始，在全县推广稻草还田，水稻机收面积扩大达50%的面积。

20世纪70年代初期开始发展沼气，至2005年，全县共建成上流式沼气池51300口。年产沼气渣21.8万吨、沼气液104万吨，相当于有机质7.63~10.9万吨、纯氮862~4984吨、纯磷892.8~2709.6吨、纯钾1724~3760吨，全部用于耕地。2005年，全县在主要农作物上施用沼气肥的面积为：早稻7600公顷，中稻1467公顷，晚稻8733公顷，棉花467公顷，蔬菜2800公顷。根据肥效田间试验和农户调查，亩均施用沼气肥3000~4000千克，与习惯施肥相比，可减少碳铵用量35千克、过磷酸钙15千克、氯化钾7千克，约增产早稻28千克、中稻38千克、晚稻33千克、棉花8千克、西瓜320千克、柑橘275千克。2005年，全县共减少施用碳铵1.1万吨、过磷酸钙0.47万吨、氯化钾0.22万吨。增产稻谷8351吨、棉花56吨、西瓜2560吨、柑橘4185吨、茶叶增收20.4万元、蔬菜增收504万元，共增收2273.23万元。

至2000年，氮肥用量占70%，过磷酸钙用量占磷肥的30%~40%。油菜施硼肥面积达80%，且范围扩大至葡萄等水果和其他作物，并大面积使用复合肥料。

第四章　养殖业

第一节　畜禽养殖

一、家畜

生猪　1978—1981年，县肉食水产品公司、外贸公司从外地引进国外良种猪322头分配到县境各地繁殖。1982年重新建立新墙、五㘵、黄秀3个生猪人工授精站，至1990年增至38个站，是年出栏生猪56万头，其中瘦肉型猪11.74万头。1990年全县生猪饲养量达103.4万头，1995年，出栏肉猪100.5万头，进入全国生猪“百强”县（第74位），2003年，被评为全国肉类产量“百强”县（第97位），2007年，出栏肉猪159.5万头。

2001年后，市、县出台一系列生猪品改政策，2003年，全县共成立养猪协会6个。2007年，国家对能繁母猪实行每头50元的补贴，激发广大农户饲养母猪的积极性，是年，母猪存栏7.5万头。岳阳县被纳入全国生猪良种补贴县（全省17个县），大力推进生猪人工授精技术，共建基层人工授精供精站（点）78个，完成生猪人工授精12万余胎次，出栏肉猪中，杜长大三元瘦肉型猪达65%以上。岳阳县被纳入全国生猪调出大县奖励资金项目县（全省共37个县市），项目奖励资金837万元；实施由国家发改委直接掌控的生猪标准化规模场建设项目，国家直接投资330万元，共改扩建19个规模猪场。全县常年存栏生猪300头以上的场（户）178户，其中出栏8000~10000头的有规模场6个。柏祥镇有规模场户51个，全年出栏肉猪12万头。

以种畜场为龙头，以长湖、筻口、城关、柏祥、步仙、杨林等乡镇为基地，建立瘦肉型猪基地，重点扶持大户发展，营造养殖小区，以一户带多户，多户带全村，一村连多村的形式，逐步形成瘦肉型猪生产专业村、专业乡镇。

牛羊　1990—2000年，全县以牛羊为主的草食动物生产仍发展缓慢，基本上停留在养牛为耕田、养羊为过年的状况。2003年始，全县将发展草食动物生产，推广圈养肉牛作为调整农业生产结构的突破口来抓，是年，岳阳县被列入全省34个发展草食动物基地县。2004年，成立全县养牛协会1个，同时发展节粮型草食动物基地，扶持发展以张谷英、月田、毛田、相思、饶村等乡镇的菜牛、黑山羊生产，逐步开发湖区牧草资源，带动沿湖乡镇的草食动物发展，使资源优势变为经济优势。2007年，全县饲养5头以上的养牛大户475户，其中年出栏肉牛60头以上的135户，养羊30只以上的285户。

2003—2007 年，先后新建乡镇基层肉牛冷配站点 23 个，2005 年，完成牛冷配 8022 胎次，全年产“西黄”（西门塔尔与本地黄牛杂交）、“摩水”（摩拉水牛与滨湖水牛杂交）犊牛 3243 头。2007 年，完成牛冷配 9441 胎次，全年产杂交犊牛 5669 头，为养牛农户创收 350 余万元。

2003—2007 年，县畜牧水产局从外地引购桂牧 1 号牧草种茎 55 吨，全县共种植桂牧 1 号、饲料玉米、黑麦草 1533 公顷。

二、家禽

家禽养殖以鸡、鸭为主，鹅次之。2000 年前，家禽生产以农户散养为主，集约化禽场较少。2001—2007 年，年出笼家禽稳定在 680 万羽左右，2007 年达到 698 万羽。

鸡 1990—2000 年，虽涌现 1000 羽左右规模的养鸡大户，但仍以农户散养为主。2001—2007 年，规模养殖场发展迅速，至 2007 年，养鸡专业户达 395 户，常年存笼 32 万羽以上。均按肉用、蛋用、蛋肉兼用 3 个类型集约饲养。肉鸡专业户的饲养经营方式主要是岳阳正大“公司+农户”的饲养管理模式，每个专业户年出笼“艾维茵”肉鸡 6 万~20 万羽不等。2007 年，鹿角镇贺耕久屋王可兵兴建全县第一个存笼 1 万羽的标准化示范蛋鸡场。兼用型鸡场规模一般在 1000~20000 羽左右，饲养品种多为三黄鸡或土杂鸡，饲养方式多采用圈养或半圈养方式。是年，出笼鸡 608.5 万羽。

鸭 适合养鸭条件的湖区乡镇有 9 个，以养蛋鸭为主，1992 年，引购约 20 万羽“江南 1 号”蛋鸭，由于当时县政府对养鸭出台一些扶持政策，一时养鸭出现“一窝蜂”过热现象，加上少数养鸭户饲养技术跟不上和引购的鸭品种不够纯，导致“鸭业工程”的结果是政府出钱，农户亏本。2006—2007 年，县成立鸭业工程指挥部，制订“有实力自愿养，有文化科学养，有水面立体养”的“三养”原则，从江西省南昌市引进适合本地饲养的麻蛋鸭，对本地新产品洞庭麻鸭进行杂交改良，产生“两减两多”（即体重减轻、耗料减少，产蛋增多、效益增加）效果。至 2004 年，全县发展水禽 145.21 万羽，出笼 95.2 万羽，其中鸭分别为 136.01 万羽、86.7 万羽。2007 年出笼鸭 87.2 万羽，年末存笼鸭 68.9 万羽，养鸭大户 518 户，大户存笼鸭 35.6 万羽，占全县总存笼的 51.67%。

鹅 2004 年，引进浙江宁波老板与鹿角等乡镇农户签订养鹅协议 75 份，无偿供应鹅苗 3 万余羽，并回收成鹅，因养殖效益不佳等原因未起到大的推动作用，至 2007 年，全县养鹅仍停留在农户散养状况，年饲养量在 2.3 万羽左右徘徊。

第二节 水产养殖

养殖规模 境内成鱼养殖按生产场地主要有内湖养鱼、商品鱼基地养鱼、水库养鱼、池塘养鱼、稻田养鱼和河沟港拦网养鱼。1979 年，国家投资 242 万元，在内湖区建商品鱼基地42个，开展鱼池精养。1983年始，国家先后投放贷款46万元、周转金34万元，扶持水库渔业基本建设，改善水库养鱼条件。1985年在筻口、鹿角、黄沙街等区推广稻田养鱼，每亩投入“夏花”800尾左右，育成“秋片”后供山塘、堰坝饲养。至1990年，内湖养鱼水面达3200公顷，产量834.71吨；精养鱼池2133公顷，产鱼6715.40吨；水库养鱼水面达4533公顷，产鱼871.04吨；池塘养鱼水面1533公顷，产鱼3123.35吨；稻田养鱼140公顷，产鱼18.70吨；河沟港养鱼水面267公顷，产鱼27.80吨。1992年5月，成立县水产技术服务中心。1993年，县畜牧水产局成立湖南省岳阳鱼药厂。1995—1996年，实行养殖水面所有权与经营权分离，对大水面经营权实施转让承包。2004年，全县6667公顷水面通过无公害产地认定，建立中洲渔场无公害水产品生产示范基地2133公顷，中洲渔场的河蟹、鳙鱼通过无公害产品认证，为岳阳县水产品进入市场打开一条绿色通道。2007年，全县着力推进渔业的产业化经营、专业化养殖、品牌化生产、集约化繁育、区域化布局，建立13个水产养殖小区。有池塘、湖泊、水库、河沟等可利用水面8000公顷，水产品总产量39388吨，渔业总产值42038万元。

政府扶持 1990年，发展一口网箱养鱼，除市里连续4年贴息400元的贷款外，本县配套解决贴息贷款400元，每个区配备1名渔业技术人员。1991年，县政府从农发资金中拿出16.5万元，购置网箱1000个，农业银行贷款80万元购鱼种，支持铁山库区网箱养鱼。1993年，县委、县政府首次拿出150万元保证渔业开发，全县新挖鱼池984公顷，其中鱼种池135公顷。1994年，县政府从农发基金中拿出8万元作为养殖业专项奖励基金，在全县开展养殖业竞赛活动，奖励在养殖业发展中做出贡献的乡镇领导和科技人员、养殖大户116名。

技术推广 1991年，开展“兴渔杯”竞赛活动，引进外地有资金、有技术的养鱼能手开发低产水域和低洼荒地，共引进养鱼户115户，带资250万元，开发低洼水域300公顷，开发低洼荒地、兴办渔场8个，建成鱼池93公顷。1991—1992年，承担农业部丰收计划项目池塘养鱼棋式化综合增产技术，获农业部丰收计划三等奖。1994年，省农业丰收计划项目湖泊养鱼综合增产技术开发经过验收，获农业部丰收计划三等奖。1997—1999年，争取国家财政支持农业科技推广项目资金608万元，着重推广池塘套养名贵鱼高产养殖技术，将国营中洲渔场家孵场单列，成立岳阳县特种水产繁殖场，投入资金200万元，建立示范小区，示范区面积1100公顷。2000—2001年，承担农业丰收计划淡水池塘80:20养鱼新技术推广项目，在26个渔场670公顷鱼池实施，获农业部丰收计划三等奖。2007年，全县规模养殖企业有国营岳阳县中洲渔场、毛家湖渔场、新墙镇枫树湾畜牧有限公司、柏祥镇海东农庄、大丰农业、筻口镇同发养殖场等。

第三节　特种养殖

名优特水产　1990年，推广名特优混养533公顷。1992年，全县养殖河蟹67公顷，总产2500千克；养殖珍珠73公顷，吊养育珠蚌24万个，总产珠200千克；1999年，发展名特优水产养殖面积6667公顷，占全部利用水面的70.4%，生产名特优水产品5011吨。2000年，鼓励发展高效渔业，对利用精养池养殖市水科所供应的长江豆蟹的名优特养殖户给予种苗30%奖励。2005年，投放名特优新苗种2900万尾，总产量2.1万吨。2007年，建设名特优新水产基地，以国营中洲渔场为龙头，以城关、鹿角、麻塘等养殖水面集中的乡镇为基地，推广名特优新水产品养殖，稳定套养面积在6667公顷以上，积极发展专养，大力发展河蟹、青虾、黄颡鱼、乌鳢、鳜鱼、大口鲶、优质鲫生产。

特种禽类　肉鸽在县内养殖起步较早，20世纪90年代初期，开始大量饲养，并且成一时之风。2003年前，肉鸽养殖有过几次起落，每年在15万对左右徘徊不前。2005—2007年，肉鸽养殖效益较好，每只肉鸽盈利2元左右，且较稳定。2007年，有城关、黄沙街、柏祥、杨林、公田、饶村、新墙、月田、长湖等9个乡镇养殖肉鸽，年出笼量达150万羽左右。

2001年后，山鸡、火鸡、珍珠鸡在新开、新墙、杨林、步仙、月田、长湖、鹿角、甘田、毛田等乡镇均有饲养，有的规模达到1500羽以上。2007年，其他特种经济动物，如竹鼠、孔雀、鹌鹑、野天鹅、小香猪、狐狸、蛇、兔、兰孔雀均有零散饲养。

第四节　疫病防治

疫病种类　动物疫病可归纳为三大类，即传染病、普通常见病、寄生虫病等，其中尚存几种人畜共患病，有牲畜口蹄疫、猪瘟、血吸虫、高致病性禽流感、高致病性蓝耳、狂犬病等。

防疫　1978—1988年，实行合作防治制度，对民间兽医通过组织、整顿、培训，队伍壮大至226人，主要开展生猪防疫，禽畜疫病治疗工作。这一期间，猪瘟免疫90%以上，丹毒、肺疫免疫70%左右。自1989年，改为农户自愿防疫，防疫费由畜主当面收取，因收费困难，实际免疫率仅70%。1990始，实行防疫包片责任制，防疫费由村代征员在收取屠宰税时代征，密度在95%以上。1998年1月，施行《中华人民共和国动物防疫法》，确定牲畜口蹄疫、猪瘟、高致病性禽流感、高致病性蓝耳病等为重大动物疫病，实行强制免费防疫。县成立重大动物疫病防治指挥部，由主管农业副县长任指挥长，制定《岳阳县重大动物疫病应急预案》。畜禽的重大动物疫病免疫密度达100%，免疫抗体水平达70%以上。

1999年，由于107国道沿线冲洗猪车，抛弃病死畜禽等原因，加上1996年后连续三年遭遇特大洪灾，牲畜疫情在境内传播和扩散，前后波及16个乡镇。是年5月20日，县政府召开紧急会议，部署扑疫行动，对疫区下发封锁令。对扑杀耕牛的农户进行财政补贴，水牛每头补1000元，黄牛每头补800元，小牛折半补贴，1999年、2000年，县财政共补贴农户扑杀补贴款94万元，扑杀病畜及同群畜1131头，预防接种易感动物120万头，对病畜进行扑杀销毁，对放牧草场及栏舍进行消毒，使疫情得到控制。

检疫 1980年，在全县推广猪瘟、猪丹毒、猪肺疫“三联苗”注射防疫。1987年，实行人畜同步化疗新办法，县成立血防医院总指挥部，在广兴洲、麻塘、荣家湾、黄沙街4个疫区成立分指挥部，在疫区设固定哨卡17处、巡回哨卡7处，培训技术人员133人，到化疗站点负责技术指导。是年，在与外县接壤的广兴洲、西塘、花苗、荆州设检疫关卡，剔出病猪1273头，销毁病肉猪253头、病禽1153羽。1990年，全县专业兽医343人，治疗血吸虫耕牛4580头、生猪166头、山羊166只。是年春秋两季，对90.90万头生猪注射防猪瘟、防猪丹毒疫苗，让10.50万头仔猪口服防副伤寒药，生猪免疫密度达98%。对4.46万头牛注射防出血热、牛炭疽疫苗。对80.10万羽鸡注射防鸡瘟、防霍乱疫苗。生猪、耕牛、家禽死亡率分别控制在1.10%、4.80%、6.20%。2001年，县政府先后4次召开防疫检疫工作会议，下发加强动物防疫、畜产品安全生产、动物防疫执法等3个文件。设立检疫稽查站，共检皮张4万张、家禽5万羽，查病死猪980头、猪肉100千克；扑杀五号病猪849头、牛31头；查处违法案件50起，行政拘留1人、留置48小时6人次。按《兽药管理条例》《饲料管理条例》，饲料店办证220个，检查兽药47个品种；畜药新办证5个，查处无证3处，没收假劣兽药价值3万元。境域沿洞庭湖8个乡镇的所有耕牛，年均普查普治一次，普治率100%，家畜血吸虫病阳性感染率控制在3%以下。

2003年，农业血防四个突破（即突破传统管理习惯、养殖习惯、种植习惯、生活习惯）示范县项目在岳阳县全面实施。共建安全牧场153公顷，定期药物灭螺、对牛粪集中进行无害化处理，在血吸虫流行的4—9月，对放牧湖洲进行封闭，同时为配合封洲禁牧，全县新种植桂牧一号牧草333公顷。疫区乡镇实行水改旱面积3333公顷、水改意大利杨林面积200公顷，通过低洼田改挖鱼池、疫区新挖沼气池、推广沟渠硬化、推行自来水和井水，达到综合灭螺的效果，减少人畜患病的概率。

第五节 养殖管理

管理机构 1990—1996年，县畜牧水产局动物防疫监督站增加兽药监察职能，管理全县兽药经营市场，查处无证经营假劣兽药的违法经营行为。1997—2001年，成立兽药监察所，为县畜牧水产局二级机构。规范管理兽药经营市场，开展行政执法，宣传兽药经营的相关法律、法规和查处无证经营、经营假劣兽药及兽药经营进货渠道不规范的违法和违规行为。2002年，成立岳阳县乡镇渔政监督管理站，负责除东洞庭湖外的内陆水域管理。核发捕捞许可证、渔业船舶检验证、水产品经营许可证，对渔药、鱼饲料、水产品的检疫工作实施监督管理，依法维护渔业生产秩序，负责保护渔业资源及珍贵水生野生动物资源。2002—2007年，县畜牧水产局增设兽医药政股，负责全县兽医医政、兽药监督管理；兽医诊疗许可证、兽药生产、经营许可证的申报、审批；兽药经营许可证的发放；兽药生产、经营、使用三个环节的产品抽样检测；按照《兽药管理条例》和相关法律、法规的规定对违法、违规行为进行处罚。

管理 1990—2007年，共举办兽药药剂员、畜牧站站长、规模养殖场技术负责人法律、法规和兽药知识培训35次，培训1800人次，印发宣传资料2000多份。查处无证经营假劣兽药、兽药进货渠道不规范等违法违规案件54起，没收兽药货值15万元，吊销兽药经营许可证2起，对监管对象罚款8.5万元。对兽药、饲料市场开展专项整治和全面排查专项行动26次、抽检兽药样品72个、饲料样品186个，排查生猪瘦肉精尿样248份。未发生一起畜禽水产品质量安全事故。

附：名优产品简介

岳阳黄颡鱼 岳阳黄颡鱼是湖南省岳阳县的特产。在岳阳县已有100多年的养殖历史，黄颡鱼营养价值丰富，鱼肉中含有叶酸和多种维生素，具有滋补健胃、清热解毒、止嗽下气等功效。

岳阳黄颡鱼体长，腹平，体后部稍侧扁。头大且平扁，吻圆钝，口大，下位，上下颌均具绒毛状细齿，眼小，须4对，大多数种上颌须特别长，无鳞，背鳍和胸鳍均具发达的硬刺，刺活动时能发声，胸鳍短小，体青黄色，大多数种具不规则的褐色斑纹；各鳍灰黑带黄色。其肉质细嫩，无小刺，多脂肪，其蛋白质含量为16.1%，脂肪为0.7%。

黄颡鱼性味甘平，能益脾胃，利尿消肿，对脾虚而肿满甚者尤其适宜。

岳阳黄颡鱼主养区在岳阳县的城关、鹿角、麻塘、黄沙街、新墙、柏祥、筻口、张谷英、新开、中洲、长湖、步仙、云山、饶村14个乡镇，其中国有中洲渔场经过多年科学研究，基本掌握了黄颡鱼生长特性，在亲本培植、育苗、成鱼商品化等方面取得突破性进步，使岳阳县黄颡鱼年产量达500多万千克，除在本地销售外，还销售到长沙、武汉等大中城市和出口日本、韩国等市场。

岳阳藜蒿 藜蒿学名狭叶艾，又名芦蒿、水蒿、青艾等。气味甘甜无毒，主治五胀邪气，风寒湿脾，补中益气，长毛发，久食轻身，耳聪目明，防衰。除食用外，还有清热、利湿、杀虫之功能，开胃、止血、消炎、镇咳、护肝、防癌抗癌等功效。

岳阳县的岳阳藜蒿，生长在中洲、麻塘、黄沙镇沿湖一带。据史料记载，皇宫后妃们发现藜蒿有十分明显的排毒养颜作用而竞相购买，京城一带呼之“贵妃草”。明朝朱元璋在金陵称帝后，指定岳阳县县官在清明时节进贡嫩藜蒿食用，因此民间又称之为“贡草”“洞庭人参”。该地区常年生产鲜嫩藜蒿2万吨以上，主销武汉、南京、合肥、上海、长沙、北京等地。

以岳阳藜蒿为食材的主要菜品有：藜蒿炒腊肉、藜蒿炒香干、藜蒿炒牛肉。随着人们菜谱的变化，经过人工栽培的藜蒿走进寻常百姓家，步入高档次的宾馆、酒店。为适应市场需要，岳阳县人工种植藜蒿20公顷，一般藜蒿亩产鲜茎4000~5000千克，效益较高。

岳阳烟熏茶 烟熏茶是岳阳县的土特产，乡人谦称“粗茶淡饭”，烟熏茶是名副其实的粗茶，经过烟熏制作。细梗粗叶，外观呈黑色，散发着扑鼻的烟熏香味，泡出来的茶水黑黄而浓酽。至2007年，全县的烟熏茶产量每年仅10吨左右。

岳阳烟熏茶味道苦带甘，性寒，有清头目、醒昏睡的作用，有化痰消食下气的功效，有利尿止泻的作用。

张谷英油豆腐 用张谷英镇生产的黄豆、渭洞茶油和龙涎井清泉，采取传统工艺加工而成。色泽金黄，空心酥软，内含丰富的蛋白质、维生素A、维生素B、铁、钙、磷质。油豆腐属于百搭食材，可以与肉类、各种蔬菜同炒，也可以煎、炸、烩、煮、炖，味道鲜美可口，常食对减肥健身、防治高血压、便秘等有明显作用。张谷英油豆腐年产量4万吨，远销到长沙、武汉、广州等城市。

岳阳罗内土鸡 岳阳罗内土鸡是岳阳市著名的肉蛋兼用型地方优良鸡种，境内有200多年的饲养历史。毛色以黄色、黄麻为主，青腿青脚青喙，体型中等，具有耐粗饲、抗病力强、肉质细嫩、产蛋多、蛋大壳厚、遗传性能稳定等特点。是湖南省宝贵的家禽品种资源之一。

岳阳土鸡 岳阳土鸡，有的叫草鸡、柴鸡、笨鸡。隋唐时由中原贵族饲养的芦花鸡与南方野鸡相互杂交而成，成年公鸡重约2~2.5千克，母鸡年产蛋100~120个。该鸡种肉质鲜嫩细腻，煮食香气满屋，汤面有层较厚且金黄的鸡油，营养丰富。常用于赠送孕妇、产妇、老人、小孩食用，为滋补珍品，适合不同年龄、性别的人群进补，营养价值极高。

兰花萝卜 岳阳县著名的传统酱菜之一，早在明末清初利用当地盛产的皮薄、肉嫩、光洁的鲜萝卜为原料，辅之以辣椒粉、盐制作而成。后经改进，萝卜经数刀切后，仍为一个整体，提起时形同盛开的兰花，又如农民的雨具蓑衣，故得名。它保存了传统的鲜辣风味，又有脆嫩郁香的余味。有助于消化，增加食欲，一直畅销湘北市场。

岳阳雷公藤 又叫黄藤、黄腊藤、菜虫药、红药、水莽草，因其地貌原因，岳阳县在三国时期就有人工栽培雷公藤的历史，产量较大，《三国志》中即有曹操水军“煎黄藤，去暑热”的历史记载，故中医界又称“岳阳雷公藤（或岳阳黄藤）”。该藤味苦、辛，性凉，大毒。归肝、肾经。广泛应用于治疗风湿病、肾炎、脉管炎、红斑狼疮、银屑病、肺结核、各种肿瘤、节育、消炎、杀菌、解热镇痛、器官排斥用药，且对疑难顽症具有独特治疗作用。2010 年，被列入国家濒危植物。

岳阳王鸽 岳阳王鸽肉美、营养丰富，著名的乌鸡白凤丸就是用乌鸡和白凤（王鸽）为原料制成。它所含的钙、铁、铜等矿物质及维生素 A、B、E 等都比鸡、鱼、牛、羊肉的含量高。鸽肝中含有最佳的胆素，可以帮助人体很好的利用胆固醇，防止动脉硬化。鸽肉里含有丰富的泛酸，防止脱发、白发和未老先衰等都有很好疗效。

鸽肉里含有丰富的软骨素，可增加皮肤弹性，改善血液循环，可加快伤口愈合。科学、营养学研究表明：乳鸽的营养指数在生物类中占首位，每公斤鸽体含 5.02×106 焦耳能量，消化吸收率可达 91%以上。鸽具有超常的神经定位和控制系统，脑中分泌丰富的松果体素，鸽是禽类唯一的无胆动物，肝脏中储存着丰富的胆素，血液中含有丰富的血红蛋白，骨骼中有大量的软骨素。这些特殊的营养成分，对调节人体大脑神经系统，改善睡眠，增进食欲，帮助消化，激活性腺分泌和脑垂体分泌，以至全面平衡人体机能，调理并强壮身体，有着特殊的食疗作用。有益于人体能量的储存和利用，维持肌肉和神经系统的正常功能，改善心肌收缩和凝血功能；有关资料表明，乳鸽不但所含的营养价值比其他家禽要高，而且具有很高的食疗滋补作用。乳鸽还是珍贵的中药材，素有“肉中人参”之美称。

鸽蛋营养成分：每 100 克中含有：蛋白质 13.2 克；脂肪 14.8 克；钙 102 毫克；铁 4.10 毫克；硒 28.66 微克。鸽肉营养成分：每 100 克中含有：蛋白质 24.49 克；脂肪 0.73 克；碳水化合物 1.72 克；钙 313 毫克；硒 26.23 微克。

鸽肉和鸽蛋营养丰富，含有多种人体必需的氨基酸和维生素，是高蛋白、低脂肪珍品，而且具有很高的药用价值，具有增强人体免疫和造血的功能，对术后的伤口愈合、产后的恢复调理及儿童的生长发育更具功效。鸽蛋口感比较细嫩、爽滑，而且富含高蛋白、软骨素、维生素 B5 等多种营养成分，长期食用具有增强皮肤弹性、改善血液循环、清热解毒等功。

岳阳相师香菇 又名冬菇、香蕈、厚菇、薄菇、花菇、椎茸。传说张良年少时锤杀秦始皇失败后避走大云山（幕阜山绵延至湖南岳阳的余脉），依靠山中特产香菇得以幸存。张良封相后，当地人将大云山更名为相师山，香菇称之为相师香菇。

第五章　林　业

第一节　森林资源与保护

林地林种　1985年，全县林业用地9.36万公顷，其中有林地7.35万公顷，疏林地3160公顷，灌木林地1080公顷，造林未成林地2120公顷，苗圃地11.13公顷，无林地1.38公顷，森林覆盖率23.57%。1986年，将全县划为四类林业区：东部低山水源涵养林，为用材林区，包括相思、毛田、云山、大云山林场、甘田、公田、月田、张谷英、步仙等乡镇及铁山水库、岳坊水库、大坳水库，林业用地面积74540公顷，其中有林地面积39853公顷，森林覆盖率33.82%，此类地区以封为主，封、造、管并举，尽快恢复森林植被，从根本上涵养水源；中南部岗地薪炭林、水土保持林区，包括饶村、柏祥、长湖、杨林、筻口、新墙、黄沙街等乡镇，林业用地面积28647公顷，其中有林地24573公顷，森林覆盖率34.8%，此类地区以造为主，造、管并举，大力营造薪炭林、水土保持林、发展火炬松、湿地松、杉木等，管好现有茶油、茶叶等经济林，逐步实行集约经营；丘岗经济林、风景林、用材林，包括麻塘、新开、城关、鹿角等乡镇及县林科所，林业用地面积10713公顷，其中有林地8167公顷，森林覆盖率24.18%，此类地区林业生产以发展特有经济林为主，营造环保林、风景林、用材林、茶叶、水果，为城市提供丰富的林副产品和林业加工产品；西部滨湖农田防护林区，包括麻塘、城关、鹿角沿湖部分、中洲、湖区芦苇场，林业用地面积2400公顷，此类地区大力营造各种防护林、四傍绿化林，努力增加森林植被，改善生态环境。

2004年10月省“十五”森林资源规划调查：全县有林业用地98513公顷，其中有林地81067公顷，森林覆盖率29.62%。

岳阳县部分年度活立木（竹）蓄积表

表9-5-1

年度	活立木蓄积量（万立方米）	树种结构（万立方米）			龄组结构（万立方米）			楠竹（万株）
		杉	松	其他	幼林	中林	近成熟林	
1985	49.4	20.78	20.31	8.31	24.34	23.39	1.67	853
1995	181.8	73.36	74.54	33.9	89.62	86	6.18	1650
2005	206.4	86.69	84.62	35.09	101.76	97.63	7.01	2120

2007年，全县有林地面积74974公顷，其中人工造林54300公顷，占总面积的72.43%。马尾松、国外松或以马尾松为主的天然混交林38976公顷，分布在山区、低山丘陵区；杉木林或以杉木林为主的天然混交林21420公顷，分布于全县各地；阔叶林和阔叶林为主的天然混交林10667公顷，分布在全县的山区、丘陵区、湖区；经济林、果木林3920公顷，分布于全县各地，其中油茶林分布在月田、张谷英、饶村、公田、杨林、黄沙街、长湖、新开等乡镇，茶叶主要分布在黄沙街、长湖、鹿角、新开、新墙等乡镇，农田防护林分布在中洲、鹿角、城关、麻塘等乡镇。

封山育林 1978年后，全县封山育林逐年加强。1983年，实行林业“三定”，公社、大队、生产队均建立林业管理委员会、林业管理小组，全县封山育林迅速得到恢复和发展。1985年、1986年，全县17047公顷飞播造林的区、乡（镇），对飞播山地封山育林全封5年，护林员由飞播前252人增至1598人，形成乡、村、组三级“护林网”。1997年，开展林地资源清理，全年共清理自1992年7月后侵占用林地事件2125起，补办手续572个，新批办用林地27处7公顷。2000年后，农村传统的烧柴被煤、液化气取代，全县山林自觉实行全封，但非法侵占林地资源、盗伐林木的事件时有发生。2001年，县林业局出台《加强岳阳县林地保护管理有关问题的通知》，结合“蓝剑”行动开展清理林地占用专项活动，共清理非法占用林地6处，实办6处，补征植被恢复费12万元，共封山育林1200公顷，营造经果林400公顷；区划界定出生态公益林41333公顷，其中国家生态林补偿基金200万元，公益林范围实行全封禁。

2003年，县林业局开展林业林政综合治理，严厉打击破坏森林资源，加大对乱砍滥伐林木的查处力度。是年，县森林公安分局共受理森林案件64起，处理60起，其中侦破森林刑事案件8起，刑拘3人，妥善处理林权林地纠纷5起。

2006年，岳阳县列入湖南省防沙治沙综合治理项目县之一，重点治理水土流失严重、生态脆弱的地区。以科技为依托，坚持以生物措施为主，生物措施和工程措施相结合，实行山、水、田、林、路综合治理，先后对公田、杨林、相思、筻口、中洲、长湖、柏祥、云山、新墙等9个乡镇开展以生物防治和工程措施为主，节能措施为辅的山、水、田、林、路的综合治理，水土流失得到有效控制，局部生态环境得到明显改善。至2007年，共造林667公顷，封山育林1333公顷，栽植苗木65万株，工程计划完成率100%，争取国家投资100万元，岳阳县被评为全市营林、林地等项林业工作先进单位。

病虫防治 马尾松毛虫是县境最主要的虫害。1981年始，每年调进1吨白僵菌和1000张赤眼蜂卵卡，用于防治松毛虫，每年防治1600公顷，1987年6月10—30日，租用民航农用飞机1架，共飞行78架次，防治面积12107公顷，有效药杀面积7547公顷。1990年6月15日至7月5日，对全县5个区14个乡镇的松毛虫打一次歼灭战，调用衡阳航空公司7571运动超容量飞机1架，飞行84架次，作业98小时，作业面积1.8万公顷，杀虫率在95%左右，开支24万元。是年，马尾松防治面积21467公顷，竹蝗防治面积 2600 公顷。

1995 年，全县发生松毛虫面积 7800 公顷，防治面积 6233 公顷，防治率 79.91%，成灾面积仅 33 公顷；竹蝗发生 1733 公顷，防治 1400 公顷，防治率 80.78%。全县 25 个乡镇配备专职测报员 3 人、兼职测报员 25 人，村级测报员 709 人，监测率 100%，测报准确率 80%以上。

1999 年，岳阳县被定为首批国家森林病虫害监测中心。2001 年，贯彻“预防为主，综合治理”的森防方针，全年森林病虫害发生面积仅 4167 公顷。

2003 年，县林业局继续坚持“预防为主，综合治理”的防治方针，实施可持续控灾战略，注重预测预报，加强检疫执法，加大防治力度，以松毛虫、竹蝗防治为重点，强化工程治理，确保全县森林不酿成大面积病虫灾害。

2005 年秋，在全县开展林业有害生物普查，对有枯死松树的松材进行抽样、分离镜检清查松材线虫病。为预防松材线虫病，县政府出台松材线虫病预防方案及森林病虫害防治应急预案，加大对松毛虫、竹蝗的防治力度，对筻口、柏祥、步仙、甘田、张谷英、月田、公田等乡镇的 2000 公顷竹蝗、2000 公顷松毛虫进行生物防治，取得良好效果。

2007 年，全县森林病虫害发生面积 6800 公顷，成灾面积 40 公顷，防治率 99%，成灾率低于省定 3.8%的标准。制定林业外来有害生物防治应急预案，开展“红剑 2007”植物检疫执法行动等专项整治活动，得到省林业厅批准，将县境杨树生产纳入洞庭湖区杨树有害生物无公害防控示范项目，每年争取国家投资 13 万元。

防火　1980 年 11 月，县公安局、县林业局联合发出《关于加强护林防火的紧急通知》。1986 年 3 月，县政府发布《关于加强山林管理的通告》，共修建防火线 1096 条、7724 千米，开辟林道 1655 千米，修建林区公路 322 千米，设置瞭望台 181 个，营造防火林带 1842 千米。1989 年，未发生一起火灾，1990 年仅发生 1 起，受害面积 80 公顷。1997 年始，县政府成立森林防火指挥部，将森林防火工作纳入年终考评。各乡镇成立专门机构，坚持“预防为主，积极消灭”的方针，加强护林防火工作。

2001 年的春防从 3 月 30 日至 4 月 30 日，县电视台每晚黄金时间播放森林防火宣传警示警言。自 4 月 2 日始，县林业局干部职工包乡镇分兵把守，各林业站包村组，不放过任何一个死角，强化责任，打一场漂亮的春防战。是年秋防，县林业局突出重点，提出把“山火”当汛防，在强化防火意识上做文章，县境森林火灾得到有效遏制。2001 年进入防火期后，全县森林火灾发生 4 次，火警 10 起，较往年同期下降 20%。

2003 年，县境森林防火工作着重强化森林防火责任人意识，严格野外火源管理，围绕“打早、打小、打了”要求，切实强化责任制、上报制，把森林防火的关键时段、重要地段，主要人群严密监控、严肃查处。2002—2003 年，共查处火灾案件 7 起，处理 13 人，其中刑拘 4 人，捕判 2 人。

2006—2007 年，全县共发生森林火灾 6 起、火警 8 起，火灾面积 134 公顷，受害率

0.8%，实现无重大火灾、无重大伤亡，森林火灾受害率低于1%的目标。

第二节 林木育苗

1986年，全县有育苗重点专业户651户，育苗面积39.53公顷。1990年，共育各类树苗37.82公顷，从外地调进国外松、杉树种15吨，松杉苗120多万株。1990年后，专业户、重点户育苗取代集体育苗。至2000年，全县育苗专业户稳定在50户，每年提供各种苗木600万株左右，除特殊年份需在外县调入少部分外，其余均满足全县造林需要。2001年，发展花卉苗木590公顷，新扩280公顷。2003年，大云山森林公园引进速生杨、柳树等品种4个，营造速生丰产林2000多公顷。县苗木花卉种植基地2667公顷，经营品种1100个，形成以香樟、杜英、红檵为主的绿化苗木产业。2007年，引进黄山松、华山松、湿地松、火炬松、长叶松、黑松、水松、池杉、柳杉、意大利杨、大叶桉、细叶桉、赤桉、木荷、刺槐、泡桐、香椿、火力楠、白榆、木莲、桤木、青皮竹、核桃、软枝油茶、光皮树、五爪桐、周岁桐、漆树、山白果、厚朴、紫穗槐、法国梧桐、雪松等及其他庭院、花卉树种。其中生长良好、群众喜爱并已大面积推广的有湿地松、火炬松、意大利杨、水杉、池杉、雪松等。

第三节 植树造林

飞播造林 1985年，飞播造林以铁山水库库区荒山为主，结合在相思山、麻布山、黄岇山及封崮尖、盐水观等荒山同时进行飞播，最高海拔957.2米，最低100米，播区面积6471公顷（包括岳阳市郊100公顷），其中有效面积5211公顷；1986年，飞播造林主要在铜鼓山、桃洞、熊公尖、飞云和常山、峡山一带的大面积荒山，最高海拔616.7米，最低74.4米，有效面积11860公顷。飞播造林共投入资金45.42万元，其中国家投资41.26万元。

人工造林 自1979年始，每年植树节开展造林活动。1985年，全县人工造林保存面积19211.4公顷。1986—1990年，共完成造林面积4.81万公顷，在岳阳市成为继汨罗市后第二个全省无荒山县。自1995年始，乡镇村林场逐步减少，农民的自留山、责任山占全县山林面积的54.7%，荒山面积逐步扩大。1997年，县林业局启用多种形式，共完成植树造林面积772公顷，其中用材林面积538.8公顷、经济林233.2公顷。1998年，引进中德合作造林项目。2001年，全县23个乡镇开展大规模造林活动，造林面积达1333公顷，其中德援项目933公顷。是年启动退耕还林工程，全县安排退耕还林项目实施乡镇20个、国有林场1个，涉及村（场）558个、农户11644户。2003年，县境启动防沙治沙项目，形成规模经营林业，鼓励大户承包，发展民营林业，是年，全县有承包面积达

33 公顷以上的造林大户 270 余户。动员县直部门干部职工完成义务植树 2 万余株。至 2007 年年底，陆续完成德援项目造林 4000 公顷、退耕还林 16266.67 公顷、公益生态林 32747 公顷、兴林抑螺 1667 公顷等基地。全县人工造林面积 54300 公顷。生态林占总面积 88.9%，经济林占 11.1%，种苗近 5000 万株，总投资 2 亿元。通过省级复查验收，面积核实率为 100%，质量合格率 95%。

退耕还林　2001 年，县域正式启动退耕还林工程，成立专门班子，配备专门人员，做好年度规划设计。林业部门担负职责，坚持生态优先、区域治理、相对集中的原则，优先库区、新墙河两岸等生态脆弱地区，在树种上选择使用适宜地生长的速生树种，同时搞好树苗调剂，做到自繁自育，加强技术服务，搞好督查验收。年底，整地 933.33 公顷，其中退耕面积 333.33 公顷，荒山造林 600 公顷。2002 年，实施面积 10533 公顷，其中退耕地 4866.67 公顷，涉及 23 个乡镇、414 个组、3658 个小班，年争取国家投入超千万元。以张谷英为主要点，月田、云山、相思、饶村等乡镇新扩楠竹兼用林近万亩，以荣宝线为主线，贯穿城关、鹿角、中洲、麻塘、新墙等乡镇结合进城绿化，以美化环境为出发点建生态防护林 1066.67 公顷。县域承包 33 公顷以上的造林大户 270 余户。2004—2005 年，退耕还林实施面积 3193.33 公顷，其中耕地 1920 公顷，荒山配套 1273.33 公顷，年投入资金近千万元。至 2007 年，争取国家投入 3940 万元，共完成退耕还林 2533.33 公顷，其中退耕造林 1000 公顷，荒山荒地配套造林 1533.33 公顷。

第四节　产品经营

1988 年，全县 93638 公顷山林中，乡、村、组和联户集体林场 880 个、24799 公顷，占 26.5%，农民个体经营的山林 64896 公顷，占 69.3%。自 2000 年始，国家德援、退耕还林等项目政策逐步落实，联户、个体户林业生产基地逐步扩大，长湖乡有山林面积 5573 公顷，其中个体户种植面积 4067 公顷，占 72.98%。

自 1985 年始，实行森林限额采伐，主要路口设立竹木检查站，对乱砍滥伐行为进行重点打击。境内竹木加工的传统产品主要有扇胎、毛笔管、雨伞、箩筐、晒簟、竹席、竹铺、谷筛、米筛、筷子、斗笠、尿吊、鱼卡、子篾、篼箕、木盆、木桶、棺材、橡皮、门窗、土纸等。张谷英镇竹木加工企业生产的岳州扇、竹筚地板、竹条网板、竹筚龟纹板、竹节壁板、竹节拼花板畅销国内外，渭洞乡星竹一厂生产的竹筚拼花产品列入国家星火计划，1986 年 11 月在北京专利产品展销会上展出。至 2007 年，全县竹木加工企业以芭蕉扇业、丛林竹业为主的林产品加工企业迅速壮大并带动竹业的发展，竹业产值 1.2 亿元以上，从业人员 1.2 万人，竹产业面积 12333 公顷，企业产值比 2005 年增加 1 倍以上。

1985 年前，竹木经营纳入国家计划，由县木材公司独家经营。1985 年后，集体林区取消木材统购，开放木材市场，允许林农和集体的木材自由上市。竹木购进、销售价格，随行就市、按质论价、议购议销。2000年后，每年采伐木材在2万立方米左右，基本上满足全县的需要。

第五节 林政管理

1995年3月，撤销乡镇林业管理委员会，设立林业站。1997年1月，成立大云山国家森林公园管理处，归口县林业局管理。2001年，成立县森林公安分局。至2007年，县林业局下设20个乡镇林业站和县林业科学研究所、竹木检查站、林业行政稽查队、湿地保护站、大云山国家森林公园。

2003年9月，对1981年确定的山林面积重新进行换发证书，使用期从1982年起至2032年12月31日，50年不变。对退耕还林工程用林发证1780本，涉及农户1780家。

至2007年，共调处山林纠纷案件1800起。县森林公安分局共办理各类案件316起，打击处理违法犯罪人员414人次，挽回经济损失224万元。其中查处刑事案件56起，刑拘捕判61人；查处治安案件18起，行政拘留21人，办理各类林政案件242起，没收木材1113立方米、各类野生动物14666只、珍稀植物4462株。

第六章 水 利

第一节 水利建设

一、堤垸

建设垸 东临长江与湖北省监利县相望，由23个小垸合并而成，集雨面积167.54平方千米，保护面积104.6平方千米。大堤北起风波岭，经洪水港、三堡子，南至濠子口，全长18.29千米。国家投资1614.56万元。其中用于大堤涵闸及护坡建设20万元，长江护岸540.9万元，电排建设1034万元，其他建设19.66万元，投工865万个。累计完成土方1437万立方米、石方49.5万立方米，1996年12月，该垸划归君山区管辖。

中洲垸 位于东洞庭湖东南，湘江、赤磊洪道和汨罗江入湖交汇处。防洪大堤起自县境鹿角杨家山，经中洲、黑泥坝、二郎会、岳汨界、垱咀，抵汨罗市常山，全长20.51千米，总集雨面积380.98平方千米，其中境内堤长10.40千米，集雨面积48.40平方千米。至2007年，投工987万个，共投资7702.12万元，其中自筹650万元，国家投资7052.12万元，累计完成土方1511.6万立方米、石方34.83万立方米、浆砌石8300立方米、混凝土9350立方米。

三合垸　位于新墙河中游的三港嘴。堤长10.20千米，集雨面积182平方千米，保护面积11.65平方千米，其中耕地面积6.96平方千米。至2003年，共投资652.85万元，其中国家投资55.05万元，投工98.3万个，累计完成土方211.6万立方米、石方1200立方米。

万石湖垸　位于洞庭湖畔的鹿角镇，堤垸总面积7.15平方千米，其中耕地面积3.80平方千米。该垸以加固大堤和块石护坡为主，至1989年，大堤高程达到36米，面宽6米，外坡块石护坡长436米。至2007年，共投资82.15万元，其中国家投资34万元，投工16.83万个，共完成土方28.7万立方米、石方2040立方米。

麻塘垸　位于新墙河至洞庭湖入口处，垸堤长12千米，堤顶高程37.4米，面宽14米，垸内总面积26.10平方千米，其中耕地面积12.44平方千米。1970年，始建麻塘垸，1971年兴建中闸电排站，1972年加高培厚大堤3000米，1973年组建春风乡，1974年加修大堤2000米，并用干砌石护坡防浪。1975—1980年，冬修水利以补浪坑和块石护坡为主，道路建设为辅。1981年后，大堤除逐年小修补外，经过几次大修。1990年兴建标准大堤2000米。1991年完成标准大堤达标土方建设2100米，达到省定标准，完成土方53.3万立方米，共投资90.3万元，其中国家投资34万元；大堤块石护坡2100米，护坡块石12940立方米，护坡2万平方米，共投资34.2万元，其中国家投资30.2万元；大堤外脚平台砼护坡2100米，完成浆砌石395立方米，砼2088立方米，护坡2100平方米，共投资34.8万元，其中国家投资30.8万元。是年1月，投入机械150余台，劳力4.8万人，耗资（含劳日折资）2700万元，其中国家投资300万元，启动麻塘大堤加固工程，突击1个月，完成麻塘院12千米大堤、156万立方米土方的加固任务。为责任制到户后唯一一次全县性大型人工修堤。1995年11月，北湖电排动工修建，装机4台，总容量620千瓦，次年6月建成投产。1996年10月，恢复加固5000米滑坡裂缝大堤；大堤南段管涌处险、700米一级平台及东湖段海底浸处260米平台块石护坡及全堤补浪坑、闸门处理；滑坡裂缝5000米大堤恢复工程堤面高程37米、面宽6米，大堤护坡高程36.5米，平台面宽20米、高程32米。此次工程共完成土方49万立方米，全部采用机械施工。1998年冬至1999年春，再次全线整险加固，整个工程为拆除外坡8万方护坡块石和全线12千米大堤加固工程，共完成土方171.3万立方米，混凝土1600立方米，干浆砌石23万立方米，投入资金3400万元，其中国家投资1950万元，加固后的大堤堤顶高程达37.4米（加高1.5米）、堤面宽14米（加宽8米）。1999年10月至2000年5月，麻塘垸堤防工程完成土方116.74万立方米、石方3015立方米、砼862.3立方米，共投入资金994.5万元，其中国家预算内专项资金800万元（洞庭湖二期治理）。

至2007年，累计完成土方1128.34万立方米、石方28.24万立方米、混凝土4551.2立方米，投工380万个，完成投资8000.72万元，其中国家投资3606.42万元，自筹4394.3万元。

在兴建加固大垸的同时，围垦建成大毛家湖、小毛家湖、六合、燎原、五星、七星、万福、杨柳、古港、新河、四新11个湖区小垸，总面积30.69平方千米，其中耕地面积19.01平方千米。

城市防洪工程从长风路环县城东北至付家山，防洪大堤全长13.8千米，按三等城市标准设计，大堤面宽10米，堤顶高程38.5米，保护面积38平方千米，人口9.6万人。2001—2003年，共投入3261.6万元，完成土方144.17万立方米。

二、塘坝

1978年，全县有山塘38541处、河坝1103座；1979年后，农业生产逐步实现自流灌溉，原有塘坝随之废减，1990年，全县有塘坝34045处。至2007年，全县有山塘25884口、堰坝343座。

三、水库

1990年，全县共建成大型水库1座，中型水库3座，小Ⅰ型水库37座，小Ⅱ型水库337座，总库容8.38亿立方米。2007年，全县有大型水库1座，中型水库2座，小型水库227座，其中小Ⅰ型水库34座，小Ⅱ型水库193座。

铁山水库 为岳阳市最大的水利工程，总库容6.35亿立方米，是一座以灌溉为主，兼有防洪、拦沙、发电、养鱼等综合效益的大型水利工程。枢纽工程有大坝、导流洞(兼放空用)、溢洪道、小湄连通隧洞、南干引水洞、北干引水洞，渠道工程有南总干渠、北总干渠及所属5条分干渠、63条支渠。

兰桥水库 位于西塘乡兰桥村，设计总库容1448万立方米。1958—1989年，经兴建、配套、改造、处险，完成投资260.79万元，其中国家投资55.05万元，自筹205.74万元。2004年3月，省水利厅批复兰桥水库处险加固工程的主要工程量，总投资1267.09万元。2006年，兰桥水库划归岳阳经济开发区。

大坳水库 位于饶村乡，设计总库容1377万立方米。1964—2004年，经兴建、配套、处险，累计完成投资2056.5万元，其中国家投资1317.5万元，乡村自筹739万元。

岳坊水库 位于步仙乡，总库容3380万立方米。1970—2006年，经兴建、续建、处险、干渠配套，累计投资3246.85万元，其中国家投资1613.6万元。

小饶港水库 位于公田镇，设计总库容1508万立方米。1972—1982年，完成投资381.5万元，其中国家投资263万元，自筹118.5万元。1982年3月，划归铁山水库管理局管理。

四、排灌设施

1978年11月，从荣家湾（今鹿角）、麻塘、黄沙街3个区调民工3万人修中洲垸撇洪渠，全长 6.75 千米，底宽 15 米，并建支渠渠长 700 米，1979 年 3 月竣工。至 2007 年，共修建撇洪渠 12 条，长 30862 米，共完成土方 382.75 万立方米，投工 361.25 万个。

2006 年 8 月，全县电排排渍泵站 26 处、42 台，总装机 2.1 万千瓦，抗旱机埠 353 处、总装机 1.13 万千瓦。电排站中中洲南套电排站、中洲北套电排站、中洲大电排站、广兴洲电排站，共投资 3508.84 万元（广兴洲电排站于 1996 年划归君山区）；伏子洲电排站、五支渠电排站，共投资 22.84 万元（1996 年均划归君山区）；康王电灌站，投资 192.29 万元（2006 年划归岳阳经济开发区）。

五、水力发电站

1978 年，全县河流水能蕴藏量 35584 千瓦，可开发水力资源 18987.5 千瓦，年发电量 4750 万千瓦时。是年，建饶港发电站，装机容量 240 千瓦，年发电量 30 万千瓦时，在云山、相思、南冲、毛田、月田、黄岸、大塅、甘田、花苗、渭洞、饶村建小型发电站 14 座，总装机容量 1925 千瓦，年发电量 303 万千瓦时。至 1990 年，全县共建成小型水电站 29 处，装机 43 台，总容量 4252 千瓦，年发电量 1878 万千瓦时。2001 年管网分离前，全县小水电供电区为 9 个乡镇、249 个村、24 万人，建成小水电站 26 处、46 台，总装机 9206 千瓦。是年 9 月 14 日，县境小型水力电站在全市范围内率先实行厂网分离，电网全部移交县电力局，管网分离后，境内有水力发电单位 9 家（即大坳、岳坊、云水、相思、月田、毛田、云山、甘田、公田），其中，大坳、岳坊、云水为县水利水电局直属单位，其余均属乡镇管理。至 2007 年，全县共建成水力发电站 32 处，装机 50 台 11271 千瓦。年发电量 3000 万千瓦时。

附：铁山水库

铁山水库是岳阳市最大的水利工程，距县城 43 千米，集雨面积 465 平方千米，外引面积 28 平方千米，坝高 44.5 米，总库容 6.35 亿立方米，是一座以灌溉为主（灌溉岳阳、汨罗、临湘三市、县面积达 6.35 万公顷），兼有防洪（可将坝址处洪水流量 1840 立方米/秒调减至 935 立方米/秒）、拦沙（年拦沙 35.88 万立方米）、发电（年发电量 472 万千瓦时）、养鱼（年产鲜鱼 1200~1900 吨）、供水（供岳阳市、县城市饮用水）等综合效益的大型水利工程。

1958 年 9 月 16 日，县委、县政府为根治新墙河水患，组织上万民工修建铁山水库。1959 年 3 月 6 日，当大坝修至 72 米高程时遭到日降 162 毫米的特大洪水袭击，大坝全部崩溃，工程停建。1974 年 7 月 27 日，县委向省委、地委呈送《关于请求批准复建铁山水库根治新墙河的报告》，1975 年 1 月，县水电局派技术人员到灌区勘测调查，编制工程初步设计书，10 月，成立岳阳县铁山灌区工程指挥部，，组织 8000 名民工开赴铁山水库工地。1976年，省计委向国家计委递送《关于请求审批铁山灌区工程设计任务书的报告》。1977年1月，水电部同意将铁山灌区工程列入年度基本建设计划，8月20日，正式批准复修铁山水库，12月动工复修，主要为五大工程。

枢纽工程 由水库大坝、副坝、溢洪道、导流放空隧洞、小湄连通隧洞、南北干渠取水隧洞、南北干渠道电站等9个项目组成。1977年12月14日开始基础处理，1981年1月25日完工。是年8月27日至9月3日，大坝上游围堰顺利截流，9月7日完成下游围堰，9月8日，开始排水清基，10月29日，大坝正式进土填筑，至1982年4月26日，大坝主体工程胜利竣工。1984年，被水电部授予优秀工程称号，1986年被评为全国大型水库优秀设计项目。

灌区工程 分布于新墙河两岸，灌区总面积2600平方千米，设南、北2条总干渠，5条分干渠，63条支渠，总长度712.44千米，1977年秋，南总干渠及所属分干、支渠动工开挖，1986年全部投入运行，1989年春，北总干渠开挖，1994年8月建成。

库区恢复工程 为修建铁山水库，毛田、南冲、月田、黄岸、大塅5个乡的大部分地区被淹没，原有的交通、通信线路被截断。县委、县政府组织进行库区恢复工程，1978年春至1987年冬，改建全长45.3千米的四级公路和120千米邮电线路，新建98千米人行路、99千米机耕路、41座桥梁、12处灌溉机埠，改善库区周围2万多人的生产生活条件。

移民基地建设工程 从铁山水库淹没区迁出近5万人，近2万人被安置在中洲垸。1977年冬至1988年，国家投资1566万元，用于加固防洪大堤、兴建生活用房和公共设施，为移民创造良好的生存环境。

城市饮水供水工程 1992年4月，市委、市政府决定兴建市区饮水供水工程，将铁山水库的优质水引入市区。1994年10月，市区引水供水工程竣工投产。2006年9月，新墙河流域发生砷污染事件后，县委、县政府决定启用铁山水库作为县城供水水源。10月27日，成立铁山引水工程建设协调指挥部，11月8日，引水工程开工，2007年9月27日，一期工程竣工并向市民供水。

第二节 水土保持

1980年前，县境的水土流失治理工作以营造水源林、植草皮、修建土石谷坊、修建防崩护脚、建沉沙库（拦沙堤、沙凼）、建山塘、围山渠、建山溪防冲堤等方式开展。1980年，长沙流域水利规划办公室选定李塅河为水土保持小流域综合治理试点地段，省水利厅选定珠港河小流域作为试点地段，县境的水土流失治理工作逐渐以小流域为单元，实行全面规划，综合治理，集中治理，连续治理，植物措施与工程措施相结合开展。

李塅河小流域治理 1980年开始李塅河小流域综合治理，1984年10月通过验收，其工程共造林656.67公顷、封山3306.67公顷、育苗1.67公顷、坡改梯14.07公顷，修建土石谷坊1896处、防崩工程64处，兴修山塘256口，建沼气池1276口、省柴灶1633个，完成土方66.7万立方米、石方3.67万立方米，投工136.4万个，投资93.55万元，其中国家投资97.35万元。植被覆盖率由36%升至74%，水土流失面积由3360.13公顷减至649.47公顷。

珠港河小流域治理 1980年1月，省水利厅将珠港河小流域治理列入重点治理试点，至1985年9月，完成造林种草325.33公顷、封山育林95公顷、育苗1.53公顷；坡土改梯田8.87公顷、保土耕作法6.67公顷；完成土谷坊312处，防崩工程227处，山溪防冲20处、2070米，兴建山塘162口、增加蓄水52.2万立方米，建沼气池389口、双省灶948个，共完成土方7.33万立方米、石方6208立方米，投工25.35万个，共投资26.48万元，其中国家投资22.48万元。植被覆盖率由38%升至77%，水土流失面积从1651.93公顷减至471.47公顷。

立塘小流域治理 1982年至1986年11月，共完成造林100.87公顷、封山446.67公顷、抚育80.33公顷、残林补植150.27公顷、种草6.47公顷，建土石谷坊5610处，防崩护脚15处、长1400米，改造低产田8公顷、坡土改梯田1.27公顷，修建山塘5口，新修渠道2500米，增加蓄水3万立方米，建沼气池50口、省柴灶316个，全部工程完成土方2.7万立方米、石方6500立方米、浆砌石255.6立方米，投工25.56万个，共投资8.2万元，其中国家投资5.5万元。植被覆盖率由23%升至54%，水土流失面积从550公顷减至299公顷。

立新小流域治理 1982年至1986年11月，共完成造林347.9公顷、封山3420公顷、抚育3.07公顷、种草15.87公顷，建土石谷坊381处、防崩护脚544处，山溪防冲132处、3048米，修建山塘7口、建沼气池524口、省柴灶50个，全部工程完成土石方4.32万立方米，投工11.78个，共投资44.5万元，其中国家投资34.3万元。植被覆盖率由33%升至44%。

红光小流域治理 1983年1月至1986年年底，共完成封山2886.67公顷，营造马尾松、杉木、泡桐、檫木、油茶、冬茅等木草面积505.33公顷，修建土、石谷坊324处，防崩护脚465处，建沉沙池11个，山溪防冲工程186处、21071米，坡土改梯土38公顷，竹节沟4公顷，新建山塘67口，扩建山塘48口，堰坝44座，增加蓄水29.9万立方米，完成土方11.9万立方米、石方2.1万立方米，投工20.2万个，共投资38.2万元，其中国家投资33.2万元。植被覆盖率由25%以下升至60%以上，初步控制水土流失面积120.43平方千米。

大桂小流域治理 2000年3—6月，共完成坡改梯面积65.28公顷、营造经果林128.8公顷、水保林87.73公顷、封禁补植1190.73公顷（其中补植213.8公顷）、种草8公顷、育苗0.4公顷，建拦沙坝1处、长216米、完成小型水利水保工程7处，老港改田、低田抬高1.73公顷，共完成土方135758.4立方米，完成钢筋砼31.82立方米、砼182.87立方米、浆砌石128.5立方米，投劳2.42万个，共投入资金174.8万元，其中国家投资90万元。

白若河小流域治理　2001—2002年，争取国债资金90万元，投入配套资金32万元，投工10多万个，共完成土石方12万立方米，封山育林1200公顷，营造经果林、水保林400公顷，治理面积达15平方千米。

鹿角小流域治理　2004年10月至2005年4月，共治理水土流失面积16平方千米，其中营造水土保持林93.3公顷、经果林80.0公顷，封禁治理1241.33公顷。兴建小型水利水保工程整修排灌沟渠1027米、山塘7口，渡槽岸坡加固1处。工程完成总投资90万元，其中国家投资80万元，地方财政配套资金10万元。

黄秀小流域治理　2005年10月至2006年4月，共治理水土流失面积8平方千米，其中营造水土保持林33公顷、经果林26.8公顷，封禁治理733.67公顷，坡改梯12.47公顷。兴建小型水利水保工程整修排灌沟渠2160米，山塘5口，防崩护脚1处、210米。工程完成总投资51万元，其中国家投资40万元，地方财政配套资金11万元。

仙安小流域治理　2006年5—11月，投入资金35.03万元，其中国债资金20万元，共营造水土保持林54.4公顷，栽植国外松等乔木24.98万株，营造经果林6公顷，栽种六月雪梨、杏李、杂柑6776株，修建改造小型水利水保工程13处，共完成土石方1594.47立方米、浆砌石416.53立方米、混凝土206.81立方米、砖砌体13.88立方米，铺种草皮1409平方米，并对363.8公顷残、幼林进行封禁补植，治理面积达4.36平方千米。

至2007年，全县共治理流失面积177.85平方千米，造林2404.6公顷，完成土石方69.58万立方米，投工206.82万个，共投资740.83万元，其中国家投资502.83万元，地方筹资238万元。

第三节　防汛抗旱

防汛　1978—2007年，县境共发生较大洪涝灾害16次，其中1996年、1998年灾情严重，损失巨大（见专记）。至2000年，县境建成通讯网点9个，分布在大坳、岳坊、兰桥3座中型水库，中洲、建设、麻塘、三合、六合、大毛家湖6个重点堤垸，共配无线电OZD-16AZ机13部、KJ105型主机2部、单工手持5瓦对讲机4台、3瓦对讲机6台。

1983年7月18日，岳阳水位达34.28米，建设垸水位达35.35米，超1954年水位0.37米；三合垸水位达34.81米，超1954年0.48米，湖区共出现各类险情4950处，其中堤身发浸4236处、长11560米，内溜坡375处、长740米，外崩12处、长320米，堤身裂缝24处、长280米，风浪打坏278处、长1.04万米，涵口出现19处，机埠出现8处，海底浸210处。市委、市政府部署岳阳县抢险物资的筹集调动工作，各单位24小时值班，投入抗洪抢险劳力18万人，其中巡逻队1532人、抢险队1135人、守剅队411人、突击处险常备队8238人。处理各类险情4969处，其中开沟导浸4336处、长12万米，打抱围18个、长320米，开杠33处、长650米，压浸210米，打土46处，芦柴、草包挡浪278处、8300米，块石挡浪11处、长3200米，块石压脚6处、长120米，加修子堤31处、1500米，完成土石方16万立方米，投工104万个，抢险共调运木材688立方米、楠竹7036根，块石2万立方米，卵石1.89万立方米，河沙2850立方米，麻袋5.58万个，草袋12.46万个，芦柴17.93万个，晒垫2505床，子蔑49担，土箕8017担，元丝、元钉11.5吨，棉絮255床，柴油254.5吨，煤油3.67吨，汽油88.5吨，共用资金183万元。

1999年6月25日始，长江中游、洞庭湖区连续发生4次大的强降雨过程，6—7月，全境垸内共降雨385.25毫米，7月1—4日，全县大小堤垸的洪水以平均每天增高1米的速度疯涨，至8月2日，超34米水位持续1个月。各堤垸共出现险情1765处，其中管涌152处、362个，散浸1386处、27597米，裂隙55处、2396米，跌窝3处，其他35处，其中大险46处，中洲垸北套电排的进水渠管涌群险情为全省十大重大险情之一。此次防汛共投入干部49602人次，上劳力47.09万个，安排车辆9197台次，船只1681艘次、439300吨位，消耗器材费用2293万元。

抗旱　1985年春夏干旱180天，干旱时间、受旱程度均超过水利工程的设计灌溉保证率，42个乡镇旱情严重。春旱露头后，县财政拿出资金25万元解决抗旱经费，县直机关抽调科局以上干部80人下区乡组织抗旱，共投入电动机1388台、1.57万千瓦，柴油机2101台、1.22万千瓦，水车8300架，群众在沟港溪流打垱3800处。是年铁山水库南干渠工程尚未完全配套，沿渠区乡组织3.5万名劳力，新开疏通渠道500千米，使灌溉面积增至8667公顷，是年粮食总产41.89万吨。

1988年，岳阳县出现春旱连夏旱，夏旱连秋旱，秋旱连冬旱的四季连旱天气。春旱连续36天，全县受旱面积1600公顷，立夏抢插后又旱12533公顷（成灾面积3867公顷），秋旱持续52天，受旱19667公顷（成灾面积9867公顷），冬旱持续70天。春旱发生后，全县投入干部1820人，投入抗旱抢插的群众26万人，投入柴油机1855台、951.83千瓦，电动机702台、12229千瓦，水车6500架，调剂增加农村用电200千瓦，解决柴油300吨。秋旱发生后，全县785名干部、12.30万名劳力抗旱，新购电动机22台、215千瓦，柴油机25台、132.3千瓦，水泵47台，变压器4台、200千伏安，投入抗旱经费共347.60万元，其中群众自筹268.60万元，抗救面积1.22万公顷，是年，粮食总产41.2万吨。

2005年大旱，除采取常规抗旱措施外，县水务局、县气象局在新开、鹿角组织实施人工降雨，对旱情的缓解起很大的作用。

专　记

'96 抗洪纪实

1996年，岳阳县遭受自1954年后特大洪水袭击。7月8日，全县16个堤垸进入防汛水位，13日进入警戒水位，16日进入危险水位，17日至19日8时，全部进入或超过保证水位，22日均超过历史最高水位。麻塘垸水位高达36.02米，超历史最高水位0.91米；中洲垸水位36.05米，超历史最高水位1.20米；建设垸水位36.60米，超历史最高水位0.71米；三合垸水位36.40米，超历史最高水位1.5米。汛情的特点是汛情迟、来势猛，水情呈上压下托中抬态势。洪水和泥石流，致使全县倒塌和损坏房屋24.1万间；11所学校崩塌，新增危房面积7538平方米；淹死和卷走牲畜8.2万头。全县230家企业停产，7个乡镇交通中断。农作物受灾面积2.85万公顷，绝收2.47万公顷，其中早、中稻绝收2万公顷，0.73万公顷晚稻因渍水不能栽插。被洪水损坏水库102座，冲毁山塘1942口、渠道1487千米，损坏堤防66.7千米，冲毁公路桥涵199座，毁坏路基314千米，损坏输电和通信线路10471杆、418千米，损坏机电泵站23座、6375千瓦。全县25个乡镇、693个村全部受灾，受灾人口达56.7万人。其中重灾乡镇22个，“三无户”(即无吃、无穿、无住) 2.13万户10.7万人，直接经济损失35.43亿元。

县委、县政府及时作出集中人力财力物力，保大堤、保大垸、保干线的决策，重点把守麻塘、中洲、建设、三合、万石湖5个大垸。在各堤垸全部超历史最高水位后，由于受外湖高洪水位压力的影响，堤垸旧险不断复发，大险不断恶化，5个大垸共发生险情1200多处。仅12千米的麻塘大堤就有18处、3800多米长的内坡大面积滑坡，最危险的二墩子地段内坡滑坡200多米，下沉3米，堤面仅剩下0.3米宽，2个跌窝10多立方米，全堤有16个管涌，最大的管涌直径为12厘米。大堤全线打抱围3800多米，用砂卵石20多万吨、编织袋150多万条。21日2~14时，大堤全线出现34起裂缝、5处滑坡。面对严峻的现实，县委、县政府领导班子成员分别到各个垸区的险要地段带领垸区干部群众抗洪抢险。共调集劳力20多万人次，调集官兵1000多人，调动防汛物资价值1850万元。18个非防汛区的乡镇组织几千名精干劳力，分赴麻塘、中洲抢险。县直机关干部职工3000多人日夜奋战在防汛工地。县水利部门迅速抢运防汛物资，20多天共组织调运河沙6.9万吨、卵石6.5万吨、块石3.1万立方米、编织袋240万条，保证防汛抢险的需要。县直机关各单位紧密配合，全力维护灾区社会秩序，解救被困群众，组织车辆调运急需物资，保证电力正常供应。经过30多天的拼搏，保住五大堤垸，保障了京广铁路、国道

107线、京珠通信光缆的畅通，保证人民的生命安全。

’98抗洪纪实

1998年6—7月，县境共降水1538.7毫米，比常年偏多5成，比1996年同期多200毫米。6—9月，长江中上游多次出现长时间强降水过程，先后形成8次洪峰，加上湘、资、沅、澧四水泛滥，洪水南北夹击，上压下托，危机四伏。水情具有3个显著特点：(1) 来得早、来势猛。6月25日，受新墙河流域降水和铁山水库、大坳水库泄洪等诸多因素的影响，新墙河山洪暴发，一天之内，水位暴涨4米以上，七星垸水位高达35.6米，超保证水位0.6米，三合、五星、万福等堤垸水位均超过保证水位。6月26日8时，全县15个堤垸全部进入31.5米防汛水位。至6月28日24时，大毛家湖、万石湖等6个堤垸进入33.5米危险水位，仅64个小时，洪水疯涨2米，每小时达3厘米多，进入危险水位时间比1996年提前21天。(2) 洪峰多，水位高。由于长江发生全流域性洪水，县境堤垸经受8次洪峰袭击，其中7月27日、8月1日、8月9日、8月20日4次洪峰均突破1996年最高水位。8月20日，鹿角国家水文站水位36.14米，超1996年0.41米，中洲垸36.18米，麻塘垸36.16米，分别比1996年高出0.13米、0.14米；中洲垸内外水位落差10.98米，麻塘垸6.13米，分别比1996年多出1.35米、0.12米。(3) 主汛期长，高危水位时间长。6月26日进入防汛水位，9月24日退出防汛水位，共91天，其中超34米高洪水位62天，超35米高危水位41天。岳阳县15个堤垸、77.87千米防洪大堤承受巨大压力，新险不断发生，老险不断恶化。主汛期共发生大小险情5000多处，其中重大险情265处。特大洪涝灾害，给岳阳县23个乡镇带来不同程度损失，其中麻塘、中洲、新墙、新开、城关、鹿角、黄沙街、筻口、长湖等乡镇受灾严重。671个村、居委会有638个受灾，74.3万人有68万人受灾，58万人成灾，15.3万人紧急转移，2.5万人无家可归，11898人引发伤病，4人因灾死亡。共倒塌房屋32170间，其中全倒户6200户、24890间。农作物受灾面积6.44万公顷，成灾4.94万公顷，绝收2.88万公顷，因灾粮食减产22.73万吨，损失棉花1666.67公顷、西瓜2333.33公顷、蔬菜1000公顷。粮食绝收76494户、30.4万人。部分交通、水利、通信、电力设施及乡镇企业遭到严重破坏。全县累积经济损失16.63亿元，其中农业损失15.67亿元。

面对特大洪涝灾害，全县人民奋力抗洪。6月24—27日，县境15个堤垸全部进入警戒水位后，包堤垸的28名县级领导、85名县直单位负责人、有关乡镇领导、工程技术人员和5万多名一线劳力开赴抗洪前线，在大堤安营扎寨。7月23日，所有堤垸实行县级领导或乡镇领导包堤垸、定第一责任人和乡镇、县直部门干部分段包干责任制，设立写有包堤垸干部姓名的“生死牌”，做到堤在人在，严防死守。进入高危水位后，县委、县政府规定：防汛抗灾期间，停开一切与防汛抗灾无关的会议，停止一切与防汛无关的活动。县防汛指挥部坚持“防重于抢”的指导方针，把查险处险作为重点，采取拉网式查险、流水式找险、钉子式守险、扫雷式摸险、疏导式化险、作战式处险等办法，共排除各种险情5000多处。麻塘垸在高洪水位下，采取水泥浆液添加水玻璃速凝剂堤身钻孔灌注法，成功封堵15处蚁穴引起的37处管涌和漏水，以上做法得到国家防汛指挥部的充分肯定和推介。为打好高水位下的抗洪持久战，全县防汛抢险干部群众由5万人增至6.1万人，解放军、武警官兵由530人增至883人；专业查险劳力由8000人增至1万人，薄弱堤段、险工险段守护由每班5人增至12人，每天巡查的班次由5次增至8次，每班巡查的堤段由1000米缩短至500米；全县堤段按37米高程设防，对50.2千米子堤加高加宽，对120多处老险点进行加固，打抱围11个，加压砂卵石平台700多处，穿堤建筑物筑围堰13处，对700多米大堤裂隙采取黏土密实和彩条布覆盖，对当风浪的堤段抛块石5000立方米，填砂卵石包35万个，盖彩条布5万米，筑防浪墙8000多米。县防汛指挥部调集水政、航务、港监、矿产、交警等部门142人成立防汛物资供应组。汛前，全县共储备砂卵石5.1万吨、块石0.9万立方米、编织袋7万个、晒垫400床。进入主防汛期后，组织社会车辆从事物资采购和供应；禁止县内采石场对外销售，块石一律送到防汛大堤；组织挖沙船昼夜不停地在新墙河和洞庭湖采挖砂卵石；组织运输船运送物资960艘次，组织运输车运送物资4700余台次。

7月上旬，开始垸区群众安全转移工作，采取动员投亲靠友和借用公共设施安全转移群众5.8万人。139名公安干警、乡镇干部日夜巡逻维护转移区治安秩序，解除转移群众后顾之忧。县委、县政府组织民政、卫生、教育等部门开展灾区群众转移、药物消毒、防病、治病、救灾募捐工作，解决就读学校和资金问题。7月2日，武警八七三二部队一二六师323名官兵参加麻塘抢险战斗。7月23日，省军区直属大队340名官兵增援麻塘垸。8月18日，迎接第六次特大洪峰，广州军区驻柳州塔山英雄团220名官兵赶赴中洲垸。在与洪水搏斗的75个昼夜里，3支部队共装卸沙石6万余吨，搬运块石4500吨，筑子堤1.2万多米。

1998年的抗洪斗争，保住麻塘、中洲、三合、六合、大毛家湖、万石湖6个万亩以上大垸和燎原、万福、七星3个小垸。全县3座中型水库、37座小Ⅰ型水库、201座小Ⅱ型水库全部安全度过汛期。至1999年3月底，全县恢复山塘水库堤坝789座（处），修复渠道57处、4.3千米，修复渡槽7座，修筑桥梁20座，抢修机电泵9座、1050千瓦，共完成土方99万立方米、石方9.8万立方米。

第四节　渠道管理

全县有大型水库铁山水库渠系138条、总长2228.53千米，中型水库渠系27条、总长255.28千米，小Ⅰ型水库渠系320条、总长663.25千米，小Ⅱ型水库渠系38条、总长 599.66 千米。铁山水库实际灌溉面积 10867 公顷，中型水库实际灌溉面积 5347 公顷，小型水库实际灌溉面积 10640 公顷。铁山渠道管理所负责铁山南干渠岳阳县境内荣湾、崩山分干渠 45 千米渠道的维修管理、抗旱灌溉、水费收缴，受益的有黄沙街、长湖、新墙、柏祥、城关、鹿角、杨林、筻口等乡镇、135 个村。岳坊水库管理所设计控制灌溉面积 5533 公顷，经调整后灌溉面积为 3907 公顷，涉及步仙、柏祥、长湖、杨林等乡镇，干渠总长 80 千米。大坳水库管理所灌溉 4 个区 6 个乡，56 个村的 3667 公顷耕地。

第五节　平垸行洪

1998 年 8 月，国务院提出“封山植树，退耕还林，平垸行洪，退田还湖，以工代赈，移民建镇，加固干堤，疏浚河湖”的 32 字方针。11 月，岳阳县平垸行洪、移民建镇工作正式启动。

全县列入平垸行洪的大小堤垸（含巴垸、洲滩）24 个。分 4 期进行，第一期 1998 年 11 月至 2000 年 7 月，有鹿角镇大毛家湖、黄茅港、新河口垸，城关镇小毛家湖、背抵河垸，麻塘镇四新、新河垸，新开镇古港、杨柳垸，新墙镇彭梓明、老鸦洲、五星垸等 12 垸，6171 户 17759 人；第二期 2000 年 7 月至 2001 年 11 月，有鹿角镇万石湖垸，新开镇万福、徐盆湾、九龙破垸，新墙镇红光、燎原垸，湖洲苇业公司南洲、北洲、新洲垸等 9 垸，2046 户 5929 人；第三期 2001 年 11 月至 2003 年年底，有城关镇六合垸、新开镇七星垸、湖洲苇业公司飘尾垸等 3 垸；第四期 2003 年 12 月至 2004 年年底，为鹿角镇黄茅港、万石湖垸补办的部分移民，三、四期共安置 2905 户 9259 人。大毛家湖、黄茅港、万石湖、小毛家湖、六合垸、四新、新河、古港、杨柳、万福、七星、老鸦洲、五星、燎原等 14 垸为单退垸，新河口、背抵河、徐盆湾、九龙破、红光、彭梓明、南洲、北洲、新洲、飘尾等 10 垸为双退垸。国家共下拨移民建房材料补助资金 1.85 亿元，其中到户资金 1.45 亿元，基础设施资金 0.4 亿元，11122 户移民中，集中安置 7022 户，占移民总数的 63.14%，分散建房、购房、外迁和投亲靠友等 4100 户 11486 人。移民新居以成片连续和以建楼房为主，平均住宅面积 156 平方米左右，比移民旧房所占面积，每户约少占 131 平方米，全县可增加用地面积 116 公顷。鹿角镇在统一放线、统一规划、伴城伴路、依城拓城、集中安置的原则下，形成人口集中、布局合理、环境优雅、经济活跃的新型移民集镇。在平垸行洪、移民建镇工程实施过程中，全县共调整移民宅基地 247 公顷，拆除旧房 126.17 万平方米，挖砌土石方 137.92 万立方米，新建水泥路面 19.19 万平方米、行人桥涵 50 处、沙砾石路 398.4 千米（含维修），建水塔（水池）72 个，打压水井 4079 口，架设高低压线路 9.54 万米。24 垸共新增蓄水量 2.59 亿立方米，防汛大堤总长 63258 米，堤垸所在的乡镇（公司）在高水位时再不必严防死守，防汛压力大为减轻，防汛开支大为减少。

移民重建资金实行封闭运行，做到专户专账，专人管理，不准多头开户，不准用储蓄方式存取资金，不准以任何名义挤占、截留和挪用专项资金。移民资金由县财政局根据县乡灾后重建办的意见，按工程进程拨付，乡镇灾后重建办取款支票必须加盖县重建办主管领导的印章，移民建房资金发放到户时，必须坚持三道程序（即由乡镇造具花名册申报、村组出榜公布、主管工程的负责人和主管资金的负责人签字），三人把关（即主管核户的负责人、主管工程的负责人、主管资金的负责人），三级到场（即资金发放到户的必须有镇、村、组三级干部到场签字把关）和现场公开发放的原则等，县重建办还紧紧把住跟踪督察整改关。平垸行洪5年中，先后接受南京特派办、长沙特派办、省审计厅、市县审计局及县财政部门的多次审计和检查，并设立举报电话。共接到群众举报60多宗，接待上访316人次，注销75户错假冒户，追回21.5万元，及时纠正部分乡镇公安、国土、房产等部门违规收费现象。县委、县政府先后组织工作队，进驻古港、大同、岳武等村，处理群众上访事件，对板桥等4个村的党支部书记立案调查，对极少数利用职权，贪污挪用移民资金的乡村干部，给予开除公职或判刑处理，保证全县平垸行洪资金完全处于正常的运行状态下。

第六节　水利管理

管理机构　1983年，成立县水利水电局，内设办公室、人事股、水利股、机电股、财计股、科技股，1990年，水利水电局内设办公室、人事纪检股、财会股、水利水保股、物资股、勘测设计室，局属二级机构有县水土保持站、大坳水库管理所、岳坊水库管理所、中洲垸修防会、南津港机埠电力灌溉管理站、长江护岸洪水港工程管理委员会、岳阳衬胶泵厂。是年，直属县管的工程有铁山水库、大坳水库、岳坊水库、兰桥水库等14个，共配管理人员577人。直属区管理工程有刘家湾水库、黄沙水库、荣湾水库、大成机埠、月田变电站、毛田变电站等6个，共有管理人员42人。由乡（镇）管理的工程有1646个，共配管理人员2074人。至2007年，除划到市区和君山区的水利设施外，各水利工程的养护维修，在施工方式上采取群众运动和专业队相结合的办法，枢纽由管理单位负责，小型塘坝、渠道按受益划分责任段，包干到乡、村、组负责。

经费与经营　县内水利资金实行归口管理、专户储存、专款专用。财政部门管理基本建设预算、分配资金、拨款最后环节和财务决算；建设银行管拨款、使用、结算、信贷等基建资金运用过程中的中间环节。

改革开放后，县水利工程管理单位开展综合经营活动。1982年，对管理单位的经营管理范围界线通过规定，由县政府发给所有证书，使所有权问题得到法律保障，并便于综合经营发展。

河道划界　洞庭湖、新墙河流域的万亩以上堤垸，以大堤内坡脚向外水平延伸30~50

米，经过城镇的地段不少于10米划定，但原经县政府划定，其管理范围大于50米的按原规定执行；无堤防的河道，按历史最高洪水位加超高0.5米的高程划线；平垸行洪区同样按历史最高洪水位加超高0.5米的沿行洪区划定。河道划界埋标后，特别是湖区堤垸背水坡脚的管理范围的土地利用，原则上坚持土地所有权、经营权不变，但土地的使用权将受到一定的限制，在河道管理范围内的土地将禁止建房、爆破、开渠、打井、埋坟等有损堤防安全和造成水土流失的行为，确需进行工程建设的须经县级以上水行政主管部门审批。

河道划界涉及洞庭湖、汨罗江、新墙河、游港河，行政区域跨岳阳楼区、12个乡镇(含岳阳楼区)，绝大部分为双向划界，划界长度有531千米多，2000年12月，完成河道划界任务。

水政执法　1986年前，县水利局水利股、机电股分别承担水利机电纠纷的调解、水事案件的处理。1987年，成立河道管理站，加强对全县60条大小河流的管理，各乡镇水电管理站确定一名职工兼管河道，初步形成河道执法体系。

1988年，《中华人民共和国水法》《中华人民共和国河道管理条例》颁布实施。1991年，成立县水利水电局水政水资源股，任命第一批水政监察员。1992年，将水政河道管理站合并为河道水资源管理站。1993年3月，成立县法院水行政案件审理执行室。1995年3月，实施《岳阳县水资源工程管理办法》，在湖南省率先开征水资源费。1997年3月，水政监察大队正式成立，成为全省第二家水政监察挂牌单位，水政执法步入规范化管理轨道。2006年，岳阳县被列为全国14个水利综合执法试点县之一。至2007年，水政监察大队共查处水事违法案件820起，调处水事纠纷1036起，拆除违章建筑165间、颁发“河道管理范围内生产作业许可证”565套、颁（换）发“取水许可证”1081套，完成取水登记2亿多立方米，完成河道划界埋标531千米。岳阳县被评为湖南水政监察先进县、全国水利综合执法试点县。

第七章　农业机械

第一节　农机种类

拖拉机　1978年，全县有拖拉机970台20539千瓦。1990年有2139台22255千瓦。2000年达到2058台20711千瓦。随着规模经营、专业化经营的出现，促进农业对大中型拖拉机及其配套农机具的需求。2005年，国家实行购置补贴，至2007年，全县拥有各种拖拉机1160台21268千瓦，其中大中型拖拉机192台7762千瓦，主要类型有东方红-

504、524、550，上海组荷兰SNH800、804，常州常发CF454、CF450等系列。有小型手扶拖拉机968台、13506千瓦，主要机型有常州常发CF151，湖南衡阳HA-12A，江苏清拖TB400、TE250等系列。

种植业机械 1980年后，土地承包到户，小型耕整机应运而生，用途广。至2007年，全县耕整机11260台、37257千瓦，主要机型有益阳富强IZS-23、益州IZS-25、沅江水旱耕整机等；有旋耕机193台，主要机型为东方红IGQN-200KG、淮安清淮IGQH-200S、北京春翔IGQN-200J；另有机引耙75台、机引犁1329台、机引船208艘、1866千瓦。

水稻种植机械中出现机械抛秧、机械直播、机械插秧等机械，2007年，岳阳县被农业部列为水稻机械化育插秧技术推广示范项目县，县农机局从江苏引进富来威2Z-455插秧机，在中洲乡、筻口镇、杨林乡等乡镇进行示范演示，年底，全县有插秧机7台、35千瓦。

农用排灌机械中主要有作排灌动力的柴油机，1980年，境内有柴油机51723台46003千瓦。至2007年，发展到9720台36455千瓦，主要机型有益阳滨湖F160、F165、F175、BH175。电动机主要用于大中型排灌机埠，至2007年，已发展达3680台11340千瓦。利用各种能源和动力提水灌田或排渍的机械设备主要有离心泵、混流泵、轴流泵等类型。至2007年，已发展到13400台。田间管理机械主要是机动喷雾器，随着全县茶业、果业、园林业的发展，喷雾器机械得到相应的发展，至2007年，全县喷雾器有19630台52890千瓦。

收获机械 1979年，岳阳专署科委引进丰收-35拖拉机配套的全喂式联合收割机1台，1980年，全县有常汉-130型脱粒机901台、165F柴油机配套的割刹机10台、丰收-35型拖挂机套的全喂式联合收割机3台、其他动力打稻机3296台。后随耕地承包到户，农民多用单滚窄幅铁木结构的小型人力打稻机以适用小面积脱粒，动力脱粒机逐年减少。自1995年始，由于规模经营、种粮大户的出现，联合收割机的发展出现大转变。是年，县农机局成立水稻联合机耕服务队，引进4台全喂式收割机在中洲乡现场演示。至2007年，全县有全喂式收割机695台28147千瓦，茶叶采摘机76台131千瓦。

农产品加工机械 至2007年，全县有碾米机1200台、各式榨油机63台、各式棉花加工机械70台、揉茶机100多台。

渔业机械 至2007年，全县有各式增氧机210台630千瓦。有池塘清淤机23台690千瓦。有机动渔船1105台6497千瓦。

运输机械 1980年，农用汽车保有量为337台辆10847千瓦；1987年，农村汽车发展到52台31589千瓦，农用小四轮汽车157台2172千瓦，大拖斗293台，小拖斗293台；2007年，有农用运输车（三轮汽车、低速载货汽车）1897台64746千瓦，手扶变型运输车1010台13362千瓦；农用挂车975台。

农田基本建设机械 2007年，全县有履带式推土机197台12313千瓦。

1978—2007年岳阳县农业机械拥有量一览表

表格 9-7-1

年度	农机总动力		农业机械原值（万元）	拖拉机（大中小型）		种植业机械							农产品初加工机械（台）	渔业机械（台）	运输机械（农用运输车）（台）	农田基本建设机械（台）
	数量（台）	功率（千瓦）		数量（台）	功率（千瓦）	耕整地机械（台）	水稻插秧机（台）	排灌动力机械（台）	机动喷雾机（台）	人力喷雾器（台）	联合收获机（台）	茶叶采摘机（台）				
1978	8192	109364		970	20539		1	7174/84840		26		285	3164		284/9343	
1979	9517	7184552		1142	22891			8282/87356	65/194	22	1/35	191	2313		317/10346	
1980	10210	1281218		1247	24167			8827/92449	76/228	33	3/105	242	2072		337/10847	
1981	11340	2412417		1335	24622			9850/103201	76/233	28	2/70	297	2708		350/11233	
1982	12780	175814		1634	30939			10827/117754	68/250	28	1/35	297	2973		430/13924	
1983	11793	157824		1423	25268	26/78		10040/105326	71/328	18	1/35	254	2624		338/10845	
1984	11215	1575928		1462	24670	115/345		9450/108274		37	1/35	257	2839		311/10008	
1985	11995	176383		1580	26380	155/465		10030/119697	57/149	122	1/35	155	2741		332/10496	
1986	12912	155635		1854	21479	397/7273		10457/108998	27/463	11		90	2491		327/74808	
1987	12804	161317		1923	21948	512/2232		10125/139101	26/74	43609		230	3504		286/8983	
1988	9005	81171	5701	1860	20109	972/3190		4221/	15/21	46243		60	5121	64/381	775/38050	19/1233
1989	10001	84349	5471	1889	19462	1612/5642		4160/36994	29/60			72	4670	46/179	931/45471	18/958
1990	11882	95988	5948	2139	22255	1779/6227		4423/48886	57/118	58195		71	4545	56/345	1067/52361	18/958
1991	15120	170135	5472	2098	20991	2354/7848		4683/40125	168/378			42	4745	64/381	1142/53156	18/958
1992	14496	160947	5529	1895	18439	2654/9448		4331/38154	168/378			8	3609	73/978	1022/49137	20/1070
1993	15187	172974	5086	1765	17403	2328/7590		4188/35459	122/402		1/44	8	3011	191/1394	1177/56866	39/1876
1994	14902	181674	7479	1724	17208	2363/7688		3626/32389	124/404	55673	4/128	8	3348	314/1758	1326/63054	45/2212
1995	15261	190177	7683	1674	16501	2207/7198		4275/35708	147/416	50997	4/128	38	3481	333/1832	1525/72709	41/2006
1996	16579	205048	8220	1859	18013	2305/8074		4576/38210			5/137	44	3800	348/1914	1634/75872	68/3751
1997	16413	202149	8878	1847	18303	2187/7116		4547/36573	226/587	47702	5/50	41	4104	378/2063	1534/73093	74/4096
1998	18168	223697	8638	1928	18845	2571/8365		5034/40487	186/494		33/340	53/98	8773	418/2284	1699/80903	82/4534
1999	34960	435545	8733	2051	18934	3387/11020		9801/73282			58/598	67/115	8226	813/4447	1878/89447	156/8821
2000	35603	427672	8769	2058	20711	4659		11284/80637			104/1786	67/115	9241	843/4567	2554/58906	156/8821
2001	40008	456957	15049	2100	21081	7560/29415		11949/83210			263/4860	67/115	9259	863/4547	2769/64365	156/8821
2002	42008	429805	15322	2205	2463	7938/30886		12546/87371			295/5449	70/121	9723	906/4774	2907/64676	164/9262
2003	48077	473860	16088	2315	23241	8335/32430		13173/91739			310/5721	70/121	10209	951/5013	3053/67910	172/9725
2004	48076	491911	17534	2523	24882	9085/35348		14356/99992			337/6235	76/131	11223	1036/6654	2850/68182	187/10600
2005	50126	592343	18804	2588	27764	9720/37350		16015/105988			458/16828	76/131	11852	1132/5860	2939/69154	193/11352
2006	53040	626249	21159	2715	29303	10370/39234		16190/106551			537/20322	76/131	12160	1080/4616	3298/79712	195/11500
2007	50520	604390	23814	1160	21268	11260/37257		13320/46501			695/28147	76/131	10810	1080/4218	3448/86983	197/12313

第二节　农机管理

农机安全监理　1979—1980年，县农机局对拖拉机驾驶员进行全面考核定级。1983年，对县内农机监理工作进行分工：拖拉机上公路行驶，服从交通部门统一管理，由交通监理部门考核发证和年检年审，拖拉机在公路上发生交通事故，由交通监理部门管理；在田间或乡村道路上工作的拖拉机和驾驶员，其安全监理工作由农机部门负责，进行年度检审，经检验考核合格后发给牌照，在田间或乡间道路上发生事故由农机部门处理。1984年4月，县农机安全监理所负责拖拉机及驾驶员全部档案。1986年始，凡农机部门核发的拖拉机驾驶证，由交通监理部门加盖“某年度准行公路”和岳阳县公安局交通警察大队印章后，方可上公路行驶。1989年，农机监理部门将农用车辆、农用驾驶员的档案移交给交警，交警部门将区域内管辖的拖拉机车辆、拖拉机驾驶员档案移交给农机监理，并设立县公安局农机执勤室。

1994年7月，《湖南省农业机械安全监督管理办法》颁布施行。2002年3月省政府规定，由交警部门管理的农用运输车全部划归农机部门管理。2005年，全县农机系统开展平安创建活动，农机事故逐年下降，机车百台事故死亡率控制在0.16%以内。2007年，县农机安全监理所配合交警、运管部门抓营运安全治理，监理驾驶员档案库，与机手签订安全生产责任状。

农机市场管理　1983年恢复岳阳县建制后，将设在荣家湾的市农机公司供应点划归县农机站管理。1984年，成立县农业机械物资公司（后更名为县农业机械公司），1985年，成立县农业机械综合服务公司，负责经营回收、修复、调剂通用型旧农机产品，代用户修配、改装、研制、配套各种农业机械。计划经济进入市场经济后，农机部门依法加强农机市场管理，开展农机质量打假、农机维修服务、农机网点检审等活动。2002年，县农机局成立农机质量投诉监督站、农机产品质量检测中心，严格执行农机产品市场管理规划，严把市场准入关，严厉打击制售假冒伪劣农机产品的违法行为，加大大案、个案的查处力度，对全县119个经营维修网点实行证照管理。

2004年，县农机局对全县105个经营维修网点实行一个季度一次的整顿，共查处假冒伪劣农机产品64个品种、2000多台件，投诉案件3起，为机手挽回损失1万多元。

农机购置补贴　2004年始，国家对农民购置农业机械实施补贴政策。2005年，县农机部门争取中央购置补贴项目资金66.5万元，补贴机械107台套。2006年，全县农机购置补贴资金70万元，补贴机械88台套。2007年，农机购置补贴项目40万元、农机装备推进项目110万元，项目实施共补贴机械224台套。

第三节　农机服务

农业生产服务　1984年“双抢”前后，县农机站投入内燃机2009台、电动机462台抗旱，灌溉受益面积19360公顷。1990年，县农机局开展防汛抗灾服务，组织拖拉机、柴油机、电机等1543台，抢运防汛抗灾物资5000余吨。1991年，县农机局在黄岸乡稻院村帮助开垦荒山，营造果园20公顷，兴建小型抗灾机埠1座，兴修水利3处。1996年，全县机械化耕作面积22790公顷、机械排灌25370公顷、动力植保59500公顷、动力脱粒3820公顷、机械加工53万吨、机械化运输16601万吨千米。2002年，县农机局共投入资金2万余元，帮助三荷乡五桥村建起20个蔬菜大棚和100亩芋头种植基地，并多次到湘阴、岳阳、长沙等地帮助销售农产品15万千克。2004年7月，县农机局与相关生产厂家在筻口镇老街村举办新机具现场演示会，推广新型收割机、旋耕机。

跨区机收　1997年5月，组织中洲乡机收作业服务队到河南驻马店地区参加麦收大会战，共完成机收面积733公顷，实现湖南省收获机械跨省作业零的突破。2001年，县农机局成立岳阳县农机跨区作业机收服务队，由于成绩突出，被农业部授予全国跨区机收先进单位称号。2002年，县成立第一个农机跨区作业协会，跨区机收作业范围扩至机耕、排灌、植保等机械化作业项目，作业面积达7333公顷，收取作业费300余万元。2003年，县农机局组织70台联合收割机赴湖北、河南、安徽等省进行跨区作业收割，收割面积近4000公顷，收取作业服务费200多万元。2004年，组织80台收割机到湖北、河南等地进行水稻收割，共完成作业面积3000公顷，实现经济收入160万元。

农机合作社　2002年，筻口镇农机大户黄小兵创建农业机械合作社，是年，入社机械总价值600余万元，社员150余人，拥有大中型拖拉机21台、大中型收割机140台、插秧机3台。该社实行统一培训、统一管理、统一维修，实现年利润100万元。2005年，组建县农业机械协会，以自愿的原则，将农机管理、推广、生产、销售、维修、作业人员吸收入会，提升农机服务的社会化和组织化水平。

第四节　技术推广

驾驶员培训　1978年3月，县农机局在县农业机械学校举办机滚船师资训练班，区、社农机站60名管理人员参加；4月，县境各区社培训机滚船操作手1020人。是年11月，县农机局在县农机校培训区、社农机站财务人员65人。1990年，共培训1650人，其中新训拖拉机手450人、耕整机手200人、复训1000人。1997年，县农机校自筹资金20万元，组建岳阳县第一个干部职工计算机培训学校，共举办各类培训班20期，培训2020人，其中新训汽车驾驶员138人。2003年，培训拖拉机及农用驾驶员1873人、修理人员

26人。2004—2007年，通过阳光工程培训，培训农机手近700人。

农机推广 1972年10月，成立县农业机械研究所，1978年，改良风车等4项成果被录入岳阳地区科学技术重要成果选编。1987年11月，更名为岳阳县农业机械推广服务站。1991年，在全县推广旱稻稻种破胸催芽机械。1994年，推广新技术项目6个、新机具800余台，其中水稻联合收割机深受广大农户的欢迎。1997年，推广农机新机具735台。2002年10月，成立县农机技术推广中心。2003年，全县推广水稻联合收割机129台。2005年始，岳阳县被定为中央农机购置补贴项目试点县，县农机技术推广站自筹资金上百万元，在十二公里设立推广新技术、新机具服务点，是年，推广联合收割机140台、水田耕整机1500台、大中型旋耕机5台套、清淤机械1台。2006年，岳阳县被纳入全国水稻机插秧技术示范推广县，3—5月，从江苏富来威引进步行手扶式插秧机5台，在筻口镇莲塘村、杨林乡龙潭村、新墙镇三合村、中洲乡风亭村举办插秧机现场演示会并设点推广。2007年，从上海久保田引进半喂入式收割机，在杨林、麻塘等乡镇举办大型收割机现场演示会。

第十篇　东洞庭湖管理

第一章　湖　州

第一节　湖洲资源

东洞庭湖地处长江中游荆江段南侧，现有面积1328平方千米。东洞庭湖湖水量大，自净能力强，水质条件好。因为独特的水域湿地环境，孕育以喜湿和半喜湿为主要特征的丰富野生动植物资源。已记载到鱼类12目26科122种，以河湖性鱼类为主。列入国家重点保护的水生动物有一级物种中华鲟、白鲟、白鳍豚3种，二级物种有胭脂鱼、文昌鱼、江豚3种。已记录冬季鸟类16目41科158种，国家重点保护鸟类32种，其中，一级保护鸟类有白鹳、黑鹳、白头鹳、白鹤、中华秋沙鸭、大鸨6种，二级保护鸟类有白琵鹭、天鹅、鸳鸯、白鹇、白枕鹤、灰鹤、白额雁等26种。东洞庭湖有自然植物保持较为完整的山体，山上有南方红豆杉、银杏、芒萁、石松等古生代或中生代遗留下来的残存物种，有银杏、苦槠、马尾松、小叶栎、杉木、喜树等中国特有物种。洲滩草甸植被面积大，植物资源丰富、蕴藏量大，有大片的芦苇和藜蒿生产基地。东洞庭湖沙石资源丰富，每年可开采500万吨，又是国家重要的粮、棉、油、茶、麻、猪、禽、鱼等农产品大型生产基地，也是石油化工、食品饲料、轻纺工业基地。

第二节　芦苇生产

20世纪80年代，境内有湖洲10467公顷，　2005年，扩至11433公顷，其中老港2633公顷、北洲533公顷、南洲1507公顷、飘尾2167公顷、东洲1633公顷、新洲2960公顷。在建设高产、稳产芦苇基地过程中，逐步实现沟、港、路、桥配套规范化，基地建设田园化，运输、引淤、排渍网络化，灭杨、除藤、除杂、治虫科学化，收割、加工机械化。2005年，洞庭苇业有限责任公司拍卖荒洲荒滩发展芦苇面积1733公顷、栽蔸433公顷、埋秆127公顷、灭杨兴芦100公顷、翻耕复壮173公顷、改造低产田200公顷、新开排渍沟78条、新挑墩台21个，共移动土方78万立方米，投入资金490万元，已发展芦苇面积467公顷，可收割芦苇面积267公顷，年产芦苇1850吨，年产值

92.5 万元。2007 年产芦苇 2500 吨，年产值 125 万元。

1982—1990 年，科研所有 6 项科研试验和论文获上级的肯定和奖励，1992 年《荻芦害虫微生物防治研究》课题获省科技进步二等奖，《苏云金杆菌防治毒蛾》一文发表于 1992 年《昆虫天地》14 卷第一期，1993 年，李一举与省经济地理研究报合编《长江中下游水域洲滩野生经济植物资源》一书正式出版发行。

第三节 综合经营

1984 年前，湖洲经营执行“以苇为主，芦渔并举，因地制宜，全面发展”的方针。自 1984 年始，湖洲经营“以芦为主，积极发展林业，走工业、养殖业、商业、贸易综合业发展”的道路。1986 年，湖洲生产总值 2155.48 万元，其中芦苇产值 1349.68 万元，占 62.62%；农业产值 2.6 万元，占 0.12%；渔业产值 21.5 万元，占 35.43%。1988 年，湖洲生产总值 2650 万元，其中芦苇产值 1327 万元，占 50.08%；工业产值 1220 万元，占 46.04%；其他产值 103 万元，占 3.88%。

2000 年前，实行财产抵押承包、经理负责制，每四年一届，前三届承包任务完成好。1996 年，芦苇产量定任务 11.28 万吨，实际完成 12.90 万吨，任务产值 5638 万元，实际产值 6986.3 万元，因 1996 年、1998 年、1999 年大洪灾，芦苇基地遭受严重破坏，未能完成合同任务。湖洲总公司下属窗纱总厂为厂长承包经营责任制，前三届承包是湖洲工业的兴旺时期，最高年产值达 1100 万元以上，产品规格品种 12 个，注册商标 2 个，获得各项品牌奖、革新产品奖、精神文明建设奖 10 余项，被评为省级文明单位，晋升省预备级企业，高峰期安排职工 800 多人，消化内部劳力 700 余人。因上述三年洪灾，加上亚洲金融危机影响，最后一届承包任务未能完成。2000 年 5 月 24 日，县政府批准县湖洲经济开发公司破产。2001 年 9 月，新的国有独资企业湖南洞庭苇业有限责任公司实行多种形式的生产经营权转让合同制， 2003 年，公开议标，转让生产经营权，2005 年，公开拍租湖洲荒滩，湖洲经济开始有所好转。2001—2007 年，完成各项收入 5828.9 万元，其中苇业收益 2145 万元，沙石收益 1946 万元，缴纳国税 263 万元、地税 1396.5 万元、特产税 95.9 万元。

第二章　渔　政

第一节　机　构

1985年，县湖泊管理委员会更名为县渔政管理站。1994年12月14日，县渔政监督管理站更名为县渔政监督管理局（简称渔政局），为正科级事业单位，年底，县渔政局整体迁至岳阳市城东南路。2000年6月，县渔政局由农委系统改为东洞庭湖管理委员会直管，是全省唯一局建制的县级渔政监督管理机构。2000年前，岳阳县、岳阳楼区、君山区等渔政部门均下湖执法，渔政管理秩序较为混乱。2005年5月，市政府市长办公会议授权岳阳县对东洞庭湖实施统一有效管理，县渔政局成为东洞庭湖执法的主体。下设城陵矶、北洲、鹿角、外来渔民管理4个站，机关设办公室、法规股、安全股、人事股、计财股。2007年，有在职工作人员53人、离退休人员14人，公务船4艘，快艇4艘。主要负责宣传渔业法律、法规、监督检查渔业法律、法规的实施，登记检验渔业船舶，核发渔船牌照、渔船驾驶和捕捞许可证、调查处理渔业船舶之间的交通事故，维护东洞庭湖渔业生产秩序，保护增殖东洞庭湖渔业资源及珍贵水生野生动物资源，保护东洞庭湖渔业生态环境，依法对渔业水域污染防治实施监督管理，依法征收渔业资源增殖费。

第二节　保护渔业资源

春禁　20世纪70—80年代，东洞庭湖年均捕捞量为10万担左右，以后由于水污染、生态破坏，捕捞产量逐年减少。1986年3月，县渔政站先后开展君山后湖为期3个月的亲鱼产卵育肥场3.3万公顷的蓄禁、对长江流域洄游性鱼类和洞庭湖常居性鱼类越冬场的三江口667公顷水域的长年蓄禁及鲇鱼口、注滋河1333公顷水域秋禁工作，使洞庭湖鱼类资源的关键性措施落到实处，4次被《法制报》、湖南电视台等推介，得到有关部门和外省、市县渔政部门的赞扬。1987年4—6月，县渔政站对君山后湖22处鱼类产卵、索饵场共3.3万公顷水域实行春禁。至1991年，连续6年的春禁工作，江湖鱼类的增殖已见成效。2001年，扩大春禁水域，从君山、壕坝延至湘江麻拐石以下1500米，使鱼类洄游通道加大加宽；延长休渔期至7月31日，湖南卫视以《休渔归来话开湖》予以专门报道。2002年，农业部首次在长江流域实行全面蓄禁，东洞庭湖首次实行全湖蓄禁，2003年，农业部组织在长江流域实施禁渔期制度，东洞庭湖实施全湖蓄禁，禁渔时间调整为3

月10日12时至6月30日12时。县渔政局督战3个月，确保禁渔期间“江中没有渔船，岸边没有网具，市场没有湖鱼”“船进港，网入库，人上岸，证集中”，得到部、省、市、县各级领导的一致好评。2005年1月，县渔政局被农业部评为长江流域春禁休渔工作先进集体。2007年3月28日，县渔政局组织近150名渔民代表召开规模最大的春禁大会，组织召开渔民座谈会820人次，并张贴标语，悬挂横幅，利用各种媒体进行宣传，在报刊、电视网络等媒体发布春禁消息，宣传春禁政策。是年春禁期间，共查处违禁案件60起、没收摧毁地笼160个，虾笼2480个，“迷魂阵”丝网等违禁业次86部、15800米，违禁挂钩5600个，砍掉竹篙1480根，处置违法违禁渔民60人次。

冬禁 1988年11月1日至1989年4月1日对东洞庭湖渔业资源开始冬季蓄禁。1991年12月，县委、县政府组织为时7天的清湖行动，共清查天然水域2.67万公顷，缴毁“迷魂阵”800多处、查处毒鱼案3起、炸鱼案61起、电捕鱼2起，拘留、传唤违法渔民35人，从经济上处罚3人、将近年来80多个大户的有害业次清理殆尽。1993年10月19日，县渔政管理站发布《关于1993年秋冬季禁湖通告》。1994年10月20日，县渔政管理站发布《关于加强三江口水域蓄禁的通告》，蓄禁时间为1994年10月25日至1995年3月5日，在禁区禁期内严禁毒、炸、电力捕鱼。2007年，县政府颁布《关于严禁在东洞庭湖电鱼、毒鱼、炸鱼的通告》，县渔政监督管理局把《通告》送到每户渔民的船上，建立举报监督制度，公布举报电话，做到举报一起，查处一起，形成对电力捕鱼的高压态势。对鲶鱼口、三江口等电力捕鱼易发水域派人实行24小时轮流值班，降低发案次数，是年，共立案处理24起，查处电力捕鱼嫌疑人35人，打掉电力捕鱼团伙25个，移送公安部门刑事拘留7人。

整治矮围 违建矮围是2000年后东洞庭湖兴起的害业，这些矮围影响鱼类种群结构和区系构成，造成渔业资源衰竭。2005年始，个别渔民利用春节前后渔政管理的空档，违法建筑各类矮围。2006年5月，经请示县委同意，炸毁3处，但违筑矮围的现象难以得到杜绝，反而有蔓延暴发之势。2007年初，东洞庭湖有各类矮围31处、总面积约5200公顷，鹿角水域有24处、约3067公顷，北洲水域5处、约1600公顷，城陵矶水域2处、533公顷。大部分新建矮围均采取机械施工，每个投资都在10万元以上，个别达到近百万元。当事人有沅江、南县11人，华容县1人，苇业公司16人，单位有麻塘水电站（1处）、湖滨园艺场（1处）。矮围建筑违反《渔业法》《湖南省渔业条例》，严重破坏了湖场生产秩序，影响渔业资源复苏增殖，同时也给社会稳定带来严重影响。这一现象引起社会的高度重视，由东管会牵头，成立专门班子打击矮围的围建，是年摧毁新建矮围5处。

人工放流 1986—1987年，根据江河中鱼苗生长快适应性广的特点，县渔政站捞鱼苗支持大面积的养殖生产，并将野鱼还江，坚决制止河蚌出境，保护贝类资源。

自2001年始，县渔政局在春禁期间实施人工放流，是年投放春片120万尾、夏花1

亿尾；2004年，投放夏花1000万尾；2005年，投放鱼苗40多万尾；2007年，投放400多万尾。

第三节　改善民生

东洞庭湖水域有来自湘、鄂、皖、鲁、川、渝等9省专副业渔民近万人，高水位时其中常年在湖捕捞生产的专业渔民1237户3479人，其他副业渔民1306户3521人，岳阳县县籍有340户1325人。他们长期生活在湖泊，居无定所，以船为家，条件恶劣，收入不稳定。根据县政协十四届五次会议提案，县渔政局按照农业部统一部署，从2002年起开始对长江流域实施禁渔制度。2003年，开始执行渔民低保政策，凡岳阳籍非农户口专业渔民每人每月享受30元最低生活费，首次为331名专业渔民解决低保，共支付29990元。发动渔政局全体干部职工捐款2000元、衣物200件送到渔民手中。2006年，县民政局解决春禁渔民低保金8万元，享受低保的渔民共278户926人。2007年，发放渔民低保金9.3万元，年底，安排2万元的困难补助。是年，争取柴油补贴64.5万元，以每户900元的标准发放到渔民手中。春禁、春节期间，组织干部职工募集资金8000元、大米2500千克、衣物1000余件对渔民进行扶贫济困。

2006年，有212名外县籍渔民参加农村合作医疗，鹿角、城关、麻塘、中洲等地渔民由当地政府及卫生部门负责，2007年年底，共300名外省籍渔民参加农村合作医疗。

第三章　综合管理

第一节　管理机构

1979年4月，成立岳阳县芦苇公司，与县湖洲管理局合署办公，为政企合一的职能局。1981年，撤销岳阳县，县湖洲管理局归属市湖洲管理局。1984年1月，恢复岳阳县湖洲管理局。1988年11月，撤销县湖洲管理局，成立岳阳县湖洲经济开发总公司，实行财产抵押承包、经理聘任制。下辖老港、飘尾、北洲、新洲、南洲、东洲6个芦苇场及县芦苇科学研究所、湖洲中学、湖洲供销公司3个直属单位和岳阳市窗纱总厂（由老港针织厂、飘尾织布厂、湖洲染整厂合并而成）。2000年5月，岳阳县湖洲经济开发总公司经县政府批准破产，8月，正式成立县东洞庭湖管理局，加挂岳阳县东洞庭湖管理委员会的牌子，隶属县政府，内设办公室、政工室、资源开发办、执法监督室，对东洞庭湖实行统一有效的管理。2001年8月，湖洲经济开发总公司更名为湖南洞庭苇业有限责任公司，芦苇场更名为芦苇分公司，下设老港、飘尾、北湖、新洲、南洲5个芦苇分公司及芦苇科学研究所、湖洲联校等单位。是年，成立月山社区，下设月山、老港2个小区，管理辖区1325户4830人。2003年实行多种形式的生产经营权转让合同制和公开议标拍卖荒洲经营权，经营转让有5年合同制，荒洲拍卖承租有15年制。

第二节　沙石资源管理

东洞庭湖沙石资源蕴藏量丰富，总储量为655亿吨，年开采量达1380万吨。沙石矿区呈南北走向，面积为300平方千米。受特殊的地理条件和地质作用影响，沙石质地优良、品种齐全、含硅量高、结构力强、采运方便，广泛应用于各类工程建设，并作为沿江各地重点工程建设的指定用沙，其深加工的产品还作为优质的型铸、玻璃、滤料和压裂用沙，广泛应用于冶金、化工、自来水和石油等工业。资源主要集中分布在东洞庭湖、新墙河流域及滨湖地带，其中东洞庭湖资源储量约占90%，加上常年受水流搬运和沉积作用的补给影响，极大地提高资源的可靠和保证程度。

2005年前，由于过度开采，产能大大超过市场需求量，低价倾销使沙石的市场价值得不到体现，同时，由于过度、无序的开采，对河床破坏严重。2005年3月，采取“招、拍、挂”的方式，与民营企业老板签订为期五年的沙石采矿权出让合同，以股份制的形式成立县东洞庭湖沙石开发有限公司。合同规定当年上交各种税费840万元，以后4年逐年递增10%。是年11月底，开采沙石600万吨，完成各种税费800万元。2007年，上缴税费1118.6万元。

东洞庭湖沙石资源采矿权的出让标的位于东洞庭湖南起湘江河道岳汨界，北至城陵矶三江口，西抵岳沅县界，东至新墙河入湖口，全长约50千米，矿区面积约200平方千米，具体范围以划定的矿区范围图为准。

禁止在沿河城镇、旅游景点及有特殊要求的保护区河段范围内；距堤脚500米内的湖洲、与堤脚相连的河洲以及大堤内外禁脚，属防护林内；船闸、水闸、泵站、取水口、码头区500米内；险工险段、崩岸段等及河势不稳定或开采后可能导致河势向不利方向发展的水域；水文站基本水尺断面上、下游各1000米及水位站水尺断面上、下游各500米范围内；主航道维护尺度左右一定范围内和可能引起航道变迁的珍稀水生动物活动区、大型鱼类产卵区、自然保护区范围无沙、少沙河段采沙石，包括沙砾料已被采空的河段。禁止进入航道、重要桥梁及港口和其他工程设施等的保护范围内开采及其法律法规规定的禁采区内开采。其余水域均可开采。防汛期间，经市级以上（含市级）防汛指挥部认定开采沙石影响防汛的、法律法规规定的其他禁采期均禁止开采。

东洞庭湖矿区（含汨罗市湘江河段、沅江市沅水河段和岳阳县新墙河流域全部）共有采沙船舶58条，有648人从事沙石开采业，年开采量1200万吨，产值7000万元。

第十一篇　工业·乡镇企业

20世纪70年代末期，岳阳县工业初具规模。1980年，全县有独立核算的工业企业346个，职工92792人，工业产值3973万元，其中县直工业产值1446万元。1981年，岳阳县并入岳阳市，原县城工业全部交给岳阳市管理。1983年恢复县置时，全县工业企业减至223个，职工减至7559人，年工业总产值4429万元，占全县工农业总产值的17.11%。县直工业仅有4家小厂，年工业总产值183万元，居全市6县倒数第一。

1984—1993年，县属（包括县直、部门、二轻）工业投入资金1.75亿元，新上技改项目128个，其中有投入3000万元的洞庭造纸厂、投入2000万元的纺织厂、投入800万元的制药四厂3个规模工业企业。1993年，全县国有、集体、乡属、村级企业14278个，年均职工55719人，工业总产值96877万元。共引进、发明专利产品19项、开发省级以上新产品27个、创省级以上名优产品32个，其中6个产品获部优、国优称号。

1993年，全县工业企业均为股份制合作企业。1994年，县洞庭造纸厂率先在全省工业企业中实施破产。1995年，洞庭造纸厂资产实行整体拍卖，重组为外商独资企业丰利纸业有限公司。1996年，全县工业企业破产24家，2002年，县直最后一家企业富达塑料厂破产，全县完成产权换制986家，改制率96.5%，共盘活存量资产5亿多元，化解债务4.17亿元，置换职工身份1.2万余人，成为全省的典范；共引进项目64个，引进资金16.5亿元，安排再就业8000余人，先后有丰利纸业有限公司、核工业中南地质局311大队、向红机械化工有限责任公司、湖南科伦制药有限责任公司、大力神电磁机械有限公司等一批投入过千万元、过亿元的规模企业。

2001年，县城工业园成立，2003年，成立三荷小区，2005年，成立新墙农业工业化园、县生态工业园。2003年后，随着湖南科伦制药有限责任公司、鹏程纸业、鑫鹿包装、飞碟新材料等企业陆续入园，加快基础设施建设，县财政拿出3000万元设立工业发展基金，重点支持工业园建设，建立工业园融资平台。至2007年，县城工业园累计投入资金1.9亿元，入园企业12家，总投资9亿多元；全县共有工业企业4315个，从业人员45072人，其中规模企业共90家，国家资产11.09亿元，从业人员1.48万人；完成工业总产值69.64亿元，其中规模企业完成工业总产值52.92亿元。

1984—2007年岳阳县工业总产值

表 11-1-1　　　　单位：万元

年度	总计	国有工业	集体工业	村及村以下工业	外商、联营经济	500万元以上非国有企业	500万元以下非国有企业	规模以上企业	规模以下企业
1984	6590	1726	3022	1842					
1985	10653	2346	4611	3696					
1986	13135	2976	5920	4239					
1987	18610	3485	8122	7003					
1988	31184	5791	14173	11220					
1989	36140	7258	15519	13363					
1990	42031	8665	17868	15498					
1991	51279	9934	21837	19508					
1992	64591	10032	27774	26785					
1993	96877	9881	41742	45254					
1994	130248	14987	59556	55705					
1995	160685.2	16203.2	69558.3	73037.6	1886.1				
1996	274318	16295	103270	149124	5629				
1997	290586	20046	62595	198363	4791.4				
1998	317015	17753				27180	272082		
1999	242609	20185				27872	194552		
2000	264096	18913				37277	207906		
2001	303446							66088	237358
2002	267979.6							87979.6	180000
2003	315371.6							125871.6	189500
2004	379191.1							180216.1	198975
2005	384760.5							255684.5	129076
2006	493360							345923	147437
2007	696438.3							529168.3	167270

说明：1984—1989年以1980年不变价格计算，1990—2003年以1990年不变价格计算，2004—2007年　按当年价格计算

第一章　工业门类

第一节　机械冶金

机械工业　县内机械工业企业主要有县机械厂、县化工机械厂、西塘铸造厂、潼溪铸造厂、县衬胶泵厂、新开机修厂、乌江机筛厂等。1985 年工业普查，全县机械工业 30 家，其中地方国有 2 家，集体 28 家，职工 1388 人，固定资产原值 745.70 万元，年总产值 753.20 万元，占全县工业总产值 7.07%，实现利税 118.30 万元。1990 年，有机械工业 24 家（其中全民 1 家），年总产值 1113 万元（其中全民 230 万元），职工 1187 人（其中全民 252 人），劳动生产率 9377 元（其中全民 9127 元），每百元固定资产实现工业总产值 143.25 元（其中全民 90.59 元），利润 4.98 元（其中全民 4.80 元），利税 16.90 元（其中全民 22.23 元），利税率 11.12%（其中全民 23.70%），利润率 3.27%（其中全民 5.04%）。是年，潼溪铸造厂生产水田耕整机、手扶拖拉机、农用水泵、衬胶泵等新产品，完成铸件 1330 吨、铸管 836 吨、手扶拖拉机 75 台，加工各类衬胶泵 300 台套，完成工业产值 147.5 万元，创利税 8.95 万元。1992 年，岳阳县铁道车辆附件厂主要生产铁道车辆各种半圆头铆钉及各种螺栓，产品全部销往株洲车辆厂。1993 年，开办岳阳恒信机械制造有限公司，设备净值 370 万元，主要生产食品机械、非标通用机械等，形成糖果机械和沙琪玛机械 2 条生产线，年生产能力 80 万元。2003 年，国家定点生产军民用火工品、火化工专用设备、汽车安全气囊用氮气发生器及涂料的湖南向红机械化工有限责任公司从新化县整体搬迁到岳阳县。2005 年始，县境电气机械制造业有林特家用电器公司、海纳机械有限公司、拓邦电子厂、长风电磁铁有限公司、华中电磁科技有限公司、固特科技有限公司、永恒磁力有限公司。

2007 年，湖南向红机械化工有限责任公司工业总产值 9951 万元，销售产值 9800 万元，完成国家税收 76 万元。

冶金工业　县内金属矿主要有金、铁、铍、锰、钒等。1983 年，有新开钒一厂、二厂，职工 181 人，固定资产 64.7 万元，年生产五氧化二钒 51 吨，产品畅销 26 个省市、90 多个单位。1988 年，新开乡新建钒三厂，总投资 300 万元。1989 年，五垸乡与南方有色金属冶炼集团联合创办金马钒厂，年底建成投产，有职工 240 人，固定资产 320 万元。1991 年，新开乡将钒一厂、钒二厂、钒三厂组建成新开钒总厂。下设 3 个分厂、15 个生产车间，共有职工 871 人，固定资产总额 734.3 万元，机械设备 350 台件，专供电缆线路 3 条 1500 米，750 千伏安变压器 3 台和高低压配变系统装机 3 台 350 千瓦。年生产红钒

300吨、精钒270吨，年产值1600万元，获纯利22.38万元，产品质量超过部颁标准，新开、五垅钒矿成为全省最大的石煤提钒基地。1994年，为精简机构，撤销钒总厂，将原钒一、二、三厂分开实行独立核算，裁减行政管理人员80多人。1996年，除钒矿外，公田镇一带还有一些村办小铀矿开采企业。全县有色金属冶炼企业10家，职工922人，工业总产值8091万元，销售额8343万元。因钒、铀在冶炼过程中排放大量废渣、废气、废水，废气中的氯化氢、二氧化硫等气体对周边环境污染严重，2000年，县内所有钒厂、铀矿全部关闭。

2001年，由香港兴达贸易有限公司投资800多万元，在三荷工业小区兴办岳阳佳鑫科技有色金属冶炼有限公司，2006年6月投产，主要是从伴生精金矿中选炼出含量为99.9%的黄金，年生产黄金275千克。

2005年10月，建于中洲乡的源昌稀土材料有限公司注册登记，该公司投资600万元，建生产线2条，安排就业40人，年产金属达70吨，年产值850万元，税收100万元。

第二节　生物医药

1978年12月，国家投资280万元组建县制药厂，年产红霉素3吨，县生物医药产业正式起步。

1994—2004年，生物医药产业平稳发展，岳阳市制药四厂、岳阳民康医用材料有限公司、岳阳县金术中药饮片有限公司先后竣工投产。2001年3月，岳阳市制药四厂被四川科伦实业集团整体收购组建湖南科伦制药有限公司。是年6月，湖南科伦制药有限公司投资7000万元，在县生态工业园建成占地面积9000平方米的新厂，2005年，完成税收1257万元，位列岳阳市纳税50强民营企业首位。

2004—2007年，生物医药产业成为县内支柱型特色产业，以科伦药业为龙头，向上发展湖南利尔康生物科技股份有限公司、岳阳富和科技有限公司、岳阳昱华玻璃制品有限公司、湖南民康药业有限公司等药用元素产品企业，中段做大湖南科伦制药有限公司、湖南同安药业有限公司等中成药产品企业，向下接通岳阳鹏程纸业包装有限公司、岳阳鑫鹿包装箱有限公司、岳阳县民祥包装材料有限公司、湖南金诺纸业包装有限公司等配套服务生产企业，2007年年底，形成由10家医药企业、8家配套企业组成的医药产业集群，行业生产增加值近2亿元，上缴税金1165万元，实现利润2966万元。

第三节　建材建筑

一、建材工业

水泥制造业　恢复岳阳县建制时，境内有水泥制造工业企业2家，主要生产325标号、425标号矿渣硅酸盐水泥。1985年，2家企业有职工162人，固定资产157.7万元，年生产水泥12320吨，完成工业总产值70.6万元，完成利税11.5万元。

岳阳县水泥厂始建于1974年6月，为国营预算内企业，企业前身为岳阳县钾肥厂，1981年转产水泥，至1987年，将1.2米独立窑改造成1.7米机立窑，是年生产水泥2.2万吨，1991—1995年进行第二次改造，完善原料车间的微机配料系统，新增2.2米的机立窑，配套烘干车间，完善其他设施，共投入改造资金590万元。1994年10月，率先实行股份制改造，企业更名为岳阳云山水泥有限公司。1997—2000年，通过租赁经营，将2.2米机立窑扩建成2.5米机立窑，新上1.5米的磨机，配套选粉机系统，使原材料及各项费用递减，产值产量大幅度增加。

五垸公社水泥厂建于1976年，主要生产425标号水泥，1990年，该产品在全省乡镇企业物理检测大对比中获第一名。

至2007年，2家水泥生产企业共有职工131人，生产水泥7918吨，资产总额3241万元，实现利润252.5万元。

水泥制品业　1985年，全县水泥制品企业11家，其中全民1家、集体10家，有职工184人，固定资产83.8万元，工业总产值102.8万元，年完成利税8.3万元。生产水泥预制件20222立方米、水泥电杆1035根、水泥压力管10千米、水泥瓦10万片。1988年发展到20家，共生产预制构件8.8万立方米。1996年，公田镇有村、户水泥预制厂场54家。黄沙街镇先锋村将31家户办预制场联合成立岳阳县先锋预制构件集团公司，全年完成总产值700万元，上交税费26.4万元，实现纯利180万元。至1998年，全县有水泥制品业76家，职工1451人，年工业总产值5780万元，工业销售产值5577万元。

2007年，全县预制场达97家，涵管、小件水泥制品企业43家，共完成工业产值80134万元。

石灰制造业　1985年，全县有石灰厂2家，职工170人。固定资产原值56.80万元，年利税4.60万元，年工业总产值39.20万元。2007年，2家石灰生产企业，共有职工280人，年总产值183.50万元。

砖瓦制造业　1978年，全县乡镇砖瓦工业企业21个，从业人员1134人，有砖机、瓦机42台，年生产红砖3968万块、瓦295万片，砖瓦制造业发展为集体经营，机械生产，轮窑烧制。

20世纪80年代，县内较大的砖瓦生产企业有岳阳县机瓦厂、新开砖厂、五垸砖厂、荆洲砖厂、广兴砖厂、康王砖厂等。1983年，岳阳县荣家湾机瓦厂更名为岳阳机瓦厂。1985年，该厂有职工91人，工业总产值85.9万元，实现利税17.7万元，年产红砖1044万块、红瓦302万片。至1987年，全县有乡镇砖瓦制造企业24家，职工1516人，固定资产843.5万元。年产红砖14793.3万块、红瓦597.8万片。1988年，岳阳机瓦厂整体搬迁扩建，是年8月投产，共投入90多万元，完成产值50万元。1994年，该厂从浙江引进双层窑烧制外墙砖新工艺，生产的釉面彩色墙地砖，填补省、市空白。1998年，全县砖瓦制造企业57家，职工3804人，工业总产值10416万元，工业销售产值9939万元，共产红砖130560万块。2003年，推行空心黏土砖、多孔黏土砖、混凝土空心砌块、彩瓦等。是年，湖北客商王有成在康王乡设立彩瓦生产企业，注册资金50万元，总投资530万元。11月投产，2004年实现工业产值600万元，利税120万元。2007年，全县有红砖生产企业86家，年产红砖13亿块，非黏土砖企业7家，彩瓦生产企业5家。

二、建筑工业

1979年，全县有乡镇建筑队15个，职工1705人，年完成工作量760万元。1984年，在荣家湾重建县建筑公司，1988年，公司有职工184人，固定资产原值30.05万元，各种机械设备98台套367.50千瓦。1984—1987年，共完成建安产值559.38万元，竣工建筑面积2.62万平方米。1990年，全县建筑工业企业有46家，其中县建筑企业10家，农村建筑企业36家，共有职工6502人，其中固定职工3962 人，技术人员205人，固定资产原值579.81万元，流动资金533.30万元，机械设备4571.26千瓦，年自行完成工作量5190万元，完成建筑面积39.50万平方米。

第四节 纺织印刷

纺织业 1984年，境内有纺织企业3家，共有职工392人，品种有蚕丝、绸布、化纤丝、棉布、塑料化纤编品等。1985年10月，新建岳阳县针织厂，由县机瓦厂统一管理，主要生产空气变型纱。是年，建老港针织厂，有固定资产19.7万元，职工305人，年产值131.6万元，年产塑纤绞织窗纱146吨，完成利税35.6万元。随后，全县新上县染整厂、黄秀加弹漂染厂、仙桥毛巾厂、城关毛巾厂等。

1988年，新建岳阳县纺织厂（县针织厂并入），1990年12月投产，投资总额2048万元，设计能力为年产1万绽棉纺、1200绽麻纺，有日产2吨精干麻生产线3条。该厂占地面积13.2万平方米，建筑面积2.4万平方米，主要设备97台套，总装机容量600千瓦，有职工1103人，年耗电550万度、煤3300吨、棉1609吨、麻487吨，年产值3000万元。至1993年，全县乡以上纺织企业达10家，年完成工业总产值2867万元，共生产毛巾210万条、纱1310吨。1983—1993年，老港针织厂生产的绞织窗纱布获国际优秀产品奖，毛田缫丝厂生产的长白丝获省优，县针织厂生产的纺毛空气变形纱获省级鉴定新产品，老港针织厂生产的“岳州”牌聚乙烯涂塑印花窗纱、飘尾织布厂生产的“洞庭”牌玻纤涂塑窗纱在全国首届妇幼孕婴用品博览会上获金杯奖。

2000年，城关毛巾厂改制，临湘老板整体拍买重组为岳阳县荷花毛巾厂。有固定资产210万元，职工120人，主要生产毛巾、浴巾、方巾等。2003年，获省外贸公司颁发的自营进出口权许可证，产品销往深圳，出口欧洲、日本、美国等国家和地区。2003年，县恒鑫纺织公司整体拍买原岳阳县纺织厂破产后重组的兴荣纺织公司，2005年8月，又由广东佛山三水南益纺织品公司整体拍买恒鑫纺织公司，组建岳阳县永盛纺织有限公司，成为股份制民营企业，2007年，年产棉纱2711吨，创销售产值16950万元，交税收337.9万元，解决308人就业。

2007年，全县纺织业有岳阳县永盛纺织有限公司、岳阳县荷花毛巾厂、岳阳县鸿源针织有限公司3家规模以上企业和1家规模以下企业，共有职工604人，完成工业总产值24440.8万元，利润总额634万元，拥有流动资产1476.9万元，固定资产2183.62万元。

印刷业　1983年，岳阳县有印刷企业3家。1984年，在公田区建岳阳县第二印刷厂，投资10.4万元，主要承印包装商标、书刊、账表票据、学生文化用品、名片信封杂件、涂蜡压型压凸、烫印彩色铅箔、附设打字油印、铸制聚酯胶棍。1986年，岳阳县欣荣印刷厂更名为岳阳县印刷厂，业务由印制面条包装纸扩大到文件印刷、账表、票据、彩印等项目。县教育印刷厂，由课本印刷扩大到图书、报刊、办公用品、各种布告、文件、商标、名片、彩印包装等业务，至1998年，该厂固定资产增至80万元，职工51人，实现工业产值80万元，完成利税17.5万元，被省教委授予勤工俭学先进单位称号。

1995年，全县印刷企业发展到15家，有职工468人，创产值1638万元，利税总额109万元。

1996年，筻口印刷厂由建厂初期2台机械设备增至12台套，固定资产达20万元，职工30人，承担全市、县、区、乡（镇）268家用户财务账表、文件刊物、文教办公用品、食品包装、多色烫金等纸质品印刷兼塑料制品印刷，成为全县49家乡镇骨干企业之一。

2002年，县教育印刷厂搬迁至县城关镇中湘工业小区，固定资产达800万元，拥有彩印机、双面胶印机、激光照排系统等印刷设备，成为湖南省教育书店、湖南省新知图书有限公司的中国少年出版社教辅资料印刷点。2006年，实现产值1412万元，利税55万元。

2007年，全县印刷规模企业有县教育印刷厂和筻口诚大塑料彩印有限公司，工业总产值8615万元，固定资产2472万元，利税总额117.8万元，实现利润35万元。

第五节　服装制鞋

服装业　1984年，县内有服装企业6家，其中2家针织厂有固定资产50.5万元，各种机械设备65台套，职工106人，年产值35.7万元、利税3.5万元，年生产衫裤5万件、锦纶弹力丝袜8万双。1985年后，办起相思乡针织厂、西塘内衣厂、康王内衣厂，主要生产男、女各式内衣。至1987年，全县服装工业县属企业3家、乡镇企业4家。职工由1985年的490人增至1235人，固定资产由97.1万元增至235.8万元，工业总产值由393.4万元增至1076.6万元，是年，生产各式服装12.9万件，其中，县服装工业公司生产的羊毛定型絮为国内首创。

1988年，县红光服装厂有职工164人，厂区占地面积960平方米，建筑面积880平方米。各种机械设备80台套，年产值120万元，创利税13万元。是年生产腈纶服装、羽绒服装19790件，每年为工矿企业生产各种劳保服装12万件，1988年，被省劳动人事厅定为全省唯一的劳动服装生产厂家，并将该厂更名为岳阳县劳保服装厂，产品远销湖北、安徽、新疆、内蒙古、沈阳、辽宁、黑龙江7省区，其中阻燃工作服、防寒羽绒衣、中高档羽绒被在工矿企业中十分畅销，供不应求。

1984年，成立县服装工业公司，1988年，有职工328人，厂区占地面积35298平方米，建筑面积6000平方米，固定资产52.7万元，是年完成产值427.91万元，实现利税25.2万元，全员劳动生产率1万元。主要产品有羽绒服装、羽绒被，年产5.7万件，产品销往全国17个省、市。

1993年，全县有服装企业9家，生产各种服装94.4万件，完成总产值3690万元。

20世纪90年代中后期，全县规模较大的服装企业有洞庭鹅业公司、劳保服装厂、湘北羽绒厂、供销服装公司等，还有规模较小的部门服装企业、乡镇服装企业及家庭作坊式的服装企业，基本形成羽绒制品为龙头的产业构架。湘北羽绒厂生产的羽绒制品在此期间畅销全国52个地区、城市，并出口到独联体、东欧和美国、日本等12个国家与地区，是湖南省外贸定点生产出口服装企业，享有自营出口权。

2006年，岳阳县葵花服装有限公司有职工98人，资产总额305万元，2007年，工业产值1290万元，上缴税金75.8万元，被纳入全县规模工业企业行列。

2007年12月，由广东东莞市以纯集团有限公司投资1.2亿元的以纯服装项目签约落户岳阳县，成为岳阳县又一大规模服装企业。

制鞋业　1983年，全县有制鞋企业2家。共有职工156人，机械设备32台套，主要生产机上线缝三节头平跟皮鞋、胶粘皮鞋，其军用三节头皮鞋向广西、广东等驻军定点销售。1988年，县皮鞋厂生产的出口工作皮手套、羊毛狸两用空军飞行服，获省经委、省外经委、省商检局联合颁发的“湖南省出口商品质量保证合格企业”证书。是年，成立岳阳县布鞋厂，主要生产各种布面料橡胶底男、女、童布鞋，是年，完成产值55万元，完成销售32.3万元，实现利润0.05万元。1989—1990年，建成筻口鞋帮一厂和二厂，与中国人民解放军3517工厂联营，2个厂共有机械设备185台套，发电机组2台，固定资产40万元，其中，3517工厂对其机械设备贷款21万元，厂区面积2500平方米，职工225人。1993年，全县制鞋企业3家，分别为县皮鞋厂、县布鞋厂、筻口鞋帮厂，年生产皮鞋0.3万双、胶鞋45万双、布鞋20.2万双、鞋帮45万双。

1996年后，县皮鞋厂、县布鞋厂先后破产关停，但乡镇制鞋企业有较大发展。1996年，西塘镇新上西塘鞋帮厂。至1998年，除西塘、筻口鞋帮厂外，在长湖、筻口、步仙、公田、甘田、杨林、毛田、相思、月田、饶村、城关等乡镇均办有成品鞋生产企业，是年，共产皮鞋28.8万双，其中乡村办集体企业3家，共有职工295人，完成工业总产值1632万元。

2007年，县域规模工业企业中，制鞋业仅有筻口鞋帮厂1家，职工年均人数200人，年工业产值5395万元。

第六节　陶瓷制扇

陶瓷业　1983年，陶瓷企业仅有十步、鹿角几家村办、联户办的陶瓷厂，主要生产日用陶器、涵管等系列陶制品。1987年7月，由福建一位个体户和黄沙街镇政府合资新建岳阳县黄沙街镇瓷砖厂，总投资30万元。1990年，产釉面砖4万平方米，年产值208.8万元。

2002年，岳阳众森瓷业有限公司整体搬迁杨林乡原铁山硅厂。该公司投资1000万元，占地面积8000平方米，新建厂房5000平方米，添置机械设备36台套，分为烧成、装坯、成型、烤花4个车间。主要生产日用瓷2300万件，产品畅销全国17个省、市，并出口东南亚、东欧6个国家和地区，是岳阳县首家规模型陶瓷企业。2004年，实现产值2110万元，利税60万元。

2006年，岳阳县首批引进华雄陶瓷、天欣陶瓷、弘泰瓷业3家规模企业。湖南华雄陶瓷有限公司位于岳阳县新墙镇，占地面积24公顷，总投资3亿元，职工565人，新建6条现代化的大型配套生产线，生产耐磨砖、梯级砖、仿古砖、釉面砖和高档抛光砖，有2条生产线已进入良性循环状态，一条生产耐磨砖，日产2.1万平方米，另一条生产仿古砖，日产1.3万平方米，年产值达1.8亿元。

2007年4月22日，岳阳县在佛山召开湖南岳阳县（佛山）陶瓷产业投资说明会，会议现场签约项目2个，总投资1.5亿元。陶瓷生产成为县内主导产业之一。

制扇业　1985年，全县有乡镇制扇企业5家，主要生产纸扇、羽毛扇、绢扇、熟坯、生坯等，共有固定资产48.6万元，职工373人，年产扇71万把，年总产值77.7万元，完成利税4万元。1986年，建立岳阳云梦工艺扇厂，主要生产各种羽毛香扇、纸折扇、书画扇、书画仿古工艺扇、湘绣扇、白玉扇、绢面扇等产品，产品畅销东南亚、美国、日本等国和中国香港。这一时期为全县制扇兴盛之时。城关镇城南村一带，成品扇加工户达30余家，产品畅销全国各地，外地老板上门定购。1995年，组建公田福利扇厂，为岳阳县规模企业之一，厂区占地面积1.2万平方米，建筑面积8000平方米。主要生产香布扇、珠光扇、舞蹈扇等五大系列150个品种，产品远销20多个省、市。2004年实现工业产值2679万元。利税160万元。

2001年，芭蕉扇厂破产重组为岳阳县芭蕉扇业有限责任公司，2003年，公司下设8个分厂，有员工1200多人，主要产品有日本女扇、西班牙扇、冲花绢扇、韩国民俗扇、健身功夫扇等十二大系列3000多个花色品种，2004年，公司采取"公司+基地+农户"的经营方式，与基地4000多农户建立长期合作关系，带动竹制品加工，每50千克楠竹，通过工艺扇加工由28元升值到860元，增长29.71倍，年工艺扇加工能力达2000万把。2006年，实现产值9600万元，出口创汇860万美元。上交国家税收560万元，安排就业岗位860个。2007年，"芭蕉扇"被评为省级著名商标。

第七节　食品工业

岳阳县食品制造业主要有糖果、糕点制造，酱油、酱色制造，豆制品，干制、腌制、酱制蔬菜四大类。其中，豆制品主要为个体作坊加工，较著名的有张谷英油豆腐、黄沙街一带的千张皮等，但均未形成企业化规模生产。20世纪90年代，在康王、张谷英、月田、毛田、云山、相思、城关、广兴洲等地，办有集体、私有蔬菜制品企业，生产规模不大，开办时间3~5年。

1983年，有新墙、广兴洲、西塘、南冲、潼溪、三合等几个社办副食加工厂。中村公社中村大队李爱斌自筹资金办起食品加工厂，年产皮蛋2.4万枚、副食品36吨，总收入7.96万元。1985年，县供销社建食品厂，有职工10人，固定资产20万元，年产值64万元，创利税6.13万元，生产白冰糖200吨、水果糖170吨。1985—1989年，全县供销系统有食品厂13个，年产糕点、糖果721吨，年产值127.8万元，完成利税14.1万元。至1990年，全县副食品加工厂23家（其中乡镇企业10家），固定资产78.6万元，职工205人，年产值170.9万元，年产糕点447吨、糖果432吨、酱制品505.5吨。

1993年，全县乡以上糖果、糕点、酱油制造企业共有14家，其中乡镇有新墙、十步、大塅等食品厂3家，共生产糖果245吨、酱油3800吨，实现产值2001万元。

20世纪80年代至90年代前期，新墙镇利用糖渣加工酱色的村户办作坊有42家，产品销往全国各地，后因市场需求变化陆续停产。1994年，建立新墙镇酱料股份公司，股东48个，合作资金300万元，生产经营豆豉、酱油、酱色等，1996年有员工18人，固定资产120万元，创产值550万元，利税88万元。

1996年，开办九源食品有限公司，为新墙镇引进的一家外资企业，主产品为腌制甜酸藠头，主销日本和国内市场。2004年，更名为湘阳食品有限公司，年腌制藠头1万吨以上，是年，实现产值3839万元，利税368万元。

1999年，建立湖南汇天实业有限公司，注册资金800万元，设备80台套，主要生产酱油、食醋，产品销往湖南、湖北、江西等省。该公司生产的“老缸红豆红酱油”被省乡企局评为名牌产品，获2000年第十六届东南亚食品博览会金奖。2001年，获中国首届调味品博览会最高荣誉“金味奖”。2002年，该公司被省工商局评为重合同守信用单位，被省银行协会评为“守信用企业”。2004年，实现工业产值4146万元，利税130万元。

2003年，成立小天地旅游食品有限公司，次年2月竣工投产，该公司隶属湖南省私营企业500强之一的岳阳小天地实业公司，主要生产“耿哥”牌系列旅游绿色食品，分为玫瑰酱鸭干、河鲜，副食糕点，酱泡菜三大系列，有固定资产520万元，员工30人，2004年，实现工业产值815万元，利税20万元。

2007年，全县食品制造业规模企业4家，职工825人，总资产4832.9万元，年实现工业产值35173万元，创利润430.2万元。

第八节 二轻工业

1984年，县二轻工业局有7个小型企业，432名职工，固定资产原值106万元，净值63万元，流动资金66万元，是年完成工业总产值120万元，完成利润2万元，税金3万元。

1985年，新上热塑橡胶厂，主要生产各种规格型号的SBS胶塑底布鞋，年产布鞋10.2万双。1986年，实现产值54.6万元，利润2.1万元。

是年，在湖南省芙蓉电子公司的帮助下，建立岳阳电子设备厂，组装黑白电视机，后主产电子交流稳压器，开发应急台灯、天线扩大器等新产品。1988年，该厂有职工35人，年产稳压器3475台，年产值50.46万元，占二轻工业年产值4.69%。

1985—1986年，先后有岳阳县钢木家具厂、红星机械厂（更名为岳阳县化工机械厂）、利群木工厂（更名为岳阳县木工厂）、红光服装厂（更名为岳阳县劳保服装厂）4家企业划归二轻系统。

1988年，二轻企业发展到13个，从业人员由1983年300多人增至1300多人，工业产值由96万元升至1084万元，固定资产总额达到504万元。主要产品有：钢木家具、办公用品、热塑橡胶制品、皮鞋、羽绒服、高压阀门、金属填料、电子稳压器等20多个品种。1988年3月，二轻企业全部实行厂长经理任期目标管理，并与县劳保服装厂、县钢木家具厂、县皮革制品厂、县五金机械厂签订厂长资产抵押承包合同书。

1992年，5家企业投资59万元进行技术改造和设备更新。化工机械厂与省农机研究所共同开发的SF-400型双室粉碎机深受用户欢迎；钢木家具厂引进机筛汽缸垫新项目，产值增长；皮鞋厂与省外贸签订长期出口工作手套业务；热塑橡胶厂、鹅业公司有2项QC成果获市轻工系统三等奖，并被市轻工业局推荐到省轻工业局参加QC成果发布会；县热塑橡胶厂研制的热固性粉末涂料通过省级新产品鉴定，获省、市科技进步奖，服装公司创办的洞庭鹅场被列为省“星火计划”。是年，县二轻工业共完成工业总产值1220万元，工业销售产值900万元。

1996年，岳阳县钢木家具厂累计负债526.8万元，9月，经县法院宣告破产，为县境二轻企业中第一家破产的大集体企业。

1997年，县皮革制品厂、县劳保厂、县纺织器材厂、县轻工机械厂、县化工机械厂、县二轻供销公司、县布鞋厂、县热塑橡胶厂等相继依法进行破产。

2003年，岳阳县鹅业公司重组成的县弗莱特制衣总公司，因无新的资金注入，无法启动再生产。至2003年，负债总额为705.16万元，资产负债率518%。是年2月，岳阳县最后一家二轻企业弗莱特制衣总公司依法宣告破产还债。

2004年，二轻企业破产改制工作全部结束，其行业职能划归县企业发展局。

第九节　其他工业

非金属矿开采　1985年，县内有非金属采选企业23家，职工550人，固定资产396.2万元，年工业产值234.5万元，利润总额31.9万元。

1987年，县投资110万元，成立岳阳铁山工业硅厂、岳阳县石英砂滤料厂。岳阳铁山工业硅厂占地8200平方米，建筑面积1215平方米，职工45人，1988年3月竣工投产，年生产工业硅270吨，产品达到国家一级标准，实现工业产值175万元，利税35万元，产品全部出口。县石英砂滤料厂，位于县城北郊樟树谭，有固定资产110万元，建筑面积4500平方米，职工24人，各种机械设备12台套，年生产各类石英砂2万吨，年产值200万元，利税60万元。主要产品有滤料沙、工业型沙、防水沙、防腐沙4个品种，产品规格共40种型号。产品符合建设部GT24.1-88规定的标准。

1995年，全县有乡办非金属采选企业49个、3122人，年工业产值1.09亿元；村办50个、650人，年工业产值0.31亿元。岳阳县兴旺硅沙矿，有职工146人，固定资产248万元，建筑面积6000平方米，工业产值1740.3万元。2007年工业产值7250万元。月田长石粉厂位于铁山水库上游，1991年，有固定资产450万元，职工155人，其中技术人员9人，厂区占地面积14568平方米，建筑面积1.1万平方米。生产长石粉120目、200目、325目三品种，主要用于陶瓷、电瓷、玻璃、砂轮等行业。年产量8260吨，实现工业产值165.2万元，实现利润20万元。1992年，投入75万元，新增一条生产线，是年5月，投入运行，完成产值350万元，税金15万元，获利润30万元。

1998年，全县乡村以上非金属矿采选企业共48家，共完成工业总产值9219万元。

2007年底，县内非金属矿采选规模企业中有中洲福利硅沙厂、大明硅沙矿厂、月田长石粉厂、大坳采石场4家，职工年均536人，资产总计11638.1万元，工业总产值24398万元。

鞭炮制造业 1985年，荆洲乡鞭炮厂占地面积750平方米，建筑面积365平方米，固定资产3.7万元，职工58人，完成产值6万元，利税0.7万元。1988年，全县共生产鞭炮8944箱，其中，个体户生产鞭炮8184箱，乡村生产760箱。由于个体私营企业生产烟花鞭炮条件简陋，安全隐患极大，1990年，全县个体烟花鞭炮生产企业全部关闭。

1992年，友爱乡兴建烟花鞭炮厂2个，年生产烟花鞭炮3500箱，实现年产值70万元，创利税14万元。1993年，全县烟花爆竹企业发展到10家，职工322人，完成工业总产值894万元，销售产值803万元，实现利润总额74.1万元。2002年，烟花爆竹企业20家，职工2060人，完成工业总产值1910万元，实现利税230.5万元。

塑料制品业 1980年，荣家湾镇办岳阳县塑料厂（城关镇塑料总厂)。该厂占地面积9047平方米，房屋建筑面积4147平方米，主要生产编织袋，年产值15.8万元，全员劳动生产率4270元。1985年，该厂有固定资产73.3万元，有各种设备60台套，工业设备原值39.9万元。职工由建厂时37人增至258人，产品新增塑料丝、聚乙烯制品及民用窗纱布、渔网布等。至1994年，产量为10万吨，年产值1000万元，完成利税15万元。

1986—1990年，全县相继办起8家塑料制品企业。主要产品有再生塑料造粒、再生塑料制品、塑料丝、编织袋、塑料窗纱、农药塑料瓶、地膜等。岳阳县甘田塑料厂，主要生产以高压聚乙烯为原料的各种塑料包装袋。1991年，发展成为年产值过百万元的骨干企业，职工由1988年的6人发展到38人，固定资产由4.55万元发展到28.3万元。1992年，从武汉塑料机械厂购进一台吹膜设备，是年1—10月，生产包装袋200万条、农用地膜3吨、农用雨衣1500件、冬天保暖浴罩6000件。

1998年，全县乡以上塑料制品企业4家，职工363人，完成工业总产值664万元，工业销售产值607万元。

2002年12月，岳阳县城关镇原城东塑料厂（又名文胜织纶厂）改制重组为岳阳天乐塑料包装有限公司。主要生产塑料包装袋，并经营包装袋印字，2003年2月正式投产。包装袋生产线2条，印刷生产线1条，有员工68人。2004年，实现产值500万元，创利税50万元。

2007年，全县有天乐塑料包装有限公司、新墙富天实业有限公司2家塑料制品规模企业，职工77人，有固定资产202.9万元，完成工业产值3700万元，实现利润27.8万元。

农副产品加工业 1983年，岳阳县有乡以上碾米厂6家。1985年，6家米厂共有固定资产169.2万元，机械动力1418千瓦，职工214人，年总产值1381.9万元，年生产大米42099吨。其中，荣家湾米厂生产11871吨，完成利税28万元。

1983年，县内有乡办榨油厂12家，销售收入47.4万元。1985年，有榨油厂15家，年产食用植物油802吨，年产值181.9万元，固定资产97.7万元，机械动力773千瓦，职工187人。1990年5月，由106户村民入股筹建的村办股份制企业乌江斗篷油厂，1991年有职工85人，加工菜籽3600吨，完成产值800万元，实现利税30万元。1993年，县境榨油厂共加工食用植物油3380吨。2002年，组建洞庭油脂有限公司，占地1.87公顷，建筑面积13200平方米，有职工28人，年产值1200万元，利税80万元。2007年，洞庭油脂有限公司、汇鑫油脂有限公司共有职工166人，资产3153万元，生产植物油2425吨，利润总额370.8万元。

1998年，乡镇有粮食及饲料加工企业130家，职工1451人，完成工业产值25300万元，生产大米14.1万吨、饲料3.95万吨。2004年，县政府组建江南米业有限公司，日产100吨精米生产线，为县境最大的大米加工生产线，库容3000吨，年生产能力3000吨，消耗原粮5.5万吨，主要生产“江南”牌大米，是年，获国家技术监督局食品“QS”认证、农业部农产品质量安全中心无公害产品认证。是年，实现产值782万元，利税80万元。

2007年，县内农副产品加工规模企业12家，从业人员2022人，总资产1.53亿元，完成工业总产值10.99亿元。

竹木加工业 1980年，县内仅在城关、新墙、渭洞、月田等地设有锯台、木车床等加工点，无木材加工企业。

1990年，黄沙街、毛田、白羊、荆洲、公田、饶村等乡镇相继办起木片加工厂，主要将松树、杨树打成木片，销往全省各造纸厂，专做造纸原料。1991年，有职工170人，完成工业总产值267万元，完成销售产值247.2万元，创纯利13.59万元。锯木机加工遍及全县各个乡镇。

2000年后，木材加工规模较大的企业有新墙朝阳木业、岳阳东鹏木业总公司。东鹏木业总公司是公田镇引进的一家新型企业，2003年6月正式投产，共投入资金510万元，有职工150人。主要生产榉木线条、黑胡桃木线条，产品销往长沙、武汉等地。2004年，实现产值600万元，创利税80万元。

渭洞、月田、毛田等山区以加工竹制品为业，采用传统工艺，手工制作家具、农用具和竹制工艺品等。1980年后，竹制品生产打破传统方式，开始向生产机械化发展。1987年，渭洞乡与湖南省星竹公司联营，投资44万元建成湖南星竹一厂，购进一批机械设备，生产的竹筚地板、竹条夹板、竹节壁板、龟纹板等7个产品获国家专利。1991年，该厂生产的竹胶拼板系列产品在比利时布鲁塞尔国际博览会上获尤里卡发明奖，一举走红国际市场，是年创汇达100万元以上。

1993年，全县有乡办竹制品生产厂家5家，职工275人，完成工业产值595万元，营业收入629万元，利润总额50.1万元，上交国家税金13.9万元。饶村乡伍相村从事毛排笔加工达239户，从业人员686人，年收入100万元以上。

2003年，股份制民营企业岳阳县丛林竹业有限公司落户张谷英镇。次年3月投产，总投资550万元，厂区占地面积6670平方米，建筑面积2500平方米。主要生产各种规格的高强度竹胶合素板，单、双面复模板，广泛应用于建筑、交通、工业、农业等领域。2004年实现工业产值1538万元，利税190万元。张谷英镇形成20个竹制品专业村，有3200余户农户从事竹业加工，其他竹制品加工企业8家，从业8600余人，竹业年销售收入9800余万元，上交税金500余万元。

2007年，全县有木材加工及木竹藤棕革制品业规模企业5家，从业人员762人，资产总额5701.7万元，实现工业总产值15809万元，创利润总额569.1万元。

附：重点企业简介

湖南天欣集团　湖南天欣集团是一家以建材（建筑陶瓷和混凝土及管桩）生产销售和货物运输为基础、房地产开发为支柱、基础建设投资及国内外贸易为辅助的多元化民营企业集团。旗下拥有湖南天欣科技股份有限公司、岳阳市金达雅陶瓷有限公司、岳阳市富强混凝土有限公司、岳阳市临港富强混凝土管桩有限公司、湖南天欣（集团）置业有限公司、岳阳市天欣实业有限公司等12家经济实体。

湖南天欣科技股份有限公司是国家高新技术企业、湖南省100强民营企业、天交所挂牌上市公司。公司位于岳阳县新墙建材工业园，占地600亩，拥有六条大型现代化仿古砖生产线，生产各种规格“同喜”“鸿双喜”“同乐”“欣鸿源”“塞纳尔”“嘉利雅”“佛诺伦莎”等中、高档仿古墙地砖，是中南地区唯一能用数码喷墨技术生产仿古砖的企业。其中“同喜”和“鸿双喜”品牌先后被评为湖南省著名商标、湖南省名牌产品、中国建筑卫生陶瓷全国十大城乡品牌和中国陶瓷行业名牌产品。2012年4月“同喜”荣获“中国十大仿古砖品牌”，“佛诺伦莎”品牌荣获“中国十大微晶石品牌”殊荣。

公司先后通过3C强制认证、ISO 9000质量体系认证和环境管理体系认证，与湖南大学材料科学与工程学院合作建立了陶瓷研究所，2008年成立“岳阳市建筑陶瓷工程技术研究中心”；2009年，成立湖南省建筑陶瓷工程技术研究中心；2009年12月，湖南省唯一的一家省级“建筑陶瓷产品及原材料质量监督检验中心”落户天欣科技。公司与意大利卡罗比亚公司开展了科研项目的研发，得到了国际技术的资助。公司研发的“金属仿刺绣玫瑰花仿古砖”获得国家科技部授予的“发明专利”1项、“国家实用新型专利”和“新型外观设计专利”多项。

湖南科伦制药有限公司　湖南科伦制药有限公司在岳阳有两个生产基地，现有员工3000余人。分公司在岳阳市经济技术开发区，主要生产冻干粉针剂、小容量注射剂等产品。本部在岳阳县生态工业园，主要生产大容量注射剂，现有玻瓶、塑瓶、软袋、可立袋、粉—液双室袋五种包装形式。公司目前有49个品种84个品规进入国家基本药物目录。公司成立了湖南省大输液工程技术研究中心，获得9项国家发明专利、103项实用新型及外观专利。2014年实现销售收入16亿元，实现税收1.15亿元。

公司先后被授予“全省加速推进新型工业化先进企业”“湖南省优秀非公有制企业”“湖南省高新技术企业”“湖南省私营企业100强”“湖南省A级纳税信用单位”“湖南省诚信建设示范单位”“湖南省质量信用A级企业”“湖南省大容量注射剂工程技术研究中心”“湖南省工程实验中心”等称号，“KL牌”大容量注射液连续五年被评为“湖南名牌”，2014年蝉联“国家级守合同重信用”企业，荣获岳阳市第二届市长质量奖。

湖南神斧集团向红机械化工有限责任公司　湖南神斧集团向红机械化工有限责任公司，是国家定点生产和研制开发军用火工品、民用爆炸物品、军用气囊装置、火化工专用设备、汽车安全气囊组件、爆破工程及化工涂料的骨干企业。公司现有职工1262人，其中工程技术人员300多人，资产总额31345万元，拥有半成品加工、药剂制备、雷管自动装填、总装、编码、火工品装配、气囊总装等各类生产线27条，各类科研生产设备(仪器) 1400多台（套)。

公司拥有国际、国内先进水平的产品装配生产线8条，省部级科技进步奖15项，授权专利16项。高科技、高质量的产品使公司赢得了市场，产品用户由“十一五”期间的300多家配套厂家扩大到全国26个省市的400多家。

公司先后获得“湖南省名牌产品”“湖南省著名商标”“湖南省厂务公开民主管理先进单位”“中国兵器行业QC小组活动优秀企业”等50多项省、部、国家级荣誉称号，并获多项省部级质量管理奖、QC成果奖。

湖南茂昌医药有限公司　湖南茂昌医药有限公司成立于2013年6月，注册资金2000万元人民币。坐落于岳阳县生态工业园内，占地4公顷，总投资15000万元，其中按新版GSP标准修建的储运中心，总建筑面积24000平方米，是岳阳地区最大的医药物流单体仓库。公司经营范围有中成药、化学原料药及其制剂、生化药品、生物制品、抗生素制剂的销售；Ⅱ类、Ⅲ类医疗器械及包装材料的销售。公司现有高素质业务员100多名，营销网络已遍布湖南省、市各级医疗机构及各市、县级医药批发企业。

公司主要经营品种以四川科伦集团及下属32家药品生产企业生产的产品为主，包括输液、小水针、粉针、冻干粉针、片剂、胶囊、颗粒剂以及口服液等17个剂型共512个品种的各类药品，是科伦药业在湖南省地区的总代理商。拥有输液销售领域中品种最为齐全和包装形式最为完备的强大优势，其中代表我国民族医药工业输液产品最新技术水平的直立式聚丙烯输液袋（又称：可立袋）。2014年7月公司成功通过了新版GSP现场认证，并在当年实现了营业额超7亿元，创税3000多万元的优良业绩。

中粮米业（岳阳）有限公司　中粮米业（岳阳）有限公司（以下简称“岳阳米业”）是中粮集团产业布局湖南省，实施与湖南战略合作关系的重要举措。岳阳米业于2011年8月份正式落地于岳阳县生态工业园，项目总投资3.1亿元，占地15.6公顷，总仓容10万吨，项目于2013年8月竣工投产，年加工稻谷30万吨，生产大米18万吨，年产值7亿元，现有职工380人。

岳阳米业现有4条大米生产线，全程采用先进的PLC控制，日加工稻谷1000吨。主机设备由世界著名的粮机公司德国布勒和日本佐竹生产，还拥有国家专利的低温升碾米机，可以在保证大米精度的同时，降低成品米的碎米含量。同时，车间设有34套粉尘收集风网系统，其中：清理车间有6套风网，砻谷车间有10套风网，碾米车间有18套风网，对所有设备及管道进行密闭，每台设备都设有吸风点，风网内为负压，粉尘通过风网进行收集，经旋风器和脉冲布袋除尘器进行二级除尘，除尘效率为99.9%以上，排放空气质量达到国家一级标准。

岳阳米业致力于打造从田间到餐桌的“全产业链粮油食品企业”，充分利用岳阳当地优质水稻品种，为消费者生产出安全、优质、健康、营养的大米，真正实现中粮米业“建立大米行业领导地位，让福临门品牌成为中高端米市场的第一品牌”的企业愿景。

第二章　工业企业改革

第一节　经营体制改革

1978年，县内企业仿照农村经济体制改革的模式，对企业内部经营管理进行改革。1979年，新开公社率先在企业中实行“五定四奖”（即定人员、定任务、定成本和消耗、定利润、定报酬，超产奖、节约成本奖、超利润奖、生产安全奖）生产岗位责任制。1983年，全县社队企业开始实行以集体承包、厂长负责制为主的经营承包责任制，对企业实行“一包三改”（即经济责任承包，改革干部责任制、改革职工调配办法、改革报酬分配方式）。1984年，县二轻工业、部门工业企业开始推行经营承包责任制，实行政企分开，把企业推向市场，成为自主经营、自负盈亏、自我发展的实体。1988年，县水泥厂、二轻钢木家具厂、皮鞋厂等7个县直、二轻、部门企业实行资产抵押、公开招标承包。1991年，201个乡镇企业中实行厂长负责制的178个，其中配套承包47个、风险抵押承包71个、租赁承包37个、实行个人甩砣包干23个。二轻、部门集体工业企业全部实行各种形式的经营承包责任制。

1992年，县直、部门国有工业企业全面推行经济责任、干部任免、职工调配三项制度改革，年底，共精简科室18个，精简非生产人员132人，有21名干部落聘当工人，47名工人被聘到干部岗位，208人实行待岗，职工报酬全部与工作绩效挂钩。

第二节 产权制度改革

1989年，县内企业产权制度推行股份合作制改革。10月，乌江乡斗篷村村委会发起，由村、组、户合股筹建油厂，共筹集87.5股，股金35万元，银行贷款30万元，本村有106户参股，占总户数的35%，至1990年5月建厂共投入资金112万元，生产6个月，完成总产值197万元，利税18万元。年底，县政府决定，推广斗篷油厂经验。1991年，新办的乡镇股份合作制企业达70家。1992年11月，中共中央候补委员、中央书记处书记的温家宝到岳阳县视察后给予高度评价。

1993年，县内企业改为股份制的37家，合股金额3120万元。改制好的有城关医用材料厂、龙湾酒厂、乌江机筛厂、潼溪铸造厂、三合鞋业公司、豪邦矿泉公司、金湘竹艺厂等。其中城关医用材料厂资产折股105万元，吸收社会股115万元，对企业进行扩建改造，产品质量达到国家标准，获全省行业评比第一名，年生产能力提高到1000万元以上。

1994年，洞庭造纸厂历年累计亏损4523.4万元，是年4月，县法院宣布洞庭造纸厂破产，次年9月，县政府将洞庭造纸厂整体拍卖给泰国丰利纸业有限公司，成为外商独资企业，首期投资1480万美元。是年10月，组建岳阳云山水泥股份有限公司，募集首批股金60.3万元，日产量达到100吨，创建厂后最高纪录。

1999年，全县破产工业企业34家，其中县属12家独立核算的国有工业企业，已破产6家，股份制改造5家。企业改制前资产总额13304万元，负债28746万元，资产负债率216.1%；改制后，资产总额15624万元，负债总额10446万元，资产负债率66.88%；分流人员共1400人，占原职工总数的28%。

2000年12月，市制药四厂宣告破产。2001年3月，制药四厂以760万元的价格转让给科伦集团，254名职工一次性买断安置，70%的职工返聘科伦就业，是年，投入更新改造资金2200万元，年底，入库税费135万元，是原制药四厂的5倍。

2001年6月，县机械厂进入破产程序，其资产分割出售，重组8个民营企业，458名职工一次性买断安置。2002年，县内1021家国有、集体工业企业经过破产重组、股份制改造、拍卖、兼并等措施，完成产权改制的986家，占96.57%，共盘活存量资产5亿元，偿还债务4.17亿元，置换职工身份1200余人。

第三章　乡镇企业

第一节　管理机构

1978 年 9 月，县社队企业局与县二轻工业局合署办公，1980 年 4 月，成立岳阳县社队企业局委员会，1983 年 12 月，重新设置县社队企业局，1984 年，县社队企业局更名为县乡镇企业局。1988 年 3 月，县乡镇企业局更名为县乡镇企业经济委员会，直属县政府管辖。1995 年，县乡镇企业经济委员会更名为县乡镇企业发展局，加挂县乡镇企业发展总公司牌子。2002 年，撤销县乡镇企业发展局，与县经委合并组建县企业发展局。2003 年 7 月正式合署办公。

第二节　产业结构

1984 年，全县有乡镇工业企业 230 个，从业人员 566o 人，年未固定资产原值 2103 万元，全年完成工业总产值 2769 万元，利润总额 121 万元，产品销售税金 104 万元，分别占全县工业的 58.26%、58.81%、75.91%。其中，乡办工业企业 173 个，从业人员 4367 人，工业总产值 2510 万元。乡办工业中，冶金工业企业 1 个、16 人；电力企业 9 个、76 人；煤炭工业 2 个、47 人；化工企业 3 个、46 人；机械工业 42 个、916 人；建材工业 46 个、1418 人；森林工业 1 个、175 人；食品工业 47 个、869 人；纺织服装业 4 个、367 人；仪器工艺品业 4 个、252 人，其他工业 14 个、185 人。

1992 年，全县乡村新上项目 31 个，其中优质米厂 8 个、砖厂 2 个、花炮厂 9 个、塑料制品厂 6 个、饲料和其他农产品加工厂 6 个，总投资 1256 万元。年内有 30 家建成投产，新增产值 3500 万元。1993—1994 年，全县建成投产的乡村工业新扩改项目有 62 家，共投资 3000 多万元，形成生产能力 1.2 亿元。其中投入 300 万元以上的项目有广兴油脂厂等 3 个。至 1994 年，乡镇工业年产值达 500 万元以上的企业 21 个，其中年产值 1000 万元以上的 10 个、3000 万元以上的 1 个。

2007 年，全县乡镇农产品加工企业共 392 家，实现销售收入近 30 亿元，利润 4500 万元，上缴税金近 4000 万元。主要加工项目中，大米加工企业 143 家，加工总量 4 亿千克，工业总产值 8880 万元，1000 万元以上销售收入的企业有江南米业、银丰米业、筻口金丰米业等；食用植物油加工企业 24 家；茶叶加工企业 4 家；竹木加工企业 28 家，其中，年产值达 1000 万元的 2 家，过 5000 万元的 1 家。在 392 家农产品加工企业中，有规模企业25家，其中，省级龙头企业2家、市级龙头企业12家。2007年，乡镇企业共引进工业项目资金9.5亿元。

第三节　企业经营与管理

企业改制　自1983年始，全县乡镇集体企业开始推行和不断完善经济承包责任制。

1984年，全县有个体工业企业24个，完成工业总产值5万元。1988年增至8736个，从业人员25519人，完成工业总产值7962万元。县化工总厂由10名农民集资120万元创办，年产值达1100万元，该企业成为当时县内最大的私营企业之一。

自1986年始，全县分3批对48个乡办工业企业进行全面整顿。1988年第三批整顿的22家企业共实现销售收入1435.6万元，销售利润132.04万元，上缴国税50.1万元，分别比上年增长162%、550%、196%，职工人均工资比上年增长15.6%，昆山砖茶厂的获砖茶，芭蕉扇厂的仿象香扇，新开砖厂、五垸砖厂的红砖获省名优产品称号，N系列喷风筛片、低铬合金钢球获省科技进步飞轮奖，4家企业经省标准计量局鉴定为三级计量合格企业，昆山砖茶厂被省计委定为全国砖茶定点生产企业，新开钒二厂被评为全省质量管理先进单位，潼溪纸厂被评为全省造纸行业先进单位，乌江机筛厂被评为全省先进企业，五垸乡乡镇企业财务管理工作被评为全省先进单位。企业整顿工作在全市2次评为第一名，1次评为先进县。

1988年，全县国家和企业干部共集资253万元，企业职工和群众集资667万元，从外地349家单位和个人引进资金1636万元，其中，麻塘区引进资金621万元。是年，乡镇企业共投入2163万元，新上项目69个，扩大生产能力4000万元，其中，年产值30万元以上的工业项目27个。是年，全县乡村工业企业1044个，比1984年增加814个。其中很多属于盲目上项，重复办厂，导致原材料价格飞涨，产品供过于求，库存积压严重，销价下跌，货款难收，严重影响企业的经济效益。市场疲软的问题，1989年，因产品出口受阻而更显突出，1990年4月，全县乡镇企业积压大宗产品18种，库存金额达1937.53万元，应收款总额达1907.1万元，其中，五氧化二钒积压140吨，价值800余万元。乡镇工业投入迅速增加，使资金供需矛盾日益突出。1989年始，国家实行宏观调控，紧缩银根，减少直至取消计划内原、燃材料供应。经营亏损、产品积压、货款难收、银行断“奶”，使得很多乡镇企业生产难以为继，1988年年末，全县企业中，有30家企业关停并转，其中，并转11家、拍卖2家、停产关闭17家。1989年，全县乡镇关停工业企业764家，其中乡办关停25家，村办关停279家。乡镇工业生产滑坡从1988年末开始，至1990年2月下滑29%。

1989年，全县乡办工业停建、缓建项目3个，拍卖转让企业3个，合并转产企业11个。实行风险抵押承包的企业由上年的3家增至71家，抵押金89.5万元；实行股份合作的企业29家，入股金额380万元；实行租赁承包的由1家增至37家。

1990年，全县乡镇工业开展“企业管理年”活动，在乡村集体企业中建立、完善标准化、计量、定额、信息、班组建设培训等基础管理工作，促进乡镇企业实现从外延扩大再生产为主向内涵扩大再生产为主、从速度效益型向管理效益型、从经验型管理向科学化管理转变，是年6月，关停的25家乡办企业，有20家恢复生产，企业积压产品金额比3月、4月高峰期减少540万元以上。新开钒总厂抽出10名骨干，分成5个小组，采取定地区、定时间、定任务、定奖罚制度，1个月销售产品176吨。通过加强成本管理，每吨产品节约生产管理费用8740元。五垸砖厂万砖标煤耗量由1153千克降至1050千克，电耗由214.7千瓦时降至201.8千瓦时，年节约生产成本19590元。昆山绿茶厂1989年亏损5万元，1990年，改产花茶，上半年共销出50多吨，盈利2.5万元。是年，全县乡办工业扭亏增盈企业达36家。岳阳县被评为全国乡镇企业管理年活动先进单位，是湖南省指定的唯一一个赴京参加先进单位代表会议的县。1991年，在乡镇工业中开展“品种、质量、效益年”活动和管理基础工作达标活动，全县新关闭乡办企业7家，压缩消耗大、成本高、销路缺的产品15种，开发新产品54个，新增出口创汇产品4个，新增部优产品1个、省优产品2个，省系统优产品4个。乡办工业名优产品产值率达30%。企业基础管理工作达标升级单位有30个，其中五垸砖厂、潼溪铸管厂等6个企业审定为三级达标，乌江机筛厂、新开砖厂审定为二级达标，7家企业获市级先进企业称号、1家被评为市明星企业、3家企业被评为省级质量先进单位、5家企业晋升为省预备级企业、1家企业升为省级先进企业。是年，乌江机筛厂、新开钒总厂被纳入全省100家重点调度企业。

1992年，在乡镇工业中采取先试点后推广，先起步后规范的方式，28家乡村工业企业实行股份合作制改造试点。至1994年，全县固定资产10万元以上的股份合作企业已发展323家，股金达9176万元，共有职工25763人，固定资产总额8282万元，年产值5.8亿元，创利税3930万元。饶村乡伍湘村有520名劳力，从事毛排笔生产的498人，占全村劳力总数的95.8%。1993年，黄金、许市开采麻石的个体户已达600余人，年产值达2000万元。新墙镇十二公里从事酱料生产的个体私营企业发展到42家，年产值3000万元以上。龙湾乡87家村户酒厂与乡办酒厂合股建成产值2000万元的瓶装酒生产线，组成企业集团公司。1993年，城关镇新建村6户个体户合股投入134万元购置一条250吨的挖沙船、2条600吨的自卸驳，成立湘岳水运公司，建成一条自挖、自运、自装、自卸一条龙的沙石生产线，年生产能力1000万元以上。1994年，新办的私营合伙或股份合作企业达106家。年产值过100万元的个体私营企业达300家，其中年产值过1000万元4家。筛片、羽绒制品、工艺扇、皮革、毛巾、猪鬃制品等8种产品跻身国际市场，出口成交额达4100万元，比上年增长80%。与外商合资合作的企业有华美铝业有限公司、民康医用材料厂等5家，引进外资188万美元，实现乡镇外资企业“零”的突破。

1995 年，4 家严重资不抵债的乡镇工业企业依法实施破产，18 家企业实行资产转让、拍卖，38 家企业改制为股份合作企业。

1996—1998 年，实施破产的企业 20 个；老企业改造成股份制或股份合作制企业 80 余家，资产拍卖转让 207 家，通过改制，吸纳股金 8470 万元，盘活存量资产 9800 万元，救活频危和关停企业 60 余家。2000 年，乌江机筛厂实行破产重组；新开钒厂破产关闭。至 2003 年，乡镇工业全部改制完毕，无一家集体独资企业。全县实行破产重组的 36 家，共解除债务 1.5 亿元，实行股份制、股份合作制经营 120 多家，资产拍卖、转让的 300 多家，盘活存量资产 1.4 亿元。

招商引资 1995 年，全县乡镇企业投入首次突破 1 亿元，达 1.3 亿元。其中，乡村两级新上技改项目 112 个，投入资金 5545 万元，投入 100 万元以上的项目 11 个，其中投入 100 万元以上的工业项目有许市镇砖厂、广兴洪市村砖厂、康王夹铺村砖厂、杨林村砖厂、新墙双港村砖厂、新墙镇给排水管厂、宏达皮件厂 7 个新上项目和华美铝业公司、金马钒矿（复产）、石英滤料沙厂等 4 个扩建改造项目。引进项目 98 个，其中外资项目 4 个，引进各类人才 125 人，协议引资 4150 万元，1997 年投资 2.4 亿元，其中投入 10 万元以上的项目 293 个，当年建成受益的 215 个；投入 100 万元以上的工业项目 15 家。新扩改项目中，引进项目 68 个，引进人才 58 人，引进资金 9600 万元。

1998 年，县委、县政府正式决定成立新墙和三荷 2 个乡镇工业小区。两个小区均由县组建专门的协调管理机构，县乡企局抽调一名副局长长驻新墙工业小区指导小区规划和实施。共投入水电路通讯等基础建设资金 600 余万元，完成企业新扩改投入 4595 万元。2000 年，新墙工业小区年产值突破 5 亿元，被列为市级工业小区，至 2001 年，新墙工业小区总规划面积 8 平方公里，入驻企业 248 家，从业人员 4499 人，完成工业产值 5.8 亿元，实现利税 6100 万元，其中规模企业 9 家，有 4 家企业年产值达到 5000 万元以上。是年，佳鑫科技有限公司、恒泰纺织有限公司等 5 家规模企业入三荷工业小区落户，投入建设资金 2630 万元。

2002 年 1—4 月，乡镇企业招商引资项目有 21 个，意向投资 1.3 亿元，到位资金 2600 万元。是年，全县有农产品加工企业 115 家，从业 1880 人，年销售收入 3.8 亿元，其中，粮食初加工企业 89 家，竹木加工企业 7 家，茶叶加工企业 3 家，粮食深加工企业 4 家，以秸秆为原料的造纸、包装企业 12 家。年产值过 500 万元的规模型企业 6 家。湘渝焦糖色素实业有限公司有固定资产 1000 多万元，厂区面积 2.3 公顷，厂房 6300 平方米，员工 86 人，年产量 3 万吨，转化粮食 3.6 万吨，产值近 1 亿元。该公司与新墙镇 11 个村的农户签订木薯收购合同，带动 2000 农户种植木薯 400 公顷，直接为农民增收 700 万元以上。是年，该厂被认定为市级龙头企业。

2003 年，全县乡镇工业总产值完成 31.53 亿元，销售产值 30.66 亿元，利润总额 2.34 亿元，实缴税金 2427 万元，劳动者报酬 1.94 亿元。其中，乡镇规模工业 39 家，完成工业产值7.4亿元，从业人数2896人，利润总额2959万元，实缴税金2000万元，比2002年增长70.26%。

自2004年始，乡镇工业将开发农产品加工业、培育农产品加工龙头企业、招商引资作为主攻方向，台湾安佑集团投资在麻塘镇兴建高科技饲料企业岳阳鸿佑饲料有限公司。公司注册资本333.4万港元，是年完成产值2000万元，利税200万元。至2005年，新墙港商投资的工艺饰品有限公司、多点乳业、柏祥鹏盛淀粉有限公司、林特家用电器有限公司、筻口湘茶电力电杆厂、公田岳州扇业有限公司、熊山矿业股份有限公司、月田江南竹制品厂、中洲中兴针织、涌泉弹簧、源昌稀土、鸿运科技、杨林众森瓷业、洪鑫食品等企业在各乡镇落户兴建。共引进大小工业项目90余个，到位资金7亿元，其中，城关镇引进项目27个，共投入资金2亿元。

2005年，全县乡镇农产品加工规模企业增至17家（不包括当年底划出的康王乡、三荷乡、西塘镇），共有员工1647人，完成总产值58402万元。其中，新墙工业小区有规模企业4家，员工242人，工业总产值18880万元。该小区被确定为岳阳市农业工业化园。芭蕉扇业有限公司为省级龙头企业，小天地旅游食品有限公司等4家企业为市级龙头企业。

2006年6月，湖南华雄陶瓷有限公司签约落户新墙工业园，规划总投资达2.8亿元；天欣陶瓷、金城陶瓷、瑞祥陶瓷、百森陶瓷、祥诺陶瓷等项目接踵进入新墙工业园，总投资达13亿多元。

2004—2007年，麻塘镇共引进工业企业24家，合同引资4亿元，到位2.4亿元，有9家电磁铁生产企业入驻该镇，形成电磁铁企业集群，9家企业生产能力在1.2亿元以上，年创税能力600万元以上，通过招商引进，麻塘镇有年产值1000万元以上的企业9家，2000万元以上的3家。鹿角镇引进大小企业14家，固定资产总投资达3700万元。

2007年，全县共引进工业项目112个，协议引资24.32亿元，到位8.24亿元。

第四章　工业园建设

第一节　县生态工业园区

基础建设　2001年，县委、县政府决定建立岳阳县工业园，实行“一园二区”的管理模式。是年，县城工业园成立。

2005年，三荷工业区划归岳阳市，依托原县城工业园成立岳阳县生态工业园区。园区地处县城东南侧1000米处，东距京珠高速、国道107线仅12千米，武广、京广铁路从园区内穿过。是年3月，聘请天津大学城市规划设计研究院设计园区总体规划。园区依托县城，连接两侧荒山，确定规划控制区面积19.25平方千米，核心区面积2.93平方千米。工业园路网工程项目申报国家开发银行贷款，总投资7100万元，申贷5500万元，到账1000万元。启动沿县城区32.8公顷的山地征地拆迁，完成核心区的选址、规划测量，签订土地补偿协议和林冲路工程方案。2006年，完成工业园首期32.8公顷土地平整工程，架设长信架空光缆1100米、长信地段光缆500米、国防地埋光缆1100米、联通架空光缆1000米、广播通信架空光缆1100米、电力线路2000米、移动通讯架空1000米及地埋光缆共26条杆线移位工程，架设园区1万个负荷的供电线路，铺设主下水道3000米，园区350米供水管道按入园企业要求接送入户，完成林冲路道路设计及北端500米施工，南端1000米路基工程施工，编制出园区内付家园路建设方案。2007年，园区二期工程建设征用土地91.73公顷，完成土地规划、国土测量、土地类别划分、权属和项目筛选、项目红线图、平面布局图的绘制、项目可行性论证、土地审批预算、土地征收和青苗补偿等工作。园区沿荣新公路两侧（兰塘村）1万平方米的范围内实现绿化、亮化、美化。

入园企业 2004年6月，湖南科伦制药有限公司入园，至2007年，公司在岳阳县累计投资2.2亿元，成为中南地区最大的输液生产基地。

2006年5月，岳阳县芭蕉扇业有限责任公司与县生态工业园正式签约。该公司是一家加工制造工艺扇系列产品为主的现代企业，项目占地4公顷，固定资产投资8500万元，项目总部主体工程建设于是年9月正式启动，2007年11月正式营运。

2006年8月，湖南五田医药有限公司出资465万元，整体收购岳阳同济药业组建成湖南同安医药有限公司，是一家集药品、食品批发、物流配送于一体的现代化企业。注册资金1000万元，是年10月动工兴建，2007年6月竣工营运，当年上缴税费306万元。

第二节 新墙农业工业化园区

2005年9月，经市政府批准成立新墙农业工业化园区，园区以陶瓷产业为主导，以相关产业为配套，实行政府扶持、农民受益的运行机制。

园区地处新墙镇、长湖乡境内，总体规划为工业区、现代农业示范区、农产品物流中心，总面积10平方千米，其中工业区和农产品物流商贸中心3平方千米。工业区选址沿国道107线、岳荣新连接线T字型范围，着力打造中部地区陶瓷生产基地，总投资20亿元。园区共征土地287.9公顷，平整193.3公顷，园区投资2.1亿元用于土地平整，水电路建设及光缆移位。2006年，完成80公顷土地征拆任务，办理报批手续。湖南华雄陶瓷23.3公顷用地已交付使用。2007年上半年，完成湖南金城、湖南天欣42.7公顷建设用地平整，使园区建设用地达到66公顷。10月，启动第五期包括洪山洞板块86.3公顷、华雄南面 14.87 公顷、天欣南面 12.4 公顷共 113.57 公顷土地平整工程。完成华雄陶瓷万伏双回供电专线架设和金城陶瓷用电专线架设，完成 220 万伏变电站选址，完成岳荣新连接线至马形 2000 米道路路基土建工程，开通园区水网改造工程。铺设华雄、金城境内 3 条光缆移位、天欣用地 4 条线路、7 条光缆移位。至年底，共引进企业 9 家，总投资 18.1 亿元，其中陶瓷企业 6 家，投资 16.8 亿元，38 条建筑陶瓷生产线。9 家企业中有 4 家企业投产，3 家企业正在建设、2 家企业筹备建设，已投产生产线 8 条，年产值 5 亿元，完成各类税收 1100 万元，安排就业岗位 2000 个。

1978—2007 年岳阳县工业企业新技术新产品开发项目一览表

表 11-4-1

项目或产品名称	研发单位	年度	鉴定、评选级别单位、组织	鉴定结果、奖项名称
石煤提钒技术	新开公社钒厂	1978	省、地科技大会	科研成果奖
石煤提钒烟气处理及其综合利用	新开钒厂、省冶金研究所	1980	省级	科技成果三等奖
高频振动筛	县化工机械厂	1982	省级	科研成果四等奖
马夹	湘北羽绒厂	1983	省服装展销会	设计二等奖
腈纶棉童装				设计一等奖
电镀春秋折叠椅	县金属构件厂（钢木家具厂）	1985	省轻工业厅	优秀新产品
GZD 振动给料斗	县机械厂（机械工业部第五设计院转让）	1985	省级	优秀新产品
			市级	科技进步成果二等奖
自动绷革干燥机	县机械厂、省机械研究所	1986	省级	填补国内空白
		1988		科技进步成果三等奖
“0” 型橡胶密封圈	县密封件厂	1986	省级	新产品开发奖
低铬合金钢球	西塘铸造厂、国家机械委沈阳铸造研究所	1986	市级	填补省内空白
		1989	省级	科技进步飞轮奖
化工金属粉末涂料	县化工机械厂、北京化工学院	1986	省级	科研成果三等奖
竹胶拼板系列产品	渭洞星竹一厂、省星竹公司	1987	国家专利局	7 项专利
		1991	比利时布鲁塞尔国际博览会	尤里凯金奖
绞织窗纱	老港针织厂	1987	省级	新产品
玻纤窗纱	飘尾织布厂	1987	省级	新产品

续表 11-4-1

项目或产品名称	研发单位	年度	鉴定、评选级别单位、组织	鉴定结果、奖项名称
仿毛空气变形纱	县合成纤维厂	1988	省级	科技成果四等奖
			市级	科技成果推广二等奖
热固性粉末涂料	县热塑橡胶厂	1988	省级	科技成果三等奖
双面绢收折扇	城关巴陵扇厂	1988	国际优秀设计产品展销会	国际优秀设计产品
“西施”牌壁式梳妆台	县钢木家具厂	1988	国际优秀设计产品展销会	国际优秀设计产品
N 系列喷风筛	乌江机筛厂	1988	省级	科技进步二等奖
		1989	省级	科技进步飞轮奖
水田耕整机	潼溪农具厂	1988	市级	新产品
非金属内层骨架纱	飘尾织布厂	1988	省级	新产品
直视分光仪	县教学仪器厂	1988	省级	新产品
合金堆焊锤片	乌江机筛厂	1988	省级	新产品
气垫式运输机	新开农具厂	1989	省级	优秀新产品
工矿筛研制	乌江机筛厂	1989	市级	科技成果奖
		1990	省级	
散装水泥玻璃钢储罐研制	县建材厂、武汉建材学院	1989	省级	科技成果奖
高速内圆磨头研制	县机械厂、湖南大学	1989	省级	科技成果奖
BFJ 离心衬胶泵	县衬胶泵厂	1989	市级	市科技进步成果二等奖
			省机械工业厅	省科技进步成果四等奖
水泥物理检测大对比试验	五坑水泥厂	1990	省乡企系统	第一名
散装水泥玻璃钢储罐	县建材厂	1991	省级	新产品

续表 11-4-1

项目或产品名称	研发单位	年度	鉴定、评选级别单位、组织	鉴定结果、奖项名称
衬胶管	县衬胶泵厂	1991	机械工业部	新产品
		1992	市级	科技进步一等奖
			省级	科技成果奖
400 型米筛 QC 小组	乌江机筛厂	1991	省级	优秀 QC 小组
粉碎机改进 QC 小组	县机械厂	1991	市级	优秀 QC 小组
水泥散装机 QC 小组	县机械厂	1992	省级	优秀 QC 小组
石墨汽缸垫片	县钢木家具厂、湖南大学科技开发中心	1992	市级	新产品
农用拖车	潼溪农具厂	1992	市级	新产品
净化器	县洞庭造纸厂	1992	市级	新产品
SF 系列双室粉碎机	县化工机械厂	1993	省级	新产品
CFJ 型衬胶阀	县衬胶泵厂	1993	省级	新产品
RF931 绝缘漆	县纺织器材厂（原县木工厂）	1993	市级	新产品
改性防水卷材	兴旺防水油毡厂	1994	省级	新产品
自应力水泥管	潼溪铸管厂	1994	市级	新产品
铝型材表面氧化着色技术	华美铝业有限公司	1995	国家科委	推广项目
汽车安全气囊用氮气发生器	向红机械化工有限公司	1995	国防科工委	重点新产品
硝酸肼镍起爆药工业化应用	向红机械化工有限公司	2002	省国防科工办	国内领先水平
非接触式 IC 卡防盗门锁	岳阳兴乐电子设备厂	2003	国家专利局	专利技术
环保型抽油烟机	岳阳腾达五金厂	2003	国家专利局	专利技术
“乌江”牌机筛片	乌江机筛厂	2003	国家专利局	专利技术（8 项）
军工系列产品研发	向红机械化工有限公司	2004	国家总装备部	高新工程（4 项）
			国防科工委	国防专利（3 项）
氯化钠、葡萄糖、氨基酸系列输液产品	湖南科伦制药有限公司	2004—2005	国家级	新产品（7 个）

续表 11-4-1

项目或产品名称	研发单位	年度	鉴定、评选级别 单位、组织	鉴定结果、奖项名称
冷化制浆技术	蓝海造纸科技公司	2005	省级	高新技术
脱墨制浆技术	蓝海造纸科技公司	2005	国家专利局	专利技术
移动机车定位系统	大力神电磁机械公司	2005	国家专利局	专利技术
高频振动高梯度磁选机	大力神电磁机械公司	2006	国家专利局	专利技术
焦糖色素低温无晶体析出技术	湘渝焦糖色素公司	2007	国家级	国内领先水平
仿古艺术砖系列	天欣陶瓷有限公司	2007	国家专利局	新型专利 1 项 新型外观设计专利 2 项
超高温水冷起重电磁铁	大力神电磁机械公司	2007	国家专利局	实用新型专利
吊运多层厚板起重电磁铁	大力神电磁机械公司	2007	国家专利局	实用新型专利
吊运高线盘圆用整体起重电磁铁	大力神电磁机械公司	2007	国家专利局	实用新型专利

1980—2007 年岳阳县工业企业优质、名牌产品一览表

表 11-4-2

产品名称	生产企业	年度	评选级别、单位、组织	名优、奖励称号
长白丝	毛田丝绸厂	1980	省行评	第三名
乌龙茶	昆山茶厂	1981	全国茶叶评审会	二级
五氧化二钒	新开钒二厂	1981	湖南省	优质产品
五氧化二钒	新开钒一厂	1983	农牧渔业部	优质产品
“洞庭”牌原汁酱油	新墙酱厂	1984	全国乡办工业展销会	优质产品
			岳阳市	名优产品
洞庭春毛尖	黄沙街茶场	1984	湖南省	优质产品
I 型机筛片	乌江机筛厂	1984	湖南省	优质产品
		1985	农牧渔业部	
洪山洞毛尖	洪山洞茶厂	1984	湖南省	优质产品
银丝面		1984	省行评	优质产品
早籼标一米		1984	省行评	优质产品
晚籼标一米		1985	省行评	优质产品

续表 11-4-2

产品名称	生产企业	年度	评选级别、单位、组织	名优、奖励称号
洞庭春茶	黄沙街茶场	1985	农牧渔业部	金杯奖
		1986	商业部	优质名茶
		1988		国际优秀产品
			首届中国食品博览会	银牌
		1997	国际茶会品评活动	
	黄沙街茶叶示范场	2003	农业部审评	达国内和国际先进水平
		2007	湖南省	著名商标
II 型机筛片	乌江机筛厂	1987	湖南省	优质产品
“增营”牌茯砖茶	昆山砖茶厂	1987	湖南省	优质产品
“奥蓓”牌啤酒	县啤酒厂	1987	省优质农副产品展销会	优质产品
		1988	市食品工业	优质产品
“岳州”牌聚乙烯涂塑印花窗纱	老港针织厂	1987	全国首届妇幼妊婴用品博览会	金杯奖
“洞庭”牌玻纤涂塑窗纱	飘尾针织厂	1987	全国首届妇幼妊婴用品博览会	金杯奖
普通烧结砖	新开砖厂	1987	省行评	第二名
		1988	市行评	第一名
		1990	湖南省	优质产品
202 长白丝	毛田丝绸厂	1987	湖南省	优质产品
“湘”牌仿象牙香扇	芭蕉扇厂	1987	湖南省	优质产品
		1989	省乡企系统	第一名
“湘”牌纸折扇		1990	省乡企系统	优质产品（复评）
GZD 系列振动斗	县机械厂	1988	湖南省	优质产品
优质米	县农业局米厂	1988	市食品工业	优质产品
菜油	县粮食局食用油厂	1988	市食品工业	优质产品
普通烧结砖	五垸砖厂	1988	市行评	第二名
		1989	省乡企系统	优质产品
茯砖茶	昆山砖茶厂	1989	岳阳市	名优产品
		1990	省乡企系统	优质产品
		1991	省行评	第一名
毛尖茶	洪山洞茶厂	1989	岳阳市	名优产品
五氧化二钒	新开钒总厂	1990	湖南省	优质产品
			农业部	优质产品

续表 11-4-2

产品名称	生产企业	年度	评选级别、单位、组织	名优、奖励称号
铸铁水管	潼溪铸管厂	1990	省乡企系统	优质产品
湘牌纸折扇	芭蕉扇厂	1990	省乡企系统	优质产品（复评）
I型、II型机筛片	乌江机筛厂	1990	湖南省	优质产品（复评）
“兴塔”牌硅沙	兴旺硅砂矿	1991	全国首届铸造厂产品质量金鼎奖评比	银奖
电子干涉仪	县教学仪器厂	1992	湖南省	优质产品
百岳可乐饮料	县百岳饮料厂	1992	省行评	优质产品
多晶冰糖	县食品厂	1992	省行评	优质产品
铝型材	华美铝业有限公司	1995	国家	名牌产品
湖南赫药	声远医药保健产品厂	1995	第一届中国国际医药保健科技精品博览会	金奖
老缸红豆红酱油	汇天实业有限公司	2000		名牌产品
			第16届东南亚食品博览会	金奖
		2001	中国首届调味品博览会	金味奖
洞庭春大米	县洞庭湖米业有限公司	2005	中国粮食行业协会	放心粮油产品
			岳阳市	名牌产品
多点豆奶	岳阳多点乳业有限公司	2005	岳阳市	名牌产品
医用输液器	岳阳民康医用材料有限公司	2005	岳阳市	名牌产品
“乌江”牌机筛	乌江机筛有限公司	2005	湖南省	著名商标
民用产品	湖南向红机械化工有限公司	2006	湖南省	名牌产品
		2007	湖南省	著名商标
洞庭湖大米	岳阳洞庭湖米业有限公司	2007	湖南省	著名商标
大力神力磁铁	大力神电磁铁机械有限公司	2007	湖南省	著名商标
大输液系列产品	湖南科伦制药有限公司	2007	湖南省	名牌产品
鸿佑高档乳猪料	岳阳鸿佑饲料有限公司	2007	湖南省	名牌产品
“弘泰”牌瓷砖	岳阳弘泰瓷业有限公司	2007	岳阳市	名牌产品
“君领”牌耐磨砖 “秦韵”牌仿古砖	华雄陶瓷有限公司	2007	岳阳市	名牌产品
同喜仿古艺术砖	天欣陶瓷有限公司	2007	湖南省	知名品牌

岳阳县工业企业 1996—2007 年获国际质量体系认证和国家质量标准认证单位表

表 11-4-3

单位名称	认证文号	年度
湖南向红机械化工有限责任公司	ISO 9001	1996
	ISO 9001:2000	2003
岳阳市制药四厂	国家药品监督管理局CMP	2000
岳阳丰源机筛有限公司	ISO 9001	2002
岳阳大力神电磁机械有限公司	ISO 9001:2000	2003
岳阳市乌江机筛有限公司	ISO 9001:2000	2003
湖南飞碟新材料有限责任公司岳阳合金材料分公司	ISO 9001	2003
岳阳江南米业有限公司	国家技监局 OS4306　0102　0552	2004
	农业部无公害农产品WGH-040-0874	2004
岳阳鑫鹿包装有限公司	ISO 9001	2004
岳阳丰利纸业有限公司	ISO 9001:2000	2004
湖南科伦制药有限公司	CMP	2004
民康医用材料有限公司	ISO 9001:2001	2003
	产品 CE 认证	2003
岳阳市昱华玻璃制品有限公司	ISO 9001：2000	2004
湖南岳阳洞庭湖米业有限公司	国家绿色食品标志	2005
	“QC”标志	2005
	ISO 9001:2000	2006
岳阳县芭蕉扇业有限公司	ISO 9001	2006
湖南湘阴食品有限公司	ISO 9001	2006
	国家“三 A”级质量标准	2004
岳阳弘泰瓷业有限公司	ISO 9001:2000	2007
岳阳鸿佑饲料有限公司	ISO 9001	2007
	ISO 9000	2007
湖南天欣陶瓷有限公司	ISO 14000（国家环境质量体系）	2007
	3C（国家强制质量标准）	2007
湖南华雄陶瓷有限公司	ISO 9001:2000	2007

第十二篇　建设·环保

第一章　城镇建设规划

第一节　规划编制

县城荣家湾位于岳阳市区南23.60千米，北临新墙河，东、南、西与新墙镇、鹿角镇毗邻。地势由西南向东北倾斜，属第四纪红黏土质构造区，地基承载力18千克/平方厘米，是20世纪80年代崛起的一座新县城。

1983年恢复岳阳县建制，县城搬迁荣家湾，1984年，编制县城总体规划，规划年限为1984—2000年，规划近期人口3.50万人，至2000年达到7万人，近期规划区面积4.75平方千米，至2000年7平方千米，人均面积130平方米。1990年，已建设城区面积4.30平方千米，人口5.8万人，人均面积135平方米。2001年，根据《中华人民共和国城市规划法》《城市规划编制办法》进行县城总体规划编修，规划远期至2020年，人口规模为18万人，人均建设用地控制在100平方米以内。近期至2005年，人口规模控制在10万人。人均建设用地控制在105平方米以内，城市规划区达49.77平方千米。至2007年，县城建设区面积达9.45平方千米。常住人口11.2万人。已建成大小街道35条，总长36700米，架设路灯1802盏，总容量341.32千瓦，县城排水设施和其他设施建设同步进行，全城分三大排水流程，下水管总长64559米，总涵2153米，全城30多条街道两旁全部绿树成荫，共植树6398株。全县11个集镇，人口94560人（城关除外），建设面积444.12万平方米，全县集镇人均面积323.08平方米。

第二节　规划管理

1983年，城市规划工作由县城乡建设环境保护局规划设计室负责，1984年，规划设计室为二级机构，1990年更名为县城乡规划管理办公室（简称县规划办），负责全县建设规划工作，下设办公室、用地管理股、工程管理股、乡镇规划管理股、法制股。

1985年12月21日，县城市建设总体规划经省政府批准予以实施。1986年4月，县政府颁布《县城总体规划实施细则》。1989年，县政府发布《加强县城规划管理的公告》。

1990年，正式实施一书两证制度（即建设项目选址意见书，建设用地规划许可证、工程规划许可证），配专职人员对规划区范围进行巡查。2003年，县规划办成立规划监察中队，配工作人员10名，负责全县规划区内规划监察和执法。2004年12月，修编后的县城总体规划被市政府批准，予以实施。2007年，县政府相继出台《关于公布岳阳县城市规划控制区的通知》《关于加强城镇规划管理的暂行办法》《关于进一步加强城市规划控制区规划管理的通知》，为县城规划管理和执法提供依据和保障。

控建执法 2004年5月，市政府、市规划局、县政府牵头，组织公安、法院、建设、规划部门300余人，对京珠高速连接康王乡段沿线的违法建设进行大型拆违行动。2006年5月，成立县城乡规划委员会，负责全县规划效能监察。2007年5月，县政府组织，县规划办牵头，城管、国土、公安、新墙镇、城关镇等单位配合，共调集执法人员210人，对新墙镇、城关镇范围6栋违法建筑进行强制拆除。

重点项目规划编制 2004—2007年，重点项目规划13个。2004年，编制《岳阳县绿化系统规划》《麻塘镇总体规划》《岳阳县天成花园规划》；2005年，编制《公田镇消防规划》《岳阳县消防规划》《怡和花园规划》《富源商业步行街规划》；2006年，编制《湖南同安药业厂区规划》《岳阳县一中体育馆规划》《岳阳县东方路改造规划》《东方圣世商业中心规划》；2007年，编制《岳阳天欣陶瓷厂区规划》《湖南金海化工有限公司厂区规划》《岳阳华虹服装有限公司厂区规划》。

村镇规划管理 1985年，县政府批准《黄沙街镇建设规划》。1987年，县政府批准乡镇所在地的集镇规划建设。1990年，各乡镇成立规划管理机构，并配备管理人员。2003年，县编委、县建设局联合下文，明确乡镇规划建设管理工作站机构的设置及人员定编，负责本区域内规划实施和监督，按有关规定报批用地选址和工地建设的手续。2007年，县政府发布《关于加强城镇建设管理的暂行办法》。

村庄规划管理 1990年10月，成立村庄规划领导小组，制定全县705个村、7500个自然村庄规划的方案、原则和措施。规划办抽出3名工作人员到新墙镇沙河村，黄沙街镇杨家庄、三合乡三联河进行规划试点，摸索村庄规划的模式，在县城举办村庄规划培训班，培训村庄规划员56人。2007年，编制完成新墙镇清水村，筻口镇西冲村、新庄村，麻塘镇畔湖村，张谷英镇张谷英村，柏祥镇明淑村6个社会主义新农村示范村的村庄规划。

第二章 县城建设

第一节 街道建设

1980年，城东路、文胜路、东方西路、东方东路、天鹅南路、兴荣东路开通竣工；1982—1983年，文艺路、天鹅北路、东站路、友爱路开通竣工，2003年前，全部由沥青外表变为水泥硬化；1985—1987年，致富街、庆丰路、荷花北路、荷花中路、团结南路、团结中路、民中路、洞口路、政府路、环保路开通竣工，2001年前全部由沙石、沥青变为水泥硬化；1990—1993年，中湘街、民中路、富荣路、贺坪路、德政路开通竣工，2003年前全部实行水泥硬化；1994—1996年，新园路、月西路建成水泥路面；1999年，刘家垅路建成水泥路面；2001—2007年，青山路、林冲路、长风路、城南路、党校路建成，实行水泥硬化路面。

2003年竣工的长风路，北起荣湾水库桥，南至东方路，全长1600米，路宽110米，中间路幅宽58米，6车道，两边为大型花带，花带两边是人行道，工程投资4780万元；岳荣新公路二期工程投资1.14亿元；新城（工业）区路网工程投资7100万元；2006年，投入城市基础设施改造资金930万元，完成东方东路、荣西路、兴园路改造任务，解决城区排水不畅问题；完成天鹅路、东方东路、长风路和部分小街小巷改造，结束有街无灯、有灯不亮的落后状况；兴建一座高标准综合垃圾站并对垃圾站、公厕统一维修，各街道配备垃圾桶斗，解决县城“脏乱差”现象。

2007年县城荣家湾道路建设概况一览表

表12–2–1　　单位：米

道路名称	修建时间	改造时间	起止地点		道路长度	路幅	功能类别	路面等级		路面结构	
			起点	终点				修建等级	改造等级	修建结构	改造结构
城东路	1980		林冲路	车站路	700	10	次干道	普通	次高级	碎石	
文胜路	1980	2005	城东路	洞口路	635	7	次干道	次高级	高级	沥青	水泥路面
东方东路	1980	2006	车站路	天鹅路	898	19	主干道	高级	高级	沥青	水泥路面
东方西路	1980	2005	天鹅路	长风路	1251	19	主干道	高级	高级	沥青	水泥路面
天鹅南路	1980	1998	城南路	人民医院	1160	18~21	主干道	高级	高级	沥青	水泥路面
兴荣东路	1980	2006	车站路	天鹅路	800	21	主干道	高级	高级	沥青	水泥路面

续表 12-2-1

道路名称	修建时间	改造时间	起止地点		道路长度	路幅	功能类别	路面等级		路面结构	
			起点	终点				修建等级	改造等级	修建结构	改造结构
车站路	1982	2000	东方路	兴荣路	520	13	主干道	高级	高级	沥青	水泥路面
友爱路	1982	2003	兴荣路	科伦	850	13	主干道	高级	高级	沥青	水泥路面
文艺路	1983	1988	车站路	体育广场	1190	4	支路	普通	高级	碎石	水泥路面
天鹅北路	1983	2001	人民医院	富荣路	740	21	主干道	高级	高级	沥青	水泥路面
致富街	1985	2000	兴荣路	东方路	520	6	支路	高级	高级	水泥路面	广场砖
荷花南路	1985	1988	东方路	城南路	965	4	支路	普通	高级	沙石	水泥路面
庆丰路北段	1985	1999	富荣路	贺坪路	500	10.5	主干道	普通	高级	沙石	水泥路面
庆丰路南段	1985		贺坪路	东方路	525	10.5	主干道	普通		沙石	
荷花北路	1985	1988	富荣路	贺坪路	500	11	次干道	普通	高级	沙石	水泥路面
荷花中路	1985	2005	贺坪路	东方路	525	7	次干道	普通	高级	沙石	水泥路面
团结南路	1985	2001	体育广场	东方路	200	4	支路	普通	低级	沙石	鹅卵石路面
团结中路	1985	1994	东方路	贺坪路	525	7	次干道	普通	次高级	沙石	沥青路面
庆丰路	1985	1989	庆丰路	铁路	500	10.5	支路	普通	低级	沙石	砂石路面
洞口路	1986	2005	车站路	文胜路	333	6	次干道	次高级	高级	沙石	水泥路面
政府路	1986	2005	东方路	政府大门	100	11	支路	次高级	高级	沥青	水泥路面
环保路	1987		天鹅路	体育广场	252	7	支路	次高级		沥青	
民中路	1991		县二中	天鹅路	620	14	次干道	高级		水泥路面	
富荣路	1991	2003	纱厂	长风路	2093	24	主干道	普通	高级	碎石	水泥路面
贺坪路	1991	2005	庆丰路	长风路	1620	18	主干道	高级	高级	沥青	水泥路面
德政街	1992		东方路	文艺路	520	7	支路	次高级		沥 青	
中湘街	1993		兴荣路	城南路	775	7	次干道	高 级		水泥路面	
新园路	1994		庆丰路	天鹅路	510	7	次干道	高 级		水泥路面	
月西路	1996		友爱路	中湘街	260	7	支路	次高级		沥 青	
刘家垅路	1999		贺坪路	富荣路	470	10.5	次干道	高 级		水泥路面	
林冲路	2002		城东路	荣新路	400	18	次干道	高 级		水泥路面	
长风路	2003		水库桥	东方路	1600	58	主干道	高 级		水泥路面	
青山路	2005		东方路	富荣路	1025	7	次干道	高 级		水泥路面	
党校路	2005		文胜南路	荣新路	380	7	次干道	高 级		水泥路面	
城南路	2007		工业园区	天鹅路	2940	24	主干道	高 级		沥 青	

第二节 城市供水排水供气

供水 1977年开始自来水厂建设，在黄牯岭征地2公顷，以樟树潭为取水点兴建第一个自来水厂，至1990年，共投资380.40万元，水厂日供水能力增至1.50万吨，形成以16条主干管道为主的城区供水网络体系。2002年6月13日，县政府与湖南洞庭供水总公司达成协议，以股份制兴建第二水厂。2003年12月底水厂竣工，2004年投产，总投资1800万元。2006年9月8日，新墙河流域发生砷污染事件，岳阳县迅速启动应急预案，在县城设立42个分水点，昼夜送水，保证居民日常生活用水需要，派出干部职工30余人设定11个监控点，了解铁山、忠防水库的放水情况，技术人员进驻自来水公司，在省专家指导下，制订择定最优降砷方案，9月12日，恢复正常供水。是年9月22日，县政府召开第十三次常务会议，成立铁山引水工程建设协调指挥部，引水工程按县城规划控制范围为47平方千米，规划面积18平方千米，工程主要有县城日供水5万吨泵站、输水管道9.5千米、新墙镇日供水1万吨水厂、新墙工业园日供水2万吨水厂，从铁山南总干渠至新墙水库4.56千米渠道为引水专渠，升级改造铁山干渠40千米放水渠道和新墙水库。共投资3898.28万元，其中工程投资3589.92万元、占地补偿35.33万元、水保和环境投资273.03万元。2007年10月，县政府召开常务会议，批准成立岳阳县洞庭供水有限公司，隶属县水务局，城市供水新的体系形成，县水务局负责引来铁山水库水到洞庭供水有限公司所属的一、二水厂，再由一、二水厂加工处理，供应县城居民用户用水、饮水。

排水 1976年前，城区无排水设施。1977年始，排水设施与其他配套设施建设同步进行，至1990年，完成23条排水管道形成的7个排水区的建设，总排水管长20.50千米，其中总管1.20千米、干管15.60千米、支管3.70千米，建雨水井518个、检查井327个。至2007年，全城共修通、铺设各种管道65519米。城东流域连接城东路、文胜路、铁路货场、老街、大塘李、石灰厂、铁路工区、洞口路、友爱路、月西路、林冲路等13条下水道，总长10980米，有总涵965米、圆涵4171米、支涵302米，设窨井179座、雨水井163个。城南流域连接城南下水道、集镇下水道、文艺路、荣西路、天鹅南路、庆丰北路、东方路、车站路、德政街、致富街、中湘街、荷花中路、文艺西路、广场路、荣西路、致富小区、城南路、团结南路、车站广场、富源步行街、荣宗礼盖板涵、友爱路等23条下水道，总长28483米，有总涵540米、主涵3069米、圆涵4684米，连接支管658处，设窨井662座、雨水井768个。城北流域连接城北下水道、荷花塘、民中路、荷花中路、政府路、贺坪路、天鹅北路、团结路、贺平西路、天鹅新村、荷花北路、新园路、刘家垅路、庆丰市场、杜荫路、特力商城、荣湾开发区、富荣东路、荣站砂石场、富荣西路、卫农粮库、荣湾公园、长风路、庆丰路、贺坪中路、青山路26条水道，全长25096米，有总涵648米、主涵1528米、干涵18345米、圆涵10570米，连接支管998处，设窨井447座、雨水井1062个。

供气　1983年前，县城大部分居民烧茶煮饭以烧煤为主，1997年，成立岳阳县燃气管理办公室，为县建设局二级机构，负责全县供气、供热监督管理。2006年，县建设局、县法制办、县城管办、县技监局、县消防大队、县物价局等单位16人组成岳阳县燃气市场专项整治领导小组，每年分两次对全县各液化气站、供气网点进行检查，依法规范办理46家供气网点营业许可证明，确保用户用气安全。

第三节　市政设施建设

环卫设施　1983年，新县城首次在车站路、友爱路架设供电线路1490米，安装单侧式路灯20盏，功率2.15千瓦。随着县城发展，街道开通竣工，在文艺路、团结路、文胜路、天鹅路、东方路、朝阳路、致富街、荷花路、荣鹿路、政府路等装配路灯。2000年前，除东方路为水泥独立灯电杆外，其余均为寄杆灯。至2007年，县城30多条大小街道及一些公共场所均装配路灯，主要街道安装双式悬臂灯，装灯道路总长21.23千米，装灯总数1802盏，总容量341.32千瓦，按每度价0.87元，年总用电耗资90.94万元。

1978年，荣家湾镇除车站路一个简易公厕外，无其他环卫设施。1982年，镇环卫所负责车站路1600平方米的清扫保洁工作。1983年，县城搬迁荣家湾镇，环卫建设迅速发展，垃圾清扫和运转工作由县环卫所负责，职工增至11人。自1985年始，与其他建设配套，致富街建公厕2所，荣鹿路、荷花路各建公厕1所；接管致富街6050平方米的清扫保洁工作。1986年，在镇区建砖砌垃圾池200个，购机动翻斗车1台，铸铁果皮箱45个、铁制垃圾箱54个。至1990年，在东方路、天鹅路、荣鹿路、车站路、文胜路、文艺路、致富街等街建10个公厕，清扫保洁扩至12条街道，面积12.58万平方米，有环卫机械车3台套。1991—2007年，随着城市规模扩大，环卫设施不断配套，铸铁果皮箱达640个、铁制垃圾斗95个、洒水车1台、清运垃圾车5台，主要街道建垃圾转运站16处。

绿化　1983年前，县城街道绿化仅车站路植有少量梧桐。1984年，荣西路、文艺路、东方路、城东路、文胜路、天鹅路、洞口路植樟树（少量杜英、法国梧桐）1738株。1985—1987年，在团结路、城南路、贺坪路植樟树907株。1988—1990年，在政府路、天鹅北路、广场路、文艺西路、城东路、荷花南路、庆丰北路、民中路、城东路、致富小区植樟树1287株。1991—1996年，在富荣路、荣岳路、荣西路、荷花北路植樟树684株。1997—2003年，在新园路、月西路、青山路、刘家垅路、贺坪西路、民中路、富荣路、长风路植樟树1740株。至2007年，街道已绿树成荫，县城胸径在25厘米以上的树有1700株、15~25厘米的树2978株。4个主街交汇处建有中心花坛，分别种植红檵木、杜鹃、七里香、小黄杨、剑兰等名贵花草，东方路建立街道中心隔离花带。2006年，东方路、荣兴路因路面再次改造，拆除2个中心花坛，建立交通红绿灯区，并配套渠化岛，东方路中心隔离花带移至人行道，街道面积扩大1/3。

家庭、住宅区居民插枝栽花，空余地面全部绿化，公共绿化推进较好。1987年，城区绿化工作名列岳阳市榜首，被评为湖南省7个绿化先进县之一。县委、县政府、县农行、县机械厂等9个单位被授予“花园式”单位称号。2007年，城区建有141个独立庭院花坛花带，人民银行、县一中、农业银行被评为省级园林式单位；县人武部、县教育局、县公安局、县烟草局、县二中、县财政局、县公路局、县电信局、县交警大队、县委党校被评为市级园林式单位。

第四节　城市建设投融资

机构　2001年6月，撤销县城拓改指挥部，成立县城市建设投资经营有限责任公司，负责城市基础设施的融资、建设和城市土地的经营。2006年1月，成立县城建投资管理中心，加挂县城市建设投资经营有限责任公司牌子，为正科级事业单位，其主要职责是：代表政府行使城建项目投资主体职能；代表政府进行城建资金的举债和还贷；统一运作国有资产、垄断经营城市规划区内土地；负责城建项目的市场化运作和开发经营。

城建项目融资　2001年，申请建设银行流动资金贷款1500万元。2006年，县新城区路网工程等3个基础建设项目与国家开发银行签订贷款合同18300万元。2007年，县第二水厂及供水管网改造工程与国家开发银行签订贷款合同3000万元。

城建项目投资　2004年，投资4780万元，建设长风路。2005年，投入城市基础设施建设资金720万元，建设贺坪西路、青山北路，形成县城西扩1.5平方千米的道路骨架，是岳阳县恢复县建制后唯一财政没有拿钱修建的城市道路。2006年，投入城市基础设施建设、重点工程建设和园区发展资金11460万元。其中投入城市基础设施建设资金930万元，完成东方东路、荣西路、兴园路等道路改造，疏通天鹅路、文艺路、荷花北路、城东路洞口处、贺坪路、卫农粮库段、县八中段等路段下水道，亮化天鹅路、东方东路、长风路和部分背街小巷；拨付重点工程建设资金7102万元，其中总投资1.14亿元的岳荣新二期开工建设，是年投入资金7000万元，投入县城长风路建设资金102万元，完成亮化工程；拨付园区发展资金3428万元，其中新墙农业工业化园资金1366万元，征收建设用地92~93公顷；县生态工业园资金2062万元，征收建设用地2.97公顷。两园区完成所征土地的三通一平等基础设施配套工程建设，园区条件进一步改善。2007年，拨付城市基础设施建设、重点工程建设和园区发展资金13261万元。其中投入城市基础设施建设资金900万元，主要实施城南路“三化”、中心花坛改造工程，对部分道路实施亮化，疏通下水道；拨付铁山引水工程、岳荣新公路二期、岳汨公路等重点工程建设资金8950万元；拨付园区发展资金3411万元，其中新墙农业工业化园资金2128万元，征收建设用地 192.07 公顷；县生态工业园资金 1283 万元，征收建设用地 91.73 公顷。

第三章　县城管理

第一节　车辆管理

1983 年，县城搬迁荣家湾镇，交通以客运为主体，通往岳阳市和县内个乡镇，逐渐增加客车。城关镇交通工具有人力三轮车、摩托车、驴子板车、手扶拖拉机、汽车等，管理混乱无章。1986 年，县政府决定加强县城各类车辆管理，由县建委、县交通局负责具体实施，1987 年，取缔城区驴子板车，1988 年，城关地区营运摩托车、人力三轮车收为县城管大队统一管理，2001 年 6 月，县政府决定，取缔城区人力载客三轮车 600 辆。2002 年，县内引进长沙先大出租公司的出租车 30 台在县城投入营运，2005 年，对出租车颁发经营许可证、车辆运营证、驾驶员服务资格证。2007 年，向省建设厅争取 150 台城市出租汽车特许经营权。

第二节　环卫管理

1982 年 2 月，成立荣家湾镇环境卫生管理所，配备环卫工人 3 人。1986 年，环卫所业务归口县公用事业公司管辖，1986 年 8 月，县政府批准环卫所行政管理一并归口县城乡建设环境保护局，职工增至 24 人，清扫面积增至 2.99 万平方米，日清运垃圾 25 吨。1988 年 1 月，县环卫所升为县建委二级机构，共有干部职工 45 人，清扫街道 8 条，日清扫垃圾 35 吨；公厕增至 8 个。至 2007 年，县城建成区共有街道 35 条、集贸市场 6 个、公共场所及居民楼清扫面积 116.8 万平方米，有干部职工 203 人。是年 5 月，投资 170 万元，征收麻塘镇谢垅村王眼山，修建一个垃圾无公害化处理场。

第三节　城管监察

1987 年前，城管监察工作由县城乡建设环境保护局负责。1987 年 2 月，成立县城管中队，定编 12 名，人员由县建设局内部调节，内设市容市貌管理股、车辆管理所、办公室。1993 年，县城管中队整顿市容市貌，开展城区门前“三包”工作。大街、小巷、新建临街铺面全部签订“三包”责任状。1995 年，落实 300 户门前“三包”，大街“三包”率达 100%，小巷达 95%。1996 年 10 月，县城管中队正式更名为县城管监察大队，内设车辆股、市容股、人秘股。1998年，县城管监察大队采取城区街道“一天两小扫，一周三大扫”的扫障行动，加大对县城“乱摆、乱设、乱停、乱靠”现象的查处力度。1999年，拆除东方路、天鹅路、荣西路3条主街违建凉棚186处，与有关门店新签订门前“四包”（即包卫生、绿化、设施、秩序）责任状1128份。2003年3月，启动创建省级文明县城工作，至5月，县城管监察大队共出动1130人次，取缔游击摊点260个，拆除违章棚亭210处，整顿规范夜宵摊点48个，取缔人力三轮车600辆、无牌驾驶三轮车310辆。2000—2006年，县政府共发出3个严禁城内燃放烟花鞭炮以及违规殡葬的决定，县城管大队与县城禁炮执法大队一道负责禁炮巡查、监管以及对违规人员的处罚，至2007年，违规燃放鞭炮现象得到有效控制。

第四节　公用事业

1984年，成立县公用事业公司（前身为县工程建设管理所），内设市政工程股、市政管理股、园林绿化股、路灯股、街道维修队、总工办、财务股、办公室等，辖市政材料场、广告公司、苗圃。1985年7月，建成省内第一条农民致富街，至1990年，共修建街道20条，全长14.5千米，总面积29.34万平方米，由10条东西向街道、10条南北向街道成井字形布局。2001年，全面改造火车站路和火车站广场。2003年，将天鹅北路（富荣路—民中路）沥青路面改造为6厘米厚细粒式青砼面层。2005—2006年，对东方路进行全面改造建设。

第四章　村镇建设

第一节　集镇建设

1978年，规模较大的集镇有城陵矶、新墙、鹿角、黄沙街。1990年，全县有建制镇8个，共342.64万平方米。有房屋建筑面积78.37万平方米，其中住宅面积32.78万平方米，公用建筑面积29.60万平方米，生产性建筑面积15.99万平方米；有道路41.85千米，路灯96盏。2007年，有新墙、鹿角、黄沙街、柏祥、张谷英、公田、月田、毛田、筻口、新开、麻塘、城关12个建制镇，中洲、饶村、相思、长湖、步仙、云山、杨林、甘田8个建制乡，政府驻地集镇及36个农村自然村级集镇，面积27.22平方千米；实有房屋建筑面积4819965平方米，其中居住面积3265216平方米，公共建筑面积1554749平方米；集镇实有道路4.59万米，路灯834盏。

第二节 乡村建设

住宅建设 1978年后，富裕了的农民纷纷拆旧建新，将房屋建在公路两旁。铁山水库建成后，月田、毛田、公田等山区部分家族聚居村落解体，迁往友爱、中洲、广兴洲、许市等新居民区。1978—1987年，全县农村共建房28.04万间549.9万平方米。大部分建筑结构由土砖青瓦平房转变为砖混2~5层的楼房，布局由明三暗五（中间为堂屋，两边前后两间厢房）改为三室两厅一厨一厕的楼房。随着农村经济迅速发展，住宅质量向高标准发展，基本采用新型铝材、不锈钢管作门窗、楼梯扶手和庭院围栏，墙面大部分都用高级墙面砖或油漆，地面一般用60~80厘米的高级瓷砖，房屋造型多样新颖。1996年、1998年遭受特大洪涝灾害后，又有部分村庄整体拆迁，形成排列整齐的新型村庄。2007年，全县有村庄5181个，其中20户以上的村庄1921个。居住总面积达2394.21万平方米，人均居住面积34.7平方米。

公共建筑 1978年后，学校楼房迅速增多，20世纪90年代，基本每个村均有教学楼房，有不同数量的文化娱乐及体育设施用房、医疗用房、商业服务用房等，2007年年底，全县农村共有公共建筑面积137.08万平方米。

第五章 房地产管理

第一节 住房制度改革

福利购房 1992年，岳阳县成立住房制度改革机构，制定具体房改方案。1993年11月，县政府颁发《岳阳县城镇住房制度改革实施方案》。方案规定：凡持有本县城镇正式户口的职工家庭，以户为单位，允许按标准价购买一套公有住房；出售各类公有住房，按建筑面积计算，新建住房按标准计价，旧房按重置价的重新折扣和环境因素等优惠折价。出售价格以1992年底确定的房屋造价为基准计算，每平方米售价不低于210元。实行分级别控制住房面积，厅级上限100平方米，县处级85平方米，科级、一般干部职工65平方米（1995年调整为厅级110平方米，县处级85平方米，科级75平方米，一般职工65平方米）。对超过面积按综合价购买。实行标准价售房的，按1992年底职工标准工资的25%发放住房补贴抵购房款，一次付清房款给予20%的优惠。1994年，县房改领导小组制订《岳阳县深化城镇住房制度改革实施方案》《岳阳县城镇公有住房租赁办法》。自1995年7月始，岳阳县不再按标准价售房，而是按成本价购房，所购房屋享受全部产权。职工购房时享受工龄优惠，现住房折扣和一次性付款优惠。1996年底，全县参加房改的单位153个，共出售公有住房5707户，面积370652.32平方米，收回住房资金1526.6万元，其中城市住房基金352.3万元。1996年9月至1997年初对1993—1996年出售的公有住房面积、超标准装修、多处购房等违规违纪行为进行全面清理，共收回购房超面积、超标准装修款60万元，其中县直党政机关、企事业单位购买公房的1501名干部职工补交超面积加价款50万元，县处级以上领导干部6人补交1.1万元，退缴超面积装修款20万元，清退1名干部多占的住房，处理房改违规典型案件2起。

1997—1998年，开展已售公有住房部分产权向全部产权过渡工作。凡1998年5月前按优惠价、标准价购买部分产权的公有住房按1995年售房成本价购买原售房单位的20%产权以获全部产权。1998年4月，县政府下发《关于职工购买公有住房全部产权问题的有关通知》。年底，75个单位、2529户职工补办全部产权手续，收回产权过渡款近500万元。1999年，开展乡镇干部职工（含教师）、城关地区教师及县教育单位住房改革，全县13家教育单位共有存量公房608套、46772平方米，全部买断产权327套、31649平方米，实行以息抵租281套、15123平方米，应收缴住房资金490万元，用于学校偿账的420万元，进财政专户70万元。23个乡镇共有存量公房1078套、145647平方米，年底共收回住房资金1059万元，其中用于财政偿账资金989万元，进专户70万元。1997年，实行集资合作建房，采取国家、集体、个人共同负担的原则，至1999年，共集资5042.2万元，建住房1232套，建筑面积152800平方米，满足1580户干部职工住房要求，解决居民住房困难。2003年3月，县政府作出严禁党政机关、事业单位组织职工新建住房的决定；全县157个单位25777名干部职工有住房，其中财政全额拨款的单位干部职工3979人，差额拨款的10503人，自收自支11295人，经清查，78家单位清退多占住房69套，立案查处3人。

2000年，启动经济适用房建设，县房改办在县城贺平路原县能源办院内，建成建筑面积5778平方米的住宅。2007年，正式启动政府廉租房制度建设和城镇最低收入家庭住房金补贴政策，按照“应保尽保”原则，将符合条件的城镇最低收入家庭尽可能纳入保障范围。对人均住房面积不足8平方米或无房户的“双困家庭”实施住房保障，发放住房租赁补贴，改善住房条件。经审核、公示，对21户特别困难的最低保障无房户，发放住房租赁补贴资金1.26万元。

住房公积金收缴 1997年，县政府制订住房公积金制度实施办法；规定单位、个人住房公积金缴交率各为5%，单位为职工交纳公积金，行政机关列入财政预算；事业单位由财政部门核定收支，实行定额补贴；企业和自收自支单位，在成本费中列支。是年5月，全县应建立住房公积金制度的县直行政单位57个、事业单位157个、国有企业52个，至年底，收缴住房公积金的有80个单位，公积金到账的47个单位，归集金额78万元。1998年，共归集公积金100.12万元，是年，发放公积金贷款5万元。1999年，归集公积金 99.79 万元，放贷 76.20 万元。2000 年，归集公积金 212.80 万元，发放公积金贷款 135.10 万元。至 2007 年，发放住房公积金贷款 1746.1 万元，是年，全县归集住房公积金 1319.01 万元。

第二节　房地产开发

1984 年，县委、县政府决定，结合本县实际，在城关范围采取自建和统建两种形式建房，自建实行统一规划、统一征地、统一设计、统一管理，用户自筹资金兴建。统建由县农房开发部门兴建，施工后作为商品房出售。是年 10 月，县农房开发公司投资 47 万元，在县城中心庆丰路征地 1.07 公顷，率先开发商品房，至 1985 年 7 月，建成省内第一条农民致富街，建房 90 套，建筑面积 5100 平方米，以每平方米 97 元售价卖给进城农民。1986—1987 年，投资 311.1 万元开发虎咀塘致富小区、天鹅小区，建筑面积 2.9 万平方米，满足 623 户农民进城务工经商的需要。1989 年，县委统战部应"三胞"亲属要求，由"三胞"理事会负责，组织"三胞"投资 73.4 万元，开发建成爱乡街，建筑面积 5544 平方米。是年 12 月，县工商局在文艺路与致富街交叉口西北角征地 1.05 公顷，投资 310 万元，建成当时县城最大的集贸市场—岳阳县中心市场，建筑面积 1.29 万平方米，其中商品住房 76 套，铺面 158 个，建筑面积 8944 平方米，以每平方米 246 元的价格卖给来自 3 省 16 县（市）的个体经营者。

自 1992 年始，实行整体成片开发，控制零星分散建设。深圳、岳阳市等开发商，参与县城的开发，开发建设中湘街、特力商城、荷花服装城、商苑大世界、大园岭市场等。1995—1997 年，县房产局房地产开发公司，建设开发商品房 4.18 万平方米，其中与县蔬菜饮食公司合作开发商品房 6588 平方米，其中住宅面积 5680 平方米，至 1997 年，全县共开发商业用房 4.8 万平方米、住宅用房 12 万平方米。是年 1 月，县政府出台《关丁清理整顿房地产开发市场的通告》，成立县房地产市场稽查大队，明确职责、稽查范围、处罚措施及具体要求。经过清理调查，城关地区单位从事非法开发 15 家、个体开发 39 家，累计房地产开发投资 4000 万元，偷漏税费 100 多万元。2001 年 7 月，成立县房地产开发管理委员会，负责管理全县房地产开发经营、指导监督、协调工作，县长任管委会主任，分管国土、房地产及城乡建设的副县长任副主任。房地产开发用地实行有偿使用，由县政府垄断土地一级市场，实行"统一规划、统一征地、统一开发、统一出让、统一管理"的原则，房地产市场管理得到规范和加强。2004 年，县房地产开发进入全盛时期。至 2007 年，全县 6 家房地产开发公司共安排岗位 1600 多个，年劳务用工达 42 万个，每年支付劳务工资近 3000 万元；共出售公有住房 7112 套、54.78 万平方米。收回住房资金 2096.03 万元。县城建成功能齐全的商住小区 6 个，小区商品房建筑面积 30 万平方米，天成花园、怡和花园、富安花园、东方圣世广场、富源步行街、庆丰花园等楼盘，布局精巧，设计精良，环境优美。

第三节　产权产籍管理

普查发证　1985年，对县城镇规划区内所有行政企事业单位及私人建房、街道居委会居民建房（行政村除外）进行普查，经过检查登记、复查核实，县城查清房屋建筑面积43.07万平方米，其中全民单位建房30.91万平方米，集体所有制单位建房8.70万平方米，私人建房3.46万平方米。

1988年3月，房屋产权发证工作开始，经过几个月的发动查文登记，全县共核发公、私房屋产权证6862本，建筑面积147.72万平方米，占县城关镇应发证面积90%以上。1989年，开展农林场房屋权登记工作，年底，共完成14个农林场房屋发证工作，核发房屋产权证364栋，面积12万平方米。1990年5月，对全县8个建制镇房屋产权进行清查登记工作，是年底，各镇房屋产权登记3448栋，建筑面积617350平方米。1995年，开展房屋所有权验证工作，全年共验证自管房单位135个，房屋1584栋，检查验收私房5364栋，对漏管房、未申请登记的房产进行清查登记。2007年，全县完成各类房屋发证50561本，确权面积7900131.75平方米。

落实政策　1986年4月，开始落实房屋政策，落实范围为：解放初期，国民党军政人员及有关知名人士出走遗弃房产；1954年城镇私有出租房屋“私改”对私有房屋进行社会主义改造违规没收的房屋；1963—1965年“面上社教”运动中违规没收的房屋；“文化大革命”中被非法挤占、没收、拆毁的房屋。1987年年底，经市落实房产政策领导小组检查验收，共受理房产案件228起（户），其中“文化大革命”中案件194起，占85%；“面上社教”“私改”、国民党军政人员出走遗弃（代管房案）34起；否认46起，落实182户，528.5间10934.4平方米，按当时价格计算，共145838.7元。经落实，退回原房41间，其余折价退款79117.6元，结案率100%。

第六章　建筑业

第一节　建筑队伍

1976年，成立县建筑公司。1981年撤县并市，县建筑公司更名为市建筑三公司并搬迁至岳阳市。1983年8月恢复县建制，公司随迁新县城荣家湾，从岳阳市第三建筑工程公司调来部分骨干充实，重新组建岳阳县建筑工程公司。1992年2月，经建设部核定为房屋建筑施工总承包二级企业，隶属县建设局，具有独立法人资格。1995年，全县有建筑企业14家。2007年，经重新资质就位，县境确定12家建筑总公司，其中房建6家，业共有干部职工2098人，其中高级工程师2人、工程师42人、助理工程师83人、会计师5人、助理会计师8人、经济师1人、助理经济师1人、一级建造师5人、二级建造师34人、造价师2人，其他技术人员占公司人数90%。

第二节　建筑设计

1984年12月，成立岳阳县城乡建设规划设计室，1988年更名为岳阳县建筑设计室，有专业设计人员9人，其中工程师2人，技术员4人。1992年，岳阳县设计室成立县建业建筑公司，资质等级为三级。1993年，县建筑设计室更名为县建筑设计院，资质等级为丙级。至2004年，县建筑设计院及子公司建业建筑公司领导锐意改革，实行绩效工资制，设计院每年超额完成设计任务，至1997年，建业建筑公司承揽岳阳县大部分建筑施工业务，年收入近100万元。2005年，县建筑设计院更名为县建筑设计有限公司，配备经理、副经理，具备独立的法人资格，至2007年，县建筑设计有限公司完全进入市场，有在职工作人员9人。

20世纪80年代初，设计短外廊式住宅，大多为三室户带厨房、公共厕所，80年代中后期，开始设计单元式住宅，多为二室一厅一厨一厕50多平方米、三室一厅一厨一厕70多平方米。90年代初期，开始普及四室一厅，临街面设计采用底层框架，上层砖混的商住楼。21世纪，住宿普遍设计为四室二厅一厨一厕。

20世纪80年代前，多为人工开挖的砖石基础，逐渐发展为人工挖孔桩基础、钢筋混凝土带型基础、箱型基础。1992年修建单位办公楼，采取新设计、新工艺、新材料，使用非木地常采用的粉煤空心砖作承重和隔断墙体，外墙采用瓷片，楼梯采用三跑，使用功能上突破常规的走廊双分办公室的模式，并在采光、通风、排水、防潮、隔音、隔热等方面进行精心设计。

1984—2007年，为全县各行业共设计工程面积3066684平方米，设计图纸20526张，重点设计东升大楼、县政府大楼、县职校学生公寓、县一中逸夫教学楼、县一中男女生公寓、移动大楼、电信大楼、县职专科教楼、电影院、建材市场、天成花园、怡和花园、富安花园、县人民医院住院部、小太阳幼儿园、县劳动和社会保障局办公大楼、县检察院办公楼等17个，设计建筑结构为排架混合1个、砖混结构6个、框架结构10个。

第三节　建筑市场

1983年，县城迁至荣家湾，加速了县城和乡镇建设。1987年年底，全县建筑安装施工企业由迁县前的17个发展到46个，建筑队伍施工人数由1705人增至6520人。

1991年，全县共完成建安产值1998.16万元，完成建设项目59个，总建筑面积84202平方米。2000—2003年，共完成建安产值1.4亿元，完成建设项目123个，建筑面积278252.29平方米，其中公建项目65个，建筑面积122430平方米，建安产值为6158.2万元；私建与联建项目58个，建筑面积为155822.29平方米，建安产值7841.8万元。2007年，完成建设项目32个，建筑面积157546.3平方米，完成建安产值7613.09万元。

第四节　建筑材料

20世纪70年代，县内房屋建筑一般为砖木结构，墙体用自制土砖，外墙为清水墙面，砖浆使用泥土浆或石灰砂浆，屋面大多盖烧制的青瓦，少数用县办砖瓦厂的机制红瓦，门窗椽檩全用杉松木料，屋基加固采用松木桩挤压土层。80年代，房屋多为砖混结构，城镇建筑大多用红砖红瓦，外墙用干黏石子或水刷石作墙面，基础一般用325洛阳铲桩处理加固，地基用混合砂浆铺平，地面用107胶做地面，窗为铝合金窗，门为夹板门，农村大部分建房用自制的青砖青瓦，窗门多用木料。90年代，建筑楼房采用框架结构，墙体一般用红砖或炉渣块填充墙，外墙面为马赛克或瓷砖，砂浆为水泥砂浆或混合砂浆，基础采用人工挖孔桩或振动灌注桩加固，地面上贴地板砖或复合木做地面装饰，门为夹板门，窗为铝合金或塑钢材料。2000年后，建筑高层楼房一般为框架剪力墙结构，墙体为红砖或砼炉渣空心砖作填充墙，外墙面贴大理石、花岗岩石、瓷砖或外墙漆，屋面采用BSB防水材料，门为实木门、防盗门，窗为铝合金窗、塑钢窗，地面贴大理石、瓷砖或木地板、复合木地板，基础处理采用砼筏板基础或砼箱形基础或人工挖孔桩或预制柱。

砖瓦类　20世纪70年代前，大多数是手制泥胚，放在土窑中柴火烧制的青色砖、青色瓦。20世纪80年代后减少，逐渐使用半机械化压制的泥坯，由输窑煤火烧制成的红砖、红瓦及制作成黄色、绿色、红色的各种彩瓦。每块红砖价0.03元，红砖砌体每平方米5元，2007年，每块红砖价为0.32元，红砖砌体每平方米52元。

竹木类　20世纪70年代，多用于屋檩、屋柱、瓦条、门窗和脚手架等，每立方米内控指标价约50元，80年代后期，仅竹木类有少量使用，每立方米价为850元，后由水泥预制件、钢材、铝材、塑钢代替使用，2007年，每立方米木材为1460元。

钢材　常用的有直径6毫米、8毫米、12毫米、14毫米、16毫米、24毫米、26毫米圆钢材、螺纹钢材、扁钢管材、方钢等型材。另外有4~6毫米冷丝应在小型预制件和预制板方面。20世纪70年代，内控指标价12毫米圆钢每吨为70元，2007年涨至6000元。

水泥　境内建筑用水泥种类较多，有“海螺”牌复合硅酸盐32.5级水泥、“华新”牌复合硅酸盐32.5级和42.5级水泥、“君山”牌复合硅酸盐32.5级和42.5级水泥，每吨水泥价格为 430~530 元。

塑、铝材料　20 世纪末至 2007 年，建筑房屋，门、窗材料使用铝合金和塑钢制成的推拉窗和门，替代木和钢筋料，县内建筑用铝材有“星球”牌、“卫星”牌，塑钢有“新华”牌、“三强”牌等，根据用户意见购用，每平方米造价 150~160 元不等。

装饰地板和墙面用材　20 世纪末开始采用。陶瓷地面砖 600×600 毫米、800×800 毫米及全瓷墙面砖 300×300 毫米、500×500 毫米均系岳阳产，每平方米造价 30~58 元，颜色有白、红、淡黄等，白色为主。地面使用大理石、木地板、复合木地板，每平方米造价分别约为 80 元、120 元、180 元。

自 2007 年始，统计建筑材料用量情况，是年，全县消耗各种型号钢材 23584 吨、木材 11746 立方米、水泥 326272 吨、平板玻璃 1100 箱、铝材 66 吨。

第五节　建筑管理

1984 年 1 月，成立县建筑管理站，属县建设局二级机构，有干部职工 42 人。先后合署办公的建工机构有县建筑业协会、县建筑工程安全监督站、县建筑施工企业劳动保险基金行业管理办公室、县建筑工程招标投标管理办公室、县建筑工业交易中心、县建设职业技能岗位资质鉴定站、县工程造价管理站、县政府工程招投标交易中心等。

1984—1990 年，全县城区报建房屋面积达 85 万平方米，1991—2007 年，报建项目 481 个，建筑面积 117.68 万平方米，每平方米工程造价 69.69 元，总造价 7613.1 万元。

2000—2007 年，县建管站实行建筑工程公开招投标制度，共招标项目 96 个，其中公开招标 45 个，邀请招标 51 个，中标总金额 1.63 亿元。县一中办公大楼、县一中图书馆工程建设获省级安全文明工地奖；县财产保险公司综合楼、县烟草局办公楼、9634 工厂理化楼、县地税局办公楼、县四中综合服务楼等 46 个建筑工地获市级安全文明工地奖。

2004 年，县建设职业技能岗位资格鉴定站、县职业技能岗位培训基地，培训建筑安全管理三类人员 157 人、开展岗位技术培训作业管理人员 215 人、培训特种作业人员 81 人；2005 年，培训安全管理人员 106 人、培训企业“五大员”72 人、培训岗位技术作业人员 103 人、培训建筑师 120 人；2006 年，培训岗位技术作业人员 800 人、培训特种作业人员 88 人、培训项目经理 106 人；2007 年，培训建筑业农民 500 人。

第七章 环境保护

第一节 环境状况

大气环境状况 1984年，全县废气排放量为3.69亿标立方米，1986年，全县工业废气排放总量为11.14亿标立方米。其污染物主要成份为二氧化硫522.59吨，氮氧化物198.83吨，二氧化碳52.66吨，烟尘240.24吨，工业粉尘0.18万吨，其中以新开钒一厂、二厂、三厂排放量最大，年排放量为8.29亿标立方米，占全县废气总量的74.42%。1990—2000年，全城悬浮微粒物年日均值0.11毫克每万标立方米，符合《大气环境质量标准》一级标准要求。2000—2007年，县环保局在县城布设3个空气监测点位（分别位于城关镇政府、县环保局、县广播局）对县城空气质量进行常规监测，监测结果表明：县城空气二氧化硫年日均值浓度为0.026毫克/立方米、二氧化氮年日均值浓度为0.015毫克/立方米、可吸入颗粒物年日均值浓度为0.053毫克/立方米，均符合国家《环境空气质量标准》（GB3095—1996）二级标准。空气中首要污染物指标为可吸入颗粒物(PM10)，空气污染指数API年平均值在50~60之间，一季度、四季度浓度比二季度、三季度稍高。县城空气质量为良，符合人民群众正常生产、生活所需。

水环境状况 岳阳县地表水丰富，部分河流水质良好，常年清澈见底。1984年，全县废水年排放量为195万吨，1986年，境内新墙河污染源为分布在两岸的临湘桃林铅锌矿、岳阳县新开钒矿、潼溪造纸厂等16家厂矿。1989年，工业废水年排放量为686.57万吨，其中桃林铅锌矿废水排放量为646.05万吨，未经处理直接排入新墙河，此外，每年排放生活废水161.10万吨。1990—2007年，监测站对新墙河设新墙渡口、六合垸、八仙桥三断面分3期对各断面水质进行监测，即枯水期（5月）、丰水期（7月、8月）、平水期（9月），每期分上中下3次监测，其中六合垸监测断面属县城自来水厂取水点位，自2006年6月始，新墙河水质监测改为每个季度1次（即3月、6月、9月、12月）。经检测，新墙河水质均符合《地表水环境质量标准》（GB3838-2002）Ⅱ类水质标准，其中：硫化物、挥发酚、六价铬、总氰化物、铜、锌、铅、镉、汞等9个项目符合Ⅰ类水质标准。是年9月，受上游桃林河来水影响，新墙河水质砷含量异常，超标严重，发生本年度全国排名第七的环境污染事件“新墙河砷污染事件”，经县政府采取积极有效的措施，9月底，水质恢复正常。

境内地下水主要分布于新墙河一带和第四纪河流冲积地层。乡镇饮水多挖井取水，城镇则逐步新建自来水厂，清洁饮水用水。2007年1—9月，县城饮用水源为六合垸，10

月后，改为引铁山水库水注入新墙水库为饮用水源，六合垸为备用水源。岳阳湖泊型饮用水源为铁山水库，水质为优，符合国家一级饮水标准，但因库区土质主要为云田花岗岩型土质，沙化程度高，凝固力小，保肥保水性能差，水土易流失。

声环境状况　岳阳县城环境噪声声源主要由交通噪声、社会生活噪声、工业噪声、建设噪声组成。自1990年始，县环境监测站每年对城区噪声进行常规监测。1995年，开展噪声达标区建设工作，1996年，城区噪声声级范围35~72分贝，平均等效声级47.5分贝，2000年，噪声达标区面积由1.75平方千米增至3.05平方千米，占建成区面积的41%。2000—2007年，对县城3条主要交通干线进行声环境监测，监测路段长4825米，测点18个，监测表明声级范围54~75分贝，平均等效声级为65分贝（标准值为70）；县城101个区域声环境质量监测点，监测结果统计，县城白天平均等效声级为56分贝（标准值为60）、夜间为43分贝（标准值为50），符合国家《声环境质量标准》（GB3096-93）要求。

第二节　环境监测

监测站建设　1984年，成立县环境监测站，属三级监测站，具备独立法人资格、财政差额拨款，属正股级纯公益类事业单位。1991年11月，首次通过计量认证，1996年、2001年、2006年，均通过计量认证复查评审，是国家认可的有资质的实验室，拥有水、气、声3个大类近30个小项的分析能力。2005年，县环保局投入资金5万元，更新部分监测仪器设备。

环境监测工作　2000—2007年，县环境监测站完成环境质量常规监测、污染源监督性监测、污染纠纷仲裁监测、咨询监测、环保处理设施验收监测、县城烟控区、噪声控制区创建和复查、建设项目环境影响评价监测等工作，整理编报监测数据近5万个、编制月报96份、各类环境监测报告单2000多份，完成县城地表水、环境空气、声环境质量常规环境任务，对全县工矿企业进行有效的排污监督监测工作，参与并完成2006年新墙河砷污染环境事件的应急监测工作，协助省、市开展湖南省农村饮用水调查、湖南省土壤环境调查、全国第一次环保普查等工作。

1978—1996年，开展大气监测，县城悬浮微粒物年日平均值0.1100毫克每万标立方米，符合《大气环境质量标准》一级标准要求。日均值浓度范围0.0273毫克/万标立方米~0.02874毫克/万标立方米，最大日均值0.2874毫克/万标立方米。三测点均值，1996年上半年，县环保局、县广播局点均无超标值，镇政府点超标50%，下半年，县广播局点超10%，县环保局点超40%，镇政府点超30%。2000—2007年，全城悬浮微粒物年日平均值0.1200毫克/万标立方米，符合《大气环境质量标准》一级标准要求，日均值浓度范围0.0273~0.02564毫克/万标立方米，最大日均值0.2874毫克/万标立方米。1996—

2007 年，二氧化硫全城日平均值 0.006 毫克/万标立方米，符合《大气环境质量标准》一级标准，日平均值浓度范围 0.002~0.084 毫克/万标立方米，三测点日均值无一超标。

1997 年，开展烟尘锅炉监测，县城共有生活、工业锅炉 29 台，其中生活锅炉 19 台。对 25 台在用锅炉分别进行采样测试，评价标准采用《锅炉大气污染物排放标准》(C2B1327~91)，烟尘最大容许排放浓度 300 毫克/万标立方米，2000—2007 年，对县城 31 台生活、工业锅炉分别进行采样测试，烟尘最大容许排放浓度 290 毫克/万标立方米，均达到国家一级标准。

1997 年，编制监测日报 6 期、年报 1 期、获有效数据 5400 个。2006 年，完成 2 次县城大气、3 次地表水水质常规监测、1 次县城区域环境噪声及交通噪声监测；共检测污染源 12 家；完成解决污染纠纷的监测 14 起和 6 个项目验收监测；完成或配合完成 31 个项目环境影响评估报告书（表）的编制工作；全年共获有效数据 2920 个；报送各类报表、报告 165 分。2007 年，完成 2 次县城大气、3 次地表水水质常规监测和 1 次县城区域环境噪声及交通噪声监测；监测污染源 102 家；完成污染纠纷监测 14 起和项目验收监测 6 个；完成或配合完成 31 个项目环境影响评估报告书（表）的编制工作；全年共获数据 5512 个，报送各类报表、报告 165 分，为环境管理和执法提供科学依据。

第三节　环境治理

宣传教育　1996 年，在县电视台开设“有识之士谈环保”专题电视节目，请企业厂长、经理谈开展污染治理，改善环境质量的深切体会，县人大代表谈环境保护的重要性，着力提高全民环保意识。2001 年，组织沿洞庭湖企事业单位、机关学校共 800 多人，开展以“保护母亲—洞庭湖”为主体的游行宣传活动。2004 年“五四”青年节，县环保局、县委组织部、团县委共同举办“环保杯”第三届岳阳县十大杰出青年评选活动。2004 年、2005 年“6·5”世界环境日期间，采取宣传车宣传、咨询点宣传、发放资料、悬挂横幅、粉刷标语、举办党政负责干部培训班，邀请专家讲授环保知识和法律，开展创绿活动向市民宣传环保理念，创建绿色学校 8 所、创建“小天地绿色宾馆”1 所、“向红绿色社区”1 个。开办《环保之窗》电话专题节目，2005 年，与县电视台制作并播放环保专题 12 期。是年 5 月，县委、县政府召开第一次全县环保工作座谈会，会上分发 6 种环保宣传资料，在全县举办宣传活动，环境教育普及率达 90%。城关镇荷花塘小学开展“保护湿地，爱我家园”小学生环保游行活动。2007 年，县电视台《环保之窗》共拍摄播放环保专题新闻 22 期、制作专题片《守望碧水蓝天》，按照“生存环境人人关注”的理念，从大环保的角度，就城区总体环境质量、大气污染、水污染、噪声污染等问题进行报道。在省、市刊物发表环保新闻、宣传文章 8 篇，内部编印《环保动态》刊物。

环境整治　1979 年 12 月，县环保办对县氮肥厂、县水泥厂、县人民纸厂、岳阳市制药四厂发出第一批限期治理通知单，县城迁荣家湾后，县内厂矿建设严格执行环境污染防治设施与“三同时”(即主体工程同时设计、同时施工、同时投入使用）原则。至1990年，共审批办理“三同时”手续198个。1996年12月31日，对效益、产品质量均佳，但污染严重的岳阳县新开钒冶炼厂，按政策关停，2000年3月19日，新开镇党委组织大批劳力对被污山岗高标准植树造林，完成造林面积33公顷；对钒厂污染区域全部绿化，共造林167公顷，成活率85%以上；对8公顷被污染良田进行翻耕，承包种植。将钒厂、二厂、三厂和金马钒厂的厂房与土地优价拍卖或租赁给外商办厂，2003年5月，引进岳阳市昱华玻璃制品有限公司，污染区变成花园式的工业区。对集镇范围内被污染的空地按集镇建设规划开发，建商品楼20多栋，面积2.8万平方米。

2003年6月，岳阳县列入第八批全国生态示范区建设试点县。县环保局加强监督管理力度，认真把好环保审批关和落实“三同时”制度，全年完成昱华玻璃厂、富源商业步行街等21个项目的环境影响评价，评价率、审批率均达100%，“三同时”执行率100%，实现县经济增长的同时没有增加污染总量。限期整改企业11家，投入资金112万元，完成治理项目3个。创建烟尘控制区、噪声达标区，烟控去覆盖率达100%，噪声达标区面积70%。2004—2005年，投入资金3000多万元，完成丰利纸厂、华丰纸厂、9634工厂、科伦制药厂等污染治理项目6个，全县主要污染物化学需氧量排放总量下降61.2%。2005年后，以柏祥镇畜禽养殖污染防治为重点，制订《柏祥镇畜禽养殖污染处理方案》；在筻口镇西冲村试点，发展产业循环经济，确立以养殖业为龙头，有机稻、薯、芦笋、优质林果生态农业为主的发展之路；在全县推行以沼气为枢纽的物质和能源有效转换生态富民模式。2006年，全国生态环境监察试点验收会议在岳阳县召开，岳阳县试点工作受到环保总局验收组高度肯定。是年，加强小城镇环境规划和环境优美乡镇创建工作，编制《筻口镇建设环境规划》；制定《环境代表乡镇和生活示范村建设与考核标准》，下发各乡镇并推动实施，推动张谷英镇创建全国环境优美乡镇，编制《张谷英镇环境保护规划》，并报送省环保局申报。2006—2007年，共审批建设项目29个，依法否决不符合国家产业政策和属于“十五小”建设项目2个，环境审批率达90%，“三同时”执行合格率100%。

2007年，投入资金100万元，完成对岳阳丰利有限公司、岳阳华丰纸业有限公司、岳阳蓝海造纸科技有限公司、岳阳县洞庭纸厂、岳阳县福盛卫生纸厂等5个污染项目停产整顿，通过达标验收，全县化学需氧量排放总量下降79.3%。

第四节 环保执法

2005年5月，县环保局对全县43家企业下发《环境违法行为限期改正通知书》，责令实行整改。岳阳县广和轻土机筛厂位于城关镇友爱路居民密集区，生产过程中产生的噪声影响群众正常生产、生活和休息，何氏米粉加工厂位于县城城关镇天鹅路居民密集区，生产产生的废气对外排放，二氧化硫严重超标，7—9月，严查小组督促县广和轻工机筛厂将其靠南与附近居民仅一墙之隔的生产车间关闭，何氏米粉加工厂于8月底搬迁至一废旧塑料厂房内。

2006年9月8日，岳阳市环境监测中心对县内新墙河水质进行常规监测时，发现新墙河3个监测断面水质砷含量超标10倍左右。是日17时，县委、县政府召开紧急会议，成立新墙河流域砷超标应急处理指挥部，对砷污染防治工作进行统一指挥、组织、协调和调度。国务院、省、市领导高度重视，作出指示，国家环保局派出工作组帮助处理，岳阳县先后派出工作人员1000多人次，短时间内对新墙河10余条支流及沿岸15家企业的排污口、生产车间进行全面排查，发现污染源为临湘市一化工厂废水池发生的含砷废水泄漏，并迅速切断污染源；组织专家进行除砷净水试验；启动备用水源，挖掘城关地区的地下水源，日供清洁饮用水1500吨，市、县组织消防车、洒水车27台，从市区调水370台次2960吨，保证城区有序供水；通过县电视台滚动播出防控工作最新动态，稳定群众情绪。9月12日，县委、县政府通过电视台发布公告，岳阳县水厂恢复正常供水。

2006年，县环保局创新环境监察方式，在对全县污染源全面清查的基础上，将污染企业分为三类，制作全县污染企业分布图，用红色表示重度污染企业，黑色表示中度污染企业，绿色表示轻度污染企业，使监控对象一目了然。对40家重点污染源的排污口和环保设施进行定期监测和跟踪监控检查，采取突击检查与平时检查、夜间检查与白天检查相结合等多种形式，实行全天候监管，做到“监控时间不留空当、监管区域不留死角”，环保设施正常运转率达100%，工业企业污染排放达标率83.3%。

2006—2007年高考期间，实行24小时值班绿色护考，对考场、考生居住地周围建设工地、厂矿企业、歌舞厅进行全面检查。共受理群众来信来访投诉128起，调处结案128起，调处率100%，群众满意率95%以上。2007年，加强对第三产业污染专项治理，督促小天地宾馆、万福来宾馆、君子兰酒楼等大型宾馆酒楼安装油烟治理装置，治理油烟污染。

2006年，6家造纸企业共排放废水530万吨、化学需氧量1800吨，占全县工业排污总量的75%，水污染突出，次年3月，岳阳县对14家造纸企业进行整治，其中潼溪造纸厂、月田造纸厂、福星纸厂、大家乐纸厂、步仙福星纸厂等9家被政府关停，岳阳丰利纸业有限公司、岳阳华丰纸业有限公司等5家通过整治，得到省、市环保部门批准，重新投入生产。

2007年，县环保局共出动执法人员400多人次，检查污染源150个，下达环保违法行为限期整改通知书21份，限期补办环评审批手续通知32份。会同湖北省通城县环保局对建在两县交界处的石溪钒厂进行炸毁；由县政府牵头，县公安局、县国土局、县电力局、县工商局、新开镇政府出动执法人员120人，对土焙烧窑、小型炼钒企业实行爆破行动；年底，共出动执法人员310人次，查处污染源91家、纠正和责令整改违法排污企业29家、关闭小钒矿、土法焙窑7个。

第十三篇 交通·电力·通信

第一章 交 通

第一节 公 路

一、道路

高速公路 2000年5月8日途经县境的（北）京珠（海）高速公路临（湘）长（沙）段动工修建，2002年11月30日全线通车。全长50千米，其中岳阳联络线9.8千米，工程总投资12.3亿元，在县境的康王、乌江和十六公里处设立3个进出口通道。2005年，康王、乌江进出口通道划归岳阳楼区。

国道 107线是北京至深圳的国家干线公路。此线在境内北起新开塘，南至长湖乡，全长42.8千米，其中全封闭式专用公路12千米，路基宽20米，面宽12米，属国家二级公路。

省道 经过县境的省道有2条，即201线、306线。

201线岳荣新一级公路，本县唯一一条自建的国家级公路，全长42.8千米，从岳阳市南津港经荣家湾至新墙镇十六公里处大屋湾接京珠高速公路，采用国家颁布的平原微丘区一级公路标准建设，路基宽25.50米，其中行车道宽2×7.50米，中央分隔带宽2米，计算行车速度每小时100千米，工程耗资4.8亿多元。第一期改建扩建工程岳阳市至荣家湾段2000年9月动工，2005年8月竣工，第二期改建扩建工程2005年11月动工。

岳汨公路是省道201线的延续，该线起于荣家湾，止于汨罗市范家园，全长30.35千米，按二级公路技术标准建设，设计行车速度每小时80千米，路基宽12米，车道宽度2×3.75米。与省道201线岳荣新公路相接，经南沿京广铁路西侧，经鹿角镇先锋村、张家村、友爱林场、黄秀渔场东侧，过坪桥河，跨岳阳干渠进入汨罗市境，在县境段全长18.6千米。县境内为一期工程，2006年12月29日正式动工。

306线，东起平江县南江桥镇，西至岳阳市区，在县境内自东向西途经月田镇、公田镇、甘田乡、筻口镇、新开镇，全长63.86千米。此路经多次改建扩建而成。此线在县境公路行车道为双车道混行，设计时速为每小时40千米，路基宽7.5米，面宽6米，双层渣油路面。

县乡道 境内有县道24条，总里程326.26千米；乡道66条，总里程522.94千米，全县557个行政村村村通公路，总里程2083千米。

主要县道有：108线（公大线），公田至大屋湾，全长22.72千米，1998年由县公路局按平原微丘二级公路设计标准拓宽改造，设计时速为每小时80千米，共有桥梁8座，总投资3500万元，2001年竣工。该线路基宽12米，路面宽9米，沥青油路，全线升为二级公路。

037线（梅城线），自平江县梅仙途经境内陈坪、松树、芭蕉、张谷英、饶村、兰田至杨林城山舟与公大线的K7+900处相接，全长60.81千米。2005年，国家投资1840万元，对该路进行裁弯改直、拓宽，改为水泥砼路面，全线路基宽6米，路面宽5米，为四级公路，设置防护墙和警示桩。

041线（大渡线），全长57.24千米。境内从省道201线终点大屋湾起经柏祥、关王至汨罗市三江乡岐石界，长17.29千米。经多次改扩，建成水泥砼路面、宽6米的四级公路。

043线（荣黄线），从城关镇大冲村省道201线科伦制药厂处，经许胜、黄秀到黄沙街与船大线K12+200处相接，长16.57千米。先是泥结碎路面，后改扩建成路基宽7米、路面宽5.5米的水泥砼路，为三级公路。

052线（荣新线），自荣家湾经友爱、宝塔、青境、楚塘至汨罗新市，全长61.37千米，境内25.8千米，改扩建成路基宽6米，路面宽5米，水泥砼路面的甲级公路。

036线（杨白线），起于省道306线K41+200处公田杨塅，经铁山库区、毛田、南冲进相思至白若，通往湖北省通城县北港乡，全长28.81千米。行车道为双车道混行，设计时速为每小时40千米，其间有桥梁7座。经扩建后，路基宽6米、路面宽5米，技术等级由等外公路升为四级公路。

033线（云钓线），起于大云山林杨，经云山，至毛田镇铁山水库钓鱼台，与杨白线K10+900处相接，全长14.60千米。先由乡镇分建，2004年，由省交通厅投资544.95万元，进行全线护砌工程建设，建成后，路基宽7米、路面宽5米，沥青路面，技术等级由等外公路升为四级公路。

035线（新十线），起于新墙渡口，横跨国道107线，从三合、潼溪、朱仑、刘桂与刘潼线K0+000处相接，至十步与公大线K18+300处相接，全长20千米，至2007年，已改扩建成四级公路。

042线（船大线），起于长湖船形，与国道107线相接，经荆州、黄沙街老街与荣黄线止点相连，通至大明，全长23千米。先由区乡分段建成，2005年，由县政府投资改扩建，建成路基宽6米，路面宽5米水泥砼路面，期间有小桥3座，单车道混行，设计时速为每小时30千米，由等外公路升为四级公路。

109线（荣鹿线），自荣家湾火车站经孙午，横跨省道201线，过牛皋至鹿角码头，全长 13 千米，由国家投资扩建成路基宽 16 米、路面宽 12 米，水泥砼路面，由四级公路升为二级公路。

110 线（刘潼线），自潼溪至刘桂与新十线相连接，全长 7.5 千米，行车道为单车道，设计时速为每小时 30 千米，有小桥 1 座。已拓改成路基宽 6 米，路面宽 5 米，由等外级升为四级公路。

二、桥梁

全县有各类桥梁 768 座。

民桥　古代民桥历史悠久，现保存的有 56 座。一般就地取材，随形定貌，大致采用跳石、土木桥、平桥、拱桥 4 种。

公路桥　新墙河特大桥，位于京珠高速公路县境新墙河中游内段的三港嘴处，横跨新墙河南、北两岸，桥长 652.36 米，上部结构型式为组合 T 梁+空心板梁，设计荷载汽-20，挂-120，是境内唯一一座特大桥。

新墙河大桥，位于国道 107 线新墙镇地域跨越新墙河的一座大桥。1979 年由省交通设计院设计，首建采用两铰平坦拱桥形，16 孔，跨径 30 米，矢度 1/14，桥宽 9 米，全长 528 米，桥高 20 米，设计载重汽-10，挂-100。1997 年，省交通设计院设计在下游重建一座新公路桥，为双柱灌注桩不等跨后张法预应力 T 形桥梁，全长 531 米、30×16 孔、桥宽 12 米、设计载荷汽超-20、挂-120 级，总造价 2160 万元。

八仙大桥，位于省道 201 线岳（阳）荣（家湾）一级公路 K10+909 米处白叟渡口，跨越新墙河。1987 年，由省交通设计院测设，大桥全长 398.2 米、桥面宽 24 米，T 型级梁，20 孔，跨径两端为 18 米/孔、其余均为 20 米/孔，桥面高程 35.8 米，设计荷载汽-20、挂-100。

公田一大桥，位于省道 306 线县境公田镇地域跨越新墙河主源沙港河中段，1975 年，由省交通厅设计院设计改建为铰平坦拱桥，9 孔，全长 172 米，桥面净宽 7+2×0.25 米，桥高 13 米，设计载重汽-15，挂-80，此桥决算造价 29.75 万元，实用 3.72 万个劳动工日，耗用水泥 535 吨、钢材 36.46 吨、木材 195 立方米。

公田二大桥，由长沙交通学院设计，位于省道 306 线 K39+927 处公田镇地段，横过新墙河上游主源沙港河接公（田）大（屋湾）县道 108 线交叉路口，公田一大桥下游 1000 米地段，桥长 1074.4 米，其中桥梁长 166.08 米，两岸接线长 908.32 米。接线路幅按市二级道路设计，载荷汽车-20，挂-100。桥型跨形式：10×16 米，等截面筒支空心板梁桥，桥面净宽 10+2×0.5 米，桥墩台基础为 C25 水下钢筋混凝土柱桩，桩径 1.20 米。共用经费 627 万元。

黑泥坝桥，位于中洲乡二门闸，1981 年，由县中洲移民指挥部投资。设计桥型为钢筋混凝土杆式桁架拱桥，1 孔，跨径 22 米，桥面净宽 4.5 米，全长 26 米，设计载重汽-

10 级，履带-50 级。该桥横向共布置 4 片桁拱，间距 1.4 米，在拱片上安装跨径为 1.4 米的拱波，在波上现浇桥面混凝土，桥面配有 10（25）×25（6）的钢筋网，波顶桥面混凝土厚 12 厘米。

篣口大桥，位于省道 306 线 K63+588 处篣口镇政府西侧，跨越新墙河。桥长 131 米，2 孔-12.5 米+9 孔-10.5 米，桥高 10 米，桥面净宽 7+2×0.25 米的“I”形微弯板梁桥，设计载重汽-13，拖-60。1967 年由省交通厅设计改建，拆除木梁木面，改成钢筋混凝土“I”形梁微弯板桥，在西岸增加两墩一台。造价为 37.15 万元，用劳动工日 19.41 万个、木材 72 立方米、水泥 177 吨、钢材 51 吨、石灰 106 吨、砂砾石 1652 立方米、块片石 2400 立方米、钢筋 6.5 吨。

湾头大桥，位于省道 306 线 K24+516 米处，因建铁山水库，抬高水位，废老桥，往上方 120 米处新建，1982 年建成通车。桥长 99.7 米，跨径总长 60 米（1 孔×60 米），桥梁宽 9 米，上部结构为双曲拱，下部为重力式桥台，设计荷载为汽-20 级。

东岳桥，位于县道 034 线 K7+693 米处，1980 年建成通车。桥长 157 米，路径总长 126 米（3 孔×42 米），桥梁宽 8 米，双曲拱桥，上部结构为双曲拱，下部为重力式墩台，设计荷载汽-15 级。

石壁桥，位于县道 034 线 K7+933 米处，1980 年建成通车。桥长 151.7 米，跨径总长 126 米（3 孔×42 米），桥梁宽 8 米，双曲拱桥，上部结构为双曲拱，下部为重力式墩台，设计荷载为汽-15 级。

三、隧道

1976 年，建成县境唯一一座公路隧道九天洞隧道，为岳阳市修建最早的一条公路隧道。位于张谷英镇芭蕉至陈坪公路小水尖左下侧的滑轮坳上，海拔 641.2 米。隧道全长 68 米，净宽 4.5 米，其中水沟为 2 米×0.25 米，净高 4.7 米。隧道内自西向东纵坡为 1%，横坡为 3%，坳顶至隧道底成高 36 米，隧道壁用预制混凝土砖衬砌，壁厚 30 厘米，隧道地质全为风化页岩结构。

四、运输

县境陆路运输经历人力、畜力、手扶拖拉机和汽车运输的发展过程。中共十一届三中全会后，个体运输得到发展。20 世纪 80 年代后，集装箱、拖挂车、半挂车等大型货运车辆发展较快。1989 年 10 月，有客运车辆 105 台，荣家湾汽车站每日开行夜宿区乡的车辆。1993 年，增添客运车辆 5 台，开发荣家湾至珠海的长途班线，营运车 2 台。2006 年，客运车辆增至 156 台。至 2006 年，全县共有营运车辆 2176 台，其中营运货车 393 台、拖拉机 480 台、低速机 922 台、客车 381 台（含城市出租车 33 台）；有客运班线 123 条。至 2007 年，岳阳县汽车运输总公司管理客运车辆 450 台，其中个体户和股份制企业占半数，经营线路88条；全县货运全由个体户经营。是年，全县有大小货运车306台，三轮机动车1144台（于2008年停运），单人摩托车2.1万台，拖拉机、盘式车1800台，的士车101台，私家车62台。

1984年，县装卸搬运公司有职工110人，主要负责火车装卸业务。1987年，公司购家用车4台，负责城内至鹿角和新墙12公里的短途运输业务。1990年，运输公司下设火车装卸大队、汽车装卸大队、城关机动车运输大队、鹿角装卸运输大队，汽车修配厂、藕煤综合加工厂，业务由1989年的80余万元增至150万元，1991年，公司产值达到200万元，利税40万元，被省交通厅评为先进单位。1993年，由于发展城内汽车短途运输和鹿角码头装卸运输业务，公司产值达到280万元。此后由于业务量减少，县装卸运输公司名存实亡。

第二节　铁　路

机构　1983年，境内有火车站9个，其中一等站2个、四等站5个、乘降所2个。荣家湾车务段成立后，境内车站除岳阳车站、岳阳北站外，其余由荣家湾车务段管辖。

荣家湾车务段前身为岳阳车务段，1980年搬迁荣家湾。管辖京广复线茶岭站至捞刀河站21个中间站和8个乘降所。干部职工由初成立时的800人增至1400人。1997年，荣家湾车务段升格为副处级一等铁路运输站段。2003年8月，荣家湾车务段搬迁至岳阳市，更名为岳阳车务段。

荣家湾车站位于县城关镇。1986年3月建成投入使用，候车室面积619平方米，行包房面积126平方米。1995年10月，铁道部投资千余万元建新货场总面积2万平方米。站区设有派出所、工务工区、信号工区、通信工区、接触网工区，有在职干部、职工120人。

设施建设　1978年成立荣家湾车务段，京广复线所辖段北起湖北茶岭车站，南止捞刀河车站，共21站，全程217千米。境内共有铁路桥9座：南津港桥、麻塘桥、大碑桥、新墙河桥、破岚口桥、欧阳庙一桥、二桥、黄秀桥、黄沙街桥；公路桥2座，隧道1条，涵洞70个，其中车涵洞46个、水涵洞24个。

武广高速铁路是国家“十一五”规划重点工程建设项目之一，是国家铁路开工建设里程最长、技术标准最高、投资最多（每千米近亿元）的客运专线。2005年完成勘察设计任务，2006年1月开始建设，由中铁大桥局五公司和六公司、中铁一局五公司、中铁十一局五公司等4个单位施工。铁路路基高7.5米、宽21米。铁轨每根长500米，采用无缝焊接铺设，轨道之间平行宽度为1.44米，双轨间距为5米。途经县境新开、麻塘、城关、黄沙街4镇26个村，长34.99千米，其中桥梁17座，长17.62千米，隧道1座，长2.10千米，完成土石方225万立方米。

运输　中共十一届三中全会后，线路通过能力进一步提高，列车行车速度和密度提高较快。1980年，完成客运量537.3万人次，旅客周转量8.06万人次；完成货运量533.6万吨，货物周转量26.68万吨。2000年后，随着微机联销设备和电气化铁路设备的更新改造完成，京广复线经过6次大提速，境内各车站接发列车能力随之提高。2007年，荣家湾站列车接发能力日均最高达220列。

第三节　水　路

航道　县境航道分内河航道和外河航道。内河有新墙河、坪桥河、费家河、铜鼓河、羊角山和罗水六大河流。

新墙河是境内主要内河航道。有南北两源，北源游港河，南源沙港河。新墙河除市库区外，只有河口的金盆港和铁路桥至新墙351千米水程为季节性通航。新墙至京广铁路10千米起，通航船舶5~30吨，通航期为6—10月。枯水期间水深0.3米，最大流速0.3~0.5米/秒，主要险滩11处。通航期除受东洞庭湖水位涨落影响外，还受八仙桥等6座桥梁通航制约，通航保证率40%。2002年，新墙河下游货运量约30万吨，货物周转量600余万吨千米。

境内外河航道有东洞庭湖航道、湘江航道。

东洞庭湖航道主要有六门闸至扁山、注滋口至君山两段，全长69千米。六门闸至扁山长37千米，为典型的湖洲航道，历史最高货运量40万吨，注滋口至君山航道长32千米，通航期为每年5—10月，高水位能通航300吨级轮驳船队，历史最高年货运量50万吨。

湘江航道在县境曾攀咀至牛头洲33千米。年货运量约500余万吨，港口吞吐量100万吨。

港口　县境有港口码头6个。

鹿角港，位于洞庭湖东岸，是长沙至岳阳水运必经之地。进港航道为湘江1000吨级航线，2000吨级船舶可常年停靠。年货物吞吐能力达100万吨。每天停靠客运船4趟、快艇2趟，年发送旅客3000多人次。

二门闸码头，1978年修建，由中洲乡水委会经营，最大靠泊能力150吨，年货物吞吐量6万吨；八仙桥南码头，2001年修建，由大毛家湖堤委会经营，最大靠泊能力150吨，年货物吞吐量10万吨；八仙桥北码头，1992年修建，由麻塘企办经营，最大靠泊能力350吨，年货物吞吐量8万吨；樟树潭码头，2001年修建，由兴无村经营，最大靠泊能力150吨，年货物吞吐量12万吨；荣站码头，1978年修建，由荣站村经营，最大靠泊能力150吨，年货物吞吐量10万吨。

渡口　至2007年，县境在铁山、岳坊、大坳三大水库设渡口28处。铁山水库设渡口24处，其中毛田镇12处、公田镇5处、月田镇7处；岳坊水库设渡口1处，大坳水库设渡口3处。铁山水库共有货运船舶97艘，总吨位315.9吨，年货运量27.88万吨。

岳坊水库有货运船舶9艘，45.5马力，总吨位42吨，年货运量5.6万吨。大坳水库有货运船舶8艘，40.5马力，总吨位38吨，年货运量5万吨。

运输　境内经营水上长途客运的主要有岳阳客运站、城陵矶客运站。长航经营长江客运干线，湘航经营省内长途客运航线，地方民营企业主要经营湘鄂交界及境内短途客运和渡运。1983年后，水上客运绝大部分划归岳阳市管辖，县境经营客运主要是湖南省航运公司在鹿角港设立的客运停靠点和民间渡口。

中共十一届三中全会后，县水运市场放开，各种社会船舶涌入水上运输市场。1986年，境内社会船舶数量、吨位分别占专业水运企业的92.6%、41%。1996年，县水运公司解散，船舶转为个体运输，至2002年，县个体运输船舶106艘、2453吨、5827千瓦。2007年，县个体联户共有水上货运船舶36艘、1.2万吨、3689.4千瓦，完成年货运量36万吨、货运周转量920万吨千米。

县境除公路、铁路、水路运输外，还有航道、管道、索道运输。航道运输主要是利用飞机进行测绘和森林治虫；管道运输主要用于输送自来水和天然气；索道运输主要是在公路和水利建设中进行运土和砂砾石。在民间还有发带和竹简运输，有时还利用山势进行筏树筏竹。

第四节　交通管理

一、机构

交通规费征稽所　自1984年，成立县养路费征收站，隶属市养路费征收办，属副科级事业单位。1989年，撤销县养路费征收站，成立县交通规费征稽所，定为副科级单位。1991年11月，恢复县养路费征收站，定编6名；同时成立县交通稽查征收所，定编4名。1994年3月，县养路费征收站、县交通稽查征收所合并成立县交通规费征稽所。1997年10月，升格为正科级事业单位。主要负责征收、管理公路养路费、车辆购置附加费、客运附加费、货运附加费、新车交通建设费、交通设施建设基金。其中前两种费根据国家统一规定开征，后四种费根据省政府规定开征。2000年1月1日，取消新车交通建设费，车辆购置附加费改为车辆购置税，仍由交通征稽部门代征。每年征收费用约1100万元。

交通运输管理所　1985年，县交通局运管股变更为县运输市场管理办公室。1987年，更名为县运输管理办公室，为副科级事业单位，定编52名。1989年，更名为县交通运输管理所，定编61名，内设文秘、汽修、运管、财计、征收等5个股室，下辖公田站、月田站、张谷英站、柏祥站、城关站、麻塘站、新墙站、筻口站、广兴洲站（1997年划入君山区）、康王站（2005年划入岳阳经济开发区）、水上站（1988年更名为县港务管理站，1992年更名为县港口航务管理所）等11个交管站。1998年，增设客运出租车管理所，主要征收客货运输车辆的运输管理费，代征拖拉机、摩托车的养路费。1987年征收运输管理费26万元，1997年达1598万元，2007年为1029万元。

港口航务管理所 1988年3月，成立县港务管理所，1990年，更名为县航务管理所，加挂港航监督站，航船检查站的牌子，1992年更名为县港口航务管理所，加挂港航监督站、船舶检查站两块牌子。负责全县水路交通管理，负责全县水上交通安全监督、运输市场管理、交通规费征稽、内河交通事故调处、轮驾人员培训、船舶船员管理、船舶修理市场监督、水上施工作业许可、港口岸线规划管理、港口经营、客货市场管理、航道管理等。

县海事处 1990年，成立县港航监督站，定编3名，牌子加挂在县航务管理所。1999年更名为县港航监督所，为副科级单位，2000年按政策享受正科级待遇。2005年3月，更名为县海事处，主要负责安全维护费、船舶港务费收取，安全维护费年收25万元，船港费150万元。

县辖区内水上交通规费，由县海事处收取，船检费由市海事局直接征收。

二、管理

车辆管理 自1985年始，全县车辆更新加快，客车等级、舒适度逐渐提高，货运车辆吨位增大，特种运输车辆不断增多。拥有三类以上机动车维修企业21家，其中一类维修企业1家、二类维修企业12家、三类维修企业6家、摩托车修理店2家；有驾驶员培训学校1家。

交通部门作为道路运输行业主管部门，主要是做好运输经营市场准入、营运车辆技术状况、营运驾驶员从业资格、汽车客运安全监督、道路运输证核发等监督管理工作。

路政管理 境内的省道、县道、乡村道均由县交通局总管，其中省道和大部分县道由县公路局（段）主管，部分县道和所有乡村道由地方公路管理所主管。1979年2月，县公路养护所更名为县公路所，1985年更名为县公路段。1987年，成立县地方公路站，属县交通局二级单位。1996年2月，更名为县公路管理局，下设办公室、政工股、财务股、安全股、机料股、工程队、公路派出所、养护工区。同年6月，公路派出所更名为路政中队。县公路局的11个工班长和县地方公路管理所的19个工班长配为路政管理员，负责本辖区的路政管理工作并协助路政大队工作。2000年，县地方公路站更名为县地方公路管理所。

境内道路养护由县公路局、县地方公路管理所分别承担，境内主要干线由县公路管理局养护，其他县乡道由县地方公路管理所养护。1987年后，境内县乡道养护管理模式为民办公助，各乡以民工建勤方式成立养护工班，县地方公路管理所对其进行业务技术指导、督促检查，并按路况里程拨给工班每公里300~600元的材料费用补贴。该费用来源于拖拉机、摩托车限缴的养路费。

2005年后，县公路管理局、县地方公路管理所加大对严重损路、毁路、违法建房、未经批准乱设标志标牌等行为的打击，切实加强日常路政巡查和养护管理，公路管好率保持在98%以上。

铁路管理　1975年，贯彻中共中央《关于加强铁路工作的决定》，强调安全正点，成立安全小组，由一名领导抓安全工作。20世纪80年代，配专职管安全的领导和工程技术人员，车间、班组的安全员颁发安全员证，形成从上到下、从领导、工程技术人员到工人群众“三结合”的安全管理网；建立《呼唤应答制度》《调车作业书面计划制度》《事故分析制度》《安全检查制度》等。1995年后，加大安全管理力度，铁道部门实行安全逐级负责制，制定考核标准和奖惩条例，实行风险抵押，建立以安全为中心的控制系统。

1997年4月29日，荣家湾站因电务作业人员违章作业，将道岔开通四道有车线，而信号楼控制台无表示，致使通过的324次（昆明至郑州）旅客列车与四道待避的818次（长沙至茶岭）旅客列车造成冲撞重大事故。事故发生后，站场通信中断，1道、2道正线中断，4道线路设备损坏，站场内停电、停水，3道单线通车。荣家湾车务段领导及机关工作人员赶赴事故现场进行救援。参加事故救援的130多人，分为救援、警戒、伤亡人员处理、旅客疏散及后勤生活接待5个小组。324次旅客于当日16时完成疏散工作，17时，抢救出401名轻重伤员和60余具死亡遗体。在车站只有3道单线行车的条件下，车务段全力以赴投入救援，并对信号楼和两头清扫房实行双岗、双控，同时布置相邻的黄秀桥、麻塘站进行双岗，确保救援及单线行车安全。此次事故造成126人死亡，566人受伤。

至2001年，全段实现无行车重大、大事故4461天，无行车责任一般事故549天，无责任火灾事故8535天，无职工责任重伤事故7431天。

航运管理　1984年1月，成立县水运公司，属集体中小型水运企业。1985年3月，成立县湖洲水运公司，是年12月，并入县水运公司。1989年，公司有职工50人，固定资产205.9万元，有船舶13艘987吨、412千瓦，完成货运量4.08万吨，货物周转量837万吨公里，企业总收入50.2万元。后因市场竞争激励，货源不足，业务严重萎缩，效益逐年滑坡，无法继续经营。1996年，公司按照资产变现、缴纳保险、自谋职业的原则解散。

运政管理　20世纪80年代前，运输管理方式是“三统一定”（即统一承揽货源、统一运价、统一调配运力，定量供应油料），由公路运管部门负责实施。80年代，在“国营、集体、个体一起上”的经济体制改革中，社会汽车、拖拉机迅速增加，加之石油供应全面放开，“三统一定”管理模式已不适应而转向行业管理。1987年，市政府发布《关于加强水陆交通运输管理的暂行规定》，贯彻改革开放、放宽搞活、多家经营、公平竞争方针，强调行业管理原则，明确交通运输市场管理范围，达到管而不死，活而不乱。

1988年，县运输管理所成立，按照国营为主、集体为辅、个体补充，开放搞活、平等竞争的原则，加强客运市场管理，实行长短途搭配、干支线搭配、“冷热”线搭配，合理调整运力投放，定班线牌搞好客运秩序。1991年始，实行道路货物归口管理和推行合同运输管理工作，达到规范化、系统化。1995年，货运市场重点抓源头管理，建立货运信息配载，为货找车，为车配货。是年12月，被评为全国交通出租汽车、客运优质服务百日竞赛先进管理单位。1996年，对危货运输车辆进行清理、建档、年检年审，让危货运输市场管理走上规范化轨道。2002年，加强对车辆的整治，取缔违章车辆。2004年，进一步规范货运市场，使之走上正规化轨道。2007年，对货运车辆进行分类管理与指导，严格检验车辆的合格率和驾驶员的技术。

第二章 电 力

第一节 电网建设

县境电网大部分建成于20世纪70~80年代，分为大电网和小电网，以大电网为主，小水电网为辅。由于运行维护费用少，水力资源分布不平衡，出现供电能力不足的问题。1998年，国家实施大规模电网建设改造，情况好转。至2007年，县电力局争取省电力公司、岳阳电业局下达县境电网改造计划项目100多个，总资金计划2.85亿元。其中完成35千伏及以上工程项目投资1.5亿元，新建110千伏双港变电站，改造110千伏荣家湾变电站，新建110千伏线路21.5千米，新建改造35千伏变电站8座，新建35千伏线路15.1千米，完成调度通信系统升级改造，构建荣家湾、双港110千伏双电源、双回路供电网络，结束县境110千伏单一电源的历史。10千伏及以下配网完成投资1.35亿元，先后实施大电网一、二期工程、小水电改造工程、中西部完善工程、新农村电气化建设工程。新建改造10千伏线路280.95千米，新建改造0.4千伏线路3041.25千米，整改村级单位317个，改造供电区526个，新增改造配电变压器724台、74023千伏安，完成一户一表改造103406户，其中城镇改造11263户。2006—2007年，县电力局争取主网建设投资计划近4亿元，加快建设以220千伏变电站为主供电源，形成110千伏环网结构，增强110千伏、35千伏变电站之间的互供能力，形成设备先进、结构完善、安全可靠的坚强电网。

1998年10月，国务院决定在改造农村电网，改革农村供电管理体制的基础上，力争用3年时间，统一城乡用电价格，实现同网同价（简称“两改一同价”）。是年11月，全县农村电价整顿工作开始，由农电总站对各乡镇电管站的人、财、物进行接管，撤站建所，实行收、支两条线的统一管理。为解决小水电“两改一同价”的电网建设的资金来源，2001年年初，县政府、岳阳市铁山管理局、岳阳电业局决定，将小水电网及供电区移交大电网，实现全县电力一体化管理。2002年，县境供电可靠性达99.9%，电压合格率达98%，带动农村用电量每年以20%的速度增长。自2003年始，逐步实行同网同价，执行每千瓦时0.548元的居民电价，2006年7月，居民生活电价调整为每千瓦时0.588元。

第二节　电力供应

1988年，全县110千伏变电容量20兆伏安，年供电量4285万千瓦时，2007年，供电量35400万千瓦时，增长7.26倍。至2007年底，县境有2个主供电源，即220千伏奇岭变到110千伏荣家湾变的奇荣线，220千伏奇岭变到110千伏双港变的奇双线与通过110千伏双港变到110千伏荣家湾变的110千伏双荣线形成环网。备用电源为110千伏双港变到汨罗窑洲变的110千伏双汨线。担负县境供电的电力设施有：荣家湾、双港110千伏变电站2座，主变3台、容量83兆伏安。35千伏变电站10座（即麻塘变、新开变、鹿角变、筻口变、步仙变、中洲变、黄沙变、康王变、毛田变、公田变），主变17台、总容量65.75兆伏安。月田·大坳35千伏开关站2座。110千伏线路4条93千米；35千伏线路15条210千米；10千伏线路57条1500千米，城关和农配电变压器1450台、总容量157020千伏安，低压配电线路7650千米。110千伏荣家湾变主要负责县域西部地区供电，主供35千伏麻塘变、中洲变、鹿角变、康王变（2007年划归岳阳经济开发区）、黄沙变及县城。110千伏双港变主要负责县域东部地区供电，主供35千伏步仙变、筻口变、公田变、毛田变、月田变、新开变及新墙陶瓷工业园区。

荣家湾变电站　位于城关镇文胜村，1986年8月，升级改造为110千伏变电站，安装2万千伏安主变压器1台，通过110千伏奇荣线与220千伏奇家岭变电站连接受电。1992年7月4日，110千伏荣家湾变电站检修维护任务由岳阳电业局变电管理所移交岳阳县电力局。2003年进行增容改造，新增3.15万千伏安主变1台，总容量达5.15万千伏安。2007年，110千伏进出线间隔2个，35千伏5个，10千伏15个。无功电容6000Kvar。2007年7月，完成无人值班改造。

双港变电站　位于新墙镇水库村。2002年12月建成投运，实际完成投资2300万元，安装3.15万千伏安主变压器1台，110千伏进出线间隔3个，35千伏5个，10千伏7个。无功电容3500Kvar。同时建成双荣联络线，与110千伏荣家湾变电站构建岳阳县110千伏双回路供电网络，提高了供电可靠性。

黄沙变电站　位于黄沙街集镇，2001年10月建成。安装3150千伏安主变压器1台，35千伏进出线间隔1个，10千伏4个，无功电容600Kvar，主要供黄沙街、黄秀等地用电。

鹿角变电站 位于鹿角镇鹿角村。1988年4月建成投运，安装5000千伏安主变压器1台。2004年5月进行增容改造，新增5000千伏安主变压器1台，总容量达到1万千伏安。35千伏进出线间隔1个，10千伏5个，无功电容700Kvar。主要供鹿角镇、丰利纸厂等地用电。

中洲变电站 位于中洲乡天灯村。1980年建成投运，2003年12月进行改造，3200千伏安和1600千伏安主变压器各1台，35千伏进出线间隔1个，10千伏3个，无功电容600Kvar，主要供中洲乡等地用电。

步仙变电站 位于柏祥镇集镇。1990年1月建成投运，安装3150千伏安主变压器1台，2007年12月进行增容改造，新增5000千伏安主变压器1台，总容量达到8150千伏安，35千伏进出线间隔1个，10千伏5个，无功电容1200Kvar，主要供步仙乡、柏祥镇、岳坊、凤凰等地用电。

筻口变电站 位于筻口镇仙安村。1971年建成投运，是岳阳县最早的35千伏变电站，安装3200千伏安、1800千伏安主变压器各1台。2007年9月进行增容改造，更换5000千伏安主变压器2台，总容量达到1万千伏安，35千伏进出线间隔2个，10千伏6个，无功电容1500Kvar，主要供筻口、杨林等地用电。

麻塘变电站 位于麻塘镇麻塘村。1991年1月建成投运，安装3150千伏安主变压器1台，2000年8月进行增容改造，新增3150千伏安主变压器1台，总容量达到6300千伏安，35千伏进出线间隔1个，10千伏4个，无功电容600Kvar，主要供麻塘、春风、新开等地用电。

公田变电站 位于公田镇饶港村，是小水电区最早建成投运的变电站。1976年建成投运，安装3200千伏安和1800千伏安主变压器各1台，1987年进行增容改造，新增4000千伏安主变压器1台，总容量达到7200千伏安。35千伏进出线间隔2个，10千伏6个，无功电容600Kvar，主要供公田、大坳等地用电。

月田变电站 位于月田镇集镇，1986年建成投运，按10千伏开关站方式运行。2003年12月，进行改造，安装4000千伏安主变压器1台，35千伏进出线间隔1个，10千伏4个，无功电容600Kvar，主要供月田、花苗、黄岸等地用电。

毛田变电站 位于毛田镇港堤村，1984年建成投运，安装1800千伏安主变压器1台。2007年临时更换为3200千伏安主变压器1台。10千伏进出线间隔1个，无功电容300Kvar，主要供毛田、云山、相思等地用电。

新开变电站 位于新开镇新开村，2005年6月建成投运，安装4000千伏主变压器1台，35千伏进出线间隔2个，10千伏3个，无功电容600Kvar，主要供新开、龙湾等地用电。

第三节　供电管理

供电营业区　1988年4月，县电力局成立后所管辖的供电营业区域因行政区划变更和农电管理体制改革几经分合。1996年，县电力局所辖许市变、广兴变分别移交岳阳电业局变电管理所、城区供电局管辖。2001年，根据省电力公司《关于岳阳县小水电管理区农电“两改”有关问题的批复》，县政府、铁山供水管理局、岳阳电业局通过充分协商，按照直接接管、一县一公司的原则，决定将小水电网移交大电网，铁山供水管理局管辖的供电营业区域、县水利局管辖的供电营业区域移交给县电力局，形成全县统一的电网市场。2007年，县电力局将康王乡、三荷乡、西塘镇供电营业区移交岳阳经济开发区供电局管辖。至年底，县电力局所辖供电营业区域共有20个乡镇、557个行政村、42个居委会，总面积2713平方千米。

经营营销　1988年，售电量为3577.80万千瓦时，比上年增长28.22%，1989年与上年持平，1990年为5267.50万千瓦时，增长38.4%，1991年，售电量为5152.42万千瓦时，首次出现负增长，1994年，售电量为6268.59万千瓦时，1998年为7994万千瓦时，此后，年增长率保持在6.5%以上，至2007年，售电量突破31738.7万千瓦时，增长率为11.19%。2007年4月，县公安局成立刑侦大队涉电案件侦查中队，整治供用电秩序，不断健全完善财务经营管理制度，推行预购电制度。是年预购电客户达196户，新型电费结算方式的比例达35%。

农电管理　1992年12月，成立县农电管理总站，下辖34个乡（镇）电管站，经费自收自支，归口县电力局管理，负责全县农村电网运行维护、电力安全、营销和服务。2001年，农电总站推行公变台区综合管理、强化经济责任考核，各项经济技术指标好转，完成供电量5000万千瓦时，比上年增长22%。2006年12月，成立县农电服务有限责任公司，按照《劳动合同法》，规范农电用工管理，农电职工劳动合同和基本保险两个100%到位。2007年，农电总站按照“深化改革，优化管理，强化执行”的工作思路，提高农电生产经营水平，规范农村供用电秩序，完成农村售电量15637万千瓦时，比上年增长26.68%。2004—2007年，连续四年被岳阳电业局评为先进农电总站。

多种经营　1993年2月，县电力局成立元盛电力实业公司，2005年12月，改制成股份制企业岳阳县荣盛电力建设有限公司，实行自主经营、自负盈亏，公司注册资金214万元，2007年11月，获国家电监会长沙电监办颁发的“承装（修）电力设施许可证”五级资质证书。主要经营范围为电力资源开发、电力线路安装、电气安装与修试、电力器材销售、电力业务咨询和服务、变压器修理。公司内控制度健全，运行管理规范。2007年，完成总产值1800多万元，其中业扩工程产值850万元，先后承接完成岳阳县35~110千瓦变电站大修预试、10~35千瓦线路新建改造和生产用电企业10千瓦高压配电室安装调试等工程业务，多项工程被评为优良工程。

第三章 邮 政

第一节 邮政业务

1978年，县邮电局开办函件、包件、汇兑、报刊发行、机要通信等邮政业务，收入15.7万元。1987年2月，开办集邮业务；是年6月，开办邮政储蓄业务；是年7月，开办特快专递业务；1994年，开办邮政礼仪汇款业务。1998年邮电分营后，新开办多种邮政代理业务（电信、移动代收费，代理保险，代收水电费，代放号等）。2004年9月，速递类业务争剥离专业化经营，2007年，全县邮政业务收入1499.6万元。

函件 函件分为信函、明信片、印刷品、盲人读物4种。1978年，收寄平常函件67.23万件，业务收入4.36万元；挂号函件6.5万件，业务收入1.01万元。1980年恢复办理商务传单业务，后改称信函广告。1985年寄发函件137.3万件。1988年5月，开办邮政快件业务。1990年7月，函件种类调整为信函，特挂信函、明信片、印刷品、盲人读物、邮政快件、挂号信函、保价信函、航空信函、存局候领及代发广告、特快专递等业务。是年底，寄发函件139.05万件。1995年11月始起给据邮件一律使用条形签码。1998年7月，取消邮政快件业务，开办鲜花礼仪业务。1999年，收寄平常函件39.4万件，收入31.5万元；挂号函件3.3万件，收入9.2万元。2007年，收寄平常函件101.45万件，业务收入89.16万元。

1990年7月1日，国内平信每件20克以内由0.08元调至0.20元，本埠由0.04元调至0.10元，其他邮资作相应调整。1996年12月1日，每件重20克的信函从0.20元调至0.50元，取消本埠与外埠的区别，其他资费作相应调整。1993年3月，每重20克平常函件从0.50元调至0.80元，对其他资费作出调整。

包裹 邮政经办的包裹业务分为普通包裹、保价包裹、快递小包、商品包裹。普包每件限重5千克，商包限重15千克。1978年，收寄出口包裹1.4万件，业务收入2.76万元。1979年，增加乙类保价包裹业务，恢复“文化大革命”中被废除的包裹逾期保管费和送包业务。1990年7月31日始，对包裹种类及资费进行调整，普包在原有资费的基础上提高150%，商包在普包调价后的基础上再调高50%，取消快递小包、航空快递小包、代收货价等业务。1995年，收寄出口包裹10.3万件，业务收入93.16万元。1996年，商品包裹纸质品包裹种类取消，统称普通包裹和保价包裹。是年，收寄包裹1.09万件。2007年，收寄包裹2.3万件，业务收入23.58万元，分别比1995年下降78%、75%。

报刊发行　1978年，报刊期发数6.6万份，流转额25.4万元，收入5.08万元。1990年，报刊期发数777.57万份。2003—2004年，《岳阳晚报》《洞庭之声》不交邮发行，自办包销（2005年复交邮发行），2004年，报刊期发数9.6万份，流转额305.6万元，收入61.12万元。2007年，湖南省成立湘报集团，《湖南日报》《湖南科技报》《文萃报》等9种发行量大的报刊自办包销。县邮政局改善服务、大量发行私费订阅和部分报刊包干营销，使报刊发行期发数和流转额逐年上升。2007年，报刊期发数10.8万份，流转额414.7万元，业务收入121.74万元。

机要通信　1984年9月，恢复办理机要通信业务，县邮电局设机要室，按邮电部颁发的《机要通信使用规则》为县团级以上机关、企事业单位办理机要通信业务。每天投递一次，1989年4月，开办机要急件业务随到随投递。机要通信实行专人、专房、专柜、专装、专人接送的管理制度。岳阳县机要通信进口量多，出口量少，1990年，进出口量270件。2007年，进出口量1541件。

汇兑　1978年，全县出口汇票业务量2.4万件，业务收入3万元。普通汇款按汇款金额的1%计收，每笔汇款不得低于0.1元，电报汇款加收电报费1元。1988年6月，增办邮政快汇业务，每笔另加收快件费0.5元。自9月1日始，每笔汇款收取邮政建设费0.15元。1990年邮政资费调整，每笔最低汇款汇费由0.3元调至1元，是年，开发汇票3.68万张。1999年，每笔最低汇款汇费由1元调至2元。1998年，取消快汇业务。1996年，使用新的中国人民邮政汇款通知。2000年后，国内汇兑业务实现全国联网，先后开办投单汇款、通知汇款、24小时汇款、2小时汇款、实时汇款等汇兑业务。2007年，开发汇票6.4万件，业务收入55.3万元。

邮政储蓄　1987年6月，恢复岳阳县邮政储蓄业务，主要是吸收社会闲散资金，办理个人存款业务。存款一律存入人民银行，不办理贷款业务；是年开办城关、新墙、广兴3个储蓄所，有储户11061户，年末储蓄总金额达40.2万元，业务收入1万元。

1990年，经县人民银行批准，开办毛田、公田、渭洞、康王、黄沙、柏祥、月田、筻口、麻塘、许市10个储蓄所。年末有储户38502户，总金额770.04万元。1995年，经县人民银行批准，开办新开、饶村、荣鹿、杨林、鹿角、天鹅6个储蓄所。1997年，广兴、许市储蓄所划归岳阳市邮电局管理经营。2000年，年末储蓄余额6377万元，业务收入151万元。2006年，康王储蓄所划归岳阳市邮政局管理经营。2007年年末余额55159万元，业务收入891.83万元。

集邮　1985年10月1日，开办集邮业务，经营纪念票（J）、特种票（P）、普通票及邮票小型张、小金张、各种封卡片、纪念币和集邮书刊用品等。

1990年6月6日，成立岳阳县集邮协会，选举正副会长和正副秘书长，有会员111人。1990年，销售邮票16.1万枚，收入52726.1元；2007年，销售邮票128.6万枚，业务收入67.45万元。

其他业务 2001年后，先后开办移动、联通、电信代理业务、代售火车票、中国福利彩票代理、中国代理保险业务、农资配送业务、物流配送业务等。2007年，农资配送收入64.25万元，移动、联通、电信代理业务收入41.37万元，保险业务收入43.08万元。

第二节 邮政设施

邮路 县城投递。1978年，君山、茅斯铺、广兴洲3个支局及许市邮电所的邮件由岳阳市邮电局至华容干线邮路带运，康王支局、西塘邮电所的邮件由岳阳市邮电局委办，麻塘、黄沙2个支局的邮件由火车接发。其他支局、所的邮件由湘运汽车委办带运。有荣家湾至南冲57千米、荣家湾到步仙35千米、荣家湾至月田64千米、荣家湾至南套19千米、荣家湾至鹿角13千米委办汽车邮路5条、共188千米。

1979年，省邮电局调拨吉普车1台作为自办汽车邮运用车，开通荣家湾至新墙、新开、筻口、公田、饶村、渭洞、杨林等支局、所的自办汽车环型邮路，全程129千米，取消上述支局、所汽车委办邮运。

1987年12月，北京吉普车报废，省邮电局拨YC天津231型汽车1台作境内邮运专用，次年1月，对境内自办邮路进行调整，撤去饶村、渭洞2个点，增加步仙、狮山2个点，全程139千米。

1996年1月，火车邮运及委办邮运全部撤销，实行自办。岳阳至麻塘、荣家湾、新墙、公田、月田、毛田、筻口、新开等支局的邮件由市邮政局干线邮运，县邮政局自办邮路；荣家湾至中洲、黄沙街、长湖、步仙、柏祥、杨林、渭洞等支局、所，全程180千米。县城投递邮路在1978年分为甲乙丙3个城投段。1990年增至4个城投段，2001年增加7个城投段、2个郊区段，均为逐日班。

农村投递。1978年，全县有自行车邮路109条，单程总长度3895千米，公社每天投递一次。701个大队每天投递一次的29个，2天投递一次的304个，3天投递一次的368个。7010个村民小组2天投递一次的3651个，3天投递一次的215个，直投面为55.14%，高于全省村民小组平均通邮43.43%的水平。

2007年，全县有农村投递邮路91条，单程总长度4550千米（全部由乡邮员自备摩托车）。20个乡镇及其机关单位每天投递一次。557个行政村2天投递一次531个，3天投递一次26个。

邮政设备 1989年，邮政生产用车有邮运车1台、头寸车2台、备用车1台；2007年，有邮运车2台、行政用车1台、头寸车1台、信箱信筒17个、微机313台、电子秤14台。

1998年邮电分营，邮政划分房地产有新开、渭洞、杨林、柏祥、黄沙、筻口、毛田、月田8个支局生产生活用房10栋、8494平方米，价值379.36万元，县邮政局机关划分办公楼1栋、邮政生产楼2栋、文艺路门面15个，共2633平方米，价值103.57万元。1999—2000年，为新墙、鹿角、麻塘、公田等支局新建和购买生产生活用房4栋，共2745平方米，价值283.76万元。2001年，县邮政局新建仓库、车库19个，价值37.5万元。2003年，拆除办公楼、邮政生产楼2栋、1360平方米，2004年，新建办公生产楼1栋，935.18平方米，价值85万元。

第三节　邮政管理

1978年，县邮电局下辖广兴、茅斯铺、君山、康王、筻口、毛田、公田、月田、渭洞、步仙、新墙、黄沙、鹿角、麻塘14个邮电支局，许市、西塘、荆州、狮山、平地、十步、杨林、饶村8个自办邮电所，甘田、新开塘、黄秀桥、五垸4个邮电代办所。实有邮政电信工作人员266人。1986年，君山、茅斯铺邮电支局归市邮电局管辖。1996年，撤销黄秀、五垸、平地、十步自办、代办邮电所；撤销新开塘邮电所，设新开邮电支局；撤销杨林邮电所，设杨林邮电支局，增设中洲邮电所，荆州邮电所更名为长湖邮电所。

1987年，县境共有邮电服务机构94处。其中自办邮电服务机构22处，每个自办机构的服务面积平均为143平方千米，服务人口平均为3.4万人。

1998年10月后，岳阳县邮政局内设综合办公室、市场经营部、发行投递部、分销营业部、金融代理部、大客户服务部，下设麻塘、康王、筻口、公田、毛田、月田、杨林、渭洞、柏祥、新墙、黄沙街、鹿角、新开13个农村邮政支局，饶村自办邮政所，长湖、步仙、西塘、中洲、甘田代办邮政所。2006年，康王邮政支局、西塘代办邮政所拨归市邮政局管辖。2007年，全局有固定资产1280万元，在职职工193人，离退休职工43人。

第四章　电　信

第一节　电信业务

电报　1984年5月，省邮电局邮电部下达岳阳长途通信配套设备设计和施工任务通知书，决定在途经县境的京、汉、广中同轴电缆工程增加岳阳市至岳阳县地下电路，经省邮电建设公司设计和施工，1985年11月交付使用。至此，县境的电报设备有载波电报机1~4路的1部，电传打字机3部，五单位自动发报机1部。1985年，电报去报为3.3万份，1987年为3.9万份。

1988年，县电信分公司与北京、天津、广州、深圳等地加强业务联系和贸易往来，使用电报逐月增长，至1990年，全县出口电报达51392份。

2000年，县电信分公司电报业务撤销。

电话 1984年5月，湖南邮电管理局下达岳阳县长途电信配套设计和施工任务通知书，决定在京、汉、广中同轴电缆工程增加在岳阳至岳阳县电路。县委、县政府动员大批区乡干部群众破土动工，开沟埋设中同轴电缆，该工程于1985年11月竣工并割接通话，结束岳阳县16年无长途通信设备的历史。至1990年，全县共有长途交换机4部、120门，12路载波电话终端机2部，长途线路16条，是年，长途电话去放9.1万张。1986年7月1日，荣家湾镇的农村电话转为市内电话，有交换机500门，市话用户219户，杆路18千米，线条68对千米，市话电缆5.7皮长千米。1990年，有市话524户，杆路21千米，线条32对千米，电缆8.4皮长千米。2003年，固定电话累计新增23540户，期末达86539户，其中市话22809户。2005年，固定电话累计新增7500户，期末达8.1万余户。全县电话普及率12.46%，电话入户率41.5%。2006—2007年，发展固定电话用户16692户，期末达10.48万余户。1983年，岳阳县在荣家湾恢复建制后，县境国营农村电话即开始以荣家湾为中心向各区所在地组织网络辐射。1985年全面完成。县局至支局有电路33条，平均每个支局2.5条。至1990年，全县48个乡镇，装有总机的乡镇45个，共1890门，实占容量890门；共有通话单机983部，694个行政村，装有单机的593个，占85.45%；由国营总机至乡镇的中断电路有45条；由乡镇至行政村的杆线为1364杆程千米，2061线对千米。至1990年，乡至行政村的电话线，已不再是1963年前的1线多机，绝大部分是1线1机，个别是1线2机，并有部分乡采用双线，58.9%的杆路采用水泥电杆架设。1996年，全县农村电话业务收入545.5万元，2003年，农村电话59150户。

2004年6月，全面关闭无线寻呼机、无线寻呼设备，无线寻呼业务停止运营。

2003年，开通小灵通网络，基本对县城区域形成无缝隙、高可靠的信号覆盖，发展小灵通用户3287户，2005年发展2700户，2006—2007年，发展9655户。

1998年5月，随着中国Internet主干网的建设基本到位，县邮电局始办多媒体上网新业务，也开始出现第一批上网者，采取电话线拨号上网，接入码“163”“169”，年底IP拨号注册用户8户。

2001年，投入建设资金1883万元，完成公田、张谷英通信管道建设，新建宽带用户1000户。2003年，开通全县宽带网络，完成县城网吧光纤改造工程，新架设宽带信息光缆150皮长千米，通信光缆总长度达到1050皮长千米。2006—2007年，发展宽带用户4933户，宽带上网达到7467户。

第二节 网络设备

电话 1996年，县境安装数字程控电话交换点22个，交换机容量3.17万门，其中市话 1.8 万门，农村程控交换点 21 个，容量 1.37 万门。全县投入农话建设资金 2400 多万元，年内先后开通西塘、长湖、步仙、杨林、中洲 5 个乡镇程控交换点，完成月田、公田、新墙 3 个交换点的交换机扩容，实施月田等 13 个乡镇的电话线路到村工程，新增农话交换机容量 4800 线，架设农话光缆 42 皮长千米。农话建设的经验在年底召开的全省第三十次邮电工作会议上得到全面推介。

1997 年，全县投入邮电通信建设资金 1500 多万元。新建甘田 512 门数字程控电话交换点，完成岳田、公田、杨林支局交换机扩容。新增交换机容量 1500 门，农村程控交换点达到 19 处，农话交换机容量达到 1.4 万门；市话交换机容量 1.8 万门。实施新墙、新开两乡镇电话到村工程。

1999 年，投入建设资金 6590 万元，在全县掀起“176”电话大行动，即从 10 月 1 日起至 2000 年 6 月 30 日止，力争主线放号 17600 户，本次行动完成投资 4700 万元，完成市话交换机扩容 7000 门，农话交换机扩容 1052 门，农市话线路扩容工程 21 个，新增市话出局线对 8000 对，农话出局线对 21100 对，架设电缆总长 2350 千米。在实施农话“289”工程中，期末用户达 22689 户，实现村村通电话。新建岳田、黄沙街、新墙、麻塘 4 个电话乡镇，新建 36 个电话村，完成 21 个计算机系统、128 台设备 Y2K 改造，完成甘田电信楼的建设。

2001 年，有交换模块局 54 个，局用电话交换机净增 15188 门，累计达到 94108 万门，实占容量 67.17%，新增数字数据网节点机 30 个，达 66 个，新建电信综合大楼，毛田、9634 工厂电信楼，完成县电信局院附属设施的改造。

2003 年，新增市话主干线 6800 余对，配线 5000 余对，增加农话主干线 2500 对；扩容交换设备 8500 门，累计达到 9.5 万门，其中农村电信 6.2 万门，交换机实占率达 91%。

2007 年，共投资 25.92 万元，完成建设项目 11 个。新增交换机总容量达到 11.86 万门。

模拟、数字移动电话基站　1997 年，安装开通饶村大峰山 8 个信道的模拟移动电话基站和无线寻呼转台，全县模拟移动电话信号覆盖率达 90%以上。县邮电局完成模拟移动电话基站扩容 24 个信道，全县移动电话信道达 48 个，缓解移动电话信道紧张，电话难通的紧张状况。数字移动电话 GSM 建设中，完成新开、新墙、公田、长湖、筻口支局的铁塔建设任务，年底进入设备安装调试阶段。作为全省的试点县局，投资 1300 多万元，建设电信网络优化工程，其中县局汇接局已调试开通，新开、黄沙街、新墙、筻口 4 个支局进入调试安装阶段。传输网络优化方案已向省电信局申请报批。图像传输设备开通，在电信局院内安装用户 107 户。

第三节　电信管理

1998 年 7 月，邮电分家，正式挂牌成立岳阳县电信局。1999 年，移动业务剥离电信，单独成立移动营业处。2004年，湖南电信上市，岳阳县电信局更名为湖南电信有限公司岳阳县分公司。共有干职员工117人，其中主业52人，实业分公司65人。设职能部室4个、生产部室9个，实业分公司设职能部室2个、生产部室4个、中心支局4个。

2001年9月，县电信局将全县20个农村支局、所撤并为4个中心支局，设置20个业务代办管理站，全员竞聘上岗，农村支局人员减少59.22%、短期工减少68.06%、代办员减少23.89%，电话网络接通率稳定在98.26%。

2003年，强化企业综合管理，员工每月向主管部室或领导提交月工作计划和上月工作总结，逐月进行打分，在年度评比中评出优秀、良好、称职、不称职4个档次，实行不同的薪酬标准。全年举办各类培训班8期，学历教育培训率达6.32%，组织职工参加上岗证考试105人次。通过规范管理、整章建制，全年未发生重大安全责任事故、经济事件、重大服务质量问题，被市分公司评为目标管理先进单位，至2007年，连续4年被评为市级文明单位。

第五章　移动·联通通信

第一节　移动通信

1993年10月，县邮电局正式开通移动电话。建900兆模拟蜂窝移动电话基站1个，安装瑞典爱立信公司RB883型移动通信主机1部，拥有8个信道，年末，正式开始启动移动手机放号业务。

1994年6月，根据部、省《关于加强移动电话机管理和调整移动电话资费标准的通知》，县邮电局对移动电话机未经进网审批、颁发进网许可和进网标志的，一律不允许入网使用；将入网初装费、基本通话费、本业务区内通话费下调，取消长权开户费和月使用费。

1995年3月，县邮电局投资进行移动电话信道扩容，先后开通大峰山、公田、大云山3个模拟蜂窝移动电话基站，用户达800户以上。

1996年5月，县邮电局完成大峰山、公田、大云山3个模拟蜂窝移动电话基站扩容，10月，建设GSM数字蜂窝移动电话基站1个，首次开通数字移动电话基站，建立独立的电脑计费系统。全年采取手机厂家直销、分期付款、手机租用等方式刺激用户消费，移动电话用户达1000户以上。

1998年7月，县邮电局邮电分营，成立县电信局，负责移动业务运营。新建大峰山、公田、大云山、新开、长湖、新墙、杨林等GSM数字蜂窝移动电话基站，加大移动电话覆盖范围。年内完成模拟移动电话基站 24 个信道扩容、数字移动基站 4 个载频扩容，进一步下调入网初装费、基本通话费、本业务区内通话费，用户达 2000 户以上。

1998 年，县电信局陆续开通县人武部、311 工厂、中洲、黄沙街、筻口、月田等 GSM 数字蜂窝移动电话基站，模拟设备进一步扩容，经营模式逐步开放，推出裸机厂家直销移动通信发展新模式，减轻自身库存积压、资金受阻压力，年底，移动客户达 4000 户以上。

1999 年 7 月，县电信局再次实行电移分离，正式成立湖南移动岳阳分公司荣家湾营业处，负责移动业务运营，营业处管理机构设有综合办公室、市场营销部，生产机构设有营销中心、收费中心、设备维护中心、移动电话维修部（含器材经营）。移动剥离分营后，新建麻塘、柏祥、龙湾、毛田等 GSM 数字蜂窝移动电话基站；在号段、品牌、服务、营业场地等方面进行补充调整，移动业务迅速发展，用户达 8000 户以上。

2000 年 3 月，营业处更名为县移动通信分公司，4 月，2000 计费系统开通，使用可享受到 1860、1861 免费咨询、查询、业务受理、投诉、建议等热线服务；免费提供打印话费详单；免费办理过户改名业务。为解决用户缴费难问题，建立邮政集蓄、县农业银行联网，实行本区范围的异地缴费。6 月，新开办“数字三湘通”、移动 IP 长话、呼叫转移、呼叫等待和三方通信、语音信箱、短信息服务、神州行储值卡和 GPS 车载移动电话业务。新建 GSM 数字蜂窝移动电话基站 8 个，用户超万户，业务收入近千万元，开始启动自建传输电路工程。

2001 年，新建基站 6 个，新增代办专营店 6 个、特约代办店 6 个。对 800 多户模拟手机进行优惠转网，6 月 30 日，对模拟基站全部实行关停。至年底，客户规模达到 1.5 万户，完成业务收入 2700 万元。

2002 年，撤销三产业服务公司，公司成功在香港和美国上市，成为县城第一家外资独资股份制上市企业。4 月，移动通信综合大楼启用暨东方路一营业大厅正式开业。5 月，正式开通第 2.5 代 GPRS 网络。至年底，客户规模达到 2.2 万户，完成业务收入 3600 万元。

2003 年，新建基站 12 个，新增代办专营店 8 个、特约代办店 3 个。岳阳移动强力推出“动感地带”客户品牌。形成“全球通”“动感地带”“神州行”等三大客户品牌，满足不同层次的客户需求。至年底，客户规模达到 3.5 万户，完成业务收入 4300 万元。

2004 年，全县基站达 110 个，代办专营店 50 个、特约代办店 30 个。移动用户 4.9 万户，完成业务收入 5100 万元。

2005 年，全县基站达 120 个，新增代办专营店 50 个、特约代办店 30 个，移动用户 6.7 万户，完成业务收入 6000 万元。2006 年，在“村村通”工程的基础上，大力实施“富农惠农工程”，基站达 136 个、代办专营店 56 个、特约代办店 36 个。移动通话客户达到 8 万户，完成业务收入 6700 万元。

2007 年，顺利完成 13A、13B 基站建设任务，网络优势稳固提升，基站达 146 个、代办专营店 58 个、特约代办店 40 个，移动通话客户达到 9.8 万户，完成业务收入 7200 万元。

第二节　联通通信

2000 年 10 月，成立中国联通岳阳县分公司（简称岳阳县联通），是中国联通在县境区域的分支机构，隶属于中国联合网络通信集团有限公司岳阳市分公司，是负责岳阳县区域移动通信网和固定通信网的规划、建设、运营的国有控股境外上市公司。下辖 4 个部室、5 个乡镇办事处。主要经营固定通信业务、移动通信业务国内、国际通信设施服务业务、卫星国际专线业务、数据通信业务、网络接入业务和各类电信增值业务、与通信信息业务相关的系统集成业务等。

1999—2003 年，利用 GSM 移动通信技术，建立岳阳县第二个移动通信网，发展 GSM 移动用户近万户，形成近千万元的总资产。2004 年覆盖全县城乡 CDMA 网络的建成与运营。

2007 年，移动用户突破 2 万户，主营业务收入过千万元，市场占有达到 23%，总资产达 5000 万元，成为全县拥有第二大移动用户的电信运营企业。有形象营业厅、合作营业厅及代办点 60 余家。

第十四篇　商贸·旅游·服务

第一章　商　业

第一节　商业体制改革

1984 年 2 月恢复县商业局，下辖县百纺五交化公司、县副食蔬菜饮食公司、县肉食水产公司，有门店 96 个，750 人，各公司、门店均开始实行承包经营，年末完成销售总额 1324.9 万元，获利润 53.38 万元。

1987 年，成立县副食品公司和食品公司、百货纺织公司和五交化公司，下属公司增至 5 个，职工 744 人。百纺、五交化、副食、食品 4 家公司与财政签订一定三年不变的承包合同。对 14 个亏损、微利门店、网点实行租赁经营，拍卖"边、小、亏、微"企业 5 家。在天鹅、百货、五金等商场试行"百元销售含量"工资制，实行联销计酬，拉开分配档次。1988 年，全面实行工资总额同经济效益挂钩，把经营成效同劳动报酬结合起来。1984 年始，以新县城为主要基地，进行大规模的基本建设，5 年内，耗资 337.2 万元，建起 10 座商业大楼。1988 年，营业面积由 1500 平方米扩至 5000 多平方米。1993 年，县商业局下属二级单位增至 8 家，即百纺、五交化、食品、蔬菜、食品工业、副食品、友华、荣达实业等公司，下设批零网点 76 个，区肉食站 12 个，干部职工 1230 人，固定资产 1400 多万元。是年，全系统实行"国有民营""四自一包"（即自主经营、自负盈亏、自我约束、自我发展，包死上交）承包责任制，承包单位 74 个，承包者 1294 人，其中国有民营企业 28 个、166 人；"四自一包"企业 46 个，1128 人。县城原 15 个经营点，承包后增加网点 58 个。天鹅商场 16 个柜组承包后，1993 年完成销售额 260 万元，比上年增长 21%。是年，全县商业系统实现扭亏为盈，完成销售总额 4023.9 万元，纯利 29 万元。1995 年，县商业局转体为县商业总公司，其时，8 家分公司总负债 7800 万元，资产负债率 354.5%，1628 名员工上岗不到 500 人。1996 年，商业总公司将食品工业公司破产，重新组建为县粮油工业食品中心，为股份制企业；对副食品公司破产重组为糖酒副食批发中心。1997 年，开展减员增效，二级机构的行管人员由 107 人裁至 49 人，年节省开支 60 万元，将五交化、友华公司破产，组建县五金交电化工股份公司（商业大厦）、工业品贸易中心。将负债的荣达大厦、车站路五金商店、荣华商场等商场门店拍卖，将分散的小门店和百海商城门店大部分出售，所获资金用于偿还债务和兴建低投入、高产出的经营项目。1998 年，对五交化公司、副食品公司的职工实行买断分离，五交化公司有职工 178 人。参与分配资产 320 万元，实际能量化到职工的资产 160 万元。职工人均基数 1500 元，每年工龄 720 元。167 人买断工龄（每人获 1 万~2 万元左右的安置金），与公司解除劳动关系。两个公司共有 294 人解除劳动关系。对食品公司实行“三线运行”：将定点屠宰、肉联厂、冷库分离，按原机制运行。将综合商场批发站、农副产品经营部等组成联合体进行破产、拍卖，职工分流，走股份制之路。对下属 11 个肉食站按职工人均基数 2000 元，年工龄 209 元进行补偿，与公司解除劳动关系。1999 年，县百货纺织公司、荣达实业公司相继破产、拍卖，职工买断工龄。友华公司整体出售，114 名职工与企业解除关系。2000 年，县蔬菜副食品公司、县食品公司相继破产。2002 年 2 月，县商业总公司机关撤销，19 名退休人员由县财贸办接管，10 名工作人员妥善安置。总公司下属 8 家企业，除县食品公司外，其余均自行消失或改组为民营企业。从此，国有商业系统不复存在。

第二节　纺织品、日用百货购销

1980 年，县百纺公司为 28 家工厂解决 161 万元原材料，其中棉布 39 万米、化纤布 8.6 万米、棉纱 5 吨。收回产品金额 715.6 万元。

1983 年，棉布、针棉织品取消凭票供应，化纤产品不断更新应市。是年，县百纺公司在县城车站路、天鹅路建成大型百货商场，每个商场年销售额 150 万~200 万元。

1984 年，全县有国合针纺百货商店 24 家，职工 126 人，主要商品零售量为棉布 139.65 万米、混纺布 132.33 万米、化纤布 31.4 万米、汗衫背心 18.46 万件、棉毛衫裤 10.48 万件、毛线 49.2 万千克、手表 10376 块、缝纫机 2535 台，以及服装、锦纶袜、火柴、肥皂、保温瓶等。完成销售总额 270.7 万元，利润 5.6 万元。

1986 年，县百纺公司和长沙百货公司等 8 家单位在县城联合举办商品展销会，参展单位 50 多个，成交 80 多万元。1987 年，县百纺公司与五交化公司分开，年末有职工 132 人，固定资产 86.9 万元，设批发部 2 个、门市部 2 个，年销售额 703.4 万元，创利税 26.37 万元。1989 年，县百纺公司销售棉布 68.63 万米、混纺布 54.8 万米、化纤布 6.19 万米、汗衫背心 5.16 万件、胶鞋 6.03 万双、火柴 271 件、肥皂 47.86 万条、洗衣粉 33.02 吨、服装 37210 件以及毛线、保温瓶、缝纫机、机制薄纸等。

1992 年，全县有国营、集体针纺百货商店 66 家，职工 317 人。是年，销售棉布 77.05 万米、化纤布 23.26 万米、各种服装 40.17 万件、缝纫机 998 台等。

1999 年，县百纺公司破产。

第三节　五金、交电、化工材料购销

1984年，全县有国合五金、交电、化工商店19家，职工61人，主要商品零售为自行车8596辆、电视机425部、收音机4030架。1987年，县五交化公司下设批发部1个、零售店2个，有干部职工74人，固定资产9.8万元，在东方大道新建一栋营业面积700平方米的五交化大楼。是年，公司从省内外20多个大中城市购进自行车3950辆、电视机1250台、收音机459台、洗衣机300台、电风扇2000台及电冰箱、收录机等畅销名牌产品，商品购进金额为496.6万元。其中县城车站路五金门市部批零兼营价格灵活，半年销售录音机223台、电扇250台、电视机197台、自行车418辆。至年底，公司共完成销售额495万元，实现利润6.5万元。主要商品销售为元钉63.87吨、铁丝65.66吨、自行车7110辆、普通电灯泡21.03万只、电视机2070部、收音机109架、录音机952架、电风扇2771台、洗衣机368台。

1992年，全县有国合五交化商业零售网点22个，职工143人。主要商品销售为自行车6518辆、电视机2876部、电风扇8737台、洗衣机757台、电冰箱386台。

1997年，县五交化公司破产。

第四节　副食品经营

1984年2月，成立县副食品蔬菜饮食服务公司。至年底，共销售食糖132.8吨、糖果38.3吨、糕点34.7吨、盐117.3吨、酒类35.6吨、卷烟29.3万条。1985年，全县有副食品专店29个，职工78人。销售食糖1182.9吨、糕点612.6吨、卷烟13015大箱。

1986年8月，盐类批发业务从县副食品公司划出，9月，烟草业务从县副食品公司划出。1987年9月，县副食品公司下属7个核算单位，其中批发部1个、零售门店4个、糖果厂与饮料厂各1个，有干部职工106人，固定资产60.4万元，完成利税2.9万元。销售食糖1113.6吨、糖果96.9吨、糖点18吨、酒类97.9吨。

1992年，全县有国营集体副食品商店29家，职工147人。1993年，销售“八宝粥”50吨，销售额达21万多元。

1996年，县副食品公司破产。

第五节　肉食水产经营

肉食　1983年，全县收购生猪138248头，内销76646头。1984年，收购生猪129926头，其中派购123897头，议价收购6029头。1985年，取消生猪派购，实行价格放开、自由上市、多家经营，农村自宰自食和上市销售量增加，市场供应充裕。国营肉食部门把肉案摆进集贸市场，参与市场竞争，平抑市场价格。1993年8月中旬，县城关个体屠宰商要求提高猪肉销售价格，组织罢市，县肉食公司从沅江、洪湖、监利调进生猪，并动员有猪的单位支持，16条屠凳坚持营业，保证猪肉市场的正常供应。1985—1993年，全县共收购生猪625300头，其中县肉食公司收购282100头，占45.11%。1989—1993年，全县外销出口生猪13030头。1995年，岳阳县在全市6县中率先实行生猪定点屠宰，在城关实行生猪"统一屠宰、统一纳税、统一检疫、分散经营"，是年，定点屠宰生猪7424头。1996年，公司从江苏、四川、安徽、河南等省调进生猪3900多头，保障大灾后的肉食供应。1999年3月，由于活猪收购与猪肉销售的利益没有及时调整，引起屠商罢市，要求改生猪统收统批为带猪代宰，主管副县长主持召开屠商代表会，拟订一套管理办法，使生猪定点屠宰工作重新走上正轨。为了使居民真正吃上"放心肉"，做到病猪、公猪、母猪不进场，宰后需经三腺、胴体检查、清除淋巴、盖章等四道关口方可出厂。2000—2001年，共检出公猪、母猪、病猪65头，割除三腺、淋巴8000多千克，出厂猪肉合格率100%。2002年10月，新上菜牛定点屠宰项目，屠宰场添置锅炉和牛羊宰杀设备，至年底，共宰牛150多头。2003—2004年，因"非典"及养猪成本上涨等影响，一度猪源紧张，从外县、外省购入生猪，确保市场供应。2007年，县屠宰场投入25.8万元，进行设施改造；投入40万元，完善冷冻冷藏设施。在公田、筻口、张谷英、新墙4个乡镇开展生猪定点屠宰试点。1995—2007年，县定点屠宰没有出现一起因猪肉质量问题的消费者投诉案件。

水产 20世纪80年代，鱼类市场开放，议购议销，多家经营，国营商业仅保留鹿角收购站一个点，鱼类产品由外湖捕捞为主转为内湖养殖为主。1984—1987年，国营收购鲜鱼472.2吨，调出130.5吨，销售365吨。1987年后，肉食水产部门停止鲜鱼经营。

第二章 供销合作商业

1978年8月，中洲垸供销社并入荣家湾供销社（今鹿角区社）。1979年2月，设立湖洲供销社，10月，增设城关（荣家湾镇）供销社。1982年，恢复供销合作社集体所有制性质，4月，城关供销社并入鹿角区社，1986年6月，撤销湖洲供销社，建立岳州商场。1987年底，全县有月田、毛田、公田、渭洞、步仙、新墙、黄沙街、鹿角、麻塘、筻口、康王、广兴洲12个区供销社，下设53个乡（镇）中心商店，基层社有干部职工1774人。1997年，广兴洲区社划归君山区管理。

第一节 供销体制改革

1978年，贯彻中央关于“调整、改革、整顿、提高”的方针和对外、对内搞活的经济政策，全县商业进行流通体制改革。县政府派出工作组进驻县供销社进行体制改革试点，县供销社成立体制改革领导小组，下设办公室。1983年，恢复供销合作社集体经济和固有的“三性”（即群众性、民主性、灵活性），派工作组全面清查社员股金，重新换证、落实股权、补分红利、发动群众入社入股；召开社员大会，选举理事会和监事会。1985年12月，县委同意调整监事会机构，监事会主任改由供销社内部人员担任，简政放权，民主监督进一步加强，因实施承包体制，有的开始脱离供销社主渠道，导致下放扶助资金收不上来，收购量下降，因此开展工商之间、农商之间、产销之间的联营，把家庭经营与社会服务统一协调起来，生产资料承包由“单一型”向“双向型”转型，1991年，实行风险抵押承包，1993年，仓库实行“三无”清查处理，对生活资料实行抽资经营，承包职工自筹资金、自负盈亏、自谋发展。1998年，将集镇生活资料铺面对外招租，在优先内部职工的原则下，鼓励社会人员竞标、租赁、承包。农资经营逐步向网络化发展，1996年，各基层试行农资连锁网络经营，发展村级服务站，送货到农户手中。2000年，由集体经营转向联合经营、承包经营、买断农技部门的经营权，分类、分线承包经营，走“设点—配送—服务”三位一体的网络化路子，与农民建立新型的供求关系。棉麻经营着眼市场，向规模化发展，1995年，全县落实定购棉花基地400公顷，在中洲乡试办棉花专业合作社。资产经营因企制宜，有序盘活一批供销社。

2000—2007年，县工业品公司、县日杂公司、县生资公司、县土产公司、县茶叶公司、县综贸公司、县棉麻公司、毛田供销社、麻塘供销社等单位先后完成破产改制工作。资产处理严格按政策规定，进行公开拍卖，变现资金做到专款专用。对土地资源型资产，采取边变动边招商开发的办法，使闲置资产保值增值，共办理1000余人退休手续，865名职工买断工龄。2007年年底，全县仅存月田、公田、渭洞、步仙、筻口、新墙、黄沙街、鹿角8个基层供销社。

第二节 农业生产资料经营

20世纪70年代，农药、化肥发放票证，凭票供应。80年代，生产资料供应由6000多个生产队变成18万多农户，由整车整件变为零星供应。随着联产承包责任制的稳定及农业产业结构的调整，80年代中期，出现农民拦截过路运肥汽车、抢购化肥，生产销售急剧增长。1989年，化肥、农药、农膜开始由供销专营。90年代，农资经营出现多家插手局面，供销社经营开始萎缩。1992年，取消基层社大宗农资商品进货权，由县农资公司统一进货，以乡镇为单位设立庄稼医院，负责指导农民科学种田，印发技术资料让农民掌握化肥、农药使用知识，市场份额仍由供销社占领。1996年，国务院明确规定供销社、农技部门及生产厂家可经营农资的“一主两辅”方式，供销社为主渠道。县内农资经营呈现多家并举、全面放开的局面，由集体经营向联合经营、承包经营、买断地方农技站的经营权、租赁经营等方式转化。由于农资经营全面放开，计划经济向市场经济转型，供销社农资经营逐年萎缩，最终走上破产改制之路。

第三节　生活资料经营

20世纪80年代，市场生活资料由盐、粮、烟、酒、布匹、鞋袜等发展到五交化、家具建材、家用电器等商品。消费者对商品选择性愈来愈强，讲产地、讲品牌、讲新品种，社会上出现多家经营、争俏抢缺的局面，竞争激烈。1986年，推行“四定二联双挂钩”(即定人员、定资金、定项目、定上交，联工资、联奖金，效益挂钩、销售挂钩）经营模式的柜组占85.3%，对边远小店推行“大包干”。80年代后期，为应对市场竞争，要求月田商场、公田商场、筻口商场、渭洞商场改建上规模、上档次、上品位的农村大商场。90年代，市场竞争加剧，供销效益滑坡，县供销社制定人事、经营、价格、分配“四放活”经营策略，推行风险抵押承包。承包者可自由选择场地，自由选择进货渠道，自主经营、自负盈亏。全社向“社有民营”过渡，在优先内部职工的前提下，逐步向社会开放，部分门店、铺面、摊位被社会人员承包。全面实行社会化经营，结束多年联购分销的历史。

第四节　农副产品收购

县内主要农副产品有棉花、黄红麻、苎麻、茶叶、蚕茧、木梓、蓖麻、莲子、生姜、红花草子、蜂蜜、竹木制品等。1979—1980年，一类、二类（粮、油、棉）物资不准上市，供销社的收购以代购为主。自1980年年底始，市场逐步放开，三类农副产品开始议购议销。1992年，仅保留粮、棉、油为一类品种，并改统购为合同定购，其余一律开放，允许多渠道经营。为扩大经营领域，增设网点，派出人员，下到村组落实棉花、茶叶定购合同；举办物资交流会，实行基层社代购，公司包销；培植重点户、运销户，每个区社带上部分工业品，约期定点收购，边收购农副产品，边销售消费品，以购带销，效果良好。自20世纪80年代后期始，收购出现多家经营的局面，但供销社仍发挥主渠道作用。采取灵活多样的购销方式，扩大收购业务，创办棉花专业合作社，开辟棉花产品订单农业，与农户签订保价格、保服务、保收购的合同书，1997年，落实棉花订单面积667公顷，合同2341份。进入21世纪，由于受经济体制转型和农副产品进一步放开的影响，收购业务逐年萎缩，乡镇供销社实行破产改制。

第五节　废旧回收

1984年，县境在荣家湾成立土产废旧物资回收利用公司，下设4个收购网点，各区供销社相应成立废旧物资收购站。1989年，全县从事废旧收购的个体户达34家，1994年，由于放开经营，县供销社撤销基层供销社废旧物资收购站，收购业务开始萎缩，失去经营阵地。

第三章　粮油经营

第一节　粮油经营体制改革

1984年前，岳阳县粮油经营为统购统销，1985年1月，粮食购销进入双轨制阶段，对粮食购销体制改革进行试点。1990年，国家建立粮食专项储备制度。1993年2月，实行粮食收购合同制预约收购的办法，保留定购数量，价格随行就市，由省政府定价，“三挂钩”改为平议差价补贴。是年，全县收购粮食11137.8万千克，其中经济合同粮食8081.4万千克，议购粮3056.4万千克。1997年，国家定购粮食仍按1996年确定的定购价收购，而议价粮食保护价敞开收购。县委、县政府要求全县粮食部门敞开收购，不拒收、不限收，不停收、不压级压价、不打“白条”，是年，全县收购粮食10314.5万千克。1998年，粮食购销进入市场化。2000年后，国家逐步减少对粮食收购的补贴，放开收购价格，扩大市场收购比例。2002年，全部取消国家定购补贴和收购定价，粮食收购走向市场化，出现多家经营局面。是年，全县仅收购粮食5836.8万千克。2004年5月，中央全面放开粮食收购市场，实现粮食购销市场化和市场主体多元化。

1992年前，粮油统一调拨、计划销售。是年11月1日始，各种粮票（券）、粮食指标划拨证一律停止流通，结束近40年凭票证供应粮油的历史。1994—1995年，国家粮食部门只对非农业人口每人每月保价供应大米10千克。1996年后，粮食市场价格与国家定价持平，粮食销售全面走向市场。2003年，全县经营粮食10万千克以上的个体户80家，经营粮食2150万千克。2007年，全县有符合粮食收购许可条件的经营户89家。

第二节 粮油购销

岳阳县粮食局下辖粮食购销公司16个、粮食储备库2个，有73个点（库）、142栋仓、450个廒，仓容1.75亿千克，固定资产1.15亿元，担负着全县购销、管理和储备任务，常年粮食经营量为2亿千克。

一、粮油收购

合同定购 1985年后，每年在播种前由粮食部门与农民协商，签订定购合同，发放一定数额的预购定金、实行贴息贷款和奖售平价化肥、柴油“三挂钩”政策。是年，收购合同定购粮14551.5万千克。1992年11月，放开粮油收购价，取消合同定购任务。粮食价格随行就市，是年，收购粮食12000万千克。

预约收购 1993年，实行粮食收购经济合同制，采取预约收购粮食的办法，价格随行就市。农户每交50千克稻谷，奖化肥4千克，奖柴油外加价1.14元。是年，县粮食局和银行安排收购资金4000万元。

国家定购 1994年，实行国家粮食定购，各粮站实行代办。县委、县政府多次召开乡镇和粮油管理站负责人会议，落实任务。是年，收定购粮7678.5万千克，占市下达任务的103.4%。2002年，国家取消粮食收购定价，随行就市收购粮食。是年，取消国有粮库收储粮食的财政补贴。

议价收购 1978年，恢复粮食议购。1985年，茶油、菜油四成按超购价，六成按统购价。1987年3月，成立县粮油贸易公司，专营议价粮油。1990年后，国家粮食企业可经营粮食议购议销。每担（50千克）精菜油253.3元，茶油254.5元，棉油227元。1992年放开食油收购价格，随行就市。1993年后，取消食油合同定购，全面开放食油市场。1985年，每50千克稻谷合同定购价为17.09元，此价执行到1988年。1994年，每50千克籼稻46元，粳稻57元，晚籼54元，黄豆88元。至2007年，每50千克早籼72元(此价无法收到粮)，市场价涨至78元，晚籼市场92元，糯谷市场价在100元以上。

二、粮油销售

1979年，农村统销粮减至260吨，1980年后，农村普遍推行联产承包责任制，正常年景农民生产的粮食自足有余，大灾之年，国家适当提供一定数量的统销粮，1984年，全县定销粮4710吨。1988年，全县有非农业人口48251人，每人每月定量14.50千克。1990年，全县有农电员61人，由粮食部门供应“议转平”粮油，每人每月15千克大米，0.25千克食油。1992年11月，取消城镇居民平价粮油、农电员“议转平”粮油供应。1994年8月，恢复城镇居民平价口粮供应，每人每月保价供应大米10千克。1996年后，粮食购销逐步走向市场，平议差价逐渐消失，对非农业人口的口粮保价供应自行取消。

二、粮油票证

1993年前，县内实行城镇居民粮油供应证、水上人口粮油供应证、集体单位粮油供应证、工商粮油供应证、农村定销供应证等11种粮油供应证。1993年，对粮食供应证进行全面清理，更换新证。1994年10月，实行凭粮证配粮。1995年后，随着粮食流通进入市场，居民不再拿粮证到粮店购粮。自1992年11月始，全国通用粮票、湖南省粮票(券)、划拨证、居民粮证结余粮油指标一律停止流通。1994年，城镇居民定量，每50千克特二籼米92元、特二晚籼米102元、标一籼米87元、标一晚籼米97元、标二籼米82元、标二晚籼米92元。

1989年，茶油每担（50千克）销价89元、菜油销价80元、棉油销价72元、麻油销价90元。1995年，茶油每担销价900元、菜油销价430元。1995年后，为缩小粮食牌、市差价，国家两次提高粮食定购价格，放开食用油价格，放开的粮油产品随着市场供求情况的变化，价格有涨有落。

第三节　粮油管理

调拨管理　1978年后，农村一般不需要国家大量返销粮食，粮食库存逐年上升。1985年，全县贸易粮纯调出7882万千克。1990—1996年，为调剂余缺，活跃城乡市场，县粮食局从河南等地调入平价小麦162.05万千克、面粉121.24万千克、面条6.94万千克；向贵州、陕西、青海及本省娄底、怀化和小港粮库等地调出平价大米2085.66万千克、稻谷4302万千克、小麦2.25万千克、面粉1.8万千克；调出平价毛菜油92.58万千克。1994年，国家对粮食实行双轨制经营。是年，县粮食局向北京、贵州、广西、福建及岳阳小港粮库等地调出储备粮3005.32万千克，调出早籼米724.57万千克、晚籼米68.71万千克。1997年，粮食收购较困难，除调往岳阳楼区2306吨外，其余县内调运。1998年后，随着粮食购销市场化，县粮食局除完成省储备粮的收储任务外，粮食购销一律实行市场化运作，平价粮食的计划调拨退出历史舞台。

仓储管理　1978年，推广低氧、低温、低剂量杀虫储粮法，有效控制霉菌、害虫的危害。1984年，荣家湾粮库自行设计、自行安装的“竹笼存气，机械通风”储粮技术，受到业界肯定。1990年，县粮食局在鹿角、步仙、公田、筻口、康王、广兴等粮站新建仓容1250万千克，简易仓容1572万千克，用以解决当地仓容紧张的局面。1990—1995年，全县投资210多万元，维修屋面1.9万多平方米、维修地面1.3万多平方米、天桥80多处、门窗800多个，打水泥晒谷坪1.1万多平方米。1996—1998年，投资235万元，对全系统1750万千克破损仓容进行全面维修。1998年后，粮食购销实行市场化，粮食收购量大幅度减少，很少投入资金进行仓容建设。

第四节　粮油加工

粮食加工　20世纪80年代，县境大米加工设备处于一般水平。1984年后，全县有荣家湾、新墙、公田、筻口、麻塘、广兴6个大米加工厂。1985—1989年，投资315.31万元，除荣家湾米厂以外的5家米厂进行更新改造。1978—1989年，年均加工大米35197吨。

1998年，全县各乡镇粮食收储公司及卫农粮库均兴建大米加工厂。为支援非洲国家，县粮食局将荣家湾、卫农粮库、新墙粮食收储公司、麻塘粮食收储公司等处米厂定为出口大米定点加工企业，是年，加工出口大米10640吨。2001年，卫农、荣家湾、新墙、黄沙街4家米厂联合试运行，更新设备，启用“洞庭湖”牌大米商标及“绿色食品”标志，被省农业厅、省粮食局授予省级优质稻加工龙头企业。2005年，开展收购、加工、销售一条龙服务，公田、柏祥、筻口等米厂年加工均在2000吨以上，洞庭湖米业年加工6100吨，全县年加工大米1.68万吨。2006—2007年，全县共加工大米45980吨，其中洞庭湖米业公司“金丝米”“银丝米”“金秋米”系列大米获国家绿色食品中心颁发的“绿色食品”证书，兼通过ISO9001∶2000质量管理体系认证。2007年12月，“洞庭湖”牌大米商标被定为湖南省著名商标。

油料加工　20世纪80年代初，县境仅荣家湾粮库有95型榨油机3台、广兴粮站95型榨油机1台，年加工油菜籽3000吨，80年代，共加工菜油17267吨。1987年，因成本逐年提高，出油率逐年下降，利润减少，荣家湾粮库、广兴粮站4台榨油机全部停产，1988年，全部拆除转产；鹿角、黄沙街、新墙等油料加工厂相继停产。1992年5月，在城关镇桥东村征地1.1公顷，投资100多万元修建植物油厂、收购仓库和综合大楼，1993年6月竣工并投入生产，是年加工食用油100吨。1994年，因受粮油购销双轨制政策影响，集体与个人油厂争购原料，使收购油菜籽质量下降，出油率降低，至1997年，共加工食用油1343吨，亏损50多万元，1998年，食用植物油厂停产歇业。1999年因资不抵债，粮食系统的国有油料加工结束其历史使命。

第五节　粮食企业改革

从2003年下半年开始，岳阳县在粮食系统开始以“职工置换身份，企业置换产权”为核心的粮食企业改革。粮食系统针对《改革方案》进行多次讨论，并采取鼓励政策，动员职工自愿解除劳动合同关系。次年6月，“两个置换”的改革在粮食系统全面铺开。县委、县政府成立岳阳县粮食企业改革协调领导小组，16个改革指导工作组进驻16个改革单位。6月下旬，县政府召开全县粮食企业改革动员大会，县粮改协调领导小组印发改革宣传资料2800份。县粮食局下属企业分别召开全体干部职工会，并分层次召开退休人员会、内部托管人员会、在岗职工会、下岗轮岗职工会，帮助职工认清形势，转变观念。并就《改革方案》《新公司组建预案》《资产处置预案》组织反复讨论，征求意见，经县粮改协调领导小组成员单位集体审定后，由县长办公会议决定印发实施。是年底，全县粮食系统24个企业，通过改制、破产、重组，新组建国有控股及参股企业18个，减少企业6个。3166名干部职工，应参与改制的2720人，已签订解除劳动合同关系协议书的2630人，领取一次性安置金的职工2136人。计划聘用员工450人，实际聘用434人。计划处置资产44宗，通过公开拍卖处置资产19宗。

2005年，继续推行粮食企业“两个置换”扫尾工作，对已签订解除劳动合同关系协议书的职工，支付一次性安置金；对已拟定处置的国有资产，全部进行处置，处置金全部用于职工置换身份。至年底，粮食系统全面完成“两个置换”的改革任务。

第六节 粮食行政执法

2004年5月，国务院颁布实施《粮食流通管理条例》，从法律上赋予粮食行政管理部门粮食行政执法职能。2005年始，岳阳县实施粮食行政执法。

2006年6月，县粮食局增设法制监督检查股；是年7月，成立县粮政执法大队，两块牌子，一套人马，开始对全县各粮食经营单位和粮食经营业主依法管理。

队伍建设 县粮食局机关配备执法人员7人，聘请粮政执法监督员15人。2006—2007年，县粮政执法大队组织参加4次全国、全省行政执法和执法监督人员法律知识培训班学习，10人取得粮食监督检查行政执法资格，11人取得粮食监督检查证。

法制建设 2006年始，县粮政执法大队根据《粮食流通管理条例》《粮食监督检查规程（试行）》《粮食监督检查行政处罚程序（试行）》等法律法规，出台《岳阳县粮食行政执法种类和处罚依据》《岳阳县粮食局行政许可项目实施程序》《岳阳县粮政执法大队组织章程》《岳阳县行政文书规范》，按照认定的工作程序、资质条件、申请资质认定的方式及所提供的材料，分门别类进行培训、考核，为粮食检验员、防化员、保管员颁发资质证，为粮食行政执法提供法律保障。

依法行政 2006年下半年，县粮政执法大队对全县20个乡镇、557个村的粮食经营者进行全面摸底并登记造册，全县从事粮食经营企业198家，粮食经纪人37人。至2007年年底，办理“粮食收购资格许可证”的经营主体103家，其中国有及国有控股企业16家、个体工商户84家、非国有企业3家；在年度审核中取消粮食收购资格2家。发现违犯收购质量的经营企业61家，其中当面督促改正、口头警告的52家，对9家不听劝告、屡教不改的经营户下达整改通知书9份，作出处理的8家；共查处涉粮案件34起、粮食

1893吨。

第四章　物资经营

第一节　物资经营体制改革

岳阳县恢复县建制后，县政府下设县物资局。1995年1月，县物资局更名为县物资总公司，下设金属材料公司、轻化建材公司、机电设备公司、燃料公司、生产资料服务公司、综合物资公司、物资贸易中心、车辆板簧厂等。有干部职工238人。主要经营金属材料、轻化工产品、建材、汽车、机电产品、民爆器材、煤炭、废旧金属材料及生产各类车辆的钢板弹簧等。

1996年，县物资总公司试行集团经营，将所属金属材料公司、轻化建材公司、燃料公司、生产资料服务公司与总公司合并，保留各公司名称，实行一级法人、集团经营；成立县物资行业管理办公室，与县物资总公司两块牌子，一套人马。县物资总公司对合并后各公司的人、财、物实行统一管理，物资实行统购分销，是年，完成销售额1920万元，被认定为国有中型企业。未合并的机电设备公司等4个企业仍为法人企业，实行自主经营、自负盈亏。

1997年，县物资总公司进一步放开内部经营权，成立民爆器材公司、综合业务部，自行开展经营活动，不再向下属公司收取管理费，对下属公司只在大宗债权债务、固定资产处理、大宗经营项目、合同、大宗支出等方面进行审核把关。各下属公司均实行自主经营、独立核算、自负盈亏。

随着市场经济的进一步发展，吃惯了计划经济饭的县物资总公司经营运行越来越困难。2000年11月1日，县物资总公司由于资不抵债，经自行申请，由县法院宣告破产，下属公司除机电设备公司仍单独核算外（2003年6月宣告破产，2005年6月终结破产），其余均进入破产程序。县物资行业管理办公室会同县计委成立破产清算小组。至2005年3月，破产清算组对县物资总公司及所属公司进行全面清产核资，制定财产分配暂行方案。通过处置资产、变现库存物资和催讨债务，兑付部分干部职工工资和集资款，并预支部分安置费。办理职工退休68人。

2005年6月，县委、县政府撤销县财贸办等机构，组建县商务局，县物资行业管理办公室更名为县物资管理中心，为县商务局下属事业单位，县物资总公司未完成的破产清算工作一并转入县商务局。此时，县物资总公司仍有5宗资产未变现或未办理出让手续。是年年底，妥善处理全部资产，125名职工领取安置费，与企业解除劳动关系。2006

年上半年，物资企业人员全部得到妥善安置。

第二节 金属材料经营

1972年，全县销售钢材1130吨，1979年增至6140吨。生铁、铜、铝、铅、锡等金属材料，销售量逐年增加。在计划经济时期，金属的采购销售均由物资集体部门经营。1979—1981年，县物资部门坚持计划调节为主，市场调节为辅，到外地多方组织货源，满足县域内生产建设和人民生活对金属材料的需求，至1990年，县物资部门共销售钢材7.52万吨。1991年，计划指标逐年减少，厂家与用户直接供销增加。物资企业开始分级承包经营，是年，销售钢材9828吨、有色金属69吨、生铁375吨。1994年，开始放开经营，个体私营户拓展采购渠道，从外地国有物资企业大量采购金属材料，敞开销售，满足市场的需要。1997年，县物资部门处理仓库陈旧钢材109吨后，便停止钢材营业。个体经营户既销售又加工。进入21世纪，城镇改造、扩建、钢材用量猛增，每年销售钢材2万吨左右。2007年，全县销售钢材2.53万吨。

第三节 机电设备经营

1972年，县域的机电设备下放到区农机站供应，1978年，恢复集中到县城供应。1979年，全县机电设备购进金额177.60万元，销售金额达199.30万元。自1981年始，机电设备变独家经营为联合经营。1982年，电机设备购进金额396.30万元，销售金额291.70万元，盈利8.30万元，其中销售电动机656台、变压器57台、铅线31.79吨、汽车47台、锅炉2台。1988年1月，成立县机电设备公司，是年，购进金额355万元，销售金额378万元，盈利33.35万元。1987—1990年，全县销售汽车254台。1983年后，机电设备经营的个体户、私营企业逐年增多，主要集中在城区。经营企业有公司、供应站、销售处、经营门市部等。1992年，县农机公司采取“五定”（即定人员、定销售、定毛利、定费用、定库存）销售方式，将销售额与奖金挂钩。1994—1996年，全县个体电机销售户41户，从业102人，电机销售兴旺，其中1995年，电机销售收入315万元，为电机销售额最高年。1999年，县农机公司采取下岗分流办法，大部分门市部、办公用房和部分仓库实行对外租赁。2007年，全县共设机电经营网点22个，其中县城2个，从业69人。

第四节 建筑材料经营

20世纪70年代，大搞基本建设、建筑材料需求量逐年增长。1971—1982年，共销售水泥48.16万吨、玻璃369标箱。1983年市县分治，因城建任务大，1984年，销售水泥1.38万吨、玻璃23标箱。1984年农民进城务工经商，建材需求量进一步增大。1990年始，除县物资总公司所属的建筑材料公司外，个体、私营企业也经销建筑材料。是时，岳阳水泥逐步退出县内市场，外地水泥打入本县市场。个体户、私营企业经营建材，主要集中在县城及新墙、筻口、黄沙街集镇。1992—1999年，全县累计销售水泥12.36万吨、玻璃501标箱、油毡2230卷、沥青1.08万吨。2007年，销售水泥2.10万吨、玻璃16万标箱、瓷砖20.80万箱、涂料10万吨、油漆0.8万吨。

第五节　燃料经营

煤炭　20世纪70年代初，县境年均调入煤炭10万吨以上，由于工业用煤大幅度增长，供不应求的状况很突出。1979年，省分配计划用煤极少，县煤建公司先后组织人员到6省、12市、46县的矿山采购，调入计划外煤炭5.89万吨。1983年县市分治，市煤建部门分配岳阳县年度计划指标为3万~4万吨，不足部分自组货源，议价购销。1987年，县煤建公司销售煤炭5.81万吨。1990年，销售4.84万吨。1993年，取消居民生活用煤补贴，销售量呈下降趋势，开始出现亏损。1998年，燃料公司宣告破产，停止运作，由县煤炭股份有限公司以煤炭加工的方式进行销售。

石油　1979年，县境供应石油10463吨，随着县市分治，石油供应量大幅度下降。1987年销售4494吨，比1979年减少57.05%。1989—1990年，共销售燃油8838吨，其中煤油1812吨、柴油5576吨、汽油1450吨。1991年，实行计划内平价与议价同时运行的双轨制，以计划内平价油为主，议价油为辅，是年，购进各类成品油16930吨，其中计划外自采油7100吨。

1992—1995年，在国家对成品油计划大幅削减且货源大部分落空的情况下，计划外采购上升，1992年，调进各类成品油18700吨，销售16800吨，其中计划外自采油9700吨。1996年，国家对石油购售全面放开，全县石油个体经营户发展到97家，是年，调进各类成品油19200吨，销售18850吨。1999年，全县国有、集体、个体经营户发展到126家，县石油公司正规加油站有城关、新墙、黄沙街、筻口4处，公司投资180万元，由省石油公司安装电脑加油机4台，加油站均钢棚结构，为一流加油站。是年，全县购进各类成品油15836吨，销售15230吨。2001年，对全县各加油站进行投资改造，全年调进各类成品油19460吨，销售18120吨，至2007年，县石油公司下辖17个加油站，其中三星加油站2个、达标加油站15个，各类成品油销售量创历史新高峰，全年销售31200吨，其中零售19800吨、批发5800吨。

第六节　金属回收

1970—1979年，全县共收购杂铜139吨、废钢铁1.15万吨。1981年10月，国家计委、经委通知，1982年1月1日始，取消废铁回收上交计划，开放钢铁市场，以市场经济指导废钢铁回收和经营。县物资部门成立金属回收公司，同时，个体私人收货担、私营收购点四处发展，不少地方的小型工厂也参与金属收购市场，或直接购进原料，或从事商业性经营。1992年，全县收购废旧金属862吨，拆解报废汽车47台。1994年，进一步放开收购经营，个体经营户取代国有物资企业的废旧金属收购。

第五章　烟草经营

第一节　烟草经营体制改革

1986年前，卷烟仅仅是副食品公司的一个经营商品，与一般商品进行混合销售。

1986年9月，成立县烟草专卖局（公司），以县政府名义印发《关于加强烟草市场管理的公告》，确立辖区烟草市场管理的主体地位。1988年，实行企业内部改革，引入竞争机制，组织“职称改革”考试，充分调动员工积极性。

1991年6月，《中华人民共和国烟草专卖法》颁布实行。烟草专卖管理实现由行政管理向依法管理的转变。1993年，开始实施中层干部竞聘上岗、员工实施优化组合、双向选择上岗制度，开展岗位技能工资改革，打破工资发放论资排辈现象。1996年，实行全员劳动合同制，打破干部工人的身份界限。2003年，湖南烟草实施工商分离，为取消县级公司法人资格创造条件。2004年6月，省烟草专卖局下发《全省烟草商业系统组织结构调整的指导性意见》，岳阳烟草局（公司）组织召开中层干部会、全体干部职工动员大会，成立企业组织结构调整领导小组，对全体干部、职工进行问卷调查，广泛进行宣传发动，统一干部职工的思想，就访销、配送线路、财务统一管理及调整纳税关系等项目进行研究讨论，制定组织结构调整方案和配套方法。2004年，取消县烟草公司的法人资格，使其成为市烟草公司的一个派出机构，人、财、物划归市烟草公司统一管理。全市烟草系统实现货源采购、电话访销、分拣配送、财务管理、资产管理的“五集中”。2005年，县烟草局（分公司）健全、完善管理决策、业务经营、行政执法、内部监管、经济评审、职工教育、绩效考核、薪酬分配、人事任免等相关制度，严格开展“依法治企”。

第二节 购 进

1978—1983年，实施计划进货方式，1983年后，实行计划调拨和多渠道进货方式。1986年，县烟草公司属三级站，只能到二级站和省内烟厂进货。随着经济的发展和人民生活水平的提高，卷烟需求量增大，县境依靠计划调拨，远不够供应，1993年10月9日，国家烟草局批准岳阳县烟草公司享受跨省经营卷烟、雪茄烟批发业务经营权（卷烟二级批发站）。2004年9月，县烟草公司更名为岳阳市烟草公司岳阳县营销部，卷烟购进权限划归岳阳市烟草公司。

第三节 销 售

1978年，实行改革开放，改变原来一、二、三级批发再转至零售单位的单渠道，实行多渠道、省环节和开放经营。1986年，县烟草公司建立委托乡、镇供销批发卷烟的经营体制。随着改革开放的深入，供销经营体制的变化，在农村建立的卷烟批发体制暴露了一些问题：个体商业户的增多，乡、镇供销社无法发挥流通领域的主渠道作用；委批站货款拖欠，难以回收；双重领导，不便管理，价格混乱，违纪经营严重；委批手续费用高，增加卷烟销售费用。20世纪80年代后期至90年代中期，县烟草公司逐步改委批为自批。先后成立第一、第二、十二公里、公田、月田、筻口、广兴洲7个批发部。是年，销售卷烟6091箱，完成销售额520万元。1995年9月，县烟草公司作为全国唯一一家县级公司，应邀出席在乌鲁木齐召开的全国卷烟销售工作座谈会，并作题为《搞活经营创效益，围绕管理作文章》发言。是年，销售卷烟51743箱，完成销售额18193万元，比1994年增加38%，增幅创90年代新高。2003年4月，县烟草公司全面取消批发部，推行"电话订货、网上配货、电子结算、现代物流"网络销售形式。个体私营的零售网点成为卷烟零售网点的主体。与10多家省外烟厂建立代理关系，省外销售网点发展到17个省、市的120多个地区。是年，销售卷烟23227箱，完成销售额16707万元。2006—2007年共销售卷烟4.6万箱，完成销售额4.87亿元，实现毛利9772万元，毛利率为22.5%，完成各类税费4910万元。

第四节 市场管理

根据国家《烟草专卖法》规定，从事烟草经营的单位或个人，必须持证经营。在境内经营的必须到县烟草局依法办理"烟草专卖许可证"，县烟草局就其办证依据、程序、要求等事项作出明确规定。1996年，卷烟市场低迷，突出抓了"一清两打"（清理整顿非法卷烟市场，打私、打假）工作。6月29日，邀请县四大家领导及公、检、法、司等部门负责人参加游行宣传活动，主管副县长连续三个晚上在县电视台作纪念《烟草专卖法》颁布5周年电视讲话。是年7月，根据群众举报，查获临湘个体烟贩利用军车伪装偷运的走私卷烟51件，价值12.8万元。2001年，专卖管理实现突破。在城乡设立3个专卖稽查中队，稽查人员26人，添置3台执法车，将专卖市场管理职能延伸到村组。同时将本县2631户卷烟经营户纳入户籍化管理，建档立卡、分类管理、动态跟踪。是年查办各类卷烟违法案件462起，查扣违法卷烟16800条，治安拘留不法分子5人，上缴财政罚款11.31万元。2003年，围绕整顿和规范烟草市场秩序工作，提高烟草专卖"户籍化管理"水平，年底共查处各类违法卷烟案件178起，登记保存各类违法经营卷烟940条，劣质烟丝516公斤，上缴财政罚款8万元，县域卷烟市场净化率、占有率、持证入网率均创在90%以上。2007年，突出加强行业专卖内部管理监督，营销网络建设，共查办各类违法案件108起，查获各类非法卷烟8406条，判刑2人。

第六章　石油经营

第一节　石油经营体制改革

1980年8月，县石油机构从县石油煤炭公司分离，组建专业性的石油销售企业，隶属于县商业局管理。1985年3月，县石油机构被省石油公司收编，更名为湖南省石油总公司岳阳县支公司，实行条块结合管理，人、财、物由省石油总公司统管，党、团、工、妇由县经委具体领导，1992年划归县财委系统。1999年，收归中国石油化工集团总公司，2000年，中石化股份制改造，公司分为中国石油化工股份有限公司湖南岳阳县支公司、湖南省石油总公司岳阳县公司两个单位，大部分资产和人员划归股份公司。2002年6月，撤销湖南省石油总公司岳阳县公司，其业务由湖南省石油总公司岳阳市分公司统一管理。

第二节　购　进

1985年前，石油购进自上而下按计划调拨，全县年均购进7200吨左右。1986年，开始实行计内调拨与计外采购相结合的办法。随着改革开放形势的发展，购进量逐年递增。至1995年底，年购进量增至13950吨。由于政策的放开，石油采购出现不正常现象，1999年，实行上级公司统购统结的严格管理，县域所需的油料主要来自岳阳长炼、江西九江、湖北荆门、北京燕山等地。2005 年，全县各加油站实行电脑联网管理，增强油料购进及贮藏的透明度，是年，全县购进石油 31280 吨，均由岳阳石油公司二次物流统一配送。2007 年，全县共购进石油 32750 吨。

第三节　销　售

1985 年前，岳阳县严格按计划进行销售，其指标分配依照商业部《关于石油产品统购统配定量供应的报告》及省石油公司制订的实施办法认真执行。县石油公司针对用户需求，在全面调查摸底的基础上，会同有关部门，定量到单位、车辆，一年一定，逐月安排，凭证供应，每年石油销量与计划基本持平，年销约 7200 吨左右。1986 年始，县石油公司除按原计划供应外，还调入少量计外石油销售。1990 年后，随着石油市场开放，供求关系发生极大变化，县公司主动上门服务，并组织营销人员，在经营本地市场的同时，紧抓周边市场，采取多种措施促进销量，以增加利润。因市场竞争激烈，销量时增时减，1995 年，石油销售 15600 吨。2000 年后，县石油公司花大气力抓零售业务，扩大零售网点，执行多元化经营方式，启动 IC 卡加油，石油销量逐年上升。2007 年，全县石油销售 32100 吨。

第四节　市场管理

1980 年后，县境石油市场实行计划经济，市场秩序正常。自 1986 年始，由于车辆的增加，需油量增大，供求关系发生变化。县石油公司组织采购计划外的石油投放市场，平衡供求关系，确保市场稳定。1990 年后，经营石油的单位和个体户逐渐增多，购进的渠道多种多样，油价混乱，销售者为了牟取利益，短斤少两、掺杂使假的经营行为较严重，市场一时处于放纵状态。1994 年 7 月，成立县石油市场整顿领导小组，经省经贸委审核批准后，一级批发单位仅保留县石油公司一家，确定县石油公司销售的主渠道地位，取消无证经营、超范围经营和不具备条件的经营单位和网点。县石油公司对取得经营资格的零售网站，签订供油协议，纳入统一管理，规划进货渠道，组织联合稽查队上路稽查，打击违规进货和违法经营行为，2005 年，县境省道、国道干线上所设加油站基本由中石油、中石化两大集团管辖。

第七章　盐业经营

第一节　盐业经营体制改革

1984年8月，成立湖南省盐业公司岳阳县支公司，人员、财物、生产、供销归口省盐业公司统一管理，党政关系由县经委代管。1990年8月，县支公司更名为岳阳县公司。1991年8月，县公司加挂县盐务管理局牌子并启用新印章。1998年3月，更名为湖南盐业集团有限责任公司岳阳县支公司。2002年12月，更名为湖南省轻工盐业集团有限公司岳阳县支公司。

第二节　购　进

1985年，县盐业支公司购进各类盐1838吨，其中食盐1588吨，工业用盐250吨。1997年，购进各类盐6300吨，其中工业用盐270吨，食盐6030吨。

自2005年始，县盐业支公司规定所有食盐均为湖南省轻工盐业集团经销。品种主要有自然食盐、营养盐两种，自然食盐加有碘酸钾、亚铁氰化钾、抗结剂，其食盐颗粒均匀，咸中带鲜，符合"绿色环保"的生活理念，是纯天然、不受污染的新一代一级食品盐。营养盐加有碘、钙，经科学方法精制而成，集营养、调味于一体。2007年，购进各类盐6100吨，其中工业盐280吨，食盐5820吨。

第三节　销　售

1983年，在省际、县际边界和走私盐易发地设立委批点、专卖点，形成公司、委批点、零售点三级销售网络。公司派访销人员到乡镇各网点上门访销，将食盐及时配送到店。为缓解省际、县际边界销售矛盾，实行点对点、价对价、品种对品种的供应原则。严格执行国家食盐政策，确保全县人民有碘食盐的及时供应。1988年，发生3次较大的不正常的"抢购盐风"，县盐业支公司利用多种渠道，超调食盐1100吨，敞开销售食盐，终于平息"抢购盐风"。2003年2月，由"非典"引发的"抢购盐风"，县盐业支公司利用电视台等媒体进行正面宣传，公开辟谣；组织人员调入食盐400多吨，及时平息抢购风。1995年9月，将1000克包装袋改为500克包装袋。1999年，全县食盐袋开始实行激光防伪商标，让消费者明辨食盐质量的真伪。2004年12月，将单膜食盐改为复合膜小包盐，上市的有硒强化、锌强化、钙强化营养盐及低钠盐4个新品种。

第四节 市场管理

县境与湖北省通城县接壤，边界线长达近50千米，通城县走私盐进入县境的较多。1993年2月，县盐业公司配合县公安局成立盐务执勤室，1997年4月，成立县检察院盐务检察室。2003年5月，成立县公安盐业联合执法大队。县盐业部门开辟《盐业专窗》。每年“3·15”消费者权益保护日、“5·15”碘缺乏病宣传日活动，均在街头设立咨询台、出动流动宣传车到乡镇进行巡回宣传。2002年8月，《湖南省盐业管理条例》颁发后，县盐业支公司开展“三送一调查”（即送盐业法律、法规到村，送盐业有关知识到户，送食盐零售许可证到店；下到街巷、村组调查食盐消费的情况及意见）活动，走访20个乡镇、68个村、345个村民小组、2813户家庭，查看3100个盐罐子，稽查商店591个，发放宣传资料、图片6700多份。2006年5月，县盐业支公司根据《食盐专营办法》《湖南省盐业管理条例》，查处各类案件376起，当场查获销毁各类非法劣质盐780多吨，缴获没收假食盐袋26700多个。

第八章 外贸经营

第一节 外贸体制改革

1984年2月，取消县外贸局，保留县外贸公司的牌子。1988年3月，恢复县对外经济贸易局。与县外贸公司合署办公，下设供销、粮油、土畜、轻纺、工矿5个分公司。1991年，推行切块承包经营责任制，各分公司实行分户核算、自负盈亏、费用自理、上缴一定管理费、超额利润全额留成的管理体制，在业务管理上，实行工效挂钩兑现，采取按月考核的方式，对没有完成任务的单位、个人核发75%的工资，并取消评定奖金和效益工资的资格；在行政管理上，实行业绩考核兑现，干部实行凭业绩任免，职工按所创纯利评奖，拉开分配档次。1992—1993年，县外贸总公司实行由行政管理型向企业经营型的转变。对党组成员实行目标管理考核，对企业干部实行聘任制，对职工实行用工合同制，对富余人员实行内部待业制。在工资分配上，上半年实行工资的40%与效益挂钩，下半年实行工资全额与效益挂钩浮动。1993年11月，县财委将县外贸局原有分公司全部撤销，重新组建县对外经济工矿化药贸易公司、县对外经济粮油土畜贸易公司、县外贸商场3个二级机构。1994—1995年，县外贸总公司由中央财政垂直管理报账制单位归划地方财政管理。县外贸总公司所属公司、经营部实行自主经营、自负盈亏、独立核算、上交任务定额包干、超额全奖、亏欠全赔、风险抵押的承包责任制。1997年，县外贸总公司岗位实行兼并管理，裁减员工从事民营经济、自谋职业，并保证大多数内部人员在经营实体中就业，保障离退休人员、在岗人员的基本生活。2000年9月，撤销县外经贸局，保留县外贸总公司的牌子。2003年2月，外贸系统下属公司全部名存实亡，县外贸总公司向市工商局申请将其营业执照注销。是年5月，外贸商场的营业执照也被申请注销。

第二节　进出口

出口　本县为全省莲子主要产区之一。1979年后，收购的莲子不直接外运，就地加工再整装出口，至2001年，年均出口肉莲80余吨，主销中国香港和南亚等多国。1985年后，因多渠道的流通，对外贸易更加兴旺，至1986年，共出口活塘鱼806吨、卤鱼240吨、才鱼132吨、鳖25吨。1987年，出口茶叶35吨，主要销往东南亚。1988—1990年，县外贸局出口总值4400万元，获利润6.50万元。其中主要出口的商品是谷米，大部分销往越南等亚洲国家。1989—1990年，出口畜产品总值155万元，出口鲜蛋189吨、加工蛋54.90万吨；出口岳州扇80.76万把；出口活家禽23.18万羽。1991—2007年，出口畜产品总值1380万元。

县内出口矿产品主要是长石粉、碎云母、五氧化二钒等。其中以五氧化二钒为主，1979年开始出口，主销日本，是年出口54吨，至1990年，共外销402吨。

1978年，县瓷器厂开始试制油壶出口，1980年，出口瓷油壶4.49万把，1981年，出口11.64万把。1982年生产出口艺术瓷，产品销往美国、德国、澳大利亚、加拿大、日本等国和中国香港、澳门地区，是年出口36.55万件。1987年，乌江机筛片开始出口，销往巴基斯坦、菲律宾、马来西亚等11个国家和中国香港地区，品种250个。1989—1990年，共出口机筛片85万片，创汇折人民币120万元。1987年开始出口窗纱布，外销中国香港、澳门和东南亚地区，品种有聚乙烯绞织窗纱、聚乙烯涂塑印花窗纱、玻纤涂塑窗纱、玻纤涂塑印花窗纱。是年，由县湘北羽绒厂加工出口羽绒服（被），远销日本、新加坡、加拿大等国家和中国香港地区，创外汇折合人民币100余万元。1991年，完成出口供货3218.60万元，实现利润16万元。1994年，完成出口供货额5460万元，创利润32万元。1997年，完成外贸经营5906万元。1998年，全县共完成外贸经营金额5628万元，其中县外贸总公司实现经营额3135万元。

进口　20世纪80年代，进口商品以化肥、农药、饲料等为主。1990年，中外合资企业岳阳鼎丽塑料制品有限公司从台湾进口圆织机12台、抽丝机2台、吹膜机1台、五色印刷机1台、发电机设备1套。

1999年，县外贸总公司下设的二级公司因亏损较大而名存实亡。至2003年，县外贸总公司因亏损严重，依法宣告破产，进出口活动停止。

第九章　旅　游

第一节　旅游资源

境内有国家重点文物保护单位张谷英民俗文化村、道教圣地大云山国家森林公园、相思园爱情文化风景区和人造天河——库容6.4亿立方米的铁山水库、先秦时期文化遗址100余处及鹿角古窑、刘备洞、东洞庭湖自然保护区、中洲古塔、岳飞点将台、杨幺寨、牛皋墓等古遗址、古建筑和革命纪念地湘北特委旧址等。

张谷英民俗文化村　位于张谷英镇境内。始祖张谷英在此地定居，已历600余年。其村建筑面积5.1万多平方米，房屋厅堂1732间，天井206个，建筑结构严谨，布局巧妙，较完整的门庭有当大门、王家塅、上新屋3栋。整个建筑群在通风、采光、排水、防火的设计处理有许多独到之处，其木石雕刻，笔画简练，形象逼真，历经百年风雨侵蚀，仍保存完好。村周围还有二龙戏珠、仙人下棋、山绕四坳、百步三桥等景观30多处。该村民风淳朴、德重乡邻，讲道德、求团结、明礼义、事农桑，形成百忍家风的良好传统，被誉为“天下第一村”“民间故宫”。2001年6月，被国务院定为全国重点文物保护单位。2003年10月，被建设部、国家文物局授予首批全国历史文化名村称号。2007年12月，被评为全国十佳景观村落。

大云山国家森林公园　位于岳阳县与临湘市交界的大云山上。大云山属幕阜山西北支脉，自古为江南名胜，道家洞天，海拔911.1米。该山集森林休闲、观光避暑、宗教朝圣于一体，是回归自然、生态旅游的理想之处。公园辖地1180.6公顷，核心游览面积340公顷，有祖师殿、真君殿两大景区。山上有各种植物16科、35属、1230种，古珍树种12种，曾有寺庙28座，已恢复开放6处，有县级文物保护单位8处，省级文物保护单位1处（“三战三捷”）。历代文人留有诸多诗联题咏。大云山被列为岳阳十景之一，是岳阳市的重点景区，1996年升级为国家森林公园。

相思山爱情主题公园　位于县境东北部，绵延10余公里，主峰海拔957.2米，平均海拔700米，年均气温15℃，是避暑、赏雾、观雪的极佳场所。山下有相思湾世界玫瑰公园，以丰富的景观为依托，紧扣“相思”这个主题，以溪谷景观为主体，以古今中外经典爱情诗文石刻为载体，烘托世界爱情文化主题。该公园由生态旅游谷、相思岩、相思峰、天护寺、相思村5个景区组成。

铁山水库　位于新墙河上游，库区跨越月田、公田、毛田等乡镇。景区以人工湖泊为主，伴以众多岛屿、山峰、名胜古迹。水岸线总长328千米，水库蓄水后形成数百个小岛，库区内层峦叠嶂，川谷幽深，库水碧绿透彻，为一级饮用水，并有八仙登台等名胜古迹。

刘备洞生态旅游谷　地处饶村乡，有一条连接平江至岳阳的千年古驿道，全由青石铺砌，洞中有奇石、奇井、古亭、古村。相传刘备自荆州南取长沙时，曾经于此，故而得名。景区占地400公顷，主要景点有刘备石刻、檀香山、陡石潭、将军桥、丝茅泉、观瀑亭、草鞋印等。历史学家何光岳为此洞门题联：洞中藏胜景，溪畔觅先踪。

东洞庭湖自然保护区　1982年，省政府批准建立东洞庭湖自然保护区，1994年升格为国家级自然保护区。保护区内有国家一级、二级保护鱼类、鸟类及国际协约指定保护的两栖类、腹足类、软体类动物多种，是国内湿地水禽的重要越冬地、栖息地、繁殖地，每年在这里栖息的雁、鸭等水鸟达数百万羽，是鸟类的天堂和乐园。

凌云塔　位于县城12千米处的宝塔湖边，中洲乡境内。清道光四年（1824）由县人何锦云、吴南屏主持修建，距今180余年。塔高32.04米，占地52平方米，是湖南最大的仿木结构楼阁式石塔之一。台基须弥座式，塔身由花岗岩条石砌成七级八方中空形，飞檐起翘，翘首多饰卷云、凤鸟、瑞头兽，每层多异，每层檐角原挂铜质风铃（抗日战争时期被盗）。正南石阶而上，有一拱卷形石门，进深达1.65米，外圆内方，室内5米见方，素雅平整，石气森森。每层有10级石梯，盘旋而上，塔愈高，空间愈小。七楼北壁内嵌一神龛，长0.56米，宽0.32米，龛内为一浮雕石像，其左手平托一元宝于胸前，右手高擎一朱笔，笔尖对着龛楣，上刻有“文光射斗”四字的扇形石匾，内顶中心处，绘有道教“太极图”。

公田温泉　地处公田镇。温泉富含硫、硒等对人体有益的微量元素，常年水温在40℃以上，可治疗皮肤病，有美容、健身、延年益寿之功效。温泉宾馆占地0.47公顷，建筑面积3000多平方米，是岳阳市最具特色的温泉泳池。

湘北特委旧址　旧址位于张谷英镇竹坪村拦石坡。有5间一进的民房，室内办公桌、凳至今仍保持完好，为省级重点文物保护单位。1930年10月至1931年6月，湘北特委机关设此，领导平江、湘阴、临湘、岳阳一带的革命斗争。在特委书记杨奇等领导下，开辟三县边境红色根据地，建立中国工农红军湘北独立团，发展农民保卫队武装。后因敌人疯狂围剿，大批革命志士惨遭杀害，湘北特委向井冈山、药姑山一带转移。

第二节　旅游规划

1999年，岳阳县开始编制《岳阳县旅游发展规划（2000—2015）》（简称《规划》），2000年9月编写完成，是年11月，召开岳阳县旅游规划评审会。2004年，投资200万元，完成张谷英民俗文化村文物保护规划的编制工作和总体规划编制的前期准备。2007年，制订《岳阳县旅游业发展规划（2008—2012）》。

第三节　景区景点建设

张谷英民俗文化村　2002年，投入420万元，重新编排古村游览新线路，更换旅游标识、景点介绍牌，新建展览馆，恢复伴溪走廊，新增祭祀、碾米坊、纺纱织布坊、水车、皮影戏厅等景观。2004年，完成文物保护规划的编制工作和旅游总体规划编制的前期准备。2007年，修建门头、引景公路、公共广场、大型停车场和民族风情街。

大云山国家森林公园　1999年，投资350万元，翻修部分庙宇、改造双蛙听经等景点、凌云宾馆、云山宾馆和园林山庄，竖立大型游览标示牌20多块；铺石级路500米、建3.5千米长的可直达祖师殿的公路和一个可容纳万人的主会场。2002年，投资500多万元，修建公田至大云山的旅游专用车道。2004年，投资600万元，完成景区旅游公路的全线硬化。2007年，开始筹建大云山其他景区。

相思园　引进深圳万事明公司投资5000万元开发景区。2004年，投入2000万元，完成一期景点建设工程；投资275万元，完成相思园景区旅游支线公路和旅游公路的路基工程。2007年，投入150万元，硬化从相思集镇至园区的12千米道路。

刘备洞　2003年，景区引进客商投资开发。2007年投入80万元，硬化景区道路。

第四节　旅游业务

1999年，举办大云山公园首游式暨开园活动。2002年3月，成功举办全县旅游业观摩会，9月，举办湖南旅游节张谷英民俗文化节分会，是年，参加上海、广州、深圳全国旅游交易会，发放资料5000余册，并多次在会上发言。全县接待游客20万人次，旅游综合收入2000万元。2003年，大云山、张谷英、刘备洞三景区共接待游客35万人次，创门票收入210万元。2004年"五一"黄金周，成功组织相思园试营业，9月，组织2004中国湖南文化旅游节相思园分会场等活动，国庆节期间，举办张谷英杂技艺术节和相思园爱情文化节，是年，全县共接待游客50万人次，门票收入460万元，旅游综合收入2800万元。2005年3月，广东南方电视台组织"激情驾越湖南大行动"考察团，制作专题片，播出1个月；7月，接待香港电视台开展踩线活动；9月，接待外国游客126人。2006年3月，组织全县主要景点负责人参加华中旅游博览会，发放资料、张贴图片、播放《走进张谷英村》等光碟，提高岳阳县旅游业的知名度。是年，在岳阳县公众信息网开辟《岳阳旅游》栏目，推介县域旅游资源。2007年，制作精美的县境旅游宣传画册，将主要景点、特产、宾馆、旅游线路、旅游服务机构等纳入其中，并在省、市等大型商业活动中进行宣传发放。是年，“中国湖南旅游节”开幕式在岳阳市举办，中外游客游览张谷英村的接待工作圆满完成，被评为市级重大贡献单位。

第十章　饮食服务

1978年，境内饮食服务业由县供销社管理，农、茶场由供销公司或商贸公司管理。1981年下半年后，饮食服务逐步放开，由工商部门管理。1996年3月，成立个体私营经济领导小组，制订鼓励发展饮食服务业的相关条例，县委由一名副书记牵头，政府由一名副县长专管，工商、卫生、财政、税务、供销、个协、工商联等部门及群众团体的负责人参与，下设办公室，由3~5人负责日常工作，各乡、镇墟场指定1~2名负责人专管此项工作。

第一节　饮食业

1978年后，境内餐饮业逐步发展，集体办与个体办的饭馆、餐厅、摊点在县域各地迅速兴起。是年，供销社饮食业发展到34家。1987年，全县饮食业机构网点达545个，从业人员1269人，其中个体有证饮食业网点522个1200人，饮食业零售金额达517万元。1990年，全县有饮食业网点277家，其中全民所有制1家、集体所有制36家、个体有证饮食业240家，共有从业人员632人。1996年，全县有饮食营业网点918个。其中规模较大、档次较高的有万福来宾馆、小天地宾馆等。2000年后，形成新墙、麻塘、公田、筻口、黄沙街、鹿角、张谷英、月田、柏祥等饮食业集中地带。张谷英的油豆腐、鹿角的瓦子鱼、新墙街的黄瓤白、麻塘的腊肉炒藜蒿、荣家湾晓园酒家的黄焖土鸡，风味独特。随着菜肴的变化和人们消费水平的提高，酒宴呈现不同标准的档次，高档每桌800~1200元，中档、低档500~200元不等。餐桌上的主菜由鱼肉向野生鱼、野生菜肴转变。

1978年后，饮食品种主要有油饼、油条、米粉、皮粉、拉面、豆皮、粥、糍粑、豆腐脑、粽子、玉米棒、饺子、乳制品、小笼包、荞麦馒头、甜酒冲蛋等。早点经营实惠，一般3~4元即可。

1989年后，城镇集中的夜宵逐渐兴起。每至夜幕降临，人口密集的地段，撑起五光十色的布篷，摆起各式各样的夜宵摊点。随时令不同，夜宵品种也随之变化。有狗肉火锅、羊肉火锅、鱼类火锅、龙虾火锅、内脏火锅等；烧烤菜肴有鸡翅、鸡腿、牛肉、羊肉、各种鱼类等；另外有各种卤菜、酒类、饮料等。

1990 年后，茶馆业逐渐恢复，出现音乐茶座、咖啡小屋等。顾客可以听 VCD 音乐，可以在伴唱、听唱之时慢慢品茶。收费标准每人每次 2~3 元。1995 年后，较大的茶座可唱歌、跳舞、演小品。每人每晚消费 5~10 元。经营茶的品种较多，有洞庭春茶、君山银针、铁山毛尖、菊花茶等。2007 年，全县茶馆发展到 46 家，从业者 159 人，年营业额 218 万元。

第二节　服务业

宾馆旅店　1978 年，全县农村供销社开办旅店 16 家，床位 855 个，其中毛田旅社床位 100 多个。1979 年，全县旅社增至 36 家。20 世纪 80 年代，旅馆业逐渐兴旺发达，出现国营、集体、个体一齐上的新格局。部分行政、企事业单位纷纷设立客房、招待所、旅店，敞开营业。1983 年，市县分治，县城国营旅社仅剩 1 家。1987 年，全县有国营、集体、个体旅馆、招待所 63 家。1990 年达 120 家，从业人员 289 人。

20 世纪 80 年代末、90 年代初，个体户吴耿生、袁爱国分别在火车站附近、县供销社院内开设小天地、万福来餐饮店，资产均在 10 万元以内。至 90 年代中期，吴耿生在天鹅中路购置整套房产，办起小天地宾馆，到 90 年代末，该宾馆为县域内首家晋升为“三星级”的宾馆。至 2007 年，资产已达近千万元。袁爱国买下县供销社的天鹅商场，仍挂牌万福来宾馆，此宾馆集餐饮、住宿、沐足、休闲于一体。县城规模较大的宾馆还有位于东方路的锦绣阳光大酒店，2005 年，该酒店晋升为二星级旅游酒店。继小天地、万福来宾馆后，县城的君子兰酒店、教育宾馆、云龙酒店、荷花宾馆等餐饮、休闲服务业的场所迅速兴起发展起来。

美容美发　1978 年，县内理发店以国营、集体经营为主，个体小店和街头设点理发的不多。农村包户理发的为多数，大多是一年一包，每月理发 2~3 次，按人头收钱或以谷、肉作为报酬，剃头匠一年一次或两次收取，个别的随剃随收。1987 年，全县有大小理发店 13 家，其中城关 9 家，乡镇 4 家，从业者 106 人。1987 年，全县共有理发网点 180 个、从业人员 322 人，其中国营 1 家、集体 4 家、个体理发店 175 家。1990 年，全县有理发店 202 家，从业人员 445 人。1992 年，境内有理发店 318 家，从业人员 679 人，其中县城 165 家，乡镇 153 家，个体私营者占 92%以上。国营、集体理发店全部让个人租赁、承包经营，服务网点遍布城乡。2007 年，县城理发美容业 289 家，从业人员 1318 人，除常规理发外，部分门店增设洗面、做面膜、修指甲、文眉描眼、按摩、化妆等服务。城镇不少美容美发店装潢豪华、设施先进。有些店兼营洗脚、桑拿、文身美体、染发等业务。年轻女性染发由染成黑色到浅黄、金黄等色，俨然外国女郎；后来男青年步女性后尘，也开始染成黄发。

照像　1982 年，全县有照相馆 9 家，其中县城 3 家，乡镇 6 家，从业人员 24 人。随着政策的开放，人民生活水平的逐渐提高，其照相业步入国营、集体、个体一齐发展的时期。1989年，全县有大小照相馆29家，从业者43人。一些规模较大的照相馆从日本、美国、德国等国进口彩色胶卷、放大机、自动冲洗机、自动彩照扩印机等照相器材，个体、私营照相网点大量增加。至1990年，全县有照相馆99家，从业人员180人。1991年后，国营、集体照相馆逐渐被个体、私营所取代。2007年，境内有正规照相馆31家，专业人员103人。其中规模较大的有明珠照相馆、新世纪婚纱影楼等。照相、冲印、扩印采用数码摄影技术和电脑控制技术。时尚的婚纱摄影从城镇走向农村，新婚照的价格从几百元到几千元不等，照相馆的营业量及营业额大增。

修理业　20世纪70年代末，修理业一般为大型商店附属或由集体经营的修理店承担。主要修理自行车、缝纫机、收音机、录放机、电唱机、钟表、皮鞋、门锁、铝制品等。1983年，全县有修理店31家，从业人员92人。1991年，全县从事修理业的71家，从业人员201人，个体经营户占89%。1991年后，家用电器的普遍应用，使修理业网点遍布全县各地。营业方式以专修店为主，但街头的摊点修理仍然存在，如自行车、摩托、锁具、皮鞋、铝制品等。2007年，县城有修理店154家，从业者302人，个体经营占98%。

计算机服务业　1984年后，计算机进入境内，仅有少数企事业单位和金融部门应用，其修理主要是安装调试和一般故障处理。1990年后，计算机开始在大多数单位和城镇个别家庭应用。1991年，全县计算机服务业25家，从业人员126人。进入21世纪，电脑迅速发展，开始进入家庭。2007年，县城家庭拥有电脑的占21%。全县电脑服务发展到98家，从业者519人。服务项目主要有安装调试、图文处理、软件设计、故障清除等。

其他服务业　20世纪80年代末，人们的生活水平、生活方式、消费观念均发生较大变化，涌现洗染业、劳务服务业（搬运、疏浚、物流、擦鞋等）、典当业、信息咨询业、洗浴业、广告业、中介业（婚姻中介、劳务中介、买卖中介、租赁中介等）等40多种新型服务行业。2007年，其他服务业正式登记的有122家，从业人员726人。

第十五篇　综合经济管理

第一章　计划管理

第一节　管理体制

1979 年前，县境实行计划经济体制。1979—1991 年，境内经济体制随着全国经济体制改革，经历了计划经济体制与市场经济体制相结合的时期，先后实施“计划经济为主、市场经济为辅”“有计划的商品经济体制”“计划经济与市场经济相结合”的经济运行模式。这一时期，计划体制实行一系列改革。起初，实行指令性计划、指导性计划和国家计划指导下的市场调节三种管理形式并存的计划形式，至 1984 年，明确指导性计划成为计划的主要形式，缩小对工农业产品产量的指令性计划范围，扩大指导性计划和市场调节范围。至 1989 年，大幅度削减指令性计划，给计划赋予制定产业政策、调整产业结构的任务；行政手段逐渐削弱，经济、政策、法律作用增强。县计委自 1983 年恢复县建制后，实行指令性计划与指导性计划相结合的管理体制。1995 年 1 月，县计委、县物价局、县经协办合并成立县计划物价局。1997 年 12 月，县计划物价局分设为县计划局、县物价局。2005 年 6 月，县计划局更名为县发展和改革局（简称县发改局）。

第二节　计划编制与执行

一、计划编制

五年计划编制　1976—2007 年，岳阳县共编制 7 个五年计划。

第五个五年计划（1976—1980 年）要求，至 1980 年，粮食总产量达到 3.75 亿千克，农业总产值 2 亿元，生猪发展到 80 万头，农业人口控制在 71 万人之内，工业总产值（原县城工业产值除外）达到 2800 万元。

第六个五年计划（1981—1985 年）要求：至 1985 年，粮食总产量达到 5.4 亿千克，农业总产值 3.1 亿元，生猪发展到 100 万头，农业人口控制在 72.6 万人之内，工业总产值（原县城工业产值除外）达到 6000 万元。

第七个五年计划（1986—1990年），1985年10月编制，指导思想是：“以科学技术为依靠，以提高经济效益为前提，以改善人民生活为目的，把生产发展同科学技术的进步、经济效益的提高和人民生活的改善紧密联系起来，理顺经济关系，实现良性循环，把经济建设进一步转到速度比较实在、效益比较好、人民能够得到更多实惠的轨道上来，把岳阳县建成粮、猪、鱼、禽为主的商品基地县。”至1990年，工农业总产值达到6.69亿元，其中农业4.2亿元；粮食总产量达到4.25亿千克，财政收入1500万元，农副产品购进总值9700万元，生猪发展到100万头，社会商品零售总额1.21亿元，出口产品收购总值677万元，农业人口控制在75万人之内，农民人均纯收入550元，人口自然增长率9‰左右。

第八个五年计划（1991—1995年），1990年编制。指导思想是：坚持治理整顿、改革开放，确立“农业为本、工业兴县”“外向、高效、创汇”的战略思路，采取“农工贸联营”的农村经济发展模式，走“四边渗透、多元开发、优势互补、倾斜发展”的路子，把岳阳县建设成为“两地一中心”（即轻工业基地、综合出口商品基地，洞庭湖区第二大贸易中心）。至1995年，国民生产总值达到8.3亿元，社会总产值13.58亿元，国民收入6.28亿元，工农业总产值10.52亿元，地方财政收入3100万元，社会商品零售总额4.8亿元，外贸出口供货总额3500万元，职工人均年工资1950元，农民人均纯收入900元，总人口不超过83.02万人，人口自然增长率不超过11.8‰。

第九个五年计划（1996—2000年），1995年10月编制。指导思想是：以社会主义市场经济理论为指导，积极推进经济体制和经济增长方式的转变，坚持“开放兴县、科教兴县”战略，突出“强农、固本、兴工、活商”，实现由农业大县向农业强县的转变。至2000年，国民生产总值达到29.5亿元，工农业总产值49.5亿元，乡镇企业总产值106亿元，社会商品零售总额17亿元，地方预算内财政收入1亿元，农民年人均纯收入2700元，外贸出口供货总额1亿元，总人口控制在83.6万人内，人口自然增长率不超过8.5‰。

第十个五年计划（2001—2005年），2000年编制。指导思想是：以加快发展为主题，以结构调整为主线，以改革开放和科技进步为动力，以提高人民生活水平为根本出发点，全面推进经济体制和经济增长方式的根本性转变，加速推进产业化、工业化、城镇化、信息化进程，利用后发优势进行跨越式发展，全面提高综合经济实力、经济质量和人民生活水平。至2005年，国内生产总值达到58.5亿元，地方固定财政收入达到1.26亿元，城镇化水平达到40%，社会消费品零售总额达到22.8亿元。人口控制在76.8万人以内。农民年人均纯收入、城镇职工年人均可支配收入分别在3500元和1万元以上，森林覆盖率达到30%以上，城区绿化率达到45%。

第十一个五年规划（2006—2010年），2005年12月编制。指导思想是：以全面建设小康社会为目标，以壮大经济实力、增加财政收入，促进农民增收为主要任务，以推进工业化、城镇化、农业产业化为主要途径，以改革开放和科技创新、体制创新为动力，以壮大园区经济和加大招商引资力度为措施，着力培育优势产业，发展特色经济，全力推动全县经济上新台阶，实现经济社会的全面、协调、可持续发展。至2010年，全县地方生产总值力争达到90亿元，县财政总收入年增长15%，社会固定资产投资年均增长16%，社会消费品零售总额年均增长13%，人口自然增长率控制在5‰以内，城镇化水平达到40%，城镇居民年人均可支配收入11300元以上；农村居民年人均纯收入5500元以上，森林覆盖率36.5%，城市绿化率32%。

发展规划编制 在编制五年计划的同时，编制了4个发展规划。

1988年，编制《1988—2000年岳阳县经济、科技、社会发展规划》，提出“农业为本，工业兴县，外向、高效、创汇”的战略思想，根据“农工贸联营”的农村经济发展模式和“四边渗透，多元开发，优势互补，倾斜发展”的思路制订总体、行业、产品3个层次的规划。主要目标：至2000年，全县国民经济总值11.24亿元，年均增长9.6%；社会总产值21.13亿元，年均增长10.53%；工农业总产值15.69亿元，年均增长9.49%(其中农业5.26亿元，年均增长4.5%；工业10.43亿元，年均增长14.18%)；粮食总产量5亿千克，年均增长0.93%；财政收入1.83亿元，年均增长19.6%；社会商品零售总额89亿元，年均增长13.4%；专业科技人员总数达到1万人，专业科技人员占总人口的比重提高到1.1%，科技进步作用在经济增长中的比重达到50%以上，科技进步率达4%；人口控制在83万人以内，人口自然增长率不超过8.3‰，人均国民生产总值达到1553元。

1997年，编制《1998—2002年岳阳县国民经济和社会发展计划》，提出“围绕两个根本性转变和小康目标，认真实施‘开放带动、科技兴县’战略，建设高效农业，振兴工商企业，发展第三产业，完善基础设施，促进经济整体实力和经济素质的全面提高，确保国民经济快速、健康发展和社会全面进步”。主要目标：至2002年，国民生产总值达到32亿元，年均增长12%；工农业总产值达到59亿元，年均增长14.7%；社会消费品零售总额达22亿元，年均增长17%；地方预算内财政收入按年均20%的速度增长；农民人均纯收入达3000元，年均增长8.5%；2002年年末社会总人口控制在77.5万人以内，人口自然增长率8‰；社会商品零售价涨幅控制在10%以内。

2002年，编制《2003—2007年岳阳县国民经济和社会发展计划》，提出“坚持与时俱进，以加快发展为主题，以结构调整为主线，以改革开放和科技进步为动力，以提高人民生活水平为根本出发点，加速推进‘三化’进程，实现全县新一轮经济大发展，努力提高全县综合经济实力，经济质量和人民生活水平”。主要目标：至2007年，GDP达到67.6亿元，年均增长10%；5年全社会固定资产累计投资42亿元；社会消费品零售总额率年均增长10%；财政总收入力争比2002年翻一番，达到2.2亿元；农民人均纯收入达到3750元；人口自然增长率控制在5‰以下。

2007年，编制《岳阳县2008—2012年产业发展规划纲要》提出：“充分把握国际国内产业转移的机遇，按照科学发展观的要求，在稳定农业和现有资源型产业的基础上，突出工业强县战略目标，走稳定内源经济与发展外源经济相结合、提升产业层次与扩大产业规模相结合的道路，以实施项目带动、夯实发展载体、培育龙头企业、壮大企业家队伍为手段，努力促进产业聚集，做大做强优势产业，提高岳阳县经济的总体竞争力。”发展主要目标：至2012年，人均GDP和财政总收入翻一番，其中地方总产值达到146亿元，年均增长14.8%，人均GDP达到2万元；财政总收入达到5.38亿元，年均增长20%；5年累计全社会固定资产投资260亿元，年均增长20%；社会消费品零售总额达到44亿元，年均增长13%；至2012年，工业增加值达到70亿元，年均增长20%，占GDP的比重由2007年的32.9%提高到50%，生物医药、建筑陶瓷、农产品加工等三大支柱产业的增加值达到46亿元，占工业增加值的65%；打造年产值过10亿元企业5个，过5亿元企业10个，规模以上工业企业超过180家，工业总产值突破200亿元。

年度计划编制　1979年前，年度计划按计划经济模式编制，上级主管部门下达，由县直接制订，编制最详细的项目主要是农业，其次是工业。1984年，扩大指导性计划和市场调节的范围，逐步规范国家计划以五年为主要形式，简化年度计划，形成长远规划、行业和若干专项规划相结合的计划体系。1989—1991年国民经济治理整顿时期，国家计划在内容上大幅削减指令性计划，在管理方式上计划管理由实物平衡逐步过渡到价值平衡为主，行政手段逐步削弱，经济、政策、法规逐渐发挥作用。1992年，中共十四大提出建设社会主义市场经济体制，计划体制更新计划理念，改进计划方法，重点合理确定国民经济和社会发展的战略目标，搞好经济发展预测、总量调控、重大结构调整与生产力布局规划，集中必要财力、物力进行重点建设。1993年，制定《中共中央关于建立社会主义市场经济体制若干问题的决定》，计划工作的任务是合理确定国民经济和社会发展战略，宏观调控目标和产业政策，搞好经济预测，规划重大经济结构、生产力布局、国土整治和重大建设，计划工作突出宏观性、战略性、政策性，重点放在中长期计划上，综合协调宏观经济政策和经济杠杆作用。2003年10月后，进一步完善国家宏观调控体系，健全国家计划和财政政策、货币政策等相互配合的宏观调控体系，强化产业政策引导经济结构调整和优化升级方面的作用。年度计划，以指导性和预测性为主，重点提出年度的调控目标和相应的调控政策，实物性指标基本被取消。

二、计划执行

“五五”计划执行情况　1980年，粮食总产量3.33亿千克，占“五五”计划的88.8%，比1975年增长5.05%；农业总产值1.27亿元，占计划的63%，增长6.72%；生猪发展53.74万头，占计划的67.18%，增长19.34%；工业总产值（原县城工业产值除外）2816万元，占计划的100.57%；农业人口70.19万人。

“六五”计划执行情况　1985年，粮食总产量4.19亿千克，占计划的77.59%，比

1980年增长25.83%；农业总产值2.56亿元，占计划的82.58%，增长1.02倍；生猪发展73.82万头，占计划的73.82%，增长37.37%；农业人口70.64万人，控制在计划以内。工业总产值（原县城工业产值除外）1.07亿元，占计划的1.78倍，增长2.8倍。

“七五”计划执行情况 1990年，全县工农业总产值6.8亿元，占计划的101.64%，比1985年增长87.33%，其中农业总产值3.3亿元，占计划的78.57%，增长28.91%；工业总产值3.5亿元，占计划的140.56%，增长2.27倍。粮食总产量4.66亿千克，超计划0.41亿千克，增长11.22%。财政收入2409.8万元，占计划的160.65%，增长1.4倍。农副产品购进总值1.65亿元，占计划的170.1%，增长1.06倍。生猪发展103.4万头，超计划3.4万头，增长40.07%。社会商品零售总额2.73亿元，超计划1.52亿元，增长1.13倍。出口产品收购总值1659万元，超计划982万元。农业人口72.47万人，控制在计划之内。农民人均纯收入641元，占计划的116.55%，增长63.1%。人口自然增长率12.78‰，高于“七五”计划。

“八五”计划执行情况 1995年，国民生产总值15.84亿元，年均增长12.83%，比“七五”时期平均增速提高3个百分点；人均国民生产总值由1990年的1120元增至1977元，年均增长12%；一、二、三产业比例由1990年66.8∶16.7∶16.5变为43.6∶26.1∶30.3，农业种养比由1990年的58.4∶41.6变为49.8∶50.2；工农业总产值完成25.6亿元，年均增长16.6%，超计划39.7%；其中农业产值增长6.3%，工业总产值增长28.9%；地方预算内财政收入由1990年的2232万元增至4267万元，年均增长12.8%；乡镇企业总产值达到34.77亿元，年均增长12.8%；累计完成全社会固定资产投资6.65亿元，超计划66.25%，社会商品零售总额达到7.38亿元，年均增长22%；外贸出口供货额5000万元，比1990年增加3300万元，累计利用外资1180万美元；农民人均纯收入1640元，城镇职工年均工资3528元，分别年均增长16.9%、18.2%；1995年末，全县总人口为80.12万人。

“九五”计划执行情况 2000年与1995年比较，国内生产总值由19.07亿元增至33.18亿元，按可比价计算，年均增长8.4%，在1980年的基础上翻了两番多。人均GDP由2690元增至4423元，年均增长10.5%。地方财政收入增至7003万元，年均递增10.4%。一、二、三产业结构由48∶22∶30调到43∶25∶32，呈现一产业比重持续下降，二、三产业比重逐步提高的发展趋势。五年累计完成全社会固定资产投资19.66亿元，年均增长28.9%。农民人均纯收入增至2291元，年均增长6.9%；城镇职工人均可支配收入由3528元增至6098元，年均增长11.6%。

“十五”计划执行情况 到2005年，地方生产总值增至57.9亿元，按可比价计算，年均增长105%；人均GDP增至7696元，净增3273元，年均增长10.6%。财政总收入达到1.48亿元，年均增长12%。工业总产值达46亿元，年均增长19.9%。城镇化率达到31%。累计完成固定资产投资64.3亿元，是“九五”期间的3.4倍，年均增长14%。城镇居民人均可支配收入6180元，年均递增10%；农民人均纯收入3939元，年均递增11.4%。制定的年度计划，大多数年份是切合实际的，促进了经济和社会发展等各项事业的发展。多年下达的主要年度计划指标与实际完成误差率上浮没有超过5%，下降没有超过3%。年度计划编制后，一经县人民代表大会审议通过，就迅速分解，采取“检查、督促、服务”的形式，狠抓落实。

第三节　固定资产投资管理

1979年前，投资体制虽经过反复变动，但仍未跳出计划经济体制的藩篱。其特点是：国家作为主导的投资主体，中央财政拨款为基本建设资金的唯一来源；投资决策权、实施管理权、调控监控权、效益审核权均由政府集中统一部署、审批，企业成为政府的附属机构。

1979—1983年，开始引入市场机制，对投资体制进行初步改革，主要体现在：基建投资试行“拨改贷”；在基本建设中推行合同制；建筑安装工程招标投标制度开始试行；实行多种形式的投资包干制。1988年，实行下放项目审批权限；简化审批手续；在项目建设管理领域推进基建项目投资包干责任制、工程招标承包，技术经济承包责任制等方面的改革；建立投资项目评估审议制度。1989—1991年，开始实行固定资产投资方向调节税，根据国家产业政策和项目经济规模，实行差别税率，并取代建筑税。至2002年，改进投资计划管理体制；明确投资主体分工，改革投融资方式，把投资项目区分为竞争性项目、基础性项目、公益项目，推出项目法人责任制、资本金制度、工程监理制等。至2007年，投资体制创新，彻底改革不分投资主体，不分资金来源，不分项目性质，一律以投资规模大小分别由各级政府及有关部门审批的企业投资管理办法，区分不同的管理方式。对于政府投资项目继续实行审批管理，对于企业不使用政府投资的建设项目，一律不再实行审批制，区别不同情况实行核准制和备案制：政府仅对重大项目和限制类项目从维护社会公共利益角度进行核准，其他项目均改为备案制。审批按产业政策，对鼓励类投资项目，按照国家有关投资管理规定进行审批、核准或备案，对属于限制类的新建项目，禁止投资，且不予审批、核准或备案，对淘汰类项目，禁止投资，按规定限期淘汰。投资审批权限进一步下放，对符合国家政策，不涉及财政性资金安排的民间投资项目，除规划、环保、国土等必要环节审批外，由县自行审批，报市备案；须经省审批的，由县直接审批，报省备案。

第四节　重点项目建设

至2007年，铁山水库、铁山南北干渠、中洲电排、麻塘电排、麻塘垸大堤、中洲垸大堤、城市防洪工程、六合垸、大小毛家湖等大小垸堤水毁工程的恢复加固等项目的建成，岳坊、大坳水库的处险，农业综合开发、卫农粮库扩容、平垸行洪移民建镇等项目的实施，使全县抗洪能力进一步增强，农业生产条件得到进一步改善，农业发展有了保障；县纺织厂、洞庭纸厂、酒厂、水泥厂、市制药四厂、机械总厂、机瓦厂、塑料厂的建成和311工厂、9634工厂2个三线企业的搬迁，改变了全县工业企业"一穷二白"的面貌；通过招商引资，扩大生产，基本形成以科伦制药厂为龙头，民康医用材料、同安医药物流等企业为骨干的医药产业群，以弘泰、华雄、金城、天欣、百森、瑞祥、祥诺等陶瓷企业和德欧建材、夹江模具等陶瓷机械生产企业为龙头的建筑陶瓷产业群，以丰利纸厂，洞庭春茶叶，洞庭、江南米业，芭蕉扇业，丛林竹业等农产品加工产业群三大优势产业，初步形成体系较完整，规模不断扩大的产业发展局面；岳平路、荣公路、荣鹿路、荣黄路、城芭线、鹿角码头、铁路货运场、岳汨路、荣岳新一级公路、京珠高速公路、武广客运专线等重点工程的竣工，形成"五纵二横"的大交通框架，构筑以公路运输为重点，水运、铁路运输为辅助的综合交通运输体系；麻塘、步仙、城关、公田、新墙等变电站的建设和输电网络的全面改造，沼气、太阳能等新型能源的推广，完善了稳定可靠的能源保障体系，提高了发展的承载能力；中湘街、致富街、巴陵大市场、德政街、庆丰市场、富源步行街、东方圣世广场、小天地宾馆、荔园宾馆、和田购物超市、心连心超市等商贸项目正式进入运营，进一步繁荣县内商贸市场，增加商业和物业辐射能力；县城自来水一厂、二厂和新墙、麻塘、筻口等集镇自来水厂的建成投产，新华书店、县直中学的扩建，县职业中专的兴建，鹰咀山电视差转台、程控电话、农村通信"289"工程，电视"村村通"工程等项目的实施，较好地改善了城乡面貌，改善了城乡居民生产生活环境；以县城生态工业园和新墙农业工业化园、麻塘电磁铁功能区为代表的工业园区建设，使工业发展环境明显改善，进一步夯实全县经济发展的基础。

第二章　物价管理

第一节　机　构

1978年11月，恢复县物价委员会。1984年1月，成立县物价局，是年3月，成立县物价检查所。1985年9月，县物价局内设综合办公室、物价检查所。至2007年，内设机构为办公室、商品价格管理股、行政事业性收费管理股、价格调节基金办公室；事业机构为县物价检查所、县价格认证中心、县价格成本调查队。

第二节　价格调整

价格改革　1978年前，价格管理受计划经济第一、价格第二的传统观念的束缚，价格的形成确定缺乏市场导向，致使价格与市场价格及价格内部结构的矛盾日益突出。

1979年始，县物价管理部门大幅度提高农产品收购价格，调整轻纺等工业品价格，调整并放活部分能源、原材料价格及非商品收费。是年3月，粮食自当年上市起，收购价提高20%，超购部分在此基础上再加5%（中等稻谷收购价每50千克由9.50元提至11.55元、红薯每50千克由2.50元提至3.00元），菜油每50千克由85元提至106元，棉花收购价比上年提高26.80%，生猪提高27.50%，带骨肉销售价每500克由0.78元调至1.00元，活母鸡每500克由0.77元调至1.15元，鲜鸡蛋购销差率旺季为14%、淡季为17%，鲜活类水产品按收购价加购销差率20%。1986年，放开猪肉、牛肉、禽、蛋、鱼、蔬菜等购销价格。猪肉收购价格提高39%、销售价格提高37%；蔬菜收购价格提高48.30%、销售价格提高49%；淡水鱼销售价格提高30%~40%。是年5月始，全县农产品除合同定购的粮食、食用植物油、棉花仍实行国家定价，甘蔗、蚕茧实行国家指导价外，其余产品价格全部放开。

工业消费品中除食盐、棉纱等少量商品外，其他商品价格通过物价部门调整和市场调节，缓解各类产品内部结构的不合理状况。1979—1984年，先后提高钢材、煤炭、矿石等部分基础产品价格，降低部分加工产品价格。1985年3月，国家加快价格改革步伐，实行政府定价、政府指导价、市场调节价3种价格形式。县内由国家管价的商品由411种降至23种主要商品的收购价和销售价格，省级管价的工农业产品由519种降至200种。1987年，农业生产资料实行双轨制（国家计划、市场调节）价格，虽体现价格管理的统一性和灵活性，有利于发挥市场的调节作用，但同一种农业生产资料在同一市场价格差别很大，给不正当经营者有空可钻，导致转手倒卖、层层加价，有些企业把计划内农业生产资料转为计划外销售，严重影响国家调拨计划运行，影响了市场价格秩序，损害了农民的切身利益。1987年3月始，岳阳县在全省率先对碳铵实行平议加权综合制价，实现全县一价。1988年，差价管理品种扩至钾肥、钙镁磷肥、农地膜及13种主要农药，解决一货多价、市场混乱问题。1990年，公共事业、文化教育、医疗卫生、房屋租赁、供给水、照明用电收费价格上涨快，县物价局取消一批行政事业性收费，降低收费项目的收费标准。高档商品价格上升幅度大，次年，全县放开3种名烟名酒价格管理，提高部分中档卷烟及粮食酒的价格，允许烟酒价格上浮10%。1991年始，较大幅度地提高煤、电、油、钢材等产品价格，省物价局下放185种（类）生产资料、81种（类）工业消费品定价权，取消生产资料最高出厂销售限价，工业生产资料出厂销售额由国家定价份额仅占16.40%。与群众生活紧密相关的物价政策体现为：对大米（面粉、面条）、食用植物油、猪肉、鸡蛋、白糖、酱油、牛奶（鲜牛奶、牛奶粉）、肥皂、洗衣粉、大路蔬菜、学生作业本、民用煤、液化气（煤气）、公有住宅租金（商品住宅价格）、自来水、电、学杂费（托幼费）、城市公共交通票价等 19 种商品和服务性价格实行提价申报制度，公用事业和服务行业收费不允许提高标准，教育、卫生、医疗收费必须严格执行省定标准。

1997 年，全县市场物价运行平稳、涨幅逐月下降。1998 年，取消物价通货膨胀时期对一些主要生活资料和生产资料价格实行的提价申报制度等办法，1999 年，适当降低粮食收购价格总水平，拉开品质差价，放开棉花收购价格；取消价外补贴，按补偿成本、公平负担原则，对水价进行结构调整，适当调高石油零售中准价格，促进石油价格与国际市场接轨，出台鼓励消费的措施，加大农村电价调整力度，每千瓦时平均降低 0.10~0.15 元，绝大多数乡镇农电到户价格降至规定的限价以内，大幅度降低电话初装费、邮电附加费和工料费标准，适当调整普通高中、中等专业学校新生收费标准，适度放开农村学前教育、劳动技校、职业高中教育收费管理权限。

岳阳县部分年度主要农产品内部交换比价表

50 千克稻谷交换

表 15–2–1　　单位：千克

年度	棉花	生猪	母鸡	鸡蛋	草鱼
1978	4.13	10.21	7.18	6.96	12.18
1988	5.31	7.11	4.70	4.50	5.64
1998	5.56	9.15	5.40	7.82	13.62
2007	4.97	8.38	4.35	6.82	6.70

岳阳县部分年度工农业商品比价表

表 15–2–2　　单位：千克、条

年度	50 千克稻谷交换			50 千克棉花交换			50 千克生猪交换		
	食盐	白糖	肥皂	食盐	白糖	肥皂	食盐	白糖	肥皂
1978	31.45	6.35	23.7	388	71.15	287.5	151.9	30.4	116.15
1988	60.1	11.05	38.5	566	104.15	362.42	422.7	77.8	270.65
1998	49.96	13.99	38.68	449.16	109.53	437.74	272.91	66.56	211.29
2007	30.75	16	40	384.6	200	256	364.65	211.2	249.65

第三节　价格管理

价格服务　1996年，县价格基金征管办公室成立，具体实施全县调节基金的征收、管理和使用职能。价格调节基金征收范围分8项，其标准为：县级财政收入（除专项收入）中按2%提取；县内宾馆、饭店、旅社、招待所按住宿标准价格征收10%的城市增容费，从增容费标准总额中提取30%作价格调节基金；每年从事业性、专项性收费中征收5%；经营服务性项目（含广告费）按总收入的5%征收，实行国家管价的商品和收费按提价额的2%征收，经批准平价建议价的物资（商品）按平议差价额的3%征收；娱乐性行业，按营业收入的2.5%征收；外地驻本县单位按核准人数每人每月征收2.5元；在县内承揽建筑、安装和市政工程项目的建筑安装单位，按审核原工程总造价（不含设备费）的1.5%征收；个体客运车辆按核定座位数，西线荣家湾至市塑料二厂停车车辆每座每月征收1.5元，其他线路每座每月征收0.5元，的士每年征收360元，营业性人力三轮车每台每年征收24元，摩托车、机动三轮车每台每年征收36元（残疾人车主免征）。2001—2007年，全县价格调节基金征收总额达468万元，投入全县价格调控补贴资金342万元。

成本调查　1992年，成立县物价局工农产品成本调查队（农调队），2000年，更名为价格成本调查队（简称成调队），承担农产品成本调查、重要商品与服务价格的成本调查审核工作。至2007年，全县共设立成本调查户17户，其中早、中、晚籼稻种植9户；生猪养殖9户、农户储粮9户、农资购买9户（均在17户中交叉分布）。调查户每年由县物价局集中培训1次，巡回检查评比1次，并为农调户提供科技致富服务。2000年始，全县开展4个项目的调查：常规调查主要是国家管理的早、中、晚籼稻，小规模生猪生产。直报调查品种有：省、市下达的早、中、晚籼稻及小规模生猪生产。承担直报调查任务的调查网点，既要上报直报数据又要上报常规数据。专项调查由省、市下达农户种植意向、农户农资购买、农户存粮调查3个专题，按国家体改委要求，3个专题调查的户数不得少于15户，调查数据与分析资料一同上报。生猪月报为生猪成本月报制度。2004年7月，分3次在毛田、鹿角、筻口、中洲等乡镇的27个调查户的成调点上，对是年早籼稻、生猪、棉花生产成本收益情况进行调查分析，确定是年粮食最低保护价为每50千克70元，使农民吃了定心丸。县成调队4次被省物价局评为优秀集体，2次被国家发改委评为先进单位。

价格认证　1992年，成立县价格事务所，1996年，做好“四物”（即赃物、罚没物、过期无主物、纠纷财物）的估价鉴定工作，共进行价格案件鉴定58宗，估价金额670万元。2002年10月，县价格认证中心受县公安局委托，鉴定张某某等撬门入室盗窃黄金首饰、手机一案所涉物品价格为141981.70元。2006年，公田镇建集镇步行街，周边村民为拆迁征地青苗补偿、大棚补偿金额与建设方引发纠纷，村民要求补偿总额为12

万元，县价格认证中心受理案件后，深入调查，取证评估，以准确的数据、合理的事实、公正的法律依据，做好村民工作，双方达成协议，以1.4万元补偿费解决纠纷。至2007年，共办理物价评估鉴定案件1500件，涉案金额达2亿元。调处价格纠纷案件480余件，涉案金额2000万元。所有价格纠纷调处无差错、无复核、无诉讼。2人获国家发改委颁布的“涉案物价格鉴证员”资格证书，单位获“价格鉴证机构资质证”等。

第四节　收费管理

自1988年始，县物价局逐步规范各项收费标准管理，实行行政事业性收费许可证制度。县内凡有收费项目的单位，必须办理“收费许可证”后方可收费。县物价局主要对全县的行政事业性收费、经营服务型收费等进行监督。1988年11月，全县行政事业性单位收费年检年审，被查单位36个，其中违规单位28个，占78%，经济处罚17.4万元。1990年，国务院、省政府发文，治理“三乱”。1991年6月，县物价局、县财政局、县经管局减轻农民负担办公室联合成立县治理乱收费办公室。是年6月，对全县各行政事业性单位进行清理整顿。共清理130个单位、2765个收费项目，取消不合理收费项目56个，处理违规收费4.45万元，清退给群众2.95万元，没收上缴县财政1.5万元。1992—1994年，对县内行政事业性收费进行清理整顿，分4批取消不合理行政事业性收费129项。2001年，全县涉农收费按“统一公示范围、统一公示内容、统一公示形式”运作，23个乡镇建立稳固性涉农收费公示牌43个、199个乡镇部门悬挂公示牌219块、各行政村设立墙壁公示栏627个。2003年，清理收费项目2063个，取消不合理项目38个，降低收费标准项目18个。2004年，清理本级文件68个，取消45个，调整文件7个，取消收费项目21个，调整收费项目5个。2005年6月，县物价局将30个系统、700多个项目的收费标准，汇编成册，印发全县，让群众监督。

第五节　价格监督

1985年2月，查封杨林乡杨林村周某等人贩卖“昌”牌烟草案，查封冒牌的“洞庭”牌234条、“常德”牌1375条、“郴州”牌934条。是年11月，对县水泥厂抽样检查，查出该厂以短斤少两手段牟利，7月至10月15日，非法牟利1.79万元，除责成整改外，罚款3000元。1987年，县政府颁发县供销系统“物价、计量信得过模范单位”金牌12块、银牌13块、评出一批执行物价政策法规最佳商店、优秀商店。1991年，由县物价局牵头，县电业局配合，县人大、县政协监督，历时4个月，开展全县城镇为主的电力价格专项检查。查出违反物价政策性案件85起，违价金额12.50万元，收缴财政6万元，清退给用户6.50万元。2003年，开展教育收费专项检查，发现是年春季教育收费主要存在伴生征收农业税、危房改造费，将原属自愿征订收费项目、服务性收费项目变为强制性收费项目，自立项目或超标准收费等问题。在三荷乡，共有3161人，该期开学时每生伴生征收农业税100元、危房改造费50元，西塘镇大同小异。少数学校强制收取早、中餐，书籍，墨水墨汁，教师奖励基金，平安保险费等，其中康王中学收取学生搭餐费4.7万元、书籍费和教师奖励基金6.38万元。康王中学自立项目，每生收取锅炉费10元，共收8320元。县政府下发《关于禁止伴生征收农业税和集资款的紧急通知》。县委、县政府组织3个督查组，对全县教育收费进行全面清查。对西塘、康王、三荷等乡镇进行通报，并立案查处。2001年始，推行商品和服务价格明码标价活动，开展“五个一”示范工程（即全县明码标价一条街、一个示范医院、一个示范市场、一个示范学校、一个示范门店）。全县城镇明码标价率达90%以上，农村达85%左右。2007年，共突击性查处哄抬物价、虚高原价以及标价欺骗顾客等不正当价格行为6起。

1984—2007年，共查处违价案件6645起，查处违价金额1.20亿元，其中上缴财政0.11亿元，清退给用户1.09亿元。

第三章　工商行政管理

第一节　企业登记管理

1979年6月，成立县工商局，下设人秘、工商、市场3个股室。1981年10月，并入岳阳市工商局。1983年恢复县工商局，按照建立现代企业制度的要求，极大限度地简化市场准入、退出程序，保障投资者的自主权，最大限度地减少企业建设的前置审批，尽可能地删繁就简。1988年底，全县有工商企业1795户，其中全民338户、集体1446户、合营11户，从业人员2685人，注册资金21364万元。1995年9月，泰国华侨薛建荣在洞庭造纸厂整体拍卖合同上签字，10月，投资1480万美元、注册资金595万美元的外商独资企业岳阳县丰利纸业有限公司成立，是年，创利税700万元。2001年3月，四川科伦实业集团收购市制药四厂，项目成功注册，达到快引进、快落户、快发展的目的。兴荣纺织品公司内部股东集资，整体收购该公司，县工商局积极做好服务工作，支持改组，按《公司法》重组股份合作制企业，成立恒鑫纺织实业有限公司。县工商局支持国有企业建立现代企业制度、改造传统服务企业、开展连锁经营、物流配送、多式联运、网上销售等，使县内企业稳步发展。

1993年、1994年，县内各党政机关兴办各类企业30多家，1994年5月，县委办公室兴办的荣城实业总公司，刚办理变更登记手续，正筹备开张，按中央清理党政机关经济实体的精神，带头注销营业执照。是年，党政15个重点部门共注销企业19家。2001年，县工商局严格把住注册、年检、建档三关，全年新发展个体户241户，新登记注册企业27户，清理注销“三无”企业（即无资金、无场地、无内部机构）24户，取缔无照经营76户，对全县486家企业依法年检，建立经济户口档案7240户，建档率96.30%。2005年，新登记各类企业82户、个体工商户3097户，对786家法人、营业企业按时办理年检，年检率98%，清理无照经营户2749户、查处无照经营案件118起、吊销名存实亡的企业280户。

1992年后，县工商局对经纪人采取支持引导的方针，使经纪人活动逐步走上正常轨道。2005年7月，成立县农村经纪人协会，县工商局提供优惠政策，放宽农村经纪人的市场准入条件，对农民申请注册个体农产品经纪人和私营企业农产品经纪人，只收取注册工本费，对边远地区，工商部门上门办理注册手续，鼓励本县农村经纪人赴全国各地开展农产品营销经纪业务。至2007年，县工商局核发农村经纪人或经济组织营业执照124份，共有各类农村经纪人2400人，每年帮助农民销售各类农副产品100多万吨，农产品总值达4836万元，直接带动2万多户农民致富。

第二节　个体私营经济管理

1978年，全县个体工商户487户，1981年4月，县工商局制订《岳阳县个体工商业若干问题规定（试行）》，对个体工商业的发展提供政策保障，个体工商户迅速发展。至1988年，发展到10468户，从业人员21571人，注册资金1954万元。1989年的政治风波使全县个体工商户、私营企业中的一部分人歇业观望，是年9月，5133户个体户歇业，县城致富街150户个体户，准备卖掉或已卖掉房屋回乡重操旧业的有20户。针对个体户大滑坡现象，县工商局主动上门与个体户谈心，出动10台宣传车广泛宣传政府发展个体私营经济的政策，对个体户进行“三教一帮”（即工商法规教育、时事政策教育、职业道德教育，帮助个体户解决生产经营中的困难和问题），在个体私营企业中开展“文明经营活动”。自1990年始，县、乡政府确定一名负责人分管个体私营经济。1995年5月，召开个体私营经济表彰大会，表彰优秀私营企业主10人、致富能手90人。是年，县政府颁发加快发展私营经济的决定，县工商局加大集贸市场建设资金的投入，新建城关中心市场、农贸市场16个，占地面积23579平方米，建筑面积9263平方米，总投资283.49万元，为农民进城务工经商提供致富平台。推进行政审批制度改革，延伸服务窗口，把个体工商户注册审批办照权下放到基层工商所，主动介入企业注册登记审批，实行预约、靠前、跟踪、延伸服务，手续完备的即时受理，实行“一厅式”“一站式”办理。至2007年，全县有个体工商户89335户，注册资本44045万元，上缴国税、地税7200万元。

2003年、2005年、2006年、2007年，县政府先后发布通告、通知整治无照经营。

2005—2007年，共清理无证、无照户464户，对其符合经营条件的279户补办执照，处罚6户、取缔1户，其余下发整改通知书。建立食品准入登记备案制度、不合格食品强行退市制度、流通领域食品质量巡查制度、责任追究制度。所有个体私营企业均建立经济户口的书式台账和电脑贮存信息档案，实行网络化管理，分类进行监管。2005年后，工商所及相关股室配备食品快速检测技术人员，加大监管力度，提高检测速度和效果。

1978—2007年岳阳县个体工商户发展情况表

表15-3-1

年度	本年度发展户数（户）	累计发展户数（户）	其中									从业人员（人）	注册资金（万元）	实际开业户数（户）	上缴国家税费（万元）
			工业手工业（户）	运输业（户）	建筑业（户）	商业（户）	餐饮业（户）	服务业（户）	修理业（户）	种养业（户）	其他（户）				
1978		487										487		487	
1981		985										1021		985	
1982	726	1711	163			1049	249	171	58		21	2288		1711	
1983	364	2075										3505	176.90	2075	
1984	1693	3768	124	2	1	2784	246	128	356		127	6794	340.90	3768	37.29
1985	1067	4865	172	28	3	3262	387	217	477		319	8554	593	4835	58.11
1986	1878	6713	321	451	5	4281	571	288	634		162	12322	873.50	6713	50.34
1987	1086	10527	501	2495	12	5437	702	427	789		164	13547	1441.6	7799	70.3
1988	2669	10468	857	1592	13	5422	848	698	781		257	21571	1954	8159	396.8
1989	换照	5335	327	175	3	3809	315	322	373		11	10664	1941	5335	532
1990		5335	327	175	3	3809	315	322	373		11	10669	7669	5335	532
1991	226	5561	338	200	3	3909	325	372	373		41	20451	7720	5561	
1992	309	5870	353	250	3	4079	366	384	383		52	21173	8529	5870	
1993	325	6195	355	315	3	4229	372	444	385		92	22214	8903	6195	
1994	426	5769	310	275	3	4118	321	309	350		83	23739	11078	5769	
1995	296	6065	310	280	3	4325	325	359	352		84	27486	12826	6065	
1996	320	6385	310	280	3	4655	327	361	364		85	39304	19654	6385	
1997	326	6711	310	280	3	4961	322	371	369		85	51382	24190	6711	
1998	337	7048	310	280	3	5262	337	396	375		85	57552	28776	7048	
1999	354	7402	310	280	3	5574	343	421	386		85	60679	32331	7402	
2000	380	7786	310	280	3	5914	347	446	401		85	67848	32676	7786	
2001	1661	6121	210	90	3	5010	237	221	305		45	76568	33292	6121	

续表 15-3-1

年度	本年度发展户数	累计发展户数	其中									从业人员	注册资金	实际开业户数	上缴国家税费
			工业手工业	运输业	建筑业	商业	餐饮业	服务业	修理业	种养业	其他				
2002	311	6432	219	90	3	5221	251	251	325		72	84738	34486	6432	
2003	604	7036	245	85	3	5648	277	292	380		136	88163	36203	7036	
2004	1671	8707	312	81	3	6926	332	352	364		337	95740	38495	8707	
2005	436	9143	332	75	3	7176	372	415	684		81	100563	41576	9143	
2006	2	9143	352	76	5	6997	384	502	784		35	127031	43380	9143	
2007	192	9335	382	76	10	6882	404	601	884		58	140874	44045	89335	9800

附：个体劳动者私营企业协会

1984 年 8 月 25 日，召开岳阳县首届个体劳动者代表大会，选举产生岳阳县个协第一届委员会，由 17 人组成，大会制订《个体协会章程（草案）》和《会员守则》。在新墙、鹿角、黄沙街、广兴洲、麻塘、康王、筻口、公田、月田、毛田、渭洞、步仙 12 个区及荣家湾镇成立 13 个分会，分别由 5~7 人组成。全县 47 个乡（镇）均成立个协小组。

1988 年 2 月 5 日，县个私协委员会更名为县个私协理事会，1993 年 12 月，更名为县个体劳动者私营企业协会。

1988—2007 年，县工商局、县个私协会每年在个体工商户和私营企业中评选 500—1000 户文明经营户，颁发“文明经营证书”；印发 5000~12000 份春节慰问信给全县会员。至 2007 年底，全县已有个体工商户 9335 户，私营企业 2847 家，从业人员 140874 人，入会会员达 9688 人，注册资金 45.36 亿元。2007 年向国家上缴利税 9800 万元。

第三节　集贸市场

一、市场建设

县城集贸市场　1978 年始，随着农村联产承包责任制的全面推行，县域经济逐步活跃，自发形成马路市场，1985 年 7 月，在荣家湾镇葛家山建成全省首条农民街—致富街。1989 年，在县城张家垅建设岳阳县中心市场，是湘北第一大农贸市场，为岳阳县第一大建筑群体。至年底，县工商局累计总投资 420 万元，全县市场建设总面积 17928 平方米。

1993 年，实行“政策决策、统一规划、多方兴建、工商监管”的方针，鼓励个体户投资，动员部门参与建设，引进外来资金开发市场。是年10月，巴陵批发大市场动工新建，1996年10月竣工，市场占地11公顷，由荷花服装城、商苑大世界、大圆岭市场、庆丰市场、特力商城5个市场组成，称为“五朵金花”。1997年，县工商局投资98万元，买断中心市场个体户2个门面作为通道，兴建顶棚市场1500平方米，门面43个。

至2007年，城关地区共有成规模或临时集贸市场10个，共有摊位828个，门店315个，从业人员870人，主要经营肉、禽、蛋、水产、粮油、南杂、豆制品、卤腊制品、冷冻食品、蔬菜、水果等130多个品种，年成交额11927万元。

乡镇集贸市场　20世纪80年代中期，乡镇经济进一步活跃，农村乡镇占街为市的市场体系已不适应发展的要求。1986年，县工商局投资5.8万元，在筻口镇新建顶棚农贸市场，面积882平方米，主要经营稻谷、菜油、棉布、猪肉、蛋禽及蔬菜、水果等农副产品，日上市人数1800人次，日成交额6000元。是年，麻塘镇兴建一个400平方米厅堂式集贸市场，有工商户40余户，摊位64个，日上市人数2500余人次，日成交额3000元，1987年、1989年被评为岳阳市文明集市。1988年，县工商局投资5万元，在广兴洲镇新建永胜街顶棚农贸市场，面积500平方米，年成交额104万元。次年，广兴洲镇市场被评为省、市级文明集市。1990年1月，兴建黄沙街镇农贸市场，1992年3月竣工，市场占地面积2.5万平方米，建筑面积6000平方米，投资156万元，场内有环形楼梯，环形走廊，主要从事农副产品的批发，经营南杂、食杂、日用化妆品、针织小百货、家用电器、灯具等七大类，批零兼营，批发为主，年成交额700多万元，上交国家税费20余万元。1994年10月，建成渭洞市场，总投资12万元，系土木结构顶棚式市场，占地面积2000平方米，建筑面积1200平方米，共有摊位56个，主要经营粮食类、油脂油粮类、肉类、竹木产品、山林野味山货，以竹制品为拳头商品，年成交额1000余万元，上交国家税收30余万元。1996年，县工商局投资20多万元兴建新墙集贸市场，该市场处于荣平公路和107国道两线交汇处，每天早市有300多个摊位，日上市3000余人次，日成交额3万元。

二、市场管理

1987年，县工商局共整顿城乡市场65次，检查衡器1950件，没收不合格秤150把，对短斤少两的2270户、以次充好的52户、掺杂使假的40户分情节轻重作出处理。1990年，组织突击检查7次，共查出市场上违章违法行为2260起，没收不合格衡器724件，取缔无证经营126户，收缴伪劣霉变食品12380千克，集中销毁母猪、病猪肉670千克。

1991年，查处坑农害农案件464起、假化肥120吨、假农药5吨，为农民挽回经济损失22万元，是年5月，康王、步仙、毛田、公田等工商所，查出无证杂交稻种3.50万千克。1996年3月9日，广兴洲镇工商所年仅20岁的市场管理员龚德良在整顿农贸市场、维护农资经营秩序中牺牲，团县委追授龚德良“优秀共青团员”称号。1998年5月，各工商所设立粮食市场巡查中队，建立举报制度。1998年，查办粮食案件180多起，罚没入库92万元。1999年下半年，工商部门实行垂直管理，主要精力从培育建设市场、监管集贸市场转移到集贸市场管理、食品市场管理、经济监督管理等。1999年后，工商部门加大市场巡查力度，整顿秩序，对群众反映强烈的注水牛肉、"菜篮子"等问题进行专项整治。是年8月，市场猪肉销价上涨过快，县物价局、县工商局联合发布通告，明确城关地区自8月6日起实行销售最高限价每500克不高于5.50元，2006—2007年，共查处注水肉3000多千克。

第四节 经济监督检查

1988年6月，县工商局增设经济检查股，1994年，实行行政与司法联系，确立集公、检、法、工商于一体的办案格局，设立工商公安值班室、工商检察室、法院工商案件审理执行室，三室一律授权于经检股。1994年，查处城关一起假冒伪劣酱油案。1998年3月，查处传销组织康福保健身器材公司，遣返上当受骗人员3000多人。1993年《反不正当竞争法》实施后，维护公平竞争成为工商系统中心工作。2003年后，先后查处岳阳市正飞饲料有限公司土小鸡饲养具有"治病功能及用途"的虚假宣传、查处索芙特股份有限公司对索芙特减肥香皂具有"外洗肌肤、内洗脂肪、加速脂肪代谢、促进脂肪水解、有效抑制多余脂肪生成堆积"等欺骗和误导消费者的虚假宣传。湖南三川广告传媒有限公司自2005年4月建立后，通过建立网站、利用互联网发布信息，打造所谓"安赢商业模式"，并在泰康人寿保险公司投保100万元（团体定额养老保险），为入伙会员提供保险担保，在岳阳设立办事处后发展会员，收取入会者费用，按发展人员的数量计算报酬和奖金，实际上构成"组织策划传销"的违法行为，县工商局责令当事人立即停止其违法行为，没收违法所得及罚款共20万元。2006年6月，南京华东电子集团医疗装备有限责任公司销售给县人民医院的C形臂X射线机在签购销合同和达成交易的过程中，构成商业贿赂行为，被县工商局及时查处。

第五节 商标、广告管理

商标管理 1980年，县工商局申报商标8个，1981年申报9个，1983—1989年，县工商局为企业指导、申报、注册商标180多个。1989年5月，县工商局成立商标广告管理股。1990年5月，县酒厂注册商标"巴陵"牌、还有湘酒、酒鑫等108个品种；销毁不规范的商标标识60多万张。1989—1990年，全县共申请注册商标24个，查处违章商标案20起。1991年，筻口镇中湖村吴某某生产销售冒牌"花源"牌醴陵鞭炮，被依法查处。1995年实施《商标法》后，县工商部门指导企业开展商标注册，引导企业创立名优名牌。2005 年，岳阳市洞庭春茶叶厂用洞庭春作商品名称，违反《商标法》，被依法查处。1987 年后，县内主要注册商标产品有芭蕉扇业有限公司的“湘”牌和湘扇、黄沙街茶叶示范场的洞庭春茶叶、中湘煤场的中湘煤球、民康医用材料有限公司的民康输液器、乌江机筛厂的乌江金属板筛片、梦玉床垫厂的梦玉床垫、洞庭湖米业有限公司的洞庭湖面粉和大米、大力神电磁机械有限公司的磁神起重电磁铁、科伦制药有限公司的 KL 图案大容量注射液。著名商标产品洞庭春茶叶 4 次获部优、5 次获省优金奖，2006 年被评为湖南省著名商标、2007 年获农博会金奖。2004 年，岳阳县大力神电磁机械有限公司生产的电磁设备以“磁神”牌商标注册，获得专利权，产品远销欧美及东南亚国家和地区。

广告管理 20 世纪 90 年代后，县内广告发展到广播电视广告、户外广告、橱窗广告、交通广告、包装广告、电子显示装置等多种形式。1994 年，颁布实施《广告法》，县工商部门依法对印刷品广告、户外广告、媒体广告的广告经营单位、办理广告登记等进行监督检查。1998 年，某单位经县工商局批准，在十二公里处开设酒类广告，该单位擅自改为烟草广告，县工商局依法查处，罚款 9000 元。2004 年 10 月，城关个体户李某某在未取得老爷车制衣公司的授权，擅自开办“老爷车”专店，县工商局予以依法取缔。

第六节 经济合同管理

1984 年 1 月，县工商局增设经济合同股，设立经济合同仲裁委员会和经济仲裁庭，在全县 266 个工商企业中建立合同管理机构 185 个，配备专（兼）职合同管理人员 751 人。1987 年 4 月，荣家湾、新墙、麻塘、毛田、广兴洲 5 个区工商所分别设立经济合同仲裁庭，至 1988 年 6 月，基层经济合同仲裁庭达到 13 个。

1989 年 11 月，荣家湾镇居民许某等人借县皮鞋厂的名义骗来河北省张北县价值 20 万元皮革，县工商局及时将皮革扣押，并还给受骗企业。是年，县工商局共办经济合同案 1433 起，审定无效经济合同 78 起，调解仲裁合同纠纷 1337 起，其中信贷案 1242 起，为银行和信用社部门收回拖欠款 11.6 万元，利息 2.25 万元。1992 年，县机械厂与天津钢丝绳厂签订 35 万元的钢丝绳购买合同，货到后无力付款，县工商局责令其退还货物。1993 年，黄沙街茶叶示范场、县福利硅沙矿厂、县民康医用材料公司、县建筑总公司等 12 家企业被市政府评为“重合同守信用”企业。

1994 年 1 月 19 日，《中国商报》刊登《岳阳老板“虎胆”涮全国》的文章，反映岳阳县少数企业或公司骗买骗卖行为。一段时间，县委招待所等地入住来自全国 30 多家被骗企业讨债的代表。1995 年，县工商局加大抑制骗买骗卖行为，依法撤销县轻工业供销公司、县物资大厦等 19 家群众反映强烈的骗买公司。吊销县工业品贸易公司、县九洲贸易公司、县商业物资公司等 59 家公司的“企业法人营业执照”。是年，城关工商所查处违章违法案件 46 起，仲裁、调解经济合同纠纷 40 起，合同总额 200 万元，鉴证合同 18

份。1997年，其查处各类经济合同2290份，查处违法合同53份，罚款2.75万元，帮助外地企业挽回经济损失400余万元。2002年，经济合同管理工作并入市场管理规范分局，开设企业动产抵押物登记。2004年，为丰利纸业有限公司在县农行贷款600万元进行动产抵押登记，2006年6月，为湖南科伦制药有限公司在上海浦东发展银行成都分行贷款2300万元办理设备抵押评估。

至2007年，为企业挽回经济损失1300多万元，直接追回货款83万余元。经营行为逐渐走上正轨，县工商局收到全国各地的表扬信件62封、锦旗13面、牌匾5块。全县获省级“重合同守信用”企业10家、市级30家、县级50家，岳阳大力神有限公司、县鑫鹿包装有限公司、县丰利纸业有限公司连续3年获“重合同守信用”单位。

第七节　维护消费者权益

1990年4月27日，湖北省通城县北港镇胡某等3人在相思乡竹峰村收购生猪33头，短斤少两126千克，克扣农民441.61元。毛田工商所得知这一情况后，迅速出击将其抓获，追回克扣的款项，并对胡某等进行处罚。1997年8月7日，城关镇月东村潘同湘、刘运举等45位菜农联合投诉：4月18日他们在市大桥农资市场永丰种子经营部购进价值1380元的刀豆种子，种植刀豆面积0.87公顷，未结刀豆。县工商部门派员实地调查，会同县检察院、县蔬菜办等单位找市工商局反映情况，后经多家协商，永丰种子经营部赔偿月东村民5000元经济损失费。2007年7月12日，城关镇三致富街居民周贤武投诉，其于2001年9月中旬在县新力防盗门专卖店购置“新力”牌防盗门一张，单价530元。2002年5月15日15时左右被小偷撬开，盗走彩电等家用电器价值6000余元。防盗门不防盗，周先后找经销商、厂家讨说法，未果。县消保股受理后，出面找厂家和商家弄清缘由，最后厂家在事实面前承认“新力”牌防盗门确实存在质量问题，并赔偿消费者的部分损失。2003年1月12—14日，熊某在其经销的书店门前举办“一册起售”书刊促销活动，书的售价与定价存在严重的“虚假优惠”行为，城关一工商所发现后依法立案查处，给当事人处以3000元罚款。

1994年，《消费者权益保护法》实施。1997年，县工商局开展“3·15”活动，在县城繁华路段设立宣传咨询点3个、投诉站2个，组织干部职工开展打假扫劣、展览销售活动，出动执法人员138人次，印发宣传资料315份，挂宣传横幅10条。2000年3月15日，县工商局增设消费者权益保护股（与县消委合署办公）。2005年，县工商局成立县“12315”举报中心，与消保股合署办公。至2007年，全县共设立消费者联络站、投诉站381个，覆盖率70%；共查获损害消费者权益的案件300多起，罚没入库资金80多万元，为消费者挽回经济损失1000多万元。

第四章　国土资源管理

第一节　机　构

1978年，县城市建设局负责全县城乡建设用地审批。1986年3月，县农委下设土地管理办公室，统一管理全县土地，1987年，成立县国土局，归口县政府办。1988年4月，成立县征地拆迁事务所，是年6月，成立县国土管理开发服务公司，隶属县国土局管理。1994年1月，县征地拆迁事务所、县国土管理开发服务公司人员从局机关分离，成为2个独立核算单位。县征地拆迁事务所为自收自支事业单位；县国土管理开发服务公司为全民企业单位。是年4月，成立县土地交易事务所，6月，成立县土地估价所。1996年4月，成立县国土局土地监察中队，10月，县国土局加挂县测绘管理办公室牌子。1997年10月，全县乡镇场国土所实行垂直管理，全县设置国土所25个，为县国土局派出机构，自收自支事业单位。

2002年3月，县国土局更名为县国土资源局。乡镇国土所改为按经济区域设置，更名为国土资源中心所，将原设的25个国土所组建成13个国土资源中心所。

第二节　土地规划利用

1993年，开展岳阳县土地利用总体规划编制和划定基本农田保护区工作，基期年为1990年，末期年为2000年。1997年10月，成立土地利用总体规划领导小组，下设办公室，进行全县土地利用总体规划编制工作，以1996年为基期，2000年为近期目标年，2010年为远期目标年，规划期限为1997—2010年。1998年，编制完成《岳阳县土地利用总体规划（1997—2010)》。土地用途规划为：基本农田保护面积38749.31公顷；建设用地增量控制在1180.11公顷以内；开发复垦及土地整理增加农用地2279.97公顷，其中耕地820公顷。

2005年，全县国土指标控制情况为：总耕地面积48232.8公顷，实施期间净减5280.46公顷，实有基本农田38749.31公顷；土地开发复垦整理795.59公顷，占整个规划控制指标的97.02%。

2006年10月，成立以副县长为组长的岳阳县土地利用总体规划修编工作领导小组。编修《岳阳县土地利用总体规划修编大纲（2006—2020)》。规划调控目标为：至2010年，全县耕地保有量不低于42202.04公顷，开发复垦补充不少于604.17公顷；至2020

年，耕地保有量不低于42656.66公顷，开发复垦补充不少于1062.85公顷。至2010年，全县建设用地总规划控制在18936.78公顷内，2020年控制在19982.78公顷内。土地开发复垦达到10486.64公顷。近期目标年度、远期目标年度内土地利用率分别达到63.51%、63.70%。

第三节　耕地与建设用地管理

耕地保护　1991年，县国土局在兰田乡进行“基本农田保护区”建设试点工作，在该乡划出一类保护区耕地775.6公顷，占该乡总耕地面积的92%；二类保护区耕地67.2公顷，占8%，试点获成功经验，并在全县大面推广。1992年，制定《岳阳县划定基本农田保护区实施细则》，划定基本农田保护区以县为单位统一部署，以乡镇为单位组织实施、制订方案、落实到村、划定片块、建立档案、设置标志、落实责任制，至1993年，全县划定基本农田保护区50933.33公顷。1995上半年，颁布实施《岳阳县基本农田保护办法》，是年10月1日始，在全县实行“基本农田占用许可证”，开征造地费。保护区基本农田以土地承包责任制为基础，签订责任状，村村、户户登记造册，乡乡有保护区图、保护措施。全县共登记造册750本，设立保护标志780个，绘制室内保护区图48份、室外保护区图50份，建立基本农田保护区档案。1997年，县政府进一步强化基本农田保护责任制。1999年，根据全县土地利用总体规划，调整划定基本农田保护区为45933.33公顷。经逐级分解，县、乡、村签订基本农田保护责任状，明确各级行政一把手为基本农田保护第一责任人，建立基本农田保护台账，在各保护区设立保护标志568个。2004年，建立耕地保护快速反应机制，县国土资源局相继出台《耕地保护动态监测制度》《基本农田定期巡查制度》《基本农田调整补划制度》。2005年4月，启动基本农田数据库建设，编制基本农田保护区电子规划图件，建立基本农田保护信息系统。至2007年底，全县耕地面积保有量为48232公顷，基本农田面积稳定在38749公顷。

土地开发　1988年，县国土局制订土地开发规划，确定开发利用目标，号召乡镇因地制宜开发土地，总结推广芭蕉乡红卫村开荒扩地的经验，在全县掀起土地开发热潮。1989年，县国土局完成对全县的开发土地资源的调查，全县尚待开发的土地资源有3774.58公顷，1990年新开发土地800公顷，1991年新开发847公顷，1992年因开发过热，农业结构调整等原因，没有扩种耕地，反而减少耕地474公顷。1993年，县政府提出“山丘区人均一亩果，湖区人均一亩渔，近城近郊区人均一亩菜”的口号，因势利导，综合开发。1993年、1994年，均超额完成开发目标任务。1995年，县政府颁布《岳阳县农用地开发利用暂行办法》，制定鼓励开发土地的优惠政策，建立土地开发复垦基金，调动群众的积极性，是年，全县开发土地867公顷。1996—1999年，均确保全县耕地保有量指标。2000年，县政府把实施千亩造地工程作为17件实事之一，下发《关于做好耕地开垦整理工作的通知》，按照“谁开垦、谁受益”的原则，制订奖励政策。是年，开发耕地117公顷，实现净增耕地76.72公顷。

2001年，成立县土地整理储备中心，隶属县国土局。是年，引进项目资金125万元，争取储备耕地造地面积63.3公顷。2002年，争取湖南省万亩耕地储备库岳阳县中洲垸266.67公顷造地项目，该项目于2002年2月27日立项，专项资金640万元，建设规模287公顷，涉及中洲乡10个村，2003年4月全面竣工。2003年，争取省国土厅万亩土地整理选址落户新墙，落实专项资金1700万元，成为全省争取造地指标最多、耕地补贴最大的县。至2007年，共争取国家、省、市投资土地开发、复垦、整理项目13个，开发面积3867公顷，实现连续8年耕地动态平衡。

建设用地　1987年6月，全面开展非农用地清理工作。县国土局对全县2110个国家、集体单位和177074户村（居）民的非农业建设用地进行清查、登记、绘图、发证，单位核发“国家建设用地使用证”的达47%，村（居）民核发“宅基地使用证”的达72%。查处违法占地案件1035起，拆除违法建筑28处、112间、1456平方米；处罚单位23个，750户，罚款13.5万元，依法收取土地管理费1.9万元。退基还田185处，3.7公顷。

1991年，全县通过批前调查，核减用地单位7个，占要求用地单位的15%，节约用地0.8公顷，对20个乡镇152户申请建房用地的农户进行实地调查，核减38户、占25%，节约用地0.57公顷。

1997年6月，开展第二次非农业建设用地清查，摸清1991年后全县非农业建设用地的底子。共查出各类非农业建设用地17201宗、58.32公顷，其中耕地95.23公顷；清理闲置荒芜土地172宗、217.67公顷，依法收回土地使用权54宗、60.47公顷；专项治理乱建滥造坟墓650座，依法移葬230座，撤毁126座；查处土地违法案件1594起72.76公顷，结案率93%。

至1999年，建设用地管理进一步强化，计划、选址、审批“三关”得到严控，建立农用地转用审批制度，是年共审批建设用地548宗、7.3公顷。

2007年，开展土地执法百日行动，出动宣传车12台，张贴标语、横幅2万多条，立案查处土地违法案件13起，涉及土地违法面积13.71公顷。是年，全县有建设用地17995公顷，其中交通运输用地579公顷，水利设施用地6747公顷，居民点及工矿用地10669公顷。

第四节　地产地籍管理

1990年，国有土地申报发证工作在荣家湾镇庆丰村试点的基础上，先后在荣家湾镇、广兴洲镇、月田乡等乡镇实施，逐步在全县铺开。1991年7月，农村宅基地有偿使用试点工作首次在三合乡袁岭村进行，8月，在全县推广，10月，集体土地登记在全县48个乡、镇展开，至年底，有21个乡镇结束，共发证6.3万个，401户主动退出多占的土地。1990年10月5日，县政府下发《关于开展全县土地详查的通知》，在省测绘二院、广州军区参谋部、武汉军区作战部等单位的支持下，放洗2400张航片，配齐107、108、119、120　四条航线图片，收集大量有关权属调处的文书资料，顺利完成全县314400公顷地域的全部外业测绘工作，至1993年，全面完成土地详查工作，编印《土地利用现状调查报告》《土地利用现状调查数据集》，编印各乡镇《土地利用现状调查说明书》245本。

1994年，完成县城5.73平方千米范围内4386宗地的权属调查及地籍测量工作，绘制宗地图案4386幅，设置界标18324个；收回县委招待所等几家单位征而未用、荒芜两年以上土地3600平方米，5月8日实行公开拍卖，28人竞标，10人中标，拍卖土地10宗、918平方米，成交金额87万元，每平方米均价947.7元。县致富街南端28平方米土地竞到每平方米报价1万元，成为全县土地拍卖第一锣声。年底，洞庭造纸厂破产，存量土地42.93公顷，在省湘交会上拍卖给泰国专山造纸有限公司，收取出让金516万元。

1995年，全县108家企业进行地产评估，评估宗地158宗，面积1453529平方米，总值12988万元。是年7月1日始，按县政府《关于在全县开征国有土地有偿使用费的通知》精神，采取划拨的方式收取国有土地有偿使用费。

1996年，全县土地变更调查工作结束。调查表明，是年全县减少耕地177.75公顷，其中农业调整占用旱地55.87公顷、城镇及工矿建设用地占用43.23公顷、交通占用28.49公顷、水利占用35.04公顷、灾害毁损15.12公顷。全县国有土地增加176.73公顷，其中建制镇增加103.85公顷，独立工矿区增加10公顷、公路增加62.88公顷。全县林地减少61.83公顷、园地增加75.19公顷。

2001年8月，全县土地资源调查评价工作开始，年底结束，共查出可开垦土地后备资源6360.69公顷，可开垦整理的坡耕地2282.02公顷。

2004年5月，成立县农村集体土地所有权登记发证领导小组。县国土资源局成立工作指挥机构，各乡镇成立相应工作班子，县政府出台《岳阳县农村集体土地所有权登记发证工作实施方案》。6月9日，在甘田乡政府召开全县农村集体土地所有权登记发证试点动员会。会后开展外业调查，重点放在查“飞地”（土地分幅图和土地详查台账上均设有的地）遗漏和权属有争议的问题上，12月结束，共发证619本。

2005年初至5月底成果汇总、上报验收，共完成500多个地价样点调查，地价更新涵界整个县城近期规划区，总面积约1800公顷。县城基准地价更新评估工作成果有：《岳阳县基准地价评估工作报告》；《岳阳县县城基准地价技术报告》；县城基准地价图；县城区基准地价样点分布图；县城基准地价表；县城宗地地价修正体系；县城基准地价成果样点数据集等。

第五节　矿产资源管理

县境矿产资源丰富，全县有采矿企业55家。其中，集体所有制企业8家、个体私营企业44家、股份制企业3家；黏土开采企业40家、石英砂矿企业2家、建筑用沙企业3家、采石场8家、长石开采2家。

2003年，县政府编制《岳阳县矿产资源总体规划（2001—2010）》。规划以2001年为基期年，分远期目标和近期目标。近期目标为2005年，远期目标为2010年。规划分析县境矿产资源特征、矿产资源开发利用和保护、矿山生态环境与治理现状，因地制宜划分矿产资源勘查与开采的禁止区、限制区和鼓励区。在规划工作中，进行1:20万地质调查、矿产调查，洞庭湖区1:20万石油地质普查，1:20万区域重力测量、重砂测量、大地电流测量、放射性测量、航空磁测，1:20万水文地质普查，1:5万岳阳市供水水文地质勘查等工作。是年年底，岳阳县矿产资源总体规划编制完毕，规划包括《岳阳县矿产资源总体规划编说明》、矿产资源分布图、矿产资源开发利用与保护现状图等及岳阳县主要矿产资源储量表、基本情况表、开发利用现状表等。

2001年2月8日，东洞庭湖沙石开采权拍卖，开全省矿产权拍卖先河。2005年4月15日，在市国土资源局、市水务局的直接指导下，将沙石开采权和其他相关权益捆绑出让、公开拍卖，岳阳市昌廉拍卖公司主持，县洞庭湖沙石有限公司以840万元竞价获得开采期限为5年的采沙权。

2003年10月，县国土资源局协同省地质资源监测总站对全县641个村进行调查勘察，预测全县有地质灾害发生的村104个，其主要特征有：东部山区的泥石流、崩塌和滑坡，主要分布毛田、云山、相思、月田等乡镇；步仙乡等南部农田沼泽化；沿湖沿河堤防管涌群；不规范的开采、人工切坡导致崩塌、滑坡。2003年5月9日，杨林乡鲁丑村发生山体滑坡，全村有20户、120人受灾。县政府及时组织处险，将直接受到威胁的56人全部转移到安全地带，对险情实行24小时监测，采取开挖排水沟、覆盖防渗膜等应急处险措施。由于处险及时，险情基本控制，没有发生人员伤亡。

2006年4月10日，县政府决定在全县开展整顿和规范矿产资源开发秩序活动。县里成立整规办，明确钒、黄金、长石、高岭土、沙石、砖瓦黏土为整治的重点矿种；新开、张谷英、公田等乡镇为矿业整治重点乡镇。县整规办牵头，国土、安监、工商等部门配合，对全县55家矿山开采企业进行拉网式排查，共制止非法采矿行为15起，没收矿产品2000多吨，对非法采钒等6起违法开采案予以立案查处，对破坏环境和不具备安全生产条件的矿山予以关闭。

第六节　测绘管理

全县测绘管理工作归口县国土管理局，加挂岳阳县测绘管理办公室牌子，成立县国土区划测绘股。1996年10月，县国土测绘队、县规划设计院、县水利设计院、核工业部311大队总测绘队通过资格审查，核发“测绘资格证”。建立以54北京坐标系为平面系统，56黄海高程基准的测量控制网。1996年，强化测绘标志的保护，完成全县测绘标志的普查工作，配合市国土局查处县交通局有关工作人员破坏樟树潭测绘标志案。1998年，完成对城关镇1:500地形测量，测绘面积4.8平方千米，成图86幅；对县工业园、云山乡、新墙镇、月田镇、麻塘镇、公田镇、西塘乡等进行1:2000地形测量，测绘面积27.7平方千米。

2007年9月，县政府办牵头，会同县国土局、县规划办、县财政局、县交通局、县水利局、县环保局，制定《岳阳县基础测绘规划技术方案》。主要成果有：《岳阳县基础测绘规划（2006—2020）》《岳阳县基础测绘规划说明（2006—2020）》、岳阳县基础测绘控制网现状图（2005）、岳阳县基础测绘控制网规划园（2006—2020）、岳阳县各乡镇基础测绘规划图（2006—2020）、岳阳县城关镇基础测绘规划图（2006—2020）。

第七节　土地执法监察

自1987年始，采用多种形式宣传《中华人民共和国土地管理法》。1988年，把查处违法案件作为国土资源工作的重点和突破口。1989年，由县长任组长，县公安局、县检察院、县法院、县司法局、县建委、县国土局等部门共50多名干部组成强制执行小组，出动大小车辆8台，在荣家湾镇中心地段拆除2户居民违法违章所建的房屋，并通过电视实况播放，维护土地管理法律的威严，抑制乱占滥用土地现象蔓延。至1991年，共查处违法用地案件1711起，拆除房屋84处、6516平方米，没收房屋28栋、6079平方米，价值56万元，退还土地11.33公顷，罚款8万多元。

1992—1995年，共查处各类土地违法案件488起，全部结案。其中不批自用71起，少批多占114起，越权批地43起，非法转让260起。没收房屋5栋，占地面积780平方米，拆除房屋12栋，占地面积860平方米，复耕土地5.71公顷，罚没收入115万元，补交各种土地税费171.8万元。共查处有关当事人82人。

1996年，由县人大牵头，县人大财工委，县国土局、县法院、县监察局联合组织在全县开展土地执法检查。重点清理整顿土地隐形市场，查处乱占滥用耕地和法人违法行为。县国土局共清理国家集体单位128个，清理居民户2460户，补办土地使用权转让手续260宗，补收土地出让金30万元，重点查处县汽车运输公司、市旅游开发公司、新墙镇电管站，县农业银行新墙营业所等一批法人违法占地案件，依法强制拆除步仙乡狮山村村民李岳龙非法占用基本农田 399 平方米修建的房屋。通过土地执法检查，全县共查处各类土地违法案件 138 起，违法用地面积 8.74 万平方米，其中耕地 5.43 万平方米，拆除房屋 20 起，占地面积 1.75 万平方米，复耕土地 2200 平方米，罚没收入 24 万元。

2001 年 9 月，县委、县政府在天鹅电影院召开千人动员大会。县政府出台《关于开展土地市场和违法用地清理整顿的通知》，成立土地市场和违法用地清理整顿小组。全县共清出闲置土地 8 宗、89.94 公顷，依法收回 29.35 公顷，收取土地闲置费 45 万元，查处违法用地案件 12 起，依法拆除房屋 2 栋、预制场 1 个，复耕土地 6469.9 平方米，处以罚款补交税费 60 多万元。

2003 年，相继出台《岳阳县进一步治理整顿土地市场秩序实施方案》《关于进一步加强土地管理严禁非法使用土地的通知》，成立治理整顿领导小组，由县长任组长。全县共清理各类用地 175 宗、145.32 公顷，立案查处 13 宗、2.42 公顷，依法拆除房屋 1 栋，复耕土地 1560 平方米，追缴税费 65 万元，清理闲置土地 6 宗、100.07 公顷，依法无偿收回 33.53 公顷，重点清理 4 个开发区、工业园区，已撤销 1 个，整治 1 个，规范 2 个，依法处置原城陵矶开发区、康王开发小区引进北京市政总公司的闲置土地，为财政创收涉土收入 2300 万元。

2007 年 10 月，开展土地执法“百日行动”，共计清查出土地违法案件 13 宗、13.71 公顷。将岳阳公田矿石粉厂“以租代征”非法占地案、湘岳日用化工厂非法转让土地案、城关镇居民侯湘平非法占地从事房地产开发案等移送县人民法院，申请强制执行。

第五章　药品食品监督管理

第一节　机　构

2001 年 3 月，成立岳阳县药品监督管理局。是年 11 月，更名为岳阳市药品监督管理局岳阳县分局，收归省垂直管理。负责对药品（中药材、中药饮片、中成药、化学原料药及制剂、抗生素、生化药品、生物制品、诊断药品、放射性药品、麻醉药品、毒性药品、精神药品、医疗药品、卫生材料、医用包装材料等）的研究、生产、流通、使用进行行政监督和技术监督。2004 年，成立县食品药品监督管理局，增加对食品、保健品、化妆品安全管理的综合监督、组织协调和依法开展对相关重大食品安全事故进行查处的职能。

第二节　药品质量监督

2001年，查处湖南郎力夫制药有限公司生产的劣质阿莫西林片，货值3.3万元。是年，共查处药品质量案件500宗，每年组织执法人员到各中西药店、诊所、医院进行执法检查、发现问题，及时查处。

至2007年年底,共查处销毁各类假劣药品、不合格医疗器具136宗,货值200余万元。

第三节　药品市场管理

2004年，岳阳县作为全省农村药品“两网”（即农村药品监督网、农村药品供应网）建设试点县。县食品药品监督管理局采取“政府引导、监督推动、市场运作、企业参与”的模式，围绕“政府满意、行政增收、百姓受益”的宗旨，建立县、乡、村“三级制”药品监督网络，共有各类药品管理人员761人，其中县药品监督员15人、乡（镇）药品协管员23人、村药品信息员640人、乡村零售点药品联络员83人。药品供应分“直配制”“代购制”两种模式，由湖南同济药业有限公司统一配送，药品价格下降26.7%。县监管部门对全县118家零售企业实行GSP认证及跟踪调查，从人员培训、设备设施、进货验收等环节进行严格检查验收和跟踪监管。自2006年始，在全县开展规范化药房创建活动，至2007年，全县5家县级医院药房、19个乡（镇）医院药房通过规范化药房创建验收。加强对麻醉药品、精神药品等特殊药品的管理，每年对全县麻醉药品使用单位检查的覆盖率达100%，确保麻醉药品使用单位其药品管理“五专”率（即专人、专柜、专处方、专账、专册）达100%。

第四节　食品安全监督

2004年后，成立县食品安全委员会、乡镇食品安全委员会。各乡镇成立食品安全协管站，乡镇分管该工作领导为该乡镇食品安全协管员，全县557个村党支部书记或村主任为该村食品安全信息员。由县食品药品监督管理局组织、县食品安全委员会部署，每年对食品生产、加工、种植、经营等各行业，进行信用体系建设，定期检查和抽样检查相结合，每年评选10个单位，由政府授予“食品安全信用示范单位”称号。组织食品安全委员会成员单位开展食品安全专项整治。重点场所为食品作坊、食品集贸市场、食品批发市场、学校食堂等。重点品种为蔬菜、肉类、食用油、奶制品、熏制品、饮料、大米等。至2007年，共销毁有害肉品6800千克、过期变质食品1500余件、变质烟熏制品2300千克、过期饮料8000余瓶，捣毁制假窝点24个。2007年，岳阳县被市政府评为

"食品放心工程"先进县。

第六章　质量技术监督

第一节　机　构

1986年，成立县标准计量管理所，1988年8月，升格为县标准计量管理局（简称计量局），1994年，更名为县技术管理局，2000年更名为县质量技术监督局（简称县质监局），是年，收归省政府垂直管理。1990年2月，县标准计量局被评为湖南省商品质量监督工作先进单位，2000年，被授予消灭无标生产工作先进单位，2005—2007年，连续3年被评为市目标管理先进单位。

第二节　计量管理

改制度量衡　1986—1990年，县计量局贯彻国务院《关于在我国统一实行法定计量单位的命令》，在全县宣讲《计量法》，推行法定计量单位，落实"三改"（即改硬件、改软件、改习惯）工作。至1990年，改制、更换各类计量器具、仪表14960件，其中台秤1400台、血压计（表）90只、锅炉压力表500只、氧气压力表160只、竹木米制直尺3000把、木杆秤9810支。废除各类票证约590张。组织生产新的千克秤1.5万余支、竹木米尺5000余支。改制地中衡、台秤、案秤、压力表等1300余件，在商业、供销、集市交易中一律使用千克秤、米尺等标准器具。

管理　1988年2月，县计量局在对印刷厂等单位检查时，发现粮食印刷厂印制的新购粮证上使用的非法定单位，令其销毁；发现燃料公司68.5万千克购煤票证令其加盖"kg"印章。1989年，共查出食品、油毡、水泥、塑料线等20多种商品计量不足的问题，立案12起，收缴、销毁不合格计量器具2000多件。自1991年始，每年新粮入库前期均开展一次计量检查行动。1995年8月，县质监局与县工商局联合，在县城中心地段开展《零售商品称重计量监督规定》知识的宣讲活动，在全县推广双面显示盘秤，取代杆秤，至次年2月，95%的经营门店、固定摊位均换上新的计量器具。

计量定级升级　1987年，按照省计量局"五查整顿"（即查计基准标准、查量值传递、查计量人员技术水平、查实验室制度、查计量器具修理检定整顿）要求，开展企业计量定级升级活动，县机械厂预内企业、二轻企业均建立计量档案，培训和配备专业计量检定人员，制订计量检定制度。黄沙街茶场、昆山茶场、新墙教仪厂、渭洞芭蕉扇厂、乌江机筛厂、县衬胶泵厂等企业实行计量定级（重点为能源计量）。1988年年底，完成县机械厂、县啤酒厂、县塑料厂等企业的工业计量定级；1989年，完成县热塑橡胶厂、县酒厂、新墙米厂、化工总厂、老港针织厂、飘尾织布厂6家企业的计量定级；对县自来水公司、县电力局荣家湾供电站、县水利局电表站进行计量标准考核和检定授权工作。1990年，对县环境监测站、县卫生防疫站、县土肥站、县药检所4家质检机构进行计量认证工作。1999年，完成县水泥厂、汇仁酱厂的计量合格确认。2002年，完成科伦制药有限公司、小天地水泥公司的计量合格确认。2007年，完成多点乳业公司的计量合格确认。

第三节　标准化管理

1988年，《中华人民共和国标准化法》颁布后，县计量局利用广播、电视、宣传单、横幅、标语等广泛宣传贯彻，举办培训班为工业企业、乡镇企业、商贸企业培训人员102人。1990年《食品标签通用标准》定为国家强制性标准，县计量局对县域内的酱油、食醋、婴幼儿食品、面包、饼干五大类61种产品及酒类、果汁类的64种品种进行突击检查，合格率仅50%，对无生产日期、无厂址、无商标和过期产品予以收缴处理。

1999年，县标准化情报站对企业产品质量监督抽查，特别是对全县数十家大米加工厂的产品定期抽样送检。协助县机械厂制订“湘农-44型粉碎机”“GZD系列振动给料斗”生产标准，并由省、市发布，成为省、市地方标准。1993年始，实施“组织机构代码标识”登记。1998年，对全县300余家企业进行标准化清理整顿。至1999年6月，经省、市主管部门检查验收，全县标准化达标率98%，被定为消灭无标生产合格县。至2007年，全县企业发展到食品、建材、机械、包装材料、医药、饲料、扇业、米业、造纸、烟花鞭炮等几大主要产业，均执行国家强制性标准、行业标准、地方标准，按要求，制订岳阳县备案的企业标准30个。

第四节　质量监督

1987年，《湖南省企业推行全面质量管理的管理办法》实施后，县机械厂、县酒厂、县水泥厂、县纺织厂、县羽绒服装厂等开始实施质量管理。1989年，县产品质量监督所对15家羽绒制品企业抽样检查，合格率仅为13%。1990年，县计量局印发《岳阳县1990年受检产品目录》，受检企业53家，受检产品有大米、食用植物油、糕点、酱油等20多种产品。1991年，监督检查生产领域企业53家，监检74批，不合格处理率95%，监检流通领域企业165家。1992年，对粮食、饲料、副食、建材、纺织、轻工、机械、医药器械等八大类106家企业的28个品种的产品进行抽查，监督抽样128批次，合格率89%。1995年，对428家生产流通领域的企业、52个品种、342批次商品质量进行抽查，合格率90%以上。2006年后，实施对主要产品定期检验，食品企业每年4次，非食品企业每年2次，提升商品质量合格率。

1989年10月，制订《岳阳县实施生产许可证产品目录》，包括51家企业、17种产品。1998年，县水泥厂、县酒厂、小天地建材有限公司、湘渝焦糖实业有限公司、岳阳中南化工有限公司、华美铝业有限公司等6家企业办理生产许可证。自2003年始，县境全面开展质量振兴活动。至2007年，县兴农复合肥厂、岳阳市富农复合肥厂、县向红福利工厂、县革新眼镜店、县复光眼镜店5家企业办理生产许可证；湖南科伦制药有限公司生产的大容量注射器、湖南神斧集团向红机械有限责任公司生产的工业电雷管和工业火雷管、湖南洞庭米业有限公司的大米、岳阳长风电磁机械有限公司生产的弹力电缆新卷筒、岳阳大力神电磁铁机械有限公司生产的电磁铁、除铁器、岳阳海纳机械有限公司生产的弹力电缆卷筒、岳阳弘泰瓷业有限公司生产的瓷质外墙砖、岳阳中华电磁科技有限公司生产的控制柜、岳阳县芭蕉扇业有限公司生产的工艺扇系列、岳阳鑫鹿包装有限公司生产的瓦楞纸包装箱等获质量体系认证。县质监局管理入网的湖南名牌产品有湖南向红机械有限公司生产的工业雷管、芭蕉扇业有限公司生产的工艺扇、岳阳民康医用材料有限公司生产的一次性重力输液器、湖南科伦制药有限公司生产的大输液系列产品4种；岳阳市名牌产品有岳阳县洞庭春茶叶公司生产的纯天然系列洞庭春茶、洞庭米业公司生产的大米、县多点乳业有限公司生产的豆奶、县丛林竹业有限公司生产的竹胶板、岳阳鸿佑饲料有限公司生产的猪饲料等产品。西塘果业、新墙葡萄园成为第五批、第六批国家级农业标准化生产基地。岳阳绿园农业高科技发展有限公司成为省级农业标准生产基地。

第五节　查处假冒伪劣商品

1991年4月，成立县标准计量管理局案件审理委员会，1992年，设置行政执法稽查队。1997年，查处县雨台山宾馆销售假“五粮液”酒140件，价值18万余元；查处假冒“双马”牌、“双猫”牌、“马头”牌洗衣粉58件，假酱油10件，报废水泥10吨，打掉组装摩托车窝点1个。1998年，查处国家明令禁止使用的农药“杀虫脒”2720瓶、掺杂使假油糠45吨。1999年，查处20%弗死特劣质农药8吨、“杀虫脒”10件、冒牌“岳阳楼”啤酒43件、假冒“百事可乐”300件。2000年，对全县264家企业89个品种266批次检查、打掉假、冒、伪、劣商品生产窝点11个，立案71起，移送司法机关2起，挽回直接经济损失50万元。对全县8个重点乡镇、4个集贸市场、5条商业街的商品进行经常性检查，查处假冒品牌烟、酒、副食、酱油等伪劣商品标值63万多元。查无生产许可证复合肥400吨、磷肥310吨，不合格农机具20台件、劣质农药470件，端掉假冒“陈克明”面条制造窝点1个、假冒“加王加”酱油生产窝点1个。2001年，查处国家明令淘汰的地条钢材80吨。在县农网改造中，查处假冒上海和平开关厂的开关5800只、查处用于农网改造的不合格钢芯铝绞线4.5吨、查处假冒衡阳电线电缆厂生产的单芯护导线2000卷。在月山移民建镇工程中，查处不合格铝型材28吨。2002年，查处假冒上海“富友”牌实木板143件、假冒“金三星”瓷质砖9000件、假冒“白洋”牌水泥119吨。查出县广播电视局使用的“光接收机”为不合格产品。2003年，查处无生产日期农药“螟杀快”350件、无生产许可证农药“敌敌畏”110件，淘汰产品地条钢材14吨。2004年，查处假“五粮液”酒118瓶。2005年，查处销售冒用国家免检标识水泥100吨、冒用生产许可证“斯美特”方便面1600件。2006年，查处伪造生产日期的纯净水60桶、冒用ISO 9000质量体系认证“久星”牌通信电缆1269米、对京珠高速三合服务区洞庭加油站擅自破坏计量铝材的行为实施处罚。2007年，查处冒用厂名厂址磷肥32吨。

2000—2005年，帮助指导岳阳县世雄热能技术开发有限公司取得D级锅炉制造许可证、县教育锅炉厂取得E级锅炉制造许可证、向红机械化工有限公司工程处取得B级锅炉安装资质证；重点查处昱华玻璃制品有限公司非法制造、违规安装特种设备行为，使其彻底整治。2003—2005年，全县实施“安全第一、预防为主、综合治理”的方针，采用全面排查、重点监察的措施。对“土锅炉”整治。拆除分布在学校、工矿、企业、宾馆等地的土锅炉75台。2004年，对全县11家液化气站（长安、永兴、十二公里、张谷英、筻口、柏祥、公田、新开、月田、毛田等站）进行全面评审，换发充装许可证。为指导特种设备生产、安装企业提质晋级。2006年底，成立县气瓶检测站。

第七章　审　计

1982年，实行审计监督制度，确立审计监督的法律地位。1983年12月，成立县审计局。至2007年，共完成审计项目1118个，其中经济责任审计项目204项、固定资产投资项目92个、财务收支项目749个、资产负债损益审计73个，查出违规、违纪金额4.2亿多元，管理不规范金额7.8亿多元，核减工程造价4000多万元，审计处罚上缴财政2500多万元，向纪检监察部门移送案件及线索28起。县审计局先后18次被省、市评为审计工作先进单位、审计工作达标单位；10次被县委、县政府评为综合先进单位；7次被市、县评为双文明建设单位。1993年，党组书记、局长何忠民被评为全国审计系统先进工作者，1995年，党组书记何忠民赴京参加全国劳模表彰大会。

第一节　财政预算执行及其他财务收支审计

1996年，开始对财政预算执行情况、财政收入情况及专项资金使用情况的审计。每年向县政府报告财政预算执行情况和代表政府向县人大常委会作《关于财政预算执行情况审计报告》，为县政府加强预算管理增强预算的科学性、县人大加强预算执行情况监督提供依据。共向县政府提出改进预算编制、提高预算准确性的意见、建议30多条，均被县政府和相关部门采纳。

第二节　领导干部任期经济责任审计

2001年3月，成立领导干部任期经济责任审计领导小组，制定经济责任审计工作联席会议制度，联席会议每年定期召开2次，县审计局设立领导干部任期经济责任审计室，配专职审计人员3人。是年，完成审计项目30个，查出违纪违规资金331万元，查处大要案1起。2003年，开展领导干部任期经济责任审计项目20个，查出违规资金356万元。2005年，被审计81人中，晋升6人，等职安排69人，受降职处分6人。2007年，共完成领导干部经济责任审计项目32个，其中，任中审计6个、离任审计26个，查出违规资金2000多万元。

第三节　行政事业审计

1993—2007年，开展收支审计项目784个，查出违纪违规资金6.25亿元，审计处罚上缴财政现金2600多万元，对截留、挪用、挤占专项资金，白条列支费用，超标准、超范围收费，偷漏各种税费、巧立名目套用专项资金及乱分、乱发、管理混乱等严重违规财经纪律的现象进行严肃处理。共有218人次接受审计，其中8人受到降职处分，5人被追究刑事责任。1989年，查出县林业局违纪金额44.9万元，其中滥发补贴17.1万元，县林业局局长、副局长等班子成员均受到党纪、政纪处分，省审计局、国家审计署等相继印发参阅件，省电视台进行报道；查出县外贸局私设小金库19万余元，局长被免职；县种子公司变卖种子，经理被撤职。

第四节　基建投资审计

1995年，县审计局设立基建投资审计股，负责对全县国有投资项目审批、资金来源、建设规模、投资总额、工程决策等情况进行审计监督，采取现场勘察、测量、查阅资料、调查、询问等方法，至2007年，审计固定资产投资项目150多个，送审工程造价36亿多元，核减工程额3650多万元，处罚款收缴财政500多万元。

第八章 统 计

1983年12月，全国人大常委会通过《中华人民共和国统计法》。是年，县境各乡(镇)、县直各部门、企事业单位均设立统计机构或配备专（兼）职统计员。2007年，全县20个乡镇统计站均配有专用计算机，实现由乡（镇）统计站到县、市、省统计局计算机网路化，提高了统计报表、资料的准确性和时效性。

第一节 统计制度

统计制度包括定期报表制度、一次性调查方案及指标体系，分为国家统计调查、部门统计调查和地区统计调查。国家统计调查，重点反映全国国民经济和社会发展的基本情况，是党和国家制定政策、编制计划和检查计划执行情况所需要的全国性统计调查；部门统计调查是各级政府主管业务部门为适应本部门业务技术管理需要的专业性统计调查，是对国家统计调查的必要补充；地方统计调查，是各级地方政府为满足本地方特殊需要，反映本地区社会经济发展情况的地方性统计调查，也是对国家统计调查的必要补充。县统计局实施的定期统计报表制度共有综合统计、人口统计、农业统计、工业统计、交通运输统计、邮电通讯统计、建筑业统计、固定资产投资统计、物资供应统计、能源统计、商业统计、对外经济贸易统计、旅游统计、财政统计、金融统计、保险统计、教育统计、文化统计、卫生统计、体育统计、科技统计、广播电视统计、气象水文统计、地质矿产统计、城市建设统计、环境保护统计、物价统计、劳动工资统计、党群政法统计、社会福利统计、人民生活统计31项。改革开放后，县统计局共查处统计违法行为40起，执行经济处罚10万多元。

第二节 统计调查

农村社会经济抽样调查 1985年，成立县农村社会经济抽样调查队（简称农调队），在全县调查的抽样户为100户。至2007年，经网点样本轮换，抽选的农户为70户，分布在城关镇东方村、中洲乡平垸村、杨林乡沈塘村、柏祥镇光明村、公田镇彭昌村、张谷英镇天龙村、筻口镇移山村。被调查户以记台账为主，经济收支情况逐项逐日记入台账，每10户配1名记账指导员，按月、季、年对农户资料台账统计汇总上报。

工业普查　1995年12月，开展全国第三次工业普查，普查登记全县乡及乡以上工业企业342家，其中国有企业41家、集体企业297家、三资企业4家。100万元以上村办私营企业41家，100万以下村办企业519家，户办企业638家。普查历时1年，查清全县工业企业产值、销售收入、职工人数、利润总额、固定资产等经济指标，准确反映全县工业企业经济结构、行业结构、产品结构、资产、生产规模等方面基本情况。

农业普查　1997年，开展全国第一次农业普查，共调查登记24个乡镇、688个村、162892户农户、646951农村人口及3182户五保户、9231人的种植业、畜牧业、林业、渔业的生产经营情况和劳动力、年龄分布情况、文化程度等农村社会经济情况。摸清了全县农业、农村、农民的基本现状、产业布局、产业结构及农村非农业发展的情况。

2007年，组织近3600人的普查队伍，对全县20个乡镇进行全国第二次农业普查。普查对象为境内所有农村住户，包括农村农业生产经营户和其他住户、城镇农业生产经营户、农业生产经营单位、村委会、乡镇政府。普查内容包括农业生产条件、农业生产经营活动、农业土地利用、农业劳动力及就业、农业基础设施、农村社会服务、农民生活及乡镇、村委会和社区环境等情况。

人口普查　1982年，开展第三次全国人口普查，登记的标准时间点为1982年7月1日零时，普查项目19个，按户登记的6个，即户的类别，本户住址编码，本户人数，本户1987年出生人数，本户1987年死亡人数，有常住户已外出一年以上的人数。按人填报的13个，即姓名、与户主的关系、性别、年龄、民族、常住人口的户口登记状况、文化程度、在业人口的行业、在业人口的职业、不在业人口状况、婚姻状况，15~64岁妇女生育子女总数和存活子女总数，1981年15~49岁育龄妇女的胎次。1990年开展第四次人口普查、登记的标准时间为1990年7月1日零时，普查表分为两种："第四次全国人口普查表"共21个项目，其中按户填报6项，按人填报15项；"死亡人口登记表"共9个项目。县境第五次全国人口普查以2000年11月1日零时为标准时点，普查登记的对象是具有中华人民共和国国籍并在中华人民共和国境内常住的人。采用按常住人口登记的原则，每个人都必须在常住地进行登记，且一人只能在一处登记。岳阳县第五次人口普查工作做到责任到位，县长、乡（镇）长为第一责任人，层层签订责任状；经费到位，按人均1.5元筹措普查经费，列入财政预算，全县划分24个乡级码，成立24个督查组，至2002年10月，全面完成岳阳县第五次全国人口普查工作。

第三节　统计服务

1985年前，统计资料只提供给党政领导机关。从1985年起，在不违背保密规定的原则下，扩大服务面，向各部门、各单位和社会各界提供统计资料。统计服务的内容由

1984年的以提供统计数据资料为主逐步向以提供深层次的统计调查分析研究资料为主，使统计资料成为党政领导决策和社会经济建设的重要参考资料。是年，县统计局创办《统计资料》专刊，登载对社会经济热点、难点、重点问题的调查分析材料，提供为党政领导科学决策和对社会经济管理的实施意见和对策建议。

《统计分析资料》是为了满足各级领导了解全县经济发展的基本情况而内部发行的不定期刊物，主要内容是工业产品产量产值及工业生产形势分析；农村经济发展情况分析；交通、运输、邮电发展情况分析；固定资产投资情况分析；商业贸易形势分析；农村经济抽样调查的记账数据汇总分析评估；全县国民经济和社会发展动态分析；干部职工工资、就业、失业形势分析；文化教育和卫生状况分析；对治理整顿、深化改革和稳定经济中的“热点”专题统计分析，至1996年共出版《统计分析资料》12期。2001年，统计服务工作开展两项改革：统计信息披露方式由过去封闭式的内部通报改为在电视台、报纸公开通报；工业发展速度计算方法由沿用的不变价法改为价格指数缩减法。是年共查处瞒报、虚报、迟报、举报各项经济数据的统计违法单位38个，为打击数字出“官”起到了较好作用。县统计局撰写的《解读“三农”问题》受到省委的高度重视，被列入省委经济工作会议的参阅材料。2003年，县统计局开展商业、农村经济、企业景气等12项抽样调查，拟写统计分析材料20篇，被省、市采用10篇，同时政务信息被省统计局采用14条。2005年，进一步注重将统计分析结果的运用，全年撰写分析材料23篇，被省统计局采用2篇。2007年的统计公报，从综合、农业、工业和建筑业、固定资产投资、贸易外经、交通邮电和旅游、金融和保险业、科技教育文化卫生体育、环境保护、人口和人民生活等10个方面进行系统总结，为县委、县政府及全县人民认识县域经济状况提供准确依据。至2007年，共编辑出版《统计年鉴》24卷。

第十六篇　财税·金融

第一章　财　政

第一节　财政体制改革

1980—1984 年，区、乡财政收入实行“定收到户，超收分成、短收分担”体制，支出按年初核定预算指标分期下拨使用，超支不补；公社自负盈亏，推行公社、大队、生产队三级核算制。1985—1986 年，区、乡设立预决算制度，乡镇财政实行“定收定支，收入上交，支出下拨，超（增）收分成，减收分担（县八乡二），一定一年”的办法。1987—1990 年，实行县、乡（镇）、村三级财政、两种法制。1987 年，对收大于支的区（镇）实行“定收定支，收入上交，支出下拨，超收四六分成（县得 60%，乡镇得 40%），短收八二分担（县分担 80%，乡镇分担 20%），一定三年”的办法。对于支出大于收入的区（乡）镇实行“定收定支，收入上交，支出下拨，超收全留，超支不补，节余留用，一定三年”的办法。1988—1996 年，推行乡（镇）、村两级核算制。自 1994 年始，实行分税制，即将税种划分为中央税、地方税和中央与地方共享三大块。

1997 年 2 月，市财政局确定岳阳县财政基数（收入基数、支出基数），完成固定收入超基数部分实行市、县二八分成，收支挂钩后，县财政每年按市定额上交市财政。

2000 年 9 月，市财政局规定，按新的行政区划，除中央、省级收入外，地方各项收入均列入县级收入。地方固定收入超收全部留归县级处理，市财政不再参与分成；上划中央“两税”收入增量返还部分，市财政不集中。全县所有行政事业经费开支范围、标准和负担数额均由县政府自行核定，此后多种新增政策性支出口子均由县政府自行核定。为缓解岳阳县财政困难，2000 年，岳阳市通过各种不同渠道筹集资金，补助县财政统筹安排。

2002 年，实行所得税分成，分成比例为中央 50%、省 15%、县（市）区 35%，2003 年调整为中央 57%、省 15%、县（市）区 28%。增值税分成比例为中央 75%，地方 25%。消费税全归中央。增值税和消费税超收部分，县（市）区分享 20%。至 2007 年，财政体制未进行调整。

第二节　财政收入

预算内收入　1978年，全县财政收入1047.41万元，其中企业收入191.63万元，工商各税502.49万元，农业税329.76万元，地方各税21.42万元，其他收入2万元。1983年，县城搬迁，主要财源企业留在岳阳市，次年，县财政收入仅861.55万元，人均11.64元。其中，企业收入占5%；工商各税占50.69%；农业税占41.66%；地方各税占2.16%；其他收入占0.49%。1990年，全县财政收入达2409.8万元，其中企业收入25.9万元，工商各税1508.4万元，地方各税90.9万元，农业税638.2万元，其他税51.9万元，其他收入94.5万元。2000年，全县财政收入7003万元，其中企业收入44万元，工商各税3331万元，地方各税644万元，农业税925万元，其他税189万元，其他收入1870万元。2003年，全县财政收入突破亿元大关，达到1.1362亿元。2007年，一般预算收入为14674万元。与1984年相比，工商各税由436.7万元增至9232万元，企业收入由43.1万元增至329万元，地方各税由22.5万元增至659万元，罚没收入及行政事业收费等收入由0.35万元增至4181万元。但是，乡镇财政收入任务年年按比例递增，而财源建设跟不上，乡镇无法完成任务，出现引进税收、支付回扣的现象，使财政收入流失。1994—2007年，实行分税制，将增值税的75%上划中央财政；消费税100%上划中央财政；企业与个人所得税上划中央60%、省财政12%，县留存28%；资源税上划省50%；1994年始，预算内收入不包括上划中央及省的收入。仅2006年上划中央两税收入5365万元，所得税收入1569万元。2007年财政总收入（包括上划收入）21608万元。

1978—2007年岳阳县财政收入统计表

表16-1-1　　　　单位：万元

年度	合计	企业收入		各项税收				其他收入
		小计	其中：工业企业	工商各税	地方各税	农业税	其他税	
1978	1047.41	191.63	41.53	502.49	21.42	329.76	0.11	2
1979	1027.01	121.62	53.53	532.35	25.07	345.56		2.41
1980	1219.16	275.69	49.52	626.08	24.2	289.44	0.22	3.53
1981	1437.39	250.97	—34.2	833.22	23.77	322.94		6.49
1982	5207.23	229.52	71.87	4578.97	31.01	327.68	18.65	21.4
1983	5087.98	347.89	128.69	4393.94	29.33	290.21	3.69	22.92
1984	861.55	43.1	23	436.7	22.5	358.9		0.35
1985	1010.3	-5.5		526.8	29.8	440.3	11.3	7.6
1986	1130.6	-5.5		646.5	35.3	436.5	11.6	6.2

续表 16-1-1

年度	合计	企业收入		各项税收				其他收入
		小计	其中：工业企业	工商各税	地方各税	农业税	其他税	
1987	1380.6	−8.5		774.3	55.5	502.8	10.2	46.3
1988	1487	14	9.2	992	20.9	405	4	51.1
1989	2182	18.2	14.5	1294	28.9	724	17.5	99.4
1990	2409.8	25.9	13.3	1508.4	90.9	638.2	51.9	94.5
1991	2486.53	18.52	9.65	1556.27	613.1	126.22	64.43	107.99
1992	2683	22	10	1597	133	757	64	110
1993	3438	−373	10	2842	102	652	80	135
1994	3407	18	0	1440	236	1355	90	268
1995	4267	−1	4	1886	271	1185	102	824
1996	4890	17	0	2120	395	1381	131	846
1997	5565	4	0	2321	396	1505		1339
1998	6154	310	0	2726	352	1150	139	1477
1999	6165	4	0	2718	474	1197	116	1656
2000	7003	44		3331	644	925	189	1870
2001	8261	247	60	3903	635	690	172	2614
2002	9520	254	43	3508	482	2510	181	2585
2003	11362	190	50	4023	839	2510	133	3667
2004	11466	1032	34	4768	194	1563	176	3733
2005	11260	60	24	5913	569		194	4524
2006	12012	764	84	6879	875		192	3302
2007	14674	329	136	9232	659		273	4181

说明：1982 年、1983 年的数据是县、市合并的数据

预算外收入　主要有农业税附加、公用事业附加、芦苇收入、沙石收入。县财政将农业税附加、水利建设基金列入财政基金账户核算。是年，预算外收入 299.71 万元，1999 年，将农村教育附加列入财政基金账户核算，共收农业教育附加 6206 万元，2002

年，取消农村教育附加，2005年，停止征收农业税附加，共收农业税附加2601.62万元，2007年，将土地出让金列入财政基金，收入增至2056万元，是年，土地出让金1787万元。

上级补助收入 1984年，因支出远远大于收入，省、市财政补助100万元，追加补助425.28万元。2001年，取消乡镇统筹、屠宰税、农村教育集资等，是年，争取上级转移支付3402万元。2003年始，中央转移支付粮食直补502.81万元。退耕还林4867公顷，补贴1533万元。2007年，转移支付和上级补助达61108万元，占县级可用财力80.64%。

第三节 财政支出

预算内支出 自1978年始，中央财政逐年加大转移支付力度。是年，全县财政支出1492.9万元，其中经济建设支出741.53万元，文化教育科学卫生费支出484.71万元，抚恤、社会救助支出53.89万元，行政管理费支出205.93万元，其他支出6.88万元，上解支出10.7万元。1990年，全县财政支出3687.1万元，其中经济建设支出901.4万元，文化教育科学卫生费支出1607.7万元，抚恤、社会救助支出172.5万元，行政管理费支出723.6万元，其他支出272.9万元，上解支出325.2万元。2000年，全县财政支出14098万元，其中经济建设支出3246万元，文化教育科学卫生费支出5215万元，抚恤、社会救助支出614万元，行政管理费支出3668万元，社会保险费支出464万元，其他支出891万元，上解支出1651万元。2005年，开始对粮食生产补贴和对退耕还林的补助，财政支出大幅度增加。2007年与1984年相比，总支出由1491.79万元增至74353万元，增长48.84倍。其中，经济建设支出由267.43万元增至22327万元，增长82.49倍；文教卫生教学支出由732.44万元增至17233万元，增长22.53倍；行政管理支出由344.84万元增至23635万元，增长67.54倍；抚恤救济支出由119万元增至2552万元，增长20.45倍；社会保险费支出由0增至6744万元。因财源基础薄弱、收入增长缓慢，入不敷出局面仍没有改变。1985—1986年，全县实行“定额包干，节余留用，超支不补，一年一定”的管理办法。2001年5月，成立县会计管理中心，对县直93个单位财务进行核算监督，2002年，扩大至123个单位，是年，接待经费下降20%、公用经费下降15%，节减支出900余万元。2001年，推行“零基预算和部门综合预算”，界定财政供给范围，使各单位利益分配更趋公平、合理。为了“保吃饭”，在由财政统发教师工资基础上，扩大到93个行政事业单位11781名财政供养人员，核减超编、到龄退休、外出打工人员185人，年核减工资额90.85万元。是年，乡镇财政负债2245.6万元，乡镇部门负债12151.3万元。

1978—2007 年岳阳县财政支出统计表

表 16-1-2　　　　　　　　　　　　　　　　　　　　　　　　单位：万元

年度	合计	其中						上解支出
		经济建设	文教科卫	抚恤社救	行政管理	社会保险费	其他	
1978	1492.9	741.53	484.71	53.89	205.93		6.88	10.7
1979	1819.48	1072	495.22	62.88	175.94		13.44	153.5
1980	1683.89	603.14	700.26	45	296.29		39.2	268.3
1981	1475.75	416.43	700.16	90.02	235.04		34.1	372.1
1982	2269.38	525.57	1108.71	112	397.69		125.41	3597.8
1983	2869.84	690.31	1180.45	183.35	656.74		158.99	3456.7
1984	1491.79	267.43	732.44	119	344.84		28.08	12.32
1985	1885	384.1	928.5	101.3	386.3		84.8	83.5
1986	2365	541	1108.9	117.7	469.3		128.1	107.8
1987	2411.4	538.5	1013.6	116.6	523		219.7	144.7
1988	3128	857.6	1293	252	604.5		120.9	205.3
1989	3251	776	1423	186	654.1		211.9	295
1990	3687.1	901.4	1607.7	172.5	723.6		272.9	325.2
1991	4265.8	1068.28	1731.39	168.8	726.1	215	356.23	325.2
1992	4320	1017	1979	199	858		267	390
1993	5468	1665	2179	224	977		423	246
1994	6470	1747	2938	236	1349		200	253
1995	8356	1973	3414	400	1854		715	741
1996	10201	2939	3831	796	1933		702	733
1997	10662	3356	3653	375	2529		749	691
1998	11670	3607	3551	508	2863	145	996	594
1999	12280	2436	4750	726	3137	488	743	895
2000	14098	3246	5215	614	3668	464	891	1691
2001	20029	3956	7381	794	5598	1269	1031	1146
2002	26413	5068	8764	1243	5990	3047	2301	1563
2003	29605	5313	9439	1609	6827	3348	3069	1738
2004	34218	7283	10497	2019	7916	3482	3021	1738
2005	41543	11441	10163	2451	8332	4247	4909	1855
2006	50887	15497	13124	3010	10407	5582	3267	1413
2007	74353	22327	17223	2552	23635	6744	1872	1847

说明：1982 年、1983 年的数据是县、市合并的数据

预算外支出 中共十一届三中全会后，实行“划分收支，分级包干”的财政体制，行政事业和企业的机动财力大幅度增加。1985年预算外资金收入中，除上解农业税附加21.6万元、调入预算内基金105万元，其余254.1万元大部分用于中、小学危房修缮和工业企业科技专项费用。1990年，预算外收入2996.3万元，除上解农业税附加57.3万元，调入预算内资金50万元，其余大部分用于工业企业更新改造、事业支出及基本建设支出。1998—2001年，农村教育附加6220万元，全额拨给教育部门，占支出总额的25.3%。1984—2007年，基建支出4248万元，占支出总额的17.28%；企业更新改造支出98.8万元，占0.4%；城市维护建设费支出633.2万元，占2.58%；上交国家交通能源费668万元，占2.71%；上交上级财政310万元，占1.26%；事业支出3925.53万元，占15.97%；三峡移民后扶建设4577万元，占18.62%。支出总额由299.71万元升至6006万元，增长19.04倍。

上解支出 1978年，上解支出10.7万元，1980年上解支出268.3万元，1985年上解支出295万元，1992年上解支出390万元，1996年上解支出733万元，2000年上解支出突破千万元大关，达1691万元，2005年上解支出1855万元。2007年，上解农业税价差115万元，归还向中央财政借款80万元，因区划变动及机构上收经费上划286万元、国债转贷45万元、农村合作基金再贷款522万元、粮食风险基金636万元、向红机械厂搬迁59万元、出口退税6万元、预备役训练11万元、世行贷款及利息238万元。

第四节 财政监督

预算监督 县财政局坚持每年编制财政预算、执行预算，坚持按预算和事业进度拨付财政资金，保证预算的执行。2001年，推行零基预算和部门综合预算，改变基数加增长的预算编制方法，使固化的部门之间利益分配格局、财政投资浪费和不足现象同时存在的局面有了改善。通过零基预算和部门综合预算，界定财政供给范围，使各单位利益分配更趋合理、公平，调动了各部门理财积极性，保证了预算的严格执行，促成20多年的财政收支平衡。

会计监督 1987年，成立中华会计函授学校岳阳县函授站，对会计实行培训。实行考试发证的会计证管理，提高会计的业务素质和法制观念。2001年，成立县会计管理中心，对行政事业单位、重点建设项目的财务实行会计集中核算、收支管理监督，至2007年，审核凭证187.5万张、43.6亿元；退回不合格、不合规凭证2262张、200.8万元；补充更正凭证739张、813.6万元；核减非生产性支出2000多万元，促使减少债务1486万元，无负债单位由2个增至47个。2005年7月，成立县乡镇财政管理局，由管理局集中统一核算，是年减少非生产性支出401.9万元，比上年下降47.3%。

检查监督 自1983年始，县财政局内设监察股，对本局内设机构及下级单位的财政、财务收支进行检查。1985—2000 年，共检查 744 户，查出违纪金额 1758.57 万元，收缴国库 493.65 万元，挖出贪污案 24 起，移送县纪委查处 19 起、移送县检察院 5 起。1990 年，开展税收、财务、物价大检查，自查 3654 户，自查出偷漏税收 25 万元，偷漏能源、交通、重点建设基金 3.4 万元，违规涨价等 21 万元，私设小金库 2.1 万元，主动上交财政 36.54 万元。重点检查 1595 户，违规金额 141.08 万元，收缴 71.42 万元。

其他监督　自 2001 年始，实行政府采购。至 2007 年，由采购办招标采购 17258 万元，节约支出 1731 万元，节约率 10.03%。

2004 年，成立投资评审中心，对重点建设项目决算进行评审，至 2007 年，送审金额 19127 万元，审减 1900 万元，审减率 9.93%。

第五节　预算外资金管理

1978—1984 年，预算外收入金采取“领导审批、专款专用”的办法进行管理。

1986—1990 年，对行政事业单位预算外资金采取“专户储存、计划管理、财务审批、银行监督”的办法进行管理，保证专款专用。1991 年，县直事业行政单位全部参加专户储存。1993 年，县政府对各行政事业单位的预算收入一律实行“两定两控”（即定收入、定支出，控乱收、控截留）、“银行划转”和“收支两条线”的管理方式。自 1997 年始，对各单位预算外资金实行“全额管理，定收定支，收支挂钩，收入上缴，支出下拨，超收分成，短收自负，综合平衡”的管理办法。

1998—2007 年，对行政性收费实行“收缴分离”（即单位开票、银行代收、财政统管、政府统筹）的办法。

第六节　专项资金使用与管理

1984 年，县财政局制定《专项资金管理办法》。2001 年，设立经建股，经建股会同主管部门审核项目立项、预算；开工后，经建股到实地考核，按施工进度分期拨款；完工后，进行竣工验收办理决算。2004 年，投资评审中心对工程预、决算复核评审，保证资金使用的安全高效。2002 年，国家对种粮农民提供种粮补贴，至 2004 年，补贴均由乡镇、村落实到户，因乡镇、村在拨付时扣除部分欠款，群众反映大，自 2005 年始，由县财政开通“三补”资金网络，通过储蓄所打印存折到户（一卡通）。是年，通过“一卡通”发放补贴 1675.48 万元，但有少数村没将存折发到户。2006 年，将各股室分到乡镇，包干督查，如有未到户情况，追究督查人责任，2007 年，全县均将存折直接发放到户，受到种粮农民欢迎。

2002 年，国家提倡退耕还林和粮食补贴。至 2004 年，由县财政拨给乡镇，再由乡镇财政所拨到村，发放给农民。2005年后，比照粮食三补资金，由储蓄所打存折发给农民，2002—2007年，退耕还林共补贴7442.16万元。

自1993年始，县域开始利用世行贷款。首先安排“地方性疾病控制项目”即血防项目，使用世行贷款折人民币657万元，2002年12月执行完毕。是年，执行畜牧扶助项目，使用世行贷款232.5万元，修建培训楼，购置培训设备，进行人才培养，购置专用车辆送药下乡。1994年，执行结核病控制项目，使用世行贷款折人民币47万元，通过检查，发现结核病人931例，复发559例，治愈率90%。2000年，先后启动执行妇幼保健、长江洪灾、城市防洪项目，共使用世行贷款折人民币2012.5万元，使用日本BIC银行贷款折人民币1993万元，全县5%的特困农业人口中的妇女、儿童得到基本医疗、保健服务；对岳荣公路、县八中、中医院的建设进行扶助；对樟树潭防洪堤和六合垸大堤的修建进行专项投资。

1995年，成立县农业综合开发办公室，至2007年，全县共实施17个项目区，主要项目有：改造低产田23247公顷、扶持黄沙街茶场等8个重点企业，总投入17125.41万元、改善农业设施、推广新技术新品种、购置农机、建沼气池、减少洪涝面积等。

第七节　国有资产管理

1991年，成立县国有资产管理办公室。1992—1995年，对全县136家企业、单位国有资产产权进行微机管理。1996年，对全县企事业单位收取占用费3.4万元。1997年，对48个单位下达国有资产占用费任务35万元，上交15.3万元。2000年，对8个单位的13家企业脱钩改制的国有资产进行分离登记。参与国有企业改制的资产评估立项，对7家企业进行破产清算。2001年，对预算单位进行清产核资，落实预算单位房屋135.66万平方米、车辆277台、水上船只7艘、设备及仪器210.26万台件，价值53538万元。2005年，采用公开拍卖形式，处置退役车辆36台及沙石资源开发权，成交260万元，对乡镇国有资产处置13项，收入26.5万元。2006年7月，再次对行政、事业单位资产进行清理，行政单位固定资产为12947.3万元，事业单位固定资产为55158万元，并造册填卡，进行微机管理。2007年，对湖洲芦苇开发经营权进行拍卖，比低价增收1196万元，全县企业国有资产2847万元。

第八节　会计管理

1998年后，岳阳县探索财务管理的新体制，实行村账站代管、乡财县管、县直集中核算的管理。2000年上半年，在部分县直单位实行会计委派制度。2001年5月，成立县会计管理中心（简称县会管中心），负责县直行政事业单位和重点工程项目的财务核算和二级机构财务监督工作。采取柜台或对外敞开办公方式，按照单位资金使用权、财务自主权、支出审批权的原则，实行“统一开户、分户核算、集中管理”的办法，办理单位的会计集中核算及资金结算业务。所有县直单位由会管中心设立统一账户，分户核算和记账，行政事业性收费实行征缴分离，收入全部解缴财政专户，其他非财政资金一律纳入统一账户，支出管理采取单位大额开支实行转账支付，零星开支实行备用金限额支付制度，上级对口部门下拨的专项资金按对口使用的要求实行集中管理，部门监督专款专用。2007年底，全县纳入集中核算的单位132个（含部分二级机构和重点工程项目），占单位总数的98%。

2001年5月至2007年12月，共装订原始凭证11591本。账簿775册，收支总额达51.68亿元，退回不合理、不合法凭证1536笔次172万元，补充更正凭证1217笔次1108万元。协助县委、县政府管理临长公路、岳荣新公路、平垸行洪、移民建镇、铁山引水、武广铁路、富源步行街、工业园、农业园、旅游开发、铁山移民等重点工程建设和农业开发项目，涉及资金61.9亿元，无一出现差错。每年节减公务接待费190万元、小车经费19.2万元。取消自立补助项目21个、减少非生产性支出1532万元。督促单位按计划偿还债务，减少负债3844万元，50个单位实现无负债运行。拒绝白条报账723笔次、293.56万元；退回变相代开发票或错用发票1121笔次、1537.89万元；防止税源流失172.8万元；代扣各项税收1050.2万元，其中个人所得税747万元、建安营业税217万元、房产税86.2万元；代扣代征政府性基金1605万元，其中养老保险金712万元、失业金298万元、医保金366万元、防洪保安金97万元、交通建设基金132万元。重点加强村账站代管、乡财县管的督导，涉及水利、林业、教育、卫生、交通、东洞庭湖、公安、农业、国土9个二级机构和乡镇统管的279个站所（2004年转入县乡财管理）。共审核检查凭证11312本，查出各类违规4663笔次。其中公款私存11笔次75.3万元；坐收坐支82笔次312万元；其他问题4570笔次。下发整改通知2774份；处理违规金额95.8万元；督促解缴压库收入317.5万元；处理各单位遗留问题32笔次，挽回经济损失35.6万元；要求单位更换会计人员4人。改变某些站（所）管不着、当地政府管不住的被动局面。

第九节　财源建设

1983年，县境仅有设备陈旧、债台高筑的酒厂、水泥厂等4家预算内企业，一年10多万元税金还要欠账。

1984年，县财政千方百计支持企业生产，调整企业班子，摸清家底，向市财政局申请借入周转金205万元、贷款5万元，使预算内企业正常运转。1985年，安排36.7万元、贷款87万元扶助广兴洲乡办粉丝厂，增收9.4万元；帮助云山乡种植药材，人均增收57元；帮助三合乡办砖厂，安排贷款10万元，是年获利7万元；为昆山茶厂解决20万元，使其正常生产。

1986—1990年，实行“放水养鱼，欲取先予”的办法，全县财政系统先后办点196个，实施“扶资金、帮技术、抓管理、促购销、增效益”的举措。批准国有企业将257万元专项贷款准予税前还贷；支持县域各级各类资金5726.8万元；扶持乡镇企业和专业户，全县增加产值14108.8万元，创税利1742.1万元。1991—2000年，组织全县财政干部开展“为企业出谋划策当好参谋，牵线搭桥当好‘红娘’，诊病治病当好‘医生’”活动。1993年，城关镇实现财政收入1180万元，为全县首个上1000万元台阶的乡镇；15个乡镇实现财政收入500万元。1994年，支持农林特产的生产，发展高效农业，建立基地74个，先后联点123个，为企业筹措资金6404万元；提供信息36条；扶持企业307户；引进技术项目57项，开展技术改革项目30个。1996年，成立以县长为组长的财源建设领导小组，提出围绕企业改制，提高企业效益；围绕市场经济，充分利用山水资源，建立蔬菜、水果、鲜鱼、菜牛、黑山羊、楠竹、棉花、玉米、烟草九大生产基地，将鹿角纸厂破产后引进外资经营，是年纳税240万元。1998年，提出“调整产业结构，实现‘以地生财’，抓好小城镇建设和市场建设，招商引资，利用本地资源，在种养加工、矿产开发实行新的突破”。推行财源建设目标责任制，全县引进项目61个，引进资金16431万元，新增产值1亿元，增税收500万元。2000年，确定全县财源建设项目173个，新增税收945万元。2001—2005年，引进、培植项目381个，投资45980万元，共增税收13364.83万元。2006年，安排7000万元支持县城工业小区，3000万元用于新墙工业小区。东洞庭湖、新墙河沙石开发权转让，拍卖收入9148万元。引进华雄、弘泰、天欣、金城等陶瓷企业，是年实现税收7950万元。2007年，将全县28家企业由县级领导联系，分工落实投资扩建、技改落实资金，解决具体问题。安排3000万元作为发展基金、向上争取200万元贴息资金，解决贷款、融资3500万元用于园区企业建设，园区内10家企业创税2411万元。

第二章　税　务

第一节　税务体制改革

1978年，境内税收的开征、停征开始有大的变化。1982年6月，恢复征收集市交易税，1984年7月停征。1983年，为国家代征能源交通重点建设基金。是年，实行第一步利改税，1984年，试行第二步利改税，对工商税制进行全面改革，开征国营企业所得税，将工商税分解为产品税、增值税、营业税、盐税。恢复和开征房产税、城镇土地使用税、车船使用税、城市维护建设税、印花税、奖金税。1986年10月，开征城乡个体工商业户所得税。1988年10月，开征私营企业所得税，延续征收的有屠宰税。1980—1989年，县内有税源的税种共四大类16个税种。1993—1994年，以复合税制为基础，统一税法，集中税权，公平税负，简化税制，建立起具有中国特色、符合有计划商品经济要求的社会主义税收体系，增值税、产品税、营业税三税并立，双层次调节的流转税制。企业所得税的改革是统一内资、外资企业所得税制。1994年1月1日起施行将前“三税”合并，其他税种的改革采取开征、停征等办法。1992年1月，开征固定资产投资方向调节税，1995年停征。1994年9月，国税、地税机构分设，划分国税、地税税收征管范围。县境国税系统征管范围有增值税、消费税、营业税、车辆购置税、企业所得税、外商投资企业所得税、个人所得税等14个税种。

第二节 国家税务

1983年9月恢复岳阳县建制，成立县税务局。2001年6月，根据省国税局部署，进行机构人事制度改革。2005年6月，撤销筻口、鹿角等4个税务所，新设新墙、公田税务分局。

税务登记 1982年9月1日，县境所有经营工商业的国有、集体企业、个人均必须向主管税务机关申请办理税务登记。1988年，向农、林、牧、渔场及科研、事业单位发放税务登记证。自20世纪90年代始，每隔两三年全面清理登记一次，贴花验证。

1992年，设立税务咨询事务所，代理建账，建账户逐年增加，1997年复式建账110户、1998年146户、1999年170户、2006年178户。

纳税申报 1982年3月，县内规定企业在次月10日前报送纳税申报表和财务报表。1986年4月，建立纳税登记、鉴定、申报缴库、检查、征前辅导等制度。1996年，在城西征收分局建立办税服务厅，试行个体户在指定银行开设税款预储账户，按期提前存入应纳税款。是年，城西征收分局实行税收预储、划卡缴税的个体工商户达400多户。1998年，推行邮寄申报、电子申报和其他方式申报。2001年6月，设立办税服务厅，启动金税工程，微机管理集中申报，集中缴纳税款，纳税人可在办税服务厅“一站式”办理所有纳税事项。

税务稽查 1986年3月，设立县税务局征管股（即稽查队），一套人马、两块牌子。1992年7月，设立县公安局税务治安室，为县公安局派出机构。1993年4月，设立法院税务法规执行室，为县法院派出机构。1995年4月，在城关、公田等5个税务所设立税务稽查小组，其他税务所设立税务专职稽查员，组建公、检、法、税联合办公室。1996年，向大稽查局过渡，稽查人员占全局总人数40%左右。是年，城关共稽查97户，立案

75起，查补税款452万元，入库244万元，罚款16万元。6个分局稽查315户，查补税款233万元。1997年，共稽查企业、个体工商户856户、立案8起，入库税款28万元。2001年，全面实行一级稽查，稽查纳税户167户，查补和追缴欠税400万元，查结案件25起，其中涉税犯罪14起，移送司法处理，追缴税款51万元。2002—2006年，分别对县城1190户集贸市场、矿石加工、加油站、鞭炮行业、砖瓦行业进行稽查，查处违法案件9起，查补税款612万元，入库罚款滞纳金468万元。

税收协作 湘鄂赣毗邻地区税收协作包括平江、岳阳、通城、修水4县。协作区面积32580平方千米，人口708万人，国税收入72571万元。1984年正式形成三省十二县（市）税收协作区域，经常召开会议，交流情况，融洽多边税务关系。2005年11月，签署三省十二县（市）税收合作协议书，为协作地区的税收合作搭建新的平台。

个体税收征管 1982年，县内首次全面办理税务登记1809户，其中个体户1500户。对定期定额征收的个体工商户采取业户自报、行业评议、税务机关核定，季定月收等办法。1992年，在全县推介城关税务确定原则、划分地段、划等级、分类浮动、民主评税、集体审定的方法，此办法先后在省、市征管工作会议上推介，被《中国税务》1993年第3期刊发。1997年，将全县按不同区域分四大类、12个等级、88个品目调整纳税定额，个体工商户由2966户增至3059户，月定税由31.63万元增至79.2万元，户月税额由108元提高到259元，实行分类管理。1998年，省政府以岳阳县“压费保税”经验为依据，召开现场会。湖南卫视对此作专题报道。

第三节　地方税务

1994年9月，成立岳阳县地方税务局（简称地税局），内设7个股室，下辖13个税务所，属省垂直管理。1996年1月，广兴洲、许市地税所划归君山地税局管辖。1997年3月，将全县12个地税所合并为6个。1998年，县地税局共设置5个征收分局，城关所为第一征收分局；鹿角所为第二征收分局；新墙所为第三征收分局；公田所为第四征收分局；筻口所、康王所合并为第五征收分局。2005年，三荷乡、康王乡、西塘镇划入岳阳市区，县地税局第五征收分局撤销，筻口所并入第四征收分局。

县地税局主要负责全县营业税、企业所得税、个人所得税、资源税、城镇土地使用税、土地增值税、房产税、车船税、印花税、城市维护建设税、耕地占用税、契税等地方税收征收管理和教育费附加、地方教育费附加、文化事业建设费、社会保险费、工会经费和水利建设基金、价格调节基金、残疾人就业保障金“五费三金”的征收（代征）；担负县城及全县20个乡镇、东洞庭湖管理管委会的地方税收征管工作，主体税源主要集中在生物医药、建筑安装、金融保险、机械制造等行业。2006年2月，废止《屠宰税暂行条例》，县境停征屠宰税。

1994—2007 年岳阳县地税收入入库情况一览表

表 16-2-1

单位：万元

年度 / 税种	1994	1995	1996	1997	1998	1999	2000	2001	2002	2003	2004	2005	2006	2007	合计
营业税	462	735	957	959	1165	1145	1434	1513	2032	2594	3143	3999	4439	6246	30823
企业所得税	109	44	35	14	5	17	44	238	202	155	184	197	187	391	1822
个人所得税	100	21	72	144	127	602	751	1008	1038	1047	1016	1006	1028	1035	8995
资源税	6	11	20	22	27	17	41	28	43	31	33	31	31	37	378
城市维护建设税	66	70	70	53	80	69	86	149	150	180	226	304	362	501	2366
房产税	80	103	106	105	118	77	114	123	151	179	216	271	290	358	2291
印花税	14	9	10	5	10	16	14	52	26	32	64	81	96	100	529
城镇土地使用税	32	32	39	41	52	10	22	28	25	28	37	49	64	107	566
土地增值税		1	2	5	2	2	2	2	2	2	2	2	7	17	46
车船使用税	18	22	21	20	41	38	49	14	40	40	45	42	44	61	495
屠宰税	118	260	386	415	424	386	495	578	110						3172
固定资产投资方向调节税	195	165	90	119	76	35	10								690
税收滞纳金、罚款	2		8	4											1 4
教育费附加	30	11	25	53	50	70	87	53	51	83	132	158	186	267	1256
国家能源交通重点建设基金	6														6
国家预算调节基金	12														12
文化事业建设费					1	1	2	3	3	4	4	40	6	6	70
社会保障基金									45	54	61	94	173	292	719
残疾人保障基金													1	10	11
消费税	97														97
合　计	1347	1484	1841	1959	2178	2483	3151	3789	3918	4429	5163	6274	6914	9428	54358

1999年9月，县地税局组织业务骨干18人对县域32家行政事业单位进行个人所得税专项检查，共查补税款39万多元，向314名正科以上干部下发个人所得税申报表。2000—2004年，全县80多个企业补交地方各税600多万元，其中企业所得税500万元。1995—2004年，查补入库地方税收年均在125万元以上。

2005年年底，全县地税系统落实汉字输入“学、比、用”办法，为地方税务工作科学化、系统化奠定基础。2007年全县地税系统担负全县20个乡镇、5963户纳税任务。是年3月，县地税一分局与县工商银行举办“银税通”项目启动仪式，是年，县域私房出租税收管理取得突破，其经验在全市交流，将其私房出租的税收管理作为创新工程项目。

第三章　金　融

第一节　金融体制改革

1983年9月，恢复人行县支行，开始行使中央银行职能，在辖区内协调、指导、监督、检查各专业银行和其他金融机构的业务活动，形成以人民银行为中心，有中国工商银行岳阳县支行（简称工行县支行）、中国农业银行岳阳县支行（简称农行县支行）、中国建设银行岳阳县支行（简称建行县支行）、中国农业发展银行岳阳县支行（简称农发行县支行）、岳阳县信用合作联社（简称县信用社）、保险公司构成的金融体系，并实行金融体制由封闭型向开放型、专业银行由行政机关型向企业经营型的转变。

2003年12月，中国银行业监督管理委员会驻岳阳县办事处（简称县银监办事处）成立，本着人随业走的原则，人行岳阳县支行部分人划入县银监办事处。

1984年12月，成立工行县支行。1999年，因破产企业贷款亏损严重，主管城镇工商信贷业务的工行县支行降格为工行市分行岳阳县分理处（简称县工行分理处），被定为机构改革、人员分流工作的试点单位，共分流员工23人，留下19人，调整网点布局。2002年，工行县分理处将前台业务进行整合，培养金融多面手、全能手，实行对公业务系统的版本升级及与信贷系统挂接，为支票支付密码的使用和全国通存通兑以及信贷管理的程序化、科学化打下基础，2004年扭亏为盈，县工行分理处恢复升格为工行县支行。

1996年，从农行县支行分离，设立农发行县支行，承担农业综合开发等政策性贷款业务。2006年，农发行县支行机构撤并，人员分流，竞争上岗（考试+考核），实行新的劳动人事改革，通过终止、解除、变更合同制度，办理自谋职业12人，内退5人。2007年，农发行县支行成立股改领导小组，外审报表的报送，固定资产的确权和处置工作、不良贷款的尽职调查和确权工作、法律尽职调查工作及不良贷款责任认定工作进展顺利。

1998年11月，主管固定资产信贷业务的建行县支行因不良贷款率高、生息资产少奉命人员分流、网点撤销，更名为建行荣家湾办事处，2001年6月，更名为建行荣家湾分理处（正科级单位）。2001年3月，建行荣家湾分理处在全县金融系统中率先实行会计、储蓄业务大综合柜员制，提高经营工作效率。2006年，恢复升格为建行荣家湾支行。

1996年12月，县信用社与农行县支行脱离行政隶属关系，挂靠人行县支行，由人行县支行代管，更名为县农村信用合作社联合社。1999年6月，对农村基金会进行整顿、取缔，规范县境金融管理，提高信用社的信用度。2003年，县信用社全面推行诫勉谈话、末位淘汰、竞聘上岗、绩效计酬等制度。撤销村级信用代办站，建立新型的农户联络员制度，完成职工医疗保险统筹移交地方的工作。2007年9月，县信用社按统一法人产权模式开业，更名为县农村信用合作联社（简称县农村信用联社），管理全县26个信用社、1个营业部、36个营业网点。

1980年12月，恢复成立中国人民保险公司岳阳市公司岳阳县支公司，行政属人行县支行领导，业务归口上级公司指导。1984年，县保险公司升为科局级经济实体。1996年，中国人民保险公司岳阳县支公司分为中国人寿保险公司岳阳县支公司、中国人民财产保险公司岳阳县支公司。2003年，中国人寿保险公司岳阳县支公司更名为中国人寿保险股份有限公司岳阳县支公司；中国人民财产保险公司岳阳县支公司更名为中国人民财产保险股份有限公司岳阳支公司。

2005年12月，中华联合财产保险岳阳县支公司成立，主要经营财产保险，短期人身意外伤害保险，至2007年5月，公司独家承保境内政策性农业水稻保险和能繁母猪保险。

2007年末，全县有金融机构98家，干部职工730人，各项存款余额27.58亿元，较年初增长21%；各项贷款余额1.9亿元；存款余额大于贷款余额8.6亿元。

第二节　人行县支行

1983年9月，人行县支行开始行使中央银行职能，负责辖区内货币信贷政策业务，含经济金融信息的统计、分析、监测、调研；负责办理所在地资金清算、支付结算、账务核算，经理国库业务；编制货币发行计划和货币需求量计划，办理人民币发行基金保管、调运、销毁业务；负责宣传货币发行政策；负责辖区内商业银行和城乡合作金融机构的监管及外汇管理业务。

1991年12月，人行县支行内设计划股、金管股、稽核股、会计国库股、政工股、办公室。2007年，内设办公室、人事股、货币信贷统计股、会计国库股。

1996年，人行县支行突出金融服务，构建“三位一体”（即人民银行监管、金融机构自律、社会力量监督）的监管格局，对全县141个金融机构进行审查，优化机构布局。1997年，开展整顿金融秩序和预防化解金融风险活动，对三种类型八大金融业务项目进行稽查，查出违规金额2.1亿元，开展大型利率检查5次，查处违规机构8家，优化金融网点7个，年检审查金融机构135家、法人任职资格65人，对6家城乡信用社进行高风险监管。2001年，撤销信用社分社5家、农行机构网点3家，对乌江、潼溪、五垸信用社和建行县支行予以降格，2家信用社机构网点予以迁址更名。对11名高管人员的任职资格进行审查和核准，19名高管人员任职资格予以备案。2006—2007年，对全县金融机构进行专项检查21次，查处违规金额658万元。

第三节　工行县支行

1980年，对8家国营、集体工业企业贷款1944万元。1983年，为扶持23个农村、县城街道企业发展生产，先后贷款239万元，次年，集体工商企业年末贷款余额达723万元。1984年，向个体工商户发放贷款147.9万元，年末贷款余额17万元。1986年，全县国营工商企业贷款达10641万元；供销社贷款余额为3232万元。1987年，向个体工商户投放贷款109万元，年末余额为31万元。1988年，克服信贷资金紧张的困难，为解决农业生产资料紧缺问题，向供销社发放移位贷款324万元。1987—1990年，共向国营工商企业贷款28240万元，年均7060万元；向集体工商企业贷款6858万元，年均1714.5万元。1988—1990年，共投放个体工商贷款806万元，年均268.67万元。至1990年，国营工商企业贷款余额10818万元，集体工商企业贷款余额2918万元，个体工商企业贷款余额384.7万元。

1998年，各项贷款余额达2878万元，但在国有企业改革中，贷款回笼出现困难，银行出现较大亏损。2000年，收缩贷款规模，着力发展中间业务。2001年减亏1273万元，2004年扭亏为盈。

1999—2001年，工行县分理处累计为县境工商企业核销呆账和不良贷款本息2.1亿元；为县工业园多家企业、县人民医院、县一中等发放贷款7.6亿元；为个人客户发放各种贷款1.8亿元。

第四节　农行县支行

1979年，县境国营农业贷款实行“分级管理、分别使用”的原则，1980年末贷款余额降至10万元。1983年，农业贷款主要用于农村山水资源的开发与利用，农村工业的新建、改造和扩建。同时，对全县24524户困难户发放贷款267万元，使贫困户人均纯收入由87元增至204元，与一般农户持平；发放贷款支持黄沙街区建立花生基地467公顷；开办渔业和林业开发性贷款，投放贷款12.40万元。1986年，贷款291万元支持全县2.16万公顷荒山开发。1987年后，农业信贷以增强农业后劲，促进粮食生产发展为重点，全县用于粮食的贷款占农贷总额的53.50%。是年8月，县支行农业信贷股股长在洛阳召开的全国农田水利基本建设会议上介绍岳阳县的经验，受到一致好评。1989年4月，湖南省农业银行系统的会计、出纳技术竞赛，岳阳县支行代表队以团体总分98分的成绩夺得第一名。1990年，农贸市场的营业所开办全县首家电脑储蓄业务；对犯错误的10人分别予以开除、警告等处分。至1990年，各项集体农业贷款余额达1630万元。1991年，撤销麻塘、公田、新墙、筻口4个储蓄所，保留中心储蓄所、东方路储蓄所、农贸储蓄所、湖洲储蓄所以及信用分社16个、信用联站15个。1993年，发放“两金”（即扶农资金、产品预购定金）贷款859万元，累放粮食、棉花等农副产品收购贷款4200万元，保证收购农副产品不向农民“打白条”。1998年，县农行系统参加抗洪抢险21次，每次平均320人，同时捐款5万多元。是年，清退临时工18人、储蓄员2人，下岗2人。2001年，认定不良贷款81笔，金额5494.07万元。2002年，全行各项存款余额为24950万元，比年初净增5822万元，为农行县支行存款净增历史之最。2004年，发动储蓄存款，组织员工走村串户发行银行卡，全年发行银行卡4.5万多张，向授信企业投放贷款2615万元，签订承兑汇票2670万元，实现收入1187万元。2005年，组织临柜人员参加星级考试、考核，临柜人员戴星上岗，凭星拿薪。2006年，完成数据上收工作，ABIC数据库进行全国大集中。2007年，成立股份制改革委员会，消化历史财务包袱，不良资产包袱和非信贷资产损失，为股份制改革作准备。是年，对12户银行卡透支进行呆账核销，金额为16.52万元，其中本金10.37万元，利息6.15万元。

第五节　建行县支行

1983年，建行县支行主要办理县内基建财务的拨款与贷款以及政策允许的其他业务。1984—1990年，共经办基本建设拨款3080.30万元，其中1984年拨款300.30万元，主要用于农、林、水利建设；1985年拨款350万元，主要用于电力、交通设施的配套建设；1986年拨款549万元，主要用于商品粮基地建设；1987年拨款400万元，主要用于农、林、交通建设；1988年拨款383万元，主要用于水利、邮电建设；1990年拨款598万元，主要用于防洪蓄洪工程建设。共为县境工业企业更新改造拨款500万元。压缩工程资金500万元、剔除计划外完成投资680万元、剔除虚报完成投资125万元。共审查基本建设预、决算项目82个，审结工程价值1700万元，核减200万元，核增45万元。

2006年，建行荣家湾分理处不良贷款回收本息586万元，名列全市建行第一。2007年末，各项存款余额为5.43亿元。

第六节　农发行县支行

1998年5月，人行县支行将农发行县支行专项贷款、粮食附营业务贷款划转到商业银行，农发行县支行集中资金加强粮食、棉花、油类的收购与管理，从根本上解决收购农副产品“打白条”的问题，收购资金回笼困难，按照“以销定贷”“以效定贷”“收多少粮、油、棉，给多少钱”的办法，实行收购资金封闭运行管理。2000年，农发行县支行贷款余额为4.33亿元，存款余额为44万元。粮棉收购保护政策取消后，中央银行逐步减少再贷款的规模，于是，农发行县支行的经营转移到以效益为中心，采取发债券、吸收存款等多种渠道自筹资金，同时进一步拓宽业务范围，对县境的农业产业化龙头企业进行评估，根据轻重缓急进行贷款支持。2003年，农发行县支行贷款余额为5.82亿元，存款余额为67万元。2005年，业务范围进一步扩大到开办农业产业化龙头企业贷款、农业科技贷款，并进行农业小企业贷款试点。2007年，开办农村基础设施建设、农业综合开发和农业生产资料贷款业务，累计贷款8.18亿元。

第七节　信用合作联社

1978年，全县共有信用社46个。1979年，荆州信用社因成绩突出，国务院总理华国锋签署嘉奖令，岳阳地区财贸系统掀起学习荆州信用社高潮。1985年年底，各项存款余额1578万元，贷款余额1035万元，利润47万元。1987年年初，县信用联社印发3000份定期股票，股票总值为78万元，恢复农村信用社“三性”（即组织上的群众性、经营上的灵活性、管理上的民主性），增强自有资金实力。1990年3月，制定《岳阳县信用联社承包方案》，是年4月，农行省、市分行在县信用联社开展“清非攻坚”试点（即清收非正常类贷款攻坚活动，银行系统贷款原实行四级分类，包括正常类贷款和非正常类的逾期、呆滞、损失的贷款），至年底，累计收回非正常类贷款2914万元。1993年3月，对社主任实行聘任制，全县有9名社主任落聘成为普通职工，11名业务骨干上调县信用社机关或聘任为乡镇信用社主任。1995年，境内连遭龙卷风和特大暴雨袭击，全县信用社发放救灾贷款870多万元。1998年，为配合全县撤区并乡工作，县联社撤并降级19个农村信用社，信用社精简为31个。1999年，岳阳县农村基金会清整，农村信用社并入和收购基金会贷款7548万余元。2001年4月，县信用联社成立农户资信评定小组，对全县农户进行信用等级评估，农户小额信用贷款全面推行；9月，岳阳县城市信用社整体并入农村信用社。2002年，开展存款创“三优”（即优质量、优结构、优服务）竞赛活动，全年净增存款8579万元，存款余额9.7亿元。是年3月末，全县有4.8万家农户获信用社贷款证，农户贷款在授信限额内“随用随贷，次数不限，周转使用”，全年共放小额农贷26858笔，金额4538万元。2006年2月，为了方便“三农”（即农民、农业、农村），县信用联社发行“福祥借记卡”，深受农户、工商户和企业的欢迎。2007年，县信用联社一级法人改革成功，隶属湖南省农村信用社联合社管理，获取央行1.3亿元票据兑现，消化大量财务包袱，增强了发展后劲。是年，全县信用社各项存款余额为13.32亿元，是1978的183倍；贷款余额9.93亿元，是1978年的266倍，存、贷款规模在全县银行业中的市场份额均居第一。

至2007年，县信用联社在杨林乡万亩马铃薯基地、张谷英镇十万亩楠竹基地、柏祥镇生猪生产基地、新墙镇枫树湾畜牧有限公司及葡萄种植、黄沙街茶场、西塘果园、荆洲乡的西瓜、中洲乡的水产等项目，共投放扶贫资金1亿元，扶持8万多农户脱贫致富。

第八节　保　险

险种　1981年，岳阳县保险公司保险险种主要有企业财产险、家庭财产险、机动车辆险3种。1982年，险种不断增加，至1990年，新增船舶险、货物运输险、团体人身险、自行车被盗险、养鱼险、柑橘冻害险、学生平安险、产品质量险、团体人寿险等。1991年，开办团体人身及意外伤害险、涉外业务险。1993年，新增养殖业险、短期人身险、储金性人身险。1998年，增加建筑安装工程责任险、文化娱乐场综合险。2000年，新增人寿险、康宁终身险、康恒险、鸿福险、简易人身险、英才少儿险、个人养老金险、人身意外伤害险、全家福险、幼儿平安险、建筑工程团体人身险、住院医疗险、家庭理财险及其他附加保险等70多个险种。2007年，新增政策性农业水稻保险、能繁母猪保险。

保费收入　1981年，全县保险机构收入各种保费18.91万元，1985年为27.78万元，1986年为42.57万元，1987年为100.94万元，1988年为300.02万元，比1981年增长14.87倍。1989年降至198.54万元，1990年为175.15万元。1991年为250.72万元，1992年为820.9万元，1993年为802.2万元，1994年为426.4万元，1995年为556.6万元，1996年为503.8万元，1997年为1010.3万元，1998为1500.6万元，1999年完成财产保险收入506.6万元，人寿保险收入1162.6万元，2000年完成财产保险收入529.95万元，人寿保险收入894.3万元，2001年完成财产保险收入586.2万元，人寿保险收入1300万元，2002年完成财产保险收入562万元，人寿保险收入23700万元，2003年完成财产保险收入596万元，完成人寿保险收入3273万元，2004年完成人身保险2800万元，财产保险779.4万元，2005年完成人身保险3369万元，财产保险670万元，2006年完成保费收入4185万元，2007年完成保费收入5288万元。其中，中华保险支公司实现商业性保费收入951.7万元，政策性保费收入2068.7万元。

理赔　1981年，全县保险机构共理赔支付36827元，占保险收入的19.48%。1985年，理赔支出56755元，占保费收入的20.43%。1986年，理赔支出26.6万元，占保费收入的 62.49%。1987 年，理赔支出 32.83 万元，占保费收入的 32.52%。1988 年，理赔支出 318.29 万元，占保费收入的 106.09%。1989 年，理赔支出 112.97 万元，占保费收入的 56.9%。1990 年，理赔支出 99.9 万元，占保费收入的 57.04%。

2002 年 8 月 15 日，云山林场发生特大翻车事故，公司迅速理赔，把 2.5 万元现金送到客户家中。2003 年 9 月 23 日，长湖乡中心小学发生 82 名学生集体中毒事件，公司第一时间赶赴现场，在取得上级公司授权后，预付赔款 25 万元，使中毒学生得到及时救治。新开镇吴某于 2006 年投保国寿鸿丰两全保险，7 月 15 日意外身亡，公司一次性赔付保险金 18.50 万元，成为县境当年单件赔付额最高的案件。1996—2007 年，理赔金额达 1376.06 万元。

1996 年，县财保公司开办各种财产保险险种 13 个，是年 6—7 月，县境 2 次遭受特大洪涝灾害袭击，全县 4.85 亿元的保险财产受到严重威胁，县财保公司深入灾区一线参加抗洪抢险，总计组织抢运、转移保险财产 20.5 万吨，减少保险财产损失 1.48 亿元。洪灾过后，公司立即组织精干力量深入受灾现场查勘定损，15 天内查勘受灾工商企业 37 家、受灾家庭 2768 户，兑现大灾赔款 400 万元。1998 年，县境再次遭受洪涝灾害，县财保公司共支付各种赔款 308 万元。2000 年，公司建立 24 小时值班制度和双人查勘制度，开通“95518”保险服务专线电话，是年，共接听电话 8130 个，受理各类赔案 400 余起，支付赔款 420 万元。2002 年 4 月 4 日，丰利纸业有限公司芦苇堆因雷击起火发生特大火灾，公司接到报案后在 20 分钟赶到现场，并调消防车 6 台帮助救援，在 48 小时内将火扑灭，1 周内进行查勘定损、协商赔付，不到 3 个月，将 220 万元赔款支付到位。

2006—2007 年，中华保险县支公司共支付商业性保险赔款 458.10 万元、政策性保险赔款 1350.10 万元。

第十七篇　教育·科技

第一章　教　育

第一节　基础教育

一、学前教育

20 世纪 70 年代末，岳阳县幼儿教育处于广泛兴办、自由发展状态，各村级小学均附设规模不等的学前班，一般招收 4~6 岁的幼儿，学制 1~2 年，期满即进入该小学就读。自 1999 年下学期始，停止学校附设学前班招生，改办 3 年制幼儿园，全县幼儿教育管理逐渐规范、师资队伍不断壮大、民办幼儿园兴起、一批示范幼儿园接连出现。

1978 年，全县举办一年制学前班。办园形式主要为集体办园、部门办园。学前班一般设 1 名教师，班额较大，教学内容、方法小学化，每节课长达 45 分钟，课后给幼儿布置课外作业，进行期中测试、期末考试，基本没有教具和玩具。1995 年，形成乡镇办中心幼儿园、村办幼儿班的格局，幼儿入园率 100%，城关地区学校附设学前班转化为学前 3 年教育。1998 年，幼儿教育办学形式放开，大部分幼儿园实行按幼儿园年龄编班，分小小班、小班、中班、大班等，每班人数分别为 20~30 人不等。

1984 年，县教委基础教育股设幼教专干 1 人。1990 年，县教委编制《岳阳县幼教事业五年发展计划（1991—1995)》，1998 年，全县幼儿教育推向社会，幼教管理由县教育局基教股管业务、职成股管办园证审定与发放、教研室管幼教教研，人事股、督导室、勤管办等参与幼教管理。是年，县教育局制定《岳阳县农村学前班等级评估细则》，实行幼儿园（重新）申报注册制度、幼儿园登记制度和等级评估制度。2000 年，开展县级示范幼儿园和办园质量评估活动，对合格幼儿园颁发“办园许可证”，对不合格的幼儿园予以整改、取缔；健全托幼机构的卫生保健管理，加快 3 年制普及。2003 年 3 月，县政府牵头，成立岳阳县幼儿园办园秩序专项整治行动办公室，推行办园审批制度、办园许可证年审制度、等级评估制度、等级收费制度、幼师资格准入制度、园务公开制度。5 月，县教育局下发《岳阳县学前教育机构管理办法》《岳阳县幼儿园办园标准》等 4 个文件，全县幼儿园实行统一教材、统一教学检查、统一师资培训、统一开展活动。2007 年 2 月，县教育局对全县幼儿园接送幼儿的校车重新核发校车准运证，对校车实行户籍化管理。幼儿园大部分实行园长负责制，自主收费、自主招聘幼师。园内每班配幼师 2 人、保育员 1 人。幼儿教育内容和方法不断更新，重视游戏在教学活动的作用，重视保教工作、安全卫生工作、养成教育等。必修课程为：语言、计算、音乐、体育、美术、常识等，少数幼儿园开设珠心算、舞蹈、钢琴、美术、双语等兴趣班。

1991—1996 年，每年举办一届幼师基本功竞赛，颁发“幼儿教师教学基本功达标证”，鼓励幼师自费参加函授、脱产学习，有 4 名教师被录入长沙师范学校学习，后成为公办教师。1996 年，全县幼儿教职工 648 人，其中专职教师 630 人，保健员、医务员和其他职工 18 人；公立教师 27 人、民办定编 62 人。是年，县职业中专招收首届幼师学员 31 人。9 月，黄军荣、姜荷萍、王小红、甘小香 4 名幼师被评为湖南省幼教先进个人。1998 年，幼儿教育体制改革，全县原定编制全部取消。是年，县教育局在柏祥镇开展幼儿教师聘任制试点工作；举办教师培训活动，至 2002 年，共办幼师培训班 8 期，培训 420 人次；乡镇办培训班 198 期，培训 5148 人次。2003 年，县教育局对在职幼师实行资格准入制度，符合条件的发给“幼师上岗证”。2007 年 12 月，县教育局在县职业教育中心举办全县幼儿园园长培训班，有 58 名园长参加，培训的主要内容是办园标准、教育教学管理、现代教育理念、安全教育与管理。

20 世纪 90 年代中期前，幼儿每人每期学费只需 60 元。1998 年，学费由各幼儿园自行拟定，根据幼儿是否坐校车接送，是否吃早中餐、日托、周托、全托等因素决定收费多少。2001 年，每期学费 100~300 元不等。2007 年，每生升至 500~1500 元，小太阳训练中心日托为 2500 元（包车接送）、周托 3000 元左右。

2007 年，全县有公办幼儿园 1 所、校办幼儿园 83 所、民办幼儿园 172 所，在园（班）幼儿 10445 人，其中受学前 1 年教育幼儿 6833 人，适龄幼儿入园率 100%。

二、小学教育

1978 年，全县有小学 821 所，在校学生 134551 人，入学率 98.9%，毕业生 20082 人，教职工 4536 人。1988 年，全县有小学 777 所，在校学生 102731 人，入学率 99.77%，巩固率 99.25%，在校教职工 4257 人。1990 年，调整片完小、高小点 94 个，有小学 733 所、学生 95127 人、入学率 99.9%，小学大部分实行“四二”分段制。全县小学有教职工 4114 人，其中民办教师 2631 人。1998 年，全县有小学 635 所，在校学生 95635 人，毕业 14775 人，有小学高级教师 800 人、一级教师 1676 人。2007 年，全县有小学 97 所，在校学生 37086 人，毕业 6485 人。

1978 年，全县小学开始使用部编教材，抓基础知识，基本技能教育，改进教学方法。1981 年，各公社筹办中心小学。1984 年，贯彻执行教育部颁发的 6 年教学计划。黄沙街区黄金小学被省教育厅、省文化厅等单位授予“红领巾读书、读报”奖。1985 年 4 月，普及小学教育验收，岳阳县获省政府颁发的“普及初等教育合格证书”。

1987年，全县开展“五创”（即创教育合格乡镇、合格高中、合格中心小学、规范化村级小学、合格学前班）活动。县委、县政府将其纳入全县创业项目之一，制定实施细则。要求乡（镇）财政收入的50%用于教育，是年，小学适龄儿童入学率为99.13%、普及率均为100%。要求合格学校实现“一无两有六配套”（即无危房；有标准的教室、标准的课桌椅；教学仪器、四大件、图书资料、体卫设施、生活设施、教育管理配套）。1988年3月，县教委在筻口试点，1989年2月，县委、县政府授予筻口镇基础教育示范乡镇称号。1987—1991年，全县共投资4103万元，新建教学楼481栋、建筑面积29万多平方米，添置教学仪器和图书，创合格乡镇14个、合格高中19所、合格小学408所、合格学前班379个。2个乡（镇）被市政府授予教育先进乡镇称号，2所初中、4所中心小学被评为市级合格学校。

1991年，进入普及九年义务教育实施达标期；1996年10月，经省政府“两基”评估验收，岳阳县跨入全省普及九年义务教育县行列，并被评为全国“注·提”实验先进单位，1999年11月，岳阳市“普九”评估团对县“普九”工作进行复查并予以充分肯定。2001年，撤并小学130所，有小学556所，其中中心小学24所，村级小学532所。2005年，全县小学撤并至128所、教学点8个、九年一贯制学校8所。是年3月，教育部在上海召开全国农村教育工作会，推介岳阳县“学校联管，教师走教”经验。2007年12月，县政府教育督导室对甘田乡、新墙镇、张谷英镇等中心小学和黄秀中学进行督导评估，正式启动对规范化学校的评估验收工作。

三、普通中等教育

1978年，初高中毕业班普遍设有快班、慢班，高中设有复读班，旨在提高升学率。自20世纪80年代始，初中、高中沿袭“二分段制”。1986年始，高中新生建有学籍卡，县一中不招复读生，废除快班、慢班、复读班。1988年6月，全县召开初中教育工作会，改造薄弱初中，是年，33所初中的基础设施得到改造。1990年，全县开展“创合格乡校”工作，1992年，52所乡镇中学达二类标准、2所达三类标准。1993年，全县形成县办高中、乡办初中的办学格局。1994年1月，省教育厅授予岳阳县一中“湖南省重点中学”匾牌。1995年5月，着重抓“两基”达标工作，是年，熊市、凉亭、中洲3所初中达省标一级。1996年，县委、县政府决定新开辟乡镇投入、群众集资、征收农村教育事业费附加等5条经费投入渠道，是年，岳阳县成为全国第三批“两基”合格县。1997年5月，县委、县政府发文规定：乡镇、村要设立助学、保学基金，解决特困生入学；非法雇佣未受完九年义务教育的未成年人的组织，要坚决查处；未受完九年义务教育者，须到乡镇农校学习，取得结业证书后，方可办理结婚手续。1998年，全县高中在校学生达5081人。是年，经市教科所评估，县八中、城关镇一中、筻口中学被认定为目标教学合格学校。筻口中学、西塘中学、平地中学、县一中、县三中、黄秀中学达省标一级。1999年8月，全县中、小学有95名中青年教师竞聘走上校长岗位，264名教师落聘，62名教师待岗，清退代课教师、临雇人员485人。是年，全县投入680多万元，新建、扩建校舍；集资500多万元，添置图书、仪器；25所中学装备电脑室，3所学校配备双向控制电视系统。2000年，开始着手研究“留守孩子”问题，让“留守孩子”感受社会的温暖。2001年，县教育局对县二中、县八中、镇一中的新生招生班数、人数及地段作统一规定，县委、县政府同意县一中拟定的收费比例和收费标准，县一中实行招生“双轨制”，执法部门对县一中实行重点保护。自2002年1月始，全县农村中学教师的工资，由县统一发放。2003年，岳阳县一中招收新生适当降低农村初中毕业生会考分数线，2004年，初中毕业生音乐、美术、体育3科全县统一会考，其成绩作为毕业依据和进入高一级学校录取的总分。自2004年始，取消进城农民子女义务教育的“借读费”。是年，县教育局加强未成年人思想道德教育。2005年9月，县委发文强调教育经费保教职工工资、保政策性增资、保班主任津贴、保山区补贴、保教工医保费、保离退休教师工资、保一次性抚恤金和安葬费、保遗属抚恤费。2006年，停止集英中学的新生招生、解散县八中实验班，杜绝全县中学分快慢班的现象，投入1270多万元，建远程教育站点368个。2007年，通过省委、省政府督导团评估考核，岳阳县被评为全省教育工作先进县。

初级中学 1978年，实行《全日制十年中小学计划》，使用部编新教材，对中学布局进行调整，大队初中收归公社中学，开始抓基础知识、基本技能教育，改进教学方法。全县有中学122所，学生18175人，毕业生20500人。是年，全县初、高中开始实行三二分段（初中3年、高中2年），1983年，全县乡（镇）中学55所、厂（场）办中学5所，在校学生34800人，专任教师1670人。

1985年，中学逐渐打破封闭状态，课堂教学与课外活动、课外阅读相结合，西塘中学利用劳动实践基地指导学生果树栽种、养鱼、养猪等实验活动，效果显著。

1986年，县教育局印制《中学教师职业道德六条要求》《中学生守则》《学校行政干部及有关人员职责》等内容。

1988年，县委、县政府作出《关于在全县开展创建基础教育示范乡镇活动的决定》，并决定在城镇兴建县第八中学；旨在端正办学思想，改造薄弱初中，提高教育质量。是年，全县33所薄弱初中基础设施得到相应改造。同时，县教委规定，必须抓好近3年学籍档案的清理，实现学籍管理的宏观控制。

1990年，县教委在广兴洲区召开“创合格乡校”会议。广兴洲、筻口等地部分合格初中得到省教委普教处的充分肯定；采取多种形式进行学雷锋、学赖宁活动，全县共成立学习小组7800多个，开展敬老助残活动3.4万多次，月田乡中学学生陈生龙抢救落水者的先进事迹在全县推介。

1991年年底复查，筻口镇一中、十步中学、中洲中学、甘田中学、三合中学、芭蕉中学为一类合格初中，对三类的昆山中学通报批评。1992 年，全县中学开始执行德育评价机制，全县 6800 名初中毕业生，人人参评。每生基础分为 80 分，做好人好事则加分，违纪违规则减分。

1997 年，龙湾中学、春风中学、黄秀中学、康王中学、乌江中学、鹿角镇一中、广兴一中、凤凰中学 8 所中学达省一级中学标准。1999 年，全国初中数学、物理竞赛，岳阳县获省一等奖 5 人、二等奖 6 人、三等奖 6 人。2002 年 5 月，县教育局出台新的《中小学德育工作常规》，开展“公民道德建设我有责”竞赛活动、“警校共建”活动。县委、县政府将“保学控流”工作纳入乡镇目标管理，全县共减、免、缓学费 400 多万元，集资 70 多万元，解决 3500 多名特困生入学难问题。

2003 年 10 月，县教育局下发《岳阳县中小学校毒品预防教育“四个一”活动工作方案》（即上好一堂禁毒教育课、看好一个警示片、办好一个专栏、开展一次活动）。

2004 年，各校建立德育工作领导小组，形成学校、社会、家庭三结合的德育工作网络。

2005 年 11 月，县教育局举办“德育个案”“做合格家长”“诚信学生”征文活动，城关镇、县八中等单位获一等奖；在全省中学生书法、绘画、摄影大赛中，岳阳县 15 人获金奖、15 人获银奖。

2007 年，全县有初中 44 所，教学班 429 个，学生 22967 人，教师 1880 人。是年 1 月，县教育局命名张谷英中学、杨林中学、甘田中学、筻口中学、荆洲中学、黄沙街中学为岳阳县现代教育技术示范学校。是年上半年开学期间，县教育局全体干部到乡镇督促“控流保学”，各乡镇党政、司法和村支两委全体出动，全县投入 160 万元完成寄宿制学校建设项目 4 个，新建学生公寓 3950 平方米；实施“留守儿童”关爱工程，省、市媒体作专题报道，省、市妇联到县作专题调研，并向省、市推介经验。

高级中学　1978 年春，县委决定在新县城荣家湾重建岳阳县一中，5 月开始筹建，9 月 4 日正式开学，招高中班 8 个，学生 414 人，教职工 53 人。1980 年后，在加强基础知识、基本技能教学的基础上，进一步在培养能力、发展智力上下功夫，外语进行口头训练实验教学、数学进行“自学、质疑、解题”实验教学、语文实行“作文系列”教学研究。1981 年 8 月，荣家湾区中学更名为县第二中学、新墙区中学更名为第三中学，9 月，全县共有中学（初、高中）73 所，学生 37743 人，教职工 2661 人，专任教员 2093 人。10 月县市合并，县一中更名为岳阳市七中、县三中更名为岳阳市八中、县二中仍更名为荣家湾区中学。

1984 年 3 月，岳阳市七中更名为县一中、市八中更名为县三中、荣家湾区中学仍为县二中，9 月，公田中学更名为县四中、广兴洲区中学更名为县五中、筻口区中学更名为县六中、康王区中学更名为县七中、渭洞区中学、步仙区中学分别更名为县第一、第二职业中学。区中学仅存毛田、月田、麻塘、黄沙区 4 所。1985 年，打破封闭状态，校内活动与社会活动结合，劳动技术课与劳动实践相结合。1986 年，撤销麻塘区中学，校舍校产交麻塘区，学生转入县第二、三中学就读。1987 年，全县有完全中学 2 所（县一中、县二中）、县普通高中 5 所、区高中 3 所，高中学生 7489 人。是年，县一中被评为湖南省施行国家体育锻炼标准先进单位。

1988 年，全县有高中 10 所，其中县直 7 所，毛田、月田、黄沙街区各 1 所；学生 6944 人，教师 2212 人。县教研室对 7 所县直高中、3 所区高进行 3 轮教学视导，并引进浙江、福建等地的高考信息，为高三复习迎考服务。1989—1990 年，全县注重抓教改实验项目，高中教改课题《议论文段落教学法》效果显著。全国中语会会刊《中学语文教学》连续 3 期刊载岳阳县《议论文段落教学》的经验，并在全国中学语文教学研讨会上作专题发言。1992 年，县政府成立实验教学普及县领导小组，5 月，县教委在县六中召开实验教学普及县工作现场会。是年，岳阳县被评为全市实验教学先进县。

1993 年，县三中评选“名师”，“名师”必创“四个一流”（即一流的师德、水平、态度、质量），当选者校内浮动一级工资，享受期 1 年；3 次评为“名师”的，长期享受每月 30 元的津贴费。是年 12 月，县仪电站下发《仪器电教青辅工作计划》，强调坚持仪器电教、青辅工作。

1994 年 1 月，省教育厅授予岳阳县一中等 8 所学校湖南省重点中学匾牌。是年，全县中学生开展“忠心献给国家、热心献给社会、孝心献给父母、爱心献给教师、诚心献给朋友”的“五心”教育。

1998 年 8 月，县三中被市教委评为贯彻《学校体育工作条例》优秀学校。2000 年 11 月，岳阳市第四届中小学艺术节比赛，岳阳县获一等奖 3 个、二等奖 5 个，县二中被评为全市艺术教育先进单位。

2001 年 12 月，县一中被中华全国总工会授予全国“五一”劳动奖状。2003 年，全县高中学生 11259 人，首次突破万人大关。2004 年，开展中学生综合素质评价工作专项检查，建立学生成长记录和评价手册，加强学生养成教育，治理学校脏乱现象。1998—2002 年，全县被清华、北大名牌高校录取 64 人，5 年稳居全市第二。2003 年 10 月，全县中小学毒品预防教育启动仪式在县二中举行，县二中学生代表宣读《致全县中小学生“珍爱生命，远离毒品”的倡议书》。2004 年，全县教育系统启动远程工程，是年 8 月，印发农村中小学现代远程教育工程实施方案。

2007 年，全县有高中 6 所、教学班 217 个，学生 14035 人，教师 726 人，其中高级教师 99 人、一级教师 305 人、二级教师 261 人；本科以上学历 650 人，学历合格率 89.5%。是年 3 月，县教育局作出《关于向陶星同学学习活动的决定》。是年，陶星被评为岳阳市十大道德模范之一，被省委宣传部定为湖南省十大新闻人物评选候选人。国家、省、市主要媒体对其事迹进行专题报道，省委书记张春贤指示：“90 后中国孝子陶星的事迹很感人，有典型意义。”

第二节 职业教育

办学规模 1987年前，岳阳县职业高中教育有师范学校、卫生学校、农业学校、林业学校、技工（农机技术）学校等不同专业的学校。1984年9月，全县开办第一职业中学（渭洞区高改办）和第二职业中学（步仙区高改办），学制2~3年，将鱼塘列为实习基地。1988年下期，初级中学“3+1”（初中3年期满接学1年职业技术课）职业技术教育在全县铺开，全县有18个班、400余人，西塘中学开设果林园艺班。1989年，县教委规定县第一职业中学、第二职业中学、县一中、振兴学校、西塘中学等共招职业技术班10个、510人。是年，县第一职业中学因生源不足撤并到县第二职业中学。1990年3月，民革岳阳市委在荣家湾镇天鹅北路创办岳阳中山科技学校，学制4年。是年，县第二职业中学开设4个农业专业班，招250人；西塘职业初中引进水果保鲜、加工等课目。1991年，全县招职高生600人，占高一新生总数的42%。1992年，全县办四年制职教班14个，将中山科技学校、县农广校、县粮校纳入全县统一招生范围，学籍统一管理。1993年，县教委强调：职业教育达不到先进的区（镇），年终不能评综合先进单位；四年制初中班的专业必须适应本地经济发展的需要，有专业教师、专业教材、生产实习场地。是年，全县计划招生1000人，“预备役军人班”由县人武部、县教委联合办学。1994年，县委、县政府决定将县政协创办的振兴学校更名为县振兴高级职业中学，振兴高中补习学校更名为县第一职业中学。至是年，县第二职业中学共为全县输送2000余名中级农技人员。1995年，按初中毕业生总数实行“普职”六四分流（即报考普高占60%、职高占40%）。1996年，宣传国家《职业技术教育法》，在全社会形成“教育改革的根本出路在于发展职业技术教育”的共识，4月，确定县第一职业中学为示范职高，县长卢良才亲自挂点，职教经费通过县财政专项列支、城市教育附加费、县人民教育基金、伴生征集（中、小学生每生每期5元）4条渠道解决。1997年，县第一职业中学征地4公顷，校园面积扩至7.87公顷、建筑面积9200平方米、可容纳学生1500人。是年，全市示范性职高评估，岳阳县第一职业中学名列全市第二。1998年，选送7名教师到省、市培训，在湖南农大、湖南林学院选择6名优秀毕业生到县第一职业中学任教；并将县振兴学校、县第二职学校合并到县第一职业中学。县教育局注重抓全县职业中学的常规教学，对备课、上课、作业、辅导、实验、练习及其相关计划、总结等提出具体要求。县教育局局长到深圳宣传职教，争取外援，得到杨宏炳支持。杨向县第一职业学校投资300万元，与县第一职业学校签订意向性合同书。1999年4月，县第一职业学校正式成为全省20所示范推广学校之一。5月，县第一职业学校开办音乐、美术2个专业的实验班，面向全县招生。是年，全县职业中专129名学生参加对口升学考试，上线99人，录取116人，录取率90%，创全县职中对口高考的最佳成绩。2000年2月，县教育局在职业中专召开创国家级重点职业中专现场办公会，2001 年，经教育部验收，县职业中专批准为国家级重点职业中专。2002 年，全县职业中专参加专业对口高考，专、本上线 106 人，上线率 88.3%、两证专业考试过级率为 98%、毕业生就业安置率 99%。2004 年，全县职校共招新生 4300 余人，普职比例为 6∶4，县职业中专建成女生公寓、5 个多媒体教室和广场大会主席台，添置电钢琴 30 台、电脑 60 台、电动缝纫机 20 台；成功承办岳阳市 2004 年中学生田径运动会。2005 年 10 月，县教育局举行职中教育教学"开放日"活动，印发《职教目标管理方案》，县职业中专成功举办湖南省中职英语年会，并在岳阳市首届职校田径运动会中获团体总分第一。2006 年 1 月，成立县职业教育中心，在行政区域减少 3 个乡镇的情况下，职高招生比上年增加 158 人，县职专在校学生近 3000 人，岳阳县职业教育被省政府评为先进县，奖励 22 万元。

2007 年，在全市学生信息技术竞赛中，县职业中专 2 名学生进入全市前六名，总分名列第一。是年，县职业中专请全国职教专家蒋乃平、杜爱玲、刘建玉到校讲学，本校教师编撰数十本校本教材。县政府决定全县医疗、餐饮、学前教育、特种行业等从业人员，必须拿到由县职教中心核发的岗位培训合格证书方可就业。

办学形式 1984 年后，全县开办第一、第二两所职业中学，分别设在渭洞区（现张谷英镇）、步仙区（现柏祥镇）。学校运转资金及教职工的工资由国家发放，其教育、教学、教研事务均由上一级教育行政部门指导管理，1990 年后，新合并的县职业中专属国家办学形式。部门办，1987 年后，部门办的县卫校、成人中专学校、县粮校、县农机学校、县农广校、县林业学校、县商业学校、县振兴学校等，其行政体制均属部门管理，教学设施、教师聘任及工资均为各部门自行负责。但招生和教学业务、学籍管理均与教育部门有直接联系。私人办，1988 年后的高科、新科、佳成、华程等职校，其校舍选址、教师聘任及其待遇、设施设备等均由开办人（校长）负责，校长即本校的法人代表，但招生、教学业务、学籍管理等均由上一级教育行政部门统一管理。中山科技职校，前期为私人办，后转为民革岳阳市委办，最后又成为私人办。办学类型有全日制学校，如新、老一职中、二职中、中山科技、佳成、高科、新科、华程等职校，均按全日制普通中学的作息与课程进行不同专业的学习课程，均像普高一样采取放月假的形式。1988 年始，县一中、县二中、县三中等普通高中开设职业班，学制仍为 3 年。学生在学习普高文化课外，增设 1 门职业技术课。1990 年，受当地行政委托，县二职中开设农业类专业班 4 个，招 250 人，短期培训畜牧、林果专业，有 46 名农户参加，西塘乡职业初中班请大连轻工业学院教授讲水果加工技术，培训当地 30 余名果技人员。1991 年，14 所中学办起四年制班 18 个，有学生 842 人，其中筻口中学林业专业 150 人、昆山中学茶叶专业 61 人。

课程设置 1988 年上学期，西塘中学的"3+1"职业班，设置果林园艺专业，自编《桃树》《柑橘》《太平果》等乡土教材，学生学习嫁接、剪枝、治虫等技术，为当地果农及县域林果开发培养技术人员，先后开发新墙水果、蔬菜，柏祥生猪养殖，麻塘金山苗木，张谷英竹业等10余个技术培训和推广基地。以市场为导向，培养多层次多门类适用性人才，开设机电、计算机、电子电器等专业，毕业学生输送到深圳、珠海、广州、上海等地。实行“订单式”培养，开设财会、幼师、工艺美术、电子计算机、服装设计、外贸英语、旅游与宾馆管理等专业，2004年，县职业中专与联想集团、TCL集团、长沙华天宾馆、岳阳红桥旅游公司等单位建立长期人才供需关系，是年，有400名学生安置在上海、深圳等地。2006年，县职中专被湖南省定为出国劳务培训基地，培训出国劳务人员60人，并派往约旦、新加坡等地务工，月工资是国内的10倍左右；在苏州工业园、深圳富士康、北京泰和顺、新加坡俐富等60家公司建立项目实习实训基地，建立中外用人单位和就业人员的信息库，开发就业指导网站。

第三节 特殊教育

教学条件 20世纪90年代初，岳阳县设立特殊教育学校，动员家长送子女到岳阳市区特殊教育学校就读或者动员到附近小学“随班就读”。1994年，全县80%的乡、镇办起随班就读点，全县残疾弱智适龄儿童403人，已入学168人，入学率41.7%，筻口区75名残疾儿童，入学68人，入学率达90.7%。1995年3月，湖南岳阳县聋哑学校正式成立，校址位于县城友爱路之南，前身为月西村小学、县教委校办工厂。1996年，全县适龄残疾少儿431人，289人就近随班就读，35人进县聋哑学校，入学率75.2%。是年，集资83万元投入聋哑学校，新建200多平方米校舍和600多平方米的教职工住房，开设音乐律动室、仪器室、电教室、图书室。

2001年10月，县特教联席会议决议：将特残教育纳入义务教育轨道；聋哑学校更名为县特殊教育学校；多渠道落实办学经费；发展视力、智力残疾少儿教育，加强教师培训。2002年，集资40万元，新建教育综合大楼1栋、900平方米。2004年，学校建立现代远程教育二模式站点，配备1.6万元的设备，把“信息技术”纳入到高年级聋生的职业教育范畴。2005年，招新生72人；是年5月20日，举行建校10周年庆典，国家督学陈白玉、县领导到校祝贺并筹集到捐款20余万元。2007年，全县随班就读78人，县特教学校98人，入学率87%。60名学生享受民政低保，每月补助120元；在籍学生的学杂费、食宿费全免。

课程设置 县特教学校按照国家《全日制聋哑课程设置方案》开设语文、数学、思想品德、自然、社会、体育、美术等课程，训练学生的语言（即口语、手语）、文字和计算能力，教他们唱歌、跳舞、绘画、开启其心智，根据学生爱好取向分别进行书法、美术、语训、刺绣等培训。1995—2004年，给有残余听力的学生配戴助听器，进行个别教学和口语训练。学校突出“口语教学”，教师吴益香九年如一日，她所教学生可以通过看口形进行正常交流，2000年，她得到省特教协会的高度评价。

1991年，学生舞蹈《中国娃》获岳阳市中小学文艺调演二等奖。1999年、2002年、2005年，学校先后选送文艺节目参加全县春节联欢晚会。2000年，舞蹈《众人划桨开大船》获岳阳市第四届中小学艺术节一等奖；2001年1月，中国扶贫基金会孤儿项目部副主任唐薇等一行到特教学校看望残疾学生，对学校工作予以充分肯定。2004年，岳阳县特教学校被评为湖南省特殊教育先进单位；学生李杰参加首届全国特殊教育学生美术大赛获优秀奖。2007年，被评为省特教工作先进单位，“三残”少年儿童入学率85.2%。

第四节 成人教育

农民教育 1978年12月，县委召开常委会，研究农民教育问题。选派59名思想好、能力强的教师担任区、社、农林场业余教育专干。是年，全县有政治文化夜校附设扫盲班、全日制小学附设扫盲班、送字上门包教保学等多种形式。对子女多、难以集中学习的妇女，就近利用五年级以上学生送字上门、包教保学。全县共办政治文化夜校5000多所，学员20万余人；扫盲班400多个，学员2万余人。已扫除青少年文盲1.2万余人、壮年文盲1万余人、669名青少年发脱盲证。是年，共印发扫盲课本3万册，编印农技教材1万册。1979年1月，县扫盲协会更名为县工农教育委员会，县委副书记李怀芝任主任，县委宣传部部长王树先、县教育局局长李雄威任副主任，县委为业余教育发文3次；在区、社负责人会议上强调、布置扫盲工作4次。是年，办白天扫盲班606个、夜校扫盲班539个，参加学习的青壮年文盲10810人，有7612人脱盲，19个公社基本扫除青少年文盲。全县有业余小学444所，学员6750人；业余中学54所，学员1258人；业余技术学校2所，学员75人。1980年，县境扫盲、业余教育，经省、地验收为青少年无盲县。

1983年，兰田乡创办一所农民文化技术学校，有学习室、办公室、资料室、课桌凳等，开设政治、语文、农技课，学制1年，授课440节，其中技术课占70%。通过学习，学员文化达到高中一年级水平，专业知识达到初级技术水平，考试合格者，由县成人教育办颁发毕业证书。1981年，创办岳阳县农业广播电视分校，全县19个教学班、6个专业，学校共办4期，招学员1252人，其中女72人，学员结业考试合格率91%。1983—1987年，共培训各种专业技术人员824人。。兰田乡青年袁干才1984年入农学专业科，毕业考试8科，每科平均83.5分。毕业后在家搞“四种三养”（种粮、棉、养猪、鱼等）年纯收入达7000元，成为全乡有名的科技示范户，被城陵矶养殖场聘请为技术员。第一、二、三期毕业学员中，18人任副乡级以上干部，37人被聘为合同干部、技术员，49人成为科技示范户、致富户。1987年，筻口镇青年李力行被评为全国农业广播电视学校优秀学员。1984年3月，相思乡九龙村共产党员许建华，创办一所业余农校，校址在许自己的家里，教师以许建华为主，另有医师、会计、小学校长，学员免费就学，采取灵活面授和刊授的形式教学，一直办到1995年，其事迹被省级《成人教育》《成才之路》

等刊物多次报道。是年，全县办各类文化技术学校、班420所个，学员9474人，其中业余中学2所，学员50人；业余小学270所，学员5926人；扫盲班148个，学员3498人，共有专任教师56人，兼职教师428人。1985年，农民教育实行乡、村办学，每个乡镇均办1所农民文化技术学校，有学员938人，村办农技校506所，有学员16920人。1987年，以创办乡农校为龙头，以实用技术为重点，对农技、缝纫、食用菌、快速养猪、养鱼等27种专业进行培训，全县农校594所，学员36290人，其中乡农校14566人，村农校21724人。采用广播、刊授、讲座等形式传授技术知识，全县有17个乡办农校达省颁农校标准。是年，48个乡镇成立农民业余教育领导小组、农民技术学校校务会，配备专（兼）职正副校长和管理人员，59名正、副书记或正副乡长担任乡（镇）农民业余教育组组长或校长，形成由乡镇政府举办，教育部门主管，有关部门配合的新体制。1988年，县委、县政府成立扫除文盲工作领导小组，由分管教育的副县长任组长，县直教育、科技、财政、民政、公安等部门一把手为成员，各区、乡镇均成立相应机构，形成扫盲工作有人管，经费有人拨、教育有人抓的良好局面。1990年，县政府对区乡下达扫盲任务共6000人，至年底，全部完成。1991年5月，县政府牵头，组织县农委、县科委、县教委联合组成县农科教办公室，23个乡镇均成立农科教中心。县财政每年下拨农科教办公经费3万~5万元。是年，黄沙街镇投资20万元，建起农科教中心教学楼。1993—1995年，全县农科教中心组织上万农户进行“绿色证书”培训，8000多人领到省农委印发的“绿色证书”。1998年6月，国家组织专家到岳阳县复查验收，抽查3个乡，要求近3年脱盲者80%参加考试，发现1996年“两基”验收时扫盲工作有水分；全县尚有4129名青壮年未脱盲；近3年的脱盲者未参加巩固提高学习。据此，县政府推行扫盲工作“双线承包”责任制和“行政首长”负责制，加大力度，加大投入。将扫盲经费纳入县财政预算。1999年，全县“农科教”专项经费5万元。各乡镇共投入130万元，加强农校硬件建设。全县乡镇举办各类培训班172期，2.8万人参加；村农校办班1321期，3.1万人参加。

2002年后，农村扫盲工作的重心转为农民的实用技术培训，主要学习种植、养殖、农机等方面的知识。2004—2006年，全县投入扫盲经费70.5万元，1172人达脱盲标准，青壮年文盲减至868人，非文盲率提高到99.8%。

职工教育　1975—1988年，县职工教育学校有县供销联社职工学校、县商业职工学校、县粮食职工学校、县卫生干部学校、县教师进修学校。职工教育的有关途径有自考、函授、电大等形式。

县供销联社职工学校。1975年3月创办，1977—1984年，共举办财会培训班5期，每期3个月，学习财会基础、会计核算、计划执行、利润核算及记账、算账、报表等知识，学员共250人。每年在新棉上市前举办一次棉检员培训班，每期学习15天，学习鉴质、检验、测量水分等知识，学员共700多人次。1980年9月至1982年10月，举办营业员培训班3期，每期15天，主要是端正服务态度，改善经营作风，结合学习财会和业务知识，学员280人。1983年后，举办3期“普法教育”培训班，每期12天，学习《宪法》《民法通则》《经济合同法》《民事诉讼法》《刑事诉讼法》《治安处罚条例》等，学员180人。1982年6月至1987年9月，对本系统消防泵机手、专职保卫人员进行轮训，共办6期，每期7天，学员500余人。1987年9月，对供销系统年龄在45岁以下，高中文化以下的干部、职工进行补习，课程有语文、数学、物理、历史、地理5科，授课116天，学员58人，经考试100%合格。

县粮食职工学校。1985年创办，至1986年，在新墙举办3期学习班，每期3个月，学员127人，其中会计、统计员37人，营业员40人，保管员50人。1986年，筹资70万元，在荣家湾镇东方路兴建占地0.3公顷、建筑面积1800平方米的教学大楼，1987年，办2期学习班。1986—1987年，县粮校连续被评为市职工教育先进单位。

县商业职工学校。1986年创办，是年，举办2期高中文化补习班，每期3个月，开设语文、数学2科，有学员64人，合格率100%，年底，该校被评为岳阳市职工教育先进单位。1987年，举办2期岗位培训班，学员37人，岳阳市统计局命题测试，97.5%合格。

县卫生干部进修学校。1979年由渭洞迁入枫桥湖干部疗养所，1980年春开始招生，更名为岳阳县卫生干部进修学校，办中西医结合班、中医提高班、基础理论班、护士班各1期，培训学员243人。1981年9月，与岳阳市冷水铺卫校合并，更名为岳阳市卫生干部进修学校。

1977年，县教学辅导站内设函授组，担任教师轮训、函授教育任务。1981年，湖滨师范学校移交岳阳市，1984年，县教师进修学校借用县三中、县第一职业中学办学。1988年，在荣家湾兴建建筑面积4000平方米的县教师进修学校，运动场约800平方米，藏图书1500余册，脚踏风琴20台，双层床100张，课桌椅200套，文件柜15个，教职工办公设备齐全，学校固定资产达100余万元。有教职工29人，其中中教高级职称2人、中教一级10人。1988年，办小学教师普训班2期、90人；中函脱产培训班11期、477人；中心小学校长培训班1期、49人；中小学行政干部班1期、345人；小教专考培训班2期、50人。累计招中函学员2233人，有851人获中函毕业文凭。全县在籍中函学员1041人，分区设9个面授辅导站，由学校派教师巡回教学。形成以县进修学校为龙头的多层次、多渠道的小学教师训练网络。

县高等教育自学指导委员会。1984年9月1日成立，是年11月，第一次自学考试，岳阳县赴市参考624人，报考6个专业、1135科次，单科合格214科。1985年4月，第二次自考在本县设点，考生250人，525科，单科合格224科。是年10月，第三次自考，有计算机、工民建、农业经济管理、价格学等6个专业，考生351人，842科，单科合格412科。1986年4月，第四次自考，全县385人参考、单科合格397科，是年10月第五次自考，全县专科毕业22人。至1986年，共办辅导班49期，先后聘请湘潭大学、湖南师大、岳阳师专、省财经学院的教授、讲师授课 1240 节，学员 98 人。到各区、乡为自考学员讲课 48 次。至 1987 年年底，先后开考 16 个专业，获单科合格证 2584 份，专科毕业 42 人。是年 3 月，岳阳县自考委员会被评为省、市先进单位。1990 年，全县有专（兼）职自考专干 60 余人，区镇设报名站，乡设报名点。2002 年，随着教育形式的发展，在全省参加自考的人数严重滑坡的情况下，岳阳县报考人数与上年基本持平。2007 年，共有 789 人报考，报考 2584 科，报考“百分比”为全市第三名。

1988 年，全县有县商业职校，县粮食职校等 6 所，以办长班、短班相结合的形式对本系统职工进行思想教育、职业技能培训。1989 年，各职校办培训班 30 期，培训 1500 人，主要对象为车间主任，班组长，初、中级技术人员，共培训职工 8338 人，毕（结）业 6224 人，毕（结）业率 75%。1991 年，全县 5 个单位开展 8 个岗位的培训。县洞庭纸厂拿出 4200 元用于职工培训，使 16 名工人提高了技能。1992 年，县邮电局对电信工、话务员进行培训，并安排练兵和比赛时间。县烟草局举办 3 期烟叶技术员培训班。县茶叶公司举办茶叶等级鉴别培训班。县商业局结合饮食服务，举办 3 期培训班，请市一级厨师授课与现场操作。1993 年，县机械厂厂长彭晓明带领职工到广东丰顺，白天摸索生产，晚上加紧轮训，使转岗职工顺利进入角色。县卫生局对全县血防医生轮训，同时对春风乡、广兴洲区的村、组干部进行血防知识的培训。1994 年，县交通局运输公司组织驾驶员培训，合格后颁发新的执照。1996 年，县粮校对粮食储藏防化员进行专业技术培训，依托市广播电视大学举办会计中专班与注册视听大专班的培训。是年，共办长、短班 506 个，培训 1134 人，其中长班 876 人、短班 258 人。2000 年 9 月，县粮校因生源不足，转型创办湖南省广播电视大学岳阳县分校，主要承担高等学历教育，通过参加全国统一考试获得学历，是年，学员 216 人，开设行政管理、工商管理、会计、汉语言等专业。2007 年，有在籍学生 537 人。

第五节　教师队伍

师资结构　1978 年，全县有教职员 7709 人，其中公办 2213 人、民办 5496 人。中学教职员 3173 人，其中初中教职员 2435 人（大专毕业 30 人，肄业 6 人；中专、高中毕业 1383 人；中专、高中肄业及以下文化的 1016 人）；高中教师 738 人（大专毕业 163 人，肄业 23 人，中专、高中毕业及以下文化 552 人）。高初中教师合格学历 222 人，合格率 7%。小学教职员 4536 人，合格学历为 1960 人，占专任教师的 43.2%。此后，全县公办教师逐年增加，民办教师相应减少。

1984 年，由于行政区划变更和中小学调整布局，全县中小学教职员减至 6958 人，其中普通中学教师 2172 人、职业中学教师 42 人、小学教职员 4744 人。中学教师合格学历 23.3%，小学教师合格学历 59%。

1987年，全县教师实行教材教法过关考试，中小学教师除学历合格者，一律参考，参考教师5285人，其中普中教师1742人，及格1678人，及格率96.33%；小学教师3543人，及格3462人，及格率97.71%。

1987—2007年，全县教师由公办教师、民办教师、离退休教师构成，公办教师为主体。1997年，全县有教师5861人，其中公办教师4280人、民办教师1581人。1998年教师节前，岳阳县777名符合条件的民办教师全部转为国家教师。由于边远山区、湖区教师严重缺编，全县仍有892名代课教师，实行合同聘任制，一年一聘或半年一聘，直至自然淘汰。2000年后，全县离退休教师平均每年以120人的速度增加，至2007年，全县离退休教职工增至1722人，占在职教职工的34%；全县有教师5088人，其中高中教师805人，高级职称116人、一级298人、二级278人、三级113人；职业高中教师137人；高级职称15人、一级51人、二级43人、三级16人；义务教育阶段学校共有教师4196人，其中高级职称122人、一级2391人、二级1420人、三级263人。

教师待遇 1978年，全县教职工年工资总额111.06万元。1979年，全县1450名教师增加一级工资，其中365名教师增加二级工资，担任班主任的教师，享受班津贴费。1980年，全县有2%的教师提升一级工资。1981年，全县中小学教职员工普升一级工资。是年，对民办教师考核定级，小学教师每人每月分别发给生活补助15元、17元、19元，中学民办教师每人每月分别发给生活补助17元、19元、22元，1981—1982年，由工分制改为工资制，每人每月30元左右，县政府规定民办教师的生活补助，应全部发给教师本人。民办教师家庭不能摊派与教师无关的义务工。

1982年4月，对1949年10月1日前参加革命的人员，新中国后改任教师到离职休养年龄的，实行离职休养。此外，公办教师享受福利费、取暖费、防寒费、防暑费、粮差补助费、物差补贴费、洗理费、书报费、奖金等，山区教师享受山区工作补助费，是年，国家发给民办教师的生活补助费人均增加11元。1985年，县政府决定9月为全县“尊师重教”宣传月，并规定民办教师工资集体支付部分每人每月不少于40元，全年不能少于480元。是年10月，全县理顺教师工资关系，实行结构工资制，工资级别由四类地区提高到五类地区，全县符合条件的3066名中、小学教职员理顺后，月人均工资为74.42元，月人均净增20.17元。1987年，全县教师实行职聘工资制：高级职务月工资134元，中级97~123元，初级70~77元，无级62元，县政府文件规定：中学民办教师年人均工资552元（每月46元）、小学民办教师年人均工资集体部分加上国家补助，人均每月报酬可达72~80元。1988年7月，对全县民办教师实行职务任命制，1989年，首批公、民办教师职务评聘工作结束，自10月始，公办教师执行职务聘任工资，中、小学教师工资普遍提升。1991年3月，县教委开展教师专业技术人员的考核，1992年，中、小学教师专业职务转入经常化评聘，每年除全日制院校毕业的新教师具备教师职务任职资格外，还有一批教师晋升中、高级职务。1993年10月，中、小学教师工资全面改革，公办教师平均增幅为128.5元。1997年、2003年，中、小学教师工资按职级、职务、工龄分档次进行，增幅较大，2002年，全县中、小学教职工月人均工资760.3元，最高月工资1440.1元，最低月工资456.8元。

师资培训　1977—1978年，县、区、公社利用寒暑假、春插假、三秋假组织中、小学教师业务培训。中学教师由县分科组织学习教学大纲、钻研教材、制订教学计划、交流教学经验，小学教师以区、公社组织文化补习，学习简师或初中教材，程度较低的学习小学语文、数学教材，过好教材关。1978年，黄沙街区率先成立小学教师进修学校，开设语文、数学、教育学、心理学4科，每年办2期，每期5个月，学员40~55人。以后，全县各区仿照举办进修学校，县教育局为各区进修学校下拨专项经费，制订全县进修规划，要求从1979年起，用5~6年时间，对全县小学教师轮训，是年3月，《人民日报》报道公田区师训工作的情况。至1983年，共培训小学教师2680人。1984—1985年，芭蕉公社连续办短训班3期，每期培训30人左右，培训面达65%以上，居全县首位。1984年，全县招收中师函授学员800人、高函学员18人，县进修学校开设中函脱产班2个，学员99人。1985年，全县中函学员结业考试，语文一、二册合格率分别为87%、62%，数学一、二册合格率分别为82%、89%。1986年，全县高、中函学员经湖南省统一函授考试，216人获中师文凭，138人获专科文凭，13人获本科文凭。1987年，全县中函招生略减。

1984—1988年，全县参加自学考试的教师1633人，报考3557科次，1136科合格，34人获大专文凭。1984年，在渭洞区、新墙区举办4期中函班，1988年，全县13个区（镇）均成立中函面授站，1990年，县教师进修学校经省教委验收合格。1997年，加大专任教师学历的培训力度，全年办班11期，脱产培训1267人。528名小学教师获中专文凭，所剩739人于1998年1月毕业。至此，全县小学教师经过培训，全部取得中师学历。至2007年，全县高函毕业教师1004人。

教师继续教育，1990年，县教师进修学校培训小学校长148人；选送6名高中校长、31名初中校长、36名区、乡教育办（组）主要负责干部到市教育学院岗位培训。1991年，全县13个区、镇均成立教师培训学校，毛田、渭洞、广兴、鹿角等7个区建成新的师训楼。1992年，实行省、市、县培训中小学校长，至1995年，县进修学校举办小学校长培训班8期，培训477人；送市培训169人，培训率达100%。1995年5月，县进修学校举办"三笔字、普通话、简笔画动手能力"培训班2期，培训教师50人，暑假，培训小学教师1300多人。1998年9月，岳阳县"创建合格教师队伍，提高继续教育质量"的经验，在全国第五届小学继续教育会议上交流。1998—2002年，全县分别有5275名、3463名教师获普通话、计算机等级证书。2003年，县教育局与岳阳师院、湘潭教育学院、湖北黄冈师院联合办学，办本科班8个、专科班7个，参加提升学历培训的教师4626人。2005年，全县举办教师信息技术高级培训班、小学英语教师培训班、现代远程教育应用技术培训班。

第六节 教学研究

教研教改 1978年1—6月，县教学辅导站组织电化小分队，在区、社中学巡回放映高中数、理、化的复习课录音，编写复习资料、印发2万余册，9月，县一中从学生实际出发，因材施教，精讲多练，做到章节过关，提高学生的知识和能力，1979年9月，各中学制订制度，发挥“三个作用”（即领导带头、教师主导、学生能动作用）、“四个精心”（即精心备课、上课、批改、辅导）。10月，岳阳县特级教师游新金的物理教学法在岳阳地区得到推广。1980年11月，县教育局要求教师抓好备课、教课、批改、辅导4个环节。1981年秋，新长征小学一、二年级设2个实验班（注音识字、提前读写），教材采用北京景山小学课本。1984年始，县一中开展外语口头训练、教学“自学、质疑、解题”三大环节、理化“概念、定理、实验”及语文“作文”系列等教研活动。1985年下期，新长征小学、荷花塘小学继续举办拼音识字，提前读写实验班，是年，中学开始打破封闭状态、校内活动和社会活动相结合，劳技课与劳动实践相结合。1987年，全县共设教改实验班9个，举办优质课竞赛。1989年，小学“注·提”课题实验研究获岳阳市一等奖。1989—1990年，初中教改课题有目标教学、教学自辅、英语听说领先；高中有议论文段落教学法。1991年，县教研室与武汉市教科所、黄冈一中、长沙市一中建立定期信息联系。1993年下期，全县共办“目标教学实验班”281个，“仿写开头、片断起步、读写结合、同步达标”的作文教学实验，获岳阳市第四次教改成果一等奖，省级二等奖。1994年，学校取消一切资料，减轻学生课业负担；取消会考以外的任何统考；推行“愉快教育”；全面开设活动课，加强劳技教学，发展学生特长。是年，岳阳县“注·提”“三算”课题组被评为湖南省先进单位。1996年，岳阳县被评为全国“注·提”实验先进单位。是年，初中参加目标教学的有31所，班级192个，学生9482人，县八中、筻口镇中学、城关镇一中被评为全市目标教学先进单位。2000年，先后召开高中综合科技教学研讨会、初中语文分层教学研究会等10多次全县性教研活动，5月，县教育局下发初中与高中的《毕业会考物理、化学、生物实验操作考察实施方案》，2001年，将法制教育纳入教学计划，并向社会聘请法制副校长、辅导员进校讲课。8月，县教育局举行新大纲、新教材教师培训班，是年，全县小学“三算”实验教学普及到1~4年级，“注·提”和“字理识字”共开设实验班125个，分布在34所完全小学、中心小学，新墙镇中心小学获全国“注·提”实验先进学校称号，教师蒋华被评为全国“注·提”实验先进个人，教师胡海军的论文获全国一等奖。2002年，县一中、县八中举行“开放日”活动，1350名中、小学教师观摩28个学科、64节公开课与示范课。是年10月，全县初中各学科“创新教学竞赛”先后在县八中、公田镇中学等校分科进行，11月，全县首届高中英语听写比赛、第16届初中英语听读比赛先后举行。是年，全县农村初中试行省教育厅规定的“绿色证书”教育办法，开设农业技术课，让学生掌握必要的农业基础知识和技能。2003年，确定县八中、筻口中学等10所中、小学为“新课改”试点，7月，县教育局提出“积极创建学习型学校”，要求45岁以下教师达到会制作课件、会运用网络进行教学。2004年，“新课改”培训共分5轮，全县市级示范校长、各乡镇教研专干、八年级全体任课教师共2800余人参加培训。2005年3月，县教育局下发《初中毕业会考实验操作考查信息技术考核实施方案》《中小学现代远程教育规划》。

素质教育 1978年8月，县教学辅导站以新墙区中学为电化教学点，开辟新式电化教学室，设置操纵台、自动化银幕，使学生的实际动手能力得到更快的提高。1989年，高三劳动课正式列入课表，增加2节选修课，县教委下发《关于加强中小学实验室建设和实验教学的意见》。1992年，县政府成立实验教学普及县领导小组，1996年，县教育局成立素质教育领导小组，作出“远学汨罗，近学一中，认真实施素质教育”的规划，确定县一中、城关镇一中、荷花塘小学等11所学校为素质教育示范学校。2001年，将法制教育纳入教学计划。2003年，确定县八中、城关镇一中、筻口中学、西塘中学、黄秀中学等中、小学为“新课改”试点学校，县八中编印的《迈好青春第一步》获市级《校本教材科研成果》一等奖。2006年，县委宣传部、县教育局、县文联联合下发《开展诗、词、联进校园进乡镇活动的实验方案》，县二中学生学习掌握有关诗、词、联知识，在高考中尝到了甜头。

第七节 招生工作

中招 1977年，教育开始走上正轨，高中招收新生，进行统一文化考试，以成绩为标准取录。1978年，全县有高中47所（含完全中学）；公社高中收归区中学或县属中学，全县招高一新生5604人，新建的县一中正式开学，高一招8个班，新生414人。自是年始，除县一中优先在全县范围择优录取高一新生外，其余高中原则上按所划地区招收新生。

1983年，全县高中减至13所，高一新生减至1961人，仅占1978年高一新生的35%。1991年4月，为了保证县一中生源质量，组织全县初中毕业生进行语、数、外三科“希望杯”竞赛，98人获奖，优先录取县一中，此活动进行到2000年。1994年5月，县一中根据省教委《关于重点中学单独实行招生的通知》，实行提前择优招生，采取考察与考试相结合的办法，保证取录真正的优秀新生。1997年，县委、县政府规定，不允许向学校下达中专和升学任务，摒弃单纯以升学率和考试分数评价学校的片面评价标准。是年上期，县教育局在西塘中学进行理、化、生实验操作考查试点，次年，在全县铺开，成绩作为毕业与升学的参考。1999年，县教育局规定，单报县一中的考生，必须参加会考和县一中摸底考试，两次考试成绩为县一中录取的依据，未录取的再参加其他高中录取。1998—2001 年，初中体育会考总分为 30 分，记入中考总分。2002—2007 年，实行音、体、美三科初中毕业会考，总分为 40 分，其中体育 20 分、音乐 10 分、美术 10 分，三科会考成绩记入中考总分，作为高一新生录取的依据。2003 年，县一中招收新生时，适当降低农村初中毕业生的会考分数，2003—2007 年，降低的分数依次为 3 分、9 分、12 分、10 分、12 分。

普通高招 1977 年恢复高考制度后，县境历届高中毕业生进入高等院校的学生，数量呈波浪式发展。1979 年，全县参加高考的学生 208 人，升入大、中专的 166 人，其中重点院校 63 人，升学率 79.8%。1983 年，全县参加高考的学生 1197 人，录取 637 人，录取率 53.22%。其中重本 192 人、二本 109 人、专科 120 人、中专 216 人。2007 年，参加高考的学生 5565 人，录取 2711 人，录取率 48.72%，其中重本 491 人、二本 983 人、三本 225 人、专科 1012 人。

1978 年，高中实行文理分科，文科不开物理、化学，理科不开历史、地理，共同课程为语文、数学、政治、外语（以英语为主）。1984 年，高中的选修课目由各校自定，但为了应付升学，选修课未开设。2001 年，全国高考时间由 7 月 7—9 日改为 6 月 7—8 日，是年，湖南省实行高考科目设置“3+X”（即语、数、外+文综或理综）方案，2007 年 12 月，县教育局转发《湖南省普通高中学生学分认定办法》，规定：学生的学分档案应包括该课程修习的课时，修习过程评价、考试考查成绩等，考查学生合格与否，作为其毕业的依据。

1988 年，县一中考生张小明、饶勇分别以 631 分、553 分获全市文、理科高考状元。1990 年高考，岳阳县上线人数、上升幅度均居全市第一。1991 年高考，录取本科 172 人，专科 168 人，其中清华 6 人，北大 2 人，招收飞行员 2 人。1992 年高考，县一中学生陈柏翠获全省文科状元。1993 年高考，县一中教师方曙光所任教的生物成绩，在岳阳市获三连冠。1994 年高考，县一中考生杨峰、陈怀东分别获全省理科、文科状元。1996 年高考，全县被清华、北大录取 9 人，人均总分理科居全市第一、文科居全市第二，连续 5 年在全市保持领先位置，县一中本科上线率名列全省重点中学第二，创历史纪录。1998 年高考，理科人均总分居全市第一，清华、北大录取 7 人，招收飞行员上线 5 人；高考数学、物理、化学 3 科人均分别居全市第一。2001 年高考，全省 600 分以上 4000 人，岳阳县 90 人，在全省居前列，县一中本科录取 323 人，录取率 83.93%，居全市 8 所省属重点中学之首。县一中学生余晓娟、县二中学生潘阳分获岳阳市文科、理科状元。2002 年高考，招收飞行员工作有新突破，全县录取 3 人，为历史上最好成绩，被广州军区、省教育厅授予招飞工作先进单位。1998—2002 年，全县录取北大、清华、科大等名牌高校 64 人，5 年稳居全市第二。2004 年高考，文科、理科平均居全市第一。2005 年高考，上线率、录取率、600 分以上高分率、人均总分、文科理科平分、清华北大录取人数等方面均居全市第一。2006 年高考，本科上线人数，重本上线人数，理科 600 分以上人数，招收飞行员（6人）人数等4项均名列全市第一。2007年10月，县教育局被评为全市普高教学质量先进单位。

成人高招 1984年，国家实行高等教育自学考试（简称自考）、成人招生考试（简称成考）制度，9月，成立县高等教育自学指导委员会。

1988年5月，全县参加成考555人，其中干部110人、工人102人、教师236人、社会青年与农民107人，共81个专业；1956人参加自考，拿到单科合格证书1047科，35人获大专毕业。是年，岳阳县成人招生工作被岳阳市评为先进单位。1989年4月，自考本、专科报考1033人、2204科，中专报考8人、19科，共参考1366科，单科合格率38%，是年5月，全县成考，参考488人，其中本科77人、专科326人、中专85人。1990年，全县有专（兼）职自考专干60余人，各区、镇运用写标语、贴简章、办专栏等形式扩大自考影响，区、镇设报名站、乡设报名点，向高中毕业生写动员信，拓宽生源。1992年，全县设报名站20个、办宣传窗26个，印发“成招”简章300多份。1993年，鹿角镇49人参加自考，其中农村青年30人，占61.22%。1996年，县委、县政府决定从企业收入和教育事业费附加中提取资金，设立“自学成才奖”。3月，县电视台开设“成招”宣传专题节目，各地出动宣传车、开广播会、办宣传栏、贴标语、挂横幅、印发资料等宣传“成招”。全县自考获单科合格证1508份，毕业68人，县自考工作被评为市级先进单位。1999年，全县单科合格2801科，毕业86人，其中本科18人。2001年，全县“成招”908人报考，其中专升本242人。自考3706人报考，共及格2963科，毕业304人。2002年，在全省自考人数严重滑坡的情况下，全县有583人参考，946科，及格率80%。961人参加成考，录取896人，录取率93.24%，居全市之首。是年，自考毕业250余人，岳阳县获市级自考一等奖。2004年，自考2097人，4246科；成考559人，处分违纪考生11人。2005年，全县自考报名796人、1728科，连续7年，组考工作无差错。2007年，1924人参加成考，参考人数居全市第一，比上年增加591人。是年自考毕业56人，参加全国英语等级考试1581人，“口语”合格1465人，合格率92.66%，国家考委对岳阳县“自考”工作给予高度评价。

第八节　教育管理

教学管理 中共十一届三中全会后，县、区、社、校均不断恢复和建立管理制度。1977年9月后，恢复党支部领导下的校长分工负责制、校长领导下的校务会议制度，恢复教导、总务两处，恢复“文化大革命”前的考试制度、升留级制度。1981年，各区恢复教育办公室，设主任（副主任）及工作人员3~4人，分管全区中、小学工作。各公社相应成立教育组，设组长、扫盲专干（兼资料员）各1人，管理全公社中、小学教育工作。1983年年底，县教育局管理县直中学（当时7所县直高中）、区（镇）教育办、乡

(镇) 教育组，区（乡）中学和乡（镇）中心小学及村级小学由各区（镇)、乡（镇）负责管理，乡（镇）中心小学校长以上的教育行政干部由县教育局负责任免，村级小学校长由乡（镇）教育组任免。学校设教导处、总务处等处（室)，处（室）以下设教研组、年级组，分别负责学校校务和教学教研活动。是年9月，县教育局制订《教育行政人员和教师岗位责任制》，各学校制订《实施细则》。新长征小学制订《教师工作、学习管理制度》《教学管理制度》《学籍管理制度》。1986年9月，中学生学籍收归县教委教育股管理，从初中一年级、高中一年级起开始建卡，每生设卡片一式两份，一份存教育股，一份存校，中学生的升留级、转学、休学、开除均由县教委审批登记，毕业证书由县教委签发。

20世纪80年代后，开始探索运用封闭管理，试行反馈管理等现代化手段改革学校管理。

1989年，县教育局开始推行校长负责制，学校的各项工作，由正、副校长，各处室领导分工负责。2006—2007年，在全县倡导“六个一”活动（即教师每课有一段教学反思、每周提供一个值得探讨的问题、每周提供一个典型个案、每期上一节研讨课、每期制作一个课件、每人建立一个班级学生成长档案)。

经费管理 1978年后，全县教育经费逐年增加为311.36万元，其中国拨教育经费为主要渠道。是年，县教育局增设计财股，受县财政局的审查监督，同时监督县属学校，区、乡经费的筹集和使用。县属学校每年组织县属会计员互审，并受学校校长职工代表审查。各区乡教育经费，每年由区教育办会计组织互审监督，并受教师代表和乡人民代表会的审查。1982年，民办教师工资全部改为工资制，工资来源由村发展到乡统筹。1984年，县教育局制订《关于加强中小学财务工作的有关规定》，1987年4月，制订《农村征收教育事业费附加的实施办法》，以解决民办教师工资及办学经费问题，是年，全县教育经费增至769.4万元，比1978年增长1.47倍。教育费附加县城收6.2万元，已收3.5万元，农村应收263.24万元，全部收回，农村教育费附加收入由各乡（镇）统收统支。1993年初，县财政将教育经费承包下放到区、镇，县局机关、县直学校的经费及区、镇教师的防暑降温费、班主任津贴、山区津贴等仍由县教育局管理，区、镇财政所按时间、基数将教师工资拨给区、镇教育办，再拨给各学校。因不少乡、镇财政困难，拖欠教师工资，挤占、挪用教育经费，教师工资“打白条”，严重影响教师工作的积极性。1994年，教育经费收回县管，1998年，县委、县政府再次将教育经费下放到乡镇。2001年4月，县教育局就教育经费问题专题调查，总结其经费下放到乡镇管理弊多利少，引发不少矛盾。是年6月，月田镇45名教师赴省上访，引起省、市、县三级领导高度重视，12月，县委、县政府决定将教育经费再次收归县管，全县教师工资由银行统发。2003年3月，县教育局建立会计核算中心，教育局机关、各乡镇教育办、县一中等单位的财务由县会计核算中心管理。核算中心实行统一开户、分户核算、集中管理，融会计服务与监督于一体。2005年，审计股完成审计项目49个，审计金额3838.47万元，纠正违纪金额 150.43 万元，查处经济违纪案件 3 起，3 位责任人受到党纪政纪处分，教育内审工作被市政府评为先进单位。

设施管理 1979 年，县委号召区乡“自力更生，新建、改建、维修好各级学校校舍，添置校具和教学设备”，至 1981 年，群众集资 483.84 万元，县财政拨款 14.77 万元，新建校舍 181 所，维修校舍 707 所，全县学校建筑面积达 49.55 万平方米。1977 年，县教育局设备投资为 4.34 万元，1987 年，设备投资 78 万元，全县中小学生实现人人有课桌椅（凳），60%的村级小学配齐五大件（脚踏风琴、幻灯机、地球仪、数学教具、自然常识教具），50%的乡镇中心学校教学仪器、电教设备价值达 3000 元以上，80%的中学可开齐演示实验，20%的中学可开齐学生分组实验，12 个区镇、2 所县属中学添置录、放相设备。县一中电脑室装有计算机 20 台，中学一般有铁制或木制篮球架 2~4 副，木制或水泥乒乓球台，铁制单双杠、垫上运动等设备，乡中心小学添置篮球架、爬杆、乒乓球台等。1987 年，全县有教学仪器 12 万余件，价值 119.9 万元，图书 49.21 万册；机器设备等固定资产 61.86 万元，有周转资金 31.5 万元，其他各种设备价值 122.67 万元，总计设备金额 304.43 万元。1989 年，30 所中学建有实验室，芭蕉乡集资 30 多万元，为乡中学建三层教学楼 1 栋；城关镇一中达文明学校标准，筻口镇成为全县第一个基础教育示范镇。1996 年，县委、县政府为“普九”实施“4281”广厦工程（即用 4 年时间、投资 2000 万元、新建教师住房 800 套、使教师家庭人均住房面积 10 平方米）。是年，全县改善办学条件投资 3732 万元，启动大小项目 452 个，共建教学楼、实验楼、教工宿舍楼 138 栋，建语音室 9 个、微机室 2 个，各校语音室、微机室建设全部起步。1999 年，投入 680 多万元，新建、扩建、改建校舍总面积 1.7 万多平方米；集资 500 多万元，添置图书、仪器等，25 所中学装备电脑室，3 所中学配备双向控制电视系统。2002 年，投资 400 多万元，添置图书、仪器，投资 300 多万元，启动中、小学教育信息化工程，全县 80%以上学校装备微机室，电脑总台数 2000 余台，50%以上学校“二机一幕”到班。

第九节　勤工俭学

1978 年后，学校重点转入教学，勤工俭学活动一度低落，“小三场”（即小规模农、林、猪场）承包到人或到班。1983 年，县教育局确定 1 名干部专抓勤工俭学。1984 年，全县有校办工厂 2 个、农（林）场 429 个。1985 年，开展勤工俭学的学校 829 所。占学校的 93%；参加学生 91048 人，占应参加学生的 95%；获纯利 65 万元。是年，县七中建小型印刷厂，全县“小五场”（即农场、林场、渔场、猪场、茶场）发展到 806 个。1986 年，县教委成立勤工俭学管理站，有专职干部 3 人。

1987 年，县三中教具仪器厂有固定资产 38 万元，流动资金 20 万元，建筑面积 3000 多平方米，职工 50 人，均是教师家属、子女及待业青年。有铸造、机械加工、油漆、电镀、修配 5 个车间，有完备的机械设备和检测设备。该厂是省教学物资仪器公司定点生产的校办厂，注册商标为“启迪”，主要产品有：J2501 型光具盘、J2507 型光具座等，J2515 型双缝干涉实验仪获省物理学会研究所仪器评比一等奖，市科技成果一等奖，其产品销 19 个省、市，1987 年，全县开展勤工俭学活动的学校 841 所，参加学生 13 万多人，占学生总人数的 85%，校办工厂 15 个，服务点 49 个，生产基地 284.3 公顷，岳阳县勤工俭学工作被评为省、市先进单位。1988 年，校办工厂 65 个，固定资产达 162.75 万元；总产值 342 万元，创利润 60 万元，县教委被国家教委、国家计委、财政部、劳动部评为全国中小学勤工俭学先进集体。1989 年 6 月，县教委成立校办企业服务公司，抽调教职工 11 人，开设塑料工艺印刷、竹木综合加工、服装、拉丝、商店、养猪等项目。全县成规模的有县一中、县七中、广兴一中 3 个印刷厂，县六中、十步中学 2 个大米加工厂，县三中教学仪器厂。这些工厂年产值上升到 467 万元。1990 年，勤工俭学调整为以校园经济为主，全县 80%以上学校养了猪，有大小猪场 603 个，百头猪场 20 个，全年出栏肥猪 7000 多头。共有校办工厂 48 个，校办农（林）场 805 个，第三产业服务类 166 个，科研示范类 20 个，勤工俭学总产值达 1100 万元。1991 年 7 月，县教委与县国土局联合发文，指出勤工俭学基地小学生人均 5 厘，中学生人均 3.6 厘，职中学生（农职业中学）人均 3.3 分，是年，岳阳县勤工俭学再次被省教委评为先进单位。1994 年，省教委、省财政厅以岳阳县为主现场召开全省中小学勤工俭学会议，向全省发出“城市学长沙、农村学岳阳”的号召。1987—1995 年，岳阳县勤工俭学工作连续 9 年被评为省、市先进单位。1997 年 4 月，县教育局成立教育内部市场领导小组，新办县三中体育器材厂、县第一职业中学服装厂、县第二职业中学苗圃厂、张谷英中学书包厂，县八中教育建筑公司、教育校服厂、铝制品厂、塑印厂，全县教育系统有工业企业 72 个，职工 2699 人，出现勤工俭学产值上 100 万元的乡镇，县一中年产值 370 万元，创纯利 101 万元。1998 年，全县中小学养猪 1.7 万头、办种猪场 14 个、良种母猪 213 头、年产仔猪 4200 多头，校办企业总产值突破 1000 万元。县一中印刷厂年产值 200 多万元，创税利 62 万元，获岳阳市“百家明星企业”称号，筻口镇成为全市勤工俭学收入过百万元的乡镇，年终，岳阳县勤工俭学再次被评为全省先进单位。2000 年，县三中、县四中、城关镇一中等校建起校园师生服务中心。2001 年，教育督导室对在勤工俭学活动中，向学生下达创收指标、收取勤工俭学费和实物以及安全隐患等问题，进行专项督查，及时整改。2002 年，恢复勤工俭学管理办公室，成立县教育服务中心，全县 152 所完全小学办起后勤服务中心。县一中新建 7500 平方米的师生服务大楼，其设计与设施为全省一流，县教育局将 20 家校办工厂调整为 8 家。县一中印刷厂因人员包袱重，效益不佳，变更为县教育局管理。2003 年 1 月，由奥康集团分公司收购县教育印刷厂，是年，全县 100%的高中、80%的初中和 70%的中心小学、完全小学均建立后勤服务中心，县二中新建功能齐全的师生服务大楼。2004 年 8 月，县教育局下发《关于进一步加强勤工俭学管理的几点意见》。是年，用于改善办学条件628万元，救助贫困学生95万元。2005年12月，省教育厅以岳阳县为现场，召开全省勤工俭学工作现场会。是年，县教育印刷厂、武汉宏宇乳业“多点”豆奶厂上缴税费近90万元。2006年，筻口镇熊市片完初联校种菜、养猪、养鱼、养鸭，还有大米加工厂、酿酒厂、商店、饮食服务中心，200多师生的农村小学，一年勤工俭学创利30万元。2007年，全县推行“种养一条龙”经济模式，4名以上教师的学校基本实现“山上有树、园里有菜、塘里有鱼、栏内有猪”的目标。

附：学校简介

岳阳县第一中学 1978年，岳阳市、县建制分家，新建岳阳县一中。1979年高考开门红，1980年，经省政府批准为全省首批省属重点中学，1994年1月，被确定为湖南省首批21所挂牌重点中学之一，2000年，被确定为湖南省现代教育技术实验示范学校，2001年获全国“五一”劳动奖状单位称号，2003年，被确定为湖南省首批示范性普通高级中学、全国百所体育传统项目学校和湖南省园林式学校，2004年，被评为湖南省文明单位。

学校坐落在岳阳县城关镇东方路，校园占地面积16公顷，建筑面积10万多平方米，有教学班66个、学生近4000人，有教职工248人，其中本科以上学历216人；特级教师5人、高级教师80人；国家、省、市级骨干教师34人；国家、省、市各类学会及研究中心的理事、研究员、会员80多人。

至2007年，学校共向各高等院校输送1.5万余名合格新生，培养饶翔、杨峰、陈怀东、陈柏翠等4名省高考文理科状元，创造本科升学率五年四进省三强和一年10人考取清华、北大的业绩。学生获国家级奖励200余人、省级奖励400余人，夺得国家级体育竞赛金牌7枚、省级体育竞赛金牌12枚，10人进入国家冬令营集训。1988年，学生陈志雄夺得全国第二届“华英杯”作文竞赛唯一的特等奖；1990年，学生姚伟军夺得数学全国奥赛一等奖；1991年，学生谢雨礼获得化学联赛省一等奖；学生吴泽源、吴文超在2002年、2003年第七、八届“奥迪杯”全省中学生四驱车竞赛中夺得2块金牌；学生李清华、吴文超、刘青在2004年、2006年、2007年第六、七、八届“我爱祖国海疆”全国青少年海陆空模型竞赛中获3块金牌；学生黄婷、冯星、潘雨竹、龙渡、彭立群分别在2005年郑和古船模型赛、全国青年电子制作锦标赛中夺得国家体育总局、教育部颁发的一等奖；学生彭立群、黎静获全国“写作杯”文艺作品赛一等奖；学生向海军获数学奥赛省一等奖；2007年，学生许茜皓的“得胜地铁隧道活塞效应的自供电装置”获全省青少年科技创新大赛第一名；学生刘媛获全省高中生“三独竞赛”独唱一等奖。

岳阳县第八中学 1988年创建。位于县城天鹅北路，校园面积44960平方米，建筑面积11896平方米。内设物理、化学、生物等实验室，大型多媒体室、电脑室，有完备的校园网络系统建设，教室安装电视监控，班级均可通过双向闭路电视看到学校主办的校园节目。

学校有教学班34个，学生2056人，教师148人，其中高级教师30人、一级教师98人、省级骨干教师4人、市级骨干教师16人。学校注重抓队伍建设，树教师形象。聘请校外师德师风巡视员，设立师德师风举报箱，开通“校长热线”，在学生中开展“教师满意率测评活动”，让学生、家长及时反馈师德师风中的问题，定期表彰教书育人的先进教师。

学校先后开设“语文读写结合”“教学自辅”“英语六步循环教学”“物理双重反馈”等实验课题，“审美教育对初中生创新情感的影响研究”被确定为湖南省教育科学“十一五”规划课题。2005—2007年，教师发表国家级教学论文62篇、省级210篇、市级380篇。学生获省级奖励190人次、市级奖励280人次，全县英语听说读写比赛连续11年获团体总分第一名。教学质量稳居全县前列，送走毕业生9000多人，被省重点中学录取1100多人。学校先后被评为省基础教育研究实验优秀学校、湖南省文明学校、湖南省首批A级卫生单位、岳阳市教育教学改革实验示范学校。

岳阳县荷花塘小学　1979年，为解决县城机关部门干部子弟入学问题，县政府拨款8万元，在城关镇民中路建荷花塘小学。1982年5月，第一栋教学楼建成，至1987年上期，学校新建3栋两层教学楼、2栋家属平房，开办18个教学班，招收学生1000余人，在职教师48人。随着生源增多，学校规模日益扩大，办学条件不断改善，至2007年，学校占地面积33330平方米，建筑面积21436平方米。2004年下期，学生人数升至3000余人。

2007年，有教学班44个，学生3022余人，教师176人。建校后，教师参加各级各类教学比武、技能竞赛，获省、市级一等奖达150余人次；教学论文在国家级、省级报刊上发表390余篇；参加编写教材、教辅书24部。先后有1500余名学生在省、市、县及国家级的作文、演讲、书法、绘画、乐器、舞蹈、唱歌、英语、数学奥赛、小发明、小制作等有关竞赛中获奖。学校相继被评为省重点小学、省文明卫生单位、省德育工作先进学校，市教研教改先进单位、市安全教育示范单位、市教学质量优胜单位、市教育特色示范校、市体育传统项目先进单位。

第二章　科　技

第一节　科技队伍

1978年4月，恢复县科学技术委员会（简称县科委）。是年12月，召开全县科学大会，恢复晋升一批科技人员的技术职称，全县恢复职称的共628人，其中工程师1人、技术员86人、助理技术员159人、中西医师50人、医士332人。1979年，全县有科技人员1181人，其中第二类技术人员（农技师、主治医师、主管技师、助理研究员、讲师、7级以下工程师）14人、第三类技术人员1167人。1981年10月，县科委并入市科委。1983年，县市分治，多数科技人员留在市内。1984年，县委、县政府制订《引进人才的优惠条件》，给农、林、水等行业和科技人员上浮一级工资。一批县外科技人才，加入县科技队伍，其中干部86人，科技人员51人。1983年12月，县科委恢复。1988年，全县有科技人员8983人，其中自然科学界1803人、社会科学界1227人、教学人员5953人；高级职称70人、中级职称987人、初级职称3962人。1995年4月，县科委更名为县科技局。1997年11月，县能源办从县科技局划出，并入县农办。2007年，县知识产权局成立，与县科技局合署办公。是年，全县有各类专业技术人员7210人，其中高级职称354人、中级职称3729人；工程技术人员482人、农业技术人员235人、卫生技术人员1337人、教学人员5026人、其他130人。

第二节　科技活动

1978年12月，岳阳县召开科学大会，出席代表800人，大会表彰一批为科技工作做出贡献的先进单位和个人，恢复、晋升一批科技人员的技术职称。1979—1981年，县水利水电局刘晓明被派往加纳进行技术援助。1984年，成立县对外经济技术开发公司，专管技术协作。是年，兴旺矽沙矿向省冶金研究所引进全套技术设备。1988年1月，岳阳县首届科学技术协会代表大会暨科技进步奖励大会出台《岳阳县科学技术进步奖励办法》，对县农机厂、县纺织厂、飘尾织布厂、县畜牧水产局等单位的科研成果进行授奖。1990年3月，召开全县科技进步暨科技兴农表彰大会，表彰科技工作先进单位6个、科技工作先进个人6人、科技兴农先进单位8个、科技兴农先进个人12人。1991年4月，召开科技承包暨科技工作会议，确定“科技兴县”的基本战略，对4个先进单位、9名先进个人予以表彰。1995年9月，洞庭湖纸厂拍卖，改建为岳阳丰收纸业公司。引进新设备。新上高级静电复纸等产品，是年扭亏为赢。1996年5月，全县科学技术大会召开，出台《岳阳县关于加速科技进步的实施意见》，提出“一把手抓第一生产力”的口号，是年，县林业局引进德援造林项目，年底，省水科所阳爱生带12名技术员到中洲渔场，签订联合开发中洲渔场合同，次年，鲜鱼亩产由60千克增至150千克。1999年，团县委争取“保护母亲河”——新墙河流域场林乡一带120公顷日援造林项目，栽培枫香、木荷等林木14.3万株。2001年3月，县政府将县属市制药四厂拍卖，改组为湖南科伦制药公司，公司与兰州大学、辽宁中医药大学等科研院所联合开发新药品，品种由4个发展到70多个，至2007年，公司产值超过3亿元。是年5月，县政府开展“首届科技活动周”

活动。2006年9月8日，县城发生自来水砷污染事件后，邀请省、市环保、疾控、建设等专家会商，科技攻关，查明原由，从源头断砷，关闭临湘桃林铅锌矿等厂砷源企业，开闸注水、稀释降砷，化学处理、技术治砷，3天就将砷浓度降至每升0.01毫克。

第三节 科技成果

1983年，新开钒冶炼一厂生产的五氧化二钒获农牧渔业部优质产品证书。20世纪80年代初，县农科所方平夷开展“水稻单倍体育种”“体细胞杂交”等课题研究，1984年，他的科研论文被第三国际植物单倍体会议、第一届国际植物细胞遗传学会议采用，是年，新墙酱厂研制的“洞庭”牌原汁酱油，在全国乡办工业产品展销会上被评为优质产品。1985年1月，省农业厅高级农艺师刘先和、肖玲夫妇到黄沙街茶场，开展名茶选育和制作工艺研究，研制出的“洞庭春”茶，获农牧渔业部金杯奖，被评为全国十一大名茶之一。1986年，乌江机筛厂研制的“N系列喷风米筛片”获省星火二等奖。1988年，洞庭鹅业服装公司研究设计“友士”牌羽绒服产品。1993年，方平夷自费将自己研制的3个水稻品种、100克搭载返回式卫星遨游太空88小时，种子回收后，他经过10多年选育，获得一个高粗秆、大穗型优良品种，平均秆高1.8米，秆粗如指，单穗640多粒。1995年，湖南赫药研究所研制的“湖南赫药”获省新技术、新产品展览会金奖，并被列入省火炬计划。1996年，西塘镇的黄花梨、胡柚、柰李等水果新品种，被列为省星火计划。1997年，岳阳炎黄研究所研制的“防盗自行车车架锁”获第一届全国展览会银奖，产品在央视一台播出。1998年，岳阳世雄热能开发公司研发的“世雄”牌多用节能炉获中国专利新产品、新技术博览会特别金奖。1999年，西塘黄花梨被评为省优质水果金质奖。2002年，西岭果林公司“优质果树品种脱毒、克隆繁殖及生态栽培示范”被列入国家星火计划。2005年，岳阳大力神电磁机械公司研制的“超高温水冷电磁铁”通过省科技厅、大力神公司认定该公司为省级高新技术企业，使本县高新技术企业实现“零”的突破。2007年底，岳阳华中电磁科技、弘泰陶瓷、湖南天欣陶瓷等公司获省高新技术企业（产品）称号，岳阳县被评为全国科技进步考核先进县。

第四节 科技管理

1988年后，中南财经大学与县科委（县科技局）、县计委（县发改局）联合编制《岳阳县1988—2000年经济、科技、社会中长期发展规划》《岳阳县科技发展“十五”规划(2001—2005年)》《岳阳县科技发展“十一五”规划（2006—2010年)》等中长期科技发展规划。

年度计划根据中长期规划的要求和是年实际制定。县科委（县科技局）根据国家、省、市发布的科技项目选题指南，组织县内单位选题并进行可行性论证后报送国家、省、市科技行政主管部门立项，立项后组织项目实施单位实施，并对项目进行跟踪服务与管理，以确保项目的顺利实施。科技计划项目的申报立项，根据上级“控制数量、确保质量、突出高新、强调高效”的指导思想，项目数量有所减少，项目质量有所提高。所立项目均得到有效的实施并取得良好的社会经济效益。

1978—2007 岳阳县年省以上科技计划统计表

表 17-2-1

年度	单位	项目名称	级别类别
1978	新开公社钒冶炼厂	石煤自热平窑盐焙烧提钒烟气处理及其综合利用	省科研计划
1986	县金属构件厂	ABSN 镍铁电镀光亮剂的应用	省推广计划
1987—1990	渭洞星竹一厂	楠竹资源开发：竹制建材、竹制家具、竹制日常用品系列	省星火计划
1987—1990	中洲渔场、省水科所	大型水面开发：精养水面高产综合技术、大水面高产综合技术	省星火计划
1987—1991	县鹅业公司	湖州资源开发、商品鹅饲养及活拔毛技术	省星火计划
1988—1990	鹿角区	仿棕麻垫新产品开发	省星火计划
1991—1993	渭洞星竹一厂	楠竹系列产品研制、开发利用	国家星火计划
1995—1997	湖南赫药声远有限公司	湖南赫药	省火炬计划
1996	广兴洲镇	省级社会发展综合试验区及科普示范基地建设	省社会发展计划
1997—1999	农业	县畜牧局科技示范县（水产名特优苗繁殖）	国家财政支农计划
1999—2002	县科技局、筻口镇	“863”电脑农业	国家“863”计划
2002	向红机械化工公司	紫外光固化涂料	省科技计划
2002—2004	西岭果业开发公司	优质果树品种脱毒、克隆繁殖生态栽培示范	国家星火计划
2002—2004	县农业科技经济发展促进会	新型无机复合大棚骨架	国家星火计划
2004—2006	西岭果业开发公司	优质高抗国术新品种洞庭香梨、中梨示范	国家农业成果转化计划
2005	县科技局	科技富民强县基础条件建设	省科技计划
2005—2007	县卫生局、计生局、科技局	农村卫生适宜技术推广示范研究	国家科技攻关计划
2005—2007	岳阳大力神电磁机械公司	露天料场堆取料机定位及生产管理系统	省科技计划
2006	岳阳大力神电磁机械公司	制造业信息化工程	省科技计划

经费管理 县科技经费包括科技项目经费和科技事业经费。经费主要来源：上级科技部门拨付的项目补助经费、县财政拨付的科技三项经费及科技事业费（列入县财政预算和根据实际需要而追加的）、县财政拨付的专项补助经费。科技经费由县科委（县科技局）造出使用计划，经分管县长或常务副县长审批后，按照专款专用的原则列支。1984年，县财政预算科技经费4.5万元。1991年，县科技经费增加到6万元。2007年，县财政预算科技三项经费增至60万元，科学事业费11万元，科普经费7万元。

专利管理 1995年，县科技局设专利办，主要开展专利知识宣传、组织专利申请和专利项目实施的管理。2005年，县科技局科技管理股加挂“知识产权股”牌子。2007年，撤销县科技局知识产权股，加挂县知识产权局牌子，与科技局合署办公。

1988年，渭洞乡星竹一厂张尧政成为全县第一个专利申请人和专利获得者。是年专利申请量4件，授权1件。此后专利申请量、授权量逐年递增。1991年专利申请量12件，授权7件。1999年专利申请量19件，授权10件。2007年申请量30件，授权量21件。至2007年，全县累计授权量168件，其中发明专利29件，实用新型专利117件，外观设计专利22件。

第五节 科技扶贫

1986年，国家科委提出用成熟的科学技术和现代管理科学，大幅度提高贫困地区资源开发水平和劳动生产力，加快农民脱贫致富步伐的科技扶贫计划。

1990年，县科委派出工作组到黄沙街镇天然村驻点帮扶。至2007年，先后在黄沙街镇玉华村、存仁村，公田镇媳岭村，新开镇香严村，长湖乡民主村、光荣村，筻口镇西冲村等村驻点开展科技扶贫和新农村建设示范，派出工作队员联系困难企业和职工进行“双联”帮扶解困，先后对新墙镇机械厂、恒鑫纱厂、二轻局石灰厂、黄沙街茶场进行科技帮扶活动。1997—1999年，县科技局按照“以沼气为纽带，综合开发”的思路，开展“养一栏猪、养一群鸡，打一个沼气池”的家庭经济帮扶活动，在公田镇媳岭村开展科技扶贫，帮助建沼气池70口、引进良种猪50头、种公猪1头，发展土鸡饲养上万羽，1999年，媳岭村人均纯收入达800元。2000—2002年，县科技局驻新开乡香严村建整扶贫，组织经费10余万元，帮助硬化垸渠1500米、修好排渍机埠1个、变压器1台，以“扶智”为切入点，开展科技培训，帮助农民进行结构调整，发展种植大户35户、养殖大户24户、加工户11户。结合平垸行洪做了大量协调工作，让一个四年三灾的“难”村，变成房屋规划整齐合理、道路硬化标准、人民安居乐业的新村落。

第十八篇　文化·体育

第一章　文　化

第一节　文化设施

一、文化馆站

文化馆　1983年，建立县文化馆。一栋100多平方米的房子，兼办公、住宿、排练等多种功能，公共文化设施几乎空白。2005年，争取县文化馆配套维修资金20万元，逐步完善公共文化设施。2006—2007年，集资30万元，添置器乐、灯光、舞美、音像等演出设备，向上级争取一台近40万元的流动舞台车。至2007年底，文化馆总面积为2099平方米，其中家属楼740平方米，办公楼1059平方米，内设保管室、声乐室、录音室、馆长室、馆办公室、艺校办公室等。

文化站　1978年后，建立区文化站、乡文化站共46个。1996年、2005年，广兴洲区、康王区先后划归君山区、岳阳经济开发区管辖，文化站合并为20个。筻口镇文化站是全县建站最早的文化站之一，该站有主楼、图书室、文化服务室、电影院，有电视录像机、钢琴、电子琴、铜管乐器和5万多册图书。1996年，筻口镇文化站获全省百强集镇文化站称号。月田镇建成诗联艺术楼1栋，占地800平方米。出版诗联集3部、6000多首，1998年被授予全省诗联艺术之乡。

二、图书馆室

图书馆　1985年3月，县政府决定恢复县图书馆，安排干部1人管理日常工作。是年藏书300册、报纸20余种、杂志10余种，借用文化馆排演厅进行图书外借和报刊阅读。1987年，藏书增至1000册，报刊共40余种，工作人员增至5人。1991年，在县城东方西路修建县图书馆，1995年12月竣工，其馆建筑面积2346.2平方米，总投资110万元，文化部副部长刘有德题写“岳阳县图书馆”匾额。1996年8月，县图书馆面向社会开放，10月，被文化部评定为国家三级图书馆，馆内藏书30万册，内设采编室、辅导部、综合外借室、报刊阅览室、少儿阅览室，成人阅览座位120余个、少儿座位40余个。2004年4月，湖南省图书馆岳阳县文库挂牌，由文化部部长贺敬之题写库名。

图书室 1978—1994年，全县乡镇共有36个农村文化活动中心建立图书室，由乡、镇专干负责管理。张谷英镇张谷英村图书室藏书8000册，有专人管理，长期开放。1997年2月，黄沙街镇坪中村科技图书室建立。1998年后，筻口镇新庄村、乌江乡斗篷村、甘田乡五星村、云山乡西台村、西塘乡高成村相继建立科技图书室。2007年，购置电脑2台，已入中国图书网，年购书经费1.5万元。图书馆各种报刊阅览均为全开架方式，阅览时间每周星期一至星期六，日均接待30人次，综合外借室发放借书证300个，读者外借书刊按该书刊定价的双倍价格交付押金，图书外借月均300人次，年服务读者1600人次。

20世纪80~90年代，县域6所高中、2所职中、26所初中及中心小学均建有图书馆或图书室。县三中图书馆，建筑面积200平方米。2005年，新建馆2000平方米，藏书5万册。县职业中专，1996年建馆，建筑面积600平方米，员工3人，藏书3万册。县二中图书馆，1990年扩建，建筑面积600平方米，藏书35725册。县一中，1998年建图书馆，建筑面积1100平方米，藏书10万册，阅览室3个，座位200个，全校师生人手一个借书证，年读者万余人次。县八中图书馆有电脑10台，阅览室座位50个，藏书5800册，所有书刊均已编号，并已入微机。县籍历史学家何光岳，一生俭朴、挤钱聚钱买书，“文化大革命”中冒着风险收藏书籍，其中有不少孤本、善本，内容广泛，2001年，私人藏书5.8万余册，获中国私人藏书第一名。

三、电影院

1980年，全县有电影院17个，1983年前后，城区电影院随单位划归岳阳市。是年12月，省电影公司投资25万元，在荣家湾天鹅路征地1.4公顷，修建天鹅电影院，建筑面积1800平方米，设翻板座位1283个，楼座400个，设有舞台、化妆室、供电房等配套设施。1987年，天鹅电影院内装置空调设备。各乡镇利用剧院，购置放映机，开办电影院，至1990年，全县共有电影院102座。随着电视的普及，电影市场日趋萎缩，电影院相继出租给省内外商业团体办展销，引进外地艺术团体表演，或作为大型会议会场，以弥补经费不足。2002年8月，拆掉天鹅电影院，新建一座电影院，2004年年初竣工，是年，整体出让给心连心超市老板。

四、录像厅、网吧、游戏厅

1978年，县境的文化市场处于起步阶段，除一些零星书店外，无其他娱乐项目。

1986年3月，县城关镇出现第一家录像厅——龙城录像厅。1989年5月，城关镇天鹅路第一家电子游戏厅开业。1993年7月，境内有电子游戏厅3家、录像厅4家。2000年11月，县境第一家网吧——鸿远网吧正式开业，后传奇、联想等网吧相继开业，网络文化市场迅速发展。至2007年，共有网吧112家，其中城关40家、乡镇72家。城关蓝月亮网络会所、风云网吧、翔升网吧、新浪潮网吧、E友网电之家等网吧，计算机在100台以上，投资在100万元以上。

五、卡拉OK、包房、舞厅

1985年9月，县境第一家歌舞厅——总工会歌舞厅开业。1993年7月，小天地宾馆卡拉OK包房为境内第一家KTV包房，此时，境内有舞厅2家。2007年，全县有金莎娱乐城、金鑫娱乐城、钻石贵族娱乐城、翡翠国际KTV等娱乐场所23家，共有包间300个，共投资5000多万元。

第二节　群众文化

传统文化活动　县文化馆对流传至今且有影响力的民间艺术进行挖掘整理，包括岳阳花鼓戏、节日的玩龙舞狮、唱皮影戏、木偶戏等。花鼓戏《小姑贤》《补背褡》《五痴》《十送》等为群众喜闻乐见。打造《轭壳》《送亲》《大儿大女》等数十个剧目，编出品位较高的整台晚会节目。传统节目巡回演出遍及20个乡镇，600多个村庄，观众达50万人次。1990年2月，举行春节文艺活动周，组织玩龙舞狮，观众6万多人次，潼溪乡龙灯金狮队进县城、进市区表演；举行岳阳县农村社会主义思想村级文艺调演，表演节目37个。1991年2月，全县组织春节期间和国家干部会议期间的龙狮活动。2002年始，文化馆每年组织、举办文化活动均达数十次以上。自2005年始，在县城体育广场开展广场文化活动，共举办大型文艺演出、知识竞赛、游艺等活动22场次，观众17.8万人次。每年到居民社区演出600场次。举办文化活动120多次。创建社区文化活动阵地10多个。2006年5月，岳阳县参与中国·岳阳（汨罗江）国际龙舟节暨第二届民俗文化艺术节。

展览　1986年11月，县文化局、县文联、县工商银行联合举办储蓄摄影作品展览，展出作品80余幅。1989年10月，举办岳阳县改革成果展览，共展出摄影作品800余幅，展期50天，观众5万人次。1998年夏天，县委宣传部、县文联共同举办“岳阳县'98抗洪抢险图片展”，展出图片100多幅，县书法协会在县粮校举办“迎春书画展”，书法作品60多幅。县摄影协会创建“东方路摄影橱窗”，举办展览46期；县文联分别与县个体劳动者协会、县人寿保险公司、县移动公司、县新华书店等单位联合举办“工商杯”“人寿杯”“移动杯”“新华杯”等摄影展。1999年，县委宣传部、县文联举办“祖国颂”书画、摄影作品展，展出作品129件。县书协、县美协联合举办“书法美术展”，展出作品40幅。2000年，县书协在县图书馆举办“会员书法作品展”，展出作品37幅。2001年7月，县委宣传部、县文联举办建党80周年“共产党好”摄影成就展览，30多个单位制作38块展板，作品300余幅，在全县巡回展出。2002年，县文联举办中国湖南旅游节张谷英民俗文化艺术节摄影、书法、美术作品展览，展出作品180多幅；举办岳阳县新世纪书法艺术展，展出作品48幅。2004年，县文联在张谷英村举办“艺术节书法大展”。县美协先后组织举办庆祝中共十六大美术作品展、张谷英民俗文化节现场美术作品展、迎“七一”金灿杯美术作品展等活动。2006年，县文联在县城举办“庆国庆”大型美术作品展，展出作品100余幅。2006年12月，在县城举办建设社会主义新农村“农业杯”摄影展览，共收到参赛作品400多幅，展出89幅。

文艺晚会 1980年，在天鹅电影院举行文艺晚会。1989年9月，举行国庆四十周年“爱我中华”群众歌咏比赛和文艺调演晚会，全县有21个代表队、570名演员参加。1990年4月，配合县委举办“五四”文艺晚会和“六一”文艺会演，是年9月，举办岳阳县“庆亚运、迎国庆”文艺会演，县直各单位200余名文艺爱好者参加演出。1991年1月，举办元旦文艺晚会、春节文艺晚会。1994年2月，县委宣传部、县文化局、县广播局联合举办“'94春满巴陵”春节电视文艺晚会。2000年7月，在天鹅影剧院组织“七一”文艺晚会。2005年7月，岳阳县广场文化活动正式启动，文艺晚会均在广场举行。2006年1月19日，举办“奔向‘十一五’活力岳阳”大型春节电视晚会，7月31日，宣传系统组织的“燃烧七月”大型广场文艺晚会在体育广场举行。9月16日，教育系统举办“红烛颂歌”大型广场文艺晚会。9月31日，烟草系统成立二十周年“光荣与梦想”文艺晚会在体育广场举行。12月1日，湖南向红机械化工有限责任公司四十周年“爱我向红”大型文艺晚会在体育广场举行。

2007年2月11日，举办“和谐岳阳”春节焰火文艺晚会。3月2日，在9634工厂举办“闹元宵”大型广场文艺晚会。6月29日，全县农业系统在县体育广场举办“情系三农”大型文艺晚会。7月25日，在县体育广场举办“三湘蒲公英奖”决赛文艺晚会。8月24日，县民政局“慈善助学爱心圆梦”大型文艺晚会在县体育广场举行。9月26日，县交通局举办“五彩大道”大型广场文艺晚会。10月29日，县烟草会员之家举办“和谐烟草耀巴陵”文艺晚会。

第三节 广播电视

广播 1983年，县广播站在荣家湾重建，每年开办费1000元，一台550瓦电子管扩音机，几台录音机。1984年，成立县广播局，下设广播站。5月1日开播，转播中央、省、市电台节目，自办新闻节目，全年编播稿1184篇。1986年，添置新设备，增加播音时间，覆盖面扩大，全县群众基本可听到国际国内新闻。是年投资44.9万元，新开通村级广播点52个、组级广播点677个、新架设乡至村广播线130.9杆千米、新增入户喇叭6284只、高音喇叭492只，每日播音增至1个小时，自办节目半个小时，编播稿件4620篇，办专题节目300多个。1987年，建成的调频广播电台开播。1989年9月，建县广播电台，建75米高的天线发射塔，改有线为无线，全县各乡镇随时能收听到县电台的声音，覆盖3省13县200万人左右，全年编播稿件5080篇。1990年，48个乡镇均建立广播站；694个村中有334个村建立广播室，占48.13%，专线173.0杆千米，入户率51.9%，覆盖率80.3%，县、乡两级培训1200多名农民通讯员，其中骨干通讯员230多人，投稿6万多篇，发稿4万多篇，《农民议政》获市一等奖、省二等奖，获中宣部表扬，被《中国青年报》《湖南日报》《湖南科技报》刊载。利用广播传媒，与县级66个部、办、委、局联办，编写专题节目，宣传其业务与政绩；组织湘鄂33个地、市、县台站及本省地、市、县台站开展经济及其信息交流；组织名优产品参与国际、国内展示活动，先后有洞庭春茶、竹筚拼花、芭蕉扇等打入国际市场。1991年，岳阳市第一届国际龙舟赛，组织湘鄂20多个企业参展，使名牌产品打入全国市场；编写全国名厂、名牌产品录，本县有20多个厂家进入名录；与省人民台、省科教报、县科委合作，为全县工农业生产提供大量经济信息，同时办内参一份，为县委、县政府施政参政提供信息。

电视 1984年，集资1.46万元，筹建县电视差转台，7月1日，在荣家湾建成开播，功率10瓦，发出频道10个。1986年11月，境内农村第一个电视差转台渭洞电视差转台建成开播，功率10瓦，接收频道3个、发出频道12个。1987年11月，县财政拨款14.5万元，建成电视卫星地面接收站，有接收机2台，电视发射机、差转台3台，监视器4台。1989年5月，县电视台成立，7月，自办电视节目正式开播。1991年3月，成立县有线电视台，6月，县广播电视局启动城关地区有线电视建设工程。1992年9月，鹰嘴山发射台建成开播。1993年，成立县有线电视台，初步建立城区有线网络，1997年建设多路微波电视，至1998年，发展农村用户3万户。1998年，对城区有线电视光缆进行升级改造。2000年3月，县城启动可寻址工程，有线电视付费由人工收费改为电脑收费。2002—2005年，逐步对城区有线电视光缆重新进行改造，改造后光纤带宽达750瓦。2005年7月，县电视台正式实现数字化。2006年，与乡镇广电站共同投资，拉通县城到乡镇集镇的有线电视光缆，乡镇居民可收看到37套电视节目。2007年8月，完成卫星广播电视转星调整任务。11月，实施新时期广播电视“村村通”工程，完成115个自然村的建设任务，解决广大农民“看电视难”的问题；投资20万元，由磁带改为数字硬盘输出；添置摄像机、编辑机，机房配置双电源，保证应时播出。启动无线数字电视建设，淘汰严重老化的模拟微波信号设备，采用无线数字微波电视覆盖，首期开播37套数字电视节目，图像质量达DVD画质。

2007年底，电视台设新闻部、专题部、广告部、制作室。宣传频道增至3个。《新闻综合》开设《巴陵新闻》《微水剧场》《天鹅戏台》；《生活时尚》开设《时尚剧场》《经典影院》《曲艺之窗》《商务信讯》。至年底，共发布新闻2.6万多条，专题60多个。向市、省台发稿1600多条，其中市优稿64条、省优稿8条。1993年，《拜托了》记录了中共中央政治局常委、国务院副总理朱镕基视察岳阳县的情况，获省二等奖、市一等奖。1996年，《岳阳防汛抗灾纪实》获市特别奖。2007年，报道县三中学生陶星边照料病重的母亲边就读的感人事迹，并以此为契机开展“爱心圆满活动”，动员捐款100多万元，帮助100多名贫困孩子上学。

第四节 电 影

电影放映 中共十一届三中全会后，县电影公司为新墙、筻口、广兴、荣家湾农机厂4个集镇电影院提供放映设备、技术人员，集镇负责场务、票务管理，并商定收入以3∶1比例分成。1985年，建立境内第一个区片站，后在筻口、月田、步仙、黄沙、毛田、渭洞、康王、广兴洲等地建立区片站，管理站的日常开支从发行收入分成和按场次收取管理费解决。1986年，有社办、农户办电影队181人，平均每3.8个村、4090人中就有一个电影放映队。1987年，由于农户、个体放映队压价争地盘，加上电视录像的飞速发展，部分社办电影放映队名存实亡，30%的社队放映队完全停映，放映员由96人减至41人。县电影公司在公田区试点，1988年，将人员较集中的18个集镇电影院改为售票点，县电影公司在公田区试点。1991年5月，全省社教电影汇映会在岳阳县公田区片站召开。是年，县电影发行放映公司组织农业生产和农村建设科教片汇映，国庆献礼《大决战》放映、优秀影片《烛光》《菊豆》等放映活动。1992年，公田电影站获中央电影电视部颁发的铜牌奖。1993年，境内有部门电影队4个，主要为本单位服务，少量对外售票。1994年始，在全县中小学开展爱国主义教育，组织百部影片汇映。1996年，选调38人参加放映员学习班，筹建乡镇社办电影放映队48个，其中27个放映队配备16毫米放映机，21个放映队配备8.75毫米放映机。1998—2006年，共放电影1028场次，放映收入20多万元。2007年，启动国产优秀影片进社区公益活动，为全县20个乡镇放映电影2600场次。

影片发行 1984年，各种影片均由市电影公司调度编排，岳阳县电影公司，担负16毫米、8.75毫米影片发行，市电影公司按月计划调度。县电影公司再安排到各放映单位。1985年后，岳阳县建立区片电影发行放映站，担负部分影片的发行，对下属各站定期调度，区片站再安排到放映队，根据山区与平原的特点和农村经济发展形势，采取单位招标承包、“短片三定”（定拷贝、定场次、定收入）、“跟片到点分成”“公开挂牌选片”。组织各种汇映等竞赛活动。逢年过节时，对新拷贝，先售票点，后喜庆，县电影公司少量发行35毫米影片。至此，影片形成一条龙计划发行。

1985年，县电影公司发行长片23部，其中国产片19部。科教片，分普及专业片，采取对口、对路、对时的方法发行。专业性强的影片，组织专场放映。1983年后，农村每年发行长片节目100部以上，新闻纪录片，是长片放映加映节目，每部长片加配半个小时的新闻纪录片同时发行，科教片，以农业生产和农村建设题材为主，因地制宜，采取普通发行外，全县还组织三次规模较大的科教电影节目汇映月。县境9个发行管理机构，编排各类农村科教片75个拷贝，放映765场，村产放映电影科教片2~4场，人均看科教电影2场。

音像放映　1985年4月，成立县音像管理站，1986年，制订音像管理办法，发证的录像放映队18个。1989年保留9个，其中城关5个、农村4个，有内部、家庭放映队50个。1990年，县广播电视局把录像重点转向农村，调配10个队到农村走村串户，放映《雷锋的足迹》《科技致富》等影片。全年共放映1300多场，观众达18万多人次。是年6月，省广播电视厅录像管理处在岳阳县召开现场会，推广岳阳县“肩挑设备下乡、走村串户放映”经验。县音像管理站被评为全省先进单位。1995年，县音像管理站批准城、乡放映厅营业9个，设点组织录像制品出租，巩固发展城关录像厅8个、乡镇录像厅4个，音像年收入2.4万元。1996年后，有线电视取代录像放映。

第五节　文　物

一、文物保护

境内历史悠久，名胜众多，历史文化厚重，有较多的历史文物。1986年，县政府成立由分管文教的副县长任主任，县委宣传部、县政府办、县人大教科文卫委负责人为副主任，文物技术人员和文化干部共29人，组成7个小组。分赴城乡开展第一次文物普查。共发现遗址148处（含古窑址24处）、古墓葬128处、古建筑5处、古石雕4件、古遗物点9处、革命文物2件、收集流散文物44件，被市政府评为文物普查先进县，5人被评为文物普查先进工作者。1988年11月，成立县文物所，配干部2人，办公地点设县文化局。县文物管理所开展文物管理、落实全国文物普查、登记、征集、汇编等工作，把文物行政执法、文物安全工作列为单位目标考核责任体系，与乡镇、村、组签订文物安防责任状，引导广大群众加强对本地文物的保护理念，严防文物犯罪，确保文物安全零事故。对蓝泽烈士墓、湘北特委旧址、钟家大院、李塅桥、饶村堡驿道、大云山“三战三捷摩崖石刻”、新墙河抗战遗址、黄沙街镇刘士奇革命烈士故居、步仙乡彭遨革命烈士故居、新开镇文年生将军故居进行保护，对关王村明代嘉靖三十五年古墓进行抢救性清理发掘，出土金簪2枚，耳环1个，魂坛4个，青瓷盏1个（破损），墓拜志、墓志铭各1块（由明代方钝、谢登之两岳阳籍尚书所提），为研究岳阳官宦墓葬文化提供重要依据。1992年11月，在纪念《中华人民共和国文物保护法》颁布10周年之际，县文物所在全县开展文物法律法规宣传周活动。

至2007年，全县有文物保护单位113处，其中乡镇级5处，县级95处，市级7处，省级4处，国家级2处。在夏商周的三苗之地、麋子国遗民地、新石器时代古遗址、近现代烈士墓、烈士陵园、新墙河抗战纪念地、湘北特委旧址、刘士奇故居、铁山水库、大云山国家森林公园、张谷英古建筑群、张谷英寺湾村的钟家大院和竹坪村桂峰寺、饶村乡有堡驿道、中洲凌云塔、公田温泉、商周古遗址、鹿角古窑，相思乡李塅村的李塅桥、新墙镇节孝坊等处出土、收集各类文物335件。

二、文物征集和考古挖掘

文物征集 1982年，在荣家湾镇鲇鱼山出土牺首凤乌兽面纹铜尊，由市文物管理处珍藏；在柏祥镇松岭村出土战国青铜铜戈，在鹿角镇公城村出土石君砚。2006年，省文物专家组对县文物所库房进行文物鉴定，其中有二级文物2件，三级文物46件。

考古挖掘 自1973年始，陆续对宋代的鹿角窑遗址进行考古挖掘，有窑群17处、170余座，集中分布在鹿角镇到中洲乡沿洞庭湖畔约16公里的狭长山坡上。1994年，对麻塘镇春风村五家墩新石器遗址进行发掘，出土石器和陶器，石器为磨光的斧、凿、箭等，陶器有夹砂红陶土、灰陶、黑皮陶等。1986年、1996年、2006年，先后3次在筻口镇莲塘村发现商代遗址、春秋战国遗址、墓葬群，县文物所会同市文物处成立考古队，历时120天，共清理墓葬17座，随墓葬出土文物92件，墓葬均系土坑墓，规格大小不等，有的采用五花土夯实。除2个墓葬清理出礼器外，其余均为兵器。

第六节　文化市场管理

20世纪90年代后，文化市场兴起，有很多文化经营户不了解政策法规，导致一些违法乱纪事情发生。针对这一情况，县文化管理部门定期组织文化从业人员进行培训学习。1996年，召开电子游戏经营户大会2次、歌乐手会2次、舞厅负责人会3次。1997年，江苏非法书贩伙同本地书贩在岳阳市范围内的各中小学销售非法出版的复习资料，县文化稽查队依法进行处置，涉案价值130多万元。2000年是文化法规宣传年，全年共召开娱乐、音像印刷等行业会议18次，共有200多名经营业主参加。2001年，网吧在岳阳县雨后春笋般发展，网络文化得以迅速传播，问题也日益凸显。2003年，查处超时、接纳未成年人等违规经营的网吧33家，维护了文化市场的正常经营秩序。2007年，岳阳县共有文化经营单位（户）500家，其中娱乐场所（含游戏厅）78家、音像经营单位88家、网吧94家、演出场所18家、书报刊60家、桌台球40家、印刷（含打字复印）94家、其他28家。县文化市场管理站、县稽查大队将文化市场法规的11个条例中的14个办法汇编成册，每两年组织娱乐、网吧、演出、印刷、音像近500家，开展法规培训，使经营户法制意识明显增强，文化市场的邪恶现象得到有效遏制。稽查队员参加省文化厅、省法制办举办的培训班，均取得合格证书。每次文化市场专项清理整顿期间，通过电视媒体、宣传车、宣传栏、宣传资料、宣传咨询点等形式进行宣传。加强制度建设，促进文化执法行为规范，实行考勤稽查日志，举报登记制度，每月坚持对所有乡镇进行一次全面检查，每月坚持10个晚上在各个场所巡查。对经营单位实行目标管理，建立管理台账，签订守法经营责任书，促使经营户自觉守法经营。是年，全县共取缔黑网吧7家、搬迁学校周边文化场所2家、查处接纳未成年人及通宵经营网吧30家、收缴非法出版物3000多册、盗版光盘1万多盒、色情淫秽出版物400多本（盒）。稽查员对乡镇实行包干负责制，联点包片，建立农村文化市场管理台账，全县20个乡镇，200多家经营单位均做到持证经营。

第七节　图书发行

1978年，岳阳地区新华书店、县级新华书店分设，岳阳县新华书店设解放路，1981年12月，县新华书店并入市新华书店。1983年，根据上级新华书店决定，岳阳县暂不建立新华书店，城乡图书发行任务由市新华书店承担。1996年，岳阳市新华书店投资45万元，在县城荣家湾东方路建立一栋总面积为1600平方米的门市部营业大楼，名为岳阳市新华书店荣家湾门市部，配备干部职工9人，年发行图书1.5万册、经营图书4000余种，至1990年，年发行图书50万册、利润4.6万元。1991年4月，恢复岳阳县新华书店，隶属湖南省新华书店，县新华书店发行总额以每年10%的速度递增，由1992年发行总额不到400万元发展到2007年突破2400万元。2001年，单位自筹资金80万元，将东方路门市营业大厅进行升级改造，增加图书种类、统一标识、规范服务，配合中宣部、新闻出版总署的“万村”书库建设，先后为麻塘镇畔湖村、筻口镇新庄村、中洲乡机场村、毛田镇南冲中学建立村级图书室和学校图书室，在县内重点学校、社区建立10个社区（校园）书店，发展1000多名重点读者，建立重点读者信息库，实行跟踪服务。

附：荣城文化地标——大家书屋

1999年3月，建立岳阳大家书屋，为民营实体综合书店。至2007年，有5家颇具规模的图书零售连锁经营企业；大家书屋岳阳县总店、大家书屋第二分店、大家书屋公田店、大家书屋岳阳市图书城店、大家书屋网络书店。5家书店总经营面积约2800平方米，其中总店经营面积2100平方米。共有员工42人。成为岳阳市乃至全省市州一级民营书店唯一一家大型综合连锁书店。

大家书屋主营各类图书、文化用品、音像制品、报纸杂志、电子产品等。与全国120多家图书出版社部分二级批发商紧密结盟；与80多家品牌文具生产厂家零距离对接。调整经营策略，创新经营思路，实现多元化经营，实现单一经营—综合型经营—复合型经营立体型经营转变。

大家书屋秉承“构建书业生态，创造书香社会”“打造湘北书业品牌，占领城乡书市高地”目标，遵循“大家书屋，服务大家”“大家书屋，快递好书”的经营宗旨，树立“正宗、正版、正品”“精典、流行、时尚”的经营理念和特色，经营销售稳步上升，经济效益不断向好。连续9年被评为岳阳市文化先进单位；连续10年被评为岳阳市、县十佳企业；连续10年被评为岳阳市、县消费者信得过单位。2006年，大家书屋作为全省唯一一家民营书店，被评为湖南省图书发行先进集体。

第二章 文学艺术

第一节 戏 曲

岳阳花鼓戏，原名花鼓子，形成于清嘉庆癸亥年间，是湘、鄂、赣三省毗邻地区独具特色的地方戏剧种，在民间音乐的基础上逐步形成其独特的声腔体系，以岳阳一带地方语言为舞台语言，流传于岳阳地区及湘、鄂、赣毗邻的10多个县市，200来年不断传承、改革、发扬，创作了不少艺术精品。1988年，陈亚先创作的历史剧《曹操与杨修》经发表并由上海京剧院演出后，获中国戏剧家协会优秀剧本奖、文化部优秀剧目奖、中国戏剧家协会最高专家奖、“金质奖”等。2003年，文化部门耗资20多万元，对岳阳花鼓戏的历史、剧目、音乐、语言、表演等艺术进行详尽分析，系统整理。2006年6月，岳阳县花鼓戏成功申报为岳阳市第一批非物质文化遗产名录，是年，建立岳阳花鼓戏培训基地，高薪聘请著名演员加盟，招收16名青少年演员学习两年，苦练基本功，8名经验丰富、嗓音好的中青年演员排练演出《花墙会》《云山高腔山歌》《三篙恨》《唐知县审诰命》等10多个优秀曲目，5月，应湖南公共频道邀请，进行戏剧会演，成为湖南地方特色戏剧著名曲目之一，《云山高腔山歌》参加岳阳市第二届民俗艺术节，引起专家高度重视，对岳阳县挖掘、整理地方特色文化工作给予充分肯定。2007年11月，投入10多万元，组织30多名青年演员，对花鼓戏传统剧目重新编排，推荐出一批精品力作，重新找回在湘、鄂、赣毗邻12个县失去近20年的演出舞台。2007年入选为湖南省第一批非物质文化遗产名录。

第二节 文学创作

岳阳县历史悠久，民风淳朴，世代勤劳，创造出无数物质文明和精神文明，因历经沧桑演变，有的失传或变异，虽有少量文字记载，但民间积淀最多的是口头传承文学。

1978年后，县文化馆创办综合性文艺刊物《洞庭湖》《洞庭诗刊》，1984年，创办《新墙河》文艺小报。自1985年始，县组织文化、民政等部门，在全县开展第一次普查和搜集，经过242位搜集者、采录者、讲述者、演唱者的提供和编纂人员的整理、筛选、审改，编辑为《中国民间文学三集成·岳阳县分卷》，共3本，收集整理民间故事2800多个、民间歌谣1.9万多首、民间谚语1.8万多条、音乐曲种11个、曲牌调425首，共400多万字，1987年12月付梓发行。

1987年，业余作家翁新华在《青春丛刊》发表中篇小说《再生屋》与系列篇《黄金屋》等，被文坛誉为“湘军”中的“造屋主”。1988—1991年，县文联连续4年举办春联大赛，每年均选出优秀获奖作品集结成集，向社会各界印发。1993年，县文联内刊出版报告文学集——四通工程纪实《通途》。1994年《巴陵诗坛》更名为《巴陵诗词》，内刊出版第16集及《喜庆豪吟》《巴陵诗词选集》等10余部诗词专集。1996年，县文联内刊出版报告文学集《洪波曲》。1998年，县文联创办《巴陵时报》，后更名为《校园风》，出刊100期，在师生中影响很好。县委宣传部、县文联出版1998年岳阳县抗洪救灾长篇报告文学集《力挽狂澜》。1999年，县楹联学会与县民政局联合举办“民政杯”灾后重建家园暨澳门回归春联大赛，获奖作品在内部会刊《联林》杂志上刊登。2001年6月，县委组织部、县委宣传部、县文联共同编辑内刊出版“纪念中国共产党建党80周年”报告文学集《本色》。2004年，县作家协会举办首届“洞庭杯”文学征文大奖赛，应征310篇，评出一等奖1篇、二等奖4篇、三等奖5篇，是年10月，县文联配合人民文学出版社、省人大工委在省人大会议中心举办邓玉香创作的长篇小说《湘西谣》座谈会，北京、省、湘西、市、县100余名领导、作家参加。2005年，县文联内刊出版报告文学集《党旗猎猎耀巴陵》。2006年，赵煜恒创作的短篇小说《五味人生》入选《湖南省2006年度优秀短篇小说》。2007年，县作协出版内部会刊《巴陵文学》杂志，赵煜恒创作的散文《洞庭三题》——《无限君山》《梅花鹿死了》《没有桃花》均选入省文联出版的《天下湖南》丛书中《千年游记》一卷；散文《留一片天然好》入选《内蒙古自治区中学语文乡土教材》；是年，县委宣传部、县文联评出县文联成立二十周年“文艺贡献奖”5名、“文艺贡献提名奖”10名。1987—2007年，全县在国家、省、市级发表、出版、演出、播出、展出文艺作品4000余件，其中在省级以上正式出版长篇、中短篇小说、散文、歌曲、诗词、楹联集以及美术、书法等文艺专著42部，300多件文艺作品在市级以上获奖。县文联8次被市文联评为先进单位，1992年、2006年、2007年，县文联被省文联授予全省文联系统先进单位。

第三节　书画摄影

书法　1987年5月，胡桢强、高紫、胡铁汉参加湖南省首届农民书法竞赛，分获一、

二、三等奖。1991 年，陈科辉参加“长安杯”全国硬笔书法大赛，获一等奖；2002 年，他的书法作品获中国文联举办的“中国当代书法作品大展”金奖，其作品先后编入《马年全国书法大展精品选》《中日硬笔书法家大辞典》《中国历代书法家宝典》等书。钟虎生的书法作品《风雨兼程》获“纪念邓小平诞生 100 周年全国书画大赛”一等奖。1998 年，周运年书法作品参加公安部举办的“中华警魂”杯书画作品大展获金奖。

绘画 1979 年，县文化馆成立岳阳楼书画社，举办学习班，培养美术、书法爱好者 1000 余人，开展美术展览活动，得到联合国教科文组织的肯定。彭端生、刘齐家合作的组画《一亩森林的作用》，参加湖南省科普美展获一等奖，被《中国青年》《中国科普》等刊物采用。陈忠良的《清风图》获中国美术家协会举办的书画大赛二等奖。欧阳骏的 2 幅中国画被中国书画家协会收藏。钟虎生 1997 年的国画《松竹梅三友图》获全国总工会举办的书画大赛一等奖。许云的《松友图》选入《中国历代书画名典》，国画《牡丹》被中国文联授予“中国历代书画名作”金奖，参与完成《中国古今将帅名典》《中国名人志》《外国名人志》等书中的绘图工作。喻文涛的《江南春色》获全国书画联展二等奖。

摄影 1984 年，县举行庆祝中华人民共和国成立 35 周年书画、摄影作品展，共展出摄影作品 104 幅。1986 年 11 月，县文化馆、县文联、工行县支行联合举办储蓄摄影作品展，共展出作品 80 幅。1988 年，县委宣传部、县文联、县文化局联合举办湘鄂赣老区农村改革十年摄影大赛，两月之间，3 省 10 县近百名摄影作者参赛，作品 230 幅，分别评出一、二、三等奖、李庆新 1988 年拍摄的《咱们都是合同工》获一等奖；1991 年，他的《夜市》在湘鄂赣第三届“流通杯”大赛中获特等奖；《子弟兵》在湖南省“回风”摄影展获金奖。许理伟的《淘金者》获全国商业系统摄影赛三等奖，《新城夜色》获全国城市摄影赛湖南赛区二等奖。1996—1998 年，县境连年遭受特大洪灾，县摄影协会组织会员深入抗洪一线采访创作，李庆新的《最是险处显英雄》《战洪魔》在湖南省、岳阳市抗洪救灾摄影展中分获一、二等奖。2001 年，李斌斌指导学生李文颖拍摄的《长大了咱也要当兵》、李庆新指导李文韬拍摄的《童年》，分获文化部第二届“蒲公英”杯金奖、银奖。

第四节 音乐舞蹈

音乐 县内音乐丰富多彩，主要有渔歌号子、劳动号子、小调及班鼓音乐等。1985 年，县文化馆编印《岳阳县民间音乐两集成》，共收集曲种 11 个，曲牌调 425 首。王长清编有《岳阳花鼓戏唱腔》《岳阳民歌集》，其创作的歌曲《渔歌姑娘织网忙》被选入《建国以来优秀歌曲选》。1987—1989 年，县音乐舞蹈协会举办湘、鄂、赣 3 省“金龙杯”歌手赛，毛金莲、王小龙、姜春龙分获金、银奖，1989 年、1991 年、1992 年，分别参加湘鄂赣3省歌手赛，均获民族、美声、通俗唱法一等奖，并获团体总分第一名。1994年7月，县文化馆音乐夜市开业，由干部职工集资筹办，夜市集歌舞、音乐、饮食、品茶文化于一体。2000年9月，创作并内刊出版岳阳县行业歌曲集《巴陵之歌》。2006年，陈赐明、余长舟编辑出版《中国民族器乐曲集成》《中国曲艺音乐集成》岳阳县资料本；陈赐明创作的歌曲《我的岳阳》参加湖南省春节电视文艺晚会公演；歌曲《中国农民》获岳阳市“五个一”工程奖。王解三的《那缕乡情》、余长舟的《人民富了更爱党》等多首歌曲分别在省、市报刊发表并获奖。刘波的歌词《我们是光荣的纳税人》获全国职工歌词大赛银奖。县音乐舞蹈协会组织创作、内刊出版《建国四十周年岳阳县创作歌曲集》《岳阳县行业歌曲集》等。

舞蹈　县境民间舞蹈有狮舞、龙舞、采莲舞、楚鼓舞、九子鞭、乐乐咚、螃蟹舞、祭槌舞、地花鼓、打花棍、三棒鼓等，这些舞蹈多在春节、庙会或祭祀时演出。1979年，县文化馆搜集整理创作一组大型民间文艺综合节目《赞歌献给最可爱的人》，赴岳阳地区会演，创作、表演均获一等奖。1989年10月，县文化馆创作民间舞蹈《水蛇姑娘》；1990年12月，创作舞蹈《翠鸟》，获岳阳市群众舞蹈创作、表演三等奖。是年，全县组织玩龙舞狮春节文艺活动周，观众6万多人次，潼溪乡龙灯金狮队进入市区表演。1994年7月，县文化馆成立“小太阳”少儿艺术团，面向城乡招收74名少年进行舞蹈课程培训。2001年7月，选手方媛获全市青年舞蹈大赛二等奖。2006年6月，县文化馆创办文化艺术学校，开设舞蹈课程培养专业人才。

第三章　体　育

第一节　机构队伍

1983年，成立县体委，内设办公室、群体竞训股。1987年，增设二级机构岳阳县业余训练运动学校，定编11名。1995年，增设纪检组。2001年，县体委会更名为县体育局。2002年，增设体育产业管理股。2004年，增设湖南省体育后备人才基地。

第二节　体育设施

1986年，修建举重训练房，20米×50米20个靶位射击场和学生宿舍。1990年，为争创第四批全国体育先进县新建400米标准田径场、室外带看台的灯光篮球场和600平方米的综合训练房（2009年全部拆除改建成厚德广场）。2004年，废除射击训练场，新建岳阳县英菠燕游泳池。2007年，农民体育健身工程项目落户60个行政村。

至2007年年底，全县有400米标准田径场6个、标准水泥篮球场171个。

第三节　群众体育

1983年后，岳阳县经常参加体育锻炼人数城市达45%，农村达35%。群众体育框架初步形成，健身网点建设体系从城市引向农村纵深发展。

1983年底，举办县直机关职工长跑赛，28个单位、212人参赛。

1984年5月，县体委、团县委联合举办城关地区青年男子篮球赛。6月，举办县直单位第六套广播体操比赛，8个单位658人参赛。9月，举办第二届县直单位职工男子篮球赛，23支队伍321人参赛。

1985年6月，举办县直单位第二届职工广播体操比赛，共有11支队伍、440人参赛。11月，举办县直单位女工篮球赛。12月，举办县直单位拔河比赛。是年，甘田乡农民彭泽盛参加湖南省农民自行车赛获第四名，后又参加在重庆举办的南方八省农民自行车赛获第二名。

1986年6月，举办县直单位第七套广播体操赛。9月，举办第三届县直单位职工篮球赛。11月，举办首届职工排球赛。12月，举办县直单位职工长跑比赛。

1987年4月28日至5月1日，举办城关地区职工乒乓球比赛。5月，举办全县农民篮球赛。10月，举办第四届县直单位职工篮球赛。

1988年5月，省航校在县一中田径场举行飞机跳伞表演，观众2万多人。6月，举办农林水系统中学生田径运动会。是年，个体户易志荣被评为全国农村体育先进个人。

1989年6月24—25日，举办县首届职工围棋赛，共25人参赛。是年，成立巴陵武术馆、湘北武术馆、黄沙振兴武馆、黄秀精武馆。

1990年，岳阳县成立湖南省唯一一个县级体育总会。5月，举办“电力杯”职工篮球赛。端午节，在白羊水库举办2000多人参赛的首届农民龙舟比赛。6月，举办第四届县直广播体操比赛。10月，举办第五届县直单位职工篮球赛。

1991年2月，举办环城长跑比赛，有5000余人参赛。9月，举办第六届县直单位职工篮球赛，8支队伍参赛。

1992年5月，举办县直单位广播体操比赛。8月举办省“机电杯”象棋赛在岳阳县举行。

1993年11月，岳阳县承办省第八届老年门球赛，12月，组队参加省围棋比赛，县财政局篮球代表队参加省“富裕乡镇”农民篮球赛。是年，成立大云山武术馆、龟牛拳武馆、江南功夫馆。

1995年9月，举办第八届县直单位职工男、女篮球赛，共26支队伍参赛。10月，岳阳市“巴陵杯”武术散打比赛在岳阳县举行。是年，成立岳阳县全民健身指导委员会，组织3000余人上街游行宣传《全民健身纲要》。

1996年4月，举办“电信杯”第七套广播体操大奖赛，11个系统、480名队员参赛；举办全县农民自行车比赛，12个区、150名队员参赛。6月，举办“人寿杯”第二届职工乒乓球比赛。11月，举办第二届乡镇篮球赛。

1997年1月，举办迎回归万人环城长跑比赛，有75个单位参加。

1998年，举办大众运动会，6—9月，进行第八套广播体操、乒乓球、台球、拔河等多项比赛。

1999年，举办“信合杯”第三届乡镇男子篮球赛。12月，举办“跑步进入21世纪”环城长跑活动，8000余人参加。

2000年9月，举办“教育杯”第九届男子篮球赛。10月，进行第一次国民体质监测，对全县60多个单位、2000多人（其中幼儿278人、老年人31人）进行体质测试。

2001年11月，对全县20多个单位工作人员进行第二次国民体质监测。

2002年6月，举办“岳荣杯”男子篮球赛。10月，组织10支队伍开展体育风采展示活动，有200多人参加。

2003年1月，举行“迎新年奔小康”万人长跑活动。3月，和田超市在体育广场举办首届风筝节暨风筝大放飞活动。9月，举办县“人寿杯”第十届男子篮球赛。

2004年6月，举办第四届乡镇男子篮球赛。10月，组团参加岳阳市首届大众运动会。11月，举行“老年节”福寿健康活动。

2005年10月，举办第十一届县直单位男子篮球赛。11月，进行第三次国民体质监测。12月，举办中小学生田径运动会。

2006年4月，举办新农村建设环城长跑活动。6月，开展送体育下乡，在公田镇举办篮球、跆拳道、武术表演赛活动。10月，举办“移动家园杯”第五届乡镇男子篮球赛。

2007年9月，举办第十二届县直单位男子篮球赛。是年，全县60个村落实农民体育健身工程项目。

至2007年年底，有体育单项协会、健身俱乐部20多个，县直和乡镇男子篮球比赛，形成传统。1990年，岳阳县被评为湖南省农民体育先进县，1992年，被评为全国群众体育先进单位，2002年，被评为全国第四批体育先进县，2004年，被省体育局评为1998—2003年度群众体育工作先进单位。

第四节　竞技体育

训练基地　1987年，恢复岳阳县体校建制，设举重、射击2个项目。1994年，县体校成为全省14所重点体校之一，被评为省先进体校。1998年，县体校增设摔跤项目，

2002年，增设柔道项目。2003年，县体校申报体育后备人才基地，确立摔跤为重点项目，举重、柔道为辅助，取消射击项目，是年被省体育局确定为摔跤体育后备人才基地。2005年，被省体育局授予1998—2005年度湖南省业余训练工作先进单位，2007年，被评为岳阳市竞训先进单位。

参赛 1983年，任红兵参加省少年田径赛以53秒3的成绩获男子400米冠军。1985年4月，全县27名队员参加市第二届中学生田径赛，获7金5银。8月，参加市中学生田径运动会，钟军以11秒1的成绩破100米市纪录。

1987年7月，参加省单项赛，获金牌2枚。

1988年，参加市首届运动会，夺金牌24枚，破13项市纪录。8月，孙鹏赴浙江参加全国少年游泳赛，获100米接力、400米自由泳冠军。

1989年，岳阳县组队赴省参加举重、游泳、摔跤、射击4项比赛，夺得金牌10枚，破6项市纪录；罗三查获全国第二届青少年运动会四人皮划艇金牌。

1990年，参加省七届运动会，获金牌5枚。李大光在全国中学生田径赛上获10项全能第一名。

1991年，参加省单项赛，举重、射击获2金1银；张兵参加全国少年举重赛获抓举银牌。

1992年，岳阳县运动员参加湖南省第二届青少年运动会获金牌2枚。

1994年7—9月，参加岳阳市第二届运动会，获金牌35枚、银牌28枚、铜牌34枚，以总分1065分的成绩位居榜首。

1995年，举重运动员李燕在第六届世界举重锦标赛上夺得女子69公斤级金牌。彭兴龙在全国中学生田径运动会上获4×100米接力第一名。

1996年，参加湖南省第八届运动会夺得金牌10枚，其中熊玲参加女子甲组射击获60发卧射（586环）3×2（558环）2枚金牌。

1997年，岳阳县射击队员林军在天津世界射击锦标赛上获得手枪速射团体第一名。

1998年6—9月，参加岳阳市第三届运动会，获金牌33枚、银牌27枚，团体总分第三名。

1999年，举重运动员李燕在第七届世界举重锦标赛上夺得女子69公斤级金牌。

2000年，参加省单项赛获1金1银。

2001年，在县职业中专成功举办“赫药杯”湖南省摔跤比赛。是年，参加省举重单项赛获1枚金牌1枚银牌。

2002年，参加省第五届运动会共获1枚金牌1枚银牌。王林辉在第十四届亚运会上夺四人赛艇第一名。

2003年7月，参加单项比赛获金牌3枚（颜祖德、龙文君（举重）、童霞（摔跤）。是年，吴娜进省跆拳道队，胥瑶瑜进省摔跤队。

2005年，参加省单项比赛，摔跤、举重、柔道3个项目共获金牌7枚（龙文君获女子乙组举重金牌3枚，赵剑获男子乙组挺举、总成绩金牌2枚，何文彬、方浩锐获摔跤金牌各1枚）。龙文君创省举重少年纪录。是年6—9月，参加岳阳市第四届运动会获金牌79.25枚、银牌86枚，团体总分位居第二，4人破4项省纪录，龙文君、赵剑达国家一级运动员。

2006年，参加湖南省第十届运动会，获金牌3枚（何文彬、方浩锐获摔跤金牌，龙文君获举重金牌）；方浩锐达国家一级运动员，并进入省摔跤队。

2007年，参加省单项赛获3枚金牌1枚银牌。是年，黄小海赴河南开封参加全国少年摔跤赛获第五名，吴娜参加全国跆拳道锦标赛获第一名，参加全国冠军赛获第三名，参加泰国大学生运动会获第五名。

至2007年，岳阳县运动员参加国际比赛获金牌5枚，参加全国比赛获金牌3枚，参加全省比赛获金牌47枚，参加全市比赛获金牌166枚；破4项省纪录，21项市纪录，创1项省少年纪录，林军的射击、李燕的举重、吴娜的跆拳道达国家健将级运动员，胥瑶瑜、方浩锐的摔跤、龙文君、赵剑的举重、蔡婵的射击达国家一级运动员。

第五节　学校体育

中共十一届三中全会后，县教委加强对学校体育的重视。在中、小学阶段，规定每周两节体育课。坚持“两操一活动”（即每天做课间操、眼保健操，安排课外活动），寄宿生另加晨操。

1988年1月，执行省教委颁布的《关于贯彻国家教委〈中学生体育锻炼合格标准〉的实施意见》，规定从是年开始执行体育不合格不予毕业和不得报考高一级学校的规定。是年5月，岳阳县参加全市第四届中学生田径运动会，获第二名。10月，县举行第二届中学生田径运动会，有280多人次获奖，38人次破县纪录。是年，县教委、县体委联合颁发《岳阳县体育传统项目布局学校管理条例》（试行稿）。1989年，执行省教委《关于全省实施〈中学生体育合格标准〉的通报》，规定普通高中对体育不合格的学生评为“三好学生”，毕业时经补考仍不合格的只发给结业证，且不得报考高一级学校，1991年毕业后的高中毕业生，均应记载三学年的体育成绩。是年4月，县教委、县体委、县卫生局联合下发《关于开展全县中小学体育、卫生工作检查和体育“达标”验收的通知》，对全县中小学训练、输送运动员和体育竞赛、体育教师配备与训练、体育经费、场地器材等情况进行检查。

1990年5月，县举办第三届中小学生及第一届体育传统项目田径运动会，参赛代表队20个，运动员260人，项目33个。有320人次获奖，14人次分别打破岳阳县标枪、铅球、跳高等7个项目纪录。是年7月，县组织2支代表队、40名运动员参加岳阳市中学生田径运动会，县代表队获高中组总分第三名，县一中代表队获高、初中总分第三名，并获精神文明奖。是年11月，县教委在县二中举行全县高中生篮球竞赛，共8支男队、6支女队参赛。1991年5月，岳阳市第六届中学生田径运动会在岳阳县一中举行，岳阳县获全市总分第四名。是年，县教委下发《关于对全县高一新生进行体育达标测查的通报》，将测查情况作为衡量初中教育质量、评比普教先进的重要依据。是年，全县有7所中学新建田径运动场，10所学校建水泥球场。1992年6月，全县举行中学生田径运动会。1993年，县教委转发《1993年湖南省初中毕业生升学考试、体育实施方案》，是年7月，岳阳市中学生篮球运动会举办，岳阳县代表队获女子第一名，男子第二名。1994年，实施《初中毕业生体育考试实施方案》，规定凡初中毕业生报考高一级学校均应参加体育考试，考试成绩计入升学总成绩。1995年10月，组织全县中小学体育教师优质课竞赛活动。1997年5月，组织初中毕业生进行体育考试，参考8124人，合格7934人，合格率94.1%。1998年5月，全县举行初中生第八套广播体操竞赛。1999年，全县评出中考体育考试优秀单位9个。2000年，先后举办初中生篮球赛、第10届中学生运动会。2001年，全市中学生篮球比赛，岳阳县男子队获亚军、女子队获冠军。2002年，县初中毕业生升学体育考试的项目为50米跑，立定跳远，掷实心球(2kg)，测试合格率95.6%，优秀率30%。2003年，岳阳县二中获《学校体育工作条例》省级先进学校。2006年1月，县教育局下发《认真做好2006年初中音乐、美术、体育毕业会考的通知》，将初三学生体育考试成绩作为学生毕业和进入高一级学校录取总分的依据。2007年9月1日，在全县推广第一套中小学校园集体舞，同时组织老师进行二级培训。是年10月，县教育局下发《实施〈国家学生体质健康标准〉工作方案》，要求各中小学必须开展学生体质健康标准的训练和测试，建立包括体质状况信息、训练情况、测试数据、指导学生锻炼意见等档案。

第六节 体育人才培训与输送

体育培训 1984年5月，举办第四套广播体操培训，60多个县直单位派员参加。1986年5月，举办第六套广播体操培训班，50多个县直单位及厂矿企业派员参加。1990年9月，为创建体育先进县举办全县体育专干培训班。1996年4月，举办第七套广播体操培训班，县直各单位均派员参加。1997年，举办全民健身社会体育指导员培训班，通过考试考核，批办13名三级社会体育指导员。10月，举办县直单位、乡镇体育专干培训班。2000年，举办首次国民体质监测培训班，20余人参加；举办体育专干、篮球裁判员培训班。2001年，派15人参加市国民体质监测培训班。

1987—2007年，共派送教练员参加国家、省级专业培训20余人次。

人才输送 1987年后，县体校相继向省体工大队输送20余名优秀队员，举重：许燚，李燕、张彦；射击：林军、汪敏、刘九天；摔跤：胥瑶瑜、方浩锐；柔道：谢淑辉、陈四英；跆拳道：吴娜；皮划赛艇：陈亚辉、谢岳忠、罗三查、刘国庆、王林辉、曾岳琪、胡明海；水球：陈熙。

第十九篇　卫　生

第一章　卫生医疗制度改革

第一节　卫生体制改革

1984 年，撤销毛田、月田、渭洞 3 个地区医院，扩建县公田人民医院，1996 年，更名为公田中心卫生院，对外加挂岳阳县二人民医院牌子。

1986 年 11 月，乡镇卫生院实行卫生行政与地方政府双重管理。乡镇政府对乡镇卫生院行政、人、财、物进行管理；县卫生局负责乡镇卫生院业务技术指导，每年组织 2 次卫生工作考核评比；院长人选由县卫生局与所在乡镇共同考察协商后，中心卫生院院长任免由县卫生局行文，一般乡镇卫生院院长任免由乡镇政府行文。按照“县、乡、村三级办医，县、乡两级管理”原则，所有行政村卫生室均实行“村办乡管”，推行“乡村联办”。县卫生主管部门制定《关于乡村联办村卫生室管理办法》《等级村卫生室标准》，实行人员统一招聘，任务统一下达，药品统一定购，财务统一核算。各乡镇党委、政府建立定期“议卫”制度，并按工农业总产值的 1%~3%的比例，设立农村卫生事业发展基金，切实担起乡镇卫生院建设的重担。

1989 年，县委、县政府颁布《关于加快实施初级卫生保健的决定》，明确提出增加卫生经费，对卫生事业拨款在各项财政支出中重点考虑，尽快达到财政总支出的 8%，并在每年的追加经费中优先计划卫生增拨款。

1996 年，广兴洲中心卫生院、许市镇卫生院移交君山区管理。是年 11 月，县人民医院升格为正科级事业单位。

2000 年 3 月，全县 23 所集体卫生院转为全民所有制事业单位，原有职工的所有制性质不变。2001 年 4 月，县卫生局进一步完善区域卫生发展规划，强化医疗机构分类管理制度，将医疗机构分为非营利性、营利性两类进行管理。

2002 年 4 月，成立县卫生局县卫生监督所；县卫生局内设法制股；撤销县医疗机构卫生监督管理办公室。县卫生局在每个乡镇聘任一名卫生监督员，明确监督管理职责。通过推行乡村卫生机构一体化管理，《乡村医生从业管理条例》得到较好的落实。

第二节 医药体制改革

1985年7月1日，第一部《药品管理法》实施，组建县药品监督检验所，为县卫生局独立的二级机构，行使药品监督职权。1985年，县政府常务会议决定，成立县医药总公司，归口经管系统管理。1991年，县、乡设立专（兼）职药品监督员32人，负责督促各药品生产、经营企业、医疗单位建立药品自检自查体系。1993年始，实行村卫生室药品由卫生院统一代购制度。1997年，县卫生局将药品质量监督检验工作纳入工作目标考核，对各药品生产、经营企业、医疗单位的药品抽检批次、种次作硬性规定。

2001年3月，食品监督管理权责移交县食品药品监督管理局。

第三节 医疗机构改革

2000年，国务院下发《关于城镇医药卫生体制改革的指导意见》，实行分类管理。境内县属医疗机械，各乡镇卫生院属于政府举办的非营利医疗机构，由财政给予合理补助；厂矿、企业、学校等单位的医院、卫生所、卫生室属于营利性医疗机构，给予提供基本医疗服务，享受相应的税收优惠；个体诊所、私立医院属于营利性医疗机构，依法自主经营，照章纳税。

2002年4月，成立县卫生局卫生监督所，将由县卫生局和有卫生事业单位承担的各项卫生监督职能调整，归并集中到县卫生监督所。县卫生局增设卫生法制股，负责卫生法律法规的咨询，执行情况督查；成立县疾病预防控制中心。

2005年，省卫生厅在岳阳县进行完善农村卫生工作的全行业管理试点，至2006年，探索形成《岳阳县医院（卫生院）管理指导意见》（简称《指导意见》），并转发全省农村医疗机构试行。

第二章 机构·设施

第一节 机 构

一、行政机构

县卫生局 1983年成立，1984年，内设办公室、人事股、业务股、财计股。1985

年，增设纪检组，1987年，增设科教股，1989年，增设初级卫生保健股（简称初保股）。

县爱国卫生运动委员会（简称县爱卫会） 1983年前，由县委副书记或副县长任主任，县委宣传部、县人大、县政协、县政府办、县城建局、县卫生局主要负责人任副主任，各部门单位主要负责人组成委员会，委员17~26人。县爱卫会下设办公室，办公室主任由县卫生局局长兼任，干事2~3人。1984年，设专职主任、副主任、编制增至5~7名。

县新型农村合作医疗管理局（简称县合管局） 2006年6月成立，隶属县卫生局。

二、专业机构

县卫生防疫站 1984年2月重设。1990年，内设检验、防疫、计划免疫、食品卫生、劳动卫生、学校卫生、结核病防治、放射门诊、卫生宣教、财计后勤、办公室等12个科室。 2002年4月，撤销县卫生防疫站，分别成立县卫生局卫生监督所、县疾病预防控制中心。2006年12月，县卫生监督所、县疾病预防控制中心为副科级纯公益类事业单位。

县妇女儿童保健站（院） 1981年并入市妇幼保健站，1984年2月恢复，是年9月，更名为县妇幼保健所，内设妇保、儿保、财会、办公室、门诊部5个科室。2006年，易名为县妇幼保健院。

县药品检验所 1980年成立，1981年10月，县、市合并，机构自然消失。1984年，重新成立，2001年3月，其职能划归县药品监督管理局。

县健康教育所 1991年8月成立。

县卫生职业技术学校 1984年2月成立，培训乡村医生和在职医务人员的非学历教育，1987年始面向社会招生。1994年8月，隶属于县政府，教学业务接受省、市、县教育行政部门和卫生部门的指导和管理。1998年1月，更名为县成人中等专业学校，隶属关系不变，经费渠道不变，管理体制不变。是年12月，县卫生成人中专学校并入县中医院，组建县卫生局职业培训中心。

县结核病防治所 1986年12月，撤销新墙区医院，建立县结核病防治所，新墙区医院的房屋、财产、药品、器械人员全部移交给结核病防治所，定编30名，1989年，与新墙镇卫生院合并，更名为新墙中心卫生院，1990年9月，撤销县结核病防治所。1991年12月，恢复县结核病防治机构，下设办公室，地址迁入县卫生防疫站，成立结核病防治科，隶属于县疾病预防控制中心管理。

县公费医疗管理办公室 1994年5月成立，同时成立公费医疗门诊部，经费由县财政局差额拨款，由县卫生局、县财政局实行双重管理。2002年2月，公费医疗管理办公室4名行管人员划入县劳动局医疗保险中心，门诊部5名医务人员编制划入县红十字会，组成岳阳县红十字会门诊部，隶属县卫生局管理。

三、医疗机构

2007年，岳阳县有医疗机构656个，其中县直医疗机构4个、厂矿医院2个、乡镇卫生院21个、卫生所53个、个体诊所34个、村卫生室512个、血防站4个、医务室7个，计划生育服务所19个。

县人民医院 1983年8月升格为岳阳市第二人民医院，是年10月在荣家湾筹建县人民医院，荣家湾区医院人、财、物全部合并于县医院。1987年，在县城天鹅北路新建县人民医院。有工作人员174人，病床120张。2006年12月，为享受正科级待遇的公益类事业单位。

公田中心卫生院 1984年，将公田区医院扩建为岳阳县公田人民医院，同时撤销毛田、月田、渭洞3个区医院，部分人、财物合并，公田人民医院有工作人员16人、病床50张。1996年，公田人民医院更名为公田中心卫生院，加挂县第二人民医院牌子。

县血吸虫病专科医院 1996年，县血吸虫病防治医院更名为县血吸虫病专科医院，同时加挂县第三人民医院牌子。

县中医院 1981年11月更名为岳阳市中医院，1987年9月，在荣家湾成立县中医院，利用民房开设中医门诊。1999年7月，世行贷款140万元，在县职业卫生学校院内建县中医院门诊楼。

2004年，省卫生厅确定岳阳县为农村卫生改革综合试点县，全县共设9所中心卫生院，村卫生室518个。

第二节 队 伍

1978—1981年，对全县1700名卫生技术人员进行专业技术考核、考试、评定，有610名晋升相应的卫生技术职称，其中晋升主治医师9人、医师117人、医士484人，其他初级职称400人。1984年，全县有医药卫生人员1278人。1990年，全县有医药卫生人员1487人，其中副主任医师14人、主治医师34人、医师495人、医士776人，其他168人；全县每528人中有1名医药卫生人员。

2007年，全县有医药卫生人员1880人，其中执业医师533人、执业助理医师418人、执业护士286人、执业注册的乡村医生643人。执业医师中临床378人、口腔8人、公卫29人、中医118人；执业助理医师中临床363人、口腔11人、公卫11人、中医33人。每367人中有1名医药卫生人员。

第三节 设 施

医院 1978—1980年，全县农村区、公社卫生院共有房屋59276平方米，其中住院病房8945平方米、手术室用房1919平方米、其他医疗用房7993平方米、合计共有医疗用房18857平方米。县直属医疗机构共有医疗用房17561平方米，其中县人民医院12661平方米、县中医院1400平方米、县防疫站3500平方米。市、县分治时人民医院、中医院、防疫站移交给市。1983—1989年，新建房屋面积19888平方米，其中，医疗用房及专业业务用房12086平方米。

1986年，乡镇卫生院移交给乡政府主管，1987—1989年，乡政府采取财政拨款、集资、乡卫生院自筹等措施，增改、扩建医疗用房17159平方米。

2000年后，全县医疗用房已全部消灭危房，改砖瓦平房为砖混结构楼房。县中医院在原县职业中专内新建四层住院综合大楼。县医院废除住院大楼新建七层中央供气、中央供氧、带电梯的高标准住院大楼，县妇幼保健院建四层办公、住院、门诊综合大楼。2000年，中山市红十字会捐赠麻塘卫生院建设资金50万元、香港红十字会捐赠麻塘卫生院建设资金22万元，分别建设住院、门诊大楼。珠海红十字会捐赠中洲建设资金50万元，新建住院门诊四层综合大楼。2004年，上海慈善机构捐赠月田建设资金30万元，新建四层门诊大楼。2005年，用国债建设资金275万元，对全县18家乡镇卫生院的业务用房进行新、改、扩建及维修。县二医院（公田医院）由省卫生厅投资80万元建成公共卫生综合服务大楼。县人民医院、县妇幼保健院、县血防医院（县三医院）、县二医院、新墙卫生院、黄沙卫生院等乡（镇）医院均建设带洗漱间、卫生间、配电视、空调的标准病房。县人民医院建成新生儿、重症监护病房。部分乡镇医院为孕产妇住院分娩设置带卫生间的标准妇产病房。湖洲卫生院建有门诊住院用房。2007年，全县医疗用房总面积为54940平方米。

病床 1983年，全县有病床3677张，其中地方医疗卫生部门2232张、占60.54%；厂矿企业职工医院1445张、占39.46%；县城有2646张、占71.77%，农村区乡有病床1031张、占28.23%。1983年，原县辖在城内的医疗卫生单位、厂矿企业的医疗机构和大部分专业性医疗机构的病床移交岳阳市，县内只留下农村区乡卫生院病床1089张、农村血防站病床340张。1989年，全县共有病床1376张，卫生部门占1076张、血防占300张；县城300张中县医院120张、镇医院80张、县血防医院100张，县城占21.8%、农村78.2%。全县有76万人，人口与病床之比为552.3∶1，病床周转次数为12.7%，年病床工作日为80.2日，病床使用率22%。1989—1995年，医疗机构数与床位数均无变化，但是病床逐渐更新，县城使用的是钢板、钢丝床和不锈钢床、农村则使用木板床、力量钢丝床。1995年，全县共设25个乡（镇）卫生院，病床744张，血防下设3个血防站，每站病床 20 张，县血防医院 100 张。全县共有病床 904 张，全县 79.9 万人，人口与病床之比为 884∶1。2002 年，全县共有床位 1431 张，其中县城 405 张，占 28.3%；农村 1026 张占 71.7%，全县 75 万人，与床位比是 524∶1。2007 年，全县床位数 884 张，与全县总人口比是 1∶780。

器械　1983—1990 年，全县医疗卫生单位添置各种医疗仪器设备近 1300 台件，其中国家及县卫生局业务经费装备 450 台件，镇政府筹资购买 600 多台件，医疗单位自购 156 台件。新添医疗设备主要有全县配套的冷链运转设备、救护车、冷链运转车、200 毫安 X 光机、万能手术床、胃电图机、A 型超声波、心电图机、脑血流图机、细菌培养箱、高频电刀、红外线痔疮机、蒸汽锅炉和发电机等设备。2000 年，英国政府捐赠医疗仪器设备 121.45 万元，其中 B 超机 6 台，甲、乙、丙种刀包 8 个，手术床 1 台，钢板病床 40 张，其他设备 33 台件，分别拨到县中医院、县二人民医院及 10 个乡镇卫生院。香港红十字会捐赠 200 毫安 X 光机及设备 10.81 万元给麻塘卫生院。是年，县人民医院自购 CT 扫描机、胃肠纤维镜、阴道内窥镜、全自动生化仪、多功能麻醉机、光离子血疗仪，安装内部程控电话，成立 120 急救中心，添置救护车 2 台。

2001—2007 年，用国债资金近 4 万元，购进一批现代精密仪器设备。县医院更换进口螺旋 CT 扫描机、800 毫安全自动 X 光机、输尿管肾镜、气压弹道碎石机、眼科手术显微镜、全自动麻醉呼吸机、大型彩色 B 超、多参数心电监护仪、德国 WLSAP 腹腔镜和日本 JMS 血液透析机、移动式 C 型臂机、病理切片机等现代化设备。县中医院、县二医院、县三医院添置碎石机、纤维胃镜，县妇幼保健院、县二医院添置彩色 B 超，所有乡镇卫生院均有生化设备、X 光照片设备、B 超、心电图、胎儿监护等设施。

第三章　公共卫生

第一节　公共卫生体系建设

1983 年，筹建县卫生防疫站。投入资金 40 多万元，建设一栋 1800 平方米的业务用房；投资 30 多万元，为县妇女儿童保健站（院）建设一栋面积 1640 平方米集保健与医疗一体的综合大楼。1987 年，省、市、县财政和卫生行政主管部门共投资 115 万元在荣家湾镇天鹅路 65 号新建县人民医院，新住院楼高五层，总建筑面积 5160 平方米，设置病床 120 张。是年，组建县中医院，由院总部、荷花路医疗点、东方路医疗点、爱乡街医疗点、天鹅路医疗点组成。1998 年，投入资金 180 万元，新建 2600 多平方米的县中医院业务综合大楼，2001 年竣工并投入使用，结束中医院无住院病房的历史。2004 年，中央财政经费投入专项资金35万元，对县卫生防疫站办公大楼进行提质改造。

疾病预防控制体系建设 2004年，中央专项经费投入75万元，改造升级县疾病预防控制中心办公大楼并成立检验检测中心，改造面积约1800平方米，配备检验仪器设备21台。乡镇（中心）卫生院项目建设，以突出预防保健用房为主。

医疗救助体系建设 1993年，在县人民医院新建门急诊楼和传染病病区，建筑面积3194平方米，投资120万元，其中财政拨款30万元，医院自筹90万元。1983—1990年，县人民医院自购CT扫描机、胃肠纤维镜等设备，成立120急救中心，添置2台救护车。2001—2007年，国债投资器械装备经费260万元。至2007年，县人民医院、县中医院、县二医院、县三医院、县妇保院、县疾控中心、杨林、筻口、柏祥、鹿角等医院配置救护车。

卫生监督体系建设 2002年4月26日，县卫生局卫生监督所正式挂牌成立，为副科级行政支持类全额事业单位。2006年有干部职工28人。县卫监所成立后，成功处置2003年长湖小学投毒、2004年花苗中学食物中毒和2006年新墙河水“砷”污染等突发性公共卫生事件，多次被市、县评为卫生监督执法工作综合优胜单位、示范单位、先进集体，2006年被省卫生厅评为卫生监督先进集体。

第二节 防 疫

传染病 1983年前，境内无霍乱、副霍乱病例发生。1984年4月19日，公田镇发现1例输入性病例，病者由广东贩鱼苗感染致病，送公田医院治愈。是年9月21日，4名渔民到鹿角卫生院就诊，县防疫站采样检验发现霍乱弧菌，特异抗原为稻叶型，其发病原因主要是湘江、洞庭湖水系严重污染，渔民习惯饮用生湖水所致。22日，县委、县政府召开紧急会议，成立县霍乱防治指挥部，随后，省卫生厅、省防疫站流行病科组织防治队到县支援，经过46昼夜的防治，全面控制疫情，收治住院病人36例痊愈出院，防治期间共处理疫点140多个、检疫火车328列、汽车1010台、轮船83艘、木船（主要是渔船）2180条，预防服药强力霉素12万人次，此次共发病97例，死亡6例（县境居民发病35例，死亡2例）。1986年4月，黄秀中学师生员工因饮用受肝炎病毒污染的井水，全校705人，发病220例，发病率31.21%。次年5月，新墙镇中心小学因同样原因造成肝炎暴发。该校516人，发病115例，发病率22。29%，经医治，未造成死亡。1988年9月中下旬，荣家湾、相思乡、五垸乡发生5例霍乱病人，均因在岳阳市区搞副业，饮用被污染的生水所致，经抢救治疗痊愈出院。1998年10月6日，鹿角镇滨湖卫生院报告2例可疑霍乱患者，经采样确诊为霍乱弧菌。经县委、县政府组织的防治领导小组部署，省卫生厅、市卫生局租用4艘民船连续1个月对有接触史人员和湖上的所有渔民、鹿角镇3000多居民、丰利纸厂近千名员工的饮水进行消毒处理，共发放消毒片

28.54万片、投放强力霉素2.6万片、四环素4万片，服药人数达1.65万余人次，2例病人痊愈出院。

结核病 1978年，境内因流动性人口增多，劳动强度大，生活住宿等条件不好，结核病在务工人员中流行，是疫情较高的地区之一。1978年、1987年、1996年3次结核病流行病学抽样统计，全县结核病平均发病率为87.2/10万，按抽样推算，有活动性结核病人6890人、菌阳病人2070人，每年因结核病死亡约490人。1995年5月，正式启动世行贷款结核病防治项目工作，项目经费为4.2亿元（人民币），地方1∶1配套项目款60%用于传染性肺结核的检查、治疗、管理，其他用于卫生教育、人员培训、设备采购、业务活动等。1996—1998年，共接诊可疑结核病人5390人，免费胸透4340人次、免费痰检3689人次，共发现传染性肺结核病人648例，登记涂阳病人648例。新治涂阳病人、复治涂阳病人、新发涂阳病人的治愈率分别为89.7%、80%、92%，比项目实施时涂阳病人下降10%左右。

艾滋病 2005年，成立县政府艾滋病防治工作委员会，全球基金/中英艾滋病项目工作正式在县内启动。项目执行期5年，总投入人民币207.94万元，针对两个最易感人群（注射吸毒及暗娼）的有效干预措施，包括宣传教育、行为改变交流、美沙酮维持治疗、针具交换、安全套推广、性病综合管理、自愿咨询检测及抗病毒治疗和关怀等。

2006年9月，县疾控中心美沙酮维持治疗门诊开诊，至2007年9月，入诊444人，月治疗人数188人，其中HIV感染者8人，AIS 1人。

2005—2007年，在26所中学举办健康教育师资培训班，接受艾滋病防治健康教育的学生达28964人。县妇联举办培训班，接受宣传教育妇女人数20万人次，占女性总人数的62%。县疾控中心接受咨询并检测服务的人群共5337人，其中吸毒者1246人、暗娼1129人、性病病人666人、其他2296人，检出HIV阳性21人。为城关看守所在押人员进行4次共319人提供咨询服务，进行HIV检测，检测出HIV阳性3人。全县累计HIV、AIS感染人数58人，死亡10例。其中，男性42人、女性16人；小于20岁1人、20~30岁22人、30~40岁33人、50~60岁2人，20~40岁年龄人群感染比例最高，占94.8%，感染者呈低年龄化倾向。静脉吸毒传播39人，占67.2%；性传播17人，占29.3%；输血传播1人；不明途径传播1人。

地方性疾病 1979年、1982年，县内分别设立湖南省疟疾防治及消灭过程中流行病学动态规律研究的20个监测点，对县湖区疟疾流行的全面观察，经过监测确定县内中华按蚊为传播媒介属非稳定性间日疟疾流行区，采取以消灭传染病为主的免费根治（现症病人、休止期、抗复发），预防措施（高症群和来自高症人们的预防服药），大打灭疟三大战役。第一战役从11月到次年2月灭越冬蚊，降低远期复发高峰；第二战役3—4月灭早春蚊，进一步消灭传染源，切断传播途径，重点抓远期复发根治；第三战役5—10月，重点人群预防服药，防蚊、灭蚊，实行定期巡诊，及时发现和根治现症病人。1988

年降至0.15万人，1990年无疟疾病人，发病率为零，经省基本消灭疟疾考核小组考核验收，全县达到卫生部颁布的《基本消灭疟疾标准》。

岳阳县属马来丝虫病低度流行区，中华按蚊为传播媒介，夏秋两季为感染季节，发病起初以淋巴管炎为主症，群众称为“发游火”“经筋绊”，晚期出现橡皮腿（俗称芦脚杆），男性发病多于女性。1973年，首次在全县12个区46个乡开展丝虫病梅花点抽样调查，抽查36618人，有微丝蚴阳性血症者31例，其中3例阳性患者为分布在东部康王、白羊、关王3个乡内迁入落户的成年人，28例阳性血症者分布在西部的广兴和黄金乡，阳性率为0.91%，占全县总阳性率的90.3%，1978—1980年，对疫区开展普查普治，共查出微丝蚴阳性血症者279例，对病人进行海群生1.2克/日、连服3天为1疗程计3个疗程的治疗，供销部门对重点疫区58016人进行海群生食盐6个月疗法，效果均好，对35例晚期病人进行治疗，其中下肢橡皮肿33例、乳糜尿2例；病程5年以内2例、5~10年14例、10~20年12例、20~30年7例；经反复治疗，治愈14例、好转17例、无效4例。

1981年9—10月，省消灭丝虫病验核小组对广兴洲、许市、黄金、白羊、关王、康王、鹿角7个乡镇8个村74个居民小组采血7474人检验，仅发现微丝蚴阳性4例，阳性率0.05%，确认岳阳县达到基本消灭血丝虫病的标准。

1994年11月，省卫生厅组织4个单位8名专业技术人员进行复核评审，再次确认达到卫生部颁布的消灭血丝虫病标准。

2006年9月，岳阳县被列入全国10个寄生虫防治示范区之一，防治项目启动，是年11月，成立领导小组、农村居民药物驱虫领导小组、药物驱虫反应应急领导小组，举办业务培训班20期，培训579人次，至2007年1月，对20个乡镇、20个村、235个村组抽样调查，共收集粪便标本2554个，检出土源性线性感染者883人，感染率34.57%。其中蛔虫阳性627人、感染率24.55%；钩虫阳性157人、感染率6.15%；鞭子虫阳性99人、感染率3.88%。感染率最高的村月田茨洞村为49.60%，最低的村筻口中安村为21.68%。883人中同时感染两种寄生虫的38人、感染三种寄生虫的3人。2007年，开展驱虫治疗，全县应参加驱虫服药的494785人，实际参加驱虫服药357906人，服药率72.34%。是年12月，国家疾控中心寄生虫病防治所对项目进行考核验收，项目工作初见成效。

第三节　卫生监督

食品卫生　中共十一届三中全会后，国务院颁布《中华人民共和国食品卫生管理条例》，卫生部、商业部、轻工业部、国家标准总局和省市制定各类食品卫生管理实施细则，县内食品卫生监督步入法制轨道，食品行业通过县卫生防疫部门评审、领取卫生许可执照方可开业，从业人员通过健康检查，合格者方可上岗，食品成品通过抽样检测合格后方可出售。

1983年7月，宣传贯彻国家《食品卫生法》《湖南省城乡集贸市场食品卫生管理办法》，印制《食品卫生法》布告8000份、食品卫生单位要求4000份、卫生单位“五四制”小手册1200本、出动宣传车41台次。全县3500家食品生产经营单位，每年1月、5月、10月均进行常规监督，平均每年每家监督2次以上，从业人员7000余人，每年培训1次，并进行健康检查，54名从业人员因不符合食品生产经营要求调离或调换工作单位。对一些重点户食品隐患较多，反复监督仍达不到标准的单位进行突击检查。取缔无证经营户，没收销毁伪劣食品，停业规范整顿。2004年，对餐饮食品实行量化分级管理，评定A级单位9家，B级单位20家，C级单位39家。

2002—2004年，实施《中华人民共和国职业病防治法》，对生产经营有毒有害企业进行全面监督，全县有127家企业，职工6979人，有接触危害因素的职工1463人，体检40人，对检查出疾病的职工，建议调换工种、动员治疗和有关规定给予劳保；对监测不合格的粉尘点和毒物测定点，采取改造、防护措施；对生产不景气、以私营业为主体的小企业按省统一的软件录入微机，对较大规模企业建立劳动卫生档案。

放射卫生　1987年，全省放射卫生工作现场会在县内召开，乡镇医院最小的X光机是100毫安，大部分是200毫安，县人民医院是800毫安全自动X光机，防护条件均达到规定标准。

学生卫生　1983年恢复县建制后，县属中学均建立医务室，配备卫生技术人员13人，66所区、乡、镇中学配备保健教师64人。县卫生部门会同教育部门配合学校医务室和保健老师定期开展教育卫生状况调查、学生生长发育调查，做好经常性监督和学生多发病的防治。1997—2007年，完成中小学生驱蛔虫药制服12003万人次，逐步改善学校饮水条件，饮用直供水的学校5所，饮用自来水的学校40所，其他学校均饮用卫生井水。对学生就餐的110所学校每期随机抽查2次以上，合格率达90%以上。

2003年9月23日，长湖中心小学人为投入毒鼠强，82名学生食入馒头、蛋糕后中毒，无一人死亡，投毒者被处决。2004年5月28日，月田花苗中学食用过期“斯美特”方便面，30名学生中毒，抽样结果为过氧化值和酸值明显超标。

医药卫生　2002年，县人大常委会组织公安、工商、物价部门联合行动，整顿医疗市场，端掉非法诊所17家、没收中西成药60余件、医疗器械16件、中药柜2套，经物价、财政、纪委处理价值32700元，立案11起。至2007年，在打击非法行医、非法接生行动中共查处医疗市场案件502起，申请人民法院强制执行30起，依法移送公安机关5起，县疾控中心退休医师非法接生致母婴双亡被刑拘，湖洲非法行医滥用药物致人死亡被判刑，三荷、黄秀、公田非法行医屡禁不止被刑拘，城关镇B超医师非法鉴定胎儿性别被开除公职。

公共卫生 1987年4月，国务院颁布《公共场所卫生管理条例》后，对全县公共场所进行摸底调查，1991年，全县有招待所、旅店业32个，娱乐场所100家，理发美容店194家，商店、书店29家，公共交通候车室9家均发放“卫生许可证”，对其服务人员进行预防性健康体检，所有公共场所进行卫生监测，32家招行所、旅店的公用茶具、物品消毒效果和空气质量进行检测，茶具样品176个，合格152个，合格率86.36%；公用物品样100个，合格42个，合格率42%，空气质量共测746项次，合格286项次，合格率38.34%；32家娱乐场所、候车室、书店监测，茶具样品186个，合格108个，合格率58.06%，空气质量共测448项次，合格346项次，合格率77.23%，各场所均添置消毒设施。对从业人员的健康体检和卫生知识培训每两年进行一次，查出11名“五病”（即指《条例》规定的痢疾、伤寒、病毒性肝炎、活动期肺结核、化脓性或渗出性皮肤病或其他有碍公共卫生的疾病）患者均调换工作岗位。至2007年，全县美容美发业123家，宾馆、旅店、招待所75家，其中上星级宾馆3家，商店超市75家，游泳场1家，茶楼16家，书店5家，候车候船室3家，每年抽样检测各种合格率均在80%以上。

2007年，全县有自来水厂15家，日供水量30余万吨，供水人数15万余人。每年对水厂制管水员进行卫生知识培训和健康体检，水质常规检测每月1次，水质分析城关镇每年2次，农村每年1次，农村水厂总合格率57%，城关水厂合格率96%。

第四节 爱国卫生运动

城关爱国卫生运动 1988年，县政府下发《关于进一步落实“门前三包”责任制的通知》，城关主要街道的行政、事业、企业单位、个体工商户、居民签订“门前三包”合同，共同监督管理街道卫生。县爱卫会每个季度或每半年组织一次大检查，通过广播电视、下发文件表彰好的单位，对差单位通报、批评、罚款，要求限期整改到位，检查结果记入年终总成绩。

1990年，乡镇、县直各单位均建立爱卫会领导小组，设专（兼）职爱卫干部。

1992年，开展创建卫生县活动，投资135万元，新建、翻新水泥和沥青路面3620米，修整体育广场，植树54500株，种花6000株，城区绿化面积达到18.45%，经岳阳市爱卫会检查验收评为“爱卫达标”县。1994年、1995年被评为全市爱国卫生先进单位。

1997年，新建公共厕所垃圾站7座，征收垃圾消纳场所2.7公顷。

2001年被省文明办命名为省级文明县城。

2003年抗击“非典”中，开展环卫治理，清理卫生死角113处、疏通阴阳沟渠43处、清运垃圾5340吨，发放使用环境消毒药品6000多千克，对城区主干道进行空气消毒，公共场所及机关单位消毒面积近40万平方米，消毒车辆8100多台次，投资270多万元，在城关地区添置垃圾斗7个、装备果皮箱400多个，为临街门店无偿提供垃圾桶

1000多个。

2004—2005年，城关地区改造环境卫生实行5—22时全天17小时清扫保洁制度。2007年，清扫面积由42万平方米增至81万平方米，将人员分为普扫班、抹桶收集保洁班、夜间收集班，杜绝作业空档。城区有水冲式公厕22座、大型垃圾中转站13个、中型垃圾中转站36处、居民点小垃圾围150处、垃圾斗74只、洒水车1台。在黄沙街先锋村、新墙镇水库村各兴建1个环境卫生示范村，在示范村兴建学校卫生厕所5座、卫生公厕2座、三格式无害化卫生户厕344座、垃圾池100个、改造畜圈230个、改造排水沟2000米、硬化道路4000米，投入配套资金29.41万元。

农村改水改厕 1988年后，县政府把农村改水列入农业发展规划和社会经济发展规划，坚持以民办为主、多方集资、政府资助的方针，1989年，成立农村改水领导小组，定编10名，1992年11月，成立县改水办设计室，负责县内农村供水与环境卫生项目的设计和技术工作，是年，友爱乡青莲村以片组为单位，建成2个自来水站，1200多人饮上清洁卫生的自来水。至1998年，完成世行农村供水项目，总投资1967.82万元，11个乡镇建成13个水厂，并添置水质检测和消毒设备、使13.82万人饮上清洁卫生的自来水。至2007年，全县68.99万人口中有68.39万人饮上清洁卫生水，占总人口的99.13%。有自来水厂站690个，受益人口18.86万人，占总人口27.3%；手压机井1.8万台，受益人口16.55万人，占23.9%；卫生水井5590个，受益人口32.98万人，占总人口的47%。

县境农村人口占全县人口的80%，随着农村生活水平的提高和自来水的不断普及。改厕工作全面推进。至2007年，全县17.8万农户中共改建、兴建卫生厕所11.92万个，占农村总户数的66.97%，其中三联式沼气式、三格式和完整下水道水冲式无害化卫生厕所8.10万个，占农村总户数的45.5%；还有部分厕所达不到卫生厕所标准。

灭鼠 1989年10月，县爱卫会转发《岳阳市加强常年灭鼠规程通知》，落实“八化”（即管理制度化、卫生标准化、门底铁皮化、管口铁篦网化、食品垫高化、灭鼠经常化、地面硬化、资料档案化）措施，是年城关镇经省、市考核验收为无鼠害城镇。

1993年，开展春季灭鼠、灭蟑活动，印发灭鼠资料1200多份、主办灭鼠培训班3期、340人次，在城关地区建立6个常年灭鼠监察点，投放大隆灭鼠剂1万多包，敌鼠钠盐、聚杀灭鼠灵等2吨，投入灭蟑灵1万余块，被评为全省春季灭鼠工作第三名。

1995年，全县农田化学灭鼠8933公顷，挽回种谷损失7.2万千克，油菜籽损失5万千克，春粮损失0.5万千克。

2003年8月，投资3万多元，印发除“四害”资料、鼠药及灭蟑药使用说明书2380份，配制投放灭鼠毒饵4.365吨，发放使用灭蟑灵2万支，开展常年性的消毒、杀虫灭蝇、蚊、鼠、蟑螂工作。

2007年，全县有省级文明卫生单位40家、省级文明卫生村1家，市级文明卫生单位31家。

第四章　妇幼保健

第一节　接　生

1980年前，仍然采用20世纪50年代改革的分娩方法，对产妇进行产前检查、采取平卧式分娩、用已消毒的器械接生。

1980年，执行卫生部颁发的《妇幼卫生工作条例》，普及科学接生，提高产科质量，开展围产期保健，降低孕产妇死亡，实行系统化、正规化管理。县区、公社、村妇幼保健人员层层进行业务培训，层层签订责任承包合同，实行计划生育，无痛分娩，提倡“母亲安全，儿童优生”，至1989年，全县新法接生率99.2%，其中住院分娩率16%。

2000年，转变乡村接生员职能，由村级保健员替代，由妇联主任、计生专干、保健员“三位一体”人员承担，督促孕妇到乡镇医院进行产前检查、做好孕产妇建卡、产后访视、高危妊娠的跟踪管理、重点监护、新生儿接种卡介苗等工作，取缔家庭接生，实行住院分娩，实施《母婴保健法》细则，在取得“医疗机构执业许可证”，领取“母婴保健技术服务许可证”的单位接生。

2005年，县内各医院对业务用房基本设备、人员配备、应会技能、产科质量、面上保健等7项指标量化，严格剖宫产资格准入和剖宫产手术指证，健全产科的各项等级与记录产科病历书写与手术记录、加强24小时值班和抢救制度。部分医院设立带卫生间、洗漱间的产科病房。县医院设新生儿无陪护病房，为产妇提供较好的条件。2007年，产妇总数6298人，实行系统管理4576人，占72.66%；住院分娩6147人，占97.6%；新法接生6258人，占99.36%；新生儿无破伤风；新生儿死亡48例，占0.76%；高危孕产妇950人，孕产妇死亡3人。经省母婴保健技术评审验收合格，定为全省产科合格县之一。

第二节　妇女保健

1978年12月，全县查出140例重度子宫脱垂、32例尿瘘病人，至1985年，通过免费治疗，全部治愈。1989年复查，仅发现1例子宫脱垂、1例尿瘘病人。2003年、2004年、2005年复查，没有发现上述两种病例，治愈率100%。

2006年，县政府成立妇女病普查工作领导小组，县妇幼保健院成立妇女病普查普治中心，开展为期1年的普查普治活动，对全县50~60岁已婚育龄妇女免费进行一般妇科常规检查，对检查出的各种疾病按照治疗方案优先安排治疗，除药物耗材外，其余治疗费优惠

20%，癌症病人由初级卫生保健基金给予 1000 元资助，再按新型农村合作医疗报销。

第三节 儿童保健

20 世纪 80 年代，县妇幼保健机构与乡镇医疗机构相互配合，在做好传染病防治同时，对儿童健康危害极大、患病率极高的佝偻病、蛔虫病、营养性缺铁性贫血、小儿肺炎、婴幼儿腹泻、各种元素缺乏等疾病进行调查和防治。1987 年，对全县 13 个区镇、48 个乡 7 岁以下儿童 84320 人进行生长发育监测检查，参加体检儿童 48687 人，受检率 57.74%，体重达均值以上 38808 人，占参检儿童的 79.71%；身长达均值以上 36143 人，占 74.22%；佝偻病 337 人；缺铁性贫血 738 人；营养不良 747 人。经治疗，全部痊愈。

20 世纪 90 年代后，各乡镇卫生院以妇幼专干为主，防保组和临床医务人员组成专业小组，到各村组进行儿童健康检查，携带显微镜等简易器械，开展血细胞计数、血色素、寄生虫卵的检查，有疾病的儿童予以开出治疗处方或发给医疗药品。

1997 年，成立县创建爱婴医院领导小组和技术指导小组，对从事母婴保健人员进行业务知识培训考试考核，合格者发给上岗证，开展普及母乳喂养、早接触早吸吮、早开奶、母婴同室、按需哺乳、取消奶嘴奶瓶、设立孕妇学校、开通母婴热线电话。1998 年 5 月，经省、市评估批准岳阳县为爱婴县，县人民医院、县妇幼保健院、公田医院、柏祥中心医院、西塘卫生院、月田中心医院、中洲卫生院、城关镇医院、长湖卫生院、黄沙街中心医院、新墙中心医院、新开卫生院等 12 家医院为爱婴医院。

2006 年 8 月，县政府规定县卫生局保健院职责有幼儿园卫生监督、卫生健康检查、卫生监督管理、常见疾病的防治等。2007 年，县内 34197 名 0~7 岁儿童参加健康检查，其中有佝偻病 67 人，缺铁性贫血 168 人，龋齿 293 人，身高、体重小于中位数 172 人。

第五章 临床医疗

第一节 中 医

县中医院开设省级重点专科（高血压病科）和国家级重点专科（康复专科），还有骨伤科、肛肠科等特色专科，县人民医院、县二医院、县三医院、9634 工厂、311 工厂职工医院均设立中医专科，乡镇中心医院、卫生院设有中医科、中医门诊，有证医生在县城街道开办 19 家个体中医诊所。

1999 年，施行《中华人民共和国执业医师法》，加强中医队伍建设，提高医师的职业道德和业务素质，至 2007 年，全县医疗机构中通过考试取得中医执业医师资格的 118 人，执业助理医师 33 人。

20 世纪 70 年代末，县人民医院外科用中医“四虫丸”治疗血栓性闭塞性脉管炎 18 例，治愈率 66.8%，20 世纪 80 年代初，医师胡建佳用中医“圣愈汤”抢救外科危重急症 20 例有效率 100%。1988 年，县人民医院中医科引进圣灵膏系列疗法，治疗各种新老损伤、骨折的淤肿痛和功能障碍 150 例，有效率达 95%以上。女中医吴漾云，用中草药秘方粉剂治疗各种不育症，至 1990 年，已使 2000 多对夫妇生育了小孩，治愈率达 82.4%，并誉为“送子观音”。20 世纪 90 年代，全县增开脑电图、脑血流图、微循环检测、艾滋病筛选、CT 扫描、彩色 B 超、膀胱镜、细菌培养、乙肝全套及心血管等多项造影检查，内科在脑血管意外、心血管系统、流行性出血热、有机磷农药中毒等疾病的诊断和治疗取得突破性进展，中医院在临床上重用活血散淤治疗极生型胆汁淤积型肝炎；辨证施治分型治疗高血压病；采用 O3 椎盘内氧化和生物酶植入治疗椎间盘突出症、颈腰椎骨质增生症；利用颈脉加压滴注治疗脑血栓等均有一定成效，对闭合性骨折的整复、关节脱臼的复位效果良好。

第二节　西　医

1985 年，县人民医院用丹参注射液静脉滴注为主抢救治疗活血性尿毒症 1 例获痊愈。应用大剂量肾上腺皮质激素治疗重型暴发型流行性脑脊髓膜炎 5 例，疗效达 100%，由于大多数危重病人转往岳阳市，外科仅能作胃次全和胆囊切除上腹部手术，五官科停留在一些门诊小手术上，基本无住院病人，妇产科能剖腹取胎，放射科只能作常规透视、胃肠吞钡检查和常规照片，检验科只能开展血、小便、大便常规和肝功能、血型鉴定、交叉配合乙型肝炎表面抗原检测、脑脊液检验，辅助科仅有心电图、超声波和部分理疗设备。

2000 年，县妇幼保健院推广新式剖宫产，2002 年，开展电子阴道镜，2004 年，开展新生疾病筛查和听力筛查，2006 年，开展聚焦，力普刀治疗宫颈病变。成功地抢救极低出生体重儿（900 克）与缺血坏死性肠炎新生儿。广泛性子宫切除+盆腔淋巴结清扫，腹腔镜手术治疗卵巢囊肿、子宫肌瘤等。

2006 年，县人民医院开设 18 个科室。新生儿无院护病房、腹腔镜微创治疗中心、血液透析中心、体外碎石中心、神经内科、心血管内科为医院的特色专科，腹腔镜微创中心能熟练地开展胆囊切除、胆总管探查、肝囊肿开窗、阑尾切除等手术，接诊 230 例均痊愈。血液病透析 4000 多台次，大量心包积液微创置管引流、颅内血肿微创引流手术 30 余例，白内障囊内摘除、人工晶体移植术 100 余例，开展鼻窦内窥镜下手术 80 余台次，治愈率 98%以上。

农村乡镇医院开设内科、外科、妇产科、预防接种科、放射科、B 超室、检验室等，均能开展 X 光照片和生化检验，部分医院有纤维胃镜和胎儿心电监护，13 家医院能开展上腹部手术和剖腹取胎，抢救有机磷农药中毒和心血管疾病均有一定经验。

第三节　中西医结合

全县各级医疗机构对一些疑难杂症、慢性病均采取中西医结合疗法，治疗效果较好。县中医院主任医师刘德鹏遵循调肝缓中为主的辨证论治基本理论，采用中草药对高血压进行“同病异治、一证一方、一型一药”的个性化治疗，针对每位就诊患者的特殊状况进行综合分析，然后辨证为六型：肝阳上亢型、肝肾阴虚型、痰湿中阻型、气滞血瘀型、阴虚阳亢型、阴阳两虚型。通过系统的个体化治疗后，对肝功能、电解质影响小，能明显改善肾功能、血脂及心脏方面的病变。特别对高血压合并有冠心病、脑卒中、2 型糖尿病、高血压心脏病患者，通过中药能多层次、多靶点给药的特点，在一定程度上扭转了高血压对脏器的损害，明显改善患者的临床症状，大大提高了生活质量。中医院副主任医师刘曙光采用中西医结合治疗肛肠疾病，用三黄硝矾洗液坐浴，可清热解毒、消肿止痛、凉血止血、祛风燥湿，与单纯西医治疗相比，中西药结合疗效更明显。

第四节　护　理

1987 年，县人民医院外科开展护理制度改革，实行责任制护理，变被动执行医嘱为主动护理，变单纯的功能护理为身心护理。责任制护理主要是床位包干、责任到人、全面书写护理记录、制定护理计划、严格按护理操作规程办事、积极配合医师查房、做好病人的温馨服务、提高工作效率。

全县获“护士执业证书”的 286 人，建立独立的完善的护理体系，各项护理工作制度及各科室疾病护理常规健全，护士严格按《湖南省护理文书规范》操作。2007 年，全县基础护理合格率 93.5%、护理文书书写合格率 92.9%、消毒灭菌合格率 100%、一人一针一管执行率 100%、褥疮发生率为零、护理差错事故发生率为零，医护质量指标完全符合二级甲等和一级甲等医院的考核标准。

第五节　科研活动

1978 年，县人民医院外科研究胆结石形成原因取得重要成果，撰写《从胆结石的成因论胆道蛔虫的治疗》获省科技成果二等奖，是年，外科被评为省级科技工作先进单位。

1979—1980 年，县医药卫生协会、县人民医院推广科研技术成果，编印《临床资料选编》5 集，选载论文作品 54 篇。开展学术交流，召开医药卫生学会第一次年会，收集论文200余篇。至2007年，类似活动每年开展，在各类刊物上发表论文1000余篇。

1985年后，县医疗卫生协会选定投资少、周期短、见效快的项目“湘北洞庭湖区疟疾流行病学调查”“小儿四苗”“六病免疫效果考核”“2号病原体快速诊断方法”“妊娠免疫消灭新生儿破伤风效果观察”“试用妊娠图监护高危妊娠孕妇”“胃迷走神经切除术”“肝叶部分切除术”等10多个科研课题进行科研，至1990年基本完成。

1985—2007年，县卫生局组织全县医护人员开展业务技能竞赛16场次，比赛形式采取技能操作、口答、抢答、笔答的综合形式，内容以护理医生基本技能操作、医学基本理论（如心脏体外按压、人工呼吸、静脉穿刺、体格检查以及医疗道德，文明用语）等为主。

第六章　医疗卫生管理

第一节　医政管理

1980年，随着医疗卫生事业的发展，医药市场由全封闭式逐步转变适应社会主义市场经济体制和人民健康需求的多渠道、多形式办医，在商品经济的推动下，形成竞争态势，因此各级医院医疗业务建设和内涵医疗质量管理被摆到了突出而重要的位置。

1981年，农村医疗改革，明确卫生院由县卫生局、人民公社双重管理，村级卫生室的建设由村委负责，预防保健业务指导由乡卫生院负责，医院领导职务由熟悉业务的技术人员担任。医院内部试行“五定一奖”（即定岗位、定人员、定任务、定质量、定成本开支，超任务者奖）制度，以固定工资加奖励或浮动一定比例的办法体现按劳付酬。1981—1985年，县卫生局聘请社会监督员、征求群众意见，对住院病人发放征求意见卡，了解医疗质量，加强医院管理。

1991年，县卫生局组织县人民医院和条件较好的10个医院参加市卫生局举办的医院分级管理学习班后，县内开始医院分级管理创建活动，县人民医院为创建二甲医院引进高层次人才和必备的医疗设备，增设科目，建立高标准的供应室，完善急诊系统，充实急诊队伍，有精良的急诊设备、程控电话及120急救中心，建立质控科，进一步健全总护理部的服务功能，调整充实医务科力量。乡镇卫生院均健全急诊与抢救制度，配备功能齐全的抢救室，条件较好的医院建立流程合理、功能完善的供应室，全体医务人员掀起学业务、练“三基”（即基本知识、基本理论、基本技能）、强本领热潮。

2000—2007年，医政管理的重点以医疗质量为核心，成立以局长任组长的医疗质量管理领导小组，全面贯彻“以病人为中心，以提高医疗质量为核心”“全程医疗质量管理无缝隙、零差错”的指导思想，加强医疗质量和医疗安全的管理，建立首诊负责制度、三级医生查房制度、术前讨论制度、查对制度、病历书写与管理制度、谈话告知制度、技术准入制度，坚持因病施治、合理用药，认真落实《抗菌素药物临床应用指导原则》，坚持抗菌素分级使用原则，严禁滥用抗菌素，严禁收受药品回扣和红包礼品。

乡镇推行服务一体化管理，创新服务模式。村卫生室按照“八统一”标准建设达标100%，居民健康档案建档率100%。

第二节　新型农村合作医疗

2005年9月，经国务院批准，岳阳县成为全国第三批新型农村合作医疗（简称新农合）试点县之一，11月，召开新农合筹资工作动员会议，县委、县政府下发《关于实施新型农村合作医疗制度的意见》《岳阳县新型农村合作医疗实施办法（试行）》，成立代表政府领导、管理、协调及监督的县新型农村合作医疗管理委员会、试点工作领导小组和监督委员会，2006年1月1日正式启动新农合制度。新农合筹资农民个人缴费10元，中央财政资助20元，省、市、县财政配套20元。农村“五保户”个缴基金由县民政部门专项列支。新农合基金实行专户储存、专款专用、封闭运行。县财政局在指定的商业银行设立农合基金专户，县合管局按照公开、公平、公正和以收定支的原则进行使用和管理。资金运行接受中央、省、市、县各级财政和审计部门的审核和监督，财务收支从县到村实行定期公示。

参合对象因病在规定的医疗机构住院的，除去一定额度的起付线和自负费用外，其他可报销的费用均可按不同比例给予医疗补助。2006年，省、市、县、乡各级定点医疗机构起付线分别为1000元、800元、300元、100元，补助比例分别为20%、20%、35%、50%；年度住院累计补助封顶线为8000元。给予符合计生规定的住院分娩每人限额补助100元。按照“定病种、定疾病程度、定补助总额”的原则提取一定的新农合基金用于特殊重大疾病的门诊医疗费用补助。补助比例随着基金数额的增长相应提高。参合对象患病住院可随个人意愿自主选择定点医院，不受区域限制。在县内住院的，病人出院时费用补助由所在医院直接给付；在县外住院的，凭有效证件及住院资料到县合管局办理补助手续。合作医疗补偿信息每月按时公示，接受社会监督。

2006—2007年，全县参加新农合的农民78.2万人，参合率由69.3%提至72.9%；全县共支出基金3270.6万元，其中兑付住院补偿52751人次，补偿2862万元；兑付住院分娩4209人次，补偿金额109万元；农民健康体检17.8万人次，补偿金额142万元；14个特殊重大疾病门诊补偿1322人次，补偿51万元；补偿受益率11%，受益度32%。

县合管局制定《岳阳县新型农村合作医疗定点医疗机构监督管理暂行办法》，实行服务协议制、常规督查制、单病种费用限额制度。2007年，单病种费用限额制度得到副省长甘霖大力表扬（全省仅4个县），是年7月22日，《湖南日报》头版就岳阳县的单病种费用限额作专题报道，吸引全省10多个县到境内学习。

第七章 血 防

第一节 机构队伍

1984年3月，成立县委血防领导小组，有成员12人；下设办公室，有工作人员9人。6月30日，将各级血吸虫防治院更名为血吸虫病防治站，县属各血防站更名为血吸虫病防治站。12月8日，撤销康王区血防站，设康王区血防监测组。1985年2月，全县各级血防机构共设立血防监督员28人。1987年5月，建立县委血防领导小组办公室党组。1988年1月，成立县血防工作咨询委员会。1996年12月，广兴洲血防站划归君山区管理。1997年，县血防办内设办公室、纪检组、人秘股、业务股、计财股；下辖县血防医院、麻塘血防站、湖洲血防站、鹿角血防站4个全民所有制独立二级事业单位。是年，血防系统共有221人，其中国家行政干部73人、技术干部107人（副高3人、中级16人、初级88人）、离退休41人。2000年5月，东洞庭湖血防工作纳入县境管理。2004年3月，县血防办划为县卫生局内设机构，与县卫生局合并办公，各基层血防站与当地乡镇卫生院合并。2006年1月，县血防改革工作得到国务院血防领导小组肯定，血防网络建议被采纳并写入国家《血防条例》，在全国予以推介。是年年底，岳阳县血防工作年度考评排列全省第一。

第二节 疫 情

县内46处重点河港及与之相关的沟、溪流、塘、荒滩、草地、洞庭湖中的芦苇洲地、洞庭湖沿岸，为易感地带，属于疫区。

1978年，全县有钉螺面积42674公顷，其中垸内16893公顷、垸外25781公顷。1984年，县境有钉螺面积25593公顷，其中垸内132.6公顷，垸外25460.4公顷。1990年，全县有钉螺面积26420公顷，其中垸内190.2公顷，垸外26229.8公顷。2007年，全县有钉螺面积21873.87公顷，其中垸内75.2公顷，垸外21798.67公顷。中洲乡南套外洲有螺面积50公顷，活螺平均密度每框0.23只、阳性螺平均密度为每框0.0014只，阳性率0.63%，阳性螺面积为0.4公顷。麻塘镇外洲有螺面积1866.67公顷，活螺平均密度每框20.76只、阳性螺平均密度每框0.0003只，阳性率0.017%，阳性螺面积1.7公顷。苇业公司飘尾外洲有螺面积3703公顷，活螺平均密度每框1.94只、阳性平均密度每框0.0002只，阳性率0.08%，阳性螺面积4公顷。

1986年6月9—26日，鹿角镇滨湖村组织村民集体下湖滩捕捉老鼠，由于未做好防护工作，感染急性血吸虫病57人，其中小学生48人，占84.2%。2003年7月，湖洲飘尾芦苇场30名学生，在该渔船厂外下水游泳，6名学生被感染急性血吸虫病，年龄最大的16岁，最小11岁。是年，湖洲血防站所辖范围急性发病共19人。

2007年岳阳县人群血吸虫患病感染情况一览表

表19-7-1　　　　单位：人、%

单位	血检			粪检			居民
	检查人数	阳性人数	阳性率	检查人数	阳性人数	阳性率	患病率
中洲	8168	728	8.91	492	105	21.34	2.85
鹿角	5529	619	11.20	416	97	23.32	2.11
麻塘	6039	379	6.28	402	42	10.45	1.87
湖洲	1874	479	25.56	429	44	10.26	2.62

第三节　预　防

查螺　1987年4月，春季螺情调查，已经灭螺两年的广兴洲镇前丰村六组，复发钉螺面积6.7公顷，分布于稻田、麻地、沟渠等，最高密度达每筐103只。1988年，广兴洲镇团湖区域复发钉螺，面积50公顷，活螺平均密度每筐0.36只，有螺出现率13.33%，钉螺阳性率3.16%。荣家湾镇八仙渡上下游均发现活螺，面积66.7公顷，有螺出现率2.01%，活螺平均密度每筐0.27只。2003年4月，费家河26个大小湖汊面积320公顷，有4个湖汊复发钉螺，面积90公顷，调查1.56万框捕获钉螺6718只，活螺平均密度每平方尺0.43只，阳性螺平均密度为每筐0.0001只，出现率0.09%。2004年3月，组织疫区干部、群众3000余人，投工10万多个，对全县疫区所属河流、沟渠、草滩进行一次全面螺情普查，面积3369公顷，其中垸内1333公顷，按科学规划要求，建立螺情图账。1978—2007年，垸内累计查出复发钉螺面积765公顷，垸外洲滩新增钉螺面积1857公顷。

灭螺　1978年底，中洲围堤灭螺工程基本结束，是年，垦埋灭螺267公顷、药杀30公顷。1979年春，县委组织8个区、31个公社、273个大队3339名劳动力配合20台履带式拖拉机、4台药物灭螺机进行药物和翻耕灭螺，垦种作物面积3417公顷，考查死螺率100%。1985年，大毛家湖利用贷款和引进华容等地水产养殖户，投资800万元开发渔池 305 公顷，陆续将垸内 111 公顷残存钉螺彻底消灭。1990 年，广兴洲镇黄安外洲，鹿角镇万石湖修矮埂蓄水灭螺工程，蓄水灭螺面积 153 公顷。1991 年，春风乡北湖村改造受渍低产田 43 公顷实施灭螺工程，另外自筹资金 6 万余元，对光明渠罗家渠 5.3 公顷建鱼池，残存钉螺被根除。春风外洲中间段投资 320.55 万元、投工 26 万个、修矮埂 4000 米，平台上种植意大利杨，实施灭螺工程。1992 年，铁道部门及麻塘春风乡共投资 50 万元，在大碑桥修精养鱼池 6 个，消灭 23 公顷残存钉螺。1993 年，广兴、鹿角、麻塘 3 镇采取招商引进水产养殖户的方法，引资 600 多万元，开发鱼池 987 公顷，实际消灭垸内钉螺面积 57 公顷；麻塘镇洞庭村自筹资金 100 多万元，在村垸外有螺草洲修建矮堤蓄水灭螺工程，减少易感地带面积 200 公顷。1995 年，全县 4 万劳力，完成土石方 21 万立方米，修建人畜隔离带 12 千米，改造易感地带 360 公顷，工程耗资 1000 万元。1996 年，广兴洲镇水委会在外湖河滩有螺地带进行垦殖灭螺 133 公顷。

1992 年 10 月 23—25 日，省、市进行消灭血吸虫病达标乡镇验收，大明乡、黄沙街镇、黄秀乡、五垸乡达到部颁标准；荣家湾城关镇、友爱乡达到省颁标准。1994 年，广兴洲渔场、中洲渔场、县原种场达省颁标准。2006 年，黄沙街镇、新开镇、县原种场达到省颁疫情控制标准。2007 年，省疫情达标验收，三类流行疫区 156 个，四类流行疫区 34 个。

综合防治　1988 年，全县形成区、乡、村三级血防工作网络，实行区长、乡长、村主任抓血防。是年，全省血防工作网络建设现场会在县境召开，印发县血防网络建设专题材料。

1990 年，全县疫区村组，中、小学校均建立血防健教室，配备血防健教员及教师进行血防卫生健教，得到国务委员李铁映等中央领导的肯定。1991 年，召开全市中、小学血防健教现场会，1992 年，春风乡被正式定为全省血防卫生健教试点乡，试点经验在杨州、南通、武汉召开的全国血防健康会上进行交流，杨雪清撰写的《春风乡血防健教试点效果评价》一文在 1996 年《中国健康教育》上刊登。

1990—1998 年，血防健教执行项目 8 年，共培训防治对策人员 146 人次、防治技术人员 448 人次、信息管理 192 人次、项目管理 176 人次，选送 35 人到上海、湖北、湖南医科大学和专科学校进修。居民接受健教覆盖率由 39.41%升至 96.75%，血防知识测试合格率由 25.99%升至 98.06%，主动接受查病率、治病率由 38.15%、63.12%分别升至 91.97%、96.28%，人群感染率下降 40.52%、儿童感染率下降 88.40%、急性发病率、新发现晚期血吸虫病下降 75%、80%。2001 年，岳阳县被评为全省血防健教先进单位。

第四节　治　疗

医疗队伍　1984 年 6 月，县血防站共有血防工作人员 154 人。县内 73 个一、二类流行疫区村，每村有 1 个血防室、1 名合格医生、1 份工作职责、1 个血防专柜、1 个年度工作一览表、1 张准确疫情图、1 本工作日记、1 块卫生血防知识宣传窗。

医疗队伍中有血防专业人员 112 人、有农村培训出不脱产的赤脚医生和个体医药卫生工作者 2000 余人、培训基层血防人员 1460 人。

医疗设施 20 世纪 80 年代，血防医院有病床 340 张、有自动生化仪、X 光机、B 超机、电脑等现代化医疗设备，开设 3 个中药房、7 个西药房。至 1990 年，全县血防部门医疗设备价值 95.39 万元，工作、生活用房建筑面积 1.31 万平方米，办公用房及用具折合人民币 185.01 万元。2007 年，73 个一、二类流行疫区内，73 个村级血防室，每室添置 DVD，配发血防知识光碟。

查病治疗 1980 年，采用县血防院试制成功的“电动脚踏两用碎粪荡洗集卵机”查病，提高了工效，节省了人力（此机获岳阳地区科研成果三等奖）。1982 年后，查病执行岳阳地区血防办《血吸虫病查病技术要求方案》。

1989 年，县血防办组织晚期血吸虫病普查，复查在册 1214 人，其中死亡 15 人，整体不符合者 128 人；新发现晚期血吸虫病 117 人。2003 年，查出晚期血吸虫病人 458 人，其中核定在册晚期血吸虫病人 257 例。2004 年，第三次全国血吸虫病流行情况调查，麻塘镇畔湖村血检 1040 人，受检率 92.3%，阳性率 19.2%；粪检 200 人，阳性率 9.5%。飘尾芦苇场血检 969 人，受检率 90%，阳性率 18.5%；粪检 179 人，阳性率 6.2%。东洞庭湖水上渔民粪检 100 人，阳性率 28%。

对查出的病人用硫氰胺（7505）治疗，1987 年，终止该药物治疗，启用化疗。春风乡春风村、鹿角镇滨湖村、广兴湖镇黄安村是省设立的人畜化疗观察试点。是年 6 月 21 日，县内成立人畜同步化疗指挥部，是年化疗 11329 人，耕牛 5036 头，1985—2007 年，全县共化疗 519936 人。

1990 年前，晚期血吸虫病人所有治疗药物由血防部门负担，1990 年，省设立晚期血吸虫病治疗基金，治疗晚期血吸虫病经费实施收、减免的收费政策，由血防、地方政府财政、个人三方负责。是年，对 1214 名晚期血吸虫病人进行全面救治，受治率 97.86%，减免医药费 51.9 万元（其中县财政解决 10 万元）。2007 年，国家实施晚期血吸虫病人治疗救助经费，每人每年根据病情治疗救助 3000~7500 元，超过部分由个人负担。

第二十篇 社会生活

第一章 人口与计划生育

第一节 人口状况

一、人口分布

1982 年第三次人口普查，每平方千米为 230 人；1983 年 8 月，恢复岳阳县建制，人口为 73 万人，每平方千米 232 人；1990 年第四次人口普查，每平方千米为 247 人；2000 年第五次人口普查，每平方千米为 242 人；2007 年，每平方千米户籍人口 254 人。

2007 年，城关镇 111930 人，占全县总人口的 16.22%。乡镇中人口最多的是筻口镇，人口为 57122 人，占全县总人口的 8.28%；人口最少的是云山乡，人口为 11745 人，占全县总人口的 1.7%。

1995 年岳阳县人口分布情况一览表

表 20-1-1　　单位：户、人

单位	户数	人数			单位	户数	人数		
		合计	其中				合计	其中	
			男	女				男	女
城关镇	32983	81895	42880	39015	张谷英镇	6873	27525	14751	12774
广兴洲镇	9014	35414	18278	17136	康王乡	8554	27898	14659	13239
许市镇	7420	31339	15955	15384	三荷乡	6502	25021	13320	11701
西塘镇	4126	16965	8597	8368	新开乡	9932	38867	20367	18500
麻塘镇	5305	22235	11630	10605	中洲乡	7244	30649	15646	15003
鹿角镇	8761	35336	18841	16495	长湖乡	9336	35599	18708	16891
黄沙街镇	13361	48362	25266	23096	步仙乡	8605	31807	16851	14956
新墙镇	6981	29180	15044	14136	甘田乡	3923	17446	9024	8422
柏祥镇	8431	31749	16468	15281	杨林乡	7851	30819	16067	14752
筻口镇	15430	58257	30264	27993	云山乡	3536	12414	6510	5904
公田镇	6946	27270	14272	12998	相思乡	5149	21829	11492	10337

续表 20-1-1

单位	户数	人数			单位	户数	人数		
		合计	其中				合计	其中	
			男	女				男	女
毛田镇	5647	21302	11333	9969	饶村乡	4166	16770	8874	7896
月田镇	9739	41410	21727	19683	湖管系统	1575	3850	1883	1967
					合计	217387	801205	418707	382498

岳阳县 2007 年人口分布表

表 20-1-2　　单位：户、人

单位	户数	人数			单位	户数	人数		
		合计	其中				合计	其中	
			男	女				男	女
城关镇	53874	111930	58509	53421	新开镇	11829	37256	19410	17846
麻塘镇	7193	22483	11805	10678	中洲乡	8778	29202	15005	14197
鹿角镇	10875	33945	17862	16083	长湖乡	10629	36343	18976	17367
黄沙街镇	14490	49553	26230	23323	步仙乡	8962	32467	17170	15297
新墙镇	9489	30432	15967	14465	甘田乡	4480	16464	8662	7802
柏祥镇	8710	30393	15985	14408	杨林乡	8152	30378	15921	14457
筻口镇	16766	57122	29999	27123	云山乡	3721	11745	6117	5628
公田镇	7983	26500	13782	12718	相思乡	5747	21043	11105	9938
毛田镇	6368	21468	11308	10160	饶村乡	4689	15693	8271	7422
月田镇	11464	43482	22553	20929	铁山派出所	239	488	286	202
张谷英镇	7721	27734	14581	13153	湖管系统	2009	3831	1876	1955
					合计	224168	689952	361380	328572

二、人口结构

民族构成　1986 年，全县有少数民族 11 个、197 人，占总人口的 0.03%。1990 年，第四次人口普查，境内有少数民族 17 个、398 人，占总人口的 0.05%，人数最多的布依族 157 人，人数最少的维吾尔族、高山族、仫佬族，各 1 人。2000 年 11 月，全县有少数民族 23 个，人数最多的蒙古族 179 人，人数最少的黎族、水族、塔塔尔族，各 1 人。2007 年年底，全县有少数民族 28 个、1124 人，占总人口的 1.63%。

年龄构成 据第四、第五次全国人口普查：0~4岁儿童人口下降，1990年全县0~4岁86784人，占总人口11.17%；2000年为35019人，占4.94%。少年人口增长，1990年10~14岁，有70481人，占9.1%；2000年有80908人，占11.4%。老年人逐渐增多，平均寿命延长，1990年70岁以上有24455人，占总人口3.15%；2000年26927人，占3.8%。2007年18岁以下129190人，占总人口的18.73%；18~35岁202233人，占29.31%；35~60岁275032人，占39.86%；60岁以上83497人，占12.10%；百岁以上12人，其中女10人，男2人。

性别构成 1978年，全县总人口719120人，其中男373767人，女345353人，性别比为108.23；1988年，全县总人口752863人，其中男393126人，女359737人，性别比为109.28；1998年，全县总人口748681人，其中男391592人，女357089人，性别比为109.66；2000年，全县709512人，其中男375671人，女333841人，性别比为112.53；2007年，全县总人口689952人，其中男361380人，女328572人，性别比为109.99。男性比女性多9.99个百分点，比1978年多1.76个百分点。

职业构成 1982年第三次人口普查，全县在业人口484073人，占总人口的49.35%，占总劳动力的90.23%，其中男性285292人，占在业人口的58.94%，在业人口中，各类专业技术人员25676人，占在业人口的5.3%；国家机关、企事业单位负责人9028人，占1.87%；办事人员8340人，占1.72%；商业工作人员10239人，占2.12%；服务性工作人员11917人，占2.46%；农、林、牧、渔业劳动者344625人，占71.2%；生产、运输工人73827人、占15.25%；其他劳动者421人，占0.08%。1990年第四次人口普查，全县在业人口434207人，占总人口的55.86%，其中男性246641人，占在业人口的56.8%。在业人口中，各类专业技术人员13997人，占在业人口的3.22%；国家机关、企事业单位负责人4025人，占0.93%；办事人员3019人，占0.7%；商业工作人员9536人，占2.2%；服务性工作人员4907人，占1.13%；农、林、牧、渔业劳动者368849人，占84.95%；生产、运输工人29752人，占6.85%；不便分类的其他劳动者122人，占0.02%。2000年第五次人口普查，全县在业人口37361人，其中男性21397人，占57.27%。国家机关、党群组织、企事业单位负责人361人，占0.97%，专业技术人员1399人，占3.74%；办事人员和有关人员731人，占1.96%；商业、服务业人员2359人，占6.31%；农、林、牧、渔、水利业生产人员30102人，占80.57%；生产、运输、设备操作及有关人员2265人，占6.06%；不便分类的其他劳动者144人，占0.39%。

文化构成 1982年，境内具有大学文化程度的5668人，具有高中文化程度的76331人，具有初中文化程度的193024人，具有小学文化程度的428660人。1990年，具有大学文化程度的6516人，占户籍总人口的0.84%（下同）；文盲半文盲88908人，占11.5%。2000年，全县总人口750181人，大专以上7153人，比1990年增加4868人，提高213%。文盲半文盲26867人，占总人口3.6%，比1990年减少7.9个百分点。女性文化素质发生变化，2000 年大专以上 1850 人，占总人口的 0.25%，比 1990 年增加 1522 人。

身体素质构成　1985 年，全县 7 岁以下儿童 34385 人，身体有缺陷的 4126 人，占儿童总数的 12%；1986 年，儿童 42087 人，身体有缺陷的 4459 人，占 10.59%；2007 年 9 月，对全县 7 岁以下在籍的 2379 名学生进行体检，视力低下率 75.4%，其中男生 74.09%，女生 76%，平均率比上一年净增 0.4 个百分点。1989 年，全县残疾人 35007 人，占总人口 4.6%，其中盲人 10151 人，占残疾人的 29%；聋哑人 5490 人，占 15.68%；精神病人 2102 人，占 6%；痴呆人 15741 人，占 44.97%；肢体残疾人 1523 人，占 4.35%。2007 年，全县有残疾人 56999 人，占总人口的 8.26%，较 1989 年增加 21992 人，残疾人占正常人比例上升 3.66 个百分点。其中肢体残疾人 17687 人，是 1989 年的 11.61 倍。

第二节　人口变动

自然变动　1983 年，县、市分治。次年，人口出生 11671 人，出生率 15.76‰，死亡 4924 人，死亡率 6.65‰，自然增长率 9.11‰，年均人口数 740554 人。1990 年，全县人口出生率 18.98‰，人口死亡率 6.2‰，自然增长率 12.78‰；年均人口 773100 人，6 年增加 32546 人，年均约增加 5424 人。2000 年，全县人口出生 7916 人，出生率 10.54‰，死亡 4264 人，死亡率 5.68‰，自然增长率 4.86‰。年均人口数 750879 人，10 年减少 22221 人，年均约减少 2222 人。2007 年，全县人口出生 6919 人，出生率 10.05‰，死亡 1199 人，死亡率 6.01‰，自然增长率 3.95‰，分别比 1984 年降低 5.71‰、0.64‰、5.16‰；年均人口数 688369 人，7 年减少 62510 人，年均减少 8930 人。比 1984 年减少 52185 人。

1984—2007 年岳阳县人口自然变化表

表 20-1-3　　单位：人、‰

年度	年均人口	出生人数		死亡人数		自然增长率	
		人数	出生率	人数	死亡率	人数	净增率
1984	740554	11671	15.76	4924	6.65	6747	9.11
1985	743100	9965	13.41	5045	6.79	4920	6.62
1986	745009	9431	12.66	4485	6.02	4946	6.64
1987	745926	10204	13.68	4796	6.43	5408	7.25
1988	749395	11130	14.85	4796	6.40	6334	8.45
1989	765865	12059	15.75	4556	5.95	7503	9.80
1990	773100	14674	18.98	4795	6.20	9879	12.78

续表 20-1-3

年度	年均人口	出生人数		死亡人数		自然增长率	
		人数	出生率	人数	死亡率	人数	净增率
1991	787268	15465	19.64	4750	6.03	10715	13.61
1992	789445	11192	14.18	4980	6.31	6212	7.87
1993	790799	8809	11.14	4524	5.72	4285	5.42
1994	794394	10523	13.25	4140	5.21	6383	8.04
1995	799045	9765	12.22	4260	5.33	5505	6.89
1996	804036	10246	12.74	3777	4.70	6469	8.04
1997	745999	7878	10.56	4213	5.65	3665	4.92
1998	746907	7941	10.63	4814	6.44	3127	4.19
1999	750130	7776	10.37	4196	5.59	3580	4.77
2000	750879	7916	10.54	4264	5.68	3652	4.86
2001	750302	8115	10.82	4250	5.66	3865	5.15
2002	750329	8207	10.94	4879	6.50	3328	4.44
2003	750422	7936	10.58	4539	6.05	3397	4.53
2004	750907	7975	10.62	4252	5.66	3723	4.96
2005	752000	8497	11.30	4339	5.77	4158	5.53
2006	719789	6989	9.71	4147	5.76	2842	3.95
2007	688369	6919	10.05	4199	6.01	2720	3.95

机械变动 1983 年，将岳阳县原县城及有关地方的 206497 人划归岳阳市管辖，1984—1990 年，全县因婚姻、务工经商、工作调动等原因，共迁入 45107 人，迁出 41347 人，迁入人数比迁出人数多 3760 人，机械增长率为 9.09‰。1991—2000 年，共迁入 36459 人，迁出 31457 人，迁入人数比迁出人数多 5002 人，机械增长率为 11.3‰。2001—2007 年，共迁入 28947 人，迁出 24569 人，迁入人数比迁出人数多 4378 人，机械增长率为 9.98‰。

第三节 人口普查

1982 年开展第三次全国人口普查，登记的标准时点为 1982 年 7 月 1 日零时，普查项目 19 个，按户登记 6 个，即户的类别、本户住址编码、本户人数、本户 1981 年出生人数、本户1981年死亡人数、有常住户已外出一年以上的人数；按人填报13个，即姓名、与户主的关系、性别、年龄、民族、常住人口的户口登记状况、文化程度、在业人口的行业、在业人口的职业、不在业人口状况、婚姻状况、15~64岁妇女生育子女总数和存活子女总数、1981年15~49岁育龄妇女的胎次。1990年开展第四次全国人口普查，登记的标准时间为1990年7月1日零时，普查表分为两种：第四次全国人口普查表共21个项目，其中按户填报6项，按人填报15项；死亡人口登记表共9项。经国务院批准，从第四次人口普查开始，每逢十年开展一次人口普查。2000年第五次人口普查标准时间是11月1日零时。每人普查设置姓名、与户主关系、性别、年龄、民族、户口登记状况、户口性质、是否识字、受教育程度等9项。

第五次人口普查，岳阳县总人口为70.95万人，与“四普”（1990年）的71.50万人相比，减少0.55万人，下降0.8%。

全县面积2930.95平方千米，按“五普”人口计算，每平方千米242人，比“四普”的247人减少5人。2000年，全县共出生7916人，死亡4264人，出生率10.54‰，死亡率5.68‰，自然增长率4.86‰。

第四节　人口管理

常住人口管理　1978—1980年，公社、大队配备专职户口员对常住人口进行户口登记，按户设立户口簿。1981年，农村以户为单位发放户口簿，实行城、乡常住人口统一管理，进行亲缘关系、出生年月、文化程度、婚姻状况等4项登记。1982年，农村公安派出所接管境内非农业人口的户籍管理权，对人口出生、死亡实行派出所、公社计生办双重登记，逐年统计上报。1987年，全县开始颁发居民身份证，实行身份证的使用和查验制度。1990年，户口整顿，对常住人口核发新户口簿，并在各村设立计生专干，建立村级计生办公室，各乡镇设立计生技术服务所，县政府组织计生部门定期对各乡村人口出生、死亡情况进行抽查。1991年始，省、市计生部门对县、乡村的人口出生、死亡情况进行抽查。1992年，县公安局开始对常住人口进行计算机管理。1994年，全县户口清理整顿，落实常住人口为79.69万人。1995年始，各乡镇配备计生统计员，对人口出生、死亡情况进行个案管理，全县使用新的居民户口簿。1997年初，派出所接管农村户口。1998年，各乡镇派出所、计生办均配备电脑，农村户口实行城市化管理，全县城乡常住人口及其变动实行信息化网上管理。2000年，开展户口整顿和人口信息录入工作，全县常住人口均换发新户口簿。2001年，全县公安户籍管理建立微机系统，实现无底卡制证。全县25个派出所全部实现微机前台办公。2007年年底，全县公安派出所录入常住人口为689952人。

流动人口管理　1978年，外地流入县内的人口仅100来人，1984年达到300余人。

1978—1984 年，县内对流动人口管理较松。1985 年，根据公安部规定，县公安局派出所开始建立集镇暂住人口登记管理制度，外来流入人口到县城暂住，必须持有效证件到公安派出所登记，领取“暂住证”。1986 年，领取“暂住证”的流动人口有 200 余人，1987 年后多年均保持在 400 人以内。

1986 年前，县境的流动人口未纳入计划生育管理。1978—1985 年，全县流出人员年均 500 人左右，除办理外出手续外，未纳入计划生育管理。1986—1989 年，流出人口中已婚育龄夫妇年均 3000 人，因管理松散，治安隐患多，计生漏洞大。1990 年，执行《湖南省计划生育条例》，全县流出人口中，已婚育龄妇女年均 2000 人左右。1997 年前，已婚育龄妇女外出者多，办证者少。1990—1998 年，县计生办、县公安部门查验流动人口计划生育证明，无证者责令回原籍办证，对其实行与常住人口同样的计划生育的监测措施。1998 年，流动人口计生管理纳入各级文明目标管理考核内容，计生、公安、工商、劳动、卫生、民政、建设等部门建立流动人口综合治理管理制度，向县委、县政府签订计生综合治理工作责任状；流动人口须与户籍所在地的社区、居（村）委会签订计划生育合同。但因各种因素使部门外出者不愿办理流动人口计划生育证明，致使办证率不高，给计划生育造成严重隐患。1999 年，县计划生育领导小组下发《贯彻实施〈流动人口计划生育工作管理办法〉的意见的通知》。是年，成立东洞庭湖流动人口计划生育清理小组，对湖区流动人口登记、造册，落实“两查”（即查环、查孕）及避孕手术。2000 年始，县流动人口管理站联合相关部门对流入人口进行查验，流入人口基本上均办有计划生育证明、暂住证，并与社区、居（村）委会及房屋出租户主签订计划生育管理合同，流动人口基本上无超生现象。2000—2004 年，全县年均有 4 万左右外出务工者。2004 年，全县流出人口办证 37521 人，办证率达 94%。2005 年，启用全国流动人口信息 PAIDS 交换平台，跟踪管理流向外省的流动人口，及时掌握其婚育、办证等相关情况。

第五节　计划生育

机构队伍　1978 年初，成立县计划生育领导小组，11 月，成立计划生育技术指导小组，由 16 名医务人员组成；12 月，成立县计生办，1983 年 12 月，更名为县计生委，1994 年，更名为县计划生育局，2000 年，县计划生育局下设计生技术服务站、计生协会、流动人口管理局、科技药具股、计划统计股、人事宣传股、政策法规股、办公室。2004 年，更名为县人口和计划生育局。

宣传教育　1978 年，县革委会发出《关于开展计划生育百日群众运动的通知》，县花鼓剧团自编《甜蜜的风波》，在全县演出。1979 年始，初三至高三均开设《人口教育》课。县委党校每年 1 个月培训，开设人口理论课。1980 年后，每年运用宣传车，开展计划生育突击月宣传 2~4 次。县计生委与县广播局联合组织计生广播讲座。自 1986 年始，县、乡镇、村、街道、厂（场）矿均订阅《中国人口报》《湖南人口报》《人口与生育》《人口与计划生育》等报刊。县计生委编印《计划生育新情况、新经验》3000多册及《汇编》7500册、《讲义》1000册、《简报》8500多份。1986年1月，县计生委创办《计划生育信息》。1987年10月，将省、市、县有关计生政策性文件汇编印5000份，发至村级以上单位。1988年11月，县委、县政府编制《岳阳县中、长期发展规划》，其中人口规划即1988—2000年控制在83.06万人以内。1989年，全县向市以上报刊、电台投稿369篇，采用212篇。1990年1月，区、乡、村干部入户宣传《湖南省计划生育条例》，召开育龄妇女座谈会586次，出刊物18期，交流计生动态，介绍新人新风。1991—1997年，创办《协会信息》；组织乡镇、县直单位观看影片《女人也是人》；组织"新庄经验"报告团，在各乡镇巡回报告；宣传避孕节育、优生优育，发资料20万份。1999年，县广播电台、县电视台开设《人口钟声》专栏，宣传计划生育。2002年1月，县委宣传部、县文明办、县计生局、县教育局、县广播电视局、县妇联等单位联合发文，开展"婚育新风进万家"活动。2000年后，县计生局对乡镇宣传教育提出"三有"（即有阵地、有设备、有队伍）要求，阵地为：计生学校、计生办、服务所三位一体；设备为：电视机、VCD、照相机；队伍有宣传员，负责宣传教育、写通讯报道等。2004年10月，举办人口和计生知识读书竞赛活动，每乡镇3人参加，评出一、二、三等奖和优秀奖、组织奖。是年5月，市计生领导小组下发《"关爱女孩行动"工作实施方案》，各乡镇写横幅、标语，办墙报大力宣传。2005年1月，省政府公布《湖南省禁止非医学需要鉴定胎儿性别和选择性别终止妊娠》文件，县委宣传部出台有关方案，在全县开展全方位、多层面的新闻宣传。2006年5月，举办送"文化、科技、服务"三下乡活动。在步仙乡关王村开展妇科病查治、中医诊断、婚前知识讲座，参加群众300多人，其中接受"三查"的130人，中医诊断110人，开处方70份，免费发放西药200份，价值2000余元。

计生管理　1978—1979年，印发计生光荣卡。全县有计生管理队伍1.5万余人，其中计生专干52人，要求各地达到"三无"：无早婚、无计外生育、无旧法接生，并开始颁发"独生子女证"，持证者可享受优待。

1982—1985年，大力提倡只生一胎，严格控制二胎，坚决杜绝三胎。对全县各级干部实行100分考核制，计生占10~20分，分管领导、专职干部占30~80分。1984年，提出"凡生育三胎以上的党、团员，开除党、团籍，开除公职"，并付予施行。1985年，提出各单位年终综合奖实行计生工作"一票否决制"。是年，全县超生180人，处分118人。受处分者一般停职停工。1986—1987年，严格二胎审批手续和计外二胎、多胎的处理。居民、个体户计外生育二胎的，征收超生费1000~3000元，并由商品粮转为议价粮；农村计外二胎的，由区乡镇按本地情况，参照文件处理。1989年规定，二胎生育间隔期一律在4年以上，在4年以内的，按时间长短分别进行罚款。1990年，县委、县政府规定，连续3年被计划生育否决的单位，对主要负责人给予必要处分。1991—1995年，村级对育龄对象进行“挂牌跟踪管理”。一年4次进行“双查”（即查环、查孕）。1995年后，乡村级进入档案管理。1994—1996年，办理“流动人口计划生育证”，育龄妇女在当地交押金、签合同。1997年3月，县计生委制订《岳阳县一、二孩准生证发放管理办法》。1999年1月，县委、县政府制订《人口与计划生育工作目标管理责任状》。2004年，推广《计划生育村民自治章程》，使计生民主自治、民主监督、“村为主”的模式进入民主管理轨道。2005年，开展关爱女孩行动，禁止进行非医学需要的胎儿性别鉴定。2006年，制订《岳阳县社会抚养费征收管理实施意见》，对建立收支台账和资金的管理有严格的规定。

2007年，县计生领导小组发文指出：要建立制止乱收费乱罚款的长效机制；要求各乡镇保证财政投入到位，从源头上治理乱收费乱罚款现象。

计生服务 1978—1988年，计生手术主要由县、区、乡（公社）医院医生施行。县计生委每年拿出专款，委托县卫生局、县妇幼保健所对计生手术技术人员进行培训。1988年底，全县能做计生手术人员371人。1989年，计生服务站能做输精管、输卵管吻合手术。2001年6月，全县各乡镇均安装微机。2007年，县计生服务站19人，技术人员13人，全县服务所95人，乡镇服务技术员82人。县站有B超3台、乳透仪1台、电子阴道镜1台、无痛人流仪1台、优生检测设备1套、红外线治疗仪1台，有电脑微机管理系统，臭氧妇科治疗仪设施。

1978年，避孕药具普遍推广。1979年，全县宫内放节育器的4062例、口服及注射药的213例、用避孕套163例。1989年，放节育环7126只、服避孕药8991人，还有采取避孕针、外用避孕膜、避孕套等措施避孕的。2002年，全县上环47597例。2006年，用避孕套的8980例。

第六节 优生优育

1979年，婚前检查对象仅限女方。1985年，发展到男女双方都接受检查，签署合格意见后，方可领取结婚证，未婚先孕的处以罚款。1998年，县计生服务站开展优生遗传检测，长湖乡312对夫妇参加检测。1999年1—5月，全县完成1226对夫妇遗传检测，查出病毒阳性92人，其中男57人，女35人。2005年，对育龄对象开展优生遗传4项病毒检测，至2007年，共检测8067人，查出阳性87人，占1.08%，县计生服务站对其阳性者及时进行正确生育指导。每年对7岁以下儿童接种牛痘、卡介苗，注射“102”，发放驱蛔药等。乡（镇）村均有妇幼保健员负责上述两项事宜。

第二章 社会保障

第一节 养老保险

1987年1月，岳县劳人字〔1987〕1号文件规定：凡在岳阳县（包括中央、省、市）各级各类银行中设有工资基金的专户，属全民单位、劳动合同制工人的退休养老保险应向所在地社会劳动保障事业机构缴付养老保险金。缴付标准为：用工单位每月按劳动合同制工人工资总额的18%缴纳；其工人按本人月工资的3%缴纳。1988年3月，成立县职工退休费用社会统筹委员会，定编4名。1988年，全县统筹的有32个单位、职工1689人，其中退休218人，年缴纳14.40万元，支付11.30万元。1999年，实现全市统筹，增加异地安家补助费、丧葬补助费、工残护理费；辞退职工也应缴纳养老金。根据养老金征集特点，建立定期扣缴、定期核对、定期检查等制度。至年底，全县有102个单位、790人“参保”，投保率100%。1996年，县人事局制定《机关事业单位养老保险暂行办法》。1998—2001年，全县企业共征缴养老金4157万元，发放5671万元；机关事业单位征缴养老金3971万元，发放3693万元。2004年，征缴养老金4749万元，征缴率92%，县人事局向上级争取资金1460万元。2007年，全县大部分企业破产，大部分职工中断缴费。县人事局聘请13名企业干部、6名联络员负责续保工作，续保缴费723万元，占征缴任务的39.9%。机关事业单位，每人每月缴纳工资的28.5%的养老金，其中单位21.5%、个人7%。享受养老金待遇最低为在职时的基本工资的70%；最高为基本工资的90%；另外，工残、独生子女、各级劳模、30年教龄者增加5%~15%。企业单位每人每月缴纳工资的28%的养老金，其中单位20%、个人8%，享受养老金待遇为：基本养老金+基础养老金+个人账户养老金+过渡养老金。

第二节 失业保障

待业人员安置 1979年，全县有4465人需要安排就业。县政府决定：大办全民带集体工厂，大厂带小厂；扩大商业网点，增加服务项目，在农村可按照总人数的7‰~8‰增加商业职工人数；发展镇办街办企业和服务业，动员部分老弱病残职工退休，分别发给工资的40%~65%的退休费。1980年，改变统包统配的劳动制度，广开就业门路，恢复、发展手工业传统产品，发展工艺美术生产、街道企业，搞废品加工，旧件复修，扩大建筑安装队伍，发展交通运输，增加新的生产项目。1984年，以发展集体、个体经济和第三产业为主攻方向，发挥单位和部门的优势，单位与单位、单位与个人联合办企业。1985年，扩大经营门路，第三产业网点占5%，主要是养殖业，如养鸡、鱼、猪、奶牛等，支持自谋职业，办个体商业、饮食、手工业、小摊小贩。1991年，全县有待业人员2900人，县劳动局采取多种途径、安置各类待业人员1617人，其中全民企事业单位408人、集体单位669人、其他各类单位安置540人。1994年，共安置待业人员4646人，占年计划的132%，其中企事业单位（含复员军人）134人、全民合同工1358人、集体职工2889人、临时工265人。

就业培训　1998年，全县再就业服务中心举办各类培训班48期，培训6184人，结业率99%，发放职工资格证1966个；办理用工登记1356人次，求职登记3000人次，1560人次获得成功就业（其中下岗职工1020人次、失业人员540人次），城镇失业率控制在3%；办理外出务工人员就业登记卡8981个、外来人员就业证68个，基本做到证卡合一，持证上岗。2000年，县劳动局筹资15万元，建高标准电脑培训中心，装微机21台，配工作人员34人，为下岗职工开办免费培训班5期，培训280人；办理各种资格证350个；特种作业培训3460人；2080人获职业指导；为3560名输外人员就业登记；在县内行政事业单位安置就业250人。2003年，县就业培训中心举办各类培训班68个，共培训5350人，结业815人，各培训网站培训7750人。办理初、中级职业资格证书1145个、高级资格证书83个；共办发各类就业岗位4357个；求职登记5076人；用工登记4875人；4392人就业，其中下岗就业3246人（含大龄下岗人员就业957人），就业率63%。向外省输出劳动力12314人，其中8700人领取就业登记卡。2004年，全县下岗失业人员8785人，县劳动和社会保障局举办各类培训班76个，培训8882人，结业8525人。在县原企业和洞庭造纸厂、兴荣编织厂、市制药四厂、巴陵酒厂、机械厂、纱厂等单位安排就业岗位1550个，新增就业3671人、下岗再就业3165人。发放“再就业优惠证”2549个，对其再就业者实施各项优惠政策。

2007年，县政府下发《关于进一步做好劳动和社会保障工作的通知》。引进小雁子饰品厂，安置260余名当地劳力就业，弘泰陶瓷、华雄陶瓷等6个项目共吸纳4000名劳动力就业，全县投产的52个招商项目共创就业岗位5632个。县委、县政府召开专题会议，提出把解决“零就业”家庭生活困难当作维护社会公平、保持社会稳定的重中之重的大事来抓。年底，全县城镇新增就业5721人，下岗失业人员再就业3482人，安排就业1124人，新增农村劳动力就业10752人，完成培训18420人次，有1900人获得相应的职业资格证书。

第三节　医疗保险

2002年1月，境内正式启动城镇职工基本医疗保险（简称医保），参保者为行政、事业及企业的干部、职工。单位按工资总额的6%、个人按工资的2%缴纳医保费；退休人员不缴纳。所有参保人员每人每年缴纳100元大病互助费。并规定享受待遇：住院医疗费的报销为：在职职工2000~3000元报销80%，3000~10000元报销85%，1万~2万元报销94%；退休人员按在职职工自负的65%自负。符合鉴定标准的20种疾病可享受特殊门诊医疗费，在限额内报销80%。基本达到"保证医疗、遏制浪费、收支平衡"的目标。2003年1月，全县75名离休干部纳入医保管理范围，县财政按每人每年5000元标准筹集，个人缴纳大病互助费100元。门诊医疗费每人每年1000元，个人住院不设起付线，符合规定的医疗费报销100%。

2003年年底，全县共有151个单位、21436名干部职工参加医保，收缴医保金1050万元。办理住院特殊门诊手续3455人次，支付门诊医疗费（个人账户）、住院费及特殊门诊医疗费968万元，共为县财政节约医药费开支180余万元，各单位的医药费支出共降低450万元左右。

第四节　城市居民最低生活保障

1999年，县政府印发《岳阳县城市居民最低生活保障制度实施办法》，是年，核发249个城市居民最低生活保障金领取证，发放保障金79010元。

2002年前，低保工作由县民政局社救股管理，2002年4月，成立县民政局低保办，2006年4月更名为低保中心，负责全县低保工作。低保对象必须是3年以上城镇非农业常住户，人均月收入低于100元，包括纯居民、下岗失业者、困难职工、离退休人员。但有下列情况者不予审批：因建设投资过大造成贫困的；有扶（抚）养人不履行扶（抚）养义务造成贫困的；因吸毒、犯罪造成贫困的；具有劳动能力不主动找就业门路的；有手机、电脑、空调等高档商品的；参与打牌赌博或参加高消费娱乐活动的。1999年，最低生活保障线为人均月收入低于100元，后改为120元，人均补差35元，2002年，人均补差40元，2005年，低保线升至140元，人均补差62.8元，2006年，人均补差75.4元，2007年，低保线为150元，人均补差89元。确定低保对象做到"三公布、四把关、五优先"（即初审、复审、发放时出榜公布；产生低保对象时严把评审关、时效关、监督关、年检关；核定对象时优先五保户、残疾人及无依无靠、无生活来源、无劳动能力的居民）。每年对低保对象进行审查，对经济状况有好转且不符合低保的，予以取消。2001年，全县降低补助标准的74人；2004年7月清出349户1041人；2005年清出187户486人；2006年清出709户2206人。

第三章　人民生活

第一节　收　入

农村居民收入　1980年，县境农村开始出现家庭承包责任制，1981年，家庭承包责任制在全县农村全面展开。农民人均年收入达到92元。

1985年，农村居民人均收入达到534元，其中家庭经营收入494元，其他收入40元。1991年，全县人均收入达到1977.25元。1997年，全县100户农户经济抽样调查，人均纯收入，达2786.78元，其中家庭经营收入2543.70元，劳务性报酬收入118.84元，其他收入124.24元。1999年，农民人均年收入达2065.13元。

自1990年始，出现“打工潮”，农村大量剩余劳动力走出家园，到外县、外省甚至国外从事劳务活动，1993年，有6185人外出务工，2000年第五次人口普查时有1.5万人外出务工，2001—2007年，每年维持在1.8万人左右。

2002年，新墙镇清水村通过土地流转，种植优质葡萄130多公顷，亩均产值过2万元，纯收入达1.5万元，是种水稻效益的30倍。1997年，开展农村扶贫开发工作，以村为主，三年一调整，是年，特困人口人均收入668元，2007年为1250元，比1997年增加582元。

2007年，全县农民人均纯收入5103元，是年100户农民抽样调查，人均收入6580.06元，其中劳务性收入824.38元，占12.53%；家庭经营收入4339.94元，占65.96%。

城镇居民收入　1984年，城镇居民人均可支配收入405.9元，1986年，人均可支配收入636元，城乡收入比为1.36:1，1992年，全县全民所有制职工人年均工资1934元，城镇集体所有制职工人年均工资1589元。至1998年，随着各项促进经济增长的政策得到落实，城镇经济结构不断优化，拉开了城乡收入差距，城乡收入比值高达1.58:1，但下岗失业人数增加，部分下岗职工家庭生活困难的问题较突出。随后，几次实施国家公务员及事业单位职工增加工资政策，城镇居民收入增长进一步加快。2005年，根据《湖南省统计局关于加强全省县级城镇住户调查工作的意见》，成立岳阳县城镇经济调查队，开始进行城镇居民抽样调查。是年，城镇居民人均可支配收入为6180元。

工薪收入和经营净收入是城镇居民的主要收入来源。2007年，境内企业共有职工10153人，年均工资13501元；事业单位职工9746人，年均工资17094元；机关单位职工4444人，年均工资16027元。全县经营净收入人均达到6150元，占城镇居民可支配收入的58%。

第二节　消　费

1986—2007年，全县城乡居民对衣、食、住、行、用五类物资需求发生较大变化。衣着支出逐年增加，额度不大；食品支出占总支出的比重逐年下降，住房支出逐年攀升；交通通讯支出增势强劲，用品支出保持稳定。

一、衣

农村居民　1986年，县内农村居民人均衣着消费支出为31.80元，占生活消费支出10%，在各类生活消费中居第二位。随后持续小幅上升。1993年12月国家取消布票后，被布票限制的衣着消费得到迅速扩展，1994年上升到60.79元，以后一直稳中有降。至2007年，为160.96元，仅占生活消费支出的4%。

1986—2007年岳阳县农村居民人均衣着消费额统计表

表20-3-1　　单位：元

年　度	金　额	年　度	金　额
1986	31.80	1997	86.89
1987	33.41	1998	74.06
1988	38.11	1999	67.74
1989	44.80	2000	80.25
1990	43.24	2001	61.11
1991	45.03	2002	103.30
1992	48.12	2003	146.98
1993	48.20	2004	81.80
1994	60.79	2005	128
1995	89.75	2006	138
1996	99.27	2007	160.96

城镇居民　1994年始，城镇居民衣着由布料加工向购买成衣转变；由经济实惠向注重色彩、款式转变。花色品种由“青蓝灰白”的中山装和便装发展到多姿多彩、款式新颖的靓装，西装、夹克衫、皮衣、裙、皮鞋已成为普通大众化的穿着。至2007年，城镇居民人均衣着消费额度一般占生活消费支出的12%。

二、食

农村居民 县内农村居民以自产自给为主。1986年，居民人均食品费230.75元，此后随着农村居民收入的增长，食品购买量逐年增加，食品构成越来越丰富。水产、肉类等主要食品和在外饮食次数的增多带动居民食品消费额增加。至2007年，其他副食呈上升趋势，如食用油、糖、烟、酒、水果、蔬菜均增长1倍以上。

1986—2007年岳阳县农村居民人均食品消费额统计表

表20-3-2 单位：元

年度	金额	年度	金额
1986	230.75	1997	1188.17
1987	277.83	1998	1180.41
1988	274.89	1999	1156.26
1989	356.68	2000	1027.11
1990	402.34	2001	1133.12
1991	439.39	2002	1328.70
1992	478.57	2003	1323.38
1993	525.28	2004	1568.70
1994	805	2005	1524
1995	1052.37	2006	1256
1996	1027.21	2007	1145.45

城镇居民 生活水平的提高，居民对食品质量要求更高，更加注重食品的营养搭配，饮食结构趋向合理。食品构成中，水产、肉禽、蛋等食品和时鲜蔬菜、鲜果等其他食品的消费比重逐年上升；高蛋白、低热量、低脂肪成为人民追求健康的饮食时尚。同时，随着工作、生活节奏的加快，饮食业的发展，为追求轻松方便，居民外出就餐支出增长较快，来客接待大多在餐馆。2007年，城镇居民食品消费占生活消费支出的比重为41%。

三、住

农村居民 1986年，县内农村居民人均居住消费支出28.56元。1987年，农村掀起第一次建房热潮，农村居民人均居住消费支出90.40元，尔后又波浪式发展到1998年的321元，掀起第二次大的建房热，2007年，农村人均居住消费支出在1261.56元，占生活消费总支出的19%。经过两次大的建房热潮，红砖瓦房、楼房已遍及乡村。少数农村居民建起带院落的乡村小别墅，居住条件已赶上城镇居民。

1986—2007 年岳阳县农村居民人年均居住消费额统计表

表 20-3-3　　　　单位：元

年　度	金　额	年　度	金　额
1986	28.56	1997	212.64
1987	90.40	1998	321
1988	47.25	1999	197.86
1989	69.40	2000	387.04
1990	36.77	2001	534.94
1991	29.78	2002	530.70
1992	89.59	2003	689.13
1993	104.62	2004	825.80
1994	83.39	2005	840
1995	123.7	2006	1041
1996	256.56	2007	1261.56

城镇居民　1986 年，城镇居民人年均住房消费额为 90.40 元，后逐年增长，至 2007 年，上升到 465.22 元，占生活消费总支出的 3.4%。

1983 年，部分富裕起来的城镇居民开始修建房屋。1996 年，县内开始机关企事业单位住房改革，各种安居工程、住宅小区、花园等商品房迅速建成，极大地改善了城镇居民的居住条件和环境，至 2007 年，竣工房屋面积 40.12 万平方米。

四、行

农村居民　1994 年前，农村交通通信支出增长缓慢，一直在十几元之间徘徊。1995 年后，由于外出务工经商流动人员的增多和交通通信事业的发展，交通通信消费支出上升。2000 年，首次突破 100 元，彻底结束农村交通不畅、信息闭塞的局面。其间，为求外出务工、经商、访友的方便，大部分农村家庭开始购置摩托车，2007 年，平均每百户农村家庭拥有摩托车 31 台。有的农村家庭还购置拖拉机、中巴车、卡车搞运输。2007 年，农村居民人均交通通信费用 271.93 元，占生活消费的 6.77%。

1992—2007年岳阳县农村居民人年均交通消费额统计表

表20-3-4 单位：元

年度	金额	年度	金额
1992	9.30	2000	105.53
1993	15.86	2001	101.85
1994	16.85	2002	130.10
1995	36.82	2003	131.13
1996	31.04	2004	148.20
1997	43.09	2005	233
1998	60.86	2006	255
1999	88.24	2007	271.93

城镇居民 1978—2007年，全县交通通信事业发展迅速。县乡公路四通八达，公交车辆遍及城乡，县城的士穿行，固定电话、移动电话普及，给人们外出务工、探亲访友、旅游带来极大方便。少数富裕家庭开始购置小轿车。交通通信消费成为居民第三大消费。2007年，城镇居民人均交通通信费用支出533.37元，占生活消费的7.8%，城镇每百户居民拥有移动电话168台、固定电话86部。

五、用

农村居民 1986年，县内农村居民的家庭日用品消费支出46.45元，排第四位，占生活消费总支出的12%。以后一直上升到1995年的106.93元，仍排第四位。此后持续下降到2003年的36.89元，排第六位。日用品消费已不是农村居民消费的主要方面。

1986—2007年岳阳县农村居民人均用品消费额统计表

表20-3-5 单位：元

年度	金额	年度	金额
1986	46.45	1997	104.17
1987	54.26	1998	78.09
1988	74.70	1999	112.03
1989	67.19	2000	87.64
1990	67.76	2001	66.79
1991	75.04	2002	89.70
1992	12.24	2003	36.89
1993	31.05	2004	55.70
1994	63.54	2005	115
1995	106.93	2006	142
1996	98.97	2007	144.41

城镇居民 1978年，每百户城镇居民家庭拥有缝纫机8台、手表50只、大型家具30套。1983年始，大型家具、家电开始进入城镇居民家庭。1995年后，经济快速发展，社会物资供应充足，日用消费品数量、品种繁多，居民对用品的选择空间越来越大。彩色电视机、电冰箱、洗衣机成为居民家庭必备商品，取而代之的高档商品有电脑、空调等。同时由于所有耐用日用品使用期较长，居民对日用品的消费持理性态度，只在需要时才买，造成居民日用品消费占生活消费支出的比重不大。

六、医疗、文化、教育、娱乐及其他

农村居民 1978—2007年，因生活水平提高，物价上涨，投资理念变化，居民用于医疗健康、文化教育、娱乐及其他消费增长幅度较大。农村居民生活条件改善后，对教育投资越来越重视，加上1996年开始，部分初中、高中教育收取集资费，中专、大专收取委培费，1999年，初中以上教育收取择校费等，拉动了教育投资费用的大幅增长。2007年，县内农村居民用于医疗、文化、教育、娱乐及其他的消费达1278.14元，占生活消费开支的31.8%，其中教育投资成为农村居民消费的一个重要方面。

1986—2007年岳阳县农村居民人均医疗、文教娱乐消费额统计表

表20-3-6 单位：元

年 度	金 额	年 度	金 额
1986	40.44	1997	369.03
1987	54.88	1998	379.10
1988	67.23	1999	416.36
1989	81.15	2000	463.76
1990	91.77	2001	440.13
1991	103.72	2002	582
1992	54.40	2003	586.78
1993	130.99	2004	811.70
1994	230.48	2005	823
1995	324.76	2006	970
1996	370.42	2007	1034.13

城镇居民 1978年，城镇居民医疗保健主要是医疗费支出，有钱看病就算不错了，用于医疗器具、保健用品、医疗保健服务的支出很少；滋补保健品更是极少数人的消费。随着社会进步，城镇居民保健意识增强，保健消费支出迅速增加。1983年，少数富裕的城镇居民开始有旅游消费。2007年，县内居民人均旅游、教育文化娱乐、医疗保健达1301.52元。

第四章 婚姻·家庭

第一节 婚 姻

1982 年全县平均婚龄 21.80 岁。1988 年抽样调查表明，全县在已婚的 131715 人中，婚姻自主的 128290 人，占 97.40%；由父母兄长包办的 3425 人，占 2.60%。1990 年人口普查，全县 15 岁及以上人口为 547622 人，未婚的 138843 人，占 25.35%；有配偶的 368827 人，占 67.35%；离婚的 4310 人，占 0.79%；丧偶的 35642 人，占 6.51%。在未婚人口中，男性 82395 人，女性 56448 人，性别比为 145.97；在已婚人口中，16~19 岁未到法定结婚年龄的 1914 人，占同龄人口 74113 人的 2.58%，其中男性 294 人，女性 1620 人。1991 年，随着社会的变革和市场经济的建立，全县婚姻状况呈现出新的特点。旧的婚姻观念和习俗淡化。“父母之命”彻底革除，“媒妁之言”仅具牵线搭桥的作用，“寡年不宜结婚”“合八字”在年轻人中已经无市场。2003 年 10 月开始，结束长达 10 年在公社、乡镇办理结婚手续的历史，婚姻登记工作统一在县城婚姻登记中心办理。结婚每对收费 10 元，都是电脑打印服务。据婚姻登记机关证实，至 2007 年，结婚登记无一不是自由恋爱、两相情愿，依法登记成自觉行为。全县婚姻登记合格率 100%。

自 1988 年 2 月始，对恢复县制后违法婚姻进行长达 8 个月的清理，共清理违法婚姻 4720 对，其中未证先婚的 3549 对，早婚的 1150 对，近亲结婚的 11 对。2000 后，离婚人数呈逐年上升趋势。据婚姻登记机关统计，2003 年结婚 1000 对，离婚 56 对；2004 年结婚 3937 对，离婚 507 对；2005 年，结婚 4347 对，离婚 658 对；2006 年，结婚 4974 对，离婚 792 对；2007 年，结婚 5383 对，离婚 949 对。结婚一年且无子女的离婚率较高。离婚率增大，主要原因有：婚姻价值取向发生偏离。外出打工，经济状况有了好转，男人有的就瞧不起原来那个家，喜新厌旧；女人中有的追求实惠婚姻，另攀高枝。家庭生活困难，一方（主要是男方）懒惰，夫妻经常争吵，导致感情破裂。草率结婚，婚后性格不合。家庭责任感淡化，家庭暴力。

第二节 家 庭

1978—1987 年，境内年均每户人口在 4.04~4.54 人之间，1988—2007 年，年均每户人口在 4.00 人以下，且呈逐年下降趋势。2007 年为 224168 户，户均 3.08 人，较 1983 年的户均 4.54 人减少 1.46 人。第四次人口普查，全县为 196279 户，4 人户 63178 户，占总户数的32.19%；5人户，41027户，占20.9%；3人户27089户，占18.9%。第五次人口普查，全县为209775户，4人户55313户，占总户数的26.36%；3人户占25.85%，2人户、5人户分别占15.69%、15.04%，说明计划生育改变了家庭规模状况，4人户、3人户成为最多的家庭户。

家庭关系中，家中较大事情多在家庭会上决策、解决，不完全以父母之言为准，成年子女多成为家庭支柱，独当一面，成为家庭经济的决策人。在全社会的倡导下，县境“五好家庭”（即政治思想好、完成任务好、敬老爱幼好、邻里和睦好、遵纪守法好）不断涌现，1989年，全县有4.32万户被评为“五好家庭”，占总户数的21.79%；1075名妇女被评为“女能手”；1060人被评为“好媳妇”；1000人被评为“好婆母”；评出“好妯娌”1200对、“好婆媳”1500对、“好夫妻”2235对，家庭精神面貌焕然一新。

20世纪90年代后期，随着外出务工农民的增多，留守儿童的问题日益凸显。这些留守儿童一般由祖辈照管，孩子吃、穿、住、安全方面尚可，但个性习惯、行为方式和学习成绩略为欠缺。留守儿童的培养教育问题已成为社会的热点问题。同时有极少数家庭仍有虐待父母、婆媳相处不和等现象，在农村依然有少数家庭存在重男轻女的思想。

第五章　民　俗

第一节　生活习俗

饮食　县境历来以大米为主食，兼食红薯、小麦、豌豆、蚕豆、绿豆等杂粮，一日三餐，中午为正餐。城乡居民都有喜食糯米加工的粽子、元宵、年糕、糍粑、粉饼、粉丸等习惯。1978年后，杂粮成为家禽家畜饲料和酿酒及制作副食品原料，偶尔人食，实为调剂口味，城镇居民早餐多以面食为主。1995年后，县城居民早餐以米粉、圆粉、面条为主，中晚餐仍以大米为主。

居民平常所吃蔬菜有白菜、萝卜、菠菜、豆角、黄瓜、冬瓜、南瓜、茄子、马铃薯等40余种。吃菜喜辣，做菜时多以辣椒为佐料，兼以大蒜、葱花、韭菜、生姜、胡椒、豆豉、酱醋等调味配色添香。20世纪80年代后，菜肴讲究色、香、味、形。县境水域宽广，水产丰富，尤以洞庭湖产鱼为多，城乡人民以鱼为菜较为普遍。所吃肉类以猪肉为主，兼以牛、狗、鸡、鸭等和黄鳝、泥鳅、团鱼（鳖鱼）及其他野味。除日常所食菜肴外，民间喜加工制成腊鱼、腊肉、兰花萝卜、霉豆腐、腌菜等具有特色的菜肴。

饮料以茶、酒为主，20世纪90年代后兼以各种果汁、矿泉水、汽水、牛奶及系列冷饮。人们饮茶有茶叶椒子茶、生姜芝麻茶、芝麻豆子茶、糖茶、盐茶、芝麻茶叶茶等。

饮酒以谷酒（用稻谷酿成）和各类瓶装白酒为主，小麦、高粱、红薯丝等杂粮酒次之。端午、中秋佳节，有喝雄黄酒、菊花酒的习惯，谓之可避邪。毛田、月田等山区一带常用糯米酿成甜酒饮用。人们喜用人参、当归、党参之类药物浸酒，并兼饮葡萄酒、小香槟、啤酒等低度酒。

服饰 1978年后，随着改革开放，服装款式变幻不定，衣料向人造纤维、皮、毛呢料发展。20世纪80年代，青年男女以西装、夹克衫、中山装、运动服、教练服、牛仔裤、西装短裤为时髦，女装夏季以百褶裙、套裙、连衣裙、超短裙居多，讲究色彩、款式，并逐步向清爽舒适、文雅大方发展。20世纪90年代，喇叭裤、牛仔裤、西装、呢大衣、羊毛衫、健美裤，色调艳丽，质地华贵。进入21世纪，国内外各类服装流进城乡，各种服饰专卖店遍布城镇街道，县内居民穿着与国内大中城市穿着无甚差异。

首饰 20世纪80年代，金、银、玉耳环，耳坠，戒指，金项链成为女性的时尚装饰品，头发上插人造花也很流行，男青年亦以带变色太阳镜，博士镜，镶金牙，戴金、银戒指为时髦，但不普遍。20世纪90年代后，除金耳环、金戒指、金项链盛于从前外，又新增金手链、玉镯、铂金等饰物。21世纪后，各种锆石、钻石镶嵌在金银首饰上，分外夺目。

住宅 20世纪70年代末，青砖瓦房普遍兴建，农村多用木花格窗，城镇多为油漆玻璃窗。1982年后农村推行承包责任制，农民收入不断增加，房屋翻新、改建、扩建及新建的日益增多。20世纪80年代中期以来，农村住房向砖混结构楼房发展，多为双层，城镇多为2~4层，少数联户建房高达5层，有2室1厅1厨1厕和3室1厅1厨1厕等，内墙以石灰砂浆抹面，外墙以石灰砂浆粉刷为主，兼有少数水泥、水刷石装饰，水泥地板，二毡三油防水屋面和人字形双向大红瓦屋顶。居室讲究宽敞、舒适，装饰美观大方。农村砌屋有很多讲究，首先请“风水先生”择地定屋向和选破土下墙脚时间。破土前，主家先插香于地基，以酒肉敬奉“土地神”，然后用锄头象征性地在五方破土，接着，便有发木、竖大门、行墙、上楼脚、上主梁、安家神等主要程序。各程序中要给工匠“红包”（喜钱）。竖大门、上主梁要择时定日，工匠赞词恭贺主家。上主梁时，东家从屋顶上撒糖果、饼干、香烟，给看热闹的人吃，以讨吉利。

中华人民共和国成立初期，县内茅屋、青砖屋占90%以上，1985—2005年，城乡私房又有三次“更新换代”：一代是红砖红瓦、明三暗五平房，二代是“三正两厢房，厨房另一边，厕所、猪栏靠围墙”，三代是钢筋水泥结构的两层楼。自2005年始，随着“新农村建设”的实施，农村新建一大批新潮美观的别墅式建筑，县城新建“怡和花园”“富安花园”等住宅小区。

第二节　礼仪习俗

生育 妇女怀孕，又叫“坐喜”“驮肚”“有喜”，怀孕后要休息安胎。分娩后，即放鞭炮向邻里报喜，再由孩子的父亲或请人到外婆家报喜。婴儿出生第三天，用艾蒿、荆芥、陈茶叶、银花藤等煎水洗涤全身，称“洗三朝”。并请客举行庆贺仪式，亲朋好友，左邻右舍前来庆贺，近年来，外婆家的“三朝礼”的馈赠越来越讲究，除赠送童装、尿不湿、金属童床、推车、电子琴、电动玩具等礼外，还要打上“红包”。

境内部分地区生育中禁忌甚多，怀孕期间，忌屋前屋后家中动土移物，忌砍剁门槛，忌单独行走，忌婴儿生在外面或娘家，婴儿未满月忌剃头等。中华人民共和国成立后，上述带迷信色彩的内容已不多见，但报喜、洗三朝、喝满月酒、抓周等习俗仍在沿袭。

婚嫁　随着时代的发展，婚俗不断简化。“父母之命”“媒妁之言”已不多见。20世纪90年代后，县内婚嫁习俗有新变化。虽有旅游结婚等新方式，大多数的婚嫁活动安排十分隆重，选择吉日后向亲友同事发送请柬，精心筹备婚礼。

聘礼随着人民生活水平提高不断增加，城市从20世纪90年代的数千元、1万元升至2万元、3万元。农村也上升到数千元至万元。

新房的布置越来越讲究，室外张贴对联、大红喜字、窗花等标志，室内挂彩灯、彩带等物装饰，彩电、冰箱、电风扇、空调、洗衣机等电气设备一应俱全。

青年人结婚前大都去婚纱影楼拍摄婚纱照。新娘新郎穿各式婚纱礼服，拍摄各种主题婚纱照。结婚之日，新娘到婚纱影楼化好妆，穿上婚纱，男方派出车队迎亲，车队由多台轿车组成，且轿车的档次越来越豪华。即使家境不宽裕的婚嫁，也要租一辆轿车和一台中巴车迎亲。送亲与迎亲均要燃放大量鞭炮。此外，摄制婚嫁录像成为时尚。

城镇婚宴一般在酒店举行，农村婚宴一般在家庭举行。特别讲究隆重热烈喜庆，宴席较丰盛。如此大操大办成为人们难以舍弃的陋习。20世纪90年代初，县民为亲友结婚在岳阳县电视台点歌曾流行一时。

饭后，农村还留有“抬茶”的旧习。“抬茶”是新郎新娘抬着茶给父母、亲戚讨喜钱。新婚夜，年轻人喜欢开开心心地闹上几个小时的洞房。婚后第三天，新夫妇“回门”之俗仍旧沿袭。

寿庆　县内居民历来有为高龄老人祝寿的习惯。60岁以上，年年庆寿，而以逢五、逢十最为隆重。一般是张贴对联，设置酒席，或在县电视台点播节目。此外，县内还有小孩12岁做“童限”，意即小孩“关星顺渡”。又有在36岁特意做寿的，认为“神仙难过三十六，喜的喜，忧的忧”，做此寿为庆贺幸存长命。

丧葬　境内丧葬素来是木棺土葬。老人临终，晚辈子孙必须守候床前送终，老人断气烧倒头纸九斤四两或三斤六两，放鞭炮，请人到亲朋家报丧。第二天即烧死者生前衣物，称“发箭”，随后即摆灵请和尚或道士挂圣像诵经，超度亡灵。超度形式，根据家境不同，繁简各异，贫者坐夜唱孝歌，富户做斋或做道场，亡者子孙披麻戴孝，一身缟素。亲朋邻里前来跪拜亡灵，称“看老”“吊孝”，孝子跪于灵前接哀回拜。做斋可由佛教徒或道教徒主持，形式各异，诵经超度分1天、3天、5天、7天不等。其过程主要有：请圣、封斋、朝庙、放灯、招魂、招亡、沐浴、辞圣，男死朝五岳，女亡过奈何桥、破黄河图，然后破地狱、接亡、劝亡、打灯等，女死要诵血盆经。山区出殡多为早晨（半上午），湖滨一带为午宴后出殡，张谷英屋场出殡时，灵柩是倒抬出来的（即死者头在前），埋葬不择时辰。丧葬队伍，前擎“招魂幡”，一人沿途丢纸钱（称买路钱），灵柩紧跟，孝子亲朋随后，和尚、道士吹唢呐、奏法器在后，出殡安葬死者后，再烧为死者扎的纸蔑阴阳屋（俗称灵屋）、封包纸钱、元宝财箱、金、银山等（称化财）。葬后一连三天，每晚须到坟上送灯，烧烟把，第三天，孝子、孝孙及至亲要到坟上培土，称“三朝复土”。若死者“撞七”（从死者死亡之日算起，每七天一轮，遇初七、十七、二十七称撞七），则逢七必须到坟上烧纸钱。有的地方则于葬后 49 天之内，每 7 天到坟上烧一回纸钱，称“做七”。死者满百日要到坟上烧纸钱。丧家当年不能有婚嫁。第二年春节，贴绿对联，一家人在家守服，亲朋好友前来拜新香，并请新香客。1990 年后，火葬、开追悼会之风兴起，国家公职人员、县城居民死后一般送到殡仪馆，并设置灵堂。吊唁活动一般持续 3 天左右，然后择日火化、安葬。火化后有的安葬在公墓内，有的则另埋他处。农村仍然实行土葬。

第三节　岁时习俗

春节　岳阳县民间极重春节。每到年终，外出的人们都要回家团圆。从腊月二十日起，即进入节日气氛。除夕每家都选大房设炉烧火，并洗澡、更衣，全家围炉欢聚，由家长分给儿孙们压岁钱。正月初一清晨，雄鸡报晓之时，男户主起来打开大门，鸣放爆竹，叫“开财门”“出天皇”“接财神”，然后用茶盘托一猪头，点香、放爆竹，立于地坪前敬天神。这一天，全家男女老幼都穿新衣，称“去旧迎新”，堂前灯烛辉煌，香烟缭绕，合家敬过天地、拜过祖宗后，晚辈向长辈拜年。境内旧时拜年，素有“初一崽，初二郎，初三初四拜街坊”的规矩，即初一儿孙辈向父母、祖父母辈拜年，初二女婿偕同妻子上岳父母家拜年，初三以后，就是街坊邻里、亲朋好友互相串门，请客吃饭。农村初一有上山拜祖坟的习俗。20 世纪 90 年代后，拜年的习俗逐渐简化，城镇机关单位举行春节团拜；农村中、老年人初一相邀向本屋场高龄老人拜年；年轻人串亲访友，主要是联络感情，并非拘于礼俗。

春节期间，县境玩龙舞狮、吃团年饭的习俗仍存。2000 年后，电视机普及城乡，全家围炉观看中央电视台现场直播的春节联欢晚会节目成为新的习俗。

元宵节　即正月十五，谓之上元宵，又称上元佳节，各家通宵灯火辉煌，城镇素有观灯的习俗，有“三十夜的火，十五夜的灯”之说。

三月三　即农历三月初三，境内有地米菜煮鸡蛋当节日食品的习俗。地米菜有清肝明目、调理脾胃的功能，故民间素有“三月三，吃鸡蛋，走路石头踩得烂”的说法。

清明节　俗称“上坟节”，一般在农历三月间，但县境人们忌正清明上坟，多在清明前后，有“前三后四”之说。择日到祖先、亲属坟前燃香、摆贡果、烧纸钱祭祀，插挂山纸，修整坟堆，清扫墓地。中华人民共和国成立后，清明前后，各机关、学校，有组织地到烈士墓地敬献花圈，讲述先烈事迹，进行悼念活动。清明前后，百花盛开，气候宜人，故自古有游春踏青之俗，亦有善男信女上山到寺庙烧香拜佛、还愿之俗。

端午节　又称端阳节。县境以农历五月初五为小端午，十五为大端午，民间以过小端午为主。端午节期间多喜吃粽子、喝雄黄酒，并采艾叶、菖蒲插于门墙上，在小孩脸上涂雄黄，屋内放雄黄爆竹，以祛病避邪。五月初五，亦是爱国诗人屈原自沉汨罗江的日子，境内于是日划龙船以纪念屈原的风俗由来已久。

六月六　县境农村以是日为杨泗菩萨晒袍之日，故民间多在这天把家里陈货及衣服、书籍搬出来翻晒，有“六月六，晒红绿”之说。

中元节　农历七月十五日为中元节，又称鬼节。旧俗认为此日为鬼神出没之日。县境自七月初一起，各家各户接祖先回家奉祀，每日3餐供奉，到七月十五日夜烧纸钱于家神前，亦有在此期间为新亡故父母除灵、化财的习俗。

中秋节　农历八月十五是中秋节，县境于是日各家团聚一起，吃中秋月饼和圆形糯米团，故有“团圆节”之称。晚上“举福”（举杯祝福）赏月。旧俗还在地坪边点香设祭，对月跪拜，称“祭月”。中华人民共和国成立后，“祭月”之俗不复存在。

重阳节　农历九月初九为重阳节，又称重九。县境旧俗喜结伴爬山、朝庙、喝菊花酒。中华人民共和国成立后，被定为“老人节”，是日，各机关单位领导看望离退休老同志，召开老年人茶话会，组织青年为老人做好事。城内亦有重阳举行菊花展览的。

腊八节　农历腊月（即十二月）初八为腊八节，是日，民间喜做腊八豆，吃腊八粥。

新节日　中华人民共和国成立后，境内庆贺的新节日有“三八”国际妇女节、“五一”国际劳动节、“五四”青年节、“六一”国际儿童节、“七一”建党节、“八一”建军节、“九十”教师节、“十一”国庆节及元旦等。这些节日，或集会，或文娱会演，或体育竞赛，或举行茶话会、表彰大会等。圣诞节的平安夜，年轻人一起狂欢。情人节这一天，情人间互送玫瑰花或相互约会。母亲节、父亲节时，子女向父母问候。工薪阶层和年轻人时兴在这些现代节日用手机短信互致问候。

第四节　生产习俗

一、农业生产习俗

1978年改革开放后，农业科学技术发展很快，旧时农业习俗大多已被摒弃，保留的很少。近年来，农村“做土地生”之风复盛。农历二月初一，村组居民聚会，备上鸡、鱼、肉三牲和白酒敬土地神，祈求一年风调雨顺。

二、工商习俗

岳阳县旧时的工商习俗随着工业、商业的改革发展已所剩无几，但新的习俗又逐渐形成。

商店招牌 商店招牌名目繁多，取名越来越讲究，总是力求新颖、响亮、别具一格。招牌制作十分精细，图文并茂，并以彩灯饰之。挂牌颇有讲究，一般选择吉日吉时，有的还举行一定规模的庆典仪式。

奠基 工厂或商厦动工兴建之初，大多做一块奠基石，上书“奠基”二字和奠基年月日，并举行奠基典礼，请领导和嘉宾用锹培土，然后动工。

开业 商店、酒店新开业或装修后开业一般都选择吉日吉时开门营业。大的商场、酒店开业还举行隆重的仪式，架上彩虹门，请来歌舞队，请领导和嘉宾剪裁。前往祝贺者或送花篮，或送礼金，开业者则在酒店宾馆设宴款待。开业前一般都在电视台或户外做广告，并发请柬。

此外，每年正月开业的第一天，一般都燃放鞭炮烟花，以求吉利。为了促销，有的大型商场、酒店还做周年庆典，礼仪基本相同。

第六章 宗 教

县境宗教历史悠久，宗教文化浓厚。1991 年，岳阳县确定为全省宗教工作重点县。2007 年，全县有登记开放的宗教活动场所 79 处，其中道教 22 处、佛教 34 处、基督教 22 处、天主教 1 处。有宗教教职人员 77 人，其中佛教 26 人、道教 19 人、天主教 1 人、基督教 31 人。各类教派信众分别为 3200 多人、2100 多人、1400 多人和 62 人。

第一节 佛 教

唐末五代时，佛教开始传入境内。宋代，程朱理学发展较快，但境内佛教还是以禅宗突出，元朝崇道轻佛，佛教没有什么发展。明洪武至嘉靖年间（1368—1566），境内新建或重建维修一批寺院。清末，佛教日益衰落，民国时期，连年战事，境内不少寺院毁于兵灾。中华人民共和国成立初，境内寺庙仅存 7 处。农村土改后，寺院基本被破坏，不愿还俗的僧尼过上亦农亦僧、农禅并举的生活。“文化大革命”中，佛教寺院遭严重破坏，佛教组织陷入瘫痪，不少僧尼被迫改变生活习俗，甚至遭受迫害。中共十一届三中全会后，重新恢复和全面落实党的宗教信仰自由政策。

主要场所：

莲花寺，坐落在新开镇香严村香严山，山体四周群山环抱，犹如莲花花瓣，该寺建于山顶。始建于清朝初年。党的宗教政策落实后，曾遭毁坏的莲花寺逐渐重建并达到一定规模。沿中轴线是天王殿、大雄宝殿、念佛堂，右侧是厨房和住宿楼，左侧是地藏殿。2007 年，经宗教主管部门批准，上海籍傅味琴到莲花寺任负责人。

鹿苑寺，唐建明修，是历史悠久的一大名胜之地。位于步仙罗内青竹岭山腰，最初叫有缘寺，后更名鹿苑寺，因有 6 个充满神奇色彩的景点，分别为“双龙破壁”“破钟复鸣”“青竹扫殿”“枯槐复生”“酬杉喷雾”“野鹿衔花”，故又名六景寺。1993 年，寺院修复。

弘法禅寺，位于城关镇孙午村。1995 年，城关四众弟子集资购置其旧址，2003 年重新装修殿堂。

金华寺，位于毛田镇铜鼓山山顶，海拔 535.9 米，至今已有千余年历史。该寺四周树木葱茏，有“灵官锁关”“狮吊铜铃”“金猫捕鼠”“风波惊浪”“丹凤朝阳”“鸡冠耸秀”“尖山竞秀”“铜鼓鸣霄”“老妹成仙”“蜡照青天”十大景点。1995 年，投资兴建大雄宝殿、居士楼等庙宇、楼房共 5 栋，占地 1500 平方米。

观音殿，原名下巍池，位于大云山西部峰麓。始建于唐代，1993 年重修，1995 年依法登记开放，为大云山唯一的佛教活动场所。

崇佛寺，最初建于唐天宝十四年（755），名唐忠臣祠，位于长湖金沙滩，后更名长湖庙，繁盛时期共有 4 个大殿。后被毁，1998 年修复，名为崇佛寺。

第二节　道　教

道教正一道、全真道两大宗派在县境均有信徒。信奉的俗神有自然现象相关的自然神如雷公、风伯；有带着明显的人间特征的英雄神、文化神，如关帝、文昌等；有被认为专门保护个人、家庭和城乡公众安全的守神，如门神、灶神、土地等；有被认为有特定职能的行业神，如药王、财神等。

主要场所是大云山。《山海经》称大云山为“暴山”，属幕阜山脉，道教称大云山为第 25 洞天。大云山自古为江南宗教圣地，尤以道教著称，山上曾建有 28 座庙。分为祖师殿、真君殿两大景区，每逢农历三月初三、九月初九为大云山传统庙会。

玄阳宫，共三重，全纯石结构。第一重为雄峙楚天牌坊和王灵宫殿，第二重为祖师殿，第三重为三清殿。1992 年 8 月，经市民宗局批准，依法将祖师殿登记开放。1993 年，市政府成立大云山旅游开发领导小组，并开始恢复大云山道教场所。1995 年 10 月，完成雄峙楚天牌坊和王灵官殿的修建。1998 年重修祖师殿。2002 年，修复三清殿。

玉真观，位于大云山西部顶峰，为县级文物保护单位，1992年8月登记开放。共分三重，第一重王灵官殿，第二重六位真君殿，第三重玉皇阁。1998年，修建玉真观东西配房、元辰殿、药王殿和玉皇大殿。

第三节　天主教

清康熙四十三年（1704），法籍耶稣会会士到岳州传教，并在岳州城区柴家岭建起第一座教堂。中共十一届三中全会后，天主教恢复正常的宗教活动。2004年，在相思乡黄中村修建天主教黄中教堂。

第四节　基督教

鸦片战争后，基督教传入境内。中华人民共和国成立初期，外国传教士敌视新生政权，有的甚至进行反革命特务活动，遭到政府的镇压。1953年，岳阳县成立基督教以“自治、自养、自传”为内容的三自爱国运动筹备委员会。“文化大革命”期间，基督教活动停止，教职人员或被下放，或改行从事其他工作，宗教活动场所或被拆除，或被占用，或改作他用。中共十一届三中全会后，教堂逐步退还给教会，宗教活动渐渐恢复，教会开始稳步发展。20世纪90年代，基督教宗教活动逐步规范，乱传教、乱发洗、自封传道人的现象得到有效制止，邪教异端被依法打击。活动场所依法开放。1994年，兴修基督教城关教堂，随后在麻塘、筻口、公田、中洲等地设有基督教聚会点。

第七章　方　言

岳阳县地处湘方言区的最北端。长期以来，湘方言、赣方言、西南官话三大方言相互渗润而发生的微妙演化的积累，使得岳阳县方言具有“边缘方言”“十里换三音”的复杂性和特殊性。有［io］韵，无［uo］韵，这与西南官话相同，［on］韵又跟赣方言共有，这都说明岳阳县方言不同程度地受到西南方言和赣方言的影响，从整体来看，岳阳县方言更多地具备湘方言的特点。县境绝大部分地方皆为纯一色的土语，读书音大多合乎中古音韵，口熟活套中，间或保留上古之音。岳阳县方言的语音、词汇、语法规律，证实本身为湘方言的亲属方言，而又富于自己的地方独特性。以县城城关镇和古镇新墙为轴心，包括鹿角区、新墙区、步仙乡、筻口镇、杨林乡在内的大片区域为城关方言区，是岳阳县方言的代表区。

中共十一届三中全会后，由于教育水平的提高、电视的普及、外出务工人员的增多，青少年接受一些普通话的语音、词汇，岳阳县话有日渐与普通话同话的趋势。

第一节　词　汇

一、天时

北风头上——最当北风的地方

当昼——正午时候

落雨——下雨

开年——年初

宪前日——前日的一天

春间上——春天里

一哈的——一会儿

伏天里——夏天

麻雨——毛毛细雨

日里——白天

住雨——雨停了

扯闪——闪电

旧年里——去年

一世年——一辈子

二、动物类

抱鸡婆——孵小鸡的母鸡

蚌壳——蚌

猫里——猫

凶鸡——公鸡

义黑里——蚯蚓

婆鸭——母鸭

蠓里——蚊子

飞毛里——蝴蝶

土狗崽——蝼蛄

牛婆——母牛

三、植物类

苞谷——玉米

茅草菌里——野生蘑菇

甜荞——荞麦的一种

地木耳——木耳的一种

小弯豆——豌豆

米——大米

番茄——西红柿

桃里——桃子

高笋——茭白

水瓜——白瓜

四、称呼类

姆妈——母亲

亲爷——岳父

媳妇——儿子的妻子

叔伯老弟——堂弟

大爹——爷爷

亲娘——岳母

叔的——叔父

姨老表——姨妈姨父的子女

阿公——外祖父

孙郎——孙女媳

五、生活类

把碗——有把的茶杯

扒子手——扒手

保人——中人

背颈筋——脊梁骨

抱耳风——腮腺炎

疤痕绑带——绑腿

茅纸——手纸

刨木屑里——刨木花儿

笔筒里——装笔的器具

六、服饰类

半截裤里——短裤

皮荷包——钱包

抱肚——小孩的兜肚

片里——尿布

马褂子——马甲

斗篷——雨笠

裙里——裙子

七、生活起居交际类

礼行——礼貌行为

歇火——休息

来成——相互往来

人家——邻居、亲戚朋友

困中觉——睡午觉

得罪答咯——客人临行时，主人自谦的话

八、婚生病死类

踏家——订婚前，女方第一次到男方家跟男方见面

下堂——女人丧偶再嫁

上门——男到孀妇家入赘

抬家业——过嫁妆

种麻里——出麻疹

猪婆疯——羊角风病

九、饮食类

鸡杂细——鸡的内脏

焦皮——锅巴

过中——中餐前小吃

现饭——剩下的饭

相料——调料

水坨里——糯米粉坨子

十、代词类

你哩——你们

人家里——人家、别人

念个——哪个
念里——哪里
既里——那里
你他家——你老人家，您
个郎——这里
夷里——这里

十一、形容词类

麻利——能干而熟练
花绿哒——很花
香喷哒——很香
嚯人——温度很高
淡憋哒——很淡
臭熏哒——很臭
傲人——温度很低
咸丁哒——很咸

十二、介词类

紧——紧她哭
得——到
把得——被
问——向
照倒——依照
对倒——对着

十三、副词类

独——偏偏
几——多么
将——刚好
头一——千万
只怕——可能
横竖——反正

第二节　语　法

一、同词异音

同词异音，这是岳阳县方言相对普通话来说所表现出来的最大特点。

1. 岳阳县方言的时态助词“倒”“起”“哒”“过”，跟普通话里的“着”“了”“过”相当，只是读音不同。

他对倒我笑。（他对着我笑）

他吃哒饭。（他吃了饭）

2. 结构助词兼语言助词“咯”，相当于普通话的“的”。

岳阳县咯人口有 70 多万。（岳阳县的人口有 70 多万）

3. 指示代词“夷”“计”与普通话里的“这”“那”也只是读音不同，语法功能完全一致。

夷个地方好。（这个地方好）

计块衣服蛮合身。（那件衣服很合身）

4. 疑问代词“念”，相当于普通话里的“哪”。

到念里去咯？（到哪里去啊？）

夷好咯人念里有？（这样好的人哪里有？）

二、同词异义

岳阳县方言中有些词，形与现代普通话完全相同，但其意义迥然不同。

猴食：贪多、贪食（岳阳话）

猴子吃的食品（普通话）

炉：风箱（岳阳话）

炉子（普通话）

零细：零食（岳阳话）

零零碎碎（普通话）

轻敲：轻松（岳阳话）

轻轻地敲打（普通话）

三、义同形别

1. 岳阳县方言里，词尾没有普通话里的“儿”，少部分用普通话里的“子”，多数用的是“里”、“崽”，相当于普通话里的“子”“儿”。

鞋里（鞋子）

桌里（桌子）

扇崽（扇子）

坛崽（坛子）

2. 词素部分相同，部分不同。

细妈（姨妈）

泻泥（稀泥）

线车（自行车）

3. 词义相同，词形完全不同。

飞毛里（蝴蝶）

休里（螳螂）

阳线婆（蜻蜓）

得家（幸亏）

四、词序颠倒及位次差异

1. 词素相等，次序颠倒。
人客（客人）
天老（老天）
钱纸（纸钱）
2. 词语位次上的特点。
我喝不完这些酒（普通话）
我喝夷些酒不完（岳阳话）
我打不赢他（普通话）
我打他不赢（岳阳话）
给他一支笔（普通话）
把一支笔给他（岳阳话）
我给你几块钱（普通话）
我把几块钱得你（岳阳话）

五、句式特点

1. 较之普通话，岳阳县方言中被动句式有特别之处。普通话的被动句是通过介词“被”“给”“叫”“让”来表示。岳阳县方言用“紧”来表示。

这本书被他撕烂了（普通话）
夷本书紧他撕烂哒（岳阳话）
他被局长批评了一顿（普通话）
他紧局长批评呔一顿（岳阳话）

2. 普通话被动句中“被”字后面不一定引出主动者，而在岳阳县方言中，表被动的“紧”字后不引出主动者不行。

夷块衣服紧他穿旧哒。

第三节　俗语、谚语、歇后语

一、俗语

逼倒牯牛下牛崽。（喻强迫别人做办不到的事）
平时不烧香，急时抱佛脚。（喻人无长远打算）
饭碗里不碰到，粥碗里会碰到。（意为总会找到报复机会）

放碗不放筷子。（比喻不肯作明确答复）
天塌下来有长子顶倒。（喻风险自有人承担）
铁匠无样，边打边像。（喻边实践边总结经验直至成功）
不当家，不晓得柴米贵。（喻不知艰难辛苦）
日里跑四方，夜里补裤裆。（喻人不会安排时间）
穷人家里怕崽大。（家庭穷困的境况总会有所改变）
口里喊哥哥，手里摸家伙。（喻口蜜腹剑）
树叶里落下来怕打破脑壳。（喻人胆小怕事）
行要好伴，住要好邻。
吃不穷，穿不穷，划算不来一世穷。
宁可吃个欠，不可吃个厌。
求官不倒秀才在。
好吃如小赌。
进门看脸色，出门看天色。
勤快勤快，有酒有菜。
儿多母苦。
一个鸡蛋吃不饱，一个名声讲到老。
做官莫向前，做客莫落后。
床前教子，枕边教妻。
三句好话当不得一马鞭。
牙齿不凿不松，耳朵不挖不聋。
屋里不烧火，屋外不冒烟。
有钱钱打发，冇钱话打发。

二、谚语

九月重阳，移火进房。
热在三伏，冷在三九。
六月间落雨隔田塍。
日影长江水，夜影草头枯。
春无三日晴。
清明断雪，谷雨断霜。
先打雷，后落雨，当不得一窖大露水。
三月三，蛇出关，九月九，蛇进土。
相思山，雾齐腰，塅上伢崽有柴烧。

盐罐回潮，大雨难逃。
不冷不热，五谷不结。
宁种一日迟，不种一日湿。
东一线，西一线，二十五日饭相见。
天河上屋脊，家家有谷吃。
雷打冬，十间牛栏九间空。
宽秧田，窄菜园。
清明早，立夏迟，谷雨种棉正当时。
禾种下泥百日饭。
牌场四八刀，满桌都杀高。
莫讲过头话，莫喝过量酒。
饭是一根绳，捆倒一家人。
天干无露水，老来无人情。
低头剐肉，抬头看人。
盆大刮得粥来。
人败人，无一成。
人到八十八，莫笑别人跛脚瞎。
人不亏地皮，地不亏肚皮。
牛怕栏里水，马怕满天星。
粒米成箩，滴水成河。
家鸡打得团团转，野鸡打得满天飞。
官断不如乡评。
鸡蛋内里杂骨头。
墙内讲话，墙外有耳。
稀泥巴糊不上壁。
县官不如现管。
赚钱不费力，费力不赚钱。
让人不是怕人。
路是人开，树是人栽。
夜晴不是好晴，后头娘不是好娘。
野鸡顾头不顾尾。
一粒老鼠屎，打坏一锅汤。
一根独柴难引火。

三、歇后语

狗毛坐轿子——受不得抬举。

荞麦田里捉乌龟——手到擒来。

瞎子牵叫驴子——松不得手。

告花子起早床——假忙。

癞子戴斗笠——受活磨。

肉包子打狗——有去无回。

黄瓜打锣——去了一大截。

菩萨驾法——病人受罪。

麻雀里捉灰面——糊倒一把嘴。

桐油灯盏——拨下亮下。

聋子的耳朵——摆设。

叫花子烤火——只往胯里扒。

和尚做新老公——头一回。

狗咬刺猬——没地方下口。

水底赶团鱼——越赶越深。

猪油炒白菜——荤不荤，素不素。

亲家母的花鞋子——借的。

老鼠上秤钩——自秤自。

脑壳上笼袜子——不是角也是角。

瞎子磨刀——快哒。

方尚书接吃早饭——说过就是。

阳线婆咬尾巴——自吃自。

屋檐下的麻雀——吓大哒胆。

第二十一篇 乡 镇

城关镇

城关镇位于岳阳市区南，东与新墙镇、南与黄沙街镇、西与鹿角镇、北与麻塘镇毗邻，距市区23.6千米。2007年，全镇面积48.61平方千米，其中城区面积达10平方千米，由10条东西向街道与10条南北向街道交织成井字型布局，街道总长30千米，城区的美化、亮化、绿化及市政配套设施齐全，成为集旅游、轻纺、商贸、传统手工艺品为一体的新型县城。共辖13个行政村、18个社区居委会、3个养殖场，总人口11.20万人。

镇党委、政府通过稳步推进农业产业结构调整，逐步形成具有城关特色的“垸区粮、湖区鱼、山区林、郊区菜”的现代农业产业板块，高效种植和特色养殖竞相发展，成为县城乃至岳阳市区的农产品供应基地。2007年，全镇种植超级稻、优质水稻922公顷，收获优质稻谷9680多吨；种植大棚和无公害蔬菜353公顷，总产值超过2000万元；精养水面达267公顷，产值超过5000万元；出栏生猪7万余头、肉牛600多头、土杂鸡20万羽以上。完成六合、孙坞、群兴、粤东、跃进、许胜、农科等村28.74千米通村公路的硬化改造。先后有岳阳民康医用材料有限公司、岳阳鑫鹿包装箱有限公司、岳阳县华鑫电机绝缘材料有限公司、岳阳县鑫宇橡胶制品有限公司、岳阳县荣城鑫都建材市场、岳阳恒泰饲料有限公司等30家企业落户城关，投入资金2.4亿元，实现利税1800万元，安排就业近4000人。全镇GDP总值达到9.15亿元，完成财政税收1630万元，农民人均纯收入5276元。

城关镇的学校统一布局，新长征小学、荷花塘小学、镇中学被定为市级教学改革示范学校，幼儿入园率、适龄儿童入学率100%，小学升初中升学率100%。至2007年，城关镇有初中1所，建筑面积1014平方米；小学12所，建筑面积53656平方米。中、小学电化教学设备齐全，价值68万元，图书资料35万册，价值400万元。有中学生2028人，小学生6884人，有中学教师129人，其中高级12人，中级56人；小学教师324人，其中小教高级231人，小教一级88人。1978—2007年，城关镇教育系统获省、市、县级荣誉30次。

至2007年，城关地区的街道诊所、村级医疗室发展到130家，全镇普遍推行新型农村合作医疗和城镇医疗保险。城关镇医院占地面积3500平方米，建筑总面积4500平方米。在职医务人员100人，其中主治医师13人，医生39人，护士8人，护师10人，药剂师12人。医院拥有意大利MYIABTW20型彩色超声诊断仪、500毫安、200毫安X光机、清晰黑白B超诊断仪、全自动心电图机、全自动细胞分析仪、血凝分析仪、阴道镜、新生儿辐射保暖台、心电监护、尿Ⅱ项分析仪、全自动X光洗片机等先进医疗设备，住院部设置病床90张。医院设有内科、儿科、外科、肛肠科、针灸推拿科、中西医药房等11个临床科室。门诊室每年接纳病患者5万余人次，住院部病床利用率90%。先后被评为岳阳市精神文明建设服务窗口单位、卫生部爱婴医院、百姓满意医院等。

1993年，投资300多万元，对整个镇区电话设备进行改建，安装500门的数字程控电话机，此后十几年电话机猛增到15000多部。进入21世纪后，通信又由过去的BP机、大哥大进而发展到各种形式的手机。至2007年，全镇居民和村民共有手机1750部。

镇内文化有各类文化经营户约700户，文化市场除花鼓戏演唱外，涌现音乐茶楼、电脑艺术画像及歌舞厅，有线电视光纤网络工程于2002年告竣，电视节目由14套增至32套，数码电视进入千家万户，至2007年，城关镇成立秧歌队、舞蹈队、腰鼓队、篮球队、门球队及太极拳队各若干支，活跃在城关的广场和街头。

新墙镇

新墙镇地处新墙河南岸，与新开镇隔河相望，东与柏祥镇、筻口镇为邻，南与长湖乡、黄沙街镇接壤，西靠城关镇株树村。2007年，全镇面积76.87平方千米，耕地面积2237公顷，其中水田1630公顷，旱地607公顷。辖27个行政村，3个居委会，总人口30432人。粮食总产量27444吨，农业总产值23126万元，工业总产值6.53亿元，农民人均纯收入5473元。

粮食作物主要有稻谷、红薯和豆类，经济作物主要有棉花、油菜、花生、蔬菜、茶叶、瓜果等。2007年，水稻总产量24831吨；红薯种植面积75公顷，总产量541吨；棉花种植面积36公顷，总产量38吨；油菜种植面积638公顷，总产量862吨；花生种植面积232公顷，总产量719吨；葡萄种植面积143.44公顷，总产值3010万元。

镇域蔬菜种植历史悠久，蔬菜质地优良，尤以大蒜、黄瓤白萝卜及芋头享誉湘鄂。有菜地面积414.20公顷，年产蔬菜2682吨，蔬菜产业成为镇经济作物种植的一个大项。台湾野生蔬菜基地定点红光村，2005年，由岳阳绿园高科技农业发展有限公司投资150万元，从台湾引进富贵菜、紫背天葵、人参菜、西兰花、银丝菜等20个野生生菜品种，产品获农业部“无公害绿色蔬菜”认证。主要供应长沙、武汉、广州等周边大、中城市的宾馆和超市。投入资金360万元，发展面积26.67公顷，年产值700余万元，利润达

300万元，成为高科技种植的龙头产业。

养殖业包括养猪、养牛、养鱼。1978年，国家实行“积极发展多种经营”的方针，大力扶持贫困农民发展养猪事业，1985年，境内出栏肉猪3.9万头，基本实现“每人一头猪，每亩田一头猪”，2007年，出栏猪5.9万头。随着机耕犁、收割机的普遍使用，养牛食用的新观念被农户接受。2007年，境内农户养牛3480头，出栏食用牛2460头，有28个养牛大户，每户养牛10~20头。有养殖水面800公顷，主要放养鲤鱼、草鱼、白鲢、雄鱼、黄古鱼、鲢鱼、瓦子鱼、鳜鱼、鳝鱼、龙虾，年产鲜鱼26.35万千克，境内河域面积大，紧连洞庭湖，至2007年，年捕捞鲜鱼226.4吨。

镇内有林地面积3133公顷，适宜各种树生长。用材林主要有国外松、杉树、樟树、枫香树；经济林主要有乌桕树、板栗树、油菜树、柑橘；绿化苗木主要有松柏系列、桂花系列、女贞系列；花卉主要有草本系列、木本系列，花草树木品种共有500多种。至2007年，境内有4个镇属林场、27个村级林场。1990年建立新墙镇林业站，依法管理全镇的林业生产和经营。

新墙镇清水村为社会主义新农村示范村建设试点村，南临国道107线，北靠新墙河，面积166.67公顷，有水田96.67公顷，旱地13.33公顷，水面6.67公顷。地势平坦，土壤肥沃，村纳6个自然屋场，275户、1083人。该村在县、市计生协会的帮助下引进草绳加工技术，至1999年，村民自筹资金，购置草绳加工机器100台，每台年创产值1万元，创纯利8000元，全村增收80万元。2001年农业结构调整，调出51.33公顷水田种植棉花、西瓜、良种辣椒、甜玉米、樱桃、西红柿，是年，平均每公顷产值4万元。2002年，开始种植美国“红提”、葡萄，至2006年，种植面积达70.67公顷，总产量达156万千克，创产值1560万元，被评为岳阳市社会主义新农村建设示范点。

境内京珠高速与国道107线平行贯穿南北，荣田公路、岳荣公路相伴横越东西，4条公路在十二公里处有2个交汇点，形成“井”字形格局，成为岳阳县公路交通枢纽，再加上境内的新黄公路（新墙至黄沙街）、新十公路（新墙至十步桥），四通八达的乡村道路，交通网络基本形成。私营企业和招商引资工作蓬勃发展。至2007年，有粮食加工厂7家，生产大米、饲料；食品加工厂12家，生产糕点、酱油、陈醋、面条、米粉；油料加工厂6家，生产菜油、花生油、桐油；竹木加工厂8家，生产各式竹木家具、棺材及半成品木料；机械维修制造厂8家，生产机筛、捞沙机动船、机械零部件；五金加工厂7家，生产金银首饰，铝合金门窗；石料加工厂2家，生产石狮、墓碑及装饰石料；布艺加工厂5家，生产各式服装及饰品；砖厂5家，生产红砖；水泥构件厂9家，生产预制板、涵筒、门窗套、彩瓦、水泥砖。69家私营企业，生产近百种产品。其中资产过千万元的企业有湘渝焦糖实业有限公司。资产过500万元的私营企业有汇天实业有限公司，该公司成立于2000年，主要生产酱油、陈醋，年产值达600万元，上缴国家利税50万元以上。资产过200万元的企业有丰源机筛厂、连心实业公司、嘉佳美涂料厂、湘阴实业有限公司、岳阳县输送设备制造厂、许氏石料厂、塅潘木料场等。2005 年，广东佛山瓷业巨头李平看中新墙投资环境和地理位置，投资近 3 亿元，征地 23.47 公顷，建湖南华雄陶瓷有限公司，至 2007 年，已建成 2 条投产，年产值 5 亿元以上，年创税 800 万元，为农民工提供 600 多个工作岗位；湖南金城陶瓷有限公司投资 1.2 亿元，征地 12 公顷，年创税 375 万元。2006 年，湖南天欣陶瓷有限公司在境内落户，总投资 4.6 亿元，征地 40 公顷，项目全部建成后可实现年产值 8 亿元以上，年创税 1800 万元，至 2007 年，3 家大型陶瓷厂全面投产，从业人员 1800 多人，实现利税 2000 多万元。

境内除岳阳县三中外，另有 3 所中学、1 所中心小学、2 所片完初联校、4 个教学点。2007 年，有在读学生 3056 人，其中初中生 1338 人，小学生 1718 人，入学率 100%；在职教师 219 人，其中中学教师 112 人，小学教师 107 人；本科学历 44 人，专科学历 119 人，中师学历 56 人。有公立幼儿园 1 个、私立幼儿园 3 个，入园率 97.50%。办学条件不断完善，1990 年始，各中、小学开展创建六室活动，即：实验室，阅览室，图书室，体育室，少先队（共青团）活动室，中学、中心小学医务室。至 2000 年，小学仪器设备总值达 47 万元，中学仪器设备总值达 21 万元，小学图书达 21100 册，中学图书达 29940 册，中、小学办学条件经省、市验收均达“省标一级”。2000—2007 年，境内中、小学引进现代教育技术，电脑音像设备，多媒体逐渐走进课堂，中、小学共添置电脑 170 台、收录机 120 台、投影仪 30 台、电视机 42 台、录扩音设备 12 套。

镇内有中心卫生院 1 所，建筑面积 14 公顷，有医务人员 75 人，其中主治医师 14 人，执业医师、执业助理医师 55 人，另有乡村医生 28 人。医院固定资产 357 万元，其中有 500 毫安光机碎石机、多普勒、救护车等大型仪器设备共 68 台件，价值约 104 万元。

电视网络主要采取集镇用光缆传输有线电视讯号，乡村用无线微波数字传输电视讯号等两种形式，其中有线电视网络主要分布于十二公里集镇及老街居委会，覆盖率达 80%，无线数字电视以农村为主，覆盖率在 50%以上。投资 50 万元，2007 年，村级广播覆盖率 100%。

鹿角镇

鹿角镇地处县城关镇西侧，东南角与黄沙街镇接壤，西南角和中洲乡毗邻，北与麻塘镇隔新墙河相望。全镇面积 95.20 平方千米，耕地面积 2700 公顷，其中水田 1059 公顷，旱地 1641 公顷，另有可利用水面 1200 公顷。2007 年，辖 32 个行政村、4 个居委会、1 个渔场，总人口 33945 人，粮食总产量 31296 吨，农业总产值 2.47 亿元，工业总产值 0.85 亿元，农民人均纯收入 4781 元。

鹿角濒临东洞庭湖，历史悠久，名胜古迹较多。上自宝塔嘴，下至岳武嘴，绵延三十里的沿湖岸边的鹿角窑首创于唐代，成为唐宋年间六大陶都之一，列入省二级文物保护范围。南宋岳家军驻军的营盘岭、牛皋岭、岳飞点将台成为旅游景点。

农业以粮食作物为主，主要包括水稻、玉米、薯类等。2007 年，水稻总产量 23172 吨，红薯 208 公顷，总产量 1568 吨。经济作物主要有油菜籽、茶叶、柑橘和花生。油菜面积 1450 公顷，产量 1740 吨；花生 545 公顷，产量 1687 吨，茶叶栽培历史久远，品种是绿茶，其手工炒制、烘焙工艺源自明清时期，年产干茶 260 吨，柑橘成林面积 1400 公顷，年产鲜果 1.5 万吨。

境内养殖业初具规模的主要是生猪养殖和水产养殖业两大类。全镇 200 头以上规模养猪场有 32 个。鹿角镇三面环水，湖汊众多，自 20 世纪 80 年代始，实行产业结构调整，水产养殖业开始迅速发展。大毛家湖有近 533.33 公顷田地，一次性改建鱼池 266.67 公顷，并带动周边兴无、大成、大同、岳武、滨湖等 5 个村建鱼池，陶家湖、万石湖、黄茅湖、费家河等境内湖泊河汊，均发展水产养殖，除四大淡水家鱼外，蟹、贝、珍珠、湘莲等特种养殖也发展很快。1993 年，国务院总理朱镕基在毛家湖视察时，对鹿角镇发展水面养殖给予充分肯定。2007 年，全镇淡水养殖面积 600 公顷，水产品总量 4419 吨。

2007 年，全镇有林木面积 4533.34 公顷，其中防护林 2066.67 公顷，经济林 1200 公顷，用材林 600 公顷，荒山、荒滩在内的宜林地 666.67 公顷。防护林品种以国外松为主，约占整个林木品类的 68%，其次为杉木，约占 29%。经济林主要品种是柑橘、胡柚等。境内尚存百年以上树龄的古树 9 株，其中幸福村铜盘贺组的一株香樟树龄在 500 年以上，树高 15 米，直径 2.1 米，至今枝繁叶茂。

境内有国有企业湖南 6901 工厂，外资企业岳阳丰利纸业有限公司及私营企业 27 家。私营企业从业人员 500 人，年产值 1.30 亿元。2005 年，引进岳阳县洞庭淡水湖贝壳工艺品有限公司、鹿角纸制品厂。2007 年，引进华绅服装厂、荣家湾水库珍珠养殖场。以建筑材料、小造纸、化工为主体的工业格局初步形成。

镇内通过 5000 吨级鹿角码头与湘江、洞庭湖、长江相连，水运优势明显。荣鹿、荣宝 2 条县道平行东西贯穿，岳汨公路南北横贯，2007 年，筹资 100 余万元，开通文发至中信的横向公路，与岳荣新公路相连，纵横交错公路交通网络基本形成。

全面普及九年义务教育，全镇有初中 2 所、片完初联校 4 所、教学点 6 个，在籍学生 3391 人，其中初中生 1388 人、小学生 2003 人；有在职教职工 285 人，其中具有高级职称的教师 162 人，中级职称教师 107 人。有 8 所幼儿园，幼儿入园率 100%。2000 年后，国家不断加大教育投入，教学条件不断改善，兴建教学楼、微机室、生化实验室等，鹿角中学成为国家级素质教育实验研究基地，岳阳市课题实验研究先进学校，有近百年历史的洞天观校被省教育厅评为体育工作优秀学校。

1978 年，镇境已开通长途电报和电话。1993 年，开通移动电话。2007 年，手机、电话在镇域的普及率达到 90%以上。

镇内有医院 1 所，从业医职人员 35 人。各村均设有卫生室，有乡村医生 34 人。

自2007年始，全面实行农村合作医疗制度。镇政府每年支出26万元用于特困人员和大病家庭的救助，2000年，兴建鹿角敬老院，集中供养孤寡老人，2006年，鹿角敬老院被评为全省五保之家先进单位。

黄沙街镇

黄沙街镇位于县境西南角，东与新墙镇、长湖乡接壤，南与汨罗市火天乡交界，西与中洲乡为邻，北靠鹿角镇和城关镇。2007年，全镇总面积131.47平方千米，耕地面积3838公顷，其中水田2755公顷，旱地1083公顷，辖35个村、3个居委会，总人口49553人；粮食总产量41542吨，农业总产值3.15亿元，工业总产值0.23亿元，农民人均纯收入5131元。

粮食作物主要有稻谷、红薯和豆类；经济作物主要有油菜、花生、棉花、蔬菜、茶叶、瓜果等。2007年，水稻总产量34751吨、红薯1385吨、豆类466吨、棉花27吨，油菜609吨、花生1528吨、西瓜年产值达500万元。洞庭春茶叶年产6000担干茶（其中200担名优茶），年产值达600万元，被誉为全国十一大名茶之一。

主要企业有黄沙街驻岳阳搬运社、新民村硅沙矿、黄沙红砖厂、四联米厂、先锋村沙石场等。2003年始，先后引进福州联贸铸件厂、福州榨油厂、华容科盾门业有限公司、湘阴洞庭米业有限公司等。2007年，到广东、浙江的农民工有5000多人，涉及化工、建筑、副食加工、服装销售等行业，其中个人资产达50万元的有20户，1000万元以上的5户。

全镇有林地6511公顷，林木种类主要是杉树、樟树、松树，其中完成德援项目造林66.67公顷、世行贷款造林600公顷、退耕还林1200公顷、实施生态公益林管护233公顷。镇政府引导私人大户造林，大众村胡传水私人造林近100公顷（含油茶林34公顷）。

养殖业以生猪养殖为主，并出现牛、羊、鱼等养殖大户。1996年，镇畜牧站引进良种公猪30多头、二元杂交母猪500多头，繁殖良种仔猪，为全镇养殖业提高经济效益200多万元。至2007年，全镇发展生猪165647头，年末存栏57825头；耕牛存栏2750头，水产品产量2490吨，其中鳞鱼2404吨。1990年，成立生猪贩运队有“东风”牌卡车10台、手扶拖拉机80多台、从业人员300多人，收购的生猪直销广州、深圳，高峰期日发车11台，贩运生猪1200多头，新华村周新辉因生猪贩运成绩显著被评为省劳模。

至2000年，共开通、加固农干支渠14条，约120千米，恢复和扩建桥渠4座，使铁山水库灌溉水能覆盖全镇近30个村，灌溉农田1800公顷。2007年，主要采用机械施工，修建和改造桥渠4处，修水坝5处，修水塘20多处。耗资130多万元，对黄沙水库进行内坡护坡，基脚加固，完善供水清污设施后，保证黄沙街居民和青山、存仁、先锋3个村村民的生活用水。

2007年，全镇有中学3所，在籍中学生1218人；大片完小2所、村片完小9所、村教学点23个，在籍学生2348人。幼儿园入园率80%以上，小学、初中入学率100%，初中巩固率98%以上。有教师241人，其中本科学历63人、专科学历114人、中师学历60人、其他学历4人。黄秀中学为省标一级农村规范化初中学校，镇农校被评为省级示范农校。

有医院1所，设床位40张，有工作人员63人，其中主治医师3人、医师级20人、医士级21人。2000年，正式挂牌成为市一医院技术指导医院。另有35个村卫生室。

公田镇

公田镇位于县境东部，东临铁山水库、月田镇，南抵张谷英镇，饶村乡，西连杨林乡，北接甘田乡、云山乡，省道306线、县道荣田公路在集镇中心交汇贯通，2007年，全镇总面积89.47平方千米，耕地面积1617公顷，其中水田853公顷，旱地764公顷，水域1082.96公顷。辖23个村，2个居委会，237个村民小组，26500人；农业总产值14542万元，工业总产值2.41亿元，农民人均纯收入4986元。

粮食作物有水稻、豆类、薯类；经济作物有棉花、油菜、花生。1996年，建立以祯祥、彭昌、塘田、饶港为主的吨粮田基地；以沿岳平公路、荣公公路两线的晏冲、河东、长安、向佳等12个村为主的稻—稻—薯、商品菜基地；以祯祥、彭昌、塘田、饶港、杨塅、长安、黄田、晏冲等8个村为主的养殖基地，2007年，水稻总产量17985吨、豆类156吨、薯类938吨、棉花43吨、油菜525吨。生猪发展达88954头、水产品1018吨，养鸡16.2万羽。调整农业结构，大力开发山林资源，沿大塅山区村开发经济林基地，低改水果333.33公顷，新植水果66.67公顷，水果面积达560公顷，低改楠竹66.67公顷，低改油茶66.67公顷。

1998年，以公田绸布扇厂为龙头，组织全镇800多扇胎加工户组建扇胎加工—制扇—铺售一条龙的公田扇业集团公司，年生产能力500万元，安排就业1640人。2003年，通过招商引进投资300万元的铁山加油城竣工开业；投资392万元的东鹏木业集团公司成功组建；投资3600万元的温泉度假村签订开发协议；投资1000余万元的岳阳众森瓷业有限公司建成烧成、装坯、成型、烤花4个车间，年产值2800万元，安排420余人就业。2006年，岳州扇厂、湖南华洋陶瓷有限公司进驻公田。2007年，继杨塅预制场32家制板场合营成立预制公司后，相继组建公田水泥砖厂、公田砖厂等建材企业。

境内旅游资源丰富，公田温泉为湘北独有的资源。泉水水温32℃，总流量742立方厘米/秒，具硫黄味，已建温泉宾馆及温泉商业步行街。板桥大文塝矿泉，为湖南省符合国家标准的优质矿泉水井，在岳阳市名列第二。铁山水库是湘北最大的人工湖泊，蓄水量为4.6亿立方米，自然风景优美。

境内有林地4065.92公顷，其中楠竹、杉树、马尾松林2965.44公顷，灌木林101.60公顷，荒林地291.40公顷，未造林地707.48公顷。树种有200余种，属国家二级保护的树种有杜仲，属国家三级保护的有花榈木。幸存百年以上的古树110株。有药用价值的植物900多种。

镇内除县四中外有公田中学、公田镇中心小学及教学点2个，在籍中学生690人、小学生1415人，全镇教师195人。有幼儿园13所，幼师21人。有医院1所、村卫生室21个，在岗医生53人。

自1978年起，区、乡政府均设总机室，接通有线手摇电话，随后开通到行政村、七所八站，每个单位一部电话。镇乡一级政府设立话务员。1993年8月开通程控电话。大段山区1994年1月开通程控电话，电话机一台，安装在乡政府话务室。1996年，全镇23个行政村普及程控电话。2000年后，开始使用手机作为通信工具。2006年12月，以行政机关、企事业单位、行政村为单位，组建"集团网"，开通网内彩铃，公田镇政府首设彩铃网。2007年，境内有通信记录的手机18266台。

筻口镇

筻口镇位于县境北部边陲，东靠甘田乡，南与杨林乡、柏祥镇接壤，西与新开镇、新墙镇毗邻，北与临湘市白羊田镇、岳阳经济开发区西塘镇交界。因境内沙、游两河形如"鱼筻"而得名。2007年，全镇面积138.33平方千米，耕地面积4428公顷，其中水田3055公顷，旱地1373公顷，辖58个村、2个居委会，总人口57122人；农业总产值40695万元，工业总产值4.64亿元，农民人均纯收入5403元。

粮食作物主要有水稻、豆类、薯类；经济作物主要有棉花、油菜、花生、蔬菜。2007年，水稻总产量57876吨、豆类2024吨、红薯1503吨、马铃薯825吨；棉花48吨、油菜713吨。全镇建成葡萄、西瓜、芦笋、大棚菜等水果蔬菜规模生产基地3个。

镇境建成西冲、朱仑2个万头外贸生猪出口基地，全镇1000头以上的养猪大户有15户、500头以上的近40户、50头以上的120多户。台商胜奇畜牧公司投资朱仑种猪场1200万元，建成年出栏种猪3万头的优质种猪场基地，年产值1500万元。全镇年出栏生猪近20万头，产家禽40万羽、水产品2694吨。牛蛙、黑山羊、肉牛等特色养殖正在发展。

境内兴办私有林场15个，造林大户12户，共有山林面积3866.67公顷，林木蓄积量8.7万立方米，以杉树、马尾松、国外松、楠竹为主。其中退耕还林214公顷，中德合作项目造林207.40公顷。

境内个体私营经济迅速崛起。由王小平承包组建岳阳华丰纸业有限公司，投资7200余万元，年产值过2亿元，就业1000人。浙江老板投资1500万元，创办富华纸业有限公司，年产值6000万元。境内共办沙场24个、预制构件场35家、机砖厂4个及铸管厂、彩瓦厂、水泥压力管厂等建材企业，全镇建材企业年产值过亿元。有木材加工企业18家、各类仿制家具厂近20家，产品畅销湖北农村。创办大米厂30家，规模较大的有岳阳金丰米业有限公司和岳阳金富粮油米业有限公司，岳阳金丰米业有限公司投资近200万元，日产优质大米120多吨，年总产值达1000万元，年税收30万元。第三产业不断发展，已建大、小贸易市场8个，其中建材、成衣、南百货、家具、家电等专业市场5个，批发市场3个，年商品流通总额达9000万元。2007年，投资70万元，新建镇劳动服务中心，搭建农民就业中介服务平台，常年输出劳务人员8000多人，年劳务收入1.5亿元。

境内有小（1）型水库7座，小（2）型水库26座，山塘堰坝3017处，渠道总长450千米，排灌机埠68处，2007年，投入800多万元，完成朱仑、南源、花山、井塘、燎原、西冲等6个水库水系基本农田的农业综合开发工程项目，水泥护砌渠道50多千米，受益农田2000多公顷。投入200万元，启动铁山灌区熊市分干渠和刘桂支渠改扩建工程，对沙港、游港两河43千米河堤全线加固处险，沿河25处机埠全面维修。形成“田成方，渠成网，路相通”的现代化农田面貌。

境内有省道306线、县道新十线贯通，沙河、游港两河穿越，有大小跨河桥梁6座，全镇乡村道路总长347千米。

境内有筻中、筻镇、筻熊、筻龙、新龙、麻新6条10千瓦配电线路，共长178.5千米；配电变器194台，总容量28675千伏安，低压配电线路，配电变压器194台，总容量28675千瓦时。有邮政所1个、邮政代办点2个、“三农”代办点6个。2007年，全镇报刊流转额28万元，邮政储蓄总额4500万元，有移动、联通转播机站8个。1993年，开通程控电话，2007年有程控电话用户8700多户，移动电话2万多台，2002年开通宽带网，有用户380多户，电话普及率85%以上。

镇敬老院始建于1987年，有楼房3栋，能容纳住院老人60多人，敬老院先后被评为省文明敬老院、市模范敬老院，连续多次被评为岳阳市一级敬老院，2006年9月，中央电视台到院采访报道，是年民政所所长刘炮生被评为全国民政系统先进个人。

1985年，镇政府新建计划生育服务大楼，共建计生协会组织60个，兑现奖励扶助，加大依法征收社会抚养费力度。1991年，新庄村计生协会会长李备畴被评为省级先进工作者，1996年，国家计生协会副会长刘汉彬到新庄村考察并题词，号召全国计生系统在管理模式上“南学新庄，北学何庄”。2000年，新庄村村民古小荣被国家计生协会评为全国先进工作者，镇计生办专干任春锦被评为全国先进工作者。2007年，人口出生率8.61‰。

境内除县六中外，有中学4所、中心小学1所、片完初联校2所，学生3990人，其中初中生1378人、小学生2612人；在职教师294人，其中本科学历91人、专科学历112人。有幼儿园18所。1993年，筻口镇成为省百个教育明星乡镇之一，1994年，镇农校被评为全国成人教育先进单位。1997年，镇中心小学被评为岳阳市教育教学改革示范学校，筻口中学被评为市级现代信息技术先进学校。1977年恢复高考后至1983年，筻口村在读大、中专生78人。1984年，《湖南日报》以《洞庭湖畔状元村》为题发表文章，1985年，美国洛杉矶熊猫电视台到镇摄影采访，制成节目播出后，筻口"状元村"誉满中外。

镇境有中心医院1所、医疗点3个、村卫生室58个。中心医院有卫生人员60人，其中专业技术人员57人。全镇有乡村医生58人，妇幼保健员59人。镇卫生院1996年获卫生部颁发的"一级甲等医院"证书，2005年"岳阳市一医院技术指导医院"挂牌，2006年被评为市级文明单位，2007年，被市消费者协会评为十佳消费者信得过单位。

2001年，被纳入省级重点集镇建设范畴，至2007年，共投入建设资金4000余万元，总长1300米的幸福大道和诚信路2条新街已具雏形，居民小区沿幸福大道、诚信路两侧按5层设计标准统一规划，新建门店120个，建商品住房200多套，新建日供水6000吨的水厂。集镇架设供电专线5000米，变压器供电总容量1350千伏安，集镇自来水普及率95%，电话装机率90%以上，有线光缆电视覆盖率100%，有农贸、服装、建材、小商品批发等8个专业市场，集镇面积达1.52平方千米。1996年，投入180万元建成镇农民文化中心，有可容纳1000多人的影剧院，有高标准的篮球场。2004年，投入200余万元在全县乡镇率先开通有线电视光缆工程，节目由12套增至36套，开通有线电视光缆村37个。成立篮球队、花鼓戏剧团、农民铜管电声乐队、龙狮队、中老年腰鼓队等体艺团体。

麻塘镇

麻塘镇位于岳阳县西北部，东与新开镇接壤，南与城关镇毗邻，西临洞庭湖，北与岳阳市郊的郭镇乡交界。京广复线、武广高速客运铁路和岳荣国家一级公路均从境内穿过。2007年，全镇总面积73.53平方千米，耕地面积1531公顷，其中水田989公顷、旱地542公顷，有水面253公顷，森林面积277公顷，覆盖率37.77%；辖18个村、2个居委会、22483人；农业总产值23598万元，农民年人均纯收入4873元。

境内水利灌溉条件优越，宜种水稻、油菜、花生、柑橘、红薯、玉米等作物。2007年，粮食作物总产量20868吨、棉35吨、油菜籽733吨、花生279吨、果蔬99吨。2001年，畔湖村利用0.4公顷水田种植草莓，是年亩均获纯利8000元。2002年，本村3户农民种植草莓，亩均获纯利1.6万元。草莓种植向全镇各村辐射。2006年，应垅村利用8.67公顷水田栽葡萄、后畔湖村7名农户栽种2.13公顷，2008年开始挂果，亩产2000多千克，产值9000多元。自1996年始，境内引进13个单位、11户养鱼能手，引资580多万元。2007年，共有养殖水面388公顷，水产量4277吨，其中产鲜鱼3940吨。1998年，沅江县人陈友根、袁跃平到镇养殖甲鱼，投资800万元，建9.47公顷高标准养殖场，2007年，产甲鱼5吨，创收50万元。是年，全镇养殖生猪76600头，出栏49352头；养殖耕牛2520头，其中水牛485头。

1979年，麻塘公社与春风农场有各种型号的机滚船3条，1990年，麻塘镇有机滚船6条。2007年，全镇耕作机350台，农用拖拉机116台，机械耕作占农田翻耕面积的40%。有联合收割机22台。1979年，喷灌机开始用于抗旱。2007年，全镇有排灌机械站82处，排灌机械88台。有山林面积2777公顷，其中退耕还林320公顷，木材蓄积量1.2万立方米。1978年春风农场在金山大队建起苗圃场，蔡小华等人承包1.73公顷山地种花植树，1992年，面积达到3.6公顷，品种达30多个。2000年，种植花卉发展到35户，面积13.3公顷。2001年，成立金山园林实业有限公司，至2007年，金山村种植花卉苗木的农户占全村农户的60%，总面积达200公顷。品种78个，年创纯利200万元，花卉苗木远销上海、南京、湖北等地。

境内有6座水库，其中小（1）型2座、小（2）型4座，山塘631口，水面253公顷。1970年下半年至1971年上半年，全县7个区，6万多劳力修建麻塘垸，堤长12千米，高36米，堤面宽4米，共完成土方320万立方米。1971年，先后兴建中闸与北闸电排站。1994年冬，全县集中150台机械、4.8万劳力将麻塘大堤全线加固，耗资5000多万元。1998年7月，洞庭湖水位高达36.16米，麻塘垸7000名军民奋勇抢险。经过82天的奋战，保住了大堤。至2007年，麻塘大堤先后5次加修加固，总投资1.32亿元，可抵御百年一遇的特大洪灾。

1978—1987年，境内先后建立春风砖厂、洞庭砖厂、春风机械厂、麻塘油毡厂、麻塘纸箱厂。1994—1995年，先后建麻塘预制场、顺达砖厂、重阳饲料厂。2002年，建江南机筛厂、鼎城电工材料公司。至2007年，共引进中、小企业5家，有大、小企业32家，其中年产值过亿元的有弘泰瓷业有限公司；过5000万元的有拓邦电子厂；过3000万元的有七星生物科技有限公司、鸿佑饲料公司。

新的麻塘集镇位于岳荣公路与麻塘火车站至麻塘水委会公路的交会处，有南、北、西三条主街道，集镇居民2364人，有铺面206个。1993年5月，中心集贸市场开业；1994年，春风集镇投资3万余元兴建420平方米的集贸市场；离新集镇至东1千米处的麻塘老集镇正在兴建扩大。1987年，集镇农贸市场被评为省级“五好”市场，1989年被评为岳阳市文明集市。

境内公路始建于1972年，至2007年，已修建4条镇级公路，长19.9千米，1985—1990年，先后修建村级公路20条，长45千米，镇、村、组三级公路共91条，长105.9千米，总投资848.5万元。岳荣国家一级公路在境内7个村通过，途经10.3千米，日车流量达1500余台次。

1980年，境内有电话机49部，2007年有7个程控电话交接箱，共4200门，程控电话机2400部，无线电话机258部，占总户数的36.95%，使用手机的7336人，占总人口

32.63%。

境内有小学3所，小学生1201人，小学教师118人；有中学2所、中学生755人，中学教师83人，村、居委会均办起幼儿园，入园率95%以上。

1978年，境内有医院及卫生院3所，2007年，卫生院设内科、外科、妇产科、中医、血吸虫病防治等科室，是岳阳市二人民医院的定点技术指导医院。1979年，暴发“钩端螺旋体”病，有808人感染，经救治，很快控制了病情蔓延，除1人死亡外，其余全部康复。至2007年，应征的适龄青年，很少发现血吸虫病。

2006年，全镇推行新型农村合作医疗，参合率67.4%；2007年，参合率升至88.2%。

毛田镇

毛田镇位于县境东北部，东抵相思乡，西临云山乡，南插铁山水库，北与临湘市詹桥镇和通城县北港镇毗邻。2007年，全镇面积80.47平方千米，耕地面积841公顷，其中水田238公顷，旱地603公顷，山林面积4800公顷。辖31个村，2个居委会，21468人；工业总产值7389万元，农业总产值12520万元，农民人均纯收入4661元。

镇内种植的粮食作物有稻谷、红薯和豆类，经济作物有油菜、花生、茶叶、蔬菜、瓜果等。2007年，粮食总产量13187吨、油菜138吨、花生186吨、茶叶20吨、水果932吨。

2001年，发展“一乡一品”，建立百合基地，在立坪、赵塅、福胜等8个有着药材种植习惯的传统村进行重点扶持开发。把土鸡规模养殖作为毛田镇第二次创业的着力点，按照“品种调纯、规模调大、大户调强、服务调优”的工作目标，抓养殖活流通，是年，全镇发展土鸡89.8万羽，1000~2000羽养殖大户209户，500~1000羽养殖户1086户，面上养殖28.8万羽，形成南冲、孟城、毛田三大板块，21个专业村，农民人均增收256元，“一乡一品”初具规模。

全镇私营企业有鞭炮厂、免烧砖瓦厂、竹木加工厂、长石粉厂、针织品厂、水泥预制厂、沙石采掘、石碑雕刻等企业，还有特色食品加工企业，如铁山银刁、毛田腐乳、毛田蕨菜等，引进岳阳兴科制盖有限公司、富华针织厂等大型企业落户毛田，初步改变财源短缺、税负不足的状况。

全镇山林主要种植松杉、楠竹、枫、杂木等，镇林业站、村林场共同管理林地，实行轮封方式，批证间伐育林。因地制宜发展局部特色种植，抓住退耕还林的契机，结合低中产田和荒山改造发展椪柑、胡柚、板栗等果木10余种，新开辟果木基地133公顷；倡导栽桑养蚕，蚕桑开发面积达267公顷，2006年，全镇栽桑养蚕单季亩产突破1200元，桑农人均增收500元，全镇养蚕收入达160万元。

境内有贯穿镇境南北的省道306线，至2007年，共完成21条乡、村公路的拓宽与硬化，实现村村通公路；解决库区 14 条铁制义渡船舶，让群众免费过渡。

保护铁山水资源。依法取缔 2 家木片加工企业，关闭铁山水库上游的造纸厂，发展库区退耕还林、发展沼气、设立垃圾处理站等系列生态建设项目，认真搞好铁山库区的环境项目，为全市人民饮用“放心铁山水”提供保证。

位于湘鄂交界处的铜鼓山顶有金华寺，占地面积近 0.67 公顷，有千余年历史，属全省重点佛教圣地。附近有灵官锁关、狮吊铜铃、金猫捕鼠、风波惊浪、丹凤朝阳、鸡冠耸秀、尖山竞秀、铜鼓鸣霄、老妹减仙、晓照青天等十大景点，是旅游、避暑、朝谒、修身养性的好场所。1995 年，中国佛教协会投资兴建大雄宝殿、居士楼等庙宇，楼房共 5 栋，建筑面积 1500 平方米，主持大师系中国佛教协会成员，每年接待香客、游客 1100 余人。

镇境有中学 2 所、小学 4 所，在校初中学生 474 人、小学生 848 人，在职教师 117 人，义务教育普及率 100%，合格率 99%，中学升学率 96%以上。

有中心医院 1 所，村级卫生室 18 个，有医护人员 26 人，病床 15 张，有多普勒、心电图、B 超、X 光机、血细胞分析仪、半自动生化分析仪、尿液分析仪、心电图仪、全自动洗胃机等医疗器械和设备。至 2007 年，新农村合作医疗筹资、免疫接种等工作进展顺利，农民参合率达 90%。

1997 年，开通程控电话。1998 年，毛田邮政与电信分家。邮政员工 9 人，电信员工 12 人，另有中国移动公司和中国联通公司从事通信和网络业务，建有大、中功率发射塔 3 座。2007 年，移动、联通、电信公司在镇内均设有营业点。

月田镇

月田镇地处县东南边陲，新墙河干流沙港河上游，濒临铁山水库。东抵湖北省通城县，南接平江县，北与相思乡、毛田镇毗邻，西和张谷英镇交界。距县城 60 千米。2007 年，全镇总面积 175.40 平方千米，有耕地面积 2026 公顷，其中水田 1325 公顷、旱地 701 公顷；辖 55 个村、1 个居委会，43482 人，其中农业人口 41915 人，非农业人口 1567 人。工业总产值 7.39 亿元，农业总产值 1.86 亿元，人均纯收入 4493 元。

境内以沙港河为主干流，共有 8 条溪流分支，贯穿全境汇聚铁山水库。有小Ⅰ型水库 2 座、小Ⅱ型水库 13 座、蓄水 1 万立方米以上的山塘 26 口，总库容 380 万立方米。2007 年，生产稻谷 23390 吨、豆类 1132 吨、薯类 1268 吨。

养殖主要以生猪、黑山羊、菜牛、鸡、鸭、鸽等为主，2007 年，出栏生猪 10.62 万头、黑山羊 3000 头、菜牛 2500 头、鸡 12 万羽、鸭 2.2 万羽、鸽 10 万羽、水产品 975 吨。“铁山雄鱼”鲜美可口，深受游客喜爱。养殖业逐渐向专业户成规模发展。1995 年，黑山羊基地列为全县十二大农业开发基地之一；2007 年，新庄村专业户万新龙的新龙猪场，存栏母猪50头，年出栏生猪700头，产值78万多元，纯利8.2万元。2007年，边从事农业生产，边在集镇从事工商业的有3000多人，1978年，有外出务工经商1100人，总收入66万元，2007年，有7680人，总收入达11257万元。

2003年，退耕还林600公顷。至2007年，境内有山地1.23万公顷，林木主要有松、杉、楠竹、油茶等。尚存的古树有：白石村黄帽山1株马尾松，树龄900多年；大桥村许家洞1株马尾松，树龄300多年；大洲村羊角兴5株杜英约100年；大坪村大屋场前1株桂花树，树龄近300年；上庄村1株树形怪异的古树（暂不知名），树龄近500年；双江村季庄洞2株三角枫和1株古松，树干围均3.30米、分别高约15米、13米左右，树龄近500年；月行村九曲林场1株皂荚树，树龄近400年。年生产楠竹约25万根，马尾松间伐约9000立方米，杉木采伐2000立方米，杂木约1500立方米。3000公顷竹林列入县农业十二大开发基地之一。

民营企业蓬勃发展，主要有石粉场、精密仪器、竹木加工厂，鞭炮厂、自来水厂、水泥板预制厂、沙石采掘等。月田长石粉厂建于1976年1月，占地面积4725平方米，有固定资产250万元，原隶属区企业，2007年，转卖给私营老板，更名为岳阳县弘峰长石粉有限公司，年产值500万元以上，创税45万元。1997年，国庆村黄岸鞭炮厂由个体户买断，投资80万元扩建，有固定资产200万元，员工48人，年销售收入800万元，创税收5万元，徐家村岳阳县东海竹木加工厂，总投资300万元，年生产能力15万张松木竹胶合模板，年产值700万元，创利税100万元，安排就业65人，孙家村岳阳县林木业加工厂，总投资650万元，126人就业，年生产40多万张松木胶合建筑用混凝土模板，年产值2000万元，创利税320万元，有40名员工的岳阳金博机床制造有限公司，年产机床45台套，产值达1000万元，创利税120万元。20世纪90年代后，全镇有497户工商个体户，从业人员1400人；大、小工矿业经济实体20余户，从业人员700多人，2007年，社会商品销售额达1.8亿元。

境内有立新、红光、香花坝3座小型发电站，装机总容量770千瓦，1998年架通高压电，先后投入8台变压器，2007年，将11万伏输变线路升压，完成集镇和55个行政村的农村网改，实行与国家用电同网同价。

境内有月田邮政支局、月田电信分局，另有中国移动公司、中国联通公司从事通讯业务，有大功率发射塔2座，2007年，共有固定电话8400部、移动电话7600部、互联网接入680户。

1993年7月，建立有线电视卫星地面接收站，1995年，有线电视卫星地面接收站点13个，2007年，投入21万元，开通有线电视光缆信号，用户3000户，能收视省、市、县地方台，增加中央加密频道和多套电视剧、电影频道等43套节目。

省道306线贯穿境内东西。2004年9月，全部实现路面油化。2005年，硬化镇级公路花苗路、大界路、国庆路、茨洞路24.5千米，除陈伏路进行路基拓宽改造。至2007

年，55个村有44个村公路全部硬化，总里程200多千米。库区村水上交通6条大小不等的渡船，全部改换成载重2~30吨的新柴油动力船。

集镇有建筑面积48万平方米，新建500平方米的农贸市场1个，“三纵六横”式的街道全部硬化，安装路灯126盏。铺设下水道2500米，修建污水厂1个、垃圾填埋场1个，新添运输垃圾车1台，镇区绿化植树35万株，集镇主街道由1995年的500米发展到2000米。集镇自来水厂日供水1200吨，能供应1万人的清洁饮用水。

自1978年始，境内办学由分散转为集中，2007年，有镇中学1所、中学教学点2个、镇中心小学1所、片完小3所、村小学5所、幼儿园3所，在校中、小学生2700人，幼童540人，中小学教师279人。

境内建镇中心卫生院1个、卫生所7个、村级卫生室53个，中心卫生院有医护人员27人，病床25张。有执业资格的乡村医生55人。

2005年，全镇95%以上人口参加农村合作医疗。2006年，建花苗敬老院；2007年9月，修孙家村五保之家。

1992年7月，成立月田诗联社。至2007年，发展社员188人，共开展采风、讲座、创作、交流等活动90余次，内刊出版《月田诗联》《山乡风韵》7集，乡土诗人出版社出版个人诗联专集134部，有150首（副）诗联作品获国家、省、市级金、银奖或一、二、三等奖。1997年，月田镇获湖南省群众文化艺术之乡、诗联艺术之乡等称号。

张谷英镇

张谷英镇位于县境东南部，东与月田镇毗邻，南与平江县相接，西与步仙乡接壤，北和公田镇、饶村乡交界。辖区属幕阜山西延余脉，平均海拔250米以上。2007年，土地总面积12967公顷，耕地面积906公顷，其中水田498公顷、旱地408公顷；山林12061公顷，山林占总面积的93%。辖31个村、1个居委会，27734人，其中农业人口26671人，非农业人口1063人。2007年，完成工业总产值2.45亿元，农业总产值1.19亿元，农民人均纯收入4851元。

境内土壤厚度一般在40~80厘米之间，腐殖质厚度在10~40厘米之间，酸碱度pH值为5.5~6.5，年均气温17℃，年均降水量1295毫米。全镇以经营林业为主的有21个村，农、林兼作的有10个村。主要林种有楠竹、马尾松、杉、樟、槠、栎、枫等。楠竹林有7000公顷，占林地面积58%；油茶、板栗、柑橘、梨、桃等经济林木，由人工栽培形成，只有小片分布。

1974年，正式成立区林业站。1981年10月，实行林业“三定”（即稳定山林权属、划定自留山、确定林业生产责任制）。1983年，建立和完善山林责任承包合同制，禁止林农乱砍滥伐，保护和管理好森林。

2003年，桂峰、竹坪、天龙、杉桥、长坪、刘家、兰陵7个村，被规划为国家级生态林保护区。以果木为主的有十美、大桥村。大桥村，粮林兼作，是市科技局立项的果木林基地。

各村公路沿线及要道均设立永久性水泥碑，宣传防火。春节前及清明节期间，出动宣传车，宣传安全用火，防止山火发生。镇林业站制订《林区用火十不准，八不烧》已做到家喻户晓。1996年3月，师堂村被评为全国造林绿化千佳村；1998年11月，被湘鄂赣护防区评为护林联防先进单位。

1978—2007年，全镇发生大小火灾130起，毁林1000公顷，损失300万元。

镇内竹木加工历史悠久。大多数林农均有一项以上制作竹木成品的手艺。1983年后，运输车、锯木机遍及每个村落，大量原木得以批量消化。

1980年，李吉保等人创办芭蕉扇厂，有职工300余人，年产值达300万元，主要生产竹骨纸扇，1990年开始拓宽国外销售市场，产品远销美国、马来西亚、印度尼西亚等地。1993年，开发羽毛扇、书画大扇等产品，外销16个国家和地区。2001年，扇厂改为股份制企业，成立芭蕉扇业股份责任有限公司，开发日本女扇、韩国民俗扇、健身工夫扇、西班牙扇、戏剧舞蹈扇、冲花绢扇、特殊绘画扇等12个系列3000多个花色品种。厂区建筑面积扩至5400平方米，员工逾千人。2006年，在岳阳县工业园区设立厂房，占地4公顷，建筑面积2.16万平方米。2007年，产值达5000万元，上缴税金360万元，是年被评为省农业产业化龙头企业、省推进新农村建设领头企业；产品被评为省名牌产品，产品销售30多个国家和地区，是全国最大的工艺扇生产厂家之一。丛林竹业有限公司创建于2002年，产品为高强度竹编胶合板，主要销陕西、甘肃、青海、内蒙古、湖北省等地。每年消化楠竹1万吨左右，年产值300万元。2006年，被评为岳阳市龙头企业；2007年，获岳阳市名优产品称号。

张谷英村历经几个朝代变迁，今存古建筑面积5万多平方米，房屋2000多间，天井206个，厅堂237个，巷道60多条，由当大门、王家塅、东头岸、西头岸等十几个门头组成。大屋依托自然，借地势地貌之优势设计营造、体现了传统民居的诸多特点，且具有自身的独特风格，其布局之妙、巷道之幽、排水之奇、空间之活、雕饰之美、用材之雅、石桥之玄、制作之精堪称“八绝”。镇内景点有狮象把门、文塔、天灯、仙人石、当大门、上新屋、百步三桥、谷英公墓、童子拜观音、民俗陈列馆、王震将军办公旧址、湘北特委旧址、桂峰寺等48景。2001年6月25日，张谷英古建筑群被国务院定为全国重点文物保护单位。2003年10月9日，被建设部、文物部评为中国历史文化名村。2007年被评为全国特色景观村落。

境内有水库7座，山塘230口，排灌机埠6处，大小堰坝58处，干、支放水渠道26.5千米，基本实现农田灌溉自流化。1994年，新建芭蕉、一心、红卫3个电力排灌机埠，总功率70千瓦。

1979—1982年，修通渭洞至柘港，芭蕉乡至师堂、泉水、文艺、一心，渭洞乡寺湾至大桥公路，2007年，投资1386万元，对全镇77.5千米村级公路进行硬化。

1996年，全镇各村开通有线电话，1998年，成立邮政支局、电信支公司；在三角尖建立第一个无线电话接收站，2007年，有接收塔l6个，实现村村通网络，户户有电话。

1980年，恢复张谷英镇皮影戏班，演出传统节目，组建渭洞花鼓戏剧团，1982年自行解散，2007年，村民集资兴办张谷英镇民间音乐、花鼓戏剧团。

2007年，全镇有初中1所、小学9所（含5个教学点），中、小学教师共143人，在校中学生598人、小学生1533人，中、小学校总面积99765平方米，其中运动场地6011平方米，建筑面积19860平方米。

镇中心卫生院占地3200平方米，建筑面积2643平方米，病床28张，拥有X光机、心电图机、洗胃机、B超、自动生化仪等设备。有医务人员40人，其中医师12人，医士7人；有32个村级卫生室，医士19人。

新开镇

新开镇东临筻口镇，南接新墙镇、城关镇，西邻麻塘镇、岳阳市郭镇乡，北连岳阳经济开发区康王乡。境内国道107线、京珠高速公路、武广客运铁路贯穿南北，省道306线、岳兴一级公路横跨东西。镇政府设新开塘街，距岳阳市中心13千米，2007年，全镇总面积131平方千米，耕地面积3110公顷，其中水田2398公顷，旱地712公顷，人均耕地1.25亩，有水面2140公顷。有丰富的五氧化二钒、石煤、优质高岭土、石灰石以及锰等矿藏。

全镇辖35个村、2个居委会、395个村民小组，37256人，其中非农业人口1288人；农业总产值2.61亿元，农民人均纯收入5067元；粮食总产量36366吨；生猪174866头；鲜鱼等水产品2337吨；工业总产值1.72亿元。

1975—1987年，境内先后兴建钒一、钒二、钒三厂。1978年，共完成总产值615万元，上交公社利润383万元，获省、地、县科学大会奖。1979年起，钒产品连续三年被评为岳阳地区优良产品，1980年，获省政府科研成果三等奖，多次被评为省、部优质产品。20世纪80—90年代，镇企业在全省乡镇企业中居位靠前，但在利益的驱使下，盗采滥挖钒石现象严重，破坏了植被，浪费了资源，由于钒厂污染，给当地植被及人畜带来较大影响，1996年，被上级有关部门责令关闭。同时对厂区进行植树造林、翻耕土地、招商拍卖等治理措施，新上一批符合政策的企业、消化债务2900多万元，平息了几十起社会矛盾。

2003年5月，引进昱华玻璃制品有限公司等15家民营企业，涉及机械制造、玻璃产品、化工冶炼等行业。2007年，境内有大型企业20家，小型企业10家，年产值1.3亿元，创税收270万元。

农业以种植业为主，辅以林、牧、渔及家庭副业。1997年，在省农科院引进两系杂交良种培优6万千克，种植733公顷。2004年，市农科所在双雁、永安、马山3个村进行秋季杂交稻制种，双雁村10个生产小组、271户的60公顷水田制种。其中“岳优9113号”43公顷，产种89700千克；九龙、万福、共和、权山等16个村申报为2个万亩优质稻生产基地，引进优质稻品种2.5万千克，通过科技示范生产，平均亩产450千克。2005年，引进山东烟台市蔡国清等8名种植技术人员到高垅、画眉两村承包水田20公顷，种植“早春红日”礼品西瓜，创纯利60多万元。2006年，推广“岳优9113”品种，种植1200公顷。2007年，全镇种棉花82公顷，产棉64吨。播种1139公顷，产菜籽1367吨；养殖生猪17.49万头，出栏11.28万头，水产品2337吨。

2000年，根据国家安排，对万福、杨柳、香严、青岗、古港、九龙6个村实行平垸行洪、移民建镇。6个村分布在4个垸，其工程分两期进行，除九龙垸双退（即退人、退耕）外，其余三垸为单退（即退人不退耕），整个工程共安置移民1271户、3744人，拆除旧房1165栋，新建741栋，另外迁414户、1167人。

2005—2007年，共投资123万元，建成杨华大桥、古港大桥。至2007年，硬化镇级公路4条，31.8千米，村级公路8条，16.94千米。

境内5个垸共有大堤24417米，保护耕地461公顷。有小Ⅰ型水库5座、小Ⅱ型水库29座，水库容量共974.5万立方米；有骨干山塘1096口；渠道总长7100米，受益面积647公顷。

1995年3月，成立新开镇有线电视广播站，1996—2005年，开通有线光缆电视，投入资金35万元，开通模拟微波用户900户。2005—2007年，投资35万元，发展光缆电视用户1400户、数字微波电视用户660户，实现有线电视广覆盖。

境内用电一直由筻口、康王、麻塘、新墙4个变电站供应。2004年，新建3.5万伏变电站，告别“用电依赖史”。

2005年底，投资300万元，架设程控电话，装机400门，是年电信业务发展到4200户，移动电信覆盖100%。

集镇面积2.9平方千米，分工业居民、商品住宅、行政办公住宅3个区。共有楼房318栋、居民848户、2542人，其中经商从业户296户、592人。

1982年，建立乡敬老院，2005年，投入100余万元，建两层楼房1栋，建筑面积613.2平方米，能居住老人40人。2007年，敬老院供养36位五保老人；镇政府对269户五保老人进行分散供养。2007年，每人发放400元生活费。

1978年后，除印山村外，每村有1所小学，建起标准的教学楼。新开、五垸、龙湾3所中学及3所完小先后建起教学楼、科技楼、学生宿舍。1997年，投资320万元，完成新开中学整体搬迁，爱国华侨曹和平捐资30万元，为新开中学建标准教学楼。2006

年，镇政府投入100万元，修通8条“学生平安路”。全镇180名教师获大专以上学历，6名教师获高级职称，160篇论文获省级奖。

1998年，投资36万元，将镇医院搬迁到新开集镇，占地7050平方米，建筑面积5480平方米，有病床20张，有医卫人员39人，诊断设备有X光机，B超机，心电图机等。2007年，合作医疗住院1182人，兑付39.36万元。

柏祥镇

柏祥镇地处县境之南，东与步仙、杨林两乡毗邻，南邻汨罗市，西与长湖乡接壤，北与筻口、新墙两镇交界。总面积102.53平方千米，下辖24个村、1个居委会，30393人，其中非农业人口1138人。有山林面积4467公顷，耕地面积2754公顷，其中水田1755公顷，旱地999公顷。是岳阳县粮食生产和岳阳市生猪生产基地。2001年7月，成立镇生猪养殖协会。2003年，兴建境内第一个生态化生猪养殖场“海东农庄”。2007年，全镇养生猪31.1万头，出栏19.5万头。农民人均收入5432元。全镇有小Ⅰ型水库2座、小Ⅱ型水库16座、山塘2210座，总容量1162.4万立方米；有铁山水系、岳坊水系、大坳渠等主干渠道82千米；各类引水支渠200千米。

境内有鹏盛淀粉厂、红日油墨厂、岳阳林特机电有限公司、岳阳森鑫胶合板厂、岳阳浙桑蚕丝绸有限公司等5家企业，有大米加工和预制建材企业30多家。

柏祥集镇位于原步仙区公所所在地。1996—2005年，修建、改造柏十路、柏宏路、柏凤路、文胜路。2007年，北京江河幕墙装饰有限公司总裁刘载望捐资100万元，建成大阶路；改造、硬化村级公路40多千米，形成直达京珠高速、贯通国道107线、连接荣公公路的交通网络。

镇内17个村的低压电网进行改造，有中心变电站1座，全镇年用量1200万度。2006年，开通有线微波电视光纤和宽带互联网，有程控电话5000多门，移动转播机站2个。

1985年，祖籍柏祥的杨观澜与许静芝夫妇向桂林完小捐款3万元修建校舍。2001年，中日共建敖家小学，次年，佐藤全苗捐60万日元兴建该小学。2007年，柏祥镇中学组建成功。是年，全镇有中学教师103人，中学生642人；小学5所，教师107人，学生1453人；幼儿园9所，在园幼儿713人，幼师33人；农民文化技术学校1所。

镇中心卫生院占地1.6公顷，建筑面积1260平方米，2007年，投入50万元，添置医疗器械。成为省级甲等乡镇卫生院，有病床27张，医技人员35人，有村级卫生室24个，持证乡村医生24人，农户医疗保险参保率62%。

1986年始建镇敬老院，2006年，投入32万元，新建住宿楼1栋，对其他建筑与路面进行改造，占地4000平方米，供养五保老人59人，敬老院接待、娱乐、医疗、特护、值班室等俱全。

1995年11月，光明村东岳古寺重修。

1988年，孙鹏（12岁）在湖南省游泳比赛中获50米自由泳金牌，是年8月，在全国儿童游泳比赛中获100米接力泳、400米自由泳金牌。2006年9月，黄小海（14岁）获全国十运会男子乙组古典式摔跤比赛亚军，2006—2008年，连续三年获湖南省青少年摔跤冠军，2008年11月，参加全国青少年摔跤比赛获冠军。

中洲乡

中洲乡位于县境西南部，东邻黄沙街镇，南毗汨罗市新塘、磊石乡，西濒洞庭湖，北接鹿角镇。距城关镇12千米，2007年，全乡总面积76.47平方千米。耕地面积3493公顷，其中水田1576公顷，旱地1917公顷；山林70公顷，养殖水面353公顷。辖25个村（其中17个移民村）、1个乡属渔场，29202人，其中非农业人口862人，农业总产值2.51亿元，农民人均纯收入4824元。

境内主要种植水稻、棉花、油菜、花生、大豆、瓜菜、玉米。2007年，粮食总产量22665吨；棉花、油菜、花生总产3309吨。1979—1983年，按传统季节插秧，1983年后，推广地膜育秧，1987年，推广杂交水稻，1995年，推广软盘抛秧，1998年后，外堤加固，内排灌工程优化，丰收有了保证。1987年，仅私人有收割机1台，2007年，全乡有收割机48台、拖拉机旋耕机30台，耕种、收割、运输基本实现机械化。乡境为岳阳县主要产棉基地，棉花品种先后有“204”“天门1号”“三二系”“荆鄂1号”“泗棉2号”“金农棉2号”“异优7号”等。1978年后，棉花育苗经历营养钵、薄膜覆盖、水浮等阶段。2007年，全乡种棉931公顷，产棉907吨；种植大白菜1066公顷，产值1920万元。养殖以猪、牛、鸡鸭为主，是岳阳县养鸭大乡，以专业户群养为主，年均养鸭32250羽。2007年，共养生猪13.51万头，存栏5.17万头，出栏8.35万头。乡属中兴渔场有专业养殖户138户，精养水面153公顷，大湖水面200公顷，2007年，全乡产鱼3558吨。

境内硅沙矿储量在亿吨以上，1984年，投资10万元建成硅沙矿厂，产品销往全国10多个省、市，其中含武钢、东风第二汽车制造厂，1991年，该厂产品获机电部铸造材料银奖，2007年，固定资产已达150万元，年总收入400余万元，员工145人。

乡政府驻宝塔集镇，1997年1月开始筹建，有长1140米、宽22米的街道，照明路灯及自来水设施均完备，有40多家店铺，临街建筑均在2层以上，至2007年，4层以上楼房18栋，人口共1300多人。荣家湾至十字渠、七支渠、黑泥坝、红星的客运汽车均经集镇。私人有大客车12台、小车98台、货车与农用车20台、摩托车2590辆。集镇边有湖南省重点文物保护单位凌云塔。

1978年，全乡有移民大队小学8所。1983—2001年，有2所中学、25所小学。2003

年，建片完联校，校下设教学点。2007年，有小学5所、教学点2个，小学生1534人，教师93人；中学2所，中学生824人，教师102人。

1979年5月，在南套建乡卫生院，1997年，与兴旺卫生院合并，1999年搬迁至宝塔集镇，2004年，中洲血防站并入，2007年，有干部职工54人，有X光机1台，B超仪1台，心电图机1台，心电监护仪1座，生化分析仪2台，1988年，被评为省级卫生院先进单位。2006年，合作医疗启动，2007年有2.02万人参加合作医疗。

2002年，乡办敬老院1所，供养32位五保老人。全乡有移动通信塔1座、移动营业厅1个、移动电话3657部、家庭电话2456部。2007年3月，境内电视收视改成数字电视。

长湖乡

长湖乡位于县境西部，东邻柏祥镇，南与汨罗市大荆镇交界，西毗黄沙街镇及黄沙街茶场，北接新墙镇。乡政府驻范家村。2007年，全乡总面积120.73平方千米；耕地3037公顷，其中水田2098公顷，旱地939公顷；水面213公顷，山林5911公顷。辖31个村，10629户、36343人，其中非农业人口813人。农业总产值2.74亿元，农民人均纯收入5255元。

境内主要种植水稻、油菜、花生、大豆、玉米、果瓜等。2007年，水稻总产4567吨。2001年，三友村村民购买全乡第一批收割机78台、耕整机920台。经济作物有油菜、花生、西瓜等。油菜种植，1987年前是撒播，全乡总产量在60吨~80吨之间，后改为育苗移栽，2007年，种植264公顷，产菜籽317吨。西瓜是全乡拳头产品，1992年前，少数农户种植有籽西瓜，产量低。1995年后，种植规模扩大，2002年5月12日，在长沙长城宾馆召开长湖品牌西瓜新闻发布会，湖南经视等多家新闻媒体进行报道，产品畅销全省。2007年，全乡种西瓜267公顷，总产量300万千克，亩均收入过2000元。全乡生猪养殖规模不断扩大，1978—1995年，年均生猪养殖5万~7万头。2007年，养殖生猪22.37万头，出栏14.12万头。2004年，引进佳俊畜业有限公司，是年养殖肉牛1200头，并扩展到农户养殖。渔业以水库、山塘粗放养殖为主，1990年，牛蛙养殖形成一定规模。

2000年后，每年造林133公顷以上，年均封山育林1000公顷以上。2000—2005年，利用德援项目及退耕还林项目造林2500公顷。至2007年，有乡级林场14个、村级林场13个，林木面积5913公顷，林木蓄积量26.6万立方米。

境内有五大灌溉水系、8条支渠、16座小型水库，总库容量达500万立方米。1978—1995年，先后兴修黄沙支渠等8条铁山南干渠支渠，长9.1万米，新修、改造村级斗渠7.8万米，兴修小（2）型水库13座、骨干山塘12座。2001—2003年，共投入395万元，护砌沟渠3.5万米、开挖护砌主渠15万米、新修渠道9.5万米，新建30千瓦以上电排6处，加固山塘堰坝703处。2003年后，架设提水机埠2个、护砌骨干山塘12处，水利基础建设得到进一步改善。

1995年9月，乡政府驻地按集镇建设进行规划，11月开工。1996年建自来水厂，1999年，建成长800米、宽15米的街道，2003年后，主路面硬化、街道绿化、集镇亮化，有饭馆、旅社、米店、日杂、电器、理发、缝纫等60多家店铺，三层以上的建筑有75栋。2007年，常住人口1500人。

境内交通便利，国道107线、京珠高速公路贯穿16个村，南北两端距京珠连接线仅6千米，全乡"通畅工程"规划119.5千米，其中村道69.7千米，乡道32千米，县道17.8千米。至2006年，县道、乡道实现硬化规划，村道共硬化52.7千米。2007年10月，农村客运站竣工，可同时容纳大型车辆10余台及100余名乘客候车。全乡有出租小车135台、货运汽车72台、私有大客车15台、摩托车8351辆。

境内电信发展迅速。1983年前，仅有2台彩色电视机，用广播传达信息。1984—1995年，开始用手摇电话代替广播。1996年，普及有线电视与微波电视，有13个频道。1996—2006年，投入86万元，保证微波电视收视，建移动、联通信号塔，投入95万元，元架设通信电缆51千米，开通程控电话258门。2007年，架设光纤线路210千米、电缆线路460千米，程控电话增至4358门，有农村现代教育网点16个。

境内有3所中学、8所小学；教师210人，其中中学教师123人，小学教师87人；有学生3800人，其中中学生1600人，小学生2200人。

1995年5月，荆州乡卫生院、白羊乡卫生院合并成立长湖乡卫生院，有病床30张，医务人员38人，有X光机、日本B超、心电图、生化等功能医疗设备。有村级卫生室31个。骨伤科为乡卫生院重点科室，创立于1989年，派人到岳阳市二医院、河南洛阳正骨医院学习，采用中、西医结合治疗骨病，科主任谢水生多次应邀参加国家、省、市级学术会议，在国家、省级刊物上发表学术论文3篇。

乡敬老院建筑面积1200平方米，供养"五保"老人36人。全乡低保户1052人、"五保"对象2652人、新型农村合作医疗参合人数36100人、新型农村社会养老保险参加人数20115人，享受养老保险金的4302人。

步仙乡

步仙乡位于县南边，东邻张谷英镇，南抵汨罗市、平江县，西接柏祥镇，北靠杨林乡。乡政府驻地设原关王乡乡址（狮山村李日秀），距县城37千米。2007年，全乡总面积102.80平方千米，耕地面积2090公顷，其中水田1536公顷，旱地554公顷，辖21个村，32467人，其中非农业人口933人。农业总产值1.47亿元，农民人均纯收入5169元。

1978年前，农业生产单一化，1985年后，农业内部结构调整，走农业综合发展道路，主要农作物有水稻、红薯、油菜、玉米、花生、生姜。2007年，粮食总产量27550吨、花生406吨、茶叶10吨、水果1533吨、水产品948吨，发展生猪122564头、耕牛2499头。

2007年，全乡有各种机械6855台，其中拖拉机95台、收割机57台、动力打稻机5800台、排灌机械85台、推土机9台、挖土机9台、粮油加工机械800台。

1999年，乡内18个村被纳入全县农业综合开发区之一，共投入资金418万元，其中用于土地治理35万元、多种经营项目25万元。改造低产田666.67公顷、维修机耕路25千米、开挖疏浚沟渠60千米、衬砌渠道78千米、新建改造桥涵闸洞250处、完成3个小Ⅲ型水库改造和处险。营造防护林20公顷，新建改造家电线路30千米，新修鱼池3公顷。

2007年，境内有预制场8家，年总产值180万元，创利润50万元；大米加工厂6家，年总产值8000万元，创利润40万元；红砖厂1家，年总产值400万元，创利润50万元；岳阳市运顺木业有限公司，年总产值1000万元，创利润160万元。

2007年，全乡有工商业户210户、手工业20户、菜商43户、屠宰商47户、饮食业13户、服务业26户、加工业17户、修理业16户、运输行业220户，共有从业人员1400人。

境内山林面积5760公顷，1995年，退耕还林143公顷，完成德援造林项目6.67公顷。村民空地植树459公顷。2005年，进行丘岗开发，创办经济实体，10位村民投资100万元，造林333公顷。

1985—1999年，对21条、长40千米的村级公路，62条、长50千米的通组公路铺设沙石路面，2004—2007年，村组公路硬化路面90%，柏凤、大渡、关柘3条县级公路，在境内长24.7千米，至2007年全部硬化。

1985年，乡内每日4次湘运班车，1989年，增加2台个体户客车，日班车增至8次。1998年，成立汽车运输公司，2007年，有客运中巴车28台、面包车45台、个体中巴车30台、轿车55台、摩托车1586辆、货运汽车58台。

境内有10千伏线路70千米、低压线路310千米，安装变压器85台，其中专用变压器48台，总容量9875千伏安，各村变压器共75台，总容量7245千伏安。2007年6月，完成全乡网改，并入国家电网，实行同网同价。

1978年前，乡邮电支局仅有电话交接机1部。1980年，有通话单机20部，1981年，新安装50门电话机1部，新装通话机18部。1990年，县邮电局投资65万元，安装数字程控交换机6门。1991年，有60部数字程控电话。1995年，新建邮电大楼1栋，县邮局投建电话光缆35千米，程控电话增至350部，2006年有2400部，手机使用从1996年开始，2005年发展到5800人使用。2007年，使用手机人数占总人数58%，有21个移动、联通通信基站，7个发射塔。电信覆盖率95%。

柏凤线上，乡政府所在地狮山集镇，1978年前，仅有1条街长约200米，1个供销社、1个粮营站，1995年，新建乡信用社办公楼，1996年，新建乡教育组楼房。2003年，完成下水道改造，2004年，实现街道亮化。区域面积3平方千米，常居人口1100人。1988年，集镇东南角召保岭上出土春秋战国时期的兵器、陶瓷器均存列于岳阳县文物所。

1978年，境内有小学39所。2007年，全乡有中学2所、小学8所，在校中、小学生3273人，中、小学教师192人；幼儿园8所，幼儿385人，入园率97%，幼师20人。2000年，凤凰中学被评为省标一级初中、县级花园式学校。

乡卫生院建筑面积3000平方米，在编26人，有病床30张，医疗设备齐全。有21个村级卫生室，1995年，省评估认定步仙乡是初级卫生保健达标合格乡。2005年，推行新型农村合作医疗，全乡参合人数2.16万人，参保率66.53%，2007年升至85%。

五关关帝庙、付胜祖师庙、新云山庙、鹿苑寺为湖南省正式开放的佛教活动场所。鹿苑寺位于与平江、汨罗交界的青竹山上，海拔430米左右，为五代后唐同光元年(923)华容乙尊高僧所修，民国31年(1942)，湖南省省长程潜登瞻山寺，留下七律一首刻于山门右边石碑上。1958年、1966年，寺庙大部分被拆除。1997年，北斗村村民请释来悟法师为住持僧，开始新建鼓楼、居士楼，2006年，耗资80万元建成正庙大雄宝殿。2007年农历3月30日，法师在寺内主持召开一次大法会，广东、广西、福建、湖北和本省各地佛信士及当地群众共1400人参加。

杨林乡

杨林乡位于县境中部，东连公田镇、饶村乡，南接步仙乡，西邻柏祥镇，北靠筻口镇、甘田乡。2007年，全乡总面积85.90平方千米。耕地面积2362公顷，其中水田1358公顷，旱地1004公顷。辖25个村、1个林场。总人口30378人，其中非农业人口736人；农业总产值1.83亿元，农民人均纯收入5069元。

新墙河流经境内王安等9个村，地表水资源丰富。有7座小(2)型水库，铁山、大坳、岳坊、饶港四大灌溉水系覆盖全乡，农业干旱无忧，以种植和养殖为主导农业，主要农副产品有粮、菜、油、茶叶、花生、水果、生猪、水产品、禽兽、木材等，特色产品有美国皇鸽、鹿粮液酒等。工业产品有陶瓷、建材、肥皂等。水稻种植以优质稻为主，2007年，生产粮食31495吨、油菜205吨、水果2300吨、茶叶40吨、发展生猪9.33万头、耕牛2012头、水产品1201吨。

中共十一届三中全会后，乡党委、政府调整农业产业结构，走“一乡一品”“一地一品”的发展路子，科学选择反季节“渡淡蔬菜”为秋冬种品种，以马铃薯为品牌特色，兼顾秋黄瓜、秋豆角、冬辣椒、礼品西瓜等多元化种植。1983年，从东北三省引进马铃薯品种，被省农业厅，湖南农大列入“十五”农业计划开发项目，有以白泥、杨林、付朝、张坪、沙陂、四龙等村为主体的万亩马铃薯生产基地，年产马铃薯1.2万吨，产值1300多万元。另有以龙潭、溪源、和平、白水等村为主体的千亩秋黄瓜、秋豆角生产基地，以杨林村为主体的百亩冬辣椒，精品农业园基地。

家禽畜养殖、特种养殖业以“公司带动农户”的模式发展，吸引大批懂技术、善经营的在外务工人员返乡，集中大量社会闲散资金投入养殖业，有各类养殖大户1000余户，其中养猪千头大户20户，添辉牛业、兰泽养牛场年出栏肉牛500头以上；养鸽户200户，其中万羽养殖大户30户，全乡组建养鸽协会，其优质品种美国皇鸽远销沿海省、市及国外。

境内有山林面积4570公顷，杉树、楠竹、人造经济林、用材林为主要树种，木材积蓄量13.7万立方米，1978年后，以植树造林保护、改善生态环境，1987年，被市政府评为消灭荒山先进乡。1998—2007年，完成中德造林项目800公顷。

乡企业湘岳日用化工厂，主要生产洗涤产品、透明皂、香皂系列等，年产值800万元。杨林长石颗粒加工厂，2005年与华雄、弘泰2家大型陶瓷企业签订意向性合同，为其提供原材料，形成陶瓷产业链。

2005年，杨林乡为湖南省水库灌区唯一以乡为单位整体推进的试点乡镇，争取到英国国际开发署赠款项目200万元进行标准化渠道建设，以贯穿乡内3条支渠为主线，支渠灌溉面积为范围，灌溉受益面积1133公顷，通过农民用水协会运作，加强管理，节约生产成本，提高灌溉效益。

境内羊城公路在城山集镇至甘田公路的地段上通过短线拉直，2003年，4.47千米路段全部完成沙改油工程。2006年，自筹资金60万元，将境内7.5千米主干道城芭公路改造升级为柏油路。2007年，全部硬化12条乡级公路、57千米的路面。

1978—1980年，共安置铁山水库、大坳水库、岳坊水库库区移民1233人；2002—2004年，安置三峡和重庆忠县移民141人。

1995年，新建广播电视站1个。2007年，投资150万元开通电视光缆，光纤电视覆盖15个村2800户，微波数字电视10个村1000户，卫星接收天线用户4000户，电视信号覆盖率95%。

全乡有“五保户”324人，长期实行分散供养，2004年4月，投入60万元修建杨林乡敬老院，供50位老人居住。2007年，县乡投入10万元，在沙陂村新建村级“五保之家”，入住“五保”老人20人。

全乡有中学2所、片完初联校3所、村级小学1所、教学点2个，共有教职工167人，其中初中76人，小学91人。2007年，在校学生2239人，其中中学生725人，小学生1514人。幼儿入园率95%。2002年，方旭、兰喻、刘建军等6人考入北大、清华，始创杨林乡年度多人考入高等学府纪录；杨林籍运动员王林辉获2002年第十四届亚运会皮划艇男子轻量级个人单浆金牌。

1996年1月，乡属新卫生院投入使用，在职职工29人，中级以上专业技术人员22人，有25个村级卫生室、乡村医生25人。

甘田乡

甘田乡地处县境东部，距县城40千米，东连云山乡，南接公田镇，西与筻口镇、杨林乡毗邻，北与临湘市交界。2007年，全乡总面积57.13平方千米，耕地面积1338公顷，其中水田735公顷，旱地603公顷，可养殖水面47公顷，山林面积3100公顷。辖15个村，16464人，其中非农业人口440人；农业总产值9851万元，农民人均纯收入4763元。

乡内主要种植水稻、棉花、油菜、花生、大豆、瓜菜、玉米等。1983年后，推广地膜育秧、1998年后，普及软盘抛秧技术。2002年，乡投入88万元，新修铁山北干渠甘田支渠1820米，其中有倒虹吸工程400米，灌溉农田20公顷。2007年，对甘田、横铺、东升、戴家等村200公顷农田进行标准化田园建设，为优质稻种植示范基地。是年，粮食总产量15564吨。

乡内进行产业结构调整，发展种养大户。1998年，成立甘田蔬菜合作社，横铺西瓜种植合作社、瓜菜销售协会。2007年，甘田蔬菜合作社销售产值135万元，61公顷蔬菜投入76万元，盈利53万元，横铺西瓜种植合作社销售产值156万元，64公顷西瓜投入96万元，盈利58万元。全乡生猪养殖徘徊在3800~5000头之间，1998年，高桥村成立养猪合作社，该村梅树组罗亚雄，年出栏生猪300~500头。

全乡有林地2671公顷、荒山80公顷，1987年，荒山空地造林147公顷，1992年，甘田、五星、羊楼联合成片植树124公顷。是年，各村新建林场，共开辟茶园、果园35公顷，1993年，横铺村建立苗圃，两年繁育苗木13万株。1998年，高桥村、甘田乡完成德援造林工程533公顷。2001年，全乡完成退耕还林227公顷。2007年，港口村、戴家村、枧田村完成省级生态公益林313公顷，全乡森林覆盖率53.5%。

乡境工业有乡镇、集体和私营三类，1978年，办有甘田乡铸件厂、甘田制扇厂、甘田乡被服厂，1988年，办甘田塑料厂。1991年，东升村新建湘北优质大米加工厂。1996年，新建8家预制场。2004年，横铺村成立福宝经营有限公司，以本地木材为原料，生产火柴盒及装饰材料，2005年，乡组建岳阳县合盛塑料厂；引进福建瑞星石材厂，依托本地资源，生产大理石等各种建筑材料，2007年，组建岳阳县锦泰鞭炮厂。是年，全乡有工业从业人员571人，工业总产值1.35亿元，建筑业从业人员160人、计算机服务和软件从业人员235人、批发零售业从业人员193人、餐饮从业人员245人、其他从业人员755人。

1996年，在岳平线上启动建镇工程，共投入152万元，硬化集镇街道1000米，铺设下水管道1500米、沿街石1800米，架设集镇输电线路及街道路灯，建贸易市场1个。1997年，建甘田自来水厂。2001年，投入80万元，修建乡政府办公大楼，2007年，集镇人口1000多人。

1978—1998年，先后修建东升至伞把、甘田至浏泗等5条村级简易公路，全长约40千米，1998—2002年，全乡15个村、187个村民小组均修通公路，2002—2007年，沙石水泥硬化公路面50千米。

洞下、洋楼2座小型发电站年发电量100万千瓦时，不能满足用电需要，1990年进行电网改造，并入国家电网，用电同网同价。

1982年前，乡境只有公社广播站，1983年始有电视机，1996年，建有线电视站，1998年，改建微波电视站，2007年，架设12个村的光纤线路120杆千米、电缆线路300杆千米。1996年，开通512门程控电话。

2006年，将高桥村小学改建成敬老院，2007年，入住“五保”老人32人。

1988年，在集镇上新建镇卫生院。2006年1月，新型农村合作医疗启动，有10460人参加，2007年，有11586人参加合作医疗。

1995年，境内有中学1所、小学15所、中心小学1所、高小教学点3个；有中、小学生2200人，学前班285人。有公办教师85人、民办教师36人、代课教师14人、幼师14人。2002年，实行集中办学，2007年，有中学1所、小学4所，在校中、小学生1516人，中、小学教师58人。

饶村乡

饶村乡位于县境东南部，东北依公田镇，东南邻张谷英镇，西南接步仙乡，西北临杨林乡，乡政府驻黄土林集镇，距县城41千米。2007年，全乡总面积46.87平方千米，耕地面积865公顷，其中水田545公顷，旱地320公顷。辖16个村，15693人，其中非农业人口648人；农业总产值8383万元，农民人均纯收入4816元。

境内主要农作物有水稻、玉米、花生、红薯、油菜，经济作物以板栗、油菜为主，养殖以鸡、鸽子、生猪、黑山羊、鱼为主。2007年，粮食总产量10140吨、油菜籽49吨、花生208吨、水果270吨、茶叶11吨、鲜鱼144吨、发展生猪38210头、耕牛1469头，花园王鸽养殖场由柳州预应力岩土有限公司投资260万元建成，一年可饲养种鸽6万对，产品由深圳鸽业有限公司转销东南亚和西欧各国，年产值1500万元，年创利税100万元。花园养鸽场通过“公司+农户”的经营模式，带动其他农户养鸽，2007年，有大峰村养鸽基地，金西村为主的土鸡、土杂鸡养殖基地。

乡内山林面积3133公顷，20世纪70年代末，采取大造经济林与精抚用材林同步、集中连片开发与千家万户零星开发同步，主攻重点，点面结合，形成规模。1997年，全乡2502公顷山林，有1493公顷人工杉木林，953公顷板栗、油茶和楠竹。2005—2007年，新栽楠竹667公顷。金溪村有荒山175公顷，1997年全部栽上杉树、楠竹，该村通过植树造林获益，1982年始，免去群众村乡上交费，1986年，全村“五保”老人由集体负责生养死葬，1988年始，解决村干部及纯女户的养老保险金和独生女就读费。1998年被评为全国造林绿化千佳村，其致富经验在《湖南通讯》《湖南农村》刊发。

水利建设不断加强，2002年始，硬化渠道13682米、维修改造支渠水圳1.03万米，修缮小（1）型水库2座，保证全乡的农田灌溉。

2001年，光缆有线电视顺利承接，结束群众看不到有线电视的历史。2007年，金溪、江南、伍相等5个村有线电视用户500户，全乡程控电话用户600户，实现村村通电话。

1998—2000年，投资890万元，拆渡槽2处、截弯20个、降坡坳8处、修桥涵38处、修柏油路6.5千米。2007年，硬化村级水泥路面硬化87千米，居公、中留、花园、双石、饶村、振兴、悯港等村路面路基改造升级50千米，除悯港村外，村村通水泥路。

2005年，岳阳大力神起重电磁铁厂、岳阳矿山机械有限责任公司在境内落户，是年创税55万元。张谷英旅游产品有限公司在伍相村建成土特产加工厂，主要产品有腐乳、剁辣椒、干菜、熏制品等。

旅游事业发展迅速，2001年，以刘备洞为重点，招商引资开发。2003年，岳阳国际旅行社付向龙创办湖南岳阳刘备洞旅游服务公司，投资300万元，成功开发刘备洞生态旅游谷，景区400公顷，与莲花湖景区自然融合一起，有刘备庙、檀香山、陡石潭、将军桥、望湖亭、观瀑亭等景点。2005年，孙建国等人投资1250万元，增加景点，2007年8月，省、市为景区投入80万元，修通集镇街道至刘备洞门头780米长、5.5米宽的旅游大道。是年，刘备洞景区纳入岳阳县五大经典旅游范畴。

黄土林集镇，1978年前，仅有食品站、供销社等几家集体经营店铺，市场单调。改革开放后，交通不断改善，农民不断迁入集镇按建设规划建造楼房，集镇面积扩至1.2平方千米。2002年，新建乡政府办公大楼，2003年，新建财政所办公楼，新安装路灯28盏，硬化集镇到饶村河堤路面300米。2005年，自筹资金建成年供水60万吨的大峰自来水厂，解决集镇及相邻3个村的供水。2006年，硬化集镇至莲花路街道。2007年，投入50万元，拆除旧房70间，完成新建集镇农贸市场前期工程。

乡内有中学1所、中心校1所、完小1所、幼儿园4所。1996年，乡中心校为省级验收合格达标学校。2006年被评为县初中教学质量先进单位，县一中优秀生源基地，2007年，中、小学在校学生821人，在职教师90人，幼儿入园312人。

2001年，新建乡卫生院，有医务人员22人，为岳阳市二医院的定点指导医院，2004年，被评为省农村卫生工作先进单位。2005年12月，启动新型农村合作医疗，2007年参合人数 1.2 万人。有村级卫生室 16 个，配乡村医生 16 人。

1995 年，投资 30 万元建成敬老院，入住“五保”老人 32 人。2002 年、2004 年、2005 年，创办伍相、饶村、金溪 3 所村级敬老院。

云山乡

云山乡位于县境东北部湘鄂两省交界处，东抵毛田镇，南邻铁山水库，西接甘田乡，北至大云山国家森林公园和临湘市詹桥镇。2007 年，全乡总面积 39.87 平方千米，有耕地面积 574 公顷，其中水田 302 公顷、旱地 272 公顷；山林 2000 公顷。辖 15 个村，11745 人，其中非农业人口 313 人；农业总产值 8824 万元，农民人均纯收入 4544 元。

粮食作物主要种植水稻。1983 年前，按传统的叶龄插秧，1983 年后，推广地膜育秧；1987 年，普及杂交水稻规范化育秧，1995 年，推广软盘抛秧技术。1998 年后，农业机械逐渐进入农户，2007 年，生产粮食 6603 吨。经济作物以联盟、爱国、黄稻等村为中心，种植西瓜 67 公顷，年收入 140 多万元，逐步形成云山西瓜品牌。饲养生猪 40521 头，以养鲢、鳙、草鱼为主，年产鲜鱼 168 吨。

境内降水年际变化大，水旱灾害频繁。1978 年，在云塅村建小（1）型水库 1 座，1990 年，在西台村建七山水库；完成云塅引水隧洞工程。

乡政府注重整合土地资源，1988 年后，实施退耕还林 507 公顷，新植楠竹 40 公顷。1988 年被评为湖南省飞播造林先进集体。

境内企业有长石粉厂、工艺雕塑厂、以云塅、永兴、文洞为主体的酿制谷酒作坊，通过招商引进湘北铸造有限公司等。

1978 年前，乡内仅有毛云、甘云 2 条县级公路。1978—1998 年，先后修建村级简易公路 10 条，全长 40 千米，至 2002 年，全乡 15 个村均修通公路，2004 年，县道毛云公路全线拓宽 5.5 米，并且油化。2006 年，拓宽甘云公路，硬化 8.8 千米。2007 年，硬化村级公路 50 千米。全乡形成以毛云公路、甘云公路为主线纵横交错的交通网络。

1982 年前，乡内没有电视机，只有公社广播站，以广播形式传达有关会议精神、下达通知等。1983 年后，电视机逐渐普及。1996 年，开通有线电视；1998 年，改为微波电视；2007 年，架设谢山、田坳、文昌、黄稻、联盟、陈洞、云塅、永兴、西台、杨塅 10 个村的光纤线路。2003 年，全乡启动农村电网改造工程，增加变压器 11 台，新换电线 40 多千米，用电与国家同网同价。

自 2000 年始，加大集镇附属设施建设，共搬运土石方 1.9 万立方米、铺设下水道 2000 米，安装自来水管 4500 米，砌石堋 970 米，拓宽道路 500 米、硬化路面 330 米，建自来水厂 1 个，临街建筑均在两层以上，至 2007 年，四层以上的建筑有 3 栋，有常住人口 1000 多人。

1978年，全乡有小学17所、中学1所。2007年，有小学4所、中学1所，在校学生898人，其中小学生595人、中学生303人；有教职工63人，其中小学33人、中学30人。

乡内有卫生院1个，2005年，新建门诊住院综合楼，并添置全套必要的医疗设备，有干部职工8人。有云山、穗云敬老院。

境内山峦秀美，又处于进大云山国家森林公园的必经之地，具有独特的旅游区位优势。

相思乡

相思乡位于县东北部，南连月田镇，西接毛田镇，东北与湖北省通城县交界。2007年，全乡总面积66.13平方千米，耕地面积1105公顷，其中水田632公顷、旱地473公顷；辖27个村，21043人，其中非农业人口462人；农业总产值9493万元，农民人均纯收入4348元。

境内农作物主要有水稻、大豆、花生、油菜、小麦等。2007年，全乡粮食总产量12267吨、水果770吨、茶叶97吨、棉花19吨、油菜籽90吨、花生208吨，发展生猪46589头、耕牛存栏1825头、水产品280吨。

境内山林面积5927公顷，有银杏、杜仲等珍稀树种，盛产野生蕨、野生菜、毛菌等。主要矿产资源有长石、石英、观音土。1981年，在珠港流域综合治理，兴建水土保持工程1960处，造林657公顷、封山育林3307公顷，植被覆盖率升至74%。2001年，新造楠竹267公顷，补植造林667公顷。2002年，退耕还林294公顷。杨山、同乐、相思成片栽楠竹213公顷。

境内水利资源丰富。2000年，第一次引入民营资产参与水利开发，兴相水利开发有限公司投入资金85万元，兴建相思石洞电站。2006年，岳阳市电力局金江水电开发有限公司对相思土弯一、二级水电站实行整体收购，重组建设；9月，该公司投资建成岳阳县最大水电站—鲇鱼洞水电站。2007年，乡政府将石洞水库、土弯水库、下形水库、来冲水库、八斗函水库、张坑水库、范山水库、张鼓尖水库、五龙水库进行维修处险，全乡共新建和维修小（1）型、小（2）型水库11座、骨干山塘1232口。

1978年前，乡内只有杨白线，为沙石公路。1993年，拓通珠港至白若的公路；1996年，修通相南公路，全部硬化珠港集镇府前路；2004年，将杨白线相思垴全面改直、拓宽，相思园公路全面加宽，2005年，硬化环乡线路21千米，至2007年，硬化通村公路78千米。

1996年，建水电办公大楼、集贸市场，2001年，建农技站服务大楼，硬化集镇一条街长430米，新建集镇门面50个；2005年，建成自来水厂；2006年，建成相思大道，长488米、宽24米，拥有60多家商户常驻大道。

1998—2001年，合并9所小学，2007年，白若中心校新建教学大楼，率先实现寄宿制办学，撤除珠港中学完校点，新建规范化中心学校；将卢塅中学合并到相思中学，全乡共有中、小学校6所，教职工134人，在校学生2227人，其中初中生959人，小学生1268人，九年义务教育合格率100%。1996年5月，相思乡卫生院新迁珠港集镇，2005年，乡卫生院新修一栋综合大楼，成为岳阳市一人民医院技术指导医院，有职业医师3人，职业助理医师4人。有村级卫生室22个，村级卫生员22人，2007年，全乡15966人参加农村合作医疗，参合率76%。

境内相思山属幕阜山余脉，南北走向，绵延10余千米，平均海拔700米以上，年均气温15℃，主峰眉毛尖海拔957.2米，是岳阳县海拔最高的山，素称“巴陵第一峰”。1991年，相思山被国务院列为国家重点风景名胜区。相思山名胜古迹颇多，著名的有白云观、芙蓉寺、张良庙等，后因年久失修或山火仅存遗址。相思山公园开发后，被毁的古建筑逐步按原貌修复。

相思山公园因相思山得名，是岳阳市五大景区之一。著名的“相思八景”分别为企人石、石烛煌空、鹅飞石、芙蓉寺、面庵瀑布、洞口船山、凤凰台、石井流香。2003年9月，乡政府与岳阳万事明科技有限公司签订相思园旅游开发合同，11月，正式入主相思园开发。相思山公园号称全球首家爱情主题公园，占地10平方千米，项目规划总投资5000万元，至2007年，共投入资金1600万元，开发旅游景点23个。公园主要有三大景区：爱情溪谷景区，长2.3千米，较著名的景点有鸳鸯湖、风雨桥、相思瀑群等；生活服务区，以相思山庄为中心，包括芙蓉寺、相思木屋等；相思风景区，包括同乐石、石烛煌空等景点。2004年5月1日，相思世界玫瑰公园正式开园；是年9月，湖南省旅游节岳阳楼洞庭湖文化艺术节在相思乡开幕。至2007年，相思山公园接待中外游客32万人次，年均接待游客8万人次。

人 物

前志立传人物

邓廷赞	方　钝	卢源泉	李兴玮	李石城	方天合	张发桃	方　显
黄　秀	许伯政	方应清	方　桂	赵登模	彭运昌	彭名湜	黄　熔
方应纶	方大淳	何锦云	毛贵铭	晏仲武	方宗钧	方　堃	吴士迈
吴敏树	钟谦钧	谢维藩	陶锡三	方大湜	方功惠	杜贵墀	陈玉泉
童　杰	梁福农	李绍广	周家淦	彭承念	黄承先	彭抟黄	卜荣贞
潘光第	潘光闾	刘阳庚	刘正堂	何云槎	徐春圃	任锦芳	刘斗光
戴咏樵	方阁生	侯国庆	孙子倚	刘士奇	胡连清	彭　遨	李　魁
陈　樵	任　雄	赵绿吟	刘光谦	王国雄	李开桂	陈次山	阮　湘
杨乐如	吴汉仙	刘威凤	文兰亭	赵佳白	胡春台	胡　坤	刘文龙
任　震	李洞庭	宋葆畴	邓振声	冯子愚	刘炳藜	彭一湖	周鳌山
周四维	吴光第	陈学儒	蒋致余	曾秀英	文年生	李　琦	杨遗谟
许新猷	彭泽湘	贺衷寒	谢戬谷	熊位林	刘大杰	李际闾	任伊平
蔡爱卿	杨伯诚	王养直	廖莘耕	刘润世	易仲冬	何友三	吴奠盘

一、传　记

吴楚生

吴楚生（1954—1979），又名吴楚森，岳阳县柏祥镇人，高中文化，革命烈士。他学习刻苦，成绩优秀，品行端正，多次受到学校领导及老师的好评。高中毕业后，服从安排，在农村开手扶拖拉机。1977年应征入伍，在解放军五三五六〇部队服役，任二连班长。1979年，参加对越自卫还击战。在战场上，奋不顾身，冲锋在前，受伤后，不下火线，坚持战斗，先后立二等功1次、一等功1次。1979年2月，在对越自卫反击战中，为掩护部队、抢救战友壮烈牺牲。牺牲后，《英雄谱》一书记述了他的英雄事迹，《中国青年报》刊载了他对家乡党支部的决心书和他在战场英勇杀敌的过程，是年3月，所在部队追认他为中共正式党员。

刘逢春

刘逢春（1942—1987），岳阳县城关镇人，大学文化，中共党员。

1960年岳阳县一中毕业后，考入北京外国语学院学习；1965年进入部队，下放在广东的一个部队农村劳动锻炼，在海浪中救起2名不满10岁的儿童。一年后，又赴法进修，后历任驻摩洛哥大使馆随员、驻尼日尔大使馆三等秘书、外交人员服务局中文秘书、中国驻突尼斯共和国二等秘书（正处级）。工作上兢兢业业，尽职尽责，先后两次被评为优秀党员；特别是在突尼斯工作期间，任劳任怨，忘我工作，积劳成疾。1987年3月因病在北京逝世，终年45岁。

罗时均

罗时均（1933—1987），岳阳县云山乡人，大专学历。

1949年参加湘北游击队，1950年加入中国共产党，1950年至1958年先后任公田区、渭洞区区委书记，1959年至1970年任岳阳县四个面向办公室主任，1971年至1980年任岳阳县卫生局局长，1980年至1983年任岳阳市文卫办副主任，1984年至1987年任岳阳市信访办主任。1987年7月20日因车祸去世，终年54岁。

李朗秋

李朗秋（1927—1990），岳阳县步仙乡人。1949年8月在家乡参加支前秋征工作，先后任村长、乡长、区农会主任，积极发动群众参加土改，恢复和发展农业生产，为建立和巩固新生的基层政权，进行了艰苦的工作。1952年11月加入中国共产党，在农业合作化时期，先后担任岳阳县五区副区长、区长、区委副书记、书记，在整修南洞庭湖的工程建设中，率领群众提前完成任务，多次立功受奖，被评为全省甲级模范工作者。1955年4月至1961年8月，先后担任岳阳县农村工作部副部长、副县长、县委常委兼工交部部长。跑遍城乡每个角落，深入调查研究，掌握一手资料，积极参与领导全县的工农业生产。1961年9月至1973年11月，先后任君山农场副书记、场长、党委书记兼革委会主任，带领干部职工艰苦创业，勤俭办场，在发展机械化作业方面取得突出成绩，使君山农场进入全国农垦系统先进行列。“文化大革命”时期，顶住种种压力，坚守工作岗位，保护老干部和知识分子。1974年11月任岳阳地委副书记、地革委会副主任；1975年12月任长沙市委副书记、市革委会主任；1980年7月任岳阳地委副书记，次年11月兼任岳阳市委书记。不论是主管工交工作，还是筹划指挥铁山灌区工程建设，都兢兢业业、不遗余力地进行卓有成效的工作。1983年11月任岳阳市委书记后，带领市委一班人，认真学习贯彻中央改革开放政策，积极开拓进取，扩大岳阳的对外交往与开放引进，新建一批城市基础设施，进一步改善投资环境，为岳阳的全面发展打下了基础。1986年3月任岳阳市委特邀顾问。1990年10月5日，因病在岳阳逝世。

罗叔章

罗叔章（1899—1992)，女，岳阳县公田镇人，15岁入岳阳洞庭女校，一年后考入湖南第一师范学校，22岁时自费入南京大学进修。1923年，经陶行知、黄炎培介绍去印尼婆罗洲，先后在华侨创办的德育女中、中华女子学校教书，1928年回到上海，考入暨南大学攻读政治经济学，开始接受马列主义。“九一八”事变后，参加全国各界救国联合会，并任上海妇女救国会组织部部长、上海妇女联谊会常务理事。1934年11月加入中国共产党。“七七”事变后，全身心投入抗日救国斗争；上海沦陷后，辗转于香港、广州、长沙等地，继续从事抗日救国运动；1938年5月，经邓颖超推荐，出任湖北省均县第一保育院院长，后又历尽艰辛，长途跋涉，冲破重重障碍，将500多名难童由湖北转送至重庆，出色地完成了党交给她的任务。1942年，与沈钧儒、章乃器等创办重庆第一制药合作社，并任经理。1948年3月，出席第一届全国妇女代表大会，当选为全国妇联常委兼生产部副部长；同年6月参加新政协的筹备工作，出席中国人民政治协商会第一届全体会议。

中华人民共和国成立后，任中央财经委员会委员、中央人民政府办公厅副主任；1954年后，历任劳动部、食品工业部、轻工业部副部长，全国政协副秘书长，全国工商联副主任委员，民主建国会中央常委；第一、二届全国人大代表，第三、四届人大常委会委员，第五届全国政协委员。

1992年因病逝世，享年93岁。

刘先和

刘先和（1926—1993)，衡阳县人。贡献卓越、名播三湘的著名茶师。1954年毕业于湖南农学院，同年9月分配到省农业厅工作，先后在农业厅经济作物局任副科长、科长、农艺师、高级农艺师等职务。从事茶叶生产的制作与研究，足迹遍及全省30多个茶场，研制出“岳北大白”“险峰1号”“碣滩茶”“洞庭春茶”“洞庭春芽”等8种名茶。多次被评为省农业厅先进工作者和省直机关优秀共产党员，1988年荣获岳阳市十大科技新闻人物称号，1990年被评为湖南省优秀技术工作者、有突出贡献的优秀专家等。1991年经国务院批准，享受政府特殊津贴。1993年被评为湖南省十大新闻人物。

1985年，与妻子肖玲（高级农艺师）一起到岳阳县黄沙街茶场搞技术承包，先后挖掘、研制“洞庭春”“洞庭春芽”等4种名茶。“洞庭春”茶从1985年起连续4次被评为部级名茶，2次获农业部金杯奖，1990年获国家银质奖。1991年获国际茶文化节名茶奖。1992年，茶叶年产量由125吨增至250吨，产值由37.8万元增至200万元，职工年纯收入由400元增至1200元。扭转了严重亏损的局面，成为全国名优茶基地。按照承包合同，8年应得奖金64万元，但他分文未取，全留给茶场发展公益事业，县委、县政府先后4次欲兑现重奖，均婉言谢绝，县政府奖励他一辆伏尔加轿车，也留茶场使用。

1993年2月25日，因心脏病猝发抢救无效逝世。省委、省政府授予其献身农业科技事业的优秀共产党员称号；农业部、人事部追授他为全国农业劳动模范；《人民日报》《湖南日报》等20多家新闻媒体报道了他的优秀事迹；省直工委、省农业厅与潇湘电影制片厂联合摄制以他为原型的电视剧《秋之魂》在全省播映；湖南省委、岳阳市委先后作出向刘先和学习的决定。

李梓林

李梓林（1918—1995），岳阳县公田镇人。少年丧母，加之父亲离家出走，为生计，去当学徒。1935年3月参加工农红军。同年7月加入中国共产党。入伍后历任战士、班长、排长、连长、营长、师作战科科长、团长、第二十七军后勤部参谋长、中国人民解放军军事学院主任教官等职，行政十一级。

1937年11月，参加湘鄂赣红军整编。1938年1月，随部队从平江县嘉义镇出发，途经江西、浙江进入皖南泾县。红军改编为新四军后，在新四军教导总队工作。1941年4月，国民党制造震惊中外的皖南事变，他与部分战友成功突围，继续战斗在苏浙一带，在数十次的战斗中，坚持“轻伤不下火线”。解放战争时期，先后参加济南战役、淮海战役、渡江战役，1950年，受命参加抗美援朝战斗，率部队赶赴朝鲜同朝鲜人民并肩作战三年。1953年11月，调到中国人民解放军军事学院从事教学工作，多次被评为先进教育工作者。1979年，因年事已高，身患多种疾病，被批准离职休养。1995年因病逝世。

莫凤雏

莫凤雏 (1930—2003)，岳阳县新开镇人。新中国成立前，一直在家乡读书、种田。1950 年在青岗乡九龙村任教。1951 年调任筻口区人民法庭书记员，同年加入共青团。1953 年加入中国共产党。1953 年至 1956 年，先后在筻口区、广兴洲区任副区长、区长、区委书记。1956 年当选为岳阳县委委员。1959 年当选为岳阳县委常委，先后任县委文教部部长、宣传部部长。1959 年 10 月，任湘潭地委政策研究室研究员。1960 年，任湘潭县跃进公社党委书记。1961 年任石潭区委书记。1964 年任湘潭县委副书记。“文化大革命”中受到错误批斗。1970 年落实政策，任易俗河区委书记。1973 年至 1977 年，先后任湘潭县委副书记，县革委会副主任、主任。1977 年 11 月任湘潭县委书记。1983 年，任岳阳市委副书记，1983 年 11 月至 1984 年 12 月，兼任岳阳县委书记，1986 年任岳阳市人大常委会副主任、党组副书记。1990 年年底退休。2003 年因病逝世。

万　年

万　年 (1919—2005)，乳名万志意，号遗香，学名万钟，岳阳县月田镇人，大学文化。

1925 年参加儿童团；1932 年考入岳阳师范；1938 年到陕北公学学习半年毕业，同年加入中国共产党，并被组织选送到延安抗日军政大学九队学习；1940 年，到太行山抗大一分校学习，毕业后分配到八路军第一一五师三四四旅六八九团一连任副指导员兼文化教员；同年调淮海军区政治部敌工部任干事；1942 年，任灌云县联络处一分处处长；1945 年，任新四军三师陇海联络部联络参谋；1947 年，任山东海防委员会日照县石臼所办事处主任、工委书记、海上民兵政委；1948 年，入华东党校学习，后调华东野战军随军干部学校任十队指导员，并被编入华野先遣纵队七支队任干部队队长，随部队渡江南接管城市；1949 年，任芜湖市军管会公路处处长；其后任市政府民政局副局长、局长；市政府秘书长、副市长；1960 年，任安徽省标准计量局局长兼党组书记（其间曾任省科委副主任)；1983 年离休。2005 年 2 月 15 日病逝，享年 86 岁。

杨坤泉

杨坤泉（1924—2005)，岳阳县柏祥镇人，大学文化，中共党员。

1944 年参加革命，先后在西南联大、清华大学求学并从事党的地下组织活动。1948 年 8 月，由清华大学地下党组织派往武汉开展工作，迎接解放。中华人民共和国成立后，先后在武汉市委政策研究室、武汉市委企业部、武汉市委机械工业委员会、中南给排水设计院、湖北省委等单位工作。“文化大革命”期间受到错误批斗、关押，随后下放到湖北沙洋五七干校劳动。1973年调湖北省委农业机械化办公室工作；1978年，随王任重调陕西省委工作；1979年调中央工作，先后任国家农委办公厅副主任、中央书记处农村政策研究室组长、局级研究员。1983年任湖北省委农村工作部常务副部长（正厅级），湖北省第五届、第六届政协常委。1994年离休。2005年3月因病逝世，享年81岁。

康　迪

康　迪（1915—2005），原名何育群，曾用名万涤尘，岳阳县月田镇人。1936年在连云高等小学就读，当时传来北平“一二·九”学生爱国运动，学校组织救亡宣传工作队，被推举为队长，领导学生到黄岸市、甘田、筻口、新墙和临湘县桃林等地宣传演讲，散发标语、传单等。参加杨乐如（地下党员）组织的自学图书社，在思想行动上有了寻找党组织的要求。1937年六七月，参加红军，并加入中国共产党。1938年，发展陈振达、杜雁鸣、何能近、陈如圭、陈水秋等人为共产党员，成立中共何家坳支部，任支部书记。同年被聘为六区巡逻教员。1939年，几经辗转，找到中共东南局所在地，随后在东南局党训班学习，毕业后留在党训班任文书。1940年撤退皖南，到江苏溧阳新四军江南指挥部，同年5月，任丹北地区武进县宣传部部长、组织部部长。

1941年6月任澄西县委书记，改名康迪，意在迷惑日特跟踪，又取“抗敌”之意。1941年年底至1942年年初，任京沪路特委秘书长。1942年10月始，历任地委委员、丹北中心县委组织部长、中共镇（江）句（容）县委书记、茅山工委书记。1949年3月，任丹阳县委书记、镇江地委委员。1951年10月，任镇江城市工作委员会书记。后任镇江专署副专员。1952年7月，任镇江专署专员。1954年2月，任江苏省镇江地委第二书记兼镇江专署专员。1973年5月，任徐州市委副书记兼徐州革委会副主任。1977年6月，任江苏省委机关党委书记。同年12月后，历任江苏省纪委副书记、常委书记、第一书记，并被选为中共十二大代表，当选为中纪委委员。1993年8月，享受副省级待遇。2002年1月，享受省长级医疗待遇。2005年9月8日逝世，享年91岁。

荣冶粗

荣冶粗（1934—2006），中共党员，岳阳县城关镇人。1955年7月由长沙高级农校毕业分配到省农业厅工作。1956年至1968年由农业部作为农业专家选派到越南人民共和国和平省工作，因工作业绩突出获越南人民共和国授予的和平勋章。1972年6月任省农业厅粮食处种子组组长，1975年5月，任江永县回龙圩农场生产组组长。1978年8月调省贺家山原种场，先后任党委办主任、粮作站党总支书记、生产科科长。1983 年 9 月任省农业厅种子管理站站长、省种子公司经理、高级农艺师。1995 年退休。

他在湖南省种子战线工作了 40 余年，为全省种子试验、示范、推广工作作出了突出贡献，特别是在地方良种的征集、单本留种、水稻矮秆品种的示范、杂交水稻的推广等方面作出了努力。先后任国家农业部水稻专业委员会副主任，第二届作物学会常务理事，首届湖南省农作物品种审定委员会委员等专业职务，多次获省科技进步一、二、三等奖。

2006 年 6 月因车祸在长沙去世。

徐仲廉

徐仲廉（1959—2006），1959 年 1 月出生，岳阳县城关镇人，大学文化，中共党员。

1976 年 2 月参加工作，1977 年考入湖南大学机械系汽车专业，1981 年 12 月毕业，分配到岳阳市对外贸易经济合作局工作。1982 年 1 月至 1993 年 7 月在岳阳汽车运输总公司工作，历任工程师、副科长、副经理、总经理；1993 年 7 月至 1999 年 4 月任岳阳县委副书记；1999 年 4 月任岳阳市贸易经济合作局局长；2004 年 12 月，任岳阳市商务局局长。

1985 年至 1993 年兼任岳阳市企业管理协会常务理事，1990 年至 1997 年兼任岳阳市青年企业家协会副会长。1990 年被评为全国优秀青年企业家，1992 年被评为岳阳市“十大杰出青年”，1998 年被评为岳阳市优秀领导干部。

2006 年 8 月因病去世，终年 47 岁。

罗向来

罗向来（1938—2006），岳阳县云山乡人，大专学历。1958 年在湖北化工学校毕业，分配到湖北省轻化工厅工作。1962 年至 1965 年精兵简政回毛田区税务所工作，1966 年回湖北省轻化工厅，先后任政治处处长、湖北省化工学校校长等职。后湖北省轻化工厅分为湖北省化工厅、石油化工厅，他任石油化工厅副总经理。2006 年因病去世，终年 68 岁。

李亚初

李亚初（1932—2006），岳阳县黄岸乡人，1932 年 9 月生，初中文化。1952 年 2 月参加工作，1956 年 9 月加入中国共产党。历任大洲乡秘书，黄岸乡税务所、县税务局干部，京广复线岳阳县供应站站长、政工室主任，县委组织员，县委组织部干事，县人委人事科主办科员，县革委会政工组干部，政工组织组副组长，政工组副组长，县（市）委组织部副部长，县委常委、县委组织部部长。1986 年 6 月始，任岳阳县第九届人大常委会主任，1992年2月退休，2006年病逝。

雷甲生

雷甲生（1933—2007），岳阳县杨林乡人。1950年2月入伍，参加中国人民志愿军赴朝作战，在大旅战役中失去左臂，获中国人民志愿军一等功勋章1枚、三等功勋章1枚，朝鲜人民军纯金和平鸽1只，1954年4月被评为一等伤残军人，5月申请复员回乡。

复员后任生产队队长、大队民兵营营长。在农业生产中，他用独臂使用锄、锹、犁、耙等，并用独臂推车、挑土、挖泥，逐步成为村民心目中的“独臂英雄”。1958年7月，参加铁山水库建设，任建设兵团二连连长，成为建设工地上的“独臂英雄”。是年9月，被中共中央授予优秀民兵营长称号，12月被授予全国劳动模范，是年年底，被岳阳县委授予“独臂英雄”称号。1959年7月，其事迹上报省委、省政府与广州军区，并先后在《人民日报》《湖南日报》《解放军报》予以报道，8月，雷甲生被广州军区授予“独臂英雄”称号，10月被评为全国劳动模范，赴北京参加全国烈军属、残废军人、复员军人社会主义建设积极分子大会和拥军优属、拥政爱民代表大会。

1961年，广州军区出版画册《独臂英雄雷甲生》，并拍成纪实电视片。1962年，岳阳县委作出《向雷甲生同志学习的决定》。1984年，再次出席全国烈军属、残废军人、复员军人社会主义建设积极分子大会和拥军优属、拥政爱民代表大会。

1999年，雷甲生作为湖南省唯一双拥优抚代表，被邀请观看国庆阅兵大典和天安门夜间焰火，并受到国家主席江泽民、国务院总理朱镕基等中央领导人的接见。

2007年5月2日因病去世，终年74岁。

李九洲

李九洲（1925—2007），岳阳县筻口镇人。1949年参加工作，任潼溪乡贫农主席，1950年，任朱仑乡民兵队队长，1951年到1961年，任筻口区公所建设助理、区委财经助理、工作组组长、熊市乡党委书记、筻口公社党委书记、筻口区委书记，1966年，任岳阳县县长，1969年任华容县鲇市公社党委书记，1970年至1977年，任华容县革委会办事组组长、华容县财办主任、华容县委副书记，1981年任岳阳县（市）委副书记，1983年，任岳阳县第九届人大常委会主任。1985年退休，2007年病逝。

二、历任县委、人大、政府、政协主要负责人简介

（1978—2017 年）

（一）历任中共岳阳县委书记

许志龙

许志龙，1927 年 8 月出生，相思乡荷山村人。1949 年 6 月参加湘北人民游击队，历任乡长、区委书记、县教育局长等职，1977 年 8 月任中共岳阳县委书记，1981 年 2 月任岳阳市农委党组书记、主任，后任岳阳县人民政府巡视员。1965 年 9 月出席全国工业农业劳动模范国庆观礼大会，与国家领导人毛泽东、周恩来、李先念、陈毅、邓小平等合影留念。1976 年 12 月 27 日出席全国农业学大寨第二次会议，受到华国锋、叶剑英等党和国家领导人的接见。中国共产党第十一次全国代表大会代表。

莫凤雏

莫凤雏，1983 年 11 月至 1984 年 12 月兼任岳阳县委书记。（见人物传）

黄甲喜

黄甲喜，1939 年 8 月出生，黄沙街镇中乔村人，中共党员。1959 年 2 月至 1973 年 1 月，先后任岳阳师范函授教员、县文教科函授专干、共青团县委秘书、县安置站资料员、县革委办事组民政组组长、县革委办事组副组长、县革委生产指挥组副组长等职；1973 年 1 月任县革委计划委员会副主任、主任；1976 年 12 月起任县委常委、县农村办公室主任；1981 年 2 月任岳阳县副县长；1982 年 3 月任岳阳市（县级市）市委常委、副市长；1982 年 3 月至 1983 年 1 月在省委党校学习；1983 年任县委副书记、县长；1984 年 11 月

任县委书记；1989 年 12 月任市人民政府副市长；1992 年 5 月任市委常委、市人民政府常务副市长；1994 年 9 月任市委副书记、代市长；1995 年 2 月任市长；1997 年 12 月任市委副书记，先后被选为省、市人大代表，第八届全国人大代表。2000 年 7 月退休。

汪德辉

汪德辉，1940 年 9 月出生，湖南湘阴县人，大专文化。1958 年 6 月参加工作，1959 年 10 月入党。先后任湘阴县供销社干事、县委组织部干事，共青团汨罗县委书记、中共汨罗县委委员、汨罗县革委会政工组副组长。1972 年 2 月调华容，先后任县委常委兼县委办公室主任、县革命委员会副主任、县委副书记。1982 年 3 月，任华容县人民政府县长、县委副书记。1984 年 3 月调岳阳，先后任岳阳地委农村工作部第一副部长、岳阳市郊区区委书记，1990 年 3 月至 1992 年 6 月担任岳阳县委书记，后任市政府巡视员（副厅级）。2002 年退休。

罗典苏

罗典苏，1948 年 2 月出生，湖南平江县人，中共党员，研究生。1968 年 8 月参加工作，历任岳阳地区磷肥厂车间主任、党支部书记，厂办公室主任、厂长，中共岳阳县委常委、副县长、代县长、岳阳县委副书记、县长、县委书记，岳阳市政府副市长、副书记。1995 年 9 月任中共岳阳市常委、宣传部部长。2008 年退休。

宋再钦

宋再钦，1952 年 1 月出生，湖南华容县人，中共党员，大学本科文化。中共湖南省第九届委员会候补委员。1975 年 10 月至 1980 年 12 月任岳阳地区农校教师、政工干事；1981 年 1 月至 1987 年 12 月任岳阳地区人事局科技干部科副科长、科长；1987 年 3 月至 1993 年 11 月任岳阳市郊区副区长、常务副区长、区委副书记、区长；1993 年 12 月至 1997 年 1 月，任中共岳阳市委员、岳阳县委书记；1997 年 1 月至 2002 年 12 月，任湖南省水利厅副厅长、党组成员；2003 年 1 月，任中共湖南省农业科学院党委书记、副院长；2008 年 1 月至今任湖南省政协社会和法制委员会主任。

卢良才

卢良才，1949 年 7 月出生，湖南岳阳市君山区人，1971 年 8 月参加工作，中共党员，中专文化。1980年至1987年期间，先后任岳阳市委委员、市知青农场书记、梅溪区委书记、康王区委书记，县湖管局局长等职；1991年任岳阳县委常委、组织部长；1992年6月任岳阳县委副书记、县长；1997年2月任岳阳县委书记；2000年2月任岳阳市人大常委会秘书长；2001年2月任中共岳阳市委助理巡视员，兼市人大常委会秘书长、办公室主任；2002年3月任岳阳市人大常委会副主任。

李开龙

李开龙，1956年11月出生，湖南省临湘市人，大专文化。1975年5月加入中国共产党，1980年11月参加工作。1981年至1983年3月，任临湘市陆城公社党委委员、党委副书记。1983年3月至1983年12月，任临湘县委常委、宣传部部长。1987年3月至1990年12月，任临湘县委常委、副县长。1991年1月至1992年12月，任岳阳市木材总公司第一副经理。1993年1月至1996年4月，任岳阳市木材总公司经理、党委书记。1996年4月至1998年12月，任钱粮湖农场党委书记、场长。1998年12月至1999年12月，任钱粮湖农场党委书记。1999年12月至2004年12月，任岳阳县委书记。2004年12月至2008年1月，任岳阳市委副秘书长（排第一）。2007年12月，任岳阳市人大常委会副主任、党组成员。

童康宁

童康宁，1960年4月出生，湖南平江县人，大学学历。1985年4月加入中国共产党，1976年7月参加工作，从1993年开始，先后任岳阳市委、市政府接待处副处长，岳阳市教委副主任、教工委委员，岳阳县委副书记，岳阳县委副书记、县长，从2004年12月起任岳阳县委书记。2008年11月任湖南省人口计生委党组成员、副主任。2011年5月任湖南省水库移民开发管理局党组成员、副局长。

彭国甫

彭国甫，1963年1月出生，湖南湘乡县人，管理学博士，公共管理学教授、博士生导师，享受国务院特殊津贴专家，国家“百千万人才工程”国家级人选，全国宣传文化系统“四个一批”优秀人才。1984年6月加入中国共产党，1984年7月参加工作，2002年4月任湘潭大学党委书记，2008年11月任岳阳市委副书记、岳阳县委书记。2011年9月任湖南省科技厅党组书记、厅长。2014年6月任怀化市委书记，2014年9月任怀化市委书记、怀化军分区党委第一书记。

黎四清

黎四清，1961年4月出生，湖南临湘市人，1984年11月加入中国共产党，1981年12月参加工作，大学学历。从1996年开始，先后任临湘市委常委、黄盖湖农场党委书记、场长，临湘市委副书记，临湘市常务副市长，岳阳县委副书记、县长，2011年12月至2013年3月任岳阳县委书记。2012年12月任岳阳市政协副主席。

毛知兵

毛知兵，1968年3月出生，湖南华容县人，管理学博士。1987年8月参加工作，1987年8月至1992年8月，在化学工业部第四建设公司财务处工作；1992年9月至1995年6月，获得中山大学管理学院硕士研究生；1996年12月加入中国共产党；1995年7月至1996年8月，在广州市兰德经贸公司任总经理；1996年9月至1999年6月，获得华南农业大学经贸与贸易学院博士研究生；1999年7月至2001年1月，任汨罗市人民政府副市长；2001年2月至2004年11月，任共青团岳阳市委书记；2004年12月至2006年2月，任岳阳市科学技术局局长、党组书记；2006年3月至2007年1月，任中共临湘市委副书记、代市长；2007年1月至2011年4月，任中共临湘市委副书记、市长；2011年4月至2011年6月，任中共临湘市委书记、市人民政府市长；2011年6月至2013年4月，任中共临湘市委书记；2013年4月任岳阳县委书记。

田文静

田文静，1966年1月出生，湖南湘阴县人，1985年11月入党，1987年7月参加工作，本科学历。

1987年7月至1989年3月在湖南省司法学校教书；自1989年3月始，先后任湖南省人大常委会办公厅秘书处科员、秘书处副主任科员、秘书处主任科员，省人大农业与农村委员会办公室主任科员、农业与农村委员会办公室副主任；1999年7月至2002年12 月任湖南省人大常委会办公厅秘书处副处长；2002年12月至2006年3月任湖南省人大常委会办公厅秘书处调研员；2006年3月至2007年6月任中共新化县委常委、县政府副县长（挂职）；2007年6月始，先后任中共岳阳市君山区委副书记、代区长、区长；2010年12月始，先后任中共岳阳市云溪区委副书记、代区长、区长、区委书记；2016年8月任中共岳阳县委书记。

（二）历任县人大常委会主任

李九洲

李九洲，1983年12月至1986年6月任县人大常委会主任。（见人物传）

李亚初

李亚初，1986年6月至1992年12月任县人大常委会主任。（见人物传）

唐岳军

唐岳军，男，1936年7月出生，岳阳县新墙镇人。1955年底参军，1956年3月入空军第七航空军预校学习，1958年进入空军第十航空校学习，毕业后分配到空三军六师十七团工作，1960年提干入党，在部队历任排长、副指导员、教导员、政治处主任、大队政委、新兵团团长、政委等职。1981年转业任岳阳市纪委副书记，1983年11月任岳阳县委常委、纪委书记，1989年3月任岳阳县人大常委副主任、党组副书记，1992年12月任县人大常委会主任、党组书记。1996年3月退休。

向公抚

向公抚，1943年4月出生，平江县人，中共党员。1961年入伍，在部队历任战士、副班长、班长等。1975年调华容县人武部，历任政工科副科长、科长、副政委、副部长等职。1983年任岳阳县委常委、县人武部政委；1992年任岳阳县委副书记兼纪委书记、县党校校长。1996年3月至2002年12月任县人大常委会主任。2004年退休。

彭友池

彭友池，1957年11月出生，甘田乡东升村人，中共党员。1980年10月参加工作，历任乡党委书记、区委书记、县委党校校长，县委组织部副部长兼县委党校校长，县委组织部副部长、县人大常委委员等职，1994年6月任县委常委、县委政法委书记，1997

年 11 月任县委副书记兼县委政法委书记，1998 年任县委副书记，2002 年 12 月至 2011 年 12 月任县人大常委会主任，2011 年 12 月任岳阳市人大常委会副秘书长。

汤森林

汤森林，1957 年 11 月出生，临湘市人，中共党员。1982 年 7 月参加工作，历任公社农技干部、副乡长、党委委员、党委副书记、乡长、共青团岳阳县委书记、县农委副主任、农委主任、县农办主任等职。1996 年 6 月任岳阳县人民政府副县长；2001 年 3 月起先后任县委常委、县纪委书记、县委副书记等职；2011 年 6 月任县人大常委会党组副书记、副主任；2011 年 12 月补选为岳阳县第十五届人大常委会主任；2012 年 12 月当选为岳阳县第十六届人大常委会主任。

汤小娥

汤小娥，岳阳县原鹿角镇人,1962 年 5 月出生，大学文化，1981 年 8 月参加工作，1986 年 5 月入党。

1981 年 8 月至 1982 年 4 月，任中洲 (红旗) 公社农机专干；1982 年 5 月至 1984 年 2 月任荣家湾公社团委书记；1984 年 3 月至 1987 年 1 月任荣家湾乡副乡长；1987 年 1 月 1991 年 12 月任城关镇 (荣家湾镇) 副镇长；1992 年 1 月至 1995 年 2 月先后任县外经委副主任科员、党组成员、副主任；1995 年 2 月至 1998 年 12 月任县乡企局党组成员、副局长；1998 年 12 月至 2001 年 1 月任步仙乡党委书记；2001 年 1 月至 2002 年 2 月任筻口镇党委书记；2002 年 2 月至 2002 年 12 月任县委常委、筻口镇党委书记；2002 年 12 月至 2003 年 1 月任县委常委、县政法委书记兼筻口镇党委书记；2003 年 1 月至 2011 年 7 月任县委常委、县政法委书记；2011 年 7 月至 2016 年 8 月任县委常委、县委副书记；2016 年 8 月至 2016 年 11 月任岳阳县人大常委会党组副书记 (排第一)，被提名为县第十七届人大常委会主任候选人。2016 年 11 月任岳阳县人大常委会党组书记、主任。

(三) 历任岳阳县县长

李先佩

李先佩，1931 年 8 月出生，湖南省湘潭县人，湖南解放前夕投身革命。1949—1950

年当选为农民代表，后被组织选送湘潭专区第一期财经训练班学习，随后调派到岳阳县人民委员会工作。1954年8月加入中国共产党。先后历任岳阳县人民委员会财政科副科长、科长，中共岳阳县许家牌乡党委书记，中共岳阳县广兴洲区委书记、区革命领导小组组长。1978年1月至1981年11月历任中共岳阳县委副书记、县革委会副主任、县长。后任中共岳阳市委副书记，岳阳市人民政府副市长，中共岳阳市纪律检查委员会第一副书记，岳阳市建设委员会主任、党组书记，政协岳阳市委副主席、党组成员。

黄甲喜

黄甲喜，1983年12月至1984年12月任中共岳阳县委副书记、县人民政府县长、党组书记（见历任岳阳县委书记简介）

葛送培

葛送培，1945年7月生，湘阴县东塘乡人，中国共产党党员。1968年9月参加工作，先后任岳阳地委组织部干部科干事、副科长，中共岳阳市委组织部副部长。1984年12月至1988年3月任中共岳阳县委副书记、县长。后任岳阳市工商行政管理局局长，中共汨罗市委书记，岳阳市人民政府助理巡视员，岳阳市人民政府副市长。

罗典苏

罗典苏，1988年3月至1992年7月任岳阳县委副书记、县人民政府县长（见历任岳阳县委书记简介）

卢良才

卢良才，1992年7月至1996年12月任岳阳县委副书记、县人民政府县长（见历任岳阳县委书记简介）

袁建华

袁建华，1953年11月出生，湖南临湘市人，中共党员。1971年5月参加工作，先后任临湘县詹桥镇、长塘镇党委书记，临湘县委常委、县委办主任。1992年9月至1996年12月任岳阳县委常委、常务副县长。1996年12月至2001年1月任岳阳县委副书记、县长。后任岳阳市科委主任，科技局局长、党组书记，2003年11月任湖南民族职业学院党委书记。

童康宁

童康宁，2001年2月至2004年12月任岳阳县委副书记、县人民政府县长（见历任岳阳县委书记简介）

黎四清

黎四清，2004年12月至2011年12月任岳阳县委副书记、县人民政府县长、党组书记（见历任岳阳县委书记简介）

张中于

张中于，汉族，1969年1月出生，岳阳市君山区人，大学学历，中共党员。1986年7月参加工作，先后任共青团岳阳市委干事、副部长、部长；岳阳市委组织部正科级组织员、副科长、科长、副处级组织员；岳阳县委常委、常务副县长。2011年12月任中共岳阳县委副书记、县人民政府县长。

曾平原

曾平原，1971年9月出生，湖南平江县人，研究生文化，农业推广硕士，1994年6月入党，1989年7月参加工作。

1992年3月至1998年9月，先后任平江县园艺示范场副场长、党总支副书记、场长；1998年9月至2001年12月，任平江县加义镇党委副书记、镇长；2001年12月至2006年6月，先后任平江县城关镇党委副书记、镇长、镇党委书记；2006年6至2006年10 月任平江县委常委、城关镇党委书记；2006年10月至2007年2月任平江县委常委、平江工业园工委书记、城关镇党委书记；2007年2月至2007年11月任平江县委常委、平江工业园工委书记；2007年11月至2008年3月任平江县委常委、宣传部部长、平江工业园工委书记；2008年3至2011年6月任平江县委常委、宣传部部长；2011年6月至2012年11月任平江县委常委、政法委书记；2012年11月至2013年9月任平江县委常委、副县长；2013年9月至2015年8 月任岳阳市云溪区委常委、常务副区长；2015年8月至2016年8月任岳阳市广播电视台党组书记、台长；2016年8月至2016年

11月任岳阳县委常委、副书记，县政府党组书记、代县长；2016年11月起任岳阳县委常委、副书记，县政府党组书记、县长。

（四）历任县政协主席

王树先

王树先，男，1933年10月出生，湖南省长沙市人。1949年8月参加工作，1954年加入中国共产党，先后任岳阳县黄沙街区区委秘书、区委委员、区委书记，县报社副总编辑，县委中心干事、主任、县委委员，县计委主任，县农办主任，县委常委、宣传部部长，县委副书记。1984年3月至1986年6月任县政协第五届委员会主席。后任岳阳地区教育局副局长，岳阳市政府副秘书长、党组副书记，市经济开发区副主任、岳阳市新火车站建设指挥部常务副指挥长等职。

司马毅

司马毅，1932年7月出生，湘阴县人，中共党员。

1950年3月参加工作，历任湘阴县公安队、湘潭专署公安大队、岳阳县公安队、岳阳县委审干办干部。1959年5月起，先后担任共青团岳阳县委副书记，岳阳县杨林公社党委书记，公田区委副书记，岳阳县农村工作部副部长，麻塘区委书记、新墙区委书记、筻口区委书记，岳阳县文教办主任、市文教办主任，岳阳县人民政府常务副县长。1986年6月至1987年3月任县政协第五届委员会主席，1987年3月至1990年2月任县政协第六届委员会主席。

卢长根

卢长根，1939年10月出生，岳阳市君山区人，中共党员。1958年参加工作，历任岳阳县财税局市场管理站副主任，县农林畜牧站副教导员，县计划组组长、计划委员会副主任，岳阳市计划委员会副主任，岳阳县人民政府常务副县长。1990年2月至1991年2月，任政协岳阳县委员会主席。后任岳阳市交委主任、洞庭湖大桥指挥部副指挥长。

曾敬山

曾敬山，1943 年 5 月出生，湖南省汉寿县人，中共党员。1968 年 7 月毕业于湖南师范大学，分配在岳阳师范专科学校工作，后调入岳阳市教委工作。1983 年起先后任中共岳阳县委常委、宣传部部长，县委副书记兼组织部部长，1991 年 2 月至 1992 年 10 月任政协岳阳县委员会党组书记、主席。1992 年年底，调岳阳市监察局、岳阳市纪委，历任监察局副局长、党组副书记、岳阳市纪委常委等职。

潘长根

潘长根（女），1950 年 8 月出生，湖南省平江县人，中共党员。1970 年考入湖南农业大学。1973 年分配到岳阳地区农业局工作。1977 年 1 月，调岳阳市农村工作办公室工作。1983 年 12 月，任中共岳阳县委常委、县妇联主任；1992 年 10 月至 1997 年 12 月，任岳阳县政协主席。后任岳阳市科委副主任。

胡耀宗

胡耀宗，1943 年 10 月出生，岳阳县云山乡文昌村人，中共党员。

1964 年参加工作，历任云山公社党委副书记兼云山公社中学革委会主任，云山公社副书记、社主任，相思公社党委书记，毛田区委副书记、区长，步仙区委书记，毛田区委书记，县农委主任。1990 年 1 月至 1992 年 10 月任岳阳县人大常委会副主任。1992 年 11 月至 1997 年 9 月任中共岳阳县县委常委、县委组织部部长。1997 年 10 月至 2003 年 1 月任岳阳县政协主席。2003 年退休。

余振东

余振东，1949 年 11 出生，岳阳县月田镇余家村人，中共党员。1971 年 1 月参加工作，历任广兴洲区武装干事，许市公社党委副书记、管委会主任，月田公社党委副书记、管委会主任，黄金乡党委书记，广兴洲区党委副书记、区长，黄沙街区党委书记。1992 年 12 月至 2001 年 3 月，任中共岳阳县委常委、宣传部部长。2001 年 3 月至 2002 年 11 月，任中共岳阳县委副书记。2003 年 1 月至 2007 年 12 月，任政协岳阳县委员会党组书记、主席。2008 年 1 月退休。

彭西罗

彭西罗，男，1958年1月出生，岳阳市经济技术开发区人，中共党员，1974年2月参加工作，历任渭洞公社组织委员，县政府办科员，县政府办副主任科员、秘书科长，县政府办副主任，县政府办党组成员、副主任，县政府办党组成员、副主任兼公田区委副书记，县委组织部副部长，常务副部长等。2002年11月任中共岳阳县委常委。2002年12月任中共岳阳县委常委、宣传部部长。2005年6月任中共岳阳县委常委、县委办主任。2006年6月任中共岳阳县委常委、县纪委书记。2007年8月任中共岳阳县委常委。2007年12月至2008年2月任中共岳阳县委常委、县政协主席，2008年2月起任政协岳阳县委员会党组书记、主席。

袁陆保

袁陆保，岳阳县新墙镇马形村人，1963年10月出生，1982年8月参加工作，大学学历，中共党员。

1982年8月至1999年3月，先后任岳阳县白羊公社秘书、白羊乡副乡长、白羊乡党委副书记，十步乡党委副书记、乡长、乡党委书记，步仙区委副书记、区长，柏祥镇党委书记；1999年3月抽调至县农村合作基金会清整办工作；2000年2月至2002年12月任岳阳县民政局党组书记、局长，兼县残联党组书记、理事长；2002年12月至2007年10月任岳阳县副县长；2007年10月至2007年12月任岳阳县委常委、县政府副县长；2007年12月至2011年6月任县委常委、宣传部部长；2011年6月至2016年8月任县委常委、政法委书记；2016年8月任县政协党组副书记、提名政协岳阳县第十三届委员会主席；2017年1月任县政协党组书记、主席。

三、名表

（一）岳阳县社会知名人士名表

姓名	出生年月	籍贯	工作单位及职务、职称
丁振泉	1952年10月	新开镇青岗村	岳阳市城管局党组副书记、副局长
万东	1980年11月	杨林乡琴田村	岳阳县委常委、常务副县长
万明	1943年	月田镇杨林村	岳阳市对外经济贸易委员会办公室原主任，中国曲艺家协会会员
万涛		月田镇杨林村	安徽省合肥市交通局局长
万三星		月田镇福洞村	广东省公安消防总队秘书处处长
万五龙	1965年12月	中洲乡平垸村	岳阳市农机局局长
万元保	1947年11月	步仙乡	岳阳县中医院副主任医师
万平喜	1940年9月	鹿角镇	岳阳县政协原副主席，原党组副书记
万四良		杨林乡西源村	岳阳市环保局党组成员、副局长
万民一	1946年2月	月田镇杨林村	岳阳县委原副书记
万军辉		张谷英镇大水村	娃哈哈集团湖南销售总代理
万岳斌	1962年9月	张谷英镇	民盟湖南省委常委、民盟岳阳市委主委
万亨科	1953年12月	中洲乡	岳阳县中洲乡十字渠片完初联校校长，全国优秀教师
万建华	1955年12月	新墙镇松源村	湖南省军区副政委、少将
万建国		月田镇杨林村	安徽省人大常委会政研室主任
万赵林		长湖乡	深圳市精彩联合印务有限公司董事长
万艳秋	1963年	步仙乡	华容县委常委、县人武部部长
万晓阳	1930年11月	月田镇	株洲市委政法委原书记
万康林	1962年12月	月田镇上庄村	中国疾病预防控制中心传染病预防控制所党委委员、所长助理兼科教处处长，医学博士
万震球	1947年8月	公田镇	岳阳县四中语文特级教师
马立强	1934年10月	黄沙街镇先锋村	湖南省人大常委会民族华侨外事委员会原副主任委员
马武金	1952年1月	筻口镇潼溪村	江西省抚州市检察院党组成员、副检察长
马细谱	1938年2月	黄沙街镇先锋村	中国社会科学院世界历史研究所苏联东欧研究室原主任、研究员，历史学博士
马建国	1967年6月	黄沙街镇	岳阳县人民医院副主任医师
王小平	1969年6月	湖南汨罗	岳阳华丰纸业有限公司董事长
王卫兵	1966年9月	新开镇	岳阳县政府副县长
王卫斌	1968年6月	岳阳市经开区	岳阳县水务局高级工程师

姓　名	出生年月	籍　贯	工作单位及职务、职称
王五星	1969年11月	鹿角镇富强村	湖南天欣集团董事长、总裁
王介芳	1931年6月	杨林乡王安村	岳阳县教育局，湖南省第四次先进生产者
王文华	1969年	华容县	岳阳县委常委、县纪委书记
王石生	1953年	公田镇全福村	岳阳市质量技术监督局党组书记、局长
王四生	1953年3月	麻塘镇麻塘村	桂林陆军学院院长，大校
王发祥	1935年9月	汨罗市	岳阳县政协原副主席
王次春	1948年10月	柏祥镇	岳阳市政府副秘书长
王志华	1942年12月	新开镇朱砂村	湖南省国家税务局巴陵分局原局长、原党组副书记
王志朋	1966年7月	湖南新化县	湖南神斧集团向红机械化工有限公司副总经理兼总工程师，高级工程师
王芳生	1945年	新开镇兴安村	广州部队某部上校
王君林		杨林乡	湖南贝特新能源科技有限公司董事长
王京广	1959年2月	汨罗市	岳阳县法院党组书记、院长
王保林	1965年5月	湖北省监利县	岳阳县委常委
王景亮	1960年11月	毛田镇福圣村	岳阳市公安局党委委员、副局长
王新友	1964年10月	麻塘镇	上海东江建筑设计院院长，教授、博士生导师
王麒麟	1963年4月	新开镇	岳阳县畜牧水产局高级畜牧师
仇岳刚		汨罗市	岳阳县政府原副县长（挂职）
毛　健	1968年10月	筻口镇西冲村	“知识海洋”高科技公司总裁，博士
毛七星	1963年	筻口镇筻口村	湖南省经济技术协作办公室党组书记、主任
毛三红		步仙乡安山村	旅美知名专家
毛足兴	1947年10月	城关镇荣站居委会	云南省电网公司企业发展与管理研究中心咨询专家，高级政工师
毛剑军	1969年9月	中洲乡寒湖村	全国抗洪救灾先进个人，湖南省抗洪救灾功臣
毛叙保	1949年12月	筻口镇西冲村	湖南省商务厅党组书记、厅长
毛致用	1929年11月	筻口镇西冲村	第九届全国政协副主席；中共第十一、十二、十三、十四届中央委员，中共十五大代表；第五、八届全国人大代表
毛晓波	1971年8月	筻口镇	深圳市联硕科技有限公司总经理
毛爱伦	1960年1月	月田镇花苗村	益阳市工商局党组书记、局长
毛清奇			湖南云箫集团有限公司高级工程师
文仲夫	1950年2月	新开镇	军事医学科学院副院长，少将
文言保	1953年1月	新开镇云天村	江西省国家安全厅政治部教育培训处处长（三级警督警衔），上校
方　向	1963年8月	杨林乡龙潭村	国家标准化管理委员会总工程师、党组成员
方　波		杨林乡	北京中侨亚伦广告传媒有限公司总经理
方　洪			岳阳县政府原副县长

姓 名	出生年月	籍 贯	工作单位及职务、职称
方 潭	1963年4月	杨林乡龙潭村	岳阳市水务局党组成员、总工程师
方平夷	1932年9月	潼溪乡中心村	岳阳县农业局高级农艺师，湖南省科技工作先进个人、湖南省劳动模范
方东辉	1965年4月	杨林乡沈塘村	岳阳市法院监察室主任（副处级）
方延子	1964年4月	湖南岳阳	岳阳县人武部原政委
方赤峰	1969年11月	新开镇龙湾村	第二炮兵装备研究院第二研究所副研究员，博士
方谷生	1946年7月	筻口镇中心村	岳阳县人大常委会原副主任
方陆森	1963年2月	杨林乡龙潭村	岳阳市国土资源局储备中心主任
方细明	1962年	柏祥镇松岭村	湖南师范大学物理系教授，博士生导师
方祖辉			岳阳县委原常委、宣传部部长
方继球	1962年8月	新开镇	岳阳县农业局高级农艺师
方望平	1959年4月	新墙镇红光村	岳阳县政府农村工作办公室高级农艺师
方联民	1962年1月	新开镇方元村	湖南省公路桥梁建设集团公司党委书记、副董事长
方慰三	1945年6月	新开镇方元村	重庆警备区副司令员，少将
邓 辉	1968年2月	月田镇	岳阳县水务局高级工程师
邓寿亭	1961年10月	新开镇	岳阳县人民医院内科副主任医师
邓荣君	1965年12月	柏祥镇付义村	临湘市人武部党委书记、政委
尹家正		黄沙街镇黄金村	巴陵石化总公司党委书记
尹家辉	1962年12月	黄沙街镇	湘阴县委副书记
甘 勇	1970年1月	华容县	岳阳县委原常委、宣传部原部长
甘国屏	1944年12月	筻口镇新塘村	全国工商联副主席、中国个协第三届理事会会长
甘柏旺	1963年4月	筻口镇清潭村	岳阳县政协副主席（兼）
龙生光	1956年8月	杨林乡和平村	岳阳县人大常委会副主任
龙建新	1958年6月	湘阴县	岳阳县委原副书记
皮宗汉	1926年8月	长湖乡长湖村	原岳阳地委政策研究室主任
冯一粟		张谷英镇向阳村	湖南大众传媒学院院长
付 平		饶村乡江南村	岳阳市环保局党组成员、副局长
付 强	1968年	步仙乡石美村	中国航天神舟软件有限公司业务副总裁、董事会秘书，山东航天数字制造服务有限公司董事长
付 煜	1978年12月	步仙乡胜利村	日本秋田大学风险商业实验室信息存储技术领域从事博士后研究
付小勇		毛田镇田河村	君山区法院院长
付天明	1965年5月	相思乡黄中村	中国人民财产保险股份有限公司湖南省分公司副总经理
付汉家	1962年9月	毛田镇	君山区副区长

姓　名	出生年月	籍　贯	工作单位及职务、职称
付规舟	1954 年 3 月	饶村乡花园村	岳阳市纪委宣教室主任、纪委委员
付依良	1959 年 2 月	步仙乡狮山村	怀化市烟草专卖局（公司）党组书记、局长、经理
付金根		杨林乡	北京润廉投资有限公司总经理
付保平		毛田镇	湖南富诚石材有限公司董事长
付俊杰	1968 年 1 月	相思乡	岳阳县环保局高级工程师
付高勤	1967 年	鹿角镇中信村	湖南民族职业学院教务处处长
付敬忠	1969 年 6 月	饶村乡江南村	空军驻海南某部处长，上校
付雄球	1963 年 1 月	相思乡积谷村	岳阳县农业局高级农艺师
付新文	1958 年	筻口镇中安村	湖南省国家安全厅某处长
龙　文			岳阳县人武部原部长
兰定国	1966 年 9 月	饶村乡江南村	岳阳楼区副区长
兰征兵	1956 年	公田镇向佳村	岳阳市建设银行原副行长
朱方明			岳阳县政府原副县长
朱再驰	1953 年 8 月	毛田镇	湖南省纪委办公厅副主任
朱再保	1928 年	长湖乡	岳阳军分区离休干部，中国十大民间环保杰出人物，获中华环境奖提名奖、朝鲜政府授予的“民族解放勋章”、美国福特汽车环保奖
朱秀莲(女)			岳阳县人大常委会原副主任
朱金先	1963 年 5 月	双峰县	国网岳阳县供电公司高级工程师
朱辉标	1964 年	饶村乡	湖南武警总队政治部处长、上校
任小平	1947 年	公田镇向佳村	江西省委办公厅原副主任
任拥军		新墙镇	岳阳市特唯美科技有限公司董事长
任泽柱	1944 年 8 月	新墙镇板桥村	深圳天威视讯股份有限公司高级经济师
任核生	1962 年 9 月	筻口镇沙南村	武警湖南省总队后勤部副部长，上校
任高峰	1949 年 2 月	公田镇向佳村	江西省委机要局副局长
任福阶	1964 年 10 月	中洲乡枫亭村	岳阳县文联副主席，湖南省“人民满意公仆”
刘　云	1957 年 3 月	长湖乡	湖南书画院院长，著名画家
刘　拓	1960 年 1 月	城关镇粤东村	国家林业局防沙治沙办公室主任，经济学博士，获联合国防治沙漠化最佳实践奖
刘　衍	1940 年 9 月	城关镇跃进村	湖南师范大学中文系原主任，教授，享受国务院特殊津贴专家
刘　勇	1963 年 2 月	城关镇粤东村	中美合资企业诚信集团董事长，博士
刘　毅	1970 年 2 月	毛田镇	岳阳县水务局高级工程师
刘大放	1957 年 8 月	新开镇	湖南省纪委调研法规室主任
刘之敬（女）		新墙镇刘华村	包头钢铁厂原党委副书记
刘三毛	1959 年 12 月	新开镇船山村	总参警卫局管理处副食品生产基地副师职政委，高级工程师

姓　名	出生年月	籍　贯	工作单位及职务、职称
刘夕兰（女）	1965年9月	鹿角镇	岳阳县妇幼保健所副主任医师
刘长春		毛田镇	湖南海济生物科技工程有限公司董事长
刘双珍（女）		筻口镇界岭村	湘雅医院教授、博士生导师
刘石佑	1942年	公田镇大桥村	岳阳市人大常委会原副主任
刘四新		柏祥镇桂林村	中央办公厅一局局长
刘立新	1966年6月	张谷英镇大桥村	湖南省金海化工有限公司法人代表
刘光明	1958年	鹿角镇群力村	岳阳经济开发区工委副书记
刘先捍	1939年6月	张谷英镇红卫村	湖南省教科所原所长，特级教师，享受国务院特殊津贴专家，全国优秀教育工作者
刘乔一	1948年10月	城关镇群星村	国防科技大学计算机学院政委，少将
刘传汉	1964年1月	岳阳市君山区	岳阳县委原副书记
刘华波		新开镇	湖南华悦机械设备租赁有限公司董事长
刘向东	1945年	相思乡中道村	国家乡镇企业投资总公司董事长
刘向红	1962年2月	城关镇群星村	中石化总公司驻上海办事处处长，获化卫部科学技术奖
刘齐本	1942年10月	城关镇群星村	益阳市农机局原副局长兼纪检组组长
刘庆敖	1972年12月	中洲乡白沙村	空军第一航空学院图书馆馆长
刘旭光	1949年4月	新墙镇大桂村	岳阳市政协副秘书长兼办公室主任
刘志龙	1963年1月	步仙乡狮山村	广东省中医院珠海医院副院长，博士、主任医师
刘志耕	1929年10月	毛田镇	岳阳县政协原副主席
刘运生			岳阳县政府原副县长
刘均平	1951年2月	筻口镇刘桂村	岳阳市公路局局长
刘抑强	1963年3月	张谷英镇杨和村	岳阳县民政局副局长，全国计划生育先进个人
刘季用	1965年11月	筻口镇中湖村	岳阳县水务局高级工程师
刘质文			岳阳县人大常委会原副主任
刘金兰	1928年4月	城关镇粤东村	岳阳铁山灌区工程管理局原局长、原党委书记
刘泽民	1936年3月	麻塘镇畔湖村	陕西西安国防东方机械厂原厂长，高级经济师
刘炎初	1948年	月田镇	全国优秀教师
刘炎南			岳阳县人大常委原副主任
刘孟龙	1953年10月	毛田镇八斗村	中国林业国际合作集团公司副总经理，高级工程师
刘孟虎	1957年4月	毛田镇八斗村	岳阳市人大内务司法委员会副主任委员
刘美乐	1928年11月	筻口镇刘本村	总参工程兵驻武汉军事代表处原主任（正师职）
刘祖保		毛田镇黄金村	岳阳市政协原文史和学习委员会副主任
刘高聃		毛田镇八斗村	岳阳市房产局党委委员、副局长
刘载望	1972年	柏祥镇窑岭村	北京江河幕墙股份有限公司董事长、总裁

姓　名	出生年月	籍　贯	工作单位及职务、职称
刘铁辉	1965年3月	黄沙街镇建设村	美国芝加哥国家实验室高能物理研究员，留美博士，被美国政府授予“杰出青年科学家”称号
刘海波	1963年3月	岳阳经济技术开发区	岳阳市铁山供水工程管理局党委书记、局长
刘望龙	1959年	张谷英镇一心村	岳阳县芭蕉扇业有限责任公司总经理
刘琦宝	1969年1月	中洲乡白沙村	广州军区空军某部原防化主任，上校
刘握华	1934年10月	平江县	岳阳县农业局高级农艺师
刘辉龙	1954年7月	毛田镇介头村	岳阳县毛田教育组,教育部、教育工会“五讲四美为人师表优秀老师”
刘湘龙	1972年3月	公田镇公田村	岳阳县委常委
刘新建		新开镇	国家建设投资总公司副总经理
刘德鹏	1951年9月	柏祥镇桂林村	岳阳县中医院副主任医师
刘曙光		杨林乡鲁楚村	北京奇美斯德科技发展有限公司、北京中泰盛印刷有限公司董事长
刘曙球	1967年7月	杨林乡鲁楚村	北京金点时讯广告公司、北京奇美斯德科技发展有限公司、北京中泰盛世印刷有限公司董事、副总裁
刘瀚铭		柏祥镇	天津启源建筑幕墙工程有限公司董事长
江水波	1953年6月		湖南省财政厅原党组副书记、原常务副厅长
江淑环	1935年7月	岳阳市君山区	岳阳县政协原秘书长
汤兴世	1952年6月	鹿角镇岳午村	岳阳县人民法院，1994年被评为湖南省杰出法官
汤雷文	1950年5月	麻塘镇	岳阳县中医院中医内科副主任医师
汤福球	1963年5月	筻口镇中湖村	湖南理工学院招生与就业指导处处长，心理学教授
许　永	1973年2月	月田镇湾头村	临湘市委常委、常务副市长
许　亚	1964年6月	月田镇湾头村	国家审计署文体局副局长
许　诺		月田镇大洲村	中央党校党史研究室原主任
许　维	1963年	相思乡牛形村	省人防办副主任、党组成员
许　雷	1964年4月	相思乡卢塅村	云南省城市建设投资集团董事长，高级工程师
许云峰	1962年	相思乡	北京天利自动化设备研究所所长，入选《国家科技功臣名录》《中国企业家大辞典》
许石金	1939年2月	相思乡荷山村	江西省抚州市人大常委会原党组副书记、副主任
许平亚	1964年11月	相思乡牛形村	屈原管理区组织部部长兼湖南正虹科技发展股份有限公司董事
许冬生	1947年11月	鹿角镇幸福村	湖南煤矿安全监察局党组成员、副局长，高级经济师
许乐洋	1966年12月	鹿角镇济美村	湖南民族职业学院学生工作处处长
许均华	1964年3月	柏祥镇	中诚信托有限责任公司首席经济学家（副总裁级），经济学博士，高级经济师
许利民		柏祥镇	湖南省福海旅游投资管理有限公司董事长

姓 名	出生年月	籍 贯	工作单位及职务、职称
许欧蛟	1958 年 11 月		岳阳县人大常委会副主任
许国祥	1930 年 8 月	城关镇许胜村	岳阳县人大常委会原副主任
许定波	1963 年	相思乡卢塅村	香港科技大学教授、博士生导师
许定波		新墙镇三合村	总装北京军事代表局局长
许定爱	1963 年 8 月	月田镇黄岸乡	湖南民族职业学院财务处处长
许学忠	1958 年 12 月	平江县	岳阳县政府原副县长
许晓珠	1968 年 4 月	中洲乡大明村	广东省扶贫办副主任
许爱秋	1967 年	鹿角镇济美村	广州军区海南省海口市预备役师某团团长
许满意（女）	1953 年	相思乡中道村	衡阳市副市长
米庆碧		湖南怀化	岳阳县人武部原部长
孙 华	1951 年 7 月	公田镇杨塅村	湖南省有色金属勘察院运输部原部长
孙 剑	1966 年 9 月	新墙镇高桥村	国家审计署驻长沙特派办财政审计处处长
孙山青	1960 年	月田镇孙家村	岳阳市政府驻深圳办事处主任
孙国勇	1955 年 12 月	月田镇国庆村	益阳市中级人民法院党组书记、院长
孙瑞芳	1927 年 5 月		鹿角供销社，湖南省先进生产者
孙新来	1963 年	鹿角镇岳武村	美国纽约从事医学研究，双博士
杜月意	1967 年 7 月	公田镇	湖南月意生态集团有限公司董事长
杨 华（女）	1950 年 1 月	柏祥镇四知村	湖北省直属机关工委党校管理教研室主任、经济学教授
杨 华	1962 年	步仙乡松溪村	佛山市三水盛路天线有限公司董事长兼总经理，教授级高级工程师
杨 盾		长湖乡	湖南普为特运动用品有限公司董事长
杨 森	1952 年 10 月	筻口镇	江苏省军区副政委，少将
杨 锐	1915 年 4 月	毛田镇界头村	湖北省社会科学院原副院长、原党委副书记
杨东胜	1945 年 7 月	长湖乡自强村	贵州省民族宗教事务委员会党组副书记、副主任
杨立平	1967 年 12 月	新墙镇先锋村	海军南海舰队某驱逐舰支队司令部业务长
杨民宪		柏祥镇四知村	澳大利亚新南威尔斯大学计量经济学教授
杨光华	1976 年 9 月	长湖乡	长沙市开福区副区长
杨金红	1971 年 8 月	公田镇杨塅村	湖南省教育厅办公室副主任
杨许静芝(女)	1927 年 4 月	柏祥镇明淑村	美国国籍、开办 CNC 化工公司，湖南同乡会会长，爱国人士
杨克辉	1953 年 10 月	筻口镇三港咀村	岳阳县委原副书记
杨克湘	1927 年	柏祥镇文付村	市政府办原党组书记、秘书长
杨连清	1964 年 5 月	新开镇杨华村	国家林业局人事教育司副司长，高级工程师
杨劲松		毛田镇赵段村	湖南省发展和改革委员会服务业处副处长
杨和平	1956 年 11 月	鹿角镇	岳阳县人大常委会副主任

姓　名	出生年月	籍　贯	工作单位及职务、职称
杨岳湘	1965年10月	毛田镇杨家村	国防科技大学教授，博士生导师、享受国务院特殊津贴，大校
杨金红	1968年8月	公田镇	怀化市辰溪县委常委、宣传部部长
杨绍艾	1949年5月	柏祥镇文付村	国家税务总局稽查局副局长
杨柱安			岳阳县政府原副县长
杨桂兰（女）	1950年10月	柏祥镇桑园村	岳阳县委常委
杨敬翰	1925年	柏祥镇	国民党部队原军训教官，岳阳旅台同学会副会长
杨雄军		新墙镇	深圳大观泛海集团董事长
杨新权	1947年8月	公田镇向佳村	岳阳经济开发区原副主任、党组副书记兼纪委书记
李　为	1967年9月	长湖乡自强村	岳阳市政协副主席，农工党岳阳市委主委
李　刚	1968年1月	新墙镇草岭村	北京燕山石化公司副总经理、副董事长，高级工程师
李　阳	1973年	新开镇七星村	新疆阿克苏某部副团长
李　志	1963年9月	公田镇芳山村	第二炮兵某部队部队长（副师），上校
李　明	1964年	筻口镇新庄村	岳阳市人民银行中心支行党委书记、行长
李　怡		月田镇	岳阳市怡兴置业有限公司董事长
李　果		月田镇伏马村	美国贵宝制药公司研究部研究员
李　金		湖南省望城县	岳阳县委原副书记
李　洋（女）	1966年8月	相思乡李塅村	湖南民族职业学院学前教育系主任
李　勇	1969年3月	汨罗市	岳阳县委常委、组织部部长
李　根	1963年11月	月田镇	美国辉伟药业集团总监，博士，化学家
李　寅	1977年1月	中洲乡南套村	中国农业发展集团海外项目总经理
李大元	1955年7月	筻口镇邓桥村	岳阳市房产局党委书记、局长
李小新（女）	1962年10月	柏祥镇赵李村	中组部组织一局副局长
李元建	1953年1月	柏祥镇	中南大学药学院院长，药理学教授、博士生导师、享受国务院特殊津贴专家
李无瑕（女）	1977年7月	云山乡文洞村	英国伦敦大学伦敦纳米科学中心从事博士后研究，博士
李中明	1956年7月	筻口镇	岳阳县人大常委会副主任
李少怡	1951年8月	相思乡李塅村	岳阳楼区人大常委会主任
李六元	1962年9月	筻口镇新庄村	广州军区兵种训练基地司令员、上校
李石平	1952年5月	公田镇芳山村	第四军医大学财务处处长，大校
李石旺		月田镇	深圳市森一泰电子有限公司董事长
李正良	1957年	步仙乡狮山村	湖南尤特尔生化有限公司创始人

姓　名	出生年月	籍　贯	工作单位及职务、职称
李正旺	1965年1月	月田镇红光村	广西壮族自治区梧州市蝶山区人武部部长
李世奇	1951年9月	月田镇牛黄村	江西省南昌市卫生学校党委副书记
李卡良	1941年5月	湖南汨罗市	岳阳县一中原校长，特级教师
李生龙	1965年8月	月田镇	岳阳大力神电磁机械有限公司法人代表、总经理
李代鳌	1952年	毛田镇英桥村	岳阳市鑫旺房地产开发公司董事长
李立芳	1950年5月	步仙乡	岳阳县职业中专校长，全国优秀教师
李亚东	1951年2月	新开镇大塘村	岳阳县政协副主席
李权生	1941年12月	毛田镇毛田村	岳阳市一医院原党委书记，高级政工师，获中国人民解放军英模称号
李伟文	1966年4月	饶村乡花园村	深圳市通力建设工程有限公司创始人，高级工程师
李任平	1974年	长湖乡新桥村	海南军区某部副团长
李华深	1944年10月	筻口镇游港村	中国人民解放军总后勤部油料研究所原政委、原党委书记，大校
李全学		柏祥镇	湖南科伦制药有限公司岳阳分公司总经理
李江辉			岳阳市血防办主任
李观风	1953年6月	筻口镇	全国优秀教师
李观政	1947年4月	筻口镇	岳阳市人大常委会副主任
李志耕	1965年10月	相思乡朝西村	岳阳市昱华玻璃制品有限公司董事长
李克勤（女）	1957年4月	新墙镇	岳阳县新墙学校任教，全国优秀教师
李佑文	1945年8月	岳阳市君山区	岳阳县政协原副主席、县委统战部原部长
李际平	1968年11月	中洲乡天灯村	第二炮兵某部队政治部副主任（副处）
李林秋	1939年	云山乡文洞村	新疆伊犁市某独立团原团长
李建陆	1945年2月	筻口镇游港村	岳阳市政府原副秘书长
李征兵	1964年11月	中洲乡南套村	岳阳市纪委调研室主任
李金玉（女）	1949年	新开镇大塘村	省纪委离退休人员工作办公室副主任
李映明	1953年9月	毛田镇赵塅村	岳阳县毛田中学教师，全国劳动模范教师
李美华（女）	1966年8月	毛田镇	甘肃省天水市委常委、统战部部长
李艳归	1953年	麻塘镇	湖南一力股份有限公司董事长、总经理，高级经济师
李载龙		毛田镇蝴蝶村	联合国原粮农组织专家
李载荣	1955年8月	毛田镇	岳阳县政协副主席

姓　名	出生年月	籍　贯	工作单位及职务、职称
李晓平	1956年	毛田镇育英村	湖南省精神文明办副主任
李晓葵	1962年9月	筻口镇游港村	湖南省公安厅经侦总队总队长
李健生	1964年7月	中洲乡二郎村	湖北省荆门市政府金融工作办公室主任
李黄金		月田镇湾头村	华南农业大学教授、博士生导师
李银初	1940年10月	云山乡文洞村	广西壮族自治区桂林市秀峰区原区委书记、人大常委会原主任，高级政工师
李望庄	1933年4月	新化县	岳阳县农业局高级农艺师
李望兵		公田镇	湖南诺一钢铁有限公司董事长
李清苹（女）		筻口镇熊市	上海市政府经研室某处处长
李鸿禧	1951年12月	筻口镇	岳阳县人大常委会原副主任
李联山	1958年12月	新墙镇清水村	湖南省煤炭工业局党组书记、局长
李敬垂	1952年7月	公田镇大山村	岳阳晚报社原副总编辑
李雄杰	1962年9月	筻口镇	岳阳晨光建筑集团公司董事长
李雄威	1929年10月	长湖乡	岳阳县政协原副主席、原党组副书记，县委统战部原部长
李焱森	1961年11月	麻塘镇	湖南一力股份有限公司副董事长
李渭渔		张谷英镇大桥村	湘西自治州政府副秘书长兼接待处处长
李湘岳	1957年3月	步仙乡付胜村	岳阳市委常委、副市长
李新良	1961年	步仙乡狮山村	湖南尤特尔生化有限公司董事长，博士
李满雄		毛田镇	湖南渔米之湘食品有限公司总经理
李福顺		湖南常宁	岳阳县人武部原政委
李德隆			岳阳县人大常委会原副主任
李儒风	1929年12月	相思乡李墩村	岳阳市政协办公室原主任
吴　戈		长湖乡燎原村	中纪委办公厅某处处长
吴　明（女）	1970年	鹿角镇兴无村	法学博士、社会学博士，留居美国
吴　桐（女）	1969年12月	华容县	岳阳县政府副县长
吴　峰	1971年4月	公田镇青隐村	海南琼海公安边防支队支队长，上校
吴　憨	1970年	鹿角镇	中国出口信用保险公司关键客户处处长
吴文敏	1974年12月	鹿角镇三义村	解放军某部政委、党委书记，上校
吴世伦			岳阳县委原副书记
吴当时	1958年	鹿角镇兴无村	岳阳市城市调查队队长
吴冰朗	1933年3月	岳阳市	岳阳县畜牧局高级畜牧师，享受政府特殊津贴
吴奉年		荣家湾镇	深圳增润石化有限公司董事长

姓 名	出生年月	籍 贯	工作单位及职务、职称
吴岳新	1967年2月	鹿角镇三义村	岳阳市公路局副局长，高级工程师
吴家志	1925年10月	鹿角镇	岳阳县政协原副主席、原党组书记
吴晓球			岳阳市二人民医院院长
吴爱桃（女）	1967年3月	鹿角镇	岳阳县水务局高级工程师
吴森松	1955年5月	相思乡芙蓉村	乌鲁木齐陆军学院教育中心主任，副师职级，大校
吴辉勇		月田镇	上海垠畅物流有限公司董事长
余 晖	1964年2月	筻口镇	解放军总装备部技术基础管理中心高级工程师
余三定	1956年	月田镇余家村	湖南理工学院党委副书记，中文系教授，中国作家协会会员，享受国务院特殊津贴专家，全国教育系统劳动模范
余大红	1960年1月	新开镇共和村	岳阳县教育局党委书记、局长，全国优秀教师
余长庚	1962年11月	公田镇公田村	君山区人武部部长
余石海	1966年	甘田乡东升村	广州军区空军某部研究员，上校
余尧保		新墙镇	湖南湘渝科技实业有限公司董事长
余英生	1945年10月	筻口镇新安村	湖南省农业厅厅长
余泽世	1963年3月	筻口镇世庠村	华容县委常委、县纪委书记
余泽平	1943年5月	筻口镇世庠村	长沙市第一中学原校长，特级教师
余泽俊	1933年11月	筻口镇世庠村	湘阴县政协原主席
余荣荐	1958年10月	黄沙街镇大联村	湖南省轻盐集团公司党委委员
余爱国	1953年8月	筻口镇	湘潭市委副书记、市长
余瑞德	1942年10月	月田镇茨洞村	中国石油化工集团巴陵石化有限责任公司原党委副书记、原监事会主席、原纪委书记兼原工会主席，高级政工师，湖南省劳动模范。
余新宝	1968年	新开镇方元村	沈阳军区空军后勤部工程师、上校
何 江	1944年9月	公田镇大桥村	岳阳晚报社原总编辑，高级记者
何三新		荣家湾镇	湖南汉森制药股份有限公司董事长
何永辉		公田镇媳岭村	广东珠海市人民银行行长
何光岳	1939年11月	黄沙街镇坪桥村	湖南社会科学院中华民族史专家，炎黄文化研究所原所长、研究员，享受国务院特殊津贴
何忠民（女）	1943年12月	岳阳市	岳阳县政协副主席，全国先进工作者
何岳平	1966年	黄沙街镇坪桥村	岳阳市天翔商贸有限公司董事长兼总经理
何报发	1944年3月	黄沙街镇坪桥村	广西壮族自治区柳州地区科协原主席
何报翔	1963年3月	黄沙街镇坪桥村	湖南省工商联会长（主席）
何桂兰（女）	1947年6月	中洲乡青镜村	岳阳县鹿角教育组，全国德育先进工作者、湖南省职工劳动模范
何海鹰	1963年10月	黄沙街镇坪桥村	湖南省长常高速公路管理处党委书记、处长，高级工程师
谷四英（女）	1962年1月	杨林乡	岳阳县人民医院妇产科副主任医师

姓　名	出生年月	籍　贯	工作单位及职务、职称
邹　成		黄沙街镇	岳阳顺意工程有限公司董事长
邹三友	1964年1月	鹿角镇大成村	岳阳市财政局副局长
邹石龙	1959年9月	筻口镇潆市村	中央警卫团政治部主任
邹兴明	1949年10月	步仙乡	湖南省移动通信公司总经理助理兼人力资源部总经理，高级经济师
邹金鹭	1941年	黄沙街镇玉华村	永州市委原书记，湖南省委原督办专员
邹继良	1954年12月	步仙乡北斗村	深圳盐田边防检查站政委
邱长军	1965年7月	麻塘镇万垅村	瑞士国家研究所硕士研究生导师，教授、博士
沈　超		毛田镇同心村	正厅级离休干部
沈白榆		毛田镇同心村	教育部基教司教材处处长
沈晓明	1961年11月	新开镇胜天村	中国银行监督管理委员会高级经济师
汪扩军	1964年6月	新墙镇管塘村	中国气象局科技发展司副司长（挂职）
汪佑善	1935年12月	新墙镇	岳阳县人大常委会原副主任
汪金安			岳阳县委原副书记
宋爱华（女）	1957年2月	步仙乡关王村	岳阳市政府副市长
张　力	1971年		第四十二军直工处副处长
张　晖	1967年9月	长湖乡	中国石化巴陵石化公司环氧树脂事业部经理
张　涛	1941年	城关镇大冲村	岳阳市一商业局原纪委副书记、副局长
张　翎（女）	1962年	鹿角镇三塘村	岳阳市政府办副主任兼督查室主任
张　萍（女）	1964年	鹿角镇杨茂村	岳阳市社科联党组成员、副主席
张　醒	1934年6月	鹿角镇	岳阳县人大常委会原副主任
张一和	1953年	张谷英镇四维村	上海中医药大学气功研究所医学气功综合实验室主任
张一核	1943年10月	柏祥镇	岳阳县人大常委会原副主任
张力强	1965年9月	张谷英镇张谷英村	武警湖南部队宣传处处长
张大尧	1932年	新开镇	岳阳市武警支队原党委书记、原第一政委
张木森	1949年9月	新开镇团山村	岳阳市政协党组成员、副巡视员
张中霏	1970年9月	中洲乡红旗村	岳阳市委组织部基层党建办主任（副处级）
张仁杰	1932年	黄沙街镇坪忠村	岳阳市纪委原副书记

姓　名	出生年月	籍　贯	工作单位及职务、职称
张世楣	1937年3月	鹿角镇三塘村	岳阳县城关镇中学教师，全国优秀教师、省级劳动模范
张四凤（女）		筻口镇三港村	北京某部队政治部主任
张汉马		张谷英镇张谷英村	美国皇家科学院洛桑研究所高级研究员
张汉波	1950年7月	筻口镇锹塘村	江西省抚州市公安干部中等专业学校原校长
张亚初	1943年11月	新墙镇老街居委会	岳阳市人大常委会原副主任
张团湖	1965年	新开镇上文村	南海舰队司令部机要处处长、上校
张向军	1973年	公田镇晏冲村	湖南省邵东县副县长
张守一	1931年11月	麻塘镇洞庭村	中国社会科学荣誉学部委员、中国数量经济学会原理事长
张池海	1942年5月	麻塘镇万垅村	厦门中外合资电力发展有限公司高级会计师
张红霞（女）)	1968年2月	城关镇	岳阳县人民医院副主任护师
张丽生			岳阳县政府原副县长
张取义			岳阳县人大常委会原副主任
张绍鹏	1961年11月	湖南浏阳	岳阳县人武部原部长，上校
张建设	1957年7月	中洲乡义合村	获国家环保总局“全国十佳绿色卫士”称号
张承玮	1935年3月	湖南长沙	岳阳县政协原副主席
张治雄	1946年4月	张谷英镇	岳阳市政协主席
张思扬		长湖乡三友村	岳阳日报社党组书记、社长
张海文	1965年	鹿角镇建新村	解放军南海舰队政治部主任
张盟苒	1963年9月	岳阳市	岳阳县水务局高级工程师
张崇纪	1950年10月	筻口镇筻口村	江西省鹰潭市委副书记、市纪委书记
张喜春	1964年	新开镇上文村	北京航空航天学院副院长，博士后，上校
张普文	1963年3月	张谷英镇长坪村	某部队政委、师党委委员，上校
张新久	1951年	新墙镇寺塘村	中国兵器工业集团公司科技局副局长，教授级高级工程师
张群望	1964年5月	张谷英镇张谷英村	市司法局党组书记、局长
张碧星	1963年8月	步仙乡	中国科学院研究所研究员、博士生导师
张端喜	1947年	长湖乡新许村	岳阳市委原副秘书长
张德秋	1955年8月	张谷英镇四维村	省注册税务师管理中心主任，高级经济师
陆镇林	1963年	筻口镇游港村	中湘实业公司董事长
陈　勇		月田镇陈伏村	岳阳市广播电视台纪委书记
陈　健		浙江德清	岳阳县委常委、副县长（挂职）

姓　名	出生年月	籍　贯	工作单位及职务、职称
陈　浩		月田镇	长沙市承荫美术学校董事长
陈　靖	1969年4月	农业局原种场	清华大学教授，博士生导师
陈　鑫		饶村乡中流村	岳阳市城管局党组成员、总工程师
陈小年	1962年	鹿角镇农科村	国家石油天然气总公司高级工程师
陈大悲	1935年9月	黄沙街镇光华村	岳阳市人大机关原党委书记
陈正中	1940年10月	甘田乡五星村	湘潭大学原第一副校长，正厅级督导员
陈正平	1950年3月	饶村乡金西村	“岳阳市铁山供水工程管理局党委副书记、副局长，高级经济师”
陈白玉	1941年8月	黄沙街镇新民村	湖南省政府原主任督学
陈立文	1950年	筻口镇	岳阳县大坳水库党支部书记、所长，全国水利系统先进工作者
陈加保	1953年9月	新墙镇上游村	湖南省纪委、省监察厅案件检查室副主任、正处级纪检员、监察员
陈亚先	1950年	饶村乡东山村	岳阳市文联主席兼省文联副主席，文化部优秀专家，国家一级编剧，享受国务院特殊津贴，湖南省特等劳动模范
陈先望	1964年1月	月田镇江先村	广西壮族自治区桂林市人武部部长
陈伟邦	1962年8月	饶村乡伍相村	〔澳〕博士，澳大利亚澳特国际有限公司北京代表处首席代表
陈仲移	1947年11月	新开镇双雁村	岳阳市农办市直农林水系统机关党委书记，获农业部杂交水稻推广奖
陈兴祥	1962年10月	月田镇	岳阳县一中副校长，全国优秀教师
陈红军	1969年1月	筻口镇界岭村	颐寿园（北京）蜂产品有限公司董事长、北京东方巨人科技有限公司董事长、北京文正堂生物科技有限公司董事长
陈红辉	1971年9月	饶村乡东山村	华中科技大学同济医学院附属精神病医院院长，医学博士，教授，主任医师
陈戒旦	1932年	饶村乡	岳阳县饶村中学原副校长，湖南省劳动模范、全国优秀教师
陈志莲（女）	1959年6月	新开镇毛栗村	云溪区区委副书记、区长，高级统计师
陈步和	1934年12月	新开镇双雁村	全国计划生育协会先进志愿者
陈应白		月田镇中山村	湖南省轻工局财务处处长
陈完璞		饶村乡饶村村	化工部科技司原副司长
陈建军	1962年6月	月田镇稻田村	湖南理工学院政法系主任、教授
陈国栋		月田镇国庆村	北京联想集团副总裁
陈国荣	1955年11月	长湖乡燎原村	岳阳市人大常委会党组副书记、副主任
陈迪锋	1961年8月	新墙镇松源村	广州军区联勤部桂林万寿港离职干部休养所正处级政治协理员、党委书记，上校
陈胜利		长湖乡	岳阳强力电磁设备有限公司董事长

姓　名	出生年月	籍　贯	工作单位及职务、职称
陈美中	1967年3月	饶村乡金西村	湖南岳阳职业技术学院党委委员、副院长，博士
陈哲生	1947年	月田镇大洲村	湖南民族职业学院党委副书记、院长
陈晓辉		新开镇	上海品阳复合材料有限公司董事长
陈海波	1965年3月	饶村乡大坳村	中南大学数学科学与计算机技术学院党委副书记，教授、博士生导师
陈静平		柏祥镇中村村	湖南电力勘测设计院高级工程师，湖南国泰科技发展有限公司总经理
肖　洁（女）	1954年2月	湖南娄底	岳阳县中医院中医内科副主任医师
肖自力	1955年4月	张谷英镇四维村	云溪区区委副书记、区长
肖庆珍	1933年9月	湖南益阳	岳阳县烟草局高级经济师
苗富林	1930年12月	山西盂县	岳阳县人大常委会原副主任
林　涛		湖南祁东	岳阳县委常委、副县长（挂职）
欧小文	1944年5月	鹿角镇东庄村	岳阳市财政局原副局长、原党组副书记
欧阳铎升	1957年	鹿角镇三塘村	美国网络工程师，博士
易　奇		新墙镇	岳阳市坤鑫置业有限公司法人代表
易　锋	1962年2月	云山乡谢山村	定居美国洛杉矶，博士
易大盛	1961年2月	甘田乡戴家村	湖南富兴集团有限公司董事长、总裁，高级经济师
易文谷	1956年6月	云山乡谢山村	岳阳县人大干部，农业部劳动模范
易玉娟（女）	1965年2月	城关镇城南居委会	中央统战部一局四处处长
易正凡	1968年1月	湖南湘阴县	岳阳县林业局工程师，湖南省先进工作者
易石秋	1965年	云山乡谢山村	岳阳市一中党委副书记、纪委书记，国家级骨干教师
易东保	1941年10月	云山乡陈洞村	岳阳市残联原理事长
易有国	1943年10月	筻口镇西游村	广东省国际问题研究中心原助理巡视员
易红卫	1956年6月	云山乡谢山村	岳阳市房产局副书记、副局长
易希望	1943年8月	城关镇枫桥居委会	国家经贸委长沙经理学院原副厅级督导、副研究员
易拓新			岳阳市国土局党组副书记、副局长
易威奇	1973年9月	城关镇东方村	岳阳楼区区委常委、区委办主任
易晓彬	1964年3月	云山乡爱国村	美国耶鲁大学教授、博士后导师
易新岳	1965年7月	月田镇花苗村	岳阳县政府副县长
易新南	1948年2月	筻口镇	香港金麒麟国际酒店管理公司总裁，高级经济师
易豪精	1965年3月	云山乡谢山村	原中国人民大学教授，后移民加拿大

姓　名	出生年月	籍　贯	工作单位及职务、职称
罗　遥	1967 年 1 月	云山乡云山村	君山区区委常委、纪委书记
罗凡凤	1942 年 9 月	云山乡云塅村	岳阳市政府原副秘书长
罗闰良	1957 年 5 月	鹿角镇济美村	湖南杂交水稻研究中心暨国家杂交水稻工程技术研究中心副主任、党委副书记
罗松轩	1932 年 8 月	云山乡	岳阳县云山文洞小学教师，全国优秀教师
罗忠勇	1957 年	鹿角镇牛皋村	岳阳市委编办主任
罗岳群	1932 年 1 月	黄沙街镇大明村	岳阳市外贸局原副局长
罗顺勤	1965 年	鹿角镇济美村	定居澳大利亚，博士
罗绪春	1965 年	张谷英镇	中国人民解放军第四十一军工兵团政委
罗黑皮	1959 年	鹿角镇幸福村	岳阳市发展和改革委员会党组成员、副主任
罗辉强		新墙镇	亿豪房地产公司董事长
周　明		月田镇	深圳市互联在线云计算股份有限公司董事长
周大明	1957 年 10 月	步仙乡	岳阳市商业银行董事、行长，高级经济师
周大勇		月田镇	海南三和航空服务有限公司董事长
周石平	1964 年 9 月	杨林乡白水村	国家工商总局商标评审委员会副主任、国家工商总局企业注册局局长
周石刚	1963 年 3 月	中洲乡湘江村	广东某部队炮兵团原政委，广东省东莞市大郎镇公安局副局长
周四旺	1971 年 6 月	中洲乡二郎村	湖南大学副教授，博士
周代永	1962 年 11 月	黄沙街镇天然村	湖南省永州监狱党委书记、监狱长
周代群	1942 年 12 月	月田镇	中国通信工业协会副会长、北京普天乐电子有限责任公司董事长，教授级高级工程师
周永忠	1949 年 7 月	新墙饶双港村	岳阳县人大常委会原副主任
周传博	1951 年 9 月	公田镇黄田村	岳阳市政协副主席
周交荣	1960 年 4 月	相思乡同乐村	深圳市公安局龙岗分局大鹏派出所上校
周志魁	1963 年	公田镇向佳村	湖南省农业厅种子管理局局长
周述设	1954 年 5 月	黄沙街镇存仁村	岳阳市经济和信息化委员会原纪委书记、原副书记、原副主任
周述陆	1952 年	黄沙街镇存仁村	岳阳市公安局原党委副书记、原纪委书记
周述荣	1936 年 11 月	公田镇晏冲村	江西省人大常委会原副主任
周拥军	1972 年	鹿角镇济美村	岳阳市民政局慈善办主任
周叔年	1968 年 11 月	中洲乡金山村	二炮某部队旅政治部副主任（副团职）
周岳雄		毛田镇杨家村	岳阳楼区区委常委、区纪委书记
周金龙	1964 年 5 月	月田镇塘坳村	华容县委常委、常务副县长

姓　名	出生年月	籍　贯	工作单位及职务、职称
周宗文	1958年6月	月田镇塘坳村	长沙大森林旅游有限公司董事长
周香秋	1952年1月	公田镇晏冲村	江西省宜春市公安局交警支队原政委
周盈科	1977年2月	中洲乡二郎村	博士，赴美国进行专题研究
周海银	1966年9月	中洲乡铜盆村	国防科技大学教授，博士
周联四	1959年11月	柏祥镇	岳阳县公安局，全国二级英雄模范
周森保	1952年9月	新墙镇周邓村	湖南省工商局党组成员、副局长
周晴山			岳阳县人大常委会原副主任
周湘克		长湖乡	佛山市顺德区顺安货运代理有限公司董事长
周湘益	1952年2月	市经开区西塘镇	岳阳县政府原副县长
周新春	1962年3月	中洲乡青镜村	长江水利委员会水文局水文气象预报处处长、教授级高级工程师
周新保	1950年9月	公田镇晏冲村	解放军总后勤部物资油料部军事代表局副局长，大校
周新辉	1960年2月	黄沙街镇红卫村	湖南省劳动模范
周赛保	1966年1月	公田镇公田村	湘西自治州副州长
屈小阳	1954年10月	长湖乡双联村	铁道部中铁快运有限公司长沙管理分公司总经理兼党支部书记，高级会计师、高级经济师
孟生秋		杨林乡西源村	岳阳楼区副区长
赵士明	1970年	鹿角镇幸福村	广西军区某部副团长
赵丈田	1952年5月	张谷英镇竹坪村	岳阳市政府副秘书长
赵中权	1956年7月	城关镇街赵居委会	全国人大常委会办公厅人事局局长
赵远纲	1934年6月	黄沙街镇再茂村	石油工业部北京石油科学研究院教授、高级工程师，享受国务院特殊津贴专家
赵岳平	1966年10月	城关镇街赵居委会	君山区委副书记、区长
赵美林	1964年12月	柏祥镇十步村	天津汇邦投资有限公司总裁
赵淡元	1926年7月	城关镇街赵村	西南师大历史系原教授
赵煜恒	1955年1月	岳阳楼区	岳阳县政协副主席
荣　华	1968年1月	城关镇荣站居委会	湖南省国有资产监督管理委员会监事会五办事处副处长
荣　诚	1962年11月	城关镇荣站居委会	湖南省科协党组成员、副主席
荣彩春	1953年3月	城关镇荣站居委会	湖南省人大常委会法制委办公室主任、党支部书记、副书记
胡　政	1942年	月田镇毛家村	岳阳市政府驻深圳办事处主任
胡石明	1962年9月	云山乡黄稻村	长沙市科技局局长兼高新技术局党组书记
胡冬阳	1939年11月	城关镇文胜居委会	岳阳县质监局高级工程师，享受国务院特殊津贴

姓　名	出生年月	籍　贯	工作单位及职务、职称
胡年生	1947年2月	中洲乡红旗村	湖南省司法警官学校原党委书记、原校长
胡伟林	1962年11月	柏祥镇谢全村	湖南省财政厅党组成员、副厅长
胡纪生	1939年11月	城关镇文胜居委会	冶金工业部长沙黑色冶金矿山设计研究院分院院长，高级工程师
胡灿辉		步仙乡	广东盛路通信科技股份有限公司总经理
胡陆军	1968年3月	城关镇文胜居委会	北京嘉源置业投资有限公司创始人，高级经济师
胡明海	1989年4月	县城关镇文胜居委会	中国皮划艇激流运动员，获全运会银牌奖、亚洲锦标赛2项金牌奖、世界杯铜牌奖
胡知荣	1962年3月	城关镇粤东村	临湘市委书记，高级工程师，全国交通系统劳动模范
胡贤世	1947年1月	新开镇枫树村	北京瑞福祥饭庄法定代表人、总经理，北京东方亮大酒楼法定代表人、总经理，北京东科晟科技贸易公司法定代表人、总经理
胡复元	1953年10月	鹿角镇鹿角居委会	中国渔业协会副会长兼秘书长，高级工程师
胡高举	1978年6月	筻口镇	岳阳长城、新格里宾馆总经理
胡望社	1963年11月	鹿角镇中信村	解放军后勤工程学院教授，大校
胡惜时	1941年9月	城关镇文胜居委会	湖南同心科技有限公司总经理兼总工程师，磨削技术专家、科学家，享受国务院特殊津贴专家
胡编庆	1936年12月	鹿角镇友爱村	岳阳市政协原常务副主席
胡德文	1963年8月	筻口镇	国防科技大学教授，博士生导师，少将
柳正军		黄沙街镇	东莞市东政化工有限公司董事长
柳建新	1962年5月	黄沙街镇大众村	中南大学地球科学与信息物理学院副院长，博士，博士生导师，教授
柳腊年（女）	1955年	黄沙街镇黄金村	岳阳市巴陵石化学校教师，全国优秀教师
钟　正		柏祥镇	岳阳冠都置业有限公司副董事长
钟正如	1966年12月	张谷英镇	岳阳县人民医院内科副主任医师
侯卫兵	1969年6月	新墙镇燎原村	深圳清华大学研究院广东省数字电视系统重点实验室副主任、深圳力合数字电视信息技术有限公司总经理，博士
侯兴旺	1958年1月	城关镇兰塘村	湖南兴旺建设集团董事长、总裁，一级建造师
侯规勇	1936年6月	城关镇同心居委会	岳阳县委政法委原书记
侯循招	1935年10月	新墙镇植山村	原郊区人大常委会副主任
段德平	1959年6月	湖南省华容县	岳阳县检察院党组书记、检察长，1995年获最高人民检察院一等功
饶翊贤	1937年1月	湖南省汉寿县	岳阳县二中教师，全国优秀教师，湖南省劳动模范
祖之祥	1962年12月	岳阳市君山区	岳阳县人民医院内科副主任医师
祝再华（女）	1943年12月	湖南省益阳县	岳阳县城关镇小学教师，全国优秀教师
姜　波	1970年3月	公田镇	中国社会科学院考古研究所科研处处长、副研究员，博士

姓　名	出生年月	籍　贯	工作单位及职务、职称
姜义仁	1937年		岳阳县人大常委会原副主任
姜四洲	1961年5月	麻塘镇横塘村	空军驻长沙地区军事代表室总军事代表，高级工程师
姜志龙		甘田乡	湖南创智集团原执行副总裁
姜劲秋	1928年2月	甘田乡	湖南省对外经济贸易委员会出国人员选派处原处长
姜武贤	1950年11月	麻塘镇横塘村	江西省庐山管理局民族宗教领导小组副组长
姜宗福	1963年2月	公田镇	国防科技大学教授、博士生导师
姜璜生	1942年	公田镇河东村	岳阳市中房公司原党委书记，大校
胥　宁	1972年12月	鹿角镇	岳阳县人民医院普外科副主任医师
胥定元	1953年9月	鹿角镇	岳阳县一中党委书记
胥建平	1936年7月	鹿角镇文发村	岳阳县人大常委会原副主任
胥棉桃	1958年12月	鹿角镇文发村	岳阳经济技术开发区工委委员、管委会副主任
骆爱国	1950年5月	岳阳市	岳阳县水利水电局水政监察大队副大队长,全国水利系统模范工人
姚匡华	1938年11月	柏祥镇大姚村	岳阳县政协原副主席
姚培德			岳阳县政府原科技副县长
袁　松		新开镇	湖南大为工程咨询有限公司、湖南乐利洁环董事长
袁立新		公田镇祯祥村	中国网通人力资源部经理
袁荣华	1950年8月	新墙镇马形村	岳阳市人大常委会农业与农村委员会原主任委员
袁秋涛	1935年11月	新开镇	岳阳市人大常委会原副主任
袁鹏翔	1924年8月	新开镇	原益阳地委巡视调研组长
聂岳华		杨林乡	岳阳市巴陵医院院长
夏国康			岳阳县政府原副县长
莫才明		广东茂名	岳阳县人大常委会原副主任
柴小平	1954年11月	杨林乡白泥村	岳阳市委组织部副部长
晏　斌		麻塘镇牌头村	解放军某部团政委
晏支华	1952年11月	黄沙街镇杨元村	广西壮族自治区河池地委原副书记，被国务院授予“全国民族团结进步模范”称号
晏石福	1955年	公田镇晏冲村	君山区人大常委会副主任
晏世军	1949年9月	麻塘镇东风村	岳阳市公安局巡特警支队支队长
晏世和	1952年11月	麻塘镇东风村	湖南泰格林纸业集团副总裁（副厅级）、岳阳纸业集团董事，高级经济师，高级政工师
晏乐斌	1934年11月	公田镇晏冲村	公安部一局原研究员

姓　名	出生年月	籍　贯	工作单位及职务、职称
晏军辉	1950年5月	甘田乡伞把村	岳阳县人大常委会原副主任
晏晓二	1952年8月	麻塘镇	农行岳阳市分行原党委书记、原行长，高级经济师
晏新民	1954年	黄沙街镇坪桥村	岳阳市一医院原院长，主任医师，教授
殷石爱	1952年12月	公田镇河东村	岳阳市委组织部常务副部长
殷池应	1954年8月	公田镇龙山村	湖南省扶贫办党组成员、副主任
殷宇飞	1967年2月	公田镇	岳阳市昌虹置业有限公司董事长兼总经理，高级经营师
殷林波	1962年1月	公田镇龙山村	湖南省经委副巡视员
殷岳龙		月田镇	深圳市圣凯珠宝有限公司董事长
殷道春	1954年4月	公田镇龙山村	岳阳市经委主任，高级经济师
殷福保	1944年11月	公田镇龙山村	贵州省政协文史与学习委员会副主任
徐　平		月田镇赵洞村	岳阳楼区区委常委、政法委书记
徐　军		长湖乡	湖南美味人生食品投资管理有限公司董事长
徐　岳	1935年10月	月田镇	岳阳县委统战部原部长、县政协原副主席
徐　奎			岳阳县政府原副县长
徐亚清（女）	1954年12月	岳阳市	岳阳县人民医院中医副主任医师
徐石坚	1954年12月	月田镇	岳阳市铁山供水工程管理局党委书记、局长
徐阳生	1945年2月	筻口镇漆市村	岳阳市政协经济委员会原主任
徐红奎	1975年	月田镇徐家村	中国科技研究所广东华东学院副研究员、副教授
徐洪涛	1953年5月	杨林乡兰泽村	北京金地科创投资公司、北京富兴苑地产公司、北京鑫阳房地产公司董事长，高级经济师
徐振阳	1971年10月	麻塘镇	广州市中国电器科学研究院高级工程师
徐恩益	1947年10月	饶村乡莲花村	空军驻广深地区军事代表（正师），大校
徐载满	1963年7月	麻塘镇	岳阳市教育局副局长
凌四明	1962年7月	柏祥镇十步村	广东省佛山市三水区区委常委、区人武部政委，上校
高子健			岳阳县政府副县长（挂职）
高步云	1966年	公田镇	湖南同安医药集团有限公司董事长
高党生	1952年10月	甘田乡高桥村	广东省民政厅党组成员
郭玉良（女）	1966年5月	筻口镇	岳阳县二中高级教师，全国模范教师
郭光文	1957年12月	杨林乡四龙村	邵阳市委副书记、代市长
郭伟民		步仙乡	上海建为企业有限公司董事长

姓　名	出生年月	籍　贯	工作单位及职务、职称
郭明奇	1951年9月	筻口镇郭家村	岳阳市人大常委会委员，市人大城建环境资源保护委员会主任委员
郭岳家（女）	1961年	公田镇晏冲村	岳阳市地税局副局长，市政协副主席（兼）
郭裕梅	1951年10月	张谷英镇大桥村	岳阳县人民医院中医副主任医师
郭锡三	1927年8月	麻塘镇畔湖村	岳阳市轻工业局原纪检书记
郭鹏飞	1940年6月	饶村乡伍相村	岳阳市财政局原党组书记、原局长
郭德秋		筻口镇郭家村	中国银行青岛市支行行长
唐友诰	1924年2月	湖南省武冈县	岳阳县政协原副主席
唐闰年	1973年	黄沙街镇余兰村	云南武警总队警务处副处长
陶小爱（女）	1956年	鹿角镇滨湖村	湖南日报长沙记者站站长，高级记者
陶沙岸	1964年12月	鹿角镇滨湖村	岳阳市广播电视局副局长
陶金瑞	1962年	鹿角镇滨湖村	深圳国际物流港发展公司总经理，中国国际经济技术合作促进会理事，博士
萧　玲（女）	1952年	湖南省衡阳市	黄沙街茶场高级农艺师，省级劳动模范，全国“三八”红旗手
梅　勇	1971年10月	岳阳市君山区	岳阳县人民医院骨外科副主任医师
曹克强	1963年8月	汨罗市	岳阳县委常委、县委办主任
曹道伍	1963年12月	市经开区三荷乡	岳阳县政府原副县长
黄　生	1928年4月	饶村乡双石村	农垦部塔里木农业大学原党委副书记兼原纪委书记，获西北军政委员会“人民功臣”奖章1枚、华北解放纪念章、西北解放纪念章各1枚
黄　岗	1942年11月	柏祥镇柏祥村	广州军区某部原参谋长，大校
黄东红	1965年10月	黄沙街镇	湖南省机械行业管理办公室主任、党组书记
黄必友	1933年9月	公田镇青隐村	解放军某部原正师级职务
黄伟平		黄沙街镇	东莞铭阳建材有限公司总经理
黄伟雄	1976年1月	汨罗市	岳阳县委常委、副县长
黄军建	1957年8月	柏祥镇伏太村	岳阳市委、市政府接待处党组书记、处长
黄岳山	1966年1月	公田镇东元村	岳阳楼区区委常委、组织部部长
黄岳飞	1963年8月	月田镇	广西壮族自治区桂林市七星区人武部部长，获全国排雷器材发明奖，全国劳动模范
黄国芳	1947年7月	云山乡谢山村	岳阳市民政局原局长
黄柏良	1954年12月	岳阳经济开发区	岳阳县政府原副县长
黄信国		毛田镇	广西壮族自治区百色师范专科学校原副校长
黄衍苗	1951年7月	黄沙街镇	岳阳市人大常委会内务司法委员会主任委员

姓　名	出生年月	籍　贯	工作单位及职务、职称
黄俊钧	1964 年 1 月	黄沙街镇中乔村	岳阳市国有资产监督管理委员会党组书记、主任
黄祖降	1950 年 4 月	月田镇稻田村	江西省委台湾工作办公室、江西省政府台湾事务办公室副主任，大校
黄振兴		柏祥镇	北京江河集团有限公司副总经理
黄萃功	1929 年 5 月	柏祥镇伏太村	上海船舶工业公司原常务副总经理、沪东造船厂原厂长，高级工程师
黄清华	1968 年 5 月	饶村乡双石村	广东省军区政治部秘书群联处副处长
黄湖滨	1957 年 7 月	鹿角镇东庄村	湖南民族职业学院党委副书记
黄新生	1955 年 5 月	柏祥镇伏太村	国防科技大学自动控制系教研室主任，教授，博士生导师
黄曙明	1968 年 9 月	杨林乡四龙村	北京嘉润鸿达房地产开发有限公司总经理，高级经济师
龚　敏	1963 年 3 月	云山乡文昌村	湘潭师范学院教授，历史学博士
龚双桂（女）	1950 年 8 月	月田镇	岳阳县人大常委会副主任
龚平秋	1936 年 5 月	云山乡黄稻村	广西军区原政委、原党委书记，少将
龚灿梅		毛田镇福圣村	武汉大学教授、原物理系主任
龚德平	1951 年 2 月	云山乡黄稻村	岳阳市国家海事局局长
龚壤山	1944 年 3 月	鹿角镇	岳阳县水务局高级工程师
康代四（女）	1962 年 3 月	湖南省新化县	岳阳县政府原副县长
康赛娥（女）	1962 年 9 月	新化县	岳阳县畜牧水产局高级兽医师
梁　振	1971 年	长湖乡长征村	海军某部队副团职干部
梁水宝	1957 年 5 月	长湖乡京广村	解放军八一电影制片厂军片部政委，大校
梁英保（女）	1938 年 11 月	长湖乡	岳阳县政协原副主席
梁绪勇	1971 年 10 月	长湖乡京广村	民航新疆管理局党委副书记
隋国庆	1956 年 10 月	鹿角镇友爱村	岳阳市政府副市长，民进岳阳市委主委
彭　启	1917 年 7 月	云山乡爱国村	南京林业大学原党委副书记、原副院长，在革命战争年代曾获多枚勋章和纪念章
彭　勇	1962 年 12 月	公田镇彭昌村	农行岳阳市支行副行长
彭　峰	1968 年 10 月	公田镇大塅村	华南理工大学化工学院副院长、实验中心主任，教授，博士
彭　腾	1964 年 8 月	云山乡陈洞村	湖南第一师范学院经济管理系教授
彭文华	1969 年 7 月	公田镇	岳阳市润华置业有限公司董事长
彭六三	1963 年 5 月	公田镇塘田村	上海用友软件集团副总裁、U9 设计总监
彭玉光	1952 年 12 月	城关镇六合村	岳阳市经委原副主任，高级经济师
彭正辉	1958 年 4 月	公田镇彭昌村	岳阳市医疗紧急救援中心主任

姓　名	出生年月	籍　贯	工作单位及职务、职称
彭立尧	1992年1月	新墙镇联河村	国家围棋少年队成员，曾获全国围棋少年队选拔赛冠军
彭汉炎	1930年	公田镇彭昌村	岳阳市乡镇企业局原副局长
彭亚君		甘田乡横铺村	美国纽约州政府经济咨询专家
彭会林	1962年5月	云山乡文昌村	湖南省统计局总工程师，博士
彭庆海	1938年10月	公田镇向佳村	海南省政府原副秘书长，海南国投集团有限公司原董事长
彭时代	1955年9月	公田镇彭昌村	湖南理工学院党委书记、院长，教授
彭昕耀	1946年9月	甘田乡东岸村	中国农业生产资料上海公司原部门经理
彭岳荣（女）	1958年2月	公田镇彭昌村	岳阳市社会救助管理站站长
彭受宗		湖南汨罗	岳阳县人武部原部长
彭泽良（女）	1936年	筻口镇小塘村	广东省惠州市人大常委会原常委、市妇联原主席
彭泽春	1954年2月	公田镇彭昌村	医学专家，美籍华人
彭泽霖	1936年7月	甘田乡横铺村	岳阳市人大常委会原副主任
彭荣欣（女）	1966年10月	鹿角镇	岳阳县政协副主席（兼）
彭桃元（女）	1936年9月	云山乡爱国村	岳阳市人事局原副局长
彭浪英	1968年9月	鹿角镇	岳阳县政协副主席（兼）
彭跃进	1958年	公田镇彭昌村	博士，农业专家，联合国粮农组织专家，美籍华人
彭新宇	1980年11月	公田镇	长沙理工大学经济与管理学院工作，博士
彭端生	1962年6月	城关镇六合村	岳阳楼区区委常委、组织部部长
董敏芳（女）	1977年6月	筻口镇	岳阳丰瑞农机专业合作社理事长
蒋才仲			岳阳市委督查室原副处级督查员
蒋志方			岳阳县委原副书记
蒋胜大	1942年5月	长湖乡白湾村	岳阳市国税局原局长
蒋晓星（女）	1977年	柏祥镇	全国农村妇女“双学双比”活动女能手
喻　雄	1975年1月	步仙乡	岳阳市铂豪文化传播有限公司法人代表
喻飞跃（女）	1971年10月	城关镇	岳阳县委常委、统战部部长
喻应学	1949年11月	步仙乡狮形村	武警广东总队副总队长，上校
舒八跃		杨林乡琴田村	株洲市两型社会建设综合配套改革领导小组办公室党组成员、纪检组长
程　琪	1941年12月	城关镇卫农居委会	湖北省黄石市财政局原副局长
程子剑	1974年6月	城关镇卫农居委会	湖北省黄石市教育局副局长

姓　名	出生年月	籍　贯	工作单位及职务、职称
程文先	1964年2月	城关镇卫农居委会	岳阳市房产局副局长
程志忠		湖南湘阴	岳阳县人武部原政委
程度科	1945年	城关镇卫农居委会	岳阳市六九零六工厂高级工程师
程度模	1941年	城关镇卫农居委会	湖南省质监局高级工程师
程谦逊	1949年1月	鹿角镇农科村	岳阳市政协副主席、党组副书记，统战部部长
傅天明	1965年5月	相思乡	中国人民财产保险股份有限公司湖南省分公司副总经理
傅亚元	1964年11月	城关镇农科村	在法国瓦雷奥公司从事科研，博士，获法国2项科研成果奖
傅志华	1962年	鹿角镇幸福村	财政部财政科学研究所研究员兼区域财政研究室主任，经济学博士，博士生导师
傅灿华	1934年	杨林乡沈塘村	岳阳县信访办原副主任，全国信访工作系统优秀工作者
傅依备	1929年4月	新墙镇	中国工程院院士，核化学家
傅梦孜	1963年3月	鹿角镇幸福村	中国现代国际关系研究院美国研究所所长，国际关系学院兼职教授，博士生导师
傅振声	1938年	步仙乡	衡东县人大常委会原主任
傅雪梅（女）	1952年1月	新墙镇草岭村	湖南省经贸委党组成员、纪检组组长
傅道言	1957年7月	柏祥镇傅义村	江西省科技厅办公室主任
鲁玉昆	1929年9月	筻口镇鲁受村	广州军区空军原副司令员，中将
鲁湘波	1949年10月	市经开区西塘镇	岳阳县政府原副县长
童山东	1957年	月田镇	深圳信息职业技术学院院办主任，教授
童朝霞（女）	1976年	麻塘镇塘内村	北京航空航天大学副教授、系副主任，博士
曾正湘	1945年10月	月田镇三让村	岳阳市蔬菜科研所原党委书记、原所长，湖南省劳动模范
曾新保	1963年10月	新墙镇高桥村	岳阳军分区干休所政委
温梅魁			岳阳县委原副书记
游新金			岳阳县人大常委会原副主任
谢文祥			岳阳县纪委原书记
谢石洞	1942年5月	公田镇杨塅村	中国人寿保险总公司原常务副总经理兼纪委书记
谢岳山	1965年1月	柏祥镇谢全村	国家审计署长沙特派办法制处处长兼计算机审计处处长、“金审工程”领导小组办公室主任，高级经济师
谢新良	1966年8月	柏祥镇谢全村	岳阳县农业局高级农艺师
谢模祥	1950年10月	岳阳市君山区	岳阳县一中特级教师
雷国傲		杨林乡	成都东方雷神电力有限公司总经理

姓 名	出生年月	籍 贯	工作单位及职务、职称
赖换初		张谷英镇豪坑村	湖南理工学院政法系党总支书记、教授
蓝红岳			张谷英镇豪坑村深圳易思博网络有限公司总裁，博士后
蓝品标	1967 年 9 月	张谷英镇大桥村	广东省邮政信息技术局书记、局长，高级工程师
路淮令	1936 年 2 月	安徽省宿县	岳阳县农业局高级农艺师
廖 成	1972 年 3 月	云山乡云山村	湖南省勘测设计院勘测部副部长
廖小谷（女）	1964 年 4 月	云山乡云山村	云溪区人大常委会副主任
廖庆庸	1939 年 1 月	筻口镇三联村	长航城陵矶港务局原党委书记（正处）
廖旭荣	1942 年 5 月	筻口镇	岳阳县人大常委会原副主任
廖启灿	1949 年 10 月	筻口镇克敬村	岳阳市食品药品监督管理局党组书记、局长
廖若痴	1935 年 10 月	新墙镇寺塘村	岳阳市教委原主任
廖金辉		新开镇	岳阳金辉新型材料有限公司董事长
蔡东海		湖南华容	岳阳县人武部原部长
蔡芳年	1950 年 2 月	城关镇沿河村	赣州军分区干休所副主任医师
蔡炳华	1971 年 11 月	城关镇沿河村	湖南师大旅游学院副院长
漆 胜		月田镇半洞人	岳阳楼区区委常委、常务副区长
漆平波	1968 年 7 月	中洲乡铜盆村	湖南省工商联研究室副主任
漆林生	1952 年 11 月	甘田乡戴家村	岳阳市公安局党委副书记、副局长，根雕艺术家
漆桂英（女）	1943 年 5 月	甘田乡戴家村	江西省宜春地区档案局原局长、原党组书记
谭彬生	1936 年 5 月	湖南茶陵县	岳阳县人大常委会原副主任
谭解文	1949 年 11 月	新墙镇清水村	湖南理工学院中文系主任、教授
熊建伍	1959 年 1 月	新墙镇板桥村	岳阳市商业银行党组书记、董事长
潘光辉	1956 年 10 月	柏祥镇文付村	湖南白杨集团董事长
潘海和	1948 年 1 月	筻口镇	岳阳市政府驻上海办事处原主任
潘腊春	1937 年 12 月	新开镇龙湾村	湖南省农业厅原副厅长
颜开臣	1940 年	广东省潮州市	岳阳县丰利纸业有限公司董事长
戴文慧	1966 年 7 月	长湖乡双联村	岳阳市新闻出版局党组成员、副局长
戴平湘		新墙镇	江西中金建设集团岳阳分公司董事长
戴志龙		新墙镇	四川省泸州市双龙实体有限公司董事长
戴武会	1969 年 11 月	长湖乡双联村	岳阳市地方海事局副局长

姓　名	出生年月	籍　贯	工作单位及职务、职称
戴祖煌	1964 年 11 月	福建泉州	岳阳永盛纺织有限公司董事长
戴绪军	1949 年 12 月	新墙镇金桥村	岳阳市人大常委会副主任
戴燎原	1956 年 6 月	新墙镇金桥村	岳阳市地方金融证券领导小组办公室任副主任，高级经济师
魏庆康	1954 年 5 月	新开镇九龙村	岳阳市洞庭湖大桥管理局原副局长
魏季秋	1952 年 9 月	步仙乡	岳阳县一中校长，物理特级教师，享受国务院特殊津贴专家
魏新刚	1963 年 11 月	步仙乡	湖南陆军预备役步兵师第二团常德军分区政委、政治部副主任，上校

（二）岳阳县南下干部名表

姓名	籍贯	派出单位	南下拟定的单位和职务	入湘后（第一站）的单位和职务	现在（或离退休前的）单位和职务（或去向）
于化龙	河北省任丘市	人民解放军	战士	三区干部	北京地矿部
万子华	山西省盂县	晋中一大队六中队	区委组织委员	一区区委组织委员	宁夏回族自治区永宁县粮食局
马书英（女）	山西省五台县	晋中一大队一中队	干部	县级机关干部	汨罗市城关镇
王四	山西省五台县	晋中一大队一中队	区武装大队长	区武装大队大队长	1950年与土匪斗争中牺牲
王杰	山西省盂县	晋中一大队六中队	通信员	机要干部	市工商银行长炼办事处主任
王欣	河北省定县	冀中五大队五中队	县委组织部部长	城关镇党委书记	常德地区物资局副局长
王三金	山西省五台县	晋中一大队六中队	县委组织部部长	县委组织部部长	市人大常委会副主任
王运听	山西省盂县	晋中一大队六中队	区长	三区区长	市银行行长
王还生	山西省五台县	晋中一大队一中队	警卫员	警卫员	湘潭市轻化建材公司
王光荣	山西省阳泉市	晋中一大队六中队	区委宣传委员	区委宣传委员	市政协副主席
王永中	山西省晋城县	华北大学	学员	县税务局	市税务所所长
王松年	山西省五台县	晋中一大队一中队	民政干事	民政科科员	株洲市
王贵祥	河北省	人民解放军	干部	县人武部部长	
王衍达	河北省黄骅县	人民解放军	经济后勤干事	县政府财经干部	市烟草局副局长
王静凝（女）	河南省开封市	人民解放军	演员	团县委干部	
毛天恒	山西省五台县	晋中一大队一中队	团委干事	三区区委书记	省电力厅副厅长
尹丁卯	山西省盂县	晋中一大队六中队	县青年干部	干部	永顺县政协委员
石青元	山西省五台县	晋中一大队一中队	公安局股长	公安局股长	汨罗县公安局
田冰	山西省盂县	晋中一大队六中队	区助理员	三区助理员	湘西自治州文艺干校
田晋良	山西省盂县	晋中一大队六中队	科员	县税务局会计	湘潭市建筑总公司顾问
白士光	山西省五台县	晋中一大队一中队	县委会秘书	县委会秘书	陕西省西安国家兵器部西北物资局书记
巩扩	河北省高阳县	冀中五大队五中队	区长	派出所所长	岳阳行署副专员

姓名	籍贯	派出单位	南下拟定的单位和职务	入湘后（第一站）的单位和职务	现在（或离退休前的）单位和职务（或去向）
任尔明	山西省盂县	晋中一大队六中队	县委组织部干事	县委组织部干事	湖南省农业厅畜牧局顾问
安爱香（女）	山西省五台县	晋中一大队一中队	干　部	县委会机要员	岳阳市一医院工会副主席
刘　启	河北省涞源县	晋中直属队	警卫队指导员	县公安局侦察股股长	湘潭市公安局科长
刘风宽	山西省盂县	晋中一大队六中队	通信员	县大米厂干部	浙江省杭州民航办公室主任
刘兰英（女）	山西省崞县	晋中一大队一中队	干　部	县级机关干部	岳阳市粮食局办公室
刘壮云	山西省盂县	晋中一大队六中队	区委委员	县委组织部干事	湘潭市档案局顾问
刘进汉	山西省盂县	晋中一大队六中队	区委组织委员	二区区委组织委员	新生水泥厂党委书记
刘秀良	山西省五台县	晋中一大队一中队	县公安局股长	县公安局股长	湘西自治州农业局局长
刘治国	河北省定县	冀中五大队五中队	通信员	通信员	河北省
刘振生	河北省安平县	冀中五大队五中队	区委组织委员	区　长	河北省
刘康业	山西省五台县	晋中一大队一中队	干　部	县政府文印收发	岳阳市粮食局纪检组长
许锦春	山西省盂县	晋中一大队六中队	科　长	县财政科科长	湘潭钢铁公司纪委副书记
孙锁成	山西省盂县	晋中一大队六中队	区委副书记	一区区委副书记	1950 年与土匪斗争中牺牲
杜银亮	山西省五台县	晋中一大队一中队	炊事员	警卫员	湘西土家族苗族自治州
杨　顺	山西省清徐县	晋中六大队	警卫员	通信员	市生资公司养猪场
杨成良	山西省五台县	晋中一大队一中队	通信员	通信员	回原籍
杨先槐	山西省五台县	晋中一大队一中队	警卫员	警卫员	湖南省水电厅办公室副主任
杨仲英	山西省盂县	晋中一大队六中队	副区长	一区副区长县	湖南省物资局金属公司
李　坦	安徽省太和县	中原大学	学　员	县税务局	岳阳市税务局协理员
李三丑	山西省盂县	晋中一大队六中队	通信员	一区通信员	山西省
李云明	山西省盂县	晋中一大队六中队	军训股长	县武装部股长	湘潭市政府副市长
李丰润（李子芳）	河北省乐亭县			县城关区区政府秘书	岳阳市燃料局
李仁义	山西省五台县	晋中一大队一中队	区武装大队副大队长	区武装大队大队长	山西省五台县

姓名	籍贯	派出单位	南下拟定的单位和职务	入湘后（第一站）的单位和职务	现在（或离退休前的）单位和职务（或去向）
李长明	山西省盂县	晋中一大队六中队	科　长	县工商科科长	湘潭地委副秘书长
李兴尧	山西省盂县	晋中一大队六中队	司务长	县政府管理员	岳阳市政府顾问
李同明	山西省五台县	晋中一大队一中队	警卫员	警卫员	回原籍
李来还	山西省盂县	晋中一大队六中队	干　部	一区干部	回原籍
李宜丰	山西省盂县	晋中一大队六中队	县委宣传部干事	县委宣传部干事	岳阳行署办公室副主任
李留锁	山西省盂县	晋中一大队六中队	财粮助理	区财粮助理	洞氮化厂纪检会副主任科员
李春山	山西省盂县	晋中一大队六中队	区民政助理	县税务局	岳阳市物资局副局长
李春生	河北省武强县	冀中五大队五中队	区委组织委员	城关区工会主任	河北省
李春林	山西省盂县	晋中一大队六中队	区委组织委员	二区区委宣传委员	湘西土家族苗族自治州科委副主任
李善诚	山西省盂县	晋中一大队六中队	干　部	区助理员	山西省太原市纺织印染厂干部
李树明	山西省五台县	晋中一大队一中队	炊事员	炊事员	回原籍
李鸿宾	河北省	冀中		县百货公司经理	娄底市委统战部部长
李惠林	山西省盂县	晋中一大队六中队	区委宣传委员	三区区委宣传委员	湘潭地区工会副主任
李景川	山西省盂县	晋中一大队六中队	财粮助理	区财粮助理	岳阳行署办公室主任
李满全	山西省五台县	晋中一大队一中队	县委宣传部部长	县委宣传部部长	湖南省顾委委员
李儒生	山西省盂县			县搬运社干部	岳阳市交通局干部
宋德胜	山西省盂县	晋中一大队六中队	区大队长	区大队长	湖南省轻工业局基建公司党委书记
张　宏	山西省定襄县	晋中一大队一中队	区治安员	派出所所长	岳阳县商业局副局长
张　明（女）	河北省	冀　中		县百货公司干部	娄底市
张三来	山西省定襄县	晋中一大队一中队	武装委员	区武装部部长	1950年与土匪斗争中负重伤回原籍
张月桂	山西省五台县	晋中一大队一中队	区委组织委员	区委组织委员	湖南省顾委委员
张在英（女）	山西省五台县	晋中一大队一中队	干　部	县团委委员	江西省
张金林	山西省五台县	晋中一大队一中队	区　长	区　长	岳阳行署计委副主任

姓名	籍贯	派出单位	南下拟定的单位和职务	入湘后（第一站）的单位和职务	现在（或离退休前的）单位和职务（或去向）
张银芝（女）	山西省五台县	晋中一大队一中队	区妇联主任	县妇联主任	省二机局纪检组组长
陈建基	山西省五台县	晋中一大队一中队	县公安局副局长	县公安局副局长	水口山矿务局办公室主任
陈金川	山西省五台县	晋中一大队一中队	县委组织部干部	一区区委副书记	江西省
陈海泉	河北省高阳县	冀中五大队五中队	区委组织委员	区委组织委员	岳阳市农业局副局长
范福海	山西省霍县	晋中一大队一中队	县公安局局长	县公安局局长	湘潭市畜牧水产局
苗富林	山西省盂县	晋中一大队六中队	区委组织委员	三区区委宣传委员	岳阳市南区人大常委会主任
罗东和	山西省盂县	晋中一大队六中队	通信员	一区通信员	株洲市汽车站保卫干部
罗西芳	山西省五台县	晋中一大队八中队	县　长	县　长	省二机局党委书记兼局长
罗宗文	山西省五台县	晋中一大队一中队	财粮助理	区　长	江西省萍乡市人大常委会副主任
周　濂	山西省曲沃县	人民解放军	战　士	二区干部	市四化建政治处主任
孟繁清（女）	河北省定县	冀中五大队五中队	区妇女干部	县委组织部干事	常德市物资局
赵子耀	河北省涿鹿县	冀中五大队五中队	青年委员	区委宣传委员	河北省
赵文瑞	山西省五台县	晋中一大队一中队	村团支部干部	县干训班管理员	岳阳市饮食服务公司工会主席
赵有福	山西省定襄县	晋中一大队一中队	助理员	区政府秘书	北京公安大学系党委书记
赵志荣（女）	山西省盂县	晋中一大队六中队	区妇联主任	二区妇联主任	湘西土家族苗族自治州歌舞团副团长
赵冰岩	山西省定襄县	晋中一大队六中队	县委书记	县委书记	省政府副省长
赵林清（女）	山西省盂县	晋中一大队六中队	区妇联主任	区妇联主任	岳阳市物资局科长
赵银华	山西省盂县	晋中一大队六中队	区派出所干事	新墙镇派出所所长	岳阳市麻纺厂办公室主任
赵增寿	山西省盂县	晋中一大队六中队	通信员	盐业公司干部	岳阳市总工会
赵建德	山西省盂县	晋中一大队六中队	区委书记	二区区委书记	湖南省委宣传部副部长
赵静芝	山西省文水县	晋中二大队	县支行经理	县支行行长	湖南省计委处长
胡明秀	山西省五台县	晋中一大队一中队	区大队长	区大队长	湖北省黄石建筑公司党委书记
胡润祥	山西省五台县	晋中一大队一中队	区委组织委员	三区区委组织委员	岳阳市麻纺厂工会主席

姓名	籍贯	派出单位	南下拟定的单位和职务	入湘后（第一站）的单位和职务	现在（或离退休前的）单位和职务（或去向）
郝世康	山西省盂县	晋中一大队六中队	干　部	县政府管理员	回原籍
郝炳黄	山西省崞县	晋中一大队四中队	警卫员	县政府警卫员	株洲地区日杂公司
郝湘基	山西省盂县	晋中一大队六中队	区委书记	一区区委书记	广东省轻工业厅副厅长
郝德基	山西省盂县			县供销社干部	岳阳市民政局科员
郝耀隆	山西省崞县	晋中一大队六中队	县政府秘书	县政府秘书	岳阳冷库党委书记
侯国珍	山西省盂县	晋中一大队六中队	区青年干部	团县委书记	1950 年与土匪斗争中牺牲
侯荣申	山西省盂县	晋中一大队六中队	区财粮助理	区财粮助理	株洲冶炼厂纪检书记
侯锡久	山西省五台县	晋中一大队一中队	县财政科科员	县财政科科员	北京市旅游局副局长
段文梅（女）	山西省五台县	晋中一大队一中队	干　部	县妇联干部	回原籍
袁汝乐	河北省河间县	人民解放军	班　长	县合作总社米厂副股长	岳阳市煤炭所副主任
贾廷儒	山西省盂县	晋中一大队六中队	通信员	通信员	岳阳市轻纺局党委书记
栗书清	山西省五台县	晋中一大队一中队	区　长	一区区长	岳阳行署办公室副主任
栗明福	山西省盂县	晋中一大队六中队	炊事员	县政府炊事员	回原籍
徐文华	河北省涞源县	冀　中	南下工作队副大队长	县粮食公司经理	湘潭市建设银行行长
徐培芍	山西省五台县	晋中一大队一中队	财粮会计	财政科会计	岳阳行署财委副主任
高臣元	山西省盂县	晋中一大队六中队	炊事员	炊事员	山西省
高志贤（女）	山西省盂县	晋中一大队六中队	区妇联主任	一区妇联主任	湘潭市总工会组织部部长
郭三田	山西省崞县	晋中一大队一中队	县人武部部长	县人武部部长	陕西省西安市
郭宪堂	山西省盂县	晋中一大队六中队	大队总务	县粮库会计	岳阳地区建设银行副行长
崔作义	山西省盂县	晋中一大队六中队	炊事员	县政府炊事员	回原籍
梁凤锦	山西省盂县	晋中一大队六中队	区干部	区财粮助理	汨罗县商业局公司经理
逯书田	山西省盂县	晋中一大队六中队	区　长	区长	岳阳县供销社主任
韩文虎	山西省五台县	晋中一大队一中队	区委书记	公安局股长	湘西土家族苗族自治州财政局局长

姓名	籍贯	派出单位	南下拟定的单位和职务	入湘后（第一站）的单位和职务	现在（或离退休前的）单位和职务（或去向）
韩本全	山西省五台县	晋中一大队一中队	区委书记	四区区委书记	邵阳市委统战部部长
韩玉斌	山西省盂县	晋中一大队六中队	农会干部	一区农会干部	衡阳市储运公司副经理
韩福元	山西省五台县	晋中一大队一中队	炊事员	看守所所长	回原籍
韩富怀	山西省五台县	晋中一大队一中队	警卫员	警卫员	岳阳市人大常委会财经委员会副主任
韩湘涛	山西省盂县	晋中一大队六中队	通信员	二区通信员	岳阳市药材公司党委书记
程玉良	河北省武强县	冀中五大队五中队	保卫干部	副区长	岳阳市粮食局局长
谢克金	河北省武强县	冀　中	治安股股长	县工会副主任	湖南省轻工业厅
冀林玉	山西省五台县	晋中一大队一中队	区委书记	县委会总务	茶陵县计委副主任
魏生俊	山西省盂县	晋中一大队六中队	干　部	县公安局干部	湘西土家族苗族自治州司法局副局长
魏振才	山西省五台县	晋中一大队一中队	区武装大队大队长	县武装部科长	株洲航管站站长
魏隆义	山西省五台县	晋中一大队一中队	炊事员	警卫员	山西省太原白家庄煤矿

附 录

重要文件选载

（一）县委文件

《关于在全县党员中开展整党学习的通知》（1984 年 2 月 8 日）
《关于严格控制到先进地区参观的通知》（1984 年 5 月 18 日）
《关于建立县直各战线、各局党委、党组的通知》（1984 年 6 月 12 日）
《关于贯彻中央 1 号文件完善生产责任制的通知》（1984 年 12 月 3 日）
《关于做好知识分子工作的通知》（1984 年 12 月 10 日）
《关于武装、统战、老干、青年、妇联工作的决定》（1985 年 2 月 5 日）
《关于加强干部理论学习的通知》（1985 年 3 月 8 日）
《关于查禁淫秽录像、抵制迷信、赌博、浪费的通知》（1985 年 5 月 3 日）
《关于不准乱占耕地、禁止乱摊派的通知》（1985 年 12 月 10 日）
《关于人大代表视察乡、镇制度的通知》（1986 年 5 月 6 日）
《关于党委、支部、党员生活会的通知》（1986 年 6 月 1 日）
《关于教育招生工作的意见》（1986 年 8 月 20 日）
《关于引进人才的通知》（1986 年 10 月 1 日）
《关于在党员中进行创优争先活动的通知》（1987 年 2 月 1 日）
《关于转发县总工会〈关于召开县工会第九届会员代表大会的请示报告〉的通知》（1987 年 4 月 16 日）
《关于县委常委自身建设的十条规定》（1988 年 1 月 18 日）
《关于召开第六次党代会的决定》（1988 年 3 月 16 日）
《关于加强党风廉政建设的规定》（1989 年 2 月 4 日）
《关于反对动乱、维护安定的通知》（1989 年 9 月 30 日）
《关于清理编外人员、做好老干部工作的有关决定》（1990 年 4 月 8 日）

《关于开展社教工作的实施方案》（1990年7月3日）
《关于加强领导班子建设开展党员活动日的通知》（1990年9月5日）
《关于中国共产党成立七十周年纪念活动的通知》（1991年4月11日）
《关于贯彻〈中共中央坚持和完善共产党的多党合作和政协制度的意见〉的通知》（1991年5月15日）
《关于坚决制止公费旅游和严格控制集体外出参观的通知》（1991年5月17日）
《转发市委〈关于对表彰活动实行综合管理〉的通知》（1991年7月21日）
《关于实施〈岳阳县离休退休干部管理规定〉的通知》（1991年12月9日）
《关于建立荣湾、新墙、广兴洲经济开发区的决定》（1992年2月4日）
《关于促进乡镇企业上台阶的意见》（1992年8月29日）
《关于进一步促进个体私营经济发展的决定》（1992年9月3日）
《关于振兴工业经济的决定》（1992年12月9日）
《关于设立“岳阳县见义勇为奖励基金”的通知》（1993年2月20日）
《关于坚持不懈地抓紧抓好计划生育工作的意见》（1993年3月20日）
《关于加强农村卫生工作的意见》（1993年11月3日）
《关于在全县党员中开展“三学三带”活动的决定》（1994年3月28日）
《关于进一步加强保密工作的通知》（1994年3月28日）
《关于实施〈推行群众逐级上访制度的实施细则〉的通知》（1994年4月15日）
《关于〈宪法〉和人代会制度建立四十周年纪念活动的通知》（1994年9月1日）
《关于正确看待和处理告状信件的意见》（1994年11月30日）
《关于撤区并乡建立新体制的通知》（1995年1月4日）
《关于切实减轻农民负担工作的通知》（1995年2月17日）
《关于印发〈岳阳县清理整顿乡镇财务实施方案〉的通知》（1995年4月10日）
《关于成立机关党组的通知》（1995年5月20日）
《关于对乡镇企业工作考评和财务清理的意见》（1995年9月5日）
《关于教育卫生计划生育工作的意见》（1996年3月3日）
《关于对共产党员违反规定信仰宗教、参加宗教活动的处理意见》（1996年4月17日）
《关于“八一”期间认真开展拥军优属活动的通知》（1996年7月20日）
《关于加强农业工作做好秋冬开发的通知》（1996年10月3日）
《关于建立史志工作联络员制度的通知》（1996年11月7日）
《关于建立热点问题部门负责制的通知》（1997年2月25日）
《关于开展“迎香港回归、学统战知识”竞赛活动的通知》（1997年5月4日）
《关于认真做好秘密文件和内部资料定点销毁工作的通知》（1997年6月6日）
《关于认真贯彻落实〈中共中央、国务院关于进一步加强土地管理切实保护耕地的通知〉

意见》（1997 年 7 月 8 日）
《关于反腐、廉政、规范通讯工具的意见》（1997 年 8 月 1 日）
《关于转发〈岳阳县创建安全文明小区、安全文明村镇、治安模范单位实施方案〉的通知》（1997 年 8 月 28 日）
《关于评选岳阳县文明机关和人民满意的公仆的通知》（1997 年 11 月 12 日）
《关于行政机关事业单位人员分流的暂行规定》（1998 年 2 月 10 日）
《关于开展全县“党委书记讲党课”教学竞赛活动的通知》（1998 年 4 月 8 日）
《关于开展“一把手素质工程”建设的实施意见知》（1998 年 6 月 15 日）
《关于在全县共产党员中开展创建“党员示范户（岗）”活动的决定》（1998 年 6 月 15 日）
《印发〈湖南省加快个体私营经济发展的若干规定〉的通知》（1998 年 9 月 16 日）
《关于认真处理和解决“法轮功”问题的通知》（1999 年 7 月 27 日）
《关于转发〈中共岳阳县委宣传部“万人齐唱祖国颂”活动实施方案〉的通知》（1999 年 8 月 24 日）
《关于印发〈岳阳县 2000 年创建平安大道活动实施方案〉的通知》（2000 年 4 月 15 日）
《关于第二期“平垸行洪、移民建镇”工作的实施意见》（2000 年 4 月 26 日）
《关于下发〈岳阳县 2000 年建设领域专项治理工作方案〉的通知》（2000 年 4 月 27 日）
《关于对信访工作中失职行为实施责任追究的通知》（2000 年 8 月 8 日）
《关于在县城开展净化、亮化、美化活动的通知》（2000 年 8 月 22 日）
《关于县级领导联系乡镇企业、县直部门帮扶乡镇企业的通知》（2001 年 5 月 9 日）
《关于加快全县党委政府系统计算机信息网络建设的通知》（2001 年 5 月 17 日）
《关于岳阳县县级工业园建设的意见》（2001 年 6 月 15 日）
《关于大云山国家森林公园旅游开发的意见》（2001 年 7 月 18 日）
《关于在全县认真开展“察民情送温暖”活动的通知》（2002 年 1 月 15 日）
《关于选派优秀青年干部赴沿海和经济发达地区学习锻炼的通知》（2002 年 4 月 1 日）
《关于进一步加强公务接待经费管理的几个具体规定》（2002 年 8 月 5 日）
《关于进一步优化经济发展环境的有关规定》（2003 年 2 月 18 日）
《关于进一步加强禁毒工作的意见》（2003 年 4 月 21 日）
《关于加强工业园建设的通知》（2003 年 12 月 1 日）
《关于开展现代公文知识竞赛活动的通知》（2004 年 1 月 2 日）
《关于坚决制止和纠正教育乱收费的通知》（2004 年 1 月 30 日）
《关于开展民爆生产企业清理整顿的实施方案》（2004 年 3 月 3 日）
《关于进一步开展创建学习型县活动的通知》（2004 年 5 月 31 日）
《关于转发县妇联〈“扶贫助学个个上”活动实施方案〉的通知》（2004 年 10 月 16 日）

《关于印发〈岳阳县第一批保持共产党员先进性教育活动实施方案〉的通知》（2005年2月2日）
《关于鼓励外来投资的优惠规定》（2005年5月21日）
《关于开展县委常委与党外人士交朋友活动的通知》（2005年6月15日）
《关于开展〈档案法〉执法检查及年检工作的通知》（2005年8月15日）
《关于开展“我为优化经济环境做了什么”大讨论活动的通知》（2005年12月20日）
《关于加快东洞庭湖区域经济发展的通知》（2006年4月23日）
《关于印发县委宣传部、县委组织部、县人事局〈关于进一步开展学习型机关创建活动的意见〉的通知》（2006年4月29日）
《关于进一步加强招商引进工作的通知》（2006年5月29日）
《关于印发〈岳阳县开展“零就业”家庭就业援助专项行动实施方案〉的通知》（2006年9月18日）
《关于严格执行政令严禁到外取水的紧急通知》（2006年9月21日）
《关于成立岳阳县实施公务员法工作领导小组的通知》（2006年10月31日）
《关于印发〈在全县开展“讲党性、创和谐、促发展”主题活动实施方案〉的通知》（2006年11月14日）
《关于印发〈岳阳县科技进步企业自主创新奖励暂行办法〉的通知》（2007年3月12日）
《关于学习贯彻〈中共中央国务院关于全面加强人口和计划生育工作统筹解决人口问题的决定〉的通知》（2007年4月19日）
《关于建立岳阳县新的社会阶层人士统战工作联席会议制度的通知》（2007年9月19日）
《转发县治理商业贿赂领导小组〈关于治理商业贿赂专项工作县直有关单位责任分工的意见〉的通知》（2007年9月26日）

（二）县政府文件

《关于一九八五年不再雇请农民技术员的通知》（1984年1月7日）
《批转关于加快建设农村经营服务体系的报告》（1984年1月14日）
《关于转发〈关于乡镇畜牧站改革意见〉的通知》（1984年2月14日）
《关于实行晚婚晚育具体意见的通知》（1984年3月29日）
《关于办好劳动服务公司的通知》（1985年3月27日）
《关于发展乡镇企业的意见》（1985年4月2日）
《关于开展“安全月”活动的通知》（1985年4月22日）
《关于兴旺乡大明村几个有争议的田土水权属处理意见》（1985年8月23日）
《关于制止滥占耕地做房的通知》（1985年9月14日）

《关于改建岳荣公路续建荣新公路有关问题的规定》（1986 年 11 月 12 日）
《印发〈岳阳县村级财务制度〉》（1986 年 11 月 19 日）
《关于进一步搞好畜禽防疫检疫的决定》（1986 年 12 月 3 日）
《加强工商企业和个体企业管理的通知》（1986 年 12 月 29 日）
《转发〈工商个体企业所得税施行细则〉》（1986 年 12 月 31 日）
《加强农村税收工作的通知》（1987 年 3 月 16 日）
《建立农技服务站的通知》（1987 年 3 月 23 日）
《关于 107 国道线修建工程征地、拆迁、补偿的规定》（1987 年 4 月 24 日）
《关于全面实行防保基金制的通知》（1987 年 5 月 31 日）
《关于集资修建八仙大桥的通知》（1987 年 7 月 1 日）
《关于做好全县旺季农副产品收购资金供应工作的通知》（1988 年 8 月 13 日）
《岳阳县政府关于农村五保户供养若干问题的规定》（1988 年 10 月 28 日）
《印发岳阳县水利目标落实考核奖惩办法》（1988 年 11 月 10 日）
《关于加强城镇房地产市场管理的通知》（1988 年 12 月 27 日）
《关于成立县建房清理小组的通知》（1989 年 2 月 25 日）
《关于组织开展统计法规执行情况大检查的通知》（1989 年 4 月 4 日）
《关于严控粮食销售的通知》（1989 年 7 月 2 日）
《关于加强个体税收征管工作的通知》（1989 年 8 月 3 日）
《关于土地申报登记发证工作若干问题的规定》（1989 年 9 月 21 日）
《关于在全县推广 15 项重大农业科技成果的意见》（1990 年 3 月 8 日）
《关于下达铁山北干渠第三批以资代劳任务的通知》（1990 年 3 月 26 日）
《关于组建民兵小分队的通知》（1990 年 4 月 15 日）
《关于完善民兵应急分队组织训练装备工作的通知》（1990 年 4 月 21 日）
《关于加强五号病防治的紧急通知》（1991 年 1 月 10 日）
《关于继续开展科技示范户竞赛活动的通知》（1991 年 4 月 2 日）
《关于开展农村宅基地有偿使用试点工作的通知》（1991 年 4 月 19 日）
《关于加强社会商业管理的通知》（1991 年 5 月 20 日）
《关于加强铁路沿线烟草分类管理的通知》（1991 年 8 月 10 日）
《关于进一步做好农资专营工作的通知》（1992 年 2 月 28 日）
《关于集资建设鹰咀山电视转播台的通知》（1992 年 7 月 24 日）
《关于开展严厉打击生产和销售假冒伪劣产品违法行为的通知》（1992 年 8 月 10 日）
《关于加速扫除全县青壮年文盲的决定》（1992 年 12 月 12 日）
《关于进一步加强农村卫生工作的决定》（1993 年 3 月 12 日）
《关于印发〈岳阳县国有土地使用权出让办法〉的通知》（1993 年 6 月 7 日）

《关于出让岳阳县康王经济开发区国有土地使用权的决定》（1993年6月7日）
《关于突出重点加快县城建设速度的决定》（1993年7月3日）
《关于印发〈岳阳县行政事业性收费管理暂行办法〉的通知》（1994年4月22日）
《关于做好大中专毕业生分配工作的通知》（1994年7月2日）
《关于界定康王开发区内国有土地范围的通知》（1994年7月25日）
《关于印发〈岳阳县科学技术进步奖励办法〉的通知》（1994年8月29日）
《关于加速发展养殖业的决定》（1995年4月6日）
《关于强化目标管理确保县财政收入均衡入库的通知》（1995年6月13日）
《关于认真做好铁山灌区北总灌区续建工程征地拆迁工作的通知》（1995年9月8日）
《关于贯彻落实〈湖南省实施扫除文盲工作条例〉办法的决定》（1995年12月26日）
《关于印发〈岳阳县公务员制度实施意见〉的通知》（1996年7月12日）
《关于切实加强抗洪救灾期间市场物价管理的通知》（1996年7月24日）
《关于下达“爱心粮”捐赠任务的通知》（1996年8月30日）
《关于进一步加强地方税收管理工作的通知》（1996年12月13日）
《关于印发〈岳阳县洞庭造纸厂破产后职工安置待遇〉的通知》（1996年12月24日）
《关于保护通信线路实施安全，确保通信线路畅通的意见》（1997年5月22日）
《关于进一步强化审计监督的通知》（1997年5月26日）
《关于对重点乡镇外资内联企业实行挂牌管理的通知》（1997年6月23日）
《关于印发〈岳阳县1997年度住房制度改革实施方案〉的通知》（1997年7月17日）
《关于加强公路两侧建房及构筑设施管理和制定建筑控制区的通知》（1998年3月9日）
《关于鼓励单位和个人争取国家投资支持岳阳县建设的暂行规定》（1998年3月19日）
《关于切实做好全县安全生产整顿工作的通知》（1998年8月13日）
《关于切实做好全县救灾工作的通知》（1998年9月23日）
《关于印发〈岳阳县全额集资建房的暂行决定〉的通知》（1998年10月12日）
《关于加强农村合作基金会管理的通知》（1999年1月25日）
《关于印发〈岳阳县建筑市场管理办法〉的通知》（1999年5月10日）
《关于认真做好第五次人口普查工作的通知》（1999年6月30日）
《关于印发〈岳阳县人民政府依法治县实施方案〉的通知》（1999年8月23日）
《关于印发〈岳阳县乡村医疗机构一体化管理办法〉的通知》（2000年1月7日）
《关于做好耕地开垦整理工作的通知》（2000年3月28日）
《关于鼓励农民进城有关事项的通知》（2000年9月30日）
《关于认真做好岳荣新公路建设中杆线转移工作的通知》（2000年11月28日）
《关于明确责任妥善处理土地、山林权属争议的通知》（2001年6月7日）
《关于延长耕地承包期建立土地流转机制的有关通知》（2001年11月16日）

《关于印发〈岳阳县第三期平垸行洪、退田还湖、移民建镇工作实施准则〉的通知》(2001 年 12 月 29 日)
《关于切实加强统计工作的通知》(2002 年 3 月 19 日)
《关于进一步加强动物防疫执法力度确保养殖业健康发展的通知》(2002 年 3 月 21 日)
《关于印发〈岳阳县推行政务公开制度的实施办法（试行）的通知〉》(2002 年 8 月 23 日)
《关于印发〈岳阳县农村村级卫生保健实施细则〉的通知》(2003 年 4 月 2 日)
《关于切实加强小城镇建设管理的通知》(2003 年 5 月 23 日)
《关于进一步加强乡村公路建设和管理的决定》(2003 年 6 月 19 日)
《关于印发〈岳阳县流动人口计划免疫管理办法〉的通知》(2003 年 12 月 18 日)
《关于落实〈湖南社会抚养费征收实施意见〉的意见》(2004 年 3 月 11 日)
《关于印发〈岳阳县农村五保工作实施细则〉的通知》(2004 年 4 月 20 日)
《关于切实加强基本农田保护的通知》(2004 年 7 月 9 日)
《关于进一步加强〈岳阳县行政报告责任制〉的通知》(2004 年 7 月 9 日)
《关于印发〈岳阳县“十一五”规划编制工作方案〉的通知》(2005 年 4 月 11 日)
《关于加快发展现代商贸流通业和开展“万村千乡”市场工程试点的决定》(2005 年 5 月 10 日)
《关于印发〈岳阳县建立社会救助体系实施意见〉的通知》(2005 年 9 月 9 日)
《关于建立城镇大病医疗救助制度的实施意见》(2005 年 9 月 10 日)
《关于印发〈岳阳县新型农村合作医疗实施办法（试行）〉的通知》(2005 年 11 月 29 日)
《关于整顿和规范港矿产资源开发秩序的通知》(2006 年 2 月 27 日)
《关于进一步做好劳动和社会保障工作的通知》(2006 年 11 月 20 日)
《关于公布岳阳县行政许可项目实施程序的通知》(2007 年 4 月 19 日)
《关于印发〈加强城镇规划管理的暂行办法〉的通知》(2007 年 4 月 28 日)
《关于认真办理省 8 件、市 10 件、县 9 件实事的通知》(2007 年 6 月 11 日)
《关于转发〈岳阳市城镇居民基本医疗保险试行基本办法〉的通知》(2007 年 12 月 28 日)

索引

说明：

1.目与子目索引、人物索引均采用分析索引方法，按索引条目第一汉字拼音（同音字按声调）顺序排列，第一字相同，按第二字音排列，依次类推；

2.索引名称后的阿拉伯数字表示内容所在页码。

一、目与子目索引

数字首

“110”报警 225

A

艾滋病 547

B

“八五”计划执行情况 442
白内障复明 209
白若河小流域治理 318
“百村带动” 108
办公室 140
办理涉法事务 167
办学规模 499
办学形式 500
包裹 402
保费收入 491
保护妇女儿童合法权益 200
保护母亲河 198
保密执法 118
报刊发行 403
边境通行证颁发和管理 219
编审刊发 190
鞭炮制造业 349
宾馆旅店 436
病虫防治 308
病床 544
步仙变电站 400

C

财经工作委员会 141
参加地方建设 252
参赛 536
参与地方经济建设 253
参与招商引资 197
参政议政 202
仓储管理 419
查病治疗 561

查处党员干部违纪违法案件 99
查处影响经济发展环境的案件 100
查螺 559
茶叶 294
常委会协商 183
常住人口管理 217 567
车辆管理 231 396
呼类 589
成本调查 447
成人高招 511
城关爱国卫生运动 550
城建项目融资 374
城建项目投资 374
城市饮水供水工程 316
城镇居民 575 576 577 578 579
城镇居民收入 574
城镇居民最低生活保障 264
虫 71
重阳节 585
出口 431
出入境管理 225
初级中学 496
传染病 546
传统文化活动 523
船舶管理 224
创建活动 205
创作比赛 207
创作展出 207
春节 584
春禁 333
词序颠倒及位次差异 593
村级财务清理 288
村级档案 122
村委会 268
村镇规划管理 369
村庄规划管理 369

D

打击黑恶势力犯罪 213
打击网络犯罪 230
打击邪教组织 229
打假打骗 212
大坳水库 314
大桂小流域治理 317
大气环境状况 384
大云山国家森林公园 432
大中专毕业生分配 270
代词类 590
待业人员安置 571
党风廉政建设责任制 99
党纪法纪教育 97
党史编写 120
党委会 103 104
党员发展 104
党员教育活动 104
党员民主评议 105
党员培训 105
党政机构改革 114
党支部 104
党总支 104
档案利用 122
道路 389
道路管理 231
堤垸 312
地表水 73
地方性疾病 547
地方志编纂 120
地下水 68 74
第八次代表大会 194
第八届常委会议 86
第九次代表大会 194

第九届常委会议 87
第九届人大常委会 142
第九届人大二次会议 130
第九届人大三次会议 130
第九届人大一次会议 129
第六届常委会议 84
第七届常委会议 85
第十次代表大会 194
第十二次代表大会 195
第十二届人大常委会 143
第十二届人大二次会议 133
第十二届人大三次会议 134
第十二届人大四次会议 134
第十二届人大五次会议 134
第十二届人大一次会议 133
第十届常委会议 88
第十届人大常委会 142
第十届人大二次会议 131
第十届人大三次会议 131
第十届人大一次会议 131
第十三次代表大会 195
第十三届人大常委会 144
第十三届人大二次会议 135
第十三届人大三次会议 135
第十三届人大四次会议 136
第十三届人大五次会议 136
第十三届人大一次会议 135
第十四届人大常委会 144
第十四届人大二次会议 137
第十四届人大三次会议 137
第十四届人大四次会议 137
第十四届人大五次会议 138
第十四届人大一次会议 136
第十五届人大一次会议 138
第十一次代表大会 195
第十一届人大常委会 143
第十一届人大二次会议 132
第十一届人大三次会议 133
第十一届人大一次会议 132
第五届常委会议 83
电报 405
电话 406
电力建设 158
电视 525
电影放映 526
电影院 522
奠基 586
调拨管理 419
调研 170
东洞庭湖自然保护区 433
冬禁 334
动物 70
动物类 589
豆类 292
渡口 394
端午节 585
队伍建设 421
多种经营 401

E

鹅 300

F

发展非公有制经济 202
发展规划编制 440
法规实施 121
法律法规监督 147
法制监督 167
法制建设 421
法制宣传培训 166

防火 309
防火检查 255
防汛 318
防疫 302
纺织业 342
放射卫生 549
飞播造林 310
非金属矿开采 348
肥料使用 298
封山育林 308
扶残助残 209
服饰 582
服饰类 590
服务基层建设 196
服务青少年成长 195
服务社会 203
服装业 344
福利 274
福利彩票 263
福利购房 377
福利企业 263
抚恤 258
副词类 591

G

改革度量衡 465
干部队伍建设 198
干部作风建设 107
钢材 382
港口 394
港口航务管理所 396
筻口变电站 400
高级中学 497
高速公路 389
个体税收征管 484
耕地保护 458
工商习俗 586
工业普查 471
工资制度改革 273
工作监督 148
公共场所治安管理 223
公共复杂场所管理 223
公共建筑 377
公共卫生 550
公路桥 391
公田变电站 400
公田温泉 433
公田中心卫生院 543
供电营业区 401
供气 373
供水 372
孤寡供养 262
瓜果 295
关心下一代工作 125
关于保障民生的规范性文件 155
关于财税工作的规范性文件 156
关于城镇建设的规范性文件 155
关于推进工业发展的规范性文件 155
关于维持社会稳定的规范性文件 156
关于乡村建设的规范性文件 155
馆藏档案 121
管理 304 396 465
管理机构 303 324
灌区工程 316
广播 524
广告管理 455
国道 389
国家定购 418

H

函件 402
航道 394
航运管理 397
合同定购 418
河道划界 324
河流 68
红光小流域治理 317
红薯 292
湖泊 68
湖南科伦制药有限公司 351
湖南茂昌医药有限公司 352
湖南天欣集团 351
环境监测工作 385
环境整治 386
环卫实施 373
黄沙变电站 399
黄秀小流域治理 318
汇兑 403
绘画 532
婚嫁 583
婚生病死类 590
火灾扑救 256

J

机构 118 120 164 167 223 230 249 374 385 393
机构队伍 568
机械变动 566
机械工业 339
机要通信 403
鸡 300
基层党组织建整 107
基层工会 191
基层工会建设 193
基础建设 121 359
基础设施建设 122
疾病预防控制体系建设 546
集邮 403
计划编制 438
计划执行 441
计量定级升级 465
计生服务 570
计生管理 569
计算机服务业 437
技术推广 301
加强后进村综合治理 107
加强青少年维权 196
家禽 300
家畜 299
价格服务 447
价格改革 445
价格认证 447
驾驶员管理 231
驾驶员培训 329
监测站建设 385
监督管理 168
检查监督 478
检疫 303
建材工业 341
建设用地 459
建设垸 312
建言献策 187
建筑工业 342
降水 67
交办督办 188
交通规费征稽所 395
交通建设 158
交通运输管理所 395

交通秩序管理 232
教科文卫工作委员会 142
教师待遇 506
教学管理 511
教学条件 501
教研教改 508
结核病 547
介词类 591
进口 431
“巾帼建功”活动 200
禁娼 220
禁毒 219
禁毒禁娼禁赌 219
禁赌 220
经费管理 512 520
经费与经营 324
经济案件侦查 228
经济发展研究 117
经营营销 401
警示教育 97
“九五”计划执行情况 442
旧货业管理 222
就业培训 571
居委会 268
拘留所 233
举办学术交流 204
句式特点 593
军队干部就业 271
军民共建 252
军事训练 251

K

会计监督 478
卡拉 OK、包房、舞厅 523
开业 586
开展创建学习型县活动 110
开展各类竞赛活动 198
开展科普调查 205
开展劳动竞赛 193
开展老干部活动 124
开展“两心两为”活动 108
开展“双联”活动 193
看守所 232
抗旱 319
考古挖掘 528
科普宣传 205
课程设置 500
控建执法 369
库区恢复工程 316
库区移民 170
跨区机收 329

L

腊八节 585
来信来访 164
兰花萝卜 305
兰桥水库 314
劳动监察 281
劳动仲裁 281
离休、退休 272
李塅河小流域治理 316
理论培训 123
理赔 491
立塘小流域治理 317
立新小流域治理 317
联合工会 191
廉洁自律专题民主生活会 98
粮食加工 420
粮油票证 419
粮油收购 418

粮油销售 418
林地林种 307
凌云塔 433
领导班子和干部队伍考核 107
领导班子建设 106
领导层协商 184
刘备洞生态旅游谷 433
流动、暂住人口管理 218
流动人口管理 567
“六五”计划执行情况 441
六月六 585
聋儿培训 208
录像厅、网吧、游戏厅 522
录用 270
鹿角变电站 400
鹿角小流域治理 318
路政管理 396
旅栈业管理 222
绿化 373
落实惠农减负政策 289
落实老干部待遇 123
落实政策 380

M

麻塘变电站 400
麻塘垸 313
毛田变电站 400
煤炭 424
美容美发 436
棉花 294
灭螺 559
灭鼠 551
民间文学研究利用 207
民桥 391
民族构成 563
名优特水产 302
模拟、数字移动电话基站 407

N

内务司法工作委员会 141
纳税申报 483
年度计划编制 440
年鉴编辑 121
年龄构成 564
鸟 70
牛羊 299
农产品加工机械 326
农村改水改厕 551
农村工作委员会 141
农村会计业务培训 288
农村基层组织 103
农村居民 575 576 577 578 579
农村居民收入 574
农村社会经济抽样调查 470
农村特困救助 264
农电管理 401
农副产品加工业 349
农机安全监理 328
农机购置补贴 328
农机合作社 329
农机市场管理 328
农机推广 330
农民教育 502
农田基本建设机械 326
农业普查 471
农业生产服务 329
农业生产习俗 585

P

排灌设施 314
排水 372
盘活人才资源 106
培训 272
培养科技示范户 204
评议监督 186
普查发证 380
普通高招 510
普通中等教育 495

Q

“七五”计划执行情况 442
其他服务业 437
其他监督 479
企业改制 356
启动村级活动场建设 108
气温 67
器械 545
枪支弹药、危险爆炸物品管理 221
枪支弹药管理 221
抢险救灾 253
侨务和港澳台事务 169
桥梁 391
清理党政机关庆典收礼 102
清理和规范使用通信工具 102
清理住房违纪违规问题 102
清明节 585
取缔“法轮功”邪教 229
全程监督 186
全会协商 183
群众素质教育 109
群众治安组织 226

R

人才输送 538
人工放流 334
人工造林 310
人口分布 562
人口管理 224
人口结构 563
人口普查 471
人口统计年报 218
人口信息管理 217
任免 271
日照 67
荣家湾变电站 399
肉食 413
入园企业 360

S

“三胞”联谊 189
三合垸 313
“三讲”教育 109
三峡移民 170
三月三 584
丧葬 583
伤残、复退军人优待 257
商标管理 454
商店招牌 586
上解支出 478
上门协商 185
设施 118
设施管理 513
设施建设 393
社会热点研究 117
涉农执法监察 100

摄影 532
身份证颁发和管理 218
身体素质构成 565
深化青少年德育工作 196
审查起诉 235
生活类 590
生活起居交际类 590
生育 582
生猪 299
声环境状况 385
省道 389
师资结构 505
师资培训 507
“十五”计划执行情况 442
石灰制造业 341
石油 424
实施“春蕾计划” 201
实现领导班子年轻化 106
食 576
食品卫生 548
市场管理 453
市场建设 452
事业单位机构改革 115
试行宽严相济刑事司法政策 235
收获机械 326
收集情报信息 228
首饰 582
寿庆 583
兽 70
书法 531
枢纽工程 316
蔬菜 295
双港变电站 399
“双学双比”活动 200
霜、雪、冰雹 67
水产 414
水稻 291
水环境状况 384
水库 314
水力发电站 315
水利建设 158
水能资源 74
水泥 382
水泥制品业 314
水泥制造业 341
水上治安管理 223
水政执法 325
税费改革 289
税收协作 484
税务登记 483
税务稽查 483
俗语 593
素质教育 509
塑、铝材料 383
塑料制品业 349
隧道 392

T

塘坝 314
陶瓷业 345
特约监督 186
特种禽类 302
特种行业管理 222
提案监督 186
体育培训 538
天时 589
调配 271
铁路管理 397
铁山水库 314
铁山水库 433
同词异义 592

同词异音 591
图书馆 521
图书馆室 521
图书室 522
土地开发 458
土壤改良 297
推进领导干部管理制度改革 106
推进人事制度改革 105
推进依法行政工作 155
退耕还林 311
退伍军人安置 259
拖拉机 325

W

外事 168
万石湖垸 313
网吧管理 230
网络安全监管 230
危险爆炸物品管理 221
维护职工合法权益 192
卫生监督体系建设 546
未成年人思想道德教育 110
文化构成 564
文化馆 521
文化馆站 521
文化娱乐场所管理 223
文化站 521
文秘 171
文物保护 527
文物征集 528
文物征集和考古挖掘 528
文艺采风 206
文艺交流 207
文艺培训活动 208
文艺晚会 524
“五好文明家庭”评选活动 200
五年计划编制 438
“五五”计划执行情况 441
武警 254
舞蹈 533

X

仙安小流域治理 318
先进性教育 109
险种 491
县爱卫会 542
县城防洪工程 96
县城集贸市场 452
县妇女儿童保健站（院） 542
县公费医疗管理办公室 542
县海事处 396
县合管局 542
县健康教育所 542
县结核病防治所 542
县人民医院 543
县卫生防疫站 542
县卫生局 541
县卫生职业技术学校 542
县乡道 390
县血吸虫专科医院 543
县药品检验所 542
县直单位党组织 104
县中医院 543
乡镇机构改革 114
乡镇集贸市场 453
相思山爱情主题公园 432
湘北特委旧址 433
消防 254
消防器材 254
消防宣传 255

小城镇户口制度改革 217
小饶港水库 314
小学教育 494
歇后语 595
新节日 585
新开变电站 400
信访办理 102
信访处理 165
信访网络 103
刑事案件侦查 227
行 577
行政复议应诉 166
行政机构 541
行政执法监督 156
形容词类 591
性别构成 564
修理业 437
宣传教育 386 568
宣传培训 167
选举任免联络工作委员会 140
学前教育 493
学生卫生 549
巡回接访 103
训练基地 535

Y

鸭 300
严惩经济犯罪 212
严惩严重危害社会治安的犯罪分子 212
谚语 594
养殖规模 300
冶金工业 339
一线防洪大堤整治 96
衣 575
医疗、文化、教育、娱乐及其他 579
医疗队伍 560
医疗机构 543
医疗救助体系建设 546
医疗设施 561
医药卫生 549
医院 544
依法行政 421
移民扶持 170
移民基地建设工程 316
移民建镇社保资金执法监察 101
义同形别 592
义务兵优待 257
议价收购 418
疫病种类 302
音乐 532
音像放映 527
饮食 581
饮食类 590
印刷刻字业管理 222
印刷业 343
影片发行 526
用 578
用品用具发放 209
优待 257
邮路 404
邮政储蓄 403
邮政设备 404
油料 294
油料加工 420
鱼 70
渔业机械 326
玉米 293
预备役登记 251
预算监督 478
预算内收入 474
预算内支出 476

预算外收入 475
预算外支出 478
预约收购 418
元宵节 584
约请协商 184
月田变电站 400
岳坊水库 314
岳阳黄颡鱼 304
岳阳雷公藤 305
岳阳藜蒿 304
岳阳罗内土鸡 305
岳阳土鸡 305
岳阳王鸽 306
岳阳县第八中学 515
岳阳县第一中学 515
岳阳县荷花塘小学 516
岳阳相师蘑菇 306
岳阳烟熏茶 305
运输 392 393 395
运输机械 326
运政管理 397

Z

杂粮 293
栽培管理 298
展览 523
张谷英民俗文化村 432
张谷英油豆腐 305
招聘引进 271
招商项目 159
招商引资 189 358
招商政策 159
照相 436
侦查监督 234
征兵 251
征集立案 188
征集整理 190
蒸发 67
整治矮围 334
正面教育 98
政府扶持 301
职工教育 503
职业构成 564
植树造林 197
植物 72
植物类 589
制定规范性文件 155
制扇业 345
制鞋业 344
治安处罚 225
治理公路（水上）“三乱” 101
治理教育乱收费 100
治理医疗购销、服务中的不正之风 101
中粮米业（岳阳）有限公司 353
中元节 585
中招 509
中洲变电站 400
中洲垸 312
种植业机械 326
重大决策研究 117
重点扶持 258
重点人口、工作对象管理 218
重点项目规划编制 369
珠港河小流域治理 317
竹木加工业 350
竹木类 382
主席会议协商 184
住 576
住房公积金收缴 378
住宅 582
住宅建设 377

驻防设施 250
驻军 250
专利管理 520
专题监督 185
专业机构 542
砖瓦类 382
砖瓦制造业 341
转干 271
装饰地板和墙面用材 383
资源管理 224
自然变动 565
综合防治 560
组织调研 187
组织建设 251
组织志愿服务活动 197
做好青少年培训工作 196

二、人物索引

G

葛送培 642

H

胡耀宗 645
黄甲喜 636

K

康　迪 633

L

雷甲生 635
黎四清 639
李九洲 635
李开龙 638
李朗秋 629
李先佩 641
李亚初 634
李梓林 631
刘逢春 629
刘先和 630
卢长根 644
卢良才 637
罗典苏 637
罗时均 629
罗叔章 630
罗向来 634

M

毛知兵 639
莫凤雏 632

P

潘长根 645
彭国甫 638
彭西罗 646
彭友池 640

R

荣治粗 633

S

司马毅 644
宋再钦 637

T

汤森林 641
汤小娥 641
唐岳军 640
田文静 639
童康宁 638

W

万　年 632
汪德辉 637
王树先 644
吴楚生 628

X

向公抚 640
徐仲廉 634
许志龙 636

Y

杨坤泉 632
余振东 645
袁建华 642
袁陆保 646

Z

曾敬山 645
曾平原 643
张中于 643

后 记

编史修志是中华民族的优秀文化传统，是炎黄子孙绵延数千年从未断绝的文化血脉。岳阳县第一轮社会主义新方志《岳阳县志》始修于1986年，出版于1997年，被评为“湖南省优质志书一等奖”。2008年，《岳阳县志》第二轮编修工作正式启动，2017年，经岳阳市史志办、湖南省地方志编委会、方志出版社审定、验收，九易寒暑，终得成书。这部100万字的志稿，全面、客观地记述了岳阳县30年来政治、经济、文化以及自然环境等方面的历史变迁和时代变革，充分反映了岳阳县光辉灿烂的历史文化和优良传统，真实再现了岳阳县人民建设美好家园的精神风貌。

中共岳阳县委、县人民政府对这项工作十分重视。坚持“党委领导、政府主持、专家修志”的原则，县委书记、县长亲自审定续志实施方案和志稿编目，县政府安排专项经费保障工作正常运转。全县各部门、各乡镇成立了修志小组。县委、县政府将续志情况纳入全县目标管理考核，县委督查室、县政府督查室对各单位编纂工作进行专项督查。

《岳阳县志》紧扣时代特点，突出县域特色，力求揭示规律、昭示后人。由于续编的县志时间跨度在1978—2007年之间，正是改革开放整体推进、市场经济发育发力时期。志稿将改革开放作为本次修志的主线，紧密结合实际，分阶段分层次体现改革的进程和效果。其中，政治部类方面，以执政为民、服务群众为主线，重点记载党政部门的职能转变和工作推进；经济部类方面，以市场经济孕育、发展转型为主线，工业记载重点转向企业改革改制、建立现代企业，商业记载重点转向商贸、物资、供销、粮油改革；教科文卫体部类方面，重点记载教育改革、医卫保障体系完善、文体生活丰富等。为突出岳阳县湖区的地方特色和产业优势，编者将东洞庭湖管理单设一篇，专门介绍湖洲、渔政、综合管理的内容，在卫生血防篇中将血吸虫病防治设一章，同时在农业水利篇中设专记记述了1996年、1998年抗洪的事迹。为突出岳阳县改革开放的成就，设立工业园建设、县城建设、县城管理、旅游等章节。

为了把《岳阳县志》打造成一部精品良志，在编志过程中，县史志办牵头列出编纂方案，制定收集资料方案，严格按照《岳阳县志》行文通则和述、志、传、图、表、录等文体要求，把收集到的资料加工整理后，分门别类综合记述，力求做到严守志界、横排竖写、述而不论、图志相宜、符合章法。《岳阳县志》初稿出来后，编撰人员交叉阅稿，汇集意见，并请市委史志办专家对修改稿进行初审，印发初稿送给县四大家领导、各乡镇、县直各单位及社会知名人士审稿，并对200多项修改意见一一研讨，全面落实。《岳阳县志》送审稿出来后，市委史志办组织召开了评审会。按照专家的意见，编纂人员对入志内容进行了调整和补充，对入志的人名、地名、事物、时间、图表、数据等全面核对考证，对书稿进行了认真校对，力求精雕细刻、文约事丰、上下贯通，确保经得起历史检验。

“一卷书成留千古，何计辛劳与短长”。尽管续修县志的过程中付出了许多努力，也得到一定程度的认同，但由于史志编修工作意义重大、影响深远、要求严谨、任务浩繁，由于编者理论、实践水平的局限，错漏之处在所难免，希望得到各级领导和各界人士的批评指正，寄望于续志者补充、订正。

岳阳县委党史地方志办公室

2017年11月